SINATRA

FSC
www.fsc.org
MISTO
Papel produzido a partir de fontes responsáveis
FSC® C019498

A marca FSC® é a garantia de que a madeira utilizada na fabricação do papel deste livro provém de florestas que foram gerenciadas de maneira ambientalmente correta, socialmente justa e economicamente viável, além de outras fontes de origem controlada.

JAMES KAPLAN

Sinatra

O Chefão

Tradução
Denise Bottmann
Claudio Carina
Paulo Geiger

COMPANHIA DAS LETRAS

Grafia atualizada segundo o Acordo Ortográfico da Língua Portuguesa de 1990, que entrou em vigor no Brasil em 2009.

Título original
Sinatra: The Chairman

Projeto gráfico da capa
John Fontana

Imagem da capa
© Ted Allan/ mptvimages.com

Imagem da quarta capa
John Dominis/ Time & Life Pictures/ Getty Images

Imagem da lombada
Mondadori/ Getty Images

Preparação
Cacilda Guerra

Índice remissivo
Luciano Marchiori

Revisão
Isabel Jorge Cury
Angela das Neves
Jane Pessoa

Dados Internacionais de Catalogação na Publicação (CIP)
(Câmara Brasileira do Livro, SP, Brasil)

Kaplan, James
Sinatra: o Chefão/ James Kaplan — 1ª ed. — São Paulo: Companhia das Letras, 2015.

Título original: Sinatra: The Chairman.
Vários tradutores.
ISBN 978-85-359-2663-7

1. Cantores – Estados Unidos – Biografia 2. Sinatra, Frank, 1915-1998 I. Título.

15-09324 CDD-782.42164092

Índice para catálogo sistemático:
1. Cantores norte-americanos: Vida e obra 782.42164092

[2015]

EDITORA SCHWARCZ S.A.
Rua Bandeira Paulista, 702, cj. 32
04532-002 — São Paulo — SP
Telefone: (11) 3707-3500
Fax: (11) 3707-3501
www.companhiadasletras.com.br
www.blogdacompanhia.com.br

Para K. A. C.

E à memória de
P. W. K.

Critique o sr. Sinatra o quanto quiser, meu chapa, mas não venha me dizer que não é mais por inveja do que por desaprovação.

Leo Durocher

Se quiseres conhecer um homem, dá-lhe poder.

Menachem Mendel Schneersohn,
o Tzemach Tzedek (1789-1866)

Sumário

Primeiro ato — O furacão 11
Segundo ato — O Chefão 227
Terceiro ato — Midas 639
Quarto ato — Fúrias 807
Quinto ato — O último show 949
Coda 1030

Agradecimentos 1075
Créditos das imagens 1080
Notas 1082
Bibliografia 1154
Índice remissivo 1162

PRIMEIRO ATO

O furacão

1.

Dez dias depois de ganhar o Oscar por *A um passo da eternidade*, Frank Sinatra se sentou e datilografou um bilhete para um amigo, sem dúvida em resposta a um telegrama ou carta de congratulações. O bilhete, em papel da Paramount Pictures e no estilo habitual de Frank, impaciente demais para apertar a tecla de maiúscula, começava assim:

5 de abril de 1954

caro lew...

meu *paisà* o sr. sinatra ainda está no sétimo céu e o danado não quer descer [...].

Esse danado — o "sr. sinatra" —, de tão emocionado, continuava o bilhete (ainda todo em minúsculas, ainda na terceira pessoa), estava sendo ridículo. E então, depois do agradecimento final ao destinatário, vinha a assinatura: "maggio".

É uma graça essa carta, e fascinante.* Sinatra sempre empregou secretários

* E ainda mais fascinante pelo mistério de quem era o destinatário. Kitty Kelley afirma (*His Way*, p. 526) que o bilhete dizia "Caro Leland" e era dirigido ao produtor Leland Hayward. Diz ela que a

que respondiam à sua volumosa correspondência, muitas vezes assinando com seu nome. Mas, de tempos em tempos, quando sentia vontade, Sinatra escrevia ou datilografava as suas próprias missivas, e as cartas são *ele*, mostrando o intelecto incansável, o senso de humor (sempre mais espontâneo em circunstâncias pessoais do que no palco) e mesmo uma sensibilidade literária. E por que não? Como grande cantor, era um grande narrador; por que tal habilidade iria se anular longe de um microfone? Ele escreve o bilhete encarnando o personagem do soldado Angelo Maggio, papel que lhe valeu o Oscar, e o tom é perfeito: "o danado não quer"; "está tão emocionado [...] é ridículo". Desde o instante em que pegou pela primeira vez o romance de enorme sucesso de James Jones, Sinatra se identificou totalmente com Maggio, o recruta macambúzio do Brooklyn que fala numa espécie de damon-runyonês. Ele tinha se empenhado a fundo para conseguir o papel, enviando uma enxurrada de telegramas para o pessoal de cinema — Harry Cohn, presidente da Columbia Pictures, o produtor Buddy Adler, o diretor Fred Zinnemann, o roteirista Daniel Taradash —, anunciando-se como o ator perfeito para o personagem, e assinara todos os telegramas da mesma forma como assinou esse bilhete: "Maggio".

Frank Sinatra havia se identificado tanto com o personagem não só porque Angelo Maggio era um ítalo-americano magrelo e malandro do Brooklyn — como sua Hoboken natal, perto de Manhattan em termos geográficos, mas, oh, tão longe —, mas também porque Maggio era um dos infelizes do mundo, um fulaninho que bebia para afogar as mágoas e criticava o poder fazendo piadas. Quando Sinatra leu *A um passo da eternidade* pela primeira vez, no começo de 1951, ele próprio se sentia bastante infeliz. Seus discos não vendiam mais; problemas vocais e financeiros o atormentavam; estava com o pessoal da Receita na sua cola. Ficara com uma péssima imagem e fora crucificado nos jornais de todo o país quando abandonou

---

carta "está arquivada na coleção de correspondência no Centro de Pesquisas de Artes Cênicas, na Biblioteca Pública de Nova York". Uma busca na correspondência de Hayward, na biblioteca, não localizou tal item. Numa cópia escaneada fornecida por um arquivista de Sinatra, o bilhete parece ser autêntico e diz claramente "caro lew". Mas qual Lew? Talvez o diretor de cinema Lewis Allen, com quem Sinatra trabalhou por um curto período, ou o diretor Lewis Milestone, que alguns anos depois dirigiria nominalmente o filme *Onze homens e um segredo*, mas com quase toda a certeza não Lew Wasserman, dirigente da Music Corporation of America (MCA), cujo agente não teve a menor cerimônia em dispensar Frank como cliente, então numa fase de maré baixa, em 1951, e a quem o cantor passou décadas sem perdoar.

a mulher e três filhos por causa de Ava Gardner. A Metro-Goldwyn-Mayer (MGM) extinguira seu contrato pouco tempo antes, e em breve a Columbia Records e seu agente profissional, a Music Corporation of America, iriam dispensá-lo também.

"Ele acabou, morreu", declarou o agente Irving "Swifty" Lazar em 1952. "Nem Jesus conseguiria ressuscitar nesta cidade."[1] Jesus talvez não, mas Frank Sinatra, sim. Literalmente da noite para o dia — depois da cerimônia de entrega do Oscar, em 25 de março de 1954 —, Sinatra deu a maior volta por cima de toda a história do show business. E isso tudo em Hollywood, um mundo empresarial de um darwinismo implacável que espezinha os derrotados, mas tem um enorme apreço por finais felizes. O Oscar deixou claro que Frank também era um artista que voltava a ser viável para as gravadoras, com um novo contrato na Capitol Records, onde ele e um jovem arranjador muito talentoso, chamado Nelson Riddle, haviam começado a criar a sucessão de gravações inovadoras que iriam revolucionar a música popular nos anos 1950.

E de repente, naquela primavera, sem o menor traço de constrangimento por sua volubilidade, toda a indústria de entretenimento começou a se jogar aos pés de Sinatra. "O mundo inteiro está mudando para Frank Sinatra", escreveu Louella Parsons em sua coluna de 19 de abril distribuída para as agências de notícias. "Hoje, são tantas as propostas de trabalho que ele pode escolher a que quiser."[2]

Parsons se referia a filmes, mas a televisão, o rádio e as boates também estavam ligando. Entre as possibilidades oferecidas a Sinatra no cinema: o papel de coadjuvante ao lado do jovem e sedutor Robert Mitchum no melodrama médico *Não serás um estranho*; o segundo papel em *Corações enamorados*, uma refilmagem da Warner Brothers de *Quatro filhas*, filme que fora o trampolim de John Garfield para a fama; um papel coestrelando ao lado de Marilyn Monroe no musical *Pink Tights*, da Twentieth Century Fox, embora a atriz logo tenha desistido quando soube que os valores que o estúdio estava oferecendo a Sinatra eram muito mais altos que os dela. E, vejam só, a MGM — da qual Louis B. Mayer em pessoa demitira Sinatra em 1950, depois que o astro fez uma piada sem muito tato sobre a amante do chefe* (e onde agora o próprio Mayer já fazia parte

* Cerca de dois meses antes, depois de uma queda do cavalo, o chefe aparecera no trabalho numa cadeira de rodas, com a perna engessada. Sinatra estava almoçando com alguns colegas no refeitório da MGM quando alguém disse: "Ei, vocês ouviram falar do acidente do L. B.?". Frank respondeu na lata: "Pois é, ele caiu da Ginny Simms".

da história) — queria Sinatra de volta, para o comentadíssimo *St. Louis Woman*, junto com Ava Gardner.

Essa era uma coisa muito problemática por várias razões. Para começar, Gardner ficara ofendida quando a Metro usou a voz de uma cantora profissional para dublá-la em *O barco das ilusões* e decidiu que nunca mais faria outro musical. Além disso, ela passara a nutrir um ódio visceral por Hollywood. Estava exilada, morando na Espanha com Luis Miguel Dominguín, o talentoso, carismático, belo e trigueiro toureiro cuja rivalidade com o cunhado Antonio Ordóñez inspiraria mais tarde *O verão perigoso*, longo ensaio de Hemingway para a revista *Life*. O mais importante, porém, era que ela estava prestes a pedir a Frank o divórcio.

Embora a Hollywood de 1954 tivesse algumas semelhanças com a capital do entretenimento nos dias de hoje, era de modo geral uma cidade mais rústica e modorrenta. Não mais virtuosa, de maneira nenhuma, mas de laços mais estreitos. Os estúdios ainda dominavam; seus departamentos de publicidade controlavam o acesso aos artistas e as informações sobre eles, mesmo quando se tratava de assuntos de polícia. Existia um certo código de conduta para a imprensa e outros curiosos em relação às celebridades.

Hoje, por exemplo, é impossível imaginar qualquer artista importante morando no apartamento de um prédio ajardinado, como morou Sinatra na primavera daquele ano, ainda que fosse um apê de solteiro luxuoso como era o dele, de cinco cômodos, num edifício de tijolos vermelhos na esquina do Wilshire Boulevard com Beverly Glen. Uma década antes, ao chegar a Hollywood, ele se instalara numa mansão cor-de-rosa em Toluca Lake. Era um sinal de que a sorte mudara, mas também de maturidade (para não falar da mudança dos tempos), que agora Sinatra não precisasse mais fugir das hordas de mocinhas adolescentes e, aliás, de horda nenhuma. Na primavera de 1954, aproximava-se dos 39 anos — esbelto, com início de calvície, mas não acomodado, de modo algum (sua enorme vaidade e seu hedonismo a toda prova o protegeriam por muito tempo desse destino), mas amadurecido, à sua maneira pessoal. A voz firme de barítono nas gravações da Capitol, carregada de triste experiência — ou, nas músicas mais rápidas, de arrogante autoridade —, era radicalmente diferente da terna Voz que acalentara os Estados Unidos durante a guerra.

Mas o segredo era que ele ainda queria mais. (Sempre iria querer mais, mesmo depois de ganhar tudo o que o mundo tinha a oferecer.) Passara o último Natal e o Ano-Novo em Roma, onde Gardner estava filmando *A condessa descalça*, de Joseph Mankiewicz, tentando desesperadamente segurá-la, até quando ela se esquivava, já apaixonada pelo toureiro. Ava também amava Frank — sempre amaria —, mas a paixão diminuíra, em boa parte drenada pela brusca queda que ele sofrera na carreira, e que coincidira com a ascensão da atriz ao estrelato. As parcas reservas de paciência e compreensão de Frank haviam se esgotado. Sem que ela soubesse e pouco antes que fosse para a Europa, no mês de novembro, ele tentou se matar, cortando o pulso esquerdo no apartamento do compositor Jimmy van Heusen, seu grande amigo, em Nova York: teria sangrado até a morte se Van Heusen não tivesse voltado e o encontrado.

E Ava percebia o desespero dele, coisa que odiava mesmo que o amasse. Ela era displicente, impaciente, entediava-se fácil e estava apaixonada por outro.

Os colunistas de fofocas (que Sinatra lia com a mesma atenção dos fãs) criaram uma doce fantasia: Gardner viria à cerimônia do Oscar naquele mês de março — ela própria estava concorrendo como melhor atriz, em *Mogambo* —, e o casal se reconciliaria. Mas ela ficou com o amante na Espanha.

Se Frank chegou a alimentar alguma fantasia de que o retorno à fama lhe traria Ava de volta, sofreu uma grande decepção.

"Uma noite, fomos à casa de Frank para um jantar", lembra a letrista e roteirista Betty Comden, "e vimos que um dos aposentos estava cheio de fotos de Ava, com velas acesas ao redor. Parecia o altar de uma capela."[3]

Mas em outra noite, afirma Lee Server, biógrafo de Gardner, Swifty Lazar, que morava no mesmo prédio de Sinatra, chegou tarde em casa e viu que a porta de Frank estava aberta.

> Perguntando-se se havia algum problema, ele enfiou a cabeça pela porta e viu Sinatra sozinho, visivelmente bêbado, afundado numa poltrona, com uma arma na mão. Lazar entrou com muito cuidado e viu que Sinatra apontava a arma — de ar comprimido, soube-se depois — para três grandes retratos de Ava que estavam escorados no chão. O rosto dela, nas três imagens, estava cheio de buracos de bala, onde Sinatra atirara — durante a noite inteira, pelo jeito.[4]

Se Gardner foi a Dalila para o Sansão de Frank no tempo em que estiveram juntos, ela seria sua musa por vários anos após a separação — mais especificamente, os grandes anos da Capitol. Como disse Nelson Riddle, em sua famosa frase, "Ava o ensinou a cantar músicas de dor de cotovelo". Em 13 de maio de 1954, Sinatra — com Riddle regendo uma orquestra de 29 integrantes — gravou três canções que podiam ser diretamente destinadas à esposa inconstante: "The Gal That Got Way", "Half as Lovely (Twice as True)" e "It Worries Me". Nesta última, ele cantava:

*Just what did I do — was I mean to you?**

Tomada em termos autobiográficos (o que deve ser, em certa medida), a letra pode parecer hipócrita — é claro que ele foi não só ruim como bruto com ela, e ela com ele, em inúmeras ocasiões. Mas, para o ouvinte, os versos, cantados com delicada ternura, são de derreter o coração. Com efeito, em sua nova fase na meia-idade, Frank era o mesmíssimo cantor de baladas que o Frankie dos anos na Columbia tinha sido — para dizer o mínimo. Agora vivera mais, sofrera mais.

Em 12 de junho de 1954, Ava Gardner chegou ao lago Tahoe para cumprir as seis semanas de residência em Nevada exigidas para o processo de divórcio. Las Vegas, onde ela ficara quando se separou do primeiro marido, Mickey Rooney, estava fora de cogitação — Frank estava lá, apresentando-se no Sands, e na época Las Vegas era um lugar pequeno. (E, o que é muito curioso, tanto Rooney quanto Artie Shaw, o segundo marido de Gardner, também estavam se apresentando em cassinos ao longo da Strip:** uma constelação de ex.)

Ava e sua empregada Reenie Jordan ficaram numa casa de frente para o lago, oferecida por seu inveterado galanteador, o magnata da aviação e do petróleo epicamente excêntrico e estratosfericamente rico Howard Hughes. Hughes, um controlador maníaco à enésima potência, mestre paranoico da intriga, sobretudo em questões amorosas, tinha o hábito de instalar as namoradas — as atuais e as possíveis futuras — em casas alugadas, às vezes bem próximas uma da outra, para fiscalizar melhor suas idas e vindas. Fazia anos que tentava fisgar Gardner, para a cama ou para o altar, sem sucesso. Inundava-a de presentes caríssimos, joias, casacos de pele, carros conversíveis: ela aceitava e ria na cara dele.

* O que foi que eu fiz — fui ruim com você? (N. T.)

** Parte do Las Vegas Boulevard onde fica a maioria dos hotéis e cassinos. (N. T.)

Agora ele sentia uma brecha. O casamento de Ava estava no fim, talvez ela precisasse de um ombro para chorar. Mas Hughes, que não tinha a menor sensibilidade para captar os desejos alheios, precisava de dados para dar andamento a seus planos. Mandou grampear a casa e contratou um investigador caríssimo de Washington, DC, chamado Robert Maheu, para vigiar a área durante a permanência da atriz.

Muito compreensivelmente, Maheu — cuja especialidade eram serviços sigilosos de alto nível (mais tarde, ele iria se envolver a fundo num complô respaldado pela CIA para assassinar Fidel Castro) — não se animou a fazer uma longa viagem só por causa de um mero caso de namorado ciumento. Ele subcontratou um detetive particular local, que logo apurou que o rival de Hughes era aquele que em breve seria o persistente ex de Ava.

Frank apareceu numa tarde daquele verão na casa de Tahoe, decerto pensando em reconciliação, e conseguiu convencer Ava a irem passear de barco. Imprudente, o detetive local decidiu segui-los em outro barco. Sinatra logo o viu e saiu em perseguição furiosa atrás dele; a duras penas, o detetive voltou à margem e se embrenhou na mata. Tendo assim se estragado qualquer clima de romantismo, Frank deixou Tahoe sem dobrar Ava.[5]

História romântica: primeiro como tragédia, depois como farsa.

No final de julho, Ava não compareceu ao tribunal na data marcada para o divórcio. Ela pedira que Frank devolvesse as quantias nada insignificantes que lhe emprestara na fase crítica; ele se zangara com o pedido.[6] Ficaram num impasse: ainda casados legalmente, mas separados. Ele nunca chegou a esquecê-la, tampouco ela algum dia chegou de fato a esquecê-lo.

E, no entanto — segundo todas as aparências, ao menos —, o danado estava no sétimo céu e não queria descer. Se o Sinatra das madrugadas se sentia atormentado pelo abandono de Ava, o Sinatra diurno parecia ter deixado para trás todas as dúvidas e reflexões que o perseguiram durante boa parte do início dos anos 1950. Agora, como um rei voltando do exílio, avaliou a situação e viu que estava tudo bem. Entrou num frenesi de atividades pessoais e profissionais que iria manter quase inalterado pelos doze anos seguintes.

Além de ganhar o Oscar em 1954, Frank teve seu maior sucesso musical em oito anos, "Young at Heart", do filme *Corações enamorados*.[7] Naquele ano, entrou dezenove vezes no estúdio de gravação e fez 37 faixas. Rodou três filmes. Fez duas rodadas de apresentações, de quinze dias cada, no Sands, em junho e novembro, e se apresentou durante três semanas no Copacabana na época do Natal e do Ano-Novo. Fez uma breve incursão pela TV, veículo ainda novo, com apenas quatro aparições (uma delas, a transmissão da cerimônia do Oscar), mas tinha presença constante no rádio: havia *To Be Perfectly Frank*, seu programa de quinze minutos que ia ao ar duas vezes por semana; *Rocky Fortune*, a série semanal de detetive levemente cômica (logo ele se cansou do programa, resquício não muito digno de seus dias difíceis, e encerrou a série em março); e mais tarde, no mesmo ano, uma série para a Bobbi Home Permanents, chamada *The Frank Sinatra Show*.

Frank também se empenhou muito em esquecer Ava. Era praticamente um rapazola quando se casara com Nancy Barbato, em 1939, e, mesmo que possa ter se comportado como solteiro nos doze anos do primeiro casamento, fazia tempo que não dispunha de tanta liberdade. Em 1954, ele teve ligações românticas com, entre outras, a atriz francesa Gaby Bruyère, a atriz sueca Anita Ekberg e as atrizes americanas Joan Tyler, Norma Eberhardt, Havis Davenport e (talvez) Marilyn Monroe. Também esteve em companhia da cantora Jill Corey e da herdeira aspirante a atriz Gloria Vanderbilt. É provável que tenha havido muitas outras. Mas, em termos mais problemáticos, ele também parece ter iniciado naquela primavera uma relação com Natalie Wood, que não completara sequer dezesseis anos.

Wood, cujo início de carreira era administrado pela férrea mão materna de Maria Gurdin (Natalie a chamava de "*Mud*", de "*mudda*"; o pai alcoólatra e imprestável mal teve presença em sua vida), tornara-se uma estrela infantil reconhecida aos oito anos, em *De ilusão também se vive*, de 1947. Mas agora estava num período complicado, buscando a transição para papéis adultos antes de atingir a maioridade, tentando parecer mais velha com maquiagem pesada e seios postiços. Aos quinze anos, era miúda feito um passarinho — mal chegava a 1,50 metro e era muito franzina —, mas, apesar da pouca idade e da baixa estatura, tinha uma presença fenomenal, com enormes olhos escuros cheios de emoção e uma inteligência ágil e intuitiva. Com a escassez de papéis para adolescentes no cinema, Natalie marcava passo num seriado cômico da ABC chamado *The Pride of the Family*, e odiava cada minuto desse trabalho. Em maio, porém, ela foi escalada para *O cálice sagrado*, épico da Warner Brothers cuja ação se passava na Antiguidade (no qual Paul Newman, para sua eterna vergonha, estreou nas telas vestindo uma toga sumária). Wood fazia uma ponta, mas, segundo sua biógrafa, Suzanne Finstad, "Mud estava maquinando uma forma de melhorar aquela posição".[8]

> As duas passaram o mês de maio entrando e saindo da Warner, Natalie provando suas roupas gregas [...]. Um dia, quando estavam no refeitório, Frank Sinatra entrou, preparando-se para seu próximo filme, *Corações enamorados*. Sinatra abordou Natalie, ou foi sua mãe que mandou que ela fosse se apresentar a ele [...]. Sinatra se encantou com Natalie e achou graça em Maria, convidando-as para uma festa na casa dele. Mud aceitou sem pestanejar, depois cochichou à filha que a deixaria ir sozinha, insistindo que se aproximasse de Sinatra, "porque ia ser bom para a carreira dela".

Juventude e beleza — masculinas e femininas — sempre foram boas mercadorias em Hollywood, que tem uma longa história de mães de artistas infantis que, no fundo, agem como cafetinas das filhas menores de idade para que estas lucrem e avancem na carreira. E assim, por insistência da mãe, Natalie foi à festa, sozinha. Lá, conta Finstad, ela

> consumiu uma grande quantidade de vinho [...] e durante a noite contou a Sinatra sobre "Clyde", nome que Bobby [Hyatt, adolescente com quem trabalhava em *Pride of the Family*] tinha inventado para o pênis, para enganar a mãe dela. Sinatra achou tanta graça que ele e seus amigos [...] incorporaram "Clyde" a seu repertório de gírias modernas.*[9]

Só Deus sabe o que aconteceu naquela festa. Mas Frank parece ter se sentido afetado pela jovem atriz, que tinha capacidades precoces de compreensão e empatia. (Para não citar sua visível carência de uma figura paterna.) Talvez ele tenha contado seus problemas a ela. Seja como for, Wood frequentou o apartamento de Frank naqueles meses de maio e junho, e seus amigos íntimos da época tinham certeza de que os dois estavam tendo um caso. Mas, por mais improvável que essa ligação possa ser, Wood não teria se resumido a uma mera conquista,

* Se for verdade, isso lança uma luz lateral interessante, visto que "*clyde*", no linguajar do Rat Pack, veio a ser uma espécie de código geral com uma infinidade de sentidos, dependendo do contexto, como em "Não gosto da *clyde* [voz] dela" — ao passo que "*bird*" significava apenas uma coisa: pênis.

no que se refere a Frank. Ele estava em plena meia-idade, saudoso, com quase toda a certeza, dos tempos em que fazia desmaiar todas aquelas mocinhas. Sem dúvida, em algum nível Natalie Wood o fazia lembrar daquelas garotas que o idolatravam.

Além disso, ele estava sofrendo, e a vivacidade e a presença acrítica de uma mocinha fascinante e encantadora devem ter sido um bálsamo para sua alma, mesmo que a ligação fosse, de forma consciente ou não, um veneno para a alma de Natalie. Formou-se entre eles um laço emocional complicado, que se manteria enquanto Frank e Natalie continuassem amigos e, de vez em quando, amantes, até a morte dela, em 1981, aos 43 anos.

Todavia, a ligação emocional mais importante na vida de Frank Sinatra na primavera de 1954 foi a que se desenvolveu com Nelson Riddle, seu novo e extraordinariamente talentoso arranjador na Capitol Records. Os dois tinham visto juntos o novo filão na primavera anterior, depois que Alan Livingston, vice-presidente e diretor de criação da Capitol, sentindo que Sinatra precisava de um tipo novo de som que Axel Stordahl, o arranjador anterior, não era capaz de proporcionar, agiu com esperteza ao colocar Riddle como maestro substituto. Sinatra não fazia ideia de quem era Riddle antes da primeira sessão de gravação, mas, no momento em que ouviu o playback de "I've Got the World on a String", em arranjo de Riddle, percebeu que essa era uma transformação em sua vida tão irreversível quanto a que ocorrera na primeira vez em que pôs os olhos em Ava Gardner. Esse foi o grande raio que o fulminou, em termos musicais.

"I've Got the World on a String" foi lançado apenas como compacto simples. O primeiro álbum de Frank para a Capitol, *Songs for Young Lovers*, lançado em janeiro de 1954, continha apenas uma faixa orquestrada por Riddle, "Like Someone in Love". O segundo álbum da Capitol, *Swing Easy!*, gravado em abril, foi uma história muito diferente.

Swing Easy! era o Sinatra maduro em todos os aspectos: ganhara o Oscar e cruzara a linha de sombra; agora podia de fato *swing easy*, gingar gostoso. E Nelson Riddle era o gênio que o levaria aonde ele queria ir. *Young Lovers* era muito bonito, mas, como quase todos os seus arranjos tinham sido feitos em ritmo acelerado por George Siravo, o velho homem de confiança de Frank, era no fundo um álbum conservador: a coisa que mais se destacava nele era a voz do cantor.

Em Riddle, Frank Sinatra encontrara seu par musical. Embora o arranjador não tivesse conhecido nada parecido com o sucesso inicial de Frank — tocava trombone e fez algumas orquestrações para a Charlie Spivak Orchestra no começo dos anos 1940, e depois tocou como terceiro trombone para Tommy Dorsey após a saída de Sinatra —, esse músico sério de Nova Jersey parecia ter, desde o início, a cabeça cheia de músicas complexas e uma grande vontade de ouvi-las tocadas e cantadas. Em contraste com os colegas de orquestra, que passavam a maioria das horas de folga bebendo e tentando levar alguém para a cama, Riddle dedicava grande parte do tempo livre a ouvir Ravel, Debussy e Jacques Ibert em sua vitrola portátil. Um de seus cálices sagrados era *Escales — Ports of Call*, em inglês —, composição de Ibert de um romantismo exuberante. Outro era *Stomp It Off*, com arranjo do grande Melvin "Sy" Oliver para a orquestra de Jimmie Lunceford.

O elo entre as duas composições era o sexo — lento e sensual, no caso da peça de Ibert; em rock 'n' roll, na de Oliver. Riddle era um sensualista com atitude de cientista. E não um cientista feliz. "Papai tinha uma aura de tristeza", relembra Rosemary Riddle Acerra, sua filha. "Às vezes era interpretada como tristeza, embora em vários casos pudesse não ser. Era apenas esse estado de espírito sério, taciturno. Ele estava sempre pensando."[10] Julie Andrews, que trabalhou com Riddle em seu programa de variedades na TV, nos anos 1970, chamava-o de Eeyore.*

Dois grandes temas estavam entrelaçados de modo indissociável em seu espírito. Uma vez, durante uma briga conjugal, Doreen, a esposa de Riddle, acusou-o de só pensar em música e sexo. Mais tarde, o arranjador comentou com o filho, esboçando um sorriso: "Afinal, o que há além disso?".[11] Riddle escreveu sobre seu trabalho com Sinatra: "Nossos melhores números, em sua maioria, tinham o que chamo de ritmo da batida do coração [...]. Para mim, música é sexo — tudo, de certa maneira, está amarrado, e o ritmo do sexo é a batida do coração".

E continuou:

> Elaborando os arranjos para Frank, creio que me prendia a duas regras principais. Primeiro, encontre o ápice da música e construa o arranjo inteiro até alcançar

* Personagem de *Winnie-the-Pooh* (no Brasil, o burrico Bisonho em *O ursinho Pooh*). (N. T.)

esse ápice, seguindo o mesmo andamento vocal que ele dá. Segundo, quando ele está cantando, tire tudo da frente [...]. Afinal, que arranjador no mundo tentaria lutar contra a voz de Sinatra? Dê ao cantor espaço para respirar. Quando o cantor descansa, aí, sim, há uma chance de compor um enchimento que possa ser ouvido.[12]

Ele aprendera essa lição a duras penas, numa sessão inicial malograda com Frank: no meio de um take de "Wrap Your Troubles in Dreams", Sinatra mandou a orquestra parar e chamou Riddle para a cabine de gravação, explicando com veemência a seu jovem e ambicioso arranjador (cinco anos e meio mais novo do que Sinatra) que ele estava expulsando o cantor da música, simplesmente porque escrevera notas demais, por mais bonitas que fossem. Riddle nunca mais cometeu esse erro.

Foi um momento crítico. Frank, que era capaz de demitir assistentes num simples estalar de dedos, podia ter facilmente cortado Riddle ali naquela hora e voltado para a comodidade de Stordahl. Mas ele tinha perspicácia musical suficiente para entender que não era de comodidade que precisava naquele ponto da carreira. Nelson Riddle o estava levando por rumos novos e arrojados; só carecia de uma pequena orientação na arte de fazer arranjos para Sinatra.

"Eu adorava o modo como Nelson usava a abordagem de Ravel na politonalidade", contou Quincy Jones a Will Friedwald. "Nelson era esperto porque erguia a eletricidade acima de Frank [...] e dava a Frank o espaço de baixo para destacar a voz, em vez de construir grandes passagens exuberantes no mesmo registro da voz dele."[13]

"Papai evoluiu com a ajuda de Frank e também por si mesmo", afirma Rosemary Riddle Acerra. "Creio que Frank era bastante perspicaz e generoso." Ao mesmo tempo, diz ela, seu pai sabia muito bem por que estava ali; não como mero empregado, curioso ou pedinte, como tantos ao redor de Sinatra, mas como colaborador musical de primeira categoria. "Papai queria trabalhar com Frank porque via algo muito especial", comenta.

Swing Easy! transbordava de energia artística, trazida em grande parte pelo arranjador de ar acadêmico, que sabia quais instrumentistas poderiam lhe dar o som que ele queria: não, como escreve Friedwald, "os músicos da equipe de estúdio formados em conservatório dos anos 1930 e 1940, mas os caras que tinham se criado na adolescência nas bandas de suingue em turnê".[14] Caras como Arthur

"Skeets" Herfurt e Mahlon Clark, em instrumentos de sopro; os trombonistas Milt Bernhart, George Roberts e Juan Tizol; e, pela primeira vez em *Swing Easy!*, o grande trompetista minimalista Harry "Sweets" Edison. O álbum era pura elegância — os arranjos rápidos, enxutos e coruscantes de Riddle permitiam que Sinatra mostrasse o auge de sua complexidade artística e emocional. Seria um auge prolongado. A voz amadurecera, passando do tenor adolescente de seus dias na Columbia para um barítono levemente rouco — do violino para o violoncelo, numa famosa formulação atribuída tanto a Nelson Riddle quanto a Sammy Cahn —, e ganhara grande experiência.

A primeira canção do álbum, a magnífica "Just One of Those Things", de Cole Porter, é uma síntese disso. Trata-se de uma sinfonia de três minutos e quinze segundos, numa modulação que vai da ternura ao franco desafio, transpirando Ava por toda a sua extensão. A interpretação de Sinatra de uma canção que muitos cantores interpretam com jovialidade é discretamente devastadora. Prova disso é o contraste entre o primeiro refrão com "So goodbye, dear, and amen",* todo ele de delicada tristeza e suave ardor, e o segundo refrão, um psicodrama em miniatura, balbuciante em seu gesto de soltar e segurar: "So goodbye, goodbye, bye, bye, goodbye baby and amen...".**

Ela o educou pelo caminho mais árduo.

Mesmo quando Frank relembrava a emoção na tranquilidade dos KHJ Radio Studios, de Hollywood, ela era sintetizada de formas novas e fascinantes perante as câmeras de filmagem. Naqueles meses de abril e maio, na cidadezinha poeirenta de Newhall onde parava o trem, sessenta quilômetros ao norte de Los Angeles, ele rodou um novo filme — não um dos deslumbrantes projetos de estúdio comentados pelas colunas de fofocas, mas um filme soturno em preto e branco chamado *Meu ofício é matar*, em que Frank Sinatra interpretava nada mais, nada menos que um homem com um rifle equipado de telescópio para assassinar o presidente dos Estados Unidos.

Ele se interessou pelo roteiro de Richard Sale (de qualidade duvidosa, mas dinâmico) desde o momento em que o vira; no entanto, como seu novo e grandioso plano de carreira — agora que podia se dar ao luxo de ter um plano de carreira — exigia que alternasse dramas e musicais, Frank quis rodar primeiro

* Então até mais, querida, e amém. (N. T.)

** Então até mais, até mais, até, até, até mais, meu bem, e amém. (N. T.)

Pink Tights, na Twentieth Century Fox. A ideia foi pelos ares quando Marilyn Monroe, que no ano anterior enfim se tornara uma grande estrela com *Torrente de paixão*, decidiu (instigada por Joe DiMaggio, que sabia algumas coisinhas sobre negociações de contratos) que estava farta de papéis de loira burra e não quis participar.[15] A Fox a suspendeu — e então, como faria uma grande estrela, ela simplesmente seguiu em frente, lépida e fagueira, casando-se com DiMaggio em janeiro e depois (para o pesar do Yankee Clipper, como era chamado) foi entreter as tropas na Coreia em fevereiro. A Fox fez um teste com uma recém-chegada de nome Sheree North para o papel da loira burra, e Frank decidiu rodar *Meu ofício é matar* como primeiro filme depois de *A um passo da eternidade*.

O assassino, Johnny Baron, é o único vilão que Sinatra interpretou na tela em toda a sua vida, e a interpretação é muito estranha e, ao mesmo tempo, funciona de maneira fascinante. Frank aparece na tela vinte minutos depois de iniciado o filme, mantendo uma família presa e matando a sangue-frio um agente do serviço secreto, e se torna o centro da atenção até o final. Como aconteceu em seu primeiro papel completo em *A lua a seu alcance*, de 1943, o espectador não consegue tirar os olhos dele — ainda que, passados dez anos, o rosto tenha mudado um bocado.

Aos 38 anos, Sinatra ainda tinha uma presença física marcante. Podia estar chegando à meia-idade, mas parecia não ter ganhado um grama desde seus tempos de ídolo das adolescentes: na tela, de calça com preguinhas de cós bem alto, sua cintura quase chega a assustar de tão fina, e ele nem tem traseiro. Charles G. Clarke, diretor de fotografia de *Meu ofício é matar*, muitas vezes filmava Frank em closes fechados e cansativos, escolhendo com uma frequência surpreendente o lado ruim dele — o lado esquerdo do rosto, o lado deformado em volta da orelha e do pescoço por causa do fórceps na hora do parto e de uma operação de mastoide na infância.

Mas seus traços são esculpidos claramente, os olhos ávidos e penetrantes: esse agora é um rosto maduro, com profundos sulcos deixados pelo álcool, pelo cigarro e pelas desilusões amorosas. E pela fama. É impossível não notar que esse candidato a assassino presidencial parece recém-saído de uma piscina em Palm Springs: tem um bronzeado e um aspecto maleável e satisfeito que não combinam com o histórico de um matador de aluguel.

Furtivamente eficaz como assassino de presidente em Meu ofício é matar, *de 1954. Aos 38 anos, Sinatra ainda tinha uma presença física marcante, uma fisionomia claramente esculpida, olhos ávidos e instigantes.*

A maleabilidade — a despeito do lado ruim de Frank — permeia a interpretação. Ao contrário de, digamos, Richard Widmark em seus papéis *noir* ou Humphrey Bogart em *Horas de desespero*, o assassino psicopata de Sinatra não parece nem de longe um descontrolado. Escancara os olhos de maneira impressionante quando ameaça cortar o pescoço do menino e depois o derruba com um tapa; adota uma atitude introspectiva convincente quando reflete sobre suas experiências de guerra e como elas o converteram num homicida (tema que será retomado de forma obsessiva em *Sob o domínio do mal*). É uma mudança forte, perturbadora. Mesmo assim, passa a impressão de algo controlado, contido com firmeza. Nunca se tem a impressão de que esse sujeito vai mesmo perder as estribeiras — como o Frank da vida real costumava fazer de tempos em tempos.

Burt Lancaster, atuando ao lado de Sinatra em *A um passo da eternidade*, comentou a propósito da interpretação de Frank nesse filme que o fervor, a raiva, a amargura dele tinham algo a ver com o personagem de Maggio, mas também com o que atravessara nos últimos anos: uma sensação de derrota, o mundo todo desmoronando sobre ele, o casamento com Ava ruindo. "Você sabia que esse era um homenzinho em fúria que, ao mesmo tempo, era um ser humano do bem."[16]

Também era possível perceber que esses fatores da vida real exerceram grande influência nos integrantes da Academia, para lhe conferirem o Oscar de melhor ator coadjuvante.

Com *Meu ofício é matar*, o ofício de Frank de repente ocupou novo território. Como escreve Tom Santopietro em *Sinatra in Hollywood*, o filme

> marcou o começo da carreira dramática de Sinatra no cinema como ator principal; agora não havia nenhum Lancaster ou Montgomery Clift em vista. Esse era o show de Frank Sinatra, pura e simplesmente, um filme de elenco que se transformava num espetáculo individual no instante em que ele aparecia na tela.[17]

Agora ele tinha poder, e poder significava controle. Não precisava mais bajular ninguém. Seu papel em *A um passo da eternidade* foi o primeiro e último em que Frank se permitiu ficar tão vulnerável em termos emocionais. De *Meu ofício é matar* em diante, ele seria um ator, atuando — às vezes de maneira arrebatadora (e o grau de arrebatamento quase sempre dependia do grau de respeito que ele sentia pelo diretor), às vezes apenas fazendo as cenas. Com esse filme, Sinatra queria provar uma coisa, e provou: agora, além de astro musical, era um astro de cinema.

2.

Então temos Frank Sinatra. E Frank, que estava em Corações enamorados, *ele e eu sempre nos demos muito bem. Ele era bastante protetor, sabe, e eu de fato gostava dele. Mas se atrasava. Todos os dias [...]. Todo mundo estava pronto às nove e começávamos a filmar lá pelas onze, e o estúdio não estava muito satisfeito com isso. Ninguém sabia qual era o problema, mas ele chegava sempre atrasado, o que não era muito profissional [...]. Sou grande admiradora de seus talentos, mas ele faz coisas como essa [...]. É como um menino levado. Parece gostar de deixar os outros esperando e coisas desse tipo, o que não é muito bonito e incomoda bastante gente. É o moleque travesso. Acho que era um pouco uma imagem de macho que ele usava. Mas, afora isso, eu gostava mesmo muito dele, e ainda gosto, claro.*

Doris Day, em entrevista pelo rádio

As palavras de Doris Day, ressumando ambiguidade sobre seu parceiro no melodrama musical *Corações enamorados*, da Warner Brothers, em 1954, fazem-nos lembrar que os seres humanos são criaturas complicadas e que não havia ser humano mais complicado do que Frank Sinatra. Nesse ano da volta por cima,

1954, quando recuperou o imenso poder que perdera, Frank também chegou a novos píncaros de arrogância. Havia Sinatra e, depois dele, o resto. Ele sabia disso, e o mundo sabia também.

Doris Day conhecera Sinatra em 1947, quando trabalharam juntos no programa *Your Hit Parade*. Em sua autobiografia, ela conta que, quando veio a maré baixa e Frank estava cantando em clubes noturnos, seu marido, Martin Melcher, insistiu que ela fosse ouvi-lo no Cocoanut Grove para lhe dar apoio. Day relembra:

> O Cocoanut Grove era um lugar cavernoso e, quando o público ocupava apenas um terço da casa, tinha um ar melancólico. A voz de Frank havia mudado. Ele não estava mais cantando como cantava antes nem como canta agora. Parecia vacilante [...].
>
> Frank veio à nossa mesa, sentou-se comigo e Marty por algum tempo e tomou uma bebida. Ele sabia que não estava cantando como queria. Claro que não comentamos nada, mas ele parecia um pouco constrangido. E sobre o público pequeno também.[1]

Sinatra havia retornado, mas a música popular americana em 1954 ainda estava afundada até o pescoço em coisas de quinta categoria, com sucessos como "Sh-Boom", de The Crew-Cuts, "Hernando's Hideaway", de Archie Bleyer, "Three Coins in the Fountain", de The Four Aces, e "Oh! My Pa-pa", com Eddie Fisher, ribombando nos rádios e jukeboxes de toda a nação. E Mitch Miller ainda tinha força na Columbia, ainda obrigava grandes cantores a gravar coisas medíocres que, no clima coercitivo e conservador da época, se transformavam em grandes sucessos populares. "Make Love to Me", um *rhythm and blues* barulhento e insignificante que Miller impingiu à sublime cantora de baladas Jo Stafford, ocupou o primeiro lugar na parada de sucessos daquele ano, bem como "This Ole House", a monstruosidade em ritmo de quadrilha que ele infligiu a Rosemary Clooney.

Na Capitol, ninguém estava dizendo a Frank o que devia gravar. Das 37 faixas entre compactos simples, trilhas sonoras e álbuns que ele lançou em 1954, havia alguns equívocos interessantes — mas eram *seus* equívocos. E Sinatra e Riddle estavam criando coisas geniais juntos. Sobretudo nos álbuns. Continuando o modelo premonitório que iniciara na Columbia em 1946, com *The Voice of Frank Sinatra*, Frank organizou todas as suas coletâneas na Capitol em torno de um estilo ou de um clima específico: rápido ou lento, baladas ou coisas animadas. O termo "álbum conceitual" só viria a ser criado muito mais tarde, mas foi Sinatra quem teve a ideia e Riddle o ajudou a aperfeiçoá-la. Mais do que nunca, ele estava muito longe de ser um mero cantor: era um artista moldando seu meio de expressão.

Ao mesmo tempo, sempre havia a contracorrente sombria — as vozes interiores que lhe diziam que ele não era nada nem ninguém, que não passava de um italianinho das ruas de Hoboken. As fúrias que o cegavam sempre que se tocava em seus pontos sensíveis. A terrível impaciência — com a incompetência e a burrice que tanto grassavam no mundo, com as coisas que ele precisava que acontecessem de imediato e que tão raramente aconteciam. A percepção de que era diferente de todos e, portanto, destinado a ficar sozinho. Seus pavores: a solidão e o sono, primo da morte. E sempre, sempre, os vastos e vorazes desejos.

Levando tudo isso em conta, há por que se admirar que ele chegasse ao set de Burbank, para *Corações enamorados*, com duas, três ou quatro horas de atraso?

O diretor era um assalariado simpático chamado Gordon Douglas, cuja maior reivindicação à fama era ter filmado as comédias *Our Gang* para Hal Roach nos anos 1930.* Quem supervisionava a produção era Martin Melcher — homem que, apesar da gentileza com Sinatra apenas uns dois anos antes (ou talvez por causa disso), incorreu quase de imediato na cólera dele, ao que tudo indica por tentar convencê-lo a cantar músicas de qualidade inferior no filme, músicas cujos direitos autorais eram controlados por Melcher.[2] Sinatra proibira sua presença no set. (A *fatwa* foi executada por Jack Warner em pessoa.) O próximo a ser banido foi o diretor de fotografia Charles Lang, premiado com um Oscar, perfeccionista que levava uma eternidade para montar suas iluminações. "Claro que Frank não tinha o direito de fazer o que fez", escreve Day, "mas, quando um filme está em produção com todos os seus custos em andamento, não existe certo ou errado; existe apenas aquele velho demônio, a questão prática."[3]

Sinatra jamais, nem em um milhão de anos, teria criado todas essas encrencas com Fred Zinnemann, o diretor de *A um passo da eternidade*. Não só andava necessitado e impotente naquela época, como também tinha grande respeito por Zinnemann e por Montgomery Clift, que atuava com ele.

* E a quem Sinatra contratou três vezes para dirigi-lo de novo, em *Robin Hood de Chicago*, *Tony Rome* e *Crime sem perdão*.

Mas aqueles tinham sido tempos muito diferentes. Frank sabia que vender discos era bom, mas ser astro de cinema lhe daria uma presença mundial sem concorrentes. (Sem falar na segurança financeira para compensar uma baixa vendagem dos discos.)

Sinatra sabia que tinha talento de ator e presença na tela, mas também era esperto o suficiente para saber quais eram seus grandes trunfos. Nunca tomara aulas de atuação; chegara ao ofício perto dos trinta anos. Ficava inseguro na hora em que entrava num set de filmagem. Tudo era muito demorado — demorado demais — e era excessiva a quantidade de variáveis: iluminação, direção, elenco e, por fim, montagem. Num estúdio de gravação, o chefe era ele. Num estúdio de filmagem, ele era apenas um talento e, sabendo disso, nutria dúvidas sobre si mesmo, às quais em geral se seguia uma explosão.

Ele podia se enfurecer num estúdio de gravação também, mas, entre sua preparação fanática — que incluía tudo, desde a escolha das canções até a garantia de ter o melhor arranjador e os melhores músicos possíveis — e seu controle sobre o processo todo, os possíveis motivos de insegurança eram em número muitíssimo menor. Podia ficar impaciente num estúdio de gravação, mas também era conhecido por fazer vinte ou trinta takes de uma mesma canção (em alguns casos, apenas uma parte) para chegar ao resultado certo.

Nos filmes, fazia tempo que ele tinha a merecida fama de "One-Take Charlie" [o cara de uma tomada só]. Mas, como tantas coisas a respeito de Sinatra, isso tinha dois sentidos. Ele trabalhava dessa maneira não só por impaciência ou insegurança, mas porque sabia que sua melhor interpretação, com mais frescor, viria na primeira (ou às vezes na segunda) tomada. "As pessoas pensam que ele não levava a filmagem a sério porque fazia apenas uma ou duas tomadas, mas não era o caso, de maneira nenhuma", escreveu Robert Wagner, amigo de Frank.

> Spencer Tracy também não gostava de muitas tomadas, e ninguém achava que era displicente em relação ao trabalho. Frank tinha plena consciência de sua falta de formação; nunca sabia se conseguiria reproduzir um determinado efeito mais do que uma ou duas vezes, pois tinha de se basear mais na emoção do que na prática. Ele levava seu trabalho muito a sério; examinava o figurino, o ar geral do filme, o arco dramático. Não pegava simplesmente um roteiro, dava uma olhada e encenava. Ele se preparava.[4]

Já não seria bem assim na segunda parte da carreira cinematográfica de Sinatra. Mas, em meados e no final da década de 1950, os anos logo após e um pouco depois de *Eternidade*, ele ainda estava seriamente empenhado em voltar ao topo do show business, o que significava aparecer da melhor maneira possível, com o máximo de efeito, nos filmes que fazia. Desse ponto de vista, o fato de ter expulsado Melcher e Lang faz pleno sentido: Frank só poderia realizar um bom trabalho se as condições lhe parecessem ideais. Sem grande poder, ele exercia o que tinha da única maneira que podia, e que não era muito elegante. Mas o resultado era um bom trabalho.

Em *Corações enamorados*, ele interpretava Barney Sloan, um arranjador musical de origens étnicas indeterminadas (revela-se que é um ítalo-americano que mudou de nome, ao contrário do que Frank fizera certa vez na vida real), macambúzio, com pena de si mesmo, que se vê jogado de repente numa família musical de Connecticut, fina e tradicional, com três filhas loiras — interpretadas por Doris Day, Dorothy Malone e Elisabeth Fraser. Barney pode ser o personagem mais taciturno de Sinatra, mas está longe de ser o mais insípido. Com seu passado triste (órfão desde a infância, pobre na Depressão, ferido na guerra), vive amuado e fazendo carranca, sentando ao piano com um cigarro pendurado no voluptuoso lábio inferior, enquanto os dedos — que não aparecem no filme — formam acordes deslumbrantes de melancolia (quem tocou de verdade foi Bill Miller); nunca sorri e muito menos diz qualquer palavra gentil, até que Laurie Tuttle (Doris Day), de uma vivacidade incrível, começa a exercer sua magia sobre ele.

E é magia mesmo. Aos 32 anos, Doris Day era uma estrela importante (seu nome era o primeiro nos créditos do filme), e com boas razões. Como cantora, tinha estourado em 1945 com a gravação de "Sentimental Journey" para Les Brown and His Band of Renown; como artista de cinema, estava entre as dez maiores bilheterias desde 1951. No ano anterior a *Corações enamorados*, tinha ganhado a dupla acumulada, estrelando em *Ardida como pimenta* e arrebatando um primeiro lugar com a gravação de uma música do filme, "Secret Love". E, além de grande estrela do cinema e da música, era uma deusa do sexo em todo o seu esplendor, com pernas longas e corpo curvilíneo, sardas, nariz arrebitado e sorriso luminoso que haviam atiçado o desejo de um milhão de homens, entre os quais os soldados na Coreia, que votaram nela como sua Estrela Favorita de 1950, e o jovem John Updike, que passaria o resto da vida obcecado por ela em sua prosa e poesia. Day era a contraparte secreta de Marilyn Monroe: seus traços cem por cento americanos, o cabelo loiro curto, o despojamento ensolarado lhe davam um ar de camponesa, mas sugeriam uma deliciosa rolada entre o feno.

Em *Corações enamorados*, ela e Sinatra têm uma estranha química ou, melhor dizendo, ausência de química; parecem atuar em dois planos separados. Ele canta, e de maneira maravilhosa, clássicos populares como "Someone to Watch over Me", dos Gershwin, "Just One of Those Things", de Cole Porter, e "One for My Baby", de Mercer e Arlen; ela desperdiça sua voz maravilhosa em nulidades como "Ready, Willing, and Able", "Hold Me in Your Arms" e "There's a Rising Moon" (cujos direitos autorais sem dúvida estavam nas mãos de Marty Melcher). Frank aparenta estar na meia-idade, Doris exibe o frescor de uma flor. Ele reclama da vida; ela abre largos sorrisos, mostrando aquele encantador dentinho torto da frente. E quanto mais Barney reclama, mais Laurie abre o sorriso e se interessa por ele, até que — você adivinhou.

Na verdade, a vida de Day era muito mais parecida com a de Barney do que com a de Laurie: um acidente de carro quase a aleijou na adolescência; dois casamentos ruins nas costas e um em andamento; terríveis crises de pânico, episódios de depressão e aversão a muitas coisas no mundo do cinema. *Corações enamorados* foi seu último filme num contrato de sete anos com a Warner, e ela estava doida para se livrar do que chamava de "trabalho forçado".[5] E, à sua maneira bastante tortuosa, Frank parece ter sentido verdadeiro afeto e respeito por ela. Os personagens no filme podiam não combinar, mas ele se empenhou muito — imagina-se que tanto por causa dela quanto por si mesmo — para que sua caracterização funcionasse, e funcionou.

Ele também lhe mostrava aquele sinal específico de cortesia que sempre estendia às mulheres que considerava damas (as que ele desconfiava serem de outra estirpe recebiam um tratamento bem diferente). Durante a filmagem, Ethel Barrymore, a *grande dame* do teatro americano que interpretava a tia solteirona de Laurie Tuttle, fez 75 anos e Frank comemorou a data com uma festa surpresa no estúdio. "Ela ficou muito comovida", lembrou Day.

> Sinatra lhe ergueu um brinde e ela lhe deu um beijo no rosto. Eu sabia que era plenamente possível que fosse seu último aniversário e, sendo minhas emoções como são, vieram-me lágrimas aos olhos…
>
> "Ei!", alguém exclamou. "Doris precisa de um Kleenex!"

Do outro lado do set, alguém me atirou uma caixa de Kleenex. Não vi enquanto ela vinha e a caixa me acertou na testa. Doeu de leve e dei uma arfada, mais de surpresa do que de dor. Frank saltou no homem que me arremessara a caixa e o agarrou pela camisa, erguendo o tecido até o queixo dele.

"Nunca faça isso!", gritou para o homem. "Não se atiram coisas para uma dama, entendeu?"

"Tudo bem, Frank", disse eu. "Não me machucou..."

"Não interessa! Você traz a caixa, seu verme, e *oferece* um Kleenex. Entendeu? *Oferece* um Kleenex!"

Frank soltou o homem e se aproximou para ver se estava tudo bem comigo. Muitas vezes ao longo dos anos, sempre que eu tirava um Kleenex da caixa, pensava em Frank.[6]

Muito provavelmente, o operador ou eletricista que atirou a caixa de Kleenex poderia ter pegado Sinatra, com seus sessenta quilos e 1,70 metro de altura, e quebrado em dois feito uma vareta — se não sentisse que agira mal, se não estivesse rodeado de gente muito acima dele na hierarquia cinematográfica, se o agressor não fosse o astro do espetáculo, que, afinal, era Frank Sinatra. Ou, para ser mais exato, era Frank Sinatra outra vez. Por alguns anos, mal fora ele mesmo. Se Frank já era uma grande figura, agora estava ficando ainda maior. O que ele agarrou foi mais do que a camisa de um homem.

"Nunca vi Frank em tão boa forma", escrevera Louella Parsons em julho, sobre o show de Sinatra no Sands um mês antes. "Canta, canta, canta, graceja, graceja, graceja. Frank superou Ava por completo, coisa da qual tenho certeza depois de ver como ele está alegre e aparentemente despreocupado."[7]

A dominadora colunista de fofocas do grupo Hearst adorava soltar afirmações joviais e categóricas sobre Sinatra, como forma de refreá-lo e também para afirmar seu poder pessoal, e de vez em quando até acertava. Mas ela escreveu essas palavras na mesma época em que Frank fez o longo e infrutífero trajeto de Las Vegas ao lago Tahoe, para tentar reconquistar a esposa. E, para uma pessoa tão decidida e peremptória quanto Parsons, a expressão "aparentemente despreocupado" parecia carregar uma perigosa ressalva.

Alguma coisa em Frank prenunciava aquele declínio. Talvez estivesse preocupado com o horizonte não muito distante da meia-idade ou com a certeza cada vez maior de que Ava não ia voltar para ele. Jule Styne, incapaz de aguentar as obsessões noturnas do colega de casa sobre seu amor perdido, se mudou em setembro. E as colunas de fofocas, como de hábito, exageravam: "Nancy Sinatra insiste que não há hipótese de reconciliação depois que Ava largar o pássaro canoro em Nevada",[8] noticiou uma delas em agosto.

Ele também passou grande parte daquele outono sem a presença de Riddle. Depois de uma sessão em 23 de setembro, quando Frank gravou uma "Someone to Watch over Me" de confrangedora ternura e outras duas canções de confrangedora banalidade — "Don't Change Your Mind about Me", com os gorjeios repetitivos dos Pied Pipers, e a melosa "You, My Love", dueto de Mack Gordon e Jimmy van Heusen para Day e Sinatra em *Corações enamorados* —, ele e Nelson quase não se viram até o final do ano.

Como sempre, Sinatra se sentia dividido. De um lado, deve ter percebido como Riddle era bom — ótimo, aliás —; ao mesmo tempo, era como se Frank não conseguisse se assentar numa relação de compromisso mútuo. E havia também sua agenda frenética: passou outubro e novembro estrelando outro filme, um melodrama chamado *Não serás um estranho*, e em novembro e dezembro gravou a trilha sonora para o projeto (nunca realizado) de uma versão animada do sucesso da Broadway *Finian's Rainbow*. Lyn Murray, que supervisionara a música na Broadway, ocupou-se de toda a regência e de grande parte dos arranjos, embora Nelson tenha aparecido para orquestrar dois números, "Necessity" e "The Great Come-and-Get-It Day".

Finian, um fracasso arrebatador, foi vítima do clima político corrosivo. A produção da Broadway, aclamada como um clássico, tinha uma criação musical excelente de Yip Harburg e Burton Lane; ficou em cartaz durante 1947 inteiro e na maior parte de 1948. Seis anos depois, a perspectiva de uma adaptação em desenho animado despertou grande entusiasmo. Os produtores arrecadaram 300 mil dólares e recrutaram um incrível esquadrão de talentos musicais que incluía, além de Sinatra, Ella Logan (que estrelou o show original), Louis Armstrong, Ella Fitzgerald e os Jazz All-Stars (Oscar Peterson, Red Norvo, Herb Ellis e Ray Brown, entre outros). Mas, depois de gravada toda a trilha sonora, o projeto inteiro foi por água abaixo quando Harburg, esquerdista declarado, e o diretor e principal animador John Hubley se recusaram a depor perante a Comissão de Atividades Antiamericanas da Câmara e o Chemical Bank cancelou o restante do financiamento.

As canções fornecem pistas fascinantes do que poderia ter sido o filme. Especialmente admiráveis são "If This Isn't Love", num dueto delicioso de Sinatra e Ella Logan, tendo ao fundo um coro infantil; a grande "Old Devil Moon", com Frank, Logan e os Jazz All-Stars; e "Necessity", um dueto maravilhoso de Fitzgerald e Frank, com o Oscar Peterson Trio ao fundo. (Cabe dizer que "Ad-Lib Blues", um dueto improvisado de Sinatra e Armstrong, nos lembra quão grande improvisador era Satchmo e quão grande Frank era em... outras coisas.)

A evidente alegria de Sinatra em apresentar um material magnífico com grandes músicos mostra a que ponto a música era um refúgio para ele. Já um set de filmagem, onde ele ficava marcando o tempo, por outro lado, era assunto muitíssimo diferente.

Not as a Stranger, romance de mil páginas de Morton Thompson sobre a vida e os amores turbulentos de jovens médicos residentes, foi um enorme sucesso de vendas em 1954 e, portanto, uma opção natural para uma adaptação para o cinema — *Não serás um estranho*. Mas, ao contrário daquele outro catatau de sucesso, *A um passo da eternidade*, o livro de Thompson não tinha qualidade literária nem ressonância histórica — era apenas um melodrama picante e uma escolha esdrúxula como primeiro trabalho de direção de Stanley Kramer, jovem produtor de sucesso com grande consciência social e olho para descobrir bons materiais. Kramer, que havia produzido *Espíritos indômitos*, *Cyrano de Bergerac*, *A morte do caixeiro-viajante*, *Matar ou morrer*, *O selvagem* e *A nave da revolta*, todos antes de chegar aos quarenta anos, era um cineasta de inteligência aguda e inflexível seriedade. Infelizmente, como escreve Lee Server, biógrafo de Robert Mitchum, "Kramer sem querer carregara o filme com vários dos beberrões mais desbragados de Hollywood"[9] — entre eles Mitchum, Broderick Crawford, Lee Marvin, Lon Chaney Jr., Myron McCormick e, ainda na fase de aprendiz, mas já em transição para a categoria de mestre, Frank Sinatra. "Era mais uma destilaria do que um elenco", comentou Mitchum, que se tornou bom amigo e companheiro de copo de Frank no filme.

E, com Kramer no comando, estava armado o palco para a confusão. Server escreve:

> Começavam a emborcar o copo desde cedo e, no final da tarde, os sets nos California Studios se transformavam numa bacanal desenfreada. As brigas, com distribuição de socos e arremesso de comida, estouravam de um minuto para outro [...].

> Certo dia, Broderick Crawford teve um acesso de raiva. Frank Sinatra, que era magro feito um espeto, mas não tinha medo, gostava de espicaçar Crawford, forte e grandalhão, comparando o ator a Lenny, o personagem retardado mental de *Ratos e homens* [...]. Crawford [...] um dia aguentou todas as espicaçadas que pôde e então foi para cima de Sinatra, segurou-o no chão, arrancou sua peruca e... *comeu-a*.[10]

É provável que não seja *literalmente* verdade. Mas, mesmo assim, é uma ótima história, que mostra a que ponto o tumulto tomara conta da filmagem.

Em meio a todo o alvoroço, de alguma maneira concluíram o projeto — uma grande pena. Com uma direção desajeitada e uma cinematografia em preto e branco esquisitamente achatada, *Não serás um estranho* parece uma telenovela comprida e insuportável, e transcorre como tal. É curioso notar que Sinatra, cujo personagem Al Boone, o médico gozador (e, de fato, com uma peruca exuberante), traz leves ecos do recruta Maggio de *A um passo da eternidade*, é o elemento de maior vivacidade no filme — embora desapareça durante grande parte da segunda metade da história, cedendo espaço a um triângulo insípido entre Mitchum, Olivia de Havilland com uma seriedade de doer e Gloria Grahame como a rica malvada que causa o rompimento entre eles.

Se *Não serás um estranho* foi uma escolha bizarra para Stanley Kramer, foi também bizarra para Sinatra, com seu nome aparecendo em terceiro lugar nos créditos. "Por que Frank Sinatra se deu ao trabalho de fazer esse filme?", pergunta Tom Santopietro. "Queria apenas continuar a trabalhar em produções grandes e famosas para aproveitar o sucesso de *A um passo da eternidade* e *Corações enamorados*? Seria por seu famoso medo de se entediar?"[11]

As duas respostas são afirmativas, mas a terceira resposta, que abrange tudo, é que ele ainda não era um astro tão importante no cinema quanto era na música popular. Ainda precisava provar que podia carregar um grande filme. (Recebera uma entusiástica aclamação dos críticos por *Meu ofício é matar* — que de maneira nenhuma é um grande filme —, mas a obra foi um fracasso de bilheteria.)

Em plena retomada da carreira, ação era tudo. Ele não podia se permitir sentar e esperar pelo papel ideal.

E ação significava visibilidade. Em dezembro, Frank venceu na enquete da *Billboard* de melhor compacto do ano, com "Young at Heart", e de melhor LP, *Swing Easy!*. Foi escolhido como melhor vocalista masculino de 1954 pela *Down Beat* e pela *Metronome*. Para divulgar essas honrarias e alardear os filmes lançados

(*Meu ofício é matar*, *Corações enamorados*), em produção (*Não serás um estranho*) e agendados para começar a rodar em breve (*Eles e elas*), ele pôs um anúncio de página inteira na revista *Billboard*, assinando "A mil, a mil, a mil — Frank".[12]

Não que fosse propriamente uma bravata de fachada, mas ele lembrava muito bem como era se sentir à toa. Lembrava os demônios que conhecera na inatividade. E, mesmo no meio da agitação, a inatividade estava à espreita, como a morte na Arcádia. Sobretudo num estúdio de filmagem. Sobretudo em *Não serás um estranho*.

Na noite de 5 de novembro, uma sexta-feira, num intervalo da filmagem, Frank e Lee Marvin foram a um restaurante de Hollywood para encontrar e jantar com Robert Mitchum e Edward Anhalt, corroteirista do filme. O Villa Capri, a poucas quadras da Capitol Records, era uma cantina italiana escura, barulhenta e enfumaçada, com garrafas de vinho com palha penduradas no teto; seu dono, Patsy D'Amore, apresentara a pizza a Hollywood no final dos anos 1930 e era um grande fã de Sinatra. Em meados dos anos 1950, o restaurante havia se tornado uma espécie de clube para Frank, que tinha um reservado especial nos fundos. Joe DiMaggio, outro cliente habitual, estava sentado ao balcão do bar naquela noite, com ar de quem perdera o melhor amigo.

De fato, o Yankee Clipper acabava de se separar de Marilyn Monroe — a primeira audiência do processo de divórcio acontecera no final de outubro — e ele estava infeliz na mesma proporção em que ela parecia contente. Boa parte da infelicidade de DiMaggio tinha a ver com a humilhação pública: era um superastro aposentado, com suas proezas já no passado, e sua fama em 1954 se devia, claro, a suas glórias desportivas de outrora, mas em igual medida ao fato de ter se casado com a atriz mais sensual do cinema. E como macho ítalo-americano orgulhoso, antiquado e muitíssimo reservado sobre a vida pessoal, ele sofria com a imagem que passava ao mundo, como marido incapaz de controlar a esposa temperamental e altamente sensível, incapaz de ver uma câmera e não se encantar com ela.

Passado o entusiasmo inicial, o casamento foi um fiasco desde o começo. DiMaggio parecia querer uma mulher que cuidasse da cozinha e criasse os filhos; teria conversado com Marilyn sobre isso? Ele se mantinha distante, fechado, patologicamente possessivo; odiando os amigos hollywoodianos da esposa, tentava mantê-la enclausurada. Às vezes ele a exasperava. Pior, esgotada a paixão, ele lhe causava um tédio mortal: logo após a lua de mel (que ela passou em grande parte entretendo os soldados na Coreia enquanto Joe descansava em Tóquio), Marilyn anunciou a uma amiga perplexa que pensava em se casar com o dramaturgo Arthur Miller.

E então veio a gota d'água, a famosa cena do vestido esvoaçando em *O pecado mora ao lado*. A cena, filmada no centro de Manhattan à vista do pessoal de imprensa e do público boquiaberto, revelou ao mundo as partes íntimas de Monroe, de calcinha branca fina. Naquela noite, DiMaggio lhe deu uma surra no quarto do hotel; ela precisou pôr talco nos machucados dos ombros para rodar suas cenas no dia seguinte.

Agora Joe estava zanzando por Hollywood, tentando afogar as mágoas. Quando Sinatra e Mitchum se acercaram e o convidaram para se juntar a eles, DiMaggio de início relutou, mas, após uma leve pressão de Frank — os dois eram velhos amigos do bar de Toots Shor em Nova York — e vários outros copos, admitiu que estava desesperado para encontrar Marilyn, mas que ela andava escapando dele. "Muitos copos depois", escreve Lee Server,

> DiMaggio foi ao banheiro e Sinatra disse: "Sabem de uma coisa? A gente devia fazer algo por ele. Está em péssimas condições. Vamos ajudá-lo a encontrar Marilyn".
>
> "Mas ela está escondida", replicou alguém.
>
> Frank respondeu: "Eu sei onde ela está. Vamos até lá e dizemos que ela tem de falar com ele".[13]

A partir daí, as versões variam. E muito. Server teve a vantagem de entrevistar Edward Anhalt, participante direto nas atividades daquela noite, mas, entre a quantidade de álcool consumido naquela ocasião e o número de anos decorridos desde 1954, é válido supor que alguns elementos míticos se insinuaram em sua versão.

Anhalt alegou que Frank sabia onde Monroe estava porque "ele próprio andava trepando com ela, mas não pensamos nisso naquela hora".[14] Richard Ben Cramer, biógrafo de DiMaggio, nunca menciona essa teoria. Pelo contrário, Cramer diz que Barney Ruditsky, detetive que, segundo ele, estaria trabalhando para Sinatra,

> mantinha um homem vigiando Marilyn como um favor de Sinat [seu velho apelido do Toots Shor] para DiMag [...]. Se havia um sujeito no país que entendia DiMaggio — que entendia o que era ser um pobre coitado de um moleque carca-

mano que (de uma hora para outra) virou o orgulho da nação e o alvo de um milhão de olhos —, esse sujeito era Sinatra. Frank também entendia como era a coisa com Joe e as mulheres. Frank tinha problemas muito parecidos com Ava Gardner.[15]

Em algum momento daquela noite, o tal sujeito entrou em contato com Ruditsky, que telefonou ou recebeu um telefonema de Sinatra ou de DiMaggio.

Barnett Ruditsky, judeu nascido na Inglaterra, era um detetive da polícia de Nova York lendariamente esperto e durão que, entre outras façanhas, ajudara a prender Louis "Lepke" Buchalter, da Murder Incorporated. Depois de se aposentar da polícia, ele se mudou para Los Angeles, onde abriu um clube noturno chamado Sherry's e uma agência de detetives particulares que se tornaria a firma preferida de Hollywood. Não admira que os casos fossem, na maioria, de infidelidade conjugal. Ao que parece, Frank teria contratado Ruditsky como um favor para DiMaggio. O "homem" de Ruditsky era um agente novato de 21 anos chamado Phil Irwin, que andava seguindo Monroe e, na noite em questão, vira seu Cadillac conversível branco — um carro não muito difícil de ver — estacionado na frente de uma casa de dois andares em estilo Tudor, na esquina da Waring Avenue com a Kilkea Drive, num bairro sossegado de classe média em Hollywood.

A casa, na verdade, era um conjunto de três apartamentos, com duas entradas pela Waring, nos números 8120 e 8122, e uma pela Kilkea, no número 757. Os endereços são fundamentais para a história. A dona do prédio, uma certa sra. Blasgen, morava na Kilkea, 757; o número 8120 da Waring era ocupado por uma secretária de advocacia chamada Florence Kotz, então com 37 anos; a inquilina do número 8122 era uma amiga de Marilyn Monroe, uma jovem atriz chamada Sheila Stewart.

Sheila Stewart era uma fachada.

Embora Kitty Kelley afirme em *His Way* que Monroe "estava supostamente mantendo uma relação lésbica" com Stewart, relação essa que Sinatra e DiMaggio queriam desmascarar para apresentar como "prova no divórcio que [Marilyn] pretendia obter de DiMaggio",[16] Monroe na verdade já obtivera um divórcio incontestado na semana anterior, e Sheila Stewart lhe emprestara o apartamento para um encontro para aulas de canto, dadas não por uma mulher, mas por um homem chamado Hal Schaefer.

Schaefer era um talentoso compositor, arranjador e pianista de jazz de 29 anos que orquestrara a trilha do filme *Os homens preferem as loiras*, de 1953, e treinara Monroe para sua famosa interpretação de "Diamonds Are a Girl's Best Friend" no filme. Ele era o exato oposto de DiMaggio — bonito mas de físico franzino, um rapaz sensível e de veia artística — e a certa altura, não se sabe bem quando, Monroe o procurou como a um refúgio durante uma tempestade. Mais tarde, Schaefer declararia que os dois haviam se apaixonado profundamente. Ele e Marilyn talvez tenham sido vistos juntos por Ruditsky ou Irwin: enquanto DiMaggio estava jantando com Sinatra na noite de 5 de novembro, um detetive disse a Joe que havia ido a certo apartamento na Waring Avenue em West Hollywood, e descoberto Monroe "nos braços de outro homem".[17]

O que não está claro é o que, exatamente, Sinatra e DiMaggio pretendiam fazer quando se dirigiram, junto com um grupo grande, para a casa Tudor na esquina da Waring com a Kilkea.

Muitos anos depois, o roteirista Anhalt contou a Lee Server o episódio inteiro de maneira muito cômica. A coisa toda, segundo ele, tinha sido apenas uma traquinagem de bêbados — muito bêbados. Tal como Sinatra a apresentou, disse Anhalt, só precisavam convencer Monroe a falar com DiMaggio. Disse ele: "De início, não fazia muito sentido. Mas, quanto mais bebíamos, mais foi parecendo razoável. E chegamos a um ponto em que alguém perguntou: 'E se ela não abrir a porta?'. E aí Lee Marvin diz: 'Bom, a gente derruba a porta'".

Ficou decidido que o único homem para essa tarefa seria Broderick Crawford, um verdadeiro touro, que estava bebendo em outro bar. Foram pegar Crawford, conta Anhalt, e então

> voltamos para nossos carros e fomos até o endereço que Sinatra deu [...]. E descemos. Ficou todo mundo cambaleando na calçada, tentando se manter de pé, e entramos no prédio. Sinatra e os caras dele, DiMaggio, Mitchum, Lee Marvin, Brod [Crawford], todos que estavam lá. E eu perguntei: "Em que apartamento ela está?". E Frank disse, com grande autoridade: "Está no 3A". E todos nós subimos, do jeito que conseguimos. E Brod e uns outros caras investiram contra a porta, que se escancarou, e foram entrando aos tropeções dentro daquele apartamento. E lá dentro havia uma senhora de idade, miúda, que não se parecia nada com Marilyn Monroe e que começou a gritar. Aí todo mundo diz: "Merda! Vamos dar no pé". E ficam todos se atropelando para tentar sair. Aí voltam cambaleando para a rua, pegam os carros e vão embora. Alguém ligou para a polícia, claro, e saiu nos jornais [...] e aquela mulher contou que tinha visto todos aqueles artistas de cinema invadindo o

apartamento, e creio que todo mundo achou que era invenção dela, que tinha sido um ataque de senilidade.[18]

Só que a senhora de idade em questão, a sra. Kotz, tinha 37 anos na época, e o "prédio" a que se refere Anhalt (que não tinha nenhum apartamento 3A) era, na verdade, uma bela casa numa rua até então muito tranquila. Como o *Los Angeles Times* noticiou mais tarde, Florence Kotz

> dormia pesado por volta das onze horas da noite quando cinco ou seis homens derrubaram a porta dos fundos de seu apartamento, arrancando-a das dobradiças e deixando vidro espalhado pelo chão [...]. Acenderam um facho de luz em seus olhos e ela se viu diante de vários homens, alguns dos quais pareciam carregar um objeto que, à primeira vista, ela julgou ser um machado.[19]

Na verdade, era uma câmera com flash.

Quem eram esses homens? No final, só foi possível estabelecer de maneira cabal a presença de Sinatra e DiMaggio, junto com Ruditsky e seu agente Irwin, estranhamente acompanhados das respectivas esposas, que ficaram no carro enquanto essa turba arrombava o apartamento de Florence Kotz (e, no apartamento ao lado, uma aterrorizada Marilyn Monroe e Hal Schaefer se vestiam às pressas e fugiam na noite). Além de Frank e Joe — e do sr. e da sra. Ruditsky, Irwin, Mitchum, Marvin e Crawford —, é possível que Hank Sanicola, amigo, editor musical, agente artístico e eventual guarda-costas de Frank, também estivesse presente, junto com o maître do Villa Capri, Billy Karen, e talvez o próprio Patsy D'Amore. E havia também aquele fotógrafo anônimo, ali presente para pegar Marilyn em flagrante, qualquer que fosse o flagrante a pegar.

Uma turma e tanto.

O episódio, que ganharia uma dúbia fama com o nome de Invasão na Porta Errada, foi todo muito cômico segundo algumas versões — mas não para Hal Schaefer, que, depois de ter alguém na sua cola e receber ameaças anônimas nos seis meses seguintes, tentou se suicidar ingerindo soníferos e Benzedrine, que engoliu tomando fluido para limpeza de máquina de escrever. Nem para Florence Kotz, que daria andamento à ocorrência na polícia de Los Angeles, até o encerramento do caso um ano depois, por falta de provas. Nem para o próprio Frank, que sofreria uma estranha espécie de castigo quando — como ocorria tantas vezes em sua vida — o mundo resolveu levar a sério algo que ele tomara como uma pequena delinquência sem maior importância.

Na noite de 19 de dezembro de 1954, Sammy Davis Jr., em seu Cadillac De Ville conversível novo, indo de Los Angeles para Las Vegas, desviou para não bater num carro que fazia um contorno e colidiu com outro veículo. Ele bateu a cabeça no centro da direção, onde havia um enfeite em formato cônico que lhe perfurou o olho esquerdo, quase o matando e destruindo-lhe a visão. Quando estava internado no Community Hospital em San Bernardino, ele julgou que nunca mais se apresentaria outra vez. Muitos dos maiores nomes de Hollywood cobriram os cem quilômetros de distância para ficar a seu lado — Jeff Chandler, Tony Curtis com Janet Leigh, Jack Benny, Eddie Cantor. "Durante anos", escreve seu biógrafo Wil Haygood, "Sammy tinha paparicado Hollywood, saudando com subserviência os artistas, achegando-se a eles, tirando fotos, com uma adoração despudorada. Agora estavam retribuindo."[20]

A única ausência notável foi a de Frank Sinatra.

Vista por um lado, a relação entre Sinatra e Davis era simples: Frank era o sol e Davis era a lua. Dez anos mais novo, Sammy idolatrara Sinatra desde o primeiro instante em que ouviu sua voz no rádio. Na época, estava na adolescência, mas já era um veterano do vaudevile, apresentando-se desde os três anos com o pai e o tio no The Will Mastin Trio. Possuía um talento fantástico — cantando, dançando e fazendo imitações —, mas Sinatra era seu modelo, era como queria parecer e ser. Tinha a Voz, o estilo, a riqueza, as mulheres. E era branco. "Ele me ajudou a superar minha maior desvantagem, meu complexo de inferioridade por ser negro",[21] disse Davis.

Praticamente desde o instante em que se conheceram, Frank, que em questões de tolerância racial era um liberal ardoroso (em seus próprios termos), tomara Sammy sob sua proteção. Em 1947, quando foi a atração principal do Capitol Theater em Nova York, ele exigiu que a direção contratasse o Mastin Trio para abrir o show, com um cachê cinco vezes superior ao habitual.

Com o Mastin Trio e depois como solo no começo dos anos 1950, Davis se apresentava com frequência em Las Vegas, onde muitas vezes cruzava com Sinatra, e a amizade entre eles se aprofundou. Na época, Las Vegas era um local remoto, não tão distante dos tempos do Velho Oeste, quando caubóis e operários da recém-construída represa Hoover costumavam ir até lá para se embebedar, pegar mulheres e gastar o salário em jogos de azar. "Na Fremont Street", relembra Jerry Lewis, que começou a se apresentar no Flamingo, com Dean Martin, no final dos anos 1940, "eles tinham um lugar para *amarrar os cavalos*!"[22] Na rota 91, o asfalto de duas pistas que depois se transformaria na Strip, havia enormes trechos de deserto entre os dez ou doze cassinos, pontilhados de pequenas cascavéis e maçarocas arrastadas pelo vento.

E, sendo uma cidade de caubóis, Las Vegas era também uma cidade racista. Quando Sammy Davis Jr. se apresentava no Last Frontier Hotel & Casino, não podia ficar no hotel nem comer nos restaurantes do estabelecimento. Terminado o show, tinha de voltar a uma pensão no distrito negro, no precário lado oeste de Vegas. Era assim em todos os cassinos da Strip. Frank Sinatra odiava aquilo, e prometeu que, logo que pudesse, faria algo a respeito.

Frank era um liberal intransigente, tinha uma admiração profunda pelos talentos mirabolantes de Sammy, mas, mesmo assim, a amizade entre ambos era assimétrica em aspectos fundamentais. O carimbo fora impresso desde o início: Frank era o líder, o Chefão da Turma (pode ser que, em 1954, o disc jockey William B. Williams, de Nova York, já lhe tivesse conferido esse título); Sammy era o acólito. Isso tinha a ver, em parte, com a idade de Frank e sua posição única no show business, e em parte com sua personalidade dominadora, mas se devia também à personalidade de Davis. Durante todo o movimento pelos direitos civis e desde então, outros artistas afro-americanos iriam mostrar orgulho e até desafio com sua negritude, mas esse orgulho e esse desafio não faziam parte da constituição de Sammy. Além da cor da pele, ele sentia vergonha de sua altura (tinha 1,60 metro) e dos dentes tortos. Sabia que era talentoso, mas também era um camaleão, daí sua grande habilidade em fazer imitações — quase sempre de artistas brancos: Cary Grant, James Cagney, Humphrey Bogart. (Sua pior imitação — interpretem como quiserem — era a de Frank Sinatra.)

"Sammy Davis foi um dos grandes, um dos maiores artistas do mundo", disse o comediante Shecky Greene. "Mas também não existia nenhum Sammy Davis."[23]

Porém, não foi a assimetria na amizade entre Davis e Sinatra que manteve Frank à distância do hospital. Foi sua aversão — seu medo — a hospitais.

Por fim, uma namorada da época, uma modelo chamada Cindy Bayes, que também era grande amiga de Sammy, deu um puxão de orelha em Frank.

> Eu disse: "Você não entende seu significado na vida desse garoto". Ele disse: "Vou amanhã". Mas às cinco da manhã ele volta [para casa]. Estava bêbado. Fui correndo num roupão. Ele começou a chorar — não por Sammy, mas pela confusão em que tinha transformado sua vida. Eu disse: "Não quero mais te ver, porque você é muito destrutivo". No dia seguinte, chegaram umas duzentas flores. Mas o que aquilo significava?[24]

Significava que ele se sentia culpado, mas não diria. Culpado por muitas coisas. No dia seguinte, Frank foi ao hospital e disse a Sammy que este iria — não que poderia, mas que iria — se recuperar na casa dele em Palm Springs quando saísse do hospital.

Recuperando o impulso, coberto de homenagens das revistas *Billboard*, *Down Beat* e *Metronome*, Frank Sinatra de fato parecia ter o mundo na palma da mão. A troco de que estava chorando para Cindy Bayes sobre a confusão em que transformara sua vida?

No escuro das cinco da madrugada, ele sabia que estava e sempre estaria sozinho. "Meu pai era um homem profundamente sensível, que não conseguia alcançar uma relação íntima dotada de sentido", escreveu Tina, a filha mais nova de Sinatra, em suas memórias.

> Não sei se ele algum dia acreditou que encontraria uma alma gêmea, mesmo quando estava atrás de Ava. Depois que o casamento implodiu, ele protegeu todas as suas apostas emocionais. Fechava uma parte de si, para preservá-la. Como me disse certa vez: "Nunca mais vou me ferir de novo daquela maneira".[25]

Ao se proteger dos ferimentos, ele estava apenas assegurando outro tipo de dor para si, mas uma dor mais fácil de anestesiar com a atividade incessante, com sexo e romance, com álcool. Mas aquele momento das cinco da madrugada sempre voltava, o momento em que cessava o efeito da anestesia.

Três semanas depois, outra confusão.

Sammy, após descansar e recuperar as energias graças à permanência no deserto, usando um tapa-olho muito vistoso no olho esquerdo, comemorou o aniversário de 29 anos com uma festa em sua casa nova em Hollywood Hills. Estava muito animado — com a convalescença, que estava indo bem; com o show que Herman Hover, dono do Ciro's, prometera ao Mastin Trio quando Sammy estivesse em condições (Frank pressionara Hover para isso); com a casa, o primeiro local de sua vida que podia considerar como lar (embora seu agente de publicidade, Jess Rand, branco, tivesse precisado alugar o imóvel em seu nome, por razões mais do que evidentes); com o aniversário. A casa estava cheia de amigos — comendo, bebendo, fumando, rindo. Frank estava lá, bem como Judy Garland, em gravidez avançada. Depois de algum tempo, chegou Cindy Bayes, acompanhada de Bob Neal, um playboy texano — naqueles tempos, esses playboys ainda existiam de fato —, de cabelo escuro, com grana para torrar, dono de poços de petróleo e também herdeiro da fortuna cafeeira da Maxwell House.

Depois de muita bebida, Judy Garland e Cindy Bayes resolveram que queriam esticar a festa — ir ver Mel Tormé no Crescendo, um clube de jazz em Sunset. Bob Neal, cordial, topou; Frank, porém, não estava com a menor vontade de ouvir Mel Tormé. Em primeiro lugar, porque Tormé era mais um cantor, aliás magnificamente talentoso, capaz de coisas que Sinatra não conseguia fazer (*scatting*, por exemplo). E também porque eles tinham uma história anterior: não só Frank havia namorado Candy Toxton, mulher de Mel, antes de estes se casarem, como também aparecera bêbado na festa de noivado dos dois e perseguira Toxton escada acima, obrigando-a a se trancar no banheiro.

Por fim, Cindy Bayes disse a Frank que ela, Garland e Neal iriam ao Crescendo, mesmo que ele não fosse. Talvez não querendo ser posto de lado pelo rico casanova, Frank concordou em ir, a contragosto. Mau começo.

O grupo se dirigiu para o clube e ouviu Tormé. Ao que tudo indica, Frank se comportou. Mas, quando o clube fechou, às duas da manhã, os quatro, sem nenhum pudor, foram para o saguão levando bebida escondida debaixo do casaco. O chefe dos garçons percebeu e advertiu o grupo de que aquilo era ilegal e que havia dois policiais à paisana por ali.

Isso, por si só, já teria enfurecido Sinatra.

Mas, naquele momento, o agente de publicidade de Mel Tormé (como eram chamados os assessores de imprensa naquela época), James Byron, que se achava por perto, chamou ou se aproximou do grupo e perguntou a Bob Neal qual era o nome de sua namorada. Pode ter falado de maneira mais mordaz, perguntando quem era aquela mina. É quase certo que Byron estava indagando sobre Cindy Bayes, embora Sinatra, por suas próprias razões, viesse a afirmar mais tarde que o assessor de imprensa não reconhecera Judy Garland — algo um tanto improvável, por mais avançada que estivesse sua gravidez. Era tudo muito claro: se Byron pegasse todos os nomes do grupo, poderia incluir nas colunas de fofocas algumas linhas sobre a presença de Sinatra e Garland vindo assistir ao show de seu cliente.

Mas Frank preferiu pegar pesado. De acordo com Byron, "Sinatra disse: 'E o que te interessa? Provavelmente você é um policial. Odeio policial. Ou é policial ou é repórter. E eu odeio policiais e jornalistas'".[26]

Segundo Kitty Kelley, a linguagem de Frank foi mais incisiva. Segundo ela, Sinatra foi para cima de Byron na cabine telefônica, gritando: "Saia daí, seu filho da puta [...]. Seu parasita de merda. Não passa de um sanguessuga. Você é jornalista. Odeio polícias e odeio repórteres. Saia já daí e tire essa porra de óculos".[27]

Segundo todas as versões, o grupo foi para o estacionamento, onde Frank berrava para Byron: "Por que você não vai fazer algum serviço que preste, em vez de sugar os outros? Seu sanguessuga".

"E quem é você, Frank?", replicou Byron. "Você depende dos outros. Depende da imprensa e do público."

"Eu, não. Tenho talento e dependo só de mim mesmo",[28] retrucou Frank.

Agora as versões divergem bastante. Segundo Byron, "Sinatra me disse para tirar os óculos e então veio para cima de mim. Recuou com a esquerda e me esmurrou a cara. Trocamos vários socos e atingi o nariz dele umas duas vezes".

Mas, anos mais tarde, Cindy Bayes contou a seu filho: "O cara parte para cima de Frank e os caras do estacionamento estavam segurando os braços de Frank, com a ideia idiota de que o estavam ajudando. Frank não deu o primeiro soco".[29]

Isso bate com a versão de Sinatra:

> Voltei para perto de Byron e lhe disse para tirar os óculos. Então de repente dois caras me seguraram os braços e Byron tentou me dar uma joelhada. Ele me acertou na canela e arranhou minha mão. Não pude fazer nada porque dois caras estavam me segurando. Me soltei. A coisa terminou quando lhe dei um gancho de esquerda e ele caiu de bunda no chão.[30]

Claro que a coisa não terminou por ali. Nada com Frank jamais terminava nem perto de onde ele queria que terminasse.

* * *

Tenho talento e dependo só de mim mesmo. A impaciência e a agitação constante de Frank eram irmãs da falta de ligação emocional. A pura necessidade de movimento muitas vezes vencia o bom senso. Isso se estendia inclusive à música. Ele deve ter percebido desde o início como era profundo seu vínculo musical — e, portanto, seu vínculo emocional — com Nelson Riddle, e talvez uma parte sua tenha oferecido resistência. Riddle, indivíduo tímido que reverenciava Sinatra como músico e ator, não iria, não poderia, insistir na questão. E assim como vivia numa busca constante de novas amantes, Frank procurou (e continuaria a procurar) outros arranjadores, ainda que uma parte dentro dele decerto soubesse que Riddle podia lhe dar tudo de que precisava, e ainda mais. Havia um certo sentido musical nisso, mas havia também uma história emocional por trás.

O que mais explicaria a sessão de 13 de dezembro com Ray Anthony e sua orquestra, uma turma mais conhecida por "The Bunny Hop", "The Hokey Pokey" e o tema do programa de rádio e TV *Dragnet*? Frank gravou duas canções naquele dia, ambas com arranjo de um ex-trombonista que não era Nelson Riddle: chamava-se Dick Reynolds, e as músicas, a rápida e alegre "I'm Gonna Live Till I Die", cujo título [Vou viver até morrer] resumia o pouco que a letra tinha a dizer, e "Melody of Love", uma valsa bastante piegas que, segundo Will Friedwald, "pode ser a única gravação de Sinatra inteiramente despida de qualquer coisa que se assemelhe a dramaticidade ou mesmo de um momento de clímax".[31]

Abrangente, a afirmação. E isso numa vida tão cheia de dramaticidade e momentos de clímax.

Ele estava procurando. E, em alguns aspectos, se debatendo.

Poucos dias depois, as filmagens de *Não serás um estranho* terminaram. Stanley Kramer jurou que nunca mais usaria Sinatra num filme, nem que tivesse de sair esmolando com uma latinha na mão. Kramer não mencionou Mitchum, Marvin ou Broderick — apenas Frank.

3.

Não vou me casar. Se sinto falta de companhia, marco um encontro e vou para algum lugar.

Frank Sinatra a um colunista de jornal, abril de 1955

Seja gentil com as pessoas delicadas.

Harold Arlen para Frank Sinatra

Talvez um anjo pudesse salvá-lo.

Frank conhecera Gloria Vanderbilt no verão de 1945, quando o marido dela, Leopold Stokowski, estava regendo um concerto no Hollywood Bowl. O cantor, depois da apresentação, foi aos bastidores para cumprimentar o maestro e notou com admiração a jovem de 21 anos, de pescoço longo e esguio, um ar etéreo encantador, que era a esposa do maestro, de 63, com uma devoção a ele que beirava a adoração.

Nove anos depois, a rede de fofocas de um lado ao outro do país zunia com o boato de que madame Stokowski se cansara do papel de criada de uma lenda viva. O maestro fazia turnês constantes, enquanto ela ficava em Nova York cuidando dos dois filhos pequenos. Saía à noite com frequência, em companhias famosas. Um item na coluna de Dorothy Kilgallen, naquele mês de novembro, comentava: "Gloria Vanderbilt Stokowski, que se manteve quase reclusa por tantas semanas desde o casamento com o maestro, fez uma inversão completa. Agora frequenta o Sardi's". (Outro item mais acima na mesma coluna dizia: "Não se surpreendam se Frank Sinatra e Ava Gardner decidirem que simplesmente não conseguem resistir a mais uma tentativa".) Em segredo, Vanderbilt pedira o divórcio a Stokowski; ele respondeu que nunca lhe daria.[1]

Aos trinta anos, a herdeira era tão famosa quanto o marido, tendo de início despertado a atenção do mundo aos sete anos, como centro de uma clamorosa batalha entre a mãe frívola e hedonista e a tia filantropa Gertrude Vanderbilt Whitney, disputando sua guarda. Criada em grande luxo pela tia em Long Island e na Quinta Avenida, Gloria se tornou uma exótica beldade de cabelos castanho-escuros cuja fotografia apareceu pela primeira vez na *Harper's Bazaar* aos quinze anos. Aos dezessete, ela esteve em Beverly Hills em visita à mãe e se sentiu instantaneamente cativada pelos encantos de Hollywood, e Hollywood pelos dela: astros como Errol Flynn, Van Heflin e George Montgomery viviam lhe dando presentes. Depois de um casamento precoce e catastrófico com um agente de atores chamado Pat DeCicco — um duvidoso protegido de Howard Hughes e talvez um bandidinho insignificante —, ela conheceu Stokowski, que parecia prometer uma vida ideal de pureza artística.

Gloria alimentara sonhos artísticos por muito tempo. Estudara artes cênicas; também escrevia poemas e tinha talento para a pintura, vocações essas que o maestro possessivo preferia por serem solitárias. Agradava-lhe bem menos a atração da esposa jovem e sociável pela vida glamorosa, que ele chamava de Feira das Vaidades, e por um círculo de amizades que incluía Carol Marcus (que se casara duas vezes com o escritor William Saroyan) e Oona O'Neill Chaplin, suas melhores amigas, bem como os compositores Harold Arlen e Jule Styne (que voltara para Nova York para retomar sua carreira na Broadway) e também Truman Capote, sempre provocador, que a incentivava a sair e badalar, se necessário com outros homens.

No começo de 1954, depois que Vanderbilt e o produtor teatral Gilbert Miller atuaram juntos numa peça satírica para um baile beneficente, Miller proclamou que ela era "uma estrela em formação", citando sua "presença elétrica, dignidade, porte, inteligência, bela elocução".[2] Naquele outono, ela foi escalada com Franchot Tone para uma adaptação teatral de *The Time of Your Life*, de Saroyan, a ser apresentada no teatro do New York City Center em janeiro do ano seguinte.

Então Jule Styne ligou e disse que Sinatra estava vindo à cidade e queria sair com ela.

Frank ia iniciar uma temporada de três semanas no Copa, logo antes do Natal, e as colunas de fofocas anunciavam que ele viria a Nova York na companhia da Miss Suécia de 1951, Anita Ekberg. Talvez a conversa com Ekberg estivesse escasseando; talvez ele só quisesse se garantir: seja como for, ele de repente ficou com vontade de ver Gloria Vanderbilt.

Harold Arlen, também amigo de Frank, o advertiu: "Seja gentil com as pessoas delicadas".[3]

Frank era plenamente capaz disso. Não por falsidade. Havia uma parte de sua alma complexa e contraditória que era sempre receptiva e até ansiava por pessoas que inspirassem as melhores facetas de sua natureza.

Vanderbilt, por seu lado, ficou eletrizada com a ligação. "O telefone pode tocar e sua vida toda pode mudar", escreveu em suas memórias.

> Eu já o encontrara uma vez [...]. Mas aquela vez não contou. Não contou porque ele não existia para mim, na época ninguém existia. Eu vivia sob um véu, e os outros existiam em meus pensamentos apenas como pessoas que tinham permissão de ficar na presença de Leopold. Agora era diferente — num instante tudo mudara, e a única coisa em que eu conseguia pensar era se eu estava esbelta, esbelta o suficiente para me encontrar com ele.[4]

O encontro foi marcado por intermédio de Styne: terça-feira, 21 de dezembro, às 19h30. Há uma foto dos dois naquela noite, numa apresentação do novo sucesso musical da Broadway, *The Pajama Game*,* sentados — onde mais? — na primeira fila da orquestra no St. James Theater. Era proibida a entrada de fotó-

* O mesmo show em que, no mês de junho daquele ano, Shirley MacLaine, então com vinte anos, se transformou numa sensação instantânea: a estrela Carol Haney quebrou o tornozelo, Shirley saiu do coro e ocupou o papel central. Na ocasião em que Frank e Gloria foram ao St. James Theater, MacLaine já estava em Hollywood com um contrato do produtor Hal Wallis para um filme. É provável que Sinatra ainda não tivesse ouvido falar nela, mas logo ouviria.

grafos no teatro, mas um deles conseguiu se infiltrar e tirou uma foto: Frank na poltrona, elegante num terno escuro — a gente quase consegue sentir o perfume da loção pós-barba no rosto dele —, mas com um curioso ar de desinteresse pela criatura deslumbrante à sua esquerda, examinando com atenção o programa e, na verdade, até parecendo mascar chiclete. Tem um ar quase entediado. Será mesmo? O mais provável é que seja o ar de um homem, já ultrassensível, que percebeu a presença do fotógrafo em sua visão periférica e, apesar de não querer de maneira nenhuma ser visto ou incomodado, empenha-se ao máximo, no fino ambiente da seção da orquestra de um teatro da Broadway, entre as damas com suas peles e pérolas e os cavalheiros com trajes a rigor, em não criar um incidente mais do que previsível.

À primeira vista, o casal não combina. Gloria Vanderbilt, uma visão celestial de seda branca, o cabelo puxado para trás, um colar com quatro voltas de pérolas cultivadas no belo pescoço, pingentes de diamante naquelas orelhas encantadoras, condiz muito mais com o sujeito elegante de smoking sentado à sua esquerda, um loiro vistoso com um rosto totalmente inexpressivo e de linhagem com certeza impecável... Mas aqui ela está com Sinatra, e o fotógrafo, na esperança de que o casal olhe para a câmera, liga o flash. Tendo a atenção desviada do programa que segura nas mãos enluvadas de branco, a cabeça girando tão rápido que o brinco de pingente da orelha esquerda fica desfocado pelo movimento, ela fulmina o fotógrafo com um olhar gélido e furioso. Um biógrafo escreveu: "Ela parece uma belíssima naja capaz de matar com um único olhar".[5] Mas é provável que sua raiva encubra outra emoção, menos imperiosa — afinal, ainda é uma mulher casada, flagrada, se não no ato de traição, pelo menos na intenção bem avançada.

No entanto, Sinatra significava para ela mais do que sexo ou mesmo amor. "Vou vê-lo outra vez agora à noite", escreveu ela excitada sobre a madrugada que passaram juntos,

> e, mesmo não tendo dormido nada, hoje, em vez de me sentir cansada, sinto-me disposta o dia inteiro, como se inspirasse grandes haustos de algum tipo de raro oxigênio que se liga não a outra *pessoa*, mas a um lugar desconhecido dentro de mim mesma [...]. Porque, quando estou nesse lugar, tenho coragem de ser livre [...]. Ele é a ponte, a ponte para me libertar.[6]

O caso de Sinatra com Gloria Vanderbilt foi breve mas ardente, o catalisador que a livrou do casamento com o maestro Leopold Stokowski: "Ele é a ponte, a ponte para me libertar", escreveu ela a respeito de Frank.

Menos de uma semana depois do encontro, Vanderbilt se mudou com os filhos, saindo da cobertura na Gracie Square onde morava com Stokowski e indo para um hotel na Park Avenue. Os jornais logo anunciariam a separação do casal.

Mas o que ela era para Frank?

Passaram apenas três semanas juntos e então ele foi para a Austrália, para concertos em Melbourne e Sydney. Naquelas três semanas, viram-se quase todas as noites, acompanhados, por razões de decoro, por um casal de mais idade, Jimmy Cannon, colunista esportivo amigo de Frank, e pela atriz Joan Blondell, os quatro passeando por Manhattan numa grande limusine preta. (Uma década mais tarde, as semanas com Vanderbilt encontraram um eco involuntário na letra de Ervin Drake para "It Was a Very Good Year", sobre as "blue-blooded girls of independent means", as moças independentes de sangue azul.) Vanderbilt relembrou que, certa noite durante o jantar, Frank "se virou para mim e disse que pensara em mim, queria me ver de novo, desde aquela noite em que me vira na plateia no concerto [no Hollywood Bowl], a maneira como eu olhava Leopold enquanto regia, meus olhos sempre nele. Estremeci".[7]

Ela estremeceu porque, naquele momento, sentiu-se desleal; mas não teria também estremecido diante dessa imagem de criada perfeita que Sinatra vira nela? Uma mulher de rara sensibilidade, delicadeza e beleza que falava de maneira suave e andava um passo atrás? Naquela época, ela tinha 21 anos; agora estava com trinta. A crisálida estava saindo do casulo.

"Naquela altura, nunca imaginei que poderia me apaixonar ou me envolver outra vez com alguém, a menos que trabalhássemos juntos", lembrou Vanderbilt 55 anos depois. "Era o que eu realmente queria."

Mas esse era o sonho dela, não dele.

No Natal, ele lhe deu uma pulseira da Tiffany gravada com a inscrição "Para Milagre e Eu" — porque, relembrava ela, "nós dois dizíamos que o fato de termos nos encontrado era uma espécie de milagre". Na véspera do Ano-Novo, houve uma festa na suíte de cobertura de Frank no Sherry-Netherland; depois que os outros convidados saíram, Frank apagou as luzes e a levou até a janela. "Dali via-se o parque, simplesmente lindo, e estava nevando", conta ela. Na janela embaçada de gelo, ele desenhou um coração e dentro dele traçou as iniciais: FS & GV.

Aos quarenta anos, ele também tinha o doce sonho de poder encontrar nela aquilo de que precisava. "Falávamos em ter filhos juntos", disse Vanderbilt. "Falávamos muito sobre os lugares que gostaríamos de ver juntos — aquelas coisas que os amantes dizem quando fantasiam, você sabe."

"Ele nunca falou sobre Ava. Bebia Jack Daniel's, mas nunca o vi bêbado, nenhuma vez. E nunca o vi agressivo, nunca vi nada do gênero."

Ela lhe falou sobre sua carência afetiva na infância e como era terrível ser uma criança que vivia sob os olhos do público. Curiosamente, ele lhe confidenciou uma coisa pela qual o público o criticara por muito tempo: "Ele era bastante franco ao falar sobre sua relação com a Máfia", contou ela. "E como se sentia dividido a esse respeito. Sentia-se atraído por ela, disse."[8]

Frank estava se despindo diante dela. Mas ainda havia muitas camadas.

"A lista das celebridades que não conseguem ver Sinatra é quase tão glamorosa quanto a relação das que conseguem", comentou Dorothy Kilgallen poucos dias depois do Ano-Novo. "Entre as vítimas mais recentes do cordão de entrada estão Zsa Zsa e Rubi [o playboy internacional Porfirio Rubirosa] [...] e Marlon Brando."[9]

Talvez Frank tenha posto uma nota de cem dólares na mão do porteiro do Copa para impedir a entrada de Brando. Mas nenhum porteiro do mundo impediria a passagem de uma visita em 7 de janeiro: naquela noite, Marilyn Monroe, com seu novo loiro platinado e um casaco de arminho branco, acompanhada pelo fotógrafo Milton Greene e esposa, entrou no show de lotação esgotada e seguiu direto para uma mesa da frente. Frank interrompeu a apresentação e lhe deu uma piscada enquanto ela se sentava.

Na noite de 11 de janeiro, uma sexta-feira, num intervalo no Copa, Frank pegou rapidamente Gloria e foram ao Statler Hotel para uma comemoração em homenagem a Tommy e Jimmy Dorsey, que cerca de vinte anos antes haviam se reunido para formar The Dorsey Brothers Orchestra. A ocasião estava carregada de ambivalência. Primeiro, porque os dois irmãos, famosos pela rivalidade e pelo pavio curto, haviam se separado logo a seguir para formar bandas independentes. Segundo, porque Frank Sinatra, que entrou na banda de Tommy Dorsey em 1939 e saiu em 1942 para sua carreira de cantor solo, havia se separado do *bandleader* dominador em termos ásperos, entre recriminações furiosas e ações judiciais de Dorsey e, é provável, uma ameaça violenta do submundo do crime a Dorsey por obra de Willie Moretti, do norte de Jersey, padrinho de Frank.

Durante os três anos de Sinatra na Tommy Dorsey Orchestra, então poderosíssima, os holofotes haviam passado do carismático *bandleader* para o cantor ainda mais carismático. E, ao deixar Dorsey, Sinatra havia encerrado, praticamente sozinho, a era das *big bands* e inaugurado a época do vocalista como astro. Doze anos depois, ele era o astro dos astros e Dorsey era coisa do passado. Tommy, que outrora recebera o apelido de O Velho, dado pelos músicos da orquestra por causa de seu cabelo prematuramente branco, agora de fato parecia velho, embora nem tivesse chegado aos cinquenta. Morreria dois anos mais tarde.

No entanto, todas as brigas do passado pareciam esquecidas na comemoração de gala do aniversário da orquestra, que avançava entre discursos afetuosos e um clima geral de nostalgia. Frank contara a Gloria suas caras reminiscências dos velhos tempos em turnê com Dorsey — na verdade, ele continuaria até o final da vida a relembrar aos amigos aqueles dias de outrora, como se tivessem sido os melhores de sua existência. Naquela noite no Statler, Frank cantou duas das canções que mais se identificavam com ele nos anos com Dorsey, "I'll Never Smile Again", de Ruth Lowe, e "Oh! Look at Me Now", de Joe Bushkin e John DeVries, rindo e confundindo a letra desta última. Depois de se desculpar, ele disse: "E agora uma música que Tommy me pediu para fazer e que tive a... não sei se vocês diriam sorte, seja lá o que for, escrevi os versos para ela. Hahaha! Versos! Nossa! Desisto! Estou de saída!".[10]

Ele estava de fato ironizando a si mesmo e o efeito foi absolutamente encantador. (O sorriso radiante de Gloria para ele, da plateia, devia ser inspirador.) Então ele começou a cantar a música, que escreveu em 1941 com Sol Parker e Hank Sanicola:

This love of mine goes on and on,
*Though life is empty since you have gone.**

Ouvindo hoje, é marcante o contraste entre o rapazola de Jersey que acabava de falar e o inigualável intérprete da música popular americana, agora cantando com tão belo tom e dicção. (É provável que Gloria ainda sorrisse radiante, embora uma atenção cuidadosa à letra pudesse lhe dar o que pensar.) Mas julgar que, de alguma forma, faltaria autenticidade ao cantor diante do microfone é ignorar os vinte anos de árduo trabalho a que o garoto de Hoboken se submetera. E nesse momento, sem que quase ninguém soubesse, ele estava trabalhando com mais afinco do que nunca.

Na segunda semana de janeiro, Gloria começou os ensaios para *The Time of Your Life*. Frank foi assistir e ficou impressionado; pelo menos foi o que disse a ela. Contou-lhe que, dali a alguns meses, sua produtora iria rodar um filme chamado *Redenção de um covarde*, seu primeiro faroeste. Talvez houvesse um papel para ela. Gloria ficou entusiasmada. O jantar de despedida aconteceu no restaurante Le Pavillon e então, depois de outro amanhecer em tons pêssego e turquesa, o sonho maravilhoso se desvaneceu e ele foi para a Austrália.

* Esse amor meu continua,/ Embora a vida esteja vazia desde que você se foi. (N. T.)

* * *

Sua última turnê transoceânica, que ocorrera na Europa com Ava, na primavera de 1953, tinha sido cheia de percalços. Antes de ir, ele começara a gravar com Riddle e já estavam fazendo mágica juntos, mas o mundo ainda não sabia. Nem o próprio Frank sabia muito bem. Seu período de declínio ingressava no nadir: Ava estava prestes a ir embora; sua confiança vacilava. Tocou para casas lotadas no norte da Itália e em Roma, mas em Nápoles, onde o promotor do show resolvera anunciar que Gardner apareceria com ele, a multidão e a imprensa estavam muito mais interessadas na resplandecente atriz, cuja carreira no cinema estava em ascensão, do que em seu consorte pálido e franzino. Como ela não apareceu no palco, o público começou a chamar — Aa-va! Aa-va! Aa-va! — e a atirar as almofadas dos assentos ao perceber que ela não se juntaria a Frank no palco. Na Suécia, o público nas apresentações foi pequeno e o aplaudiu pouco. Um gerente de teatro, alegando que Frank passou mais tempo nos bastidores conferindo os horários do navio do que entretendo o público, recusou-se a pagar o cachê. Alegando uma crise nervosa, Sinatra logo encerrou a turnê.

As coisas foram muito diferentes em janeiro de 1955. Sinatra desceu em Sydney com a filha Nancy, de catorze anos, a reboque, foi simpático, gracejou com a imprensa e deu longas entrevistas aos jornalistas e radialistas antes do primeiro concerto. Estavam agendados quinze shows em dez noites na Austrália; ele receberia 80 mil dólares — o equivalente a cerca de 700 mil dólares em 2015.

Ele fez jus a cada centavo. As multidões eram enormes e acolhedoras; riam das piadas dele. E Frank cantou de forma magnífica, deleitando-se com o inigualável instrumento vocal que — bem naquele momento — estava no auge: uma voz rica e cheia de sentimento nas baladas, atlética e flexível nos números rápidos. Em "Ol' Man River", canção de encerramento do show no West Melbourne Stadium, em 19 de janeiro, ele exibiu seu famoso controle da respiração no verso "you get a little drunk and you lands in jail",* segurando o grave em *jail* até parecer humanamente impossível retê-lo por mais tempo — então baixando o tom em uma quinta, então baixando *outra vez*, então passando sem interrupção para "I gets weary and sick of tryin'", tudo num só fôlego, durante espantosos vinte segundos ou mais.

* Você bebe um pouco e acaba na cadeia. (N. T.)

Como auxílio e solidez, Frank levara um pequeno grupo de seus músicos regulares: Bud Shank no sax alto, o guitarrista Nick Bonney, o baterista Max Albright e, para o piano e a regência da orquestra local de Dennis Collinson, Bill Miller. Nos três anos em que havia trabalhado com Frank, Miller, músico brilhante e criativo, viera a se tornar, como escreve Richard Havers, historiógrafo de Sinatra,

> seu confidente musical [...]. Frank e Bill trabalhavam juntos nas canções antes de entrar no estúdio, explorando as nuances sutis, elaborando o fraseado e as ligeiras alterações de andamento que permitiam a Frank uma abordagem original de canções que, em muitos casos, eram antigas e, em outros, já tinham versão consagrada.[11]

A total desenvoltura entre os dois, plenamente à vontade, ficou evidente sobretudo no belo dueto de uma canção já bem batida dos anos 1940, "(I Got a Woman Crazy for Me) She's Funny That Way" — e atingiu seu apogeu artístico, claro, na versão de ambos, com um solo de piano ao fundo, de "One for My Baby", a grande canção de bar de Johnny Mercer e Harold Arlen, gravada em 1958, mas lançada apenas em 1990.

A trupe também incluía uma jovem vocalista chamada Anne McCormack, sobre quem Nancy filha, que estava mantendo um diário da viagem, fez uma dolorosa descoberta. À procura de papel de carta do hotel para escrever para casa, ela abriu a gaveta da escrivaninha do quarto do pai e achou, entre folhas de papel e envelopes, "algumas peças de roupa íntima feminina".[12]

Nancy conta que sabia que o pai vinha se encontrando com uma das moças do show; o que não sabia era que a garota estivera com Frank no quarto ao lado. Ela ficou tão transtornada que parou de escrever em seu pequeno diário.

O episódio traz uma curiosa ressonância com outra descoberta que Nancy comenta em *Frank Sinatra: My Father* — certa vez, quando menina, brincando de se arrumar no closet da mãe, ela topou com uma pilha de revistas de cinema escondidas num armário, revistas de fãs contendo fotos de Frank, ainda casado, com namoradas como Marilyn Maxwell e Lana Turner. "Fiquei devastada",[13] escreveu. Fosse lá o que estivesse procurando na gaveta da escrivaninha daquele hotel, o que ela encontrou talvez tenha lhe causado mais raiva do que surpresa.

Por volta das oito da noite de 8 de fevereiro, uma terça-feira, Frank Sinatra entrou nos KHJ Radio Studios em Hollywood e cumprimentou o pequeno grupo ali reunido: o produtor Voyle Gilmore e alguns músicos: Bill Miller, o tocador de celesta Paul Smith, o guitarrista George van Eps, o baixista Phil Stephens, o baterista Alvin Stoller. Nas quatro primeiras canções que Frank ia gravar para o novo álbum — "Dancing on the Ceiling" e "Glad to Be Unhappy", de Rodgers e Hart, "Can't We Be Friends?", de Kay Swift, e "I'll Be Around", de Alec Wilder —, não havia sopros nem cordas. Nelson Riddle escrevera os arranjos minimalistas, mas não estava presente naquela noite para reger; Miller conduziria a sessão ao piano. Fazia meses que Frank estava preparando seu novo álbum, o terceiro para a Capitol, planejando com todo o cuidado a escolha das faixas, a sequência das músicas e, em íntima colaboração com Bill Miller e Riddle — em geral à noite, em sua casa —, elaborando cada nota, cada fraseado e nuance.

O álbum, como escreve Will Friedwald, "inaugurou a tradição [de Frank] de usar uma canção-título para dar o clima, coisa que continuou a fazer com regularidade pelo resto da carreira".[14] Nesse caso, a canção era "In the Wee Small Hours of the Morning", de Bob Hilliard e Dave Mann.

Hilliard e Mann haviam composto a música de um jato, numa sessão depois da meia-noite, poucos meses antes. Condizendo com a hora da composição, tanto a melodia quanto a letra eram de uma bela e delicada tristeza — emoção que, na vida pós-Ava de Frank, era mais do que familiar a ele. No entanto, o ressurgimento de Sinatra teve como marca distintiva o fato de ele conseguir metamorfosear sua tristeza em ouro puro. Bill Miller disse a Friedwald que "ambos, cantor e pianista, perceberam na hora que 'In the Wee Small Hours' ia ser um número importante para eles".[15]

Nenhum álbum de Sinatra até aquela data criara um clima emocional de maneira tão intensa quanto esse viria a criar. Os dois primeiros álbuns de seu período na Capitol, *Songs for Young Lovers* e *Swing Easy!*, tinham sua atmosfera própria, porém mais simplista: era possível classificá-los como álbuns conceituais, se o intuito fosse citar conceitos como música romântica ou música rápida. *In the Wee Small Hours* era uma obra muito mais complexa. O disc jockey Jonathan Schwartz, especialista em Sinatra, comparou-a a um romance e a uma peça em dois atos, escrevendo:

> Sinatra, homem que viveu sua vida em itálico, era uma grande peça dramática em vários atos. O álbum — com a cortina encerrando o primeiro ato, "When Your Lo-

ver Has Gone", o intervalo para virar o disco e o número de abertura do segundo ato, "What Is This Thing Called Love?" — ajudou a criar o formato perfeito para a figura dramática em que Sinatra se transformara.[16]

Além da canção-título, da escolha cuidadosa das faixas e das orquestrações primorosas, a própria tecnologia beneficiou — e moldou — *Wee Small*. Sinatra presenciara muito da história das gravações em seus vinte anos de carreira. Nos dois anos iniciais na Columbia Records, um álbum de disco, como o álbum de fotografias do qual derivou seu nome, era uma caixa grande e pesada contendo um objeto — nesse caso, o objeto era um disco fonográfico de acetato esmaltado de dez polegadas, em 78 rotações, com uma música de cerca de três minutos de duração em cada lado. O primeiro álbum de Sinatra, *The Voice of Frank Sinatra*, lançamento da Columbia em 1946, tinha quatro discos de 78 rotações, com oito canções (e pesava pelo menos um quilo). Quando a Columbia introduziu o primeiro long-play em 33 rotações, em 1948, tornou-se possível colocar oito canções num único disco de vinil de dez polegadas: dentro da capa de papelão, o álbum agora não pesava nem duzentos gramas.

In the Wee Small Hours foi o primeiro LP de doze polegadas, formato que oferecia ao cantor o generoso espaço de dezesseis canções, mais de 48 minutos de música, para tecer e lançar seu sortilégio sobre os ouvintes (para se garantir em termos comerciais, a Capitol também lançou um álbum duplo com dois discos de dez polegadas e um álbum quádruplo no formato de 45 rotações). *Wee Small* é um trabalho magnificamente integrado, tanto para a época quanto em termos atemporais, sustentando em todas as faixas o clima de suave tristeza, entre as várias cores melancólicas da paleta musical de Nelson Riddle. Frank canta tantas vezes numa espécie de sussurro que, quando muda por um momento do suave para o ferino, como nos versos cínicos de "Can't We Be Friends?" ("I took each word she said as gospel truth / The way a silly little child would"),* o efeito chega a destoar. É um álbum de capitulação, não de retaliação — seu "álbum de Ava", como ele diria mais tarde.

Duas das músicas mais desnudas nesse sentido são "I Get Along without You Very Well", de Hoagy Carmichael, de apurada ironia, com letra baseada num poema de Jane Brown Thompson, e a imponente "What Is This Thing Cal-

* Tomei todas as suas palavras como verdade sagrada / Como faria um menino bobinho. (N. T.)

led Love?", de Cole Porter. Nesta última, com sua letra que parece uma ode latina, Sinatra está com a voz em seu auge, num desempenho de arrepiar — quando faz improvisos melódicos arriscadíssimos, que flertam com o território do baixo, soa como uma gruta dos ventos. Mas aí, num de seus típicos improvisos líricos, ele quase chega a estragar essa grande versão de uma grande música. Os versos de Porter, com sua magnífica concisão, transmitem numa forma absolutamente minimalista todas as altas esperanças e a desilusão devastadora do novo amor:

I saw you there one wonderful day,
*You took my heart and threw it away.**

Mas Frank, por razões que só ele sabe, resolve ampliar o segundo verso por conta própria:

*But you took my heart and you threw my heart away.***

Isso estava muito distante do Frank Sinatra de vinte anos antes, que, como garçom-cantor na Rustic Cabin em Englewood Cliffs, Nova Jersey, ficou tão nervoso ao ver Cole Porter na casa, certa noite, que esqueceu a letra de "Night and Day"*** e ficou cantando apenas o nome da música. Esse agora era um artista que se considerava um igual e colaborador de qualquer grande artista que fizesse parte de seu repertório.

Consta que Sinatra ficou tão entusiasmado com o arranjo de Riddle para "What Is This Thing Called Love?" que, depois de enfim se dar por satisfeito com um vocal perfeito (no 21º take! Não admira que estivesse flertando com a letra), ele se virou para o arranjador e disse: "Nelson, você é demais".[17]

Fez-se um silêncio enquanto Riddle, sujeito sério e sem grande traquejo social, se saiu com a melhor resposta que lhe ocorreu. "Igualmente", disse ele.

* Vi você lá um belo dia, / Você pegou e jogou fora meu coração. (N. T.)

** Mas você pegou meu coração e jogou fora meu coração. (N. T.)

*** William McBrien, biógrafo de Porter, diz que a música era "Let's Do It", embora não pareça muito provável que o rapaz de vinte anos fosse se arriscar com aquela letra, uma longa lista de amores pelo mundo, com seus "lituanos" e seus tantos "let's". *Cole Porter*, p. 371.

Os músicos se entreolharam.

Na noite de 30 de março, um ano e cinco dias depois de sua glória na premiação do Oscar, Frank subiu de novo no palco do Pantages Theater, em Hollywood, e de novo a rigor — só que, dessa vez, em lugar de receber o prêmio, foi entregá-lo: o Oscar de melhor atriz coadjuvante, para Eva Marie Saint, em *Sindicato de ladrões*. O filme, com doze indicações e oito premiações, foi o grande ganhador naquela noite — o maior desde o ano anterior, quando *A um passo da eternidade* recebera treze indicações e oito premiações, incluindo a de melhor ator coadjuvante para Sinatra. O prêmio de melhor ator desse ano coube a Marlon Brando, por sua atuação no papel de Terry Malloy, um estivador que parecia um cristo crucificado, em *Sindicato de ladrões* — vitória que se revelou uma reviravolta nas expectativas, que tinham Bing Crosby como favorito, em *Amar é sofrer*.

Mas a maior reviravolta no Pantages Theater naquela noite talvez tenha ocorrido no estômago de Sinatra. Frank havia cobiçado muito o papel de Terry Malloy, que parecia talhado para ele: o filme seria inclusive ambientado em Hoboken. (Na adolescência, Frank de fato trabalhara — por pouco tempo — nas docas de Hoboken, mas não descobrira em si nenhum grande gosto pelo trabalho braçal.) Sam Spiegel, produtor de *Sindicato de ladrões*,[18] fora atrás de Sinatra para o papel, insistindo, prometendo dá-lo a ele, declarando que não havia ninguém no mundo tão qualificado para o personagem, garantindo-lhe que ganharia o Oscar de melhor ator para ficar ao lado daquela outra estatueta. Mas, no final, a questão para Sam Spiegel foi apenas econômica: Marlon Brando, uma das maiores bilheterias do mundo, simplesmente venderia mais ingressos.

Para Elia Kazan, o diretor do filme, Brando também era a melhor escolha artística — já demonstrara uma versatilidade e uma habilidade assombrosa em filmes como *Uma rua chamada pecado*, *Júlio César*, *Viva Zapata!* e *O selvagem*. "Frank Sinatra seria maravilhoso, mas Marlon era mais vulnerável", disse Kazan mais tarde. "Ele tinha esse amplo leque de emoções violentas para explorar. Sentia-se mais dividido, sofria mais e tinha muita vergonha — o ator que interpretasse Terry precisava ter muita vergonha."[19] Como se vira em *A um passo da eternidade*, para surpresa de muita gente, Frank era capaz de mostrar na tela uma assombrosa vulnerabilidade. Mas mostrar vergonha, na tela ou fora dela, não era bem seu forte.

Quando Brando ficou com o papel, Frank "quase destruiu"[20] a sala de casa num acesso de raiva. Agora Brando ganhava o Oscar que Sam Spiegel havia prometido para ele.

E a história estava para se repetir, dessa vez como comédia musical.

No começo de 1954, depois de adquirir os direitos para o cinema do musical *Guys and Dolls*, o grande sucesso de Frank Loesser na Broadway (baseado nos contos de Damon Runyon sobre a Times Square) por 1 milhão de dólares, Samuel Goldwyn contratou o famoso escritor-diretor Joseph L. Mankiewicz para dirigir o filme, e então passou seis meses escalando os quatro atores principais, sob os holofotes da imprensa: Sky Masterson, o grande apostador de fala mansa; Nathan Detroit, jogador grosseirão; a corista srta. Adelaide, noiva sofredora de Nathan; a sargento Sarah Brown, missionária devota mas muito sensual.

Como acontecia (e ainda acontece) com grande frequência em Hollywood, correram os boatos de diversas combinações do elenco, com artistas tão variados como Gene Kelly, Bing Crosby, Bob Hope, Clark Gable, Robert Mitchum, Kirk Douglas e Burt Lancaster (e, num momento meio aloprado, Dean Martin e Jerry Lewis) mencionados como possíveis protagonistas. Para os papéis de Adelaide ou Sarah, apareceram no páreo Betty Grable, Jane Russell, Debbie Reynolds, Grace Kelly e Marilyn Monroe.[21] Uma coluna de Hedda Hooper no começo de maio declarou que Goldwyn pedira a Frank Sinatra que fizesse o papel de "Guy Madison"* (Goldwyn, que nascera na Polônia e emigrara para os Estados Unidos durante a adolescência, tinha uma relação notoriamente interessante com a língua inglesa).[22] Mas, logo a seguir, surgiu o boato de que Goldwyn e Mankiewicz estavam impacientes atrás de Marlon Brando para que interpretasse Sky Masterson.[23]

Se for verdade que Goldwyn abordou primeiro Sinatra para o papel de Masterson, seu instinto inicial foi bom. Na Broadway, Sky fora interpretado por Robert Alda (pai de Alan), protagonista de boa figura e voz agradável. Alda cantava várias das músicas principais do espetáculo, tanto solo quanto em dueto com Isabel Bigley, que fazia Sarah Brown. Sam Levene, que era excelente ator, mas mal conseguia cantar uma música inteira, interpretava Nathan Detroit. Para

* Guy Madison era um ator de televisão, mais conhecido por sua atuação na série *The Adventures of Wild Bill Hickok*.

compensar as limitadas habilidades vocais de Levene, Frank Loesser compôs o único solo de Nathan, "Sue Me", numa oitava só. Levene cantou com uma voz áspera e baixa de grande efeito.

Em junho, Earl Wilson noticiou que Samuel Goldwyn queria Frank Sinatra no papel de Nathan Detroit.[24]

Trinta anos depois, numa palestra na Escola de Direito de Yale, Sinatra confessou que ficara perplexo com a aparente mudança de posição de Goldwyn.

> Meu agente me disse: "Sam Goldwyn te adora, Frank, e eu sei que você o admira e eu adoro ele". "É verdade", eu disse, "mas não quero fazer Nathan porque não sei como fazer o papel." E falei isso a sério. Não sabia como interpretar Nathan. Eu disse: "Se fosse o contrário, o papel de Sky Masterson é de vocalista", e acrescentei que achava que era esse o papel que eu ia fazer. Ele replicou: "Mas talvez seja o último filme de Goldwyn [...]. Seria uma coisa maravilhosa se você fizesse o papel e o deixasse feliz".[25]

A. Scott Berg, biógrafo de Goldwyn, conta uma história um tanto diferente. "No meio das negociações, o agente de Sinatra se apoderou do roteiro", escreve ele.

> Seu cliente insistia em participar do filme. Não haveria nenhum conflito com o fato de que Goldwyn estava para contratar Brando; Sinatra estava doido para interpretar Nathan Detroit. Mankiewicz considerava Sinatra totalmente inadequado para o papel; na verdade, ainda tinha esperança de convencer Goldwyn a contratar Sam Levene [...]. Mas ele encontrou o cantor no Beverly Hills Hotel e viu que "Frank estava apaixonado pela ideia". Muito embora Brando e Sinatra combinassem melhor com o papel um do outro, Goldwyn gostava da aura dos nomes dos artistas.[26]

Sinatra, com a carreira ainda em recuperação da brusca queda anterior, ficou em terceiro lugar nos créditos, após Brando e Jean Simmons, que interpretava a sargento Sarah.

Marlon Brando podia ser o ator mais magnífico do mundo, mas havia um pequeno detalhe: nunca cantara num filme. E mais outro: Joseph L. Mankiewicz, que dirigira Brando em *Júlio César*, nunca escrevera nem dirigira um musical.

Para permanecer no filme, Frank não armou escândalo com a contratação de Brando para um papel que ele achava que devia ser seu. Mas isso não significava que tivesse se conformado com a situação.* Em alguns aspectos, o personagem meio tímido e desengonçado de Nathan Detroit era uma versão requentada do tímido e desengonçado Clarence Doolittle, personagem que Sinatra interpretara em *Marujos do amor* e mais ou menos repetira em outros papéis dos anos 1940. Goldwyn dera o papel de Gene Kelly para Brando.

Sob o controle experiente de Mankiewicz, respeitado por Frank e Brando, a filmagem de *Eles e elas* avançou de maneira eficiente, mas com alguma tensão. "A vontade de Brando de ensaiar sem parar enervava Sinatra, 'o cara de uma tomada só'", comenta Tom Santopietro.

> Frank, alimentado pelo instinto, não pela análise intelectual, nunca ficava à vontade com atores cerebrais e não foi especialmente contido em sua crítica às técnicas usadas por Brando, referindo-se ao ator como Resmungão. Ou, como disse Sinatra, mordaz, ao diretor Mankiewicz: "Não me ponha na parada, chefe, enquanto o Resmungão não acabar de ensaiar". (Claro que Brando deu o troco declarando que, quando Sinatra morresse, a primeira coisa que ia fazer era "encontrar Deus e berrar com ele por deixá-lo careca".)[27]

Mas, se Frank estava pelas tampas com Brando, talvez não estivesse muito disposto a bater de frente contra um sujeito oito anos mais novo, musculoso, sem maiores pudores quando se tratava de passar às vias de fato. A única explosão ocorrida na produção de que se tem notícia foi entre Frank Sinatra e Frank Loesser.

Goldwyn e Mankiewicz haviam cortado cinco dos principais números musicais do espetáculo da Broadway, mandando Frank Loesser escrever três canções novas para o filme — canções que não agradavam muito a Loesser —, inclusive uma, "Adelaide", especificamente destinada a aumentar o tempo de Sinatra cantando na tela. Estavam dadas as condições para um confronto entre os dois Franks de pavio curto.

"Sinatra, pelo visto, achava que o personagem de Nathan devia se adaptar a seu estilo pessoal já bem definido como cantor, enquanto meu pai achava que Nathan devia continuar como um grosseirão estridente da Broadway, que cantava mais com rudeza do que com leveza", escreveu a filha de Frank Loesser numa obra biográfica sobre o pai.

* Em anos posteriores, Sinatra corrigiria a história transformando "Luck Be a Lady" — uma canção de Sky Masterson — num de seus números mais marcantes.

Disseram-me que meu pai se comportou durante algum tempo com um controle pouco usual nele, observando o que Sinatra fazia — até que por fim não conseguiu aguentar mais. Depois de um ensaio que fez ferver seu sangue, ele se aproximou de Sinatra oferecendo-se para dar uma ajuda em "Sue Me" e algumas dicas sobre o que pensava quando escreveu a canção [...].

"Vamos nos encontrar em meu bangalô e dar uma ensaiadinha?" propôs, cordato, entre os dentes cerrados.

"Se você quer me ver", respondeu Sinatra, "pode vir a meu camarim."

Meu pai saiu do set e, lá fora, deu uns pulos e uns gritos de raiva. Quando se acalmou, foi ao camarim de Sinatra, que estava cheio de gente e barulhento com o rádio tocando música.

"Como é que vamos ensaiar neste ambiente?", perguntou ele, com o sangue voltando a ferver.

"Faremos do meu jeito", respondeu Sinatra, "ou então caia fora."

Logo se seguiu um dueto de explosões em contraponto, culminando na mútua promessa de nunca mais trabalharem juntos.[28]

Ou, como escreveu Wilfrid Sheed em *The House That George Built*, sua reflexão sobre os grandes autores da música popular americana, "Frank Sinatra [...] nunca perdoou Frank Loesser por lhe dizer como interpretar Nathan Detroit. Que cara de pau alguns sujeitos têm!".[29]

No começo de abril, Bob Thomas, colunista de agência de notícias, teve a ousadia de perguntar a Sinatra sobre a situação do casamento com Ava Gardner. Frank respondeu com algo que soava como resignação: "Está num impasse", disse.

"Ela fixou residência em Nevada, mas nunca deu entrada nos papéis para o divórcio. Não sei o que ela vai fazer."

Ele não deixou dúvidas de que o casamento terminou, mas não está interessado num divórcio.

"Não vou me casar", disse. "Se sinto falta de companhia, marco um encontro e vou para algum lugar. Não tenho planos para nada sério."[30]

Sinatra riu quando o colunista lhe perguntou se tinha planos de se casar com Gloria Vanderbilt.

Frank deu risada. "Claro. E qual é a penalidade para bigamia hoje em dia?" Ele observou que ainda estava legalmente casado com Ava, e a srta. Vanderbilt, com Leo Stokowski.

"Achei a companhia de Gloria muito agradável", disse ele. "Foi maravilhoso ouvir uma mulher falar sobre música e livros de maneira inteligente. As garotas por aí parecem limitar suas conversas ao que está acontecendo em Hollywood e nas pistas de corrida."

Thomas publicou a informação de que Frank estava com um contrato assinado com a United Artists, de cinco anos para cinco filmes, e vinha conversando sobre vários projetos com outros estúdios. "Mas a história em que está mais interessado é *Casa de chá do luar de agosto*", escreveu o colunista. "Ele quer fazer o intérprete de Okinawa."

O papel, claro, ficou com Marlon Brando.

Numa noite de primavera em 1955, Peggy Lou Connelly, uma cantora atraente de 23 anos de Fort Worth, foi com uma amiga ao Villa Capri, em Hollywood, onde essa amiga, uma modelo casada com um pianista de jazz, tinha esperanças de conhecer Sinatra. "Fiz de tudo para que ela mudasse de ideia, pois eu gostava muito de seu marido, mas achei que aquilo não ia dar em nada e deixei que ela me arrastasse",[31] recordou Connelly mais de cinquenta anos depois.

Com efeito, Sinatra estava no Villa Capri naquela noite, sentado com o compositor Jimmy van Heusen, seu grande amigo. E as duas moças, relembra Connelly, tinham acabado de pedir os pratos quando Van Heusen surgiu da penumbra enfumaçada e perguntou se se incomodariam se o sr. Sinatra viesse e tomasse café com elas, depois que acabassem de jantar.

Para uma garota ingênua de Fort Worth, a mera visão de Van Heusen era alarmante, para dizer o mínimo. "Ele tinha os olhos saltados e dentes feios, e um começo de calvície", contou Connelly. Mas a amiga pouco se importou com a aparência do emissário — Sinatra era Sinatra. Claro que tomariam café com ele, respondeu ela.

Connelly, por seu lado, estava apavorada com a perspectiva de conhecer o cantor. Era uma mocinha do interior, que morava no Hollywood Studio Club, residência para aspirantes a atriz com a supervisão de acompanhantes mais velhas. "Eu estava em Hollywood fazia tão pouco tempo que os figurantes já bastavam para me impressionar", recordou Connelly. "Conhecer um dos maiores astros do mundo, eu não estava preparada para isso. Então, na verdade, eu não disse nada. Sorri e, quando Frank me perguntou 'De onde você é?', sorri, disse meu nome e respondi: 'Sou do Texas e canto'. Só disse isso."[32]

Connelly, sardenta, de cabelo escuro, ficou sentada, tímida, enquanto sua deslumbrante amiga se encarregou de toda a conversa, flertando de maneira descarada com Sinatra. "E depois de dez minutos ele se levantou e disse para *mim* — não para minha amiga —: 'Srta. Connelly, gostaria de jantar comigo na próxima sexta-feira?'. Ele gostava de ser formal. Respondi que sim, e Jimmy pegou meu número de telefone. E foi assim que começou."[33]

O que começou naquele ano para Peggy Connelly foi uma relação de três anos com Sinatra, que iria colocá-la em contato frequente com o homem que logo se tornaria o compositor mais importante na vida de Frank, e que já era alcoviteiro dele, Jimmy van Heusen. Ela nunca superou sua impressão inicial. "Eu tinha pena dele porque o achava muito feio", lembra Connelly. "Nunca o vi com uma garota. Nunca o vi sequer chegar perto das prostitutas que costumava providenciar."

Van Heusen, nascido Edward Chester Babcock em Syracuse, Nova York, em 1913 (ele inventou o pseudônimo de gozação quando era disc jockey na adolescência), era um paradoxo: desbocado, com uma obsessão por sexo e bebida, mas compositor de dotes profundos e delicados, beirando a genialidade. Conhecera Sinatra em Manhattan nos magros anos 1930, quando tocava como demonstrador para a editora musical Remick Inc. e tentava vender algumas músicas suas, e Frank, que ainda estava por conhecer Harry James e Tommy Dorsey, cantava na Rustic Cabin. O magricela de Hoboken com voz sublime costumava pegar o amigo Nick Sevano e atravessavam o Hudson para bater perna pela noite com Van Heusen e Hank Sanicola, que na época também fazia demonstrações de música em Tin Pan Alley.* Outro integrante da turma era um letrista baixinho, de fala rápida, muito piadista, dono de um talento assombroso, chamado Sammy Cahn, que então trabalhava com um compositor chamado Saul Chaplin.

* Beco de Nova York e região em torno do qual se concentravam editores e compositores que dominaram a música popular americana entre o final do século XIX e a década de 1930. (N. E.)

Desde o começo, as canções de Van Heusen tinham uma sutileza melódica que o tornava muito procurado pelos cantores: numa sequência histórica das sessões de gravação em Nova York de Sinatra e da orquestra de Dorsey entre fevereiro e agosto de 1940, o primeiro número que Frank gravou foi uma canção de Van Heusen, escrita em parceria com o letrista Eddie De Lange, chamada "Shake Down the Stars". Outra, "Polka Dots and Moonbeams", escrita com Johnny Burke, foi uma das primeiras baladas mais encantadoras de Sinatra.

Foi Burke, letrista de Bing Crosby (que o chamava de "o Poeta"), quem atraiu Van Heusen para Hollywood, no verão de 1940, para ajudá-lo a compor músicas para os filmes de Bing. (Sammy Cahn deu um passo semelhante não muito tempo depois, para compor com Jule Styne músicas para trilhas sonoras.) Jimmy, que usara o dinheiro de seus primeiros royalties musicais para fazer um curso de pilotagem e então comprou seu próprio avião, um Luscombe Silvaire de dois lugares, foi voando até Los Angeles. Sua última parada para abastecer, antes de chegar ao Van Nuys Airport, era um pontinho no mapa chamado Palm Springs. No final do verão de 1940, o aeroporto não passava de umas casinhas de tijolo cru e uns tambores de gasolina, num calor inacreditável que fazia o macadame faiscar, mas, no instante em que desceu do avião, Van Heusen se sentiu feliz. Ele sofrera a vida toda de problemas de sinusite; agora, de repente, era a primeira vez que conseguia respirar de verdade. Apaixonou-se pelo deserto. Foi um romance que durou a vida toda e mais uma paixão que compartilhava com Sinatra.

Enquanto Burke e Van Heusen faziam músicas para os filmes de Crosby, Frank Sinatra ascendeu ao estrelato com Dorsey, deixou a orquestra, mudou-se para a Califórnia em 1943 e começou a fazer filmes. Com sua classificação 4-F no recrutamento militar, ele pôde construir sua carreira musical e cinematográfica ao longo de toda a Segunda Guerra Mundial; Van Heusen prestou serviço em dobro, compondo músicas de filme com Burke à noite e arriscando a vida como piloto de testes para a Lockheed durante o dia.

Mas, depois da guerra, o alcoolismo foi debilitando Burke cada vez mais. "Quando compus 'But Beautiful' [em 1947], ele estava tão doente que nem conseguia pegar uma xícara de café na mesa", lembrou Van Heusen. "Tinha de abaixar o rosto e beber dentro dela."[34]

As parcerias de Van Heusen com letristas sempre foram, em termos modernos, monogâmicas, mas, com a saúde de Burke piorando, ele foi obrigado a diversificar ainda mais. Havia também o fato de que Bing Crosby, então com cinquenta anos, estava pensando em se aposentar. Crosby instilara um feitio pouco sentimental no trabalho que Burke e Van Heusen faziam para ele, em especial determinando a Johnny que nunca usasse a frase "Eu te amo" em nenhuma letra. Sem Burke e Crosky para orientá-lo, Van Heusen se envolveu em alguns trabalhos puramente comerciais, com uma certa pitada de ceticismo neles. O que mais explicaria a melosa "You, My Love", tema de *Corações enamorados*, que Jimmy escreveu com Mack Gordon, frequente colaborador de Harry Warren, ou a canção-tema de *Não serás um estranho*, devidamente espalhafatosa ("I think of youuu, my love, not as a stranger"),* composta com o letrista Buddy Kaye?

Então Sinatra teve uma ideia.

Na primavera de 1955, ele assinou com a MGM um contrato para coestrelar com Debbie Reynolds uma adaptação cinematográfica de uma comédia da Broadway chamada *The Tender Trap*, um enredo bem anos 1950 sobre um solteirão convicto e mulherengo calejado que por fim é fisgado por uma linda mocinha inocente. A Metro queria uma canção-tema para o filme, que Frank cantaria durante os créditos, e Frank tinha os compositores ideais em mente: Sammy Cahn e Jimmy van Heusen.

Foi perfeito. Cahn também andava precisando de um novo colaborador, pois Styne, seu parceiro de longa data, tinha desertado para a Broadway. Como Van Heusen, Cahn já fizera coisas significativas para Sinatra — inclusive (com Styne) as grandes "I Fall in Love Too Easily", "Guess I'll Hang My Tears Out to Dry" e "Time after Time". Suas letras, embora nunca fossem triviais, costumavam ser muito sentidas, de uma emotividade quase impositiva. Mas ele também tinha outro lado: depois de migrar para Hollywood e antes de sucumbir aos encantos da garota da Goldwyn Gloria Delson, com quem se casou em 1945, Sammy fazia parte da turma do pôquer doida por um rabo de saia que frequentava a suíte de solteiro de Sinatra na Sunset Tower. Mesmo que não galinhasse mais com Sinatra e Van Heusen, divertira-se bastante escrevendo letras engraçadas, muitas vezes obscenas, para festas e ocasiões especiais. Ele e Jimmy van Heusen podiam ter, cada um, um parceiro que os arrancasse do excesso de sentimentalismo. Ali estava um matrimônio musical prestes a acontecer, e foi Sinatra quem formou o casal.

* Eu penso em vocêêê, meu amor, não como um estranho. (N. T.)

4.

Then all those hookers our boy met
He had the kind of fun that no one could hardly rap
He banged the way you do on a tymp
And lived just like a musical pimp.
[E aí todas aquelas putas que nosso rapaz pegava
Não dá pra censurar o tipo de diversão que ele tinha
Trepava como a gente toca bongô
E vivia feito um cafetão musical.]

Sammy Cahn, letra composta para o aniversário de 54 anos de Jimmy van Heusen

O roteiro de Julius Epstein para *Armadilha amorosa* tinha algo que falava diretamente a Frank — algo que ia além da oportunidade de voltar à MGM, da qual fora dispensado sem a menor cerimônia cinco anos antes; algo que ia até mesmo além da perspectiva de ser pela primeira vez o nome principal num filme de comédia. Ele ia interpretar Charles Reader, agente teatral de 35 anos de Manhattan que leva uma agitada e despreocupada vida de solteiro, estilo década de 1950, atraindo uma torrente constante de jovens dóceis e deslumbrantes que aparecem à porta de seu apartamento na Sutton Place, com uma vista panorâmica esplendorosa. Claro que, sendo um enredo, Charlie precisa mudar no terceiro ato, e mudar, para um eterno celibatário, significa se casar. Quem ele escolherá? Sylvia, a excêntrica e sofisticada violinista clássica já um pouco rodada (interpretada por Celeste Holm, de 38 anos), ou Julie (Debbie Reynolds, de 23), o protótipo da ingênua tão decidida a casar e ter filhos que nem mesmo um papel de estrela num musical da Broadway a atrai muito?

Visto hoje, o filme, de 1955, é um vasto besteirol em Technicolor, que nem chega a ganhar muita graça com a quantidade descomunal de cigarros e bebidas durante as cenas e com as idas e vindas vaudevilianas das várias e exuberantes garotas de Charlie cuja abundância e formosura são reforçadas pelas reações cômicas e pelos olhos esbugalhados de Joe, o melhor amigo dele, que é casado mas gosta de pular a cerca (interpretado por David Wayne). Mesmo o nome do filme e a canção-tema parecem uma piada — um pouco chula, aliás. "Toda vez que Jack Benny me vê numa festa", escreveu Sammy Cahn em suas memórias, "antes sequer de me cumprimentar, ele diz: 'Como *algum* ser no mundo consegue [...] escrever uma música chamada 'The Tender Trap'?'."[1] Algum ser realmente compraria uma porcaria dessas?

Bom, sim. Para começo de conversa, com título bobo ou não, a canção-tema, primeiro fruto da nova parceria entre Cahn e Van Heusen, era simplesmente magnífica: numa bela sequência de abertura (depois disso, o filme desanda ladeira abaixo), Sinatra canta "The Tender Trap" enquanto avança de maneira pomposa na direção da câmera, sozinho sob um céu azul-CinemaScope.

Ademais, *autre temps, autres moeurs*, como dizem os franceses. O que hoje parece pavorosamente ultrapassado era simpático e divertido em 1955. Mesmo Bosley Crowther, o jornalista em geral antiquado do *New York Times*, que nunca hesitava em malhar Frank quando este atuava em filmes medíocres — e houve uma série de filmes medíocres, de *O milagre dos sinos* e *Beijou-me um bandido* a *Isto sim é que é vida* —, entregou-se a um arroubo de prazer:

> Essa narração cômica sobre as alegrias que um sujeito inteligente pode ter simplesmente ficando solteiro no mercado matrimonial saturado de Nova York é uma diversão muito cativante, mesmo para caras que já foram fisgados e para damas afoitas que estão com suas armadilhas prontas para apanhar qualquer boa presa.[2]

Frank, claro, era quem mais encarnava o conceito. Afinal, ele era muito parecido com Charlie — ideia que deve ter dado ao filme um grande atrativo para o público da metade dos anos 1950 —, a não ser pelo fato de que era muito mais rico, a quantidade de garotas era maior e (a parte boa, pelo menos em teoria) não precisava se casar no final. Desde que Ava se divorciara dele na prática, Frank tentava se acostumar à ideia de uma vida sem ela da única maneira que conhecia: cantando músicas tristes (*In the Wee Small Hours*) ou desafiadoras (em maio, sua gravação de "Learnin' the Blues", um grande *swinger* de uma jovem compositora recém-surgida chamada Dolores Vicki Silvers, estava em segundo lugar na parada dos singles da *Billboard*) e entrando numa ciranda incessante de farras, casos e romances em sequência, e também simultaneamente, com uma ousadia que Charlie Reader invejaria, mas que apenas Frank Sinatra de fato conseguiria.

Por volta da mesma época (por exemplo) em que desenhava suas iniciais junto com as de Gloria Vanderbilt na janela de sua suíte de cobertura no Sherry-Netherland, ele estava também de caso com Jill Corey, cantora de dezenove anos que foi ao Copacabana na lotada apresentação de Natal e Ano-Novo de 1954-5. "Eu estava acompanhada de um cantor de nome Richard Hayes", lembrou Corey.

> Ele me levou para ver Sinatra no Copa. Estávamos sentados na área do palco e no meio do show Frank me descobriu. Meu rosto começou a esquentar, porque ele ficou me olhando. Richard pareceu não se importar, pois tinha enorme reverência por Sinatra. Ele passou uns 25 minutos virando a cabeça para o meu lado, então reconhecendo outra pessoa, e então voltando a me olhar. Fiquei vermelha — em frangalhos, de tanto nervoso.[3]

Naquela noite, o contato foi apenas visual, e no dia seguinte Corey teve de ir para Pittsburgh, a um compromisso num clube. Mas duas semanas depois, relembrou ela, "estou na saída do prédio, descendo a escada, e o gerente vem correndo atrás de mim: 'Um telefonema de Nova York para você'. Perguntei: 'Quem é?'. Ele respondeu: 'É Frank Sinatra'".

Corey atendeu. "Mas onde é que você se enfiou?", rosnou Sinatra, com quem ela nunca tinha falado antes. "Botei cinco pessoas à sua procura. Quando você vai voltar para Nova York?"

Corey disse a Frank que devia voltar a Nova York no dia seguinte, para fazer um programa de TV ao vivo chamado *Stop the Music*. Ele perguntou a que horas terminava o programa; às oito, ela respondeu.

"Nessa hora estou no palco", disse Sinatra. "Você se importa se meu motorista for apanhá-la? Ele estará com um chapeuzinho na mão; você o reconhecerá."

Como Gloria Vanderbilt, Corey de imediato ficou quase paralisada com a ideia de encontrar Sinatra. "Volto a Nova York e passo o dia inteiro não me preparando para a apresentação naquela noite, mas tentando encontrar a roupa certa", relembrou ela. "E o tempo todo pensava: 'Vou chamá-lo de Frankie ou Frank?'."

"Termino o show e vejo um homem parado que parece estar com roupa de motorista. Ele disse: 'Srta. Corey? Estou aqui a pedido do sr. Sinatra para levá-la ao show dele'."

O restante da história transcorreu como uma cena de *Os bons companheiros*. Jules Podell, o gerente do Copacabana, recebeu Corey à porta do clube e a conduziu a uma mesa bem na frente do palco. O show de Sinatra estava quase no fim.

> Ele se despediu do público, veio até os degraus do palco, me pegou pela mão e me levou por várias portas até uma cozinha. Bom, estou com dezenove anos. Trabalhei em muitos, muitíssimos lugares desde os catorze, cantando com uma orquestra dançante, mas nunca entrei nem saí de um clube noturno por uma cozinha. Não falei nada. Chegamos a um elevador que conduz até o segundo andar, há um corredor e depois o Hotel Fourteen. Fico a observá-lo enquanto o ajudam a trocar o smoking por roupa de passeio. Ele comentou: "Estou com fome. E você?". Respondi que sim. Ele disse: "Bom, vamos antes dar um passeio de carro pelo parque". Assim, fomos passear pelo parque com o motorista. E ele: "Harwyn Club" — onde Grace Kelly e o príncipe Rainier foram vistos dançando. Ele disse: "Podemos comer lá. Está bem para você?". Respondi: "Está, está bem para mim".

Não muito tempo depois — tendo passado mais noites com Vanderbilt —, Frank foi para a Austrália e começou o flerte com Ann McCormack. Ele ligou de lá várias vezes para Gloria Vanderbilt e, após voltar, de Los Angeles; também ligou para Corey, prometendo que tiraria uns dias de folga de *Eles e elas*, iria até Nova York e pegaria a estreia dela no *nightclub* The Blue Angel. (E isso porque Frank, insistiu Corey com um colunista, era "apenas um amigo — não um namorado".)[4] Ele parece ter cumprido a promessa, embora tivesse acabado de iniciar uma relação com Peggy Connelly, mantivesse um intermezzo cheio de idas e vindas com Judy Garland e, nas horas vagas, fosse visto numa boate com uma certa Ilsa Bey, que os jornais identificaram como "a beldade que tem um poço de petróleo no Texas".[5]

Em junho, a colunista Dorothy Manners, informada por Louella Parsons, divulgou que Frank, voando alto, fretou não um, mas dois aviões para transportar um grande grupo de amigos de Los Angeles até Las Vegas, "para pegar o encerramento de Rosemary Clooney no Sands, a abertura de Noël Coward no Desert Inn e o novo 'Follies', com Peter Lind Hayes [...] no Sands".[6] Segundo Manners,[7] no grupo estavam Humphrey Bogart e Lauren Bacall, Judy Garland e o marido, Sid Luft, a compositora Sylvia Fine (sra. Danny Kaye), Mike Romanoff, dono do restaurante Romanoff's em Beverly Hills, com a esposa, Jimmy van Heusen e o casal Peter Lawford.

Se esse rol da colunista está correto — e, como veremos a seguir, há razões para crer que sim —, a inclusão de Peter e Pat Lawford, recém-casados, é uma espécie de pequena grande surpresa. Segundo a opinião corrente, em virtude de um tremendo equívoco ou de um acesso infundado de raiva de Sinatra, ou em parte pelas duas razões, Peter Lawford foi objeto de um boicote épico de Frank: no final de 1953, quando a sorte de Sinatra estava em baixa e Ava Gardner já estava com o pé na porta, Lawford e seu gerente tomaram uns drinques com ela e sua irmã Bappie; Frank leu uma coluna de fofocas que não mencionava o gerente e a irmã de Ava, e, como era de prever, ficou furioso. Várias fontes afirmaram que Sinatra, famoso por guardar ressentimentos pelo resto da vida, deixou de falar com o ex-colega da MGM durante quase cinco anos, do final de 1953 até o verão de 1958 — e que então só perdoou Peter por puro oportunismo, pois agora estava interessado nas perspectivas cada vez mais promissoras de que a presidência viesse a ser ocupada por John F. Kennedy, irmão de Pat Lawford.

Mas há razões para crer que, em meados de 1955, o recém-empossado senador por Massachusetts, então com 38 anos, o segundo homem mais jovem no Senado americano, já estava no radar de Sinatra. De acordo com Nancy Sinatra,[8] o pai lhe contou que seu primeiro encontro com Kennedy aconteceu logo após o casamento deste com Jacqueline Bouvier, em setembro de 1953. Outras fontes dizem que os dois se conheceram num comício do Partido Democrata em 1955. Discursando no comício, Frank foi enfático ao falar sobre a opinião corrente de que os artistas não deviam se envolver em política. E disse que, se tivesse de escolher, ele abandonaria a carreira em favor da causa que com fervor abraçava.[9]

Além disso, Jack Kennedy tinha sido por muito tempo uma presença conhecida em Hollywood, tendo deixado sua primeira marca por lá antes da Segunda Guerra Mundial como o filho charmoso e disputado de Joseph P. Kennedy — banqueiro, cofundador da RKO Pictures, embaixador na Inglaterra e amante de Gloria Swanson —, retornando várias vezes como político em ascensão e voluptuoso apreciador de lugares ensolarados, sobretudo depois de ganhar um cunhado que era artista de cinema. Entre seus diversos casos na Costa Oeste no final dos anos 1940, esteve uma rápida ligação com Ava Gardner.[10]

Era natural que ele e Sinatra gravitassem em suas mútuas órbitas, por várias razões.

Os arquivos do FBI afirmam que, desde meados de 1955, John Kennedy passou a manter uma suíte no oitavo andar do Mayflower Hotel de Washington — apartamento 812 —, como seu "parquinho particular", e que Sinatra estava entre as ilustres personalidades que frequentavam suas festas no local.[11]

Também em meados de 1955, depois que Robert Kennedy, irmão de John, foi nomeado, aos 29 anos, conselheiro-chefe do poderoso Subcomitê de Investigações do Senado (que, sob a presidência anterior do senador Joseph McCarthy e de seu conselheiro-chefe, Roy Cohn, perseguira comunistas e agora, com seu novo presidente, o senador John McClellan, de Arkansas, iria investigar o crime organizado), os irmãos Kennedy eram figuras do Partido Democrata com grande influência em Washington e presença frequente nas manchetes da imprensa. Para Sinatra, Jack Kennedy — um aristocrata da Costa Leste, espirituoso e bem-falante, fascinado com a aquisição, a conservação e os usos do poder e, além do mais, um hedonista — tinha uma boa parte do fascínio de Franklin Delano Roosevelt, ídolo de Frank, com o acréscimo da juventude e do sex appeal.

Sem dúvida, valia a pena se reconciliar com Peter Lawford. E, muito embora Frank soubesse quase desde o começo que sua fúria contra Lawford era infundada* — e seus acessos não precisassem de nenhum combustível racional para continuar ardendo —, o período de dezoito meses lhe teria dado tempo suficiente para se acalmar.

* Milt Ebbins, o agente de Lawford, telefonara a Sinatra logo após o incidente, para explicar que os drinques com Ava tinham sido ideia dele; mesmo assim, Frank continuou furioso.

* * *

Verão de 1955: Louella Parsons saiu de férias, deixando sua coluna a cargo de Dorothy Manners. Earl Wilson está de folga, entregando o trabalho de rotina a seus assistentes, enquanto envia *bons mots* da Itália. Frank Sinatra não tira férias.

Entre o final de junho e o final de agosto, só parou para dormir — e não dormia muito. Mesmo quando começou a filmar *Armadilha amorosa* na MGM, foi contratado (por 150 mil dólares) para estrelar *Carrossel* para a Twentieth Century Fox e para apresentar uma versão musical da peça *Our Town*, de Thornton Wilder, na rede de televisão NBC em setembro.[12] Em 29 de junho, ele fez seu último programa de rádio, *Frank Sinatra Shows*, da Bobbi Home Permanents, transmitido duas vezes por semana; na noite seguinte, nos KHJ Radio Studios de Hollywood, gravou uma versão estonteante de "I Thought about You", de Johnny Mercer e Jimmy van Heusen, com uma pitada de Hoboken ("I took a chrip on a chrain, and I thought about you")* e um magnífico arranjo de Riddle.**

Do final de junho ao começo de julho, Frank de fato passou cerca de duas semanas rodando dois filmes ao mesmo tempo, indo e vindo entre os Goldwyn Studios, onde estava terminando *Eles e elas*, e a locação de *Armadilha amorosa* na Metro. Em 9 de julho (data importantíssima, em que "Rock around the Clock", de Bill Haley, desbancou "Learnin' the Blues", de Frank, no primeiro lugar na lista de compactos simples da *Billboard*), a filmagem de *Eles e elas* se encerrou e, no dia 11, Sinatra fretou um ônibus com bar a bordo para levar Bogart e Bacall, Dean Martin, Sammy Davis Jr., Van Johnson, June Allyson, Eddie Fisher, Debbie Reynolds, Jack Entratter, gerente geral do Sands, e Michael Romanoff a um concerto de Judy Garland em Long Beach. O grupo chegou torto de bêbado. Judy apresentou Frank no palco e lhe pediu que cantasse uma música; por alguma razão, ele declinou. No dia 15 e no dia 27, ele gravou os vocais para *Armadilha amorosa* e no dia 29, com Riddle no arranjo e na regência, gravou um single, uma canção irresistível e exuberante de amor não correspondido, chamada "Same Old

* O autor se refere ao sotaque italianado de Hoboken na dicção do *t* (*trip* e *train*), soando como *ch* (*chrip* e *chrain*). (N. T.)

** Sinatra e Riddle iriam aperfeiçoar essa versão, que nunca foi lançada oficialmente, no mês de janeiro do ano seguinte, numa das sessões de *Songs for Swingin' Lovers!*.

Saturday Night" ("Went to see a movie show/ Found myself an empty row"),* creditada a Sammy Cahn e a Frank Reardon, nome esse que não aparece em nenhum outro lugar e talvez seja pseudônimo de alguém que, para dizer o mínimo, assistiu direitinho às aulas da Escola de Van Heusen.

Nesse meio-tempo, Cahn e o verdadeiro Van Heusen, tendo se dado tão bem ao compor "The Tender Trap" para Sinatra, agora estavam escrevendo uma pequena sequência de quatro músicas para o especial de TV *Our Town*. Em suas memórias, Cahn deu a entender que, embora a ideia de trabalharem juntos tivesse sido de Frank, na verdade era uma espécie de destino: "As pessoas haviam passado anos dizendo que a letra enxuta de Sammy Cahn e a melodia saltitante de Van Heusen formavam uma combinação feliz",[13] escreve ele. Sim, mas... A química entre letrista e compositor é delicada, e o talento de ambos os lados nem sempre garante um bom resultado. Entram em jogo os fatores mais variados e sutis e, no caso do musical *Our Town*, pode-se afirmar que, apesar das nobres intenções de todos os envolvidos e da qualidade insuperável da peça de Wilder, o projeto estava fadado ao fracasso desde o início, sendo Frank Sinatra o problema central.

O personagem do Apresentador, que é o narrador e estruturador da ação em *Our Town*, é bastante flexível, tendo sido interpretado ao longo dos anos por atores tão variados como Henry Fonda, Spalding Gray e Paul Newman. O elemento constante é que o personagem é um sujeito de certa idade da Nova Inglaterra, uma presença calma e filosófica que tem de transmitir os principais acontecimentos de Grover's Corners, New Hampshire, sejam eles prosaicos, divertidos ou dolorosos, sempre com estranha indiferença e ar simples e discreto. Por todas essas razões, Sinatra como o Apresentador simplesmente não funcionou. A ideia de converter uma parte da narração em música era boa — no papel. Tal como, em teoria, a ideia de contratar Cahn e Van Heusen para escrever as canções.

Sammy e Jimmy acertaram a mão com "The Tender Trap" porque havia um certo humor cruel na música que mobilizava os pontos fortes dos dois. Van Heusen era um sujeito desiludido, um romântico amargurado, capaz de escrever belas melodias românticas se o lirismo das letras desarmasse suas defesas. Cahn era um letrista extraordinário, mas, quando aspirava a altas poesias, muitas vezes a coisa desandava. Seu calcanhar de aquiles era o sentimentalismo (somado a certo didatismo) e, quando Van Heusen mostrava nem que fosse apenas uma

* Fui ver um filme/ Senti-me feito uma fila vazia. (N. T.)

pontinha de sentimentalismo (como vimos nas músicas que ele compôs para *Não serás um estranho* e *Corações enamorados*), tendia a se bloquear em termos artísticos e a escrever músicas meramente passáveis, muito aquém de sua capacidade.

"Quando você escreve letras para musicais da Broadway com livros de escritores da Broadway — bom, isso é uma coisa", diz Cahn. "Outra coisa é quando você está de frente com o gênio de um Thornton Wilder, e aí precisa reagir com mais profundidade, e nós reagimos. Creio que é nossa melhor composição."[14]

A passagem problemática nessa declaração é "um Thornton Wilder".

Na noite de 15 de agosto, Sinatra gravou as quatro canções, e três eram pura melação. O didatismo e o sentimentalismo pseudopopular inundaram a letra da canção-título, "Our Town" ("You will like the folks you meet in our town/ The folks you meet on any street in our town/ Pick out any cottage, white or brown/ They're all so appealin' — with that lived-in feelin'"),* e, apesar dos talentos de Van Heusen e Riddle, a música tinha solidez, mas era pouco marcante. "Look to Your Heart" e "The Impatient Years" eram igualmente inexpressivas.

O que, então, aconteceu com "Love and Marriage"?

É uma canção absolutamente encantadora e memorável: alegre, cativante e falsa do início ao fim. A ironia de ser Sinatra a cantar é insuperável. Como Cahn e Van Heusen podiam pretender que estavam em algum momento falando a sério?

Will Friedwald escreve que os dois compositores

> queriam ser vistos primeiro como profissionais, depois como artistas; a lhes dar ouvidos, eles não escreviam música para expressar coisas como anseios estéticos da alma, mas pareciam mais alfaiates musicais fazendo produtos por encomenda, sob medida para as necessidades específicas de artistas, de produtores e do mercado.[15]

Mas, adiante, ele diz que "Love and Marriage" é "indiretamente crítica ao ridicularizar as convenções sociais da época".

Não há nenhuma ponta de ironia quando Cahn descreve a gênese da canção. "Começamos andando pela sala, pensando e falando sobre a peça do sr. Thornton Wilder", escreve ele.

* Você vai gostar do pessoal que encontrar em nossa cidade/ O pessoal que encontrar em qualquer rua de nossa cidade/ Escolha qualquer casinha, branca ou castanha/ São todas tão atraentes — com aquela sensação aconchegante. (N. T.)

> Como talvez vocês saibam, o primeiro ato se chama "A vida cotidiana", o segundo ato, "Amor e casamento", e assim, a certa altura, virei para Jimmy e disse: "Já que estamos fazendo um musical, sr. Van Heusen, poderia, *por favor...*?". Então, ele foi até o piano e começou a martelar *oompah, oompah* — que levou a "Oom-pah, oom--pah, Love and marriage, / Go together like a horse and carriage".[16]*

A história tem um sabor de inevitabilidade biográfica, embora pelo menos uma fonte afirme que Sinatra "não se importou muito"[17] com a canção. Por outro lado, temos a interessante versão de Cahn, que parece plenamente plausível, sobre a reação inicial de Frank à pequena sequência de canções:

> A primeira vez que sentamos com Sinatra para lhe mostrar as canções de *Our Town* foi na casa de sua ex-mulher Nancy, aonde ele tinha ido, bem ao seu estilo, para comer uma comida caseira. Ele ouviu as canções, atento — quando Sinatra está imerso em pensamentos profundos, tem o hábito de ficar batendo com o polegar no lábio inferior —, e, quando terminamos, ergueu os olhos e disse: "Puxa, é bom". Para ele, isso é um grande elogio.[18]

Durante toda a carreira, quando avaliava se ia gravar ou não uma música, Sinatra sempre pensava em primeiro lugar no aspecto comercial. Dos anos 1940 aos anos 1990, sempre procurou sucessos. Se, além disso, gostasse ou até adorasse um número, tanto melhor. Mas existe uma lista notória, e notoriamente extensa, de grandes e boas canções que ele, por uma ou outra razão, nunca gravou; em muitos casos, as razões eram comerciais. Em contrapartida, existe uma lista menor, mas ainda bastante considerável, de músicas que não lhe agradavam, mas que gravou mesmo assim, com um olho na parada de sucessos: talvez "Love and Marriage", esse hino mais que perfeito à hipocrisia dos anos 1950, que ele cantou de maneira tão cativante e convincente, fosse um desses casos. Seja como for, a canção alcançou em novembro o quinto lugar na lista da *Billboard*.

Quanto à história real de amor e casamento na vida de Frank Sinatra, sem dúvida temos uma síntese no episódio da refeição na casa de Nancy no verão de 1955.

* Oom-pah, oom-pah. Amor e casamento / Andam juntos como cavalo e carruagem. (N. T.)

* * *

A atividade constante era um bálsamo para a feroz impaciência de Sinatra, com seu pavor ao tédio e à solidão. Depois de terminar *Armadilha amorosa* no final de julho, ele foi direto para a Twentieth Century Fox para começar os ensaios e a preparação dos figurinos para *Carrossel*. Se o papel do Apresentador em *Our Town* não combinava com ele, o papel de Billy Bigelow, o anunciante vadio do carrossel na impressionante fábula musical de Rodgers e Hammerstein, parecia feito sob medida. "Frank Sinatra está mais entusiasmado com esse trabalho do que com qualquer outro que já fez",[19] noticiou Louella Parsons em julho, anunciando na coluna que Shirley Jones, de 21 anos, a qual acabara de estrelar a versão cinematográfica de *Oklahoma!*, fora contratada para interpretar Julie Jordan, a namorada de Billy Bigelow em *Carrossel*.

Sem dúvida, Louella às vezes era um tanto afobada, mas nesse caso ela acertou na mosca: o papel de Billy, um réprobo empenhado em se corrigir que, enquanto isso, canta algumas das maiores canções do teatro musical americano, parecia um presente caído dos céus. Fazia muito tempo que Frank vinha cantando "Soliloquy", uma ária de Billy à paternidade e peça central do espetáculo, na tentativa de absorver internamente a grande canção. Ali estava uma oportunidade de mostrar ao mundo que, quase aos quarenta anos, ele enfim estava pronto para lhe imprimir sua marca pessoal.

Shirley Jones lembra bem o entusiasmo de Sinatra, e o dela própria, com o filme. "Quando me disseram que eu ia atuar ao lado dele, fiquei empolgada", contou.

> Eu estava um pouco nervosa, porque sabia que ele era mulherengo e sabia que de vez em quando poderia ter algum pequeno problema com isso [...]. Mas a coisa interessante é a seguinte: *ele* estava muito empolgado com o papel.
>
> Fizemos toda a preparação dos figurinos, todas as pré-fotografias; fizemos alguns ensaios no estúdio. Um dia, acabamos de ensaiar e eu estava para ir embora, quando um de seus capangas se aproximou e disse: "Shirley, Frank quer te ver no camarim dele". Pensei: "Ih...". Bom, fui até lá e ele estava no banheiro, tomando banho. Entrei e sentei na banqueta do piano — havia um piano lá. Ele saiu enrolado numa toalha, mas com ar de indiferença. E disse: "Ah, obrigado por vir, meu bem. Queria conversar uns minutinhos com você". E prosseguiu: "Você sabe como estou entusiasmado em fazer Billy Bigelow?".[20]

"Quer dizer, ele estava sendo sincero", lembra Jones. "Respondi: 'Sei, Frank. É o melhor papel já escrito para um cantor. E você é perfeito para ele'."

Depois de alguns minutos, estando a moça de 21 anos ali constrangida na companhia do astro quase nu de 39, Sinatra pareceu entender que a única coisa em que Jones estava interessada era *Carrossel*. "Por fim, entrou e vestiu um roupão", disse ela.

> Voltou e disse: "Vamos conversar um pouco [sobre o filme] — você acha que é assim que eles queriam que interpretássemos?". Ele estava falando de Rodgers e Hammerstein, pois sabia que eu já havia feito *Oklahoma!* e era a única pessoa que tinha tido um contato pessoal com eles. Eu disse: "Ora, Frank. Claro. É um grande papel e você vai estar sensacional". Ele me fez alguns elogios. Disse: "Temos que desenvolver as coisas juntos. Se eu precisar da sua ajuda, vou pedir, e se você precisar da minha...". E seguiu nessa toada. Realmente empolgado. Foi uma ótima conversa.

Em 15 de agosto, o mesmo dia em que gravou as quatro faixas de *Our Town*, Sinatra e Cameron Mitchell, que iria interpretar Jigger Craigin, comparsa de Billy Bigelow no crime, fizeram a pré-gravação da grande cantiga de marujo "Blow High, Blow Low". A canção — ao contrário dos números de *Our Town*, que seriam lançados como discos comerciais depois que Frank cantasse ao vivo na transmissão radiofônica da peça em setembro — seria mixada em dublagem no filme. E, como no caso de três das quatro canções que Sinatra gravou para o filme (um belo dueto de "If I Loved You", com Shirley Jones, ainda existe), a matriz de "Blow High, Blow Low" se perdeu para a história, vítima da controvérsia que cercou a saída repentina de Frank do filme, poucos dias depois.

A Twentieth Century Fox, que introduzira o CinemaScope em 1953 em formato de 35 milímetros, havia desenvolvido uma nova versão em 55 milímetros, que permitia uma reprodução menos granulosa. O estúdio decidira inaugurar o novo formato com *Carrossel*, filmando algumas cenas nos dois formatos, o CinemaScope e o CinemaScope 55, para ter, presume-se, uma reprodução de maior qualidade para as salas de cinema já equipadas para esse tipo de projeção.

Shirley Jones, que chegou ao Maine alguns dias antes de Sinatra, lembra com clareza que estava num galpão com os produtores Phoebe e Henry Ephron, esperando a chegada do astro. "Estávamos com as duas câmeras ali, coisa que eu já sabia muito antes", disse ela.

Imaginei que todos sabiam. Frank veio direto do aeroporto para o galpão, saiu do carro, aproximou-se e olhou as duas câmeras. Não cumprimentou ninguém. Perguntou a Henry King, o diretor: "Por que as duas câmeras, Henry?". Henry respondeu: "Bom, sabe, Frank, estamos fazendo dois processos separados". Frank prosseguiu: "Isso quer dizer que vou ter de fazer duas vezes a mesma cena?". Henry disse: "Nem todas. De vez em quando, terá de fazer, porque nem sempre as câmeras estão aqui ao mesmo tempo". E Frank disse: "Assinei para fazer um filme, não dois". Voltou para o carro e retornou para o aeroporto.[21]

Gordon MacRae, que trabalhara com Jones em *Oklahoma!*, largou um show numa casa noturna no lago Tahoe, sem nem cumprir aviso prévio, para vir substituir Sinatra na Costa Leste. E a Twentieth Century Fox entrou com uma ação judicial contra Frank, no valor de 1 milhão de dólares.[22] (Sinatra acabou fazendo um acordo com o estúdio, concordando em fazer outro filme para eles em data futura não especificada. E, suprema ironia, a Fox acabou nunca lançando *Carrossel* em CinemaScope 55.)

O que explica a súbita desistência de Sinatra? O mistério persistiu ao longo das décadas, quase como uma assombração, devido à magnitude da oportunidade perdida: o mundo inteiro parece concordar que Frank, com suas encrencas e dúvidas existenciais na vida real, para não falar de sua voz assombrosa, teria feito um Billy Bigelow magnífico. Terá sentido medo? "Como posso interpretar Billy Bigelow?", consta que ele teria perguntado a um amigo antes de ir para o Maine. "É um sujeito forte e grandalhão, com um vozeirão, e olhe para mim!"[23]

"Ao longo dos anos, houve quem murmurasse que Sinatra, na verdade, estava mais preocupado se conseguiria desempenhar bem o papel, e a encrenca com as duas câmeras foi mero pretexto", escreve Tom Santopietro.

Essa hipótese é detonada por Henry Ephron, produtor de *Carrossel*, que anos mais tarde relembrou a cena em que Sinatra lhe disse, sem rodeios: "Bom, esqueça, rapaz. Ou eu ou a câmera. Um dos dois tem de cair fora. Escute, Henry. Você me conhece. Já me ouviu dizer isso — já saiu publicado mil vezes: só consigo fazer uma boa tomada".

Ainda mais interessante, Ephron declarou que, quando estavam pré-gravando as canções do filme antes de ir para a locação da filmagem, Sinatra fez uma gravação brilhante de "If I Loved You", mas teve dificuldades com o "Soliloquy" de Billy

Bigelow, oito minutos de ruminações do personagem sobre o filho e o tipo de garoto que ele se tornaria. A canção representa o desafio supremo para atores cantores, e, qualquer que fosse a razão das dificuldades de Sinatra, se a canção estava além de sua capacidade ou, o que é mais provável, se foi só porque não estava com uma boa voz naquela noite, Frank interrompeu a sessão, dizendo a Ephron: "Vamos tentar outra hora. Por hoje chega".[24*]

Mas esse episódio não elimina de maneira nenhuma a possibilidade de que Sinatra tivesse sérias apreensões. Por um lado, parece bastante improvável que ele não quisesse enfrentar o desafio de criar o "Soliloquy" definitivo — e o definitivo Billy Bigelow. Por outro, também parece um pouco duvidoso, para dizer o mínimo, que um artista de cinema tão arguto quanto Frank não soubesse com antecedência, junto com Shirley Jones e outros, sobre as duas câmeras. Outras duas teorias aventadas por Friedwald — que "Sinatra preferiu desistir a ficar entocado no Maine durante um verão inteiro" ou "que o cantor saiu por causa de Rodgers e Hammerstein, que sem dúvida o consideravam moderno demais, real demais para se encaixar em alguma de suas produções"[25] — parecem ainda mais improváveis.

Será que Frank tinha dúvidas sobre sua capacidade de se desincumbir do papel? "Acredito que sim", disse Shirley Jones. "Mas é o tipo de dúvida que todo mundo tem quando começa um filme novo. Porque ele estava empolgadíssimo. Dizia: 'É a melhor oportunidade que já tive'. Era esse tipo de coisa",[26] contou.

"Bom, ele pode ter ficado com medo", prosseguiu ela. "Ouvi várias histórias. Depois disso, estando em Las Vegas para vê-lo, fui a uma festa onde Frank estava e tentei arrancar dele: 'Que raios aconteceu, Frank?'. 'Não quero falar nisso, Shirley. Não-quero-falar-nisso-Shirley.' Foi a única coisa que consegui arrancar dele."

"Mas sabe o que eu acho?", continuou Jones.

> Ouvi de várias pessoas. Pouco tempo atrás, me disseram que Ava Gardner estava rodando um filme, em locação, e Frank achou que ela estava tendo um caso, e ela disse: "Venha já para cá, ou vou ter mesmo". Ele ainda estava tentando tê-la de volta. Quer dizer, ele nunca desistiu de Ava. E acho que aconteceu alguma coisa nesse meio-tempo que o fez pensar que talvez tivesse uma chance de recuperá-la. E por isso abandonou o filme, para ir atrás dela.

* Em 1958, Frank tentaria cantar a obra-prima de Billy Strayhorn, o longo e melodicamente complicado poema-canção "Lush Life", e o resultado foi o mesmo.

Deixando passar sua chance de ouro.

Ela — Ava — era o elemento fundamental da vida dele, sua obsessão da madrugada, seu devaneio diurno, o receptáculo de toda a insegurança que sua mãe, Dolly, lhe havia incutido. Onde ele estivesse, com quem estivesse, ela estava no fundo ou na frente de seus pensamentos. E todo o sucesso do mundo era um alívio apenas temporário para uma mente complexa e frágil como a dele.

Uma semana depois de abandonar o set de *Carrossel*, Frank apareceu na capa da *Time*. Era sua primeira capa na revista, uma honra enorme naqueles dias em que o império de revistas de Henry Luce dominava a cultura americana e reverberava em todo o mundo. E, no entanto, a despeito do impressionante índice de produtividade de Sinatra até aquela altura do ano — um grande álbum (*Wee Small Hours*), um compacto simples no segundo lugar da parada de sucessos ("Learnin' the Blues"), dois filmes lançados (*Corações enamorados*, *Não serás um estranho*), dois filmes concluídos (*Eles e elas*, *Armadilha amorosa*), além de inúmeras gravações —, e apesar da relativa calma de sua vida no passado recente (à exceção da saída brusca), a revista escolheu uma imagem de capa estranha, com um clima sombrio, uma pintura com ilusão de óptica de Aaron Bohrod que apresentava um Sinatra de ar ameaçador, com roupa de gângster (um chapéu fedora com fita preta, camisa cor-de-rosa de colarinho largo e desabotoada no pescoço, paletó escuro), por cima de recortes de matérias de jornal controversas (uma manchete diz ESMURRA COLUNISTA NO CIRO'S; outra anuncia AVA SE AFASTA acima de uma foto da atriz) e uma grotesca máscara de tragédia, tudo sobre um fundo negro.

Com essa capa, a *Time* decerto queria atrair a atenção e aumentar a venda nas bancas; ao mesmo tempo, a imagem tinha uma aura de animosidade que parecia quase vingativa. E também, naquela década eisenhoweriana de valores conformistas brancos, transpareciam claras insinuações racistas ao representar um Sinatra que, em vez da usual elegância nos trajes, mais parecia um malandro de rua, se não um mafiosinho de baixo escalão.

A reportagem, redigida por Ezra Goodman, o correspondente da revista em Hollywood, numa linguagem própria da *Time* carregada de um colorido pitoresco, às vezes exagerado, acompanhava a sugestão da capa. O parágrafo inicial reproduz um episódio aparentemente apócrifo da meninice de Sinatra em Hoboken; o episódio termina com Frankie, num terninho ao estilo do Pequeno Lorde, perseguindo uns garotos que tentaram provocá-lo, xingando e brandindo um "caco de garrafa afiado".[27] Depois de lançar essas bases dúbias, a matéria entoa:

> Passaram-se trinta e poucos anos desde aquele dia em Hoboken, mas o que era verdade na época continua a ser hoje. Francis Albert Sinatra, que abandonou há muito tempo seu terninho de Pequeno Lorde, é um dos garotos mais cativantes do bairro convencional de classe média; mesmo assim, é bom lembrar a arma cortante. A que ele carrega hoje em dia é mental e se chama ambição, mas tem um gume cada vez mais afiado. Com charme, um fio aguçado e um dom insinuante para cantar, ele foi abrindo um caminho tortuoso ao longo de uma carreira cuja extravagância não encontra igual em nenhum outro artista de sua geração.

Ele é infantil. É insinuante. Está armado e é perigoso. Seu talento musical é um artifício untuoso como uma cobra. Aparece na reportagem como uma espécie de Nathan Detroit megalomaníaco: "Disse Frank Sinatra na semana passada, sentado em atitude petulante em seus escritórios 'de agência moderna', com móveis de ébano, da William Morris Agency em Los Angeles, empurrando da testa um panamá preto de fita branca: 'Cara, estou muito animado. Me sinto a mil'".

Então, caso o leitor não tivesse captado a mensagem, Goodman reforça. "O sujeito parece [...] a imagem popular de um gângster, modelo 1929", escreve ele.

> Tem olhos intensos e ferozes, seus movimentos sugerem molas de aço; ele fala pelo canto da boca. Veste-se de maneira chamativa e vistosa, como um George Raft — camisas caras de cor escura e gravata branca estampada, com anéis e abotoaduras quase sempre combinando. Na última contagem, ele tinha quase 30 mil dólares em abotoaduras.

Era o mesmo Frank Sinatra tantas vezes fotografado com belos ternos clássicos feitos sob medida, camisa branca, gravata escura de seda e lenço branco no bolso? O mesmo Sinatra que conversara com tanta animação com Shirley Jones sobre as possibilidades de *Carrossel*? O mesmo homem que cantara "In the Wee Small Hours of the Morning" com aquele tipo de ternura que, como disse Ava Gardner certa vez, "me dá vontade de chorar de felicidade, como um lindo pôr do sol ou um coro infantil cantando músicas de Natal"?[28]

Pelo visto, era. A *Time* citou "um de seus melhores amigos",[29] que declarou, de maneira muito parecida com a de Sammy Cahn: "Não existe nenhum Sinatra 'real'. Apenas o que você vê. É como querer analisar a eletricidade. Ela é o que faz. Não há nada dentro dele. Solta emanações tão tremendas que nada consegue se acumular dentro dele".*

Sammy, se é que era Sammy, acertou num ponto: Frank era inigualavelmente complicado, elétrico, volátil. Mas também errou: ninguém é vazio por dentro, a menos que esteja em estado vegetativo. A vazão tremenda de Sinatra provinha direto do imenso caos fermentando dentro dele.

Ele não conseguia ficar fora das bancas de jornais. Em 10 de setembro, Frank fez a reabertura do Dunes em Las Vegas entrando no cassino montado num camelo. Uma foto da Associated Press amplamente reproduzida mostrava o cantor usando um turbante com pedras preciosas e trajes de seda de sultão, cercado por garotas vestidas como moças de um harém. A legenda: "Ele recebe para isso". Em muitos jornais, a foto acompanhava uma coluna de Bob Thomas, na qual Sinatra dava sua versão do caso *Carrossel*: "Quando fui ao Maine, eles jogaram esse truque dos dois processos para cima de mim. Simplesmente não trabalho assim [...]. Havia sete anos que eu queria fazer *Carrossel*. Fiquei desolado por não fazer". Ele também comentou a ação judicial da Twentieth Century Fox, de 1 milhão de dólares: "Eu ficaria ofendido se tivessem me processado por menos".[30]

Na semana seguinte, o número de setembro da *Confidential* ("Conta os fatos e dá os nomes") chegou às bancas com uma reportagem de capa intitulada "Do relatório de um detetive: A verdadeira razão do divórcio de Marilyn Monroe". A matéria, sobre a Invasão na Porta Errada, de novembro, alegava que Sinatra não fora mero circunstante, como havia declarado à polícia, mas tivera plena participação no episódio. De maneira subliminar, a reportagem da *Confidential* era tão significativa quanto a capa da *Time*: consta que a revista quinzenal de escândalos tinha uma circulação de 5 milhões de exemplares — maior do que a de *TV Guide*,

* Cf. a lembrança de Sammy Cahn sobre ouvir Sinatra cantar com Dorsey: "Frank consegue segurar uma frase enorme, até que ela o pega numa espécie de paroxismo — ele arqueja, todo ele parece explodir, se liberar". Cahn, *I Should Care*, p. 130.

Look, The Saturday Evening Post, Time ou *Life*. Foi a precursora da indústria atual de fofocas sobre celebridades, o outro lado da versão americana certinha dos anos 1950, e com igual importância. "Todo mundo lê", disse Humphrey Bogart, "mas dizem que foi a cozinheira que trouxe."[31] A matéria da *Confidential* teria outras repercussões para Sinatra.

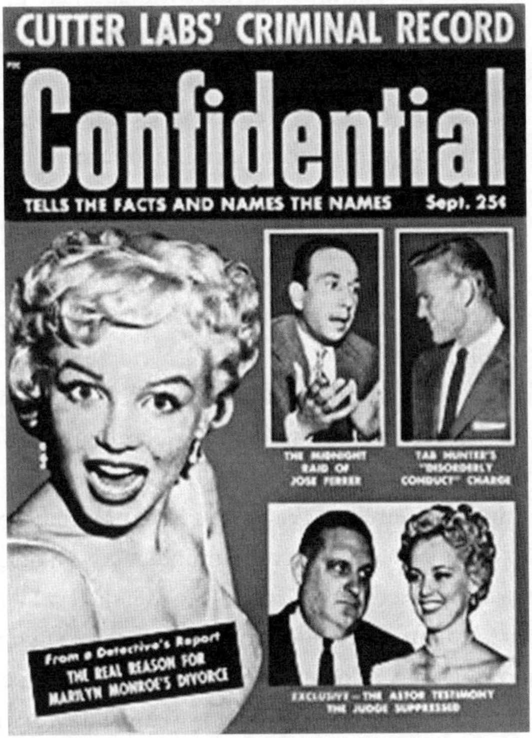

O caso da Invasão na Porta Errada começou como brincadeira, mas seu desenvolvimento trouxe sérias repercussões para Frank.

Em 18 de setembro, um domingo, a voz de Frank, mas não o próprio Frank, juntou-se a Dean Martin e Jerry Lewis num episódio histórico de *The Colgate Comedy Hour*. Nesse programa de TV, Martin e Lewis, que estavam em meio a batalhas épicas e não viriam a sobreviver um ano como dupla cômica, pareciam anunciar uma difícil trégua num quadro que parodiava o famoso programa de perguntas *The $64,000 Question*. Quando Dean, no papel de mestre de cerimônias, empurra Jerry, como concorrente, dentro de um tanque d'água na cabine fechada, ele se ergue e diz, soltando borbulhas pela boca: "Você não soube? A briga acabou!". Num quadro posterior, num salão de bilhar, Jerry, fazendo-se passar por compositor, tenta vender a Dean uma música melosa chamada "Yetta, I Can't Forget Her". Cantada por Lewis no estilo Garoto Bobão, a música é uma absoluta porcaria, mas, quando ele liga um rádio logo a seguir, vejam só, ali está Sinatra cantando "Yetta" da maneira mais encantadora, mostrando o fascínio que consegue conferir mesmo ao material mais ordinário. No final do programa, Dean agradece a Frank por ter gravado "Yetta" e diz: "Gostaríamos que todos vocês se juntassem a Jerry e a mim, para assistir a Frank Sinatra em *Our Town*, amanhã à noite, na rede NBC em cores e em preto e branco!".

Nunca se fez nenhuma reprodução oficial, nenhum vídeo ou DVD daquela transmissão de 19 de setembro (embora exista uma gravação em cinescópio de uma parte do programa), por uma simples razão: Thornton Wilder, tendo sido persuadido de alguma maneira a autorizar uma adaptação musical de sua obra-prima, ficou tão desgostoso com o resultado que quis que ela fosse varrida para debaixo do tapete da história.

Ele tinha alguma razão. Embora caiba reconhecer o talento e as boas intenções de todos os envolvidos, e também a ideia de usar a força de Sinatra como artista para levar a grande obra de Wilder a um público de massa, ficou evidente, desde o instante em que Frank deu início à cena num terno e num chapéu fedora dos anos 1950 e disse, com um indefectível sotaque do norte de Jersey: "'dia. Nossa cidade se chama Grover's Corners, New Hampshire", que a coisa toda ia dar errado, muito errado. Frank até chegou a dar mostras de que se sentia deslocado — esfregando desnecessariamente o nariz com o indicador direito entre as duas coordenadas geográficas da cidade, "Latitude, 42 graus e quarenta minutos" e "Longitude, setenta graus e 37 minutos" — antes de se lançar à canção-tema de Cahn e Van Heusen ("You will like the folks you meet/ In our town"),* com uma desafinada freudiana, em rede nacional ao vivo, na palavra "our".

J. P. Shanley, crítico do *New York Times*, considerou o programa formidável, declarando que era um "entretenimento magnífico" e comentando que, embora o acréscimo de música ao enredo fosse uma aposta "muitíssimo arriscada", a "terna narrativa das dores e alegrias no coração de um grupo de americanos comuns não

* Você vai gostar das pessoas que encontra/ Em nossa cidade. (N. T.)

perdeu nada de seu encanto na adaptação para a TV [...]. E foi esplendorosamente complementada com canções de James van Heusen e letras de Sammy Cahn".[32]

"Complementada" é um termo forte para uma narrativa que, para começo de conversa, podia se considerar completa em si mesma. "Ornamentada" seria mais adequado, e em larga medida a pessoa, para gostar da produção, teria de gostar dos ornamentos acrescentados à grande peça de Wilder. Quanto à música mais memorável do programa, mesmo deixando de lado a incongruência de Frank Sinatra cantando sobre amor e casamento, a melodia era de uma exuberância anacrônica, que destoava da ambientação solene no começo do século XX. Quanto aos outros números, Van Heusen sempre podia escrever uma bela melodia, sobretudo para a canção-título, mas é difícil crer que o homem que julgara Syracuse tão provinciana e sufocante pudesse ser minimamente sincero ao glorificar a vida numa cidadezinha do interior. E por mais hábil que Cahn fosse como letrista, Grover's Corners estava muito longe de sua área.

Mesmo assim, a dupla tinha atendido a Sinatra. E logo ele lhes daria a oportunidade de uma ocupação bem mais proveitosa.

No final do mês, Frank começou um novo percurso diário, até os RKO-Pathé Studios em Culver City, para começar a rodar seu quinto filme de 1955, *O homem do braço de ouro*, numa adaptação livre (feita por Walter Newman, Lewis Meltzer e Ben Hecht, este sem receber os créditos) do romance de mesmo nome de Nelson Algren, lançado em 1949. Fato admirável naquele ano de tanta agitação, Sinatra não trabalhou em nenhum outro filme e nenhum programa de TV ou de rádio durante as seis semanas de filmagem. Na verdade, fez duas sessões noturnas de gravação, apenas uma delas como a rotina normal de três canções com Riddle; na outra, com Elmer Bernstein, gravou a canção-título, bonitinha e piegas, de Cahn-Van Heusen, que acabou não sendo usada no filme — decisão acertada, em vista da maravilhosa trilha de jazz do filme, de Bernstein, tocada pelo trompetista e *bandleader* Shorty Rogers e seu grupo Shorty Rogers and His Giants.

Desde o começo, Frank se concentrou com afinco em *O homem do braço de ouro*. O enredo era sua praia: o protagonista se chamava, significativamente, Frankie Machine, um excelente carteador de Chicago dependente de heroína e em recuperação que sai da prisão depois de seis meses por posse de drogas e, contra todas as probabilidades, tenta se manter na linha. Como o soldado Angelo Maggio de *A um passo da eternidade*, Frankie Machine é um homenzinho lutando para manter a dignidade; mas, ao contrário de Maggio, não é um cara metido, mas uma figura de puro páthos, contra um pano de fundo urbano implacavelmente duro.

O diretor, Otto Preminger, pensara a princípio em dois atores para o papel, Marlon Brando e Sinatra, enviando a seus respectivos agentes cerca de um terço do roteiro ainda incompleto. Frank quis desesperadamente o papel e quis desesperadamente vencer Brando. "No dia seguinte recebi uma ligação do agente de Sinatra, que disse: 'Ele gostou muito'", relembrou Preminger. "'Tudo bem', disse eu, 'mando o resto do roteiro logo que tiver.' O agente respondeu: 'Não, não. Ele quer o papel sem ler o roteiro'."[33]

Enfim ele vencera Brando.

Como vimos (e continuaremos a ver), o engajamento de Frank num determinado projeto cinematográfico dependia não só de sua ligação com o material como também do respeito que sentia pelo diretor. Se Sinatra percebesse algum sangue na água — isto é, se o cineasta mostrasse qualquer sinal de fraqueza —, iria se ausentar (às vezes literalmente) ou assumir o controle. Com Otto Preminger na direção de *O homem do braço de ouro*, as duas hipóteses inexistiam.

Preminger era um austro-húngaro com cabeça raspada que, começando nos anos 1940, tivera uma rentável atividade paralela interpretando nazistas sádicos no cinema. O fato de ser judeu dava ironia à coisa, mas sua personalidade como diretor não destoava de seus papéis no cinema: era famoso por impor uma disciplina prussiana no set. "Não recebo conselho de atores", dizia. "Eles estão aqui para atuar."

Mas, se Hollywood esperava uma explosão entre o diretor de chicotinho e o astro temperamental, iria se desapontar. Tom Santopietro escreve:

> Embora Preminger tenha declarado publicamente que Sinatra "é muito melindroso. Pode ser mesquinho com coisas miúdas", o diretor veio a admirar muito seu talento. Um respeitava o outro, sabendo que, juntos, poderiam criar um filme de força extraordinária dentro do ambiente controlado e controlador de um estúdio em meados dos anos 1950.[34]

Em geral impaciente e exigente nas filmagens, Sinatra cooperou ao máximo com Otto Preminger em O homem do braço de ouro. *O resultado foi uma de suas três melhores atuações.*

Graças à sua admiração por Preminger e ao seu engajamento no papel de Frankie Machine, Frank recuperou um estado de espírito que não tinha desde que trabalhara com Fred Zinnemann em *A um passo da eternidade*. "Frank chegava todos os dias para trabalhar às oito em ponto", escreve Daniel O'Brien em *The Frank Sinatra Film Guide*, "raras vezes saindo antes que projetassem as tomadas do dia anterior, quase doze horas depois [...] com suas energias totalmente consumidas pela produção de *Braço de ouro*".[35] Preminger relembrou em suas memórias que Sinatra "ficou surpreso ao descobrir que adorava repetir as cenas. Não se cansava. Quando eu queria parar, ele pedia: 'Vamos fazer de novo, só mais uma vez, por favor!'".[36]

O diretor também recordou a solicitude de Frank com sua inexperiente coestrela Kim Novak, então com 22 anos: "Ela estava apavorada e [...] às vezes tínhamos de refazer 35 vezes até cenas curtíssimas. Durante todo o suplício, Sinatra nunca reclamou e nunca lhe deu a impressão de estar perdendo a paciência".[37] A certa altura, a filmagem ficou pesada demais para Novak e ela precisou de um breve intervalo. Frank lhe enviou as obras completas de Thomas Wolfe.[38]

Claro que ele não estava pensando apenas com o cérebro. Mas o Wolfe completo, para não falar das 35 tomadas, gesto surpreendente nele, mostra bem sua ternura com uma nova amante — uma gentileza que, mais tarde, ele minimizou, comentando com bastante grosseria a seu criado pessoal que as pernas de Novak "eram grossas demais para ele, mas o rosto mais do que compensava".[39]

Por volta daquela época, lembrou o trombonista Paul Tanner, ele recebeu um telefonema um pouco antes das onze da noite, num dia de semana. Era Nelson Riddle, perguntando-lhe se podia estar nos estúdios de gravação da Capitol às 11h30.

"Mas para quê?",[40] perguntou Tanner, incrédulo.

"Frank quer que eu junte a orquestra", respondeu Riddle.

"Isso significa cachê triplo, você sabe, não?", disse Tanner.

"Não se preocupe, você sabe que ele é bom nisso", disse o arranjador.

Tanner apareceu na Capitol na hora marcada e encontrou outros 24 músicos, entre eles Harry "Sweets" Edison. "Não havia nenhum produtor na cabine, mas estava ali um engenheiro lidando com os microfones e o painel de controle", recordou o trombonista.

> Tocamos umas oito ou dez músicas, mas não se gravou nada. Kim Novak, sua namorada da época, estava sentada no fundo do estúdio com Frank Military [editor musical e amigo de Sinatra]. Sinatra queria apenas uma serenata para ela. No final, ele agradeceu a todos e nos disse que receberíamos pelo trabalho. Então pegou Kim pela mão e, com Military, se retiraram e saíram para a noite.

Sinatra se saiu muitíssimo bem como Frankie Machine, papel que parecia feito para ele e que afinal o consolidou, contra toda lógica e todas as expectativas, como grande ator dramático. O filme se sustenta — a despeito do ar decrépito da encenação em preto e branco e da evidente artificialidade dos exteriores urbanos* — graças à força de seu desempenho: simplesmente não conseguimos desgrudar os olhos de Sinatra.

* Preminger contou a Peter Bogdanovich que queria filmar com a locação em Chicago, mas que isso não foi possível por razões orçamentárias.

É difícil saber o que Brando teria feito com Frankie Machine, mas o físico e a presença dominante do grande ator sem dúvida teriam transformado o personagem em outra coisa, não um homenzinho comum. Frank se sentiu muito atraído pelo papel não só por causa da inesquecível sequência da crise de abstinência, numa tomada só (preparando-se para essa passagem, ele, escondido, observou um dependente de heroína em crise de abstinência numa clínica e ficou destroçado com o que viu), mas também porque o desespero de Frankie Machine calava mais fundo em Frank Sinatra do que ele talvez se dispusesse a admitir. Apesar de toda a sua grandeza e arrogância, por dentro ele sempre se sentiria um homenzinho comum.

"Frank Sinatra anuncia que, depois de terminar *O homem do braço de ouro*, tirará apenas alguns dias de descanso em sua casa em Palm Springs", informou o colunista de Hollywood Harrison Carroll em 18 de outubro. "Então irá trabalhar em sua produção pessoal, *Redenção de um covarde*."[41] Frank, que gostava de ir do sublime ao ridículo, decidira escapar a outras gravações pelo resto do ano e — por que não? — fazer um faroeste. Sua empresa, a Kent Productions, produziria o filme; a United Artists faria a distribuição; o diretor seria Don McGuire, integrante de seu círculo próximo. Naquele seu típico estilo de agenda atropelada de 1955, Frank passaria direto do set de Culver City de Otto Preminger para os California Studios da Melrose Avenue (onde na mesma época também estavam rodando um novo programa de TV chamado *Gunsmoke*), saltando para a sela de um cavalo. Entre uma coisa e outra, aqueles poucos dias de descanso.

É bastante improvável que Frank tenha passado esse período de descanso sozinho, mas certo é que não passou com Gloria Vanderbilt, pois as relações entre os dois haviam esfriado de repente. O anúncio de que a Kent Productions havia contratado Vanderbilt para coestrelar *Redenção de um covarde* — em que, disse Frank, ela ficaria "perfeita no papel romântico principal" — chegou aos jornais em final de outubro, mas a contratação, na verdade, acontecera em data anterior, antes de Frank descobrir que Vanderbilt tinha ido morar com o diretor Sidney Lumet, que conhecera em Nova York logo depois que Sinatra foi para a Austrália.* Vanderbilt e Lumet, que acabariam se casando, também tinham co-

* Vanderbilt afirma que Sinatra a contratou na mesma época para atuar em outro filme que estava

meçado a trabalhar juntos — o sonho romântico de Gloria — numa produção de verão de *Picnic* e uma peça para a TV.

Em 12 de novembro, Vanderbilt chegou a Los Angeles, com os dois filhos e a babá a tiracolo, para começar a trabalhar no faroeste de Sinatra. A viagem foi um fiasco do começo ao fim. Primeiro, ele não foi recebê-la no aeroporto — o que, em se tratando de Frank, nunca era um bom sinal — e, embora tenha enviado flores para seu quarto no Beverly Hills Hotel, estava "muito frio" ao telefone, lembra ela.[42] Na noite de 14 de novembro, Sinatra foi à estreia de *Eles e elas* em Hollywood — acompanhado por Deborah Kerr. Mas foram as desagradáveis relações da sensível e aristocrática Vanderbilt com Don McGuire, o diretor estreante de *Redenção de um covarde*, que falava curto e grosso, que selaram a situação.

"Eu tinha pensado que aquele ia ser uma espécie de filme como *Matar ou morrer*", lembrou Vanderbilt. "Quer dizer, eu era uma atriz séria, intensa, da escola Método." Mas McGuire, ex-ator e roteirista sem muito destaque do fiasco de Sinatra *Ao compasso da vida*, de 1952 — bem como de dois filmes de Martin e Lewis, *O rei do circo* e *Artistas e modelos*, e do faroeste *noir Conspiração do silêncio* —, tratou-a mais como herdeira do que como atriz.

"Don McGuire dizia: 'Quando você vem para cá, é hora de usar calça jeans'. E 'Não precisa se empetecar para vir ensaiar', esse tipo de coisa", lembrou ela, que voltou para Nova York em 17 de novembro, cinco dias depois da chegada.

Segundo Vanderbilt, quando ela reclamou de Don McGuire para Frank, "ele disse: 'Vou lidar com ele do meu jeito'". Mas, na verdade, foi com Vanderbilt que ele lidou do seu jeito. Depois de aparecer nos jornais, em nota aprovada de um assessor de imprensa, como uma jovem rica mimada ("Herdeira Gloria Vanderbilt abandonou uma participação de coestrela no primeiro faroeste de Frank Sinatra porque seu papel não era muito grande", anunciou a Associated Press),[43] o papel de Mary Dark, a filha do merceeiro da cidade que se apaixona por Johnny Concho, logo foi dado a Phyllis Kirk, e o primeiro faroeste de Sinatra — mas, infelizmente, não o último — foi rodado em rápidas cinco semanas. Gloria Vanderbilt passou dez anos sem ver Frank.

---

planejando, uma história que Peter Lawford lhe apresentara pouco tempo antes, chamada *Onze homens e um segredo*. Isso indica uma reconciliação entre Sinatra e Lawford muito anterior ao que outros autores sustentam.

* * *

Oficialmente, Frank Sinatra comemorou seu aniversário de quarenta anos no set de *Redenção de um covarde*, cortando um bolo sob os olhos de Don McGuire e Phyllis Kirk (e de um fotógrafo da imprensa), e a equipe cantou "Happy Birthday to You". "Ele se curvou e agradeceu ao grupo, mas admitiu, encabulado, que está chegando a um ponto em que prefere esquecer os aniversários", escreveu Jim Mahoney, colunista de Hollywood que depois se tornaria o assessor de imprensa de Frank.

> Mais tarde, naquele dia, ele me disse que ia dar uma volta por Beverly Hills, à procura de um terreno para construir uma casa.
>
> "Não vou poder me ocupar muito com isso até o ano que vem", disse ele, "pois tenho outro filme para fazer logo após o Ano-Novo e, depois disso, outro na Europa."[44]

Como sempre, Frank não esquentava assento. Os dois filmes eram *Alta sociedade*, uma refilmagem musical de *Núpcias de escândalo*, que iria rodar em janeiro em Newport, Rhode Island, com Bing Crosby e Grace Kelly, e *Orgulho e paixão*, com Cary Grant, que teria início na Espanha em abril. Também estava escalado para estrelar uma biografia do comediante Joe E. Lewis, no outono.

Os jornais pareciam estar num espírito festivo no grande dia do aniversário de Sinatra. Seus velhos inimigos Westbrook Pegler e Lee Mortimer ficaram quietos. "Nada parecia impossível para Sinatra em seu quadragésimo ano", comentou com entusiasmo o jornalista Bob Thomas, da Associated Press (AP). "Ele está agora trabalhando em projetos que se estendem até 1960." Extrovertido entre uma cena e outra no set de *Redenção de um covarde*, Frank contou a Thomas sobre seu projeto de estimação, uma turnê internacional com fins beneficentes:

> "Faz muito tempo que quero fazer isso", disse ele [...]. "Estou tentando organizar as coisas para conseguir três semanas de folga entre meus dois próximos filmes. Gostaria de sair com dois astros tipicamente americanos — um nome que todos reconheçam, como Gary Cooper, e uma moça como Marilyn Monroe. A gente faria um show em todas as capitais do mundo em favor das crianças daquele país. Se der, gostaria de fazer isso em Moscou também."[45]

Aproveitando o bom humor do astro, Thomas passou para a grande pergunta. Já que Frank estava para ir à Espanha no ano seguinte, iria ver Ava? Corriam rumores de que talvez tentassem retomar o casamento destroçado.

Frank abanou a cabeça. "Não estou sabendo disso", respondeu.

Ele sabia mais do que dizia. Embora Ava agora fosse uma expatriada, filmando com frequência na Europa, existem indicações de que Frank, usuário inveterado de longos interurbanos numa época em que um telefonema desse tipo era de fato uma coisa e tanto, mantivera contato constante com ela. "Por mais que vocês leiam sobre seus encontros com Gloria Vanderbilt", escrevera o colunista Erskine Johnson em março, "Frank Sinatra ainda faz ligações internacionais para Ava Gardner em toda a Europa. Noite após noite, toca o telefone para a beldade que ainda é a sra. Sinatra."[46]

Durante a primavera e o verão, Ava voltara à MGM para filmar os interiores de seu filme mais recente, *A encruzilhada dos destinos*, e foi vista com Sinatra algumas vezes, inclusive em público. Segundo seu assessor de imprensa, Dave Hanna,

> o fato de estar em Hollywood a fez recordar coisas sobre Frank que ela queria relembrar com afeto [...]. Tocava com frequência os discos dele e declarava a todos que ele era o maior dos maiores [...] apesar da separação, a única pessoa confiável em sua vida. Frank parecia gostar dessa nova relação descontraída entre ambos e das ocasionais demonstrações de dependência dela frente a ele; as telefonistas estavam acostumadas com os pedidos de ligação dele para a "sra. Sinatra".[47]

Por outro lado, em novembro, de acordo com Louella Parsons, Sinatra havia dito ao diretor de *Orgulho e paixão*, Stanley Kramer (que mudara de ideia quanto à sua decisão de nunca mais trabalhar com ele), que largaria a filmagem se Kramer insistisse em tentar pegar a sra. Sinatra para o papel feminino principal do filme. Parsons escreveu:

> Considerando que correm notícias de que Frank e Ava estavam em contato para reaquecer o casamento arrefecido, isso parece um pouco surpreendente.
>
> Acreditava-se que era Ava que não queria aparecer com o ex-marido, que deverá estar em Madri em abril, para o filme de Kramer.[48]

Eles brigaram quando tinham estado juntos, e continuavam a brigar agora que estavam separados: qual era a novidade nisso?

* * *

Otto Preminger acelerara o cronograma da produção de *O homem do braço de ouro*, para que o filme e o ator principal pudessem concorrer ao Oscar de 1955. O filme estreou em Nova York em 15 de dezembro. Bosley Crowther, do *New York Times*, que apenas um mês antes tinha se derretido tanto com Sinatra em *Armadilha amorosa*, não se impressionou muito. Depois de comentar que o filme de Preminger não conseguira obter o selo do Código de Produção devido a seu conteúdo polêmico, o crítico dizia que,

> apesar do tema muito sensível e de todos os tremores patológicos em algumas cenas, não há nada de muito surpreendente ou empolgante em *O homem do braço de ouro*. É um olhar bastante banal e insípido sobre um personagem do submundo com uma perigosa queda por narcóticos, a qual ele acaba, por milagre, superando no final.[49]

Quanto ao desempenho de Sinatra, o máximo que o sr. Crowther, difícil de agradar, dispôs-se a conceder foi que era "plausível".

Mas, na verdade, o termo "plausível" era muito revelador quanto ao talento de Frank como ator dramático, que se desenvolvia com rapidez. E dessa vez, o que é algo admirável, a aclamação da crítica por sua interpretação foi praticamente unânime, apesar de alguma aversão pelo filme em si. ATUAÇÃO DE SINATRA REDIME FILME SÓRDIDO SOBRE VÍCIO EM DROGAS, dizia a manchete do *Los Angeles Times*, jornal então bastante sóbrio. E Arthur Knight, de *The Saturday Review*, foi eloquente, referindo-se a Frank como o

> ex-crooner magro e feio que tem um instinto incrível para a aparência, a atitude, a modulação da voz que sugere ternura, incerteza, fragilidade, cansaço, desespero. Ele traz ao personagem muitas coisas que não estavam no roteiro, um toque de doçura, um senso de indestrutibilidade aguda que realmente cria o fascínio e o interesse intrínseco do papel [...] uma interpretação de fato virtuosística [...] é um ator de raro talento.[50]

A única nota dissonante de Knight foi chamar Sinatra de "ex-crooner". Talvez ele se referisse à mudança no estilo de Frank como cantor. Ainda assim, o fato de o homem que ganhara o primeiro lugar como maior vocalista masculino do ano tanto na *Down Beat* quanto na *Metronome* ser o mesmo que agora aparecia como o mais novo astro dramático de Hollywood equivalia a um milagre. O fato de o mesmo homem ter feito *Redenção de um covarde* equivalia, bem... equivalia a Frank.

O Rat Pack nasceu não no final, mas em meados dos anos 1950, e não havia a menor sombra de Dean, Sammy, Joey e Peter no grupo. Frank esteve presente em sua criação. Tudo começou em Holmby Hills, um enclave exclusivo de West Los Angeles, logo adiante do Sunset Boulevard, no casarão branco da South Mapleton Drive que pertencia a Humphrey Bogart, então com 55 anos, e sua jovem esposa, Lauren Bacall.

Bogart era um lendário consumidor de bebidas alcoólicas ("Penso que o mundo todo está três doses atrás", costumava dizer, "e está mais do que na hora de cobrir essa distância")[51] e famoso rebelde em relação a tudo em Hollywood. Ao contrário da maioria dos artistas de cinema, ele não gostava de sair, não suportava todo o besteirol hollywoodiano de ver e ser visto, e assim o mundo ia até ele — ou, pelo menos, aquela parcela do mundo que ele considerava divertida: nomes ilustres da antiga Hollywood, como Judy Garland e o marido, Sid Luft, David Niven e a esposa, Spencer Tracy, Ira Gershwin, Mike Romanoff, do restaurante na Rodeo Drive, e a esposa Gloria, Irving "Swifty" Lazar, empresário de Bogart, e Sinatra.

Frank, que sentia uma insegurança terrível sobre muitas coisas, "sonhava em ter classe, tal como um drogado sonha com um pico",[52] nas palavras de seu criado pessoal, George Jacobs. E aos olhos de Sinatra, Humphrey Bogart, que crescera numa família rica em Manhattan e então passou o resto da vida tentando superar isso, era a própria encarnação da classe. Sinatra idolatrava tudo em Bogart, com seu ar cínico e distanciado, desde a maneira como se vestia (ternos, camisas e sapatos feitos sob medida; paletós esporte com lencinho no bolso; chapéus da Knox e Cavanagh para encobrir o começo de calvície) até o modo de fumar e beber e a ironia indiferente que tingia sua visão de mundo. A indiferença parecia boa coisa para Frank Sinatra. Inalcançável, mas boa.

Sinatra começara a frequentar a casa dos Bogart no começo dos anos 1950, quando sua sorte estava em baixa: Bogie e Bacall o acolheram — seu desgosto com Hollywood se equiparava ao deles. Bem como sua capacidade de ingerir álcool. Mesmo depois de sua virada milagrosa, Frank continuou a beber: o sucesso mantinha alguns demônios à distância, mas também trazia demônios novos.

Certa noite, a altas horas, quando Bogart, Sinatra e alguns outros suspeitos de sempre estavam se encharcando no elegante reservado no andar de cima do Romanoff's, Bacall, muito mais nova do que os demais, olhou em torno e, com sua língua afiada, disse: "Vejo que todo o bando da rapaziada [*rat pack*] está aqui".[53]

Bogart gostou. Com sua ironia habitual, propôs que os presentes formassem um clube semioficial com aquele nome. "Para ingressar", escreveu Lauren Bacall em suas memórias, "a pessoa precisava ser adepta da não conformidade, ficar acordada até tarde, beber, rir e não se preocupar com o que pensassem ou falassem sobre nós."[54]

"O Rat Pack de Holmby Hills realizou seu primeiro encontro anual ontem à noite no restaurante Romanoff's, em Beverly Hills, e elegeu os ocupantes dos cargos para o próximo ano", escreveu o colunista Joe Hyams no *New York Herald Tribune* de 15 de dezembro de 1955. "Os nomeados para os cargos executivos foram: Frank Sinatra, chefe do bando; Judy Garland, primeira vice-presidente; Lauren Bacall, protetora da turma; Humphrey Bogart, encarregado das relações públicas; Irving Lazar, secretário e tesoureiro."

"Lembre, foi só uma brincadeira",[55] disse Bogart a Hyams mais tarde. O clube, com sua diretoria e a "plataforma de iconoclastia — todos eram contra tudo e todos, inclusive eles mesmos" —, segundo Bacall, era "uma forma de Bogie dar uma banana para Hollywood".[56]

Esse era Bogie. Sinatra, que passara tanto tempo deslocado e sozinho, mas que agora se sentia tão ambientado, teria de recalibrar sua posição a partir disso.

Em 1955, Frank passara pouquíssimo tempo em qualquer lugar, e muito menos no número 320 da North Carolwood Drive, 320 — em Holmby Hills, logo atravessando a Sunset, do outro lado da casa de Bogie e Betty* —, ocupada pela ex-esposa e pelos três filhos. Mas parou por tempo suficiente para dar a Nancy, a filha de quinze anos, um Chevrolet conversível embrulhado como presente de Natal.[57]

* Referência ao nome verdadeiro de Lauren Bacall, Betty Joan Perske. (N. E.)

* * *

No réveillon, ele deu uma festa de arromba em Palm Springs, farra que se prolongou pelo dia seguinte. Noël Coward, chegando com o namorado — naquela época, era chamado de amigo — Graham Payn no dia de Ano-Novo, achou a cena simpática, mas caótica. "É agradável, mas não o suprassumo da paz por causa de gente de todos os tipos e tamanhos rodopiando como as ondas incessantes do mar por essa casa muito pequenina", escreveu ele em seu diário.

> Os rodopios são acompanhados por um conjunto de bongôs na sala [...]. Os Danny Kaye, os [Charles] Vidor, os Romanoff, os Goldwyn, Lucille Ball, Mike Todd etc., todos entram e saem e o barulho é considerável. Bogey empurrou Irving Lazar para dentro da piscina e Irving Lazar empurrou Bogey para dentro da piscina e proliferam os "foda-ses" e "merdas" e outras indicações de que o novo ano será tão chulo quanto o anterior. O caos reinante é curiosamente dominado por Frankie, que se empenha, pelo visto sem nenhum esforço, em se manter animado e incansável e, ao mesmo tempo, cuida para que todos tenham bebidas e sejam atendidos. Ele é uma personalidade notável — rijo, vulnerável e de certa forma tocante. Também é imensamente gentil.[58]

No mesmo registro do diário, Coward também anotou: "Frankie se mostra encantador como sempre e, como sempre, está acompanhado de uma 'boazuda', com a qual, como todos os outros, está morrendo de tédio. Ela é loira, bonitinha e determinada, mas receio que sua determinação pouco lhe servirá com Betty Bacall disposta a brigar".

Que Sinatra e Bacall trocavam olhares era um segredo de polichinelo em Hollywood, que Humphrey Bogart pelo visto decidira ignorar. Era complicado. Ainda que ele e a jovem esposa formassem um casal sabidamente devotado, fora apenas pouco tempo antes que Bogart afinal terminara um longo caso com sua maquiadora e cabeleireira Verita Peterson, relacionamento que iniciara quando seu casamento anterior estava se desfazendo. Bacall tinha ficado profundamente magoada com aquele caso, mas preferira fazer vista grossa, para não passar vergonha. E fazia tempo que se sentia atraída por Frank, de idade muito mais próxima da sua do que Bogie. Além disso, Bogart não andara bem por algum tempo, com acessos de tosse e dificuldade para comer.[59]

Naquele dia de Ano-Novo, "quando o jantar chegou ao fim, Frank, parecendo triste, implorou que ficássemos", escreveu Bacall.

> Implorando não no sentido literal, mas implorando no sentido de Frank — parecendo muito triste e desamparado. Pensei: "Oh, pobrezinho, devíamos ficar". Olhei para Bogie e ele disse: "Desculpe, meu chapa, temos de voltar para a cidade". No carro, voltando para casa, comentei: "Devíamos ter ficado". E ele: "Não, não devíamos. Você precisa sempre lembrar que temos nossa própria vida, que não tem nada a ver com Frank. Ele escolheu viver da maneira que está vivendo — sozinho. É uma pena que seja solitário, mas a escolha é dele. Temos nosso próprio caminho para percorrer, nunca se esqueça disso — não podemos viver a vida dele".[60]

5.

Quero um crescendo longo.

Frank Sinatra para Nelson Riddle, janeiro de 1956

Na noite de 9 de janeiro de 1956, uma segunda-feira, Frank entrou com toda a sua exuberância do ano anterior nos KHJ Radio Studios, para gravar quatro canções para o álbum que viria a ser *Songs for Swingin' Lovers!*. O ponto de exclamação combinava bem com sua vida naquele momento. Estava com o motor a mil — grandes gravações, interpretações memoráveis no cinema, muito dinheiro. A matéria de capa da *Time* sobre ele, em agosto, calculara seu rendimento naquele ano em "algo perto de 1 milhão de dólares", cifra astronômica em meados dos anos 1950. Os dias de outrora, os dias pobres e ruins, eram uma manchinha no espelho retrovisor; o limbo do casamento com Ava por ora jazia no esquecimento. "Swingin'" era a palavra certa.

Em geral entrava no Estúdio A, no segundo andar dos KHJ, por volta das oito da manhã, e sempre acompanhado por seu séquito: nessa época, o grupo consistia em Jimmy van Heusen (que teria uma de suas músicas gravadas na noite de 9 de janeiro); Hank Sanicola; Don McGuire, que de dia estava dirigindo Frank em

Redenção de um covarde; um ou dois boxeadores profissionais; vários integrantes do Rat Pack de Holmby Hills, e a loira ou morena do momento. A atmosfera estalava de expectativa naquele dia, como costumava acontecer com as sessões de gravação de Sinatra. "Sempre havia um monte de gente naquelas sessões de Sinatra em Melrose", lembrou o trombonista Milt Bernhart.

> Deviam cobrar pela entrada! Como o estúdio antes fora um teatro de rádio, havia um auditório. E o lugar ficava lotado até o fundo. Você não estava apenas tocando para uma gravação, você tocava numa apresentação. Corria-se um grande risco de que o pessoal começasse a aplaudir, pois a plateia podia se entusiasmar e estragar um take [...] mas, acredite, ficavam empolgadíssimos. E era um povo muito "in": artistas de cinema, disc jockeys. Era grande, grande [...]. Era difícil entrar, a pessoa precisava ser convidada. E lotavam o danado do lugar![1]

Para Nelson Riddle, a expectativa não era tão agradável. "Numa sessão de Sinatra, o ar costumava ficar carregado de eletricidade", lembrou ele. Mas

> os pensamentos que me passavam pela cabeça não eram propriamente de acalmar os nervos. Pelo contrário — logo apareciam perguntas como: "Ele vai gostar do arranjo?" ou "O andamento estará bom para ele?". Se Frank não comentasse nada sobre o arranjo, as chances eram de que estava aceitável. E, no que se referia ao andamento, muitas vezes ele o estabelecia com um nítido estalar dos dedos ou encurvando os ombros num movimento rítmico característico.[2]

Naquela noite o andamento era rápido, acompanhando o esquema programado do álbum. (A única faixa mais lenta que Frank gravou, "Memories of You", de Andy Razaf e Eubie Blake, não foi incluída em *Swingin' Lovers!*.) As outras três músicas da lista eram "You Brought a New Kind of Love to Me", de Sammy Fain, Irving Kahal e Pierre Norman, "I Thought about You", de Johnny Mercer e Van Heusen, e "You Make Me Feel So Young", de Mack Gordon e Josef Myrow, a qual tinha estreado sem grande impacto no filme musical *Precisa-se de maridos*, de 1946. Riddle e Sinatra estavam prestes a convertê-la num clássico instantâneo.

Songs for Swingin' Lovers! eram músicas dançantes e de muito balanço: ritmadas, contagiantes, deliciosas de ouvir. O rock 'n' roll podia estar surgindo — foi no ano de 1956 que ele caiu feito uma bomba —, mas seu apelo, de início, era apenas visceral e primitivo. Sinatra e Riddle entrelaçavam o visceral e o sofisticado de uma maneira capaz de durar.

O segredo estava no desenvolvimento íntimo e simultâneo de Sinatra como cantor e Riddle como arranjador. A questão não era apenas que a voz de Frank se tornara mais grave; também endurecera, com a idade, as decepções amorosas, o cigarro e a bebida. Certa vez Riddle disse:

> Eu não gostava da voz original dele. Considerava-a melosa demais. Prefiro ouvir a pessoa mais angulosa que transparece [...]. Para mim, sua voz só se tornou interessante na época em que comecei a trabalhar com ele [...]. Tornou-se um intérprete fascinante das letras e, na verdade, ele podia praticamente apenas recitar e por mim estaria ótimo.[3]

É interessante notar que, pouco tempo antes, Walter Winchell comentara em sua coluna que Sinatra teria dito: "Tudo o que aprendi, devo a Mabel Mercer".[4] Ele estava se referindo à vocalista pioneira que começou como uma cantora muito peculiar da música popular americana e acabou se tornando quase uma *diseuse*, sentada numa poltrona no palco e literalmente recitando a letra ao acompanhamento do piano. A plateia ficava presa, atenta a cada sílaba.

"Sempre acreditei que a palavra escrita vem primeiro, sempre primeiro", disse Frank certa vez. "Sem depreciar a música atrás de mim, na verdade é apenas uma cortina [...] você precisa olhar a letra e entendê-la."[5]

Mas é claro que havia mais coisas além disso. Um cantor canta no andamento, e alguma coisa no andamento de Sinatra havia mudado de forma radical em dois ou três anos. "No período da Capitol", escreve Charles L. Granata, Frank "começou a tomar liberdades mais visíveis com o ritmo e o tempo de suas linhas vocais."[6]

O maestro Leonard Slatkin — cujos pais tocaram nas sessões de *Swingin' Lovers!* — disse:

> Imagine que você está enunciando uma frase numa determinada cadência, num determinado ritmo, em que as sílabas fortes caem nos tempos fortes e as sílabas fracas nos tempos fracos. Quando você ouve as canções de Sinatra, mesmo as que têm uma grande carga rítmica, você descobre que muitas vezes ele atrasa aquela

> sílaba forte. Ela pode não ocorrer direto no início do compasso. Vai ficar apenas com uma fraçãozinha de atraso, dando um pouco mais de vigor à própria palavra. Tenho certeza de que era algo deliberado. Tenho certeza de que não era mera improvisação da parte dele.[7]

Não era mesmo. "O sincopado na música é importante, claro, sobretudo se for uma música ritmada", disse Sinatra. "Não pode ser 'um-dois-três-quatro/ um-dois-três-quatro', porque fica monótono. Então entra em cena o sincopado, e fica 'um-dois', então talvez um pequeno atraso, e então 'três', e aí um atraso maior, e então 'quatro'. Tudo tem a ver com a dicção."[8]

E sua dicção agora estava no auge. Quem ouve a versão de Frank para "You Make Me Feel So Young" em *Songs for Swingin' Lovers!* percebe um grande cantor no jubiloso comando de todos os elementos de sua arte — voz, andamento, compreensão lírica, expressão. É nada mais, nada menos (imagine os assentos no auditório da rádio, lotados com ouvintes arrebatados) que uma interpretação absolutamente grandiosa. É também uma união perfeita entre cantor, arranjo e instrumentistas. E a eminência parda por trás de tudo isso era Tommy Dorsey.

Três forças poderosas haviam se reunido em 1939 quando o grande *bandleader* contratou o genial arranjador Sy Oliver e a seguir atraiu Frank Sinatra, que cantava na orquestra de Harry James. Oliver escreveu partituras que uniam cordas e metais de uma maneira inédita e muito vigorosa, e assim nasceu um som próprio de Dorsey.

Sinatra, quando estava com Dorsey, cantava basicamente baladas; mesmo assim, tinha ouvido — um grande ouvido — e escutou o que Oliver era capaz de fazer com uma canção de andamento rápido. Alguns anos depois que Frank partiu para sua carreira solo, Nelson Riddle entrou na orquestra de Dorsey como terceiro trombone. Riddle era um instrumentista apenas razoável, mas, como arranjador ainda incipiente, prestou a maior atenção no tipo de composição de Sy Oliver. Quando chegou o momento de escrever partituras de andamento rápido para Sinatra, ele trouxe não apenas suas profundas raízes nas complexas texturas orquestrais dos compositores impressionistas franceses (Debussy, Ravel, Jacques Ibert), mas também as marcas do que aprendera numa *big band*.

"Ao planejar *Songs for Swingin' Lovers!*" — que Riddle disse ser "talvez o álbum de mais sucesso que fiz com Sinatra" —, "Frank falou das 'cordas com notas sustentadas' como parte do pano de fundo a ser usado", escreveu o arranjador.

> Talvez inconscientemente, meu ouvido lembrou alguns dos belos arranjos que Sy Oliver fizera para Tommy, usando cordas com notas sustentadas, mas também empregando preenchimentos rítmicos com os saxes e metais para gerar animação. As cordas, observando os crescendos nos lugares certos, contribuem para o ritmo e a tensão dessas partituras, sem atrapalhar. Uma ornamentação adicional dessa ideia básica foi acrescentar o trombone baixo (George Roberts) mais os enchimentos inequivocamente insinuantes de Harry "Sweets" Edison no trompete com surdina. Gostaria que fosse possível chegar a todas as fórmulas eficientes com essa mesma simplicidade.[9]

"Mas nem todo o preparo do mundo", escreveu Peter Levinson em sua biografia de Riddle, "era capaz de substituir o fato de que havia um núcleo de músicos de primeira categoria à disposição, enfrentando o desafio de ter arranjos de primeira categoria e interagindo com um cantor que respeitavam, o qual vinha das mesmas origens numa *big band*."[10]

Os músicos reunidos no palco do Estúdio A de fato formavam um grupo de primeiríssima, um amálgama dos melhores instrumentistas clássicos de cordas e dos instrumentistas de jazz existentes: Frank não deixava por menos. Além dos Slatkin, George Roberts e Sweets Edison, a orquestra incluía o trompetista Zeke Zarchy, outro ex-discípulo de Dorsey; Juan Tizol no trombone de válvula (da orquestra do grande Duke Ellington e também compositor de "Caravan" e "Perdido"); Harry Klee no sax alto e também na flauta (pode-se ouvir seu belo suingue na passagem instrumental para o final de "Feel So Young"); e o braço direito musical de Sinatra, o pianista Bill Miller. E havia ainda Milt Bernhart, o trombonista de olhos tristes e lábio inferior saliente que teve um papel fundamental na canção mais famosa entre todas as gravações de Sinatra.

Segundo o que conta Frank Sinatra Jr., seu pai havia terminado a segunda sessão de gravação da semana na madrugada da quarta-feira, 11 de janeiro de 1956, e pensava em ir a Palm Springs como primeira coisa a fazer na quinta-feira. A última sessão de *Swingin' Lovers!* estava marcada para dia 16, segunda-feira, e ele queria tirar aqueles dias para descansar.

Mas o produtor Voyle Gilmore lhe telefonou à uma da manhã na quarta-feira e disse que, como o álbum parecia destinado a ser um grande sucesso, o vice-presidente da Capitol, Alan Livingston, tomara a decisão executiva de incluir mais três faixas no LP de doze polegadas. Isso demandaria uma sessão adicional de gravação na quinta-feira, dia 12. Frank não gostou.

Ele ligou para a casa de Riddle, acordou-o e lhe disse que precisava fazer de imediato mais três arranjos. "Sinatra lhe passou logo três canções. Ou ele já as tinha escrito ou tirou do chapéu", disse Frank Jr.

> Nelson levantou da cama e começou a escrever. Às sete da manhã, estava com duas canções prontas para o copista. Então dormiu algumas horas e retomou o trabalho à uma da tarde. Nelson sabia que "você-sabe-quem" não ia estar muito feliz naquela noite porque não queria estar trabalhando [...]. Com Doreen [mulher de Riddle] dirigindo a perua, Nelson — no banco de trás e com uma lanterna na mão — terminou o arranjo.[11]

Rosemary Riddle Acerra comenta que o pai pôs no colo uma das placas da mesa dobrável de jantar da casa deles e a usou como apoio para escrever.[12]

Segundo Frank Jr., quando os Riddle chegaram ao estúdio, Vern Yocum, o copista, estava lá com vários de seus assistentes. Sinatra gravou as duas primeiras músicas com Nelson e a orquestra enquanto os copistas preparavam as partituras do último arranjo.[13]

As duas primeiras músicas eram "It Happened in Monterey", de Mabel Wayne e Billy Rose, e "Swingin' Down the Lane", de Isham Jones e Gus Kahn. Frank então mudou de marcha e, com um coro, gravou um compacto simples chamado "Flowers Mean Forgiveness". Então retomou o álbum, com "I've Got You under My Skin", de Cole Porter.

O método usual de trabalho de Frank com Riddle, quando desenvolviam os arranjos, era expor oralmente um esboço das ideias — "faça parecer um Puccini"; "me dê algum Brahms no oitavo compasso" —[14] enquanto Nelson ia anotando com rapidez. Em geral, tudo isso acontecia bem antes da gravação. Nesse caso, com o aviso de apenas um dia para fazer os arranjos, Frank disse a Riddle, a respeito de "I've Got You under My Skin": "Quero um crescendo longo".

"Não creio que ele soubesse como eu ia conseguir aquele crescendo", contou Riddle mais tarde, "mas ele queria um interlúdio musical que fosse arrebatador e fizesse a orquestra subir e depois descer, quando ele então terminaria o arranjo com a voz."

O arranjador logo pensou num de seus mestres, Maurice Ravel, e no *Bolero*, o grande e sensual balé do compositor francês. Riddle escreveu sobre o "lento aumento gradual, absolutamente torturante dos instrumentos até esse longo,

longo crescendo, que é de fato a mensagem de *Bolero* [...]. É torturante em seu aumento deliberadamente lento de pressão. É o próprio sexo encarnado numa peça musical".

Sua ideia geral era criar uma partitura com um sabor afro-cubano — o ritmo do mambo estava no auge, com *bandleaders* cubanos como Pérez Prado, Machito e, em primeiro plano, Xavier Cugat, espanhol formado em Cuba —, mas, na corrida contra o tempo, ele ficou sem saber o que fazer. Ligou para George Roberts pedindo conselho. "Por que você não rouba o esquema geral de '23 Degrees North, 82 Degrees West', de Kenton?",[15] sugeriu o trombonista, ex-integrante da orquestra de Stan Kenton.

A orquestra de Kenton andara incorporando influências latinas em suas apresentações desde meados dos anos 1940; o título de seu sucesso "23 Degrees North, 82 Degrees West", de 1952, se referia às coordenadas geográficas de Cuba. Riddle não roubou o esquema, mas entendeu o recado. Escreveu um longo crescendo sensual para o trombone baixo de Roberts e a parte das cordas, e na ponte — a seção intermediária da música — colocou oito compassos de acordes como base geral para o trombonista Milt Bernhart (seu colega dos tempos de Kenton). O solo propriamente dito de Bernhart teria de ser todo improvisado, e precisava ser bom.

"I've Got You under My Skin" foi a última música que Sinatra gravou na noite de 12 de janeiro, o que significa que, na hora em que a fita começou a girar, o relógio podia estar marcando as primeiras horas da madrugada da sexta, dia 13. Mas, primeiro, a orquestra tocou o número inteiro uma vez, enquanto Frank ficava na cabine de controle com Riddle, o produtor Voyle Gilmore e o engenheiro de gravação John Palladino. Sinatra ouvia com muita atenção, certificando-se de que os níveis da gravação estivessem corretos e o arranjo soasse como devia. Riddle estava com o coração na boca. Embora tivesse escrito a partitura sob máxima pressão, sabia que Frank não esperava nada menos do que algo grandioso.[16] "Só tenho medo de uma pessoa neste mundo", comentou ele certa vez com George Roberts. "Não físico, mas mesmo assim medo. É de Frank, porque você nunca sabe o que ele vai fazer. Num minuto ele está bem, mas pode mudar muito depressa."[17]

Mas, terminada essa passada geral, os calejadíssimos músicos de estúdio se ergueram todos ao mesmo tempo e aplaudiram Riddle com entusiasmo, "pois decerto alguém sabia que ele tinha escrito na correria",[18] lembrou Bill Miller. Anos mais tarde, numa entrevista com Riddle, Jonathan Schwartz lhe perguntou se ele não dissera a si mesmo, sobre o arranjo: "Ficou incrivelmente bom". Nelson respondeu: "Não; provavelmente eu disse: 'Puxa, que bom que terminei a tempo'".[19]

Mas Frank sabia que era incrivelmente bom. Mesmo que nos filmes ele costumasse ser o cara de uma tomada só, no estúdio de gravação passava todo o tempo que fosse necessário para chegar ao ponto certo. Apesar disso, relembrou Milt Bernhart, "era raro que ele tivesse de fazer mais que quatro ou cinco takes".[20] Assim, "as melhores coisas que toquei ficaram nos cinco takes iniciais", disse Bernhart. Mas, lembrou ele, Sinatra sabia que estava acontecendo algo especial.

> Frank continuava dizendo: "Mais uma vez". Era coisa rara nele! Eu estava quase desmaiando — minha energia estava acabando! Então, lá pelo take dez, alguém na cabine disse: "O que pegamos do baixo não é suficiente [...] dá para aproximar o trombone de um microfone?". Quer dizer, o que eles andavam fazendo? Havia um microfone ali para os metais, mas ficava muito alto. "Você consegue alcançar aquele ali?", perguntaram. E eu disse: "Bom, não... não sou tão alto assim". Então foram procurar uma caixa, e não sei onde ele conseguiu, mas foi o próprio Frank Sinatra que saiu e pegou uma caixa e me trouxe para eu subir nela![21]

Onze takes, doze, treze — alguns foram só tentativas de poucos segundos, mas outros se prolongaram mais, até que Frank ergueu a mão, abanou a cabeça, interrompeu a música e disse à orquestra e à cabine de controle o que precisava ser mudado.

Então, o 22º take. "Milt já costumava transpirar muito", lembra o guitarrista Bob Bain, que tocou naquela sessão. Agora o trombonista estava encharcado. "Ele me olhou e disse: 'Não me sobrou mais nenhum'."[22]

A música começa em trote, com compasso dois por quatro, com um sax barítono ou um clarinete baixo tocando ao fundo a linha de repetição agora famosa: bem-ba-dum-BOM ba-dum-BOM ba-dum-BOM. Apesar do adiantado da hora e do número de takes, apesar da quantidade de Camels sem filtro que fumou naquele dia, Sinatra, com seu chapéu Cavanagh, canta com uma limpidez e uma facilidade como se tivesse acabado de sair do banho e resolvesse dar uma de Cole Porter. De vez em quando, envolvido na canção imponente, com o som da grande orquestra ao seu redor, talvez feche os olhos. As cordas celestiais e os metais vigorosos mantêm uma desenvolta interação por trás do primeiro e do segundo refrão, e então enquanto Frank acaricia os versos finais da ponte —

But each time that I do, just the thought of you
*Makes me stop before I begin...**

— Roberts e as cordas elevam cada vez mais o crescendo longo, que vai subindo, subindo, até parecer que não dá para subir mais — e então Milt Bernhart explode em seu trombone de vara, liberando toda a capacidade de seus pulmões. É imenso mérito de Sinatra que seu poderoso refrão final, encerrando a música, tenha em si a mesma força do histórico solo de Bernhart.

"Depois da sessão, eu estava juntando minhas coisas, Frank pôs a cabeça para fora da cabine e disse: 'Não quer vir aqui para ouvir?'", relembrou o trombonista.

> Então fui — e havia uma garota lá, uma loira muito bonitinha, e ela estava toda radiante. Ele me disse: "Escute!". Estava fantástico! Sabe, nunca ia além disso. Ele nunca foi muito de ficar distribuindo elogios à toa. Simplesmente não é muito disso. Se você não fosse capaz de tocar daquele jeito, então por que teriam te chamado? Você sabia que estava lá — todos nós estávamos lá — por determinação de Frank. Raramente ou nunca ele apontava direto alguma coisa no estúdio.[23]

Em outra ocasião, lembrou Bernhart, Sinatra elogiou o trompista Vince DeRosa, ao executar uma passagem difícil, dizendo à orquestra: "Queria que vocês tivessem ouvido Vince DeRosa ontem à noite — eu podia ter dado um murro nele!".

> Todos nós entendemos o que ele quis dizer — tinha adorado! E, acredite, ele reservava esse tipo de comentário só para ocasiões especiais. Veja, para ele era muito difícil dizer: "Foi a coisa mais grandiosa que já ouvi...". Mas assim é Sinatra. Pode cantar com a elegância de um poeta, mas, quando fala com você, é Jersey!

Em meados da década de 1950, quando Frank voltara e estava a mil na carreira, Bing Crosby andava pensando em se aposentar. Tinha feito cinquenta anos; pouco tempo antes, perdera a esposa, mãe de seus quatro filhos, devido a

* Mas toda vez que tento, só de pensar em você / Paro antes de começar. (N. T.)

um câncer no ovário. O cabelo andava mais ralo do que nunca (tinha começado a usar um topete postiço na casa dos trinta), a cintura, cada vez mais recheada. Dinheiro não faltava. Também tinha problemas familiares e renais. O campo de golfe parecia tentador. "Sempre disse que meu tipo de filme favorito seria aquele que começasse com uma tomada de mim, sentado numa cadeira de balanço na varanda", disse ele a um entrevistador em 1954. "O resto do filme seria o que eu via."[24]

Naquela altura, Bing terminara de filmar *Amar é sofrer*, adaptação não musical de uma peça de Clifford Odets sobre um ator de teatro alcoólatra que tenta retomar a carreira. A estrela a seu lado (e, fora do estúdio, tida como sua amante) fora Grace Kelly, então com 24 anos, interpretando de maneira um tanto implausível sua jovem esposa sofredora (mas ganhando um Oscar por suas dores; Crosby recebeu uma indicação). Um ano antes, Kelly interpretara com a mesma implausibilidade a rival de Ava Gardner na disputa por Clark Gable, à época com 52 anos, em *Mogambo*, o filme que Ava fizera em locação na África enquanto Frank, que então estava em maré de pouca sorte e fora junto com ela, ficava por ali à toa, se lamuriando.

Embora Sinatra e Crosby tivessem feito juntos muitos programas radiofônicos e até algumas aparições na televisão, nunca haviam feito um filme juntos. Isso mudou em janeiro de 1956, quando se somaram a Grace Kelly e Louis Armstrong (com seus Jazz All-Stars) no elenco de *Alta sociedade*, da MGM, uma refilmagem musical de *Núpcias de escândalo*, com música de Cole Porter.

O musical de cinema era um gênero ameaçado em meados dos anos 1950, perdendo rapidamente terreno para a televisão, que não só oferecia entretenimento visual ao público em casa como também trazia novas visões da realidade para a vida cotidiana — visões essas que pareciam cada vez menos condizentes com personagens que de repente desatavam a cantar. Era uma época em que o próprio estúdio cinematográfico andava periclitante, devido à televisão e ao surgimento de produtores independentes, alguns dos quais eram atores importantes, como James Stewart — e Bing Crosby e Frank Sinatra —, que estavam criando seus próprios projetos de filmes. Mas alguns dos estúdios, em especial a MGM e a Twentieth Century Fox, ainda rodavam grandes entretenimentos musicais, usando Technicolor e processos de grande milimetragem como Todd-AO, VistaVision e CinemaScope, para ganhar uma vantagem visual em relação à televisão, enquanto ainda era possível.

Alta sociedade, em Technicolor e VistaVision, seria uma produção de grande porte em todos os aspectos. O projeto começou a se definir quando o produtor Sol C. Siegel pagou 250 mil dólares a Cole Porter para escrever sua primeira trilha musical para o cinema depois de dez anos; Crosby, Sinatra e Kelly logo embarcaram no projeto com contratos igualmente altos (a empresa de Crosby na coprodução e Frank com os mesmos valores pagos a Porter). O grande compositor Johnny Green ("Body and Soul", "Out of Nowhere"), que também era arranjador e maestro da MGM, supervisionaria a música; Conrad Salinger, outro nome forte da Metro, iria colaborar com Riddle nas orquestrações. O diretor era o simpático assalariado Charles Walters, que dirigira a leve e insípida *Armadilha amorosa*, e alguns dos problemas no filme pronto podem ser atribuídos a ele.

Núpcias de escândalo tinha sido um grande triunfo da comédia americana no cinema anterior à Segunda Guerra Mundial. Produzido por Joseph L. Mankiewicz, numa brilhante adaptação da peça de Philip Barry feita por Donald Ogden Stewart, o filme deslumbrava por todos os ângulos, desde a direção de George Cukor num tom sério-cômico perfeito, passando pelo trio incomparável de Katharine Hepburn, Cary Grant e James Stewart, até a trilha de Franz Waxman e a bela fotografia em preto e branco de Joseph Ruttenberg. Como comédia de costumes, como modelo do cinema americano do pré-guerra, o filme continua fascinante até hoje, em todos os seus detalhes. Tem um carisma shakespeariano.

Alta sociedade tinha, portanto, um grande desafio a enfrentar e, no papel, parecia ter chances de vencer. Crosby e Sinatra eram gigantes, Kelly tinha belíssima presença na tela, Louis Armstrong era não só um grande músico como também irresistível no visual e no vocal, e não havia compositor melhor do que Cole Porter.

Núpcias de escândalo contava com todos os seus elementos magníficos e também com seu tom elegíaco pelo declínio de uma classe social, somado ao vigoroso senso romântico que ainda era plausível antes da guerra, do Holocausto e da Bomba. (Basta ouvir alguns compassos do filme de Waxman e tudo isso retorna com ímpeto.)

Alta sociedade, ambientado entre os majestosos "chalés" de Newport, Rhode Island, em vez da Main Line da Filadélfia, tenta transmitir um tom elegíaco — o estilo grandioso de outrora cedendo lugar à vulgaridade do presente; os ricos fechando e vendendo suas mansões para economizar nos impostos —, mas não se esforça muito. O filme avança entre o brilho vistoso do Technicolor dos anos

1950 de Eisenhower, e é difícil se interessar muito pelo enredo: os pecadilhos dos ricaços, o choque cultural entre a dupla de repórteres pobretões da revista de fofocas *Spy* (Sinatra e Celeste Holm) e os figurões da alta sociedade que eles invejam e desprezam. No final, as únicas coisas interessantes no filme são os rostos, os momentos e os sons. Felizmente, em quantidade suficiente para que valha a pena assistir a *Alta sociedade*.

Frank está bem no papel de Macaulay "Mike" Connor e é divertido vê-lo, sobretudo quando se põe a cantar alguma das fantásticas canções de Porter (embora o melhor número solo seja, de longe, o de Bing com "I Love You, Samantha"), mas, ao contrário de sua interpretação de Frankie Machine, ele não é, nem por um segundo, minimamente plausível como escritor a soldo que aspira a coisas mais elevadas, entre elas Tracy Lord, interpretada por Grace Kelly. Ele está ótimo com seu bronzeado Technicolor e seu topete exuberante ("Frankie agora parece ter uma juba mesmo, em vez de uma franjinha",[25] escreveu Earl Wilson), e os modernos paletós esporte e os chapéus de palha parecem saídos direto dos KHJ Radio Studios para o set da MGM, mas — o que é estranho para alguém capaz de ter uma atuação tão magnífica em papéis dramáticos e de transmitir tanto desejo e sentimento em canções de dor de cotovelo — o anelo que Jimmy Stewart transmite com absoluta plausibilidade em sua interpretação em *Núpcias de escândalo*, que lhe valeu um Oscar, está totalmente ausente do Mike Connor de Frank Sinatra.

A ironia do papel de Sinatra como repórter, e, aliás, repórter de uma revista de fofocas, é deliciosa. Mas houve uma coisa em que Frank teve uma interpretação convincente: na peça de Philip Barry e em suas duas adaptações para o cinema, Macaulay Connor é um outsider, um assalariado intruso no mundo dos endinheirados. Na vida real, Frank Sinatra, por mais rico e famoso que fosse, sempre se sentiu um outsider, um moleque ítalo-americano de Hoboken de penetra na festança dos grandes. Era isso que o deixava amuado, e há laivos desse amuo em sua caracterização do anglo-irlandês Mike Connor (que também traz ressonâncias do nome de seu pai no ringue, Marty O'Brien). Sinatra emana uma agressividade de moleque de rua que é interessante de observar, mesmo que não seja necessariamente pertinente. Essa agressividade talvez contivesse também traços de sua insegurança real diante de Grace Kelly, mesmo sendo ela filha de pedreiro.

Os dois não dão liga na tela, o que é uma pena. Em parte, isso se deve à readaptação apenas passável da peça de Barry, feita por John Patrick — o discurso apaixonado de Mike para Tracy, quando se abraçam ("Você tem brasas adormecidas dentro de si, o fogo de piras e lareiras"), é reduzido a poucas palavras e a uma fala apenas convencional —, e talvez seja resultado da leve falta de química entre Sinatra e Kelly, uma das poucas artistas a estrelar com ele que parecem ter escapado à sua lendária lista de conquistas (mas que, por sua vez, parece ter tido uma lista própria considerável). "Sinatra levou um fora de 'Gracie', como a chamava, mas se sentira humilhado porque ela estava presente quando ele estava rodeando o set de *Mogambo* por causa de Ava", lembrou George Jacobs. "Frank pensava que ela o considerava um grande banana e ele não conseguiu atrair seu interesse."[26] Consta que os dois tinham saído juntos cerca de um ano antes; ele estaria bêbado quando foi pegá-la, teria chorado em seu ombro por causa de Ava e então tentara agarrá-la. Um amigo de Kelly disse que Frank ligou para ela no dia seguinte, pedindo desculpas, e que os dois riram do acontecido, mas o romance acabou por ali mesmo.[27]

Ele também devia saber que, mesmo quando estavam filmando *Alta sociedade*, Kelly, encenando uma espécie de versão às avessas de seu papel no filme, se apaixonara profundamente pelo príncipe Rainier III, de Mônaco, com quem se casaria logo depois. O destino dela era ser princesa, e esse seria seu último filme.

E sua saída do mundo do cinema foi uma verdadeira perda. Ela era bonita de se ver, claro, mas também sabia atuar e, quando o material era bom, sua presença na tela era fascinante. É uma pena que *Alta sociedade* a obrigasse a seguir na esteira deslumbrante de Katharine Hepburn, e uma pena também que o filme não fosse melhor: Kelly fez uma magnífica Tracy Lord e, ainda que na verdade não estivesse à altura em termos musicais — e nem precisaria; ela cantou apenas uma breve harmonia com Crosby em "True Love" e soltou uns trinados numa cena de embriaguez —, saiu-se com garbo entre os outros grandes atores.

Dizem que Bing Crosby ficou encantado por Kelly, mas não foi correspondido, e ele instila todo o ímpeto de seu ardor reprimido na interpretação do personagem C. K. Dexter-Haven, o playboy perdulário que foi casado com Tracy Lord e continua apaixonado por ela. Os dois têm na tela a química que falta a Sinatra e Kelly, uma reação que ficava ainda mais estranha e comovente devido à idade de Bing: apesar da peruca tão basta quanto a de Frank, ele aparenta ser dez anos mais velho do que seus 53 anos reais, e o rosto, quando parado, parece taciturno e até maldoso. Mas seu Dexter se aviva quando está perto de Tracy, e mesmo só ao pensar nela: seu "I Love You, Samantha" (nome do meio de Tracy e o modo afetuoso como Dexter a trata), em tom menor, que ele canta enquanto se veste para a festa de noivado dela com outro homem, é uma grande proeza vocal, um grande número de palco — ele dá corda no relógio e, meio sem graça, apalpa a barriga, no momento em que está vestindo o smoking — e uma grande atuação. A música é um dos três destaques do filme — e Bing está presente nos outros dois também. É seu dueto fascinante com Louis Armstrong em "Now You Has Jazz" e, depois, o irresistível "Well, Did You Evah?" com Sinatra.

Crosby já tinha cantado com Armstrong várias vezes, no rádio e em discos,[28] mas nunca havia gravado nada em dupla com Frank; Sinatra disse que a oportunidade de cantar em dueto com ele foi sua principal razão para fazer o filme. A sequência de dança e música aparece na despedida de solteiro de George Kittredge (John Lund), o ricaço afetado que está noivo de Tracy; Dexter e Mike se entopem de champanhe na biblioteca da mansão e ficam futricando musicalmente — e, aos ouvidos dos anos 1950, maliciosamente — sobre os hábitos gerais do recinto:

> MIKE (*cantando*): Você soube que Mimsy Starr, a polícia pegou ela no Astor Bar?
>
> DEXTER: De fogo outra vez, hein?
>
> MIKE: Chapadíssima!
>
> DEXTER: Ah, e você nunca!
>
> MIKE: Nunca!
>
> OS DOIS (*cantando*): Que festa mais grã-fina!

Eles formam uma dupla perfeita, como se tivessem esperado a vida toda para fazer esse número. Nenhum dos dois predomina sobre o outro; cada qual traz sua genialidade própria como ator musical. É uma cena extraordinariamente graciosa, uma das maiores nos musicais do cinema (Charles Walters, que pode não ter sido um grande diretor, mas sem dúvida sabia coreografar, foi quem a bolou). Como escreve Jeanine Basinger em *The Star Machine*, Sinatra e Crosby tiveram de

> cantar, dançar, acompanhar as marcações da câmera, respeitar a letra sofisticada de Cole Porter, falar os diálogos do roteiro, encarnar seus personagens, fingir uma leve embriaguez, acompanhar o ritmo do playback da orquestra, andar pelo set de uma biblioteca especialmente montada com espaço restrito e seguindo uma coreogra-

fia específica que devia parecer improvisada, sem nunca esquecer que eram rivais disputando a afeição do público [...]. Um tinha de ficar atento ao outro de várias maneiras. (Ambos tinham plena consciência do poder artístico um do outro.) [...] Esses homens são verdadeiros astros, fazendo o que os astros fazem. Parece que estão inventando ali na hora, à nossa frente. (A ilusão do estrelato é sempre a ilusão da facilidade.)[29]

E uma parte da ilusão era que Frank e Bing fossem amigos. Na verdade, Sinatra se sentia intimidado por seu ídolo de outrora, sempre tão frio e distante fora do palco que até Bob Hope, seu parceiro de comédias por tanto tempo, iria dizer após a morte dele: "Sabe, nunca gostei de Bing. Era um filho da puta".[30]

Mas Frank de fato passara a vida inteira esperando fazer esse dueto: o garoto que havia sonhado em ser Bing Crosby agora estava com ele, no mesmo nível — pelo menos profissionalmente.

Durante a filmagem de *Alta sociedade*, a equipe apelidou Crosby de "Nembutal" e Frank de "Dexedrine". Em 1956, como no ano anterior, Frank continuava a viver como se o demônio em pessoa o açulasse com um tridente. "Enquanto estou ocupado, sinto-me ótimo",[31] disse a um jornalista. Os problemas surgiam quando não havia atividade suficiente: o sono, a solidão, o ócio não combinavam com ele. Frank era como a encarnação da síndrome das pernas inquietas. Rodaria apenas três filmes em 1956, em comparação com os cinco do ano anterior, mas em compensação iria: viajar para a Espanha para rodar *Orgulho e paixão*; fazer três temporadas de três semanas no Sands, indo e vindo de Los Angeles para gravar e cuidar de seus negócios no cinema; cantar o Hino Nacional americano na Convenção Nacional do Partido Democrata; voltar ao Paramount Theater, na Times Square, para se apresentar durante uma semana com a Tommy and Jimmy Dorsey Orchestra; e assinar um contrato de TV de 3 milhões de dólares com a ABC. Isso só para começar. Mas, principalmente (se é que podia haver algo como um "principalmente" quando se tratava de Sinatra), ele gravaria discos.

Ele entrou 21 vezes no estúdio de gravação em 1956, no maior número de sessões desde 1947. Efervescia de ideias musicais e, a partir de fevereiro, tinha um novo laboratório para explorá-las. Em 1955, a Capitol Records, agora capitalizada depois de ser adquirida pela EMI, o colosso britânico na área de publicação e gravação musical, começara a construir uma monumental nova sede na esquina do Hollywood Boulevard com a Vine Street, no centro de Hollywood; em fevereiro de 1956, foi inaugurado o novo edifício: uma torre cilíndrica projetada pelo arquiteto Welton Becket, que imitava uma pilha de discos.[32] No alto da Capitol Records Tower, como o prédio veio a se chamar, ficava um pináculo de dezoito metros de altura, com uma luz vermelha piscando "Hollywood" em código Morse.[33]

O andar térreo do edifício continha três estúdios de gravação. Os Estúdios A e B tinham capacidade para abrigar orquestras inteiras; o Estúdio C, mais intimista, foi projetado para jingles, dublagens e sessões menores. Naturalmente, tudo no prédio era o mais avançado da época, no estilo de meados dos anos 1950, desde as câmaras de eco de concreto à prova de choque, construídas muitos metros abaixo do nível da rua, aos microfones com condensador, alto-falantes e equipamentos de edição nas salas acima.[34]

Era tudo novo e lindo, uma espécie de catedral do som, e o primeiro projeto de Sinatra ali foi igualmente grandioso — e de ambiciosa ousadia: a despeito das considerações comerciais, Frank queria dirigir uma orquestra outra vez.

Já tinha feito isso antes, nos dias da Columbia (e das 78 rotações), com *Frank Sinatra Conducts the Music of Alec Wilder*. O álbum, de 1946, trazia seis composições meditativas de Wilder, peças com títulos como "Air for English Horn", "Slow Dance" e "Theme and Variations", e, embora o empreendimento só tivesse sido possível por causa das carradas de dinheiro que os discos populares de Sinatra estavam rendendo para a Columbia naquela época, o álbum provou para Frank e mais algumas poucas pessoas do mundo (entre elas, os membros da orquestra que regeu) que ele não se resumia a uma Voz.

Dez anos depois, Sinatra tinha o mesmo tipo de força comercial, para dizer o mínimo. Em 1956, estava fazendo fortunas com e para a Capitol — "Young at Heart" bateu na casa do milhão e *In the Wee Small Hours* ganhou o Disco de Ouro, ficando em segundo lugar na lista dos álbuns de 1955 na *Billboard*. Agora tinha trunfos para renegociar seu contrato original, que assinara (em 1953) com Alan Livingston, vice-presidente da gravadora, em sua fase de maré baixa, consistindo num acerto de quatro anos a valores não muito expressivos. Seu cacife aumentara de maneira considerável devido ao interesse de outras gravadoras. "Quando ficamos com ele dois anos e meio atrás, Frank não conseguia uma gravação", disse Livingston à *Down Beat*. "Agora, toda empresa do ramo está atrás dele, e seria bobagem negar que tem recebido propostas generosas de todos os lados."[35]

Quando as negociações empacaram, a RCA Victor,[36] em particular, demonstrou especial interesse por ele.

Por fim, quando Sinatra e a Capitol chegaram a um acordo, o primeiro artista do selo fechou um grande contrato de sete anos, com uma garantia anual de 200 mil dólares[37] e carta praticamente branca[38] para gravar o que quisesse. Os executivos ficaram contentes a ponto de conceder ao astro um ou dois regalos, e o primeiro foi *Frank Sinatra Conducts Tone Poems of Color*.

A ideia do álbum nasceu de uma série de doze poemas sobre cores escritos pelo autor de rádio Norman Sickel, que havia trabalhado na série *To Be Perfectly Frank*. (Um dos poemas iniciava assim: "Orange is the gay deceiver/ and I do deceive/ but nicely./ I am the daughter/ of the yellow laughter/ and the violet Red!".)* Sinatra, que começaria a pintar ao entrar na casa dos cinquenta, gostou tanto dos versos que encomendou doze peças orquestrais originais baseadas neles a um magnífico grupo, que incluía Nelson Riddle, Alec Wilder, o arranjador e *bandleader* Billy May e os orquestradores de música para cinema Jeff Alexander, Elmer Bernstein e André Previn. Destacava-se a ausência de Axel Stordahl.** Sinatra atribuiu a cada autor um texto e uma cor tonal e então reuniu quase sessenta músicos no novo Estúdio A da Capitol.[39]

Uma das primeiras coisas que Sinatra e os músicos descobriram a respeito das novíssimas instalações foi que, apesar do enorme empenho da Capitol em reproduzir a excelente acústica dos KHJ Radio Studios, o som no Estúdio A era uma desgraça. Uma foto tirada durante um intervalo nas gravações mostra Sinatra numa banqueta, olhando a fabulosa violoncelista Eleanor Slatkin, inclinada sobre seu Andrea Guarneri de 1689, e sorrindo enquanto ela parece lhe dizer alguma coisa. Mais tarde, ela comentou a cena: "Frank me perguntou o que eu tinha achado do playback, e respondi: 'Me parece uma merda!'. Assim que soltei o palavrão, ouvi o estalido da câmera do fotógrafo tirando o instantâneo. Eu podia passar sem essa — ele só deu risada!".[40]

Frank adorava o casal Slatkin, Felix e Eleanor, bem como seus filhos, Leonard e Fred. Felix e Eleanor eram músicos excelentes, muito sérios, que não ti-

* Laranja engana com alegria/ E engana mesmo/ Mas com simpatia./ Sou a filha/ do riso amarelo/ e da violeta vermelha! (N. T.)

** Stordahl, que incorrera na fúria de Sinatra por ter ido trabalhar como regente no programa de Eddie Fisher na TV, também podia estar na sua lista de imprestáveis. Há a possibilidade de que, a essas alturas, com Nelson Riddle, o primeiro arranjador de Frank parecesse coisa velha e surrada.

nham medo de dar nome às coisas, e Sinatra tinha reverência por eles, como espíritos afins. Haviam começado a tocar nas sessões de gravação de Frank em Hollywood, para a Columbia, em meados dos anos 1940, mas a amizade se desenvolveu durante o período na Capitol, quando Sinatra se sentiu cada vez mais fascinado com o Hollywood String Quartet, que Felix e Eleanor Slatkin haviam criado antes da Segunda Guerra. "Meu pai e Frank ficaram muito, muito íntimos e as opiniões de meu pai recebiam mais crédito",[41] conta Leonard Slatkin. Felix Slatkin, primeiro violino de Sinatra, logo se estabeleceu, na prática, como o maestro da orquestra em inúmeras sessões de gravação em que Riddle está registrado como arranjador e regente. A exemplo de vários arranjadores, Nelson Riddle, apesar de sua genialidade, era um maestro anódino, na melhor das hipóteses. (Arnold Shaw, biógrafo de Sinatra, traça um retrato verbal inesquecível de Riddle, "regendo com o indicador da mão direita como se estivesse apertando ritmicamente o botão de uma campainha".)[42]

Frank num papel raro, no álbum Frank Sinatra Conducts Tone Poems of Color. *A violoncelista Eleanor Slatkin acabava de comentar de maneira oportuna — e escatológica — um playback no sonicamente desafiado Estúdio A da Capitol.*

"Reger é, acima de tudo, marcar a passagem do tempo", diz Leonard Slatkin.

> Toda música, pelo menos a do tipo de Sinatra, se baseia num certo grau de ritmo constante à medida que avança. Isso significa que, como regente, você precisa ser fisicamente capaz de manter o tempo constante, mas também ser flexível o suficiente para permitir alguns momentos em que uma frase pode se prolongar um pouco mais ou se acelerar um tiquinho. Isso exige um grau de habilidade técnica que ultrapassa a mera intuição.[43]

Mesmo assim, no contexto específico das sessões de *Tone Poems* — e com alguma ajuda —, Sinatra, que não sabia ler música, se saiu surpreendentemente bem. Numas duas sessões, lembrou Eleanor Slatkin, seu marido "estava quase regendo as cordas de sua cadeira, mas Frank tinha tanto talento musical que conseguiu fazer tudo".[44]

O que ele conseguiu foi um álbum agradável e respeitável que talvez fosse elaborado demais para a maioria de seu público e simplificado demais para os ouvintes de música clássica. "Interessante" é o adjetivo mais pertinente. Como era previsível, o álbum não vendeu muito.

Tone Poems foi um lançamento da Capitol, mas a capa do LP trazia o nome da Essex Productions, empresa que Sinatra criara pouco tempo antes e para a qual tinha projetos grandiosos. "Ele informou à imprensa de negócios", escreve Friedwald, "que a Essex era uma 'gravadora independente completa' e que ele mesmo permanecia 'apenas nominalmente como artista da Capitol', afirmando que toda a produção de Sinatra era apenas distribuída pela Capitol."

Alan Livingston discordou, declarando que a Essex era "um mero acordo no papel por razões tributárias. Ainda éramos proprietários de todas as gravações de Sinatra feitas na Capitol, e em caráter perpétuo".[45]

A partir de meados dos anos 1950, Frank e seu advogado Milton "Mickey" Rudin, da firma Gang, Kopp & Tyre, de Los Angeles, criaram uma série de empresas com nomes de aspecto britânico — Essex, Bristol, Kent, Canterbury —, com a finalidade aparente, e às vezes real, de coproduzir filmes e discos de Sinatra, mas também (e talvez sobretudo) para diminuir sua vulnerabilidade pessoal à tributação da Receita. A Essex pode ter começado como um sonho de Frank, mas não tardou a se transformar num pesadelo para a Capitol.

* * *

Em 19 de fevereiro, Frank foi indicado para o Oscar de melhor ator pela interpretação em *O homem do braço de ouro*. Estava concorrendo com Ernest Borgnine, que interpretara o sargento Fatso Judson, carrasco de Angelo Maggio em *A um passo da eternidade*, e agora concorria com seu papel de açougueiro solitário do Brooklyn em *Marty*; James Cagney (em *Ama-me ou esquece-me*); James Dean (*Vidas amargas*); e Spencer Tracy (*Conspiração do silêncio*). Sinatra sabia que tivera um desempenho grandioso em *Braço de ouro*, o desempenho de sua vida. Não só esperava, confiava que ia ganhar.

Uma semana depois, saiu o primeiro artigo de "The Real Frank Sinatra Story", série dominical da colunista Dorothy Kilgallen, publicada nos jornais do grupo Hearst em todo o país. Os veículos politicamente conservadores do Hearst martelavam o caso de Frank desde o começo dos anos 1940, por causa de suas posições liberais, suas infidelidades e suas ligações com a Máfia, embora seja difícil pensar que não houvesse também um elemento de desprezo étnico, naquela era do poder *wasp*, por um ítalo-americano que não conhecia seu lugar. O primeiro colunista do grupo Hearst a ir atrás de Sinatra foi o anticomunista e antissemita Westbrook Pegler; a seguir veio o aspirante a Hemingway Robert Ruark, que teve a sorte jornalística de topar com Frank numa confraternização com Lucky Luciano na reunião de cúpula da Máfia em Havana, em fevereiro de 1947.

Kilgallen, em Nova York, que começara sentindo palpitações por Frank — em 1944, escreveu um texto num fanzine cujo título dizia "Os astros com quem eu gostaria de ser casada (se eu não fosse a sra. Richard Kollmar)", com Sinatra encabeçando a lista —, logo passou a seguir a linha do grupo Hearst. De vez em quando dizia algo positivo sobre Frank em sua coluna, mas parecia relutar nos poucos elogios que fazia.

A série dominical começou com ímpeto: "O sucesso não mudou Frank Sinatra", escreveu Kilgallen. "Quando era obscuro e desconsiderado, tinha mau gênio, era egoísta, extravagante e emburrado."[46] E continuava: ele era "um Jekyll e Hyde em trajes da moda".[47] Os textos eram corretos em termos factuais, mas cáusticos, sobretudo a respeito de seus vários romances. Ela dava os nomes: alguns famosos como Ava, Lana Turner, Anita Ekberg, Gloria Vanderbilt, Kim Novak e Jill Corey; outros menos conhecidos, como a cantora pop Jo Ann Tolley, a modelo Melissa Weston, a atriz Lisa Ferraday. "Algumas das mulheres, como Ava e Lana, eram elas próprias ídolos públicos e exemplos incomparáveis de beleza feminina", escreveu Kilgallen.

> Muitas outras, claro, são as bonequinhas fofas e esforçadas do show business, bonitinhas, de cintura fina, todas parecidas, com a mesma camada de base e maquiagem cor de pêssego — estrelinhas que nunca passaram do primeiro degrau em Hollywood, modelos e vocalistas variadas, vedetes agora perdidas entre os fantasmas dos shows dançantes do passado. Outras pertenciam à categoria bondosamente descrita como a das espalhafatosas.[48]

Numa média geral, o pior que se pode dizer da caracterização de Kilgallen é que suas simpatias feministas eram um tanto turvas. Sem dúvida Frank namorava — e muito. Sua famosa declaração, décadas depois — "Se eu tivesse tido tantos casos amorosos quanto os que vocês me atribuem", disse aos jornalistas, "eu estaria agora falando com vocês de dentro de um frasco na Escola de Medicina de Harvard" —, era, como escrevi em *Frank: A Voz*, não só uma evasiva, mas a Grande Mentira:

> [A expressão] "casos amorosos" era mais do que um eufemismo, mas menos do que a verdade: amor era sempre do que se tratava, e nunca exatamente do que se tratava de fato. O amor era o ideal fugidio, a coisa a ser cantada, a ser sonhada, enquanto ele fechava o zíper da calça a caminho da próxima conquista. Na verdade, houve provavelmente até mais casos do que as centenas que lhe atribuíram. Pois sempre tinha de haver alguém. Sua solidão era sem fundo, mas havia sempre alguém para tentar ajudá-lo a encontrar o fundo.[49]

E, ainda que isso seja lamentável, será repreensível? Estava explorando as inúmeras mulheres que levava para a cama? Embora algumas namoradas que ele cortejava com presentes generosos e declarações sentimentais pudessem alimentar a fantasia passageira de monopolizar sua atenção exclusiva, a ilusão não poderia durar muito. Ele era *Frank Sinatra*. Como lembrou Peggy Connelly, ele estava "sempre indo mentalmente para outro lugar, mesmo quando te olhava nos olhos. Alguém disse certa vez que o 'agora' não existia para ele. Nunca se contentava em estar onde estava".[50]

E "outro lugar" com frequência significava "outra pessoa". Em 2012, Jill Corey, por fim começando a processar o relacionamento que Frank tivera com Connelly e outras mulheres em meados dos anos 1950, disse: "Acho que consigo entender que ele podia estar levando adiante uma ligação com nós duas ao mesmo tempo, ou talvez com quatro outras. Não faço ideia".[51]

O melhor que uma mulher podia fazer para sua saúde mental era ou rejeitá-lo de cara — já vimos acontecer e voltaremos a ver; ele não era universalmente irresistível — ou entender o fato (ou pelo menos fechar os olhos para ele) de que qualquer relacionamento sério com Frank consistia, na verdade, em fazer parte de uma espécie de harém, um grupo de constituição e dimensões variáveis que giraria em torno do cantor pelos quinze anos seguintes. Muitas mulheres entendiam isso. Não havia nenhum requisito formal para ingressar no grupo, mas o que parecia ajudar muito era se a jovem tivesse uma expressão de frescor, com certo grau de inocência, fosse inteligente, talentosa como atriz, cantora ou ambos, não agressiva, nem perfumada demais ou demasiado inquisitiva sobre os contornos exatos da vida amorosa de Frank. Em troca, ela podia esperar tudo, exceto intimidade: ternura, respeito, solicitude, muitas refeições italianas, viagens, visitas a sessões de gravação históricas, presentes generosos, romantismo, sexo bom, ocasionais pedidos de casamento e sempre aquele momento absolutamente eletrizante num clube noturno, numa sessão de gravação ou no salão de um cassino, quando ele voltava seus olhos azuis deslumbrantes e cantava para ela, só para ela. Isso sem falar nas histórias para contar aos netos.

Certa vez, um biógrafo perguntou a Peggy Connelly, cujo relacionamento relativamente sério com Sinatra se prolongou por vários anos, se ele havia sido o amor de sua vida.

"Respondi: 'Claro que não'", lembrou ela.

> Porque ao fim e ao cabo não havia o suficiente de um ser humano ali. Frank tinha uma persona pública que se apoderava dele — a todos os lugares que ia, era sempre o centro das atenções. Ele não tinha muito espaço para trocar de marcha. Creio que sempre se mantinha em guarda.

Ela continua:

> Quer dizer, ele fez tudo por mim. Era generoso. Elogiava-me para todos. Ouvi todos os elogios que os outros me contavam. E eu sabia muito bem que ficara conhecida como a namorada firme de Sinatra, em certo sentido — não sei como você diria. Ele me levava a toda parte, e encontrávamos todo mundo. Cary Grant costumava dizer, quando havia alguma festa: "Oh, espero que Frank traga Peggy, ele sempre se comporta muito melhor". Mas ele não tinha aquele tipo de necessidade carinhosa de homem-mulher. Dá para viver sem isso por muito tempo.[52]

Quanto às Espalhafatosas, sobre as quais o código de boas maneiras da imprensa dos anos 1950 impedia que Dorothy Kilgallen desse mais detalhes, a história de vez em quando podia ser bem mais desagradável. Sinatra tinha uma forma própria de desrespeitar aquelas que julgava não respeitáveis, uma forma de punir a não respeitabilidade que sentia entranhada em si. Mas é improvável que fosse esse o objeto do artigo de Kilgallen. O que ela na verdade estava fazendo em seu extenso texto sobre Frank era repreendê-lo pela promiscuidade, o vício que os Estados Unidos de Eisenhower se sentiam obrigados a condenar, aquele mesmo vício pelo qual os Estados Unidos amavam Sinatra, em segredo ou não. Ela estava sendo puritana e condenadora, e estava violando o complexo código de Frank para os jornalistas, código esse que de vez em quando permitia que um repórter ou colunista fizesse uma ou duas perguntas pessoais, desde que Sinatra tivesse conhecido pessoalmente e avaliado a boa-fé do jornalista e desde que este se lembrasse de prodigalizar frequentes e profusos elogios a ele na imprensa.

Quando Frank não gostava de uma matéria, costumava enviar um telegrama desagradável. (Às vezes também ameaçava entrar com alguma medida judicial.) No caso de Dorothy Kilgallen, porém, ele decidiu fazer algo especial: enviou-lhe uma lápide com o nome dela gravado.[53]

Para dar um terrível fechamento àquele mês totalmente ambivalente de fevereiro, no dia 29 do ano bissexto, Humphrey Bogart recebeu o diagnóstico de câncer no esôfago. Naquela época, isso era uma sentença de morte. Frank ficou devastado.[54]

Com Frank Sinatra, o sublime e o ridículo, o refinado e o grosseiro se alternavam com tanta frequência e rapidez que é inútil tentar reconciliá-los. Ele não era nem uma coisa nem outra, era ambas — e então, um momento depois, era uma terceira. O homem que se deu a um razoável trabalho e a significativas despesas para enviar uma mensagem em granito a Dorothy Kilgallen, no melhor estilo siciliano, o homem que, quando as relações humanas escasseavam, mandava com regularidade seu criado pessoal ligar para alguma companhia profissional era o mesmo homem que concebeu um novo álbum que reuniria os inigualáveis talentos de Nelson Riddle como arranjador e os sons ricos e delicados do quarteto de cordas de música clássica que Frank passara a reverenciar.

"Ficamos muito próximos como amigos e naqueles tempos sempre o víamos muito entre as gravações, e passamos diversos fins de semana na casa de Frank em Palm Springs", relembrou Eleanor Slatkin, quando Sinatra ainda vivia.

> Como você sabe, ele tem uma coleção enorme de discos clássicos e, toda vez que estávamos em sua casa, havia música clássica tocando [...] e um bocado de ópera também. Ele é muito instruído e, claro, conhecia vários dos artistas. Ele se apaixonou pelo Quartet [...] e disse: "Sabem, creio que seria uma ótima ideia fazer um álbum com um quarteto de cordas", e assim nasceu *Close to You*. Tudo o que você fazia com Frank era ideia dele.[55]

O problema em potencial, porém, era que o quarteto sozinho "talvez não fosse suficiente para dar sustentação a um cantor pop — mesmo um que ultrapassava muitas vozes clássicas em talento artístico e na execução", escreve Will Friedwald.

> E, mesmo que fosse suficiente, o quarteto sozinho talvez não conseguisse segurar a atenção de uma audiência pop. Assim [...], como lembrou Paul Shure [segundo violino do Hollywood String Quartet], "Nelson decidiu usar um quarteto de cordas e compasso de quatro tempos, e cada música teria um instrumento adicional. Ele teria quarteto de cordas e trompa [...], quarteto de cordas e flauta [...], quarteto de cordas e trompete [...], quarteto de cordas e violino solo [...]. Era uma partitura para quarteto de cordas com o acréscimo de vários instrumentos".[56]

O álbum foi uma união mental magnífica entre Sinatra e Riddle. Foi também problemático em termos comerciais, para dizer o mínimo. E, vindo logo após *Tone Poems of Color*, fez os executivos da Capitol pararem para pensar. "Era uma coisa que a Capitol Records não queria fazer", disse Leonard Slatkin.

Usar o Hollywood String Quartet, pôr o nome deles na capa. Creio que era essa a verdadeira objeção. Porque isso aconteceu antes do tempo em que usávamos a palavra "crossover". Eles diziam: "Como vamos vender isso? Qual é nosso mercado? Não fazemos ideia". Mas Frank insistiu: "Se vocês não fizerem, deixo a gravadora". Nelson, claro, estava à altura do desafio. Quer dizer, são arranjos simplesmente fabulosos no álbum inteiro. Como boa parte do trabalho de Frank naquela época, é o tipo de coisa que você tem de ouvir lá pelas duas da madrugada.[57]

O desafio para Riddle era escrever para tão poucos instrumentos. "É a coisa mais assombrosa que Nelson Riddle fez na vida", disse Paul Shure.

Usar o som das cordas como base em vez de enchimento ou realce foi de fato uma guinada para Nelson. Escrever para um quarteto de cordas é a coisa mais difícil, porque é tudo muito aberto. Com uma orquestra maior, você tem uma paleta de sons grande para trabalhar e tem as coisas mais variadas acontecendo. Você pode usar a orquestra para superar deficiências melódicas, usando *riffs* e fazendo coisas com os sopros ou metais em cima de um enchimento de cordas, e consegue dar conta. Quando está escrevendo para quatro, seis ou oito instrumentos, é outra história.[58]

Em 1º de março, de volta à Capitol (onde os engenheiros de som tinham passado um tempo trabalhando freneticamente para melhorar a acústica do estúdio), Sinatra e Riddle, junto com o Hollywood String Quartet e vários outros músicos, experimentaram "Don't Like Goodbyes", um número do musical caribenho *House of Flowers*, de Harold Arlen e Truman Capote. Frank estava incomodado com alguma coisa, na acústica ou no arranjo — se foi no arranjo, pode ter ocorrido alguma troca de instrumentistas para a sessão seguinte no estúdio, uma semana depois.[59] Dessa vez — usando o quarteto, mais um clarinete, uma trompa, uma flauta, uma harpa e outro violino, com uma seção rítmica de guitarra, baixo, bateria e piano —, Nelson apareceu com as boas-novas, e "Goodbyes" foi gravada para a posteridade, junto com mais três músicas, "If It's the Last Thing I Do", "P. S. I Love You" e "Love Locked Out".

Close to You era uma obra de gênio, mas também de muito trabalho. Entre uma coisa e outra, levou oito meses para ficar pronto, mais tempo do que qualquer outro álbum de Sinatra, até sua *Trilogy*, de 1980.

* * *

Frank passou grande parte do mês de março tocando no Sands, indo e vindo entre os luxos de Las Vegas e a cidade empresarial de Los Angeles. No dia 15, ele regeu a última sessão para *Tone Poems of Color*. No dia 21 à noite, de braços dados com Peggy Connelly, estava de volta ao Pantages Theater para a cerimônia da 28ª edição do prêmio anual da Academia, com a clara lembrança dos 3,63 quilos da estatueta que tinha quase certeza de que iria ganhar de novo.

Não era para ser. Depois de apresentar o prêmio de melhor trilha sonora para Alfred Newman (por *Suplício de uma saudade*), Frank teve de se sentar e assistir, incrédulo, quando o Oscar de melhor ator foi para Ernest Borgnine, por *Marty*. Ele se sentiu arrasado. Tinha se comportado com Otto Preminger em *O homem do braço de ouro* como se comportara com Fred Zinnemann em *A um passo da eternidade*: ensaiara, aparecera às oito em ponto todas as manhãs, fizera todas as tomadas que pediram. Tinha sido a atuação de sua vida. Como podiam não reconhecer?

"Eu queria ir às festas que fizeram depois, mas saímos, entramos no carro e fomos para casa. Ele foi para o quarto, não acendeu a luz, só sentou na cama. Por fim resolvi entrar", contou Connelly.

> Me ajoelhei no chão e o abracei. É embaraçoso agora lembrar o que eu disse a ele: "É terrível. Mas Ernie Borgnine é gordo e feio — pense no que isso vai fazer pela carreira dele". Frank respondeu: "É, mas pense no que iria fazer pela *minha* carreira". "Você não precisa disso", eu disse. "Você é Frank Sinatra."[60]

Em abril, ele fez mais duas sessões para *Close to You*: no dia 5, gravou "The End of a Love Affair", "It Could Happen to You" e "With Every Breath I Take", bem como uma composição de Johnny Burke e Jimmy van Heusen chamada "There's a Flaw in My Flue".* A canção, que tem o vocal mais bonito do álbum, trazia versos como:

* Por qualquer que fosse a razão, "Flue" foi retirada na última hora. Além disso, como *Close to You* estava ultrapassando o limite de mais de 45 minutos de um LP, a Capitol deixou de lado outras duas canções, "Wait till You See Her" e "If It's the Last Thing I Do". As três faixas foram incluídas no CD *Close to You and More*, lançado em 1987.

*Now I try to remember and smoke gets in my nose.**

Existem algumas teorias tentando explicar por que Sinatra gravou essa paródia, em sua origem escrita por Johnny Burke e Jimmy van Heusen para um trecho de comédia num programa radiofônico de Bing Crosby na época da guerra. Em *Frank Sinatra: My Father*, Nancy Sinatra afirma que a canção era "uma brincadeira sobre os executivos da Capitol".[61] Quando o disco demo foi para os chefes, ela escreve, todos eles declararam que era "lindo!", e estavam prontos para lançá-lo na íntegra — até Frank, abanando a cabeça diante da burrice dos executivos, tirar a canção do álbum.

Bobagem, contesta Ed O'Brien, arquivista de Sinatra, que afirma que Frank "evidentemente via a canção como peça de comédia [...]. Era um trecho para divertir o público".[62] O'Brien, que fez uma longa entrevista com o ex-vice-presidente da Capitol Alan Livingston, diz que a gravadora "nunca pensou a sério" em incluir a música no álbum.

Pois é. Para Bing Crosby, figura muito mais tranquila do que Sinatra (e, além disso, engraçado sem precisar se esforçar), manter o cômico de "Flaw" seria moleza. O senso de humor de Frank era estranho e oscilante, em geral próximo demais do caldeirão fervente de sua raiva para ser reconfortante: suas piadas, no palco ou fora dele, costumavam lançar sombras ameaçadoras. Quando ele abria a boca para cantar, era coisa séria, mesmo que a música fosse engraçada. (Ao longo dos anos, quando cantava as paródias que de vez em quando Sammy Cahn escrevia para ele, sua elocução amiúde hesitante tinha uma maneira óbvia demais de assinalar a piada.) Quanto a "Flaw", será que suas motivações não se imiscuíram nela? Será que não pretendia divertir os colegas e, ao mesmo tempo, atiçar alguma ação judicial? Se é verdade que foi difícil vender para a Capitol a ideia de *Close to You*, que Frank apreciava a ponto de ameaçar sair se o álbum não fosse gravado, então "There's a Flaw in My Flue" pode ter sido a primeira saraivada no início de uma guerra entre o cantor e sua gravadora.

Na noite de 9 de abril, uma segunda-feira, Frank se reuniu no Estúdio A da Capitol com Riddle, uma orquestra de 27 músicos e um coro para mostrar sua di-

* Agora eu tento lembrar e fumaça entra em meu nariz. (N. T.)

versidade numa sessão produtiva — se não grandiosa — independente de *Close to You*. Sem o coro, ele gravou um bom blues, simples e direto, chamado "No One Ever Tells You" e uma balada bastante agradável de John DeVries e Joe Bushkin, "Something Wonderful Happens in Summer". Com os cantores, gravou dois compactos simples com canções encantadoras, embora parecidas demais com um rhythm and blues de brancos, "Five Hundred Guys" (ao qual dedicou catorze laboriosos takes) e "Hey! Jealous Lover", muito mais envolvente (com letra de Sammy Cahn e música de Kay Twomey e Bee Walker), que no outono viria a ocupar o sexto lugar na parada da *Billboard*.

Na noite seguinte, dia 10, terça-feira, no Auditório Municipal de Birmingham, no Alabama, vários membros de um grupo que se denominava Conselho de Cidadãos do Alabama do Norte (que logo mudaria de nome para Ku Klux Klan Original da Confederação) atacaram o palco enquanto Nat King Cole, amigo de Frank Sinatra e de Nelson Riddle (e frequente empregador deste), se apresentava para um público totalmente branco. Três homens investiram contra o palco enquanto Cole cantava "Little Girl", derrubando cantor e microfone antes que a polícia viesse dos bastidores e controlasse os agressores. Ao que parece, a intenção deles era sequestrar Cole, o qual, de maneira surpreendente, continuou o show e fez uma segunda apresentação — para um público totalmente negro.[63]

Tão logo Frank soube da notícia, ligou para Cole para consolá-lo da melhor maneira possível.

Sinatra era de gastar, tivesse dinheiro ou não — como um almirante bêbado, disse certa vez um de seus amigos.[64] Mas agora, com muito dinheiro entrando, Frank fez um levantamento de seus recursos e resolveu fazer uma grande mudança. Ele morava num apartamento alugado no prédio ajardinado do Wilshire com Beverly Glen desde os tempos da maré baixa; era um belo lugar, mas agora ele queria uma base de operações inteiramente sua em Los Angeles, adequada à sua alta posição, e não um imóvel de terceiros — queria construir do zero o mais autêntico lar de solteiro, segundo suas especificações. Encontrou o local perfeito, um terreno na Bowmont Drive, bem no alto de Hollywood Hills, logo a leste do Coldwater Canyon e com uma ampla vista, que parecia abranger toda a criação: o vale de San Fernando ao norte, a Cidade dos Anjos ao sul, o Pacífico a oeste. E encontrou o homem ideal para projetar a casa de seus sonhos: o grande arquiteto Paul Revere Williams (um afro-americano, coisa rara na época), que projetara dezenas de edifícios admiravelmente modernos em todo o sul da Califórnia, além das casas de muitos artistas de cinema.

Williams ouviu com atenção os desejos do novo cliente e logo voltou com um conjunto de esboços que Frank adorou. A casa seria pequena (dois dormitórios), mas com um traçado de elegante simplicidade, com linhas despojadas, cheia de grandes janelões, aparelhos e utensílios embutidos e uma decoração que então chamavam de oriental, com amplas áreas de madeira de lei e paredes pintadas de laranja, sua cor favorita.

As obras no número 2666 da Bowmont Drive começaram no início da primavera, e a construção estava andando rápido, como costumavam ser as coisas com Sinatra. No dia 14 de abril, um sábado, ele acordou cedo, animado, e foi até o terreno para ver o lançamento dos alicerces. Era uma manhã fria e garoenta; pairava no ar enevoado o cheiro auspicioso do cimento recém-despejado. Frank observou os operários durante algum tempo, com os olhos arregalados de prazer. Depois foi até a Columbia Pictures, para uma reunião com Harry Cohn, o presidente do estúdio. Sinatra estava escalado para estrelar no musical *Meus dois carinhos* na primavera de 1957, e havia vários assuntos a tratar.

O último filme que Frank fizera para a Columbia fora *A um passo da eternidade*, e desde então as coisas tinham mudado muito. Com a sorte em baixa, sua carreira no cinema e nos discos parada, Sinatra fora até Harry Cohn de chapéu na mão e praticamente implorara o papel de Angelo Maggio. Dessa vez, aquela maré baixa estava longe no passado. Ele podia entrar no escritório de Cohn com elegância e desenvoltura, um firme aperto de mãos, um sorriso largo. Agora dispunha de poder para intimidar até Harry Cohn.

Os agentes e advogados já haviam elaborado o contrato de Sinatra para *Meus dois carinhos*, numa faixa muito distante dos 8 mil a 10 mil dólares que, ao que consta, teria recebido por dez semanas de trabalho em *A um passo da eternidade*. A Columbia nunca esteve entre os estúdios mais ricos, mas, com a participação da Essex Productions, de Frank, assumindo parte dos riscos, o estúdio pôde lhe oferecer um salário de 150 mil dólares por *Meus dois carinhos*, além de 25% da bilheteria[65] — o tipo de contrato que todos os artistas de Hollywood queriam, mas pouquíssimos podiam reivindicar. Frank entrou no escritório de Harry Cohn já com o contrato no bolso. O assunto que ele foi tratar com Cohn e seus subordinados não tinha a ver com dinheiro, e sim com o marketing do filme.

Meus dois carinhos era uma adaptação do musical de mesmo nome de Rodgers e Hart levado para a Broadway em 1940, que por sua vez já era uma adaptação de uma série de contos de John O'Hara publicados na *New Yorker*. O personagem principal era Joey Evans, um cantor de cabaré de segunda categoria (no musical original, era um dançarino) que sonha em abrir seu próprio clube noturno; a ação gira em torno de Joey e das duas mulheres que entram em sua vida: Vera, mulher da alta sociedade, com certa idade e capacidade de bancar financeiramente o sonho dele, e Linda, uma secretária jovem e ingênua. Para os dois papéis femininos, a Columbia contratara Rita Hayworth, que estava com 37 anos, mas ainda era muito atraente (e atraía bilheteria), e Kim Novak, então com 23, com quem Frank, à sua maneira, ainda estava envolvido.

"Combinamos as coisas", relembrou Sinatra,

> e então notei um ar de desconforto no rosto dos consultores de Cohn e do próprio Harry. Não gosto de gente amedrontada nem de me sentir eu mesmo amedrontado. Então perguntei: "Qual é o problema?". Todos ficaram com medo de falar. "Se é a ordem do elenco nos créditos", disse eu, "por mim tudo bem colocar Hayworth/Sinatra/Novak. Não me incomodo de ficar no meio desse sanduíche." Caramba, como ficaram aliviados![66]

Naquela noite, Frank foi jantar na 320 North Carolwood, com Nancy mãe e os filhos — Nancy Sandra, com quase dezesseis anos; Frank Jr., com doze; Tina, com sete. O jantar com a ex-esposa e os filhos era um ritual quase semanal para Sinatra quando estava na cidade, e "essas ocasiões tinham algo de 'acontecimento especial', como uma visita do papa", escreve George Jacobs, relatando a primeira vez que acompanhou o patrão a um desses jantares.

> O sr. S. era muito delicado e carinhoso com as crianças. Realmente amava-as e sempre chegava com brinquedos, presentes ou, quando cresceram, dinheiro. Mas, ao mesmo tempo, era uma situação incômoda, sobretudo a parte da despedida. As crianças nunca lhe pediam para ficar, mas suas expressões ansiosas transmitiam uma mensagem poderosa, e doía. Voltando para o apartamento, o sr. S. parecia triste. Falei que tinha gostado muito de sua família e a única coisa que ele disse foi: "Sei, sei". Ligava para eles todo dia, de onde quer que estivesse, às seis horas, logo antes do jantar, e era o melhor pai por telefone que já existiu no mundo.[67]

Embora Nancy mãe tivesse posto Frank para fora e trocado as fechaduras na primeira vez em que ele se permitiu ser visto em público com Ava Gardner (no começo de 1950), sua ex-casa, uma residência espraiada ao estilo de uma fazenda da Missão Espanhola situada num terreno de 10 mil metros quadrados em Beverly Hills, ainda trazia suas claras marcas. O esquema interno das cores era dominado pelo laranja-vivo e pelo preto, e a maioria das inúmeras fotos de família mostrava com orgulho o *pater familias*, como se ele nunca tivesse ido embora.[68]

O apartamento de Frank, por outro lado, era cheio de fotos dos filhos e nenhuma da mãe deles. Havia uma estranha assimetria na relação de Sinatra com Nancy Barbato Sinatra, a ex-esposa que, segundo escreve George Jacobs, "não parecia de forma nenhuma uma ex".[69] Havia algo muito Velho Mundo em torno da coisa. Ela chegou a ensinar meticulosamente Jacobs a preparar todos os pratos favoritos de Frank. Ele era o *padrone*, que fazia o que queria, ia e vinha a seu bel-prazer. Nancy mãe, por outro lado, nem mesmo saía com outro homem, apesar das ocasionais notícias cheias de excitação e curiosidade nas colunas de fofocas, e nunca voltou a se casar. "Eu me casei com um homem só por toda a vida, e por sorte minha foi seu pai",[70] diria mais tarde à filha caçula. Suas companhias mais constantes em meados dos anos 1950 eram Barbara Stanwyck, que também fora abandonada pelo ex-marido, Robert Taylor, por causa de Ava Gardner, e o belo ator latino Cesar Romero, homossexual enrustido. Depois que Frank partiu, foi como se ela tivesse entrado num claustro (até com imagens devotas dele em todas as paredes).

Só que…

Tina Sinatra, que quando pequena sempre tivera esperança de que o pai voltasse para casa, descobriu anos depois que ele "de fato voltava" para Nancy. "Esporadicamente, mas de forma muito romântica. Ele encorajava mamãe apenas o suficiente para que parecesse quase razoável esperar por ele."[71]

Il padrone.

Depois do jantar caseiro daquela noite, Frank deu um pulo até a casa de Hedda Hopper para uma entrevista de última hora: devia ir para a Espanha dali a três dias, para rodar *Orgulho e paixão*. Conversaram sobre a construção da casa nova e a reunião na Columbia. Ele chegou a contar à colunista sua tirada sobre o sanduíche com Hayworth e Novak. Os dois riram muito. Então Hopper passou direto para a pergunta inevitável: ele iria ver Ava na Espanha?

"Se eu encontrar Ava", disse-lhe Sinatra, fitando-a com seus olhos azuis impassíveis, "será em algum local público. Será algo de passagem: olá, como vai, até logo."

"Sem chance de reconciliação?"

"Teria de ocorrer uma mudança completa... Completa mesmo. Não creio que isso possa acontecer."[72]

Segundo um amigo, Frank escrevera a Ava perguntando se e quando ela pretendia pegar os papéis do divórcio. Poderiam conversar a respeito, respondeu Ava, quando ele fosse à Espanha.[73]

6.

Acho que enfim cheguei àquela fase da vida quando o trabalho vira uma questão de você sabe o quê, e, cara, não é aquilo.

Frank Sinatra em carta a Alec Wilder, abril de 1956

Frank Sinatra agora era um legítimo astro de cinema, e o pagamento confirmava o fato: para fazer *Orgulho e paixão*, épico histórico que seria rodado na Espanha durante a primavera e o verão de 1956, ele receberia 250 mil dólares, o equivalente a cerca de 2 milhões em 2015. O contrato refletia sua posição de destaque, estipulando que "nenhum outro artista receberá acomodações melhores do que as fornecidas a Sinatra; ele deve receber 10 mil dólares por semana com o acréscimo de 25 dólares por dia para gorjetas e eventualidades, além de liberação de um volume razoável de bagagem".[1]

Mas a fama, o dinheiro e os pré-requisitos não conseguiam ocultar um fato inalterável: não importava quão grandioso astro de cinema ele se tornasse, os filmes jamais lhe dariam o tipo de controle centralizado, quase fanático, que exercia sobre sua música.

Orgulho e paixão foi um empreendimento equivocado desde o começo; apesar do alto salário de Sinatra, ele participou do projeto só pela viagem. O épico de 4 milhões de dólares, produzido e dirigido por Stanley Kramer, era baseado no romance *The Gun*, de C. S. Forester, sobre a luta de camponeses combatentes espanhóis para montar um canhão gigantesco contra o Exército francês durante as Guerras Napoleônicas. O nome do romance já mostra a raiz dos problemas do filme: a arma era o elemento central do enredo, ao lado do qual praticamente sumiam as ações dos três atores, Sinatra, Cary Grant e Sophia Loren, esta com 21 anos e em seu primeiro filme americano. O nome bobo do filme, *Orgulho e paixão* — só faltava vir acompanhado pelo dedilhar de um violão cigano —, era mero remendo, uma tentativa desbotada de conferir interesse humano a uma narrativa essencialmente apática.

Frank, leitor atento e inteligente e fino estudioso de letras de música, entendeu isso na hora em que leu o roteiro. Como Miguel, líder dos rebeldes, ele teria muita ação: comandaria peões, pularia dentro de rios, bateria de frente com o personagem de Grant, o enfadonho comandante da Marinha britânica chamado Trumbull. Miguel e Trumbull disputavam o amor do personagem de Loren, a sensual camponesa Juana. Mas sempre, sempre, na frente e no centro de quase todas as cenas, lá estava o canhão gigantesco, que precisava ser arrastado por vales e montanhas a fim de cercar os franceses na cidade fortificada de Ávila. Sinatra tinha sua típica confiança na capacidade de interpretar um guerrilheiro espanhol: contratou um violonista espanhol (que no fim era argentino) para praticar os diálogos, dizendo de maneira um tanto enigmática: "Quero fazer esse papel como um espanhol tentando falar inglês e não como um americano tentando falar como um espanhol tentando falar inglês".[2]

Ele *podia* fazer o papel; mas queria? Desde o começo, sua participação no filme foi uma questão de orgulho sem paixão. E pior. SINATRA TEME VIAGEM À ESPANHA PARA FILMAR, dizia o título da coluna de Louella Parsons em 22 de abril. "Apenas os amigos mais íntimos de Frank Sinatra sabem que ele telegrafou para Stanley Kramer, tentando sair de *Orgulho e paixão* na Espanha", escreveu Parsons. Mas ela interpretou a relutância de Frank como algo totalmente independente do filme em si. Achava que "ele teme um encontro com Ava Gardner, que mora lá".[3]

Num ponto ela tinha razão. Ao ir para a Espanha, Frank rumava para um território emocional altamente minado, para não dizer incendiário. Sua companheira de viagem (além de Jimmy van Heusen) era Peggy Connelly. Mas, como os jornais vinham se comprazendo durante meses em ressaltar, a Espanha também era o lar de sua esposa não totalmente ex. Apesar das declarações de ambos,

Frank e Ava, a amigos, colunistas e repórteres, os sentimentos entre eles continuavam voláteis e não resolvidos. Conversavam ao telefone todas as semanas, às vezes todos os dias; continuaram a manter contato próximo, enquanto iam e vinham outros amantes, até o final da vida de Gardner.[4]

Ava se apaixonara pela Espanha cerca de dois anos antes, quando estava rompendo com Frank, "toda a autenticidade e paixão visceral [espanhola] aparecendo diante dela como a antítese do artificialismo de Hollywood", conforme escreve seu biógrafo Lee Server. "A Espanha de seus sonhos passava por cima dos medos e traições de uma terra sob o jugo dos fascistas franquistas, mas era muito real para sua imaginação."[5]

E a imaginação dela era vigorosa. "A Espanha era tão pura naqueles dias, tão dramática, tão histórica — e tão danada de barata de se viver que quase nem dava para acreditar", escreveu Gardner em suas memórias.

> Mas minha decisão não se resumia a dólares e sentimentos. Eu me apaixonei pelo castelhano clássico — quando se ouve a língua e se consegue entendê-la, é tão pura e musical que é um deleite para os sentidos. E eu me senti emocionalmente próxima da Espanha — quem saberá de fato por quê? —, e o povo espanhol retribuiu na mesma moeda, aceitando-me sem discutir. O que não deve ter sido fácil para eles. Afinal, eu representava tudo o que eles desaprovavam: era mulher, vivia sozinha, era divorciada, não católica e atriz.[6]

Com sua usual criatividade, Ava finalizou o divórcio, que ainda estava incompleto quando se mudou para a Espanha. E ela também não estava sozinha. Enquanto rodava um filme no país logo depois de *Mogambo*, seu Waterloo conjugal com Sinatra, ela se apaixonara pelo grande toureiro Luis Miguel Dominguín, diabolicamente bonito e quatro anos mais novo que ela. Mas o relacionamento dos dois logo caiu vítima da impaciência e do tédio de Ava; na primavera de 1956, ela estava no intervalo entre dois romances, à solta, e perigosa.

Em algum nível — talvez mais do que estivesse disposta a admitir para si ou para qualquer outra pessoa —, Ava aguardava a chegada de Frank. Comprara uma casa nos arredores de Madri; também dirigia um conversível novo que Frank lhe enviara depois de ela lhe mencionar por acaso, num dos periódicos telefonemas entre ambos, que tinha destruído seu Mercedes quando ia às pressas para um compromisso.[7]

Sinatra, Van Heusen e Connelly chegaram a Madri em 18 de abril, bem no dia do casamento de Grace Kelly com o príncipe Rainier em Mônaco. Frank fora convidado para a cerimônia, mas não compareceu porque sabia que Ava estaria lá. O início da filmagem de *Orgulho e paixão* estava marcado para o dia 22 no município de El Escorial, numa região montanhosa a quase cinquenta quilômetros de Madri, e, depois de uma discussão acalorada com o pessoal de Stanley Kramer sobre a instalação de um sistema de som de alta-fidelidade em sua imensa suíte no hotel — instalaram o sistema —, Frank se entregou à atividade, de início agradável, de relaxar por uns dias e se ambientar. Num arranjo um pouco curioso, mas ao que tudo indica habitual, Van Heusen ficou na suíte de Sinatra e Connelly, num quarto no corredor adiante do de Frank e Peggy. Certa manhã, lembrou Connelly, "tínhamos acabado de acordar, estávamos debaixo das cobertas planejando o dia e Jimmy entrou e disse: 'Por favor, por favor, nada de sexo na minha presença'. Frank deu risada".[8]

Uma festa promovida por uma revista de cinema espanhola reuniu Frank com seus colegas de filme Cary Grant e Sophia Loren. Frank conhecia bem Grant do circuito das festas de Hollywood, mas era a primeira vez que encontrava a linda e voluptuosa Loren. Não houve nenhuma faísca. Frank sorriu apreciativo, mas ela era de uma tremenda timidez e seu inglês era péssimo. (E, verdade seja dita, se a atriz italiana tinha olhos para alguém, era para Grant, ainda muito magnético aos 52 anos.) Com Connelly ao lado, Sinatra controlou seus modos.

Era a calmaria antes da tempestade. Todo mundo parecia saber que Ava estava a poucos quilômetros dali e que ela e Frank "não se achavam em tal proximidade fazia quase dois anos", escreve Lee Server.

> Contudo, por mais tentador que fosse — por mais difícil que fosse —, Sinatra se manteve firme. No final, foi Ava quem telefonou, tratando-o da maneira mais casual que conseguiu, como se fosse uma ligadinha para um tio de passagem, lá de sua terra natal, embora talvez de maneira um pouco menos respeitosa.[9]

Segundo Richard Condon, que depois se tornaria romancista e autor de *The Manchurian Candidate*, mas que então trabalhava como jornalista autônomo em *Orgulho e paixão*, ele se encontrava com mais algumas pessoas na suíte de Frank no hotel quando este atendeu a ligação de Ava.

"Seu idiota desgraçado", ela berrou tão alto que todo mundo na sala pôde ouvir. "Você está aqui sei lá há quantos dias e nem pra me ligar."

"Ando ocupado", disse Frank.

"O que está havendo?"

Peggy Connelly entrou na sala e ouviu a conversa do lado de Frank. Dali a alguns minutos, ele desligou.

"Era Ava?"

"Era, sim."

"Você vai vê-la?"

"Talvez."

"Bom, não gosto nada da ideia. Não vim aqui para você poder ver Ava."

Frank olhou durante alguns segundos para ela e então disse com toda a calma que voltasse para o quarto, fizesse as malas e fosse embora. Semanas depois, ele lhe enviou um piano de cauda de 20 mil dólares e suplicou que voltasse.[10]

O piano de cauda foi a cereja do bolo. Connelly pode ter sido temporariamente despedida por insubordinação, mas, como notou Dorothy Kilgallen em sua coluna de 30 de maio, Frank pagou as despesas da estadia de Peggy em Paris e Londres, durante seu retorno aos Estados Unidos, e, quando ela chegou a Nova York, instalou-a num apartamento no Waldorf-Astoria e lhe providenciou "dois lugares bem na frente para todos os melhores shows da Broadway".[11]

Pouco antes de iniciar as dezesseis semanas de filmagem — período que veio a parecer uma sentença de prisão —, Sinatra sentou e escreveu uma carta para Alec Wilder[12] no Hotel Algonquin, datilografando em seu estilo característico em minúsculas e num tom de quem parecia estar com uma garrafa de Jack Daniel's ao lado.

Era uma carta queixosa, clara e sincera, num tom de autopiedade ("benzadeus, quatro meses e meio..."). Ele nunca tinha sido acusado de não cumprir suas obrigações, escreveu, mas agora entendia por que algumas pessoas furavam contratos. Era apenas sua "decência carcamana arraigada" que o estava impedindo de pegar um avião para casa — e não um avião qualquer, mas um voo noturno da TWA, numa cabine na primeira classe e com "um bom velho cordon-bleu" à mão.

"Sério", continuava, "acho que enfim cheguei àquela fase da vida quando o trabalho vira uma questão de você sabe o quê, e, cara, não é aquilo."

A lápis, ele assinou: "Frank".

Há uma lacuna estranha nessa carta mais ou menos longa: não fica claro *qual* é o drama de Sinatra. Ele sabia muito bem, quando assinou o contrato de *Orgulho e paixão*, que o cronograma da filmagem exigia dezesseis semanas (e não quatro meses e meio) de trabalho na locação; agora se comportava como se lhe tivessem impingido isso, coitadinho, como aquela surpresa das duas câmeras em *Carrossel*. O ar de bonzinho ao dizer que é apenas seu senso inato (e italiano) de decência que o impede de se entregar às delícias de uma cabine na primeira classe de um avião da TWA é decididamente descabido, dissonante como uma nota errada num arranjo de Riddle. A gente fica imaginando o que Wilder terá pensado.

Por outro lado, a percepção de que seu trabalho devia ser uma questão de amor é carregada de autenticidade. Era um princípio que lhe servia muito bem quando ele o seguia, coisa que continuaria a fazer apenas de maneira intermitente. Só era feliz de verdade quando cantava — e não quando apenas cantava, mas quando cantava bem. Porém, desde o dia em que foi para a Espanha, passaria quase quatro meses sem pisar num palco e quase seis meses sem entrar num estúdio de gravação: fatores que podem ter contribuído para uma crise vocal que o acometeria no final daquele ano.

Ele sofreu muito com o filme espanhol e, portanto, todo mundo ao seu redor sofreu também. Alguns perceberam em Frank uma boa disposição de espírito no começo da filmagem, mas, como escreveu seu biógrafo Arnold Shaw, "não demorou muito para ele ficar inquieto e impaciente. 'É uma coisa que não consigo evitar', disse Frank certa vez ao diretor Vincente Minnelli. 'Não posso parar. Ninguém parece capaz de me ajudar — médicos, ninguém. Tenho de me mexer'".

"Dezesseis semanas!", exclamou para Kramer um dia. "Não consigo ficar dezesseis semanas num lugar só. Vou me matar."[13] E: "Vamos botar o circo na estrada. Esquecer os ensaios. Só as câmeras rodando".[14]

Ele estava numa agitação só. Bernard "Beans" Ponedel, o maquiador de Frank, relembrou: "Ele vivia gritando para Kramer: 'Não me diga. Sugira. Não me diga. Sugira'".[15] Ficamos nos perguntando se Fred Zinnemann e Otto Preminger simplesmente adivinhavam o que precisavam sugerir ou se Sinatra permitia que dissessem, por respeitá-los mais.

"Quando Sinatra entra numa sala, traz junto a tensão", disse Stanley Kramer mais tarde.

> Você nem sempre sabe por quê, mas, se ele está tenso, a tensão se espalha. Quando estávamos filmando na Espanha, ele estava impaciente [...]. Não queria ensaiar. Não queria ficar esperando enquanto montavam as cenas de multidão. Queria fazer todo o trabalho de uma vez só. Estava muito insatisfeito. Não conseguia aguentar, queria ir embora. Por fim, em nome da harmonia, rodamos todas as suas cenas uma após a outra e ele logo foi embora. O resto do elenco concordou por causa da tensão, que era horrível.[16]

Kramer dá a impressão de que a impaciência de Sinatra era alguma misteriosa força natural — o que, em grande medida, de fato era. O que Frank estava pondo para fora era o choque de personalidade entre ele mesmo e seu destino, o líder de matilha teimoso e obstinado. Sem falar da absoluta porcaria que era *Orgulho e paixão*, o que ficaria ainda mais evidente quando a mastodôntica produção, com sua equipe de quatrocentas pessoas e 9400 figurantes, veio a público.

Décadas mais tarde, o épico grandioso, rodado em VistaVision e Technicolor, não presta como espetáculo; não tem sequer valor nostálgico. Há muitas tomadas do canhão sendo arrastado pela paisagem maravilhosa de El Escorial, enquanto a trilha sonora bombástica de George Antheil martela e amplifica variações da "Marselhesa" e de "Rule, Britannia!". O alívio cômico é zero e não há nenhum desenvolvimento de personagem. O sublime Cary Grant tem de ficar parado, rígido e com ar enfastiado, enquanto Sinatra, usando a peruca mais absurda até aquela data — e ainda por cima com franja —, faz um diálogo horrível em inglês com um sotaque espanhol macarrônico: "*Chu vould like to see thees gun*?" [Quier mirar eza arma?] e "*Citizens of Delgado, I speet in your face*" [Cidadóns de Delgado, jo cospo na vostra cara]. "Não por acaso", escreve Tom Santopietro, "Frank Sinatra não tentou mudar mais sua dicção até outro filme tão equivocado quanto esse, *O mais bandido dos bandidos*, treze anos depois."[17]

A única coisa interessante na interpretação de Frank — além do azul impressionante dos seus olhos em Technicolor — é um ar insolente de moleque de rua que não aparece em seus outros filmes, e de certa forma parece ter uma ligação autêntica com a vida (e com seu relacionamento com Stanley Kramer). Tirando isso, essa mixórdia horrorosa e absolutamente insípida foi um enorme desperdício dos talentos de Cary Grant e Frank Sinatra. Sophia Loren, inacreditavelmente empetecada — como se o exército camponês tivesse cabeleireiros e maquiadores em suas fileiras —, pelo menos teve de dançar um flamenco sensual.

Enquanto Stanley Kramer e as 10 mil pessoas entre elenco e equipe viviam em barracas em El Escorial, Sinatra fazia todos os dias o longo trajeto empoeirado até a locação num Mercedes com chofer, levantando uma nuvem ao passar, ruminando sobre o trabalho absurdo que estava fazendo e sobre Ava, que sempre o atormentara, mas que agora o atormentava de perto. Ele se absteve de vê-la pelo máximo de tempo que conseguiu, mas por fim saíram para jantar juntos, com dois sujeitos, Richard Condon e Otto Preminger, que estava de visita (cuja presença deve ter lembrado amargamente a Frank o que era fazer um filme de verdade).

"Frank e Ava passaram o jantar sem falar conosco — nem sequer uma palavra", lembrou Condon. "Ficaram de mãos dadas a noite inteira, um fitando o outro com enlevo, e depois do último prato levantaram-se e saíram da sala, deixando-nos, a Otto e a mim, em nossa mútua companhia."[18]

Lee Server dá outra versão: "Depois do jantar, despediram-se de maneira educada", escreve ele.

> Mais tarde, naquela noite, Frank tinha voltado à sua suíte e, enquanto vários amigos e convidados estavam por ali tomando um último trago, ele ligou para ela. Estavam conversando e aí ele começou a cantar com suavidade ao telefone, uma música depois da outra, um concerto inteiro em *sotto voce*. Vinte minutos depois, os presentes viram Ava Gardner passar pela porta da suíte e então ela e Frank desapareceram. Ela estava com um casaco de arminho por cima do penhoar.
>
> Foi coisa de uma noite só, não uma reconciliação.[19]

Mas Server talvez esteja juntando o episódio de Condon com outra ocorrência. O encontro de Frank e Ava parece não ter sido apenas de uma única noite. Voltando à Espanha após algumas semanas de um luxuoso exílio, Peggy Connelly entrou na suíte do Castellana Hilton e logo percebeu que chegara num momento inoportuno. "A primeira coisa que vi foi a cama desarrumada e a bagunça no quarto, e percebi que andara se passando alguma coisa", lembrou. "Então, de relance, vi Ava pela porta da sala. Era evidente que ela tinha passado a noite lá."[20]

Movida pela pura ousadia da juventude, Connelly entrou, em vez de sair. A moça de 24 anos queria impor sua presença, bem como avaliar sua rival de 33: "Entrei porque havia ali muita correspondência de casa para mim, que tinha se acumulado, e eu queria pegá-la", contou. "Eu não precisava entrar, mas quis, só por teimosia. Eu disse: 'Desculpe, deve ser uma situação muito difícil'; Ava me olhou de cenho franzido e não disse nada. Só peguei minha correspondência e saí."

Do hotel, ela foi até a locação para encontrar e almoçar com Sinatra. "Ele não podia estar mais calmo", relembrou. "Um beijo, e então me disse: 'Como estavam as coisas no hotel?', uma pergunta sem nenhum sentido, a menos que houvesse algo de errado no hotel. Respondi, com a mesma calma: 'Cheio'. E ele disse: 'Oh, ela ainda estava lá?'. Não houve nenhum drama."

E Connelly prosseguiu: "Eu concordava com as pessoas — julgava-a tremendamente linda". Ela percebia a paixão não correspondida de Frank pela segunda esposa? "Às vezes. Não me ressentia, mas lamentava. Ele nunca deixou evidente; ficava apenas no ar. Mas o fato de que guardava o perfume dela — era um perfume maravilhoso, Jungle Gardenia; não era caro, mas muito exótico..." Sua voz se apagou: "Usei-o nos anos posteriores", disse.

No final de junho — mesmo com visitas em paralelo ao Prado, para ver os grandes quadros de Goya e Velázquez, que o fascinavam —, Frank estava farto da Espanha. Em 1º de julho, informou a Kramer que iria embora no dia 25, três semanas antes das dezesseis do contrato. "Faça chuva ou faça sol, na quinta-feira vou embora",[21] disse ao diretor.* Kramer lhe disse que precisaria dele pelo menos até 1º de agosto. Frank respondeu que lhe daria mais três dias, até 28 de julho. Seguiu-se uma enxurrada de telegramas transatlânticos entre o escritório da produção e agentes e advogados nos Estados Unidos. Não se chegando a um acordo, Frank foi embora no dia 28, desafiando Stanley Kramer e a United Artists a suspendê-lo — e trazendo grande alívio para o elenco e a equipe. Com tantas cenas ainda por rodar, os cineastas ficaram de mãos atadas. As cenas restantes de Sinatra foram rodadas meses depois nos estúdios da Universal em Hollywood, "com palmeiras em vasos",[22] como disse Kramer, criando um efeito visivelmente artificial que pouco prejudicou um filme que já era ruim demais para conseguir ficar pior.

Em 5 de maio, enquanto Frank estava na Espanha, um novo single alcançou o primeiro lugar na lista dos mais vendidos da *Billboard*, suplantando "The Poor People of Paris", a música ambiente alegre e fácil de assobiar de Les Baxter and His Orchestra. O novo sucesso era "Heartbreak Hotel", música decididamente

* A citação é de Kramer; o dia 25 daquele mês caiu numa quarta-feira.

não ambiente de Elvis Presley, que fora lançado em janeiro e logo chegou a 1 milhão de discos vendidos. Presley tinha apresentado a canção em rede nacional de televisão em fevereiro, acompanhado, vejam só, pela Tommy and Jimmy Dorsey Orchestra.

A versão televisiva de "Heartbreak Hotel" era uma síntese bastante respeitável da música de *big band* dos irmãos Dorsey, que soava cada vez mais antiquada, e do *rockabilly* com tintas de rhythm and blues de Elvis, totalmente inédito; mesmo assim, era difícil evitar a sensação de que tinham dado um trato no cantor, para agradar ao gosto do consumidor adulto. Mas o compacto em si, que fora gravado num corredor cheio de ecos na RCA em Nashville e de início desagradou profundamente aos executivos da RCA, bem como a quase todo mundo que o ouviu, exceto ao próprio Presley, tinha uma presença etérea que expressava com vigor o interior americano pulsante e anunciava as mudanças que vinham pela frente. Era uma gravação de enorme carisma, que atravessou o Atlântico e chegou ao adolescente de quinze anos chamado John Lennon, o qual, como a BBC não tocava rock 'n' roll em 1954, o ouviu na Radio Luxembourg. Lennon comentou mais tarde:

> Quando ouvi "Heartbreak Hotel" pela primeira vez, quase nem consegui entender o que se dizia. Foi a pura experiência de ouvir e ficar com os pelos arrepiados. Nunca tínhamos ouvido vozes americanas cantando daquela maneira. Sempre cantavam como Sinatra ou enunciavam muito bem as palavras. De repente, tem esse caipira soluçando na fita cheia de ecos e toda essa coisa meio blues. E a gente não sabia o que Elvis estava cantando [...]. Demorou muito até entendermos. Para nós, era só um som que era genial.[23]

George Harrison, então com treze anos, e Keith Richards, com doze, tiveram a mesma experiência, na mesma época. Frank não sabia disso na época, mas "Heartbreak Hotel" também iria mudar sua vida.[24]

"Frank Sinatra foi escalado para cantar a música da campanha de 1956 do partido na convenção nacional dos democratas", dizia um jornal satírico no começo de agosto. "Mas, até onde sabemos, os republicanos não pensam em retaliar com Elvis Presley."[25]

Satírica ou não, a história era verdadeira: Frank fora mesmo escolhido para cantar "The Democratic March" (ao som de "The Yellow Rose of Texas")[26] na convenção, que se realizaria em meados de agosto no Anfiteatro Internacional em Chicago. Ainda mais impressionante, o partido lhe pedira para abrir o evento com o hino nacional, "The Star-Spangled Banner" — decisão que despertou divertimento, incredulidade e consternação entre alguns editorialistas nacionais, em especial Westbrook Pegler, velho inimigo de Sinatra.

Pegler, o primeiro colunista a ganhar um Pulitzer (em 1941, por expor a corrupção nos sindicatos de Hollywood) e um dos jornalistas mais desagradáveis que jamais existiram, tinha sido um raivoso anti-New Deal e anti-Frank Delano Roosevelt nos anos 1930 e 1940; depois da Segunda Guerra Mundial, suas posições políticas de direita se acentuaram ainda mais. No final dos anos 1940, na esteira da visita de Sinatra à reunião da cúpula da Máfia em Havana, Pegler montou uma vigorosa campanha na imprensa contra o cantor, declarando-o amigo do crime organizado, simpatizante dos comunistas e, além do mais, adúltero.

Nos anos seguintes, o colunista voltou a desancar outros velhos inimigos (judeus, negros, o Partido Democrata, os sindicatos), mas o comparecimento previsto de Sinatra na convenção de 1956 lhe trouxe nova inspiração. Em 14 de agosto, Pegler dedicou a Frank todo o espaço de sua coluna distribuída para jornais, revirando alegremente coisas do fundo do baú:

> Sinatra [...] tem ficha policial com duas condenações por porte ilegal de arma, uma ocorrência antiga em Jersey por um erro que Dickens chamava de "indiscrição amigável", uma agressão e montes de envelopes nos arquivos mortos dos jornais sobre ele correndo atrás de Ava Gardner enquanto a esposa e os filhinhos enlanguesciam em Hollywood, depois as bodas com aquela gostosura e por fim o inevitável divórcio.[27]

A coluna continuava, ao estilo sempre pitoresco e não especialmente coerente de Pegler, para montar uma acusação por associação, enfileirando uma série de figuras questionáveis que o colunista considerava ligadas, de longe ou de perto, a Sinatra: desde o padrinho de Frank de Nova Jersey, o finado mafioso Willie Moretti, que supostamente livrara o cantor da "condenação de Jersey", ao possível candidato dos democratas à vice-presidência, o senador Estes Kefauver, do Tennessee, "que se qualificou como estadista de majestosa estatura recrutando para seus serviços políticos um velho amigo de Sinatra e da turma de Moretti, o sinistro Frank Costello". Pegler se referia ao depoimento televisionado do mafioso de Nova York no Senado, perante a Comissão Especial sobre Crime Organizado no Comércio Interestadual, presidida por Kefauver, em 1951, que prendera a atenção de todo o país: ao contrário dos outros gângsteres que compareceram diante da comissão, Costello não permitira que a câmera mostrasse seu rosto; os telespectadores viram apenas a tomada de suas mãos se retorcendo, enquanto, com voz rouca, ele invocava sem parar a Quinta Emenda. As audiências de Kefauver não só geraram uma disparada na venda de aparelhos de TV como também ofereceram aos Estados Unidos uma cartilha do crime organizado.

E havia também Jimmy Tarantino, que parecia ter despertado a implicância de Pegler devido ao sobrenome terminado em vogal — um ladrãozinho e chantagista que, no começo dos anos 1950, conseguira persuadir Sinatra a ajudar a bancar o jornaleco de escândalos *Hollywood Nite Life* (precursor da *Confidential*). Frank logo dispensara Tarantino pelo malandro que era. Mas, para Westbrook Pegler, Jimmy era uma dádiva que continuava a render.

Depois de se estender em diatribes paralelas sobre Harry Truman e Eleanor Roosevelt, que fariam os principais discursos na convenção, o colunista pareceu lembrar que estava escrevendo sobre Sinatra e retomou sua questão, que parecia ter algo a ver com a grave divisão entre norte e sul no Partido Democrata sobre o tema dos direitos civis. O bloco do norte, na opinião do colunista, estava "criticando o grupo do sul como gentalha ignorante e sub-humana na briga sobre a 'integração' e pondo Sinatra para contestar suas noções primitivas de matrimônio e boa conduta".[28]

Na verdade, claro, era Pegler que estava criticando a maioria do norte, que ele odiava, por seu apoio aos direitos civis, que ele abominava, e à integração, que ele detestava e menosprezava (junto com grande parte do país). Se pudesse contribuir com sua minidiatribe para uma arenga mais ampla contra Frank Sinatra, e de quebra conseguisse meter no mesmo saco os sindicatos, Truman e a sra. Roosevelt, tanto melhor.

Em 13 de agosto, aconteceu alguma coisa na tribuna do orador no Anfiteatro Internacional, pouco depois que Frank cantou "The Democratic March": segundo o relato de Bill Davidson numa reportagem de capa sobre o artista num número de 1957 da revista *Look*, Sinatra acabava de se afastar do microfone quando o presidente da Câmara dos Representantes, Sam Rayburn, de 74 anos, pôs amigavelmente a mão no ombro dele e disse: "Você não vai cantar 'The Yellow Rose of Texas'?". E Sinatra respondeu ao venerando senhor, mentor de Lyndon Johnson e um dos legisladores mais respeitados a pisar no Congresso dos Estados Unidos: "Tire a mão daí, seu nojento".[29]

A história é deliciosamente pavorosa; e também, ao que parece, falsa. Sam Rayburn chegou a enviar um telegrama de apoio a Frank quando o cantor negou o episódio (e entrou com uma ação por difamação contra a *Look*, por mais de 2 milhões de dólares).[30] O que pode ser verdade é que Sinatra tenha feito um comentário tão grosseiro quanto aquele na convenção para *outro* alto parlamentar, o senador Theodore Green, de Rhode Island.[31]

É verdade que Frank não tolerava ser tocado por desconhecidos. "Em bares ou clubes noturnos onde cantava, as pessoas diziam por simpatia 'Tome uma bebida' ou algo assim, e tocavam em seu ombro", lembrou Peggy Connelly. "Ele ficava imóvel, olhava para aquela mão no braço ou no ombro e ficava encarando, sem se mexer, até tirarem a mão."[32] Também é verdade que, no clima altamente emocional que quase sempre cercava Sinatra, aconteciam várias coisas, depois vinham as versões, e as versões costumavam passar por lentes distorcidas, ricochetear em espelhos e virar em esquinas estranhas.

Eleanor Roosevelt, Harry Truman e Frank Sinatra não eram os únicos nomes ilustres na convenção de 1956. O senador John F. Kennedy, de Massachusetts, então com 39 anos, que era uma força política em ascensão e era considerado concorrente viável para a indicação para a vice-presidência, fora escolhido por Dore Schary, presidente da MGM, para apresentar e narrar um curta-metragem sobre a história do Partido Democrata. "Quando as luzes se acenderam após a projeção do filme", escreve o biógrafo David Nasaw, "Kennedy subiu escoltado à plataforma e foi ovacionado pelo público de pé."[33] "O senador John F. Kennedy, de Massachusetts", noticiou o *New York Times*, "apresentou-se à convenção à noite como um astro de cinema."[34]

Afora a energia e a visibilidade, os figurões da política estavam apreensivos sobre se o catolicismo de Kennedy iria afetar suas chances de indicação. Até o pai de JFK queria que o filho mantivesse distância do possível candidato à presidência, Adlai Stevenson, visto que a vitória de Dwight Eisenhower era tida como certa e Joe Kennedy detestava perder.

Stevenson não quis dar o nome de seu companheiro de chapa, deixando a decisão para ser votada pelo público presente na convenção. Depois que o candidato à presidência pediu que Jack Kennedy fizesse seu discurso de indicação, imaginou-se, como costumava ser a praxe, que Kennedy estaria oficialmente fora da disputa, mas mesmo assim ele não se retirou. A escolha passou por três votações apertadas, e Estes Kefauver foi escolhido para acompanhar Adlai Stevenson na dobradinha cuja derrota esmagadora em novembro já era prevista. De férias no sul da França, Joseph P. Kennedy ficou feliz da vida: o filho perdera a batalha, mas evitara a mancha de se associar ao perdedor Stevenson e se estabelecera como força a ser levada em conta.

Frank Sinatra estava com Jack e Bobby Kennedy e respectivas famílias quando Kefauver venceu a terceira rodada dos votos. Segundo Frank, no instante em que foi definida a chapa de 1956, Bobby Kennedy disse: "Tudo bem. É isso. Agora vamos trabalhar para a próxima",[35] referindo-se à eleição presidencial de 1960, e querendo dizer que não havia tempo a perder. Sinatra ficou impressionado.

De Chicago, Frank foi direto a Nova York para se apresentar por uma semana no Paramount com a Tommy and Jimmy Dorsey Orchestra. Entre uma apresentação e outra, Sinatra e a orquestra deixavam o palco, as cortinas se abriam e o público era presenteado com cenas de *Redenção de um covarde*.

No ano anterior, Frank tivera um encontro rápido e informal com seu ex-patrão na homenagem aos irmãos Dorsey, aparecendo ali e cantando algumas músicas antes de voltar ao palco do Copacabana. Mas nessa semana de agosto no Paramount o show ia ser de verdade, o primeiro de Sinatra com Tommy desde sua saída da orquestra, catorze anos antes, e os polos de poder tinham se invertido: o patrão agora era Frank. Ele aparecera com a ideia de contratar os Dorsey, e, embora os irmãos "ainda tivessem um quadro muito bem trabalhado em *The Jackie Gleason Show* toda semana, além de apresentações isoladas",[36] como escreve Richard Havers, fazia muito tempo que Sinatra deixara de fazer apresentações avulsas de uma única noite. Tommy Dorsey, prematuramente envelhecido aos cinquenta anos, tinha plena consciência de seu eclipse. Quando soube que Nelson Riddle, seu ex-terceiro trombonista, iria se juntar a Sinatra em Nova York para supervisionar os arranjos, ele, com altivez, disse a seu empresário, Tino Barzie: "Eu vou reger a orquestra. É minha orquestra".

Ao mesmo tempo, o encanecido *bandleader* sentia imenso orgulho de seus dois protegidos. Barzie recordou

> que, muitas vezes, quando estava na estrada com Dorsey em seu Cadillac, Tommy girava o botão do rádio, ansioso por ouvir as gravações de seus ex-alunos Sinatra e Riddle de "It Happened in Monterey" ou "You Make Me Feel So Young", que então tocavam em todas as estações. Tommy dizia: "Ouça esse filho de mãe — o maior cantor da história! Ele sabe exatamente aonde ir e o que fazer".[37]

O empresário de Dorsey explicou as suscetibilidades de Tommy ao empresário de Sinatra, Hank Sanicola, e todas as partes chegaram a um acordo: Riddle, que afinal tinha pouco interesse em reger, chegaria a Nova York dois dias antes para o show da Paramount, para repassar as músicas com a orquestra de Dorsey.

Riddle ficou na casa de Dorsey, na área rural de Nova Jersey. Certa manhã logo cedo, Jane, a mulher de Dorsey, viu o arranjador sentado num tronco, atirando pedras no lago, e foi ter com ele. "Olhamos para a janela do quarto de Tommy", contou ela, "e Nelson me disse: 'Janie, você faz ideia do tanto que esse homem me ensinou?'." Ela respondeu que fazia ideia, sim. Riddle prosseguiu: "Ele me ensinou tudo o que sei. Cada nota que escrevo, aprendi com aquele homem lá em cima [...]. Hoje em dia o pessoal fica doido com meus arranjos, e eu só penso: Deus abençoe Tommy Dorsey. Se não fosse ele, eu nunca teria feito isso".[38]

No jantar à noite, "Tommy disse a Nelson: 'Realmente gosto das coisas que você tem feito com Frank'", escreve Peter Levinson, biógrafo de Dorsey.

> Então Nelson praticamente repetiu o que havia dito a Janie: "Vou lhe dizer a verdade — grande parte da habilidade e capacidade de fazer essas coisas veio do tempo em que estive com você", ao que Dorsey começou a chorar. Nelson correu para abraçá-lo [...].
>
> Deprimido, Dorsey exclamou: "Nelson, não quero que Frank venha para o ensaio e me dê ordens, ou diga qualquer calúnia sobre mim ou me envergonhe na frente de meus rapazes. Eu não conseguiria suportar". Nelson respondeu: "Ele não vai fazer isso. Não se preocupe, Tommy, ele não vai fazer isso".

Dorsey, que no auge da carreira tinha a fama de ser muito duro e exigente, capaz de arremessar os músicos para fora do ônibus da orquestra caso criassem problemas, sabia do que Sinatra era capaz. Durante seu contrato de três anos com a Tommy Dorsey Orchestra (1939-42), quando Frank passou de cantor rapazola a sensação nacional, seu ego cresceu na mesma proporção. "Se Tommy Dorsey se atrasasse para um ensaio", relembrou Sammy Cahn certa vez,

> Frank Sinatra atuava como substituto para reger a orquestra. Quando Dorsey chegava, Sinatra o encarava com um olhar de "Onde você estava, porra?". Dorsey se desculpava, dizendo que ficara preso com uma coisa ou outra, e Sinatra soltava alguma resposta estranha como "besteira".[39]

Então veio a queda de Frank. (Será que Dorsey se regozijou, secreta ou não tão secretamente?) A última apresentação de Sinatra na Paramount, em 1952, acontecera no ponto mais baixo de sua carreira. Frank tivera de falar ele mesmo com o gerente do teatro, Bob Weitman, e suplicar por duas semanas de palco. Em muitos shows, nem metade dos ingressos havia sido vendida, e os jornais declaravam que Frank era coisa do passado. O filme da época tinha sido o medíocre *Ao compasso da vida*.

O filme agora era o francamente péssimo *Redenção de um covarde*. "O ator sr. Sinatra podia dizer ao produtor, que vem a ser o sr. Sinatra, que ele precisa de um roteiro melhor e de uma direção melhor do que tem aqui", disse, desdenhoso, Bosley Crowther no *New York Times*. Mas não tinha importância: Frank em si era um estrondo. Depois da crítica negativa, Crowther prosseguiu:

> Apesar de tudo, ontem no Paramount foi como nos velhos tempos, o sr. Sinatra aparecendo em pessoa para entreter o público com canções e piadas no palco. A plateia lotada de fãs entusiasmados, que faziam lembrar claramente aqueles que se reuniam no Paramount nos anos 1940, quando o sr. Sinatra se apresentava muitas vezes como solista na orquestra de Tommy Dorsey, estava lá para aplaudi-lo. E o velho coro habitual de gritos e guinchos, sobretudo do público feminino, respondia a seus truques vocais.
>
> A fila do público se estendia da rua 43 Oeste até a Oitava Avenida e a norte até a rua 44, quando as portas do teatro se abriram às 9h50 da manhã. Algumas adolescentes carregavam cartazes proclamando "Amamos Frankie" e "Sinatra para presidente".[40]

Ali mesmo no centro, do outro lado, no Radio City Music Hall, *Alta sociedade* estava sendo um estouro de bilheteria. Parecia que, nesses dias, Frank simplesmente não perdia.

No entanto, aconteceu uma coisa estranha na terceira noite[41] das apresentações no Paramount, onde a abertura era feita por um jovem comediante chamado Joey Bishop.[42] Talvez fossem as mudanças constantes entre o ambiente com ar condicionado e o calor lá fora (fazia um calor absurdo em Chicago e Nova York naquele mês de agosto), talvez fossem as noites que avançavam madrugada adentro, talvez fosse o fato de estar fazendo quatro shows por dia, com 24 músicas cada, mas Frank ficou com uma laringite grave. Teriam a recente situação desagradável na Espanha e as travessuras com Ava alguma coisa a ver com isso? "A tensão emocional simplesmente o destruía", disse certa vez seu primeiro assessor de imprensa, o falecido George Evans. "Sempre dava para ver quando se sentia perturbado. Ficava com problemas na garganta. A causa nunca eram bactérias, a menos que existam bactérias de sentimento de culpa."[43]

Evans conhecera bem seu cliente, melhor do que quase todos os outros naqueles primeiros tempos. Mas enquanto Gardner, com suas cartas e ligações interurbanas a altas horas da noite, mantinha uma espécie de chama-piloto de agitação ardendo na vida dele, por que qualquer eventual sentimento de culpa que ele possa ter tido em relação a ela haveria de aflorar no final do verão de 1956?

Outra hipótese: em Los Angeles, Humphrey Bogart, ídolo e grande amigo de Sinatra, estava gravemente doente, com câncer no esôfago, o corpo devastado pela grande cirurgia que seus médicos haviam feito para tentar controlar a doença e pelas rodadas constantes de quimioterapia.[44] Betty Bacall, deprimida e aterrorizada, teria naturalmente recorrido aos amigos mais próximos naquele mês de agosto. Um dos mais chegados era Frank.

"A estreia de Frank Sinatra no Sands promete ser uma ocasião de gala", escreveu Louella Parsons, entusiasmada, em 12 de setembro. "Lauren Bacall, Kim Novak, o casal Leo Durocher, o casal Nelson Riddle, Jimmy van Heusen e o sr. e sra. William Goetz fizeram reservas."

Bill Goetz, produtor de cinema independente, e sua esposa, Edie, filha de Louis B. Mayer, o homem que despedira Sinatra da MGM, pertenciam à realeza de Hollywood e tinham ficado amigos próximos de Frank quando sua estrela voltou a brilhar. Ele deve ter ficado animado com a presença do casal na estreia. O mesmo se aplicava a Leo Durocher, o ex-gerente geral do Brooklyn Dodgers e do New York Giants, que conhecera Sinatra no bar de Toots Shor na rua 51; com Durocher, Frank podia ser ele mesmo.

E Kim Novak era a atual queridinha de seu harém, embora ele desse igual atenção a todas as suas integrantes. Sempre cavalheiro, Frank mandou um carro levar Novak a Las Vegas — ela se recusava a andar de avião —, mesmo planejando dar uma festa pelo aniversário de 32 anos de Bacall, no dia 16, domingo, no Sands. Naquela mesma semana, Frank telefonou três vezes para Peggy Connelly em Nova York e lhe enviou flores por sua estreia no *nightclub* The Blue Angel.[45] A notícia não tão satisfatória foi a que Ava deu a Parsons, avisando que ia passar o Natal com a família na Carolina do Norte e a seguir ia pegar os papéis de divórcio de Frank em Reno.[46]

Para manter seus demônios à distância, ele conservava uma agenda lotadíssima. Todo o resto do país podia ter parado no Dia do Trabalho, para depois voltar à vida normal, mas Sinatra, que passara o verão inteiro a toda a velocidade, continuou no mesmo ritmo. Agora iria contar aos telespectadores como tinha sido.

Edward R. Murrow tentara durante cerca de dois anos agarrar Frank para seu grande programa de entrevistas *Person to Person*, na CBS, e afinal conseguira. O primeiro programa da quarta temporada seria transmitido ao vivo em 14 de setembro, direto da casa de Sinatra no Coldwater Canyon, que ficara pronta pouco tempo antes, convertendo o local, durante quinze minutos, no lar de solteiro mais público do mundo. Seria uma oportunidade inédita para o país ver o grande cantor popular dos Estados Unidos em seu ambiente natural. "O pessoal de Hollywood a chamava de 'a Casa de Chá', por causa do grande sucesso da Broadway *A casa de chá do luar de agosto*", rememorou George Jacobs, o criado pessoal de Frank, "e aqueles que de fato sabiam o que se passava por lá a chamavam de Bordel do Luar de Agosto."[47]

"Quando seu proprietário está com espírito reflexivo", escreveu o repórter de TV Hal Humphrey sobre o lar de Frank, "ele tem a escolha de contemplar as águas azuis do Pacífico ou o vale de San Fernando banhado de sol. Num dia límpido, ele pode avistar Peggy Lee, que mora numa casa descendo a encosta."[48]

Peggy Lee também logo trilharia o caminho até a porta de Frank.[49]

Visto hoje, o programa *Person to Person*, em preto e branco (na época, apenas a NBC, filiada à RCA e a vários outros fabricantes de televisões em cores, transmitia programas em cores no horário nobre), é um clássico da década de 1950: seu ícone, Ed Murrow, muito descontraído, sentado numa poltrona confortável num estúdio de Nova York, com um dos Camels sem filtro que o matariam aos 57 anos entre o indicador e o dedo médio da mão esquerda, entoa a frase de abertura que é sua marca registrada: "Boa noite, sou Ed Murrow. O nome do programa é *Person to Person*. É todo ao vivo — nada gravado de antemão".

Antes que as entrevistas com celebridades se tornassem uma epidemia, *Person to Person* já era uma instituição nacional, e seu apresentador, que ganhava mais do que William S. Paley, o diretor da CBS, tinha uma influência sem igual. Murrow era imponente, um Rod Serling não judeu e não inventado antes de Rod Serling, de sobrancelhas grossas, voz grave, com uma autoridade quase absurda.[50] Cada frase sua parecia saída direto da Blitz de Londres (de onde Murrow transmitira enquanto as bombas caíam) ou de seu famoso confronto com o senador Joseph McCarthy, em 1954, no noticiário *See It Now*, da CBS.

Claro que Sinatra também era imponente, mas no programa de Murrow parece estranhamente diminuído. A televisão não era seu meio de comunicação. Depois da pomposa introdução do apresentador ("Frank Sinatra é... bom, Frank Sinatra. Em vinte anos, ele passou de Hoboken para Hollywood, com paradas intermediárias"), a câmera remota (com transmissão por micro-ondas até Nova York) capta Frank, dando com elegância um nó na gravata na frente do espelho do quarto e cantarolando uns compassos de "The Tender Trap", como um sujeito muito normal se preparando para um encontro. Interpreta um papel e a atitude é ansiosa e inconsequente. "Como vai, Ed? Bom te ver",[51] diz, com voz meio esganiçada.

"Bem", responde Murrow em seu barítono fúnebre. "Boa sorte em sua casa nova, aliás."

"Muito obrigado, e seja bem-vindo." Frank termina de dar o nó na gravata e se inclina sobre a cômoda, olhando a câmera com expectativa.

"Diga-me: você está em casa com tempo para se certificar de que há lugar para tudo e que tudo está no lugar?", pergunta Murrow, amável e simpático.

Frank sorri e encarna um Nathan Detroit: "Estou em casa com tempo para trocar de roupa, cumprimentar você e seu público maravilhoso, entrar no carro, ir até o aeroporto e voltar direto para o Sands em Las Vegas".

E então começa a volta pela casa. A câmera acompanha Sinatra do quarto para a sala, onde se destaca na parede uma grande fotografia autografada de Franklin D. Roosevelt (Murrow: "Você deve ter muito apreço por ela". Frank: "Tenho, sim, Ed"). Ao lado há três fotos emolduradas dos filhos; a câmera enfoca cada uma delas em sequência. Depois de perguntar sobre os dois Oscars lado a lado numa prateleira (um é por *A um passo da eternidade*, o outro é um prêmio especial pelo curta de 1945 sobre tolerância, *The House I Live In*), Murrow diz: "Bom, Frank, pelo que entendo, a noite em que você ganhou o Oscar por *A um passo* foi o ponto alto de sua carreira profissional, não?".

É um momento interessante. Todas as entrevistas de *Person to Person*, ambientadas na casa de celebridades enquanto Murrow está em seu estúdio de Nova York, eram cuidadosamente ensaiadas de antemão, desde as câmeras e a iluminação até os temas abordados, mas, mesmo que os programas seguissem o roteiro — há algumas controvérsias a respeito —,[52] Frank parece pego de surpresa nesse momento. Com desconforto visível, ele tenta se acomodar na ponta de um sofá e pisca várias vezes. Está aturdido e, sob o rosto muito controlado, talvez aborrecido. Seria capaz de dar um soco em qualquer outro que trouxesse o assunto à tona. Por mais maravilhoso que tivesse sido ganhar o Oscar de melhor ator coadjuvante, a ferida de ter ficado para trás com *O homem do braço de ouro* ainda estava aberta.

"Bom, é um dos pontos altos", ele responde. "Hum, Ed, houve vários outros também. Por exemplo, *Braço de ouro* — quando fiz *O homem do braço de ouro*, creio que foi um dos verdadeiros pontos altos." Ele pestaneja rápido outra vez, tentando se recompor. "E, hum, uma das... foi uma das coisas difíceis de fazer, aliás, o papel de *A um passo da eternidade*, porque era a primeira vez que eu fazia uma coisa daquelas. E a outra das coisas mais difíceis que fiz foi cantar o Hino Nacional no Polo Grounds..."

Desconcertado por um instante, ele perde o fio, então reconduz a conversa para terreno seguro com uma anedota leve. Murrow acompanha a brincadeira por algum tempo, então franze aquelas sobrancelhas grossas e retoma com prazer quase sádico: "Bom, então, com *Braço de ouro* você obteve grande satisfação, mas não o grande prêmio, certo?".

E Frank se esquiva à estocada! "Plenamente certo", diz sorrindo. "Não, não conseguimos o prêmio por ele, mas você acaba de me lembrar: falando em prêmios, tenho algo para lhe mostrar."

Ele vai até o saguão de entrada, onde há uma grande caixa de presente, com um laço de fita, sobre uma mesa. A caixa é apenas um acessório por cima — Frank a ergue e aparece um troféu enorme e medonho, tendo no mínimo uns sessenta centímetros de altura, todo em degraus de bronze decorado com estatuetas. É um prêmio da Seção Al Jolson do B'nai B'rith de Los Angeles, e Frank irá recebê-lo no dia seguinte, numa cerimônia noturna no Cocoanut Grove, em Hollywood. Mas, misteriosamente, a coisa chegou ao número 2666 da Bowmont Drive, e assim ele pode exibi-lo em rede nacional. Murrow lhe pede que leia a inscrição.

Frank fica todo modesto ao erguer o monstruoso troféu. "Bom, diz... vamos ver se consigo erguer essa coisa... diz: 'O primeiro Prêmio em Memória de Al Jolson, o Showman da Era, Frank Sinatra, que por seus talentos e feitos melhor exemplifica a tradição do grande Al Jolson'. Eu realmente não devia ter lido", diz ele baixinho. "Outra pessoa devia estar fazendo isso."

Mas assim ele teve chance de dar a si mesmo um presente de reconhecimento perante milhões de telespectadores, como um lenitivo para a ferida do Oscar perdido.

Naquele domingo, Frank deu a festa de aniversário para Betty Bacall no Sands. Além de Kim Novak, os Durocher, os Riddle, os Goetz e Van Heusen, estavam presentes Cole Porter, os Niven, os Romanoff, Swifty Lazar e muitos outros. Uma foto tirada na ocasião mostra alguns dos citados na primeira fila do Copa Room (a principal sala de espetáculos do cassino, com o mesmo nome da boate de Nova York), junto com o sr. e sra. Jack Benny, George Burns e Gracie Allen, Louella Parsons e um certo cavalheiro de aparência juvenil, de óculos escuros — não Sam Giancana nem Joe Fischetti, mas, a julgar por sua proximidade do palco e sua visível vontade, ao contrário dos astros e estrelas a seu redor, de mais ocultar do que exibir sua identidade, pertencente à mesma laia. Ao contrário de quase todos os outros na sala, o homem não está olhando para Sinatra, mas encarando o fotógrafo, com uma expressão que se poderia dizer interessada.[53]

Sinatra encomendara um bolo de três andares para Bacall, com a inscrição "Feliz Aniversário, Protetora da Turma". Deu a ela e aos filhos um grande cavalo empalhado, apresentou-a ao público e cantou "Happy Birthday to You" no palco.[54]

Humphrey Bogart, porém, não estava presente. Tinha "decidido se retirar",[55] na expressão ambígua de Bacall, preferindo passar o fim de semana em seu amado veleiro, o *Santana*, com Stephen, o filho de sete anos. Segundo Bacall e um dos biógrafos de Bogart, o ator havia se recuperado um pouco e se sentia razoavelmente bem, em condições de ir à festa; ao mesmo tempo, deve ter percebido como sua presença iria distrair a atenção de todos. Tendo já uma constituição franzina, ele perdera treze quilos; como lembrava um garçom do Romanoff's, "seu pescoço tinha ficado tão fino que a pele pendia dos ossos".[56] Em vez de ir, ele telefonou para a esposa no Sands para lhe desejar feliz aniversário. "Eu não estava esperando e gritei de alegria e prazer", escreveu ela. "Devia ter ido com ele?, fiquei me perguntando. Eu estava fugindo da realidade até aquele telefonema — devia estar precisando do barulho, da extravagância e da loucura geral de Las Vegas, a sensação de não ter nenhuma responsabilidade, a sensação de estar vivendo a vida."[57]

Voltando para casa, Bacall encontrou o marido "um pouco nervoso e ressentido", como disse ela com cautela — compreensivelmente furioso parece mais provável. "Por fim, ele se acalmou o suficiente para me ouvir contar quem estava lá e o que tínhamos feito. Estava com certo ciúme de Frank", lembrou ela, tratando o assunto com delicadeza.

> Em parte porque ele sabia que eu adorava estar com Frank, em parte porque ele achava que Frank estava apaixonado por mim e em parte porque nossa vida física juntos, que sempre fora intensa, havia minguado bastante com sua doença. Mas ele também adorava Frank — gostava que ele sentisse que nosso lar era seu lar também. Conhecendo Bogie, desconfiei que ele estava começando a não se sentir tão bem quanto antes.[58]

Bogart, que poucas ilusões tinha sobre qualquer coisa, pode ter sentido que lhe restava pouco tempo. Também sabia que, por mais que ele e Frank se adorassem, a esposa dele tinha 32 anos, estava no auge da vida, e que Frank Sinatra vivia de acordo com suas próprias regras.

"Frank adorava Bogart", disse Peggy Connelly, "mas a mulher dele era [...] simplesmente outra coisa."[59]

Aniversário de 33 anos de Lauren Bacall, no Sands. Ela e seu falecido marido, Humphrey Bogart, tinham ocupado o centro do Rat Pack original, e foi Bacall quem deu o nome ao grupo.

A dramaturga e roteirista Ketti Frings, amiga íntima dos Bogart, foi mais precisa. "Todo mundo sabia de Betty e Frank", disse ela. "Esperávamos apenas que Bogie não descobrisse. Seria mais fatal do que o câncer."[60]

Voltando do Sands no começo de outubro, Frank tirou 40 mil dólares do bolso, com toda a tranquilidade, para bancar *The Dinah Shore Chevy Show* na NBC. Quase nem ensaiou, mas deu bom valor ao programa, interpretando doze canções, metade delas em dueto com a afável e charmosa apresentadora, a primeira mulher a ter seu próprio programa de variedades na TV (canção-tema: "See the USA in Your Chevrolet"). A crítica elogiou a parceria descontraída entre Frank e

Dinah, que decerto tinha algo a ver com o fato de que ela, embora casada com o ator George Montgomery, havia sido por muito tempo, entre vários vaivéns, amante de Sinatra.[61]

Dez dias depois, ele foi trabalhar em *Chorei por você*. Joe E. Lewis, velho companheiro de copo de Sinatra, havia sido um cantor e comediante bastante conhecido em Chicago nos anos 1920, quando se meteu numa encrenca com um assistente de Al Capone, Metralhadora Jack McGurn (nascido Vincenzo Antonio Gibaldi). McGurn encomendara a morte de Lewis, mas, embora os agressores lhe tivessem fraturado o crânio e cortado a garganta, Lewis havia sobrevivido; com as cordas vocais danificadas, tornara-se um comediante que cantava, em vez de um cantor que contava piadas. Amigo inseparável do álcool e apostador inveterado em corridas de cavalo, sua marca registrada era entrar com um copo de dose dupla no palco e brindar ao público com a frase "É hora da largada!". A cena do bêbado — se é que era uma cena — inspirou os similares de Dean Martin, Phil Harris e Foster Brooks.

Com o novo poderio de Sinatra em Hollywood — todos os seus filmes recentes, exceto *Redenção de um covarde*, tinham sido grandes sucessos de bilheteria —, ele pôde fechar um ótimo negócio com *Chorei por você*: comprou os direitos da biografia de Lewis quando ainda estava no prelo, contratou um diretor (Charles Vidor) e vendeu o pacote fechado para a Paramount, com ele mesmo no papel principal, por 400 mil dólares. Frank levou 125 mil no acordo, mais 25% dos lucros do filme.[62] (Também teve o poder de dar ao diretor de publicidade do estúdio uma lista de repórteres banidos. "Não quero nenhum desses desclassificados no set enquanto eu estiver por perto",[63] disse.)

Vidor foi uma escolha inteligente de Sinatra. Pouco tempo antes, o diretor tinha feito *Ama-me ou esquece-me*, outra cinebiografia musical ambientada na Chicago dos anos 1920, com Doris Day como a cantora Ruth Etting e James Cagney como o gângster que a amava. O filme ganhara um Oscar (pelo melhor roteiro original) e fora indicado em outras cinco categorias; Vidor sabia o que estava fazendo.

Os dois tiveram uma sintonia perfeita na primeira metade do filme, em preto e branco, com uma segurança soberba. Frank está plenamente convincente no papel de um cantor de boate simpático e despudorado, e canta que é uma maravilha, como maravilhosos são também os arranjos de Nelson Riddle, ao estilo dos anos 1920, para "At Sundown", "I Cried for You" e "If I Could

Be with You". O tema musical do filme é uma ótima criação de Cahn e Van Heusen, a melhor canção romântica (e no mínimo ambivalente) dos dois: "All the Way".

A atuação de Sinatra continua ótima depois que Lewis é terrivelmente machucado e se afunda trabalhando como palhaço burlesco mudo e chegando ao fundo do poço por causa do alcoolismo. Os problemas aparecem na segunda hora do filme, quando o personagem encontra uma nova carreira fazendo quadros cômicos, apaixona-se e perde uma dama da sociedade (Jeanne Crain), então se casa e perde uma corista, interpretada por Mitzi Gaynor. Os dois relacionamentos falham pela mesma razão — Joe bebe demais e não consegue estabelecer uma ligação — e nenhum dos dois é muito interessante.

Nem muito interessante, infelizmente, é Sinatra como o comediante Lewis. Para começar, em quadros cômicos, não é apenas o fato de ele não ser engraçado — é mortalmente sem graça. Ao longo dos anos, Frank tentou fazer piadas em suas apresentações em boates, e não dava certo porque não passavam disso: piadas. O humor, como bem sabe qualquer pessoa que já viu um jovem comediante nervoso estrear num quadro cômico de final de noite, baseia-se não só no material, mas no ritmo da coisa, que é um talento inato, e, tão importante quanto, na rápida definição de um personagem do qual a plateia gosta e quer dar risada. Sinatra não tinha esse timing cômico natural que seu amigo Dean Martin possuía em tamanha abundância (e que Frank tanto invejava); quanto ao personagem, o público sentia que já o conhecia bem: um cantor genial esquentado, com todos os músculos tensos. As piadas que ele fazia no palco de uma boate em geral tinham um leve (ou pesado) tom de raiva.

Isso vale em certa medida para o material que Frank usa como Joe E. Lewis em *Chorei por você*, mas o problema principal no tratamento é a reverência. Não se trata tanto de uma interpretação; é antes uma imitação ruim. Frank amava o sujeito — por seu humor grosseiro, ironizando a si mesmo, por seus grandes defeitos, até por seus ferimentos. Falando com o repórter de Hollywood Bob Thomas, logo antes de começar a produção do filme, Sinatra disse, entusiasmado:

> Vou cantar algumas das canções paródicas de Joe, com voz rouca nas notas agudas, como ele faz quando não consegue alcançá-las. Também vou montar uma série fixa de quadros cômicos e fiz um monte de pesquisas sobre eles. Observei várias vezes o trabalho de Joe no Copacabana quando eu estava em Nova York e peguei algumas

sequências de seus roteiristas que são de fato notáveis. E ando estudando um filme feito sobre o número dele em El Rancho Vegas.[64]

Lewis era um sujeito simples e beberrão, e seu personagem no palco era o de um pobre-diabo que simplesmente não conseguia se controlar. (O personagem era muito próximo da realidade: sendo um jogador compulsivo e imprudente, o comediante tinha grandes dívidas com os donos de El Rancho, e seu acordo de trabalho no cassino era uma espécie de servidão forçada.)[65] Lewis tinha um brilho malandro nos olhos; a plateia torcia por ele mesmo quando as piadas não tinham graça. Frank podia interpretar bem o beberrão, mas não podia ou não queria anular sua grande carga sexual: ao vê-lo tentar ser Lewis, é forte demais a impressão de que simplesmente não consegue. Ele é muito mais convincente (e engraçado) no começo do filme, quando interpreta uma versão melhor de si mesmo.

Em 1º de novembro, Sinatra enfim voltou à Capitol, para terminar o álbum com o Hollywood String Quartet, *Close to You*.

A canção-título foi a última a ser gravada naquela noite. A composição de Jerry Livingston, Carl Lampl e Al Hoffman, de 1943, era especialmente cara a Frank: tratava-se da primeira música que ele havia gravado para a Columbia Records (acompanhado pelos Bobby Tucker Singers e não por instrumentistas, por causa da greve da Federação Americana de Músicos, que se estendeu de 1942 a 1944). A "Close to You" de 1943 tinha sido um Sinatra clássico do tempo da guerra, jovem, suave, ardoroso, música que levava as adolescentes a êxtases de erotismo — e lembrava aos soldados longe de casa tudo o que estavam perdendo.

A "Close to You" de 1956 era menos ardente, mas claro que, na voz de um Frank de 41 anos, adquiria outras cores e outra profundidade. Com um escasso fundo instrumental, com seus toques de Debussy e Ravel, liderado pelo violino arrebatador de Felix Slatkin, a canção parecia simples, mas não era. Em vez do jovem e anelante Sinatra, ali estava aquele homem de meia-idade, com sua voz de meia-idade, dirigindo-se não à garota no outro lado do fonógrafo, mas à amante repleta de magia — Ava?; talvez sim, talvez não — que ele parecia não desistir de encontrar:

*You'll always be near, as though you were here by my side.**

* Você sempre estará perto, como se estivesse aqui a meu lado. (N. T.)

À diferença de *In the Wee Small Hours*, o álbum da mágoa amorosa recente, *Close to You* era suave, até esperançoso. Era uma interpretação bastante íntima, criada no único lugar onde Frank Sinatra era capaz de criar intimidade.

Uma semana depois — nesse meio-tempo, Dwight Eisenhower e Richard Nixon retornaram ao cargo —, Frank estava de volta à Capitol, numa disposição de ânimo muito diferente, gravando as primeiras faixas de um novo álbum, que pretendia aproveitar o sucesso retumbante de *Songs of Swingin' Lovers!*. O próprio Sinatra forneceu o título do novo LP, *A Swingin' Affair!*, em que reverberava o título do anterior, e se afastou a uma velocidade fulminante do mundo sereno de *Close to You*. O saxofonista Don Raffell descreveu a primeira sessão completa de gravação para o álbum, em 15 de novembro de 1956:

> Tínhamos ensaiado a música e ali estamos nós. As portas duplas da Capitol se abrem e aparece Sinatra. Está com um chapéu preto de faixa branca, terno preto, camisa preta, sapatos pretos, gravata branca — um gângster. Não diz nada a ninguém, entra na cabine de gravação e diz: "Vocês tiveram muito tempo para pegar o balanço da coisa. Não quero nenhuma distração ou ai de vocês!".
>
> Gravamos uma vez só cada coisa que tocamos. Uma só! E pronto. Era o que ele queria. Nenhuma falha, nada. Era uma mãe feroz![66]

Ele teria como evitar?

A Swingin' Affair! era ainda mais rápido do que *Swingin' Lovers!*, e mais uma vez os arranjos de Nelson Riddle foram magníficos. "Enquanto *Lovers* trazia várias peças mais lentas, como 'We'll Be Together Again', *Affair* consiste praticamente apenas em variações sobre 'I've Got You under My Skin'; crescendos e ritmos de bolero se multiplicam", escreve Will Friedwald. "Quase todas as faixas seguem direta ou indiretamente aquela partitura, começando devagar e aumentando aos poucos em dinâmica, rapidez e intensidade."[67]

Mais uma vez, o que Riddle tinha em mente era o sexo. "Em geral tento evitar um clímax no final da música", disse ele. "Melhor ir até dois terços do caminho e então ir diminuindo até um final de surpresa. Mais sutil. Realmente não gosto de terminar em marcação e ritmo acelerados."[68]

A faixa que abre *Affair*, "Night and Day", era, talvez, a exceção que confirmava a regra. A grande balada de Cole Porter era um marco fundamental para Sinatra: cantara a música como garçom na Rustic Cabin e a incluíra em sua primeira sessão de gravação como vocalista solo, em 1942. Como observa Friedwald, Frank tratou a música "em quase todos os andamentos e tons e em todas as fases de suas sete décadas de interpretação".[69]

Essa versão exuberante segue o mesmo ritmo de trote de "I've Got You under My Skin" de *Swingin' Lovers!*, e o arranjo presta uma homenagem direta àquela faixa clássica: o primeiro refrão segue um mesmo baixo repetido no fundo; chega a ter a ponte feita pelo trombone (dessa vez com Juan Tizol). Mas, à diferença de "Skin", que cede à regra de Riddle e termina de maneira terna, como um amante murmurando coisas carinhosas após o sexo, a "Night and Day" de *Affair* realmente termina em marcação e ritmo acelerados. Os gênios se contradizem.

Entre *A Swingin' Affair!* e as sessões para a trilha sonora de *Chorei por você*, Sinatra passou grande parte de novembro no estúdio de gravação, registrando nada menos que oito sessões no mês. A de 26 de novembro foi talvez a mais notável: além de "Night and Day" e outras duas canções ("The Lonesome Road" e "If I Had You"), Frank gravou pela primeira vez uma música que viria a se tornar um clássico para ele, "The Lady Is a Tramp", de Rodgers e Hart. (A canção, que teria um papel central em *Meus dois carinhos*, o filme seguinte de Frank, acabaria entrando no álbum da trilha sonora do filme, e não em *Affair*.)

"Tramp" tocava Frank de maneira profunda. Ele "parecia ter especial prazer em cantar aquela música", disse Nelson Riddle. "Sempre a cantava com certa lascívia. Saboreava-a. Deu umas mexidas espertas na letra, que assim ficava especialmente sua."[70] (Na verdade, foi uma mexida apenas, e se era esperta dependia do gosto do ouvinte pelos gracejos de Sammy Cahn — que vinha se tornando o favorito de Sinatra para letras especiais —, o qual talvez tenha sido o responsável pelos três versos modificados: "She'll have no crap games with sharpies and frauds/ And she won't go to Harlem in Lincolns or Fords/ And she won't dish the dirt with the rest of the broads".* É plausível supor que Lorenz Hart não precisava de outro artista dando pinceladas em sua tela.)

Teria a afinidade de Frank com a música algo a ver com Ava, em quem a letra parecia servir como uma luva? Outra inspiração pode ter sido Betty Bacall,

* Ela não vai se meter em baixarias com malandros e espertos/ E não irá ao Harlem em Lincolns ou Fords/ E não vai fazer fofoca com o resto das minas. (N. T.)

que também costumava não ter papas na língua e não suportava besteiras. Mas, na verdade, a dama da canção, aquela beldade de vida livre que não caía na lábia de ninguém e fazia só o que queria, não existia na vida real. Era um ideal — a bem da verdade, muito parecido com a imagem ideal que Frank tinha de si mesmo.

Sonhando com esse modelo ideal, Sinatra deu à canção uma interpretação amorosa, de cadência animada em andamento de suingue médio,* que começava com a introdução deliciosamente criativa de Bill Miller ao piano (improvisada e não escrita, mostrando que o grande tecladista, como em muitos outros casos, estava no mesmo nível musical do patrão). Então, abrindo-se como uma verdadeira caixa de joias, vem a partitura magnífica de Riddle, com suas sequências de cordas, sopros e metais (inclusive os enchimentos melodiosos e minimalistas do trompete de Harry "Sweets" Edison).

Na noite de 26 de novembro, Sinatra estava muito tranquilo e com voz magnífica, fato especialmente notável em vista da notícia que tivera pela manhã: Tommy Dorsey, que andara deprimido devido à saúde, às finanças, ao divórcio iminente e ao declínio das grandes orquestras no setor musical, e que vinha tomando barbitúricos para conseguir dormir, sufocara no próprio vômito e morrera na cama na noite anterior, em Greenwich, Connecticut.

É difícil saber quais foram os verdadeiros sentimentos de Frank em relação à morte do antigo patrão, seu mentor musical, o homem que ele outrora tentara imitar de todas as maneiras possíveis, desde o assombroso controle da respiração até o guarda-roupa fantástico e o pó que usava para clarear os dentes.

Em sua biografia de Dorsey, Peter Levinson afirma que Sinatra ficou tão transtornado ao saber da notícia que teve de abandonar o set de *Chorei por você* e foi passar o dia em casa.[71]** Mas Frank não compareceu ao funeral de Tommy no dia 29, em Nova York (se bem que sempre tivera aversão a funerais, que lhe davam medo), e se absteve de aparecer num tributo televisionado organizado por Jackie Gleason naquele domingo, com a alegação oficial de que estava com dores na nuca e nas costas, mas, ao que consta, tendo dito em particular: "Eu

* Que os puristas do jazz logo desprezariam como "ritmo comercial".

** Levinson faz confusão com o filme *Entre dois carinhos*.

não gostava dele. Seria inapropriado aparecer num evento de homenagem à sua memória".[72] (Bill Miller, mais tarde, aventou a possibilidade de que Frank se recusara a comparecer porque queria ele próprio produzir o show.)[73]

Eu não gostava dele. Mas Frank também idolatrara Dorsey. O *bandleader* genial, frio e dominador tinha despertado sentimentos ambíguos em quase todos os que se aproximavam dele, inclusive o próprio irmão. Mas também havia o seguinte: no mesmo dia do funeral de Tommy Dorsey, Frank assinou um contrato extraordinariamente rentável com a ABC para uma nova série na televisão, que começaria em 1957 e se estenderia por três temporadas. O contrato especificava 36 episódios de meia hora cada: uma mistura de variedades com minidramas, em alguns dos quais Sinatra apareceria e outros que ele apenas apresentaria. O cachê era de 3 milhões de dólares adiantados e 60% dos direitos de imagem. A rede de TV também comprou ações na empresa de cinema de Frank, a Kent Productions.[74] E o tributo de Jackie Gleason a Dorsey, que foi transmitido em 2 de dezembro em lugar de seu habitual programa de variedades, foi transmitido pela CBS.

Na noite de 13 de dezembro, um dia depois de seu aniversário de 41 anos, Frank foi à estreia do filme de Ingrid Bergman em seu retorno a Hollywood, *Anastácia, a princesa esquecida*. Em 1949, Bergman criara um escândalo internacional ao abandonar o marido, depois de ter uma filha com o diretor de cinema italiano Roberto Rossellini. Naquele ano, Bergman dividiu com frequência as manchetes sensacionalistas da imprensa com Frank Sinatra, cujo caso com Ava Gardner estava vindo a público naquela época.

Sem nunca decepcionar a imprensa, Frank compareceu à estreia de *Anastácia* com uma linda atriz de dezoito anos chamada Joan Blackman (mais tarde, ela estrelaria *Feitiço havaiano* ao lado de Elvis Presley). Quando Kendis Rochlen, do *Mirror News*, de Los Angeles, perguntou-lhe quem era sua acompanhante, Frank respondeu: "Ezzard Charles". No dia seguinte, Rochlen noticiou: "Ezzard era uma garota muito bonita de vestido, sapatos, casaco e batom rosa choque".[75]

No dia 14, Blackman foi com Sinatra a Las Vegas, onde ele se apresentaria num show de gala em homenagem ao quarto aniversário do Sands, do qual tinha 4% de participação. Seu outro convidado para a noite era Joe Fischetti, o mais novo (e menos inteligente) dos três irmãos Fischetti de Chicago, primos em primeiro grau de Al Capone e atuantes no mesmo ramo. "Quando o hotel avisou que não havia nenhum quarto imediatamente disponível para seus convidados", escreveu Bill Davidson, "Frank teve um acesso de fúria no saguão, quase partindo para uma briga de socos com seu velho amigo Jack Entratter."[76]

Jerry Lewis, que rompera com Dean Martin em julho, estava com o espetáculo principal no Copa Room.[77] Dois shows especiais estavam programados para a noite, com Lewis, Sinatra e Danny Thomas. Havia uma fila de 1200 jogadores esperando para entrar. Liberace, Lucille Ball, Esther Williams, Mitzi Gaynor, Jayne Mansfield e Marlene Dietrich estavam presentes. Mas durante o primeiro show, à uma da manhã, a voz de Frank falhou, aparentemente com outra laringite, e ele passou o segundo show, às 4h15, no bar. Depois, não apareceu na hora de cortar o bolo de aniversário à beira da piscina. Jerry Lewis, que apareceu, divertiu todos os presentes pulando dentro d'água com roupa e tudo, embora isso fosse algo já bastante batido.

Dorsey morrera; Bogart estava morrendo. E Ava estava endoidecendo Frank. Anunciava a todos que quisessem ouvir que talvez se casasse com o belo comediante italiano Walter Chiari, o chamado Danny Kaye da Itália, com quem andava fazia uns dois anos, mas que parecia ter se tornado ainda mais atraente depois do tumulto recente com Sinatra na Espanha.

Gardner também acabara de dar uma entrevista para um perfil seu em duas partes na revista *Look* (as duas partes levavam os pitorescos títulos de "O inferno particular de Ava Gardner" e "Ava Gardner: em busca do amor").[78] Mais tarde, Hedda Hopper alegou que o autor, Joe Hyams, escondeu um microfone no carro de Ava e percorreu com ela o deserto em volta de Palm Springs, gravando em segredo os comentários incendiários da atriz sobre Sinatra. Pensando que podia falar livremente, ela reclamou: "Frank me enganou [...] armou muito comigo [...] paguei muitas contas dele".

Hopper, que entrevistou Sinatra no camarim do set de *Chorei por você*, afirmou que, com o artigo da *Look*, "a era Ava enfim terminou para ele [...]. Frank se sentou com um exemplar da revista com a matéria resultante na mão, se encolhendo feito um cachorro espancado [...]. Até as cinzas esfriaram depois daquilo".[79]

Sinatra passara novembro inteiro indo e vindo entre o estúdio de cinema e o estúdio de gravação. E havia o fato de estar agora com 41 anos — não simplesmente quarenta anos, mas *na casa dos* quarenta, a meia-idade oficial. É de admirar que, no inverno de 1956 para 1957, ele começasse a recear que estivesse perdendo a voz?

7.

Do que você acha que sou feito? Não sabe que tenho pavio curto?
Joey Evans, personagem de Sinatra em *Meus dois carinhos*

Depois do fiasco vocal no espetáculo de aniversário do Sands, Frank fez suas apresentações restantes sem maiores incidentes, terminando seu movimentado ano de 1956 com uma apresentação no réveillon de gala no Copa Room: cada mulher ali presente recebeu 25 dólares em moedas de prata recém-cunhadas num saquinho de veludo.[1] (Em vista da participação de Sinatra nas ações do cassino, pode-se dizer que um dólar veio dele.) Frank descansou alguns dias em Palm Springs e então seguiu para o leste, para sua abertura no dia 10 de janeiro no Copacabana. Apesar de um forte resfriado, Peggy Connelly adiou a consulta ao médico para ir encontrá-lo no aeroporto.[2] Uma gentileza questionável.

Naquela semana, fez um frio intenso em Nova York, o que não afastou as multidões do número mais quente do show business. Entre as centenas de pessoas que lotavam o clube noturno no subsolo para assistir à estreia de Sinatra, estavam Joe DiMaggio, Judy Garland, Pat Boone, Yul Brynner, Sammy Davis Jr., Johnnie Ray, Edith Piaf, Sugar Ray Robinson, Judy Holliday, Dinah Shore, Errol

Flynn e a infalível Marlene Dietrich. Joey Bishop, abrindo para Frank, olhou a ilustre congregação e disse: "Esse povo todo está desempregado?".

Davis, sentado na frente com um grupo de dez pessoas (ele se sentou na primeira fila não só na estreia, mas em todos os shows de Sinatra à meia-noite), deu uma corrida aos bastidores para desejar boa sorte ao ídolo. "Quando cheguei ao camarim, Hank Sanicola me disse que Frank tinha saído para dar uma volta, sozinho", lembrou.

> Se havia um momento para um artista ficar sozinho, era aquele. A força para enfrentar aquela audiência fantástica só podia vir do mesmo lugar de onde ele tirara o poder de atraí-la. Desci de volta, sem invejar aquele seu momento. É uma maravilha saber que o mundo está ali esperando por você, mas ninguém sabia melhor do que Frank como é fácil fechar os olhos para se embalar na lisonja e na admiração de milhões de pessoas e então, abrindo os olhos, ver que elas foram embora. É uma maravilha ser a coisa mais absolutamente sensacional no ramo, mas como chegar à altura de ser uma lenda?

Davis comparou o novo Sinatra àquele que conhecera na Times Square no período de maré baixa, poucos anos antes:

> Lembrei com clareza daquela noite na Broadway em 1953 ou 1954: o mesmo homem, andando sozinho, mãos nos bolsos, a gola do casaco levantada — sem ninguém reconhecê-lo. Vê-lo voltar daquela situação, não só como melhor intérprete, mas maior do que nunca, era uma visão admirável. E ele tinha feito aquilo sozinho.

Então "as luzes se apagaram e apenas um refletor brilhava no microfone no centro do palco", escreveu Davis.

> A música começou, apenas os metais e a bateria, como um sinal, um anúncio. Olhei para os degraus. Frank estava de pé, imóvel, olhando reto para a frente, aguardando.
>
> Estava tudo ali: o som, a confiança, as mãos características, os ombros, o cigarro abrigado na concha da mão, o leve repuxado no pescoço — tudo, e em três músicas mais do que chegara à altura da lenda: ultrapassara-a.[3]

"Frank cantou por cerca de uma hora", escreveu Earl Wilson, "e também fez várias tiradas cômicas ao estilo de Joe E. Lewis, que ele interpreta em *Chorei por você*. Testando a voz, Frankie disse: 'Se eu conseguisse encontrar minha chave,* iria para o quarto'. Ergueu o copo num brinde e proclamou: 'Ao nosso maior aliado, a Escócia'."[4]

Ba-da-bum — as piadas não eram apenas batidas, eram prontas: o material de Lewis. Os presentes não se incomodaram; eram doidos por Frank. Se ele lesse a lista telefônica, aplaudiriam da mesma forma. Frank via, sentia isso. Empolgado, soltou de improviso: "Dot Kilgallen não está aqui esta noite", disse num largo sorriso. "Foi comprar uma cara nova."[5]

Um silêncio súbito, risadas nervosas. Os presentes conheciam muito bem os traços não propriamente clássicos de Kilgallen, em suas aparições semanais no programa de perguntas e respostas *What's My Line?*. O público agora tinha uma amostra do verdadeiro senso de humor de Sinatra: era um revide à maldosa série dominical sobre Frank escrita pela colunista em março do ano anterior. No dia seguinte, dois jornalistas em geral amistosos, quando não sicofantas, Walter Winchell e Louis Sobol, criticaram Sinatra pelo comentário, que, segundo Sobol, tinha sido "de mau gosto" e "imperdoável".[6]

Ele não se incomodou nem um pouco. Estava a toda, cheio de energia. "Não era apenas sua apresentação que estava provocando uma espécie de histeria em massa", contou Davis.

> As mulheres o olhavam com adoração maior do que nunca, e mesmo os homens lhe prestavam uma espécie de respeito que superava a inveja, inclinando-se para ele, aprovando, acenando a cabeça num *Isso!*, porque Frank [...] era o cara que tinha peito de andar sozinho, o cara que havia enfrentado as adversidades e vencera.[7]

Mas o cara com peito de andar sozinho andava recorrendo a uma quantidade cada vez maior de ajuda líquida. Temos o testemunho de um cidadão comum, um certo Harry Agoratus, de Staten Island, que teve a sorte de assistir a um dos shows de Sinatra no Copacabana naquele janeiro: "O sr. Sinatra estava com voz excelente, muito à vontade, criando uma relação maravilhosa com o público", contou ele a Richard Havers.

* Sinatra faz um trocadilho com a palavra "key", que, em termos musicais, significa "tom". (N. T.)

Depois de algumas canções e um pouco de conversa, ele avançou com a mão estendida, o polegar e o indicador um pouco separados, até uma mesa próxima onde havia copos e garrafa. Eram amigos ou desconhecidos? Não sei. Mas alguém serviu alguns dedos num copo e lhe estendeu. Depois eu soube por outras pessoas que ele costumava fazer isso e pagar a conta da mesa. Estava em seu auge absoluto. Mantinha o público, homens e mulheres, em transe. Havia centenas de pessoas na sala, mas ele cantava para cada um de nós, individualmente. Enquanto cantava, o silêncio era total; quando terminava, a sala explodia. Aquelas mesmas mulheres que, quando adolescentes, tinham lotado o Paramount Theater, uns quinze anos antes, agora subiam em cima das mesas do Copa para enxergar melhor. Quando o show terminou, alguns continuaram à mesa sem querer ir embora. Saímos perto da meia-noite para uma tremenda nevasca.[8]

Bogart morreu na madrugada de 14 de janeiro. Frank soube pouco antes de ir para o Copa naquela noite; ligou para Abe Lastfogel, seu agente na William Morris, e cancelou a apresentação. "Não posso ir", disse. "Creio que não seria coerente."[9] Jerry Lewis entrou em seu lugar no show do jantar, fazendo sua primeira apresentação solo no Copacabana; Sammy Davis Jr. fez o show da meia-noite.

O funeral aconteceu no dia 18 de janeiro, na igreja episcopal de Todos os Santos, em Beverly Hills. Milhares de pessoas se aglomeraram do lado de fora; dentro, os duzentos enlutados que ocupavam os bancos da igreja eram a nata de Hollywood: Jack Warner, Harry Cohn, David O. Selznick; Hepburn e Tracy, Gregory Peck, Gary Cooper, James Mason, Joan Fontaine, Danny Kaye, Ronald Reagan; William Wyler, Richard Brooks, Billy Wilder. Três integrantes do Rat Pack original, David Niven, Mike Romanoff e Swifty Lazar, assumiram o trabalho de receber os enlutados e reconfortar a família. John Huston fez o necrológio.[10]

Sinatra não estava presente.

Enviara Peggy Connelly em seu lugar. Duas frases concisas na coluna de Louella Parsons em 17 de janeiro diziam: "Frank Sinatra não poderá ir ao funeral de Bogey. Seus médicos o proibiram de tomar avião".[11]

Talvez tivesse apenas pegado o resfriado de Connelly. Mais uma vez, as coisas raramente eram simples com Frank.[12]

* * *

Close to You foi lançado na segunda-feira seguinte. O material de divulgação da Capitol — "Uma nova concepção de música romântica" —[13] apostava, esperançoso, no trunfo mais forte do álbum. E as revistas concordaram em larga medida. A *Playboy* escreveu: "Sinatra ainda é o dono do pedaço em lidar com materiais como 'Everything Happens to Me', 'With Every Breath I Take', 'It Could Happen to You', 'Blame It on My Youth', 'The End of a Love Affair' e as outras sete faixas calmas da coletânea". Havia ressalvas, contudo. "A partitura do quarteto é bastante discreta e terna", continuava a resenha, "mas, com um cantor que pulsa com a segurança de Sinatra, o fundo também precisa ter um balanço ritmado, mesmo nas baladas, em especial nas baladas. O Hollywood String Quartet não serve."[14]

O álbum não desapareceu voando das lojas de discos. Foi subindo de forma respeitável, chegando ao quinto lugar na parada da *Billboard*,[15] mas não tinha força de permanência. Depois do sucesso gigantesco de *Songs for Swingin' Lovers!* — cujas vendas só seriam superadas pelas de *Duets*, em 1993 —, *Close to You* devia contar como uma decepção comercial. Pelo visto, não era intimismo que o público comprador queria de Frank.

Earl Wilson e Walter Winchell podem ter feito amizade com Sinatra, Hedda Hopper pode ter lhe lançado olhares langorosos, mas nenhum colunista se sentia tão possessivo em relação a Frank — e, na verdade, a toda a família Sinatra — quanto a temível, a incansável Louella Parsons, que parecia uma galinha protegendo sua ninhada. Parsons, que na década de 1920 se tornara a primeira colunista de fofocas dos Estados Unidos, depois a primeira colunista de cinema do país, dominava sua área e tinha enorme poder, devendo sua estatura internacional e seus 40 milhões de leitores a uma relação muitíssimo sólida com seu patrão William Randolph Hearst, de perfil conservador em termos políticos e sociais. Mas, ao contrário de sua arquirrival Hopper, que era ferozmente republicana e anticomunista, Parsons não costumava adotar posições políticas em público. Também ao contrário de Hedda, Louella não era vingativa. Podia criticar as pessoas sobre quem escrevia, podia brigar com elas, mas tinha clara consciência do valor teatral de perdoar e esquecer. Isso veio muito a calhar no caso de Frank Sinatra.

Parsons, conservadora mais em termos sociais do que politicamente, e coerente com isso, defendia em suas colunas os valores familiares, apesar ou por causa do fato de estar num centro que corroía de forma incansável esses valores, mesmo quando os alardeava em público. Assim — com sensatez e compreensão —, desde logo ela criou um vínculo (visível) com a mulher que saíra prejudicada no romance Sinatra-Gardner, Nancy Barbato Sinatra. Parsons visitava com regularidade a casa na Carolwood; escrevia de tempos em tempos sobre as atividades sociais de Nancy e torcia por seus "encontros" (a divorciada não mostrava ter nenhum interesse romântico além de seu ex); prestava o serviço real e valioso de reforçar a dignidade de Nancy mãe. E discorria com afeto sobre os três filhos na coluna, fosse falando sobre a timidez da pequena Tina, sobre os romances de adolescência de Nancy Sandra ou sobre os encantos mais fugidios do menino sério e distante que recebera o nome do pai,* mas pouco recebera de seu tempo ou atenção.

Todavia, em 1º de fevereiro Louella, triunfante, anunciou ao mundo que enfim encontrara algo substancial para dizer sobre o filho de Frank:

> Não gosto de chamar uma criança de prodígio, mas Frank Sinatra Jr., de treze anos, está perto de se incluir nessa categoria. Ele tocou piano para nós num jantar de bufê em homenagem a Lorayne Brock Busse e Joseph Hall, que se casarão em 14 de fevereiro.
>
> O jovem Frankie não se interessa por rock 'n' roll e diz que nunca viu Elvis Presley. Mas acha que Elvis apareceu rápido demais e que devia trabalhar mais pelo sucesso como fizeram Frank pai, Bing Crosby e Perry Como.
>
> Tocamos o novo disco de Frank pai [*Close to You*], e Frank Jr. felicitou Jimmy McHugh por "I Didn't Sleep a Wink Last Night", incluída no álbum. Acreditem em mim: vindo de Frankie, foi um elogio.
>
> Joseph Schenck, Dorothy Manners, os William Perlberg, os George Seaton, os Harry Brand e os Ed Leshin se reuniram em volta do piano para ouvir esse garoto talentoso tocar.[16]

Foi uma ocasião estranha: o pessoal idoso e de meia-idade da velha guarda hollywoodiana (a própria Parsons estava com 75 anos; Joe Schenck, aos 78, estava para se aposentar da Twentieth Century Fox, que ajudara a fundar um quarto de sé-

* Oficialmente, o pequeno Frankie se chamava Franklin Wayne Emanuel Sinatra, mas desde cedo pespegaram-lhe o apelido mais fácil de lembrar — mas muito mais difícil de carregar — de Frank Sinatra Jr.

culo antes), em volta do piano enquanto o garoto de cabelo liso e lustroso tocava clássicos consagrados da música popular. O grupo ouvindo com reverência a Voz do mestre ausente. O garoto de treze anos, já categórico em suas opiniões, mas com uma curiosa frieza emocional, apontando a fragilidade da nova música e a solidez dos standards. Em certo sentido, tudo o que Frank Sinatra Jr. viria a ser já estava presente naquela noite.

Fevereiro foi um mês estranhamente confuso. Estando em Honolulu no dia 6, a turnê de Frank pela Austrália, Filipinas, Hong Kong e Japão, planejada havia muito tempo, terminou antes mesmo de começar, devido a um engano absurdo no aeroporto. Viajando com Sanicola, Van Heusen e cinco músicos, Sinatra afirmou que havia reservado cabines para Hank, Jimmy e ele mesmo no voo de quinze horas até Sydney; a Qantas tinha apenas duas cabines para eles. Frank girou nos calcanhares e levou todo o seu grupo de volta para Los Angeles. Acabou pagando 75 mil dólares pelas reservas canceladas e indenização a seus músicos pela perda do cachê.[17] Os fãs australianos, é compreensível, ficaram furiosos. FRANKIE DOIDO NOS DÁ O CALOTE,[18] dizia a manchete do *Sydney Daily Mirror*.

Algo o remoía por dentro. Ainda estaria preocupado com a voz — a ponto, talvez, de cancelar a turnê pelo Extremo Oriente usando um pretexto qualquer? Sempre fora um entusiástico consumidor de bebidas alcoólicas; de repente, a coisa parecia ter ficado mais séria. No Dia de São Valentim [14 de fevereiro, Dia dos Namorados], numa festa beneficente para a Fundação do Diabetes de Jack Benny, no Beverly Hilton, Frank sentou no estrado e enxugou quase uma garrafa inteira de scotch na frente de oitocentas testemunhas, que incluíam, além de Benny, cristão devoto, Bob Hope, George Burns, George Jessel, Dean Martin, Tony Martin, Deborah Kerr e Ronald Reagan.[19]

Na madrugada de 16 de fevereiro, ele estava dormindo em seu quarto em Palm Springs quando foi despertado por um barulho que parecia ser o de uma mulher bêbada gritando lá fora: "Papai, querido!", chamava ela, "Meu bem! Frankie! Frankie!". Antes de entender o que se passava, Frank ouviu uma chave girar na fechadura e a mulher entrou na casa, acompanhada de dois homens, foi até o quarto e acendeu um farolete na cara dele. Um dos homens lhe enfiou um papel na mão. Os três eram policiais de Los Angeles, que estavam ali para entregar uma intimação a Sinatra para depor perante um comitê do Senado estadual da Califórnia sobre sua participação na Invasão na Porta Errada, de novembro de 1954.

Até setembro de 1955, quando a *Confidential*, revista de escândalos de Hollywood, publicou uma reportagem sobre a invasão ("A verdadeira razão do divórcio de Marilyn Monroe"), a polícia de Los Angeles havia tratado o incidente como arrombamento. Mas a publicação apontara as incoerências nas declarações de Sinatra sobre aquela noite — ele dizia que ficara no carro enquanto um grupo de amigos derrubava a porta do apartamento onde pensaram que Monroe estaria; as testemunhas oculares diziam outra coisa —, e agora se comentava que, enquanto o Senado estadual investigava os métodos e a ética dos detetives particulares e das revistas de escândalos, Frank poderia sofrer acusação de perjúrio.

Foi uma enorme dor de cabeça. Depois de conversar com seu advogado Mickey Rudin, Sinatra anunciou que estava pensando em entrar com uma ação por danos morais contra a polícia de Los Angeles. Obteve uma ordem judicial determinando que os policiais comparecessem para depor e se explicar. Ainda que seus métodos tivessem sido pouco ortodoxos, para dizer o mínimo, a história deles se sustentou no tribunal. Depois que a policial não conseguira arrancar Frank da cama com seus chamados amorosos, eles haviam entrado na casa, segundo o que depuseram, usando um jogo de chaves fornecido por "um informante".[20] "Ainda bem que eu estava dormindo, ou vocês teriam levado um tiro", disse-lhes Frank. (Ele tinha licença para porte de arma desde 1947.) "Se *eu* tivesse uma arma, *você* é que podia ter levado um tiro", retrucou um dos policiais. William Parker, o chefe da polícia de Los Angeles, lançou um olhar desconfiado para Frank e disse, seco: "Parece-me que alguém está tentando desviar o foco do verdadeiro problema em questão".[21]

Os jornais fizeram piada com a audiência, noticiando que Frank se referira à policial como "uma loira de vozeirão". "Não sou e nunca fui loira",[22] retorquiu a policial, Gloria Dawson. Mas isso não passava de diversionismo; a intimação foi mantida. Em 28 de fevereiro, Frank — de acordo com o *Los Angeles Times*, "vestindo com elegância um terno cinza-escuro com gravata preta e um garboso chapéu preto"[23] — entrou no State Building, no centro de Los Angeles, para depor perante um comitê presidido pelo senador do estado Fred H. Kraft sobre suas atividades na tragicômica noite de 5 de novembro de 1954.

O chapéu preto pode ter sido uma escolha infeliz.

Enquanto atravessava "a selva de câmeras de TV e cinejornais", Sinatra recebeu *outra* intimação, entregue por um tenente da seção de jogos ilegais da polícia de Los Angeles, para comparecer em março perante a investigação separada do grande júri do condado sobre a Invasão na Porta Errada. A confusão toda iria ocupá-lo até durante boa parte do mês de julho.

Com Martin Gang, o sóbrio advogado principal de seu escritório de advocacia, sentado atrás dele, Frank ergueu a mão direita — o anel de pedra cor-de-rosa se destacando de maneira visível — e a audiência começou. O grande ponto em discussão era se, como afirmava a reportagem na *Confidential*, Sinatra se juntara a Joe DiMaggio e aos demais para invadir o apartamento onde esperavam pegar Marilyn Monroe em flagrante, mas encontraram (e fotografaram com flash) a secretária jurídica Florence Kotz, de 37 anos, aturdida e apavorada. Sob juramento, Frank insistiu que ficara no carro fumando um cigarro durante todo o infeliz episódio.

"Durante o interrogatório, Sinatra se manteve ora irreverente, ora sério", noticiou o *New York Times*.

> Indagado no início a qual DiMaggio ele fazia referência, ele respondeu: "Conheço apenas um".
>
> Quando foi assinalado que Joe DiMaggio tinha vários irmãos muito conhecidos, o cantor corrigiu sua resposta para: "Bom, provavelmente Joe é o mais famoso".
>
> Indagado se fez algum filme chamado *Armadilha amorosa*, o cantor-ator respondeu de pronto: "Foi um sucesso. Claro que me lembro".[24]

Outro que também estava presente naquele dia para testemunhar perante o Comitê Kraft era Philip Irwin, o jovem agente que, na noite em questão, ajudara o detetive particular Barney Ruditsky. (Ruditsky, que estava se recuperando de um ataque cardíaco, não compareceu à audiência.) Frank negou conhecer Irwin. Declarou que alguém que não reconhecia tinha ido ao set de *Armadilha amorosa* na MGM e lhe dissera que Ruditsky tinha vendido a história à *Confidential*. "Não sei por que ele foi me contar isso", disse Sinatra. "Suponho que, por alguma razão, ele estava tentando bancar o herói comigo. Não sei por quê."

Depondo a seguir, o rapaz de 24 anos com cara de bebê disse: "Quase todas as declarações do sr. Sinatra foram falsas".

Irwin disse ao comitê que, na verdade, conhecia Frank a ponto de dispensar o uso de "sr."; inclusive estivera em seu apartamento do Wilshire Boulevard.

Depois de sair a matéria da *Confidential* sobre a Invasão na Porta Errada, com detalhes que apenas algum envolvido poderia saber, o jovem detetive entendeu de imediato que Ruditsky (para quem não trabalhava mais) vendera a história à revista de escândalos, mas ficou com medo das consequências caso Sinatra desconfiasse que a traição partira dele mesmo. Em seu depoimento, Irwin afirmou que foi ver Frank na MGM, no set de *Armadilha amorosa*, e jurou que não era culpa dele. Frank acreditou, disse Irwin, e concordou com seu argumento de que o responsável era Ruditsky. Segundo o jovem detetive, Sinatra então lhe disse que, se houvesse mais algum questionamento sobre a invasão, Irwin deveria dizer que ele estivera, durante aquele tempo todo, numa festa na casa de Frank, junto com DiMaggio e todos os demais envolvidos.

O senador estadual Edwin Regan, membro do comitê, olhou um, olhou outro e disse: "Há aqui um evidente perjúrio".[25]

Não só o perjúrio era evidente. O jovem Irwin estava apavorado. Depois de apresentar seu lado da história ao investigador do comitê, levara uma surra de seis valentões numa esquina de Highland Park. Quando o comitê lhe perguntou se julgava que a surra tinha alguma ligação com Sinatra, Irwin respondeu que não dispunha de nenhuma prova a esse respeito.

"Você ainda tem medo dele?",[26] perguntou John Arden, conselheiro do comitê.

"Muito, ainda."

"Do que você tem medo?"

"Tenho medo de ser espancado outra vez."

"Além de ser espancado, você tem medo de outras coisas?", perguntou Arden.

Irwin levantou os ombros e pensou por um momento. "Tenho", respondeu. "Tenho medo de outras coisas."

Na época da audiência, Louella viu Frank sentado num canto do Romanoff's, com Jack Entratter. "Frankie parecia ter nos ombros todo o peso do mundo",[27] escreveu ela.

A Invasão na Porta Errada talvez fosse apenas uma pequena parte desse peso.

Ele se safou. Não de todo, mas mesmo assim se safou, em parte graças aos préstimos experientes de Gang e Rudin, e talvez de Sidney Korshak, o advogado todo-poderoso de Chicago (cujos clientes, em épocas diversas, incluíam Al Capone, Sam Giancana e Jimmy Hoffa), famoso por ser capaz de desatar os nós mais complicados com um único telefonema. Durante os cinquenta minutos de depoimento perante o grande júri em março, Frank demonstrou em parte a mesma despreocupação que mostrara diante do comitê estadual. Quando o promotor distrital perguntou como ele explicaria as grandes discrepâncias entre sua versão e a versão de Philip Irwin, Sinatra respondeu: "Em quem você vai acreditar, em mim ou num sujeito que ganha a vida derrubando portas de quartos?".

O promotor decidiu não abrir ação contra Frank. "Há sem dúvida um conflito manifesto no testemunho", disse ele. "Mas a transcrição não chega, em sua forma atual, a apresentar os elementos completos de perjúrio."[28] Esse desfecho foi entendido como uma crítica implícita à polícia de Los Angeles por não ter agido no início do caso.[29]

Mas, mesmo sem indiciamento, o episódio inteiro foi um golpe público para Sinatra e acarretou o fim da amizade com DiMaggio, que escapou à audiência do comitê estadual (deu um jeito de estar em Nova York na época) e a partir daí nunca deixou de achar que Frank apoiara e encorajara a Invasão na Porta Errada para colocá-lo em má posição e cair nas boas graças de Marilyn Monroe — e na cama dela.[30]

No final da reportagem de capa sobre Sinatra da *Time* em 1955, Frank teria dito, segundo a citação da revista: "Vou fazer como bem quiser. Não preciso de ninguém no mundo. Fiz tudo sozinho".[31]

O problema era que Frank Sinatra nunca disse tais palavras: algum editor criativo na *Time* simplesmente inventara aquilo para dar à matéria um fecho que reforçasse sua tese. Por causa disso, Frank não morria de amores pela publicação nem por seu correspondente em Hollywood, Ezra Goodman, cujo nome constava como autor do texto. Assim, quando Goodman apareceu certo dia no set de *Dois carinhos* — para entrevistar Kim Novak para uma reportagem de capa da *Time* —, Frank o viu e se afastou da câmera. "Ele informou ao diretor George Sidney que ou Sinatra ou Goodman tinha de sair do set, que simplesmente não havia espaço suficiente para nós dois", relembrou Goodman.

> O fato de que eu estava lá para ver Novak e não Sinatra nem veio ao caso. Inevitavelmente, saí do set.

> O diretor do estúdio, Harry Cohn, me recebeu em seu escritório. Mostrou-se compreensivo. "Mas o que posso fazer?", perguntou, desacorçoado. "Estamos preparando um grande musical com todos os astros e estrelas e, se Sinatra sair, perderemos um dia de filmagem." Assim, encontrei Novak fora do set de *Dois carinhos*. No dia seguinte descobri que, mesmo tendo eu deixado o set, Sinatra fora embora de todo jeito, com isso estragando a produção do dia e custando uma pequena fortuna à Columbia.[32]

Todos sobreviveram. Goodman conseguiu sua matéria e Cohn conseguiu seu filme, tendo Frank voltado ao set e terminado o que Tom Santopietro chama de "o último grande musical de sua carreira".[33]

Dois carinhos foi de fato grandioso, ou dois terços grandioso. Interpretando um cantor de boate arrogante e malandro, Sinatra estava muito perto da realidade. Com o rosto vincado, o olho implacável procurando a grande chance, a libido à solta sem pudores, Joey Evans se parece muitíssimo com o Frank Sinatra de 1957, tirando, é claro, a fortuna milionária e o poder presunçoso. O fato de estar na rua da amargura no início do filme é um expediente necessário, um rápido atendimento de uma necessidade dramática. Joey pode estar na rua da amargura, mas desde o começo canta que é uma maravilha (e Nelson Riddle faz arranjos que são uma maravilha) aquelas grandes músicas de Rodgers e Hart. E — até dois terços do filme — o fato de que os personagens cantam em ambientes do show business, em vez de apenas soltarem a voz a torto e a direito em qualquer momento e qualquer lugar, dá uma vigorosa naturalidade a *Dois carinhos*. O espectador acredita no que está se passando na tela, e detalhes como a trama secundária da rispidez entre Joey e Mike (Hank Henry), o gerente da boate difícil de agradar, confere uma textura verídica ao filme. O mesmo se pode dizer da sábia decisão do estúdio de utilizar bastante os exteriores reais de San Francisco (dando a *Dois carinhos*, nesse aspecto, uma grande vantagem em comparação a *Eles e elas* e a *O homem do braço de ouro*).

Sem contar o puro erotismo do filme. O famoso comentário de Frank sobre o sanduíche entre Rita Hayworth e Kim Novak, tendo seu nome em segundo lugar nos créditos, pode ter sido um gracejo grosseiro, mas, ao ver os três atuando juntos em *Dois carinhos*, o espectador entende muito bem o que ele estava dizendo. Hayworth, a ruiva de 38 anos, e Novak, a loira de 24, são dois opostos gloriosos, e Sinatra, com 41, contrasta com elas de maneira fantástica, e vice-versa. Quando Joey comenta com Linda (Novak) que ela ficaria melhor sem aquele pijama de seda (embora esteja lindíssima com ele), percebe-se para onde vai o filme. Quando ele insiste com a pomposa Vera (Hayworth) para revelar seu passado de stripper num leilão beneficente, coisa que ela faz com relutância — mas muito bem — no número musical "Zip" (coreografado pelo grande Hermes Pan), o espectador não tem mais dúvidas. Em seu imortal "Put the Blame on Mame", em *Gilda* (1946), Hayworth tirou apenas as luvas numa cena inesquecível, mas sempre fez disparar os corações masculinos. Em "Zip", ela não tira absolutamente nada, mas, com um leve movimento daqueles ombros lindos e uma ondulação daqueles quadris, ela mostra que ainda tem Aquilo.

O sexo em *Dois carinhos* fica apenas no plano da sugestão, que, claro, é o tipo de sexo mais sensual. Quando Joey canta "The Lady Is a Tramp" para Vera, toda a atuação se concentra nos olhos dela — primeiro fica ofendida, depois intrigada, então excitada e incomodada — e é perfeita. Quando os dois dançam e depois ela pega a mão dele e diz: "Agora venha, meu lindo", o termômetro alcança oficialmente o ponto de ebulição. O mesmo ocorre sempre que a câmera simplesmente se demora nas deslumbrantes maçãs do rosto e no olhar rendido de Novak. O final burlesco do filme — depois de um balé onírico piegas, Vera com alegria cede Joey a Linda (que murmura "obrigada"), e Joey e Linda caminham literalmente para um crepúsculo em Technicolor — tem mais a ver com o marketing do que com o grande trabalho de todos os envolvidos.

O papel anterior de Frank, próximo da vida real, como o über-cantor Charlie Reader em *Armadilha amorosa*, de 1955, foi um sucesso entre os fãs de cinema porque era uma espécie de caricatura: Charlie era o personagem livre e desimpedido que uma América reprimida e temerosa queria e precisava que Sinatra fosse. Mas *Armadilha amorosa* era puro artificialismo (e puro xarope), um produto MGM de ponta a ponta. Dois anos depois, *Dois carinhos*, o segundo trabalho de Frank como produtor (depois de *Redenção de um covarde*), era uma obra mais dura, mais sombria, mais sensual — filme para adultos. E Sinatra está adulto nele. (As novas rugas em torno dos olhos, o leve empapuçado nas pálpebras anunciam o rosto mais maduro, mais completo que se aproxima.) A Joey Evans faltava quase por completo um elemento central na maioria dos filmes de Frank até aquela data: o ar insinuante. Se Hollywood o fizera interpretar o apagado Nathan Detroit em vez do atraente Sky Masterson em *Eles e elas*, agora ele tinha meios de tomar para si este último papel. E mais. Agora havia em seus olhos, na tela e na vida, um novo ar de comando — não era mais um auxiliar bem pago; era, como diziam os amigos e agregados, O Chefe.

"Lauren Bacall, que a cidade inteira aprecia e respeita pela forma como trouxe mais felicidade aos últimos dias de Bogie, começa a ir aos locais menos chamativos", dizia uma nota não assinada na coluna "Behind the Scenes in Hollywood" [Nos bastidores de Hollywood], em 2 de abril. "Ela esteve no Peacock Lane com Adolph Green, Irving Lazar e Frank Sinatra, para ouvir o pianista Errol Garner."

Ainda não dava para os dois saírem sozinhos; essas coisas tinham de ser tratadas com delicadeza.

Sinatra e Riddle haviam chegado a um ponto curioso em sua grande colaboração. Depois de concluírem o sublime *Close to You*, os dois fecharam o ano de 1956 numa nota um tanto mortiça: no começo de dezembro, Frank gravara uma imitação confrangedoramente pálida de "Young at Heart", chamada "Your Love for Me" ("It's fabulous, it's fantasy, it knocks me out tremendously/ Your love for me"),* e um *bebop* simpático, mas superficial, "Can I Steal a Little Love?". Riddle fez os dois arranjos, não num de seus melhores dias. Depois só retornou com Sinatra aos estúdios da Capitol em meados de março, e não fizeram coisa muito melhor ao voltar. Frank gravou duas faixas no dia 14: uma bobagem bonitinha chamada "So Long, My Love" e uma canção agradável, mas sem nada de especial, chamada "Crazy Love". Sammy Cahn escrevera a letra das duas; mas os compositores da melodia não eram Jule Styne nem Jimmy van Heusen, e sim Lew Spence (capaz de coisa melhor) e Phil Tuminello, autor de "Can I Steal a Little Love?".

Todas as colaborações entre cantor e arranjador, mesmo as excelentes, têm seus altos e baixos: não que a dupla Sinatra-Riddle tivesse se tornado insípida, mas Frank, em sua busca incansável por singles de sucesso — no que era auxiliado por Hank Sanicola, Voyle Gilmore, Jimmy van Heusen e outros —, havia feito algumas escolhas arriscadas. O fabuloso Riddle tivera de fazer arranjos para músicas não tão fabulosas. Mas a perpétua inquietação de Frank andava unida à

* É fabuloso, é fantástico, me derruba totalmente/ Seu amor por mim. (N. T.)

sua grande imaginação artística: mesmo que a incrível ligação com Riddle tivesse se mantido absolutamente intacta, é mais do que compreensível que ele começasse a procurar um novo tipo de som em meados dos anos 1950. E som novo significava arranjador novo.

"Sem pretender fazer nenhuma desfeita a Riddle, Sinatra tinha pelo menos duas boas razões para recorrer a Billy May e Gordon Jenkins", escreve Friedwald.

> Primeiro, não queria estar "casado" com nenhum som de um arranjador em particular; dez anos antes, ele se apoiara demais em Stordahl e ficara preso a uma única abordagem, até que seu público cansou do estilo Sinatra-Stordahl. Como Nat King Cole, que, com sabedoria, passou de um pequeno combo para o solo no microfone quando seu trio estava no auge da popularidade, Sinatra sabia que a hora de passar para algo novo era antes de se iniciar o desgaste do que fazia no momento. Segundo, já em 1956, Sinatra começara a pensar em ter não só o controle, mas também a propriedade efetiva de suas interpretações em disco. Quer conseguisse isso junto à Capitol, quer precisasse ir a outro lugar, ele parece ter previsto a necessidade de um som totalmente novo para caracterizar o novo empreendimento.[34]

Pode ser que Sinatra não pretendesse fazer nenhuma desfeita a Riddle, mas foi assim que o arranjador entendeu. Sua parceria com Frank devolvera o cantor ao topo do mundo da música popular, e Frank retribuiu. "Sinatra cuidou bem de Nelson", disse Alan Livingston. Ele "não trabalharia com mais ninguém. Riddle era o cara. E Frank era muito protetor: levava-o em suas turnês e fazia tudo o que podia por ele. E Nelson estava encantado porque se tornara muito maior do que tinha sido antes que [...] Sinatra ficasse com ele, na verdade".[35]

Então — só por ora — Frank o liberou.

"Frank usou Nelson em muitos álbuns até o dia em que se decidiu por Gordon Jenkins", disse Frank Military, editor musical e amigo de Sinatra. "Lembro que Nelson me telefonou e perguntou: 'O que foi que eu fiz? Qual é o problema?'. Respondi: 'Frank quer um som diferente, só isso'. Mas Nelson ficou de fato magoado com aquilo."[36]

Frank conhecia May e Jenkins desde os tempos das *big bands*; recorreu primeiro a Jenkins por razões muito específicas. Além de ser arranjador, aquele sujeito excêntrico do Meio-Oeste tinha muitos recursos — era pianista, produtor de discos, executivo de gravadora e compositor de enorme sucesso. Logo depois de deixar Dorsey e dar seu grande passo ao ir para a Califórnia, Frank cantara no rádio a música "San Fernando Valley", de Jenkins. Era uma bela canção, de ritmo rápido, e aos 27 anos Sinatra lhe instilara um grande otimismo e a sensação irresistível de novos horizontes:

I'll forget my sins
I'll be makin' new friends
Where the West begins,
*And the sunset ends.**

A emoção explícita era central na sensibilidade artística de Gordon Jenkins: para ele, não havia nenhum problema no sentimentalismo ao velho estilo. Era um autêntico americano canhestro (e canhoto), homem de muitas facetas, ora caloroso, ora reservado, ora efusivo, ora misantropo. Nascido no Missouri em 1910, tinha passado por toda a indústria musical. Na casa dos vinte anos, tocou piano e escreveu arranjos para o compositor e *bandleader* Isham Jones, orquestrou na Broadway e em Hollywood, e então, após a Segunda Guerra Mundial, foi trabalhar como maestro, arranjador e produtor na Decca Records. Durante todo esse tempo, foi também compositor muito prolífico, escrevendo sucessos como "Goodbye" e "Blue Prelude" (usados respectivamente como tema pelos *bandleaders* Benny Goodman e Woody Herman), "Homesick, That's All" e "P. S. I Love You". Em 1946, a Decca lançou sua composição *Manhattan Tower*, uma suíte inovadora — considerada por alguns como um álbum conceitual pioneiro —, baseada na vida e nos amores de um rapaz imaginário, uma espécie de jovem Werther do século XX, que sai do interior e vai para Nova York à procura do amor e do sentido da vida. A obra, altamente expressiva (e muitas vezes excessiva), trazia canções originais, músicas emotivas e narração recitada: tudo isso parecia original e arrojado, e tanto os críticos quanto os consumidores adoraram.[37] Ao longo da década seguinte, Jenkins reescreveu e ampliou a peça; quando se transferiu da Decca para a Capitol em 1956, a nova gravadora relançou o álbum.

Como arranjador, Jenkins também se atinha a valores antigos: gostava de cordas — muitas cordas — e não gostava de dissonâncias e acordes modernos.

* Vou esquecer meus pecados/ Fazer novos amigos/ Onde começa o Oeste/ E termina o ocaso. (N. T.)

Nada de Ravel e Debussy; ele era tchaikovskiano da cabeça aos pés. Como espírito musical, estava muito mais próximo de Axel Stordahl do que de Nelson Riddle.

Na verdade, Frank pensava em Jenkins como arranjador desde 1946, quando ouviu algumas orquestrações repletas de cordas que ele havia feito para Judy Garland; em data mais recente, Frank admirara seu trabalho com Nat King Cole, em especial o álbum *Love Is the Thing*, primeiro lugar na parada de sucessos.

Sinatra tinha, como dizem os aficionados de música, ouvido muito aberto. Seus gostos em música clássica iam desde as texturas impressionistas de Debussy e Ravel e as harmonias complexas de Ralph Vaughan Williams até o lirismo eslavo de Reinhold Glière e mesmo as dissonâncias de Stravinski. Mas também tinha uma profunda ligação — e uma identificação étnica — com a rica emotividade de Puccini, e sentia essa mesma vibração nos arranjos de Gordon Jenkins. Frank amava a genialidade de Nelson Riddle, mas também apreciava o sentimento direto, os acordes simples e as densas camadas de cordas tanto quanto Jenkins, e no começo da primavera de 1957 — pelo menos por uma forte razão — ele precisava de um aconchego musical. O escritor Bruce Jenkins, filho de Gordon Jenkins, argumenta que não foi apenas a inquietude artística que levou Frank a buscar um colaborador novo e mais explicitamente emocional. "Por que não ter tempo na vida para se demorar na tristeza num quarto escuro em silêncio?", escreve ele a respeito do pai. "Não havia o medo de chorar, não havia nenhum mal em apreciar um tipo de desespero capturado de forma tão vívida na letra e na melodia. Foi o que aconteceu quando Sinatra e meu pai se juntaram. Foi a única razão pela qual Frank o procurou."[38]

Qual era a fonte do desespero? Sinatra estava num território emocional desconhecido no começo de 1957: ganhara o mundo e agora sentia seu peso. Também estava mais preocupado com a principal habilidade de sua existência do que revelava a amantes, amigos ou colaboradores. "Ele sentia", diz Jonathan Schwartz, "que estava começando a perder a voz, estava perdendo a confiança em seu próprio instrumento."[39]

Frank Military descreveu para Schwartz uma sessão crucial em abril de 1957 para o álbum que Sinatra e Jenkins haviam começado a fazer juntos, *Where Are You?*. Uma das músicas que Frank iria gravar naquela noite era uma canção que significava muito para ele: "Lonely Town", de Leonard Bernstein, com letra de Betty Comden e Adolph Green. Em 1949, quando cantava e dançava com roupa de marinheiro — sem se sentir muito satisfeito consigo mesmo — no musical *Um dia em Nova York*, da MGM, Sinatra se empenhara muito ao interpretar o complexo hino de Bernstein à solidão urbana. Mas no último minuto o estúdio eliminou a canção (e boa parte do restante da trilha de Bernstein), achando que não era comercial o suficiente. Frank ficou furioso.[40]

Então, essa noite de abril era uma oportunidade de redenção — se não de vingança. Sem que ninguém soubesse além do próprio Frank, era também um teste vocal. Em alguma parte lá no fundo de si mesmo, ele não tinha certeza se sua voz ainda era a mesma. Depois de gravar a canção, conta Schwartz, "a sala se esvaziou e ele pediu que a cabine tocasse a fita. Ficou junto a uma parede, debruçado num dos parapeitos, segurando-se nele, e ouviu a verdade. Ele estava ainda melhor. Ficou muito grato a Jenkins".[41]

Frank tinha enorme admiração por Nelson Riddle, mas este, com sua atitude rígida e professoral, tinha dificuldade de despertar calor emocional. Era como um grande químico pesquisador, que entrava em seu laboratório e saía com fórmulas complicadas que funcionavam maravilhosamente bem. Jenkins, por seu lado, dava a Sinatra algo visceral. "Sem dúvida Frank amava Gordon", disse o baterista Nick Fatool. Por quê? O pianista Bill Miller, ele mesmo dotado de um espírito musical de grande sutileza, arriscou certa vez um bom palpite: "Frank em certo sentido é um pouco quadrado; digo isso com afeto", afirmou Miller. "Ele tem um lado antiquado e Gordon Jenkins representa esse lado. Como cantor, ele não ouve as harmonias como ouvimos. Ele ouve aquelas cordas agudas zunindo — esse era o truque de Gordon."[42]

Ouvir *Where Are You?* é ouvir uma abundância dessas cordas vibrando — e também ouvir um novo lado da voz de Sinatra que, de início, despertara preocupação em alguns de seus ouvintes mais atentos. "Quando ouvi pela primeira vez", contou Jonathan Schwartz, "pensei: 'O que foi isso? Tem algo errado?'. Alguma coisa parecia diferente. Não era o cara que conhecíamos em *Wee Small Hours*, *Swing Easy!*, *Songs for Swingin' Lovers!*, *Swingin' Affair!* e assim por diante. Era outro som. E era ainda mais adulto."[43]

A diferença é palpável. Basta comparar os vocais de magnífica segurança em algumas faixas de *A Swingin' Affair!* ou de *Close to You* com qualquer música de *Where Are You?* — por exemplo, a melancólica canção-título, de Harold Adamson e Jimmy McHugh — para notar na hora. As cordas de Jenkins são vibrantes, certo

— ficam logo em primeiro plano (o fato de *Where Are You?* ser o primeiro álbum de Sinatra gravado em estéreo pode ter ressaltado essa presença frontal delas). Como efeito, elas como que protegem a voz de Frank, a qual mostra uma rouquidão e um leve tremor que nunca existiram antes. Atravessava-se uma nova fronteira.

Em "Lonely Town", a música que tanto lhe interessara, um conjunto de sopros, mais do que de cordas, faz uma entrada triunfal, com ecos de "New York, New York", de Bernstein, Comden e Green (não o "Theme from New York, New York", de Kander e Ebb, que Sinatra popularizou nos anos 1980), antes que o vocal de Frank se torne melancólico:

A town's a lonely town when you pass through,
*And there is no one waiting there for you.**

É um vocal magnífico, e ele tinha todo o direito de ficar satisfeito. Mas na verdade não é mais o Sinatra de 1955 e 1956. Se Nelson Riddle ficara contente em ouvir "a pessoa mais angulosa" substituindo a Voz romântica dos anos 1940, essa era mais angulosa do que nunca. A imagem de capa de *Where Are You?* mostra um Sinatra de pulôver, com ar pensativo, a boca e o queixo apoiados (e ocultados) na mão esquerda, que segura um cigarro soltando fumaça, a qual sobe algo meditativa. Era um dos muitos milhares que fumara até aquela data: sua voz tinha todos os motivos para soar mais rouca.

O leve tremor era outro assunto. Sem dúvida era deliberado — seria talvez um recurso teatral, como aquela paradinha que usara outrora para enlouquecer as adolescentes, agora nesse caso para transmitir o sentimento de tristeza do álbum? Ou refletiria de alguma maneira a incerteza vocal e emocional que volta e meia se apoderava dele naquela primavera?

No começo de 1957, morreu Charlie Morrison, o proprietário de vistosa cabeleira branca da vistosa boate Mocambo, na Sunset Strip. Com sua decoração de aves exóticas em gaiolas de vidro e a pista de dança cheia de artistas de cinema trocando olhares até altas horas, a casa noturna tinha sido o local da estreia de Sinatra como vocalista solo em Los Angeles, em 1943. No final de abril, para

* Uma cidade é solitária quando você passa por ela,/ E não há ali ninguém esperando por você. (N. T.)

ajudar a viúva de Morrison e contribuir para manter o local em funcionamento (Las Vegas estava matando os *nightclubs* de Los Angeles), Frank fez dez noites de apresentação gratuitas. Foi um gesto generoso, mas também uma iniciativa esperta de relações públicas na esteira das audiências da Porta Errada. "Não só virou a maré da publicidade em favor de Frank, como também permitiu que o meio cinematográfico desse uma boa olhada de perto na magia dele", dizia uma notícia não assinada em 23 de abril.

> Como alguém comentou, o cara aparece no palco da boate e desafia você a não gostar dele. Embora a voz tenha passado do auge, seu estilo está melhor do que nunca. Ele canta cada música como se acabasse de captar o sentido das palavras. Suas baladas são magníficas e agora ele consegue lidar com canções mais rápidas com uma rara habilidade, algo que lhe faltava nos primeiros tempos.[44]

Talvez o autor da matéria não tivesse se identificado por uma razão: medo. Afinal, ali entre os elogios estava aquele comentário, "passado do auge", uma provável reflexão sobre as recentes crises reais ou fingidas de laringite. Antes de iniciar a sequência de apresentações beneficentes, Frank consultara seus assessores de imprensa sobre os jornalistas que compareceriam e eliminou vários nomes: "Frank cortou da estreia quatro observadores de longa data do mundo do cinema, três de agências nacionais de notícias e um da *Variety*, por causa de brigas antigas, pelo que me disseram",[45] escreveu o colunista Erskine Johnson, ele próprio barrado por ter tido a audácia de criticar, em 1946, a conduta temperamental de Sinatra no set de *Aconteceu assim*.

Naquela época, ele era ator contratado da MGM e cantor em baixa. Agora, bastava-lhe riscar nomes de uma lista.

Só ele mesmo para misturar tão bem beneficência e vingança.

O poder talvez tenha lhe conferido serenidade, mas, como comentou Van Heusen num novo perfil de Frank na revista *Look*, ele estava "sempre a ponto de atingir o ponto de ebulição". A primeira parte da matéria tripla de Bill Davidson apareceu no número de 14 de maio: Frank deu uma olhada e ferveu. A matéria era extensamente pesquisada, psicologicamente penetrante e profundamente pessoal: e — como aconteceria com o grande perfil de Frank escrito por Gay Talese na *Esquire* em 1966 — seu autor nunca se encontrara com o personagem de sua matéria.

Não que um encontro e uma conversa ao vivo com Sinatra fossem render qualquer percepção mais profunda para Davidson. Desde que um jornalista aprovado — um Earl Wilson, por exemplo, ou um Walter Winchell ou um Bob Thomas — conversasse alegremente sobre assuntos aprovados (cantar e atuar), estava tudo bem. Do contrário, não. E a lista de aprovados parecia encolher cada vez mais.

Davidson se esforçou muito em se encontrar com Frank, mas houve uma guinada: em 1955, Sinatra havia feito um contrato com a *Look*, para colaborar na reportagem sobre sua vida que o jornalista esportivo Jimmy Cannon, seu amigo, ia escrever, e embolsara um adiantamento considerável. A matéria nunca foi feita, pois, quando Cannon enviou uma lista prévia de perguntas a Frank, ele viu que algumas eram pessoais — como seria de esperar num perfil — e mudou de ideia.

Frank, porém, não devolvera o dinheiro da *Look*, e assim Davidson, no começo de 1957, recebeu a tarefa nada invejável de abordá-lo com a finalidade de retomar aquele projeto. "Minha missão era tentar persuadi-lo a confiar algumas palavras ao papel, com minha ajuda, se necessário", lembrou Davidson. "Isso ofendeu a dignidade de Sinatra e ele emitiu um decreto a seus súditos para que eu fosse tratado como se não existisse. Eu havia incorrido no desfavor d'O Chefe e agora era um nada."[46]

O escritor por fim seguiu Frank até o salão de coquetéis do Sands, cercado por um grupo de lindas mulheres. De início, Sinatra se negou até a olhar para Davidson, mas depois sua curiosidade prevaleceu e ele mandou Jack Entratter, diretor do hotel-cassino e gerente dos espetáculos, ver o que Davidson queria. Entratter repassou a resposta de Davidson a Frank, levou a réplica de Frank a Davidson, e assim sucessivamente. Esse vaivém se prolongou por quase uma hora, até que Sinatra perdeu a paciência. Mas, depois disso, ele pôde afirmar com toda a honestidade que nunca dissera uma palavra ao escritor da *Look*.

Ao contrário da série dominical de Kilgallen sobre Frank, o perfil de Davidson não tinha nenhum viés desagradável; dispensava os excessos estilísticos e a arrogância da matéria de capa da *Time*. Consistia basicamente numa documentação exaustiva do poder, do sucesso e da natureza temperamental de Sinatra:

> Há o Sinatra homem de família dedicado e o Sinatra libertino. Há o Sinatra que é um refinado pintor diletante e grande conhecedor de Puccini e Berlioz e o Sinatra que gosta de andar com gângsteres e malandros. Até seus amigos ficam confusos com suas várias faces. Eles [respectivamente Sammy Cahn e Jimmy van Heusen] o chamam de "O Homem do Encanto de Ouro", mas também de "O Monstro". Ele é completamente imprevisível, mas seus estados de espírito predominantes parecem ser a raiva e a insegurança.[47]

O perfil entremeava descrições de algumas das boas ações mais espetaculares de Frank, como o amplo apoio moral e financeiro a Lee J. Cobb, quando este sofreu um ataque cardíaco e passou por uma grave depressão, com episódios de sua movimentada vida amorosa e condutas repreensíveis. Trazia muitos fatos e números sobre contratos de cinema e vendagem de discos. Detalhava seus atritos com Jackie Gleason, Judy Garland, Phil Silvers e Jule Styne. Citava especialistas em psicologia sobre as fontes de seus problemas emocionais.

O que ficou de fora foi precisamente — ou algo como — o que acontecia quando Frank Sinatra abria a boca para cantar.

Apesar disso, Frank enxergou as árvores em vez da floresta. Aquela parte dele que insistia em se desviar de sua arte seguiu pelo desvio de sempre. Contra o conselho de seus advogados,[48] ele entrou com uma ação por difamação contra Bill Davidson e a *Look*, no valor de 2,3 milhões de dólares, alegando que o perfil o mostrara como um "indivíduo neurótico, deprimido e atormentado com tendências suicidas, e libertino".[49] Devia tê-los processado, se tal coisa fosse possível, por não o retratarem como um grande artista.

Fosse qual fosse a dispepsia que Frank podia estar sentindo, ela parece ter desaparecido com a finalização de *Where Are You?* e o lançamento de *A Swingin' Affair!*. Em 20 de maio — tendo chamado de volta Nelson Riddle, com sentimentos feridos e tudo —, ele dedicou duas horas e meia de uma sessão de singles (foram gravadas mais três canções naquela noite; nem interessa muito quais foram) a uma nova música de Cy Coleman e da letrista Carolyn Leigh.[50] Era a grande "Witchcraft" e foi um tempo bem gasto. Desde a introdução de cordas que tremulam e vão diminuindo em espiral (abandonamos em definitivo o território de Gordon Jenkins) até o final sensual e insinuante das flautas, a faixa é um sonho mágico, o casamento sonoro perfeito entre música, letra, arranjo e vocal — e nada mais, nada menos do que uma das canções mais sensuais já gravadas em disco. Sinatra era incrível para cantar uma música de amor não correspondido: não havia ninguém como ele para transmitir a dor de cotovelo de maneira tão pungente. Mas "Witchcraft" era o próprio antídoto para a melancolia de *Where Are You?* — e para a tirania das canções românticas em geral.

> *Proceed with what you're leadin' me to.**

Era um completo abandono: um enlevo sem culpa. Era tudo o que os anos 1950 queriam, mas não podiam ter — a diversão completa que todos sabiam que Frank tinha o tempo inteiro.

* Continue para onde está me levando. (N. T.)

8.

After some libation, the transformation

From boy to beast.

[Depois de uma libação, a transformação

De menino em fera.]

Sammy Cahn, letra composta para o aniversário de 42 anos de Frank Sinatra

Por mais magoado que Nelson Riddle possa ter ficado com a infidelidade musical de Frank, naquele mês de junho o arranjador acompanhou Sinatra e 26 músicos de estúdio de primeiríssima linha numa turnê por sete cidades: El Paso, Albuquerque, Salt Lake City, Vancouver, Seattle, Portland e San Francisco. Frank, é evidente, andava sentindo sua profunda insegurança pessoal. O bom termo de *Where Are You?* pode ter atenuado por algum tempo suas preocupações com a voz, mas, se o concerto de 9 de junho no velho Auditório Cívico de Seattle é indicação de alguma coisa, ele ainda tinha motivos para se inquietar.

Uma gravação do segundo show daquele domingo à noite mostra um Sinatra com ótimo humor, mantendo uma relação magnífica com um público muito favorável; mostra também um cantor não só com algumas dúvidas sobre uma parte do material que está interpretando, mas também nervoso com suas habilidades vocais a ponto de imitar seu camaradinha Joe E. Lewis e tomar uns goles no palco. Durante a introdução a "When Your Lover Has Gone", Frank chama "Herman" e, pouco depois, agradece-lhe por alguma coisa (sem dúvida, um copo). Então começa a cantar os versos:

The dreams that you cherish so often may perish,
*And leave you with castles**

— e aí se interrompe de repente. "Estou ficando bom, não estou?", pergunta ao público com ar travesso. A plateia ri, deliciada. "São uns copos bem bons esses que vocês têm", diz Sinatra numa voz de malandro. "Devo estar tremendamente bom a esta altura."

Então volta a cantar, numa bela interpretação muito sentida da canção. Sinatra, cantando bem, é mesmo muito bom. Mas "When Your Lover Has Gone" não tem um grande alcance e, duas canções adiante, com "My Funny Valentine", fica evidente por que Frank estava tentando acalmar os nervos: a incerteza se alcançaria as notas agudas lhe tirava o fôlego de verdade. Suas dúvidas eram justificadas. Ouvir a voz de Sinatra simplesmente desistindo no ré agudo de "Stay, little Valentine, *stay*" é como ver um equilibrista, sem rede de proteção, cair da corda bamba: confrangedor, inacreditável.

Aqui também isso deve ser visto em seu contexto. Em nossa imensa maioria, conhecemos Sinatra sobretudo pelas gravações de estúdio, que ele aprimorava ao máximo. Aqueles que tiveram a sorte de vê-lo no palco sabem que às vezes ele podia errar numa nota, como qualquer músico — só que, nesse caso, não havia ninguém que o encarasse com um olhar azul gélido e dissesse: "Onde você estará trabalhando na semana que vem?".

Mas, fato admirável, ele manteve uma ótima disposição durante todo aquele show em Seattle, e o bom humor parecia ajudar a voz a ganhar força. Depois do deslize em "Valentine", ele se saiu com sua velha desculpa — "Acho que fiquei com um trago entalado na garganta" — e então, cantando os versos de "Glad to Be Unhappy", de Rodgers e Hart — "And look at yourself, do you still believe the

* Os sonhos que você acalenta podem tantas vezes perecer/ E deixá-lo com castelos. (N. T.)

rumor that romance is simply..."* —, ele apenas assobia o agudo, em vez de cantar "grandioso", e, calmo, diz ao público: "É mais seguro assim". Interpreta lindamente o restante da música. Na segunda metade do verso, "But for someone you adore, *it's a pleasure to be sad*"** (itálico meu), a voz abaixa para um sussurro de extrema ternura, revelando-nos em seis palavras quem ele realmente é, mais do que qualquer perfil de revista em três partes conseguiria fazer.

Mas, claro, ele era muitas pessoas ao mesmo tempo e, na frente de uma plateia, podia ser várias delas. Sua fala no palco vai do empolamento à vulgaridade e a uma sinceridade embaraçosa, com escalas intermediárias. Ele apresenta sua grande canção de bar, "One for My Baby", de Harold Arlen e Johnny Mercer, com um pequeno monólogo afetado que tenta — mas, ainda bem, falha — minimizar a profunda emoção da música: "Ora, vocês sabem que é muito difícil quando se tem esse tipo de problema. Bom, encaremos os fatos: guerras, a gente pode ganhar. Mas essa é outra coisa. Ah, é doido, seu dotô, pode crer. Bem-vindo ao clube".

Ele dá uma chamada no pianista, Bill Miller, por entrar cedo demais na introdução de "Tender Trap" — "Está impaciente, hein, Charlie?" —, e depois esquece a letra, substituindo um dos versos por uma sequência de da-da-du-duns.

E, ao apresentar seu sucesso "Hey, Jealous Lover", declara: "Simplesmente, absolutamente *detesto* essa música". Então faz um rodeio passando por um bizarro versinho freudiano — "Joga fora tua mãe do trem, mas depressa, depressa" — antes de se queixar: "Oh, aquela pizza não é de se jogar fora".

Claro que ele detestava "Jealous Lover". Se sua enorme força como artista era sentir a verdade das grandes músicas que cantava, não teria como não abominar um rhythm and blues bonitinho, mas ordinário, com uma letra que tinha versos como

*I was much too busy, baby, bein' faithful to you.****

Alguma vez ele fora fiel a alguma amante? Interpretar um papel num filme era uma coisa; fingir ser outra pessoa totalmente diferente no palco era outra. (Foi por isso que sua versão sentimental e complicada de "One for My Baby", com a

* E olhe para si mesmo, você ainda acredita na história de que romance é algo... (N. T.)

** Mas, por alguém que você adora, é um prazer ficar triste. (N. T.)

*** Eu estava ocupado demais, baby, sendo fiel a você. (N. T.)

história do "rapaz" supostamente se lamentando para o atendente do bar, não deu certo: o que torna a canção ótima, a cada vez, é sabermos lá no fundo que é Sinatra que está cantando.)

Mas, quando chega ao penúltimo número, o grande *swinger* da era Dorsey "Oh! Look at Me Now", de 1941, ele reencontra a voz e, com ela, a desenvoltura no palco. Frank apresenta a canção — "Creio que esta quem tiver mais de vinte anos vai reconhecer", diz ele, e então resmunga: "E quem não tiver, devia ter" — e, lançando-se a orquestra ao fantástico arranjo de Riddle, Frank diz num momento de rara e impressionante honestidade: "Essa coisa me traz umas lembranças maravilhosas".

Até o final da vida, Frank cercaria seus dias na orquestra de Dorsey com uma aura rósea de nostalgia, qualquer que tenha sido a realidade. O que Frank romantizava não era apenas sua juventude; era também o tempo em que não precisava ficar sozinho, tentando dominar o mundo.

Sinatra fez uma apresentação feérica e extasiante naquela noite em Seattle; e na hora de cantar

I'm not the guy who cared about love,
*And I'm not the guy who cared about fortunes and such**

ele cantou com um sorriso afetuoso o sonho daquele rapaz pobre, mas feliz, que fora outrora.

No começo de junho, Ava estava na Cidade do México, completando *E agora brilha o sol*, em que fazia o papel de lady Brett Ashley, destroçadora de corações, ao lado de Errol Flynn, Tyrone Power e um novíssimo Robert Evans, em seu primeiro papel importante no cinema, como o toureiro Pedro Romero. Seu acompanhante na locação era Walter Chiari.

Enquanto estava no México, ela enfim aproveitou a oportunidade para dar entrada nos papéis de divórcio contra Frank, acusando-o de abandono e ausência por mais de seis meses. Ele não contestou as acusações, e em 5 de julho o tribu-

* Eu não era de me preocupar com o amor, / E não era de me preocupar com fortunas e coisas assim. (N. T.)

nal mexicano emitiu a sentença de divórcio. Houve um estranho anticlímax na imprensa, que não lançou nenhuma grande manchete nos Estados Unidos.

Ava nunca mais se casaria.

No dia anterior, no feriado nacional de Quatro de Julho, Sinatra e um grupo de amigos tomaram um iate fretado de 102 pés, o *Celeste*, para um cruzeiro pela costa da Baja California.[1] A ocasião foi ciosamente resguardada da atenção da imprensa. Entre os integrantes estava Lauren Bacall, que naqueles últimos meses Frank estava discretamente levando a jantares e a suas sessões de gravação. Foi durante esse cruzeiro, contou Bacall mais tarde, que o relacionamento entre os dois se tornou romântico, muito embora, num dos portos da costa, Sinatra tenha ficado "bêbado e ofensivo com um garçom, o que, segundo ela, dando de ombros, fazia parte do percurso".[2]

Em todo caso, agora ele era legalmente desimpedido e assim continuaria por quase uma década.

Em momentos mais tranquilos no mar, Frank, sempre de olho em potenciais direitos autorais para filmes, leu o roteiro de uma comédia que estava na Broadway. O tema da peça, *A Hole in the Head*, eram as dificuldades domésticas e financeiras de uma viúva criando um filho e tentando gerenciar um hotel em Miami. Tão logo voltou a Los Angeles, ele mandou seu agente na William Morris, Bert Allenberg, comprar os direitos da peça por 200 mil dólares — um dinheirão cujo desembolso ficara bem mais fácil com os 3 milhões de seu recente acordo com a ABC.

Num espírito extrovertido, Frank voltou ao Estúdio A da Capitol em julho, para gravar um álbum de Natal. Sentindo que a música natalina exigia um toque antigo e sinceramente sentimental, mais uma vez chamou Gordon Jenkins para a regência e o arranjo. O resultado, com Sinatra tendo ao fundo uma orquestra de 22 instrumentos e um coro de 25 vozes (os Ralph Brewster Singers), foi impecável. Como assinala Friedwald, em "The Christmas Song", "Mistletoe and Holly" e "The First Noel", entre outras, Frank "parece recuperar a inocência que usara em sua primeira interpretação natalina, feita uma década antes com Axel Stordahl".[3] E nas músicas sacras, como "Hark! The Herald Angels Sing" e "Adeste Fidelis", sua voz tinha uma nova autoridade e até majestade.

Frank deixara suas dificuldades vocais de lado e criou um álbum natalino para todas as idades; terminando *A Jolly Christmas from Frank Sinatra* em 17 de julho, sentiu-se disposto a comemorar. "Ele deu uma festa de Natal enorme para todos", relembrou Frank Military. "Foi incrível — comes, bebes, tudo. Foi mesmo um espetáculo — Natal em julho!"[4]

Era também uma ocorrência rara. Apesar da grande estima que Frank sentia pelos músicos com quem trabalhava, "era raro que tivesse algum contato social com eles fora do estúdio de gravação", como observa Charles Granata. "Por um lado, Frank respeitava e apreciava seus talentos e entendia a importância deles para sua carreira. Por outro lado, devia haver algum desejo subconsciente de mantê-los à distância, talvez para garantir que mantivessem o respeito por ele."[5]

O trombonista Milt Bernhart lembrou: "De vez em quando, ele convidava os músicos para o restaurante Villa Capri depois de uma gravação. Mesmo então, quase nunca percorria a sala, ficando em sua mesa no fundo. A gente se aproximava e agradecia, ele sorria, e só".[6]

Por outro lado, Bernhart também relembrou uma festa em meados dos anos 1950 na casa de Frank no Coldwater Canyon, com a presença de uns vinte músicos e "três ou quatro nomes muito importantes de Hollywood: Lauren Bacall, Adolph Green, Bill e Edie Goetz". Sinatra passou horas com os instrumentistas, ignorando por completo os outros convidados, que foram embora um a um. "Mas era o dia dele conosco, e fiquei com a sensação de que ele gostou — que o fato de fazê-los esperar lhe deu energia. Só mesmo Sinatra para fazer isso!", disse Bernhart.

Felix e Eleanor Slatkin, que se tornaram bons amigos de Frank em meados dos anos 1940, eram um caso especial: Sinatra os considerava visivelmente como seus iguais — ou talvez, devido à profunda formação do casal em música clássica, como ocupantes de um nível cultural mais elevado. Os dois filhos do casal, Leonard e Fred, cresceram literalmente ao redor de "Tio Frank", na casa dos Slatkin e nas residências de Sinatra. Leonard Slatkin tem claras lembranças, desde seus cinco ou seis anos, das músicas que Frank cantava para ele e o irmão Fred dormirem.

"Também éramos convidados com muita frequência para sua casa em Las Vegas", diz Slatkin.

> Lembro que meu irmão e eu ficávamos sentados à beira da piscina, e vinham aqueles avisos por um sistema de alto-falante — "Fulano de Tal, por favor, venha ao

> escritório". E volta e meia: "Freddie e Lenny, venham, por favor, ver o sr. Sinatra". Éramos pequenos. Para nós era normal. Era tudo muito encantador e muito inocente. Realmente creio que, quando você era amigo dele, era amigo para a vida toda; se fosse inimigo, seria inimigo para a vida toda.[7]

Entre Frank e seus arranjadores, por outro lado, havia uma distância deliberada. "Durante as sessões de gravação com Sinatra, ocorre uma magia [...] entre Frank e mim", relembrou Gordon Jenkins.

> É o mais perto que você vai chegar sem ser do sexo oposto! Gosto de tê-lo bem na minha frente e nunca tiro meus olhos dele, então é uma coisa difícil de descrever. Mas há uma clara ligação mental entre os dois quando tudo corre bem [...] ele se solta — ocupa todo o espaço enquanto prossegue —, não segura nada. É na vida pessoal que ele se segura.[8]

Jenkins tentava ficar longe de Sinatra quando não estavam trabalhando juntos. "É uma tentação ficar por perto, pois ele tem muito a oferecer", contou, "mas acho que estamos indo bem sem ser camaradinhas, e assim, quando acabamos à noite, se ele sai pela porta esquerda, eu saio pela direita. Creio que tem dado certo."[9]

Com Nelson Riddle, não era sequer uma questão de escolha. Jenkins era capaz de uma certa bonomia do Meio-Oeste; também possuía a confiança de um homem de recursos. Tinha uma renda constante dos royalties sobre suas composições. Riddle, cujo áspero senso de humor era evidente para os amigos, mas não para os de fora, não tinha essa sorte. Apesar de toda a sua genialidade, era basicamente um arranjador contratado por tarefa que de vez em quando escrevia alguma música que vendia bem (ele ficou duas vezes entre os Quarenta Maiores Sucessos em meados dos anos 1950 com as músicas ambientais "Lisbon Antigua" e "Port au Prince"), mas em geral tinha de produzir arranjos a cerca de cem dólares cada — sem royalties.[10] Sentiu até o final da vida uma enorme inveja do compositor, maestro e arranjador Henry Mancini, que, embora considerado por alguns aficionados de música um artista muito inferior a Riddle, tinha um dedo de ouro para criar trilhas sonoras de TV e cinema premiadas (os temas de *A pantera cor-de-rosa* e do seriado *Peter Gunn*) e singles de vendas estrondosas ("Moon River"). Milt Bernhart relembrou: "Certa vez, Nelson me disse que trocaria todos aqueles seus arranjos, pelos quais recebia um pagamento fechado, por uma canção de Mancini. Só uma!".[11]

Com sua seriedade, uma certa insegurança e o medo de Sinatra, Riddle projetava uma atitude puramente empresarial e autodefensiva no estúdio de gravação, em agudo contraste com a autoconfiança arrogante de Frank, com sua energia vibrante e sua necessidade de tocar para todos os presentes.

"Durante várias de suas primeiras sessões de gravação, Frank se divertia às custas de Nelson sem que ele percebesse, mas a orquestra notava", disse Vince DeRosa, que tocava trompa. "Frank se aproveitava de sua seriedade. Nelson era tão sério que ele lhe dava umas estocadas. Os músicos sentiam: 'Caramba, esse cara está mesmo pegando no pé dele'. Mas Sinatra era assim. Apesar disso, claro, ele tinha absoluto respeito por Riddle."[12]

Rosemary, filha de Riddle, lembra que, quando menina, esteve em algumas sessões de gravação do pai com Sinatra, Ella Fitzgerald e Nat King Cole em meados dos anos 1950. "Rapaz, que séquito cercava Frank", diz ela.

> E você não ia até ele. Ele era generoso em muitos aspectos, mas ali era assunto sério. Já Ella, quando me via, era aquela sensação calorosa, acolhedora. E papai e Nat eram superligados. Papai ficava mais confiante, imagino eu, numa sessão de Ella ou Nat. Não ficava na expectativa [da reação deles ao arranjo].[13]

A reação de Sinatra podia ser brusca. O trombonista George Roberts falou a Peter Levinson, biógrafo de Riddle, sobre várias ocasiões

> em que Frank entrava e pedia a Nelson que a orquestra tocasse os arranjos que iam gravar naquela noite. "Estive em sessões em que Frank não gostou das partituras", contou Roberts [...]. "Ele dizia: 'Sessão encerrada. Vocês terão o pagamento', e saía, e ponto final. Ele não chegava a dizer por que não tinha gostado dos arranjos, mas você sabia que era por isso que ele estava indo embora".[14]

Pouco admira que Riddle se sentisse intimidado por Sinatra — mas, em algum nível mais básico, era ele que se deixava intimidar. "Penso que ele nunca valorizou de verdade seus próprios talentos",[15] disse Alan Livingston.

Frank Sinatra e Dean Martin haviam se conhecido quando Frank apresentou Dean e seu parceiro Jerry Lewis ao público na estreia da dupla no Copacabana, em 1948. De 1946 a 1956, enquanto a carreira de Frank despencava e depois se reerguia como que por milagre, Dean e Jerry foram os principais nomes no show business — na televisão, no cinema e ao vivo. Mesmo assim, ninguém previa o retorno de Dean Martin após seu rompimento com Lewis em 1956: os conhecedores apostavam que Jerry floresceria com seus múltiplos talentos e Dean, visto como mero coadjuvante dele, como que desapareceria.

Foi o que quase aconteceu. Seus discos vendiam bastante bem — ficou entre os mais vendidos em 1954 com "That's Amore" e "Sway" e em 1956 com "Memories Are Made of This" —, mas aquilo que lhe dera fama mundial não existia mais. Em março de 1957, o primeiro filme de Martin depois do rompimento com Lewis, uma comédia romântica com o título pouco atraente de *Dez mil alcovas* — estrelando com Anna Maria Alberghetti —, não teve a menor chance. As críticas foram fracas. Martin era "um ator afável", disse a *Variety*, com "facilidade para cantar".[16] O público não se animou a ir assistir. Todavia, naquele mesmo mês ele estreou no Copa Room, no Sands, para notícias muito melhores: "Se a reação do público for critério, Martin continuará firme e forte como animador de palco", opinou a *Variety*.

Em outras palavras, Dean poderia continuar em Las Vegas indefinidamente, mas o mundo mais amplo lhe estaria fechado.

Enquanto isso, porém, Frank Sinatra nunca deixou de acreditar nele. Os dois tinham se dado muito bem desde o começo, por razões complexas. Na superfície, podia parecer que Sinatra e Martin tinham várias coisas em comum — ambos eram cantores/atores ítalo-americanos com fama oscilante —, mas, na verdade, tinham mais diferenças do que semelhanças, e essas diferenças interessavam aos dois.

Sinatra, um caldeirão fervente de hipersuscetibilidade e insegurança, tinha sido filho único, objeto de adoração e de aspereza materna, e se manteve como filhinho da mamãe cheio de conflitos. Martin, que nascera Dino Paul Crocetti, tinha um irmão mais velho, mas, ao que parece, desde pequeno viveu num mundo próprio. Era distanciado e irônico, imbuído de uma característica conhecida em italiano como *menefreghismo* — isto é, não estou nem aí. Seu biógrafo, Nick Tosches, também fala de certo traço cultural: "manter calado, dentro de si, qualquer pensamento ou sentimento que fosse muito profundo [...] aquele muro de *lontananza* [distância] entre o eu e o mundo".[17] Era um traço do Velho Mundo, cultivado entre os camponeses, e que Dean adotou com naturalidade nas ruas ítalo-americanas de Steubenville, Ohio, nos anos 1920 e 1930. Também aprendeu essa atitude com seus pais, dos Abruzzos. Como lembrou Jerry Lewis, que conheceu Gaetano e Angela Crocetti:

> A mãe e o pai de Dean lhe diziam o seguinte: Um: "Você está indo para o mundo de verdade; lá não tem ninguém que se importe com você". Dois: "Garanta que o dinheiro em sua mão vá para seu *bolso*". Três: "Chore, e é um maricas. Mostre qualquer tipo de simpatia, e *eles* vão se aproximar. Mostre que tem sua própria personalidade e está contente com ela, eles *vão* se manter à distância". Ele foi criado com essas regras básicas. Vindas da mãe e do pai — boa gente. Mas vindas da Itália, e "Este é o primeiro mandamento do negócio: a distância".[18]

Embora Sinatra e Martin tivessem largado a escola no primeiro colegial, Frank tinha uma curiosidade intelectual voraz e incansável; Dean gostava de assistir a faroestes na TV e ler gibis. Sinatra era baixo, magro e mais magnético do que bonito. Martin era alto, robusto, um tremendo boa-pinta, com a desenvoltura de um atleta. Tinha mãos enormes (por algum tempo foi boxeador profissional e trabalhou como crupiê) e golfista com handicap 6.

Mas, entre os vários talentos de Dean, o mais impressionante — e o mais invejável para Frank — era, talvez, o dom natural para a comédia. (O elemento a que o público no Sands estava reagindo, além da afabilidade e da facilidade para cantar de Martin, era seu novo personagem, tomado de empréstimo a Joe E. Lewis: andar com um copo que parecia ser de uísque — era suco de maçã — no palco e atuar como se estivesse bêbado. O número do bêbado também combinava muito bem com o distanciamento emocional natural de Dean — como disse Jerry Lewis: "Se você der a impressão de que tomou umas [...] em geral as pessoas vão manter distância".)[19] E uma das coisas que Frank Sinatra — quase incapaz de improvisar uma fala cômica no palco — mais queria era ser engraçado.

Frank invejava e admirava praticamente todas as qualidades inatas de Martin, quase ao ponto da idolatria. "Sinatra era fascinado por Dean", escreve Tosches. Frank

> via o homem que ele próprio queria ser. Era o pessoal da Máfia que se mostrava obsequioso com Dean, e não o contrário. Para Sinatra, que sempre parecia estar chorando ou se matando por causa de alguma mulher, que sempre parecia estar

mandando os outros fazerem o trabalho sujo, que mantinha com a mãe a relação de um garotinho — para Sinatra, Dean era *la cosa vera*, a coisa de verdade, com *la stoffa giusta*, o estofo certo.[20]

Quanto aos sentimentos de Dean por Sinatra — bom, quem sabe? Sem dúvida, admirava-o como cantor. Mesmo assim, argumenta Tosches, Martin achava que Sinatra "levava tudo a sério demais. Ele se achava um tremendo artista, um tremendo deus".[21] E, enquanto o carisma, a volatilidade e o imenso sucesso de Frank nos anos 1950 o tornavam um líder natural, com um grupo de seguidores e acompanhantes que saltavam a cada desejo seu — e muitas vezes se retraíam quando ele estourava —, Dean Martin não era seguidor dele. Martin não seguia ninguém. Construiu sua vida em torno do golfe e gostava de dar suas tacadas de manhã cedo, o que significava ir se deitar cedo — cedo demais para acompanhar os horários de Sinatra. Quando estava na cidade, também gostava de jantar com a família. Era doido pelos filhos — como Frank por suas filhas, mas se fazia mais presente. Ainda que os caminhos dos dois (por iniciativa de Frank) se cruzassem com frequência sempre maior em meados dos anos 1950, e ainda que às vezes bebessem ou jogassem juntos, o tempo que passavam um na companhia do outro se referia mais ao trabalho do que à diversão.

Naquela primavera, para surpresa de todos (inclusive a sua própria), Dean recebeu um papel sério ao lado de Marlon Brando e Montgomery Clift no filme *Os deuses vencidos*, sobre a Segunda Guerra Mundial. O filme lhe trouxe excelentes frutos quando foi lançado, no ano seguinte; sua estrela subiu ao longo de 1957. A NBC quis que ele fizesse um programa de variedades na TV, com treze apresentações, começando no outono (em vista de sua agenda cada vez mais cheia,[22] ele negociou seis apresentações com a rede). Então foi para a Europa, para rodar o filme.

Martin se deu bem com Brando e Clift, que descobriram nele um talento natural para a interpretação. Monty Clift treinou Dean durante todas as suas cenas dramáticas juntos, como havia feito com Frank em *A um passo da eternidade*. E, ao contrário de Frank, Dean gostava da companhia de Brando nos horários de folga da filmagem: em julho, os dois estavam sentados no café de um hotel em Paris, quando Brando derramou sem querer uma xícara de chá fervendo no colo, queimando tanto os genitais que teve de ficar internado por um breve tempo no hospital.[23]

O incidente foi celebrado numa festa surpresa que Frank deu para comemorar a volta de Dean a Los Angeles, em agosto. Para a ruidosa celebração, no Villa Capri, Sammy Cahn, grande amigo de Sinatra e Martin, tinha escrito várias paródias que Frank iria cantar, entre elas "Tea in Gay Paree" (com a melodia de "Tea for Two"), baseada no contratempo de Brando.

Martin e Brando podiam ter se dado bem, mas todos sabiam que Sinatra não gostava do "Resmungão" e ele, afinal de contas, era O Chefe. Como alguém teve a ideia de levar um gravador para a festa, podemos ouvir as gargalhadas que acompanhavam quase todas as palavras de Frank, bem como sua versão vulgar da própria música, que começava assim:

Well, Marlon Brando said, "I'd like some tea".
He startled all of gay Paree,
*They hadn't served a cup of tea in years.**

e continuava:

So finally they brought the tea,
And poured it right above his knee... **

Frank se interrompeu. "Claro que você tem de saber o que tem acima do joelho", disse. "Pois, se não souber, está numa encrenca danada — é seu *peru* que está ali." A gargalhada foi geral. Ele concluiu:

*Don't ever ask for tea in gay Paree!****[24]

Entre muitas gargalhadas dessa natureza, a festa afinal terminou às quatro da manhã.[25]

Lauren Bacall apareceu em público com regularidade na companhia de Frank durante a primavera e o verão. Era "um membro atento da plateia" quan-

* Bom, Marlon Brando disse: "Quero chá". / Toda a alegre Paris ficou espantada, / Não serviam chá fazia anos. (N. T.)

** Então enfim trouxeram o chá, / E o derrubaram logo acima de seu joelho... (N. T.)

*** Nunca peça chá na alegre Paris! (N. T.)

do a turnê de Sinatra chegou a Salt Lake City no meio de junho, e ela não teria ido para lá por conta própria. Quando o *Deseret News*, o humilde jornal local, especulou sobre um romance entre os dois,[26] os colunistas de Hollywood, muito melindrados — muito ciosos de seu território —, negaram. Tenha ido ou não à festa do Villa Capri oferecida para Dean, Bacall era vista com frequência por lá na companhia de Frank; os "íntimos" em seu restaurante local — decerto com boas intenções — disseram aos repórteres que os dois estavam "muito apaixonados".[27]

Em 23 de agosto, foi ela a acompanhante de Sinatra na estreia de gala de *Chorei por você* em Las Vegas. Foi uma noite movimentada. Enquanto as câmeras de TV filmavam, Frank, de smoking e um boné de jóquei com a pala de lado, tentou entrar no teatro conduzindo um cavalo com Joe E. Lewis na sela. O cavalo refugou e então defecou. "Todo mundo é crítico hoje em dia",[28] disse Lewis.

"Depois da projeção, houve uma grande festa aberta ao público em El Rancho Vegas, onde Lewis estava se apresentando", escreveu Arnold Shaw.

> Lewis apresentou Frank e foi uma tempestade de aplausos. Então, em vez de retomar seu número cômico, o comediante o convidou para cantar. O público gostou da ideia. Frank continuou sentado. Lewis esperou e repetiu o convite. Então, às vistas da grande plateia, Frank se levantou da cadeira, ajudou sua acompanhante (Lauren Bacall) a se levantar da dela e saiu rápido da sala.
>
> Foi uma recusa bombástica a Lewis, muito embora, como se evidenciou depois, Frank tivesse razão em se sentir provocado. O público não tinha como saber que ele obtivera a promessa de que Joe não lhe pediria para cantar. Joe concordara, sabendo que Sinatra tinha como política não se apresentar em nenhum hotel de Las Vegas afora o Sands.[29]

Não era apenas uma política de Frank; fazia parte de seu contrato com os donos do Sands — tanto os donos de fachada quanto os donos de verdade, sendo estes uns camaradas que era melhor evitar. Depois de sair de El Rancho, Frank foi para a sala de coquetéis do Sands, para um desjejum italiano que durou até as 6h15; Betty se sentou à sua direita.[30] Os boatos sobre os dois se avolumaram.

Mesmo assim, como escreveu Earl Wilson em suas memórias, "foi um susto para todos nós" — *todos nós* significando os conhecedores do eixo de fofocas Nova York-Hollywood — "quando o colunista Thomas Wiseman, do *London*

Evening Standard, noticiou em 14 de setembro que Sinatra e a srta. Bacall iriam se casar dali a seis meses, 'salvo alguma intervenção da Providência ou de Ava Gardner'".[31]

De onde esse novato do outro lado do oceano tinha tirado sua informação? Na verdade, de lugar nenhum: na melhor tradição do jornalismo britânico, ele simplesmente inventara tudo, esperando que assim viesse à tona alguma coisa em desenvolvimento entre o casal.[32] "Entendo que Sinatra esteja ansioso em manter seus planos matrimoniais em segredo", escreveu Wiseman, com certeza exasperante, "e é provável que negue qualquer intenção de desposar a srta. Bacall. Vocês podem interpretar as negativas dele com um pé atrás."[33]

Então acrescentou um palpite: Bacall, segundo ele, acharia Sinatra "uma tarefa ainda mais difícil" do que o falecido Bogart.

Nisso ele estava certo.

"Ficou um clima de circo no acompanhamento da imprensa que deixou Frank pouco à vontade", relembrou Wilson. "Ele se viu em apuros."[34]

É espantoso que o relacionamento não tenha acabado ali mesmo, naquela hora.

Os repórteres de agências de notícias que contatavam Frank em Palm Springs recebiam apenas um ríspido "sem comentários".[35] Enquanto isso, no centro daquilo tudo, as coisas tinham ficado bem mais complicadas do que poderia transparecer em qualquer coluna: Bacall precisava lutar com suas próprias emoções em tumulto e com a volatilidade ambulante que era Sinatra.

Na época, ela tentou expressar o que sentia. "Não sou daquelas mulheres emancipadas que gostam de viver sozinhas", disse Bacall a Hedda Hopper. "Odeio isso. Claro que quero me casar de novo."

"Você tem alguns belos namorados poderosos", disse Hopper.

"Até parece", retrucou Bacall. "Número 1, Frank Sinatra; número 2, Frank Sinatra; número 3, Frank Sinatra." Então jogou a cabeça para trás e riu. "Mas quem sabe o que Sinatra vai fazer daqui a seis meses?"[36]

Em 23 de setembro, os dois foram assistir a uma transmissão em circuito fechado da luta de boxe na disputa do título de peso médio entre Sugar Ray Robinson e Carmen Basilio, num teatro de Hollywood. Em certo sentido, foi o anúncio oficial deles. "Eu nunca tinha pensado muito sobre a celebridade depois da exposição insana que tive na época de *Uma aventura na Martinica* e meu casamento com Bogie", disse Bacall anos mais tarde. "Nem pensei que seria notada numa noite tão calma, mesmo com Frank, mas, quando saímos do teatro, havia fotógrafos esperando e as fotos resultantes acabaram saindo nos jornais do mundo inteiro."[37]

Uma das imagens mostrava os dois ombro a ombro, Bacall rindo, deliciada, Sinatra de chapéu flagrado num sorriso — coisa muito notável —, como se tudo estivesse às mil maravilhas no universo. No momento, talvez no exato momento em que o disparador abriu, os dois estavam absolutamente felizes juntos.

Refletindo em suas memórias, a atriz pôde entender melhor aquele período agitado de sua vida, e também entender melhor Frank. "A casa tinha estado muito quieta por um longo tempo, e aí ficou bem agitada na semana após a morte de Bogie, e então muito quieta outra vez", escreveu ela.

> À noite, sobretudo. Eu nunca tinha conhecido aquele tipo de silêncio. Ou aquele tipo de solidão. Era como se faltasse um grande pedaço de mim. Eu me sentia fisicamente mutilada.
>
> Queria que tudo voltasse. Queria de novo acordar sorrindo... queria algo que me motivasse... detestava sentir que minha vida tinha acabado aos 32 anos.
>
> Se os amigos me incluíam em algum pequeno jantar, era natural que Frank, se também fosse, viesse me buscar. Ele também estava solitário. E sempre fazia com que me sentisse melhor — eu conseguia até rir. Era um bom amigo. Gostávamos de estar juntos. Ele me ajudava, cuidava de mim.[38]

Swifty Lazar era outro amigo atencioso. "Mas Frank atendia a uma necessidade mais básica, inexpressa", escreveu Bacall.

> Quando eu estava em Nova York, ele sempre me ligava para ver como eu estava e eu adorava aqueles telefonemas. Até comecei a me sentir adolescente... leviana. Em algum lugar havia um homem — um homem que estava vivo — que se importava comigo como mulher. Vim a esperar aqueles telefonemas — a contar com eles [...].
>
> O fato de estar sozinha era crucial. Até então, sempre tivera minha mãe ou Bogie para me apoiar. Agora não havia ninguém. Se eu parasse de verbalizar isso, tenho certeza de que travaria. Ficaria paralisada de medo. Agora [...] vejo como era algo impossível desde o começo. Que não havia como pensar direito, não havia como sentir de fato algo positivo — como o amor; não havia como existir um fu-

turo bom e sólido para mim e Frank. Em silêncio, eu estava pedindo mais do que qualquer pessoa tem o direito de pedir — sobrecarregando-o com meus terrores, minhas demandas tácitas. Se na época ele estivesse seguro de si mesmo e de sua própria vida, talvez tivesse dado certo. Mas não estava.

Após a morte de Bogart, Sinatra satisfez a necessidade de Bacall de que cuidassem dela como mulher. No fim, contudo, ele a desapontaria cruelmente.

Ao se responsabilizar pelo malogro do romance entre eles, Bacall, escritora séria e de inteligência penetrante, fazia algo nobre — e dizia uma verdade que era apenas parcial. Ela trouxera à tona o que havia de melhor em Frank: seus profundos sentimentos pelos seres humanos (sobretudo as donzelas) em desgraça e aquela faceta mais elevada de sua natureza que reagia bem a pessoas de boa educação e sensibilidade apurada. E ela tinha visto o pior dele (em geral o álcool desempenhava um papel nisso) e não se incomodou, tomando esse fato como parte do percurso. Mas, até então, ele mostrara aos outros apenas seu lado pior, e o percurso ia ser bem mais acidentado do que ela imaginava na época.

* * *

Billy May era o típico personagem de Frank. Em qualquer descrição do trompetista, arranjador e maestro, é inevitável que apareça o adjetivo "falstaffiano": até parar de beber aos 47 anos, em 1964 (e viveria mais quarenta), May — bastante parecido com Jimmy van Heusen, tirando a mania de sexo — era um verdadeiro desregrado, sem a menor vergonha da vasta pança, barulhento, alcoólatra feliz da vida, que costumava segurar a batuta numa das mãos e um copo de uísque na outra durante as sessões de gravação.

Havia algo de desregrado também em seus dotes musicais. Era um orquestrador lendariamente rápido, famoso pelo hábito daquilo que Nelson Riddle fora obrigado a fazer com "I've Got You under My Skin": chegar às sessões de gravação ainda criando o arranjo. "Se a gravação estava marcada para as oito", contou Alan Livingston, "Billy aparecia alguns minutos depois das oito, com o copista atrás dele ainda transcrevendo, literalmente, durante a sessão."[39] Mas, como observou Eleanor Slatkin, "Billy May era o arranjador mais *meticuloso* do mundo. Quando você olhava os manuscritos dele, pareciam *impressos*, de tão impecáveis que eram. Ele podia se comportar de uma maneira, bom, meio desleixada, mas, quando se tratava de música, era um perfeccionista".[40]

Não era o tipo de perfeccionismo de Riddle. "Gravar com Billy May é como tomar uma ducha fria ou levar um balde de água fria na cara", disse Sinatra ao jornalista inglês Robin Douglas-Home.

> Nelson chega à sessão com todos os arranjos preparados de antemão com muita ordem e capricho. Mas, com Billy, às vezes você só vai ter as partituras da canção seguinte depois de terminar a anterior — ele está rabiscando às pressas em algum escritório no estúdio até a hora de começar a sessão! Billy trabalha melhor sob pressão. Também lida com a orquestra de uma forma muito diferente da de Nelson ou Gordon: com Billy, lá está ele de calça velha e camiseta, aí vira para os músicos e diz: "Ei, pessoal, esse compasso dezesseis. Vocês têm *oompah-de-da-da-ch-Ow*. Certo? Então vamos lá [...]". E a orquestra VAI! Billy *comanda*.[41]

May também tinha alergia a se levar a sério: era o único arranjador de Sinatra capaz de dissipar a famosa intensidade dele durante as sessões de gravação, com uma piada, um olhar de esguelha, uma talagada de uísque no estrado.

Os músicos adoravam aquilo. "Pensei: 'E daí?'", disse May a Charles Granata. "Se é para entrar e fazer, de que adianta fazer qualquer coisa se não for para se divertir?"[42]

Sinatra e May se cruzaram pela primeira vez em 1939, quando May tocava trompete e fazia arranjos (com Bill Miller ao piano) para a orquestra frenética e maluca de Charlie Barnet. Depois May foi para a orquestra de Glenn Miller, e então para a de Les Brown, e aí, na era pós-suingue, ficou saltando de galho em galho, mais ou menos como aconteceu também com Nelson Riddle e Gordon Jenkins, trabalhando no rádio, fazendo arranjos de discos infantis (como a série *Bozo the Clown*) para a Capitol, e depois, no começo dos anos 1950, virando *bandleader* com um som muito próprio, caracterizado por glissandos e melosidades sensuais entre os sopros e os metais, e conhecido pelos saxofones ruidosos.

A primeira canção que Frank Sinatra gravou para a Capitol Records, em abril de 1953, era uma composição de Billy May, um blues contagiantemente jazzístico sobre uma namorada magrela, "Lean Baby". E quando Sinatra pediu seu antigo arranjador da Columbia, Axel Stordahl, e Alan Livingston sentiu que Frank precisava avançar em termos artísticos, tirou rápido uma carta da manga e lhe prometeu Billy May — e então, quando se soube que May estava em turnê com sua orquestra (como Livingston já sabia muito bem), ele colocou Riddle em seu lugar, mesmo novo e sem testá-lo.

Tudo isso para dizer que, quando Sinatra, no outono de 1957, quis outra vez avançar — ou pelo menos se alargar — em termos artísticos, já tinha Billy May em mente. Frank estava com uma nova ideia para um álbum: um disco baseado em algo que ele conhecia muito bem, viajar. As canções se alternariam entre o exótico e o romântico, entre suingues marcados e baladas sensuais. E o LP surgiria como um bom contraponto após o sentimentalismo dos dois álbuns de Jenkins. Ele chamou Billy May para escrever os arranjos e encomendou a canção-título e o fechamento a Sammy Cahn e Jimmy van Heusen. O álbum e a faixa de abertura, disse Sinatra aos compositores, deviam ter o mesmo nome: *Come Fly with Me.*

Como que para frisar a distância do projeto em relação a Riddle e Jenkins, a primeira sessão de gravação, em 1º de outubro, não tinha cordas. A orquestra, com metais (cinco trompetes, cinco trombones e uma tuba), sopros (cinco saxes), uma seção rítmica de base e uma harpa, acompanhou Frank em três faixas naquela noite: "On the Road to Mandalay", "Let's Get Away from It All" e "Isle of Capri". (Tocaram "Flying Down to Rio", mas não gravaram.)

Nelson Riddle, que respeitava e gostava de Billy May, mesmo assim ficou ainda mais ofendido quando Sinatra — a seu ver — o deixou de lado outra vez. Mas o que Frank queria era um som diferente, e um som diferente foi o que conseguiu: dá para notar desde as primeiras notas da primeira canção gravada naquela primeira sessão. "On the Road to Mandalay", com a letra tirada do poema "Mandalay", de Rudyard Kipling, e melodia criada em 1907 pelo compositor Oley Speaks, de Ohio, tinha sido uma balada de salão muito popular no começo do século XX, depois um foxtrote de orquestra dançante nos anos 1920. Na versão de Billy May e Frank Sinatra, a canção é atualizada com um tremendo balanço e, ao mesmo tempo, alguns elementos estranhos. Contra os sons de pratos, sinos, blocos sonoros, um grande gongo e todos os outros tipos de percussão oriental (nas mãos competentes de Frank Flynn), a tuba solta seus *oompahs*, os metais e sopros suingam, e Sinatra também. Como se não tivesse nenhuma preocupação no mundo, ele dá uma reavivada em Kipling:

By the old Moulmein Pagoda, lookin' eastward to the sea,
*There's a Burma broad a-settin', and I know she thinks of me.**

Mas o que está acontecendo aqui? Will Friedwald afirma que Frank sentia uma certa ligação com o grande cronista inglês do império em declínio: "Depois do sucesso do filme *A um passo da eternidade*, com seu título inspirado em Kipling", escreve ele, "Sinatra parece ter criado uma afinidade espiritual com o herói recorrente de Kipling, o soldado dotado de consciência".[43] A seguir, ele cita *Os três sargentos*, o pavoroso filme de Frank rodado em 1962, com seu título ecoando a coletânea de contos *Soldiers Three*, de Kipling, e seu enredo levemente baseado no poema "Gunga Din", bem como a gravação realmente bizarra de Sinatra, em 1966, recitando o poema de Kipling.

Tudo bem, mas... O que de fato parece acontecer em "Mandalay" e em boa parte do restante de *Come Fly with Me* é que Frank, Billy May e os músicos estão se divertindo muito, talvez o momento mais divertido da vida deles. Ouça-se a

* Junto ao velho pagode de Moulmein, dando a leste para o mar,/ Há uma ampla vista da Birmânia, e sei que ela pensa em mim. (N. T.)

gloriosa canção-título, o auge da arte de Cahn e Van Heusen e ponto alto também de Sinatra. Sammy Cahn, de início, tinha escrito algo mais convencional:

If you could use some exotic views
*There's a bar in far Bombay**

que Sinatra gravou. Aí, no final da sessão, Sammy disse a Frank que também escrevera uma versão à Las Vegas:

*If you could use some exotic booze.***

"Ao saber disso", escreve Friedwald, "Sinatra na hora juntou de novo os músicos, que estavam indo para alguma bebida exótica deles mesmos, e regravou a canção com esse verso um pouco mais pitoresco."[44]

Graças a Deus! (Não; graças a Frank.)

Esse espírito de diversão correndo à solta e de aventura para o que der e vier está presente em todas as faixas rápidas do álbum, desde a canção-título, passando por "Mandalay", pela grande "Let's Get Away from It All", de Matt Dennis e Tom Adair, até a última, a exuberante "It's Nice to Go Trav'ling", de Cahn e Van Heusen, na qual o letrista certinho encarna o gosto de correr mundo de Chester Babcock:

*The mam'selles and frauleins and the senoritas are sweet,****

ele escreve, mas elas não podem rivalizar com as modelos da "Madison Ave".

E, ao mesmo tempo, as canções românticas têm uma sonoridade exuberante que é toda Billy May: dispensa comparações com outros arranjadores. Ele podia ter uma afinidade natural com as trompas, mas sabia escrever para cordas como ninguém: "Moonlight in Vermont" e "London by Night" têm cintilações lunares, e os doze violinos, cinco violas e quatro violoncelos se elevam de maneira emocionante nos clássicos de Vernon Duke "Autumn in New York" e "April

* Se quiser ter algumas vistas exóticas, / Há um bar na remota Bombaim. (N. T.)

** Se quiser ter uma bebida exótica. (N. T.)

*** As *mademoiselles*, *Fräuleins* e *señoritas* são bonitas. (N. T.)

in Paris". (A partitura era de May, mas ele não teria chance de conseguir uma seção de cordas com vinte músicos com nenhum outro vocalista. "Quando você contratava a orquestra, todas as gravadoras costumavam dizer: 'Use o menor número possível de instrumentistas', porque eles não queriam que você gastasse muito", contou o arranjador. "Mas, com Sinatra, você perguntava: 'Quantas cordas teremos, Frank?', e ele respondia: 'Lote o campo!'. Ele sabia, como todos nós, que quanto mais melhor, sobretudo cordas.")[45]

Para a terceira e última sessão de *Come Fly with Me*, na noite do dia 8, havia dois visitantes ingleses no Estúdio A: o compositor e maestro-arranjador Ron Goodwin e um produtor de discos de 31 anos chamado George Martin. Os dois trabalhavam na dona da Capitol, a EMI, colosso musical europeu com sede em Londres, que comprara 96% da gravadora americana em 1955. Desde então, os executivos da EMI se sentiam com frequência frustrados com sua incapacidade de vender singles ingleses à Capitol — especificamente ao produtor Dave Dexter Jr., que dirigia o departamento internacional da empresa.[46] Alguma coisa simplesmente se perdia ao cruzar o Atlântico, e os dois ingleses estavam dando um giro pelas estações de rádio e TV dos Estados Unidos, não só para promover o novo single instrumental de Goodwin, mas para tentar entender melhor o que marcava a música popular americana.

"Convidados a assistir, eles ficaram fascinados em ver a Voz em ação e observar o equipamento e os processos técnicos", escreve o biógrafo inglês Mark Lewisohn.

> Sinatra gostava de gravar à noite, e fez cinco faixas (inclusive a canção-título do álbum) com alguma facilidade, cercado pelo profissionalismo da orquestra de Billy May [...]. Sentindo-se como "os primos caipiras da Inglaterra", George e Ron também presenciaram a única nota destoante da noite, quando Sinatra armou um escândalo por causa da arte de capa do álbum, em que ele aparecia na frente de um avião da TWA. Sinatra subiu pelas paredes, dizendo que decerto alguém em algum lugar na Capitol estava embolsando propina da empresa de aviação pela publicidade gratuita que ele estava fazendo.
>
> Afora isso, a sessão deixou a melhor das impressões em George Martin, e não por acaso, logo depois de voltar à Inglaterra, ele de imediato começou a procurar

um Frank Sinatra britânico — e em doze dias encontrou. O cantor e pianista de jazz Jeremy Lubbock, nascido em Londres, tinha uma voz mais parecida com a de Sinatra do que o próprio Sinatra; embora outras gravadoras dissessem que era "pouco comercial", George o contratou para a Parlophone e começou a selecionar canções e a discutir arranjos com Ron Goodwin que fossem adequados para uma boa estreia a ser gravada em janeiro.[47]

A procura de outro Sinatra, como a busca da cidade perdida de Eldorado, prosseguiu ao longo dos anos; houve muitos Jeremy Lubbocks descobertos e depois esquecidos. (Lubbock, por sua vez, teve uma carreira de sucesso como arranjador de álbuns de música ambiente.) George Martin, claro, teria muitíssimo mais sucesso, sete anos depois, quando descobriu quatro garotos de Liverpool que não se pareciam com ninguém.

E Dave Dexter iria — de início — recusar os Beatles também.

Em 13 de outubro, Frank foi um dos artistas convidados, junto com Rosemary Clooney, Louis Armstrong, o Norman Luboff Choir e The Four Preps (Bob Hope também fez uma aparição surpresa), num especial de Bing Crosby na CBS, *The Edsel Show*. A transmissão (que substituiu *The Ed Sullivan Show* naquela noite de domingo) apresentava o novo modelo da Ford, de 1958, carro potente e muito anunciado com o qual a empresa automobilística esperava enfim ganhar uma dianteira em relação à General Motors.

A Ford investira recursos enormes para desenvolver o Edsel, que trazia como característica uma grade vertical na frente (embora, num devido retrospecto, francamente medonha) e inovações técnicas como um velocímetro "de bola giratória" na direção, câmbio automático de botão e cintos de segurança opcionais. "Uma nova concepção do prazer de dirigir, como nenhum outro carro que você conhece", dizia a propaganda.

Claro que o carro seria um fracasso comercial de proporções colossais, com um prejuízo de milhões de dólares para a Ford. "O único Edsel que vi foi o que me deram para dirigir enquanto eu estava ensaiando",[48] lembrou Rosemary Clooney. Quando ela abriu a porta do carro, a maçaneta se soltou.

Durante o ensaio, ela notou outro mau presságio: como era mais do que previsível, Sinatra não se deu ao trabalho de aparecer. Crosby estava preocupado.

Clooney escreveu em suas memórias: "'Frank vai pisar na bola', Bing me disse. 'Vai pisar na bola e vamos ter de socorrê-lo [...].' Havia uma mudança de acordes difícil num medley que estávamos fazendo e sabíamos que, se ele não ensaiasse conosco, não ia acertar".

O programa foi transmitido ao vivo (na Costa Leste; foi também a primeira transmissão a usar a nova tecnologia do videoteipe, para posterior transmissão na Costa Oeste) — sem segundas tomadas, sem nenhuma margem de erro. O medley começou: Bing, Frank e Rosie, com Clooney no meio. "Quando Frank começou com 'Blues in the Night' a capela, esteve bem durante um compasso, até que a orquestra entrou com um acorde em tom totalmente diferente", lembrou ela.

> Bing estava certo — Frank pisou na bola. Mas não foi nada de mais, porque Frank ergueu os ombros e riu de si mesmo — "A nota está *aí em algum lugar*" —, e a plateia adorou. Bing e eu só trocamos um olhar. A Voz conseguia se sair bem em todas as situações.[49]

Quase todas. Uma coisa era se lixar para o programa de outra pessoa (embora *The Edsel Show* tenha recebido ótimas críticas e alta classificação, ao contrário do modelo Edsel). A ambivalência de Frank em relação à televisão logo voltaria bem depressa, para alfinetá-lo no lugar onde mais doía.

A primeira grande incursão de Sinatra na telinha, o original *Frank Sinatra Show* na CBS, em 1950, tinha sido uma catástrofe. Vá lá que eram os primeiros tempos da TV, mas já havia pessoas — em especial Sid Caesar, que Frank tivera de enfrentar nos sábados à noite na NBC, com seu tremendo sucesso em *Your Show of Shows* — explorando as possibilidades inovadoras do novo meio de comunicação. Sinatra, em pleno declínio épico de sua carreira na música e no cinema, tratava a TV como uma prima pobre, às vezes aparecendo nos ensaios com horas de atraso, às vezes simplesmente se recusando a ensaiar. O programa teve dificuldades em encontrar patrocinador, recebeu o desprezo da crítica ("uma mistura banal de rádio, vaudevile batido e pantomima sem graça",[50] escreveu Jack Gould, do *New York Times*) e deu enorme prejuízo à CBS.

Os planos do novo programa de Sinatra eram grandiosos, compatíveis com a fortuna que a ABC pagara por ele. A rede obteve dois grandes patrocínios (relógios Bulova e cigarros Chesterfield), e o próprio Frank seria o produtor executivo. "Se não der certo, quero que seja por minha causa", disse ele ao *New York World-Telegram*. "Em todos os anos que aceitei os conselhos dos outros, em 50% dos casos eles estavam errados."[51] O novo *Frank Sinatra Show* teria uma estreia de arrasar, começando em 18 de outubro, uma sexta-feira, com um episódio ao vivo, de uma hora de duração, de variedades musicais com Bob Hope, Peggy Lee e Kim Novak como artistas convidados. Depois disso, o programa iria ao ar gravado, com meia hora de duração todas as sextas à noite, sobretudo no formato de variedades musicais, mas de vez em quando com teledramas de meia hora que Frank estrelaria ou produziria. (Ele já tinha um pronto, em que fazia o papel de um taxista que adotava um casal de órfãos de guerra.)

Sinatra, cujo gosto na escolha dos colaboradores era muito refinado, contratou para as partes musicais Kirk Browning, que dirigira séries dramáticas e operísticas para a NBC. Browning apareceu com uma ideia brilhante para o segmento de abertura da estreia. Começaria com uma tomada da mão de Frank, dando o ritmo para "Lonesome Road", uma canção com alguns tons gospel de *A Swingin' Affair!*. A câmera então recuaria e mostraria Sinatra no alto de uma escadaria grandiosa; a seguir, abriria a tomada para mostrar a escada no centro de um universo estrelado. Frank adorou a ideia.[52]

No começo, tudo correu bem. "Juntamos todos os números com Bob Hope; então vinham Kim Novak e Peggy Lee, começamos a ensaiar e tudo estava na maior harmonia", lembrou Browning. "Faltava uma semana para o programa ir ao ar, ensaiávamos, mudávamos uma coisinha aqui, outra ali, mas no geral Frank aprovava tudo o que estávamos fazendo. Ele se comportou maravilhosamente bem."

Depois, não tão maravilhosamente bem. Certo dia, nos repasses, Sinatra entrou e disse: "Não gosto de algumas coisas nesse programa". O diretor disse: "Bom, Frank, podemos mudar algumas coisas".

"E foi aí que ele resolveu mudar *tudo*", recordou Browning.

> Manteve a abertura, mas, tirando isso, mudou os números, a cenografia, a ordem e a disposição. Lembro os últimos dias dos ensaios, quando tudo mudava todo dia. Bob Hope veio falar comigo: "Kirk, o que está acontecendo? O que Frank está fazendo? As coisas estavam indo com toda a perfeição e de repente ele está mudando

> tudo!". Quando você consegue desconcertar Bob Hope, é porque as coisas estão ficando difíceis mesmo.[53]

As coisas se assentaram; os ensaios da câmera e do figurino correram bem. Chegou a noite do programa: a transmissão ao vivo iria ao ar às 21 horas. Browning disse ao contrarregra que ficasse de olho em Frank, para ele estar no alto da escadaria diante da grua da câmera, que já estava pronta para a primeira tomada.

Então, faltando cinco minutos para as nove, quando o diretor estava pronto para que Sinatra ocupasse seu lugar, "o contrarregra diz: 'Kirk, não consigo encontrar Frank'", relembrou Browning.

"Como assim, não consegue encontrar Frank?", perguntou Browning ao contrarregra.

"Bom, ele disse que ia sair um segundinho e não o vejo em lugar nenhum", respondeu ele.

"Foi um frenesi completo no estúdio, todo mundo ficando cada vez mais histérico", contou Browning.

> Nada de Sinatra em lugar nenhum. Um minuto para entrar no ar, nada de Sinatra. Quarenta e cinco segundos, trinta segundos, nada de Sinatra. Faltando vinte segundos para as nove, abre-se uma porta lateral. Frank entra calmamente e devagar, muito devagar, sobe aqueles degraus. Aos 5, 4, 3, 2, 1, ele chega lá no alto, põe a mão na frente da câmera e estala os dedos.
>
> Ele queria criar tensão, e queria sentir que era o único no controle total. É claro que fomos ao ar e sobrevivemos. Ele estava muito afável no final da transmissão e ofereceu a todos nós uma grande festa; a essas alturas, a lembrança da abertura já começara a se apagar. Lembro que ele se virou para mim e disse: "Kirk, a gente se deu muito bem trabalhando nesse programa. Sabe, tenho uns roteiros de filmes que estou fazendo, e, se você quiser, pode pegar um deles". Bom, respirei fundo e respondi: "Frank, é muito gentil de sua parte, mas creio que vou ficar só com a TV".[54]

"Sou muito detalhista na busca da perfeição em meu trabalho e, também, no trabalho da maioria dos outros", ele havia dito a Edward R. Murrow. "Eu me pego procurando defeito em tudo o que faço. O que acho realmente muito saudável."

"Saudável" era uma maneira interessante de elogiar a si mesmo. "Inevitável" caberia melhor. O perfeccionismo de Frank lhe servia às mil maravilhas no estúdio de gravação, onde tinha um controle razoavelmente completo. "Um álbum de Sinatra é um álbum de Sinatra", Nelson Riddle disse certa vez a Jonathan Schwartz. "A capa, o texto da contracapa, as canções, os arranjos. Tudo. Não havia produtor — Frank produzia. O álbum era Frank."[55]

Riddle exagerava, claro, mas não muito. O estúdio de gravação era domínio de Sinatra. Estúdios de cinema e televisão, não, mas isso não significava que ele não tentasse se apossar deles também. Nos filmes, a pergunta era sempre com quem ele estava brigando. Na televisão, ele brigava contra o próprio veículo. Os críticos perceberam, e o público logo iria perceber também.

O contrato de 3 milhões de dólares e toda a promoção antecipada não iriam adiantar muito, mas tudo teria sido perdoado se, de alguma maneira, Frank tivesse conseguido ser um bom anfitrião no programa. Em vez disso, ele assumiu o controle — ou melhor, ditou regras num processo que não chegava de fato a entender — e o resultado foi um programa que era emperrado (entre as canções, das quais todo mundo parecia gostar) e mostrava as falhas de Sinatra como personalidade de TV dos anos 1950: seu italianismo rebelde e seu humor um pouco alarmante, aquela ameaça de um acesso de raiva sempre à flor da pele. Seu ardor num meio mais pacato.

Alguns críticos foram bondosos. John Crosby, do *New York Herald Tribune*, escreveu sobre a estreia: "Sinatra voltou para se tornar a melhor coisa no show business, e por uma ótima razão. Ele é um tremendo animador e seu primeiro programa na TV foi um triunfo em quase todos os aspectos".[56] O que a frase com essa ligeira ressalva sugeria, e que outros críticos escreveram de maneira explícita, era que Frank fazia bem apenas uma coisa na TV; se tentasse mais, surgiriam problemas. "Enquanto esteve cantando, o programa prendeu nossa atenção e ele fez alguns números excelentes", escreveu Jack Gould, do *New York Times*. "Mas um programa de uma hora de duração não se sustenta com um homem só, e os roteiristas do sr. Sinatra o deixaram em má situação. O diálogo com Bob Hope foi de segunda categoria e o quadro dos dois com Kim Novak não decolou."[57]

Qual foi exatamente a falha dos roteiristas? A *Variety* fez uma comparação entre a estreia de Frank e sua aparição em *The Edsel Show*, desfavorável àquela:

"É indiscutível que faltou ao programa de Sinatra grande parte da energia e da fluência que há na apresentação do fabricante de automóveis".[58] No entanto, o que o crítico da *Variety* não tinha como saber era que aquela fluência decorria em grande parte de cuidadosos ensaios — da parte de Bing Crosby e Rosemary Clooney. Frank tratara *The Edsel Show* com arrogância, mas Bing e Rosie estavam ali para socorrê-lo. Para livrar sua cara. Em seu próprio programa, a arrogância — sempre uma máscara para seus medos mais profundos — minava o trabalho dos colaboradores e permeava suas atitudes no ar: "Preferimos o Sinatra do *Edsel Show*", escreveu o crítico de rádio e TV Jack O'Brian, "ao rapazola Frankie da sexta à noite em sua estreia na ABC-TV — o galã de boate, o dono do terreiro, o soberano presunçoso de tudo o que vê".[59]

Apesar dos receios das duas redes de televisão concorrentes de que *The Frank Sinatra Show* acabasse com a audiência delas nas noites de sextas, os índices do programa começaram a cair logo de saída. (O primeiro teledrama de meia hora, com Frank no papel do taxista compassivo, foi ao ar na semana seguinte, após a estreia.) Depois de poucas semanas, Charles Mercer, da Associated Press, apresentou uma análise incisiva. "O que há de errado com o programa de Sinatra?", perguntou ele.

> Sem saber nada sobre sua agenda na produção da TV, fico com a impressão, ao assistir a seus programas, de que foram feitos às pressas. Um programa semanal de variedades na TV é um trabalho quase de tempo integral para qualquer apresentador; o cuidado e a dedicação compensam quando o programa vai ao ar.
>
> Também fico com a impressão de que Sinatra está fazendo algo que nunca fez no cinema nem em suas notáveis aparições como convidado no programa de Dinah Shore na TV: é condescendente com a audiência.[60]

Mercer acertou na mosca. Eram os mesmos demônios de sempre: Frank detestava ensaiar, aparecia atrasado ou nem sequer ia aos ensaios; não levava a TV a sério. "Eu não conseguia fugir à sensação", escreveu Paul Molloy, do *Chicago Sun-Times*, "de que Sinatra pensava mais ou menos assim: 'Vamos dar a esses caipiras aí umas músicas e uma piadas e acabar logo com essa chatice'. Essa atitude é de uma afronta que não cabe no show business."[61]

* * *

No final de outubro, Frank ocupou a primeira página dos jornais denunciando "a forma de expressão mais brutal, feia, degenerada e corrupta que já tive o desprazer de ouvir". Ele se referia ao rock 'n' roll. Segundo a Associated Press, Sinatra escrevera essas palavras num artigo para uma revista parisiense chamada *Western World*. Assim prosseguia a citação da reportagem da agência:

> Ele alimenta reações quase totalmente negativas e destrutivas nos jovens. Soa falso e artificial. É em grande parte cantado, tocado e escrito por cretinos idiotas, e com suas repetições quase imbecis e letras maliciosas, lascivas — na verdade, obscenas — [...] vem a ser a música belicosa de todos os delinquentes com costeleta de cafajeste na face da Terra.
>
> Esse afrodisíaco de cheiro rançoso, eu deploro. Mas, apesar disso, pode-se dizer que a contribuição da música americana ao mundo é uma de nossas contribuições de efeitos mais saudáveis.[62]

A matéria ganhou circulação mundial tão instantânea que o Costeleta Número 1, o próprio Elvis Presley, sentiu-se obrigado a contestar a caracterização de Frank já no dia seguinte. "Admiro aquele homem, ele tem o direito de dizer o que quiser", disse Elvis aos repórteres. "É um grande sucesso e um ótimo ator, mas não creio que devia ter dito tal coisa. Ele está equivocado. O rock é uma tendência, tal como ele teve quando começou anos atrás. Considero a melhor coisa em música."[63]

As declarações de Presley, muito dignas e serenas, formam um forte contraste com a fanfarrice de Sinatra, que se eriça de hostilidade e agressividade — e, de maneira muito conveniente, não menciona que o rhythm and blues negro, do qual o rock sempre usou, tomou emprestado e roubou, era cheio de "repetições imbecis" e letras obscenas, que era uma forma artística americana importante e, em muitos casos, música de grande qualidade.

A comparação entre o rock 'n' roll e a música que levara milhões de adolescentes a gritar, desmaiar e molhar as calcinhas era uma questão mais complexa. No caso de Sinatra, o que era transgressor e revolucionário era o artista, não a forma artística: a sensualidade das baladas bastante suaves que ele cantava era mais romântica do que carnal. Os pequenos detalhes que levavam as adolescentes à loucura — aquela leve embargada da voz que Frankie usava nos trechos lentos, aquele cacho que lhe caía na testa — eram mais amenos, à primeira vista, do que o rebolado dos quadris de Elvis, que Ed Sullivan notoriamente mandou que os câmeras não filmassem.

Mas era preciso admitir: Presley tinha razão num aspecto. Tendência é tendência. Na verdade, até que ponto a sexualidade que o fenômeno Sinatra liberara no final da década de 1930 e começo da de 1940 se diferenciava da carnalidade liberada pelo rock 'n' roll quinze anos depois? Até que ponto era hipocrisia de Frank reivindicar a castidade para si ou para o que fazia no palco? A comparação entre a qualidade intrínseca das músicas cantadas por Sinatra e o conjunto diversificado do rock 'n' roll é outra questão. (Se bem que o próprio Frank teve sua parcela de canções bastante cretinas, mesmo descontando "Mama Will Bark": que tal "Red Roses for a Blue Lady"?) O que mais se destaca na comparação entre a fase de Sinatra como ídolo da adolescência e o rock 'n' roll é a curta duração da primeira, em contraposição à surpreendente permanência deste último. Frank não tinha como saber disso em 1957, mas seus temores parecem evidentes.

Em 1º de novembro, Nancy Sandra Sinatra, então com dezessete anos, estreou na televisão cantando em *The Frank Sinatra Show*, ao lado de duas amigas do colegial, Belinda Burrell e Jane Ross. O trio — que se chamava The Tri-Tones — apresentou duas canções que visivelmente nada tinham de contemporâneas, "Exactly Like You", de 1930, e "Side by Side", de 1927. Frank cantou junto nesta última.

Talvez algumas avós tenham se encantado, mas os telespectadores continuavam a se afastar do programa, pouco atraídos pelas falas forçadas e pela falta geral de fluência e espontaneidade do apresentador. Também não ajudava que os números musicais, depois da estreia, fossem gravados e não ao vivo; ademais, e o que é inexplicável, Sinatra vetara a presença de uma plateia no estúdio. Tudo parecia um mero enlatado sem capricho.

A *Variety* se perguntou por que, afinal, ele estava fazendo o programa. O que mais parecia irritar a revista de entretenimento eram as pequenas chamadas de Frank anunciando o intervalo para os comerciais de Bulova e Chesterfield. Numa matéria com o título SINATRA: CANTOR OU VENDEDOR?, a revista denunciava a "prostituição comercial" do astro: "Sinatra não é o primeiro nem será o último apresentador a se tornar um feliz anunciante comercial a soldo, mas é raro o caso de um ator ou cantor de sua estatura (e ele está no topo nos dois departamentos) que tenha personalizado tanto a chamada. Ele precisa do dinheiro? Rockefeller precisa?".[64]

Frank podia ser acusado de leve mau gosto, mas, convenhamos, a grana não era justamente a grande característica do *american way*? Artistas de todos os tipos endossavam produtos, de cigarros a automóveis; até Ernest Hemingway anunciava a Ballantine Ale, a Pan Am Airways e as canetas Parker.[65]

E na verdade, embora a renda de Sinatra fosse considerável, ele precisava do dinheiro. Não acabara de quitar os impostos atrasados que devia desde a época das vacas magras. Mantinha duas casas, vários automóveis, um avião particular e um helicóptero. Sustentava uma ex-esposa (seu divórcio de Ava não incluía pensão) e três filhos. E continuava a gastar como se o mundo fosse acabar amanhã, não só consigo mesmo, mas, como sempre, com outros em necessidade.

Mais acertada era a questão de não dedicar muito tempo a seu programa de TV. Como sempre, ele estava numa correria de um lado para outro: estava fazendo um novo filme na Paramount, *Só ficou a saudade*, um drama da Segunda Guerra com Tony Curtis e Natalie Wood; encontrou tempo para ser o artista convidado em outro programa de TV, uma homenagem a Ethel Barrymore em *Texaco Star Theater*, da NBC; três dias antes do Dia de Ação de Graças, voltou ao Estúdio A da Capitol e gravou quatro singles, cantando de uma maneira maravilhosa enquanto um Nelson Riddle aparentemente irreprochável regia seus próprios arranjos, lindos como sempre.

As três primeiras canções eram versões atualizadas das composições de Sammy Cahn e Jule Styne, que Frank cantara em seu filme *Aconteceu assim*, de 1946, e depois gravara com Axel Stordahl para a Columbia: "I Believe", de uma vivacidade irresistível, "It's the Same Old Dream", música de dor de cotovelo, e o grande standard "Time after Time". Durante toda a carreira, Sinatra retornaria várias vezes, e com ótimos resultados, a materiais que havia gravado antes. Essas novas versões mostravam seu enorme crescimento como artista, sua desenvoltura e maturidade. Também demonstraram sua sabedoria em retornar sempre ao grande Riddle.

A quarta canção, "Everybody Loves Somebody", de Sam Coslow, Ken Lane e Irving Taylor, era mais uma música que Frank tinha gravado em meados dos anos 1940. Dean Martin a cantara no rádio mais ou menos na mesma época. Embora não especialmente marcante, ela era agradável, mas não fizera muito por

Dean nem por Sinatra nos anos 1940, e a versão lenta de Riddle, ao estilo blues, não chegaria nem perto da parada de sucessos em 1957. Nem o mais delirante futurólogo jamais imaginaria que, sete anos depois, Dean Martin iria chegar com essa música ao primeiro lugar dos mais vendidos, desbancando um conjunto inglês chamado The Beatles do topo da parada de sucessos.

Sentindo que seu programa de TV precisava de uma renovação, em 29 de novembro Frank fez a primeira transmissão ao vivo desde a estreia e, também pela primeira vez, diante de uma plateia de estúdio. O convidado foi Dean Martin. De smoking, sentados a um bar com os copos na frente deles, os dois cantaram um pot-pourri de várias canções e fizeram algumas palhaçadas. É fascinante assistir à sequência décadas depois. Sentado à direita do convidado, embora ainda fosse muito maior como artista e um ano e meio mais velho do que ele, Sinatra aparece como o irmãozinho hiperativo, ansioso por agradar. Isso porque fica um nanico ao lado de Dean, com sua cabeça leonina, ombros largos e mãos enormes e muito expressivas.

Mas também porque Martin, embora com a carreira correndo perigo naqueles últimos tempos, simplesmente eletriza a tela. (A estreia de seu programa de variedades na NBC, em outubro, ganhara aplausos extasiados da crítica.) Não admira que venha a se tornar um tremendo astro daí a seis meses. A câmera sente verdadeiro amor por ele: Dean está no auge da forma física e emana desenvoltura e carisma. Canta com suavidade e absoluto encanto; faz graça sem esforço. Não só deixa Frank parecendo um nanico em termos físicos como tem muito mais classe.

Em contrapartida, a câmera de TV, aqui trabalhando em close, não favorece Sinatra em nada. A câmera não tem nenhum amor por ele; na verdade, nem gosta muito dele. O rosto é magro, o cabelo é ralo e o material também. Ele solta rápido algum gracejo bobo ao estilo *Amos 'n' Andy** ("Dis muss be da *place* heah");** sorri deliciado ao fazer alguma piada sem graça sobre bolinhos de arroz e biscoitos da sorte enquanto Martin canta "Slow Boat to China". Transparece o metafórico suor de tanto esforço; ele está muito contente que seu amigão esteja ali para ajudar.

* Programa de rádio (e depois de TV) popular nos Estados Unidos entre os anos 1920 e 1950. (N. T.)

** Este deve ser *o* lugar. (N. T.)

Dean também parece deliciado. (E bêbado — embora se possa dizer que é encenação: quando pega o copo e cheira o conteúdo, ele faz uma careta e o pousa de volta — deve ser aquele suco de maçã.) Contente por estar ali, contente por estar com seu camaradinha: não precisa se fazer de agradável com Frank nem com o público. Seu charme é mais do que suficiente. A afeição mútua entre os dois é sincera e palpável. Martin até arrelia Sinatra soprando-lhe fumaça de cigarro na cara, enquanto este canta "Saturday Night (Is the Loneliest Night of the Week)"; Sinatra dá a devida tossidinha. Então se intromete com "*sweet*", num vocal de fundo irritante e alto demais, enquanto Dean canta seu grande sucesso "Memories Are Made of This".

Mas o melhor momento é quando Dean começa a cantar outro sucesso, a exuberante e harmoniosa "Innamorata", com os versos:

If my lips should meet
*With Frank Sinatra's...**

"É um ataque!", berra Frank, dessa vez genuinamente cômico, para variar.

Um momento depois, instaurado o humor gay, Frank canta "I've Got a Crush on You" virado para Dean, que, fingindo horror, grita: "Está me achando o quê?", e então *passa seu cigarro* para Frank. Esses dois são bons amiguinhos, e não se importam que os outros saibam.

De fato, Dean deu uma levantada no programa, mas não exatamente como Frank esperava. Alguns dias depois, Jack O'Brien escreveu: "O programa de Frank Sinatra 'ao vivo' na sexta à noite mais parecia ser um programa de Dean Martin. Dean de fato tomou conta do show, mostrando-se mais solto do que a Voz".[66]

Estava tudo preparado para a decolada de *The Frank Sinatra Show*; todos ficaram na expectativa. A *Variety* comentou ciosamente que o programa "ainda carecia de fluência e conteúdo" e criticou Frank por "despejar um jorro de expressões irreverentes que, esperava-se, fossem modernas e sofisticadas, mas soaram de maneira totalmente afetada".[67]

Verdade. Mas as expressões irreverentes e as cenas entre Frank e Dean iriam render muito para os dois nos próximos anos. A *Variety* e o país todo, ainda empanturrado com o peru de Ação de Graças, não faziam ideia do que acabavam

* Se meus lábios se encontrassem/ com os de Frank Sinatra... (N. T.)

de presenciar: o Rat Pack de Holmby Hills podia ter morrido com Humphrey Bogart, mas outro acabara de nascer.

"Como Frank Sinatra não se cansa de trabalhar", escreveu Hedda Hopper alguns dias depois, "ele vai produzir um filme que comprou junto com Pete Lawford, chamado *Onze homens e um segredo* [...]. Eles querem Dean Martin e Sammy Davis Jr. como astros principais."[68]

A ideia nascera de um encontro fortuito na praia em Santa Monica entre Lawford e um aspirante a diretor chamado Gilbert Kay. Sendo Hollywood como era, Kay tinha ido cumprimentar Lawford e então lhe deu uma ideia para um filme: veteranos da Segunda Guerra Mundial que atuavam na mesma unidade juntam forças para roubar simultaneamente cinco cassinos de Las Vegas. A sugestão parecia ótima, mas Kay queria dirigir o filme. Os projetos em Hollywood acontecem quando há gente poderosa que os faz acontecer, e Lawford e Kay estavam lá embaixo, quase na base da pirâmide. Mas, com essa ideia em mãos, Peter Lawford viu uma maneira de cair ainda mais nas boas graças do homem que estava no topo. Ele comentou com Sinatra e este sorriu. Não só gostou: adorou a ideia.

Na noite de 12 de dezembro, um grupo estrelado de amigos — incluindo Dean Martin, Bing Crosby, Jack Benny, Tony Curtis, Eddie Fisher, Debbie Reynolds, Vic Damone, Jack Entratter, Leo Durocher, Mike Romanoff, Jimmy van Heusen e Sammy Cahn — deu uma festa no Villa Capri pelo aniversário de 42 anos de Frank. Cahn, que escreveu uma dúzia de canções especiais para a noitada, também fez as vezes de mestre de cerimônias, eficiente, desenvolto e um tanto dominador. (Em sua defesa, diga-se que lidar com uma sala daquelas, cheia de personalidades tão famosas, era como entrar numa jaula cheia de leões armado apenas com uma cadeira e um chicote. Além disso, Cahn já era dominador de modo geral.) Tal como na festa para a volta de Dean em agosto, alguém teve a ideia de levar um gravador e assim as canções galhofeiras, cantadas pelo aniversariante e também por vários presentes — Bill Miller habilíssimo ao piano —, foram preservadas para a posteridade, bem como várias cenas paralelas da festa.

Foi uma ocasião muito animada, divertida e com certeza regada a bastante bebida. É um pouco espectral ouvir essas gravações límpidas (que de início circularam apenas na esfera privada, mas depois, como tantas outras fitas particulares de Sinatra, acabaram vazando para os sinatrófilos): todos os convivas tão animados, tão charmosos, tão *necessários*. Esse grupo reunido representava determinada nata do show business americano, quando ainda existia em tal quantidade, ainda parecia ter alguma importância para a cultura em geral e ainda era capaz de agregar tantos grandes nomes em torno de uma figura central para uma ocasião que julgavam importante.

Em vista dos talentos de Sammy Cahn para compor letras especiais, a noitada se desenrolou como uma espécie de pândega satírica, mas, pelos padrões de hoje — e talvez também por respeito, se não por medo, ao objeto das sátiras —, foi bastante leve. Não há na fita nenhuma vulgaridade nem referência sexual explícita nas canções e nas conversas. O homenageado gostava muito de álcool e de mulheres, diziam as letras; gostava menos de jornalistas e de ensaios, tinha pavio curto e guardava ressentimento por um longo tempo. Nada disso era novidade para ninguém, muito menos para Frank.

Dean Martin cantou o primeiro número, uma paródia de "You're the Top", de Cole Porter:

He's the wop,
*Records sell like Nestlés...**

Só que Dean pronunciou *nestles* [ninhos]. *"Nestlés!"*, corrigiu o letrista e diretor de cena, irritado. "Daqui a um minuto você vai entender por quê."

Martin retomou o número. Os discos de Frank podiam estar lá em cima, continuava a canção, mas não acima dos de Presley.

Riram um pouco, como na maioria dos outros números. As verdadeiras gargalhadas, de dar soco na mesa, apareciam entre as canções preparadas com capricho, desencadeadas por coisas que você tinha de estar lá para ver: a matéria extremamente perecível e impalpável de uma vida que fugia a cada segundo, mesmo quando Frank agarrava cada instante como se sua existência dependesse disso.

* É o carcamano, / Os discos vendem feito Nestlé... (N. T.)

* * *

Na Espanha em outubro, Ava Gardner, que fazia só o que queria e as consequências que se danassem, fez uma coisa absolutamente idiota. Ao visitar o rancho andaluz de um rico criador de touros, ela encontrou Hemingway e deixou-se persuadir, depois de beber uma grande quantidade de absinto e conhaque espanhol, a entrar a cavalo numa arena de touradas.

Foi bravata de bêbado: ela estava interpretando um *banderillero*, com duas daquelas bandarilhas farpadas que são cravadas nas costas do touro antes de o matador desempenhar o ato final do espetáculo. Os problemas foram dois. "Para começar", escreve seu biógrafo Lee Server, "ela tinha pouca experiência de montaria. E, depois, era uma boa maneira de ser morta."[69]

Quando o touro investiu, seu cavalo recuou. "Ela foi arremessada da sela e jogada ao chão com a rapidez de uma chibatada", escreve Server, "caindo na terra com um grande baque, o chão ferindo o lado direito do rosto no solo como se fosse um bastão de madeira batendo direto no osso malar."[70] O resultado foi um inchaço roxo acima do zigoma direito. Um cirurgião plástico de Londres recomendou que ela aguardasse, na esperança de que o ferimento sarasse sem precisar de intervenções que poderiam afetar seu rosto para sempre. Com o tempo, o inchaço diminuiu, mas restou um caroço sólido do tamanho de uma noz.

Tão logo soube do acidente, Frank ligou para consolá-la. Então, em dezembro, Ava decidiu tomar um avião até Nova York, para consultar um cirurgião plástico recomendado por Sinatra. Não muito tempo após a festa de aniversário no Villa Capri, e poucos dias depois de acompanhar Betty Bacall, seu par constante, a um jantar no Mocambo com o casal David Niven, Frank foi à Costa Leste para ver a ex-mulher. Bacall não gostou.

SEGUNDO ATO

O Chefão

9.

Here goes, baby, here goes,
Every worry, every fear goes,
Every dull day in the year goes,
I'm about to fall in love.
[Aí se vai, baby, aí se vai
Todo medo, toda preocupação se vai.
Todo dia sem graça do ano se vai,
Estou para me apaixonar.]
"Here Goes", compositor desconhecido

Seis dias depois de se iniciar o ano novo, no mesmo dia em que foi lançado o álbum *Come Fly with Me*, o *New York Times* publicou uma matéria sobre as profundas transformações que estavam ocorrendo na indústria cinematográfica. O artigo rememorava o despotismo benevolente do sistema de estúdio, em que atores, diretores e roteiristas eram contratados por prazos longos — em geral sete anos — e, em contrapartida, tinham de aceitar qualquer projeto que o estúdio lhes designasse e cumprir todas as ordens do contratante (havia, por exemplo, a infame cláusula de conduta moral da MGM), sob pena de suspensão.

"Hoje", escrevia Thomas M. Pryor, do *New York Times*, "os artistas e outros criadores cinematográficos, em sua maioria, não trabalham mais como pessoas físicas, mas sim como pessoas jurídicas."[1] Segundo Pryor, o responsável pela mudança era a alta carga tributária sobre a renda pessoal. Naqueles dias não tão simpáticos às fortunas, o imposto de renda de pessoa física nos Estados Unidos podia chegar a 92%. Os impostos das empresas, por outro lado, não podiam ultrapassar 52%. A pessoa que criasse uma empresa podia retirar para si um salário nominal e recolher por uma alíquota bem menor. A matéria citava Burt Lancaster, John Wayne, Kirk Douglas, Alan Ladd, Bing Crosby, Bob Hope, Jerry Lewis, Gregory Peck e Frank Sinatra como exemplos desses "artistas empresários". (Na listagem, destacava-se a ausência de mulheres.) Esses artistas "são, em muitos aspectos, grandes empresários", dizia Pryor.

> Empregam desde meia dúzia até muitas dezenas de pessoas, em tempo integral ou parcial, e o faturamento bruto das empresas pode chegar a vários milhões de dólares por ano. Calcula-se que o sr. Sinatra, como artista-empresário, tem hoje uma renda bruta anual de filmes, discos e televisão por volta de 4 milhões de dólares.

É interessante que o artigo não mencionasse — talvez porque fosse difícil rastrear uma contabilidade exata — outra fonte de renda de Frank: o Sands Hotel & Casino.

Quatro anos antes, quando Sinatra estava em baixa, Joseph "Doc" Stacher — o assistente do chefe do crime de Nova Jersey, Abner "Longy" Zwillman, e um dos estrategistas por trás da fusão nacional entre a Máfia e o crime organizado judaico — adiantara 54 mil dólares a Frank para comprar 2% do Sands, então inaugurado não fazia nem um ano. A ideia de incluir Sinatra como acionista era atraente por uma série de razões, destacando-se entre elas seu poder de atração (o acordo incluía um contrato de apresentações com exclusividade) e sua ficha criminal limpa. Na época ainda não estava provado que alguns membros da Máfia eram os verdadeiros proprietários dos cassinos de Las Vegas, embora o governo e a polícia tivessem fortes suspeitas disso. Mas a Comissão Tributária de Nevada, desconfiando de alguma artimanha da Costa Leste, havia contestado energicamente as condições de Sinatra para ser acionista, citando a quantidade significativa de impostos atrasados que ele então devia à Receita e se perguntando como teria conseguido os 54 mil dólares.

Então, por alguma razão, a comissão se desfez de repente e Frank obteve sua licença para jogos de azar e seus 2% no Sands.

Desde então, sua participação cresceu, chegou a 4% e, no começo de 1958, graças à generosidade dos proprietários — alguns dizem que foi um presente do mafioso Vincent "Blue Eyes" Alo —, Sinatra ficou com 9% do Sands Hotel & Casino.

O que isso significava, exatamente?

Não era nenhuma grande fortuna, segundo Ed Walters, supervisor das mesas de jogo do Sands de 1959 a 1967, amigo e confidente de Sinatra. "Frank recebia — não tanto quanto as pessoas pensam, mas recebia e ficava com todo o dinheiro", afirmou Walters. "Ele não servia de fachada para ninguém. Recebia um cheque todos os meses — dinheiro vivo, não, nunca. Não queria ir parar na frente do FBI."[2]

Walters disse que Frank recebia em separado — também em cheque — pelas apresentações no Copa Room. "Sei que a alguns caras a gente pagava com cheques frios pela apresentação, mas a Sinatra não", comentou o ex-supervisor.

> Frank vivia preocupado que a Máfia o metesse em enrascada. Ele costumava me dizer: "Esses idiotas vão todos parar na cadeia". Ficava dividido entre o desejo de ser um deles e o medo de problemas judiciais. Assim, tinha a esperteza de pôr seus advogados para conversar em nome dele. Frank era um homem de negócios muito esperto.[3]

Surgiu o mito de que a infeliz reverência de Frank Sinatra pela Máfia — "Prefiro ser um dom da Máfia a ser presidente dos Estados Unidos", disse certa vez a Eddie Fisher — significava que ele não se fizera sozinho. Na verdade, embora as ligações de sua mãe no norte de Jersey tivessem ajudado a conseguir para ele alguns bicos como cantor no começo de carreira, e alguns de seus amigos malandros lhe tivessem encaminhado alguns serviços (mas apenas alguns, não o suficiente para mudar sua sorte) durante o período de baixa, as associações de Sinatra com a Máfia tinham muito mais a ver com a mútua admiração do que com uma filiação. A bandidagem gostava de seu jeito de cantar, de seu brilho e (às vezes) de seu impenitente desregramento; ele gostava do poder e da panca dos gângsteres metidos a valentões. Crescendo numa época em que o poder se concentrava basicamente nas mãos de protestantes brancos, quando os ítalo-

-americanos estavam apenas meio degrau acima dos afro-americanos na escala social — e, como os negros, eram vistos como gente simples, feliz e musical —, Frank encarava a Máfia como uma espécie de grupo de eleitos não eleitos, uma aristocracia alternativa. Idolatrou-os durante toda a vida, tal como um menino podia idolatrar caubóis ou soldados.

"Nos anos 1930 e 1940, quando papai estava no ramo, eles controlavam os clubes noturnos", disse Tina Sinatra a Seymour Hersh.

> Eles controlavam o mundo do entretenimento. Era um pessoal muito ativo. O poder de um animador e o poder de um mafioso — isso é uma parte muito integrante dos Estados Unidos. Todos vinham dos mesmos bairros. Meu pai cresceu tendo gângsteres como vizinhos. Vivia com eles. Eram seus amigos pessoais e ele não ia descartar um amigo. O grande traço de Frank Sinatra é a lealdade. É um comprometimento absoluto com os amigos e a família. É uma coisa muito italiana e talvez desse a ele mais um traço em comum com o pessoal da Máfia.[4]

A Máfia, por seu lado, tolerava Frank, de vez em quando via utilidade nele, às vezes lhe atirava um osso. Seu padrinho de Nova Jersey, Willie Moretti — que era muito mais como um tio gorducho, falador, pairando de leve sobre ele, do que um gênio do crime —, pode ter intervindo quando Sinatra foi preso por adultério e sedução em 1938, quando essas leis ainda vigoravam. Protestou por telegrama quando Frank deixou sua primeira esposa, Nancy, por Ava Gardner. Então foi apagado em 1951, talvez por ter se mostrado solícito demais com a Comissão Kefauver, e talvez também por dar o calote nas apostas de esportes. A etiologia das execuções da Máfia raramente apresenta uma única razão.

Alguns anos depois, Frank conheceu Sam Giancana.

Giancana, nascido em 1908, iniciou sua carreira no crime numa gangue de rua em Chicago e logo passou das pequenas badernas para a transferência de fugitivos, extorsão e assassinato para a Turma de Chicago — grupo cujos chefões, depois que Al Capone foi preso no começo dos anos 1930, eram Frank "The Enforcer" Nitti, Paul "The Waiter" Ricca e Tony "Joe Batters" Accardo. Após a morte de Nitti e a entrada de Accardo numa espécie de semiaposentadoria nos anos 1940, Giancana, cujo apelido era Momo ou Mooney, passou a ser chefão também.

Ele não tinha um físico muito marcante. Era miúdo, narigudo, de olhos muito juntos — parecia uma fuinha. Usava óculos de armação grande e escura e um chapéu de feltro para esconder a careca. George Jacobs comentou que o mafioso tinha "uma voz aguda, quase de menina, e pronunciava errado metade das poucas coisas que dizia. Falava errado o nome de todo mundo, desde o presidente 'Eisenheimer' a Clark 'Grable'". Apesar das gravatas e ternos de seda sempre elegantes e das mãos belamente manicuradas, Giancana tinha a aparência de "um camundongo", segundo Jacobs. Ele "parecia confuso, perdido, um coelho assustado [...]. Parecia totalmente paranoico".[5] Em seu ramo de atividade, claro, a paranoia constituía um recurso de sobrevivência.

Para alguns, Giancana parecia insípido a ponto de ficar invisível. Mas podia causar boa impressão nos que quisesse impressionar. "A meu ver, ele era um homem bastante agradável", relembrou o ator Robert Wagner. "Passei ótimos momentos com ele."[6] Muitas mulheres também julgavam o chefão bem atraente. "Era mesmo um sujeito encantador", comentou a cantora de boate Betsy Duncan Hammes. "Respeitoso e gentil, com boas maneiras."[7]

Mas o verniz de polidez podia rapidamente dar lugar ao valentão sádico que havia por trás. "Ele sabia lhe dirigir um olhar inigualável", lembrou um colega seu. "Um olhar assassino."[8] "Ele tinha um ar que me assustava",[9] contou Gloria Franks, a primeira esposa de Sammy Cahn. "Eu não queria ficar perto dele." Ela recordou um episódio numa festa, na suíte de Frank Sinatra no Sands, no final dos anos 1950: como brincadeira, Giancana desatarraxou uma lâmpada acesa, quente, e colocou direto no peito de Jimmy van Heusen, que estava reclinado bêbado num sofá. "Pensei: 'Meu Deus, esse homem é um monstro'", disse ela. "Era um monstro."

Mais tarde, Sinatra iria declarar, num depoimento sob juramento na Comissão de Controle do Jogo de Nevada, que só viera a conhecer Giancana em 1960, e que mesmo então mantiveram uma relação apenas superficial. Mas, na verdade, os dois se conheceram no começo dos anos 1950, por intermédio do gângster de Nova Jersey Angelo "Gyp" DeCarlo, um afável matador que ajudara Frank a conseguir trabalho no começo da carreira. Frank cantou num evento beneficente organizado pela esposa de Giancana em 1953, e no ano seguinte, segundo Antoinette, filha de Giancana, Sinatra e o pai trocaram abraços afetuosos num encontro privado.[10] Em algum momento em meados dos anos 1950, Frank deu a Giancana, como gesto de amizade, um anel com uma safira cor-de-rosa em forma de estrela.[11] O mafioso o usava com orgulho, mas, o que foi significativo, não retribuiu a Frank com outro anel.

O chefe da Máfia de Chicago, Sam Giancana, não tinha uma aparência marcante, mas era efetivamente um frio matador. Sua amizade com Sinatra era uma dança estranha entre os dois homens, ambos determinados a serem líderes.

Dois anos depois daquele abraço, segundo George Jacobs, Giancana fez uma visita memorável a Frank em sua casa em Palm Springs. Sinatra parecia estar recebendo um presidente. "Chegou a contratar um conjunto *mariachi* para a ocasião",[12] escreveu Jacobs, lembrando a mania obsessiva de seu patrão para que tudo na casa, desde os lençóis ao sabonete e ao caviar Beluga iraniano, estivesse absolutamente impecável para o ilustre visitante.

De acordo com seu criado pessoal, Frank mostrou total e submissa deferência durante a estadia de Giancana, seguindo o mafioso pelo campo de golfe enquanto ele — mas não Sinatra — jogava, atento a cada palavra sua. O assunto principal eram os negócios no cassino, disse Jacobs, com Giancana no papel do mestre experiente discorrendo sobre todos os meandros da coisa e Frank, o acionista do Sands aspirante a maior participação, como aluno atento.[13]

Apesar disso, pela narrativa de Ed Walters, quando se tratava dos negócios do cassino, Frank mais observava do que participava. Ou melhor, mais trabalhava do que administrava. Podia ter 9% do Sands, mas, numa empresa com uma entrada constante na casa de centenas de milhares, se não milhões, de dólares, o cheque mensal alegadamente nominal de Sinatra refletiria uma disparidade básica que só pode ser explicada por um dos termos de Giancana que o confundia: o caixa dois.

O envolvimento da Máfia com Las Vegas saiu do campo dos boatos depois do atentado de maio de 1957 contra o grande chefão do crime Frank Costello, em Nova York. Quando Costello, aturdido e ensanguentado, chegou ao pronto-socorro de um hospital (o tiro de um 38, disparado por Vincent "The Chin" Gigante, matador da família genovesa, atingiu a cabeça, mas não entrou no crânio do chefão), os policiais revistaram seus bolsos e encontraram um maço de dinheiro e um pedaço de papel amarrotado. O papel dizia: "Entradas brutas do Cassino até 26/4/57 US$ 651 284. Entradas do Cassino menos ganhos e créditos [Vegas-speak para IOUS]* US$ 435 695. Ganhos em caça-níqueis US$ 62 855. Créditos US$ 153 745. Mike US$ 150 por semana. Jake US$ 100 por semana. L. US$ 30 000. H. US$ 9000".[14]

O valor de US$ 651 284, como se veio a saber, era a quantia exata que o Tropicana Casino em Las Vegas, recém-inaugurado, havia faturado em seus primeiros 24 dias de funcionamento.[15]

Costello foi condenado a trinta dias de prisão por se recusar a cooperar com um júri de instrução que investigava o atentado. "Ele indicou que a razão de sua recusa, pelo menos em parte, era a Receita Federal, o grande bicho-papão dos apostadores",[16] noticiou a United Press.

Fazia tempo que os fiscais da Receita tentavam definir como tributar de maneira correta os cassinos e os apostadores, e os cassinos e os apostadores vinham se empenhando com assiduidade, ao mesmo tempo, em evitar o pagamento de impostos. Como mostra a magnífica sequência inicial do filme *Cassino*, de Martin Scorsese, a economia dos estabelecimentos de jogos de azar em Las Vegas, antes que as empresas tomassem conta da cidade, se baseava em dinheiro vivo, rigorosamente controlado pela gerência, e estava sujeita a saques regulares — seguindo uma rotina — pelos verdadeiros donos do cassino, os chefes do crime organizado. Essas retiradas periódicas eram chamadas de caixa dois. Sua existência estava enfim comprovada graças àquela Pedra de Roseta, o papel amassado no bolso de Frank Costello.

* Termo de Las Vegas para promissórias. (N. T.)

Mas a ganância era sempre um problema no que se referia à Máfia — tinha sido ela a falha trágica do Flamingo de Bugsy Siegel, o hotel-cassino paradigmático da renascença de Las Vegas após a Segunda Guerra Mundial. Siegel usara e abusara de suas retiradas do caixa dois no Flamingo; o resultado foi a eliminação do gângster. Assim, quanto ao Sands, a Máfia decidiu manter as coisas sob controle, nos termos do crime organizado. Dividir os lucros. A efetiva propriedade do Sands era uma questão deliberadamente complexa — mais complicada do que os direitos de propriedade do Tropicana e, aliás, de qualquer outro cassino em Las Vegas. "Havia acionistas secretos do hotel em Nova York, Nova Jersey, Chicago, Boston, Kansas, Los Angeles, Texas, St. Louis — praticamente em qualquer lugar onde houvesse um grupo de gângsteres que merecessem esse nome", escreve Shawn Levy, cronista do Rat Pack. "Se os outros hotéis de Las Vegas pareciam lojinhas familiares dirigidas pelos vários grupos do crime organizado fora do estado, em mútua concorrência, o Sands era de propriedade de um cartel tão igualitário na distribuição das ações que quase equivalia a uma grande empresa honesta de verdade."[17]

O crime organizado nunca fora tão organizado. Las Vegas era uma mina de ouro, e ninguém na Máfia queria turvar aquele rio de fortuna. O jogo de azar fora legalizado em Nevada apenas em 1931: os legisladores eram sensíveis à opinião pública; os gângsteres, portanto, precisavam ser sensíveis aos legisladores. O delegado de Clark County era uma figura onipotente. "Se os mafiosos em Las Vegas se comportassem como faziam em outras cidades, onde eram comuns as lutas sangrentas entre as facções, os cidadãos de Nevada, com sua mentalidade protestante, eram bem capazes de proibir o jogo de novo", afirma uma história sindical da cidade.

> Mas homens como Meyer Lansky [acionista do Sands] sabiam da importância de acalmar o eleitorado local e insistiam em manter a cidade como um espaço relativamente agradável de morar. Las Vegas era o que um ex-policial chamou de "cidade aberta", onde facções em guerra de todo o país dividiam os lucros da indústria da jogatina. "Esta aqui não era a Máfia que havia aterrorizado as cidades da Costa Leste", explicou o policial. "Essa era a Máfia em seu melhor comportamento. Essa era uma Máfia que tinha o cuidado de não ofender nenhum morador da cidade e, de fato, empenhava-se ao máximo para ser benquista entre a população." Se os mafiosos queriam matar alguém, costumavam esperar até que a pessoa saísse de

Las Vegas, como mostra o caso de "Bugsy" Siegel [que foi executado em casa, em Los Angeles].[18]

Desde o dia de sua inauguração, em dezembro de 1952, o Sands era a coisa mais avançada do momento, em termos comerciais e estéticos. Wayne McAllister, arquiteto de Los Angeles pioneiro do estilo Googie — uma estética de formas livres, como um desenho dos Jetsons que refletia a nova Era Espacial —, projetara o local de maneira que suplantasse suas criações anteriores, El Rancho Vegas, mais rústico, e o Desert Inn. O edifício principal do Sands, uma estrutura baixa e incrivelmente despojada, como um *pueblo* moderno, de arenito vermelho, ocupava a frente do terreno, de 260 mil metros quadrados; atrás, dez blocos baixos abrigando os quartos dos hóspedes, com nomes de pistas de turfe (Arlington Park, Belmont Park, Santa Anita, Aqueduct etc.), cercavam a enorme Paradise Pool. Na frente da construção principal, na Highway 91, a via asfaltada de duas pistas — que, como a Strip, seguia até o centro da cidade —, ficava a glória máxima do hotel, a placa do Sands com quase vinte metros de altura. Tudo em volta era deserto.

A placa, que serviu de plano de fundo para a foto icônica do Rat Pack em 1960 (Frank, Dean, Sammy, Peter Lawford e Joey Bishop de pé, com ar de malandros, na luz do final de tarde), era o letreiro mais alto da Strip quando foi erguido, uma estrutura de cinco andares anunciando sua importância. O nome do hotel, subindo na diagonal, todo iluminado com lâmpadas em torno das letras, seu S inicial gigantesco como uma fita ondulante, era uma declaração de que o jogador em busca de ação não precisava ir além: ali ficava o grande antro da jogatina, o lugar que ele queria. Sob o nome do hotel, em letras maiúsculas de tamanho menor, vinha o sugestivo slogan UM LUGAR AO SOL, parecendo prometer que os fados seriam generosos. O nome e o slogan ficavam por cima de um grande placar que anunciava as apresentações na sala de espetáculos e de outro menor, com os nomes de quem tocava no salão.

McAllister dedicara igual cuidado ao interior do hotel, cujos elegantes painéis de madeira e iluminação suave formavam contraste com as luzes fortes e as paredes reluzentes dos outros cassinos. O Copa Room, de 450 lugares, logo ao lado do cassino, era decorado com motivos chamativos do Carnaval brasileiro e tinha um palco aberto. A sala de espetáculos, como sua xará nova-iorquina, oferecia um extenso menu chinês e a comida era tida como uma das melhores na Strip.

"Mas não foram as instalações que tornaram o Sands o local mais badalado para os grandes apostadores do Texas e para os sofisticados de Nova York e Hollywood", escreve o historiador Frank Rose, da William Morris Agency. "Foi Jack Entratter e as relações que ele tinha."[19]

Os secretíssimos donos do Sands tinham feito uma excelente jogada ao convencer o gerente geral do Copacabana a se mudar para o oeste e dirigir o hotel-cassino deles. Jack Entratter, antes leão de chácara do Stork Club, era um homenzarrão rijo, com problema num dos pés (devido a uma osteomielite na infância), de gênio ao mesmo tempo afável e intimidador e de grande astúcia política. Ele sabia como lidar com a Máfia: Frank Costello era o verdadeiro dono do Copa, e consta que o diretor local do clube, Jules Podell, era ligado a ele.

Podell sem dúvida agia como tal. Era um déspota de voz rouca, sempre mascando um charuto barato, de anel cor-de-rosa no dedo, com uma fama de sujeito desagradável tão lendária que certa vez, quando o número de Sammy Davis Jr. estava se estendendo demais, ele bateu o anelão em sua mesa na primeira fila e gritou: "Sai do palco, crioulo!".[20]

Mas Podell também era muito meticuloso, e sua "exigência inflexível de perfeição e profissionalismo em todos os aspectos do funcionamento do clube era um dos elementos fundamentais no sucesso do Copa",[21] segundo um historiador do clube noturno. Como gerente geral do Copa, Jack Entratter aprendeu a dar atenção aos detalhes na esteira de Jules Podell e seguiu sua linha, com uma diferença: ele era o Bonzinho e Podell, o Durão. Entratter era muito querido pelos artistas dos shows, pelos quais se desdobrava. Pagava-lhes bem; instalava-os em suítes de luxo no Hotel Fourteen, que ficava em cima do Copa. Escutava seus problemas. Na defesa do Sands, ele reproduzia o perfeccionismo de Podell, não admitia besteiras, mas comandava com benevolência. Nunca esquecia quem eram seus patrões, mas tinha autonomia e preservava um sólido amor-próprio.

E aonde Jack ia, os artistas iam atrás. Grandes artistas de sucesso, depois de cumprir seus contratos em outros cassinos, se transferiram para o Sands: Martin e Lewis (primeiro juntos, depois separados; por fim, Dean acabou recebendo 1% do cassino), Danny Thomas, Lena Horne, Tony Bennett, Nat King Cole, Red Skelton, Milton Berle, Sammy Davis Jr. e, claro, Frank, que deixou o Desert Inn logo que pôde e se juntou a Entratter.[22]

Sinatra era um amigo e também um projeto. Na festa de aniversário no Villa Capri, em dezembro, Entratter havia recitado (não cantado), um tanto a contragosto, uma letra de Sammy Cahn que refletia a vida profissional sempre sobrecarregada de Frank: "No Sands ele precisa cantar todo ano/ No contrato está muito claro/ Mas quem consegue que o filho da mãe apareça?".

O outro elemento do quebra-cabeça era Carl Cohen, o gerente do cassino, despedido do El Rancho Vegas em 1955. Cohen era mais um judeu grandalhão e rijo — como Entratter, tinha quase 1,90 metro de altura e uns 115 quilos —, mas menos diplomático: demorava para se zangar, mas, quando provocado, exibia grande rapidez e destreza nos punhos. Todavia, era excelente no serviço, que envolvia gerenciar muita gente, desde os crupiês aos supervisores das mesas de jogo e às garçonetes servindo as bebidas, e manter férreo controle sobre uma atividade humana que, por sua própria natureza, desencadeia emoções altamente voláteis e constitui uma tentação mesmo para os indivíduos mais austeros. Seu irmão disse certa vez: "Não havia nada que pudesse recair sobre ele".[23]

No final de dezembro, Natalie Wood, então com dezenove anos, e Robert Wagner, com 27, casaram-se, para grande aborrecimento da mãe dominadora de Wood, Maria Gurdin — a *mud* de triste fama.[24] Era um casamento essencialmente hollywoodiano, mas, em parte devido à desaprovação de Mud, a cerimônia foi pequena. O fato de estarem loucamente apaixonados contribuiu para aumentar o romantismo da ocasião. Entre os poucos convidados presentes estavam Sinatra e Tony Curtis, que haviam estrelado com Wood em *Só ficou a saudade*. A acompanhante de Frank era Betty Bacall, levando uma nota não assinada da coluna "Hollywood Roundup" [Resumo de Hollywood] a especular: "A afeição mútua demonstrada por esses dois nos leva a crer que podem se casar".[25]

Duas semanas depois, o casamento voltou à pauta, mas o amor, nesse caso, era outra história. Em 10 de janeiro, Sammy Davis Jr. se casou com uma cantora chamada Loray White, de 26 anos, no Salão Esmeralda do Sands. Frank não compareceu. Ainda no dia 9, Davis havia dito à imprensa que Sinatra seria seu padrinho, mas, no dia da cerimônia, Frank telefonou de Los Angeles e disse que não poderia ir.[26] Harry Belafonte ocupou o lugar como padrinho de Davis.

Claro que Frank estava ocupado — mas, até aí, ele sempre vivia ocupado e fazia com frequência o percurso de Los Angeles a Vegas, por necessidade profissional ou por mero capricho: para ele, uma hora de voo equivalia a um percurso de carro para muita gente. O episódio musical do programa *The Frank Sinatra*

Show naquela noite (os convidados eram Robert Mitchum e seu filho Jim, de dezesseis anos) havia sido gravado com antecedência. Ele não esteve no estúdio de gravação naquela noite.

Mas Sinatra conhecia bem demais a verdadeira história por trás do casamento de Sammy com a alta e bela negra Loray White: sabia que era uma união de fachada entre duas pessoas que mal se conheciam e foram juntadas às pressas quando o romance de Davis com Kim Novak ameaçou vir à luz e se tornar um escândalo nacional, numa época em que os Estados Unidos em geral ainda viam com horror as relações sexuais inter-raciais. Não era segredo que Sammy, que odiava ser negro, era obcecado por brancas, e Novak, afinal, era uma espécie de deusa branca. Mas, por trás de seu considerável encanto físico, a atriz tinha uma conexão mais profunda com Davis: como garota morena de pouca instrução de Chicago, que Harry Cohn transformara em loira e em artista de cinema, atriz de pouca segurança e talentos limitados, seu senso de identidade era frágil e vacilante, equiparando-se ao de Sammy; em certo nível, eram almas gêmeas.

Mas Novak era uma Galateia rebelde. Gostava de usar o relacionamento para provocar Cohn, que achava que tinha um *droit du seigneur* ao leito das artistas do elenco. Além disso, ele se inflamava com facilidade, para não falar de seu papel de chefe de estúdio preocupado com as consequências de um escândalo de tais proporções sobre a bilheteria. Cohn reagiu, alertando Novak de que ela estava pondo a carreira em risco. E, segundo o fotógrafo William Read Woodfield, frequente documentador da carreira de Sinatra e amigo de Davis, o diretor do estúdio recorreu a suas antigas ligações com a Máfia (Cohn e o gângster Johnny Rosselli, de Los Angeles, usavam anéis iguais, como símbolo de amizade) para que uns valentões armados ameaçassem Sammy em termos muito claros. Sammy então recorreu a Frank em busca de ajuda. Woodfield afirmou que Frank ligou, em sua presença, para o amigo Joe Fischetti, de Chicago, para confirmar a fonte e a credibilidade das ameaças; Sinatra então disse a Davis o que devia fazer para acabar com elas.[27]

Na época do casamento de Sammy com Loray White — que duraria nove meses —, havia várias razões para a ausência de Frank na cerimônia. Para começar, o favor que fizera ao amigo já não era suficiente para dispensá-lo de ir até Las Vegas e prestigiar uma fraude com sua presença? Ademais, Sammy, como uma espécie de irmãozinho menor, às vezes era bastante importuno. Alguns anos antes, desfilara para cima e para baixo com Ava Gardner — embora os dois jurassem que não havia nenhum envolvimento romântico, em se tratando de Ava, quem poderia saber? O lance com Kim, tivesse Frank terminado com ela ou não, tinha sido um pouco íntimo demais para servir de consolo. Como todas as amizades assimétricas, a amizade entre Sinatra e Davis continuaria permeada de volatilidade.

Enquanto isso, uma amizade antiga chegava ao fim. Emanuel Sacks, Manie, o executivo de gravadora que acreditara em Frank desde o início e o contratara para a Columbia, que fomentara a carreira de Sinatra na indústria fonográfica e lhe oferecera todos os mimos possíveis, mesmo quando Frank testava sua paciência heroica exigindo cada vez mais, estava com leucemia, à beira da morte, num hospital da Filadélfia. Tinha 56 anos. Não fazia diferença que tivessem discutido; não fazia diferença que — em parte por causa da exasperação crescente de trabalhar com Sinatra — Manie tivesse passado para a RCA antes que a Columbia dispensasse o cantor, nem que Sinatra agora estivesse com a Capitol. Sacks tinha sido uma das duas verdadeiras figuras paternas na vida de Frank — a outra fora Tommy Dorsey —; e, mesmo que pais sejam mesmo para ser enfrentados, rejeitados e suplantados, ainda assim continuam a ser pais.

Naquele mês de janeiro, Frank, que estava filmando *Só ficou a saudade* em locação na França, tirou uns dias para ir até a Filadélfia, para ficar ao lado de Manie. Pagou os dias de produção perdida.[28] Em 9 de fevereiro, Sacks morreu. Sinatra, agora de volta a Los Angeles, foi até a Costa Leste para o funeral.

Em 3 de março, quando Frank entrou no Estúdio A da Capitol pela primeira vez naquele ano, quem o recebeu foi Billy May, e não Nelson Riddle.

Sinatra gravou quatro canções transbordantes de animação naquela noite, três de Cahn e Van Heusen, duas delas, "Nothing in Common" e "How Are Ya' Fixed for Love?", num dueto encantador com Keely Smith, cuja expressividade vocal desmentia a esquisitice visual: o rosto totalmente inexpressivo que usava em Las Vegas, em cena com seu marido violento, o vocalista e trompetista Louis Prima.

Nelson Riddle, como arranjador, tinha enorme abrangência e profundidade, mas ninguém empatava com o entusiasmo que transbordava dos arranjos de Billy May. Nenhuma das faixas que Frank gravou naquela noite chegou a ser um clássico, mas a música era efervescente e digna desse período de alta na carreira de Sinatra. O último número da noite, "Here Goes", não propriamente especial, mas muito simpático, uma música ruidosa e entusiástica ao estilo de Las Vegas, que Frank cantou num andamento desusadamente vertiginoso, era muito alegre, e — sobretudo depois de um fevereiro que presenciara a morte não só de Manie Sacks e da filhinha de colo de Nelson Riddle (por bronquite asmática), mas também de Harry Cohn, que sucumbira a um ataque cardíaco no dia 27* — ele conseguiu imbuir a letra de um otimismo que soava autêntico:

Here goes, baby, here goes,
Every worry, every fear goes,
Every dull day in the year goes,
*I'm about to fall in love.***

Com quase toda a certeza, era esperança o que ele sentia naquele momento. Como disse Bing Crosby, qualquer cantor digno desse nome, quando canta, está encenando. Mas, assim como não era esse o caso com Crosby, que conseguia mesclar credibilidade emocional e fria indiferença no que cantava, e assim mais inspirava do que encenava o sentimento, a genialidade de Sinatra consistia em nos dar a emoção naquele momento, em nos dar a impressão de que estava mesmo sentindo, como se estivéssemos diante dele. O prazer extasiado que ele sentia, gravando seus melhores takes, transmitia-se com clareza a todos os presentes no estúdio — bem como o avesso disso, o pesar quando, por alguma razão, ele não sentia a canção.

"Como cantor, não existe ninguém como ele", disse o produtor Voyle Gilmore, que Sinatra iria demitir não muito tempo depois dessa sessão.

> Como pessoa, não existia ninguém mais difícil de lidar. A cada vez que você via Frank, encontrava um sujeito diferente. A maneira como você seria tratado de-

* Embora Cohn tenha dado a Frank sua grande oportunidade em *A um passo da eternidade*, seu estilo tirânico e mal-humorado despertava a antipatia geral de Hollywood, e o grande comparecimento a seu funeral inspirou um comentário famoso de Red Skelton: "Isso prova o que Harry sempre dizia: dê ao público o que ele quer, e ele virá".

** Aí se vai, baby, aí se vai/ Toda angústia, todo medo se vai,/ Todo dia sem graça sem vai./ Estou quase me apaixonando. (N. T.)

pendia apenas de como ele se sentia *naquele* momento e o que o incomodava. E, acredite, havia muita coisa a incomodá-lo. Pois, como ele está o tempo todo em movimento, fica sempre se envolvendo em mais coisas do que qualquer ser humano é capaz de lidar.[29]

"Como casal, éramos inflamáveis", escreveu Lauren Bacall em suas memórias. "Sempre que entrávamos na sala, o clima era: será que estão bem esta noite? Dava quase para ouvir um suspiro de alívio quando nós dois estávamos relaxados e sorridentes."[30]

Entre Frank e Ava, o inflamável tinha sido um afrodisíaco; a faísca para atear o fogo era a infidelidade: a ameaça, a ideia, a realidade dela. Com Sinatra e Bacall, ao que parece, era o próprio compromisso que não se comentava, mas era inflamável. Frank gostava de divagar com suas namoradas sobre sonhos casamenteiros, mas Betty, linda, marcante e então com 34 anos, era assunto sério — sério a ponto de fazê-lo calar a respeito do futuro. Ele gostava de acompanhá-la — era seu par intelectual e carismático; era linda e era maravilhoso ser visto com ela —, mas o que viria a seguir? Bacall era orgulhosa demais para pressioná-lo.

Mas, como sempre, a publicidade condicionava a vida pessoal das figuras públicas. Durante todo o outono e chegando ao inverno, os jornais mantiveram uma bateria de especulações constantes se os dois iriam se casar. A imprensa da época podia não ter o caráter instantâneo da internet, mas não lhe faltava força ou tenacidade. Bacall escreveu: "Lembro de um jornalista de agência de notícias da Costa perguntando: 'Quando você e Frank vão se casar?', e eu lhe suplicando que me deixasse em paz, perguntando por que não paravam. Ele disse: 'Vamos continuar até você confirmar ou negar'".[31]

Ao visitar em dezembro o set de *Só ficou a saudade* na Paramount, ela assistira à filmagem de uma cena em que Sinatra, interpretando Sam Loggins, o tenente cansado da guerra, aconselha o jovem técnico em rádio de seu pelotão, interpretado por Tony Curtis, sobre seu relacionamento com a bela Monique (Natalie Wood). Quando "Sinatra recomendou que Tony Curtis se casasse com a moça", escreveu o biógrafo Arnold Shaw, "a srta. Bacall soltou uma enorme gargalhada".[32]

Em suas memórias, Bacall é uma estilista de prosa tão fina e inteligente, uma analista tão penetrante de sua própria psique e dos estados emocionais de seus amigos e íntimos que é fácil deixar de notar algumas coisinhas que ela omite — coisas como sua língua afiada e gênio esquentado, para não citar o caso de Humphrey Bogart com sua maquiadora e cabeleireira Verita Peterson, e sem falar do próprio ciúme dela com a interminável ligação entre Sinatra e Ava Gardner. Bacall menciona Gardner apenas duas vezes, e a indesejada visita de Frank a Ava em dezembro de 1957 nem aparece, embora tenha sem dúvida desempenhado um papel para detonar o casamento que nunca houve.

Com ou sem Ava, Betty e Frank tiveram

> uma véspera de Natal encantadora na casa dele. Estávamos planejando passar a noite de Ano-Novo em Palm Springs. Ele me disse quais comidas eu devia comprar — haveria mais de cinquenta amigos na festa. Fiquei entusiasmada. Brincar de dona de casa, ir ao mercado como se eu fosse a senhora. Ele: Que ingenuidade![33]

A pedido de Sinatra, ela ofereceu uma pequena festa prévia no novo Romanoff's em Springs, segurando firme até que ele chegasse de Los Angeles. "Lembro de sua chegada — eu me levantando para cumprimentá-lo — e ele dizendo a todos: 'Ela não está radiante?'", escreveu. "No dia seguinte, ele quis que eu fosse para casa. Nenhuma razão específica — só aquele estalido outra vez. Claro que me desmanchei em lágrimas, querendo ficar ali, pensando em todos que contavam com minha presença lá. Decidi que seria melhor ficar e não precisar responder a nenhuma pergunta mais tarde."

Na véspera do Ano-Novo, enquanto chegavam os convidados, ela pôs seu melhor sorriso, mas todos perceberam que havia algo errado. Ela e Frank nem se falavam; os amigos olhavam constrangidos de um para o outro. "Um pesadelo", lembrou ela.

> Aquela foi a primeira vez que Frank de fato ergueu um muro entre nós. Uma experiência assustadora. Ainda não sei como ele fazia, mas podia se comportar como se você não estivesse ali. Bebeu muito, o que me levou a crer que não estava tão contente. Eu precisava tentar racionalizar o comportamento dele. Simplesmente não conseguia entender como ele era capaz de me ignorar de maneira tão completa.

Isso não soa muito sincero. Como a temível Bacall teria deixado de censurar Sinatra, com palavras ou gestos, por ter corrido para o lado da ex-esposa? E, se Betty apenas levantasse uma daquelas suas famosas sobrancelhas, para nem falar em nenhuma reprimenda, Frank — que certa vez avisara Ava, quando ela cometeu a temeridade de repreendê-lo por chegar tarde em casa: "Não queira me controlar muito de perto, querida"[34] — sabia como retaliar. A bebida era sua anestesia; sua arma favorita não era se acalorar, e sim dar um gelo. Ele sabia que se acalorar levaria à combustão, a qual só podia terminar em sexo. O que levava de volta à pergunta a que ele preferia não responder.

Em janeiro, segundo Louella Parsons, sempre vigilante, Frank e Betty estavam

> no maior gelo em termos românticos. Fazia dez dias que não se viam [...]. Até data muito recente, nenhum dos dois estava saindo com terceiros e eram vistos juntos com frequência em Palm Springs, nas gravações dele e no programa de TV. É impossível prever qualquer coisa sobre esse casal imprevisível — então esperemos para ver o que acontece.[35]

Apesar de toda a sua pompa, a colunista mal podia imaginar o papel que desempenharia no que viria a acontecer.

Logo depois, Bacall teve de ir a Nova York, relutante, para divulgar um filme não muito bom que acabara de fazer, bem piegas, chamado *A angústia de tua ausência*. De maneira muito inesperada, Frank, que fora à Costa Leste para o funeral de Manie Sacks, telefonou "quase como se não tivesse acontecido nada", relembrou Bacall, e convidou-a para jantar quando chegasse a Manhattan. Ele apareceu, jantaram, conversaram "como dois amigos com uma eletricidade doida correndo entre ambos o tempo inteiro". Ela se sentia mais forte em Nova York, longe de Hollywood e perto da família — até "cheguei a me sentir numa posição de força com Frank", comentou.

> Eu disse a mim mesma que não esperava nada, mas sabia que queria tudo. Embora seu comportamento variável fosse parte integrante dele, eu simplesmente me recusei a encarar o que isso podia prenunciar para nosso futuro juntos. Acho que pensei que, se não encarasse, talvez desaparecesse.[36]

Isso era o que ela estava pensando. Mas a maneira como se comportou — agindo numa posição de força, mantendo uma ligeira distância — atiçou Frank.

Ele foi "tremendamente atencioso" em Nova York e, na noite em que ela voltou à Califórnia, foi direto a seu encontro. "Ele não sabia como se desculpar, mas estava muito contrito, pelo menos em seus termos", escreveu Bacall.

> Ele disse que se sentira um pouco tolhido — ficara "com medo" —, mas agora podia encarar. "Casa comigo?" Ele disse essas palavras, e foi a sério. Claro que todas as minhas barreiras caíram. Devo ter hesitado pelo menos uns trinta segundos. Sim, pensei comigo mesma, eu tinha razão o tempo todo — ele não conseguia lidar com aquilo, tinha medo de si mesmo, mas por fim entendeu que me amava e que o casamento era o único caminho a tomar. Fiquei em êxtase — nós dois ficamos. Ele disse: "Vamos sair e tomar alguma coisa para comemorar — vamos chamar Swifty, talvez ele possa ir conosco". Não questionei nada. Esse era meu problema — um de meus problemas.[37]

Foi uma opção estranha: diluir tão depressa a intimidade recente acrescentando alguém de fora — e justamente quem… O pequeno agente literário tinha sido o melhor amigo de Bogart; era também o pragmático supremo operando em Hollywood, o homem que não hesitara em excluir Sinatra quando ele estava em baixa, e então o recebera de braços abertos quando renasceu das cinzas. Era o homem que encarnava a definição de Oscar Wilde para o cínico: aquele que sabe o preço de tudo e não conhece o valor de nada.

Quando o casal de pombinhos contou seus planos a Lazar — estavam sentados numa cabine no Imperial Gardens, um restaurante japonês na Sunset —, de início ele não levou a sério. Indiferente, o agente "achou que era uma 'grande ideia', mas não acreditou — até que Frank começou a planejar o casamento", escreveu Bacall.

> "Vamos nos casar em casa e, em vez de sairmos, os amigos é que sairão." Ele sabia como queria fazer — não perguntou o que eu poderia querer. Não foi ditatorial, ele apenas tinha seus planos e jamais lhe ocorreu que eu podia não aceitá-los. Não o desapontei. Estava feliz demais e adorei que ele assumisse o controle, sendo essa uma de minhas necessidades mais agudas.
>
> Apareceu uma mocinha pedindo autógrafos. Frank me estendeu o guardanapo de papel e a caneta. Quando comecei a assinar, ele disse: "Ponha seu novo nome". Então, a "Lauren Bacall" acrescentei "Betty Sinatra". Ficou engraçado, mas

foi o que ele pediu. Muitas vezes fiquei imaginando o que terá acontecido com aquele guardanapo de papel.[38]

Então Frank foi para Miami, onde estrearia em 11 de março uma temporada de doze apresentações noturnas na grande Xanadu do arquiteto Morris Lapidus na Collins Avenue, o Fontainebleau Hotel.

Ava Gardner odiava os gângsteres amigos de Frank e desconfiava deles, preferindo ter o mínimo de contato possível. Lauren Bacall não menciona nenhum mafioso em suas memórias, fato que sugere que esse foi um dos muitos muros de proteção que Sinatra ergueu, ou tentou erguer, entre as partes de mais classe e menos classe de sua vida. Mas Joe Fischetti, seu velho amigo, que ocupava uma função invisível de "diretor de entretenimento" do Fontainebleau, baseado exclusivamente em sua capacidade de persuadir Frank a se apresentar no hotel, esteve lá na noite de abertura com Sam Giancana, para cumprimentar Sinatra na sessão lotada.[39] E em março de 1958, o enorme público no La Ronde Room, para não mencionar os quase 5 mil quilômetros entre Miami e Los Angeles, expressava de maneira muito clara a distância que se alargava entre Frank e sua nova noiva.

"O Fontainebleau (onde Frank Sinatra é o Rei dos Shows de Miami Beach) dispensa mais de trezentos ricos infelizes a cada show", escreveu Walter Winchell em sua coluna de 19 de março. "O astro parece cada vez mais à vontade perante esse tipo de público. Jogadores com suas acompanhantes, apostadores, trapaceiros, garotas e rapazes cheios de glamour. 'Esse é meu tipo de gente', diz Frank."[40]

Enquanto isso, Lauren Bacall estava assistindo à peça *Nude with Violin*, de Noël Coward, no Huntington Hartford Theatre, na Vine Street, em Hollywood.[41] Seu acompanhante era Swifty Lazar. No intervalo, Louella Parsons apareceu diante dos dois, do alto de seu 1,60 metro, e perguntou a Bacall, sem rodeios, se ela e Frank iam se casar. "Não sei de nada. Ligue para Miami",[42] respondeu Bacall.

Ela foi para o banheiro feminino e quando saiu, segundo conta, viu Lazar e Parsons ainda conversando. No tempo que levou para chegar até eles, a colunista já tinha desaparecido entre a multidão. Betty não pensou mais no assunto. Assistiram ao restante da peça e depois foram jantar.

No caminho para casa, os dois pararam numa banca de jornais para comprar a primeira edição do jornal matutino. "Vi letras pretas enormes saltando do *Examiner* diante de mim: SINATRA SE CASARÁ COM BACALL", escreveu ela.

> Engasguei — meu Deus, que desastre, como aquilo tinha acontecido? Como Louella pudera publicar aquilo? "Meu Deus, Swifty. Você contou a ela — ficou louco? Frank vai ficar furioso!" Swifty só riu: "Claro que contei — não sabia que ela ia fazer isso. Só disse que por acaso eu sabia que Frank pedira Betty em casamento. E daí? Ele pediu! Qual é o problema em dizer?".[43]

Ela fez com que Lazar fosse até sua casa e ligasse para Frank: "Não quero que ele pense que fui eu que contei", disse.

Swifty ligou, mas não assumiu a responsabilidade. Pelo contrário, tratou a coisa toda como uma brincadeira: "Haha, agora a coisa veio à luz, meu velho".

"Peguei o telefone depressa, dizendo que queria matar Swifty", escreveu Bacall.

> Pelo que me lembro, Frank não ficou muito contente, mas pelo menos pôde se preparar para o massacre que viria da imprensa, e não me censurou. Devo ter parecido contrita, embora não tivesse nenhuma razão para isso. Só receava criar tumulto. Péssimo para qualquer relacionamento, ainda mais para um casamento.

Os amigos dela começaram a telefonar; a mãe ligou de Nova York. Bacall disse a todos que não sabia; ainda não estava decidido.

De Miami, o silêncio.

Algumas noites depois, Frank ligou.

"Por que você fez isso?", perguntou.

"Não fiz nada", Bacall respondeu com o coração aos saltos.

"Faz dias que não consigo sair do quarto — a imprensa está por toda parte", disse ele. "Teremos de ser discretos por um tempo, não nos ver por um tempo."

Foi o último telefonema entre os dois.

Um mês depois, Bill e Edie Goetz convidaram ambos para uma festa. "Havia apenas uma pessoa entre nós à mesa de jantar", escreveu Bacall, mas Frank não deu sinal de notar minha existência. Não me disse uma palavra — se olhava em minha direção, não me via, olhava adiante, como se minha cadeira estivesse vazia. Fiquei tão humilhada, tão constrangida [...]. Nada me devolvia o senso de humor — ele me abandonou naquela noite e durante algum tempo depois disso. Eu preferiria que Frank me cuspisse na cara, pelo menos reconheceria minha existência.[44]

O mesmo aconteceu em Palm Springs alguns meses mais tarde. Depois de um concerto em que Sinatra cantou, Bacall se viu por acaso diante dele: "Ele me olhou como se eu não estivesse ali — nem uma centelha de reconhecimento —, chamou seu grupo, entrou no carro. O sangue me subiu ao rosto, depois desapareceu. Senti náuseas. Minha humilhação foi indescritível".[45]

O que acontecia a um homem para se conduzir de maneira tão bárbara com uma ex-amante, uma mulher que antes tratara com ternura, cortesia e respeito? Ele brandia a humilhação como arma, dando o troco. O suposto pecado dela tinha sido não só cortar suas asas, mas fazê-lo da maneira mais pública possível.

Em sua coluna de 2 de abril, Walter Winchell, viajando com Frank, noticiou que ele tinha uma estátua de Ava nua — fora usada como acessório em *A condessa descalça* — no gramado de sua casa no Coldwater Canyon.

No começo de maio, Sinatra e Riddle voltaram aos estúdios da Capitol para iniciar o álbum que os dois viriam a considerar o melhor de todos: *Frank Sinatra Sings for Only the Lonely*.[46] Por ironia, Frank de início pensou o projeto como uma colaboração com Gordon Jenkins, uma continuação de *Where Are You?*, mas Jenkins estava ocupado em Las Vegas e Riddle ficou com o encargo.[47] Se algum dia ele soube que foi a segunda opção, guardou para si mesmo.

Frank sempre preparava seus álbuns com o maior cuidado, pensando não só nas características do disco em si, mas também no lugar de cada LP na sequência de sua obra. Charles L. Granata considera *Only the Lonely* uma espécie de complemento ou conclusão do classicismo minimalista de *Close to You*. "Enquanto as orquestrações de *Close to You* expressam a intimidade do ambiente com uma música de câmara", escreve ele,

> para *Only the Lonely* o arranjador resolveu utilizar toda a sua paleta musical, pintando retratos de dolorosa solidão numa ampla paisagem pontilhada apenas aqui e ali com texturas e cores musicais. Contra um fundo escuro e melancólico de cordas abafadas erguem-se judiciosas pinceladas de instrumentos como trompa, oboé, flauta, clarinete, fagote e trombone e uma levíssima sugestão de seção rítmica. De ar semiclássico, cada música de quatro minutos é uma pequena narrativa de tristeza e desespero transformada num apelo por solidariedade.[48]

Havia muitos instrumentos: 38 ao todo. "Tínhamos tantos instrumentos", lembrou o violonista Al Viola, "que, quando cheguei à primeira sessão, pensei que era uma reunião do sindicato!"[49] Enquanto escrevia os arranjos, Riddle ficou deliciado em "contemplar a luxúria de uma seção completa de sopros de madeira com todos os sons nebulosos e aveludados que saem de um grupo desses, quando empregado da maneira apropriada".[50] Em certo nível, ele estava usando esses sons para expressar uma profunda tristeza pessoal: naquela primavera, ainda de luto pela filhinha pequena, o arranjador também viu a mãe sucumbir a um câncer terminal.

Já triste, Riddle talvez ficasse paralisado se não fosse um curioso remédio: "Eu pintava a casa durante o dia", contou a Jonathan Schwartz em 1982. "Creio que uma boa terapia para qualquer arranjador é pintar sua casa, pois os arranjadores trabalham em pequenos movimentos aos trancos para escrever as notas, e pintar uma casa exige movimentos longos e contínuos. Para mim, era terapia."[51]

Para Riddle, pintar a casa aliviava a tristeza e fazer arranjos era uma catarse. Mas o que *Only the Lonely* significava para Sinatra? Sem dúvida o álbum, com sua sequência de canções melancólicas, começando com a canção-título magistral de Cahn e Van Heusen e terminando com a imortal "One for My Baby (And One More for the Road)", de Johnny Mercer, era uma declaração — mas uma declaração de quê? "O Frank Sinatra que conhecemos e temos conhecido (e mal conhecemos)", escreveu Sammy Cahn no texto da contracapa do álbum, "é um artista com todas as formas e desenhos que se podem encontrar num caleidoscópio. *Come Fly with Me* é um Sinatra. *All the Way* é outro Sinatra. Um Sinatra cantando um hino à solidão pode muito bem ser o verdadeiro Sinatra."[52]

Ele vivia com a solidão: a solidão do filho único que cresce com os sentimentos inexprimíveis de alteridade, o isolamento autoinfligido do homem que repeliu com brutalidade Lauren Bacall, a solitude do grande artista que refletia sobre as sonoridades de Ravel e Ralph Vaughan Williams, ao mesmo tempo se sentindo levado a frequentar o submundo do crime. A imagem de capa de *Only the Lonely*, mostrando um Sinatra pensativo, com a cara pintada de palhaço, metade do rosto na sombra, apresentava sua solidão como um fetiche, transformava-a numa mercadoria concreta. Era uma espécie de jejuador, que passava fome para que pudéssemos nos sentir melhor com nossa própria fome.

Na noite de 5 de maio, Frank, Nelson e uma orquestra de 38 instrumentos deram início ao álbum gravando três músicas: "Guess I'll Hang My Tears Out to Dry", de Sammy Cahn e Jule Styne; uma versão com toques de Ravel do sucesso pop "Ebb Tide"; e, pela primeira vez, uma canção que se tornaria uma espécie de tema, a grande "Angel Eyes", de Matt Dennis e Earl K. Brent.

Foi um começo em falso. Algo na sessão — especificamente, o acompanhamento na guitarra para a estrofe de "Guess I'll Hang My Tears Out to Dry" — desagradou a Sinatra e as gravações não foram usadas. (Isso porque Riddle, que fazia belos arranjos para cordas, mas não tinha um grande entendimento do instrumento, escrevera acordes de dificílima execução para o guitarrista George van Eps; Riddle reescreveu a estrofe.)

Em 29 de maio, Frank e os músicos se reuniram de novo no Estúdio A da Capitol, porém na ausência de Nelson, que estava em Londres com Nat King Cole. A regência em seu lugar coube ao primeiro violino, Felix Slatkin. Tendo perdido tempo com a sessão descartada de 5 de maio, Frank gravou nada menos que sete canções naquela noite — ou melhor, seis canções e parte de uma sétima. Isso se liga a uma história.

Além de "Monique", escrita por Sammy Cahn e Elmer Bernstein para *Só ficou a saudade*, Sinatra regravou as três músicas que fizera três semanas antes e gravou mais três faixas para *Only the Lonely*: a canção-título, "Spring Is Here", de Rodgers e Hart, e "Willow Weep for Me", o clássico gershwiniano de Ann Ronell. Antes de "Willow", porém, Frank tentou a majestosa e dificílima "Lush Life", de Billy Strayhorn.

Nascido no mesmo ano de Sinatra, Strayhorn escreveu grande parte do grandioso poema-canção na idade espantosa de dezoito anos, e sua letra, com um precoce cansaço do mundo — "I used to visit all the very gay places/ those come what may places/ where one relaxes on the axis of the wheel of life/ to get the feel of life"* —, está repleta de conotações: o futuro arranjador e compositor parceiro de Duke Ellington não só era um gênio, mas também homossexual, numa época e numa cultura em que esse era o amor que não ousava dizer seu nome. A letra de "Lush Life", portanto, tem um caráter codificado, uma mistura levemente incômoda de genialidade e afetação, com um traço canhestro jogado ali dentro ("The girls I knew had sad and sullen gray faces/ With *distingué* traces that used to be there").** E a melodia de grande amplitude cromática da música — composta como se avisasse o ouvinte para não tomar a composição ou o compositor com demasiada ligeireza — tem a complexidade de uma peça artística de Schubert ou Fauré.

Não deu certo com Frank.

Ele sem dúvida tinha a competência musical para ela, mas jamais saberemos se conseguiria cantar "Lush Life" com seu vigor habitual, pois nunca mais tentou outra vez. Granata afirma que Sinatra talvez tenha deixado a canção inacabada por cansaço — era a sexta das sete daquela noite — e o desgaste pode ter contribuído. Mas o que vem mais ao caso é que Frank fazia sua abordagem inicial de uma canção pela letra: ele estudava a letra como um professor de literatura analisa um soneto elisabetano, dedicando sua enorme inteligência a cada nuance. No momento em que cantava uma música, ele se incorporava nela, ela se incorporava nele.

Nat King Cole lançara um tremendo desafio com sua grandiosa versão de 1949,[53] mas Cole era um cantor muito diferente de Sinatra — tão grande quanto ele, mas, como Tony Bennett e Ella Fitzgerald, não tão profundo. Sua interpretação de "Lush Life" (baseada no arranjo de Pete Rugolo) é de tipo alegre e tão confiante que roça a ligeireza. É maravilhosa e muito agradável de ouvir, mas Frank pretendia explorar os abismos da solidão em *Only the Lonely*, e "Lush Life" — que, ao fim e ao cabo, era mais um poema musical do que uma balada — o impedia.

Depois de dois breves takes, ele começou um terceiro, cantando a estrofe e iniciando o estribilho: "Life is lonely/ Again, and only last year/ Everything

* Eu costumava visitar todos os lugares muito alegres/ aqueles lugares ao estilo venha o que vier/ onde se relaxa no centro da roda da vida/ para sentir a vida. (N. T.)

** As garotas que conheci tinham o rosto escuro triste e sombrio/ com traços *distingué* que costumavam estar ali. (N. T.)

seemed…”.* E é uma coisa estranha, pois sua voz está belíssima, mas canta sem confiança e não está de todo afinada.

"Parem!", ele grita de súbito, passando com brusquidão da dicção perfeita da canção para o hobokenês. Os músicos param o mais rápido que podem. "Já não basta ser difícil do jeito que é", diz Sinatra, "mas ainda tem uns *enfeites* nela!", talvez referindo-se à amplitude melódica. Para disfarçar o constrangimento — e não ser capaz de dominar uma canção complexa num estúdio cheio de músicos brilhantes, com Slatkin regendo, com certeza lhe causaria constrangimento —, Frank passa para sua voz de *Amos 'n' Andy*: "Aaah, tá! Bom, ééé…".

Slatkin sugere deixar a música de lado por um minuto.

"Deixe de lado por um ano!",[54] exclama Sinatra, e fica por isso mesmo.

Nelson Riddle não era a única ausência do Estúdio A naquela noite. Voyle Gilmore, com seus modos afáveis, também desaparecera — em seu caso, para sempre, vítima de um acesso de raiva de Sinatra. Voltando de Miami em março, Frank parara em Chicago para acompanhar a nova disputa entre Sugar Ray Robinson e Carmen Basilio; enquanto estava lá, fez a ronda pelos disc jockeys locais. Para seu horror, descobriu que nenhum disc jockey tinha recebido uma cópia de seu último single, um dueto com Keely Smith, "How Are Ya' Fixed for Love?".

Sinatra subiu pelas paredes, ligou para Hank Sanicola e mandou que substituísse Gilmore. Sanicola disse a Frank que Gilmore não era responsável pelos envios. Frank ligou para seu advogado Mickey Rudin e fez com que este ligasse para Glenn Wallichs, o presidente da Capitol (agora tendo Alan Livingston saído para ser vice-presidente de programação na NBC), para pedir que a gravadora designasse um novo produtor para Sinatra, alguém que respondesse a ele e a nenhum outro artista. Wallichs negou, mas ofereceu outro produtor, um ex-saxofonista chamado Dave Cavanaugh, para substituir Gilmore. E por isso era Cavanaugh que estava na cabine de controle na movimentada noite de 29 de maio.

Quando Wallichs disse a Gilmore que fora substituído, "a única coisa que senti foi alívio", relembrou o produtor.

> Nenhum artista é fácil de lidar. Mas quando são tão complexos quanto Frank […]. O que não significa que seja um cara ruim.

* A vida é solitária/ Outra vez, e ainda no ano passado/ Tudo parecia… (N. T.)

> Com os músicos, ele era um príncipe [...]. Mas nunca aceitava uma sugestão do produtor na frente de um músico — nem de ninguém, aliás. Você tinha de sair da cabine e entrar no estúdio. Se tentasse falar com ele pelo sistema de alto-falante, como costumava fazer com outros artistas, você estava liquidado.
>
> Certa ocasião, quando ele estava armando uma cena e tanto, fui até ele para reclamar: "Estou me esforçando muito, Frank, mas só recebo insultos". Ele abriu um grande sorriso e disse: "Não deixe nenhum artista te aborrecer, nem mesmo eu". Ele era tão atraente às vezes que podia encantar uma borboleta — e então voltava a ser tão desgraçado que daria trabalho a uma cobra.[55]

Mas a substituição do antigo produtor foi apenas um alerta de Sinatra à Capitol. À medida que seu poder aumentava — os dois últimos álbuns, *A Jolly Christmas* e *Come Fly with Me*, tinham recebido respectivamente o disco de platina e o disco de ouro —, aumentava também sua insatisfação com a gravadora. Ele queria maior participação nos lucros que gerava e, mais importante, queria um direito que nenhum outro grande artista tinha em nenhuma gravadora: a propriedade das matrizes de suas gravações. Ter os direitos sobre elas garantiria a Sinatra um controle sem precedentes sobre seu destino financeiro, permitindo-lhe, depois de encerrado o contrato com a Capitol, fazer negociações mais favoráveis com qualquer outra gravadora.

Ou mesmo criar uma gravadora própria.

10.

Se você é amigo dele, PRONTO. Se precisa dele, CARA, ELE... ESTÁ... AÍ!

Sammy Davis Jr., sobre Sinatra

Agora ele estava com 42 anos, ainda um dínamo, mas de vez em quando mostrando leves sinais de cansaço. Com a estreia mundial de *Só ficou a saudade* marcada para meados de junho em Monte Carlo, Frank tinha planejado ir à Europa pelo Extremo Oriente, na companhia de Peter e Pat Lawford. Mas no começo de maio, exausto depois de duas semanas fazendo duas apresentações por noite no Sands, cancelou o passeio pela Ásia e anunciou que ia tirar um longo descanso em Palm Springs.

O cancelamento deu margem aos mais variados boatos: que retomara seus planos matrimoniais com Lauren Bacall;[1] que tivera uma briga com os Lawford;[2] que sofrera uma grave hemorragia da garganta.[3] Os dois primeiros não eram verídicos; o terceiro talvez fosse. Enquanto alguns artistas ganhavam publicidade fazendo seguro de suas pernas ou outras partes do corpo no Lloyd's de Londres, Frank fazia o contrário, retendo ao máximo toda e qualquer informação sobre suas preciosas cordas vocais. Seu instrumento podia ser inconstante; se era notório que cuidava dele nadando na piscina voltas inteiras debaixo d'água e fazendo exercícios vocais, fumar um Camel depois do outro, beber em excesso e, de modo geral, levar uma vida de um sentimentalismo típico de ópera não ajudava. Afora os mais próximos de seu círculo interno, ninguém soubera do caso completo de seus problemas vocais em 1956 nem de seu terror, na época de *Close to You*, de estar perdendo por completo a voz. Lá pelo final da temporada no Fontainebleau em março de 1958, ele precisara cancelar um ou outro show por causa de problemas vocais, resultantes talvez do desgaste por excesso de uso, talvez também da tensão geral após o rompimento com Bacall. Ninguém o substituiu; os clientes receberam o dinheiro de volta.[4]

Mas a temporada no Sands em maio pode ter desencadeado algo mais sério. Um informe alarmante de uma agência de notícias no dia 1º de junho, que ocupou a primeira página de alguns jornais, dizia que Frank sofrera o rompimento de um vaso sanguíneo na garganta e estava seriamente doente em casa. O informe dizia que haviam chamado um importante especialista de Nova York.[5]

Então, numa matéria publicada dois dias depois, Sinatra afastou e ao mesmo tempo confirmou o que podia ter sido um boato com fundamento, mas atribuído a um momento errado. "Ele riu quando soube do informe que dizia que estava doente",[6] contou um representante da agência de Frank à United Press International (UPI). Jack Entratter, falando em nome de Sinatra, declarou que o cantor "fez seis gravações na quinta-feira passada", que "o incidente envolvendo as cordas vocais distendidas ocorreu cerca de um mês antes" — na época do compromisso no Sands — e que "desde então Sinatra passara grande parte do tempo em Palm Springs, na Califórnia".

Esse alarde lança uma nova luz sobre a sessão de gravação de 5 de maio, que foi descartada e pode ter sido deixada de lado não só por causa dos problemas no arranjo de Nelson Riddle para a guitarra, mas também pela insuficiente recuperação das cordas vocais de Frank. De fato, ele parece ter passado grande parte do mês de maio em repouso, ainda que o repouso nunca tenha sido seu forte. Visto à distância, aquele mês representa uma parada interessante no ritmo em geral acelerado da vida de Sinatra. Isso porque sua agenda frenética de filmagens dos dois anos anteriores se reduzira bastante. Ainda que Frank estivesse com dois filmes em sua programação imediata (a filmagem de *Deus sabe quanto amei* estava marcada para começar em agosto e a de *Os viúvos também sonham*, em novembro; *Onze homens e um segredo* estava ainda em fase de negociações), num forte contraste com 1956 e 1957, em 1958 de fato houve um período de seis meses em que ele não esteve nem num palco, nem num set.

A gravação também avançava devagar, enquanto Frank descansava e Riddle resolvia os enroscos nos arranjos para *Only the Lonely*. E *The Frank Sinatra Show* estava oficialmente encerrado — o último programa musical, tendo Natalie Wood e Pat Suzuki como convidadas, foi ao ar em 23 de maio, e o último episódio dramático ("The Seedling Doubt", coestrelando Phyllis Thaxter e Macdonald Carey), em 6 de junho. Sinatra fizera 31 dos 36 episódios estipulados em seu contrato de 3 milhões de dólares com a ABC; iria cumprir sua obrigação restante com quatro especiais musicais para a rede de TV em 1959 e 1960.

Mesmo sua vida amorosa parece ter se desacelerado um pouco. Não havia nenhum grande romance em andamento. Quaisquer que fossem as esperanças de Louella Parsons em sua coluna,[7] Frank e Lauren Bacall tinham se separado em caráter definitivo;[8] nem sequer se veriam por seis anos. Peggy Connelly já tinha seguido em frente, casando-se com o comediante Dick Martin em 1957. A relação sempre educada com Jill Corey, ao que parece, se tornara platônica. Havia uma atriz chamada Sandra Giles e uma modelo chamada Nan Whitney. (Em detrimento da credibilidade de sua coluna, Dorothy Kilgallen mantinha a firme convicção de que esta era a mesma pobre mulher em cujo apartamento em Nova York o ator John Garfield tinha morrido em 1952, aos 39 anos;[9] mas a verdade era muito menos interessante: tratava-se de outra Whitney.)[10] Corria o boato de que Frank e a atriz e porta-voz da Westinghouse Betty Furness, de 42 anos, tinham dividido afetuosamente dois assentos no voo da TWA para Roma; alguém que dizia ter conhecimento dos fatos chegou a afirmar que Furness — e não Swifty Lazar ou o próprio Frank — fora responsável pelo fim da relação entre Sinatra e Bacall.[11]

Enquanto isso, ele escapou por um breve período às atenções. No começo de junho, Sinatra pousou em Londres a caminho de Mônaco, esquivando-se zangado de um repórter que lhe perguntava aos gritos sobre a situação do relacionamento com Bacall.[12] Logo depois, ele pegou o citado voo até Roma. Nesse voo, parece bastante provável que tenha encontrado com Betty Furness por acaso, e não que ela fosse sua acompanhante de viagem, visto que ele estava indo ver Ava.

Ava estava para começar a filmar a última película em seu contrato com a MGM, *A Maja desnuda*, história sobre o romance sensual entre Goya e a duquesa de Alba, a nobre espanhola que teria posado para o nu mais famoso do pintor. O filme começara como um projeto apaixonado do escritor e diretor Albert Lewin, obcecado por Gardner, que criara o bizarro *Pandora*, de 1951, como veículo para a atuação dela. Mas uma produtora italiana assumiu *A Maja desnuda* e afastou Lewin, reescrevendo o roteiro, contratando o diretor Henry Koster para a tarefa e transformando o projeto num mero trabalho comercial. Só Lewin poderia ter a lábia de convencer Ava de que o filme seria outro grande veículo para ela; sem Lewin, enquanto aguardava em Roma para começar a filmar, ela sentia tédio, alheamento e medo.

Ava estava com 35 anos, idade perigosa para uma estrela do cinema, e o calombo no rosto causado pelo episódio na arena, embora tivesse diminuído nos últimos meses, não desaparecera por completo. Ela era uma estrela: nunca se considerara muito como atriz nem gostava especialmente de filmar. O estrelato lhe comprara a liberdade de viver como queria, e agora esse estrelato corria grave perigo. Seu namorado intermitente, o ator italiano Walter Chiari, um bonitão de traços rudes, estava atuando num filme na Espanha. Frank, que escrevia e telefonava com regularidade para Ava e nunca conseguia esquecê-la, ocupava cada vez mais seus pensamentos — certa vez ela o salvara; quem sabe agora ele poderia salvá-la. E assim, quando Frank lhe disse que estava indo para a Europa, Ava pediu que fosse vê-la em Roma.

Alguma coisa deu errado. Lee Server, biógrafo de Gardner, sustenta que, entre seu convite a Frank e a chegada dele à Cidade Eterna, ela ficou sabendo de um novo romance de Sinatra, dessa vez com lady Adele Beatty, uma socialite inglesa divorciada e ex-rainha da beleza em Oklahoma. Na narrativa dramática de Server, Sinatra chega a Roma e logo entra em contato com Ava, que de repente não atende mais a seus telefonemas nem responde aos recados. Um dia, de manhã muito cedo, não conseguindo dormir, Ava leva seu cão Rags, um corgi, para passear; vai parar no Hotel Hassler, onde Frank está hospedado, e pede que a levem à suíte dele.

Numa cena que podia ter saído de um filme, Rags salta para os braços de Frank — mas Ava, não. Em vez disso,

> ela pegou o cachorro de volta, alcançou Frank e pôs em sua mão o anel de casamento que ele lhe dera tempos antes.
>
> "Dê para sua lady inglesa", disse, virou-se e foi embora [...].

> Sinatra, ainda segurando na mão o anel que ela lhe entregara, [...] chamou um carro para levá-lo ao aeroporto; três horas depois, partiu de Roma.[13]

Embora Server costume ser fidedigno, esse episódio parece implausível. A joia que Frank dera a Ava havia passado por uma verdadeira odisseia — o anel de platina que ele lhe pôs no dedo em novembro de 1951 acabara se perdendo e foi substituído por uma réplica quando o casal pronunciou seus votos conjugais em 1953; então, quando se separaram, Gardner o tirou e o colocou de lado em caráter definitivo. Mas o que ela estava fazendo com ele em Roma, e por que o teria pegado para um passeio que, num impulso, se converteu numa visita ao hotel onde Frank estava?

George Jacobs sustenta que o anel em questão era uma aliança de "renoivado" de dez quilates que Frank comprou para Ava na Bulgari de Roma, e que a atriz, quando "descobriu sobre lady Beatty, deixou o anel de Sinatra na portaria do Hassler Hotel, onde ele estava hospedado, com instruções para entregá-lo a lady Beatty. Mas, naquela altura, a dama escolhera [o diretor de cinema Stanley] Donen em vez do sr. S.".[14]

O problema com a versão de Jacobs é que o romance Beatty-Donen — de modo plenamente verificável — só começou na primavera de 1959.

Lady Beatty, nascida Adele Dillingham, de Ardmore, uma cidade do petróleo em Oklahoma, de fato iria entrar como um turbilhão na vida de Frank, mas, segundo todos os relatos, apenas no outono de 1958. Talvez Ava tenha ouvido falar de Betty Furness. Em todo caso, como Hedda Hopper escreveu mais tarde, ainda em junho, "para acalmar aqueles espíritos curiosos que estão morrendo de vontade de saber se Frank Sinatra viu Ava Gardner em Roma, posso dizer com toda a certeza que viu. Passou um serão com ela. Mas duvido que a velha chama se tenha reacendido".[15]

Não, mas continuou a arder lenta e constante, como uma chama-piloto.

Na primavera de 1958, Quincy Jones estava com 25 anos, morando em Paris e aproveitando ao máximo a vida como um músico de jazz expatriado. Entre shows com várias orquestras, estudava composição e teoria musical com Nadia Boulanger e o compositor Olivier Messiaen; também tinha um emprego como diretor musical, arranjador e regente para a Barclay Disques, a distribuidora francesa da Mercury Records. Certo dia, a Barclay recebeu uma ligação do Sporting Club de Monte Carlo, solicitando os serviços da orquestra de 55 músicos da gravadora — entre os quais estavam grandes músicos como o violinista de jazz Stéphane Grappelli, o baterista Kenny Clarke e os saxofonistas Don Byas e Lucky Thompson — para um evento beneficente que o príncipe Rainier e a princesa Grace iam realizar em 14 de junho. A orquestra faria o fundo para Frank Sinatra, e Quincy Jones regeria.

"Muito embora eu tivesse apenas 25 anos, já sabia que todos os grandes cantores são diferentes uns dos outros; cada qual tem nuances distintas, e você precisa saber o que os deixa à vontade para poderem se soltar", escreveu Jones em suas memórias.

> Em certo sentido, um maestro e arranjador precisa fazer um raio X emocional do cantor e explorar sua psique criativa. Você precisa entender os alcances e registros dele, o ponto em que vacila entre a voz natural e o falsete [...]. Foi por isso que Nelson Riddle e Sinatra mantiveram uma colaboração tão longa e tão bem-sucedida: Nelson conhecia a alma de Sinatra. Dava-lhe espaço, nunca colocando instrumentos em seu registro, para não se sentir apertado.[16]

Jones admitiu numa entrevista que ficou intimidado com a perspectiva de conhecer o grande homem. "Eu não sabia o que esperar",[17] disse. E escreveu em suas memórias:

> Eu estava curioso em ver o tipo de preparo que Frank gostava de ter em sua música. Ele foi muito direto a respeito. Entrou no ensaio no Monaco Sporting Club com seu chapéu de "Swinging Lovers", bateu aqueles olhos azuis de aço em mim e disse: "Você ouviu os discos, sabe o que fazer. Sabe de onde estou vindo".
>
> Ensaiamos o show com aquela orquestra de 55 músicos durante quatro horas, até ficar tudo bem amarrado. Quando terminamos, ele disse "Legal", apertou minha mão e saiu. Durante todo aquele tempo, ele não me disse mais do que dez frases. Foi puramente profissional.[18]

Frank gostava de criar um clima de drama e mistério em suas entradas, muitas vezes apenas aparecendo no palco sem ser anunciado, encarnando a ideia de que era um artista que dispensava apresentações. Ele abriu uma exceção para a plateia europeia no concerto do Sporting Club, deixando que Noël Coward o apresentasse (em inglês e francês), mas manteve seu gosto pelo drama deixando de avisar ao regente — que afinal precisava dar o sinal para começarem a tocar à entrada dele — quando e por onde apareceria no palco.

Enquanto as luzes se apagavam e Coward fazia sua apresentação, "eu ainda perguntava só com os lábios 'Onde ele está?' ao contrarregra, que continuava olhando em torno e erguendo os ombros", escreveu Jones.

> Quando ouvi as palavras "Frank Sinatra!" e ouvi os aplausos do público, dei o sinal com a batuta para a orquestra começar o tema de *O homem do braço de ouro* e prossegui regendo enquanto ficava de olho nos dois lados do palco, para poder conduzir a orquestra para "Come Fly with Me" na hora em que Frank pisasse no palco [...].
>
> Os aplausos aumentaram. Eu continuava a não vê-lo.
>
> Por fim olhei de relance por cima do ombro e disse: "Ô merda".
>
> Ele estava vindo pelo fundo do salão.[19]

"É um salão retangular no Sporting Club", relembrou Jones, muitos anos depois.

> Ele está no fundo, trocando cumprimentos com Yul Brynner, Noël Coward, Cary Grant, Grace Kelly, fazendo festa, dando beijinhos e tudo o mais. E eu, feito um tonto, fico achando que os aplausos vão cessar. E aí, cara, ele continua lá só socializando, bebendo e coisas do tipo, e nós tocando a entrada para ele, o começo do show. Ele continuou parando no meio do caminho até o palco, e eu dizendo: "Mas o que ele está fazendo agora, meu? Vamos logo!".

"Então, depois de mais alguns passos até o palco", escreve Jones, "ele parou de repente, ficou imóvel ali no meio da plateia, então pôs a mão no bolso, tirou sua cigarreira de ouro, abriu, pegou um cigarro, deu uma batidinha com ele na cigarreira e o acendeu."

> Eu queria morrer. Três minutos de palmas e assim continuou. Quatro minutos de palmas, cinco minutos... por fim ele chegou ao palco e *ainda* estavam aplaudindo. Conduzi a orquestra para "Come Fly with Me". Ele se virou, ficou de frente para a plateia e se dirigiu a ela com aquela voz toda sua, e então entendi por que os aplausos tinham durado tanto tempo.

> Alguns cantores gostam de se adiantar ao ritmo. Alguns ficam um pouco atrás. Frank fazia tudo: se adiantava, ficava bem junto e se atrasava ligeiramente, como se fosse inevitável. Como Billie Holiday e Louis Armstrong, que ele adorava, Frank crescera cantando com as grandes orquestras e aprendendo a soar como uma trompa, e assim sabia muito bem onde ficava o ritmo a cada vez. Ele ritmava de forma tão hábil que você podia virá-lo de ponta-cabeça e sacudi-lo até caírem todas as moedinhas do bolso, e ele nunca sairia em momento nenhum do compasso. Ele passou os dezesseis primeiros compassos de "Come Fly with Me", então deu uma longa tragada no cigarro logo antes de fazer a ponte. Quando chegou à ponte e cantou: "When I get you up there, where the air is rare...",* ele virou a cabeça para que um holofote de luz azul no palco o pegasse de perfil e então soprou a fumaça pela boca. Foi incrível. Ele dominava todas as nuances delicadas. Não desperdiçava nada — nem palavras, nem emoções, nem notas. Era pura economia, poder, estilo e perícia.[20]

Ou, como disse Noël Coward mais tarde: "Nunca nenhum deslize de mau gosto; nunca nenhuma nota errada".[21]

Ele seguia num borbulhamento de agitação, sempre com uma turma, procurando a diversão seguinte. O grande inimigo era o tédio; o sono era uma imitação da morte. E solidão. Sempre houve um grupo em torno, desde o começo — nos anos 1940 e início dos anos 1950, chamava-se The Varsity: Hank Sanicola, Toots Shor, Jackie Gleason, Jimmy van Heusen, Sammy Cahn faziam parte, e de vez em quando Manie Sacks, bem como o editor musical Ben Barton e o pugilista profissional do momento. Qualquer um que se dispusesse a aceitar Frank como o chefe do bando, a beber, ficar acordado até tarde e rir de suas piadas. E do resto do mundo: os caretas, os quadrados, os bananas. A composição do bando necessariamente mudava ao longo dos anos. Van Heusen e Sanicola, claro, ainda continuavam, e Toots, quando Frank estava em Nova York; mas Manie tinha morrido e Gleason, com seu enorme sucesso na TV, agora tinha um ego que empatava com o de Frank e contava com seu próprio bando. Outros entraram avidamente para preencher lacunas no pessoal. Lawford; Art Buchwald, quando Sinatra estava na

* Quando eu te levar lá para cima, onde o ar é excepcional. (N. T.)

Europa. Winchell e Earl Wilson. Joe Fischetti e Sam Giancana — só que, quando Momo estava presente, a questão de liderança no bando ficava mais complicada.

Cada vez mais, à medida que a fama, a riqueza e o poder de Frank aumentavam, o grupo se tornou uma atividade em si mesma, em vez de mera distração de suas outras atividades.

Os que seguiam em sua cola adoravam estar ali; ao mesmo tempo, observavam os humores de Frank, preocupados com a próxima mudança. Ela sempre vinha, mais rápido do que se esperava.

Como todos os grupos, o dele tinha seus códigos, senhas e condutas. Havia um linguajar específico: começara no início dos anos 1950, inspirado pelo jargão dos músicos de jazz (cujo grande rei era Lester Young, que cunhou seu mundo verbal próprio); agora, na segunda metade da década, os jornalistas que se infiltravam nas beiradas do grupo de Sinatra começavam a pegar o jeito e se sentiam fascinados pelo que conseguiam entender, mas não penetrar por completo.

Art Buchwald dedicou uma coluna inteira ao idioleto. "Uma das razões pelas quais Frank Sinatra é mal compreendido por muita gente (isto é, Dorothy Kilgallen, Jack O'Brian etc. etc. etc.) é que ele fala uma linguagem toda sua", escreveu Buchwald.

> Ninguém conseguiu pôr essa linguagem por escrito, e foi apenas em Mônaco, na semana passada, que ele concordou em conversar a respeito.
>
> "Notei que você usa as palavras 'gas' e 'gasser' com grande frequência", dissemos. "Pode explicar a nosso público leitor o que significam exatamente?"
>
> "Um *gas* é uma boa situação", respondeu ele. "Uma noitada pode ser um *gas* maravilhoso. Ou você pode ter um final de semana que é um *gas*."
>
> "Entendo. E um *gasser*?"
>
> "Um *gasser* se aplica a uma pessoa. É um cara das grandes ligas, o melhor, consegue dar uma rebatida que põe a bola fora de campo. O contrário de um *gasser* é um que bate com pouca força, a bola não chega a lugar nenhum, ele nunca alcança a primeira base."[22]

Essa categoria, claro, aplicava-se a praticamente todos os que não fizessem parte do grupo de Sinatra. No que lhe dizia respeito, explicou Frank a Buchwald, ele podia chamar qualquer pessoa que não conhecia de Sam ou Charley. "Mesmo uma garota se vira se você diz: 'Oi, Charley'", disse Sinatra. Os caretas, por outro lado, eram chamados de Harvey ou Harv. E aqueles de quem de fato não gostava, ele presenteava com a palavra "fink". "Um *fink* é um perdedor", explicou Frank ao colunista. "Para mim, um *fink* é o cara capaz de matar os próprios amigos."

Havia também uma espécie de jargão para as conversas internas. "'Hello' não é uma saudação, mas uma palavra que avisa a todos à mesa do sr. Sinatra que entrou uma garota na sala", escreveu Buchwald. "Se a garota for bonita, a 'Hello' segue-se 'Say now', ou 'Vem vindo algo a estibordo'..."

E também havia a inefável "clyde", que servia para qualquer coisa. "Se quero que alguém me passe o saleiro, eu digo: 'Passe o *clyde*'", explicou Frank. "'Não gosto do *clyde* dela' pode significar que não gosto da voz dela. 'Tenho de ir ao *clyde*' pode ser 'Tenho de ir à festa'."

Mas, pela lógica peculiar do bando de Frank, um *clyde* também podia ser um Harv. "Um verdadeiro *clyde*", disse Sinatra, "é aquele que fica ao lado da mesa de dados e não joga. Não faz parte do ambiente. É uma 'pobre alma' que vai se enfiar com os dois pés no cimento até o pescoço."

Ao contrário de Humphrey Bogart, que via a ideia de liderar um Rat Pack com suprema ironia, Sinatra era um autocrata insaciável e todo aquele que não o seguisse era um verdadeiro *clyde*.

Finda a animação europeia, ele voltou a Los Angeles, para a formatura da filha Nancy no colegial, com uma rápida parada em Nova York, onde foi assistir à apresentação de Ella Fitzgerald no Copa. Frank adorava Ella, quase contemporânea sua e também criada cantando com as *big bands*. Ao mesmo tempo, ele ficava intimidado com sua genialidade como cantora: o alcance de três oitavas, a dicção impecável, o equilibrismo virtuosístico na improvisação; o lindo tom feminino que fazia todas as suas versões das grandes músicas populares parecerem definitivas. Numa entrevista de 1959, Sinatra admitiu o fato: "Ella Fitzgerald é a única artista com quem trabalhei que me deixou nervoso", disse ele. "Pois tento alcançar o que ela faz. Sabe, tento me erguer até àquela altura, porque acredito que ela é a maior cantora popular do mundo. Sem nenhuma exceção — homem ou mulher."[23]

Num certo sentido, ele tinha boas razões para se sentir intimidado. Como uma trompa — que, no fundo, é o que todo cantor com acompanhamento instrumental é —, Ella não tinha igual. Seu ouvido (como o de Mel Torné) era impressionante, como mostravam seus improvisos no palco. Sempre mantinha o comando musical, a tal ponto que facilmente se perdia de vista seu calcanhar de aquiles: a interpretação emocional de uma canção. Ela podia ser fria, podia ser calorosa; de vez em quando podia até cantar com abandono. Mas nunca chegou perto de *viver* a letra, como era o caso de Frank — o que, para muitos ouvintes, faz parte do fascínio de Ella. Viver as canções de Sinatra junto com Sinatra é algo totalmente absorvente, e essa absorção emocional constante pode ser exaustiva. Não se deve subestimar o puro valor de entretenimento da grande arte musical de Fitzgerald.

Mas o fato de que Ella tinha o potencial técnico de suplantar Frank era um incentivo para ele. Naquela noite de junho no Copa, ela fizera um enorme sucesso numa casa cheia de mocinhas em festa de formatura, mas estava começando a se cansar depois de tantos pedidos de bis e chamou Sinatra para um dueto que lhe daria um bom descanso. A multidão ficou ensandecida quando ele subiu ao palco.[24] Fazia sentido que a música escolhida para o dueto fosse "Moonlight in Vermont", que tinham cantado juntos pouco tempo antes — o dueto acontecera em *The Frank Sinatra Show* em maio, naquele que talvez tenha sido o melhor episódio musical da série. Ao mesmo tempo, a canção foi uma escolha interessante. É uma melodia bonita, evocativa, sem ser emocionalmente envolvente, e a letra sem rima — a única de todo o cânone de Sinatra — condiz bem. As palavras ("Pennies in a stream/ Falling leaves, a sycamore")* são ricas em termos visuais, têm movimento, mas são de todo impessoais. Ninguém no público precisaria se preocupar com qualquer insinuação de uma letra amorosa entre um branco e uma negra, e nem Frank nem Ella precisavam se incomodar com conteúdos emocionais. Bastava deixarem aqueles seus magníficos instrumentos vocais operar livremente.

Don Rickles insultou Frank Sinatra pela primeira vez no Murray Franklin's, uma minúscula boate em Miami, ou, dependendo de quem conta a história, em The Slate Brothers, uma pequena boate no La Cienega Boulevard, em Los Angeles. Na versão de Rickles, sua mãe, Etta, conheceu Dolly, a mãe de Frank,

* Moedas do desejo/ Folhas caindo, um sicômoro. (N. T.)

quando Sinatra se apresentava no Fontainebleau de Miami e persuadiu-a a persuadir Frank a ir assistir à apresentação de seu filho. Sinatra entrou no Murray Franklin's com seu séquito, quando o jovem comediante o viu e soltou a frase imortal: "Fique à vontade, Frank — bata em alguém".[25] Todo o séquito prendeu a respiração, observando a reação de Sinatra. Ele estourou numa risada, e nasceu uma carreira.

Por outro lado, sabe-se que Rickles esteve insultando Frank no Slate Brothers antes que ele se apresentasse no Fontainebleau: uma foto na *Life* de 3 de fevereiro flagrou o comediante em ação.[26] E uma matéria de agência de notícias de 22 de junho sobre o clube noturno La Cienega (que contratara Rickles para substituir o polêmico comediante Lenny Bruce, cuja linguagem crua parecera ofensiva a alguns clientes, mesmo pelos padrões de West Hollywood) comentava que o comediante perguntara havia pouco a Sinatra: "Lembra os bons e velhos tempos, Frank, quando você tinha voz?".[27]

Foi uma farpa inútil: a voz dele voltara e Frank estava cantando melhor do que nunca. "Gone with the Wind" foi uma das seis músicas que ele gravou ao voltar à Capitol em 24 e 25 de junho à noite, para terminar *Only the Lonely*, e todas as canções — além de "Wind", havia "Blues in the Night", "What's New?", "Goodbye", de Gordon Jenkins, "It's a Lonesome Old Town" e "One for My Baby" — podem ser lidas como comentários sobre um relacionamento que insistia em não se resolver — para nenhuma das partes. Frank podia declamar qualquer uma das letras para Ava, e vice-versa. (Consta que "What's New?", de Johnny Burke e Bob Haggart, música devastadoramente triste sobre um ex-amor, era a canção favorita de Gardner.)[28]

Sinatra já gravara a grande canção de bar, a número um, "One for My Baby (And One More for the Road)", de Johnny Mercer e Harold Arlen, para a Columbia em 1947, ou seja, a bem da verdade, pelo menos um ano antes de começar o romance com Ava. Com uma voz de quem parecia estar resfriado, acompanhado por uma pequena orquestra tipo Dixieland e guitarra rítmica, ele apresentou uma versão rápida e agradável, que devia muito às estilizações vocais do próprio Mercer — que, mesmo não sendo nenhum Sinatra, era um bom vocalista.

Mas, onze anos depois, Frank era outro homem, ao mesmo tempo endurecido e abrandado pela decepção amorosa, e um artista maduro no auge do talento. Na noite do dia 24, ele gravou um ensaio da canção, acompanhado apenas por Bill Miller; na noite seguinte (às vezes dá-se a data do dia 26, visto que a sessão se prolongou além da meia-noite), ele gravou a faixa do álbum com orquestração sutil ao fundo. Mas foi a versão apenas com voz e piano, de impressionante despojamento, a mais consoante com a letra de bar, que ficou com Frank e, no correr dos anos, tornou-se um número constante.

Em meados de julho, Sinatra deu uma grande festa — incluindo o casal Lawford, Harry James e Betty Grable, Jimmy van Heusen e outros — na estreia de Louis Prima e Keely Smith no Cal-Neva Lodge, no lago Tahoe.[29] Como indicava o nome da estância, o Cal-Neva ficava na divisa entre Califórnia e Nevada, a qual estava pintada no fundo da piscina e no chão do cavernoso Indian Room, na construção principal. A jogatina era permitida apenas no lado da estância que ficava em Nevada.[30]

O Cal-Neva era um retiro magnífico, situado numa floresta de pinheiros a mais de 1600 metros de altitude, junto ao enorme lago cristalino de montanha. Ao lado da sede havia vinte chalés para hóspedes, espalhados pela área. Era um refúgio perfeito, ao qual se chegava apenas por uma estrada sinuosa pela montanha.[31] O ar era frio — gelado à noite — e límpido nos meses de verão. Frank passara férias ali durante anos, bem como o pai de Pat Lawford, Joseph P. Kennedy, banqueiro de investimentos, ex-executivo do cinema e ex-embaixador na Corte de St. James. No verão de 1958, Kennedy pai estava profundamente envolvido na campanha do filho John para a reeleição ao Senado americano e também preparando o terreno para a disputa presidencial. Mas, em junho e julho, Joe Kennedy tirou um tempo das tensões das maquinações políticas para relaxar no Cal-Neva, que foi visitar com a filha, o genro e amigos, entre eles Frank Sinatra. (Nessa época, usando um testa de ferro, Joe Kennedy também comprou uma parte da estância.)[32] Frank e o Embaixador, como o chamavam, parecem ter se dado bem desde o primeiro instante em que se encontraram, e adoravam o Cal-Neva por várias razões parecidas. David Nasaw, biógrafo de Kennedy, escreve:

> O dono principal do estabelecimento, na época em que Kennedy ficou lá, era "Wingy" [...], apelido maldoso de Bert Grober, o apostador com defeito num dos braços e dono da Park Avenue Steak House em Miami. O Cal-Neva, ou "o lugar do Wingy", como dizia Kennedy, era uma estância de primeira classe que tinha tudo

> o que Kennedy exigia. Ficava junto ao lago [...]; os aposentos eram espaçosos e a comida, magnífica; havia trilhas para andar a cavalo, uma enseada e piscinas para nadar, um excelente campo de golfe, um cassino, que Kennedy não frequentava, e belas mulheres disponíveis em quantidade nada pequena.[33]

Wingy Grober era o testa de ferro de Joe Kennedy em sua participação no Cal-Neva.[34]

Abundantes também eram os personagens espalhafatosos que frequentavam os cassinos de Nevada — incluindo de vez em quando, em 1958, naqueles dias anteriores ao Livro Negro, outro fã do Cal-Neva, Sam Giancana. O Livro Negro era o nome popular da lista de pessoas proibidas de entrar nos estabelecimentos de jogos do estado, publicada de início pela Comissão de Controle do Jogo de Nevada em 1960.

Mas Nasaw, que parece ter como missão reabilitar a imagem deveras manchada de Joseph Kennedy, faz um grande esforço preventivo para distanciar o Embaixador de criminosos e do crime organizado. "Não havia nada de muito especial nos verões de Kennedy no Cal-Neva", escreve ele.

> Apenas em meados de 1970, quando jornalistas, historiadores e teóricos da conspiração procuraram de cima a baixo indícios que ligassem o assassinato de John F. Kennedy ao crime organizado, é que se deu atenção às estadias de seu pai no Cal-Neva e às ligações "mafiosas" que ele supostamente fez, retomou e explorou por lá. Joe Kennedy não se esforçou de maneira deliberada em evitar a presença de personagens repulsivos nem manteve distância dos locais que frequentavam: o Cal-Neva, Hialeah [pista de turfe] e boates e restaurantes em Nova York, Chicago, Miami e Palm Beach. Mas tampouco procurou a companhia deles.[35]

Talvez. Mas o que Joe Kennedy preferia era mandar que outros procurassem a companhia deles em seu nome.

Mais ou menos na mesma época em que Joseph Kennedy se divertia no Cal-Neva, seus dois filhos mais velhos começavam a investigar alguns dos mesmos personagens cuja companhia o pai, de forma ostensiva, não procurava. O senador John F. Kennedy era um dos quatro democratas no Comitê Especial sobre Atividades Impróprias na Área Trabalhista ou Administrativa, mais conhecido como Comissão do Senado sobre a Máfia, presidido pelo senador John McClellan, do Arkansas. Robert F. Kennedy era o conselheiro-chefe do importante comitê, cujas investigações sobre a influência do crime organizado nas entidades sindicais se concentravam sobretudo nas atividades de James R. Hoffa, presidente do sindicato dos caminhoneiros.[36]

Joe Kennedy, que temia perder o apoio sindical na disputa presidencial de Jack, foi energicamente contrário ao envolvimento dos filhos na Comissão da Máfia. Ele e Bobby Kennedy discutiram feio: Bobby não aceitou recuar.[37]

Em julho, o comitê iniciou as audiências sobre o alegado controle da Máfia no setor de restaurantes de Chicago. Entre as testemunhas intimadas estavam Tony "Joe Batters" Accardo e Paul "The Waiter" Ricca, ex-associados de Al Capone. "O conselheiro da comissão Robert F. Kennedy", noticiou um despacho de agência de notícias de 7 de julho,

> disse que agentes do grupo de investigação estão tentando localizar vários homens necessários como testemunhas. Descrevendo-os como asseclas de baixo escalão, Kennedy declarou que são Gus Alex, Joey Aiuppa, Sam Battaglia e Sam Giancana. Giancana também atende pelo nome de Tom Mooney, afirmou Kennedy.[38]

Seria muita ironia se Giancana estivesse descansando naquele momento às margens pitorescas do lago Tahoe. Mas Sam Giancana — homem de muitos nomes, agraciado desde cedo na carreira com o apelido de Mooney [Machão], pois até os gângsteres o consideravam um assassino alucinado — logo faria sua aparição.

Dean Martin, que muita gente achava que se afundaria e sumiria depois do rompimento com Jerry Lewis, estava indo muito bem, obrigado. Os discos vendiam bem, os shows faziam tremendo sucesso em Las Vegas e, com os especiais na rede NBC de televisão, as pessoas começavam a considerá-lo um astro por seus próprios méritos. E na primavera de 1958, para surpresa geral, de repente ele tinha uma carreira efetiva no cinema.

O fato de ter alguns amigos poderosos não prejudicou em nada. Para começar, seu empresário era a principal agência musical de Hollywood, a MCA, cujo chefe, o lendário Lew Wasserman, tomara Martin como projeto pessoal. Foi Wasserman quem apareceu com a ideia de incluir Dean em seu primeiro filme pós-Jerry, a comédia romântica *Dez mil alcovas*; quando a obra fracassou, o agente simplesmente deixou de lado o fiasco e procurou uma oportunidade ainda melhor. Encontrou-a em *Os deuses vencidos*, o filme sobre a Segunda Guerra Mundial em que (depois que a MCA arrancou Tony Randall do projeto)[39] Martin atuava — e tinha presença própria — ao lado de Marlon Brando e Montgomery Clift.

Quando Frank Sinatra anunciou naquele mês de maio que seu primeiro filme num novo contrato de três filmes com a MGM seria uma adaptação do romance *Deus sabe quanto amei*, de James Jones, em coprodução sua, era bastante compreensível que escolhesse Dean Martin para atuar com ele. Não só Frank e Dean vinham mantendo contato nos últimos tempos em Los Angeles e Las Vegas, como também Dino agora já demonstrara qualidades dramáticas. Era mais uma razão para a enorme admiração de Frank por ele.

O livro de Jones era outro calhamaço (a piada sobre *A um passo da eternidade* era que levava uma eternidade para ler); mas, dessa vez, as resenhas variaram do ruim ao péssimo. O romance era de novo ambientado na Segunda Guerra, com elementos autobiográficos, uma tentativa de tratar de Temas Importantes: o protagonista, Dave Hirsh, é um escritor fracassado que volta da guerra para sua cidadezinha natal em Indiana (Jones era de uma cidadezinha em Illinois), aborrecido com a família e a vida em geral, e, depois de muitas voltas da trama e das subtramas, sua desilusão se confirma. Faz amizade com outro desiludido, o jogador Bama Dillert, e se apaixona por Gwen, uma refinada professora; mas, enquanto isso, Ginny Moorehead, uma prostituta que Dave pegou, se apaixona por ele. Seguem-se os problemas. Dean iria interpretar Bama; para o papel importante de Ginny, Frank escolheu Shirley MacLaine, então com 24 anos, que ele conhecera em 1956 quando fazia um pequeno papel no filme *Volta ao mundo em oitenta dias*, e com quem, pelo que disse mais tarde seu maquiador Beans Ponedel, teve um namorico.[40]

As duas escolhas se revelaram ótimas. Mais problemáticos foram o diretor de *Deus sabe quanto amei*, Vincente Minnelli, e a locação do filme, o minúsculo povoado de Madison, no sul de Indiana, onde, no calor sufocante de agosto de 1958, Frank Sinatra se viu encalhado — sentindo, como sempre, um tédio mortal com o processo da filmagem, mas sem nenhum lugar aonde ir se divertir, o que era um perigo.

A produção teve início em meio à grande empolgação dos moradores locais, muitos dos quais foram ou esperavam ser recrutados como figurantes, e dos moradores de todo o estado de Indiana que acorreram até lá para ver o que o pessoal de Hollywood andava fazendo. "Não acontecia nada tão empolgante na pequena cidade ondulada e verdejante às margens do rio Ohio", noticiou a *Time* em seu típico estilo floreado, "desde que P. T. Barnum trouxe Jenny Lind para cantar no Pork Palace em 1851."[41]

O desencanto se instalou de imediato. Frank mostrou claro desprezo pela cidade e pelos moradores. "Este lugar é pior do que a zona dos vagabundos em Los Angeles",[42] proclamou para todo mundo ouvir. Rodando a primeira cena, quando Dave Hirsh chega de ônibus à sua cidade natal, Sinatra sorriu pela janela para os figurantes locais; "mas, por trás do vidro à prova de som", dizia a matéria da *Time*, "ele estava rosnando em sua ressaca: 'Ei, gorducho [...]. Olha aquela mina feia ali. Ei, sua velha horrorosa'".[43] A matéria sobre Frank, que foi capa da revista em 1955, mostrava algum respeito, mesmo que relutante; esta última foi uma descompostura total.

Frank não ajudava. Bebia muito, dentro e fora do set. Achando que alguém estava ouvindo seus telefonemas, ele arrancou um telefone da parede do hotel em que se hospedara. Quebrou a tela de um aparelho de TV com uma garrafa de cerveja. E depois houve o episódio dos hambúrgueres. Um dia, no final da tarde, o grupo de Sinatra — Frank, Dean e Mack Gray, empresário de Dean — ligou para o funcionário idoso na recepção do hotel e encomendou três hambúrgueres. Depois mudaram o pedido para quatro, e então cinco hambúrgueres. O atendente ficou atrapalhado, e Sinatra e Gray desceram para tirar satisfações. Gray o chamou de velho filho da mãe. Frank o agarrou pelo colarinho e começou a arrastá-lo. O atendente foi chorar no ombro do gerente e tirou folga pelo resto da semana. A notícia correu rápido.[44] (E Frank e Dean se mudaram para uma casa alugada.)

Tom Santopietro, cronista dos filmes de Sinatra, escreve, perspicaz: "As demonstrações violentas de mau gênio de Sinatra muitas vezes pareciam começar quando ele percebia uma fraqueza nos outros, como se ficasse enfurecido com tal visão, talvez porque lhe lembrasse suas próprias fraquezas internas".[45]

E com Minnelli as coisas também não iam bem. O aclamado diretor de musicais (*Um americano em Paris*, *A roda da fortuna*, *Um estranho no paraíso*) e dramas altamente emotivos (*Assim estava escrito*, *Chá e simpatia*) era muito exigente e minucioso, uma garantia para fazer Sinatra subir pelas paredes. Quando o cronograma da filmagem se atrasou alguns dias por causa da lentidão de Minnelli, Frank

— que afinal era coprodutor — arrancou vinte páginas do roteiro e se negou a filmar qualquer coisa da parte eliminada (que trazia a principal cena de MacLaine no filme: Sinatra compensou sugerindo que o personagem dela morresse no final, em vez do dele, mudança esta que valeu uma indicação da atriz ao Oscar).

E houve também o famoso episódio em que Minnelli, depois de passar horas ajeitando a posição da câmera para o clímax do filme — a sequência em que o antigo namorado de Ginny, um gângster de Chicago, persegue a moça e Dave num parque de diversões —, anunciou que teriam de mudar a roda-gigante de lugar, deslocando-a 1,80 metro (ou oito centímetros, dependendo de quem conta a história). Baixou o espírito de *Carrossel* em Frank, que abandonou o set (levando Dean com ele) e voltou para Los Angeles. "Ficou sumido por vários dias", escreve Santopietro, "até que o produtor Sol Siegel lhe assegurou que não haveria outras ocorrências de tal obsessão na direção."[46]

Minnelli não era o único obcecado com quem Sinatra tinha de lidar. "À porta de Frank havia uma multidão constante de oitocentas pessoas, na maioria mulheres", contou a artista Martha Hyer. "Algumas tinham canções que queriam que ele ouvisse. Outras tinham ganhado um concurso de beleza e estavam à espera de ser descobertas."[47]

E mesmo Minnelli se solidarizava com a claustrofobia de Sinatra. "Éramos quase prisioneiros em Madison", disse o diretor. "Não podíamos ir a um restaurante. Era uma vida terrível. E Frank ficava encafuado naquele bangalozinho, com Dean e umas figuras de Chicago. Sabe, ele atrai gente estranha."[48]

E atraía mesmo. Entre os visitantes do pequeno bangalô estavam Jimmy van Heusen, Leo Durocher, um par de garotas importadas de Los Angeles e aquelas figuras de Chicago: Sam Giancana e vários asseclas, que com certeza não haviam feito a longa viagem até o sul de Indiana por mera amizade a Frank. Na verdade, como Momo e seus amigos explicaram a Shirley MacLaine, que no começo não fazia a menor ideia de quem eram aqueles homens bem vestidos e de olhar de peixe morto, eles estavam "dando no pé"[49] — supõe-se que para fugir do longo braço da Comissão de Investigação da Máfia.

A vida no bangalô era uma estranha mistura de diversão, jogatina e um tenso machismo. Van Heusen tocava piano e servia de bobo da corte geral, lembra MacLaine, enquanto "a vida noturna de pôquer, piadas, macarronada e bebida continuava até as cinco da manhã. A chamada para o set era às seis".

Parecia uma república de estudantes, só que os integrantes da república eram artistas de cinema, gângsteres e alguns frequentadores meio toscos. A Mac-

Laine, com seu jeito de moleca, coube o ambivalente papel de mascote da casa — a única mulher permitida na área, exceto para finalidades sexuais. Nessa posição, ela via e ouvia muita coisa. "Certa noite, durante uma filmagem noturna, enquanto estávamos sentados na casa de Frank, esperando que o diretor Vincente Minelli e sua equipe nos chamassem para o set, ouvimos uma gritaria e o barulho de uma porta sendo arrombada", lembra ela.

> Uma fã da legião de mulheres que cercavam a casa 24 horas por dia tinha passado pelos seguranças e entrado na casa. Veio em disparada pelo corredor e entrou na sala procurando Frank. "Frankie, te amo!", gritou ao vê-lo, enquanto ele estava me ensinando a jogar *gin rummy*. Ela pulou nele, começou a beijá-lo todo e arrancou sua camisa.[50]

Depois que um segurança pôs a mulher para fora, Frank jogou a camisa rasgada para baixo da mesa de café e alisou o cabelo. "Me sinto sujo", ele disse. "Vou tomar um banho."

"Havia algo chauvinista na maneira como ele disse que se sentia sujo [...] como se as mulheres emporcalhassem a existência de um homem", escreveu MacLaine. "Lembro que fiquei pensando por que não deu pelo menos um sorriso ou não se sentiu um pouco lisonjeado por existir alguém tão alucinado por ele."

O que ela podia ter dito — visto que muitas dessas coisas tinham acontecido com Sinatra quinze anos antes — era que *ainda* existisse alguém assim.

Fato não menos notável foi que a invasora alucinada passou reto pelo cara alto, forte e tremendo bonitão que era Dean Martin, para se atirar naquele homenzinho miúdo, magro e semicareca.

Sua inteligência aguda e a posição de mascote permitiram que MacLaine fosse uma observadora inestimavelmente valiosa de Frank e Dean quando estavam a toda. Ela conta que ia com eles a passeio a "alguns antros de jogatina perto de Cincinnati":

> Sentava na suíte deles no hotel, fascinada com o espetáculo de se arrumarem para a noitada. Não se incomodavam que eu olhasse. Viam-me como uma mascote leal. Passavam colônia, cada qual se encharcando com sua marca favorita [...]. As camisas brancas estalavam de novas, as gravatas eram finas, os ternos, caros e de talhe impecável. Mas o que me impressionava eram os chapéus. Usavam chapéus de aba larga que pareciam saídos direto do número de *Eles e elas* na corrida de cavalos [...].

Eles me levavam junto para toda parte, seguidos por aqueles amigos que pareciam gângsteres. Os "amigos" adoravam aproveitar a fama de Frank e Dean, fama que fora conquistada de maneira legítima. Giancana era reconhecido em alguns lugares; em outros, passava despercebido. Mas, quando o reconheciam, era com medo.[51]

No começo, a jovem atriz não entendia. Então a ficha começou a cair. Um dia, na locação em Madison, ela e Giancana estavam jogando *gin* na cozinha do bangalô. Sentada junto à janela, "eu estava de óculos escuros por causa do sol e para disfarçar minhas reações às cartas que tinha na mão", escreveu MacLaine.

Sem que eu percebesse, Sam estava vendo minhas cartas, refletidas em meus óculos escuros. Continuei a perder — e não entendia por quê. Bem naquela hora, a campainha tocou. Como eu era a mordoma oficial da casa, fui atender. Era uma entrega de canoles de Chicago. Levei para a cozinha, abri a porta da geladeira, guardei os canoles ali dentro e vi que um dos rapazes tinha posto uma pistola de água de brinquedo na primeira prateleira. Tirei a pistola e apontei para Sam.

"Não te conheço de algum lugar?", perguntei, pensando na parede de uma agência de correio.

Sam se ergueu num salto e puxou um 38, um revólver de verdade, de um coldre dentro do paletó. Naquele instante, Frank e Dean entraram procurando alguma coisa para comer. Viram a cena, Sam e eu apontando a arma um para o outro, e caíram na risada.[52]

Pelo visto, eles podiam se dar ao luxo de rir. Por outro lado, como os arquivos do FBI revelariam mais tarde, Frank e Dean já haviam firmado sua lealdade para com Giancana e companhia. Um registro no dossiê de 1275 páginas do FBI sobre Sinatra (liberado em dezembro de 1998, sete meses após sua morte) afirma que em 10 de agosto de 1958, um dia antes de se iniciar a filmagem de *Deus sabe quanto amei* no sul de Indiana,

Frank Sinatra foi recebido no Midway Airport, em Chicago, por Joe Fischetti, ex-bandido de Chicago,* então residente em Miami, e levado ao Ambassador Hotel.

* Dessa maneira um tanto arrevesada, o FBI queria dizer que Fischetti não morava mais em Chicago, não que não era mais bandido.

Depois do almoço, Sinatra, Fischetti e Dean Martin, um conhecido animador que também estava em Chicago, foram levados por [nome editado] da polícia de Chicago à residência de Anthony Accardo em River Forest, onde fizeram uma "apresentação de cerimônia".[53]

Em sua vida anterior, Dean, que preferia não ser incomodado por gângsteres nem por ninguém, em geral encontrara formas de resistir às aproximações da Máfia. Agora que estava passando mais tempo com Frank, ficava um pouco mais difícil.

À primeira vista, os episódios em Madison, Indiana, no final do verão de 1958, eram bons materiais para a imprensa: mais uma ocasião para palpitar sobre o mau comportamento de Frank, sem falar na oportunidade inestimável de contrapor as vaidades e presunções de Hollywood às virtudes e à autenticidade do interior americano. A cidadezinha ficou enxameada de repórteres, além dos simplórios e dos fãs que queriam autógrafos. Sinatra ainda era o show. Mas Martin, à sua maneira discreta, estava ganhando presença com rapidez, e a parceria dos dois astros de repente parecia interessante. Tão logo a *Time* lançou seu número, a *Life* — a revista semanal de formato grande ainda era uma instituição nacional — enviou um repórter e um fotógrafo a Madison para ficar de olho.

O repórter se chamava Paul O'Neil, e Frank o dispensou. Dean e Shirley seguiram o exemplo. "Não falamos com ele", disse MacLaine anos depois. "E, como nunca nos separávamos, ele nos apelidou de O Clã."[54]

As peças de um novo mito começavam a se juntar. Algumas de suas divindades — mas não todas — até vieram a acreditar nele. "Se as pessoas queriam dizer que ele fazia parte do Clã de Sinatra", escreveu Nick Tosches a respeito de Martin, "que seja, dane-se; não fazia a menor diferença."[55]

No final de agosto, Frank voltou agradecido a Los Angeles, onde a filmagem de *Deus sabe quanto amei* prosseguiu no estúdio da Metro-Goldwyn-Mayer. O estúdio era território conhecido — ele fora artista contratado de lá entre 1944 e 1951 —, mas a MGM tinha mudado muito. O Velho, Louis B. Mayer — defensor, amigo e depois algoz de Sinatra —, morrera no final de 1957. Foi o ano em que, pela primeira vez, a Metro fechou no vermelho. Com a explosão da indústria da TV, o sistema de estúdio estava definhando. O poder em Hollywood saíra dos diretores de estúdio e de produção e passara para os produtores independentes e os artistas que tinham suas próprias produtoras, entre os quais o de maior poder era Frank Sinatra. Assim, por ordem sua, o novo horário de filmagem seria do meio-dia às oito da noite, com um intervalo às quatro para o lanche.[56]

A filmagem prosseguiu por setembro inteiro; no começo do mês, Sinatra voltou ao estúdio de gravação. No dia 11, esteve com Nelson Riddle na Capitol Tower e gravaram três faixas: uma canção rápida e animada, mas medíocre, chamada "Mr. Success"; uma balada meiga e bonitinha, "Sleep Warm" (o título era o lema de despedida de Frank na TV), de letra e música da equipe em ascensão de Alan Bergman, Marilyn Keith e Lew Spence; uma regravação ternamente encantadora de "Where or When", de Rodgers e Hart, que Sinatra gravara pela última vez em 1945.

"Mr. Success" podia ser seu apelido no outono de 1958. Ele estava ditando suas próprias regras e o mundo comprava o que ele estava vendendo. *Frank Sinatra Sings for Only the Lonely* foi lançado em meados de setembro; duas semanas depois, o álbum chegou ao primeiro lugar das paradas de sucesso e ficou na lista da *Billboard* por 120 semanas.[57]

Enquanto isso, Mr. Success estreitava sua aliança com Mr. Menefreghismo. Em meados de outubro, Frank regeu a orquestra durante três noites para o novo LP de Dean na Capitol, *Sleep Warm*. (Os arranjos foram feitos pelo compositor Pete King.) O título do álbum e da canção principal era um presente de Sinatra a Martin em sinal de amizade — o equivalente ao anel de safira em formato de estrela que Frank dera a Sam Giancana. O tema era a hora de dormir. Além da canção-título, entre as faixas, descritas no texto do álbum como "um conjunto encantador de canções de ninar para os modernos", estavam "Cuddle Up a Little Closer", "Good Night Sweetheart" e "Let's Put Out the Lights (And Go to Sleep)". A capa mostrava um Martin de olhos devidamente sonolentos, fitando por cima da imagem de uma bela moça de ombros desnudos, sorrindo entre os lençóis.

Dean lançara uma série de compactos que foram sucessos de venda, mas seus álbuns, ao contrário dos de Frank, nunca deslancharam muito em termos comerciais. (Uma coisa que o irritava bastante era que seu ex-parceiro, a quem nunca faltou presunção, tinha feito grande sucesso nas paradas em 1957 com seu LP *Jerry Lewis Just Sings*.) Como tentativa de sanar essa falha, *Sleep Warm* (a capa anunciava "Dean Martin com orquestra regida por Frank Sinatra", com os nomes dos dois no mesmo tamanho) não deu certo: nunca chegou à lista dos mais vendidos. O que havia de mais notável no LP eram as marcas de Sinatra — ele estava em todo o projeto.

Típico de Frank. No que se referia a amizades, era ele quem dava as cartas. "Claro, ele é mais propenso a dizer aos amigos como vai ajudá-los, em vez de perguntar como pode ajudar", observou Vincente Minnelli, com perspicácia. "Mas suponho que seja uma prerrogativa de qualquer chefe de clã."[58]

A pergunta é: Dean aceitava a amizade nos termos de Frank? Até certo ponto: veja-se sua presença na festa de aniversário de Sinatra no Villa Capri; a aceitação do papel em *Deus sabe quanto amei* e tudo o que isso acarretava, inclusive a ida até a casa de Tony Accardo. Veja-se *Sleep Warm*. Mas, de modo geral, Martin era um livro tão fechado que amigos, amantes e esposas sentiam que quase não conseguiam entendê-lo. "Ele *não consegue* se comunicar", disse sua esposa Jeanne certa vez. "É um dos poucos seres humanos que não ficam à vontade para se comunicar. Simplesmente não se interessa."[59] A natureza de Dean era profundamente passiva e reservada: ele aceitava tudo o que servisse a seus interesses, sem jamais se envolver por completo em termos emocionais.

Martin, ao que parece, mantinha a mesma distância com suas esposas. "Dean não tem um desejo avassalador de ser amado", contou Jeanne Martin. "Não está nem aí. Não se envolve com as pessoas porque na verdade não está interessado nelas."[60]

Ela falava em larga medida por experiência própria; sentia que entediava o marido. Ele se interessava por Frank? "Ele nunca teve um amigo homem", afirmou Jeanne, categórica. Nick Tosches segue nessa mesma direção: "Ele era próximo de Mack Gray, de Sammy Cahn, de Sinatra e outros mais", escreve. "Mas não precisava de amizade. Homens que precisavam provavelmente queriam se aproveitar disso. 'Pois é', disse ele a um repórter que lhe perguntou sobre aquela outra figura rara. 'Frank é meu amigo mais querido e mais chegado. Na verdade, ontem à noite dormimos juntos.'"

Jerry Lewis, filho único como Frank, disse certa vez que Dean era o irmão mais velho que nunca teve.[61] Sinatra olhava Martin de maneira parecida — e queria dominá-lo também de maneira parecida. Uma canção que Cahn e Van Heusen iriam escrever mais tarde para Frank dizia com todas as letras: "I like to lead when I dance".* Com Martin e Lewis, a dança terminara, e mal. Com Dean

* Quando danço, gosto de conduzir. (N. T.)

e Frank, a dança — uma estranha valsa próxima entre dois homens que achavam a intimidade uma coisa inútil — continuou sem parar.

Em setembro, Frank retomara e aprofundara os contatos com lady Adele Beatty, a mulher que, é quase certo, *não* causara a encrenca entre ele e Ava em Roma, em junho.[62] Ao que parece, Frank e a ex-vencedora do concurso de beleza de Oklahoma se cruzaram pela primeira vez alguns anos antes, quando ela ainda estava em seu primeiro casamento, com William O'Connor, um assistente do promotor geral da Califórnia. Ela se divorciou dele em 1947 e, dois anos depois, tornou-se a terceira esposa americana de David Beatty, um vistoso herói de guerra inglês, espirituoso, riquíssimo — e com título. Ela passou da vida de dona de casa em Beverly Hills para a aristocracia de Londres com grande desenvoltura; também o enganou. Nove anos mais tarde, lorde Beatty entrou com uma ação de divórcio contra ela por adultério. A ação não teve defesa. Ela manteve o título e ficou com uma fortuna.

Adele Dillingham O'Connor Beatty, de Ardmore, Oklahoma, parecia uma personagem de Edith Wharton ou Henry James: não a heroína — que, afinal, precisaria ter alguma dimensão trágica —, mas uma figura no plano intermediário, sem profundidade e até um pouco caricata. Alta, serena, elegante, tinha olho arguto para as boas oportunidades, gosto excelente em roupas e acessórios e, pelo visto, não muito senso de humor sobre si mesma ou qualquer outra coisa. Frank conheceria outras do tipo. Ava Gardner, cujas origens humildes em Grabtown, na Carolina do Norte, sempre venciam Ardmore em Oklahoma, mas de temperamento que se igualava à sua beleza, considerava Beatty uma mera arrivista social. Ava sempre enxergou as coisas com clareza.

Mas Frank sentia uma queda irreprimível por classe e Beatty tinha dado duro para conseguir alguma. Quando ele tornou a vê-la numa festa de Hollywood, no encerramento da produção de *Deus sabe quanto amei*, pareceu que o encontro era obra do destino. Aos quarenta anos, mas, com os belos traços do maxilar e as maçãs do rosto altas, seu porte de Mayfair, as pérolas e os olhos escuros faiscantes, ela estava mais deslumbrante do que nunca. Ele se sentiu cativado.

Em 19 de outubro, Frank foi a Londres, com o aparente propósito de ser o mestre de cerimônias da estreia de *Eu e o coronel*, a nova comédia de Danny Kaye, em caráter beneficente para o Fundo para o Câncer do Império Britânico. Ele chegou uma semana antes da data do evento. Quando um repórter intrometido da UPI teve a ousadia de lhe perguntar o que mais tinha a fazer na cidade, Frank se referiu ao evento, rosnando: "É a única razão para eu estar aqui".

"Mas, poucos minutos depois de dar entrada no Dorchester Hotel, Sinatra saiu outra vez, saltitante, pulou para dentro de uma limusine com motorista e foi à casa de lady Beatty, na área nobre de South Kensington", escreveu o repórter da UPI. Os dois almoçaram lá, e à noite ela tomou um táxi até o hotel de Sinatra e "conversou com ele em sua suíte durante trinta minutos",[63] prosseguiu o despacho, em tom muito onisciente. Saíram entre uma multidão de jornalistas e caçadores de autógrafos, entraram no carro de Sinatra e pararam cem metros adiante, para um jantar na casa de um produtor de cinema.

Lady Adelle Beatty, ex-rainha da beleza de Oklahoma, era alta, fria e elegante, sem muito senso de humor mas com aguda percepção para o que lhe trouxesse proveito pessoal. Frank conheceria outras do tipo.

O circo continuou pela semana seguinte, o público e os tabloides londrinos acompanhando com avidez cada passo do casal. O *Daily Mail* noticiou que os dois iam se casar, citando amigos anônimos de Beatty, que teriam dito: "As únicas questões em aberto eram quando e onde". O *Daily Express* publicava uma foto do casal por dia.[64] Os dois foram vistos em The Satire Club, onde Frank galanteou seu par com um refrão de "How about You?" — e então, quando mudou de disposição, deu-lhe uma ferroada. Ela foi para Zurique, onde um psicoterapeuta diagnosticou esgotamento nervoso. Sinatra enviou um amigo para persuadi-la a voltar para Londres.[65] Ela voltou; a imprensa se alvoroçou outra vez. As coisas degringolaram tanto que, quando afinal chegou a noite da estreia, Frank ocupou o palco e declarou, antes mesmo de apresentar Danny Kaye e os outros artistas do filme: "Estou aqui em Londres só por causa desse filme, para sua exibição beneficente de hoje, e para apresentar o elenco. Não vim aqui para me casar".[66]

O que havia entre eles, além do sexo e da mútua excitação, nos caminhos que trilhavam no mundo? Descobriram bem depressa. Frank voltou para Nova York sem lady Beatty.

Mas, no que se referia à imprensa, Sinatra era um constante prato cheio. Uma noite, quando saía do Harwyn Club, na rua 52 Leste, em companhia de Joe E. Lewis, David Niven e Nan Whitney, um repórter se atreveu a perguntar alto: "Frank, quais são seus planos?".

"Quando você, seu _____, vai parar de me chamar de Frank?", ele retrucou. (A notícia do episódio no jornal omitiu o termo ofensivo.) "Sou o sr. Sinatra." E acrescentou: "Dei uma parada em Nova York para comer um hambúrguer. É a única coisa que presta nesta cidade".

Ao ver um fotógrafo da *Journal American*, chamado Mel Finkelstein, enfocando a câmera nele, Frank ameaçou: "Quer levar umas, meu chapa? Nada de fotos". Quando Lewis procurou acalmá-lo, Sinatra entrou rápido numa limusine à espera, gritando: "Vocês jornalistas são todos um bando de _____!". E então, estando vários fotógrafos amontoados na frente do carro, ele berrou para o chofer: "Atropele os _____! Pise fundo! Mate esses _____ imprestáveis!".

O motorista acelerou, derrubando Finkelstein enquanto a limusine se afastava a toda tocando uma sirene ilegal. O fotógrafo foi levado ao hospital para um raio X.[67] Uma semana depois, quando Frank chegou a Miami para começar a rodar *Os viúvos também sonham*, um dos repórteres à sua espera no aeroporto estava com um capacete de proteção de jogador de rúgbi.[68]

O folclore do Rat Pack — estamos falando do segundo, a encarnação chefiada por Sinatra daquela turma que no começo se chamava O Clã — cita duas origens possíveis do grupo: a trinca Frank-Dean-Shirley na locação de *Deus sabe quanto amei* em Indiana, e a noite no outono de 1958 em que Frank e Dean se juntaram a Judy Garland no palco, durante sua apresentação no Sands.

Era começo de outubro, pouco antes da viagem de Frank a Londres; os artistas se dirigiam a Las Vegas para ver a maior animadora da época lutar por sua vida profissional — e, em muitos aspectos, pela própria vida. Aos 36 anos, Judy Garland estava grotescamente obesa, com problemas de alcoolismo e dependência de remédios, muito frágil em termos psicológicos. Passara grande parte da década lutando contra isso. Em 1950, foi dispensada pela MGM, o estúdio que ela praticamente carregara nas costas desde o final dos anos 1930; em 1954, o veículo que lhe serviria de retorno, o musical *Nasce uma estrela*, foi um fiasco de bilheteria. Garland e o marido, Sid Luft, que produziu o filme, perderam uma fortuna, e o Oscar de melhor atriz que Garland parecia certa de que ganharia foi para Grace Kelly, então com 25 anos, em *Amar é sofrer*. Nos cinco anos seguintes, Luft, que tinha gostos bastante dispendiosos em matéria de roupas e cavalos de corrida, mas pouco tino empresarial, levou a esposa a uma ciranda incessante de concertos para tentar recuperar as perdas do casal. Las Vegas era uma fabulosa fonte de renda — The New Frontier lhe pagava 55 mil dólares por semana (o equivalente a mais de 470 mil dólares em 2015) quando começou lá, em 1956; os shows subsequentes em outros cassinos rendiam pagamentos na mesma faixa[69] — mas, entre o alto padrão de vida de Luft e a montanha de dívidas do casal, tão logo entrava, o dinheiro sumia.

A extrema vulnerabilidade de Garland sempre fizera parte de seu encanto como animadora, mas agora, em vez de complementá-lo, estava cada vez mais interferindo no desempenho. "É desolador e até um pouco angustiante ver Judy Garland atuando em sua tarefa atual",[70] escreveu um comentarista da *Billboard* em março daquele ano. Em julho, ela conseguiu recuperar a confiança e se redimiu com uma estreia espetacular no Cocoanut Grove, de Los Angeles (Sid Luft precisou pegar um empréstimo para tirar as roupas dela do prego).[71] Seu primeiro compromisso no Sands, portanto, tinha especial importância para ela, uma ocasião para consolidar seus ganhos: o Sands era a nata da nata em Las Vegas, e era o lugar de Frank. Ela chegou dez dias antes da estreia, com suas músicas e acessórios, para começar a ensaiar.[72]

Sinatra, antigo amante seu, não apareceu na estreia nem nas primeiras noites, talvez para deixar que o show se firmasse. Ela se saiu bem. O crítico da *Variety* escreveu:

> Judy Garland não tem garotos dançando no palco no Copa Room; o número é pura Judy Garland, e na noite de estreia ela estava em sua melhor forma. A voz esteve límpida o tempo todo, afinada, com entonação perfeita; ela mostrou confiança e não houve nenhuma oscilação. Se a qualidade dessa primeira apresentação se repetir nas duas semanas da temporada, Jack Entratter tem aí uma preciosidade.[73]

Hollywood foi assistir, e Frank também. Em 10 de outubro, ele reuniu cerca de setenta amigos — entre eles, o casal Dean Martin, o casal David Niven, Natalie Wood e Robert Wagner, Shirley MacLaine, Jimmy van Heusen e o casal Sammy Cahn — para irem a Las Vegas num vagão de trem particular, como relembra Wagner, para "irmos lá, dar apoio a Judy e ajudá-la a se reerguer. Todo mundo torcia para que ela persistisse e decolasse".[74]

Quando Garland fez uma pausa entre dois números, Dean, encarnando o bêbado, soltou uma estocada grosseira lá de sua cadeira; o público deu uma risadinha abafada. Frank acompanhou. Então ela mandou os dois, como alunos malcriados, subirem ao palco. Eles foram até lá num salto, de copo na mão, e afastaram Garland da luz do palco a cotoveladas, enquanto ela se fazia de ofendida. Então ela voltou se acotovelando entre eles e os três, como escreveu Louella Parsons, "fizeram um quadro cômico que foi simplesmente do outro mundo".[75]

"Frank e Dean fizeram piadas, deixaram o show mais relaxado e a noite toda mais solta", relembrou Robert Wagner. "Tinham grande camaradagem e material magnífico, e adoravam Judy."[76]

Era um material pronto? Tinham bolado de antemão? "Creio que não", disse Wagner. "Não fiquei com a sensação de algo armado; foi tudo muito improvisado. O lance da estocada — era tudo uma grande novidade na época." Como a cena de Dean bêbado. Shirley MacLaine escreve que Dean, após o rompimento com Lewis, ficou cantando em clubes pequenos e com pouco sucesso, e então um autor de comédias chamado Ed Simmons (que escrevera cenas para Dean e Jerry em *The Colgate Comedy Hour*) telefonou e ofereceu seus serviços. De início Dean recusou — "Vou só cantar", disse —, mas Simmons insistiu: "Você precisa encontrar um personagem para o palco, você sabe disso".[77]

Dean sabia. ("Ele era danado de esperto e entendia cada gesto que fazia",[78] disse Jerry Lewis certa vez.) E assim nasceu o personagem "Dean the Drunkie", com tiradas escritas por Simmons. Era aquele Dean Martin que entrava cambaleando no palco, copo com um líquido de cor âmbar na mão, fitava o público com um olhar turvo e lacrimejante e perguntava: "Há quanto tempo estou no ar?". Aquele Dean Martin que dizia aos clientes do clube noturno: "Não bebo mais. Mas também não bebo menos". Aquele Dean Martin que não conseguia terminar uma canção sem transformá-la em paródia (por exemplo, "It Happened in Monterey": "It happened in Martha Raye, a long time ago"). Joe E. Lewis tinha sido pioneiro em marcar personagem, mas com Joe E. a química era outra. Lewis era um velhote de ar malandro com uma cara que só uma mãe amaria. Dean era um tremendo galã, muito viril e carismático, que homens e mulheres estavam prontos para amar de maneira incondicional, sobretudo se evitasse o mais leve traço de vaidade.

No outono de 1958, o quadro de Dean como bebum ainda era um material mais de clube noturno do que de televisão, e Judy Garland nunca tinha visto antes daquela noite no Sands. Mas, soubesse ela da brincadeira ou não, era uma veterana esperta o suficiente para entender na hora o que podia funcionar, e funcionou. A participação de Frank comprovou esse fato.

Apesar disso, o que aconteceu no palco do Copa Room foi complicado. Garland se aborreceu, pelo menos por um momento, por levar uma estocada? Por ser ofuscada no palco, mesmo que por um breve instante? Estava tão necessitada naquele momento da carreira que sentiu que tinha de topar, de se render a Sinatra no quintal que era dele? A noite teve todas as características do Rat Pack em sua nova era: a coercitividade e o sadismo benevolente, somado ao valor incerto de um entretenimento toldado pelo álcool, que se dissiparia na manhã seguinte, deixando apenas a sensação de cabeça pesada de uma ressaca do tipo "você tinha de estar lá para ver". E Sinatra sempre no comando.

* * *

Aos 61 anos, Frank Capra era um ex-colosso, o diretor que definira o otimismo americano desde a metade da década de 1930 até o começo da de 1940 com filmes como *Aconteceu naquela noite, O galante Mr. Deeds, A mulher faz o homem* e *Adorável vagabundo*, o cineasta que erguera o espírito do país durante a Segunda Guerra Mundial com sua série de propaganda "Why We Fight" e depois criara uma última obra-prima com *A felicidade não se compra*, em 1946.

Apesar de ter se tornado um clássico americano, *A felicidade não se compra* foi um fiasco comercial no lançamento, e o fracasso diminuiu o embalo de Capra. Depois de fazer umas duas continuações insípidas daquele filme, ele passou os meados dos anos 1950 fazendo filmes educativos para a televisão — até que, no verão de 1957, Frank Sinatra decidiu que queria Capra, e só Capra, para dirigir *Os viúvos também sonham*. O projeto era um pacote fechado, montado por Bert Allenberg, da William Morris Agency: Sinatra, Capra e Arnold Schulman, o autor teatral que escrevera a peça original para a Broadway, eram todos clientes da WMA. Mas o que Capra não entendera plenamente desde que saíra de Hollywood era a que grau os astros de cinema tinham passado a dominar o setor, antes controlado pelos estúdios e alguns grandes cineastas, entre eles, outrora, o próprio Frank Capra. E Sinatra, claro, era o maior astro de todos.

Na hora de fechar o acordo para *Os viúvos também sonham*, o grande diretor, sentado com Allenberg, viu-se dirigido: a produtora do projeto iria se chamar SinCap, com o início dos nomes do astro e do diretor, nessa ordem; além disso, a empresa de Sinatra seria dona de dois terços do filme e a de Capra, de um terço. Os termos eram esses; era pegar ou largar.

"Sinatra sabe que sou eu que faço meus filmes e tomo todas as decisões?",[79] o diretor perguntou a Allenberg. Era uma pergunta apenas retórica. Sinatra sabia que fora assim no passado. O que sabia agora era que Capra fazia filmes descaradamente sentimentais — *Capra-corn*, como diziam — e que ainda podia ter restado alguma grandeza no diretor, mas que no comando estaria apenas um Frank.

Dito isso, Capra parece ter ingressado no projeto com uma disposição de espírito admiravelmente flexível, o senso de humor intacto e um olho arguto para os pontos fortes e fracos do homem que era seu ator e — na prática — seu patrão. "Sinatra é um grande cantor [...] e sabe disso", escreveu o diretor na sua autobiografia, comovedoramente chamada *The Name above the Title* [O nome acima do título].

> Ele tem pleno comando de suas apresentações; seleciona as músicas, os compositores, as orquestras, as plateias. Sinatra é ademais um grande ator e também sabe disso.
>
> Mas nos filmes Sinatra não é Sinatra com suas canções [...]. Ele representa para um público sempre igual de operadores de câmera, de som, roteiristas, maquiadores, eletricistas inexpressivos, todos muito ocupados e indiferentes, que "viram tudo aquilo antes", e outros atores que dificilmente se deixam fascinar.
>
> E Sinatra também não tem pleno comando de uma filmagem. Existem orçamentos e cronogramas a respeitar, diretores a seguir. Mas Sinatra os "segue" muito mal.[80]

Mesmo assim, Capra inventou algumas formas originais para preservar alguma autonomia, ao mesmo tempo evitando que seu astro abandonasse o set em fúria. No começo da filmagem em Miami, o diretor — que pelo jeito nunca recebeu o memorando sobre o cara de uma tomada só — notou que Frank foi se retraindo durante a encenação e filmagem de uma cena (com Sinatra, Keenan Wynn e Joi Lansing) numa pista de corrida de cães. "Primeira prova: Sinatra excelente, os outros precisando acertar", lembrou Capra. "Segunda prova: Sinatra esfria, os outros melhoram. Primeira tomada fotográfica: Sinatra frio, os outros ótimos."

Naquele instante o diretor percebeu que Frank era "primeiro intérprete musical, depois artista de cinema. Ele nunca repete uma canção para o mesmo público".[81] Capra chamou Wynn e Lansing de lado e disse para mudarem as deixas, misturarem as falas, interromperem Sinatra enquanto ele falava. Inclusive trocou o lugar dos figurantes na cena, para que Frank não precisasse olhar os mesmos rostos. Este ficou espantado no começo, mas depois entendeu, começou a improvisar com Wynn e Lansing, e Capra teve dos três atores a interpretação viva que queria.

Os viúvos também sonham, penúltimo filme do diretor, tem muitos encantos, entre eles a graciosa interpretação de Sinatra como Tony Manetta e sua relação com o fantástico Eddie Hodges no papel de Ally, o filho de doze anos de Tony. Como assinala Tom Santopietro, "Frank sempre trabalhou bem com crianças no cinema, sua gentileza aflorando ao se sentir relaxado diante da inocência delas".[82] "Ele não me tratava como criança; tratava-me como amigo", relembrou Eddie Hodges. "Alguém no mesmo nível. Se as pessoas eram condescendentes ou não me deixavam falar, ele as fulminava com os olhos e dizia: 'Ei, tome cuidado'."[83] Sinatra lhe dava dicas de atuação, falava da importância de uma tomada só para manter o frescor da interpretação. O dueto de ambos em "High Hopes", de Sammy Cahn e Jimmy van Heusen — que saiu um pouco atrapalhado, pois tiveram apenas meia hora para aprender a música com os próprios compositores, que estavam ali, fora do foco das câmeras, tocando num pianinho vertical —, ganhador do Oscar, praticamente vale por si só o preço do ingresso.

E Edward G. Robinson e Thelma Ritter, como o irmão tapado e a cunhada rabugenta de Tony, estão perfeitos. Mas o filme, em sua essência, é uma refilmagem de *Armadilha amorosa*, com a diferença de que é Capra em vez de Charles Walters que está na direção. A comédia flui bem, é comovente e dá para ver os resquícios da antiga grandeza de Capra, mas a maior parte do filme parece teatral e a coisa toda é um lembrete doloroso de que foi uma carreira de diretor que não sobreviveu à transição do filme em preto e branco para o cinema em cores, dos grandes temas para temas menores. A própria década de 1950 era hostil à sensibilidade de Frank Capra, um grato imigrante siciliano que se apaixonara pelos Estados Unidos. A televisão e a Bomba tinham diminuído o mundo.

Deus sabe quanto amei estreou na metade de dezembro. Era uma grande mixórdia melosa em CinemaScope e Technicolor com excesso de tramas secundárias: os críticos odiaram, mas os espectadores do final da década adoraram. Isso na época — *Deus sabe quanto amei* não se sustenta com o passar do tempo. Ao contrário de *A um passo da eternidade*, que cristaliza de maneira grandiosa um momento derradeiro da paz e inocência no Havaí antes da Segunda Guerra Mundial, o segundo romance de James Jones se esforça demais em tratar de importantes temas da essência americana e se perde no sentimentalismo. A adaptação se afunda entre os excessos do livro.

Mesmo assim, o filme tem seus momentos agradáveis. Sinatra e Martin apresentam uma sintonia magnífica no primeiro dos nove filmes que fizeram juntos, e a ultrajovem Shirley MacLaine se sai bem, ainda que um pouco exagerada, em seu primeiro papel de peso no cinema: a interpretação como Ginny Morehead, verdadeiro capacho sexual, é uma espécie de primeiro rascunho do papel que faria dois anos depois como Fran Kubelik, a ascensorista explorada em *Se meu apartamento falasse*, de Billy Wilder.

Sinatra também se sai bem como Dave Hirsh, ex-soldado amargurado e escritor frustrado, embora a gente fique com a sensação de tê-lo visto antes (pense-se em *Corações enamorados*). O verdadeiro astro do filme é Martin, talvez a melhor interpretação de sua carreira. Implausivelmente bronzeado e fotogênico, de alguma maneira ele consegue, em rápida sucessão, emanar encanto, transmitir uma vulnerabilidade convincente e ser ruim feito uma cobra (a bagagem de couro de cobra é uma grande deixa sobre o personagem). Bama Dillert é uma figura sombria — autodestrutivo, evasivo e cruel (sobretudo em relação a Ginny) — e com certeza Dean descobriu em si algo para trabalhar na criação do personagem.

Como aconteceu com Frank para criar Dave Hirsh. Numa sequência aflitiva perto do final do filme, Dave critica de forma maldosa a dócil Ginny, dizendo que ela é burra demais para entender o conto que ele acaba de publicar em *The Atlantic* — e ademais é uma vagabunda. Quando Ginny protesta debilmente que ele não devia lhe dizer tais coisas, Dave a abraça e pede desculpas (de longe a pior atuação do filme, num homem que jamais pedia desculpas na vida real) — e então, como compensação, pergunta se ela gostaria de fazer a faxina na casa que ele divide com Bama. Ginny reage como se ele acabasse de presenteá-la com um saco de ouro.

Mas a tortura não acaba por aí. Na cena seguinte, Dave lê seu conto para Ginny e a interroga. O entusiasmo dela lhe parece de alguém que não entendeu. "Do que você gostou nele, Ginny?", ele pergunta com frieza — e sua crueldade proposital, muito mais assustadora do que qualquer coisa que Frank conseguiu projetar em sua tentativa de assassinar o presidente em *Meu ofício é matar*, também parece autêntica demais para servir de consolo. Bem como as emoções oportunistas de Dave. Quando Ginny explode em lágrimas, ele a pede em casamento, muito embora não a ame. Claro que a pobre mocinha tapada sobe às nuvens. Então Bama entra.

Quando Dave diz ao amigo que vai se casar com Ginny, o jogador primeiro pensa que é brincadeira; então fica horrorizado. "Não tenho nada contra Ginny, nada mesmo", diz Bama com fala arrastada. "Mas até ela sabe que é uma anta que não vale nada."

O mundo já deu muitas voltas para que o público pós-feminista consiga ouvir essas falas sem sentir repugnância. E sente-se também um arrepio extratextual à vista daqueles dois homens de meia-idade tratando com brutalidade aquela mocinha que tanto sonha em ficar na companhia deles. Sentem-se prenúncios dos futuros abusos do Rat Pack. Quando Shirley MacLaine escreve em suas memórias sobre o fato de ser "Mascote do Clã", é com o entendimento — mas também com o verniz autoprotetor — da visão retrospectiva. É evidente o quanto ela desejava a companhia de Frank e Dean. Sente-se um certo desconforto ao ler que, na locação em Indiana,

> eu era a única mulher que eles aceitavam na casa, mas isso porque houve uma espécie de decisão coletiva de que eu não era bem uma garota — era uma camarada, talvez até um dos rapazes.
>
> Para mim foi um choque (mas previsível) quando, mais tarde, tanto Dean quanto Frank gentilmente me visitaram em separado no quarto do hotel, quando não havia mais ninguém vendo. Eu não classificaria suas abordagens como passe livre e não me ofendi de maneira nenhuma. Na verdade, suas visitas ajudaram a mudar a baixa imagem de mulher não muito sensual que eu tinha de mim mesma.[84]

Embora não diga de maneira explícita, o trecho sugere que ela não se sentiu à vontade para repelir nenhum dos dois. A mensagem é ambígua: visita sugere entrada; abordagem sugere recusa. Mas se as visitas/abordagens não tinham passe livre, o que seriam senão símbolos de poder dos novos reis das aprontadas?

Poucos dias antes do Natal, o número da *Life* sobre o entretenimento nos Estados Unidos realizou o coroamento de Dean — "o maior novo astro de primeira linha no entretenimento"[85] — numa extensa reportagem com o título MARTIN, O MILIONÁRIO. A matéria vinha recheada de belas imagens do galã incrivelmente fotogênico, Dino trabalhando, Dino se divertindo (na verdade, as duas coisas para ele pareciam mais ou menos iguais), Dino em casa com a grande família encantadora: a esposa loira Jeanne e os três lindos filhos, mais os quatro belos filhos do primeiro casamento. À primeira vista, Dean era o material perfeito e exemplar da *Life*: um sujeito tranquilo e despreocupado que cantava um pouco, interpretava um pouco, fingia estar bêbado no palco e não conseguia acreditar em sua tremenda boa sorte. De maneira significativa, a matéria não assinada não trazia nenhuma entrevista com ele.

Mas a matéria seguinte, intitulada "O 'Clã' é o máximo" ("Liderado por Sinatra e Martin, ele faz pouco das velhas tradições e dos nomes de Hollywood"), turvou a edição. A ampla e elaborada análise sociológica de Paul O'Neil sobre Sinatra e a turma tentava ser ao mesmo tempo próxima e distante, o tom jovial sugerindo familiaridade com os participantes e ressumando o jargão típico da *Time* e da *Life*. "Os não iniciados às vezes se referem ao clã como o Rat Pack", escreveu O'Neil. Mas, continuava ele,

> o Rat Pack não existe mais; morreu com Bogie. Hoje existe apenas Frank, que [...] personifica a atitude inconformista [do clã]: uma indiferença pública e agressiva, não só ao que os espectadores esperam de seus artistas de cinema, mas também ao que Hollywood espera de seus cidadãos. Ele é variadamente conhecido entre os fiéis como O Papa, O General ou O Dago [O Italiano]. Dean Martin, o segundo em influência (e que também convoca reuniões), é conhecido como O Almirante.

Com o tom de certeza canhestra de um relatório do FBI, a reportagem passava a identificar os outros participantes importantes. Além de Sinatra e Martin, afirmava O'Neil, "o núcleo do clã [...] às vezes mencionado como célula", incluía Eddie Fisher, Peter Lawford, Tony Curtis e Sammy Davis Jr. Na periferia imediata da célula, alegava o jornalista, estavam o ator e comediante Ernie Kovacs, David Niven, Milton Berle, Sammy Cahn e Jimmy van Heusen. "As mulheres cujo talento o clã mais admira" eram Judy Garland, Debbie Reynolds e "uma jovem atriz novata", Shirley MacLaine.

De maneira incômoda, O'Neil tentou estabelecer uma conexão entre o pretenso estatuto marginal do grupo e o dinheiro necessário para mantê-lo. "Os integrantes desse grupo, em sua maioria, têm pelo menos quarenta anos e moram ou aspiram a morar em casas de 250 mil dólares", escreveu, acrescentando muito obviamente que "obviamente o inconformismo deles deve ser de um tipo especial, feito sob medida". Isto é, feito sob medida pelo alfaiate Sy Devore, de Hollywood, "que fará um paletó de tecido riscado por 125 dólares (nova-iorquinos podem comprar um paletó de tecido riscado, com calça, na elegante Brooks Brothers por 28,75 dólares)". Para se misturar bem com esses anticonformistas, dizia O'Neil, também ajudaria ter um Dual-Ghia como o de Frank ("um automóvel de bela aparência com chassi italiano e motor Dodge"); tanto Fisher (que podia comprá-lo) quanto Lawford (cuja esposa podia) o imitavam com entusiasmo. Dean, por outro lado, estava "bastante satisfeito com um Thunderbird e um Cadillac".

A espantosa nulidade da matéria não recebeu muito auxílio da substancial contribuição do indivíduo que parecia ser a única fonte interna de O'Neil, Sammy Davis Jr. Para deleite de comediantes e imitadores de então e desde então, Davis falava como se fosse um sapateado, num estilo animadão todo seu e com um desapego a se conter que mais parecia induzido por um soro da verdade. "Logo que saio pela frente de casa de manhã, fico ligadão, Cara, fico ligadão!", disse, exultante.

> Mas quando estou com o grupo, consigo relaxar. A gente confia um no outro. Um admira o talento do outro. O pessoal acha que a gente é encrenqueiro. Mas só dois de nós fazem umas travessuras — Frank e eu [...]. Você precisa saber sobre Frank para saber sobre nós. Frank é o homem mais generoso do mundo. É incansável. Não dorme. Diz o que pensa! Mas tem tudo a ver! Não existe ninguém, absolutamente ninguém, que não vai gostar de Frank se Frank quiser que gostem. Frank tem um monte de garotas, mas ninguém é mais cavalheiro do que ele com as mulheres. E se você é amigo dele, PRONTO. Se precisa dele, CARA, ELE... ESTÁ... AÍ.[86]

A primeira falha gritante da matéria foi apresentar um grupo de artistas ricos de meia-idade como anticonformistas. A palavra tinha uma carga sociológica: evocava rebelião, enquanto o tema essencial era a impetuosidade do gênio mimado e dominador que ficava no centro do grupo, para quem as regras existiam para ser quebradas.

Mas o segundo problema era a definição do próprio grupo. Quem de fato fazia parte dele? Como se mantinha coeso? O Rat Pack de Bogart, com sua nomeação satírica para os cargos do clube, fora com efeito uma criação elaborada, a estocada suprema na imprensa de Hollywood e nos fãs ardorosos do cinema, desferida por sua figura central, um indivíduo que se podia realmente considerar como uma espécie de anticonformista: à vontade em seu ofício, mas muitíssimo desconfortável na profissão e na artificialidade polimorfa que a cercava. O Rat Pack de Bogart era um culto à personalidade que se desenvolveu em torno de um homem que desprezava cultos e personalidades. Quando Bogart morreu, o grupo se dissolveu como um sonho.

O Clã de Sinatra — logo o único Rat Pack de que as gerações posteriores iriam se lembrar — era um culto que se desenvolveu em torno de um homem que gostava da veneração e exigia lealdade. A solenidade do grupo — e de Frank — aumentava e diminuía a todo momento, de acordo com o encanto ou o desencanto dos fiéis. E a desgraça se abatia sobre o acólito que acreditasse, mesmo que apenas por um instante, na solidez do terreno em que pisava. Ou, o pior de tudo, que vacilasse em sua fé.

Na véspera do Ano-Novo, em 1959, Frank jantou no Romanoff's com Peter e Pat Lawford, Robert Wagner e Natalie Wood. Ao final da refeição, Sinatra propôs que todos fossem a Palm Springs para a passagem do ano. "Ele sempre fazia esse tipo de coisa — ei, vamos para o deserto", contou Wagner. "Falo com quem estiver por lá para ajeitar as coisas, e podemos passar um bom fim de semana."[87] Então Frank foi ao banheiro. Enquanto isso, "as garotas disseram que estava frio demais para ir naquela noite", contou Peter Lawford.

> Preferiam ir pela manhã, mas aí dissemos: "Quem vai contar a ele?". Conhecendo seu gênio, Pat se recusou, categórica, a dizer qualquer coisa, e Natalie nem queria estar no mesmo recinto quando lhe falassem. Por fim, R. J. insistiu que fosse eu a dar a notícia, e assim, quando Frank voltou à mesa, expliquei com todo o tato que consegui que preferíamos ir encontrá-lo na manhã seguinte. Bom, ele ficou louco da vida. "Se é assim que vocês querem, tudo bem", disse, arremessando o copo no chão e saindo bruscamente do restaurante.[88]

Lawford ligou para Frank na manhã seguinte; George Jacobs atendeu, sussurrando que o patrão ainda estava dormindo e que só tinha chegado às cinco da manhã. Então Jacobs disse: "Oh, sr. Lawford, o que aconteceu na noite passada? É melhor eu lhe dizer que ele está chateado. Realmente muito chateado. Ele foi ao closet de vocês, tirou todas as roupas que o senhor e sua esposa mantêm aqui, rasgou todas elas e então jogou os frangalhos na piscina".

Enquanto Frank tinha seu acesso de raiva no deserto, um mundo do qual ele fizera parte estava se transformando para sempre. Na passagem de 1958 para 1959, as forças revolucionárias de Fidel Castro — os *barbudos*, como eram chamados em Cuba — entraram em Havana, depondo o governo de Fulgencio Batista, simpático à Máfia, e levando machados e marretas para os cassinos comandados pelos mafiosos nos grandes hotéis da capital: o Capri, o Plaza, o Riviera.

"A maior indignidade de todas foi reservada ao Riviera", escreve T. J. English, o cronista da ascensão e queda da Máfia em Cuba.

> Num gesto de audácia revolucionária, os *campesinos* levaram à cidade um caminhão carregado de porcos, que soltaram no saguão do hotel e cassino, guinchando, espalhando lama pelo chão, defecando e urinando no grande orgulho e alegria de Lansky, um dos locais de jogatina mais famosos da Máfia em todo o mundo.[89]

No grande filme *O poderoso chefão II*, o personagem Hyman Roth (Lee Strasberg), baseado no gângster de primeiro escalão Meyer Lansky, é obrigado a fugir de Havana em meio aos eventos altamente dramáticos durante o réveillon de 1958 para 1959. Na vida real, Lansky voltou para Miami uma semana após aquela noite fatídica, ainda na esperança de que Castro reabrisse os cassinos, que, além de renderem milhões para a Máfia, haviam dado emprego a muitos cubanos e contribuído de maneira substancial para a economia da capital. Mas Fidel fechou os cassinos, e o sonho da Máfia de ter uma grande Xanadu do jogo no Caribe morreu na revolução castrista.

Todavia, o crime organizado havia protegido bem suas apostas. A perda de Havana seria o ganho de Las Vegas.

II.

Digamos que os Kennedy se interessam pelas artes vivas e que Sinatra é a arte mais viva de todas.

Peter Lawford

Nos meses finais de 1958, Frank esteve desenvolvendo um novo projeto para o cinema: uma adaptação de *Never So Few*, romance de grande vendagem sobre agentes do serviço estratégico na Birmânia, na Segunda Guerra Mundial. A intenção era que o filme, o seguinte de seu contrato de três filmes na MGM, servisse de veículo para sua atuação e de coprodução entre sua produtora e o estúdio que o dispensara em 1950. Com seu poder de astro e coprodutor, ele pressionou a Metro para contratar outro de seus refugos do começo dos anos 1950, Peter Lawford — então trabalhando em *The Thin Man*, seriado de TV de sucesso apenas morno —, para coestrelar a um salário extorsionário. (A Metro, a princípio, ofereceu a Lawford 1500 dólares semanais para três semanas de trabalho;[1] graças a Frank, ele acabou recebendo dez vezes mais.) Sinatra também fez valer sua vontade para o estúdio incluir no filme seu camaradinha Sammy Davis Jr., com salário de 75 mil dólares. Quando um produtor da MGM objetou:

"Frank, não tinha nenhum negro no teatro de operações da Birmânia", Sinatra respondeu: "Agora tem".[2]

Frank devia abrir sua temporada no Sands em 14 de janeiro, mas estava outra vez preocupado com a voz. Antes de ir para Las Vegas, telegrafou a Dean: "Caro Dago, fique de prontidão". Dean telegrafou de volta: "Claro que fico de prontidão, mas pelo menos ABRA".[3]

Ele abriu. Mas — já era mais do que previsível —, depois de poucos dias de temporada, seu instrumento cedeu. Como disse Mitch Miller certa vez, "Sinatra tinha uma voz maravilhosa, mas era muito frágil. Existiam uns caras como Gordon MacRae, que conseguiam varar a noite, beber e cantar no dia seguinte — conseguiam cantar debaixo d'água. Mas, se Frank dormisse pouco ou bebesse muito na noite anterior, isso transparecia".[4]

E, claro, as únicas coisas que ele andava fazendo naqueles dias era beber muito e dormir pouco. No dia 20, uma terça-feira, ele ligou aflito para Dean, que estava jantando no Dino's, seu restaurante na Sunset Strip. Martin pegou o voo das dez da noite para Las Vegas, fez o show da meia-noite para Frank, voltou a Los Angeles no avião das quatro da madrugada e apareceu nos estúdios da NBC em Burbank às nove da manhã, para ensaiar sua aparição como convidado no próximo programa de TV de Phil Harris.[5] Pelo visto, Dean também conseguia cantar debaixo d'água.

Martin abriu sua própria temporada no Sands no dia 28. "Dean Martin, outro no leque de atrações infalíveis de Jack Entratter para o Copa Room, começa uma temporada de dezesseis noites com sua típica abordagem informal de canções e comédias", escreveu o comentarista da *Variety*.

> Martin, um peso pesado que atrai tanto as integrantes do sexo feminino quanto seus acompanhantes jogadores, dinamiza a atividade do cassino mesmo quando não atua no duplo papel de animador de palco e crupiê de vinte e um — o que costuma fazer. Os que compareceram à primeira noite tiveram uma atração extra.[6]

De fato. Um garçom iniciou o show entrando no Copa Room com um cartaz que dizia: "Desculpe, pessoal, Frank Sinatra não aparecerá esta noite" — o mesmo cartaz que o Sands usava nas noites em que a voz de Sinatra estava baleada.

Frank então apareceu, usando um jaleco do Departamento de Vigilância Sanitária de Las Vegas, e o lugar pegou fogo. Ou, como disse a *Variety*, "Frank Sinatra se juntou a seu Grande & Bom Amigo no palco, e a dupla fez um dos melhores shows já vistos no Sands".

Estavam juntos na TV, estavam juntos nos filmes e agora estavam juntos incendiando Las Vegas. Dominavam o mundo, e o céu era o limite.

De Las Vegas, em 30 de janeiro, Frank enviou um bilhete escrito a lápis em papel do Sands para o compositor Alec Wilder, seu velho amigo, no Algonquin Hotel em Nova York — sem dúvida, uma das raríssimas correspondências trocadas entre aquelas duas instituições. Sentia-se feliz por saber que Wilder estava bem, escreveu; ele também estava — extremamente. O bilhete terminava com estas palavras:

> As coisas vão bem e estou em paz com o universo.
>
> Cuide-se.
>
> Frank[7]

Ava estava na Austrália, filmando *A hora final*, adaptação de um romance de Nevil Shute sobre o mundo após uma guerra nuclear, e a coisa não estava fácil. Embora tivesse se libertado da servidão da MGM e conseguido 400 mil dólares pelo papel na produção independente do diretor-produtor Stanley Kramer — o carrasco de Frank em *Orgulho e paixão* —, a idade avançava, a lesão no rosto não desaparecera de todo, ela sempre fora ambivalente, para dizer o mínimo, sobre o trabalho no cinema, e a locação não ajudava. Era pleno verão na Austrália, fazia mais de 38 graus e havia pernilongos enxameando por toda parte. Os moradores locais também enxameavam. *A hora final* era o primeiro grande filme a ser rodado no país e criou a maior balbúrdia em Melbourne. O fato de Gregory Peck e Fred Astaire, estrelando com Gardner, também estarem lá parecia não ter a menor importância; a cidade endoidecia com ela. Não podia sair sem gerar uma aglomeração de gente — não que houvesse muitos lugares para ir. Melbourne no final dos anos 1950 era um local muito recatado; os bares fechavam às seis da tarde. Se a Espanha era o paraíso para Ava, ali era o inferno.

Então foi publicada A Citação. "*A hora final* é uma história sobre o fim do mundo, e Melbourne é sem dúvida o lugar certo para filmá-la", disse Ava numa reportagem do *Sydney Morning Herald*. Era uma ótima citação e foi reproduzida mundo afora. O único problema era que Gardner nunca disse isso. O *Herald* enviara um repórter para entrevistá-la e Ava o dispensou; assim, ele simplesmente pôs em sua boca uma frase especial.[8] Melbourne não gostou. Em pouco tempo, ela passou de ídolo a pária.

Além disso, depois de ver que seu rosto parecia balofo nas primeiras cópias do filme, ela parou de beber. Ava sem álcool era outra pessoa: tímida, encabulada e até se entediando com mais facilidade do que o habitual. O que havia para se fazer na Porra de Melbourne na Austrália se você não podia beber? Um romance no elenco não parecia ser uma opção possível: Peck estava com a esposa; Astaire era Astaire. Ela tentou o jovem coator Anthony Perkins e logo descobriu que estava batendo à porta errada. E assim ela trabalhava durante o dia, e trabalhava bem: "Ela está ansiosa em captar cada nuance da cena seguinte", escreveu Kramer mais tarde. "Sua projeção é de fato extraordinária. Ela consegue passar com rapidez da suavidade para a emoção forte e para a violência."[9] E à noite ela voltava para o hotel e pegava o telefone.

Mike Wallace e sua esposa, Buff Cobb, eram os apresentadores originais de *The Chez Show*, um programa radiofônico de entrevistas transmitido tarde da noite da Chez Paree, uma boate muito conhecida no Near North Side de Chicago. Mas, em 1951, Wallace e Cobb se mudaram para Nova York e uma figura do rádio nova-iorquina, Jack Eigen, foi para lá preencher a vaga. Em 1959, o carrancudo Eigen havia se tornado uma instituição em Chicago. Parecia uma versão mais rude de Wallace: às vezes insultando seus convidados do programa, às vezes gentil e paternal.[10] A incerteza deixava os entrevistados inseguros, de vez em quando os levando a dizer coisas de que se arrependiam mais tarde. Os ouvintes amavam ou odiavam Eigen, mas prestavam atenção nele.

Numa sexta-feira à noite, em meados de janeiro, Sammy Davis Jr. abriu o show na Chez Paree, que tinha como clientes habituais Sam Giancana e os irmãos Fischetti. Um pouco depois, Davis se sentou para uma entrevista com Jack Eigen, que estava puro mel. A estratégia deu certo. A conversa se estendeu por muitos temas e Sammy, tendo talvez bebido um ou dois copos, falou à vontade. Não demorou muito para que o assunto Frank Sinatra viesse à tona. Quando Eigen comentou que Sinatra podia ser um sujeito difícil, Davis disse:

> Adoro Frank e ele foi o homem mais bondoso do mundo comigo, quando perdi o olho num acidente de carro e queria me matar. Mas há muitas coisas que ele faz que não têm desculpa. O talento não é desculpa para falta de educação — não me interessa que você seja a pessoa mais talentosa do mundo. Isso não lhe dá o direito de pisar nos outros e tratá-los mal. É isso o que ele faz de vez em quando.[11]

"Por que será que tantos artistas, quando enfim chegam lá, esquecem a humildade?", perguntou Eigen, provocador. Davis respondeu:

> Deixam de passar fome [...]. Você não se importa se um cara pede seu autógrafo ou não. Estive com os Sinatras, os [Dean] Martins, todos os maiores astros. Eu sempre paro [...].
>
> No caso de Sinatra, que idolatro, ele não pode fazer nada errado [...]. Olho Frank e penso que é absolutamente indesculpável [...]. O lance todo da coisa é que Frank tem um tremendo talento. Não creio que alguém possa se permitir o privilégio especial de abusar da posição em que o público o colocou [...].
>
> Mas você tem de respeitá-lo por sua honestidade. Porque, além das coisas ruins que ouço dizerem que ele faz, já o vi fazer noventa mil coisas que são fantásticas.[12]

Então Davis contou que Sinatra havia reunido diversas celebridades para ajudar a pagar o funeral de Tim Moore, o ator que fazia o Kingfish em *The Amos 'n' Andy Show* na TV e que morrera havia pouco sem um tostão. Sammy disse que esse era apenas um entre centenas de casos que ele conhecia e que os jornais nunca haviam comentado.

EIGEN: Fiquei pensando, Sammy: afinal esse cara é feliz?
DAVIS: Não! Não! Frank não é um cara feliz.
EIGEN: E por quê? Falta uma esposa? O que você acha?

DAVIS: Eu acho que o mais importante, Jack, a única coisa de que ele sente muita falta é a família. Ele ama muito os filhos. A relação que tem com a esposa [Nancy] é muito agradável.

É fantástico que neste último ano em especial [...] Frank se acalmou bastante em suas — digamos — atividades não profissionais. Ele fica em casa e trabalha sem parar. O homem trabalha sem parar por uma única razão. Ele não quer ter tempo para parar e pensar com calma.

E não foi só. Como grande coroamento final, Eigen, malicioso, perguntou a Davis quem era o cantor número um do país, e Sammy, já com a corda toda, respondeu que não havia ninguém além dele.

"Maior do que Frank?",[13] perguntou Eigen.

"Ah, sim", respondeu Sammy.

Mais tarde, Davis sustentaria ("Quem é melhor do que Sinatra? Ninguém")[14] que aquela última frase tinha sido uma brincadeira. Mesmo assim, pegou mal. Muito mal. E, Chicago sendo Chicago, não demorou para que Frank soubesse da insubordinação de Sammy. Então ouviu uma fita da entrevista. "Foi o fim para Sammy", relembrou Peter Lawford. "Frank o chamou de 'preto safado filho da mãe' e o tirou de *Quando explodem as paixões*."[15] Muitas vezes Sinatra descia a xingamentos de cunho racial quando estava furioso, como se se lembrasse dos piores atos de desprezo de sua juventude. Escalou Steve McQueen, então com 28 anos, para o lugar de Davis.

"Você quer a conversa destruída", lembrou Milt Ebbins, o empresário de Lawford.

Sammy Davis chorou desde a manhã até a noite. Foi nos ver quando Peter estava no Copacabana [onde fazia um show em dupla com Jimmy Durante]. Ele disse: "Não consigo falar com Frank no telefone. Vocês não podem fazer alguma coisa?". Peter lhe disse: "Falei com Frank, mas ele está irredutível". Sammy não fez o filme, nunca recebeu um tostão. Podia ter entrado com uma ação porque tinha contrato, mas não se atreveu. Não se aciona Frank Sinatra.

"Sammy passou os dois meses seguintes implorando de joelhos o perdão de Frank, mas Frank não falou com ele", contou Lawford.

* * *

Sozinha e entediada, Ava telefonou para Walter Chiari na Itália e exigiu que ele viesse imediatamente para a Austrália. Ele fez a viagem aérea de mais de 20 mil quilômetros e desembarcou em Melbourne alguns dias depois. "Mas, quando ele chegou", escreve Lee Server, biógrafo de Gardner,

> era tarde demais. Aquela sensação de estar perdida de amor, ansiando por retomar o melindroso romance entre eles, havia se dissipado. Chiari, querendo uma razão para ter atravessado meio mundo que não fosse ouvir gritos ou ser ignorado, entrou em contato com um promotor australiano, que marcou uma apresentação dele no estádio local.[16]

Chiari, que, além de atuar e fazer comédias, também sabia cantar um pouco, apresentou-se "para o local abarrotado, na maioria imigrantes italianos", escreveu Hedda Hopper em 18 de fevereiro. "Ava, vestida com a maior elegância, entrou acompanhada por Gregory Peck, Fred Astaire e Tony Perkins." O número de abertura de Chiari era "Tenderly" e ele decidiu cantar da maneira mais parecida com a de Frank Sinatra de que era capaz. "Ava sufocou e saiu rapidamente", escreveu Hopper.[17]

Em sua coluna da *Variety* de 26 de fevereiro, Army Archerd escreveu: "Milton Berle grava seu programa de 11 de março na próxima semana, vai a Flórida de férias e estará presente no encerramento de Frank Sinatra no Fontainebleau. Sim, Sammy Davis Jr. estará no Eden Roc na mesma ocasião. Aguarda-se uma tentativa de reconciliação entre esses dois [...]".

Não houve. "Mesmo quando estavam juntos na Flórida e Frank se apresentava no Fontainebleau e Sammy estava logo ao lado, no Eden Roc, Frank ainda se recusava a falar com ele", contou Peter Lawford. "Não foi sequer assistir a seu show, que era algo que sempre fazíamos quando um de nós estava se apresentando em algum lugar. Deixou recado com o porteiro avisando que Sammy não podia entrar. Se entrasse, Frank disse que sairia."[18]

Como ocorria tantas vezes, a cólera de Sinatra era fomentada pela humilhação. Sammy não falara nada além da verdade (exceto a fanfarronice final), mas declarou que o rei estava nu e, ainda pior, fez isso no próprio quintal daqueles Homens de Respeito, os irmãos Fischetti, Sam Giancana e Tony Accardo. "Essa foi a parte imperdoável: criar embaraço para Frank na frente dos Garotões", disse Lawford. "Aqueles caras da Máfia eram a coisa mais importante do mundo para ele. Assim, Sammy teve muita sorte por Frank tê-lo deixado rastejar por algum tempo e então lhe permitiu se desculpar em público alguns meses depois."[19]

Em 4 de março, Army Archerd escreveu:

> Frank Sinatra e Sammy Davis Jr. estiveram presentes no encerramento lotadíssimo de Judy Garland no Fontainebleau, na Flórida. Se os rapazes se acertaram, a Metro não está a par que Davis tenha voltado a *Quando explodem as paixões*. Na verdade, os nova-iorquinos estão ouvindo dizer que o papel de Davis em *Onze homens e um segredo* foi oferecido a Sugar Ray Robinson.[20]

Depois que Sammy conseguiu voltar às boas graças de Frank, ganhou de volta seu papel em *Onze homens e um segredo*. Faria o lixeiro.

A final de Judy Garland no Fontainebleau pode ter lotado, mas o resto de sua segunda semana no fabuloso La Ronde Room do hotel esteve longe disso. Como observou a *Variety*, a noite de estreia teve

> uma atmosfera de "estamos com você" que lhe serviu para entrar numa onda de grande impulso. Nas sete primeiras noites, seu nome continuou a atrair muita gente [...]. Mas, na segunda semana, os comentários sobre a falta de voz em comparação ao auge anterior, o fato físico que dissipava a imagem prévia da Garland vista nos filmes reprisados na TV e sua interpretação muito mecânica causaram uma devastação implacável, a tal ponto que aquela foi a semana "mais amena" de toda a temporada de badalação do hotel.
>
> Foi preciso Frank Sinatra para devolver à lotação de mais de 750 lugares o estatuto de esgotada.[21]

A matéria prosseguia comentando que a temporada de Sinatra no Fontainebleau, que veio logo a seguir, deixou a de Garland na poeira. Frank atraíra 5 mil reservas antecipadas, e a primeira semana quebrou todos os recordes do hotel, até os que ele mesmo estabelecera no mês de março anterior. Seus shows rendiam mais de 22 mil dólares por noite, com mais de 1600 clientes disputando o jantar ao preço fixo de 17,50 dólares mais a consumação mínima de cinco dólares em bebida. A projeção para a segunda semana era de igual rentabilidade.[22]

Ao contrário de Garland, que chegou já desgastada, despertando no público uma mescla de solidariedade e horror, e incapaz — aos 36 anos — de escapar ao passado, Sinatra estava no auge absoluto. Baseando-se em seu poder de atrair público, Ben Novack, o dono do Fontainebleau, ampliara a lotação de 450 para mais de 750 lugares sentados; com Frank, ele ocupava todos os assentos, e mais alguns. Entre a névoa azul de fumaça de cigarro e o retinir dos copos, os shows no salão circular eram elétricos, tendo um formato discreto que revelava a extrema confiança do cantor e concentrava a empolgação da audiência.

"Desta vez, Sinatra está com um número revisto", observou a *Variety*. "Descartou o recurso teatral das entradas anteriores, vindo pelo meio do público, de chapéu empurrado para trás, o paletó jogado 'com displicência' num dos ombros."[23] Frank também estava tentando uma nova abordagem, usando como acompanhamento o Red Norvo Quintet em vez de uma orquestra de vinte músicos. O efeito era mais calmo e, ao mesmo tempo, mais elétrico: a plateia ficava atenta a cada nota.

O vibrafonista Norvo, nascido em 1908, era um músico soberbo, multifacetado, que tivera sua própria *big band* nos anos 1930, com a esposa, Mildred Bailey, nos vocais (ele esteve a um passo de contratar Sinatra antes de se juntar a Harry James em junho de 1939), e em meados dos anos 1940 tocara com Charlie Parker e Dizzy Gillespie. Sinatra tinha imensa admiração por Norvo e conseguira para o vibrafonista e seu quinteto um contrato para tocar no lounge do Sands. "Enquanto ouvia o grupo de Norvo em Las Vegas", escreve Will Friedwald, "Sinatra teve a ideia de usar o quinteto, acrescentando o pianista Bill Miller (seu acompanhante regular desde 1951) como seção rítmica permanente e também como número de abertura."[24] O som levemente gingado do que na prática era um sexteto não só complementava muito bem a voz de Frank como também dava um ar mais descolado que relaxava o cantor, inspirando alguns dos vocais mais sincopados desde que trabalhara (por pouquíssimo tempo) com o grupo Metronome All-Stars em 1946.

Poucos dias depois de Miami, ele se afundou na tristeza.

Na noite de 24 de março, Sinatra se somou a Gordon Jenkins e uma orquestra de 37 músicos no Estúdio A da Capitol, para começar a gravação do LP que se tornaria conhecido para sempre como O Álbum Suicida: *No One Cares*. Naquela noite, ele gravou quatro faixas: "I Don't Stand a Ghost of a Chance with You", de Victor Young, Ned Washington e Bing Crosby; "Why Try to Change Me Now?", de Cy Coleman e Joe McCarthy; "None but the Lonely Heart", de uma romança de Tchaikóvski para voz e piano, com uma letra traduzida de Goethe (!); e "Stormy Weather", de Harold Arlen e Ted Koehler.

Ao ouvir essas faixas e as seis gravadas nas duas noites seguintes, tem-se um prazer um pouco ambíguo. Embora houvesse acabado de encerrar duas semanas de apresentação de dois shows por noite no Fontainebleau, Frank não mostra nenhum sinal dos problemas vocais que o haviam afetado em janeiro: está com uma voz magnífica. As canções em si beiram — segundo alguns, mais do que beiram — o lúgubre. Ouça-se "I Don't Stand a Ghost of a Chance": começa com uma passagem triste e majestosa, em sopros que durante alguns compassos a fazem parecer o hino nacional de alguma república melancólica da Europa Oriental. Então as cordas, apenas suavemente tristes, vêm aliviar o clima. Sinatra começa a cantar:

I need your love so badly
*I love you oh, so madly.**

O vocal é de uma ternura suprema; o andamento... é como mel. Não é um material que empolgaria as primeiras filas do Sands ou do Fontainebleau. Mas não é essa a questão — a questão é um fato que fica muito claro na grande "I Can't Get Started", de Ira Gershwin e Vernon Due, de hábito interpretada apenas em refrão (vejam-se Bunny Berigan e Billie Holiday), como uma centelha para avivar o ardor de uma canção de amor não correspondido, um lamento tão gracioso que o cantor parece destinado a conseguir de alguma maneira, apesar de tudo.

Aqui Sinatra e Jenkins fazem algo totalmente diferente. Após a declaração de abertura da trompa — como se as notas pudessem quase ecoar por um vale alpino —, Frank passa aos versos da canção, raramente cantados:

* Preciso tanto do teu amor/ Te amo, oh, tão loucamente. (N. T.)

*I'm a glum one, it's explainable...**

O lamento de Gershwin é praticamente abandonado pela maioria dos cantores — mas não nessa versão. Sinatra faz uma leitura profunda e sentida da letra, com as cordas e os sopros por trás elevando-se aos céus. Aí, antes que se inicie o refrão, aquelas cordas de Jenkins (em densa harmonia quaternária; aqui não há nenhum impressionismo à Riddle) rodopiam em alguns arabescos — e então, e só então, Frank prossegue, num andamento quase lento demais para um foxtrote:

*I've flown around the world in a plane.***

Não é uma música triste, não é um blues; é um Sinatra-Jenkins. A forma é exclusiva deles e pode-se gostar ou não. Na época, muitos gostaram: o primeiro lançamento da dupla, *Where Are You?*, em 1957, chegara ao terceiro lugar da lista de álbuns da *Billboard*; *No One Cares* chegou ao segundo lugar.

Desde 1955, os álbuns de Sinatra vinham seguindo um padrão bipolar, LPS tristes ou contemplativos se alternando com LPS rápidos e alegres, como se o cantor tentasse falar ao mundo sobre si e sobre o próprio mundo. Assim, a *In the Wee Small Hours* seguiu-se *Songs for Swingin' Lovers!* em 1956, que levou a *Close to You* e *A Swingin' Affair!* em 1957, e aos primeiros álbuns com Jenkins, *Where Are You?* e *A Jolly Christmas from Frank Sinatra*. O ano de 1958 trouxe a colaboração inicial de Sinatra com Billy May, o exuberante *Come Fly with Me*, seguido pelo melancólico *Frank Sinatra Sings for Only the Lonely*, com Riddle. Os dois álbuns chegaram ao primeiro lugar na lista de mais vendidos da *Billboard*.

Logo após o lançamento de *Only the Lonely* em setembro de 1958, Frank gravou *Come Dance with Me*, álbum animado que fazia par com *Come Fly with Me*. Lançado em janeiro de 1959, *Dance* nunca chegou ao segundo lugar, mas se manteve nas paradas por 140 semanas, tornando-se o LP de maior sucesso de Sinatra. Além da canção-título de Cahn e Van Heusen, o álbum trazia músicas alegres deliciosas, como "Something's Gotta Give", de Johnny Mercer, "Just in Time", de Styne, Comden e Green; "Day In, Day Out", de Rube Bloom e Johnny Mercer; "Cheek to Cheek", de Irving Berlin, e uma versão esvoaçante de "The

* Sou um infeliz; é compreensível... (N. T.)

** Voei pelo mundo num avião. (N. T.)

Song Is You", de Jerome Kern e Oscar Hammerstein. Sinatra e May até conseguiram transformar a pressagiosa e pensativa "Dancing in the Dark" numa deliciosa brincadeira: mais uma diversão do que uma reflexão no escuro.

Mas até aí era Frank — faz a gente querer morrer e faz a gente querer viver.

Foi nesse segundo estado de espírito que ele decidiu ir até a Austrália no final de março: para ajudar Ava. Desde a partida de Walter Chiari, ela andava especialmente solitária e, sem o álcool e as aventuras estimuladas pela bebida que a mantivessem ocupada, a atriz se sentia muito presa e entediada. Lee Server, seu biógrafo, afirma que ela ficava muitas horas em ligações internacionais cheias de estalos e interferências, conversando com Frank, a quem "passara a considerar como a única pessoa do mundo que a entendia, que não queria nada dela, que se preocupava apenas com sua amizade e felicidade". Durante uma das conversas, diz o biógrafo, Frank estava contando a Ava "sobre um concerto que acabara de fazer, e ela lhe disse que gostaria de ter assistido, e então que gostaria de vê-lo".[25]

E se ele fosse até lá e cantasse para ela?, perguntou Frank.

Ela aceitou, ansiosa.

Frank entrou em contato com Lee Gordon, um promotor americano que morava na Austrália, e marcou dois concertos, um em Sydney, outro em Melbourne. O Red Norvo Quintet e Bill Miller fariam o acompanhamento. Ele, os músicos e o empresário/guarda-costas Hank Sanicola aterrissaram em Sydney em 31 de março. A chegada de Frank à Austrália foi uma sensação, em parte por causa da confusão após o cancelamento de sua ida até lá em 1957 (o organizador ameaçara uma ação judicial; Sinatra fez um acordo de valores bem altos), mas sobretudo, claro, por causa de Ava.

Era bem fácil imaginar a verdadeira razão por trás do concerto arranjado às pressas — *os dois devem estar pensando em voltar* — e uma delícia olhar as faíscas que surgiriam: entre Frank e Ava, entre Frank, Ava (juntos ou separados) e a imprensa. O frenesi dos tabloides que a atriz despertara antes já desaparecera — ela simplesmente deixara de fornecer boas manchetes. Que gentileza a de Frank, de vir avivar as coisas. E se por acaso ele não estivesse com tal disposição, a fantasiosa e extravagante imprensa australiana estava pronta para ajudar. Como contou o saxofonista Jerry Dodgion a Will Friedwald, dois fotógrafos seguiam o pessoal de Sinatra por todas as partes, um provocando Frank sem cessar para lhe dar um soco, o outro com a câmera preparada. "Depois de uma noite especialmente desgastante, quando Sinatra tentou escapar em vão, pulando de um restaurante para outro", escreve Friedwald, "por fim instruiu o companheiro e empresário Hank Sanicola a cortar os pneus deles."[26]

Como sempre na vida de Frank, ocorrências não muito sublimes acompanhavam a música sublime. Em 1º de abril, no West Melbourne Stadium, ele deu um dos maiores — e mais estranhos — concertos de sua vida. Ava estava na primeira fila. Algo na presença dela e o desembaraço da multidão australiana serviram para desinibi-lo. A certa altura, quando ele começou "I've Got You under My Skin", uma mulher no público soltou um grito de prazer e Frank exclamou: "Tire a mão de cima dela!". E o fundo de Miller e do Red Norvo Quintet, despojado, mas de muita ginga, permitiu naquela noite que aflorassem suas habilidades como grande jazzista.

"Creio que ele nunca cantou melhor em toda a sua vida", disse Red Norvo a Friedwald. "Adorei seu jeito de cantar com o conjunto. Era muito solto, e integrado com tudo o que fazíamos. Ele se fundiu com a coisa, creio eu [...]. E o grupo tocou de forma grandiosa, adoraram trabalhar com ele. Dava-nos a sensação de que fazia parte do grupo."[27]

Durante toda a vida, Frank alimentou lembranças nostálgicas de seus dias de *big band* com Harry James e Tommy Dorsey, quando ainda não era um superastro tolhido pelas exigências da fama, e sim apenas um dos músicos, o rapazola cantor. (Era fácil esquecer as viagens durante a noite no ônibus sem aquecimento da orquestra no auge do inverno, a fome, o baixo salário, as brigas com Buddy Rich e Dorsey.) Trabalhar com um conjunto pequeno ajudava a reviver tais sensações.

Naquela noite, ele parecia cantar todos os números com um sorriso no rosto. Ouvindo o concerto e a relação de Sinatra com o público e os músicos, é difícil mesmo deixar de sorrir. Os tempos eram rápidos e o tom, animado, mesmo em números mais tristes como "Willow Weep for Me" e "Angel Eyes". Em "The Lady Is a Tramp" e "Dancing in the Dark" no estilo de *Come Dance with Me*, Frank estava tão solto que até conseguiu fazer alguns improvisos realmente bons. A música de encerramento, "Night and Day", foi um diálogo jazzístico com Norvo, num verdadeiro *tour de force*, Sinatra cantando de maneira suave mas ardente, sobrepondo a brilhante improvisação do vibrafonista com a sua própria, saltando em volta da melodia, brincando com as palavras e até transgredindo sua regra fundamental de nunca quebrar uma letra, dando espaço para as vibrações dançarem dentro dela.

Frank estava no clima: íntimo, ardoroso. Com o rosto de Ava diante de si, era a noite perfeita.

Então, a volta à realidade. "A cena posterior foi um caos, cheia de invectivas", escreve Lee Server.

> Os guarda-costas de Sinatra jogaram pesado com os curiosos locais. A reação do cantor a um fotógrafo foi amplamente noticiada: "Tire outra foto e vou te enfiar a câmera goela abaixo. Seu nojento!".
>
> Ava foi com ele na limusine até o hotel, uma perseguição perigosa com uma frota de carros dos jornalistas atrás, todos em alta velocidade, e Sinatra gritando para o motorista tirá-los do caminho.[28]

E então, tendo o duplo afrodisíaco da música suave e do caos turbulento exercido sua magia, "eles subiram à suíte de Frank, pediram algo para comer, tomaram champanhe, trocaram olhares e foram para a cama".

Saíram da Austrália separados, com intervalo de alguns dias, e passaram mais de um ano sem tornar a se ver.

A primeira edição do prêmio Grammy foi realizada na noite de 4 de maio, no Beverly Hilton Hotel. Frank levou como acompanhante a jovem atriz Sandra Giles, uma loira oxigenada de seios fartos que guardava uma semelhança razoável com Joi Lansing, atriz que trabalhara com Sinatra em *Os viúvos também sonham* e com quem ele também estava saindo. Sentia-se animado e otimista. Recebera seis indicações em quatro categorias — entre elas a de melhor vocal masculino, por "Witchcraft" e "Come Fly with Me", e a de melhor álbum, por *Come Fly with Me* e *Frank Sinatra Sings for Only the Lonely* —, contando que subiria ao pódio e aceitaria graciosamente um par de prêmios.

Em vez disso, ganhou apenas um, e nem mesmo pelas canções, mas por ser supostamente o diretor de arte do vencedor na categoria melhor capa de álbum, a capa bem final dos anos 1950, com o tema do arlequim, em *Only the Lonely*, com a banalíssima imagem de Nicholas Volpe de um Sinatra com ar tristonho, maquiado de palhaço e numa sombra densa. Amargamente desapontado, Frank começou a beber logo que a cerimônia terminou. Giles bebeu junto, mas não conseguiu acompanhá-lo. Voltando à casa de Sinatra no Coldwater Canyon, como relembrou muitos anos depois, ela perdeu a consciência e, ao acordar, viu-se nua na cama de Frank, com um Frank nu também. Ele alegava que tinham feito sexo; ela tinha certeza do contrário. Giles se trancou no banheiro e disse que ia chamar a polícia. Ele a dissuadiu e mandou George Jacobs levá-la de carro até sua casa. Mais tarde, ela encontrou uma nota de cem dólares — a renda semanal aproximada de uma família americana em 1959 — enfiada dentro da bolsa. Abalada, Giles ligou para Sinatra para perguntar sobre o dinheiro e, conta a atriz: "Ele disse: 'É, é para você comprar alguma coisa para sua filha como presente de Natal'. Foi sua maneira de se desculpar. Nunca disse de fato que pedia desculpas".[29]

Isso aconteceu numa segunda-feira. Na sexta, com a sensibilidade em alta, ele esteve com Riddle e uma orquestra de 33 músicos no Estúdio A para gravar dois singles: "High Hopes", tema ganhador de *Os viúvos também sonham*, de Cahn e Van Heusen, que Frank cantou com um coro juvenil creditado como "Um Bando de Garotos" (mas não com o coator Eddie Hodges, de onze anos, cujo contrato férreo com a Decca o impediu de estar com Frank naquela ocasião),[30] e "Love Looks So Well on You", outra balada terna de Alan Bergman, Marilyn Keith e Lew Spence. A balada nunca chegou aos mais vendidos, mas "High Hopes" foi um enorme sucesso, a convocatória de uma geração que, muito em breve, seria despojada de seu otimismo.

Na noite da quinta seguinte, Frank gravou duas canções com arranjos de Riddle, "This Was My Love" (tão grandiosamente sentimental quanto o título) e a sedutora "Talk to Me", em ritmo de blues, além de duas outras músicas orquestradas por Gordon Jenkins, "When No One Cares", de Cahn e Van Heusen, e uma regravação do grande tema de Dorsey "I'll Never Smile Again".

Aquela foi uma noite esquisita, e a última faixa, especialmente estranha. Em maio de 1940, o jovem Frank de 24 anos, com as requintadas harmonias do Pied Pipers e uma tilintante celesta ao fundo, havia convertido a elegia musical de Ruth Lowe a seu jovem marido numa peça de beleza inocente, uma ode aos anseios da juventude num mundo que se afundava na guerra. Em maio de 1959, o Frank de 43 anos cantava a mesma canção, mas ela soava muito diferente.

No último ano e mesmo antes disso, ele vinha ficando cada vez mais impaciente com a Capitol Records, com a qual tinha contrato até novembro de 1962. Sinatra andara reivindicando muitas coisas — maior parcela nos lucros, um produtor próprio, o controle das matrizes de suas gravações —, mas é difícil escapar à impressão de que o que ele mais queria era sair. O poder ocupava um lugar central em seus pensamentos no final dos anos 1950 e, tendo o poder em mente, vinha insistindo numa grande ideia com o presidente da Capitol, Glen Wallichs: queria iniciar sua própria gravadora. Faria parte de sua produtora cinematográfica, a Essex, e teria o mesmo nome; Frank e a Capitol teriam meio a meio. Sinatra ficaria com os direitos das matrizes de suas gravações e as licenciaria para a Capitol para produção e distribuição. A Capitol pagaria todos os custos e despesas; a Essex e a Capitol dividiriam os lucros meio a meio.

Frank não desistia da ideia e Wallichs não cedia. Afinal, disse o executivo, se concordasse nesse arranjo com Sinatra, Nat Cole, Peggy Lee e outros iriam querer o mesmo, e onde ficaria a Capitol?

Frank disse a Glen Wallichs que ele, que fazia mover a roda, não gravaria mais para a Capitol enquanto Wallichs não mudasse a toada.

Ouvindo as gravações que Frank fez na noite de 14 de maio — sobretudo seu novo "I'll Never Smile Again" —, é difícil evitar a sensação de que, conscientemente ou não, ele já estava com um pé na rua. Cantando ao som das cordas tristes de Jenkins, Sinatra soa terno, vulnerável, de meia-idade; há um leve tremor na voz que não deixa de ser atraente. Mas, quando ele canta o primeiro refrão:

I'll never smile again, until I smile at you
*I'll never laugh again, what good would it do**

acontece uma coisa muito estranha. O timbre oscila desde a primeira sílaba e — depois de um bizarro erro de pronúncia em *laugh*, dizendo *luff* — ele dá uma inequívoca desafinada na palavra *do*. Sinatra errando uma nota — compreensível no calor de uma apresentação num clube noturno, mas numa sessão de gravação? Frank tinha um ouvido apuradíssimo: era famoso por interromper de maneira brusca um take se, por exemplo, o terceiro violino tocasse uma mínima que fosse fora do ritmo, encarando o transgressor com um olhar azul gelado e dizendo: "Onde você estará trabalhando na semana que vem?". Repassava várias vezes uma canção se houvesse alguma coisa no vocal ou no acompanhamento que lhe desagradasse: mais de cinquenta anos depois de assistir a uma sessão na

* Nunca voltarei a sorrir, até sorrir a você / Nunca voltarei a rir, de que adiantaria. (N. T.)

Capitol, no final de 1958, o ex-ator infantil Eddie Hodges lembrou com clareza o instante em que Sinatra parou uma música no meio da gravação, furibundo com a seção de cordas. "Ele gritou: 'O que há com vocês, pessoal? Parecem um bando de garotas!'", conta Hodges. "Então disse: 'Por que não tocam com um pouco de colhão?'. E então tocaram outra vez, e ele conseguiu exatamente o que queria. Ficou ótimo."[31]

Sinatra às vezes ouvia seus playbacks no estúdio; outras vezes, apenas ia embora ao final da sessão, sabendo que havia acertado. Mais do que ninguém, tinha clara consciência de seus pontos fracos e fortes. Por que não regravou esse "Smile"? Talvez tivesse algum assunto importante para atender naquela noite; talvez não estivesse nem aí. Seja como for, passaria quase um ano sem botar os pés no Estúdio A da Capitol.

George Jacobs, que às vezes erra nas datas, mas cuja veracidade em geral é comprovada, sustenta que seu patrão e Pat Lawford trocavam olhares desde a primeira vez que se viram.[32] Jacobs situa o primeiro encontro numa festa na casa de Gary Cooper e esposa, que a maioria dos autores dá no verão de 1958; mas, como vimos, Sinatra e os Lawford tinham convívio social pelo menos desde junho de 1955 — que é mais ou menos a época em que Frank e Jack Kennedy se encontraram num evento democrata para arrecadação de fundos.

Mesmo assim, a relação de Sinatra com os Lawford e a amizade com o politicamente ambicioso irmão mais velho de Pat haviam se intensificado em 1958. Frank estava desenvolvendo *Onze homens e um segredo* com Peter Lawford e tinha grande interesse nas perspectivas presidenciais do cunhado de Lawford. E o fascínio de Frank por John Kennedy e família era prodigamente retribuído. "Digamos que os Kennedy se interessam pelas artes vivas e que Frank é a arte mais viva de todas",[33] afirmou Peter Lawford a um repórter em 1960. O homem que seria tido como o primeiro presidente celebridade tinha, ele próprio, fascínio por celebridades. Patricia Kennedy Lawford, por sua vez, fora por muito tempo enfeitiçada por Hollywood, com planos frustrados de ser produtora de filmes (caminho profissional que não estava aberto às mulheres naquela época), e ciente do caráter mulherengo do marido. Uma relação com Frank talvez lhe parecesse uma espécie de jogo de poder, para não dizer uma espécie de destino evidente. E Frank teria uma sensação muito semelhante.

Havia uma química forte — e complexa — entre ambos. Pat Lawford, segundo Jacobs, "tinha uma queda explícita por Frank desde seus dias de crooner"; quanto a Frank, o ex-criado diz: "O sr. S. via uma possibilidade de seduzir uma das 'supergatas' em maior evidência nos Estados Unidos [...]. A perspectiva de Pat Kennedy abriu os olhos do sr. S. para a perspectiva ainda mais empolgante de John Kennedy".[34]

Graças a uma campanha presidencial vigorosa e bem organizada, que se iniciou quase no mesmo instante em que ele perdeu a indicação para vice-presidente em 1956, as perspectivas presidenciais de Jack Kennedy foram se tornando sempre mais promissoras até o final da década. Numa área de candidatos grisalhos — políticos cinquentões como Adlai Stevenson, Stuart Symington, Lyndon Johnson e Robert Meyner —, o senador superglamoroso de Massachusetts — formado em Harvard, tido como herói de guerra, ganhador de um Pulitzer por *Política e coragem*, o livro sobre senadores discordantes que trazia seu nome na capa — destacava-se como uma *avis rara*.

Mesmo assim, uma olhada mais além do exterior atraente de Kennedy, detendo-se em seu cerne político, talvez fizesse Sinatra parar para pensar. Frank crescera imbuído do liberalismo de Roosevelt; Jack Kennedy, não. Como senador iniciante em 1954, ele relutara em criticar Joseph McCarthy (em cujo Subcomitê Permanente de Investigações, antiesquerdista, seu irmão Bobby trabalhara como conselheiro assistente — e com quem Pat Kennedy tivera um breve namoro). Tergiversou sobre a Lei dos Direitos Civis de 1957. "Gostaria que o sr. Kennedy tivesse um pouco menos de projeção e um pouco mais de coragem",[35] foi o famoso comentário de Eleanor Roosevelt. Em meio à paranoia anticomunista dos anos 1950, John F. Kennedy e toda a sua família estavam ansiosos em se distanciar de Stevenson, que a maioria dos Estados Unidos considerava no máximo um progressista cor-de-rosa e, além disso, um intelectual (o chamado "*egghead*" — a cabeça calva e os modos refinados do candidato tinham dado origem ao termo), e da ala liberal do Partido Democrata.

No entanto, a classe e o carisma, independentemente do conteúdo, exerciam uma profunda e insalubre atração em Sinatra — prova disso é lady Beatty —, e Jack Kennedy tinha ambos às pencas. "Para Sinatra", escreve Ronald Brownstein,

> Kennedy parecia representar mais do que o mero poder; a despeito de sua devassidão, JFK transmitia um peso e uma solidez que invocavam Harvard, verões em

> Cape, dias de ócio na proteção e companhia de uma família animada. Tudo o que faltava no mais alto grau ao estilo de vida vistoso e extravagante do Rat Pack — uma fantasia pequeno-burguesa do que significava ser rico. Tal como sua aceitação à mesa de [Bill e Edie] Goetz, o favor de Kennedy conferia respeitabilidade a Sinatra — uma razão para ser admirado e não só temido por seus pares.[36]

E Kennedy, velho habitué de Hollywood que se locomovia com facilidade entre artistas de cinema, sentindo-se igual, se não superior a eles, era um político à frente de seu tempo, que entendia o enorme potencial político do show business e seus integrantes. Também se sentia enfeitiçado pelo aspecto empresarial desse mundo e por seus atores, e não havia ator maior do que Frank Sinatra. Quando ambos atingiram o auge do poder, era um destino inevitável que suas órbitas se cruzassem.

Joseph P. Kennedy educara bem o filho, tanto com palavras como com exemplos. Ele havia entendido as possibilidades financeiras do cinema quando comprou sociedade nos RKO Studios nos anos 1920; tivera uma longa ligação com Gloria Swanson não só pelos encantos de sua pessoa, mas também por seu poder prático como estrela do cinema. Cultivara de maneira deliberada a relação com Sinatra no Cal-Neva por razões muito parecidas, e também por outros motivos.

O principal objetivo de Joe Kennedy na vida, sua razão de ser, era conseguir que seu primogênito vivo fosse eleito presidente dos Estados Unidos. Depois de duas décadas de sucesso em bancos de investimentos, ele tinha a fortuna para isso e, a começar pela campanha de Jack Kennedy para o Congresso em 1946, passou a converter dinheiro em poder. "Vamos vender Jack como sabão em pó",[37] disse numa frase famosa e honrou sua palavra, gastando uma dinheirama em outdoors, anúncios de jornal e chamadas no rádio.

Iniciada a campanha presidencial, Kennedy pai aumentou o jogo, gastando com prodigalidade ainda maior. As apostas eram incomensuravelmente maiores e os objetivos também: agora capas de revistas em vez de cartazes na rua. E era preciso somar à causa homens de influência nacional, e não apenas líderes políticos locais. Alguns dos figurões ocupavam altos cargos no crime organizado.

Em sua biografia de Joseph Kennedy, David Nasaw dedica ao assunto apenas uma página, ridicularizando as persistentes alegações de que Kennedy esteve envolvido no comércio ilegal de bebidas alcoólicas durante a Lei Seca, mencionando “comentários infundados e em geral improvisados [sobre o tema] feitos nos anos 1970 e 1980 por Meyer Lansky, Frank Costello, Joe Bonanno e outras figuras da Máfia não especialmente conhecidas por falarem a verdade”.[38] A intenção é desqualificar qualquer outra ligação que Kennedy possa ter tido em algum momento com algum desses homens.

Nasaw argumenta que foi uma pura questão de conveniência que manteve Kennedy à distância da Máfia. “Ele desistira de sua importadora de bebidas e de sua participação em Hialeah porque não queria que seus filhos ficassem manchados com os estereótipos que evitara de maneira tão escrupulosa durante toda a sua vida”, escreve o biógrafo.

> Ele vivera sua vida, fizera e guardara seus milhões avaliando de forma cuidadosa as proporções entre risco e retorno e evitando todo e qualquer perigo desnecessário, nos negócios e na política. Teria sido uma imprudência extraordinária — e ele não era um indivíduo imprudente — fazer negócios ou se consorciar com mafiosos conhecidos, ainda mais porque não tinham nada a lhe oferecer que ele não pudesse obter em outro lugar.[39]

A última frase contém duas ideias: a primeira, que teria sido extrema imprudência de Joseph Kennedy consorciar-se a mafiosos, é uma verdade evidente. A segunda, a ideia de que a Máfia não tinha nada a lhe oferecer, é no mínimo problemática. E a única forma segura de lidar com o problema de precisar de alguma coisa sem poder pedi-la de maneira direta é utilizar intermediários.

Bill Bonanno, filho do chefe mafioso Joe Bonanno, e que Gay Talese considerou suficientemente digno de confiança para colaborar com ele em *Honra teu pai*, sua extensa história dos Bonanno e da Máfia, afirma que foi bem isso que Joe Kennedy fez. Kennedy queria o auxílio do crime organizado para conseguir o apoio dos sindicatos a seu filho, e assim, segundo Bonanno filho, ele enviou no inverno de 1959 um representante para conversar com um representante de Joe Bonanno.

“Fui instruído a voltar [...] para Nova York e sondar outros chefes sobre um esforço combinado para respaldar JFK”, contou Bill Bonanno a Anthony Summers.

> Havia profundas divisões a respeito de Kennedy. Joe Profaci [um chefe mafioso de Nova York], por exemplo, disse que simplesmente não confiava em Kennedy. Os

chefes do Meio-Oeste — em Cleveland e Michigan — deixaram claro que devíamos apoiar alguém que tivesse mais raízes nos sindicatos, em que tínhamos mais influência.[40]

Segundo Summers, "Giancana, por outro lado, aparentou ser favorável, e Joe Kennedy precisava de uma maneira de contatá-lo".

Joe Kennedy decerto sabia muito bem que Frank Sinatra e Sam Giancana eram amigos. E Giancana, sentindo a pressão do comitê do Senado em que o filho mais novo de Kennedy atuava como conselheiro, também precisava de alguma coisa do Embaixador.

O Joe Kennedy de que George Jacobs se lembra era muito diferente do duro mas respeitável agenciador político retratado na biografia de David Nasaw. Um fim de semana no final dos anos 1950 que Kennedy passou na casa de Sinatra no deserto deixou uma impressão indelével no criado pessoal de Frank, que de início supôs, não sem razão, que o Embaixador de expressão gelada era mais um dos amiguinhos gângsteres do sr. S. Para começar, houve a acolhida esplendorosa que Sinatra organizou, incluindo um quinteto de prostitutas enviadas de Las Vegas; além disso, houve a arenga do convidado de honra ao jantar, uma enxurrada constante de piadas pesadas sobre negros e judeus. Sobretudo judeus. Para o antigo dono de estúdio, os ex-peleiros e luveiros que tinham fundado Hollywood eram "catadores de lixo e trapeiros"; Kennedy chamou Louis B. Mayer de "sucateiro judeu".[41] Frank ouviu tudo com um sorriso forçado.

Por quê? Porque Joe Kennedy detinha a chave para uma coisa que Sinatra ambicionava loucamente: o poder político. Sua política democrata remontava à Hoboken de Dolly e aos primeiros tempos de Roosevelt. Mas na velha visão de mundo dos *wasps*, ainda persistente nos Estados Unidos nos anos 1950, um ítalo-americano como ele, por mais rico que ficasse com a música e o cinema, ainda continuava a ser um cantorzinho. Podia se sentar aos pés dos poderosos, podia contribuir para a causa, mas os adultos, os brancos que frequentavam a igreja protestante, é que tomavam as decisões. Agora parecia possível uma verdadeira transformação — um presidente jovem, católico, étnico — e Sinatra queria estar nessa. E *nessa* significava acesso e influência, que Joe Kennedy carregava em grandes quantidades em sua valise de diplomata.

* * *

O caminho principal até o filho passava pelo pai. "Creio que, para entender Jack Kennedy, você precisa voltar ao pai e à criação [de Jack], e saber que a mãe era tratada como uma questão secundária que ficava ali — a mãe devota, mas não uma pessoa com quem se tivesse qualquer divertimento",[42] disse Nancy Olson Livingston, viúva de Alan Livingston, que conhecia JFK desde o final dos anos 1940. Jack Kennedy, o sabão em pó que o velho estava vendendo, parece ter feito sua primeira visita à casa de Frank em Palm Springs no agitado verão de 1958.[43] Mas, se o filho tinha saído ao pai em alguns aspectos — a fria dureza, a voracidade sexual —, faltavam-lhe a brutalidade, a insolência descarada do velho. Essas eram armas de sobrevivência para Joe Kennedy, que precisara batalhar para entrar na sociedade refinada, tivera de lutar contra barões ladrões e meros ladrões. Jack precisou apenas combater os japoneses no Pacífico Sul. Era corajoso, mas mimado, um irlandês-americano bonitão com suprema confiança em seu charme e boa aparência. (Ninguém jamais acusara Joe Kennedy de ser bonito.) E seu charme, que incluía inteligência arguta e rapidez mental, era de arrasar. Frank se rendeu por completo a ele, mais ou menos como já se rendera a Dean.

Poucos, fossem homens ou mulheres, tinham a capacidade de resistir a Jack Kennedy. George Jacobs não foi exceção, embora ele nos dê um retrato muito realista do futuro presidente que é admirável em sua crueza. Jacobs viu JFK sem inibições (e às vezes sem a calça), e seu retrato é muito diferente das imagens icônicas do jovem presidente com os polegares enfiados nos bolsos do paletó ou reclinado de suéter e óculos escuros em seu iate, o *Honey Fitz*. Como seu pai (e como Frank), Jack Kennedy não se justificava. Sabia o que queria, e dizia. Mas, à diferença do velho, dizia com uma piscadela.

"Eu podia detestar o pai dele, mas era doido por John Fitzgerald Kennedy", escreveu Jacobs.

> Ele era bonito, engraçado, malicioso e tão irreverente quanto Dean Martin.
>
> "O que as pessoas de cor querem, George?", ele me perguntou na primeira vez em que esteve em Palm Springs, não muito depois que o sr. S. e Peter Lawford ficaram amigos do peito.
>
> "Não sei, sr. senador."
>
> "Jack, George. Jack."

"O que *você* quer, Jack?", perguntei.

"Quero trepar com todas as mulheres de Hollywood", disse ele com um grande sorriso maroto.[44]

Em suma, era para isso que ele estava lá. Dave Powers, amigo íntimo e assistente de campanha de Kennedy, tentou amenizar o enfoque. "Seu apreço por Frank se baseava no simples fato de que este lhe contava muitas fofocas internas sobre as celebridades e seus romances em Hollywood",[45] contou Powers a Kitty Kelley em 1982. George Jacobs confirma o gosto de JFK pela roupa suja das celebridades, sobre as quais adorava especular enquanto ele, exímio massagista, cuidava de suas costas doloridas. "Eu trabalhava nas costas dele bem por uma hora, o tempo todo sendo crivado de perguntas lascivas sobre seu assunto favorito, o 'fuque-fuque' das celebridades, como ele gostava de dizer", contou o criado. Sempre que Jacobs tentava fazer uma pergunta política, o senador, de maneira enérgica, reconduzia a conversa para a questão sobre se Janet Leigh estava traindo Tony Curtis ou o que havia entre Eddie Fisher e Debbie Reynolds. Ao que parecia, Kennedy lia todos os números da revista *Confidential*.

O sexo, obsessão de Jack Kennedy, era sempre o assunto principal. Mas ele não queria apenas falar. Sabia que ninguém em Hollywood — o que significava ninguém no mundo — tinha tanto sexo quanto Frank Sinatra: com isso, Frank virava um herói aos seus olhos e, mais importante, prometia-lhe o tipo de acesso que mais lhe interessava.

Cada qual sabia o que o outro podia fazer por ele; cada qual cortejava o outro à sua maneira. Frank se aproximou de Jack com certas intenções, mas também com um alto grau de idealismo e afeição sincera. Jack se aproximou de Frank de olho no que podia conseguir — não só sexo, mas o poder político de Hollywood — e com o charme para convencer Sinatra de que a afeição que mostrava era verdadeira. Em outubro de 1958, Sinatra, que dissera à imprensa que "o senador Kennedy é amigo meu",[46] endossara JFK para a presidência. Em novembro, Walter Winchell aventou em sua coluna que John F. Kennedy, se fosse eleito, poderia nomear Frank Sinatra como embaixador na Itália.[47]

Numa noite de maio de 1959, Frank e Dean foram os mestres de cerimônias no SHARE Boomtown Show, evento beneficente repleto de artistas no Moulin

Rouge, em Hollywood. Foi uma noite muito doida, todos os presentes usando roupas ou insígnias grotescas do Velho Oeste e se encharcando de álcool. Dean desceu pelo forro numa sela presa por fios a dezoito metros de altura, que foi abaixada devagar até o palco. Quando suspenderam a sela de volta, Dean disse: "Até mais, Jerry".

"Como era uma noitada 'interna', os rapazes botaram mesmo para quebrar", escreveu Vernon Scott, correspondente da UPI em Hollywood. "Era raro os cantores ficarem sem um copo de uísque na mão [...]. Quanto mais avançava o show, mais doido ficava. Como líderes do 'clã' de Hollywood, Martin e Sinatra estavam com o público que lotava o Moulin Rouge se esgoelando de animação."[48]

Aconteceu uma coisa engraçada quando Sammy Davis Jr. apareceu para cantar "Birth of the Blues". Enquanto Frank e Dean improvisavam uma apresentação com voz de bêbados, Frank olhou para Sammy e Sammy olhou para Frank. De repente, com o gesto de cabeça quase imperceptível de um verdadeiro *padrone*, Sinatra fez sinal para Sammy e, antes que alguém se desse conta do que estava acontecendo, os dois trocaram um abraço, para o prazer ruidosamente incontido da multidão. A rixa terminara.

Depois de terem cantado em separado, Frank e Dean fizeram dois duetos, "Come Fly with Me" e "I Can't Give You Anything but Love, Baby". Quando cessaram os aplausos para o segundo número, Sinatra e Martin entraram numa paródia mambembe de Sammy Cahn, ao som de "You Oughta Be in Pictures":

We're glad that we're Italian,
*Authentic Abruzzi...**

Dean cantarolou que era dono "daquela cabana chamada Dino's", e Frank, por sua vez, que tinha "um naco de Puccini".

O pessoal que estava por dentro do showbiz entendeu a piada: Sinatra tinha comido e bebido por muitos anos no Villa Capri, de Patsy D'Amore, mas pouco tempo antes abrira seu próprio restaurante italiano, Puccini (nome de seu compositor favorito), na South Beverly Drive, em Beverly Hills. Os sócios no empreendimento eram Hank Sanicola, Mickey Rudin e Peter Lawford, embora

* Ficamos felizes por ser italianos,/ Autênticos abruzzenses... (N. T.)

ao que tudo indica Lawford, pão-duro notório, não tenha entrado sequer com um tostão. Não precisou: era casado com uma Kennedy. E, em maio de 1959, o irmão de Patricia Kennedy Lawford já era o presumível candidato democrata à presidência.[49]

12.

Ah, você é um cigano pitoresco.

Bing Crosby para Frank, em *The Frank Sinatra Timex Show*, outubro de 1959

No Desert Inn em março de 1959, um oficial de justiça se dirigiu até um sujeito baixo, elegante, de óculos, disse seu nome — seu nome verdadeiro, não Sam Flood, o codinome com o qual ele havia se registrado no hotel — e lhe entregou uma intimação.[1] Quem recebeu o documento, surpreso, foi Sam Giancana, amigo de Frank Sinatra, que se divertia em Las Vegas no curto intervalo entre a determinação de Fidel Castro para que se fechassem os cassinos em Havana e o lançamento da primeira edição do Livro Negro publicado pela Comissão de Controle do Jogo de Nevada, uma lista de "pessoas de reputação notória ou desagradável"[2] que seriam proibidas por toda a vida de ser proprietárias, de dirigir ou até de entrar em qualquer um dos estabelecimentos de apostas do estado. Giancana seria um dos onze membros fundadores dessa seleta fraternidade.

A intimação determinava ao mafioso que comparecesse à comissão de John McClellan no Senado, que vinha procurando por Giancana havia mais de um ano enquanto ele perambulava pelo país usando vários pseudônimos, se divertindo — entre outros lugares, no set de *Deus sabe quanto amei* —, mas nunca deixando de olhar por cima do ombro para ver se alguém, mocinho ou bandido, o estava seguindo.

Giancana quase pareceu gostar da intimação. Ele sem dúvida tirou a vantagem que pôde do drama de testemunhar em uma comissão do Senado norte-americano, talvez encarando essa participação como uma espécie de redenção por não ter ido à Comissão Kefauver quando ainda era peixe pequeno demais para que alguém se importasse com sua pessoa. Agora, porém, Giancana era visto como "número um ou dois da hierarquia em transformação da velha Máfia de Capone",[3] e chegou a Washington em 9 de junho, preparadíssimo para seu close. "Um gângster boa-pinta com óculos escuros", relatou a UPI,

> ele chegou munido de um documento baseado na Quinta Emenda que começava dizendo: "Eu respeitosamente me nego...", mas a palavra "respeitosamente" tinha sido riscada e Giancana nunca a usou. Ele soltou uma risada rouca quando Pierre Salinger, investigador da comissão, o identificou como um dos principais nomes do submundo de Chicago. Continuou a rir, sarcástico, quando lhe perguntaram sobre dois assassinatos de gângsteres e sobre o papel dele num certo esquema.
>
> Giancana também achou divertida a entrevista de um jornal de Chicago em que foi citado como tendo dito à junta de recrutamento militar que "roubava para viver". Robert F. Kennedy, advogado da comissão, revelou que Giancana foi rejeitado para o serviço militar por ter uma "psicopatia constitutiva" e "fortes tendências antissociais".
>
> "Você é feliz sendo ladrão?", perguntou o presidente John L. McClellan (Partido Democrata, Arkansas). "É disso que você está rindo?"[4]

Giancana, de maneira bizarra, continuou a rir sempre que invocava a Quinta Emenda enquanto Kennedy perguntava a ele sobre várias acusações específicas. Exasperado, o advogado da comissão por fim perguntou: "O senhor vai contar alguma coisa sobre suas operações ou só vai dar risadinhas toda vez que eu fizer uma pergunta?".

"Eu me recuso a responder porque, honestamente, acredito que minha resposta pode me incriminar", Giancana respondeu.

"Pensei que só meninas dessem risadinhas, sr. Giancana", disse Kennedy.

Foi uma atitude corajosa do jovem advogado de voz aguda, que tinha apenas 33 anos naquele dia de junho — e uma fala bastante estranha também, dado o fato de que tanto seu pai quanto o irmão mais velho que ele adorava tinham pelo menos uma ligação próxima com o homem que estava sendo questionado: uma amizade com Frank Sinatra. Logo haveria outras ligações entre eles, e Frank ajudaria que isso acontecesse.

Certa parte dele desaparecia quando ele não estava gravando discos. Como preencher o vazio? Naqueles meses de junho e julho, ele se mudou para a área atrás do estúdio da MGM e brincou de soldado das onze da manhã às seis da tarde todo dia, filmando *Quando explodem as paixões* em meio a folhagens falsas que simulavam as florestas tropicais da então Birmânia. O verdadeiro inimigo era o tédio. Uma vez, para se distrair, Sinatra levou o time inteiro dos Milwaulkee Braves, incluindo gigantes como Hank Aaron e Warren Spahn, para almoçar no restaurante da Metro. Em outra pausa para almoço, levou Nelson Riddle e uma orquestra completa a um estúdio para ensaiar para uma sessão de gravação na Capitol.[5] O ator Dean Jones se lembra de ter conspirado com Steve McQueen para encher o trailer de Sinatra de bombinhas. Num dos pontos altos da produção, segundo Jones, a peruca de Frank caiu durante uma cena de luta.[6] Absolutamente imperturbável — afinal de contas ele era o astro, coprodutor e senhor de tudo que tudo que tinha à frente dos olhos —, ele se retirou para sua cadeira de maquiagem para que a peruca fosse colada de novo.

Ele começava a se ver como uma parte essencial do time dos Kennedy. Certa noite daquele junho, ofereceu um jantar na Bowmont Drive para o governador de Connecticut, Abraham Ribicoff, o homem que tinha indicado Jack Kennedy como vice-presidente na convenção democrata de 1956 e um dos primeiros ocupantes de cargo público a apoiar a candidatura de JFK à presidência. Dean Martin e Shirley MacLaine estavam presentes, assim como Tony Curtis, Janet Leigh e Nancy Sinatra, então com dezenove anos, sem Tommy Sands, o jovem cantor-ator que ela namorava.[7]

A vida amorosa do próprio Frank — ao contrário do que acontecia com sua vida sexual — estava em baixa. Lady Beatty, depois de se divertir por um tempo com ele nos Estados Unidos, voltou para a Europa, onde ficou com Aly Khan, e depois se casou com Stanley Donen.[8] Frank não ficou inconsolável. Apesar das notícias perturbadoras, na maior parte vindas da Europa e totalmente inventadas, ele não estava de caso com Gina Lollobrigida, colega de elenco de *Quando explodem as paixões*, a qual fora a Hollywood acompanhada do marido, que também era seu agente. (Apesar da estratégia de marketing da MGM — o trailer do filme mostrava Frank e Gina se beijando com ardor sob os dizeres MAIS CEDO OU MAIS TARDE ISSO TINHA DE ACONTECER — SINATRA ENCONTRA LOLLOBRIGIDA, enquanto a tela queimava em chamas falsas —, a falta de calor entre eles na tela era visível.)

Era hora de usar a geografia como terapia.

Quando seu trabalho no filme terminou, no início de julho, Frank e Dean voaram para Miami para ir ao casamento da filha de Sam Giancana, Bonnie, de dezenove anos.[9]

"Giancana pelo visto escolheu Miami Beach para o casamento a fim de evitar a publicidade que teve quando a filha de 24 anos [Antoinette] se casou com um barman em Chicago", relatou a UPI. A cobertura da imprensa do primeiro casamento, que custou 20 mil dólares, e teve duas orquestras, um bolo de 1,30 metro, oitocentos convidados e Joey Bishop como principal atração, "ao que tudo indica resultou em constrangimento para Giancana quando nomes de mafiosos na lista de convidados foram amplamente divulgados", continuava o relato.

Decidido a não passar por novo constrangimento, Giancana fez tudo que pôde para manter a imprensa à distância. O repórter de agência que estava lá só conseguiu migalhas:

> Giancana, que compareceu no mês passado à comissão de inquérito do Senado que investiga crimes de prostituição e de máquinas de *pinball*, enxugou os olhos com um lenço ao entregar a filha ao noivo.
>
> Mas pouco mais se pôde saber sobre o caso. Os convidados entraram na cidade sem alarde, compareceram à cerimônia na igreja católica de St. Patrick e à recepção no luxuoso hotel Fontainebleau, e depois saíram igualmente silenciosos.
>
> O hotel chegou a negar que a recepção tenha ocorrido. "Não houve casamento nem qualquer outra festa hoje", insistiu um porta-voz do Fontainebleau.
>
> Porém, observadores notaram homens corpulentos protegendo as portas dos cômodos luxuosos em que ocorria a festa e onde mulheres cobertas de joias e homens de terno e óculos escuros conversavam enquanto músicos que andavam pelo salão tocavam para eles.[10]

* * *

De Miami, Frank foi para Nova York, a fim de assistir a alguns shows e ser guiado em um passeio personalizado na ONU pelo vencedor do Nobel dr. Ralph Bunche, como informou a sempre anódina Louella Parsons.[11] Mas Bunche não era a única pessoa notável de perfil multirracial que Sinatra encontrou enquanto estava na cidade: de acordo com George Jacobs, Frank passou um bom tempo e gastou bastante energia tentando ajudar Billie Holiday, que tinha 44 anos à época, na fase final de sua doença.

Holiday, que era só oito meses mais velha do que Sinatra, fizera sucesso muito antes dele, gravando a partir de meados dos anos 1930 com Benny Goodman, Duke Ellington, Teddy Wilson, Count Basie e Artie Shaw enquanto Frank, ainda um novato, buscava oportunidades para cantar em Hoboken. Quando jovem, ele fora várias vezes ouvi-la cantar em boates pequenas na rua 52 Oeste, como a Onyx, e tinha se apaixonado pela textura áspera de sua voz e pelo incomparável e tranquilo fraseado, e se apaixonara, também, pela própria Billie: por sua presença passional, ferida e distante, majestosa e ao mesmo tempo devastada. Frank aprendeu com ela, como não tinha aprendido com nenhum outro cantor, as artes interligadas do fraseado e de contar histórias. Como ele disse à revista *Ebony* em 1958,

> com poucas exceções, todo grande cantor popular nos Estados Unidos durante a geração dela foi tocado de algum modo por seu gênio. Billie Holiday foi, e continua sendo, minha maior influência musical. Lady Day é sem dúvida alguma a influência mais importante no canto popular dos Estados Unidos nos últimos vinte anos.[12]

Em julho de 1959, Holiday, que havia muito tempo era dependente de drogas, estava morrendo de cirrose hepática e de insuficiência de múltiplos órgãos no Hospital Metropolitano do Harlem. Também tinham lhe tirado a heroína. Ela não só estava em fase terminal como estava presa — a polícia descobrira pouco tempo antes um envelope transparente com a droga em sua bolsa. Manifestantes com cartazes que diziam "Deixem Lady viver" marchavam do lado de fora do hospital. William Dufty, que era amigo íntimo de Holiday e também autor da autobiografia dela, *Lady Sings the Blues* [Lady canta o blues] (Holiday se gabava de nunca ter lido o livro),[13] disse a Donald Clarke, biógrafo da cantora: "Era um ultraje horroroso prender uma pessoa na cama do hospital. Mas como mostrar isso para a consciência das pessoas?". Dufty começou a escrever uma petição para ser entregue no gabinete do prefeito de Nova York, Robert Wagner. Ele lembraria:

> Na época havia um problema entre o prefeito Wagner e a polícia sobre se viciados deviam ser presos ou tratados em hospitais. Dorothy Ross [uma assessora de imprensa] e eu estávamos telefonando para pessoas como Frank Sinatra, Steve Allen, Basie, Ellington, Ella, Sidney Poitier. E ninguém respondia. Sinatra disse: "Wagner me detesta".[14]

Jacobs conta uma história um pouco diferente. De acordo com o vívido relato do criado pessoal de Frank, ambos visitaram uma Lady Day magra e fraca no quarto do hospital, onde havia policiais parados na porta. "Uma esteticista estava cuidando do cabelo e das unhas dela, e ela estava fumando do lado de fora da cabine de oxigênio e implorando à enfermeira que lhe arranjasse uma cerveja",[15] lembrou Jacobs. A cantora ficou emocionada ao ver Sinatra, que, animado, conversou com ela, falando sobre como tinha adorado seu último disco e sobre o quanto ela tinha influenciado o fraseado dele quando ele estava começando a cantar com Harry James. "Eu posso ter lhe mostrado como deslizar uma nota, Frankie, mas foi só isso", Holiday disse. Então ela se inclinou para perto dele e sussurrou, para que os policiais não ouvissem: "Vamos parar de enrolar, querido, e me arranja uma dose?".

Ao que tudo indica, Sinatra, apesar de odiar drogas, tentou conseguir heroína para Holiday por canais legais, como necessidade médica. Quando isso não funcionou, o próprio Frank comprou de um traficante. Mas com a polícia do lado de fora do quarto de Holiday, não havia jeito de fazer a droga entrar.[16] O fígado da cantora parou, e ela entrou em coma. Morreu em 17 de julho.

Sinatra, inconsolável, se sentiu culpado. Ele se entocou no seu apartamento, bebendo, chorando e ouvindo os discos dela vezes sem conta. Quatro dias mais tarde, ele se recompôs e foi para Atlantic City.

Frank Sinatra conheceu Skinny D'Amato no verão de 1939, quando o garoto cantor se apresentava com Harry James e orquestra no Steel Pier, um palácio de prazeres de trezentos metros de extensão que se projetava da orla por cima das ondas do Atlântico. Skinny — cujo nome de batismo era Paul — na época tocava uma pequena casa de jogos na Pacific Avenue, mas tinha uma grande importância naquela cidade sem lei à beira-mar. Ele era especializado em armar esquemas, um sujeito simpático e sofisticado que conhecia todo mundo que passava pela cidade e sabia exatamente de que tipo de diversão cada um gostava. Harry James era um amigão seu, e o novo cantor de James também logo se tornaria um camarada.

Frank e Skinny se deram bem desde o começo. Ambos eram garotos italianos de Jersey, ambos desprezavam a polícia e outras figuras de autoridade (pouco antes Skinny tinha passado algum tempo preso por cafetinagem), ambos amavam casas noturnas e a noite. Quase exatamente sete anos mais velho que Sinatra, D'Amato tinha uma beleza típica das ruas — rosto comprido, nariz proeminente, uma mecha encaracolada solta na testa — e uma espécie de brilho elegante da periferia. Usava ternos bonitos, camisas com abotoaduras, gravatas de seda e sapatos feitos sob medida — tudo isso numa época em que Frank não só era pobre como tinha acabado de sair de Hoboken.

Skinny também andava com os tipos importantes que vinham da Filadélfia para jogar; homens como Marco Reginelli, tido como chefe da Máfia na Cidade do Amor Fraternal. Até hoje persistem os boatos de que o próprio D'Amato era mafioso ou, no mínimo, tinha negócios com o crime organizado, mas a verdade é que, embora gostasse desses homens e os respeitasse, já fora preso uma vez e não queria voltar para a cadeia. Ele trabalhava duro para manter seus negócios na legalidade, e em grande medida tinha sucesso nisso. O jovem Frank Sinatra observava e admirava o estilo suave de Skinny e o jeito como ele tratava esses *uomini di rispetto*. Tommy Dorsey, por quem Sinatra deixaria Harry James em outubro daquele ano, pode ter sido o primeiro mentor importante de Frank, mas Skinny veio antes.

Em 1943, D'Amato e um sócio grosseirão chamado Irvin Wolf compraram o 500 Café, um prédio com fachada de tijolos amarelos com marquise ao estilo de teatro na South Missouri Avenue, umas poucas quadras acima da orla. O Five, como todo mundo o chamava, era uma boate com cassino clandestino nos fundos, e sob a direção de Skinny e Wolfie se tornou uma instituição de Atlantic City. Em 1946, por várias razões legais, o nome do lugar mudou para 500 Club.[17]

Em julho do mesmo ano, D'Amato e Wolf estavam prestes a demitir um comediante de vinte anos que lutava para abrir caminho chamado Jerry Lewis — seu número consistia em fazer caretas enquanto dublava discos de Enrico

Caruso e Carmen Miranda — quando o jovem propôs uma saída desesperada: disse aos donos da boate que podia fazer dupla com um cantor bonitão que se apresentava em casas noturnas e que ele tinha conhecido quando ambos trabalhavam no Glass Hat, em Nova York. O cantor era Dean Martin.

O magro e o mais magro, no final da década de 1950. Em Paul "Skinny" [Magro] *D'Amato, que tocava o lendário 500 Club em Atlantic City, Sinatra encontrou alguns dos mesmos traços que o tinham atraído para Dean Martin — um estilo descontraído e certo acesso aos* uomini di rispetto.

Martin e Lewis estouraram e a fama dos dois, que começou em Atlantic City, ganhou o país, e eles logo descobriram que, ao contrário do Five, a maior parte das boates por baixo do pano pertencia à Máfia. Isso decerto valia para o Copacabana, de Nova York, onde Frank Costello dava as ordens, e onde, em 8 de abril de 1948, eles se apresentaram pela primeira vez. Skinny e D'Amato levaram Frank Sinatra ao Copa naquela noite para exibir seu bom amigo e as sensacionais descobertas que tinham feito uns para os outros — foi aí que Frank conheceu Dean e Jerry. "A carreira de Frank estava só começando a decair, e ele tinha se apresentado pela primeira vez no 500 Club no verão anterior",[18] escreve Jonathan van Meter, biógrafo de D'Amato. "A amizade dele com Skinny havia dado um passo rumo a uma intimidade maior."

A carreira de Sinatra podia estar em crise, mas Atlantic City, que tinha uma grande população de ítalo-americanos, amava Frank, e ele amava a cidade. O ar do oceano o revigorava, lembrando glórias passadas. Depois dos tempos difíceis da primavera e do verão de 1951 — em maio, sob a égide de Mitch Miller, da Columbia, Frank gravou "Mama Will Bark"; em agosto, depois de uma briga particularmente feia com Ava no lago Tahoe, ele tentou, sem muito empenho, se matar, tomando uma quantidade de comprimidos suficiente para deixá-lo doente e conseguir a atenção dela —, Skinny D'Amato lhe deu uma grande injeção de ânimo, marcando uma apresentação para ele no Dia do Trabalho no 500 Club, que agora era uma das casas mais celebradas do país, e pagando-lhe o cachê mais alto do local. "Quando Frank chegou à cidade, Skinny levou-o a todos os seus locais favoritos, exibiu-o por ali e inflou o ego dele", escreve Van Meter.

> Uns dois dias antes da primeira apresentação dele no 500, Skinny foi a uma joalheria local e comprou um relógio de ouro para Frank. Quando entregou o presente, disse: "Nunca ache que você está por baixo, meu chapa. Isto é para lembrar que quando você voltar a ficar por cima você vai ser maior do que nunca".[19]

Mais uma vez, Frank fez o maior sucesso. Todos os shows — até o das quatro da manhã — ficaram lotados.

E enquanto Frank estava cantando no Five, Skinny fez uma ligação para Moe Dalitz — o chefe da Máfia de Cleveland que, em 1950, tinha assumido a construção e a propriedade do Desert Inn quando o testa de ferro Wilbur Clark ficou sem dinheiro — e o convenceu a contratar o cantor para cinco semanas de apresentações no mais novo e mais luxuoso hotel-cassino de Las Vegas.[20] O Desert Inn foi o lugar onde aconteceu a primeira temporada de Frank em Las Vegas — e, como bônus, onde ele conheceu Bill Miller, que iria se tornar seu pianista e assistente musical quase pela vida toda.

Quando sua volta por cima se consolidou, a lealdade de Sinatra a Skinny e ao 500 Club foi absoluta. No verão de 1956, quando estava infeliz filmando *Orgulho e paixão* na Espanha, ele teve saudades de Atlantic City e mandou a D'Amato um telegrama que dizia apenas: "Que tal 24, 25, 26 e 27 de agosto?".[21] Frank assinou como "El Dago". Naquele verão, e por muitos anos depois disso, Skinny anunciava a presença de Sinatra com um letreiro que dizia, simplesmente: "Ele está aqui". Quando a temporada acabava, a mensagem mudava para: "Ele esteve aqui!".

Em 1959, quando tinha se tornado o maior nome do show business, Frank disse a Skinny que faria suas nove noites de graça.[22] O resultado foram nove dias de uma multidão enlouquecida. Sinatra, que voltou como herói conquistador, chegou com o Red Norvo Quintet, Bill Miller e uma dúzia de amigos de Holywood em um voo fretado, e teve de passar pelas ruas de Atlantic City em carro de polícia.[23] "Skinny com frequência dizia: 'Muitos artistas podem lotar uma casa, mas Frank lotava a cidade'",[24] escreve Richard Apt, arquivista de Sinatra. Certa noite, a multidão na Missouri Avenue ficou tão enlouquecida que uma viatura da polícia — os relatos não mencionam se era ou não o carro em que Frank estava — quase foi virada.[25]

As multidões que lotavam a boate, às vezes para seis shows numa noite, não eram menos apaixonadas. Apt lembra de ter sido levado pelos pais ao 500 em julho daquele ano para celebrar seu aniversário de dez anos: "A fumaça incomodava meus olhos", ele escreve.

> Ventilação era só um boato em 1959. Eu ficava o tempo todo mergulhando meu guardanapo no copo d'água e umedecendo os olhos repetidas vezes. Mais de seiscentas pessoas estavam apinhadas no pequeno salão. Perto de nós havia dois donos de boate de Boston. Lembro que eles disseram que era a sexta noite seguida que iam lá e que estavam cansados de comer filés malfeitos [...].
>
> Então Red Norvo disse: "Agora, nosso garoto cantor", e vindo das coxias surgia Frank Sinatra. Em algum ponto entre "High Hopes" e "All the Way" ele me viu e se inclinou para os lugares em que estávamos, ao lado do palco, e me deu algumas piscadas exageradas. Mais tarde minha mãe disse que fiquei vermelho.[26]

Ele tinha esse efeito sobre as pessoas. Em um show, conta Earl Wilson, Frank pisou em uma bituca de cigarro no palco. "'Chute aquela bituca pra mim e lhe dou vinte dólares', pediu uma fã que aparentava já certa idade ao líder da orquestra — que obedeceu. Ela levou a bituca como suvenir."[27]

No camarim, Sinatra, como um senhor feudal, usava um robe com um emblema que retratava uma garrafa de Jack Daniel's no bolso à altura do peito e as iniciais J. D. bordadas abaixo.[28] E no seu hotel, o Claridge, onde ele e sua comitiva ocupavam todo o primeiro andar — o medo de altura de Frank derrotando a ele e a todos que quisessem uma vista do mar —, ele deu uma festa notável, e notavelmente longa, durante a qual, de acordo com os arquivos do FBI, Hollywood se misturava ao crime organizado. Em 1960, um agente escreveu um relatório, intitulado "Samuel M. Giancana", no qual um informante,

> tendo sido avisado, em 16 de setembro de 1959, de que Giancana tinha estado havia pouco no hotel Claridge em Atlantic City, Nova Jersey, para encontrar Frank Sinatra [...]. O informante afirmou que, quando eles [sic] saíram do elevador no primeiro andar, foram abordados por dois "homens que pareciam durões", que lhes pediram que se identificassem e perguntaram o motivo da visita. O informante afirmou que um sujeito na suíte de Sinatra nesse hotel foi apresentado a ele como Joseph Fischetti, e que o descreveram como "famoso gângster de Miami".[29]

Em outro relatório, de 1962, um agente do FBI havia interrogado uma corista cujo nome fora omitido no documento. "Ela afirmou que quando tinha mais ou menos dezoito anos começou a trabalhar como dançarina profissional, participando de shows em vários hotéis, boates e cassinos pelo país", dizia o relatório.

> Ela conheceu Frank Sinatra por volta de 1958. Nesse período viajou pelo país e trabalhou por um tempo nos hotéis Tropicana e Riviera, em Las Vegas.
>
> Em julho de 1959, ela foi a uma festa dada por Frank Sinatra em Atlantic City, Nova Jersey, no hotel Claridge. Sinatra na época estava se apresentando no 500 Club. A festa a que nos referimos durou cerca de duas semanas e em geral começava em torno das oito horas da noite e ia até cerca de quatro ou cinco da manhã seguinte [...]. Ela mencionou outras pessoas que foram a esse evento, além das citadas acima, como a atriz Natalie Wood, o ator Robert Wagner, que na época era marido de Natalie Wood, Rocco Fischetti, o irmão dele, Joseph Fischetti, John Foreman (nome real John Formosa) e Paul "Skinny" D'Amato.[30]

Outro relatório do FBI afirmava que Joseph Bonanno também esteve presente à festa, fazendo do evento uma espécie de miniconferência da Máfia.[31] Sem falar que essa era uma festa que podia desafiar a imaginação de Visconti, Kubrick e Scorsese.

* * *

No início de agosto, Frank foi trabalhar no filme que tinha concordado em fazer para a Twentieth Century Fox como compensação por ter abandonado *Carrossel*, em agosto de 1955 — exceto pelo fato de que, depois de quatro anos, ele havia se tornado tão poderoso que, em vez de pagar ao estúdio por essa deserção (tinha ganhado um cachê de 150 mil dólares pelo musical de Rodgers e Hammerstein), ele podia exigir termos bem mais lucrativos: pelo novo filme, o musical *Can-Can*, ele receberia um cachê de 200 mil dólares, além de uma imensa parcela de 25% do lucro bruto do filme (e não do lucro líquido, que os contadores de Hollywood sempre podiam fazer desaparecer). Uma bela proeza, que só podia ser realizada pelo Frank Sinatra de 1959.

Uma adaptação de *Can-Can*, o musical de sucesso da Broadway com canções de Cole Porter e libreto de Abe Burrows, parecia uma boa ideia na época. Embora no final dos anos 1950 já houvesse fartos indícios de que o musical era um gênero em extinção, *Gigi*, de 1958 — com música de Alan Jay Lerner e Frederick Loewe e direção de Vincente Minelli, pouco antes de este fazer *Deus sabe quanto amei* —, tinha sido um sucesso gigantesco, ganhando o Oscar em todas as nove categorias para as quais fora indicado e gerando um imenso lucro de bilheteria para a MGM. A Fox tinha grandes esperanças de que outro musical ambientado na Paris *fin de siècle*, sem falar no fato de ser estrelado por Sinatra, com música do grande Porter e arranjos de Nelson Riddle, seria capaz de fazer o raio cair duas vezes no mesmo lugar. Como garantia, o estúdio pegou de empréstimo dois astros franceses de *Gigi*, Maurice Chevallier e Louis Jordan.

Infelizmente, a Fox tinha o apenas competente Walter Lang (*O rei e eu*) como diretor, em vez do grande (em musicais) Minnelli. Mas o que tornou as coisas piores foi o grau de controle que Frank exerceu sobre o projeto. Como vimos, ele era um ator de cinema muito melhor sob o comando de um diretor forte; quando tinha um diretor forte e algo para provar, como foi o caso de *A um passo da eternidade* e *O homem do braço de ouro*, o resultado podia ser mágico.

No entanto, em 1959 Sinatra havia chegado a um grau de poder virtualmente incontestável e jamais visto antes no show business. Como coprodutor (sob o nome de outra empresa pseudobritânica, a Suffolk), astro e peso pesado de *Can-Can*, ele dominava todo o projeto, e uma das primeiras exigências que fez foi que a Fox contratasse Shirley MacLaine para atuar a seu lado, embora ela tivesse contrato com a Columbia para rodar outro filme e tenha sido necessário pagar uma indenização imensa para liberá-la.

A indenização não foi o problema. O problema era que MacLaine, com suas acentuadas feições americanas, sua atuação cômica e uma aversão por simular o mais leve sotaque francês, acabaria se mostrando uma evidente má escolha para interpretar a proprietária de um salão de danças picantes em Paris. Mas a interpretação que Sinatra fez do advogado parisiense François Durnais foi mais do que uma escolha ruim. Imaginando — não sem justificativa — que o que as plateias de cinema queriam de um musical com Frank Sinatra era Frank Sinatra, ele não fez a menor tentativa de se subordinar ao papel. Como MacLaine (e sem dúvida escaldado pela má experiência em *Orgulho e paixão*, em que seu sotaque espanhol e a peruca exuberante disputavam para ver qual tinha ficado mais horripilante), ele falou em americanês — exceto pelo fato de que, no caso de Sinatra, de maneira ainda mais desconcertante, era hobokenês. Toda a participação dele foi despudoradamente sinatresca. Em uma cena crucial de julgamento, "o advogado de defesa François chega ao tribunal ostentando um jovial chapéu Cavanaugh [sic] inclinado", escreve Tom Santopietro.

> Aquilo não tinha absolutamente nada a ver com o figurino de um advogado parisiense em 1890, e a discrepância fica ainda pior quando um agente carcerário muito francês interage com os muito americanos Sinatra e MacLaine. Sinatra não está nem tentando: a interpretação dele é toda uma pose de quem está com os polegares para dentro do colete, como se ele tivesse se preparado para interpretar um advogado olhando cartuns políticos. O trabalho desleixado está bem distante da preparação meticulosa que se vê em *A um passo da eternidade* e em *O homem do braço de ouro*.[32]

De maneira ainda mais escandalosa, Frank, que para afirmar sua prerrogativa como cantor estava acostumado a mudar a letra mesmo dos grandes nomes, insere um recatado *"ring-a-ding-ding-ding"* na coda de "C'Est Magnifique", de Cole Porter, e, com cinco sílabas curtas, destrói a disposição da plateia para a suspensão da descrença. Porter não estava presente na filmagem — embora seja possível ver a fumaça saindo de suas orelhas quando ele ouviu isso —, e o diretor Lang pode simplesmente não ter tido coragem de corrigir o improviso por demais presunçoso de Sinatra. "Uma pena, essa simples frase instantaneamente joga o espectador de Paris de volta para Las Vegas", escreve Santopietro.

> Pode ter sido só um *ring-a-ding-ding*, mas é um momento significativo na carreira de Sinatra no cinema, porque, depois de trabalhar em quarenta filmes, é a primeira vez que ele não se empenha [...]. Na verdade, ele está dizendo: "Ei, eu sou Frank Sinatra — vou relaxar e confiar no meu charme...". Uma atitude dessas pode ser encantadora em uma boate, mas no cinema é desconcertante, na melhor das hipóteses, e na pior das hipóteses pode ser fatal.[33]

Ela parecia uma ilusão de ótica andando pelo cenário externo da Twentieth Century Fox: 1,80 metro, voluptuosa e ruiva, com pernas intermináveis — 99 centímetros, para ser exato. "Aonde quer que ela vá no cenário, os exaustos funcionários do estúdio se petrificam para comer com os olhos a recém-chegada de longas pernas", escreveu no início de julho Vernon Scott, correspondente da UPI em Hollywood. "A cúpula está convencida de que Juliet Prowse, de 22 anos, será a maior estrela lançada pelo estúdio em muito tempo."[34]

O coreógrafo Hermes Pan tinha descoberto a dançarina sul-africana na Europa e convencido a Fox a assinar com ela um contrato de sete anos e a dar-lhe um papel de coadjuvante em *Can-Can*. Frank percebeu. De cara.

O rosto e o corpo dela por si sós teriam feito com que ele congelasse onde estivesse. Mas ela era uma grande dançarina, sabia interpretar e cantar, e com aquele estranho sotaque — que parecia e não parecia britânico —, tinha toda uma presença. Embora muito jovem, ela era pensativa e um pouco séria. Não era de dizer o que lhe vinha à mente. "Naturalmente, pretendo ser uma estrela", ela disse a Vernon Scott. "Isso eu sempre quis. Mas não estou contando com isso. Muita gente vem para esta cidade com grandes expectativas só para se frustrar. Não vou criar expectativas para me decepcionar."[35]

Ela estava lisonjeada — muito lisonjeada — com a atenção imediata que recebeu de Sinatra, tendo mesmerizado e imobilizado aqueles olhos tão azuis. Ele era o maior astro do mundo! Ela tinha uma pilha de discos dele em Johannesburgo: ouvia os discos, mas em silêncio. Não gritava como as adolescentes tolas de que ouvia falar.

Ele gostava do seu jeito reservado. Então ela não era promíscua como as outras estrelas da cidade — ele gostou do desafio. Sem falar na sua altura: ela era bem maior do que ele. Ele gostou do desafio. E aquele sotaque — o conjunto todo tinha classe.

Frank com Juliet Prowse no evento beneficente SHARE Boomtown. A atriz e dançarina sul-africana era voluntariosa e independente — um pouco demais, para o gosto de Sinatra.

Frank começou a levá-la para vários lugares, dando-lhe atenção total. Embora, o que não é de surpreender, a conversa sempre se voltasse para ele.

Em 27 de agosto, Frank gravou pela primeira vez depois de mais de três meses — mas na Twentieth Century Fox, não na odiada Capitol. Era uma sessão de gravação de trilha sonora, com Nelson, para *Can-Can*, e as canções seriam dubladas mais tarde no filme; na filmagem, ele usaria playback — até naquele *"ring-a-ding-ding-ding"* em "C'Est Magnifique". E, embora ele não gostasse muito da música — a letra tinha uma alegria artificial; as palavras francesas inseridas pareciam deixá-lo constrangido —, ele fez uma interpretação extraordinariamente suave da grande "It's All Right with Me", de Porter, que o personagem de Frank, François Durnais, canta para a personagem de Prowse, a dançarina Claudine.

No estúdio da Fox, é claro, Sinatra estava apenas interpretando com olhos tristes enquanto mexia os lábios (e, verdade seja dita, não estava fazendo um grande trabalho nesta última parte; se bem que talvez cantar e ao mesmo tempo fumar o cigarro que Prowse acendia para ele entre as sílabas fosse demais até para Sinatra); no estúdio de áudio, porém, ele estava evocando algo significativo, e fazendo isso de maneira magnífica:

There's someone I'm trying so hard to forget,
*Don't you want to forget someone, too?**

A memória dela estava sempre ali, à disposição, quando ele precisasse.

Depois de terminar *A hora final*, Ava ficou à toa no verão de 1959. "Sem planos, sem rumo", escreve Lee Server. "Ela ficava em um lugar durante dias, semanas. Um dia ela partia de novo para o aeroporto. Ia para San Francisco, Palm Springs, Flórida e Haiti."[36] E Cuba.

Em Havana, Ava teve uma audiência com Fidel Castro, que havia acabado de triunfar, e que ela achou surpreendentemente alto e muito sedutor. Ela perguntou se era verdade que ele odiava todos os americanos. Só Richard Nixon, Castro disse. Pelo visto ele disse isso com um sorriso, porque a bela tradutora e amante do líder, Ilona Marita Lorenz, de dezenove anos, logo achou que algo estava acontecendo entre a "mulher de meia-idade"[37] e Fidel. "As duas rivais por fim ficaram frente a frente no lobby do Hilton, e foi uma cena feia", Server escreve.

> Ava estava para lá de bêbada, disse Marita, e chamou a garota de "putinha" por esconder Fidel dela. Ava a seguiu até o elevador e depois, segundo Marita, deu um tapa forte no rosto dela. Um guarda-costas de Castro chamado capitão Pupo, que também estava no elevador, tirou a pistola do coldre e disse para todos se acalmarem.

De lá, o Show de Ava rumou para o norte. "A atriz de cinema Ava Gardner fez uma breve escala no Aeroporto Internacional de Miami na noite de quarta-

* Há alguém que estou me esforçando tanto para esquecer,/ Você não quer esquecer alguém também? (N. T.)

-feira a caminho de Nova York", dizia uma nota distribuída para jornais em 17 de setembro.

> Foram necessários 45 minutos para que os funcionários da alfândega liberassem a ex-mulher de Frank Sinatra, uma empregada, uma secretária, dois pequenos cães em caixas de transporte, dezenove volumes de bagagem, um aparelho de som hi-fi e um bongô feito à mão.
>
> A srta. Gardner disse aos repórteres que estava indo para Nova York para negociar um novo filme, *A Fair Bride*.[38]

O projeto, como muitas coisas sobre as quais Ava conversou naquele período, deu em nada.

Enquanto ela estava em Manhattan, Frank lhe emprestou seu *pied-à-terre* de dois quartos no Hampshire House, na parte sul do Central Park. Era uma época maravilhosa para o jazz em Nova York — gigantes como John Coltrane, Miles Davis e Thelonious Monk não só estavam gravando grandes discos como também tocavam em boates onde você podia ir vê-los de perto — e Ava adorava jazz. Mas, embora fossem gigantes, Trane e Monk não tinham magnetismo sexual; Miles, com zigomas altos, a pele acetinada e olhos maldosos penetrantes, estava na mesma rua que ela. E Davis era o nome do momento (sua obra-prima, o LP *Kind of Blue*, tinha acabado de ser lançada em agosto), estava tocando no Birdland, na Broadway com a rua 52. Ela foi assistir. Várias vezes. "Pee Wee Marquette, o famoso mestre de cerimônias anão, que era a mascote do Birdland, apresentava Ava Gardner do palco toda noite, e ela jogava beijos e ia aos bastidores e me beijava lá", Davis contou em sua autobiografia. Ava, escreveu ele,

> era uma mulher incrivelmente bonita, morena e sensual com uma bela boca carnuda que era macia como o diabo. Cara, ela era gostosa [...]. Nós não transamos nem nada. Mas ela era uma pessoa bacana, bacana mesmo, e se eu quisesse nós podíamos ter tido algo. Simplesmente não sei por que não aconteceu, mas não aconteceu, embora muita gente jure o contrário.[39]

Castro, Miles... Em nenhum momento ela ficava atrás de Frank e seus gângsteres.

* * *

No terceiro sábado de setembro, um espetáculo impressionante aconteceu no elegante restaurante da Twentieth Century Fox, o Café de Paris: Nikita Khruschóv, o premiê da União Soviética e o rosto do mundo comunista, o homem que tinha dito sobre o Ocidente capitalista "Nós vamos enterrar vocês", sentou-se para almoçar com a nata de Hollywood: quatrocentos executivos e astros do mundo do cinema, incluindo Frank Sinatra, Cary Grant, Marilyn Monroe, Gary Cooper, Elizabeth Taylor, Kirk Douglas, Gregory Peck, Dean Martin, Shirley MacLaine, Sammy Davis Jr., Eddie Fisher, Tony Curtis, Janet Leigh, Judy Garland, Nat King Cole, Edward G. Robinson, Shelley Winters, Rita Hayworth e Zsa Zsa Gabor.

O terror do comunismo tinha se infiltrado em Hollywood desde 1947, quando a Comissão de Atividades Antiamericanas da Câmara começou sua investigação sobre a indústria do cinema. A lista negra ainda era forte em 1959. Mas uma coisa que Hollywood respeitava era o poder dos astros, e naquele outono Nikita Khruschóv era um astro. O debate de improviso que ele tinha feito com o vice-presidente Richard Nixon em uma réplica de cozinha na Exposição Nacional Americana em Moscou naquele verão tinha levado o governo Eisenhower a convidar o premiê soviético a visitar os Estados Unidos; Los Angeles era a segunda escala de uma turnê de treze dias que logo se transformou num circo midiático.

Um convite para o banquete da Fox era o ingresso mais desejado em Hollywood, que estava infectada com aquilo que o correspondente Murray Schumach, do *New York Times*, chamou de "febre Khruschóv". Segundo Schumach,

> ser dono de uma mansão em Bel Air, de pinturas impressionistas ou de um Rolls-Royce ou ser membro de um clube exclusivo não era o suficiente para consolar um produtor que não tivesse recebido um telegrama que o habilitasse a se sentar no restaurante da Fox com o premiê soviético para comer camarão, frango e melão.[40]

A lista de convidados era tão seleta que maridos e esposas dos astros e dos agentes foram excluídos.

Mesmo assim, nem todos correram para aproveitar a oportunidade. Bing Crosby, Adolphe Menjou, Ronald Reagan e Ward Bond se recusaram a ir, com base em alegações políticas. "Acredito que sentar à mesa com alguém e repartir o pão denota amizade", disse Reagan, "e sem dúvida não sinto amizade pelo sr. Khruschóv."[41]

Khruschóv se sentou à cabeceira da mesa, junto com o presidente da Twentieth Century Fox, Spyros Skouras, e com o embaixador dos Estados Unidos na ONU, Henry Cabot Lodge. Em uma mesa ao lado, a pequena sra. Khruschóv, com seu rosto de batata, se sentou entre Bob Hope e Frank Sinatra, parecendo maravilhada pela experiência — embora não maravilhada com Hope ou Sinatra, que ela pelo visto não reconheceu.

O banquete logo se tornou uma espécie de nova versão do Debate da Cozinha — talvez algo inevitável, dada a natureza combativa dos principais oradores: o pequeno e atarracado Skouras, de 66 anos, que com um forte sotaque grego contou sua história de superação pessoal e falou sobre as virtudes do capitalismo, e o pequeno e atarracado Khruschóv, de 65, que de início conseguiu encantar e divertir a plateia do show business fazendo algumas observações engraçadas sobre o presidente da Fox, mas que depois fez um discurso de 45 minutos, cometendo aquilo que a Associated Press chamou de "o pecado imperdoável no mundo do entretenimento: ficar em cena por tempo demais".[42]

No fim, o premiê ficou furioso por não lhe darem a chance de ver a Disneylândia.

"O que vocês têm lá, plataformas de lançamento de foguetes?", disse Khruschóv, na tradução de seu intérprete pessoal, Viktor Sukhodrev.

> E ouçam só o argumento que me deram: "Não temos como garantir sua segurança se o senhor for lá". O que há lá, uma epidemia de cólera, ou gângsteres dominaram o local e podem me destruir? Seus policiais são tão fortes que podem levantar um touro pelo chifre. Sem dúvida eles podem restabelecer a ordem se houver gângsteres por lá.[43]

Os astros reunidos pigarrearam. O premiê podia ser uma estrela, mas em Hollywood uma estrela sem charme era algo como um extraterrestre.

Depois da refeição, em um estúdio da Fox, o premiê e a mulher assistiram a Frank — que, caso ainda não estivesse claro para eles até o momento, era o astro entre os astros no momento — fazer o papel de mestre de cerimônias de uma apresentação ao vivo de trechos musicais de *Can-Can*. Sinatra sorriu discretamente ao anunciar que o primeiro número seria uma canção interpretada por Louis Jordan e Maurice Chevalier. "Ela se chama 'Live and Let Live' [Viva e deixe viver]", Frank disse, "e acho que essa é uma ideia maravilhosa." A cena em que a canção tem lugar, ele explicou aos russos, era de "um filme sobre várias mulheres bonitas e sobre homens que gostam de mulheres bonitas".

Quando o tradutor falou isso no ouvido de Khruschóv, o ânimo do soviético pareceu melhorar. O premiê sorriu e aplaudiu.

Depois que Sinatra cantou "C'Est Magnifique", ele disse que estava repassando o show para as dançarinas, chamando-as de "minhas sobrinhas". Shirley MacLaine, Juliet Prowse e uma dúzia de dançarinas de cancã explodiram no palco e, gritando e rodopiando as volumosas saias que revelavam ancas cobertas por *pantalettes*, dançaram o número que havia deleitado e escandalizado o mundo na virada do século.

Terminado o número, o sr. Khruschóv, com ar amistoso, posou para fotos com o elenco. Quando um repórter perguntou o que ele tinha achado do cancã, ele respondeu, de maneira impenetrável, que essa dança era obviamente apenas para esse filme e que ele não era um expert em boates.[44]

No momento em que formulou sua resposta oficial, porém, o sorriso tinha desaparecido do rosto de Khruschóv. O número de cancã era "lascivo, nojento e imoral", ele declarou. "O rosto da humanidade é mais belo do que a sua bunda."[45]

A crítica do premiê soviético gerou uma grande venda de ingressos antes de *Can-Can* ser lançado, na primavera seguinte, e a *Newsweek* comentou que "ser condenado por Khruschóv pode ser mais importante do ponto de vista comercial do que ser banido em Boston".[46] Mas as críticas ao filme seriam negativas, e a venda de ingressos caiu depressa. O impetuoso "*ring-a-ding-ding-ding*" de Frank, porém, estava prestes a encontrar seu lugar.

Sem precisar fazer nada que exigisse muito esforço — de dia ele caminhava à toa por *Can-Can*; à noite, ficava admirando os olhos de Juliet Prowse —, Sinatra esteve várias vezes na TV naquele outono. No fim de setembro, apareceu como convidado, junto com Louis Armstrong e Peggy Lee, no programa de Bing Crosby patrocinado pela Oldsmobile, na ABC: era um musical televisivo animadíssimo do final dos anos 1950, em preto e branco, com os quatro astros com boa voz e exalando alto astral. Frank cantou três músicas, entre as quais a bela "Willow Weep for Me", e fez um encantador dueto com Bing em "I Love a Piano", de Irving Berlin, tendo ao fundo os pianistas Joe Bushkin, George Shearing e Paul Smith.

Ao final da hora, Sinatra e Crosby, num duelo de perucas, sentaram-se em cadeiras de acrílico transparente ("Pegue um copo e sente", Bing disse a Frank) para uma conversa estranha e aparentemente improvisada. Os dois começaram então um diálogo íntimo cheio de piscadelas, na maior parte do tempo sobre o refúgio de fim de semana que os dois tinham em Palm Springs. A brincadeira pareceu encantar alguns espectadores e irritar outros. "A conversa pode ter confiado demais em um humor específico, de um pequeno círculo social", escreveu a crítica Harriet van Horne, em sua coluna distribuída para jornais.

> Mas foi uma conversa picante, vívida, real. Não há mal em ouvir sobre os estranhos hábitos de Palm Springs ("O caseiro anda por ali montado em um burro", disse Sinatra sobre certo motel), mas acima de tudo foi divertido ouvir uma conversa na TV que não parece ter sido "roteirizada" por seis humoristas.[47]

Fred Danzig, da UPI, ficou irritado. "Claro, um encontro de Bing com Frank também serve para nos aconselhar sobre as últimas 'tendências' em matéria do que conversar", escreveu. "Infelizmente, o papo deles na noite de terça não produziu nenhum novo fetiche, apenas uma ótima publicidade para alguns spas e sinatrismos fora de hora sobre morar em motéis. O sujeito parece estar aproveitando sua condição de solteiro."[48]

Algumas semanas depois, *The Frank Sinatra Timex Show* levou ao ar o primeiro de quatro especiais musicais de uma hora de duração que Frank tinha concedido à ABC depois do fracasso de sua série semanal no ano anterior. O programa de 19 de outubro de 1959, coestrelado por Bing Crosby e Dean Martin, e com a participação de uma agressivamente ousada Mitzi Gaynor (Jimmy Durante também apareceu para uma participação surpresa no final), tinha tudo o que havia faltado à série — ritmo, energia, alegria e empolgação. Parecia ser de grande ajuda o fato de a emissora ter contratado um dinâmico diretor-produtor de 36 anos chamado Bill Colleran, que mostrara seu trabalho na série de Crosby na ABC. Frank também levou gente talentosa: não só Nelson Riddle voltou a fazer os arranjos e a reger, como Sammy Cahn e Jimmy van Heusen eram produtores-executivos — o que significava muitas letras divertidas escritas especialmente para o evento.

As críticas foram excelentes, ainda que houvesse algumas leves restrições. "Um dos especiais de TV mais brilhantes e divertidos do ano", escreveu Cynthia Lowry, da Associated Press. "Os três eminentes barítonos cantaram de maneira eficiente, e todos eles evitaram as piadas 'internas' e preferiram fazer observações divertidas, sem nenhuma grosseria."[49] Danzig, da UPI, escreveu uma nota semelhante. "Por sorte, o trio conseguiu evitar improvisações constrangedoras, do tipo que só eles entenderiam", disse. "Trabalhando diante de cenários adequados, dignos e sóbrios, eles se divertiram de maneira cuidadosamente despreocupada e exibiram um bocado de magnetismo pessoal. Esses três homens conseguem entreter apenas estalando os dedos."[50]

De maneira cuidadosamente despreocupada: um conceito interessante. Mas ser cuidadoso era uma qualidade muito apreciada nos Estados Unidos dos anos 1950 — e algo que os críticos não tinham visto na série de Sinatra na ABC, na qual ele com frequência parecia pouco preparado e dava a impressão de gostar demais do tipo de humor "*ring-a-ding-ding*" que incomodava o americano médio. Dessa vez, pelo menos por enquanto, Sinatra parecia decidido a se comportar. Sem dúvida isso ficava mais fácil pelo fato de estar trabalhando com Cahn e Van Heusen, seus amigos e autores de sucessos que ele tinha gravado, dois experientes membros de sua corte que sabiam como provocá-lo sem nunca desafiá-lo.

Mas primeiro era preciso exorcizar velhos demônios. O show começou com Bing, Mitzi e Dean cantando uma paródia de "High Hopes" que fazia referência à famosa falta de confiabilidade de Frank quando se tratava de trabalhos para a TV, e que aludia ao velho e respeitoso cansaço que Sammy sentia em tudo que dizia respeito a Sinatra. (O velho provérbio espanhol "Com os ricos e poderosos, sempre um pouco de paciência" podia ter sido inscrito no brasão de armas do letrista — junto com um adendo: "e muito respeito".)

When you're working with You Know Who,
*You show up and does the crew...**

Você Sabe Quem apareceu quando a segunda estrofe começou, de costas para a câmera, fazendo sinais para o trio com o dedo em riste. Então ele se virou, olhou para a plateia e resmungou: "Quem são todas essas pessoas, e o que elas querem aqui?".

* Quando você está trabalhando com Você Sabe Quem, / Você aparece e a equipe também... (N. T.)

Corte para um close de Frank, enquanto ele cantava

I just dropped by to have a chat
Nothing more than that
*Call me devil-may-care.**

E com isso, parecendo a encarnação do sujeito despreocupado — bronzeado, bonito, e infinitamente, despudoradamente feliz consigo mesmo —, ele deu uma falsa risada juvenil: hah-*hah*!

O velho e sábio Bing respondeu: "Ah, você é um cigano pitoresco".[51]

Duas semanas depois, a cantoria na TV continuou, quando Frank e Mickey Rooney se uniram a Dean no programa deste na NBC, o *Ford Startime* — levando Danzig, da UPI, a dizer: "Puxa, Dean é o único no palco que nunca se casou com Ava Gardner".[52]

Sinatra e Martin tinham se tornado oficialmente uma dupla. Era só uma encenação — eles não jogavam golfe juntos nem se encontravam para pregar peças um no outro depois do trabalho —, mas o artifício encantou de cara os americanos, ou pelo menos a parcela destes que prestava atenção ao comportamento dos artistas, e que era grande parte do país. Lowry, da Associated Press, apelidou os dois de The Rover Boys [Os Garotos Itinerantes]. "Se os garotos continuarem nessa agenda cheia de aparições em musicais televisivos, vamos esperar suas participações com a mesma expectativa que dedicamos ao gatilho mais rápido do Oeste", ela escreveu. (Essa era uma época em que os faroestes televisivos também eram bastante populares.) "Os dois astros cantores se redimiram profissionalmente quando estavam cantando velhas canções, mas, o que é uma pena, o programa decaiu para o departamento dos gracejos divertidos. Foi um programa irregular."[53]

Ela não mencionou o número de Dean Martin sobre bebedeira.

* Só passei para conversar um pouco,/ Nada mais do que isso,/ Pode me chamar de despreocupado. (N. T.)

Danzig, sim. Ele observou que "alguns problemas de disciplina ficaram evidentes" no programa, e que "nem um minuto se passou antes que se fizesse referência à bebida de Martin. Coisas desse gênero, curiosamente, não aconteceram na última vez em que Martin e Sinatra foram vistos juntos na tela da TV".[54]

Os problemas de disciplina, o número sobre a bebedeira — tudo isso foi só um ensaio para o que estava por acontecer em seguida.

John F. Kennedy enfim conseguiu visitar a Disneylândia. No fim de outubro, o candidato favorito à indicação presidencial pelo Partido Democrata viajou para a Califórnia para conseguir apoio em um estado fundamental, cujo popularíssimo governador, Edmund "Pat" Brown, estava bem no seu caminho. Brown, que parecia uma barbada para levar os votos locais, já tinha avisado ao presunçoso jovem que ele iria receber pouca atenção se disputasse as primárias do estado, em que o vencedor ficava com todos os delegados, marcadas para junho.[55]

Kennedy queria mostrar que Brown estava errado. Em dois dias ele passou como um relâmpago pelo estado, indo do norte para o sul e visitando Oakland, Fresno, Bakersfield, Santa Bárbara, Santa Maria, San Diego e Riverside, reunindo grandes multidões que "se mostravam cada vez mais empolgadas à medida que ele falava",[56] de acordo com Relman Morin, repórter vencedor do prêmio Pulitzer e que escrevia para a Associated Press. Na visita ao parque da fantasia de Walt Disney, inaugurado quatro anos antes, Kennedy sorriu para fotos posadas ao lado da Branca de Neve e do Chapeleiro Maluco, depois entrou em um helicóptero que o levou para Los Angeles. Lá ele se encontrou com representantes de minorias e líderes sindicais, e deu palestras na Universidade da Califórnia em Los Angeles (UCLA) e na Universidade do Sul da Califórnia (USC), onde a acolhida ao candidato foi "quase espetacular", segundo Morin.

> Na UCLA, 1900 pessoas ocuparam todos os lugares do auditório. Centenas circulavam no entorno. Quando ele saiu, um estudante gritou: "Volte e fale para os mil que não conseguiram entrar".
>
> Sem que houvesse propaganda no jornal do campus, e falando bem depois do horário das aulas, Kennedy encheu um auditório quase do mesmo tamanho na USC. "Continuo sendo republicana", disse a ele uma atraente aluna, "mas acho você maravilhoso."

Na segunda-feira, 2 de novembro, ele falou no jantar do Jefferson Jackson Day,* no Beverly Hilton. O governador Brown, que compareceu ao evento de arrecadação de fundos, foi o presidente de honra da cerimônia.[57]

Kennedy fez um discurso pesado e empolgante naquela noite, afirmando que o amor pelo luxo estava destruindo os Estados Unidos. "A dura verdade", ele disse a uma plateia que pagou cem dólares por pessoa, "é que, como nação, temos pela frente tempos difíceis, árduos, que talvez se prolonguem por uma geração ou mais, mas também, como nação, a dura verdade é que nós amolecemos — física, mental e espiritualmente."[58]

Ele citou o colapso da autodisciplina em soldados que haviam sido tomados como prisioneiros na Guerra da Coreia, e também os índices alarmantes de deserção nas Forças Armadas americanas. "O que aconteceu a nós como nação?", perguntou Kennedy.

> Os lucros aumentaram, nosso padrão de vida aumentou, mas o índice de criminalidade também aumentou. Também aumentaram o índice de divórcios, a delinquência juvenil e as doenças mentais. Também aumentaram a venda de tranquilizantes e a quantidade de crianças que abandonam a escola.

As palavras no papel não fazem jus ao homem: Jack Kennedy era um orador simplesmente fascinante, que tinha um impacto sobre a audiência não muito diferente do impacto que Sinatra causava ao cantar. Essa faceta de astro estivera presente desde o início de sua carreira política: em 1946, durante a primeira campanha de Kennedy para o Congresso, garotas de uma escola secundária durante uma visita a Boston se reuniram em torno dele cantando "Sinatra! Sinatra!".[59]

Relman Morin, que assistiu aos discursos na UCLA e na USC e ao jantar do Jefferson Jackson Day, escreveu depois que tinha descoberto duas coisas:

> 1. AS MULHERES SONHAM ACORDADAS com o bostoniano de aparência juvenil. Ou elas ficavam sentadas mesmerizadas enquanto ele falava ou murmuravam: "Excelente..., bonito..., maravilhoso".
>
> 2. A APARÊNCIA JUVENIL pode ser o grande problema dele. "Ele parece terrivelmente jovem, será que tem mesmo 42 anos?", as pessoas comentavam.[60]

* Dia em que os candidatos democratas tradicionalmente angariam fundos para a campanha. (N. T.)

Duas noites antes de o jovem candidato censurar a perda do espírito dos imigrantes puritanos ingleses e da devoção espartana por parte dos americanos, ele compareceu a uma festa reluzente em homenagem ao sr. e à sra. Henry Ford II na casa de Merle Oberon e de seu marido, o industrial italiano Bruno Pagliai, em Bel Air. Hedda Hopper estava presente. Entre outros convidados, estava a sra. Alfred Bloomingdale, "em um divino vestido de gala Sophie realçado por um colar de diamantes", escreveu Hopper. "Joan Cohn em um vestido de gala Fontana, assim como Merle [...]. Frank Sinatra estava de bom humor, todo mundo estava. O senador John Kennedy chegou à meia-noite, e duas irmãs dele haviam chegado três horas antes."[61]

Como sempre quando estava em Los Angeles, Jack Kennedy se hospedou na casa de frente para o mar de sua irmã e seu cunhado Pat e Peter Lawford, em Santa Monica. E, como sempre, ele pretendia se esbaldar enquanto estivesse na cidade, com diversões que nada tinham a ver com puritanos ou espartanos. Certa noite — por dedução, é provável que tenha sido no domingo, 1º de novembro —, Frank Sinatra, que Kennedy considerava um guia confiável para esse tipo de diversão, levou o candidato para jantar no Puccini, o restaurante de Beverly Hills que ele tinha em sociedade com Peter Lawford.

Temos um relato da noite feito por Nick Sevano, velho amigo de infância de Frank e que trabalhara para ele como faz-tudo, que diz ter estado presente. É preciso analisar com cuidado o que Sevano diz. Na década de 1940, ele havia trabalhado como companheiro de viagens e criado pessoal de Sinatra até este exagerar nos chiliques por causa de camisas engomadas demais ou por causa de abotoaduras postas de maneira incorreta. Alguns anos depois, Sinatra ao que tudo indica voltou a contratar Sevano para trabalhar ao lado de Hank Sanicola em um cargo semigerencial, mas é importante notar que Frank tinha à sua volta vários parasitas, com ou sem cargo, o tempo todo, e que os detalhes são vagos no caso de pessoas que tinham uma relação menos direta com ele e que depois usavam essa ligação para ganhar dinheiro. O que sabemos de fato é que, no final dos anos 1950, Sevano trabalhou como agente, depois como gerente, para Nelson Riddle. Depois ele trabalharia nas mesmas funções com Glen Campbell. A proximidade com Frank Sinatra fez Nick Sevano ir longe em Hollywood.

Sevano disse a Anthony Summers, biógrafo de Sinatra, que ele acompanhou Frank e Jack Kennedy no Puccini naquela noite de início de novembro. Ele afirmou "que Kennedy e Frank ficaram muito interessados em duas mulheres sentadas em outra mesa — a atriz Angie Dickinson e uma bela mulher de cabelos negros chamada Judith Campbell. 'Frank me mandou um bilhete dizendo 'Traga as meninas para cá', disse Sevano".[62]

Dickinson e Sinatra tinham se conhecido seis anos antes, quando Frank estava fazendo uma participação como convidado no programa de TV *The Colgate Comedy Hour*. Durante um comercial do patrocinador, o xampu Halo, ele cantou o jingle "Halo Everybody Halo", enquanto a garota de 22 anos, que vencera concursos de beleza na Dakota do Norte, sorria e mostrava as tranças sedosas para a câmera. Depois, ela e Frank — e a seguir ela, Frank e Jimmy van Heusen — engataram uma conversa nos bastidores. Angeline Brown Dickinson era muito jovem, e, como lembraria vários anos mais tarde, estava "admiradíssima"[63] de estar diante de Sinatra. Ela tinha um jeito bem-humorado e tranquilo, de que ele gostou bastante. Era espirituosa e perspicaz, mas não cáustica; sabia falar, mas também sabia ouvir. Acontece que ela mantinha uma espécie de casamento informal, mas também era uma garota prática ao extremo, e estava com os olhos firmemente postos em Hollywood. Chester pediu seu telefone — para Frank, claro —, e é claro que ela deu.

Angie Dickinson podia facilmente ter seguido os passos de muitas meninas bonitas que percorrem o esperançoso caminho das províncias rumo a Hollywood. Em vez disso, ela construiu uma sólida carreira de atriz, sobretudo na TV nos primeiros anos, passando nos créditos de Convidada da Festa e Garota do Cigarro para papéis de destaque — muitas vezes, em razão de sua constituição óssea robusta típica do interior, sendo chamada para faroestes. Ela também construiu uma peculiar relação triangular com Frank Sinatra e Jimmy van Heusen. Em um arranjo que ainda hoje parece surpreendente, tanto o cantor como o compositor parecem ter sido capazes de manter o interesse em Dickinson, e ela conseguiu se manter interessada nos dois, sem ninguém sair machucado. "Os dois amavam mulheres, isso eles tinham em comum", ela contou.

> E, no entanto, nunca competiam. Eu me encontrava com os dois alternadamente. Digo, eu adorava ambos. Quando Jimmy me chamava para sair, era algo natural. Você não precisa fazer planos de se casar para sair com alguém. Às vezes eu dizia: "Sim, estou livre, Jimmy", e depois: "Não, não estou". Tanto fazia. Eu era muito, muito feliz com qualquer um dos dois, com quem eu estivesse.[64]

Judith Campbell — nascida Judith Eileen Katherine Immoor em 1934, e depois mal-afamada como Judith Campbell Exner — é uma figura tremendamente controversa. A luz da verdade se curva diante de sua presença em qualquer narrativa histórica, em razão da gravidade das suas ligações conhecidas — com Frank Sinatra, Sam Giancana e John F. Kennedy. E também, ao que parece, com Joseph P. Kennedy. Em suas memórias, George Jacobs afirma sem rodeios que Campbell era uma mulher de má fama — em termos mais explícitos, uma prostituta — e diz que o Kennedy mais velho foi seu cliente, com tudo pago, por cortesia de Sinatra, mais de uma vez em Palm Springs.

Dificilmente alguém pensaria nela como prostituta. Judith Immoor cresceu em uma família católica rígida e próspera em Pacific Palisades, bairro de Los Angeles — o pai era um arquiteto bem-sucedido —, e tinha um aspecto inocente na adolescência, quando se transformou em uma mulher muito bonita. O curioso é que, embora vivesse tão perto de Hollywood, Judith não demonstrou interesse por ser modelo ou atriz. A irmã mais velha, Jacqueline, era a estrela da família, uma atriz promissora com um contrato com a Paramount.

Em 1952, contra a vontade dos pais, ela se casou com um jovem e promissor ator de cinema chamado William Campbell. Ela estava com dezoito anos. Como esposa de um ator contratado, começou a ir a estreias e a festas, e a ser notada. "Eu diria que ela estava no nível de Elizabeth Taylor", disse a Seymour Hersh o repórter James Bacon, que cobria Hollywood para a Associated Press. "Era uma garota linda, linda."[65] Quando ela estava com 24 anos o casamento foi por água abaixo e ela e Campbell se divorciaram.

"Pela primeira vez na vida", ela escreveu em sua autobiografia, "comecei a namorar da maneira como a maioria das meninas namora quando está na escola secundária."[66] Mas ela também estava sozinha em uma cidade difícil que girava toda em torno de uma indústria. Seria possível que de algum modo tivesse caminhado, ou por necessidade financeira ou por algum interesse perverso, para a prostituição? Estamos em um mundo de sombras: não há mapas com coordenadas precisas nem listas de passageiros disponíveis. A história de Nick Sevano sobre o Puccini se encaixa com perfeição na história contada por Peggy Connelly sobre o Villa Capri alguns anos antes: duas jovens atraentes na cidade, uma delas com grande vontade de conhecer Sinatra. Frank, bastante interessado, manda um emissário à mesa delas. Sem dúvida isso aconteceu dezenas de vezes. Muitas jovens morriam de vontade de conhecer Frank Sinatra, e tanto Betsy Hammes quanto Gloria Franks, que passaram tempo considerável com Campbell, em Los Angeles e em Las Vegas no final dos anos 1950, notaram que ela parecia particularmente determinada a chegar perto dele.

Judith Campbell. Sua beleza morena e seu ar de inocência de garota comum seduziram Frank Sinatra, Sam Giancana e John F. Kennedy e levaram a uma ruptura entre Frank e JFK.

"Eu só sabia que ela se mantinha bastante próxima", lembrou Franks. "Era quase como alguém que fica por ali escondido atrás de um poste, esperando ser chamado para a mesa ou para ir embora com alguém."[67]

Ela achava que Campbell era prostituta?

"Do jeito como fui criada, como garota de boa família, e estando perto de Las Vegas, com toda aquela gente estranhíssima e todas aquelas pessoas que pareciam um pouco perigosas, eu achava que ela era como alguém da mesma laia", disse Franks.

Por outro lado, eram tempos diferentes. Hammes, que ganhava um bom dinheiro cantando em boates, lembrou:

Eu trabalhava no hotel El Mirador, em Palm Springs, e um amigo meu, um sujeito que tinha um cavalo de corrida, disse que queria dar uma festa para cerca de cem pessoas. Ele me pediu para organizá-la e eu disse: "Ótimo, eu faço". Ele me deu 5 mil dólares e um relógio de ouro! Nunca beijei o sujeito nem no rosto. Naquela época os caras estavam dando dinheiro à toa.[68]

Sobretudo Sinatra.

Quem exatamente estava presente naquela noite de novembro no Puccini? Como Angie Dickinson guardou para si a maior parte dos detalhes de seu relacionamento com Sinatra, e como se manteve em total silêncio sobre sua ligação com JFK, só temos dois narradores pouco confiáveis para testemunhar sobre os detalhes dessa noite crucial. Sevano pode estar exagerando seu papel; Judith Campbell Exner pode estar diminuindo o dela. Em sua seletivíssima e com frequência ambígua autobiografia, de 1977, ela deixa Kennedy totalmente de fora da história, fazendo com que ela gire toda em torno de Frank. "O primeiro indício que tive de que Frank Sinatra estava interessado em me conhecer foi quando Nick Sevano se aproximou uma noite enquanto eu estava jantando com amigos no Puccini's [sic]", ela escreve.

Nick disse: "Eu gostaria mesmo que você conhecesse Frank".

Eu disse: "Obrigada, mas já encontrei Frank em festas".

Nick riu. "Você sabe o que quero dizer. Você gostaria de sair com ele?"

"Sim", eu disse, sem hesitar. "Eu gostaria de sair com ele."[69]

Tendo em vista o testemunho de Jacobs, é difícil deixar de pensar que a palavra "festas" tenha uma conotação pesada. E tudo indica que as funções de Sevano não eram apenas gerenciais. De acordo com a versão dele, ele então levou Campbell e Dickinson até a mesa de Sinatra. "Eu levei as duas até lá e ficamos na casa de Frank até as três da manhã, vendo filmes. As garotas não ficaram lá — só assistiram aos filmes."[70]

Pensando bem, a palavra "filmes" também tem uma conotação pesada.

Entre a noite de segunda-feira, 2 de novembro, e a noite de quinta, 5, quando partiu em campanha para o Oregon, John F. Kennedy — que vinha reunindo multidões aonde quer que fosse na Califórnia, que tinha mantido repórteres e colegas políticos atentos a todas as suas dinâmicas palavras ("Ele foi muito bem-sucedido", como até Pat Brown foi obrigado a admitir; "Eu o admiro muito")[71] — saiu do radar. A imprensa, até os colunistas de fofocas, que o viam como astro entre os astros, pareceu perdê-lo de vista por completo. Em 3 de novembro, noticiou a Associated Press, o pré-candidato republicano favorito, Richard Nixon, fez uma "caminhada informal por Beverly Hills [...] e discutiu esportes com trabalhadores da construção civil, visitou uma empresa de corretagem, bateu papo com uma eleitora, fez gracejos com uma garçonete e comeu um sanduíche".[72] Kennedy não estava à vista.

Frank Sinatra, do mesmo modo, parece ter desaparecido. *Can-Can* acabava de ser concluído, e ele tinha algumas semanas de folga antes de começar sua temporada no final de novembro no Sands. Na primeira semana do mês, as pequenas notas e as fofocas sobre ele no jornal, que costumavam ser publicadas em abundância, caíram a quase zero. Suas fiéis sombras Louella e Hedda estavam mudas. Em Nova York, Dorothy Kilgallen não conseguiu achar nada para repreender. Tudo que Earl Wilson conseguiu foi um parágrafo sobre a apresentação de um sósia de Sinatra chamado Duke Hazlett.[73]

Frank estava ocupado — mas ninguém tinha nada a ver com aquilo que o mantinha ocupado. Seu novo melhor amigo no show business pode ter sido Dean Martin, mas na vida real — ou aquilo que passava por vida real na estranha órbita de Frank Sinatra — ele estava totalmente apaixonado por John Fitzgerald Kennedy, que recebeu em sua casa no deserto para dois dias intensos, mas clandestinos, naquela semana.

Amigo e assessor de campanha de JFK, Dave Powers fez para Kitty Kelley um relato curto mas empolgado da estadia. "Ficamos com Frank em Palm Springs numa noite de novembro de 1959 depois de um grande evento de arrecadação de fundos em Los Angeles", disse.

> Dava para saber quando Sinatra se levantava de manhã porque de repente a música tomava conta da casa, até dos banheiros. Frank era um grande anfitrião e nos divertimos muito. Quando fomos embora, ele me deu, e não para Jack, um porta-joias para que eu desse à minha mulher como compensação por nos segurar por mais dois dias.[74]

Os dias a mais talvez não fossem tudo que Powers iria querer compensar. Um memorando do FBI de 29 de março de 1960 diz, em um trecho:

> O escritório de Los Angeles, em carta datada de 22/3/60, afirmou que um informante criminoso mencionou que os editores da revista *Confidential* mantiveram um repórter na área de Los Angeles nos últimos dias para checar um boato referente a uma suposta festa indiscreta dada em Palm Springs, que teria tido entre seus convidados o senador John Kennedy, seu cunhado Peter Lawford, o ator, e Frank Sinatra. O informante disse que, na última vez em que o senador Kennedy esteve na Califórnia para uma visita, ele ficou na casa de Sinatra em Palm Springs.[75]

Só podemos imaginar o que foi a festa indiscreta. E lembremos, de passagem, que Jack Kennedy era um ávido leitor da *Confidential*.

Mais de um ano depois, Frank colocaria uma placa de ouro na porta do quarto em que JFK tinha ficado. A placa dizia: "John F. Kennedy dormiu aqui em 6 e 7 de novembro de 1960".[76] As datas estavam erradas: em 6 e 7 de novembro de 1960, o senador estava em Hyannis Port, Massachusetts, com a esposa, grávida, o restante da família e o pessoal de campanha, preparando-se para o dia da eleição, em 8 de novembro. Kennedy voltaria à Costa Oeste várias vezes durante a campanha, mas só houve um novembro em que ele ficou em Palm Springs. Ao tentar contar uma história, Frank estava na verdade contando outra, completamente diferente.

Ninguém vivo pode nos dizer se Judy Campbell participou daquela festa indiscreta em Palm Springs, mas é impressionante que, se ela tivera um único encontro com Frank — se é que ficar sentada na casa de Bowmont Drive vendo filmes pode ser considerado um encontro —, ele a tenha convidado, apenas alguns dias mais tarde, para ir com ele para o Havaí.

De acordo com o relato da própria Judith Exner, ela nem fora assistir a filmes. Segundo sua autobiografia, Sevano a aborda no Puccini, pergunta se ela gostaria de sair com Sinatra, ela diz sim — e é só. Frank então lhe telefona uns dias mais tarde e a convida para jantar, mas Judith já tinha planos para aquele dia. "Algumas noites depois, de novo no Puccini's, o próprio Frank se aproximou da nossa mesa", ela escreve.

Ele estava em uma grande mesa com um grupo de amigos e eu podia sentir que estava me observando. Sentou-se e conversamos um pouco. Ele foi extremamente encantador. Antes de voltar para sua mesa, disse que ia me ligar de novo, e eu não o desestimulei...

Frank me ligou no dia seguinte e não queria perder tempo. Disse que estava indo para o Havaí e que queria que eu fosse com ele. Tivemos uma bela discussão. Eu gostava da ideia de ir para o Havaí e sair com Sinatra, conhecê-lo, mas não estava doida por isso.

Eu me recusei a ir no mesmo avião com ele, mas prometi ir ao seu encontro lá.[77]

É um estranho merengue verbal: alguma substância mas muito ar, e também um pouco doce demais. Quem era a caça e quem era o caçador? Exner se empenha em ressaltar sua passividade e sua correção. Ela concorda em ir ao Havaí com Frank, mas precisa negociar as condições. Está ultrapreocupada com as aparências. No entanto, quem vai pagar sua passagem de avião? O quarto de hotel?

Naquela época os caras estavam dando dinheiro à toa.

"Peguei o voo da meia-noite em 9 de novembro de 1959 e cheguei às 6h45 da manhã seguinte", escreve Exner. "Fui direto para o hotel Surfrider. Eles não tinham uma reserva em meu nome, mas me deram o quarto 1509. Só me estiquei na cama até Frank me ligar mais tarde, já de manhã, e pedir que eu subisse para a suíte dele na cobertura."[78]

Lá ela encontrou uma bela multidão: Sinatra, Peter e Pat Lawford, o obstetra e ginecologista de Beverly Hills dr. Leon "Red" Krohn e sua esposa, Esther, e um sujeito rude, barrigudo, chamado Al Hart. Tanto Krohn quanto Hart eram amigos de longa data de Frank e pessoas consideravelmente poderosas em Los Angeles. Red Krohn era o ginecologista das estrelas que cuidou de Ava depois do aborto espontâneo que ela teve em 1952 (e que fez vários abortos em Marilyn Monroe); Al Hart era o fundador do City National Bank de Beverly Hills, instituição que ficou famosa por resistir às interferências da Receita Federal americana e que, segundo constava, fazia muitos negócios com o crime organizado. Frank Sinatra era um cliente importante.[79]

Seguiu-se uma série de dias e noites de prazer, em que eles basicamente tomaram banho de sol, nadaram, fizeram compras, curtiram jantares festivos e tomaram grandes quantidades de álcool. "Sentávamos ao sol — Frank se empenhava para ficar bronzeado — e tomávamos Jack Daniel's", lembrou Exner. "Um dia se seguia ao outro sem nenhuma transição perceptível."[80] Tardes preguiçosas, Sinatra e Lawford, membro de sua corte, provocando um ao outro no idioma do Rat Pack: "As palavras preferidas deles eram *gas* e *gasser*, *clyde*, chato, bárbaro, doido, bacana, *fink*, sacana, ridículo, ferrado, puto, chapa, e claro, *ring-a-ding*, ou *ring-a-ding-ding*, dependendo do entusiasmo do momento", ela relembraria. "O significado de várias dessas expressões parecia variar de um dia para o outro."[81]

Ela e Frank se tornaram amantes nessa ocasião, ela escreve:

> Ele era muito gentil, romântico, expressivo, sensual e bastante ativo quando fazíamos amor, e bem carinhoso depois. Parecia genuinamente preocupado em saber se eu estava feliz e ficava com os braços em torno do meu corpo a noite toda. Fazíamos amor de novo durante a noite e quando acordávamos de manhã.

A intimidade fez com que sua percepção sobre Frank ficasse mais aguçada. "Eu sabia da reputação dele de sujeito durão", escreve.

> Eu tinha lido sobre os guarda-costas dele e sobre as brigas em lugares públicos. Sem tentar analisá-lo [!], é possível que grande parte disso tenha a ver com o fato de ele ser um sujeito pequeno com complexo de ser grande. Frank fica consideravelmente menor quando tira os sapatos [...]. Sua estrutura óssea é pequena. Os pulsos são delicados. Na cabeça dele, ele se vê como um sujeito grande, que tem poder, e sua maneira de provar isso é empurrando as pessoas.

Sinatra era gentil quando estava carente, insensível quando não estava, lembrou Exner. Lawford com frequência era seu cúmplice e parceiro nos crimes. "Certa tarde, enquanto todo mundo estava sentado na sala, duas garotas japonesas — duas coisinhas pequenas, delicadas — foram levadas até o quarto de Frank", ela escreve. "Frank e Pete se levantaram e Frank disse alguma coisa sobre ser hora da massagem deles [...]. Pat ficou furiosa."

Analista sagaz do poder, Campbell observou fascinada enquanto a multidão, circulando pela cobertura do Surfrider, dançava de acordo com a música do

Grande Homem de humor imprevisível. "Todo mundo à volta de Frank pisa em ovos o tempo todo", ela observou.

> Todos sorriem e ficam felizes quando Frank sorri e está feliz, mas, no minuto em que ele começa a ficar sisudo, todos ficam quietos e com medo. Ninguém ousa lhe retrucar. Ele repreende todo mundo sem piedade e eles aceitam e continuam aceitando. É um clima bem desagradável [...]. Frank sabe o que está fazendo. Ele sempre era cuidadoso com o que dizia para Pat, já que ela era uma Kennedy, mas reduzia Pete a pó sempre que queria.[82]

O idílio tropical foi cheio de estranhos caminhos cruzados. Embora Pat Lawford olhasse para Frank com adoração, ele flertava com ela só o suficiente para fazê-la manter as esperanças (e para se manter perto dos Kennedy). Nesse meio-tempo, a atenção dele se voltava para todos os lados. Em um churrasco, certa tarde, Exner escreve, Sinatra esteve atencioso e encantador, murmurando as músicas enquanto seus discos tocavam ao fundo. Então alguém pôs na vitrola *No One Cares*, e a grande "Here's That Rainy Day", de Johnny Burke e Jimmy van Heusen, começou a tocar. "Por alguma razão", ela lembrou, "eu percebi que ele associava a música com Ava Gardner. Ele ficou quieto, com um olhar triste, enquanto ouvia. Mais tarde, contou que a música tinha um significado especial para ele, mas não procurei saber o que era."[83]

E, no entanto — calculando que Campbell não era muito importante para Sinatra —, Lawford foi atrás dela, numa noite em que o Chefão, contrariando seus hábitos, foi deitar cedo, dizendo que não se sentia bem. Campbell o rejeitou, e logo passou a achar que Lawford, como retaliação e para se autoproteger, tinha dito a Frank que havia sido ela que tentara atacá-lo sexualmente no breve encontro entre ambos.

Com o resultado que se podia imaginar. O sr. Hyde de Sinatra veio à tona, ele começou a excluí-la de um modo que só ele era capaz de fazer, e ela decidiu ir embora. Absurdamente, ela ganhou uma festa de despedida na suíte de Frank. Ele estava num mau humor terrível. "Não quis nem sentar perto dele", ela escreve.

> Foi uma longa noite. Eu mal podia esperar para sair dali, mas por fim chegou a hora de ir e nem me despedi de Frank...

> Não tenho o mínimo respeito por Pete Lawford. Acho que ele é um babaca. É o melhor lacaio do mundo, porque para ele é importante estar com pessoas importantes. Ele se sacrifica, aceita ser massacrado, apenas para estar com Frank. Quando Frank tem um de seus maus humores e se volta contra ele, Pete simplesmente senta e leva a bronca. E quando Pat falava, ele ouvia.[84]

É difícil achar quem fale bem de Peter Lawford como ser humano, sendo o desprezo e a piedade os sentimentos quase universais que se ouvem a seu respeito. A má fama da família não ajudava. Segundo diziam, atuava como cafetão tanto para Sinatra quanto para JFK, procurava cocaína para Kennedy (e a usava com ele), era um masoquista sexual e cliente habitual de prostitutas. Ao que tudo indica, nunca viu uma conta que não deixasse que outra pessoa pegasse. "Pão-duro, fraco, dissimulado e esquisito"[85] era o julgamento sumário de Frank. Dean Jones, um homem gentil e um dos colegas de elenco de Lawford em *Quando explodem as paixões*, disse: "Eu ficava meio chateado por Peter. Ele parecia perdido — era inseguro".[86] Mas no final o julgamento mais duro sobre Lawford pode ter sido o dele mesmo: "Fui um garoto inglês de aparência quase decente", ele disse certa vez, "que ficava bem em uma sala de estar ao lado de um piano".[87]

Depois de duas semanas de sol e diversão (na segunda semana, livre de Judy Campbell), Frank voltou em triunfo para Las Vegas. "A grande temporada de uma semana de Frank Sinatra no Sands impulsiona os negócios na cidade inteira", disse a *Variety* no dia 30. "Os ingressos para Sinatra se esgotaram há semanas, e ainda há VIPS locais tentando em vão conseguir entrar no show antes do encerramento, na terça-feira. Frank veio voando de Honolulu para essa temporada — ele está descansado e a voz nunca esteve melhor."[88]

Enquanto estava cantando no Sands, ele recebeu um telegrama do comediante local Mort Sahl. "Albert Schweitzer disse que, em razão dos testes nucleares, não sabia o que iria acontecer com a população mundial", dizia o telegrama. "É fácil — vai estar todo mundo em *Onze homens e um segredo*."[89]

Judy Campbell voltou à cena no início de dezembro — depois, diz ela, de Frank ter telefonado e "meio que se desculpado" por seu comportamento terrível no Havaí, e depois de ter feito uma ligação atrás da outra até ela aceitar se encontrar com ele em Palm Springs no dia 7. "Eu queria vê-lo", ela escreve, "mas não queria ir correndo."[90] Pelo visto, a mulher que afirmava nunca ter feito joguinhos em relacionamentos havia esbarrado exatamente na estratégia certa para manter Frank interessado.

Em sua autobiografia, Campbell alterna trechos em que defende sua honra de maneira elaborada — ela não é uma cortesã! — com outros em que levanta questões perturbadoras sobre sua fonte de renda. Em 7 de dezembro, ela foi ao Racquet Club (onde, escreve, tinha se tornado convidada regular aos fins de semana — ela não diz de quem), jantou com amigos e então foi de carro até a casa de Sinatra em Wonder Palms Road, ao lado do 17º corredor do Tamarisk Country Club, em Palm Desert. Ela nunca estivera lá antes, e a casa a surpreendeu. "Era bonita e confortável, mas, comparada com as casas opulentas em que eu tinha morado e com as casas de outras pessoas que eu conhecia, era modesta, bem comum. Sem dúvida não era a casa de um famoso astro de cinema", escreve ela, com certo desdém.

> Até a sala era pequena. Havia um bar na parede e um piano em uma das extremidades. Dois sofás bege de frente um para o outro diante da lareira, com uma grande mesa de centro entre eles. Portas corrediças de vidro levavam a um pátio e a uma piscina, e o tema da decoração era oriental em laranja e preto.
>
> A única coisa impressionante no quarto de Frank, como descobri mais tarde naquela noite, eram as camas gêmeas e um boxe com chuveiro no próprio quarto. Por sorte, havia outro banheiro ligado ao quarto que tinha um chuveiro e uma banheira. Eu não ia usar o chuveiro do quarto de jeito nenhum.
>
> Seu criado pessoal, George, abriu a porta e Frank estava logo atrás dele.[91]

Relaxado e de bom humor, Sinatra beijou-a no rosto e deu uma bela piscada. "Fico feliz que você tenha conseguido vir", ele disse, pegando-a pelo cotovelo e guiando-a até a sala. Lá ela viu Pat e Peter Lawford, Jack Entratter, Jimmy van Heusen e Johnny Formosa, "que, até onde eu podia entender, tinha alguma ligação com o submundo de Chicago", ela escreve, ingenuamente. "Frank andava com bastante cuidado perto dele."

Segundo Campbell, depois de todos terem sido apresentados, Sinatra e Van Heusen voltaram a uma canção em que estavam trabalhando para *Onze homens e um segredo*, que estava prestes a ser filmado. O processo tinha muito de performance: enquanto Chester se sentava ao piano, Frank passeava pela sala cantando, de vez em quando parando perto do sofá e descansando a mão no ombro de Campbell, flertando com ela de uma maneira que só ele sabia fazer, gentil mas com uma piscadela.

Uma cena e tanto: aquele excêntrico boxe de vidro com chuveiro, aquela estranha reunião de personagens, a performance de Frank com as piscadelas. É difícil imaginar em qual canção ele e Chester estavam trabalhando, já que as duas músicas de Cahn-Van Heusen tocadas em *Onze homens e um segredo* seriam cantadas por Sammy ("Eee-O-Eleven") e Dean ("Ain't That a Kick in the Head").

E ali, na mesma sala, estavam a irmã do futuro presidente e um gângster de Chicago de alto escalão. Por motivos que ficariam claros alguns anos mais tarde, Frank tinha bons motivos para andar com cuidado perto de Johnny Formosa, homem de confiança de Sam Giancana, e, segundo os jornais, "suposto rei da prostituição em Lake County"[92] — tido como o dono de um bordel em Gary, Indiana.

Tendo o registro de sua entrada no Racquet Club como proteção para sua respeitabilidade, Campbell ficou na casa de Frank naquela noite. ("Fizemos amor e tudo correu como antes. Ele foi muito gentil, muito atencioso, muito amoroso, e muito ativo. Ele não esperava que fizessem amor para ele."[93] Até nas descrições sexuais ela se esforça para parecer uma dama.) Na noite seguinte, eles foram jantar com os Lawford no Romanoff's-on-the-Rocks. A conversa na mesa girou toda sobre política, e Pat Lawford, como filha de seu pai e irmã de seu irmão, dominou a cena. "Frank ouviu com atenção enquanto Pat analisava as chances de Jack nas primárias que estavam por vir", lembrou Campbell. "Ele parecia tão subjugado e respeitoso [...]. Depois que fizemos amor naquela noite, Frank continuava pensando em Jack Kennedy. 'Sabe', ele disse, 'eu vou até apostar algum dinheiro como Jack consegue a indicação.'"

Se a citação de Campbell for precisa, Frank, em geral descomedido, estava sendo um jogador cauteloso. A partir daquele dia, 8 de dezembro de 1959, os jornais do país chamavam Kennedy de o homem a ser batido.[94]

***

De acordo com Tina Sinatra, Joe Kennedy chamou o pai dela para o complexo da família em Hyannis Port no final de 1959 — possivelmente em meados de dezembro, o único ponto mais ou menos vazio da agenda cheia de Frank naquela temporada — com uma proposta delicada. "Meu pai ficou com muita vontade de ir", disse ela a Seymour Hersh.

> Ele não tinha estado naquela casa antes. Durante o almoço, Joe disse: "Acho que você pode me ajudar na Virgínia Ocidental e em Illinois com os seus amigos. Você entende, Frank, eu não posso ir. Eles são meus amigos também, mas eu não posso me aproximar deles. Mas você pode". Sei que ele teve dúvidas. Mas não era nada que achasse que não devia fazer. Então, foi falar com Giancana.[95]

Tina contou que o pai se encontrou com Giancana em um campo de golfe, longe dos olhos e ouvidos inquisidores do FBI, e lhe disse: "Eu acredito neste homem e eu acho que ele vai ser um bom presidente. Com a ajuda de vocês, acho que nós vamos conseguir [isso]".

É claro que Giancana e os homens que ele representava iam querer algo em troca.

13.

Aquilo que será talvez o programa mais incrível a acontecer em um salão está marcado para o Sands Hotel, em Las Vegas, a partir de 20 de janeiro, por quatro semanas. Frank Sinatra, Dean Martin e Sammy Davis Jr., membros fundadores da "gangue da diversão" de Hollywood, vão estar ao mesmo tempo no estabelecimento dirigido por Jack Entratter.

Variety, 4 de novembro de 1959

Quando explodem as paixões estreou no Radio City Music Hall três semanas depois do início da década. O filme era um aglomerado de nonsense espalhafatoso, mostrando a guerra como ela jamais aconteceu em nenhum planeta, e os críticos disseram exatamente isso. O público, de modo geral, manteve distância.

Quando explodem as paixões era pura conversa para boi dormir desde o primeiro minuto — desde o momento em que Sinatra, no papel do capitão Tom Reynolds, comandante do Gabinete de Assuntos Estratégicos, entra em seu acampamento militar com um cavanhaque parecido com o de um bode e um chapéu ao estilo australiano que, de certo modo, diminui a cabeça que ele próprio tinha descrito certa vez, de maneira dolorosa mas precisa, como tendo formato de noz. Não havia ninguém no estúdio da MGM para avisá-lo disso? *Frank, Frank, tire esse cavanhaque e esse chapéu imenso — eles fazem você parecer uma criança brincando de se fantasiar!*

Não havia ninguém para dizer isso porque ele era o Chefão — o imperador, independentemente de como, ou se, ele decidia se vestir.

Meu Deus, você está incrível, Frank!

Teria o sujeito que em algum momento alimentara o sonho de ser um ator sério de cinema — e demonstrara isso em *A um passo da eternidade* e *O homem do braço de ouro* — simplesmente desistido? Ou será que ele havia se tornado maior do que os filmes?

A melhor coisa do filme era o substituto de Sammy Davis Jr., Steve McQueen, que, com seu carisma de quem se safou apesar de ter feito uma coisa errada, meio que roubou a cena, fazendo Frank parecer velho e passional demais.

Não importava. Enquanto *Quando explodem as paixões* naufragava, Frank estava em Las Vegas, criando um show dos shows que iria ecoar por décadas, para o bem e para o mal.

No Oeste é assim, senhor. Quando a lenda se torna fato, imprime-se a lenda.
O homem que matou o facínora, 1962

A fala é de um filme antigo sobre mito e realidade no Velho Oeste, mas podia muito bem ter sido escrita sobre uma lenda que nasceu mais de meio século atrás, na cidade cujo próprio mito tremula brilhante como uma miragem no planalto do deserto de Nevada há tempo suficiente para que qualquer pessoa viva hoje ache que foi assim desde sempre. A lenda é da história, às vezes verdadeira, quase sempre muito imaginativa, do Rat Pack.

Vamos chegar à verdade, mas primeiro, como o jornalista em *O homem que matou o facínora*, dirigido por John Ford, devemos admitir o poder bastante real das lendas. Elas nos prendem, nos movem, habitam nossos sonhos e orientam nosso comportamento. A ideia do Rat Pack liderado por Frank Sinatra nasceu em um momento de mudança na consciência dos americanos, um momento entre o conformismo dos anos 1950 e o caos dos anos 1960, um piscar de olhos em que os horrores e o heroísmo da Segunda Guerra Mundial ainda estavam frescos na memória (e o medo do perigo nuclear, subjacente a toda diversão), quando os excessos compensatórios, na forma de sexo, álcool e cigarros, eram tolerados, e os ideais de masculinidade do século XX ainda não tinham sido subvertidos pela estética andrógina do rock 'n' roll.

"O Rat Pack era a corporificação do mito mais fundamental de Hollywood, seu apelo mais profundamente tácito — de que, como recompensa final, a fama oferecia uma vida sem regras, sem os limites da fidelidade, da monogamia, da sobriedade, e a aborrecida obrigação de aparecer toda manhã para trabalhar", escreve o jornalista de política Ronald Brownstein.

> Para Sinatra, para seus comparsas, a vida parecia uma tela sem bordas [...]. Havia uma eletricidade nisso: entrar no Sands Hotel com Sinatra, um batalhão de guardas à frente, as cabeças se virando, sussurros passando pelo cassino como ondas, homens em smokings se apressando para cumprimentar você, era hipnotizante, quase algo de outro mundo. O próprio perfume de celebridade nas festas de Sinatra era embriagante. "Eles estimulavam uns aos outros", lembra o dramaturgo Leonard Gershe. "A energia no ambiente era extraordinária."[1]

O Rat Pack era uma ideia, mais até do que uma realidade. E embora Frank, Dean e Sammy fossem três homens reais, seus respectivos mitos tendem, até hoje, a deixar a realidade de lado. Acrescentem Joey Bishop e Peter Lawford como vitrine, ou lastro, e terão um carro alegórico dionisíaco com ternos de tecido lustroso, gravatas estreitas, cigarros e drinques que se sucedem sem parar. Vejam como ele passa pelas pessoas comuns, que ficam felizes enquanto ele segue seu caminho. Não vamos ver mais nada parecido. Mesmo que ele nem existisse de verdade.

A trama de *Onze homens e um segredo* parecia ótima no papel: onze ex-companheiros de Exército se reúnem para roubar, ao mesmo tempo, cinco cassinos de Las Vegas — o Sands, o Flamingo, o Sahara, o Desert Inn e o Riviera —, quando desse a meia-noite de Ano-Novo. Desde que Frank e Lawford tinham comprado a ideia (oficialmente juntos, mas, como acontecera com o Puccini, é quase certo que com dinheiro de Sinatra) de Gilbert Kay, o roteiro havia passado por meia dúzia de escritores, transformando a trama em um enredo confuso. Mas, em todo caso, a trama era secundária: em última instância, o filme era um veículo para personagens. E Frank Sinatra entendia bastante de personagens.

Frank, Dean e Sammy (com Peter Lawford e Joey Bishop) no Sands, em 1960. A molecagem era real; o companheirismo, mais complexo.

Frank, claro, ficaria com o papel principal, de Danny Ocean, sargento reformado da 82ª Divisão Aerotransportada que bolou o roubo e reuniu o grupo. Dean Martin interpretaria Sam Harmon, cantor de boate que hesitava em participar do esquema. Peter Lawford faria Jimmy Foster, um playboy ansioso por sair das asas da mãe rica. Sammy Davis Jr. foi escolhido para o papel de Josh Howard, jogador de beisebol aposentado que tinha perdido um olho na guerra e agora era motorista de caminhão de lixo em Las Vegas.

O filme tinha traços de realidade em sua trama — alguns evidentes, outros estranhos. Para Sinatra, não era nada estressante interpretar o chefe descolado de um grupo de homens. Dean, no fundo, também estava interpretando a si mesmo: havia começado a carreira cantando em salões, e de fato relutava em fazer parte de qualquer tipo de grupo (incluindo o Rat Pack). O papel de Lawford — de um playboy fútil e parasita — era dolorosamente próximo da realidade. E estaria Sammy destinado a interpretar um lixeiro como uma espécie de punição por seus pecados contra Frank na entrevista de rádio em Chicago?

A escolha mais estranha de todas foi a de Joey Bishop: seu personagem, Mushy O'Connors, devia ser um boxeador aposentado, embora fosse difícil imaginar o frágil e dispéptico comediante como lutador, ou mesmo como ex-lutador.

Onze homens e um segredo começou a ser filmado em uma locação em Las Vegas, em janeiro de 1960. E desde o momento em que o elenco apareceu na cidade até a estreia do filme, em agosto, e mesmo depois, nenhum dos atores principais — e, nesse sentido, nem Las Vegas — seria o mesmo novamente.

> *O comandante Orville W. Dryer e senhora, de Point Mugu, acabam de retornar de estada de uma semana naquela terra do nunca de neon que é Las Vegas. E puderam estar presentes na noite de estreia de um show de boate imbatível — a que seus astros, "em termos modestos", se referem como reunião de cúpula, e que conta com Frank Sinatra, Dean Martin, Sammy Davis Jr., Peter Lawford, além de um comediante silencioso e que nunca ri chamado Joey Bishop, tudo no Sands Hotel.*
>
> *Oxnard Press-Courier*, 29 de janeiro de 1960

Três semanas, de 20 de janeiro a meados de fevereiro de 1960, foi na verdade o tempo que isso durou. Tudo que veio depois foi um eco, uma espécie de paródia — embora aquilo tudo meio que fosse uma paródia desde o começo.

Não foi?

O fato é que, para começar, *não havia* um Rat Pack. Nenhum plano, nenhum roteiro, nenhum tiro de partida. Ninguém jamais preconcebeu a ideia de juntar esses cinco sujeitos e o carrinho de bebidas deles no palco do Copa Room do Sands naquele mês de janeiro, enquanto se iniciavam as filmagens de *Onze homens e um segredo*. O Rat Pack nem seria chamado desse jeito na época, só ganhando o apelido muito mais tarde, e, além disso, Sinatra sempre odiou o nome — de onde ele vinha, a palavra "rat" [rato] tinha conotações negativas. Por um breve período tentaram usar "O Clã", mas Sammy Davis não gostava muito da sonoridade. Por fim, em homenagem à conferência de cúpula entre o presidente Eisenhower e o premiê soviético Nikita Khruschóv que aconteceria em maio, alguém — pode ter sido o gerente e diretor de entretenimento do Sands, Jack Entratter — decidiu dar aos shows mais ou menos espontâneos que apresentavam Sinatra, Martin, Davis, Lawford e Bishop no palco do Copa Room o nome de Cúpula. "Você vem à minha reunião de cúpula e eu vou à sua",[2] disse Entratter por telegrama aos cinco artistas no final daquele janeiro, assinando o texto como "Khruschóv".

A Cúpula. Um nome imponente, pomposo, vagamente vazio para umas poucas horas de brincadeiras no palco. Brincadeiras que, de maneira surpreendente, eram algo bastante chocante na cidade pequena, rigidamente controlada e homogênea que era Las Vegas em 1960.

Qualquer um que tenha ido a Las Vegas nas últimas duas décadas, qualquer um que tenha ficado fascinado ou sentido repulsa pelo show de luzes pulsante, megacolossal e ultracorporativo de torres de vidro que Las Vegas é hoje precisa fazer um ajuste mental para imaginar a Las Vegas daquela época remota e próspera, uma localidade cuja parte central era composta de umas poucas quadras de espeluncas com iluminação de neon ao longo da Freemont Street e, ao longo da Strip, uma mera dúzia de cassinos, mais ou menos, com um monte de deserto entre eles; um lugar em que o prédio mais alto tinha nove andares, e onde, como lembra Shecky Greene, "todo mundo se conhecia; todo mundo cuidava uns dos outros".[3] Era uma época em que a Máfia controlava o que acontecia nos cassinos, e o que acontecia fora era controlado por uma espécie de justiça do Velho Oeste — na época, como agora, Las Vegas tinha um xerife de verdade (em 1960, era Butch Leypoldt; depois dele veio o lendário Ralph Lamb), e os xerifes eram famosos por serem durões e incorruptíveis. Era uma época, como lembram com melancolia os habitantes mais antigos, em que você podia deixar as portas destrancadas.

Também era uma época em que o jogo reinava supremo, e em que os artistas eram o chamariz: as apresentações eram o que atraíam os jogadores à cidade. Os artistas — até Frank Sinatra — eram empregados e, até no caso de Sinatra, obedeciam a ordens. Eles chegavam, cantavam ou contavam piadas, faziam dois shows por noite, de sessenta minutos cada — nem um minuto a mais; a plateia tinha de voltar a jogar ou a casa perdia dinheiro. O couvert para os shows de Sinatra no Copa Room naquele tempo era de 6,50 dólares — o equivalente a cerca de cinquenta dólares em 2015, mas mesmo assim um valor mais ou menos insignificante. E os artistas eram muito bem pagos por seu trabalho (e vários deles perdiam o salário na jogatina antes de deixar a cidade). Então eles voltavam para seu trabalho gravando discos ou fazendo filmes ou se apresentando em boates em outras cidades.

Onze homens e um segredo mudou tudo isso.

Mas as coisas não mudaram do dia para a noite. Embora Sinatra, Martin, Davis, Lawford e Bishop estivessem todos na cidade para participar do filme (e todos estavam hospedados no Sands), apenas Frank, Dean e Sammy tinham shows marcados no Copa Room — individualmente, em noites sucessivas; não ao mesmo tempo, como a *Variety* tinha anunciado com empolgação em novembro. Ed Walters, que começou a trabalhar como supervisor do cassino do Sands em 1959, lembraria: "Frank abriu a primeira noite e tudo correu bem. Dean fez a segunda noite e se apresentou nos dois shows".[4] Depois, na terceira noite, Sammy Davis Jr. estava ultrapassando o tempo. Isso não era permitido.

"Frank foi ao palco, conversou um pouco com Sammy e encerrou o show", conta Walters. "Disse: 'Ele tem que ir para a cama — estamos trabalhando num filme o dia inteiro. Sammy, diga boa-noite'. Sammy diz boa-noite. Frank o pega pela mão e diz à multidão: 'Preciso botá-lo na cama'. Os dois saem e recebem uma grande salva de palmas."

Um astro fazer uma aparição no show de outro era algo bastante incomum. Mas na noite seguinte algo ainda mais notável aconteceu. "Frank está fazendo seu show", lembra Ed Walters,

> e surge Dean, e diz a todo mundo que *Frank* precisa ir para a cama. No começo a plateia ficou chocada. Lembre, estamos falando de Sinatra no Copa Room, de smoking, fazendo seu trabalho de maneira superprofissional. Frank ia começar uma música e Dean interrompe no meio — "Frank, já basta. Frank, essa canção é longa demais — cante algo mais curto".
>
> A multidão fica sem saber se Dean está falando sério ou não, se está bêbado ou não. Dean bebia muito naquela época. Sei que aquilo mais tarde se tornaria uma lenda, mas na época foi algo chocante de se ver.

O que Martin estava fazendo com Sinatra era exatamente a mesma coisa que Jerry Lewis tinha feito com Dean em 1946: interromper um número sério com uma brincadeira rude, para confusão da plateia (e do artista) de início, mas no final deixando todo mundo empolgado. Todo mundo se sentia parte da piada; todo mundo podia se sentir maldoso por tabela. E Sinatra, ao dar continuidade ao número (e ele pareceu mesmo ter ficado assustado com Martin no começo), pôde se sentir vicariamente engraçado. As risadas — de um tipo que ele nunca conseguia com suas próprias piadas ou comentários — estavam mexendo com ele.

"A plateia amou aquilo e começou a aplaudir de forma espontânea", diz Walters.

> O show acabou com a plateia saindo em delírio com o que tinha visto. Todo mundo no cassino estava falando daquilo — Dean e Frank eram engraçados juntos! No fim da primeira semana, era quase certo que em todo show, não importava quem estivesse se apresentando naquela noite, Frank, Dean e Sammy estariam todos no palco juntos. A brincadeira virou o assunto da região dos cassinos e depois da cidade, e em seguida a notícia correu por Los Angeles e Nova York. As pessoas estavam chegando de toda parte. Todos os amigos de Frank queriam estar lá. Kirk Douglas, Cary Grant, Roz Russell, Gregory Peck e todos os camaradas dele vieram e viram um ou dois shows, e foram para casa delirando com aquilo.[5]

Os rumores estavam correndo a cidade, lembra Ed Walters: *Dean estava bêbado e impediu que Frank cantasse!*

Frank e Dean estavam tão bêbados que não conseguiam se lembrar das letras, e então eles gritaram um com o outro!

Você não vai acreditar, Dean Martin e Sammy Davis interromperam Sinatra enquanto ele cantava, e lhe disseram para ficar olhando enquanto mostravam como ele devia fazer o show!

A história se espalhou, e os astros, e o público, continuaram indo aos montes para o Sands. A atenção gerou mais atenção. "Toda noite havia alguém importante ou muito conhecido nos shows", diz Walters. "Marilyn Monroe, Cary Grant, Gregory Peck. Se alguém os apresentasse durante o show, e sempre acontecia, isso virava notícia. A imprensa adorava aquilo. Fazia tempo que os repórteres não viam tantas estrelas em um só lugar."

Em determinado momento, no início de fevereiro, o Sands tinha 18 mil pedidos de reserva para seus duzentos quartos.[6]

Logo Peter Lawford e Joey Bishop passaram a fazer parte também. Lawford, que tinha cantado e dançado de maneira bastante digna em musicais da

MGM, relembrou as velhas habilidades, e a plateia gostava de vê-lo. E Jack Entratter, que aprendera a ser empresário com Jules Podell no Copacabana, e estava nos bastidores do Copa Room, coordenando essa novidade que ninguém sabia direito o que era, tinha em mente um papel especial para Joey Bishop.

Entratter adorou o caos cômico que vinha acontecendo a cada noite e que estava transformando o Sands no centro do universo do entretenimento — mas ele nunca se esquecia de qual era o negócio principal do cassino. Assim, designou Bishop para fazer o importante papel de mestre de cerimônias. Era função de Joey controlar a bagunça no palco apresentando o show e depois, sem deixar passar muito de uma hora, fazê-lo acabar a tempo para que os jogadores voltassem a jogar. Mas de forma gradual, com a ajuda de Dean e a bênção de Frank, Bishop, o mais certinho dos homens, também se tornou parte do número. No meio de todo aquele nonsense, alguém paciente podia ser muito importante.

"Esperava-se que Frank Sinatra, Dean Martin, Sammy Davis Jr., Joey Bishop e Peter Lawford se revezassem fazendo shows no Copa Room", escreveu Hedda Hopper em sua coluna em 11 de fevereiro, "mas, exceto por uma noite em que Dean esteve doente, todos eles apareceram para dois shows, que ficaram cada vez mais malucos."[7] E prosseguia: "Eles fizeram um concurso de arremesso de bolo na noite do aniversário de Joey Bishop [3 de fevereiro]. Ele percebeu o que ia acontecer, mas Frank e Dean, não, e levaram bolo no rosto e no peito".

Basicamente, era nonsense. O que se costuma dizer sobre a comédia que aconteceu durante aquelas três semanas no Sands é que você tinha que estar lá para ver. O que as gravações em áudio e em vídeo mostram para quem estuda o Rat Pack é que a maior parte do humor era de homens das cavernas, se não antediluvianos, pelo menos para os padrões do século XXI. Muitas piadas sobre bebida, em especial por parte de Dean (depois do aplauso inicial: "Há quanto tempo estou aqui?"). Inúmeras piadas étnicas, sobretudo tendo Sammy como alvo (Frank, de fora do palco: "Continue sorrindo para que eles possam ver você, Fumaça"; e o célebre trecho — reutilizado diversas vezes — em que Dean pegava Sammy e dizia: "Queria agradecer à NAACP* por este prêmio", mas mesmo uma ou outra sobre Sinatra (Joey: "Pare de cantar e fale para essas pessoas sobre o bom trabalho que a Máfia está fazendo").

* Sigla da National Association for the Advancement of Colored People [Associação Nacional para o Progresso de Pessoas de Cor]. (N. T.)

Nem todo mundo gostou. "Achei aquilo uma besteira rasa e autêntica", disse Schecky Greene, que conhecia bem todos os participantes e assistiu a alguns shows. Ele balançou a cabeça. "Chamar Sammy de 'Fumaça' e 'Pretinho' — fiquei ofendido."[8]

Mas para os clientes que estavam pagando — digamos, o casal Orville Dryer, de Point Mogu, na Califórnia — tudo era novidade, e muitíssimo surpreendente. Era surpreendente ver homens adultos de smoking — adultos *famosos* de smoking — se comportando daquele jeito, e sem dúvida os Dryer contaram isso aos amigos (sussurrando as partes picantes), e a lenda começou a crescer.

Durante o dia, eles trabalhavam no filme. Mais ou menos. "As primeiras cenas começavam às 17h30 e nenhum ator precisava ficar no estúdio por mais de três horas", escreve Shawn Levy, em *Rat Pack Confidential*.

> No primeiro dia da Cúpula, 20 de janeiro, não se filmou nada. Depois, em geral o diretor Lewis Milestone conseguia filmar um integrante do Rat Pack por vez, ocasionalmente dois, só tendo o quinteto inteiro à sua disposição em uma única oportunidade — para filmar os créditos finais em um dia em que o trabalho teve que ser interrompido antes da hora por causa do vento forte.[9]

Como era possível fazer um filme nessas circunstâncias, e por que fazê-lo? Porque Frank Sinatra, o produtor e astro de *Onze homens e um segredo*, estava dando as ordens, só por isso. E, como escreve Tom Santopietro, "no fundo, Frank via o filme como um período de férias muito bem pago. Ele não investiu nada de seu talento ou de sua paixão no projeto, e em vez disso via o filme como um modo de ganhar dinheiro e de se divertir com os amigos".[10]

O respeitado Milestone, cujo sobrenome era bastante adequado à pessoa,* de 64 anos (ele nasceu com o nome Lev Milstein), tinha conquistado um Oscar em 1930 por *Nada de novo no front*, mas nos últimos tempos vinha trabalhando sobretudo na TV. Baixinho e irônico, com um sotaque eslavo e sempre fumando, ele fez o melhor que pôde naquelas circunstâncias, mas "com certeza sabia muito bem quem mandava no projeto", observa Santopietro. "Sinatra [...] ficava ao

* "*Milestone*": "marco", algo importante que assinala um período. (N. T.)

lado dele atrás da câmera sempre que sua presença não era necessária para a cena que estava sendo filmada."[11]

"Milestone levava as coisas sem maior rigor, digamos assim", lembrou o famoso fotógrafo de Hollywood Sid Avery, que estava trabalhando no set de *Onze homens e um segredo*. "Ele sempre falava primeiro com Frank, porque sabia que todos os demais o seguiriam. Dizia: 'Frank. Precisamos de mais um take'. E Sinatra dizia: 'Faça duas cópias desse'."[12]

Sinatra também tinha poder sobre os outros quatro atores principais? Em uma famosa história de Las Vegas, conta-se que Norman Fell, um ator coadjuvante de *Onze homens e um segredo*, acordou certa manhã — deve ter sido já bem tarde — e da janela do hotel viu Dean, Sammy e Peter Lawford correndo e passando pela piscina. Fell pôs a cabeça para fora e gritou: "Ei, aonde vocês estão indo?". E Sammy disse: "Frank acordou!".[13]

É uma história simpática; ponham junto com o resto da lenda. A camaradagem no palco fazia com que o mundo exterior tirasse suas conclusões. "Parte da imprensa da Costa Leste, em especial uma mulher que tinha uma coluna [Kilgallen], dizia coisas como 'Frank Sinatra e seu grupo de sempre ficam acordados a noite toda bebendo e fazendo festa em Las Vegas'", diz Ed Walters. "Não era bem isso que eu via."[14]

O que se via era consideravelmente mais cheio de nuances. Sinatra era o chefe do quinteto? Sem dúvida. "É o mundo de Frank, nós só moramos nele" é uma frase famosa atribuída a Dean Martin; pode ser que ele de fato tenha dito isso. Todos os quatro parceiros de Sinatra na Cúpula se orgulhavam de chamá-lo de amigo; eles o viam mesmo como o Líder. Mas a realidade era mais espinhosa. Dean Martin tinha imensa admiração por Frank como cantor, e o adorava como amigo. Mas a versão de Sinatra de amizade exigia vassalagem, e Martin não reverenciava ninguém. Ele seguia o próprio caminho e, se houvesse confronto, o caminho dele era desaparecer.

Embora Sammy Davis Jr. tivesse alguns talentos com que Frank Sinatra só podia sonhar, e estivesse quase no mesmo nível de estrelato, sua relação com Sinatra era de um puxa-saquismo incômodo. A visão de Sammy no palco durante as apresentações da Cúpula, curvado e fazendo caretas, rindo como se não conseguisse se controlar, enquanto Sinatra, de maneira desajeitada, tirava sarro dele, é dolorosa. Mas, como Peter Lawford, ele sabia muito bem o que podia acontecer quando se pisava no calo de Frank.

Quanto a Lawford, tinha certo poder derivado em 1960 (na época, Sinatra usava para ele o apelido de "Brother-in-Lawford"),* mas era em grande medida visto como bajulador e garoto de recados. "Ele ficava em volta de Frank o tempo todo", lembra Walters. "Sinatra era o chefe e Lawford, o empregado. Uma das grandes piadas de Don Rickles era: 'Peter, pode rir. Frank disse que está liberado'. Porque todos nós sabíamos que Lawford não fazia *nada* sem a permissão de Frank. Frank não o tratava como amigo."[15]

E Joey Bishop nunca seria um dos parceiros de bebida de Sinatra — o único tipo de amigo que Sinatra tinha — por um motivo importante: ele não bebia. "Trabalhamos juntos em muitos filmes, e eu gosto, mas fora isso não nos relacionamos",[16] Bishop admitiu.

O convívio depois do trabalho era uma das coisas mais importantes na vida de Sinatra: ele era um rematado notívago e tinha um medo desesperador de ficar sozinho. Parceiros de bebida e parasitas (em geral eram as mesmas pessoas) precisavam, para não deixá-lo irritado, ficar acordados com ele até que o céu de Las Vegas clareasse na penumbra da manhã que ele tanto amava — o Azul das Cinco em Las Vegas, como chamava.[17] E ai daquele que tentasse escapar e ir dormir: Sinatra era conhecido por arrancar pessoalmente os recalcitrantes do quarto de hotel, às vezes com a ajuda de bombinhas.

O único dos parceiros de bebida para quem Frank abria uma exceção — e só porque não havia outra escolha — era Martin. "Todos eles iam tomar uma sauna, sair e jogar — e Dean Martin dizia: 'Desculpe, pessoal, vou para a cama'", lembrou Sid Avery. "Ele se levantava cedo e ia jogar golfe."[18]

Às vezes Martin suavizava o golpe dizendo a Sinatra: "Estou com uma garota no quarto" — e às vezes havia mesmo uma garota no quarto. Mas na época, e por toda a vida, Dean Martin preferia a solidão. "Ele não era como os outros do Clã", lembrou Judith Campbell. "Ele era do tipo que anda por aí sozinho. Não precisava de um séquito a acompanhá-lo quando ia de um cômodo para o outro [...]. Não acho que conseguisse suportar um monte de gente em volta o tempo todo, como Frank."[19] Apesar do número que fazia sobre bebida no palco, Martin não era exatamente alguém que se divertia bebendo. Gostava de ver um faroeste na TV, dormir seu sono de beleza e jogar golfe descansado. O golfe era a maior paixão da vida dele.

* Trocadilho com o termo em inglês "brother-in-law" ("cunhado"). (N. T.)

Assim, a imagem do Rat Pack como uma espécie de grupo social ambulante, saracoteando unido e feliz enquanto as câmeras não estavam ligadas, não faz exatamente jus à realidade. Às vezes eles se reuniam para jogar, mas os cinco nem iam todos juntos à lendária sauna do Sands (na qual Frank fez a gerência instalar uma mesa de jogo de dados) — por incrível que pareça, Sammy era proibido de entrar.

Não que Sinatra carecesse de companhia para sair à noite. Sua comitiva estava sempre por perto: Jimmy van Heusen; guarda-costas / parceiros de bebidas como Jilly Rizzo, Hank Sanicola e Al Silvani; e colegas de elenco de *Onze homens e um segredo*, como Angie Dickinson, Richard Conte, Henry Silva, Buddy Lester, George Raft e Shirley MacLaine (que fez um pequeno papel como Garota Embriagada), orbitavam em torno dele, assim como astros convidados, como Kirk Douglas, Yul Brynner e Steve Lawrence.

Os dias de Frank também eram bastante povoados. E cheios de álcool. "Não havia como alguém conseguir ficar um dia sozinho com Frank Sinatra", escreve Exner, lembrando uma tarde e uma noite de um fim de semana, no final daquele mês de janeiro, que eles passaram no bangalô dele no Sands.

> O quarto dele era como uma encruzilhada, com tráfego em todas as direções, dia e noite. Acho que ele ficaria seco e explodiria se o deixassem totalmente sozinho.
>
> Considerando tudo, foi um dia tranquilo, agradável. Levei um livro e sentei ao sol no pátio, e li enquanto Frank falava ao telefone, passava os olhos por uma pilha de roteiros, ditava algumas cartas, dava oi e tchau para uma série infindável de visitantes, rosnava para os empregados, bebia martínis, almoçava, bebia Jack Daniel's, comia hors-d'oeuvre, bebia Jack Daniel's, jantava e bebia mais Jack Daniel's. Frank não estava se sentindo bem naquele dia.[20]

Em 28 de janeiro de 1960, em meio às filmagens de *Onze homens e um segredo*, Frank foi para Los Angeles gravar um jingle para o candidato favorito nas prévias do Partido Democrata, que tinha anunciado sua candidatura um dia depois do Ano-Novo. A música, com uma versão especial da letra feita por Sammy Cahn de "High Hopes", escrita por Cahn e Van Heusen, se chamava "High Hopes with Jack Kennedy" [Grandes esperanças com Jack Kennedy]. Começava assim:

Everyone is voting for Jack.

'Cause he's got what all the rest lack.

Everyone wants to back Jack,

Jack is on right track.

'Cause he's got High Hopes!

He's got High Hopes!

*1960's the year for his High Hopes!**

A "High Hopes" original, cantada de maneira encantadora por Sinatra e Eddie Hodges em *Os viúvos também sonham*, e que fez enorme sucesso como single, merecia sua popularidade: embora não fosse uma grande canção, grudava loucamente na cabeça das pessoas, e sua mensagem, um toque de clarim de otimismo em uma nação que tinha conforto material mas estava imersa em uma nuvem de conformismo e de medo nuclear, era irresistível.

A versão da campanha, lançada antes da importante primária de Wisconsin em março, elevou a confiança leve e abstrata da canção original a um nível específico e até agressivo. Com rimas explosivas terminadas em "k" ("Jack", "*lack*", "*back*", "*track*"), era o equivalente sonoro dos gestos de apontar e serrar que Jack Kennedy fazia do púlpito, desafiando os Estados Unidos a sair da letargia e a tirar o futuro das mãos da União Soviética.

> *Frank Sinatra apresentou o senador Kennedy no Sands Hotel de Las Vegas duas noites atrás — e a plateia vibrou enlouquecida. Então Dean Martin saiu da coxia e disse para Sinatra: "Como é o nome dele?".*
>
> Earl Wilson, em coluna distribuída para jornais, 4 de fevereiro de 1960

John F. Kennedy, escreve o historiador cultural Jonathan Gould,

* Todos estão votando em Jack. / Porque ele tem o que os outros não têm. // Todos querem apoiar Jack, / Jack está no caminho certo. // Porque ele tem grandes esperanças! / Ele tem grandes esperanças! / 1960 é o ano para suas grandes esperanças! (N. T.)

> foi o primeiro presidente americano nascido no século XX, o primeiro a crescer escravizado pelos filmes, pelo rádio e pelas idealizações cor-de-rosa da publicidade das revistas — o primeiro presidente americano a ter sua sensibilidade moldada nesse caldeirão da moderna cultura de massa.[21]

Kennedy reconhecia o poder do show business, via como ele podia ajudá-lo em sua campanha. Também reconhecia que um rosto do show business atraía mais mulheres do que qualquer outra coisa.

"Sinatra achava que Kennedy seria um grande presidente", diz Ed Walters, que encontrou o futuro presidente no Sands em várias ocasiões. "Kennedy só queria fazer sexo."[22]

A formulação pode parecer vulgar, mas John F. Kennedy realmente tinha esse lado vulgar. Todos nós somos almas divididas; pelo fato de Jack Kennedy ser rico e ilustre, com aparência e carisma de astro de cinema, e por ter se tornado uma figura histórica importante, suas contradições ficam em destaque de maneira especialmente contrastante. "Ele era e não era adulto. Era as duas coisas",[23] lembrou Nancy Olson Livingston. Ele podia se mostrar profundamente pensativo ou indiferente, espirituoso ou grosseiro, empático ou ser calculista. Alguns o viam como caloroso e presente, outros não. "Ele era um pouco distante", acrescentou Livingston. "Não estava tão interessado no que você pensava e no que você tinha a dizer." E no que se referia à vida pessoal, era um homem que se sentia autorizado a fazer tudo exatamente como desejava, e o prazer era um dos seus valores mais altos. Tudo isso faz dele uma parte fundamental da saga do Rat Pack.

Cruzando o país em seu avião de campanha, o *Caroline*, no fim de janeiro e no início de fevereiro de 1960 Kennedy passou por Illinois, Indiana, Virgínia Ocidental, Dakota do Norte e Novo México; de maneira surpreendente, também fez questão de visitar Nevada duas vezes em um período de uma semana: em 31 de janeiro e 1º de fevereiro, para se encontrar com o governador progressista do Partido Democrata do estado, Grant Sawyer; e depois em 7 e 8 de fevereiro, ao que tudo indica com objetivos pessoais. Ele foi ver o show da Cúpula no Sands nas duas visitas. Na segunda, ele e sua comitiva (incluindo o irmão Ted, então com 27 anos) ficaram por duas noites no hotel-cassino, como convidados de Sinatra. "Não havia nenhuma razão para parar lá, exceto pela diversão e pelos jogos", lembrou Blair Clark, repórter da CBS que estava viajando com o candidato. Por outro lado, "nós todos pensamos: 'Que mal há em ver Sinatra no Sands?'".[24]

Esse era o resumo da ópera. Em uma época em que os repórteres (quase todos do sexo masculino) que cobriam política e os candidatos faziam vista grossa para pecadilhos sexuais, Jack Kennedy tinha carta branca. Sinatra o apresentava de maneira exagerada nos shows da Cúpula: "Senhoras e senhores, o senador John F. Kennedy, do grande estado de Massachusetts [...]. O próximo presidente dos Estados Unidos!".[25] Um filme amador fora de foco feito em um desses shows noturnos mostra o magro e jovem senador sorrindo e se levantando para agradecer os aplausos.

Judith Campbell Exner afirmou em seu livro que a primeira vez que ela encontrou Jack Kennedy foi "às dez da noite de um domingo (7 de fevereiro de 1960). Ele e Teddy estavam na mesa de Frank no salão do Sands. Ele estava muito bonito no terno risca de giz. Aqueles dentes brancos e fortes e os sorridentes olhos irlandeses".[26]

Depois de um drinque no salão, segundo Exner, alguém falou em jantar, e ela se viu jantando com Peter Lawford, Gloria Cahn, e Jack e Teddy Kennedy no Garden Room.

Milt Ebbins, agente de Lawford — uma testemunha aparentemente desinteressada —, afirmou que ele estava na mesa do Sands quando Campbell apareceu pela primeira vez. "A luz era fraca", ele contou a Anthony Summers, "mas senti uma mulher se aproximar e sentar ao meu lado — talvez por seu perfume. E ela disse: 'Sou Judith Campbell, convidada do sr. Sinatra. Ele me pediu para sentar nesta mesa'."[27]

De acordo com Ebbins, depois do show da Cúpula, Campbell saiu de lá com Jack Kennedy. O agente disse a Summers que, quando perguntou mais tarde a Lawford quem era ela, Lawford respondeu: "É uma prostituta. Frank deu duzentos dólares para ela ir até a nossa mesa [...] para ir para a cama com Jack".[28]

Isso é o que Lawford contou. Por outro lado, como a cantora Betsy Hammes lembrou, os homens estavam dando dinheiro à toa nessa época. "[Campbell] sempre foi o tipo de mulher sofisticada", disse Hammes. "Ela estava em toda parte. Nas boates de Beverly Hills, você esbarrava com ela toda noite. Estava sempre meio inconsciente o tempo todo — não sei se ela bebia ou se eram comprimidos, ou o quê."[29]

Ela era uma profissional?

"Acho que não — ela só era promíscua."

Depois de um dos shows da Cúpula, na noite de 7 ou 8 de fevereiro, houve uma festa particular na suíte de Sinatra; o candidato e parte de sua comitiva estavam presentes, assim como pelo menos duas jovens. Dois repórteres que lá se encontravam, Blair Clark e a colunista do *Washington Star* Mary McGrory, disseram estar de saída, Clark contou mais tarde, "porque percebemos que Jack e Frank e duas das moças estavam prestes a fazer uma festa".[30] Uma das mulheres, disse Clark, era Judy Campbell.

Campbell, que estava "muitíssimo impressionada com a atitude, a inteligência e o charme de Kennedy",[31] formou uma opinião sobre ele muito diferente da registrada por Nancy Olson Livingston. "Quando ele ouvia, era como se todos os nervos e músculos de seu corpo estivessem atentos", ela lembrou. "Ele tinha um hábito de inclinar a cabeça de leve em direção a você, como se para facilitar o processo de ouvir, protegendo-se contra a possibilidade de que uma palavra pudesse maliciosamente tentar escapar dele."

É claro que o nível de interesse dele pode ter variado na proporção direta do grau de seu empenho para seduzir alguém. Livingston afirma que Kennedy, em 1948, forçou a barra com ela, que, então com vinte anos, cursava o terceiro ano na UCLA, e que ela o rejeitou.[32] Kennedy pode ter dado essa causa por perdida mais tarde. Campbell, por outro lado, iria se tornar amante dele.

E Frank fez as apresentações.

Ele gostava de dar apelidos para as pessoas com quem se importava, e os apelidos eram alegres mas afiados: afinal de contas, ele era filho de Dolly. Dean era Dag, com um *a* longo, para lembrar *dago*;* Sammy era Fumaça, pelo hábito de fumar muito e pela cor da pele. Já falamos de Brother-in-Lawford. Mas agora havia um novo camarada, o amoroso cunhado do cunhado, e assim o candidato foi apelidado: Chickie Baby.

* Pessoa de ascendência italiana. (N. T.)

* * *

Decidida a estabelecer uma cronologia apropriada para seu relacionamento com John Kennedy, Judith Campbell Exner afirmava que fora Teddy Kennedy quem viera atrás dela — sem êxito — na primeira noite da estada no Sands, e que sua ligação com o futuro presidente de início foi apenas intelectual e espiritual, forjada ao longo de uma intensa discussão sobre catolicismo e política durante um almoço tête-à-tête no pátio do bangalô de Sinatra. De acordo com o relato de Campbell, a familiaridade se acelerou e se tornou um flerte pesado naquela tarde em uma recepção para JFK ("Eu me senti como uma estudante apaixonada pelo aluno novo que veio de outro estado e de quem ninguém sabe nada [...]. Achava que toda vez que ele se aproximava de mim e tocava minha mão, todos os olhos estavam focados em nós"). Naquela noite, disse ela, os dois se sentaram sozinhos na mesa de Jack Entratter na parte dos fundos do Copa Room e ficaram de mãos dadas no escuro enquanto assistiam ao show da Cúpula. E então Kennedy partiu para o Oregon para prosseguir com a campanha — mas não sem antes dizer a ela: "Não se preocupe, tenho planos de vê-la muitas vezes, com ou sem campanha, podemos dar um jeito, se você estiver disposta".[33]

Exner escreve que JFK lhe telefonava com regularidade, e até mandava rosas, de onde estivesse fazendo campanha. Nesse meio-tempo, ela acompanhava com avidez o progresso de Kennedy nos jornais e lia *Why England Slept* [Por que a Inglaterra adormeceu] e *Política e coragem*, ambos de autoria dele. A questão sobre o momento e o local do próximo encontro deles, o encontro que iria acelerar o relacionamento levando-o do intelectual para o físico, continuava no ar. E então Frank tornou as coisas mais confusas.

Na tarde de 24 de fevereiro, segundo Exner (*Onze homens e um segredo* tinha voltado a ser filmado em Los Angeles), ela almoçou com sua irmã, atriz da Warner Brothers, e as duas foram visitar Sinatra no set. "Ele foi extremamente solícito e cavalheiro, certificando-se de que nos trouxessem cadeiras para que pudéssemos ver a filmagem de uma cena", escreve.

> Mais tarde, tomando drinques no camarim dele, perguntei-lhe o que iria fazer a seguir. Ele disse que tinha um compromisso no Fontainebleau, em Miami, e que o Clã estava planejando se juntar a ele para alguns dos shows. O show deles tinha sido um imenso sucesso no Sands e Frank achou que ia ser um *"gas"* repeti-lo em

Miami. "Ei, por que você não vem para a estreia? É sempre bom ter uma mulher bonita na primeira fila."

Não aceitei nem recusei. Disse que ia pensar. Não estava disposta a fazer planos que pudessem causar conflito com o encontro que teria com Jack. Por sorte, decidimos sobre o local e a hora de nosso próximo encontro naquela mesma noite, quando Jack me ligou do Wisconsin.[34]

O lugar era a cidade de Nova York, o hotel Plaza, para ser mais preciso, em 7 de março — a noite, de acordo com Exner, em que ela e Kennedy se tornaram amantes. Frank fez sua estreia no Fontainebleau na noite seguinte, e Judy Campbell encontrou um espaço em sua agenda para ir para Miami, onde ficou por duas semanas e viu o show dele não apenas uma, mas várias vezes. Foi em um desses shows, ela diz, que Sinatra a apresentou para o homem de meia-idade encantador e bem vestido que ele chamou de Sam Flood.

Na noite de 15 de fevereiro, o terceiro *Frank Sinatra Timex Show* foi ao ar pela ABC. "Um brinde às mulheres" era o tema, e as convidadas foram duas das grandes damas da época, Eleanor Roosevelt e Lena Horne, além da nova namorada de Frank, Juliet Prowse, a cantora de ópera Mary Costa e a imitadora Barbara Heller. A ex-primeira-dama ficou com o lugar de honra, a penúltima a aparecer no programa, e o anfitrião a apresentou com a máxima deferência: "Uma mulher a cuja amizade dou muito valor [...] a mulher mais admirada da nossa época, sra. Eleanor Roosevelt".

Ela estava sentada em um banco, uma aparição vestida de seda branca, com espaço a seu lado para Frank. Ele se sentou e ela sorriu com genuíno prazer. "Boa noite, sr. Sinatra", disse, com a voz doce e elegante que era sua marca registrada.

"Sr. Sinatra? Por que não me chamar de Frank?", ele replicou.

Ela era um pouco antiquada, explicou a sra. R.; "Sr. Sinatra" lhe parecia mais natural. Seu sorriso caloroso dizia o contrário. Por alguns instantes, os dois fizeram alguns gracejos de acordo com o script. A sra. R., que de forma encantadora deixava óbvio que estava lendo os cartões com o texto, perguntou o que poderia fazer depois das apresentações tão belas das outras mulheres. O sr. S. respondeu que apenas sentar e conversar com ele era o suficiente.

"Mas diga, Frank", tornou ela, passando de maneira arrebatadora para a informalidade, "deve haver algo que eu possa fazer para contribuir com a noite."

Frank com Eleanor Roosevelt. Sinatra tinha imensa admiração pela ex-primeira-dama e grande filantropa; ela correspondia a essa consideração de maneira um pouco mais discreta.

E na verdade havia. Enquanto as cordas de Nelson Riddle atacaram no fundo e um coral começou a murmurar, a sra. Roosevelt passou a recitar a letra de "High Hopes" — com humor, dignidade e certa firmeza nos grandes olhos puxados (ela resistia e continuaria a resistir ao candidato escolhido por seu anfitrião, John F. Kennedy), sem falar em um sotaque aristocrático que não havia exatamente passado pela cabeça de Sammy Cahn:

Anyone knows an ahnt cahn't
*Move a rubber-tree plahnt.**

* Todo mundo sabe que uma formiga não consegue/ Carregar uma seringueira. (N. T.)

A mensagem de esperança tinha a força de quem a transmitia, e a estima de Frank pela grande dama era visível. Assim como era visível o desejo dele, deixado claro pela participação dela no programa, de se envolver na política no mais alto nível. O homem que era capaz de ter Eleanor Roosevelt em tão alta consideração e de também nutrir uma intensa admiração por Sam Giancana e Johnny Formosa pode ter tido uma complexa noção de autoestima, mas também guardava um respeito bastante simples pelo poder.

> *Qual é o problema com Frank Sinatra?*
> *Sinatra, que é o nome do momento no show business, não lança um disco desde 1º de agosto do ano passado, quando gravou um single chamado "Talk to Me". Ele não faz um álbum desde 20 de julho, quando gravou "No One Cares" — apesar do fato de que os discos dele vendem mais do que os de qualquer outro artista* [...].
> *Nas circunstâncias atuais, Sinatra não pode gravar para ninguém que não seja a Capitol, e ele não quer gravar para a Capitol. Esse impasse pode durar anos.*
> John Crosby, em coluna distribuída para jornais, 2 de março de 1960

Em algum momento no final de 1959 ou no início de 1960, Glen Wallichs, o chefe da Capitol Records, chamou Alan Livingston e pediu sua ajuda para lidar com Sinatra. Em maio, depois de Wallichs ter dito um não definitivo ao enésimo pedido do cantor para que sua Essex Productions se tornasse um selo da Capitol — com a gravadora arcando com todas as despesas e ambas repartindo os lucros meio a meio —, Frank tinha ido embora, recusando-se a gravar outro disco até conseguir o que queria. Wallichs raciocinou que Livingston (que logo deixaria a NBC e voltaria à Capitol como presidente) tinha um relacionamento especial com o cantor. Afinal de contas, ele era o homem que levara Frank para a Capitol em 1953, quando ninguém mais o queria. Mas, como o mentor e amigo íntimo de Sinatra na Columbia Records, o falecido Manie Sacks, havia aprendido de maneira dolorosa, nada — nem amizade, nem amor, nem lealdade — era mais importante para Frank do que sua carreira. Quando ele decidia que queria algo, qualquer um que se opusesse era o inimigo.

"Liguei para ele e disse: 'Frank, soube que você está com um problema com a Capitol [...]. Podemos sentar e conversar sobre isso?", lembrou Livingston.

Ele respondeu: "De jeito nenhum. Não quero falar com você. Vou botar aquele prédio redondo abaixo". Ele estava ameaçando fazer isso e aquilo e usando todos os palavrões que você possa imaginar. E eu fiquei chocado. Disse: "Frank, lamento. Não sabia que você estava se sentindo assim". E desliguei. E acabou. A partir daí a conversa prosseguiu por meio de advogados.[35]

Os advogados da Capitol e Mickey Rudin, advogado de Sinatra, negociaram um acordo: em troca de dar à Capitol o álbum da trilha sonora de *Can-Can*, Frank ficaria liberado do contrato de sete anos que tinha assinado em 1956. Gravaria mais cinco discos para o selo, nas condições que estavam valendo, e então estaria livre para ir embora.[36] Ele começou a gravar o primeiro LP na noite de 1º de março, na primeira vez em que pôs os pés no Estúdio A desde maio do ano anterior.

No entanto, era como se ele nunca tivesse ido embora. Nelson estava no pódio, os Slatkin estavam na seção de cordas, Dave Cavanaugh estava na cabine de comando. Frank se sentia tranquilo e feliz. O plano para o álbum — que de início seria intitulado *The Nearness of You** — era atualizar uma dúzia de baladas clássicas que Frank tinha gravado para a Columbia mais de uma década antes: a maior parte delas, crucialmente, do período pré-Ava Gardner — ou seja, canções de amor, e não choros desconsolados.

Desde a primeira faixa, Frank estava no ritmo certo. A última vez que gravara a majestosa "You Go to My Head", de Fred Coots e Haven Gillespie, fora em 30 de julho de 1945 — um mês antes da vitória sobre o Japão, quando ele ainda estava na casa dos vinte anos. A versão arranjada por Axel Stordahl era bonita, um sonho sutil, como a fumaça que subia de um Lucky Strike na época da guerra. O vocal de Frank era jovial, cheio de desejo e de saudade: era o som que fazia as meninas gritarem, que fazia os meninos que estavam fora do país quererem voltar para casa.

Tanta coisa tinha mudado em quinze anos. Nas mãos de Sinatra e de Riddle, a música se transformou de algo belo em algo magnífico. Não era só o timbre da voz de Frank que tinha ficado mais profundo, era a própria música. As cordas rodopiando e a flauta na introdução que eram a marca registrada de Nelson,

* De acordo com Havers (p. 254); Friedwald (p. 256) diz: "Ninguém lembra qual era o título original do projeto, mas pode muito bem ter sido *The Nearness of You*".

seguidas pela voz profunda e sombria de Frank, fizeram com que "You Go" se transformasse em algo oceânico.

Nas quatro canções que gravou naquela noite — ele também cantou "Fools Rush In", "That Old Feeling" e "Try a Little Tenderness" —, Sinatra revelou um novo aspecto de sua interpretação de baladas. Depois de ter sido o jovem amante ardoroso, e depois, por muitos anos, o apaixonado, agora ele era o sujeito bacana, triste, mas sábio: um artista à beira de se tornar um estadista.

Em três noites consecutivas, 1º, 2 e 3 de março, Sinatra e Riddle fizeram doze belíssimas gravações, o suficiente para completar o álbum que Frank tinha em mente. Mas o perfeccionista incansável dentro dele não estava satisfeito. Ele fez Hank Sanicola chamar alguns compositores, entre os quais Cahn e Van Heusen, para pedir uma música nova, uma canção que desse título a um álbum de "canções de amor levemente dançantes"[37] — essa era a frase. Era um pedido difícil.

Entre os times que Sanicola procurou estavam o compositor Lew Spence e os letristas Alan e Marilyn Bergman, que já tinham escrito dois singles para Sinatra: "Sleep Warm" e "Love Looks So Well on You". Spence havia pouco tocara para os Bergman um fragmento de música desses que ficam na cabeça, pensando no que fazer com aquilo; o alegre tema de seis notas que era o centro da peça evocou uma frase para Alan Bergman: *"Nice 'n' easy does it"*.* Depois disso, o resto da música e da letra veio rápido.[38]

Frank e o roteirista Albert Maltz tinham sido liberais na Hollywood dos anos 1940, com a diferença de que Maltz — que escreveu o roteiro para o curta *The House I Live In*, vencedor do Oscar de 1945, com Sinatra interpretando a si mesmo em um hino à tolerância — era um pouco mais liberal: na verdade, ele era membro de carteirinha do Partido Comunista americano.[39] Dois anos mais tarde, junto com nove outros roteiristas e diretores de esquerda, Maltz foi acusado de obstruir o trabalho do Congresso por se recusar a testemunhar na Comissão de Atividades Antiamericanas da Câmara. Todos os membros do grupo, que ficou conhecido como Os Dez de Hollywood, foram presos e incluídos na lista negra. Depois de solto, Maltz se mudou para o México, e foi para lá, no início de 1960, que Sinatra telefonou, para conversar com ele sobre a ideia de escrever um novo roteiro.

* Assim é: agradável e fácil. (N. T.)

Frank pretendia produzir — e, pela primeira vez, dirigir — o filme, que seria baseado no livro *The Execution of Private Slovik* [A execução do soldado Slovik], de William Bradford Huie, a história de um vagabundo que se tornou o único soldado norte-americano executado por deserção durante a Segunda Guerra Mundial. "Era uma história totalmente deprimente", lembrou George Jacobs, "mas, como dizia o sr. S., 'você não ganha o Oscar por comédias'. Ele ainda queria muito aquele Oscar."[40]

Albert Maltz parecia a escolha perfeita para escrever o filme antibélico — exceto por um pequeno detalhe: ele continuava na lista negra. O Sindicato dos Roteiristas dos Estados Unidos tinha determinado seu afastamento; em tese, nenhum estúdio podia contratá-lo ou distribuir um filme em que ele tivesse trabalhado. (Muitos dos Dez, incluindo Maltz, haviam driblado a lista negra escrevendo sob pseudônimo.)

Naquele mês de janeiro, porém, Otto Preminger, que dirigira Frank em *O homem do braço de ouro*, tinha conseguido sua primeira grande vitória contra a lista negra ao dizer para o *New York Times* que ele contratara Dalton Trumbo, outro membro dos Dez de Hollywood, para escrever o roteiro de seu novo filme, *Exodus*.*[41] Sinatra, que nutria imensa admiração por Preminger, estava nitidamente fazendo um gesto político naquele ano supertumultuado. "Frank disse que vinha pensando em me contratar havia bastante tempo e que para ele era muito importante fazer isso e filmar essa história",[42] Maltz lembraria.

Era uma decisão voluntariosa, e pessoas mais serenas do círculo de Sinatra questionaram de imediato a ideia. O advogado Martin Gang, que trabalhava com Frank, ligou para Maltz e perguntou se o anúncio podia ser adiado para depois da primeira primária presidencial, em New Hampshire (8 de março), para que não se criasse um preconceito no eleitorado contra John Kennedy, para quem Sinatra estava fazendo campanha pesada.

Kennedy ganhou com folga em New Hampshire, e Albert Maltz ligou para Frank. Quanto mais fosse adiado o anúncio, achava o roteirista, menor seria o impacto disso na lista negra.

* Na verdade, Kirk Douglas tinha contratado Trumbo para escrever o roteiro de *Spartacus* um ano antes, mas só revelou o fato mais tarde. E Stanley Kramer pouco tempo antes contratara Nedrick Young, que também estava na lista negra, para escrever o roteiro de *O vento será tua herança*.

> Perguntei-lhe abertamente se queria adiar porque estava arrecadando dinheiro para Kennedy e estava preocupado com a possibilidade de dificultar o trabalho por se envolver publicamente com um roteirista incluído na lista negra, mas ele disse: "Não, eu apoio Kennedy por achar que é a pessoa mais indicada para o cargo, mas não estou fazendo nada de especial para ele". Então sugeri que fizéssemos o anúncio imediatamente, e ele disse que tudo bem.[43]

Na verdade, não estava tudo bem. Em 20 de março, falando de Miami, onde fora fazer uma temporada de dezenove noites (com Sammy Davis Jr., Peter Lawford e sua filha Nancy) no Fontainebleau, Frank contou ao mundo que tinha contratado Albert Maltz. (E que Steve McQueen iria interpretar Eddie Slovik.)[44] Como observou Murray Schumach, do *New York Times*, em um texto que ocupou toda uma coluna, era um anúncio histórico: "Isso marca a primeira vez em que um astro de cinema de primeira linha desafiou a regra imposta pelos grandes estúdios", escreveu. "Dado o fato de que os astros conquistaram poder suficiente em Hollywood para com frequência escolher seus próprios roteiristas, a decisão do sr. Sinatra pode se tornar um precedente que ajudará a minar a lista negra, cuja existência muitas vezes tem sido negada."[45]

Schumach perguntou a Frank se ele tinha medo da reação em Hollywood: "Isso nós vamos ver depois", Sinatra disse. "Vamos ver o que acontece."

Não foi preciso esperar muito. Em 23 de março, com a manchete ASTROS REPUDIAM CONTRATAÇÃO DO ROTEIRISTA MALTZ, DOS "DEZ DE HOLLYWOOD", POR SINATRA, a UPI observava que a decisão de Frank tinha causado "uma enxurrada de críticas [...] de astros como Ward Bond e Robert Taylor. 'A contratação do sr. Maltz é parte de uma tendência que pode ser chamada de clube de contratação de comunistas', disse o sr. Bond".[46] Amigo íntimo de Bond, muitas vezes seu parceiro em filmes e companheiro de direita, John Wayne perguntou furioso aos repórteres: "Fico imaginando o que o amigão de Sinatra, o senador John Kennedy, acha da contratação de um homem desses. Gostaria de saber qual é a atitude dele porque é ele que está planejando administrar o governo de nosso país".[47]

Páginas editoriais de todos os cantos dos Estados Unidos criticavam Sinatra. Previsivelmente, os jornais do grupo Hearst lideraram o ataque. O *New York Mirror* perguntou:

Que tipo de pensamento motiva Frank Sinatra a contratar um inimigo renitente de nosso país — não um liberal, não um oprimido, não um livre-pensador, mas um revolucionário linha-dura que nunca fez nada para abandonar o campo comunista ou para se desligar do passado de comunista?[48]

Hedda Hopper entrou na onda. "Ao voltar de Nova York, encontrei mais de uma centena de cartas na minha mesa protestando contra a decisão de Frank Sinatra de contratar o comunista Albert Maltz", escreveu a colunista, republicana ardorosa e apoiadora de Nixon.

Tentei falar com Frank, mas ele não estava disponível. Ele deu várias razões para ter feito isso, mas nenhuma que tivesse aprovação dos verdadeiros americanos.

Pessoalmente, acredito que a história deveria ser filmada [...]. Mas as pessoas têm o direito de se recusar a ver esse filme, caso ele chegue a ser feito. Elas também têm o direito de não comprar os discos de Sinatra e de não assistir a seus programas na TV. Isso é direito delas.

Mas e as pessoas de outros países — aquelas que nos odeiam? Essas vão se refestelar em uma história sórdida sobre nosso país. Se Sinatra ama seu país, ele não vai fazer isso. Ele vai cancelar as despesas com a história e esquecer isso. Mas vai fazê-lo? Eis a questão. Ele é teimoso, mas não é burro. Tem uma boa família, da qual se orgulha. Vai fazer isso com eles? Também há seu amigo senador John Kennedy, para quem pretende fazer campanha. Sinatra pensou no prejuízo que isso pode trazer para ele? *Soldado Slovik* pode ser o fim de uma brilhante carreira. Eu pergunto, Frank, se você pode arcar com esse risco.[49]

Frank não estava preocupado com sua carreira. Seus discos vendiam como nunca; ele tinha (como sempre) vários projetos de filmes alinhavados; e, independentemente de a direita espernear, seu enorme público continuava a amá-lo. No fim de março, uma reportagem de primeira página na *Variety* informava que ele havia obtido mais uma vez uma renda recorde no Fontainebleau, 400 mil dólares por dezenove noites, das quais as últimas três, uma reprise da Cúpula, tiveram lotação acima da capacidade.

"Ben Novack, do Font, está fechando o lugar por uma semana, por achar que nada pode vir depois de Sinatra",[50] dizia a reportagem.

Mas outra matéria, mais importante, sobrepujou essa, no topo da primeira página, anunciando que Frank estava deixando a William Morris Agency para abrir sua própria empresa de agenciamento. A Morris tinha "levado um duro golpe com a decisão de Frank de não renovar", dizia a revista semanal do show business. "A saída de Sinatra tira do escritório de Morris seu contratado que mais traz receitas no campo das apresentações individuais e um artista muito lucrativo nas áreas do cinema e da televisão."[51] Ainda segundo a *Variety*, estimava-se que a nova empresa, a ser chefiada por Hank Sanicola, com Milt Ebbins e Nick Sevano como sócios, iria "representar alguns membros do 'Clã', o grupo de socialites do showbiz que nos últimos anos tem girado em torno de Sinatra. Entre os que podem estar no novo plantel estão Dean Martin, Sammy Davis Jr., Peter Lawford, Joey Bishop [...] além de Tony Bennett e Shirley MacLaine, entre outros".

Todos esses, claro, eram agenciados por outras empresas na época. "Os planos da nova agência de talentos de Frank Sinatra", observou Earl Wilson em sua coluna, "estão de fato infernizando o showbiz."[52] Frank tinha, com efeito, dado um golpe em Hollywood.

A exortação de Hedda Hopper para que se fizesse um boicote comercial a Sinatra soou assustadora, embora, como era típico de Frank, ele tenha deixado que outros se preocupassem. De acordo com Nick Sevano, a General Motors lhe telefonou logo depois de a nova agência ter aberto as portas, ameaçando tirar os anúncios de três especiais de Sinatra que estavam por ser transmitidos, a não ser que o cantor rompesse com Maltz. Segundo Sevano, ele, Sanicola e Rudin "voaram para Palm Springs para tentar convencer Frank a demitir Maltz, mas ele não cedeu. 'Eles que se fodam', disse. 'Vai haver outros especiais'".[53]

De acordo com Peter Lawford, foi necessária uma força maior do que a General Motors — Joseph P. Kennedy — para afinal fazer Sinatra mudar de ideia. Lawford contou que o velho ficou nervoso depois que forças anti-JFK, durante as primárias de New Hampshire, acusaram o candidato de ser condescendente com os comunistas, e que os cardeais Cushing, de Boston, e Spellman, de Nova York, alertaram Kennedy pai sobre a ligação Sinatra-Maltz.

"Foi aí que o velho Joe ligou para Frank e disse: 'Ou Maltz ou nós. Decida'", relatou Lawford a Kitty Kelley. "Ele achava que Jack estava apanhando por ser católico e que isso, por si só, seria difícil de controlar. A ideia era evitar que ele também apanhasse por ser pró-comunista, de modo que Frank desistiu e dispensou Maltz naquele dia."[54]

* * *

Tina Sinatra conta uma história diferente: que o catalisador da demissão de Maltz foi uma força ainda maior do que Joe Kennedy sozinho. "Tanto Joe quanto Bobby Kennedy disseram a meu pai, sem rodeios, para demitir Maltz", ela escreve.

> Imagino que esperavam que ele fizesse o que era conveniente sem pensar duas vezes — esse era, afinal, o modo como os Kennedy tinham se feito no mundo. Eles não contaram com a teimosia siciliana de meu pai. Ele estava disposto a ceder, mas não a se comprometer no processo. E não gostava que lhe dissessem o que fazer, mesmo que se tratasse do pai do próximo presidente dos Estados Unidos. Ele disse aos Kennedy que ficaria com Maltz, ainda que isso pusesse em risco seu papel na campanha.[55]

Mas e quanto ao risco para a campanha em si? A primeira resposta de Frank a Maltz — de que ele não estava "fazendo nada de especial" para JFK — foi tanto arrogante quanto dissimulada: claro que ele estava fazendo todo tipo de coisas especiais por JFK, algumas delas em completo sigilo. Em sua reportagem de 20 de março, Schumach observou no *New York Times*:

> Comenta-se, mas sem confirmação, que o sr. Sinatra de início pensou em manter em sigilo sua associação com o sr. Maltz até depois da Convenção Nacional do Partido Democrata, por medo de que a história pudesse prejudicar as chances do senador John F. Kennedy de conseguir a indicação para a corrida presidencial.[56]

A reportagem reforçava a ligação entre Sinatra e JFK no jornal de referência, lembrando que a gravação de Frank de "High Hopes" era a música de campanha do senador e registrando sua proximidade com Lawford.

Mas Tina Sinatra escreve que foi por levar em consideração os sentimentos dela, mais do que as chances de JFK, que o pai mudou de ideia. Ela estava com onze anos na época, na quinta série em Marymount, uma escola católica para meninas em Bel Air, quando uma menina a abordou e disse: "Meu pai diz que seu pai é comunista. Isso quer dizer que você também é?".

"Fui para casa chorando naquela tarde", escreve Tina.

Saí correndo do ônibus e contei à minha mãe o que tinha acontecido, e ela ligou para papai na mesma hora [...]. "Lamento que isso tenha acontecido, Pombinha", ele me disse. "Essa coisa toda é muito complicada, mas estou lhe dizendo que não sou comunista, e que nem você é. Não chore, por favor. Vou resolver isso." [...]

Embora papai não tivesse cedido aos poderosos Kennedy, ele cedeu diante da filha com problemas. Depois de se despedir de mim, ele virou para Guy McElwaine, seu assessor de imprensa, e disse: "Faça um cheque para Albert, e diga que sinto muito". Ele pagou a Maltz o valor total de 75 mil dólares pelo trabalho, coisa que ele não era obrigado a fazer. "O problema era meu, não dele", papai disse.[57]

O que faz mais sentido é que Frank tenha cedido tanto aos poderosos Kennedy quanto à filha pequena. Como George Jacobs lembrou,

ele ficou péssimo por ter de admitir para Joe Kennedy que estava errado e desistir do próprio sonho. Entrou em uma maratona de três dias de Jack Daniel's e destruiu completamente o escritório da casa de Bowmont. "Quem se importa? Vou sair desse negócio de merda!", gritava, rasgando livros e roteiros, arremessando estantes de livros. Dessa vez achei que a fúria e a frustração dele eram compreensíveis.[58]

Sem dúvida havia tensão no ar. Uma semana depois, Dorothy Kilgallen fez uma observação curiosa em sua coluna de fofocas distribuída para jornais:

É muito intrigante para os membros do famoso Rat Pack de Hollywood, mas pessoas próximas ao senador John Kennedy dizem que o belo candidato presidencial continua desmentindo qualquer amizade íntima com Frank Sinatra e insiste que qualquer publicidade ligando o cantor à sua campanha deve ter sido "plantada" por interesse de Sinatra. Segundo elas, o candidato afirma ter encontrado o cantor apenas "umas poucas vezes" e declara que Frank é amigo de seu cunhado Peter Lawford, não dele.[59]

A notícia parece duplamente surpreendente: para começar, é a primeira vez que a imprensa escrita usa a expressão "Rat Pack" para se referir aos membros da Cúpula, e não para designar o círculo ligado a Humphrey Bogart. Depois, pela estranha e assustadora, embora apócrifa, afirmação de que Kennedy tinha um problema com Sinatra. E, embora se deva dizer que havia certa hostilidade entre

Frank e Kilgallen — ela parecia gostar em especial de alfinetá-lo na imprensa (e é provável que soubesse muito bem que ele iria odiar o rótulo de Rat Pack); ele costumava se referir a ela, no palco, como "aquela dona sem queixo" —, é difícil imaginar que a colunista tenha simplesmente inventado o que escreveu. Várias pessoas próximas a Jack Kennedy (sobretudo seu irmão Bobby) estavam bastante preocupadas com o fato de ele manter amizade com um homem que andava com prostitutas e gângsteres. Sem falar em comunistas.

E, no entanto, Frank continuou a fazer campanha para Kennedy como um possesso, cantando em eventos para arrecadação de fundos, pedindo contribuições para os ricos ("Ele ligava", lembrou Milt Ebbins, "e antes de você perceber ele estava dizendo: 'Tirei 10 mil de você'"),[60] reunindo colegas artistas para participar da causa. "Se ele pedisse que as pessoas fossem a algum lugar, elas iam", contou Rosalind Wyman, uma das principais organizadoras da campanha na Costa Oeste. "Sammy Davis Jr., Nat King Cole, Ella Fitzgerald, Milton Berle, Bobby Darin, Steve Allen e Jayne Meadows. Frank conseguiu que todos eles fizessem eventos para nós."[61]

"Nós nos espalhávamos", lembrou Sammy.

> Eu fazia comícios em Los Angeles, San Diego e subindo a costa até San Francisco, depois nos encontrávamos de novo na casa de Frank. "Como é que foi? O que aconteceu?" [...] Sempre havia grupos se reunindo, planejando atividades, e era empolgante estar ali, todo mundo te conhecia e você conhecia todo mundo e todo mundo estava se doando para algo em que você acreditava profundamente.[62]

Frank, talvez alfinetando Kilgallen de volta, inventou um novo nome para seu grupo: o Jack Pack. Dean Martin, que era cético a respeito de políticos em geral, e sobretudo a respeito de Kennedy em particular, se manteve ausente de forma ostensiva. "Ele tinha conhecido Jack Kennedy em Chicago mais ou menos uns dez anos antes, quando ainda estava com Jerry, e os três armaram juntos para conquistar mulheres", escreve Shawn Levy. "Ele não ficou terrivelmente impressionado com o sujeito na época e sem dúvida não estava disposto a entrar na onda de Frank, mesmo se o Rat Pack *tivesse* sido rebatizado de Jack Pack."[63]

Frank teria feito bem em cultivar ele próprio um certo ceticismo.

* * *

O show da Cúpula no Fontainebleau não foi a única grande notícia a vir de Miami naquela primavera. Em outubro do ano anterior, Frank tinha feito um acordo com o agente de Elvis Presley, "Coronel" Tom Parker (nascido Andreas Cornelius van Kujik, na Holanda, em 1909), para que o Pelvis aparecesse no último especial da Timex de Sinatra na ABC. O motivo era a dispensa de Presley do Exército dos Estados Unidos em março, um evento nacional do ponto de vista dos fãs. Parker conduziu uma negociação lendariamente difícil: o superastro de 25 anos receberia 125 mil dólares por sua participação, mais do que Frank estava recebendo pelo programa inteiro.[64]

Foi um evento que marcou época em mais de um aspecto. Ao aparecer com Elvis, Sinatra estaria não só reconhecendo como, em certo sentido, reverenciando um artista cujos discos, para desgosto dele, vendiam mais do que os seus; o principal expoente de um gênero que apenas dois anos antes Sinatra tinha chamado de "afrodisíaco de cheiro rançoso", e de "forma de expressão mais brutal, feia, degenerada e corrupta [...] em grande parte cantado, tocado e escrito por cretinos idiotas".

Como George Jacobs lembrou,

> o sr. S. detestava tanto Elvis que sentava na cabine sozinho à mesa de som e ouvia cada nova faixa várias vezes, "Don't Be Cruel", "All Shook Up", "Teddy Bear". Ele estava tentando entender que diabo era aquela coisa nova, tanto artística (embora nunca admitisse que aquilo fosse arte) quanto culturalmente (embora nunca admitisse que aquilo fosse cultura). Por que o público estava entendendo aquele troço? Qual era a graça? O que atraía as pessoas para aquilo? O sr. S. não conseguia responder a essas perguntas. Eu soube que ele estava em maus lençóis quando o ouvi dizer que preferia Pat Boone.[65]

Mas — Frank calculou com esperteza, deixando de lado seu gosto — Pat Boone não vendia discos como Elvis, e Pat Boone não atrairia tantos telespectadores quanto Elvis.

O programa, intitulado *It's Nice to Go Traveling; or, Welcome Home Elvis* [É bom ir viajar; ou, Bem-vindo ao lar, Elvis], foi gravado no Fontainebleau em 26 de março, diante de uma plateia temperada com uma dose generosa de meninas adolescentes cuja presença logo se tornaria visível. Primeiro, no entanto, Sinatra e companhia — Nancy filha (em sua estreia profissional), Joey Bishop, Sammy Davis Jr. e os Tom Hansen Dancers — fizeram uma abertura ao estilo Las Vegas, entrando no palco um a um, cada um cantando uns poucos versos de uma versão especial da letra de "It's Nice to Go Trav'ling", de Cahn e Van Heusen.[66]

Frank, que estava magro, bronzeado e bonito (e usando uma peruca discreta), começou, cantando

It's very nice to go travelin', to join the Army and roam,
*It's very nice to go travelin', but it's so much nicer, yes, it's so much nicer to come home.**

Então a pequena Nancy, na época com dezenove anos, que havia pouco anunciara seu noivado com o ídolo adolescente Tommy Sands, surgiu, parecendo adulta em um vestido de gala branco *décolleté* e com luvas brancas. Ela não soou tão adulta, porém, ao dar o braço para o pai e cantar, com uma voz agradável mas um pouco infantil, como era bom ser anfitriã e ajudar o papai a receber Elvis de volta ao lar.

E depois de o grupo dar uma deixa transcendentalmente cafona, completada com "*drums* [...] *drummin*" [tambores (...) tamborilando] e "*guitars* [...] *strummin*" [guitarras (...) sendo dedilhadas], uma porta cênica se abriu, e as meninas na plateia deram os devidos gritos (mas não de maneira incontrolável) ao ver surgir o ídolo, em uniforme militar com quepe, andando pelo palco enquanto o grupo se dividia para formar um corredor de adoração.

Mais alto do que Frank, sobretudo com aquele quepe, Elvis olhou para a câmera — a temporada no Exército tinha feito com que ele emagrecesse, afinando-lhe o rosto e o belo visual de Adônis com cílios longos — e cantou, decidido mas tímido, "It's very nice to go trav'ling, but it's so, so, nice to come home", antes de um bando de moças, incluindo Nancy, o arrancar para fora do palco.

E então ele sumiu pelos 35 minutos seguintes do programa, enquanto Frank cantou algumas músicas e teve um bate-papo bobinho com Joey Bishop ("Eu es-

* É muito bom ir viajar, entrar para o Exército e sair por aí,/ É muito bom ir viajar, mas é muito melhor, sim, muito melhor voltar para casa. (N. T.)

tava para dizer a Elvis o que aconteceu na indústria musical enquanto ele esteve fora: os discos voltaram a vender — os meus discos"), Sammy Davis Jr. cantou e dançou, os Tom Hansen Dancers dançaram e Peter Lawford (não citado nos créditos) apareceu, dançou com Sammy e houve mais um bate-papo bobinho.

Tudo diversão pálida — o que Frank pareceu perceber quando, por fim, retoricamente perguntou à plateia, com um sotaque que lembrava *Amos 'n' Andy*: "Pessoal — o que vocês diriam se eu fosse cantar outra música agora?".

"Nããão", resmungaram, obedientes, as adolescentes, passando de imediato a um coro (estaria tudo ensaiado?) — "Queremos Elvis" — que não precisou se estender muito até que o ídolo delas reaparecesse, dessa vez de smoking, com as costeletas ainda militarmente curtas ("Me transformou em um homem", ele disse sobre o Exército, "e não pretendo deixar as costeletas crescerem de novo"),[67] mas com a cabeleira negra, sua marca registrada, como que por milagre regenerada nos 24 dias desde que ele viera da Alemanha de volta para casa, apontada para o céu, com uma vida toda própria. Ele deu um sorriso consciente para a câmera — parecia que o uniforme o tinha inibido; agora ele estava livre — e então, com um leve sorriso, deu início a seu primeiro número:

Fame and fortune,
*How empty they can be.**

Era uma balada lenta, não uma grande canção, e a câmera só o mostrou da cintura para cima. Da cintura para cima, cantando uma balada, ele era apenas um cantor de baladas boa-pinta. Mas quando Elvis começou a próxima música, a balançante "Stuck on You", o quadro se ampliou e mostrou-o de corpo inteiro, e ele passou a estalar os dedos das mãos (os pulsos perto um do outro), a mexer os quadris e a sacudir aquela cabeleira, que ganhou vida própria. Agora os gritos foram para valer. E tinham toda razão de ser. Mesmo em um cinescópio de cinquenta anos de idade, o carisma de Presley salta da tela. Ele irradia uma autoridade absoluta.

Quando a música terminou, Frank e Joey apareceram, vindo do lado direito do palco, dois velhotes carecas de smoking aplaudindo respeitosamente, como

* Fama e fortuna, / Como podem ser vazias. (N. T.)

membros do Politburo do show business. Frank apertou a mão de Elvis. "Elvis, isso foi ótimo, e estou feliz de ver que o Exército não mudou você", disse. "Não foi ótimo?", ele perguntou a Joey.

"É a primeira vez na vida que vejo uma mulher gritar para um homem cantando", disse o comediante, com uma cara impassível. Totalmente impassível.

Frank pôs as mãos nos quadris e olhou para ele. Elvis riu.

Então Joey soltou mais uma. "Com licença, sr. Presley", disse, "mas o senhor acha que Frank estaria sendo presunçoso se fizesse um dueto com o senhor?"

E assim aconteceu: aquilo que o mundo não tinha sido capaz de acreditar que algum dia fosse acontecer. Enquanto Nelson Riddle fazia a orquestra tocar em um andamento rápido e dançante, os dois se alternavam no vocal, Frank cantando versos de "Love Me Tender" em versão jazzística, Elvis cantando versos de "Witchcraft" em versão *rockabilly*. De um jeito cativante, Presley tirou sarro de si mesmo balançando a cabeça e fazendo caretas exageradas, e Frank sorria, parecendo de fato gostar daquilo. Ambos deram a impressão de estar se divertindo como nunca.

Então Frank pousou o braço nas costas de Elvis, Elvis pôs o braço nas costas de Frank, e quando o andamento da música ficou mais lento, eles cantaram juntos o último verso de "Tender":

*For my darling, I love you...**

Frank, animado, aparteou: "Cara, isso é *bonito*".

*And I always will.***

E enquanto a orquestra tocava os acordes finais, os dois soltaram os braços, dançaram em seus lugares — Frank se contorcendo em uma breve imitação de Elvis — e acabou. Tinham se tornado iguais no palco.

* Pois, minha querida, eu te amo... (N. T.)

** E sempre vou te amar. (N. T.)

Choque de titãs: Frank e Elvis no final do programa especial de Sinatra na rede de televisão ABC, em 26 de março de 1960. Sinatra engoliu sua intensa antipatia por Presley em troca de um alto índice de audiência.

Elvis havia aparecido, somando todo o tempo desde o começo do programa, por sete minutos e meio.

Há um brevíssimo momento, quando já tinham se passado três quartos do dueto, em que Elvis, de maneira atrevida, sai do roteiro, mudando uma palavra da letra — em vez de "Não há bruxa mais bela que você", ele canta: "Não há bruxa mais bela que... bruxaria". E Frank entra de imediato no jogo — mais do que entra no jogo: dá uma risada sedutora para Elvis, como que aprovando — *hah-ha!* — e, como profissional que é, passa com tranquilidade para o último trecho de "Love Me Tender".

Nesse momento, Sinatra está dando as boas-vindas a Presley na Grande Fraternidade do Showbiz, e nesse ponto de inflexão crucial de sua carreira Elvis está totalmente voltado para Hollywood e Las Vegas.

Cahn e Van Heusen, que contribuíram com uma grande quantidade de material especial para o programa de Frank e Elvis, também receberam crédito como produtores do programa, e ambos estiveram presentes em Miami Beach desde os ensaios até a transmissão. Sammy e Jimmy, assim como a esposa de Sammy, Gloria, também estavam presentes nas aparições de fim de semana que Frank fazia com o Rat Pack no Fontainebleau, assim como Jack Entratter, Juliet Prowse, Judy Campbell e muitos outros. Era um evento de gala, e em todos os shows havia gente saindo pelo ladrão.

Também estava lá Joe Fischetti, bom amigo de Sinatra e "diretor de entretenimento" do Fontainebleau. É difícil saber se Joe Fish, como Frank o apresentava, se ocupava muito com a contratação de cantores e comediantes. Em vez disso, o hotel era a base de operações dele em Miami, assim como de seu sócio, Sam Giancana, e em março daquele ano Sinatra parece ter estado muito ansioso para conseguir a ajuda deles para a campanha de Kennedy. Na típica sintaxe tortuosa do FBI, um relatório de março de 1960 citava um informante como tendo dito que Frank estava "sendo posto à disposição para ajudar na campanha do senador Kennedy, com o que outros gângsteres terão uma porta de entrada para o senador Kennedy".

Sendo posto à disposição por quem? Há uma dica em uma lembrança de Sammy Cahn, retratando Sinatra como alguém que juntou os dois Joes, Fish e Kennedy.

> Frank me pediu: "Sammy, leve Papa Joe para o hall e o apresente ao sr. Fischetti". E então lá estava eu, andando pelo hotel, conduzindo o pai do futuro candidato do Partido Democrata pelo hall para conhecer o sr. Fischetti. Isto é, um dos mais famosos criminosos dos Estados Unidos![68]

Cahn sempre teve tendência a um estilo bombástico — na verdade, Fischetti era menos conhecido do que muitos outros mafiosos, e Joseph Kennedy não era exatamente um professor de catequese quando o assunto era se relacionar com criminosos. É possível que Papa Joe tenha pedido para ser apresentado. Em todo caso, a questão era que Sinatra, Kennedy pai e os mafiosos de Chicago estavam jogando "um jogo perigoso",[69] nas palavras de Sammy Cahn, misturando os elementos voláteis da política, do crime organizado e do show business.

Judy Campbell a essa altura estava profundamente envolvida nessa mistura. Apesar de toda a franqueza emocional de sua autobiografia (quanto a fatos, a história é bem diferente: mais tarde, Judith Campbell Exner diria a Seymour Hersh que tinha "ocultado de propósito" alguns detalhes no seu livro, "por medo"),[70] suas lembranças de Sam Giancana mostram uma credulidade surpreendente. "Paguei um preço terrível por minha ligação com Sam", ela escreve, "mas nunca fui de julgar as pessoas pelo que os outros dizem delas. Prefiro descobrir por conta própria."[71]

O que ela deixou de perceber foi que, quando Frank a apresentou para o bem vestido sr. Flood, Giancana estava pronto para colocá-la em um esquema extraordinariamente audacioso e cínico. "Em março, quando soube que Kennedy estava dormindo com Judy Campbell com regularidade, Mooney ficou quase em êxtase", escrevem Sam Giancana e Chuck Giancana, respectivamente afilhado e irmão de Momo, em *Double Cross* [Cruz dupla], o relato deles sobre o auge do gangsterismo. "Ele queria que Kennedy tivesse alguém 'regular', alguém que ele pudesse manipular se fosse o caso e usar em proveito próprio. Com Judy Campbell, parecia que ele tinha encontrado ouro."[72]

Os detalhes da trama, da maneira como a própria Exner lembra, são assustadores. Ela estava em uma festa no Salão Francês do Fontainebleau com seu acompanhante, o texano herdeiro do petróleo e playboy Bob Neal. De repente, como se por acaso, Neal viu Joe Fischetti e Skinny D'Amato e a levou até eles. Atrás de D'Amato estava Sinatra, conversando com um homem que ela nunca tinha visto. Frank sorriu para ela. "Venha cá, Judy", ele disse. "Quero que você conheça um bom amigo meu, Sam Flood."[73]

"Ofereci minha mão, mas em vez de apertá-la Sam Flood a segurou entre as mãos dele", Exner escreve.

> "É um prazer, Judy", ele disse, apertando minha mão de leve mas continuando a segurá-la. Ele era de meia-idade, de compleição mediana e corado, mas com olhos negros penetrantes. "Você se importa se eu disser uma coisa, Judy?"
>
> "Claro que não — acho."

> Ele riu, e foi uma risada sincera, do tipo que você ouve de pessoas que riem muito. "Você é bonita demais para usar essa porcaria — me desculpe —, falo da bijuteria. Uma mulher bonita como você devia estar usando pérolas de verdade, diamantes e rubis."
>
> "Uma garota como eu às vezes faz isso."

Ela conta a história sem nenhum vestígio de ironia, o cordeiro indo alegremente para o abatedouro. Frank, por outro lado, sabia muito bem o que estava fazendo quando passou a bola para a frente. Ainda assim, fica a pergunta: será que ele compreendia totalmente as consequências da transação? Sem mencionar até onde ele mesmo estava sendo usado?

O informante do FBI disse ainda que "Fischetti e outros gângsteres" — leia-se Giancana e seus acólitos — estavam "dando apoio financeiro e se empenhando de maneira ativa para garantir a indicação [de Kennedy]".[74] No entanto, o crime organizado continuava profundamente dividido em relação a JFK. Havia figuras de peso — em especial, o importante gângster de Chicago Murray "The Camel" Humphreys e o líder do sindicato dos caminhoneiros, Jimmy Hoffa — que odiavam o candidato democrata por sua visão dura dos sindicatos e pela cruzada anti-Máfia dele e do irmão na Comissão McClellan. (Hoffa se tornaria um ardoroso apoiador de Nixon.) Tendo esse tipo de oposição contra si, e com primárias presidenciais essenciais pela frente, Kennedy precisava de toda ajuda que conseguisse. A Virgínia Ocidental — profundamente protestante, intensamente anticatólica, e que parecia ser o campo de batalha mais relevante na disputa entre JFK e Hubert Humphrey — ia ser um desafio especial.

Da maneira como Lew Spence contou a história, enquanto estava em Las Vegas no início de 1960 ele tocou "Nice 'n' Easy", a canção que escrevera com Alan e Marilyn Bergman, para Hank Sanicola, que adorou. Infelizmente, Frank não gostou. Spence disse a Will Friedwald que, ao tocar a canção para Sinatra durante um intervalo das filmagens de *Onze homens e um segredo*, "a reação inicial do cantor foi pegar a partitura com a ponta dos dedos e deixar que caísse no chão, como fazia com lixo".[75]

Sanicola aconselhou-o a não desanimar, e a tocar a música sempre que Frank entrasse no lounge do Sands, aonde ele ia com frequência depois de fazer um show no salão principal. Sinatra por fim perguntou: "O que é essa coisa bonitinha que você fica tocando?". E, como Spence lembrou, "Hank lhe disse que era minha canção e que ele ia gravá-la dali a algumas semanas. Frank disse: 'Bom, é melhor eu falar com Nelson e dar um tom para ele. Não me lembro de ter dado a ele um tom para essa música'. Frank não só gravou a música mas decidiu que ela ia dar nome ao disco".[76]

Sinatra gravou a faixa na Capitol na noite de 13 de abril, e Alan e Marilyn Bergman estavam lá, embora isso não fosse comum. "Frank disse: 'Não gosto de compositores na gravação, mas vocês podem vir'", lembrou Marilyn. "Ele indicou onde devíamos sentar, bem em frente à janela na cabine de controle."[77]

"Ele disse: 'Meninos, vocês ficam ali'", acrescentou Alan Bergman. "E dali em diante ele nos chamou de 'meninos'."

"Quando estávamos com setenta anos ele nos chamava de 'meninos'", contou Marilyn.

Os Bergman, que mais tarde ganhariam três Oscars e escreveriam as letras de muitos sucessos de Barbra Streisand, ainda estavam na casa dos vinte e eram quase desconhecidos. Eles ficaram surpresos com a maneira divertida de Riddle e Sinatra tocarem a música, que tinham concebido como algo passional sobre duas pessoas fazendo amor lentamente. "Acho que não sabíamos se tínhamos gostado [da versão de Frank] ou não", Marilyn Bergman lembrou. Ela estava sentada na cabine com o marido, a testa franzida de concentração enquanto Frank cantava, quando ele interrompeu um take e fuzilou o casal com o olhar. "O que é isso, o júri do caso Finch?", perguntou. (Nessa época, o dr. Bernard Finch, um ortopedista de West Covina, era réu num caso que fora parar nas manchetes dos jornais, acusado de conspirar com a amante para matar a esposa dele.)

Como costumava acontecer nas sessões de gravação da Capitol, Frank tinha plateia: uns vinte amigos, conhecidos e mulheres ornamentais em cadeiras dobráveis na periferia do Estúdio A. Os Bergman eram os únicos espectadores na cabine, mas evidentemente se esperava que eles, assim como todos os demais, elogiassem, em vez de avaliar, o desempenho de Frank. Estava implícito que ele estava aprendendo uma música nova em folha ao mesmo tempo que tentava registrá-la para a posteridade: uma apresentação na corda bamba que ele era capaz de realizar, mas que o deixava nervoso. Como sempre, ele encobria sua insegurança com agressividade.

Frank fez doze takes de "Nice 'n' Easy" naquela noite, e estava bastante consciente do subtexto sensual da música — e bastante consciente de sua plateia, tanto os que estavam lá para admirá-lo no estúdio quanto os que o estavam julgando na cabine. Assim, ele brincou um pouco com a canção, fazendo testes com a melodia e com o ritmo aqui e ali (e desafinando um pouquinho aqui e ali também).

Depois do take oito, o produtor Dave Cavanaugh falou pelo interfone. "O.k.", ele disse. "Gravando de novo. E 33650, take nove."

Frank parou. "Ho! Ho! Espera!", gritou, com aquela voz imensa. "Ho! Tempo! Qual é o problema?"

"Ah, umas poucas...", começou Cavanaugh.

"Notas? Desafinadas?", disse Sinatra. "O que você esperava? Não conheço a música!"

Levou algum tempo, mas no take doze ele tinha aprendido a cantá-la com perfeição, introduzindo as estaladas de dedos na repetição da última estrofe que caem tão bem na canção, e por fim decidindo sobre o duplo sentido que fecha a coda: "Como diz o homem, mais uma vez".

Ouvir o take final é não estar cônscio do Sinatra irritadiço, do Sinatra vaidoso e inseguro, ou do Sinatra mesquinho: tudo o que se ouve é algo magnífico, de arrepiar os cabelos, a diferença entre a arte e a vida.

E aquele magnífico take doze mudou a história das gravações: de repente, *The Nearness of You* estava descartado como título do disco e como conceito (assim como a própria canção, que só foi recuperada no lançamento do CD do álbum, em 1991), e de súbito um LP de baladas clássicas ganhou uma fantástica canção de amor levemente dançante. Podia não ter funcionado, mas na verdade *Nice 'n' Easy* funcionou, e de maneira soberba: depois do lançamento, em julho, o disco ficou nove semanas em primeiro lugar na parada da *Billboard* e 35 semanas no Top 40.

"Hollywood está falando sobre: O homem da semana — o ex-soldado Elvis Presley de volta a Hollywood para começar a gravar *Saudades de um pracinha* para

Hal Wallis na segunda-feira de manhã, o primeiro filme de Elvis em mais de dois anos", escreveu Louella Parsons em sua coluna de 24 de abril.

> Então você acha que a longa passagem dele pelo Exército pode ter diminuído a paixão por Presley? A imprensa e a TV estão dando mais atenção para a volta do garoto original do rock 'n' roll do que para qualquer outro evento desde a visita do vice-presidente Nixon à Disneylândia.
>
> E a garota da semana — a francesa [sic] com rosto de fada, a dançarina Juliet Prowse, que pegou o papel principal no filme com Elvis superando os talentos nativos, o que pode compensá-la pelo esfriamento do romance com Frank Sinatra, que começou em *Can-Can*.[78]

Welcome Home Elvis foi ao ar na quinta-feira, 12 de maio, e obteve uma audiência gigantesca: mais de 40% do público telespectador dos Estados Unidos — um índice bem maior do que Frank jamais tinha conseguido sozinho.[79] Era um evento para a televisão, mas não particularmente boa TV. O crítico da *Variety* pôs a culpa tanto em Sinatra quanto em Presley: "Elvis Presley não mudou muito nos dois anos desde que foi embora, mas o país mudou", escreveu "Tube".

> Voltando oficialmente ao serviço civil por meio de *The Frank Sinatra Timex Show*, o cantor adorado com pompas saltou da tela da TV como uma exausta caricatura de uma imagem antiquada. Foi a faceta mais significativa de uma exibição de uma hora de duração de constrangedora autoidolatria misturada com momentos ocasionais, mas bem espaçados, de graça e talento.[80]

Elvis pode ter decaído, mas Frank estava na crista da onda, em todos os seus empreendimentos. O espantoso era que a TV continuasse investindo tanto dinheiro nele quando era óbvio que esse não era seu meio.

Um ano depois de fazer as pazes com Sammy Davis Jr. na festa beneficente SHARE Boomtown para crianças com deficiência mental no Moulin Rouge, em Hollywood, Frank causou uma confusão no mesmo evento. De novo, a festa era à fantasia, com tema de faroeste, e de novo a noite foi regada a álcool. Sinatra, que nunca foi adepto do politicamente correto, e que pelo visto estava bem seguro de sua masculinidade, foi vestido de índia pele-vermelha, o que incluía uma fita com uma pena na cabeça.

Após o fim da festa, nas primeiras horas de 14 de maio, sábado, Frank, meio bêbado, foi para o estacionamento na companhia do guarda-costas de Sammy Davis, Big John Hopkins, um homem com 1,80 metro e cem quilos. Lá Frank avistou John Wayne, cujas críticas recentes à contratação de Albert Maltz ainda estavam frescas em sua cabeça. No estilo Não Tem Como Você Fazer Algo que Compense Isso, Frank, ainda de fantasia, foi atrás de Wayne — que, é claro, estava vestido todo no estilo faroeste, com lenço e chapéu gigante — e ficou parado no caminho do ator, que era muito maior do que ele.

"Parece que você discorda de mim",[81] disse Frank.

O fato de Wayne ser uns vinte centímetros maior (mais ainda com o chapéu) e trinta quilos mais pesado do que ele não queria dizer nada para Sinatra. É provável que não significasse nada mesmo que ele estivesse sóbrio. Mas John Wayne, reconheça-se, tentou ser conciliador. "Ora, ora, Frank, podemos discutir isso em outro lugar", ele propôs.

A essa altura, embora os dois protagonistas tenham negado isso mais tarde, uma testemunha (um repórter do *Los Angeles Herald-Express*) disse que Frank empurrou Wayne, e que Wayne o empurrou de volta. Amigos separaram os dois; Wayne se afastou, e Sinatra se virou para o repórter. "Suponho que você vá escrever sobre isso tudo", disse.

Ainda fumegando, Frank — não fica claro se de propósito ou não — entrou na frente de um carro que estava sendo dirigido por um manobrista chamado Clarence English. O carro cantou pneu para parar. "Ei, amigo!", Sinatra gritou. "Você quase me atropelou! Sabe quanto vale o meu seguro?"

English balançou a cabeça, e Frank correu para se aproximar dele. "Você quer brigar? É melhor você saber brigar", disse para o manobrista. Enfiando a mão pela janela, ele pegou English, e outro manobrista, Edward Moran, de 21 anos, protestou: "Ei, Frank, ele não estava tentando te atropelar. Só está tentando ganhar a vida".

"Que tipo de idiota é você?", retrucou Frank, e empurrou Moran — que então cometeu o erro de procurar se defender, acertando Frank.

Big John Hopkins entrou em cena e começou a dar socos em Moran, enquanto Sinatra, com a fantasia de índia dando um toque à cena, dançava para lá e para cá, gritando: "Diga a esse sujeito para não me processar se ele souber o que é bom para ele! Vou quebrar as duas pernas dele!".

Logo Frank e Hopkins entraram no Rolls-Royce de Sammy e foram embora.

Moran, que recebeu tratamento por causa de cortes e machucados no rosto, desobedeceu a Frank, entrando com um processo de 100 mil dólares contra ele, por agressão. Sinatra fez um acordo extrajudicial.

14.

Ele não é meu amigo, ele é apenas um amigo de Pat e Peter.

John F. Kennedy, sobre Sinatra

A conversa entre Frank e Sam Giancana no campo de golfe parecia ter operado milagres.

Em 10 de maio, apesar do fato de a Virgínia Ocidental ser 95% protestante e ardorosamente anticatólica, John F. Kennedy de alguma maneira conseguiu derrotar o protestante Hubert Humphrey nessa primária fundamental do Partido Democrata. Sua vitória por fim destruiu as esperanças presidenciais de Humphrey e provou que era possível eleger um católico para o mais alto cargo do país.

Foi como alertava a história de *Eles e elas* sobre o valete de espadas que pulava de um baralho novinho em folha e derramava sidra no seu ouvido: não podia ter acontecido, não devia ter acontecido, mas aconteceu.

Como? Comece com um estado cujos políticos eram chamados, até pelo incansavelmente digno Theodore H. White, de "esquálidos, corruptos e desprezíveis".[1] Tendo vencido Humphrey por um nada no Wisconsin, os Kennedy não queriam dar margem para o azar. Na Virgínia Ocidental, escreve Seymour Hersh, a família gastou "pelo menos 2 milhões de dólares [comparáveis a 16 milhões em 2015] [...] e possivelmente o dobro dessa quantia — em grande parte em suborno direto de funcionários estaduais e municipais".[2]

Uma versão popular da história diz que era dinheiro da Máfia, obtido por Joe Kennedy em uma cadeia de comunicação que ia de Frank Sinatra a Sam Giancana e a Skinny D'Amato. Um escritor afirma:

> Giancana mandou Skinny D'Amato à Virgínia Ocidental para conseguir votos para Jack Kennedy. Ele devia usar sua influência com os xerifes que controlavam a máquina política do estado. A maior parte deles tinha sido cliente do 500 Club e, de acordo com Skinny, o amava como a um irmão. Se ele ajudou a virar a maré a favor de Kennedy nas primárias daquele estado decisivo não é tão importante quanto o fato de que Giancana o mandou para lá em nome de Kennedy.[3]

Nem quanto o fato de que Frank fez as coisas acontecerem.

Mesmo na avaliação dos amigos, Skinny não era nenhum gênio político.[4] Embora o folclore o retrate perambulando pela Virgínia Ocidental como um mafioso chamado Johnny Appleseed, "a espalhar dinheiro como se fosse esterco",[5] ele confessou apenas — em uma escuta do FBI — ter gastado 50 mil dólares no estado, "não [...] para suborno direto, mas para comprar escrivaninhas, cadeiras e outros suprimentos que os políticos locais precisavam".[6]

O FBI também ouviu D'Amato falar sobre dinheiro de Las Vegas que estaria indo para os Kennedy.[7] Sammy Davis Jr. pareceu confirmar a história. Em uma autobiografia, ele escreveu que, enquanto JFK se divertia na suíte de Sinatra no Sands em fevereiro de 1960, Lawford puxou Davis para um canto e sussurrou: "Se você quer ver como é 1 milhão de dólares em dinheiro vivo, olhe na sala ao lado. Há uma bolsa de couro marrom no closet. Abra. É um presente dos donos do hotel para a campanha de Jack".[8]

Mas o supervisor do cassino, Ed Walters, que sabia dos negócios dos verdadeiros donos do local, rebate com veemência a ideia de que eles fossem apoiar Kennedy com tanto dinheiro. "Tenho certeza de que nunca aconteceu", insiste. "Jack Entratter nunca faria isso"[9] — sobretudo porque o sindicato dos caminhoneiros, cujo apoio era tão importante para o Sands e para outros cassinos, era visceralmente contra Kennedy. "Teríamos perdido nossos empréstimos, todo o nosso poder", diz Walters.

E quanto à deliciosa imagem de 1 milhão de dólares em dinheiro vivo em uma bolsa de couro marrom, "é uma piada", diz o ex-chefe do cassino. "Isso dá 10 milhões de dólares hoje. Nós não daríamos 1 milhão de dólares para *ninguém*."

E de todo modo, por que os Kennedy precisariam do dinheiro da Máfia? A fortuna de Joe Kennedy era imensa, e ele não poupou para comprar a presidência para o filho. No final de 1959 e início de 1960, Teddy e Bobby Kennedy perambularam pela Virgínia Ocidental molhando as mãos de integrantes de comitês, xerifes e membros do clero — de maneira bastante liberal. De acordo com uma estimativa, os gastos totais dos Kennedy no estado ficaram entre 3 milhões e 5 milhões de dólares.[10] O Wisconsin tinha esvaziado os cofres de Humphrey — um competidor duro que não via problemas em comprar votos quando era necessário. Os Kennedy simplesmente tinham mais dinheiro do que ele.

Skinny D'Amato pode ter sido mais importante para dar olhos e ouvidos aos Kennedy na Virgínia Ocidental do que para dar dinheiro. E embora essa primária fosse decisiva, a verdadeira responsabilidade que Frank e Mooney tiveram na conversa do campo de golfe foi a eleição em Illinois.

Talvez o romance com Juliet Prowse tivesse esfriado, talvez não. As colunas de fofocas davam a entender que algo estava acontecendo entre Prowse e Elvis nas filmagens de *Saudades de um pracinha* — mas, por outro lado, rumores desse tipo eram o que alimentava tais colunas, sem falar no departamento de publicidade da Paramount. De sua parte, Frank, que podia ir do quente ao frio de um minuto para o outro, parecia não estar tão obcecado pela sul-africana de pernas longas, o que nunca era um bom sinal. Como Judith Campbell Exner notou, tendo como base a presença de Prowse junto com ela no Fontainebleau em março: "Cada mulher na vida de Frank recebe certa quantidade de tempo que lhe é destinada".[11] Exceto por Ava, claro, que ficava no ar como um refrão assombrado.

No fim de maio, com George Jacobs e Jimmy van Heusen a reboque, Sinatra voou em uma excursão de solteiros para o Extremo Oriente. Quando um repórter do *Stars and Stripes*, jornal do Exército norte-americano, perguntou sobre as primeiras impressões do Japão, ele pareceu bem feliz de estar longe de casa.

"Gosto do saquê e das crianças", disse Frank. E as mulheres? "Tivemos de viajar ao redor do mundo para descobrir que mulheres podem ser mulheres", ele respondeu. "As moças japonesas não têm manchas de nicotina nos dedos. Não usam calça comprida e você não fica com cheiro de Chanel Nº 5 depois de apertar a mão delas. Não estou interessado em defender indivíduos. Se a carapuça serve... *c'est la vie*."[12]

Esta última parte era estranha e um pouco assustadora. De quem ele podia estar falando?

Ele comprou um bracelete de jade e um colar de pérolas de duas voltas para Prowse, mas seu principal interesse no retorno ao lar era voltar à campanha dos Kennedy. Era ali que estava a aventura — a maior do planeta naquele verão —, e gravar, filmar e fazer shows em boates podia ficar para depois. Frank Sinatra (apesar das declarações oficiais de campanha criando distanciamento, sem dúvida geradas por Bobby Kennedy) tinha outro papel fundamental a desempenhar, bem na sua cidade.

A Convenção Nacional do Partido Democrata seria realizada em Los Angeles, na novíssima Memorial Sports Arena, começando em 11 de julho, e a metrópole receberia no ápice 45 mil visitantes, incluindo 4509 delegados e suplentes e 4750 jornalistas, que iriam até lá para participar e ser testemunhas de um momento decisivo na história.[13] O clima estava perfeito naquela semana, como escreveu Theodore H. White em *The Making of the President 1960*: "Sem nuvens nem fumaça de poluição, o céu permanecia azul todos os dias, suave e puro como deve ter sido há uma geração, antes de a indústria e os automóveis terem entupido o ar da cidade com seu resíduos".[14] Os delegados estavam espalhados por pousadas pela cidade, mas o grande e velho hotel Biltmore, no centro de Los Angeles, que ficava não muito longe da Union Station e com vista para a decadente Pershing Square, era o centro nervoso da convenção.

Norman Mailer, escrevendo para a *Esquire*, observou que

> o Biltmore [era] onde todo mundo se juntava todo dia — os repórteres de TV, rádio, jornal e revista, os correspondentes estrangeiros, os delegados, os políticos, os turistas, os coordenadores de campanha, os mensageiros, os puxa-sacos, os primos e as tias, as esposas, os avós, as garotas de oito anos e as garotas de 28 anos em uniforme Kennedy, vermelho, azul e branco, as Symingtonetes, as Johnson Ladies, as Stevenson Ladies, todo mundo.[15]

O sisudo Stuart Symington, de 59 anos, era a essa altura um azarão; Lyndon Johnson, então com 51, acabara de entrar na disputa, e Adlai Stevenson, aos sessenta, que havia perdido de goleada em 1952 e 1956, era o favorito sentimental — se não na prática — da ala liberal do Partido Democrata. Mas Jack Kennedy, de 43 anos, que tinha vencido sete primárias antes da convenção, era o homem a ser batido. Em 1º de julho, ele tinha assegurado 550 delegados, dos 761 necessários para conseguir a indicação presidencial, e esperanças realistas — mas de modo algum definitivas — de conseguir os votos que faltavam. (Como era previsível, ainda que o argumento fosse defensável, Johnson calculava que Kennedy perderia no segundo turno.)[16] A jovem e dinâmica equipe de campanha de JFK, liderada pelo incansável irmão Bobby, teria de passar de seu ritmo costumeiramente forte para uma marcha ainda mais acelerada para conseguir a indicação de seu candidato.

Theodore White relatou ter percebido um tema que surgia naqueles primeiros dias de julho: "Pelo que se ouvia e via, pelas centenas de rostos perdidos que vagavam pelo Biltmore", escreveu,

> a imprensa destilou uma rápida verdade que era uma avaliação histórica impressionantemente precisa: que essa era a convenção em que os jovens enfrentavam os velhos, essa era a convenção em que uma geração cedia lugar à outra, essa era — na frase feliz de James Reston [colunista do *New York Times*] — a reunião que testemunhou a Troca da Guarda.[17]

Mailer foi a mais perspicaz das testemunhas. No sábado, 9 de julho, treinou seu olho afiado na chegada de Kennedy ao Biltmore: ele "tinha o intenso bronzeado marrom-alaranjado de um instrutor de esqui", escreveu em seu texto "O super-homem vai ao supermercado",

> e quando sorria para a multidão seus dentes eram espantosamente brancos, claramente visíveis a uma distância de uns cinquenta metros [...] e então com um gesto rápido, ele saiu do carro e dirigiu-se para o meio da multidão, em vez de percorrer a passagem até o hotel aberta para ele pela polícia, de modo que abriu caminho para dentro cercado por uma turba, e dava a impressão de que a qualquer momento o veríamos levantado nos ombros da massa, como um toureiro carregado pela cidade depois de um triunfo na arena [...]. E subitamente [...] compreendi a atmosfera de depressão que baixara sobre ela [a convenção], porque finalmente era simples: os democratas iriam indicar um homem que, não importa quão séria pudesse ser sua

> dedicação política, seria visto, de modo incontestável e irreversível, como um ator de grande sucesso, e as consequências disso eram vertiginosas e difíceis de calcular.[18]

Era esse o homem a quem Sinatra decidiu unir sua sorte.

É importante reconhecer a profundidade do discernimento de Frank a esse respeito — uma perspicácia que nada ficava devendo à de Norman Mailer. O Jack Kennedy que deslumbrou Sinatra era um pacote completo: o superstar que irradiava carisma; o caçador implacável e obcecado por mulheres que tinha mostrado a George Jacobs seu lado vulgar mais divertido; o homem que Theodore White viu citando a história de Marlboroguh escrita por Churchill, mencionando o relatório de Theodore Roosevelt sobre o funeral de Eduardo VII, e mudando de tema

> de Marlborough e da escrita da história para a personalidade de Adlai E. Stevenson e para a qualidade dos intelectuais americanos. Depois para uma longa, calma e perspicaz digressão sobre a vida dos irlandeses e dos judeus que vivem nos Estados Unidos. Daí para os negros americanos e quais eram seus problemas — e a busca deles por lideranças. Será que Fulano controlou de fato o Harlem? Sicrano era mesmo um leitor de História, como se dizia, ou isso era só uma história? E depois de novo para os chineses.[19]

A erudição de Kennedy realmente era impressionante (e tentem imaginar algo do gênero em qualquer candidato a cargos políticos hoje). E Sinatra, um autodidata inseguro, ficava impressionado com aquilo.

Deixemos a última palavra com Mailer. "Desde a Primeira Guerra Mundial", ele escreve,

> os americanos têm levado uma vida dupla, e nossa história fluiu por dois rios, um visível, o outro subterrâneo; existe a história da política, que é concreta, factual, prática e incrivelmente aborrecida, exceto pelas consequências das ações de alguns desses homens; e existe um rio subterrâneo de desejos armazenados, ferozes, solitários e românticos, aquela concentração de êxtase e violência que é a vida onírica da nação.[20]

Desde sua infância em Hoboken, o filho da líder local do Partido Democrata e pau para toda obra Dolly Sinatra tinha entendido com precisão o que era política. "Ele nasceu em uma família muito envolvida com política", contou Tina Sinatra. "Papai diz que ele já estava carregando cartazes para candidatos antes que soubesse ler o que estava escrito neles."[21] Mas, desde o primeiro momento em que Frank se encontrou com Jack Kennedy, ele soube que estava diante de um sujeito cujo conhecimento político era muito maior do que o dele — e do único homem nos Estados Unidos cuja ligação com a vida onírica da nação era tão profunda e poderosa quanto a dele.

Primeiro as festas: uma homenagem para Eunice Shriver, irmã de Jack, na noite do dia 9 na casa de praia dos Lawford em Santa Monica (o senador e a sra. Kennedy estavam presentes, assim como Frank), e depois, na noite seguinte, um evento do Partido Democrata para arrecadação de fundos de cem dólares por pessoa* no Beverly Hilton: 2800 membros da elite de Hollywood estavam lá, entre os quais Tony Curtis, Janet Leigh, Sammy Davis Jr., Angie Dickinson, Milton Berle, Judy Garland, George Jessel, Joe E. Lewis, Shirley MacLaine e Mort Sahl.[22]

Santa Monica, Beverly Hills: o outro lado da cidade em relação ao Biltmore, o outro lado da vida dupla política dos Estados Unidos.

Todos os candidatos estiveram presentes ao cintilante jantar. De maneira simbólica, Jack Kennedy ficou sentado à cabeceira da mesa sobre o tablado, ao lado de Garland; Frank se sentou do lado oposto da plataforma com Johnson, Stevenson e Symington. Era uma ocasião feliz, cheia de declarações de solidariedade ao partido: "Para os candidatos, a hora da união está próxima",[23] anunciou Jack Kennedy — e ele estava em condições de se mostrar otimista. O governador da Califórnia, Pat Brown, havia acabado de anunciar apoio a ele, embora ainda não tivesse liberado os 81 delegados do estado. Por baixo do verniz da alegre conversa dos democratas, porém, estavam as divergências e o acotovelamento político de sempre. O ex-presidente Harry Truman, que apoiava Stevenson, optara por não ir à convenção, porque, segundo o *Los Angeles Times*, ela estava dominada por apoiadores de Kennedy. "Não vou me prestar a participar disso que está acontecendo", Truman disse.

Quando Eleanor Roosevelt apareceu de surpresa, sendo levada a um assento na cabeceira da mesa entre o senador Kennedy e Judy Garland, ela "usava

* Para fins de comparação, cem dólares em 1960 equivalem, em 2015, a quase oitocentos dólares.

um chapéu com lilases e um vestido estampado com um pequeno bóton de Stevenson", observou o *Los Angeles Times*. "Ela cumprimentou com entusiasmo seu candidato favorito e depois foi para o outro lado do tablado para se sentar entre o senador Symington e o governador Brown" — e perto de Sinatra, que para ela era um amigo, um anfitrião na TV, mas não um aliado político. Ele ficava menos confortável com a ambiguidade do que ela.

Lyndon Johnson, que pronunciou o discurso de encerramento, fez um último ataque, "ainda se esforçando bastante para afundar Kennedy sem deixar rastros", segundo o *Los Angeles Times*. "Falando sem ter preparado um texto, Johnson alertou que o 'premiê Khruschóv quer levantar sobre o mundo um teto de foguetes e disse que a nação deve escolher uma nova liderança que tenha 'a sabedoria e a solidez trazida pelos anos'."[24]

Isso aconteceu no domingo à noite. E então veio a segunda-feira da convenção.

Frank iria participar de um coral cheio de estrelas programado para cantar o hino nacional na sessão de abertura, que seria transmitida pela televisão. Entre os demais que cantariam estavam Ralph Bellamy, Nat King Cole, Tony Curtis, Sammy Davis Jr., George Jessel, Peter Lawford, Janet Leigh, Shirley MacLaine, Lee Marvin, Vincent Price, Edward G. Robinson e Shelley Winters.[25] Edward G. Robinson foi muito aplaudido ao ser apresentado da plataforma, assim como Janet Leigh, que também recebeu vários assobios por seu vestido de gala Don Loper bastante decotado.[26] Mas, quando o nome de Davis foi anunciado, um som intenso surgiu de uma das partes do imenso salão da convenção: era o som de vaias, que vinham da delegação do Mississippi.

Havia muito tempo Sammy vinha sendo alvo de críticas — tanto de negros quanto de brancos, na imprensa — por seus relacionamentos com mulheres brancas. Harry Cohn, chefe do estúdio da Columbia, tinha feito um mafioso ameaçar arrebentar seu olho bom se ele não rompesse com Kim Novak, que Cohn considerava propriedade do estúdio. Mas então, depois de um curto casamento de fachada com uma negra, Sammy encontrara outra deusa branca, a atriz sueca loira de pernas longas May Britt. Os dois anunciaram o noivado na primavera de 1960, e naqueles tempos de ignorância racial boa parte do país, não só no Sul, ficou escandalizada e rechaçou a ideia.

Mas a delegação do Mississippi vociferava, e Davis estava chocado com a explosão de racismo puro em uma convenção política progressista na ensolarada Los Angeles. Enquanto ele engolia o choro, Frank sussurrou-lhe: "Esses filhos da puta nojentos! Não deixe essa gente te afetar. Aguente firme. Não deixe essa gente te afetar!".[27]

Davis ficou abalado, embora mais tarde, enquanto os outros astros tentavam consolá-lo, ele tenha feito o que achava que devia fazer: engolir em seco. "Não sei por que eles me vaiaram", Sammy disse a um repórter. "Mas não tenho como culpar alguém por sentir o que sente."[28]

As vaias voltaram na noite de terça, durante a leitura da plataforma de direitos civis do partido. Frank entrou no salão mais ou menos na mesma hora, dando autógrafos em frente à delegação da Califórnia. "Sinatra é partidário do senador John F. Kennedy e passeia à vontade pelo salão da convenção como convidado de Peter Lawford, cunhado do senador",[29] escreveu Merriman Smith, da United Press International. Não era só Frank. Embora o acesso ao salão fosse estritamente limitado a quem tivesse credencial, um grupo de celebridades — o Jack Pack — tinha carta branca para passear pelos corredores, conversando e fazendo propaganda para seu candidato. Sinatra, Peter Lawford e Shirley MacLaine andavam com cronômetros, marcando o tempo de aplausos de cada indicado.[30] Adlai Stevenson, o favorito sentimental, teve a maior ovação de todos, mas — em especial depois de Kennedy se sair bem contra Johnson em um debate transmitido pela televisão — a única dúvida agora era em qual turno o candidato jovem e carismático seria escolhido.

E ao mesmo tempo que o bastão era passado para uma nova geração, pronta para as câmeras, a tecnologia se fez presente. Por ser em 1960 e por ser em Los Angeles, a capital do show business, essa convenção foi mais amigável com a televisão do que qualquer outra reunião da história. Mil e quinhentos correspondentes, comentaristas, técnicos, diretores e produtores tinham ido para a cidade. Hoje achamos tal fato natural; na época era total novidade. "Quando os democratas se reunirem na nova arena de esportes branca e azul em Los Angeles [...] os olhos atentos de cem câmeras de TV estarão sobre eles", escreveu Don Dornbrook, do *Milwaukee Journal*.

> Isso fará com que aproximadamente 92 milhões de telespectadores estejam na convenção. O que também irá perturbar a privacidade dos delegados.

> Suponha, por exemplo, que um delegado tente permanecer sem ser percebido no salão da arena de 18 mil lugares. Ele pode ser trazido à tona pela arrepiante e furtiva câmera portátil de TV. Ela pode ser carregada como uma pistola e apontada para o meio de uma conversa dramática no salão de convenções para dar ao espectador em casa um close-up de uma figura fundamental em um momento histórico.[31]

Câmeras de TV portáteis no salão da Memorial Sports Arena eram um grande passo em direção a uma vigilância onipresente no futuro. Mas na época Sinatra estava acostumado a controlar sua imagem. "Consciente da televisão", escreveu Kitty Kelley, "Frank tinha pintado a parte de trás da cabeça de preto, para que as câmeras não mostrassem sua brilhante careca."[32] Na verdade, não havia necessidade de tal contorcionismo: George Jacobs vinha fazendo esse serviço para seu patrão havia algum tempo. "Toda manhã depois que ele lavava o cabelo", escreveu, "eu tinha de borrifar tintura para cabelos no buraco cada vez maior que a calvície fazia na parte de trás de sua cabeça."[33] Jacobs também lembrou outra parte da toalete diária de Sinatra, algo que o próprio Frank fazia sozinho: aplicar pó de arroz no lado esquerdo do rosto, onde ele tinha uma cicatriz.

Na manhã da quarta-feira, dia 13, Jack Kennedy falou com seis delegações, tentando conseguir os votos de que precisava para ganhar no primeiro turno, antes de voltar ao esconderijo que tinha alugado, um apartamento no distrito de Hancock Park. Eram 3h30 da tarde, meia hora antes de as delegações começarem a fazer suas indicações. Para seu desgosto, ele fora descoberto: a calçada em frente ao prédio estava lotada de repórteres de jornais e de TV. Poucos minutos depois, Kennedy e seu amigo Dave Powers desceram pela escada de incêndio na parte de trás do edifício, escalaram a cerca traseira e se dirigiram à mansão de Beverly Hills que Joe Kennedy alugara de Marion Davies. (Sendo uma figura controversa, o Kennedy mais velho preferiu não ficar em evidência durante a campanha.) JFK "passou o resto da tarde ali na piscina, comendo um ensopado irlandês com o pai, a mãe, Dave Powers e sua prima, Anne Gargan",[34] escreve Theodore White. Frank também estava lá — fazendo o papel de barman, para surpresa de outro visitante, David McDonald, presidente do sindicato dos metalúrgicos, que também ganhou um drinque servido por Sinatra.[35]

No começo da noite, JFK ficou na mansão para ver os discursos das indicações na TV enquanto Frank voltava para a Memorial Sports Arena. Ali ele testemunhou aquilo que White chamou de "ponto alto do drama da convenção de Los Angeles [...] quando o senador Eugene McCarthy, de Minnesota, pôs em jogo a indicação de Adlai E. Stevenson".[36] Stevenson, que tinha decidido não concorrer pela terceira vez, dissera no entanto que aceitaria uma convocação. (Ele também se recusou a apoiar Kennedy, criando uma longa inimizade com o candidato e sua família.) O erudito de Illinois era uma espécie de profeta, e de grande homem, coberto de honrarias — e coberto de piadas por boa parte do país, que o via como o cê-dê-efe-mor. Era um grande favorito sentimental entre os democratas liberais, mas, com sessenta anos, era um homem do passado, e não do futuro. O homem do futuro era Kennedy, cuja indicação agora era inevitável.

"Isso os delegados sabiam; mas não as galerias", escreveu White. Quando McCarthy concluiu seu discurso, o salão irrompeu num coro atordoante: QUEREMOS STEVENSON! O tumulto continuou por bons cinco minutos. O mestre de cerimônias, Johnny Green — ex-diretor musical da MGM e compositor de "Body and Soul" —, mandou a orquestra da convenção tocar para tentar debelar a algazarra; alguém até fez com que apagassem as luzes. Frank estava sentado nos bastidores, observando a manifestação e balançando a cabeça. Ele fez a seu amigo Green um sinal para "cortar", passando a mão pela garganta; a orquestra parou de tocar, mas o pandemônio continuou.[37]

Quando enfim os ânimos se acalmaram, o governador de Minnesota, Orville Freeman — nem de perto uma figura fascinante como Gene McCarthy —, se levantou e fez a indicação de Jack Kennedy, e então o presidente da sessão começou a chamar todos os estados, em ordem alfabética. Quando o Wisconsin depositou seus 23 votos, o total de delegados de Kennedy chegou a 748. E então foi a vez do último estado, Wyoming.

"Wyoming", disse Tracy S. McCracken, representante nacional do estado, "dá todos os seus quinze votos para o próximo presidente dos Estados Unidos."[38]

Agora o pandemônio era de Kennedy. Em todo o salão, seus apoiadores cantavam "Até chegar lá com JFK!". Nos bastidores, Frank e o Jack Pack pulavam de empolgação, dando tapinhas nas costas uns dos outros. "Estamos a caminho da Casa Branca, amigo", Frank disse a Lawford. "Estamos a caminho da Casa Branca!"[39]

Receando abrir mão de seu poder como líder do governo no Senado, Lyndon Johnson entrou tarde na corrida presidencial, e a máquina de Kennedy simplesmente o triturou. Na convenção, Johnson previu que o poder da coalizão Pare Kennedy — Stevenson, Symington e Humphrey estavam todos a bordo — iria dar a ele uma vitória no segundo turno, mas não houve segundo turno: ele recebeu 409 votos, contra 806 de JFK.[40]

Então surgiu a questão da vice-presidência.

Depois de perder a indicação, Johnson conversou com seu amigo íntimo e mentor, o presidente da Câmara dos Representantes, Sam Rayburn, e decidiu que queria o cargo que, nas palavras do ex-vice-presidente John Nance Garner, "não valia um balde de mijo quente". Depois de chegar ao cargo, raciocinou Johnson, ele podia transferir seu poder como líder do governo para sua nova função como presidente do Senado. As coisas não aconteceriam assim.

A história de como John Kennedy escolheu de surpresa Lyndon B. Johnson como companheiro de chapa é um emaranhado sem fim. Uma versão simples diz que, apesar de sua forte preferência por Symington, e de Bobby Kennedy detestar Johnson (que praticamente tinha chamado Joe Kennedy de nazista durante sua agressiva campanha),[41] Jack Kennedy precisava ter com ele os democratas do Sul ligados a Johnson, para aquela que, segundo previa, seria uma disputa acirrada contra Richard Nixon, e isso fez com que tomasse a decisão pragmática, em vez da escolha sentimental.

De acordo com uma versão menos simples, Johnson teria usado de chantagem para conseguir a vice-presidência.

Um experiente assessor de JFK na campanha, Hyman Raskin, contou a Seymour Hersh que Kennedy tinha admitido isso para ele logo depois de optar por Johnson. "Você sabe que nós nunca pensamos em Lyndon, mas eu não tive escolha", disse o candidato a Raskin.

> Ele e Sam Rayburn me deixaram muito claro que Lyndon tinha que ser o candidato. Aqueles filhos da puta estavam tentando me colocar numa cilada. Me ameaçaram com mais problemas e eu não preciso de mais problemas. Já vou ter problemas suficientes com Nixon.[42]

E em 1995 a secretária pessoal de John F. Kennedy, Evelyn Lincoln, disse a Anthony Summers quais eram os problemas que faziam parte da ameaça: J. Edgar Hoover, amigo e aliado político de Lyndon Johnson, tinha levado a este último informações escandalosas colhidas pelo FBI sobre os Kennedy durante a campanha, mesmo antes da convenção. E Hoover estava pressionando Kennedy na convenção [...] sobre o fato de ele ser mulherengo, e coisas do passado de Joe Kennedy, e tudo que ele pudesse desencavar. Johnson estava usando isso como instrumento de poder. Kennedy ficou furioso, porque tinha sido encurralado. Ele estava em um beco sem saída.[43]

Se ele estava de fato em um beco sem saída, Frank Sinatra tinha ajudado a colocá-lo lá.

Por outro lado, Robert A. Caro, biógrafo de Lyndon Johnson, dedica milhares de palavras para o complexo mistério de por que Kennedy escolheu Johnson sem nem mencionar a hipótese de extorsão. A decisão foi tortuosa, escreve Caro, e Bobby Kennedy se opôs amargamente a Johnson, mas no fim foi o pragmatismo de John Kennedy que prevaleceu.[44] Não demorou muito para que esse mesmo pragmatismo se voltasse contra Sinatra.

"É minha mais sincera convicção, agora que vou embora [da convenção]", escreveu a colunista Inez Robb, que trabalhava para agências de notícias, "que o apoio de Frank Sinatra ao Partido Democrata não é uma bênção incondicional nem é uma garantia de vitória certa em novembro."[45]

Como escreveu o colunista Drew Pearson, de Washington, no seu último artigo sobre a convenção:

> O senador Jack Kennedy deixou que se soubesse, por meio de seu cunhado, o ator de cinema Peter Lawford, que preferia que Frank Sinatra não desse uma festa para ele em Los Angeles [...] Kennedy está preocupado com a ligação de Sinatra com alguns famosos mafiosos e com suas ligações com o lobby do jogo em Las Vegas. Sinatra é dono de 4% [sic] do Sands em Las Vegas. Kennedy acha que o apoio de Sinatra é bem-vindo, mas não quer que seja alardeado.[46]

Isso era assunto sério. Pouco depois do fim da convenção, a campanha de Kennedy enviou um emissário a Las Vegas para conseguir quaisquer fotografias, e negativos, que mostrassem o candidato em situações sociais com Frank, Dean, Sammy, Peter e amigos.[47]

* * *

No mesmo dia em que John F. Kennedy conseguiu a indicação presidencial, um pequeno despacho de agência de notícias, colocado no meio de outros textos de entretenimento e colunas de fofocas em muitos jornais, anunciava que Frank e Dean Martin tinham feito uma proposta para se tornarem sócios majoritários no Cal-Neva.

> Membro da Comissão de Controle do Jogo de Nevada, Ned Turner disse que os cantores e dois sócios — Henry W. Sanicola, de North Hollywood, e Paul E. D'Amato, de Atlantic City — querem 57% do luxuoso Cal-Neva Lodge em Cristal Bay", dizia o texto. "Sinatra já é dono de 6% [sic] do Sands de Las Vegas. Agora está fazendo uma proposta por 25% do Cal-Neva. Martin quer 3%, Sanicola, 16% e D'Amato, 13%.[48]

Estivessem os números corretos ou não, eles eram em grande medida só aparência. Frank — cuja proposta foi aceita, assim como a de Dean e a de Hank; a de Skinny foi rejeitada — estava servindo de testa de ferro para Sam Giancana, que agora era dono de fato do Cal-Neva, junto com Joseph P. Kennedy, pai do homem que tinha sido conselheiro-chefe da Comissão McClellan, Robert Kennedy, e que logo seria procurador-geral dos Estados Unidos.[49]

E a amizade de Frank com Mooney tinha progredido: agora eles também eram sócios em negócios.

"Frank Sinatra é extremamente próximo de Paul D'Amato, que administra o 500 Club, em Atlantic City", dizia um memorando de Virgil Peterson, o diretor operacional da Comissão de Crime de Chicago, para Charles LaFrance, investigador-chefe da Comissão de Controle do Jogo de Nevada.

> Sinatra está tentando conseguir um estabelecimento em Nevada, que deseja que seja operado por D'Amato. D'Amato é associado a todos os grandes gângsteres, como Jerry Catena, Longie [sic] Zwillman e Willie Moretti em Nova Jersey [sic: Moretti tinha morrido em 1951]. Comenta-se que Sinatra é próximo de D'Amato há muitos anos. O 500 Club, em Atlantic City, não teve tanto sucesso, mas D'Amato sai do buraco todo ano quando Sinatra aparece como atração gratuita durante duas semanas.[50]

Em 20 de julho, Frank chegou, sozinho, a Atlantic City, dois dias antes de sua temporada anual no 500 Club.[51] Ele e Skinny tinham negócios a discutir. Sob imensa pressão da Comissão de Controle do Jogo, D'Amato havia retirado sua proposta para se tornar coproprietário do Cal-Neva. Mas isso não significava que não estaria intimamente envolvido com as operações do cassino: seus anos na administração de salas clandestinas de jogos de cartas e de dados em Nova Jersey o tornaram o candidato ideal para supervisionar as operações de jogo do Cal-Neva. E, sendo o homem que dera o impulso inicial para Martin e Lewis, também estava qualificado para supervisionar a parte de entretenimento do estabelecimento no lago Tahoe. Tivesse ou não participação oficial no negócio, Frank iria garantir que tudo ficasse bem para ele.

Do dia 22 ao dia 31, Sinatra operou sua magia no 500 Club, atrapalhando o tráfego na South Missouri Avenue e superlotando o Five em quatro shows a cada noite, o último às 5h30.[52] O futuro apresentador de *talk show* de Nova York Bill Boggs, que na época era um estudante universitário de dezoito anos, conseguiu entrar no show das 23 horas disfarçado de ajudante de limpeza e — nunca tendo estado antes em uma boate, e nunca tendo visto Sinatra antes — ficou paralisado. "Não era um salão grande — talvez trezentas, quatrocentas pessoas", lembrou,

> mas a energia era inacreditável. Mulheres superdecotadas e de cabelos loiros, homens com abotoaduras gigantes, todo mundo fumando, bebendo, gritando. Pensei: Como pode um cara aparecer e cantar com tudo isso acontecendo? E então ele apareceu, e todo mundo fica louco, e depois silêncio. Ele emociona essas pessoas de imediato. O que me deixou impressionado foi que ele de fato parecia estar transmitindo emoções verdadeiras — eu conseguia *sentir* essas emoções vindo dele. As próprias músicas eram como se fossem uma mostra de como seria a vida adulta.[53]

Ao longo das nove noites, Sinatra arrecadou 400 mil dólares brutos, e só levou para casa a eterna gratidão de Skinny.[54]

Atlantic City adorava Sinatra, mas grande parte do mundo continuava olhando desconfiada para ele. Na sua coluna de 6 de agosto, Leonard Lyons contou sobre um jantar que reuniu pessoas poderosas e de que o colunista participou ao lado, entre outros, do produtor e roteirista Charles Brackett, do empresário Billy Rose, da atriz Ruth Gordon e de um mandachuva de TV cujo nome não foi citado. "Mais alguém se juntou a nós, vindo de Atlantic City, onde tinha visto Frank Sinatra se apresentar no 500 Club", escreveu Lyons. "Sinatra, ele disse, planeja continuar a fazer campanha para Kennedy. 'Não, ele não vai', disse o executivo de TV. 'Ele é vulnerável demais. Se conseguiram fazer Joe Kennedy desaparecer, vão fazer Sinatra sumir também.'"[55]

A estreia mundial de *Onze homens e um segredo* aconteceu — onde mais? — em Las Vegas, à meia-noite de 3 de agosto de 1960. O coquetel, o jantar e a reunião da Cúpula que antecederam a estreia foram o evento dos eventos na cidade, contando com a presença de dezenas de astros que foram à meca do jogo para a estreia, transmitida pela TV no *Tonight Show*, de Jack Paar. Frank, Peter e Sammy se juntaram a Dean (que já vinha se apresentando no Copa Room) e a Joey (que veio de uma apresentação em Chicago) para o show, que não teve limites. "As brincadeiras deles sobre raça e religião enfim saíram do controle", reclamou o colunista do *Las Vegas Sun* Ralph Pearl. "Misture isso com uma abundância de piadas grosseiras e o resultado é uma situação inflamável."[56]

O veterano colunista de Hollywood Bob Thomas chamou o show de "uma experiência difícil de descrever", embora tenha feito uma boa descrição. "Os artistas aparecem no palco em grupo ou sozinhos, mas é raro alguém conseguir terminar uma música", escreveu.

> Há muitas piadas sobre a raça (negra) e a religião (judaica) de Sammy Davis Jr. e sobre a ascendência (italiana) de Dean Martin e de Sinatra.
>
> Joey Bishop, com seu rosto triste, faz comentários sarcásticos entremeados de referências a Sinatra como "dalai-lama", "potentado" e "nosso líder". O cunhado de Peter Lawford, o senador John F. Kennedy, é mencionado, com especulações de que Davis será embaixador em Israel.
>
> Um bar aparece no palco e Sinatra prepara um drinque para Martin no balde de gelo. Cada um canta números solo com voz rouca de barítono e uísque com soda na mão.
>
> Durante uma das músicas, Lawford, Bishop e o comediante Buddy Lester cruzam o palco conversando, vestidos exceto pelas calças, que estão nos braços. Todos caem vez ou outra em uma espécie de "diálogo" no estilo *Amos 'n' Andy*. Eles se reúnem no final em uma versão bagunçada de "Birth of the Blues".[57]

E aí está. E era preciso estar lá — e mesmo para quem estava lá, isso não foi exatamente suficiente.

O filme em si, na comparação, era sereno. A resenha da *Variety* foi perspicaz e dura. "*Onze homens e um segredo* tem tudo para ser um sucesso de público apesar de si mesmo", escreveu "Tube".

> Embora seja basicamente uma história simples sobre os esforços clandestinos de onze ex-companheiros de guerra para conseguir um butim multimilionário de cinco hotéis de Las Vegas, o filme às vezes fica a um gracejo de se tornar uma comédia musical. Trabalhando com as falhas de um roteiro artificial, uma abordagem insegura e um elenco que verga com o peso de personalidades que no fundo interpretam a si mesmas, a produção de Lewis Milestone nunca diz exatamente a que veio, mas brinca de modo alegre e despreocupado durante o processo.[58]

Ver o filme hoje é uma experiência estranha — sobretudo tendo em vista os três remakes com George Clooney-Brad Pitt-Matt Damon, dois dos quais são muito mais divertidos do que o original. A história do filme de 1960 corre alegre e cheia de estilo enquanto acontecem os múltiplos roubos a cassinos, mas o filme não consegue se decidir entre uma comédia e um drama: o que mais é possível dizer sobre uma aventura que tem Frank Sinatra como astro e na qual ele nem sorri nem canta? (O único integrante do Rat Pack que parece estar se divertindo é Sammy Davis Jr., no papel do gari que canta e dança.) Os maiores charmes do filme são visuais: os créditos de abertura criados pelo designer gráfico Saul Bass são maravilhosos (Bass também criou as sequências de abertura de *O homem do braço de ouro* e de dois filmes com Sinatra em que a sequência de abertura é a melhor parte: *Redenção de um covarde* e *Orgulho e paixão*). E a representação vívida e dinâmica feita pelo diretor de fotografia William H. Daniels dos cassinos e seus habitantes faz você imaginar como devia ser interessante, como devia ser *divertida*, aquela pequena cidade de Las Vegas antes de ser administrada por gângsteres e pelas corporações.

O que é bem menos interessante — para um espectador dos dias de hoje, em todo caso — é a visão de masculinidade de *Onze homens e um segredo*, ao estilo 1960. Por que os amigos do tempo da guerra estavam roubando cassinos? Não só pelo dinheiro, mas, como observa Santopietro, para "colocar uma dose violentamente desejada de aventura nas suas vidas no pós-guerra, que eram decepcionantes por serem suaves e rígidas demais". O mesmo pode-se dizer, afirma

Santopietro, das plateias que correram para ver o Rat Pack em Las Vegas e o filme que o grupo fez: "No palco e na tela, Frank Sinatra e os amigos estavam vivendo as fantasias de todos os homens de meia-idade que se sentiam presos no casamento, nos subúrbios, e jogando de acordo com as regras. Eram homens que queriam sua liberdade de volta".[59]

Que fosse — pelo menos na fantasia —, mas e quanto às mulheres que eram o outro lado da equação? As mulheres no filme são basicamente ornamentos ou acessórios, fáceis de comandar e de colocar em seu devido lugar, como quando o personagem de Sinatra, Danny Ocean, diz à sua esposa irritada, interpretada por Angie Dickinson: "Agora sente ali e não me atrapalhe". Ou quando Danny entra em uma sala em que o personagem de Lawford está sendo massageado por uma loira de short curto e diz a ela e à amiga dela, que também é loira: "O.k., meninas — hora da soneca de vocês. Caiam fora". Ou, de maneira ainda mais chocante, quando o personagem de Dean Martin anuncia que está entrando para a política. A plataforma dele? "Revogar a Décima Quarta [sic] e a Vigésima [sic] emendas — tirar o voto das mulheres, transformá-las em escravas."

Na vida real, claro, nenhum dos integrantes do Rat Pack tinha essa relação de comando ou uma relação tão ordenada com o sexo oposto. Tanto Joey quanto Dean estavam casados desde os anos 1940 e passavam boa parte da vida na estrada; deduzam o que acharem melhor. Lawford, que havia trabalhado de maneira intermitente e com frequência fora infiel desde que casara com Pat Kennedy, em 1954, perdera prestígio com a mulher à medida que a sorte política da família dela melhorava. E embora Frank, no meio de seu mais longo período de solteiro, estivesse em excelente fase — artística, financeira e sexualmente —, ainda era apaixonado pelo amor de sua vida, e vivia lutando contra os demônios que sempre ameaçavam. Ele era o Líder do Clã — mas, de todos, era também aquele que mais precisava do grupo. A diversão desse épico período de solteirice foi duradoura, agitada e real, mas também tinha algo de corrida desesperada a mil quilômetros por hora — uma solidão lunar logo abaixo da superfície.

Escrevendo sobre *Onze homens e um segredo*, o resenhista da *Variety* acusou Frank, Dean, Sammy e Peter de "atuar sob o estigma de suas próprias personalidades espalhafatosas e joviais [...]. Eles nunca mergulham de verdade nos papéis, nem parecem estar se esforçando muito nisso".

Mas por que deveriam mergulhar em novos papéis, quando suas identidades espalhafatosas e joviais que tinham levado ao Copa Room pareciam estar funcionando tão bem? O número da Cúpula não era difícil de entender nem sofisticado; era pura travessura, em uma época (pós-Havana) em que Las Vegas estava se estabelecendo como a Capital da Travessura do país, em uma época em que o nível de travessura nos Estados Unidos não era muito alto (nem baixo). Era uma época em que só se comia alface americana e em que o pão era branco, em que só havia três emissoras de televisão e um tipo de sexo (ou você estava com sérios problemas). Uma época em que felação era boato, e não algo comum; em que Judy Campbell podia ficar realmente chocada por Frank Sinatra e depois Jack Kennedy lhe proporem que participasse de um ménage à trois.

Esta última parte não era coincidência. Frank e Jack foram pioneiros nacionais do sexo, nossos desbravadores, indo, corajosos, aonde poucos homens tinham ido antes. Eles reconheciam a propensão um do outro no início; um admirava tremendamente o outro por isso. Foi sábio da parte da campanha de Kennedy confiscar fotos e negativos de JFK com o Rat Pack em Las Vegas, que era o centro, o laboratório nacional de testes, da travessura.

E, no entanto, havia algo de vazio em todo esse mau comportamento — e não apenas falando em termos morais. O número da Cúpula no Sands era infantil, o equivalente adulto de piadas sobre pum. Era uma reação ao profundo torpor nacional dos anos 1950: o Rat Pack "dependia, para sua vitalidade, do que Gore Vidal chamou de 'a grande soneca nacional'[60] da década de 1950 — às vezes Frank e 'O Clã' pareciam as únicas pessoas acordadas depois das 22 horas",[61] escreve o professor e crítico cultural T. H. Adamowski. A Cúpula era uma declaração de superioridade — exceto pelo fato de que o mais superior de todos, o Líder, era ele próprio um vórtice de caos, sem centro. O imperador não só estava nu como era maníaco-depressivo.

Mas mesmo assim ele era o imperador. Ninguém podia dar ordens para Frank em um estúdio de TV, nem Lewis Milestone podia comandá-lo em um set de filmagens. Não havia ninguém dirigindo os shows da Cúpula, e esse era o problema. O único lugar em que Sinatra podia ser controlado, em que podia ser exigente em termos artísticos, era onde ele podia ser seu próprio chefe — o estúdio de gravação.

E ele não queria mais gravar no estúdio da Capitol.

* * *

Ou queria?

Durante quatro noites, três no fim de agosto e uma no primeiro dia de setembro, Frank entrou naquela grande torre redonda, aquela que pouco tempo antes ele tinha ameaçado pôr abaixo, e gravou o álbum muito estranho que seria intitulado *Sinatra's Swingin' Session!!!*.

O núcleo central do LP era uma regravação de meia dúzia de standards que haviam aparecido no primeiro long-play de Frank, *Sing and Dance with Frank Sinatra*, da Columbia. Aparentemente, a ideia de Nelson Riddle fazer modificações nos arranjos de Axel Stordhal de 1950 era inatacável: isso tinha funcionado muito bem em *Nice 'n' Easy*. Mas para o novo álbum, mais agitado, Sinatra queria faixas muito mais curtas, como Riddle relembrou falando a Ed O'Brien. "Ele me disse que Frank tinha dado instruções para fazer a maioria das músicas sem repetições", lembrou O'Brien. "Frank não queria repetir muitas estrofes."[62]

Parecia certo. Em uma balada, Sinatra podia cantar a introdução, depois a primeira e a segunda estrofes, depois a ponte, depois repetir uma das estrofes — e depois, após um intervalo instrumental, cantar mais uma estrofe de novo. Em canções mais agitadas, ele costumava eliminar a introdução e as repetições de estrofes. No entanto, quando chegou para a primeira sessão de gravação de *Swingin' Session*, Frank tinha uma surpresa para Riddle: anunciou "que queria fazer todas as canções em andamento duas vezes mais rápido do que ele tinha planejado antes", escreve Will Friedwald.

> Riddle desde o início não dera a ele nenhum poema épico de quatro ou cinco minutos, e assim a decisão de Sinatra o deixou com várias faixas que eram curtas o suficiente para caber em uma mensagem de secretária eletrônica e um álbum de 25 minutos — não muito maior do que o disco original *Sing and Dance*, de dez polegadas.[63]

Vinte e seis minutos e nove segundos, para ser exato, era a duração do álbum: esse era um long-play sem a parte do "*long*". Todas as doze faixas de *Swingin' Session* tinham cada uma menos de três minutos, e três das canções ficaram perto de um minuto e meio.

O que estava acontecendo?

"O disco inteiro dura vinte e seis minutos porque Sinatra acelerou tudo para ferrar com a Capitol",[64] diz Jonathan Schwartz. Na opinião de Nelson Riddle, *Swingin' Session* era "um desastre".

O argumento faz sentido. Mesmo enquanto Frank cantava no Estúdio A, sua cabeça estava no novo selo que (como logo veremos) já estava em operação. Ouça a nova versão que ele gravou do clássico "My Blue Heaven", de Walter Donaldson e George A. Whiting, e você pode se pegar chacoalhando a cabeça sem acreditar: parece que Sinatra está tentando fazer uma gravação em tempo recorde. A música tem o ímpeto do rock 'n' roll — o solo dançante e agitado do saxofone tenor de Buddy Collette parece sair de um jukebox em um bar —, mas não tem a alegria do rock 'n' roll. É difícil imaginar alguém dançando aquilo. Para ter certeza de que você entenda — estamos indo *rápido* aqui —, Frank não pronuncia a primeira palavra de cada frase no início da letra, e assim

When whippoorwills call
And evening is nigh
I hurry to my blue heaven

vira

Whippoorwills call
Evenin' is nigh
*Hurry to my blue heaven.**

É puro Hemingway. A pressa de Sinatra — para acabar o contrato com a Capitol, para passar ao próximo projeto — é tão descarada que parece haver nela uma espécie de vertigem.

Quando foi lançado, no início do ano seguinte, "o disco chegou ao número três da lista da *Billboard* e ficou nas paradas por 36 semanas", diz Ed O'Brien. "Os disc jockeys amaram o disco. Eles podiam encerrar o programa faltando um minuto e 58 antes do noticiário com uma canção inteira de Sinatra. O álbum foi muito tocado no rádio."[65]

* (Quando) os urubus chamam / (E) a noite se aproxima / (Eu) corro para o meu céu azul. (N. T.)

* * *

Norman Granz, o fundador (em 1956) da Verve Records, trabalhou com, e foi amigo de, virtualmente todos os grandes músicos de jazz de meados do século XX — o rol do selo incluía Bill Evans, Stan Getz, Billie Holiday, Oscar Peterson, Ben Webster e Lester Young, entre muitos outros —, mas Ella Fitzgerald talvez tenha sido a figura central na sua carreira, e ele na dela, não só como chefe da gravadora da cantora mas como agente e empresário de seus shows.[66] O primeiro disco de Ella pela Verve foi o inovador *Ella Fitzgerald Sings the Cole Porter Songbook*, de 1956, produzido por Granz, que se tornou um dos discos de jazz mais vendidos de todos os tempos.[67] Entre 1956 e 1959, Ella e Granz gravaram outros quatro discos de songbook depois daquele, dedicados a composições de Rodgers e Hart, Duke Ellington, Irving Berlin, e George e Ira Gershwin. Era um jeito incomparável de cantar jazz naquele que rapidamente estava se tornando o selo mais importante do gênero musical.

No final dos anos 1950, Norman Granz tinha começado a transformar seus vários investimentos em jazz em uma grande fortuna. Ele era um connoisseur de boa comida, vinho, arte, carros e um amante de belas mulheres. Também era bonito, atlético, atraente e abençoado com uma opinião bastante positiva sobre si mesmo. E protegia de maneira feroz sua principal artista, Ella Fitzgerald. Essa decisão, e sua personalidade irreprimível, logo o poria em rota de colisão com Frank Sinatra.

Desde cedo, Granz percebeu que Frank, que tinha imensa influência em Las Vegas, não estava fazendo o suficiente para promover a tolerância naquela cidade historicamente racista.[68] Durante os anos 1950, quando Ella Fitzgerald, ou Sammy Davis Jr., ou Lena Horne, ou Pearl Bailey se apresentavam em cassinos na Strip, eles não podiam comer nos restaurantes dos estabelecimentos nem ficar em seus hotéis. Depois que os shows acabavam, artistas negros tinham de voltar para pensões na parte oeste, mais pobre, da cidade. Por muito tempo, Sammy não teve permissão para usar a sauna do Sands. Frank fez pressão para mudar isso, mas Granz, que era passional em relação à causa, achava que ele tinha feito muito pouco e começado tarde demais.

Essa era sua opinião, que ele guardava para si mesmo. Mas em breve ele entraria em confronto com Sinatra publicamente, quando Fitzgerald foi convidada para uma participação especial no programa de Frank na ABC em maio de 1958 (ou, de acordo com outro relato, no programa da Timex em dezembro de 1959). Como agente de Ella, Granz, é claro, acompanhou-a à gravação. Mas a reunião dos dois homens egocêntricos e de opinião forte logo tornou o ambiente instável. Quando Granz começou a sugerir músicas que Ella e Frank podiam cantar juntos, o cantor o expulsou do estúdio de TV.

"Frank e Norman não concordavam", lembrou Lou Levy, pianista de Fitzgerald. "Norman sempre queria estar por cima, e ninguém está acima de Frank Sinatra. Sim, claro! Ele é César, e você não pode mexer com ele!"[69]

Mas Sinatra e Granz nem de longe tinham dado o caso por encerrado.

Em 1960, Norman Granz havia se cansado do negócio de gravação de discos. Tinha conseguido a maior parte de seu dinheiro como empresário e, embora a Verve agora fosse lucrativa — seu rol de artistas tinha se expandido e incluía agora discos de comédia (Shelley Berman, Mort Sahl, Jonathan Winters) e até, em 1958, discos de pop de grande vendagem, como os de Ricky Nelson —,[70] o verdadeiro amor de Granz era o jazz, e tentar vender discos de jazz para um nicho do mercado era remar sem parar contra a maré. "O ramo dos discos de jazz era muito, muito limitado", lembrou Mo Ostin, controlador da Verve. "Vendíamos 20 mil álbuns, vendíamos 50 mil singles — esses eram resultados muito bons para nós."[71]

Apesar de tudo, Frank Sinatra era um grande fã da Verve. "Ele amava o catálogo da gravadora", contou Ostin. "Era um grande entusiasta do jazz, e tínhamos os melhores artistas de jazz na época. Frank estava apaixonado por Billie Holiday, amava Lester Young, Oscar, Ella — quem quer que fosse. Então, ele quis comprar a empresa."

Uma coisa não levava necessariamente à outra. Embora por um longo período Frank estivesse pensando em possuir seu próprio selo, e para um homem que ansiava ter classe, a Verve fosse um cintilante objeto de desejo.

"Sinatra pode ter ficado sabendo do plano de Granz de vender a Verve porque eles tinham o mesmo advogado, Mickey Rudin", escreve Tad Hershorn, biógrafo de Granz. Uma situação estranha — e, como Granz admitiu a Hershorn, conflituosa: "Rudin representava a mim e a Frank, o que era totalmente ilegal, ou seja lá como eles chamam isso".[72]

Conflito de interesses é como chamam isso. Mas Milton Rudin sabia como tirar vantagem da situação. Ele vinha trabalhando para Sinatra desde o começo dos anos 1950; à medida que os vários negócios de Frank prosperavam, Rudin, que tinha talento para ver de onde viriam os maiores ganhos, se enredou cada vez mais neles — deixou de ser um advogado contratado para se tornar algo como um *consigliere*. Ele estava enredado de todas as formas. O curioso, ou talvez nem tanto, é que ele era casado com a violoncelista clássica Elizabeth Greenschpoon, que tocou em vários álbuns de Sinatra e era irmã do psicanalista Ralph Greenson (nascido Romeo Greenschpoon). Greenson havia tratado de Sinatra por um curto período e também se ocupara do imenso projeto que era Marilyn Monroe.

Mickey Rudin era uma figura: "um sujeito nascido para convencer os outros [...] saído da *Harvard Law Review* misturado com uma criação à moda do Brooklyn", como lembrou o executivo de gravadora Stan Cornyn.

> Ele também tinha uma veia cruel. Quando uma negociação ia mal, escrevia cartas devastadoras sobre seu adversário, cartas que faziam de tudo, desde questionar a competência do sujeito em matemática até lhe sugerir que participasse de corridas de cavalos em Kentucky. Então Mickey enviava a carta para o chefe do cara, com uma cópia em carbono para o próprio cara. E só ficava esperando que a insegurança e a raiva do outro fizessem as coisas caminharem do jeito que ele queria. Mickey uma vez me contou um de seus segredos poderosos: "Me fazem muitas perguntas sobre a ligação de Frank com a Máfia". Então ele sorriu do modo como sorri alguém que sabe transformar o medo em um ativo empresarial. "Mas, sabe, sempre que as pessoas me perguntam isso, eu só sorrio e faço cara de quem sabe das coisas. O fato de não negar nunca causou nenhum mal." Até o jeito como Rudin contava isso fazia você perceber que havia muita coisa que ele sabia e você, não.[73]

"Como advogado, ele era forte como qualquer outro que conheci", disse Mo Ostin, que contratou Rudin na Verve. "Tinha uma inteligência que vinha das ruas. Ele podia ser bem difícil. Era um negociador maravilhoso. Ele podia pegar pesado com você. Era muito, muito forte — tinha o tipo de personalidade forte que atrairia alguém como Frank."[74]

Norman Granz tinha o outro tipo de personalidade forte, mas Sinatra se encontrou com ele de todo modo, e, de acordo com Ostin, o encontro terminou com os dois apertando as mãos. Também, ao que tudo indica, com um grau de incerteza. Frank queria que Granz continuasse administrando a Verve, mas Granz queria sair do negócio e ir para a Europa. Como escreve Hershon, "o que

Granz não queria era administrar uma gravadora e talvez ainda ter de receber ordens de Frank Sinatra".[75]

O assunto ficou nas mãos de Mickey Rudin, que apesar do conflito de interesses era habilidoso.

Frank seguiu fazendo uma campanha entusiástica por Kennedy, mas suas atividades pitorescas continuaram a ser um problema. Em meados de agosto, o conservador *Daily News*, de Nova York, publicou uma matéria de página dupla sobre a "turma de Hollywood que vai atrás de diversão e dinheiro", e que logo seria amplamente conhecida como Rat Pack, mas que a essa altura a maior parte dos jornalistas ainda chamava de Clã. A primeira frase do texto: "Uma pergunta que será respondida de uma vez por todas pela campanha presidencial de 1960 é: um homem cujo cunhado é membro do Clã pode ser eleito presidente dos Estados Unidos?".

Frank objetou com veemência ao termo e à caracterização, a ponto de ser levado a emitir um press release por meio de seu relações-públicas, Warren Cowan. "'O Clã' é produto da imaginação de alguém", dizia o release, soando um pouco como Sinatra, mas cada vez menos à medida que prosseguia. "Naturalmente, as pessoas em Hollywood têm vida social com amigos, assim como em qualquer comunidade. Mas não nos reunimos em fraternidades infantis, como algumas pessoas gostariam de imaginar."[76]

Por um lado, ele estava exagerando no protesto — o suficiente para que as pessoas tivessem certeza de que o contrário devia ser verdade. Por outro, ele tinha certa razão. O Rat Pack era um mito, uma encenação, uma elaboração. O elenco de personagens que se sentava em torno da mesa de Frank todas as noites — e até se sentava com ele na sauna do Sands — variava bastante, e alguns nem gostavam de ver seus nomes nos jornais. A realidade da vida dele era mais pantanosa e mais complexa do que aquilo que a imprensa tagarelava — mas, na época, o que Frank queria que as pessoas menos soubessem era sobre sua realidade. O que ele na verdade queria era que o deixassem em paz.

Claro que isso era só um sonho. Andar com os Kennedy duplicava a atenção habitual dada a ele. E havia dois pesos e duas medidas: os políticos daquele tempo tinham permissão para se comportar mal na vida particular; os artistas, nem tanto. A mistura dos dois grupos era instável — inflamável —, e os Kennedy estavam sentindo o calor. Alguém na campanha, afirmou o jornalista de celebridades Joe Hyams no *New York Herald Tribune*, alertara Frank de que ele e seus amigos seriam um problema para a causa, a menos que começassem a se comportar como "cidadãos sérios".[77]

Parece muito mais plausível que o alerta tenha vindo do segundo filho (vivo) de Kennedy do que do primeiro. E Frank podia ter sido perdoado por pensar (se não por dizer) que ele agiria assim quando Jack também o fizesse.

Nem o primeiro nem o segundo filho de Kennedy estavam presentes no evento beneficente "Mulheres-Chave por Kennedy" em 7 de setembro, na casa de Tony Curtis e Janet Leigh, em Beverly Hills. Mas o terceiro estava: o jovem Ted Kennedy, coordenador da campanha nos estados do Oeste, que foi até lá para dar o aval da família ao evento, junto com Peter e Pat Lawford e o próprio homem da controvérsia, Frank Sinatra. Dois mil seguidores leais, na maior parte mulheres, pagaram cinco dólares cada um para ouvir um monte de discursos e para ouvir Frank cantar à beira da piscina, acompanhado pelo Red Norvo Quintet.[78] Uma foto da revista *Life* tirada naquela tarde ensolarada mostra Ted inclinado sobre uma cerca no palco, em uma conversa franca com Frank, que está um pouco mais atrás e mais abaixo. Com seu terno escuro e a testa franzida, Sinatra parece o próprio modelo do cidadão sério — assim como o sujeito de ar ameaçador com corte de cabelo militar ao lado dele, fumando um cigarro e olhando para o fotógrafo.

Claramente aquela não era uma foto posada, e era claro que Frank e Ted Kennedy não estavam falando de trivialidades. Independentemente do que os jornais (e os próprio Kennedy) diziam, Sinatra continuava enredado até o pescoço nessa campanha.

Como Dorothy Kilgallen — que não era simpática, mas de modo algum era burra — ressaltaria em sua coluna de 22 de setembro,

> Apenas alguns meses atrás o senador Jack Kennedy resmungava porque "aqueles colunistas" o estavam ligando a Frank Sinatra, e o senador contestava dizendo que era injusto tentar ligar os dois porque ele "só tinha encontrado Sinatra umas poucas vezes na Califórnia [...]". Então, na semana passada, o candidato do Partido Democrata à presidência foi o convidado de honra em um pequeno jantar privado

oferecido por Frank. Não havia motivo para que não fosse, claro — mas por que tentar enganar a imprensa?[79]

No domingo, 11 de setembro — um dia depois do pequeno jantar privado —,[80] Frank casou a filha mais velha com Tommy Sands, em uma cerimônia civil no Emerald Room do Sands. Nancy Sandra Sinatra tinha vinte anos, Sands tinha 23. A noiva usou um véu branco e um vestido que ia até os joelhos desenhado por Don Loper; o noivo, que estava voltando de um período de dois anos na Força Aérea, usou seu uniforme de soldado.[81] O pai da noiva chorou abertamente. Pouco antes de conduzi-la pela nave, Nancy lembrou, ele lhe deu de presente um par de brincos de diamante em formato de estrela, "para combinar com as estrelas dos seus olhos". [82]

"'Eu te amo, pombinha',[83] ele disse.

"Eu disse: 'Também te amo, papai'. E fomos pela nave até o altar da igreja, os dois chorando."

Frank numa conversa com o jovem Ted Kennedy em evento de arrecadação de fundos para JFK, em Beverly Hills, em setembro de 1960.

A visão de um misteriosamente bonito ídolo adolescente em uniforme militar no ano de 1960 não deixa de evocar a imagem do recém-dispensado recruta Presley; e, na verdade, a vaga atmosfera de Elvis que rondava a cerimônia não era mera coincidência. Não só Nancy tivera um namorico com o cantor (e, pouco antes, havia soltado ais e uis quando participara com ele no especial de Frank para a Timex) como o escrupuloso e atraente Sands, um garoto do Sul que tocara um pouco de *rockabilly* (e que às vezes era chamado de Elvis de Segunda Categoria),[84] tinha sido contratado aos quinze anos pelo "Coronel" Tom Parker — três anos antes de o empresário fazer sua maior descoberta.[85] Em 1957, Sands interpretou um galã à Elvis em um episódio do *Kraft Television Theatre*, cantando uma música, "Teen-Age Crush", que mais tarde foi lançada como single pela Capitol e vendeu 1 milhão de cópias. Casar com uma integrante da realeza do show business foi o apogeu de Tommy Sands: dali para a frente, ele só iria rolar ladeira abaixo.

Seu pai não interferiu nem lhe deu sermões sobre os riscos de casar com um cantor, Nancy lembrou.[86] Ela e Frank viam os paralelos óbvios, mas Hollywood era Hollywood.

Nancy mãe, que foi ao casamento com Frankie Jr., e com uma Tina chorosa a reboque, também via os paralelos. "Era minha própria vida acontecendo vinte anos depois",[87] ela disse.

Exceto, como logo ficaria dolorosamente claro para todas as partes envolvidas, pelo fato de que Tommy Sands estava bem longe de ser Frank Sinatra.

Frank passou o resto de setembro e o mês inteiro de outubro em Maui, gravando um caça-níqueis para a Columbia chamado *A hora do diabo*. Mervyn LeRoy, que tinha dirigido Sinatra em *The House I Live In*, comandava o filme; o grande Spencer Tracy, um bom amigo de Frank que fizera parte do Rat Pack de Bogart, era o outro astro do projeto. A história, se é que dá para chamar assim — um padre acabado, alcoólatra (Tracy), desenvolve uma amizade improvável com um criminoso condenado (Sinatra) em uma ilha do Pacífico prestes a viver uma erupção vulcânica —, era um drama psicológico estranhamente enxertado em um filme-catástrofe. Tracy era o centro da história, e Frank, que o idolatrava, até lhe cedeu o primeiro lugar nos créditos.[88] Mas em 1960 o envelhecido ator, um atormentado maníaco-depressivo e alcoólatra em contínuo estado de crise emocional e psicológica, estava "cronicamente cansado, infeliz, doente e desinteressado pelo trabalho",[89] como escreveu seu biógrafo, James Curtis. E o Tracy de sessenta anos, um dos principais nomes da MGM em épocas anteriores, estava plenamente consciente do status de Sinatra no mundo do entretenimento. "Ninguém tinha tanto poder quanto ele", disse. "*A hora do diabo* era um filme de Sinatra. Sinatra era a estrela."[90]

De forma impressionante, Frank achou tempo entre as filmagens de suas cenas para fazer campanha para Kennedy, voando pelas ilhas com Brother-in--Lawford para fazer shows. Em 12 de outubro, participou de um show beneficente no Waikiki Shell, em Honolulu, reunindo 9 mil apoiadores de JFK — e causando a ira de um certo Frederick J. Titcomb, candidato republicano a uma vaga na Câmara dos Representantes pelo Havaí, que acusou os artistas de tornar a política séria "uma farsa".

Sinatra retrucou, de maneira um tanto ilógica: "Os jornais do grupo Hearst em todo o país estão em campanha por Nixon, com muita propaganda. Se essa organização de jornais pode fazer isso, então por que não posso fazer o mesmo cantando?".[91]

Duas semanas depois, em um evento em Newark, até cantar se mostrou um desafio. A ocasião era o Baile Anual do Governador de Nova Jersey — um evento dos democratas naquele ano, com o ex-candidato a presidente Robert Meyner ocupando o cargo de governador e, portanto, um verdadeiro comício de Kennedy. O local era o Essex Armory, onde o comício quase se transformou em tumulto por causa da presença de Sinatra e de outras celebridades. JFK nem estava lá. Talvez Frederick J. Titcomb tivesse razão.

"Dezenas de policiais tiveram muito trabalho para conter uma imensa massa humana estimada em algo entre 25 mil e 40 mil pessoas", relatou a Associated Press.

> Quinze mulheres desmaiaram. Um homem foi carregado para fora por cima da cabeça das pessoas. Carros rastejavam devagar pelas ruas, procurando inexistentes vagas de estacionamento.

> O motivo do banzé não era Adlai E. Stevenson, o orador da noite, mas Frank Sinatra, de Hoboken e Hollywood.
>
> Um grito de perfurar os tímpanos saiu da multidão quando o cantor e outras celebridades passaram pelo corredor ao lado de meninas que tentavam tocar seu ídolo.
>
> Quase toda a multidão de 14 mil pessoas dentro do antigo arsenal — algumas em trajes formais e vestidos de gala — ficou de pé nas cadeiras para ter uma visão melhor dos astros de Hollywood. Lâmpadas de flash disparavam com a velocidade de metralhadoras.
>
> Sinatra tentou falar, mas pouca gente conseguia ouvir [...]. Ele abriu caminho até o palco com a orquestra de catorze músicos. Apresentado como "o próximo embaixador na Itália", cantou sete canções populares.
>
> O evento deveria ser o baile anual do governador. Ninguém conseguiu dançar naquele tumulto.[92]

A sabedoria convencional diz que os debates televisivos venderam de maneira mais eficiente o candidato democrata bronzeado, bonito, com ar calmo e confiante do que o suado e nervoso republicano com barba por fazer e entradas na cabeça. (Nixon era apenas quatro anos mais velho do que Kennedy, mas parecia ser vinte). A sabedoria convencional, porém, se concentra no primeiro debate, no qual Nixon, que tinha acabado de ser hospitalizado com uma infecção bacteriana, estava com uma imagem horrível.[93] (Muitos que ouviram pelo rádio achavam que ele tinha vencido.)[94] E o candidato republicano ganhou força e autoridade no terceiro e no quarto debates.

Mesmo assim, o gênio tinha saído da lâmpada: os debates provaram que a câmera de TV já não era apenas um equipamento que registrava os eventos, mas também podia construir imagens. Jack Kennedy, o primeiro candidato do show business, era um salto quântico de estilo em relação aos presidentes e vice-presidentes anteriores. E o ramo jovem do show business (os John Waynes, os Ward Bonds e seus congêneres, afinal de contas, eram de meia-idade, ou pior) que se autointitulava Democratas de Hollywood, com Sinatra à frente e Janet Leigh em seu vestido prata, se harmonizava com facilidade com o novo tipo. Pobre Pat Nixon, que em seu belo casaco republicano parecia um daqueles alunos impopulares do ensino médio.

Mas nem todo mundo comprou o candidato. Boa parte dos Estados Unidos não gostava da ideia de um presidente jovem, católico e charmoso. O país estava profundamente dividido. O Sul temia as conversas elevadas dos democratas sobre direitos civis: o caminho estava preparado para que muitos democratas sulistas perdessem para o Partido Republicano. A sindicalização dos trabalhadores também era outra boa razão para temer os Kennedy. Nixon prometia ser a segunda vinda de Eisenhower, e o que havia de errado com Eisenhower? Ele nos mantivera longe da guerra, construíra um sistema de autoestradas e havia conservado os soviéticos à distância. Ele nos deixara dormir tranquilos.

Jack Kennedy sabia que a eleição ia ser apertada. E, embora amasse o show business, ele e seu grupo continuaram sem saber se o apoio de seu astro era um patrimônio ou uma fragilidade.

"Não é a voz de Sinatra, é a energia dele. Gostaria de ter a energia de Sinatra",[95] disse Bobby Kennedy, em outro contexto — cheio de ressentimento, presume-se. De maneira notável, Frank voltou para o Havaí depois do comício de Newark, cumpriu os dois dias restantes de filmagens em locações para *A hora do diabo* e então, em 1º de novembro, fez uma rápida meia-volta e retornou a Los Angeles para aparecer em *The Dean Martin Show*, em que, como Nick Kenny escreveu no *New York Mirror*, "o discípulo-mor obedeceu ao grande Líder".[96]

"Estamos dedicando este programa inteiro ao primeiro e único Frank Sinatra", anunciou Dean, de smoking, com a mais alta adulação, no começo do programa. "Sim, hoje estamos homenageando um homem que obteve um sucesso sensacional em todas as fases do show business — um homem que é excelente no xadrez da vida, mas vê tudo em termos de damas."[97]

Ele obteve a risada que queria, assim como Don Knotts, que, depois de uma longa preparação, surgiu vestido como Frank — chapéu fedora na cabeça, capa de gabardine sobre os ombros — e destroçou um "*ring-a-ding-ding*". O truque, fosse verdade ou não, era que o voo de Sinatra tinha pousado com atraso e que Knotts teria que encarná-lo por um tempo. E assim ele fez. A piada (de que Don Knotts era o oposto de Frank Sinatra em todos os sentidos) prosseguiu um pouco mais, meio sem graça, até a próxima atração, a bela, loira e ousada Dorothy Provine — que então era a estrela do seriado *The Roaring 20's*, da ABC —, fazendo uma dança dos ruidosos anos 1920 fantasiada de melindrosa. (Na verdade, Provine, junto com Juliet Prowse e incontáveis outras, também estava à época atuando como coestrela na vida de Frank.)

Depois do intervalo de meia hora, o próprio Líder apareceu, também de smoking e queimado pelo sol do Havaí. Frank estava com uma aparência ótima. Faltando um mês para completar 45 anos, ele exibia o melhor de sua forma: não era mais tão magro e ainda se encontrava a alguns anos do sobrepeso da meia-idade, e tinha um brilho interior que vinha de sua autoconfiança, a qual periodicamente se transformava em arrogância vaidosa. Uma imitação de *This Is Your Life*, com Dean no papel de Ralph Edwards, foi diversão de baixa voltagem, com algumas brincadeiras tirando sarro de Sinatra em filmes ruins (*Beijou-me um bandido* e *Redenção de um covarde*). Mas o improviso de Frank à *Amos 'n' Andy* e o seu ar de homem do momento, de quem tinha acabado de sair do palco do Copa Room, passavam a ideia de uma autoridade afetada que grande parte dos telespectadores não tinha comprado antes e não estava comprando agora — o crítico do *Hollywood Reporter* escreveria que o programa padeceu de excesso de "piadas internas".[98]

E então um momento realmente estranho: "Sim, Frank, para você não foi tudo de mentirinha", salmodiou Dean/Ralph Edwards. "Você sempre quis que seus filmes dissessem algo. E em um filme chamado *Meu ofício é matar*, seu interesse maior no cenário nacional ficou evidente. Que momento aquele em que você ficou em pé e, de maneira patriótica, gritou..."

De súbito, um clipe com um Sinatra muito mais novo e muito mais magro como o suposto assassino em *Meu ofício é matar* apareceu na tela: com ar ameaçador, ele apontava um rifle com mira telescópica para a câmera e rosnava: "Temos apenas três segundos para acertar o presidente".

"Como você vai explicar *isso* para Peter Lawford?", Martin disse devagar, fazendo Frank e a plateia rirem ruidosamente.

"Interna" foi a expressão que os críticos das incursões de Sinatra na televisão continuaram usando, repetidas vezes. Jack O'Brian, do *New York Journal American*, escreveu que tinha ficado desconcertado com "uma ou duas piadas de mau gosto e com uma referência obscena *interna*" no programa de Martin. E então ele foi realmente crítico. "Essa dedicação a uma moral puída e a um humor vergonhoso", disse, irritado, "continua a infectar as atividades do Rat Pack na TV."[99]

Sempre haverá um debate furioso sobre se John F. Kennedy roubou a eleição presidencial de 1960. Em geral se concorda que houve consideráveis irregularidades na votação no Texas — que muitos põem na conta de Lyndon Johnson

— e ainda mais consideráveis em Illinois, onde o prefeito de Chicago, Richard Daley, em conluio com Sam Giancana, quase certamente engendrou uma impressionante margem de 450 mil votos para Kennedy em Cook County. O que está aberto a discussão é se foram essas irregularidades que levaram Kennedy a superar as expectativas.

O certo é que Giancana acreditava firmemente que contribuíra para a eleição de JFK. "Ouça, querida", ele gostava de dizer a Judy Campbell, "se não fosse por mim, seu namorado nunca teria chegado à Casa Branca."[100]

"Controlando os poderosos distritos negros e seus distritos da Máfia — nove no total —, Mooney apertou os parafusos com toda a força de seus músculos", escreveram Sam e Chuck Giancana, afilhado e irmão de Mooney, em seu livro *Double Cross*.

> Para garantirem o resultado da eleição, os rapazes ou levavam as pessoas de seção eleitoral em seção eleitoral e de urna em urna, para que elas pudessem votar várias vezes, ou ficavam ao lado das cabines de votação com ar ameaçador, onde podiam deixar claro, para os eleitores que estavam tentando convencer, que todos os votos deviam ser de Kennedy. Vez ou outra, alguns cidadãos mal orientados declaravam sua independência dessa tirania, e ao fazê-lo despertavam a fúria dos fanáticos de Mooney; não foram poucos os braços e pernas quebrados antes de as urnas serem fechadas naquele dia.[101]

Giancana estava se empenhando bastante, em função do que esperava receber em troca. O relato de Tina Sinatra sobre a conversa que seu pai teve com Mooney no campo de golfe — "Eu acredito neste homem e eu acho que ele vai ser um bom presidente. Com a ajuda de vocês, acho que nós vamos conseguir" — omitia o que isso significava. William F. Roemer Jr., agente especial do escritório do FBI em Chicago no início dos anos 1960, teve acesso às escutas que diziam exatamente o que significava: "O acordo era que, se Giancana usasse sua influência em Chicago com o 'West Side Bloc' e outras autoridades em favor de Kennedy, Sinatra achava que podia fazer Kennedy se afastar da investigação do FBI sobre Giancana".[102]

Não era só algo pessoal. Giancana era parte de um colegiado de mafiosos de Chicago que também incluía Tony "Joe Batters" Accardo, Frank "Strongy" Ferraro, Murray "The Camel" Humphreys e Paul "The Waiter" Ricca. Os líderes do grupo precisavam votar se apoiariam Kennedy, e Humphreys, o único não italiano dentre eles, se arrastava. "Humphreys [...] tinha feito alguns negócios de contrabando com Joe Kennedy durante a Lei Seca e não confiava nele", escreve Seymour Hersh.

> "Murray o chamava de mentiroso e traiçoeiro", me confidenciou Jeanne Humphreys [viúva de Humphreys]. Joe Kennedy estava envolvido com o contrabando de bebidas do Canadá para a região de Detroit, segundo o que seu marido lhe disse, "e sequestrou sua própria parte da carga que já tinha sido paga e a levou e vendeu de novo em algum lugar. Ele (Humphreys) nunca deixava de falar sobre que cretino (Kennedy) era.[103]

Era com essas pessoas que Frank estava lidando.

Humphreys por fim, ainda que relutante, se alinhou aos colegas. Foi uma decisão crucial. O "Camelo" era o cabeça do grupo de Chicago, seu principal organizador. Conhecido por suas habilidades diplomáticas e por certa elegância pessoal — ele nunca falava palavrões —, tinha uma enorme influência entre líderes políticos e sindicais. Humphreys era importante para garantir empréstimos em grande escala do fundo de pensão do sindicato dos caminhoneiros nos estados do Oeste, que permitiram à Máfia bancar os hotéis-cassinos de Las Vegas, entre os quais o Sands.

É claro que os caminhoneiros também ganhavam algo com o esquema: eles também queriam estar em Las Vegas. Mas seu líder, Jimmy Hoffa, estava em um sério conflito de interesses, expressando em certo momento sua preocupação para Humphreys de que o dinheiro "dos meus afiliados [...] vai eleger aquele filho da puta".[104]

Apesar de Hoffa, Humphreys procurou sindicalistas do país inteiro para conseguir votos para Kennedy, confiante no resultado final e feliz de estar nos bastidores: "Ele não esperava louvores", lembrou sua viúva, "e ficava contente de ver Mooney recebendo as glórias e os elogios".[105]

Tudo isso com base em uma promessa de Joe Kennedy.

Frank passou o dia da eleição, terça-feira, 8 de novembro, em seu escritório na Essex Productions, no número 9229 do Sunset Boulevard, onde sua secretária, Gloria Lovell, tinha colocado uma linha telefônica aberta com Chicago.[106] Na outra ponta estava Jake Arvey, membro do comitê nacional do Partido Democrata e operador político de Giancana, que dava a Sinatra atualizações a cada meia hora sobre os resultados em Illinois.[107]

Tudo correu bem para Kennedy o dia inteiro. Os primeiros resultados de Chicago — assim como de Boston, da cidade de Nova York, da Filadélfia, de Pittsburgh e de Detroit — mostraram o candidato democrata abrindo uma grande margem sobre Nixon tanto no voto popular quanto no colégio eleitoral. Mas à medida que anoiteceu, e os resultados começaram a vir dos subúrbios e das áreas rurais, a maré começou a virar a favor da chapa republicana.[108]

Frank tinha ido à casa de Tony Curtis e Janet Leigh em Beverly Hills, o local do evento "Mulheres-Chave por Kennedy" em setembro, e começou a beber — primeiro para celebrar, depois para reduzir a ansiedade cada vez maior. Ele ligava o tempo todo para Giancana para garantir que tudo estava bem; Mooney dizia a Frank que estava fazendo o melhor que podia. "Vai virar, vai virar", Frank dizia a todos os que ouviam.

Virou. Lentamente, agonizantemente. Em algum ponto depois da meia-noite, John Kennedy, vendo os resultados de Hyannis Port, ligou para Daley, o prefeito de Chicago, que, JFK disse a assessores, lhe garantiu: "Vamos conseguir com a ajuda de alguns amigos próximos".[109]

Às 3h10 da manhã, pelo horário do Pacífico, Richard Nixon apareceu diante das câmeras de TV no hotel Ambassador, em Los Angeles, e deu a entender que Kennedy podia ter vencido a eleição. Os repórteres que estavam no local ficaram intrigados com o discurso, que deveria admitir a vitória de Kennedy mas não o fez. Sinatra estava furioso. E, a essa altura, conforme lembrou Janet Leigh, bêbado. "Ele gritava com a tela da TV: 'Admita que perdeu, seu filho da puta! Admita!'."[110]

Então ele decidiu agir. Telefonou para o Ambassador e exigiu que a telefonista passasse a ligação para a suíte de Nixon. A telefonista se recusou. Frank pôs aquela voz imensa para funcionar. "Você sabe quem está falando?", gritou. "Aqui é Frank Sinatra, e quero falar com Richard Nixon."

Quando a telefonista continuou se recusando a passar a ligação, Frank gritou uma mensagem. *Diga ao filho da puta para admitir que perdeu!*

Mais ou menos àquela hora, Richard Daley ligou para Dave Powers, em Hyannis Port. "Estamos tentando adiar nossos resultados", disse o prefeito. "Cada vez que anuncianos mais duzentos votos para Kennedy em Chicago, eles surgem de alguma parte do interior do estado com mais trezentos votos para Nixon."[111]

De manhã, no entanto, Illinois tinha enfim terminado. Apesar da margem de 450 mil votos de Kennedy em Cook County, ele venceu no estado por apenas 8858 votos. No país inteiro, venceu no voto popular por uma margem igualmente magra: 112 881 votos, de 68 832 818 que haviam sido depositados nas urnas, cerca de 0,16% do total. A margem no colégio eleitoral foi mais significativa: 303 delegados para Kennedy contra 219 para Nixon. Mas, como nos lembra Theodore H. White, "se apenas 4500 eleitores em Illinois e 28 mil eleitores no Texas tivessem mudado de ideia, a soma de seus 32 500 votos teria levado esses dois estados, com seus 51 votos no colégio eleitoral somados, para a conta de Nixon"[112] — e desse modo teriam dado aos republicanos a vitória na eleição.

Em vez disso, Nixon afinal admitiu a derrota, e Kennedy reivindicou a vitória, na tarde do dia 9. Foi uma vitória para a qual Frank pôde de fato sentir que tinha contribuído. "'Seus babacas de pouca fé' era tudo que Sinatra conseguia dizer, com um sorriso exausto de vitória",[113] lembrou George Jacobs.

Frank Sinatra e Norman Granz podem ter apertado a mão um do outro, mas não se gostavam e nunca iriam se gostar. Do mesmo modo — se não por consequência —, nem tudo ia bem com a venda da Verve. Coisas estranhas estavam acontecendo: Will Friedwald menciona uma história de que "alguém no escritório de Sinatra arruinou o negócio — talvez de forma deliberada. Ele vivia adiando reuniões para assinar a papelada e pedia o tempo todo para reavaliar a contabilidade da empresa".[114]

Essa pessoa era o advogado de Frank, Mickey Rudin.[115]

Rudin, que, como vimos, também trabalhava para Norman Granz e para a Verve, tinha enfim admitido que estava inevitavelmente numa situação de conflito de interesses e se declarado impedido. A Verve contratou outro advogado para lidar com a venda do selo.

Mas — impedido ou não impedido — Rudin sabia das coisas. Estaria ele exortando Sinatra a ser cauteloso por causa de informações privilegiadas sobre as finanças da Verve?

Ou era com as finanças de Frank que o advogado estava preocupado?

Frank estava ganhando muito dinheiro em 1960, mas sempre gastava com a mesma velocidade com que o dinheiro entrava, se não mais rápido. Rudin sabia que uma oferta realista pela Verve teria de ser de pelo menos 2 milhões de dólares. Estaria ele preocupado com um golpe desse tamanho na conta bancária de seu cliente?

Então o que era estranho ficou mais estranho. "Meio por acidente", lembrou Mo Ostin,

> Granz se encontrou com Arnold Maxin, que na época era presidente da MGM, em um aeroporto. Maxin lhe perguntou: "O que está acontecendo com sua empresa?". E Granz respondeu: "Bem, estou vendendo". Maxin disse: "Olhe, vou comprá-la de você". Granz replicou: "Bom, não posso; já estou no meio de uma negociação". Então Maxin lhe disse: "Quero que você prometa que se isso não der certo você vai voltar e vender a empresa para mim".[116]

Enquanto isso — pelo visto, sem que Sinatra soubesse —, Rudin hesitava.

E então Norman Granz, impaciente para pegar o dinheiro e se mudar para a Europa, procurou Arnold Maxin e fez um acordo para vender a Verve para a MGM — não por 2 milhões, mas por 3,1 milhões de dólares. (Multiplique por oito ou dez para entender os valores atualizados para 2015.)

E Frank ficou furioso.

Ele achou que Granz — de quem nunca tinha gostado, para começar — tinha faltado com a palavra só para ganhar mais dinheiro. Frank (que talvez não soubesse direito de quanto dinheiro podia dispor) achou que Granz podia, devia, ter simplesmente voltado para falar para ele sobre a oferta da MGM, e ele teria coberto a diferença.

"Frank estava furioso", Ostin contou. "Acho que ele não conseguia entender exatamente o que tinha acontecido. Acho que ele nunca ficou sabendo que, na verdade, Granz falou primeiro com Rudin, para ver se ele podia fechar o negócio, e então, quando Rudin não pôde, voltou à MGM."

Com seu fino senso siciliano de vendeta, Sinatra fez de Granz um inimigo para toda a vida. E seu poderoso senso de lealdade trouxe Mickey Rudin para ainda mais perto. (Com Frank, como vimos, a inimizade tendia a durar mais do que a amizade.)

Rudin teria escondido de Sinatra informações importantes? "Sem dúvida é possível", disse Mo Ostin. "E acredito que, para acalmar Frank, Rudin sugeriu o seguinte: em vez de gastar todo aquele dinheiro em uma gravadora, por que não montar o próprio selo a partir do zero? Ele disse: 'Conheço uma pessoa que, acho, você pode contratar para administrar isso', e que, claro, era eu."

Mo Ostin, que se tornaria o chefe da Warner Music e um titã da indústria fonográfica, foi colocado, em sua versão de 1960, na posição de um tolo — um tímido contador manipulado por Mickey Rudin para administrar o novo selo de Frank Sinatra, no qual ele seria um mero carimbador dos esquemas do advogado. O livro sobre a indústria fonográfica *Hit Men* [Pistoleiros], de Frederic Dannen, descreve Ostin como "baixo e frágil, careca e de óculos. Seus traços pareciam os de um roedor [...]. Ele tinha entrado para o negócio da música como contador de Frank Sinatra".[117]

É uma descrição dura, mas que não passa longe do alvo. Ostin era franzino e modesto, um sujeito voltado para os números, e, aos 33 anos, não tinha autoconfiança ou uma grande visão para seu futuro. Mas, como ele lembrou, Rudin viu seu potencial: "Acho que ele pensou que eu era honesto", disse Ostin.

> Ele pensou que eu havia aprendido bastante por minha experiência com Granz sobre aquele ramo. Eu trabalhava com administração financeira, administração de contratos, distribuidores, licenciamentos internacionais. Eu tinha pessoas que haviam trabalhado para mim e por isso cultivava boas relações com meus empregados. E ele viu algo em mim que eu decerto não via. Eu não tinha aquela confiança. Mas ter uma oportunidade de trabalhar para um cara que talvez fosse o maior artista do mundo era algo que eu jamais poderia recusar. Então, quando Rudin me perguntou se eu tinha interesse, respondi correndo.

Primeiro, no entanto, Frank precisava aprová-lo. E o primeiro encontro de Ostin com Sinatra não foi auspicioso.

A filmagem de *A hora do diabo* tinha se transferido da locação no Havaí para um estúdio em Hollywood. "Fui ao estúdio com Mickey, e quando chegamos lá Frank estava tendo uma discussão inacreditável com Mervyn LeRoy", lembrou Ostin.

> Quero dizer, ele estava furioso, num acesso de raiva — digo, estava assustador. Ele só gritava, e eu estava prestes a pedir seu aval! Aquela era a oportunidade da minha vida, e é isso que encontro.

> Aí Mickey disse: "Vamos embora". Fomos ao camarim de Frank. Meu coração estava acelerado — era uma situação assustadora. Eu não sabia como ia estar o humor dele ou o que eu teria de enfrentar. Esperamos até Frank terminar o que quer que estivesse acontecendo no set. Ele entrou no camarim, e foi como se tivesse dado um giro de 180 graus. Ele não podia estar mais entusiasmado. Ele não podia estar mais cheio de energia. Ele não podia estar mais positivo. Ele adorou a ideia de abrir uma gravadora.[118]

Era a mesma velha história de Sinatra com o cinema: outras pessoas tinham controle sobre ele e sobre o produto, e isso o deixava maluco. O único jeito de ele conseguir o que queria era tendo um chilique. Mas, no que dizia respeito a abrir sua própria gravadora, o poder era todo dele, e dava para começar tudo do zero. Ele ficou empolgado, cheio de ideias. "Ele me disse como achava importante que a gravadora refletisse o ponto de vista dos artistas, tanto quanto o dos gestores", Ostin lembrou.

> Frank queria incentivar outros artistas a se unir a ele no que, em sua opinião, seria uma atmosfera mais livre, mais criativa. Queria inventar um sistema econômico melhor para que os artistas, sendo sócios da gravadora, não tivessem apenas motivações idealistas, mas tivessem também motivações financeiras.[119]

Tudo era diferente, novo e empolgante. Se era de fato exequível era outra coisa.

No domingo, 13 de novembro, a uma distância segura de cinco dias depois da eleição de Kennedy, Frank foi padrinho no casamento de Sammy Davis Jr. com May Britt, na casa de Sammy, em Beverly Hills. Os convites tinham sido enviados com a data de 16 de outubro,[120] mas Davis adiara a cerimônia após um telefonema em que Joe Kennedy, com sua sinceridade característica, conversou com Sinatra: as chances de Jack podiam ser prejudicadas, disse o Embaixador, se o casamento acontecesse antes da eleição.[121] Frank passou a orientação para Sammy na forma de um pedido, e Sammy concordou — como "um imenso favor"[122] para Frank, de acordo com George Jacobs, mas, segundo Nancy filha, porque "Sammy adoarava JFK e faria qualquer coisa por ele, não importava quanto isso o deixasse magoado".[123]

Ele não tinha ideia de até onde precisaria ir.

Sammy tinha percebido, ao anunciar o noivado com Britt, quanto era perigoso para a campanha de Kennedy. "Eu vasculhava os jornais todo dia", ele lembrou. "A notícia de que Frank seria meu padrinho, embora já velha, continuava saindo nas primeiras páginas, e em geral por 'coincidência', bem ao lado das matérias sobre Frank fazendo campanha para Kennedy."[124]

Houve cartas cheias de ódio ("Querido Preto Bastardo, vejo que Frank Sinatra vai ser padrinho de seu aborto")[125] e cenas feias de intolerância, junto com a constante insinuação de que a ligação de Sinatra com a campanha implicava, por associação, que JFK aprovava o casamento inter-racial. "Certo ou errado, justo ou não, meu casamento estava dando ao pessoal de Nixon a oportunidade de ridicularizar Kennedy e de possivelmente prejudicá-lo nas urnas", disse Davis mais tarde. "E todas as pesquisas mostravam que Kennedy não podia se dar ao luxo de perder um voto sequer. Pude imaginar como Frank estava sob pressão. Devia haver uns oito caras dizendo para ele: 'Não seja tolo. Você deu duro por Kennedy, agora vai querer arruinar o cara?'."[126]

Sammy se preocupava com a situação de Frank de várias maneiras. Do modo como ele a via, apenas aparecer no casamento já era um risco para seu ídolo: a imprensa se aglomeraria em torno do evento; vendo a cobertura, um público volúvel podia se ofender com a participação de Sinatra, e parar de comprar seus discos e ver seus filmes. Davis lembrou que, para Frank, "afirmar: 'Ele é meu amigo, e se vocês não gostarem podem se danar' significa pôr em risco tudo que ele construiu, perdeu e reconquistou, e que ele precisa lutar para manter. Ser meu padrinho não foi uma coisa insignificante para Frank".[127]

Nem foi uma coisa insignificante para Sammy adiar o casamento: uma boa ação que não ficaria impune.

Entre as pessoas que visitaram Frank no set de *A hora do diabo* estava o jovem compositor e arranjador Johnny Mandel, que Bill Miller havia levado para uma entrevista especial: Sinatra queria pedir a Mandel que orquestrasse o primeiro álbum de seu novo selo, o Reprise.

"Eu tinha feito o arranjo de vários shows, e um deles era o de Vic Damone", lembrou Mandel. "Vic costumava tocar no Sands, e nós tínhamos um show bem dinâmico na época — eu havia escrito umas coisas bem dançantes. Sinatra foi ao show, ouviu, procurou Vic e perguntou: 'Quem fez aquilo?'."[128]

Bem dançante era exatamente o tipo de som que Frank queria para o novo LP — no qual nem Nelson Riddle nem Billy May estavam liberados para trabalhar, já que ambos tinham contrato com a Capitol. Esse detalhe do negócio aconteceu por acaso. Sinatra (para desalento de Nelson) estava sempre procurando novos sons, e pensar em começar do zero o enchia de empolgação. Ele estava explodindo com novas ideias, "como uma criança com um brinquedo novo",[129] lembrou Mandel. Um exemplo era que a nova gravadora ia usar vinil colorido em seus discos:

> Todos teriam cores diferentes, ele disse. E todo mundo ia ser dono dos próprios másteres, que foi o que o fez sair da Capitol [...]. Lembro de ficar olhando para seus olhos enquanto ele falava da empresa, sabe, eles estavam brilhando.[130] Era como se ele se sentisse orgulhoso do que estava fazendo. Ele tinha o tipo mais impressionante de olhos azuis. Cara, eles perfuravam você! Quando ele estava falando com você, ele estava falando *com você* e com mais ninguém.[131] Ele era sincero no que dizia e dizia tudo o que pensava.

Frank decidiu que simbolizaria seu rompimento com o passado coroando o novo álbum com uma canção-título e com um conceito que falassem apenas do presente. O resultado foi "Ring-a-Ding Ding!", de Cahn e Van Heusen.

A canção era quase idêntica, no tema e na estrutura, à composição da dupla intitulada "The Tender Trap", de 1955. Em termos musicais, as duas começam — cheias de esperança, de energia, de erotismo — até que a melodia se estabiliza e o título é anunciado. Quanto à letra, ambas eram escritas em segunda pessoa, contando a história de um solteiro convicto qualquer que encontra uma jovem encantadora e é atraído pela felicidade do casamento. Do modo como foram escritas pelo casado Sammy (cujo casamento estava ficando menos feliz a cada mês) para o implacavelmente promíscuo Frank, as histórias das músicas falavam daquilo que era ao mesmo tempo o sonho e o pesadelo do astro: encontrar o amor verdadeiro e ficar preso nele depois de a empolgação ter se perdido.

A nova música também era um gesto de puro ego e de desafio: *"ring-a-ding-ding"* era a assinatura que servia como bordão da própria vida de diversão de Frank, a senha que o identificava como Solteiro-Mor dos Estados Unidos. Era uma maneira de expressar a exuberância nascida no início dos anos 1950 quando ele ressurgiu das cinzas, quando, após a queda do paraíso do superestrelato dos anos 1940, ele descobriu outra vez que podia fazer o mundo dançar de acordo com sua música. Também era, de maneira implícita, um anúncio de que — pelo menos era o que ele dizia e sentia no momento, de qualquer maneira — ele não era mais escravo de Ava.

"*Ring-a-ding-ding*" era uma proclamação de que ele estava no topo. Onde, como o próprio Frank admitia, ele estava bastante sozinho.

E "*ring-a-ding-ding*" era como estava o humor de Frank na noite da segunda-feira, 19 de dezembro de 1960, nos estúdios da United Recording, no número 6050 do Sunset Boulevard, em Hollywood: a noite em que ele começou a gravar o disco com o mesmo nome.

Ele tinha completado 45 anos na semana anterior, ajudara a colocar seu candidato na Casa Branca e estava montando sua própria gravadora, com um arranjador novo em folha, em um estúdio novo em folha. Ele se sentia renascido.

A antiga casa de gravação de Sinatra, o Estúdio A da Capitol, havia enfrentado problemas de acústica desde o começo, e, embora vários remendos e truques tivessem melhorado as coisas, um problema que não era de ordem técnica logo tomou conta do lugar, primeiro de forma gradual e depois de uma vez só, à medida que Frank disputava o poder com Glen Wallichs e Alan Livingston.

A United Recording era um novo começo. O gênio por trás do lugar era Bill Putnam, inventor e engenheiro de gravação independente que tinha fundado o estúdio da Universal Recording em Chicago, onde fez discos históricos com Duke Ellington e Count Basie nos anos 1930 e 1940, antes de se mudar para o Oeste junto com a indústria fonográfica. Putnam usara toda a sua engenhosidade técnica para construir os estúdios A e B da United, que seguiam os melhores padrões da época; o estúdio A, que era maior, onde Sinatra gravaria a maior parte de seus discos para a Reprise, tinha dimensões de uma sala de concertos — podia acomodar 75 músicos — e um som de uma riqueza única. Frank de cara se sentiu à vontade ali.[132]

"Fitas não editadas revelam um ambiente bastante jovial nessas sessões", escreve Charles Granata.

> No estúdio, há eletricidade no ar; a atmosfera é leve e divertida. Os músicos estão se aquecendo, fazendo piadas e rindo [...]. Sons felizes vêm do piano, das trompas, da percussão, enquanto eles afinam os instrumentos.

Mexendo nas folhas na estante de partitura, Sinatra, prevendo uma bela noite de faixas dançantes, fala com Mandel. "Vou dizer o que a gente vai fazer, Johnny… vamos fazer a canção-título, hein? É o nome do disco, então vamos entrar no clima!"[133]

Frank, que, claro, não sabia ler partitura, estava prestes a cantar "Ring-a-Ding Ding!" com o arranjo de Mandel pela primeira vez, da única forma possível para ele: ouvindo a música ser tocada. E, como lembraria o arranjador mais de cinquenta anos depois, uma coisa impressionante aconteceu. "Tocamos a música uma vez", contou Mandel.

> E não é um arranjo simples. Isto é, qualquer outro cantor — digamos, Vic Damone ou Perry Como ou qualquer outro — não ia dizer nada. Você ia tocar várias vezes, e ele ia tentar aprender a música, e onde ele ia entrar e onde não ia. Frank não era assim.
>
> Tocamos uma vez, e depois ele disse: "O.k., foi um pouco lento demais, o andamento devia ser dah-DAHT-buh…". Ele colocou tudo no "bolso". O "bolso" é como chamamos quando você encontra o andamento certo e todo mundo acha que ficou bom. E na terceira estrofe, ele disse que um dos trompetes errou uma nota, e ele estava certo. Ele guardava tudo isso. Conseguia ouvir a gravação pronta depois de ter ouvido a canção uma vez. Ele era capaz de ver aonde aquilo estava indo.

Granata descreve a cena como se ouve nas fitas do estúdio: Frank estala os dedos alto, tanto para sentir o andamento certo quanto para mostrar para Mandel e para os músicos. Depois que o ritmo fica claro,

> Sinatra continua a estalar os dedos de maneira decidida, e Mandel, após parar um instante para acertar o andamento que o cantor delineou, faz a contagem para dar a entrada da orquestra. "Um, dois, três, quatro!" O som exuberante de uma magnífica *big band* aparece. Depois do take de teste, fica evidente que Sinatra tem uma grande música nas mãos, e a "cozinha" da orquestra entra numa improvisação comemorativa sobre o tema da música no estilo dos shows de jazz.[134]

Mas isso é só o começo. São necessários mais dois ensaios e nada menos do que doze takes, que vão de onze segundos à música completa — afinal, essa é uma gravação muito importante —, antes de Frank ficar satisfeito. E, no final, nada pode ser mais satisfatório. Ali estão Cahn e Van Heusen no seu auge, e Frank também em seu auge:

*Life is dull, it's nothing one big lull.**

Até você perceber que está dançando, que seu coração está fazendo *"ring-a-ding--ding!"*. A canção e o sentimento que ela passa são a mesma coisa.

E, de maneira impressionante, a próxima faixa, "Let's Fall in Love", de Harold Arlen e Ted Koehler, mantém o mesmo nível de empolgação. Frank cantou a música pela primeira vez no rádio no início dos anos 1950, mas nunca a tinha gravado. Agora ele decidira fazer algo com a canção que ninguém tinha feito antes: começar pelo meio.

"Tanto os ouvintes casuais quanto os fãs apaixonados em geral gostam de ouvir as canções que já conhecem, e quando um artista começa uma música que eles conhecem, é comum que as pessoas aplaudam", escreve Friedwald.

> Percebendo que esse momento de reconhecer a música constitui uma epifania dramática, Sinatra costuma adiar isso o quanto pode. Às vezes ele usa a introdução, mas, se não acha que a introdução é forte o suficiente, com frequência utiliza a ponte como introdução.
>
> Em "Let's Fall in Love", Sinatra faz as duas coisas: começa com a ponte, que é conhecida o suficiente para que os ouvintes achem que aquilo é algo vagamente familiar, no entanto estranha o bastante para não entregar o jogo para todo mundo. Então ele passa para a introdução, que nunca tinha sido cantada desde que Harold Arlen e Koehler a escreveram para o filme de mesmo nome, em 1933. Depois passamos para a única alteração significativa num plano que Sinatra traçou naquele mesmo dia: tanto o cantor quanto a orquestra param por um compasso inteiro antes de passar para o refrão.[135]

Cinquenta anos depois desse dia, Johnny Mandel se lembrava dessa pausa — um silêncio cavernoso, entre o último verso daquela bela estrofe ("Why

* A vida é chata, só uma grande calmaria. (N. T.)

be shy?")* e o brusco imperativo que começa o refrão ("Let's")** — como tendo durado dois compassos em vez de um. Talvez tenha soado assim para ele. É uma pausa extraordinária, de acelerar a pulsação, um longo momento de suspense absolutamente erótico, e tão extraordinário quanto ela é o fato de Frank ter inventado isso na hora, naquela noite no estúdio.

Da maneira como Mandel lembrou, depois de a orquestra ter tocado a música uma vez,

> Sinatra disse: "Sabe, tenho uma ideia para essa música". Ele explica: "Na hora em que a gente chega ao fim da estrofe, quando canto 'Why be shy', quero que todo mundo pare por dois compassos, e daí eu entro no 'LET's-uh-fall-in-love...', e ninguém entra até o segundo tempo depois de 'Let's'". E nós voltamos e fizemos o disco bem desse jeito. O instinto dele era assim. Ele simplesmente sabia quando ouvia algo do modo que aquilo devia ser feito e o que ajudaria a melhorá-lo. Nunca trabalhei com ninguém que tivesse esse tipo de facilidade. Acho que ele foi o melhor músico com quem trabalhei.[136]

Quando era um jovem e desconhecido arranjador no final dos anos 1940 e começo dos anos 1950, Nelson Riddle conseguiu ganhar a vida fazendo arranjos como ghost-writer para colegas mais ocupados e mais famosos. Ele era conhecido no ramo por ser capaz de fazer em horas orquestrações que outros levariam dias para fazer; era tão bom em imitar o estilo alheio que, ao trabalhar como ghost-writer, ficava de fato invisível.

Agora ele estava, na verdade, fazendo trabalho de ghost-writer para si mesmo. Embora seu contrato com a Capitol o proibisse de trabalhar para o novo selo de Frank Sinatra, ele fez exatamente isso em dezembro, escrevendo arranjos de forma anônima para três canções que Frank gravou quatro dias antes do Natal, todas compostas por Cahn-Van Heusen: "The Last Dance", "The Second Time Around" e "Tina". A primeira era uma reorquestração de uma canção que Billy May tinha arranjado para o álbum de maior sucesso de Sinatra, *Come Dance with Me!*; curiosamente, a versão de Riddle para essa música, que era boa mas

* Por que ser tímido? (N. T.)

** Vamos. (N. T.)

não ótima (com o novo diretor artístico da Reprise, Felix Slatkin, que havia acabado de ser indicado para o cargo, na regência), é menos imponente e quadrada do que a versão habitualmente exuberante de May.

As outras duas faixas se tornaram os lados A e B do primeiro single da Reprise. "The Second Time Around", uma ode a novos começos em idade madura — "Love is lovelier the second time around/ Just as wonderful with both feet on the ground"* —, seria uma canção que Sinatra passaria a cantar sempre. (Mas quando, em idade madura ou imatura, ele tinha mantido os dois pés no chão?) "Tina", a obsequiosa homenagem dos compositores da corte à filha mais nova de Frank, de doze anos ("Tina, Tina, nobody else but Tina/ That's the little lady's name"),** ocuparia um lugar no não tão honroso rol de músicas escritas em homenagem às mulheres da vida dele, junto com "Nancy with the Laughing Face" e, anos depois, "Barbara". (Ninguém jamais cometeu a temeridade de escrever "Ava" — mas essa foi uma canção que Frank cantou dezenas de vezes sob vários títulos, sempre com a mesma paixão.)

Todos os três arranjos fazem jus aos padrões mais altos de Riddle, mas nenhum deles é avassalador. Parte da culpa pode ser atribuída à depressão do arranjador. Seu casamento estava indo por água abaixo, seu caso com Rosemary Clooney não estava indo a lugar nenhum, ele andava bebendo bastante, e estava trabalhando demais, num ritmo muito rápido, para manter a família grande e a casa em Malibu. Apesar de seu brilho, Riddle insistia em não se dar o devido valor. Embora fosse um dos arranjadores mais ocupados e mais reconhecidos do ramo, embora continuasse trabalhando intensamente para o cinema e com Ella Fitzgerald e Nat King Cole, e embora tivesse escrito o belo tema (e também estivesse fazendo sua orquestração) da série televisiva de sucesso *Rota 66*, o fato de que agora não podia levar crédito por escrever para Sinatra o deixava tremendamente infeliz. "Minha ligação com Frank é o que na verdade faz minha carreira ir em frente", ele disse ao escritor Peter Levinson durante esse período. "E agora não posso trabalhar com ele."[137]

Isso iria mudar. Mas nunca mais seria como antes.

* O amor é mais amável na segunda vez/ Igualmente maravilhoso com os dois pés no chão. (N. T.)

** Tina, Tina, mais ninguém, só Tina/ Esse é o nome da pequena dama. (N. T.)

15.

Sei que todos temos uma dívida com um grande amigo — Frank Sinatra.
John F. Kennedy, no baile de posse, 19 de janeiro de 1961

Sinatra conseguiu — ele tem seu próprio presidente.
Jack Carter, comediante, março de 1961

No dia seguinte ao Ano-Novo, Vernon Scott, da UPI, fez uma matéria sobre o figurino que Frank planejava vestir na posse do presidente. O estilista de Hollywood Don Loper, que criara o vestido prata justo digno de assobios de Janet Leigh e o traje de casamento de Nancy Sinatra, tinha feito o seu melhor para seu primeiro cliente do sexo masculino. "Entre os artigos que constavam das oito peças desenhadas por Loper para o cantor", escreveu Scott,

> estavam um casaco com capa Inverness, cartola de seda, colete cinza trespassado, bengala com castão de prata, fraque e calça risca de giz.
>
> "Frank vai ser o homem mais bem vestido em Washington", previu Loper [...]. "Tudo que fiz para ele é incrivelmente leve, cortado de maneira elegante e chiquérrimo. Para mim ele é um dos homens mais elegantes do mundo", disse Loper.[1]

A reação negativa foi imediata. Uma coisa era Gary Cooper ou Fred Astaire serem estilosos; capas Inverness, cartolas de seda e fraques eram outra coisa completamente diferente. Sem falar na bengala com castão de prata. Joe E. Lewis mandou um telegrama: "Ouvi falar do seu novo figurino Don Loper; reserve a primeira dança para mim".[2] Milton Berle brincou (em um depoimento sobre Gary Cooper, que estava morrendo de câncer): "Era para Sinatra estar aqui hoje, mas ele estava provando seu novo figurino de Don Loper e o zíper prendeu numa lantejoula".[3]

"Essa é a história da minha vida", Frank reclamou com James Bacon, repórter de Hollywood. "Compro umas roupas novas e isso vira uma grande crise. Nunca abri a boca para falar de ninguém. Gosto das roupas e vou vesti-las em toda ocasião formal para a qual for convidado."[4]

Frank tinha motivo para estar um pouco empolgado demais. Em dezembro, Joe Kennedy pedira que ele (com Peter Lawford) produzisse e estrelasse o maior evento de todos: o baile de posse, um evento beneficente para ajudar a pagar a dívida de campanha de 2 milhões de dólares do Partido Democrata, e que seria realizado no Arsenal da Guarda Nacional em 19 de janeiro, uma noite antes de o presidente eleito assumir o cargo. Doze mil pessoas tinham sido convidadas para a festa, a cem dólares por cabeça; um camarote saía por 10 mil dólares. Doze mil pessoas aceitaram. "Essa é a tarefa mais empolgante da minha vida", disse Frank. "Vai ser a maior arrecadação de uma noite na história do show business."[5] Ele vinha fazendo ligações havia semanas, convocando um elenco de artistas de alto nível que só ele podia reunir, um rol que ia de Joey Bishop, mestre de cerimônias, a Leonard Bernstein, que concordou em escrever uma composição especial para a ocasião ("Fanfare for the Inauguration" [Fanfarra para a posse]) e em reger "The Stars and Stripes Forever"; de Helen Traubel a Milton Berle, de Mahalia Jackson a Jimmy Durante.

Frank usou seus consideráveis poderes de convencimento para persuadir pessoas importantes a viajar saindo de vários lugares do planeta: Ella Fitzgerald da Austrália, Shirley MacLaine do Japão, Gene Kelly da Suíça, Sidney Poitier da França. Ele convenceu os produtores de dois shows da Broadway, *Gipsy* e *Becket*, a cancelar as apresentações por uma noite para que Ethel Merman, Sir Laurence Olivier e Anthony Quinn pudessem estar lá.[6] Eleanor Roosevelt, deixando para trás sua preferência por Adlai Stevenson, ficou feliz em aceitar fazer uma leitura, Nelson Riddle concordou em ir com uma orquestra completa, que ele regeria tocando "The Silver Bell Waltz", de A. A. Hopkins, uma das músicas favoritas de Abraham Lincoln executada no baile de posse do 16º presidente americano, e "Lisbon Antigua", uma canção popular portuguesa que Riddle transformara em um sucesso instrumental em 1956.[7]

Dean e Sammy, claro, estariam lá. Frederic March concordou em participar, assim como Louis Prima e Kelly Smith, Juliet Prowse e os Tom Hansen Dancers, Pat Suzuki, Alan King, Janet Leigh e Tony Curtis, Nat King Cole, e Harry Belafonte com os Belafonte Singers. Sammy Cahn e Jimmy van Heusen agarraram a oportunidade de produzir algo *realmente* especial: um medley de paródias chamado "Ode to the Inauguration" [Ode à posse].

E então a coisa começou a desandar. Dean, que desconfiava de todos os políticos e que nunca tinha sido muito fã de Jack Kennedy, arranjou uma desculpa: estava rodando um filme em Los Angeles — curiosamente, uma sátira política chamada *Ada*. Dino interpretava um caipira do Sul manipulado por forças corruptoras para se tornar um governador-fantoche — e, segundo ele, não tinha como fugir. Anos mais tarde, o diretor do filme, Daniel Mann, disse: "Nunca senti que ele estava preocupado com o filme". Ele não estava. Mas não importava quanto Frank tentasse convencer o amigo: quando Dean saía de algo, ele estava fora para valer.[8]

E então havia Sammy. Depois de suspender sua apresentação no Latin Casino, *nightclub* perto da Filadélfia, para poder ir ao baile de posse, ele encomendou um novo smoking de Sy DeVore, e fez May, apesar dos protestos orçamentários dela, ir à Bergdorf Goodman para comprar um vestido para o baile e um tailleur Chanel para a posse. Ele estava emocionado. "Isso realmente pode acontecer nos Estados Unidos", pensou. "Apesar dos obstáculos, em 1960 um garoto do Harlem sem educação formal pode trabalhar duro e ser convidado para a Casa Branca."[9]

Então aconteceu algo estranho. Kitty Kelley escreve que Sammy, repentina e inexplicavelmente, pediu para não ir, "por não querer que seu casamento inter-racial de alguma forma estragasse o baile". Mas, de acordo com o próprio Davis, a secretária pessoal de Jack Kennedy, Evelyn Lincoln, ligou para ele três dias antes da posse e disse:

> Sr. Davis... Sammy... o presidente me pediu para dizer ao senhor que não quer que o senhor vá à posse dele. Há um problema que estão criando e resistir seria contraproducente para os objetivos que ele estabeleceu. Ele de fato espera que o senhor compreenda.[10]

Davis ficou arrasado. "Deitei e fiquei tentando entender", lembrou.

> A eleição tinha acabado. Os votos já tinham sido depositados. Todos tínhamos trabalhado tanto para que Jack fosse presidente [...]. Obviamente minha presença seria ruim para ele. Eu sabia que esperavam que eu entendesse aquilo [...]. Minha mágoa e meu constrangimento se transformaram em raiva de meus amigos, de Frank e Peter: por que eles não me defenderam? Mas eu sabia que eles tinham me defendido, até onde podiam.[11]

Nancy Sinatra, contudo, afirma que Davis foi dispensado não três dias antes da posse, mas semanas antes, quando os Kennedy mandaram um recado a Frank de que, por causa do casamento de Sammy com May Britt, seria melhor se ele não estivesse entre os artistas convidados para se apresentar — ou mesmo para ir como convidado — no baile. Sinatra defendeu o caso de Davis em vão, segundo contou à filha; sua incapacidade para ajudar o velho amigo lhe doeu de maneira profunda.[12] Na verdade, ele podia ter abandonado a posse, "mas Sammy nunca teria permitido que ele fizesse isso",[13] escreve Nancy.

Como se Sammy alguma vez tivesse tido controle sobre o que Frank fazia ou deixava de fazer.

Relatos dos jornais dão sustentação à cronologia de Nancy filha. Duas semanas antes da posse, um despacho da Associated Press sobre o baile informava: "Nem Dean Martin nem Sammy Davis Jr. estarão no show. Martin está trabalhando em um filme e, segundo Sinatra, 'Sammy está preocupado com a patroa'. Ele se referia a May Britt, esposa de Davis, que está grávida".[14]

Mas, seja quem for que tenha avisado Sammy e seja quando for que isso tenha acontecido, a única coisa em que todos os relatos concordam é que não foi Frank quem deu a notícia.

Sinatra e Lawford chegaram a Washington em 6 de janeiro, a bordo do avião particular de Kennedy, o *Caroline*. Uma limusine Lincoln conduzida por um militar os levou do aeroporto até o Arsenal da Guarda Nacional para dar sequência aos preparativos para o grande show.[15] Washington percebeu a entrada triunfal de Frank, e Washington — uma cidade destinada a um único tipo de negócio sendo invadida por outra cidade dedicada a um único tipo de negócio — estava nervosa. Um congressista republicano discursou em plenário para denunciar o uso do carro e o motorista. Editorialistas desaprovavam a participação do "Clã" nas festas da posse (apesar do fato de que dois terços dos verdadeiros talentos do grupo não estariam participando). Os guardiões do decoro lamentaram que Frank continuasse se referindo ao presidente como "Jack".[16]

A capital estava ansiosa com a posse do jovem e glamoroso presidente. "Muitos habitantes de Washington estão correndo para sair da cidade a fim de evitar o tumulto da posse, mas estão sendo substituídos por hordas de visitantes que querem ver o novo governo assumir", escreveram os colunistas políticos Walter T. Ridder, Robert E. Lee e William Broom.

> Os hotéis registram lotação esgotada para a semana da posse, e muitas pessoas estão sendo alojadas em Baltimore. Todas as agências de locação de limusines estão com a agenda cheia desde meados de novembro [...].
>
> Muitos dos que moram na capital estão alugando suas casas por uma semana para visitantes de alto poder aquisitivo a preços exorbitantes, que vão de 75 a duzentos dólares por dia. Por esses preços, também é preciso oferecer serviço de empregados domésticos em tempo integral. Uma viúva que ofereceu sua mansão para alugar estava preocupada em não deixar que um dos membros do "clã" ou do "*rat pack* de Hollywood" acabasse em sua casa.
>
> Ela estava prestes a sair do mercado quando a casa foi arrebatada por Bob Kennedy. Ele mora a 25 minutos de Washington e pelo jeito concluiu que as festividades não deixariam tempo para que fizesse esse longo trajeto.[17]

Frank continuou a se atirar, instintivamente, no papel de produtor. Pagou a Billy Ruser, joalheiro de Beverly Hills, 90 mil dólares para que fizesse cigarreiras com uma réplica de prata do convite da posse para todos os artistas que participariam. Ele e Lawford cuidaram de perto de todos os detalhes da programação, fizeram reuniões com os roteiristas — entre os quais estavam os dois principais escritores de piadas de Bob Hope, Melville Shavelson e Jack Rose, o dramaturgo Leonard Gershe e o famoso humorista Goodman Ace, além de Sammy Cahn —[18] para ajudar a elaborar as apresentações e as letras especiais. Frank cuidou até de minúcias relativas a transporte e acomodações, para garantir que os artistas fossem tratados de maneira digna da ocasião. Ele abordou seu velho rival romântico Howard Hughes,[19] sócio majoritário da TWA,[20] para conseguir um voo fretado para transportar Nelson Riddle e sua orquestra, junto com um contingente hollywoodiano que incluía Joey Bishop, Milton Berle, Nat King Cole, Jimmy Durante, Ella Fitzgerald, Gene Kelly, Janet Leigh e Tony Curtis, Juliet Prowse, e Cahn e Van Heusen, de Los Angeles para a capital.

"Era um avião grande", lembrou o guitarrista Bob Bain, integrante da orquestra de Riddle,

> e eles começavam a servir assim que você entrava. A bebida era livre. Lembro de Felix Slatkin — era um sujeito grande, pesado, que adorava beber —, ele ficou tão embriagado que tiveram de carregar o cara para fora do avião. Todos os comediantes ficaram contando velhas piadas de vaudevile. Foi bem divertido.[21]

Frank tinha reservado um andar inteiro do Statler Hilton, onde estava hospedado, para os artistas — para alguns deles. Como lembra Bain, ele e vários dos músicos — muitos dos quais, incluindo o flautista Buddy Collette e o baixista Joe Comfort, eram negros — ouviram ao chegar que "Frank tinha mais convidados do que imaginara, mas vocês vão ficar num bom motel em Maryland".[22] O bom motel então se recusou a hospedar Collette e Comfort, que acabaram ficando em uma casa particular em Washington.

Na noite de terça-feira, dia 17, Frank, vestido com as melhores roupas de Don Loper, acompanhou Nat King Cole e sua esposa a uma festa para os artistas que participariam do baile oferecida por Steve e Jean Kennedy Smith em sua casa em Georgetown. A noite estava fria, e os 130 convidados ficaram em uma tenda aquecida no jardim. O contingente cheio de estrelas incluía o vice-presidente eleito e a sra. Lyndon B. Johnson e "boa parte do clã Kennedy", relatou a Associated Press. "Entre esses estavam Joseph P. Kennedy e a esposa, os pais do presidente eleito."[23] Isso não incluía Jacqueline Bouvier Kennedy. O próprio presidente eleito apareceu sozinho e com uma hora de atraso, de smoking, sorrindo e bronzeado, tendo voado de Palm Beach mais cedo naquele mesmo dia, onde sua esposa permaneceu com Caroline, de três anos, e John Jr., de sete semanas e meia, que tinha nascido de cesárea um dia depois do Dia de Ação de Graças.

Jackie Kennedy, escreve a biógrafa Barbara Leaming, estava adiando sua saída da Flórida o máximo possível. Seu pretexto, em parte verdadeiro, era que ela ainda estava exausta do parto, e que os médicos tinham lhe recomendado repouso. Mas havia mais, muito mais. Embora a posse "fosse um evento pelo qual a família Kennedy estivesse esperando praticamente a vida inteira",[24] a mulher do presidente eleito tinha pavor da ideia, e tinha pavor da exposição que a mudança para a Casa Branca traria. "Era uma situação que todo novo presidente e a família enfrentavam", escreve Leaming,

> mas para alguém como Jackie, com uma obsessão fanática pela própria privacidade, a ideia de que estaria sob constante observação era particularmente difícil [...]. Seu marido, com quem Jackie estava casada havia sete anos, a traía de maneira compulsiva, um fato que era doloroso e humilhante para ela. Agora que ele era o presidente, ela teria de viver o pesadelo totalmente à vista de um grupo de estranhos.

Tanto o baile quanto as festividades que se sucederam à posse também a poriam em contato com Frank Sinatra, um homem que ela "desprezava", de acordo com Leaming. "Além do fato de não gostar de uma pessoa que ela via como um tipo violento, rude e grosseiro e que trazia à tona o pior de seu marido", escreve a biógrafa, "havia um aspecto mais sério em suas objeções. Durante a campanha, ela tentara [...] fazer Jack compreender que a ligação com Sinatra e o Rat Pack era totalmente prejudicial à imagem dele." O ponto de vista dela era complicado pelo fato de ela gostar de Lawford, um homem cujos maus hábitos mais do que rivalizavam com os de Frank, mas que pelo menos sabia quais garfos usar.[25]

No início da tarde do dia 19, a neve começou a cair sobre Washington, uma cidade mal preparada para isso. "Os ventos sopravam gelados, com rajadas que doíam, e jogavam a neve pelas ruas", escreveu Arthur M. Schlesinger.

> Às seis da tarde, o trânsito tinha parado na cidade toda. As pessoas abandonavam seus carros em montes de neve e iam andando de cara fechada pelo meio da ventania, com a cabeça abaixada, jornais enrolados junto ao pescoço e enfiados por dentro dos casacos. E a neve continuava caindo e o vento continuava soprando.[26]

Parecia que o show que Frank e Lawford haviam planejado com o cuidado de uma operação militar (ou do assalto de *Onze homens e um segredo*) podia naufragar. "Os astros que tinham ido ao arsenal para ensaiar não conseguiam voltar para o hotel para trocar de roupa para sua apresentação", escreve Shawn Levy.

O baile devia começar às nove da noite, mas a essa hora o auditório só estava com metade da lotação.

Frank já teria ficado agitado sem a tempestade [...]. Mas andando de um lado para o outro nos bastidores em sua roupa de dândi, imaginando se o presidente eleito conseguiria chegar pelas ruas entupidas de neve, ele morreu mil vezes. Como lembrou Bill Asher, que dirigiu uma gravação do baile, "Frank estava de fato ocupado aquela noite, e ficou furioso com Peter. Nós tínhamos um elenco de pessoas no show em um grande letreiro, e Frank continuava entrando na sala e gritando: 'Foda-se o Lawford! Não vou fazer esse show. Estou fora!', e então tirava o nome dele do letreiro".[27]

Jackie tinha voado de Palm Beach na quarta-feira, com a babá e os bebês a reboque, e foi para sua casa em Georgetown, onde o marido vinha fazendo reuniões em meio a caixas cheias de coisas para serem levadas para o número 1600 da avenida Pensilvânia.[28] No início da noite de quinta-feira, "o jovem presidente eleito e sua esposa foram ao concerto da posse no Constitution Hall", escreve Schlesinger.

Uma hora depois eles saíram no intervalo para ir ao baile de posse no arsenal. A limusine fez seu cuidadoso trajeto pela avenida em meio a uma neve que não deixava ver quase nada. Fogueiras tinham sido acesas ao longo do caminho em um vão esforço para manter a avenida liberada. Grandes holofotes ao redor do monumento a Washington brilhavam através da neve branca. Era uma cena de estranha beleza. Enquanto motoristas encalhados na neve saudavam o carro presidencial, o presidente eleito disse a seu amigo William Walton: "Acenda as luzes para que eles possam ver Jackie". Com a luz acesa dentro do carro, ele se recostou no banco para ler o primeiro discurso de posse de Jefferson, que tinha sido impresso no programa do concerto. Quando terminou, balançou a cabeça e disse, com ironia: "Melhor que o meu".[29]

Às 22h30, o radiante Primeiro Casal — ele de smoking, ela em um vestido Oleg Cassini de organza branco — chegou ao arsenal. Dentro do cavernoso edifício, onde dezenas dos principais artistas do país havia uma hora e meia pensavam aflitos se o show devia ou não continuar, apenas 3 mil dos 12 mil assentos estavam ocupados.[30] Mas na entrada, com a neve soprando, Frank Sinatra estava sorrindo — de repente, tudo estava certo no mundo — enquanto cumprimentava seu amigo Jack, depois pegou o braço da mulher que o detestava e a acompanhou escada acima.

Após o grande susto, o espetáculo de três horas de duração transcorreu de maneira tão tranquila quanto seus produtores podiam ter desejado. Todos os ingressos tinham sido vendidos antecipadamente, gerando uma receita líquida de quase 1,5 milhão de dólares para o Partido Democrata, e por isso o fato de muitas pessoas não terem comparecido praticamente não teve consequências.[31] O baile começou em grande estilo, com a "Fanfare", de Bernstein, e "The Stars and Stripes Forever", de John Philip Sousa, e com a versão de Mahalia Jackson de "The Star-Spangled Banner".[32] Sir Laurence Olivier falou de maneira estimulante, mas com uma sinistra premonição, sobre os desafios que o novo presidente enfrentaria: "Nós o vemos entrando numa daquelas listas olímpicas em um momento que talvez seja mais pleno de perigos do que qualquer outro que conhecemos na história da civilização".[33] Então Joey Bishop entrou no palco, olhou para o camarote presidencial e disse: "Eu disse que vocês iam conseguir um lugar bom. E vocês todos preocupados...".[34]

O resto do baile continuou sendo um sanduíche de atrações de alta cultura e outras nem tanto. Frank, no lugar de honra, como penúltimo artista antes do intervalo, disse ao homem da Nova Fronteira aquilo que ele queria ouvir com uma versão de "You Make Me Feel So Young". Depois do intervalo e do "Aleluia" de Haendel, Ethel Merman — que tinha sido uma ardorosa apoiadora de Nixon — olhou direto para o presidente eleito e cantou: "Você vai ser ótimo! Você vai ser grande! Vai ter o mundo inteiro à sua disposição!", de *Gipsy*.

Jack Kennedy estava sentado na primeira fila do camarote presidencial, ao lado do pai, fumando um cigarro e adorando cada minuto. Nat Cole sorriu durante toda a "The Surrey with the Fringe on Top", Jimmy Durante emocionou a plateia com "September Song", Harry Belafonte e os Belafonte Singers cantaram uma agitada "John Henry" — e, então, depois de um trecho de comédia com Milton Berle e Bill Dana, no personagem de um Jose Jimenez sem noção, veio o medley de canções populares com letras novas de Sammy Cahn para torná-las adequadas para o momento.[35] Frank, claro, ficou com o encerramento. Ao som da melodia de "That Old Black Magic", ele cantou:

That ol' Jack magic had them in his spell
That old Jack magic that he weaved so well
The women swooned, and seems a lot of men did, too
*He worked a little like I used to do.**

Essa acertou em cheio. Ou, como escreve o historiador cultural Mark White, "aquele elogio respeitoso ao carisma sexual de Kennedy, vindo de um homem cuja persona artística definia um tipo intensificado de masculinidade e de confiança sexual, servia para legitimar o poder de sedução de JFK".[36]

A eloquência tranquila de JFK, claro, era parte significativa de seu encanto. Depois do final, ele foi até o palco para agradecer ao elenco. "Estou orgulhoso de ser um democrata, porque desde a época de Thomas Jefferson o Partido Democrata tem sido identificado com a busca da excelência, e esta noite nós vimos excelência", disse.

> O feliz relacionamento entre a arte e a política que caracterizou nossa longa história acredito que chegou hoje a seu ápice.
>
> Sei que todos temos uma dívida com um grande amigo — Frank Sinatra. Muito antes de saber cantar, ele já fazia campanha em um distrito democrata de Nova Jersey. Aquele distrito cresceu até cobrir um país inteiro. Mas muito depois que ele parar de cantar, continuará defendendo o Partido Democrata, e em nome de todos hoje agradeço a ele.[37]

Frank brilhava ao ouvir as observações de Kennedy — e ao pensar que poderia ouvir aquilo de novo sempre que quisesse. Ele fez com que todo o baile fosse gravado, pensando em vender um álbum duplo comemorativo pelo selo Reprise e doar os lucros para o Partido Democrata. Esse disco teria uma história interessante.

Jackie Kennedy, emocional e fisicamente exausta, tinha saído do camarote durante o intervalo e voltado para Georgetown para tentar dormir um pouco. Jack, por outro lado, estava cheio de adrenalina (e da injeção de cortisona que

* Aquele velho mago Jack os conquistou com seu encanto/ Aquela velha magia do Jack que ele fazia tão bem/ As mulheres desmaiavam, e parece que muitos homens também/ Ele fazia mais ou menos do mesmo jeito que eu. (N. T.)

tomava todos os dias para a dor nas costas). Para Frank, claro, a noite ainda era uma criança. Às duas da manhã, o presidente eleito e os astros entraram em limusines e ônibus e foram em caravana até o Paul Young's, um restaurante de luxo no centro que o Embaixador tinha alugado para uma festa privada. Carl Sferrazza Anthony, biógrafo de Kennedy, escreve que, quando Paul "Red" Fay, amigo íntimo de Jack Kennedy, chegou, acompanhando Angie Dickinson,

> Joe Kennedy rosnou para ele: "Espere até eu contar para sua mulher como você está se comportando!". Joe então se virou para Angie e disparou: "Por que você está perdendo seu tempo com um ordinário como esse?". Todos riram, e Joe mandou que eles entrassem enquanto cumprimentava outros convidados que estavam chegando.[38]

E o cheiro de enxofre pairava no ar.

Sinatra acompanha Jacqueline Kennedy para o baile de posse em 19 de janeiro de 1961. A primeira-dama desaprovava profundamente o comportamento de Frank e sua má influência sobre seu marido, mas aqui parece estar embevecida pelo momento.

Red Fay, que conhecera JFK quando os dois serviram em lanchas torpedeiras no Pacífico Sul, tinha sido convocado para a semana da posse para acompanhar Dickinson em vários eventos — em resumo, para agir como testa de ferro do presidente eleito, que havia começado um namorico com a atriz meses antes.[39] Um pouco depois, Kennedy o puxou de lado na despensa no restaurante e perguntou, empolgado: "Você já viu tanta gente atraente no mesmo lugar? Vou te dizer, meu pai sabe dar uma festa".[40]

Frank achava a mesma coisa. Quando disse isso para o Embaixador, o Kennedy mais velho disse: "Espere para ver a festa que vamos dar daqui a quatro anos!".[41]

Sem chapéu e sem casaco apesar do tremendo frio (seu segredo: roupa de baixo térmica), John Fitzgerald Kennedy, o 35º presidente dos Estados Unidos, ficou em pé na plataforma diante do Capitólio e começou a ler seu discurso de posse às 12h52 na sexta-feira, 20 de janeiro.[42] O texto era uma brilhante miscelânea composta por Ted Sorensen, especializado em discursos, e pelo próprio Kennedy: uma mensagem breve, forte, comovente ("Que se espalhe a partir deste lugar e deste momento a notícia, tanto aos amigos quanto aos inimigos, de que o bastão foi repassado para uma nova geração de americanos"), lida pelo maior artista que já ocupou a Casa Branca, e toda a ocasião tinha um ar solene. Em uma seção especial diante da plataforma estavam sentadas sessenta das mais de 150 destacadas figuras das artes e das ciências convidadas para a cerimônia como um sinal da dedicação do novo governo à cultura, entre as quais W. H. Auden, Arthur Miller, Samuel Barber, Mark Rothko, Tennessee Williams e John Steinbeck. Frank Sinatra estava em sua suíte no Statler Hilton, vendo a cerimônia pela TV.[43]

Os relatos divergem sobre a causa de sua ausência. O escritor Leonard Gershe, que assistiu à cerimônia a seu lado, disse mais tarde que Sinatra não compareceu por causa do frio. Mas o *Daily News*, de Nova York, relatou que Frank — com sua capa Inverness com forro de cetim vermelho — tinha aparecido bêbado no Capitólio. Bob Neal, amigo de Frank, lembrou que — por descuido ou de propósito, caso Jackie Kennedy tivesse tido algo a ver com aquilo — ele simplesmente não fora convidado. "Havia uma mesa com todos os lugares marcados, e Frank não estava na lista", contou Neal. "Ele subiu o tom e disse: 'Eu sou Frank Sinatra', e um sujeito retrucou: 'Não damos a mínima se você for o papa. Você não está na lista'. E os policiais o tiraram dali."[44]

Ele tinha investido muito dinheiro no baile; uma decepção depois do show era inevitável. Naquela noite, enquanto o presidente Kennedy circulava por cinco bailes de posse (sem a sra. Kennedy, que voltara para a Casa Branca, cansada de ficar exposta aos olhos do público sem pausa por mais de doze horas), Sinatra dava sua própria festa, no Statler Hilton, para todos os participantes do baile. Os convidados jantaram caviar e champanhe e receberam suas cigarreiras de prata. Frank tinha garantido aos convidados "que Kennedy iria dar uma passada para fazer um agradecimento pessoal", escreve Ronald Brownstein.

> À medida que a noite avançava e Kennedy passava pelos bailes de posse, Sinatra ficou sentado, ansioso, com suas companhias cintilantes, "aflito, à espera, observando, perguntando-se quando Kennedy iria chegar — porque ele tinha dado sua palavra de que iria ao jantar [...]", contou Gloria Cahn Franks, que estava lá com seu então marido, Sammy Cahn [...]. Por fim houve uma agitação na porta [...]. Agentes do serviço secreto entraram no salão, e então "ele entrou", lembrou Franks [...]. Kennedy se moveu com graça indo de mesa em mesa, cumprimentando os astros, conversando, rindo, enquanto Sinatra permaneceu ali sentado "radiante, radiante [...] como o Gato de Cheshire".[45]

Mas, em algum momento entre esse ponto e o dia seguinte, algo aconteceu e fez com que o ânimo de Sinatra passasse de entusiasmado para deprimido e furioso. Poderia ser porque o presidente tinha ido embora da festa de Frank para ir a uma pequena reunião na casa do colunista Joseph Alsop?[46] Frank tinha um instinto aguçado para descortesias, e ser deixado em segundo plano pelo homem mais poderoso do mundo pode ter feito com que ele se irritasse. Qualquer que tenha sido o motivo, ele mudou de maneira abrupta seu plano de se juntar a um grupo de astros que Joe Kennedy tinha convidado para ir a Palm Beach. Esperando que Sinatra estivesse pronto para voar, Janet Leigh e Tony Curtis, em vez disso, o encontraram tomando café da manhã com Juliet Prowse em sua suíte do hotel. "Na época eu não sabia o que havia acontecido", lembrou Leigh. "Mas mais tarde nos disseram — acho que foi Peter Lawford quem contou — que alguma coisa tinha sido dita depois do baile, ou naquela manhã. Frank não estava feliz."[47]

Alguma coisa o estava consumindo. Ele e Prowse foram para Nova York, onde ele tinha um show agendado no Carnegie Hall em prol da Conferência da Liderança Cristã do Sul e do reverendo Martin Luther King no dia 27. Dean e

Sammy iam se unir a Frank. No começo da semana, este disse a Earl Wilson que deixou de ir a Palm Beach "porque, como eu tinha tanta coisa por fazer, fiquei com peso na consciência".[48] Ele contou a Wilson que precisava ensaiar para seus próximos shows no Sands e no Fontainebleau — mas não há registro de que tenha ensaiado ou feito shows naquela semana antes do Carnegie Hall. Notinhas de fofoca diziam que ele estava passeando por Manhattan, ciceroneando Juliet Prowse pela Colony e levando-a a um restaurante italiano no Upper East Side chamado Tony and Tony's Wife,[49] indo ao Toots Shors para ouvir Peggy Lee, sua antiga paixão, na Basin Street.[50]

Mas outra antiga paixão — Ava Gardner — tinha aparecido na cidade na semana anterior para ver o show de Peggy Lee na Basin Street, "com um cara que ninguém conhecia".[51] Não era nenhuma novidade para Ava, que com frequência estava com um cara novo que ninguém sabia quem era. Frank, que vivia em contato com ela por telefone, devia estar consciente de sua proximidade. Ao descobrir que se achavam na mesma pequena ilha ao mesmo tempo (por coincidência ou não), podiam eles ter evitado de se encontrar? Quando o colunista Wilson perguntou a Prowse sobre o boato de que ela e Sinatra iam se casar, "ela riu por dois minutos".[52]

Sammy Davis Jr. foi o mestre de cerimônias do evento beneficente de Martin Luther King; a lista de convidados também incluía Mahalia Jackson, Harry Belafonte, Count Basie e orquestra e Tony Bennett, entre outros. O grande Sy Oliver estava lá para reger para Frank. No início da noite, Sammy anunciou do palco que "o líder chegara",[53] acompanhado de "seu amigo italiano bêbado". Dean não era o único a beber. O escritor Peter Levinson, que estava tentando obter uma vaga de relações-públicas júnior na equipe de Sinatra, se viu no camarim de Frank no Carnegie Hall, olhando maravilhado enquanto ele tomava mais de uma dúzia de bourbons com água ao longo da noite, e depois saiu e cantou como se nada tivesse acontecido.[54]

Frank só apareceu depois da meia-noite, "indo apressado pelo corredor para interromper uma imitação de Sinatra que Davis estava fazendo", como relatou a Associated Press.

> Daí em diante foi um show do Rat Pack. Eles interrompiam as músicas uns dos outros com insultos — às vezes ligeiramente pesados —, a partir de microfones fora do palco; puseram um bar cheio de garrafas de bebida no palco e serviram drinques

uns para os outros; iam para lá e para cá enquanto algum membro do grupo estava tentando fazer seu show, e de maneira geral fazendo valer o que Davis tinha dito na apresentação: "Agora começa o tumulto".[55]

Ninguém estava sequer fingindo que o show era espontâneo. Era o que as pessoas esperavam, e agora já era mais do que previsível — sem falar na dúvida sobre se era adequado para o local e tendo em vista a causa a que se destinava.

Em 1º de fevereiro, Frank começou uma temporada de duas semanas no Sands, a primeira em um ano. O show tinha apenas uma falha, de acordo com a resenha adulatória da *Variety*: "Ele só cantou doze músicas e a plateia ambiciosa parecia querer pelo menos o dobro. Sinatra, o maior astro de Las Vegas, de novo exibe seu talento como a usina musical que é, e sem dúvida é bom tê-lo de volta".[56]

O funcionário número um da Reprise, o recém-contratado Mo Ostin, era convidado de Frank na abertura, na primeira fila e com os olhos brilhando ao lado da jovem esposa. "Estávamos sentados em uma mesa com Marilyn Monroe, Elizabeth Taylor, Eddie Fisher e duas irmãs Kennedy, Eunice Shriver e Jean Smith", lembrou Ostin.

> Eu nunca tinha sido exposto a esse tipo de mundo, e de repente ali estava eu sentado com algumas das maiores estrelas de todos os tempos, em um show em que Frank Sinatra estava se apresentando — quero dizer, normalmente o mais provável é que nós tivéssemos pedido autógrafos.[57]

Ostin sorriu ao se lembrar disso. Ele iria assistir a muitos shows de Sinatra ao longo dos anos, mas nunca se esqueceria do primeiro. "Era difícil ele fazer um show ruim", contou. "Quando tinha amigos na plateia, acho que de fato fazia o melhor que podia. Ele exalava confiança. Sabia que tinha poder. E, no entanto, ele sabia ser charmoso, e sabia fazer quase todo mundo gostar dele."

A plateia sentia o mesmo. "Grandes shows em Las Vegas com Frank Sinatra lotando a casa no Sands", escreveu Louella Parsons em 8 de fevereiro. "Todo o clã de Sinatra — Nancy, Frank Jr., Tina, de doze anos, e o sr. e a sra. Tommy Sands assistiram ao show de Frank e estavam entre os convidados dele para o fim de semana."

Ele sem dúvida estava lotando a casa. Num impulso (e sem o cara que ninguém sabia quem era), Ava decidira viajar de Nova York para surpreender Frank, aparecendo perto do palco no Copa Room. A surpresa, porém, foi sua: ela chegou no mesmo fim de semana que a família de Frank. A situação piorou bastante a partir daí.

Ava podia ter ido por impulso por não ter mais nada para fazer — aos 38 anos, decidira se aposentar do cinema. Embora tivesse sido muito elogiada por seu desempenho em *A hora final*, "os louvores às vezes incluíam comparações entre a atriz de 37 anos e a personagem machucada e desleixada que ela interpretou", escreve Lee Server, biógrafo de Gardner. "Um crítico afirmou que ela nunca tinha atuado melhor nem tido uma aparência pior."[58]

O fato simples e brutal era que o tempo e a vida dura haviam deixado marcas nela. Não que não estivessem deixando marcas em Frank também. Uma reportagem recente no jornal observou que ele tinha começado a usar óculos para ler, ver TV e dirigir.[59] E Peter Levinson lembrou, ao ver Sinatra na sauna do Sands no fim de janeiro de 1961: "Olhei para o rosto dele, não pude acreditar! O lábio superior, todo mastigado. O queixo todo cheio de marcas. E aquela cicatriz [...]. A bebida, o rosto afundado [...]. E, claro, sem cabelo. Ele tinha muito pouco cabelo".[60]

Mas uma peruca e uma maquiagem eram capazes de devolver a ele um estado visualmente aceitável de robustez. As coisas eram diferentes para uma mulher no cinema, e os padrões para uma das grandes beldades dos tempos modernos eram impraticavelmente altos. Ninguém tinha mais consciência disso do que a própria Ava — mas, ao mesmo tempo, ela não podia evitar isso. "Agora ela vivia sem um plano ou propósito, escapando do passado, fugindo do futuro", escreve Server.

> A felicidade tinha se mostrado enganosa. O amor não durou. A beleza, a fama e o sucesso não eram tudo aquilo que se dizia. Ela queria se esquecer de tudo, disse um amigo, queria só "beber, dançar e transar [...]".
>
> Impulso e prazer se tornaram os princípios que a orientavam. De dia, como uma bela vampira, ela fazia pouco mais do que dormir; com a noite vinha a bebida, e com a bebida vinha o gosto por sangue. Esses anos — o começo da década de 1960 — se passaram como um gigantesco fim de semana perdido. Houve cenas, ligações imprudentes, contratempos infelizes.[61]

A viagem espontânea para Las Vegas foi desse tipo. "Ao que tudo indica, ela estava muito preocupada com o visual quando viajou para o Oeste", escreve Arnold Shaw, biógrafo de Sinatra, "pois monopolizou o banheiro do avião em um grau que chamou a atenção dos passageiros. Então, nervosa como estava, ela deixou o casaco a bordo. Ao voltar para pegá-lo, se desencontrou de Frank, que tinha ido ao aeroporto para se encontrar com ela."[62]

Tanto Shaw quanto Lee Server dizem que, ao descobrir que Nancy mãe e as crianças estavam em Las Vegas, Ava fez meia-volta: saiu do hotel e retornou a Nova York (e depois para sua casa na Espanha) sem ver o show de Frank — uma história triste o suficiente. Mas tanto a *Variety* quanto a Associated Press afirmam que ela *foi* ao show de Sinatra no domingo, dia 5, e, de acordo com um "porta-voz" citado pela AP, ela e Frank "ficaram juntos rapidamente antes de ela ir embora na tarde de segunda-feira"[63] — uma história ainda mais triste. Para piorar, o texto informava que Ava não conseguira recuperar o casaco: na verdade, ela tinha "deixado o casaco longo de *mink* no avião e ele foi mandado de volta de Los Angeles".

Quase podia ser uma comédia de Neil Simon: a chegada de surpresa da segunda esposa, uma estrela de cinema aposentada, e as contorções logísticas que o herói precisa fazer para dar a mesma atenção à primeira e à segunda esposas (sem falar na atual amante), e evitar que a Esposa Um e a Esposa Dois se encontrem. Só que não houve nada de comédia: era sério, até trágico. O conflito de Ava e da mãe dos filhos dele era a origem e a essência de seu problema de consciência.

Assim que Ava e Nancy partiram de Las Vegas, Frank hospedou Dorothy Provine.[64] Depois do show, Provine iria descobrir que o namorado tinha uma nova maneira de passar as horas de folga: "Todos tínhamos de sentar na suíte de Frank no Sands e ouvir aquela gravação de Kennedy agradecendo a ele", disse a Kitty Kelley uma amiga de Jimmy van Heusen. "Frank ficava perto da lareira e tocava aquilo várias vezes, e nós tínhamos que ficar ali sentados por horas a fio ouvindo cada palavra."[65]

Enquanto isso, Mo Ostin estava lutando com todas as suas forças para montar o LP de estreia da Reprise, com a gravação do baile. "Frank me pôs em contato com a Casa Branca para tudo que tivesse a ver com o disco", Ostin relembrou. Seu contato era Joe Kennedy.

> Eu falava com o Embaixador quase todo dia. Ele era cortês e formal. Sempre atendia meus telefonemas. E sempre tinha ideias sobre o que estava acontecendo com o disco. Toda vez que terminávamos um dos másteres do disco, ele queria ouvir, e também queria que o presidente ouvisse — ele até me pedia desculpas se o presidente não tivesse oportunidade de ouvir. Ele dizia: "Sabe, lamento que o presidente não tenha ouvido isso ontem, mas ele anda ocupado — você sabe, lidando com Cuba ou Deus sabe o quê".
>
> Então ele me perguntou: "Quem você acha que deveria escrever os textos de apresentação desse disco?". Respondi: "Não sei. Quem o senhor recomendaria?". Ele me disse: "Que tal Carl Sandburg?". Eu disse: "Claro, parece ótimo. Como posso entrar em contato com ele?". Ele disse: "Vou lhe passar o número do [assessor de imprensa do presidente] Pierre Salinger na Casa Branca e ele lhe dará o número".
>
> Então liguei para Sandburg e expliquei a ele por que estava ligando. Sandburg me disse: "Sr. Ostin" — ele tinha uma voz meio áspera, grosseira. "Antes de eu responder, quero que o senhor me prometa que vai relatar palavra por palavra aquilo que vou dizer." Eu disse: "Claro que sim". E então ele fez um longo discurso de acusação contra os Kennedy. Não dá para confiar neles, eles são desleais, são corruptos, o velho comprou a eleição, eles usaram todo tipo de gente nefasta para ajudar a conseguir os votos — ele deve ter continuado por vários minutos! Eu fiquei realmente desconcertado, porque ele estava tão passional.
>
> Então liguei de volta para o Embaixador, e disse simplesmente que Sandburg tinha recusado. Sem nem piscar, o Embaixador me disse: "Quer saber? Fale com Theodore White".[66]

Conseguir permissão dos vários artistas foi tão complexo quanto. "Harry Belafonte, por exemplo, recusou", lembrou Ostin.

> Ele disse: "Olhe, esse dinheiro vai para o Partido Democrata. Pode ir para algum intolerante no Sul que odeia negros, e não quero ser parte disso". Ele simplesmente disse não.
>
> Então liguei para o Embaixador, que me disse para ligar para Bobby Kennedy, que tinha relacionamentos importantes em Nova York, e pelo visto conhecia Bela-

fonte. Bobby Kennedy falou com Belafonte, e então Steve Smith me ligou de volta e me contou que tinham conseguido a aprovação de Belafonte. Então fui para Las Vegas com os documentos para Belafonte assinar.

"Isso era Sinatra!", disse Ostin. "Os relacionamentos dele cobriam todo o espectro. Podiam ir do mais baixo entre os mais baixos até o mais alto entre os mais altos."

No final, porém, nem mesmo as conexões de Frank puderam desatar os conflitos contratuais que, de acordo com seus arquivistas Ed O'Brien e Scott P. Sayers Jr., "impediam que muitos artistas assinassem termos de permissão autorizando o uso de suas participações. Uma versão truncada de 75 minutos foi montada. Nunca chegou a ser lançada".[67]

A razão, como logo veremos, não tinha nada a ver com os termos de permissão.

Do mais alto entre os mais altos ao mais baixo entre os mais baixos. Do fim de fevereiro até metade de março, Frank se apresentou no Salão La Ronde do Fontainebleau. "Havia longas filas de fãs no saguão, desesperados por ingressos, e a única maneira de ver o show era dar discretamente uma gorjeta de cem dólares ao chefe dos garçons", escreve John Glatt, um cronista da família Novack, proprietária do Fontainebleau.

> "Ele ganhava 5 mil dólares por noite quando Sinatra estava lá", disse Floyd "Mac" Swain, mensageiro do hotel, "e tinha que dividir o dinheiro com a segurança e com Ben Novack."
>
> Frank Sinatra era o motor do Fontainebleau, e sempre que estava se apresentando lá o dinheiro fluía. Depois do show, a ação passava para o andar de cima, na suíte de Sinatra, onde tudo podia acontecer. O cantor fazia festas com seus comparsas da Máfia Joe Fischetti e Sam Giancana, chamava o serviço de quarto para que enviasse as moças mais bonitas do Poodle Lounge, junto com baldes do melhor champanhe.
>
> "Deus, como eles gastavam dinheiro", Ben Jr. lembraria mais tarde, admirado.
>
> As noites loucas com frequência terminavam com um Sinatra bêbado e seus amigos da Máfia histéricos, jogando bombinhas da sacada do 17º andar.[68]

Tanto Sinatra quanto Giancana gostavam de assustar os amigos e conhecidos com bombinhas: é possível que Frank tenha adquirido o hábito por influência do gângster, de acordo com Shawn Levy.[69] Com Mooney, porém, as explosões tinham um truque a mais — o primeiro pensamento de qualquer um que soubesse o que ele fazia da vida era que a fonte do barulho eram armas, em vez de espoleta. Mas o sr. Giancana tinha outras coisas na cabeça além de diversão e jogos em Miami naquela primavera.

Enquanto estava no Fontainebleau, Frank permitiu que o jornalista de celebridades Joe Hyams o entrevistasse para uma nova revista, uma versão de censura livre (e curta duração) da *Playboy*, que Hugh Heffner chamou de *Show Business Illustrated*. A reportagem de capa, de tirar o fôlego, intitulada "Sinatra, Inc.", abria com uma cena de Frank, com óculos de aros de chifre, dirigindo o carro com o autor de carona e falando de negócios. Uma maleta no chão do carro "abaulada com livros, cartas de fãs, um relato do governo sobre os interrogatórios Appalachin* [sic], roteiros de filmes",[70] além de exemplares do *Wall Street Journal* e do *Publishers Weekly*. Cansado, Sinatra falou sobre os prazeres e as preocupações de fazer tudo isso sozinho desde a morte de Bert Allenberg, seu agente na William Morris:

> Não tive nenhum agente depois de Bert. Esse tipo de coisa eu faço por conta própria. Temos um contrato-padrão por filme, por participação na TV. É só uma questão de ir e descobrir que outros pontos precisam ser resolvidos. No começo eu mesmo me represento, depois passo o caso para os advogados.
>
> Mas tenho controle completo de todas as decisões definitivas no fim. Tenho que dizer o sim ou o não no final. As pessoas precisam falar comigo para isso. Tomo a decisão o mais rápido que posso. Não gosto que as coisas se arrastem.

A reportagem continuava, enumerando os vários negócios de Frank, que supostamente totalizavam "investimentos de 25 milhões de dólares":

* A Conferência Apalachin, realizada na cidadezinha de mesmo nome, no interior do estado de Nova York, em novembro de 1957, foi uma reunião histórica da Máfia americana. O evento acabou abruptamente, com uma incursão das polícias da cidade e do estado, levando dezenas de gângsteres a fugir correndo para a floresta. O incidente foi dramatizado no filme *Máfia no divã*.

Presidente do conselho de uma associação de depósitos e empréstimos de Beverly Hills, com grandes investimentos na Reprise Records, quatro empresas de publicação de música, uma produtora de filmes, o Sands Hotel, em Las Vegas, em que é vice-presidente e tem 9% das ações, empreendimentos imobiliários em San Rafael e Santa Bárbara, na Califórnia, o Cal-Neva Lodge, no lago Tahoe, três estações de rádio na região noroeste do Pacífico, ações do Hipódromo de Atlantic City, vários e diferentes investimentos adjacentes.

Depois, expansivo, o presidente do conselho especulou sobre como seria sua vida quando ficasse mais velho. "Daqui a quatro anos vou ter cinquenta", ele meditou. "Até lá vou ter cansado de atuar e de cantar. Não cansado, mas... Que droga, quando eu chegar a essa idade não existem muitos papéis que eu vá querer fazer, ou poder fazer."

"Quando penso na minha vida daqui a cinco anos", ele disse,

> me vejo menos como artista e mais como executivo de alto nível, interessado em negócios, talvez em dirigir e produzir filmes. Meu objetivo no final é crescer no sentido administrativo.
>
> No último ano e meio, mais ou menos, fiquei fascinado por finanças em geral. Gosto disso. Acho interessante pra caramba [...]. As coisas em que estou envolvido pessoalmente — como atuar e gravar — cada vez dão menos dinheiro, enquanto as coisas que os outros fazem por mim dão cada vez mais dinheiro. E é assim que quero que seja.

Ao menos era assim que ele dizia querer que fosse.

Frank encerrou a temporada no Fontainebleau em 13 de março; na noite seguinte, em uma suíte, seu amigo Momo se encontrou com um representante da CIA e dois outros homens para discutir um plano para assassinar Fidel Castro. Algumas piadas depreciativas sobre Sinatra entraram na parte da conversa fiada.[71]

Quando se tratava de Giancana, Frank não compreendia totalmente de que lado ele estava jogando. Mas, para ser justo, a CIA também não.

Logo depois que Castro depôs o regime de Batista, no início de 1959, oficiais dos mais altos níveis do governo norte-americano começaram a temer, não sem motivo, que uma Cuba marxista-leninista fosse ajudar a Rússia a estender sua esfera de influência no hemisfério ocidental. Pensando nisso, no início de 1960, o presidente Eisenhower autorizou a CIA a derrubar o governo de Castro. Em agosto, com a aprovação tácita de Eisenhower, a agência começou a tramar um plano para matar Fidel. O plano ficou conhecido como Projeto Cubano, ou Operação Mangusto.

Assassinato político é um negócio sujo, e a CIA bolou o que na época parecia ser uma estratégia brilhante para não deixar rastros na questão Castro: a agência iria pedir ajuda ao crime organizado, que sofrera uma imensa perda financeira com a Revolução Cubana, e portanto tinha tanto a ganhar quanto o governo dos Estados Unidos com a queda do novo líder. Se a Máfia matasse Fidel (era o raciocínio), o governo podia negar de maneira plausível qualquer envolvimento, e todos ficariam felizes. Para colocar o plano em ação, a agência ligou para um detetive particular em Washington e para um ex-agente do FBI chamado Robert Maheu.

No verão de 1954, Howard Hughes, em um caso de flagrante exagero, tinha contratado o espião de alto nível para vigiar a cabana no lago Tahoe que Ava Gardner estava alugando enquanto se estabelecia em Nevada para se divorciar de Sinatra. Hughes, que tinha um ciúme doentio, e que Ava mantinha por perto por gostar dos presentes caros que ele dava, estava convencido de que um homem andava telefonando para a atriz. Ele estava certo — era Frank, que alimentava esperanças de uma reconciliação. Ele não conseguiu reconquistar Ava, nem Hughes conseguiu nada por seu empenho além de uma conta apresentada por Maheu.

Por causa de seu passado no FBI, Maheu era um homem em que certos chefes da CIA confiavam — e um homem que, esses chefes sabiam, tinha ligações com o crime organizado. A principal ligação de Maheu com a Máfia era o bonito e elegante gângster Johnny Rosselli, de Los Angeles, um mafioso de escalão intermediário que Frank conhecera no encontro da organização em Havana, em 1947. Rosselli tinha uma afinidade com a indústria do cinema — ele e o antigo chefe da Columbia Pictures Harry Cohn haviam frequentado juntos as corridas e usavam o mesmo anel de ouro e rubi, como sinal de amizade.[72] Também já se alegou, embora nunca tenha ficado provado, que Rosselli conseguiu para Frank o papel que salvou sua carreira em *A um passo da eternidade*, ameaçando Cohn em nome de Frank Costello.[73] A principal utilidade que Johnny Rosselli tinha para Robert Maheu, e por extensão para a CIA, era sua amizade íntima com Sam Giancana.

E Giancana interessava a Maheu não só em razão de sua posição elevada na Máfia de Chicago como também por causa de suas ligações com Santo Trafficante Jr., que havia sido o chefe do crime organizado em Havana e continuava sendo na Flórida.[74] (Sinatra também passara um tempo com Trafficante no encontro da Máfia de 1947.)[75]

Trafficante, Giancana, Rosselli e Maheu estavam todos presentes no encontro do Fontainebleau em março de 1961.

Robert Maheu não teve dificuldades para recrutar Johnny Rosselli para o Projeto Cubano: nunca tendo se importado em conseguir cidadania americana, e sob permanente vigilância do FBI, o gângster vivia sob um medo constante de ser deportado. Cumprir com seu dever patriótico, ele raciocinou, garantiria que não seria mandado de volta para a Itália. Sam Giancana, também, queria que os federais saíssem do seu pé, e estava se cercando de todos os lados: ajudar a colocar Jack Kennedy na Casa Branca, ele imaginava, abonava sua ficha com o governo — mas participar da Mangusto decerto iria imunizá-lo de vez contra ações legais. Trafficante simplesmente queria abrir de volta as torneiras de dinheiro em Havana. Eliminar Castro era o primeiro passo fundamental.

Enquanto isso, uma absurda espiral de eventos em série levaria a Operação Mangusto a estourar na mão de Sinatra.

Enquanto tramava o complô em Miami, Giancana começou a ficar ansioso por causa de uma mulher de quem gostava em Las Vegas. A mulher era Phyllis McGuire, a estrela das cantoras McGuire Sisters, e Mooney — ignorando o fato inconveniente de que ela estava noiva do belo comediante Dan Rowan — começou a cortejá-la no início dos anos 1960, "em parte fazendo com que o Desert Inn rasgasse uma dívida de quase 100 mil dólares que ela tinha acumulado em mesas de blackjack",[76] de acordo com Shawn Levy. Esse gesto romântico, acreditava Giancana, ligava os dois, com ou sem Rowan.

Agora a história começa a parecer familiar. O ciumento Giancana perguntou a Robert Maheu se era possível instalar equipamentos de espionagem no quarto de Rowan no Riviera — onde o comediante estava se apresentando —, para descobrir se McGuire estava traindo Mooney com o homem de que tinha ficado noiva. Querendo deixar o mafioso feliz, Maheu usou o dinheiro que acabara de ganhar da CIA para contratar um operador em Miami, um certo Arthur J. Balletti, para ir para Las Vegas, onde "Balletti e seu bando puseram escutas no quarto e no telefone de Rowan e se instalaram em outro quarto", escreve Levy.

> Em 31 de outubro de 1960, eles fizeram uma pausa no trabalho para o almoço, deixando os equipamentos de gravação e monitoramento bem à vista em suas camas. Eles se esqueceram de pôr na porta o aviso de Não Perturbe: uma empregada entrou para arrumar o quarto, viu todos aqueles cabos e máquinas sinistros e chamou a polícia. Quando Balletti voltou sozinho do almoço, foi preso. Rosselli fez com que um parceiro de jogo de Las Vegas pagasse a fiança de mil dólares, e o grampeador trapalhão saiu da cidade.[77]

Quando Rosselli contou a Giancana sobre o fracasso retumbante de sua missão, o mafioso teve uma reação peculiar: "Ele quase engoliu o charuto de tanto rir", lembrou Rosselli, para quem não havia motivo para rir. "Isso estava estragando tudo, todo tipo de disfarce que eu tinha tentado arranjar",[78] disse.

Essa era a diferença entre os dois: Johnny Rosselli achava que a trama contra Fidel podia de fato funcionar; Sam Giancana, um niilista cínico, estava feliz só por pegar o dinheiro do governo.

Mas agora o segredo estava prestes a vazar. E o que era absurdo logo ficou sério. O xerife de Las Vegas, Butch Leypoldt, famoso por ser durão e orgulhoso do controle que tinha sobre a cidade, se irritou com a entrada de Balletti, aquele forasteiro de Miami, e chamou o FBI. "O interesse do bureau aumentou quando eles encontraram o nome de Maheu no registro do caso",[79] escrevem Charles Rappleye e Ed Becker, biógrafos de Rosselli. Quando o FBI soube como Maheu estava passando a maior parte de seu tempo, e com quem estava trabalhando, J. Edgar Hoover se envolveu pessoalmente.

O diretor estava enfurecido. Seus agentes estavam trabalhando havia anos para tentar processar Giancana, Rosselli e Trafficante — e agora estes estavam trabalhando para o governo. A disputa por território entre o FBI e a CIA tinha ficado pior, e quando o novo governo assumiu e Hoover se viu lutando para ter influência sobre o novo procurador-geral, o diretor tomou para si a tarefa de fazer com que Bobby Kennedy soubesse com quem seu irmão estava fazendo negócios. O FBI aumentou sua vigilância sobre os mafiosos; Frank Sinatra aparecia em vários memorandos internos do bureau. Meses depois, Johnny Rosselli foi visto saindo do Romanoff's, em Beverly Hills, com Judy Campbell — que começara a visitar Jack Kennedy na Casa Branca quando Jackie estava viajando.

Mas estamos adiantando demais a história.

***

Depois do fim das festividades do início de 1961, Frank voltou para o estúdio de gravação — ou melhor, para os estúdios. Ele queria começar a trabalhar em seu segundo LP para a Reprise, um tributo a Tommy Dorsey com arranjos de Sy Oliver, o homem que, junto com Sinatra, tinha transformado o som de Dorsey em 1939 e 1940. Mas, como ainda devia mais dois álbuns para a Capitol, ele decidiu começar o primeiro, outro disco de músicas rápidas com Billy May, ao mesmo tempo. Dois discos de uma vez — uma façanha impressionante, talvez impossível. Como, aliás, acabou sendo o caso. O esforço físico e emocional de ir da United Recording para aquela grande torre redonda na esquina do Hollywood Boulevard com a Vine em 20 e 21 de março foi demais até para Sinatra. Ele sempre tivera uma energia quase sobre-humana, mas também já estava com 45 anos nas costas, e em alguns dos takes deixados de fora das sessões com Oliver ele soa como se o proverbial trago estivesse entalado na garganta.

Em uma versão abortada de "In the Blue of Evening", por exemplo, sua voz está sinistramente rouca desde o começo. Depois, quando chega a

*There in the dusk we'll share a dream**

Frank de repente começa com um bombardeio de pigarros para limpar a garganta, junto com um estranhamente manso "desculpe". No grande tema de Dorsey, "Getting Sentimental over You", ele soa magnífico — mas também inegavelmente áspero. Dá para perceber por que decidiu cancelar as duas sessões de gravação e voltar a tentar mais tarde. De acordo com Will Friedwald, "Oliver disse depois a Ed O'Brien, fã de Frank, que eles haviam chegado perto demais do som original de Dorsey — uma orquestra de músicas dançantes com um pequeno grupo de cordas".[80] Mas Friedwald também diz que Frank estava preocupado não só com a falta de originalidade do arranjo: "Ele tinha receio de que sua voz estivesse sumindo tão rápido quanto os cabelos e de que fosse preciso usar como muleta um exuberante naipe de violinos para encobrir quaisquer deficiências técnicas".

Come Swing with Me! é outra coisa. Trabalhar com o irreprimível e beberrão Billy May sempre revigorava Frank, e era útil em especial numa época de tensões

* Ali no crepúsculo nós compartilharemos um sonho. (N. T.)

cada vez maiores entre o cantor e a gravadora de que ele estava se divorciando. (A certa altura, conta-se que ele entrou no Estúdio A usando uma gravata em que estava bordado FODA-SE).[81] No entanto, "Sinatra era cuidadoso para não deixar que seu desprezo pela Capitol afetasse seu relacionamento com May ou a qualidade do álbum",[82] escreve Friedwald. Ao mesmo tempo, "ele só queria gravar o disco", segundo May.

> Ele não gastou nenhum minuto além do necessário, mas nós simplesmente apressamos tudo e fizemos o mais rápido que podíamos. Ele cantava todas as faixas pelo menos duas vezes, e não houve problemas propositais de jeito nenhum. Isto é, nós sabíamos que ele estava puto com a Capitol, e todo mundo no estúdio estava tentando ser legal com ele.

Era uma produção de alto nível, e Frank esteve à altura dela. Ele decidira basear a sonoridade do álbum no LP *Big Fat Brass* [Tremendo metal], que May tinha feito para a Capitol — e que, como indica o título, era um disco dançante, ousado, feito com uma orquestra sem saxofones nem cordas. Assim como *Big Fat Brass*, *Come Swing with Me!* também era estereofônico, com a orquestra dividida no estúdio para dar ênfase total à nova tecnologia e para ressaltar os prazeres inteligentes que ela proporcionava. Da primeira à última faixa, *Come Swing with Me!* era um disco cheio de instrumentos de metal, jovial, e a voz de Sinatra é o melhor instrumento da orquestra. Se quando ele canta é compreensível que não haja a suavidade e a paixão que tinha posto em *Ring-a-Ding Ding!*, um trabalho feito com amor para seu próprio selo, ele nunca é menos do que superlativo. Estava mostrando para a Capitol o que eles iam perder.

Exausto por tentar fazer dois álbuns ao mesmo tempo, e ainda cansado do baile de posse, Frank anunciou que ia tirar um mês inteiro de férias em abril. Ele nunca gostou muito de ficar parado. Como disse a um repórter em 1957: "Eu apenas preciso estar ocupado, é isso. Tiro férias por cinco dias e já cansei. Fico inquieto".[83] Sua impaciência natural levava a diabruras de todo tipo, e a autorrecriminação estava sempre à espreita nas sombras. Inevitavelmente ele começava a beber bastante, e com a bebida vinham os acessos de fúria.

Alérgico à solidão, ele recebia um fluxo contínuo de convidados em Palm Springs: Sammy Davis Jr. e May Britt, os Lawford, Jimmy van Heusen, Marilyn

Monroe. Frank sempre se orgulhava, com razão, de sua hospitalidade; ao mesmo tempo, estava agindo mal.

"Frank foi terrível nessa época", disse a Kitty Kelley um convidado anônimo.

> Ele gritou com Marilyn, dizendo: "Cala a boca, Norma Jean. Você é tão burra que não sabe do que está falando". Ela estava bebendo de uma garrafa de bolso nesse momento e parecia patética. Ele vivia rugindo com George [Jacobs]: "George, pegue aquilo; George, encha os copos; George, limpe os cinzeiros; George, tire a mesa". Nunca dizia "por favor" ou "obrigado", e estava sempre gritando com o pobre sujeito, mas George nunca dizia nada. Ele aguentava tudo com um silêncio digno.[84]

Jacobs sempre aguentava tudo. (Serviria sua vingança fria e com o tamanho de um livro, mas temperada com impressionantes quantidades de empatia.) Como a maior parte dos homens, ele via Marilyn Monroe com um fascínio especial, mas, como dois oprimidos pelo mundo, o criado e a deusa trágica parecem ter tido uma forte ligação emocional. Monroe estava em péssima forma na primavera de 1961, e George Jacobs tinha pena dela. *Os desajustados* — o filme escrito pelo homem que à época era marido dela, Arthur Miller, dirigido por John Huston, e recém-estreado com resenhas que variavam bastante e uma bilheteria indiferente — tinha sido seu último Waterloo.

Divorciada de Miller havia pouco, Monroe acabara de passar por um confinamento típico de pesadelo na clínica psiquiátrica Payne-Whitney, em Nova York, e tinha voltado para a Califórnia em um estado delicado, o que torna mais cruéis os insultos de Frank xingando-a de burra. E ainda mais cruéis porque, de acordo com o antigo criado, "ela amava Frank Sinatra sinceramente"[85] — e, dizia Jacobs, o amor não era recíproco.

A situação parecia lembrar de maneira incômoda o amor desesperançado que a promíscua Ginny Moorehead sentia pelo indiferente escritor Dave Hirsh em *Deus sabe quanto amei*. "O sr. S. tinha muitos senões em relação a Marilyn",[86] escreve Jacobs, lembrando que ela estava acima do peso, vivia bêbada e muitas vezes ficava sem tomar banho, sendo a última parte, claro, a que mais repelia Frank. Este dizia, de acordo com o criado, que não queria nem dormir com ela — mas, sempre cavalheiro, de vez em quando fazia isso de todo modo.

Para esses dois ícones do autodesprezo, sexo era só a ponta do iceberg. Frank precisava disso para ter o senso da conquista e um vago vislumbre de intimidade; Marilyn precisava disso para validar a única coisa pela qual o mundo a respeitava. Como quase não tinha respeito por si mesma, a dose nunca era suficiente. Claro que Frank, que como Marilyn era autodidata, compartilhava o profundo medo dela de ser inadequado em termos intelectuais — e é claro que jamais admitia isso, para ela ou para quem quer que fosse. Era muito mais fácil aproveitar o débil prazer que vinha de menosprezá-la.

Em um humor instável desde o começo daquela temporada em Palm Springs, Frank escolheu brigar — de todas as pessoas possíveis — com Desi Arnaz.

Na década transcorrida desde que o músico cubano e sua esposa, Lucille Ball, tinham se tornado o casal favorito da TV americana, Arnaz, um empresário idiossincrático mas dinâmico, transformara sua própria produtora, a Desilu, em uma usina televisiva. A Desilu produziu várias séries de sucesso nos anos 1950, entre as quais *I Love Lucy*, *Our Miss Brooks*, *The Jack Benny Program* e, a partir de 1959, o drama policial da ABC *Os Intocáveis*. Embora Lucy e Desi tenham se divorciado em 1960, a empresa deles, com seus 33 estúdios em Culver City e em Hollywood, continuou a fazer sucesso. Em janeiro de 1961, a produtora de Sinatra, a Essex, tinha transferido seu escritório para a sede da Desilu na Gower Street, em Hollywood. Frank e Desi se conheciam e se davam bem havia anos.[87]

Tudo ia bem até Sam Giancana decidir que odiava *Os Intocáveis*.

O opressivo programa de uma hora de duração, narrado em estilo direto de tabloide por Walter Winchell com sua voz ácida, se baseava nas façanhas de um grupo real de agentes federais que tentavam pegar o chefe da Máfia de Chicago, Al Capone, nos anos 1920 e 1930. Os Intocáveis, batizados assim por serem incorruptíveis, eram chefiados pelo agente da Lei Seca Eliot Ness (interpretado por Robert Stack), e não só Capone mas vários gângsteres da série tinham sobrenomes italianos.

Na primavera de 1961, embora *Os Intocáveis* estivesse no ar houvesse mais de um ano, certos grupos começaram a se incomodar. A Federação de Organizações Democráticas de Ítalo-Americanos pediu que se boicotassem os produtos da Liggett & Myers Tobacco Company — o programa era patrocinado pelos cigarros Chesterfield —, e um grupo de 250 membros da sede local da Associação Internacional de Estivadores fez um piquete em frente ao estúdio da ABC em Nova York, ameaçando parar de trabalhar com cargas da Liggett & Myers no porto em protesto contra o uso de nomes italianos no seriado.[88] Em março, a Liggett & Myers deixou de patrociná-lo.

Ainda que muitos ítalo-americanos sérios estivessem sem dúvida descontentes com o programa, a movimentação que surgiu naquela primavera parece ter sido iniciada por homens que achavam que ele estava perto demais da verdade. O chefe da Associação Internacional de Estivadores no Brooklyn era Anthony "Tough Tony" Anastasio, que controlava as docas da região com mão de ferro, e, como se sabia, era um gângster a serviço da família Gambino — e irmão do mafioso assassinado Albert Anastasia. (Os irmãos grafavam o sobrenome de maneiras diferentes.) E, embora o principal porta-voz da Federação de Organizações Democráticas de Ítalo-Americanos fosse o digno deputado de Nova York Alfred Santangelo,[89] o boicote da federação à Liggett & Myers pelo visto era financiado por Sam Giancana.[90]

Giancana encarou *Os Intocáveis* como uma ofensa pessoal, e não só por sua origem étnica: ele começara sua carreira no crime como motorista de Al Capone. Fidel Castro não era o único cubano que Sam Giancana queria ver morto naquela primavera —[91] Desi Arnaz também tinha entrado para sua lista de alvos.

E, apesar de Frank Sinatra nunca ter assistido a um único episódio de *Os Intocáveis*, ele de súbito tomou as dores de Mooney, e — em sua primeira semana de férias em Palm Springs — decidiu ele próprio falar umas verdades para seu velho amigo Desi.[92]

Era tarde da noite em um dos dias da primeira semana de abril, e Sinatra, bêbado e acompanhado de Dorothy Provine, foi de carro até o Indian Wells Country Club, cujo restaurante Arnaz frequentava. Jimmy van Heusen e uma amiga seguiam logo atrás. Quando Arnaz apareceu no restaurante, acompanhado de dois guarda-costas, houve um confronto. Embora a *Variety* tenha informado que "não se conhecem detalhes precisos da confusão",[93] um texto da UPI descreveu "uma discussão dura que começou entre Sinatra e Desi Arnaz sobre o fato de os italianos serem retratados como bandidos na série de TV da Desilu".[94]

De acordo com Kitty Kelley, que entrevistou a amiga de Van Heusen, Arnaz, que também tinha bebido, foi até a mesa de Frank com seus guarda-costas. Depois de apresentar o produtor a Provine, a Van Heusen e à outra mulher,

> Frank se virou para Desi e disse o que ele e alguns de seus influentes amigos italianos pensavam sobre a série que mostrava os italianos como gângsteres. "O que

você quer que eu faça — que eu decida que todos eles são judeus?", disse Desi. Ele disse não ter medo dos amigos de Frank, e a discussão continuou.[95]

A UPI informou: "Pessoas ligadas aos dois dizem que a conversa degenerou em uma discussão durante a qual o cubano teria sugerido que Sinatra era um fracasso na indústria da televisão".[96]

A amiga de Van Heusen se recorda de Arnaz ter dito a Frank: "Eu me lembro de quando você não conseguia emprego. Não conseguia emprego. Então por que você não esquece essa merda e vai tomar seus drinques e se divertir? Pare de meter o bedelho onde não foi chamado, você e os seus tais amigos".[97]

Muito pouca gente teria ousado falar assim com Frank Sinatra.

Mas o fato tácito era que Desi Arnaz tinha consigo dois guarda-costas; Frank estava com uma moça e outro casal. Arnaz e os dois homens voltaram para o bar e deixaram Frank espumando. "Eu não podia bater nele. Nós somos amigos há muito tempo",[98] ele disse.

"Sim, esse foi o problema", Van Heusen disse.

De acordo com a amiga do compositor, os dois casais — junto com duas mulheres de uma mesa ao lado convidadas por Frank — foram para a casa de Van Heusen em Palm Desert às quatro da manhã "para uma festa". O que aconteceu em vez da festa foi um chilique de proporções épicas movido a álcool. Frank "entrou no quarto de Jimmy, onde havia um imenso retrato de Norman Rockwell pendurado na parede", escreve Kelley.

> Um dos bens mais estimados pelo compositor, o quadro retratava Van Heusen sentado ao piano com a parte de cima do pijama, e foi um presente do artista. Frank pegou uma faca na cozinha e atacou o quadro, retalhando a tela toda.
>
> "Se você tentar consertar isso ou colocar de novo no lugar, eu venho e ponho a porra da parede abaixo", ele ameaçou.
>
> Van Heusen não disse uma palavra; as mulheres se entreolharam, assustadas. Por fim, uma das duas mulheres que ele tinha conhecido no clube disse, solícita: "Eu adoro seus discos, Frank".
>
> Olhando com desdém para ela, Sinatra retrucou: "Por que você não corta os pulsos?".

Na verdade, ele estava transbordando de desprezo por si mesmo, e a história toda estava repleta de significado inconsciente. No outono de 1953, com o desastre em câmera lenta que era seu casamento com Ava Gardner em uma fase particularmente ruim (Ava estava a caminho de Roma para fazer um filme e da Espanha para se encontrar com seu namorado toureiro), Frank cortara o pulso esquerdo no apartamento de Jimmy van Heusen, em Nova York. Chester o tinha encontrado a tempo e o levara para o hospital — contudo, no mundo de Sinatra, Van Heusen não fora o sujeito que o resgatara, e sim alguém que havia participado de sua mais profunda humilhação. Agora o compositor testemunhara outra humilhação, e tinha recebido seu pagamento.

"Como é que você pôde ficar parado ali e deixar ele fazer aquilo?",[99] a amiga de Van Heusen perguntou a ele mais tarde.

"Amanhã ele vai estar arrependido e vai me mandar alguma gravura que vale 5 mil dólares ou algo assim", disse o compositor.

"Por que você aguenta essa maluquice dele?", ela perguntou. "Pegar prostitutas para ele? Ir lá o tempo todo, ficar acordado com ele até de manhã e aguentar sentado enquanto ele trata as pessoas como lixo?"

"Porque ele canta minhas músicas, só por isso", Chester respondeu. "Sou uma puta pela minha música."

Vários dias depois, assim como Van Heusen disse que aconteceria, Sinatra mandou-lhe uma gravura japonesa cara. E três semanas depois, com suas férias — e outras coisas — o corroendo, Sinatra botou Nelson Riddle e quarenta músicos em um avião para a Cidade do México, pagando todas as (consideráveis) despesas, e fez cinco shows, gratuitos, para crianças com deficiências.[100] Ele faria vários outros eventos beneficentes na primavera e no verão daquele ano.[101]

Pontualmente no primeiro dia de maio, com sua espécie de férias tendo acabado, Frank voltou para o trabalho em seu tributo a Dorsey na United Recording. Dessa vez, Sy Oliver tinha um naipe de cordas vitaminado para ele: doze violinos, duas violas, três violoncelos. E essas cordas não eram uma muleta, mas um fundo de veludo para aquela voz que continuava sendo grande. Dessa vez, não havia trago na garganta de Sinatra. Ele admitiu para si mesmo, mas para ninguém mais, que um LP por vez era o máximo que conseguia fazer.

E honrou o LP. Ao mesmo tempo, porém, *I Remember Tommy* era mais um exercício de nostalgia do que uma importante declaração nova: um álbum bom, mas não ótimo. Ouvir a versão atualizada de "Polka Dots and Moonbeams",* por exemplo, é ouvir o soberbo Sinatra da fase intermediária da carreira — sem os vestidos de bolinha e sem luar. Já não havia vestidos de bolinha nem luar. A gravação de Frank de março de 1940 da grande canção de Burke e Van Heusen com a orquestra de Dorsey pode ser uma relíquia, um artefato de uma era romântica (e de um Frank romântico de 24 anos, capturado em âmbar) que a guerra e a Era Nuclear tinham apagado, mas ela emociona de uma maneira que a nova versão não consegue. Não é totalmente culpa de Sinatra. Durante a era Dorsey, Sy Oliver fizera os arranjos das músicas agitadas e Axel Stordahl, das baladas; na era da Capitol, Nelson Riddle escrevera as atualizações dos dois tipos ("Everything Happens to Me", "How about You", "Oh, Look at Me Now", "Violets for Your Furs"), e havia melhorado os originais. Oliver e Stordahl eram grandes homens, mas o tempo deles já tinha passado.

Isso estava longe de ser verdade para Sinatra, se bem que a nostalgia, sobretudo em relação à sua época com Dorsey, fosse uma força poderosa para ele. Embora Sinatra sempre fosse ambíguo em relação a seu mentor rabugento e autoritário, Tommy tomou proporções maiores na vida de Frank do que qualquer outra figura masculina — incluindo seu próprio pai. Sinatra continuaria tendo bons sentimentos em relação à sua época de menino cantor, e continuaria, ao longo de sua carreira, a homenagear Dorsey.

Nostalgia era a última coisa que passou pela cabeça de Frank quando ele gravou "The Curse of an Aching Heart" na noite de 18 de maio, embora a canção na verdade fosse bem antiga — fora escrita em 1913, e 22 anos depois os Hoboken Four, incluindo Frank Sinatra aos dezenove anos, tinham cantado a música em seu teste na *Original Amateur Hour*, de Major Bowes. Eles conseguiram entrar no programa, e isso pusera Frank na carreira — e a versão movida a combustível de foguete de 1961 era um sinal do quão longe ele tinha ido desde aquela época.

A canção, a primeira que ele gravou para o novo álbum de músicas dançantes, o primeiro LP de Sinatra com Billy May para a Reprise, saltou por cima

* A música se refere a "*polka dots*", um tipo de estampa de bolinhas que tinha sido moda, e à luz da lua. (N. T.)

do portão como se fosse um cavalo de corrida. O ritmo ultrarrápido e os metais vociferando à maneira de Las Vegas eram feitos sob medida para vidas vividas após a meia-noite sem pedidos de desculpas, com a letra cheia de melancolia totalmente fora de sincronia com a melodia:

> *You dragged and dragged me down until*
> *The soul within me died.**

Era sem dúvida a mais alegre canção já gravada dizendo para alguém ir se ferrar. E Frank a cantou sem nenhum traço de arrependimento ou reprovação — o que quer que pensasse sobre o tema. Ou sobre os temas. Porque, independentemente de ele sempre levar para o estúdio o que sentia por Ava, a letra de "Curse" também pode ser lida como um tapa na Capitol Records.

A Reprise tinha lançado seu primeiro grupo de álbuns em fevereiro: *Ring-a-Ding Ding!*; *The Warm Moods*, do grande saxofonista tenor Ben Webster; *The Wham of Sam*, de Sammy Davis Jr.; *Mavis*, do cantor de jazz Mavis Rivers; e um LP de comédia de Joe E. Lewis, que tinha como título seu bordão, *It Is Now Post Time*. As vendas e as resenhas foram positivas.[102] E junto com o lançamento de *Ring-a-Ding Ding!* o incipiente selo pôs um anúncio na *Billboard* que dizia: "Um novo Sinatra, mais feliz e *emancipado*... desimpedido, desacorrentado, sem limites".**[103]

Alan Livingston, da Capitol, não gostou da ironia. Com as provocações e as explosões de Frank ainda ressoando em seu ouvido, ele decidiu tomar para si a batalha e matar a Reprise ainda no seu início.

A estratégia era simples, e perfeitamente legal. "Eu coloquei muitos álbuns de Sinatra no mercado", contou Livingston.

> Eu ia ao catálogo, achava másteres lançados e não lançados, e juntava combinações de discos que eram em parte de músicas que tinham sido lançadas e com algumas que não tinham sido lançadas. Eu separava por compositor e dizia: "Frank canta...

* Você me arrastou e me arrastou até / Que a alma dentro de mim morreu. (N. T.)

** O anúncio foi escrito por Mike Shore, brilhante publicitário da Reprise — que, 45 anos depois, me contou que tinha inventado o nome do selo, e negou o antigo rumor de que Sinatra pronunciava Reprise como se fosse *"re-prize"*, fazendo parecer uma represália [*reprisal*, em inglês], contra a Capitol. Mo Ostin também disse que nunca ouviu Frank pronunciar o nome dessa forma.

Sei lá quem", e lançava o disco novo. Inundei o mercado com discos de Sinatra, que os varejistas estavam dispostos a comprar. E quando a Reprise chegou, eles disseram: "Não precisamos de mais discos de Sinatra. Já temos mais do que conseguimos vender". Isso o magoou. E nem liguei, porque estava furioso com ele. Frank ficou chateado e ameaçou me processar e tudo o mais — o que ele não tinha como fazer em termos legais. Eu podia lançar o que quisesse. Nós tínhamos controle total e matamos a Reprise Records.[104]

Ele estava falando apenas ligeiramente de maneira hiperbólica. A Reprise sobreviveu, mas foi por pouco.

16.

O poder tende a corromper e o poder absoluto corrompe absolutamente.

Lorde Acton

Frank havia negado a existência do Clã, mas isso não significava que ele não pudesse ganhar dinheiro com isso.

O sucesso comercial de *Onze homens e um segredo* tinha inspirado um plano ambicioso: nos quatro anos seguintes, sua empresa, a Essex, produziria uma série de mais quatro filmes do Rat Pack. O primeiro foi uma adaptação de "Gunga Din", o grande poema de Rudyard Kipling sobre o colonialismo britânico, só que ambientado no Velho Oeste, em vez de na Índia, com a cavalaria do Exército dos Estados Unidos no lugar dos soldados britânicos. Uma ideia bacana, no papel.

É claro que *Gunga Din*, o filme, já tinha sido feito: o clássico de 1939 de George Stevens, com Cary Grant, Douglas Fairbanks Jr., Victor McLaglen e Joan Fontaine, com Sam Jaffe e sua pele tingida com cortiça queimada no papel do carregador de água hindu do título. Era difícil melhorar algo com Grant, Fairbanks e McLaglen, embora a MGM tenha lançado um pálido remake em 1951 chamado *Três grandes amigos*, com Stewart Granger, Walter Pidgeon e David Niven.

Frank Sinatra não dava a mínima para clássicos ou para cópias. Ele curtia Kipling (como demonstrara na excêntrica "On the Road to Mandalay", de *Come Fly with Me*), tinha seus quatro camaradas da Cúpula à disposição (além de dois atores secundários, Henry Silva e Buddy Lester), e o público curtia o que eles faziam. O que podia dar errado?

Muita coisa, como se descobriu. Na teoria, Frank, com um monte de dinheiro para gastar e um ótimo gosto para escolher colaboradores, havia reunido uma excelente equipe de produção: o diretor, John Sturges, tinha boa mão para faroestes e aventuras (*Conspiração do silêncio*, de 1955, *Sem lei e sem alma*, de 1957, *Sete homens e um destino*, de 1960). O roteirista era o prolífico e notável W. R. Burnett (*Seu último refúgio*, *O segredo das joias*), e o poético diretor de fotografia de John Ford, Winton Hoch (*Legião invencível*, *Depois do vendaval*, *Rastros de ódio*), um artista quando se tratava de imagens de faroeste, seria o responsável pelas filmagens. Frank até contratou Billy May para fazer a trilha sonora.

Mas Sturges também tinha dirigido o recente *Quando explodem as paixões*, com Sinatra, uma estranha mistura de sequências de batalha barulhentas e cenas de amor totalmente inacreditáveis entre Frank e Gina Lollobrigida. E a filmagem também tinha sido cheia de pegadinhas com espoletas, com Frank começando e Steve McQueen retaliando, e as coisas tomando proporções maiores, chegando perto de resultados anárquicos: nenhum sinal de um diretor que estivesse no controle da produção.

O faroeste de "Gunga Din" — o título original era *Badlands*; depois se tornou *Três grandes amigos* (até a MGM ameaçar entrar com um processo), depois, por fim, *Os três sargentos* — era uma coprodução da Essex e da empresa de Dean Martin, a Claude Productions (a United Artists iria distribuir), e aí estava o problema: os loucos tinham oficialmente tomado conta do manicômio. A Warner Brothers pelo menos havia podido dar palpites em *Onze homens e um segredo*. Quem iria fazer as coisas funcionarem em *Os três sargentos*? O filme seria um faroeste legítimo ou uma brincadeira do Rat Pack? A pergunta logo seria respondida.

Frank era o único a receber crédito como produtor — era a primeira vez que isso acontecia desde que ele fizera aquele outro faroeste, *Redenção de um covarde* — e ele ao menos levou seu poder a sério, como descobriu Howard W. Koch, o produtor executivo da Essex, quando, para sua surpresa, Sinatra voou para a locação na despovoada Kanab, em Utah, um dia depois de Koch e uma equipe pequena começarem a fazer filmagens de segunda unidade e Sinatra exigiu ver os copiões. Quando Koch disse a seu chefe que ele não tinha um projetor compatível à mão (o filme estava sendo rodado em Panavision e Technicolor), Frank mandou que ele conseguisse um. De imediato, Koch lembrou que Kirk Douglas estava ali perto, no Novo México, filmando seu próprio faroeste, *Sua última façanha*. Ele ligou para Douglas, conseguiu um projetor emprestado e fez com que fosse posto em um avião para que Frank pudesse ver as imagens do primeiro dia.[1]

O filme foi rodado do final de maio até o fim de junho em Kanab, e o maior desafio do elenco foi o tédio devastador da locação isolada no deserto. "Havia um Dairy Queen que ficava aberto até as 23 horas", lembraria Bishop. "Meu conselho para todo mundo era que pegassem duas bolas de sorvete, porque depois não havia absolutamente nada para fazer."[2]

Um Sinatra entediado era sempre perigoso. Lá vinham as espoletas. "Bombinhas eram bem normais o tempo todo, nos vestiários e onde quer que fosse",[3] lembraria a coprotagonista Ruta Lee. Entre as diversões mais tranquilas — jogos de pôquer, exibições de filmes do Gordo e o Magro —, havia pegadinhas no hotel local, onde Frank fez que instalassem portas entre quartos adjacentes (a construção foi incluída no orçamento do filme) para que o elenco pudesse ir de um lado para o outro fazendo visitas inesperadas e pregando peças.

Outro item que deram um jeito de colocar na contabilidade foi "um avião cheio de mulheres de Las Vegas",[4] lembraria Lee — um grupo de prostitutas que viajaram até a locação para interpretar as mulheres que estavam no bar nas cenas de *saloon*. Um supervisor de produção, "um senhor mais velho, muito correto e sério, teve que fazer com que isso fosse arranjado e ficou muito chateado",[5] contou uma secretária do filme. "Ele precisava pagar a elas acima da tabela e não sabia como resolver aquilo, como chamar aquilo que elas *realmente* estavam sendo pagas para fazer."

O filme era um brinquedo de Sinatra, e John Sturges tinha ficado na infeliz posição de ser uma marionete dele. "John *tentou* ficar no comando, mas as piadas nunca paravam", disse Ruta Lee, lembrando que o diretor estava "constantemente, constantemente" frustrado: "Ele estava tentando fazer um filme decente, mas como você diz para o sujeito para quem você está trabalhando para calar a boca e fazer o que precisa ser feito?".

O crítico de cinema Philip K. Scheuer, do *Los Angeles Times*, em visita ao set, perguntou a Sturges se ele conseguia que o Clã obedecesse a ordens. "Depois que eu consigo colocá-los na frente da câmera, sim",[6] respondeu o diretor.

"Mas", observou Scheuer, "Sturges não pareceu estar tão certo disso."

Essa incerteza fica muito evidente no filme pronto, com o tom variando rápido entre o drama e as diversões cheias de piscadelas do Rat Pack. O padrão fica estabelecido nas primeiras cenas: o filme começa com o cenário de Monument Valley belamente fotografado por Winton Hoch, cheio de colinas e penhascos vermelhos e o céu azul-elétrico, e um ataque indígena mortal à pacífica cidade de Medicine Bend. Quando o sargento-mor Boswell (um carrancudo Joey Bishop de costeletas, que parece querer estar em algum outro lugar) é enviado para encontrar os sargentos do título, com os nomes infelizes de Mike Merry (Sinatra), Chip Deal (Martin) e Larry Barrett (um atarracado Lawford), ele os encontra em um *saloon* na divertida cidade de Claymore — onde Sammy Davis Jr., no papel do escravo liberto Jonah, o equivalente a Gunga Din na história, está fazendo uma dança constrangedora no bar enquanto malvados homens das montanhas atiram em seus pés. Os três sargentos surgem dos quartos onde estavam com as moças do bar, e uma briga digna de desenho animado começa, com direito a garrafas, quadros e cadeiras sendo quebrados na cabeça das pessoas. Só ficam faltando um cuco cantando e estrelas rodopiando.

Logo vemos outro ataque indígena e, em algum lugar no meio do nonsense, um interesse amoroso para o personagem de Lawford, a indecifrável e bela Amelia (Lee), é apresentado. Como Sinatra e Lollobrigida em *Quando explodem as paixões*, não há a menor química entre os dois — o que é fácil, já que Larry Barrett não tem personalidade nenhuma. Os personagens de Frank e Dean não são muito melhores, embora Dean de fato fique atraente em seu uniforme de cavalaria. A coisa toda é difícil de acreditar e também difícil de gostar.

Mas todo mundo se divertiu — ou pelo menos os astros se divertiram. "Ah, meu Deus, quanta risada, quantos jogos, quantas piadas — foi glorioso. Foi um período muito bom", lembraria Ruta Lee.

Como toda diversão do Rat Pack, era ótimo se você estava do lado de dentro, e nem tanto se você não estava.

Foi uma produção centrífuga. Segundo Lee,

> quando estávamos lá filmando — para se ver como esse navio corria solto —, o acordo era que Frank iria se apresentar por uma semana no Sands, depois Dean iria se apresentar por uma semana, e depois Sammy ia se apresentar por uma semana, e Joey ia se apresentar por uma semana. E todos nós fomos a todas as noites de

abertura e a todas as noites de encerramento. Frank tinha uma frota de aviões, e era assim.[7]

A presença de Marilyn Monroe na apresentação de Sinatra no Sands na noite de 7 de junho (também era o aniversário de 44 anos de Dean Martin, ocasião para outra festa ruidosa nas mesas ao lado do palco) foi significativa o suficiente para que ele quisesse que o público não soubesse do fato — sobretudo para que o eternamente ciumento Joe DiMaggio não soubesse. Um memorando de 5 de junho de Jack Entratter a seus diretores de publicidade e propaganda diz:

> Por favor estejam cientes de que em nenhuma circunstância nenhum fotógrafo nos bastidores tem permissão para fazer fotos do sr. Sinatra e da srta. Marilyn Monroe juntos no coquetel de recepção que ocorrerá depois do show de 7 de junho. Qualquer fotógrafo que tente fazer isso será banido do hotel em caráter permanente. Estejam cientes de que isso não é só uma exigência do Sands, é uma exigência do sr. Sinatra e, como tal, deve ser respeitada. Grato.[8]

Um novo memorando no dia seguinte foi dirigido a "Todos os envolvidos":

> Marilyn Monroe será convidada do sr. Sinatra. É intenção do sr. Frank Sinatra que a srta. Monroe tenha garantida a maior privacidade durante sua breve estada aqui no Sands. Ela estará registrada na suíte do sr. Sinatra. Sob nenhuma circunstância ela ou o sr. Sinatra devem ser perturbados por telefonemas ou visitantes antes das catorze horas.[9]

Ruta Lee se lembraria nitidamente de ver Monroe entrando de braços dados com Frank: "Ela tinha um brilho ao seu redor", disse Lee. "Um holofote que a seguia aonde ela fosse. Mesmo Elizabeth Taylor sendo bonita como era, Marilyn roubou o show."[10]

Mas havia algo estranho naquele holofote: tudo que acontecia perto daquela luz parecia de algum modo torto. Um repórter que, junto com um fotógrafo da World Wide, cobriu o coquetel de recepção depois do show de Frank lembraria:

> Ela era bonita, uma bela visão com um grande sorriso, um monte de cabelos loiros penteados e um vestido que tinha um decote tão profundo que não havia como você tirar os olhos dos seios dela. No entanto, estava bem embriagada.
>
> Na festa, eu me lembro de Marilyn reclamando: "Ah, Frankie, vamos, vamos beijar para os fotógrafos. Eu te amo, Frankie. Quero que o mundo todo saiba". Lembro que ela estava de pé atrás de Sinatra e com as mãos em torno da cintura dele, quase como se estivesse se encostando nele para ter onde se apoiar.[11]

Ela estava, em mais de um sentido. Quando Frank se livrou de seu abraço para evitar ser fotografado, Marilyn quase caiu. Preocupado, ele disse a um de seus guarda-costas para ficar de olho nela. Mas ela deu um jeito de voltar para o lado de Sinatra e acenou para o fotógrafo.

"Quando ele estava prestes a fazer a foto, o guarda-costas de Frank agarrou a câmera", disse o repórter.

> Ele a entregou para Frank e sussurrou alguma coisa em seu ouvido. Então Frank foi até onde o fotógrafo estava e disse: "Da próxima vez que você tentar isso, vou arrebentar seu crânio com essa merda dessa câmera, vocês dois". Lembro que ele falou com o canto da boca, como um bandido ou um gângster de rua.
>
> Naquele momento, Marilyn Monroe se aproximou e disse: "Frankie, vou vomitar". Ele pareceu alarmado e perguntou: "Quando?", e ela respondeu: "Agora. Bem agora. Estou falando sério, Frankie". Ele disse: "Ah, Jesus Cristo, Marilyn, de novo, não". E ele a tirou rápido dali.

Donald Spoto, um dos poucos biógrafos confiáveis de Monroe, diz que Frank "ao que parece era o mais apaixonado" na relação. Ele cita Milt Ebbins, que conhecia bem os dois, como tendo dito: "Não há dúvida de que Frank estava apaixonado por Marilyn".[12]

Ebbins, como vimos, é uma testemunha confiável. (Frank até comprou um cachorro para Marilyn nessa época, um poodle miniatura que ela chamou de "Maf" — abreviação de Máfia. Um estranho agradecimento.) Mas o que fazer então com a observação em primeira mão de George Jacobs de que seu chefe ficava enojado com a falta de asseio de Marilyn e desdenhava do intelecto dela? O que fazer com a afirmação do criado de que ela estava profundamente apaixonada por Sinatra e que essa paixão não era correspondida — indo de encontro a outra afirmação de Spoto (que tem ampla sustentação de testemunhas e de correspondência) de que DiMaggio foi o único homem que o enigma conhecido como Marilyn Monroe amou de verdade?

Simplesmente que, nas caóticas vidas interiores e exteriores de Frank Albert Sinatra e da ex-Norma Jeane Mortenson, todas as coisas acima eram possíveis mais ou menos ao mesmo tempo.

Em junho, em meio a uma alegria movida a álcool, os entediados astros de *Os três sargentos* tinham feito incursões-relâmpago com apartes nos shows de Las Vegas de Eddie Fisher, Vic Damone e Danny Thomas. E no dia 25 de julho o Clã atacou Fisher de novo. Era uma grande ocasião: Eddie estava começando uma temporada no Cocoanut Grove, em Los Angeles, e sua mulher, Elizabeth Taylor, que quase morrera de pneumonia no início daquele ano, estava saindo pela primeira vez desde que havia feito uma cirurgia plástica para esconder a cicatriz da traqueostomia. A realeza de Hollywood compareceu: John Wayne, Henry Fonda, Joan Fontaine, Lucille Ball, Kirk Douglas, Danny Thomas, Groucho Marx, Yul Brynner, Jerry Lewis, Shirley Jones, Merle Oberon, Edward G. Robinson, Shirley MacLaine.

E Sinatra, Martin, Sammy, Joey e Lawford.

Fisher estava nervoso — por mais de um motivo, suspeita-se. Ele esqueceu as letras de várias músicas. Depois da terceira vez, Dean gritou: "Vamos lá, Eddie!".

Fisher pôs as mãos para cima e se rendeu ao inevitável. "O.k., rapazes, o que vocês querem fazer?", perguntou.

Era uma pergunta retórica. Frank, Dean, Sammy e Joey "invadiram o palco, com copos de bebida nas mãos",[13] relatou a Associated Press. (Talvez signifique algo o fato de que Lawford ficou sentado.) "Eles tomaram o controle, fazendo imitações, versinhos, piadas raciais e cantando músicas — enquanto Fisher ficava sentado no tablado da orquestra, meio que deixado de lado."[14]

O elegante hotel Ambassador, onde ficava o Cocoanut Grove, não era o Desert Inn, e o Wilshire Boulevard não era a Strip de Las Vegas: este era o lugar onde Hollywood afrouxava a gravata. Mas em casa, em uma grande reunião e celebrando a recuperação da estrela de cinema e seu marido, Hollywood teria preferido o decoro.

E a verdade é que Hollywood tinha algo de que reclamar. Sinatra e seu grupo haviam acumulado um imenso poder na capital do cinema — um poder que o baile de posse só tinha aumentado — e estavam prontos para ser derrubados. O show de abertura de Fisher marcou um ponto de virada. "Frank e seus escudeiros tomaram conta do palco e arruinaram o show de Eddie",[15] bufou Hedda Hopper. "Foi uma revoltante demonstração de ego", pigarreou Milton Berle. E em uma coluna na *Motion Picture* intitulada TERIA O CLÃ IDO LONGE DEMAIS?, Sidney Skolsky escreveu: "Você percebia um ressentimento da plateia [...]. Foi a primeira vez que o Clã se apresentou para uma plateia hostil; a primeira vez que eles receberam críticas negativas na imprensa".[16]

Enquanto a primeira parte podia ser verdade, a segunda decerto não era. E embora Eddie Fisher tenha dito a Earl Wilson que "se sentiu honrado, contente e grato [...]. Gosto de ser interrompido por eles e a plateia riu histericamente — foi maravilhoso",[17] na verdade o show do Rat Pack estava ficando menos maravilhoso a cada minuto.

Naquele mês, a Reprise lançou seu segundo disco,* aquele que Frank tinha feito com Billy May dois meses antes. O LP se chamava *Swing Along with Me*. Alan Livingston, em guerra com Sinatra, logo reclamou.

O título, dizia Livingston, era parecido demais com *Come Swing with Me!*, o penúltimo álbum de Frank pela Capitol, que também fora arranjado por May. Os advogados da Capitol levaram o caso à Justiça, e ganharam: a Reprise foi condenada a mudar o nome de imediato. Nas novas impressões que se seguiram do LP, *Sinatra Swings*, em vez do polêmico *Swing Along with Me*, estava impresso em letras brancas sobre a imagem de Frank com um chapéu fedora abrindo a porta dupla de um bar.

A despeito de qualquer confusão que a troca de nomes possa ter causado, o álbum da Reprise vendeu melhor do que o antecessor da Capitol, chegando ao número seis da parada da *Billboard*, apesar da campanha de Alan Livingston para inundar o mercado. Havia um bom motivo para isso: embora *Come Swing with Me!* fosse ótimo, *Swing Along with Me/Sinatra Swings* era bem melhor. Do exército de castanholas cheio de energia de "Granada" (May realmente fez seus

* *I Remember Tommy*, embora tenha sido gravado antes, só seria lançado em outubro.

músicos cantarem "cha-cha-cha!" no final) à voz de tapete mágico de Frank que se eleva sobre o melodrama de bazar cintilante e tilintante de "Moonlight on the Ganges", até a emoção da faixa de encerramento, "You're Nobody 'til Somebody Loves You", que começa como uma carícia e termina como uma usina, um espírito de pura alegria se espalha pelo LP da Reprise, mostrando as alturas a que esse cantor era capaz de subir quando estava empenhado artisticamente.

Uma foto da coleção de George Jacobs mostra Frank Sinatra e Marilyn Monroe relaxando a bordo do barco de Frank, retratados como este nunca quis que o público os visse. A fotografia pode ser datada com exatidão:[18] Sinatra, vestindo calça de veludo cotelê, um casaco de golfe e um chapéu de pescador, está deitado em um sofá, bronzeado e sorridente, lendo a edição de 29 de agosto de 1961 da *Look*, com uma reportagem de capa sobre Clark Gable escrita por sua viúva. Marilyn, com blusa e calça brancas e óculos de sol, está reclinada perto de Frank, com o joelho encostando no cotovelo dele com intimidade. Ela está acima do peso — o queixo tem uma papada — e um pouco aérea: visivelmente menos do que glamorosa.

A esposa de Dean Martin, Jeanne, lembraria que Frank precisara pedir sua ajuda para fazer com que uma desorientada Monroe se vestisse antes do cruzeiro. E um homem identificado por J. Randy Taraborrelli, biógrafo de Sinatra, apenas como "um antigo companheiro" de Sinatra disse que Frank

> mal conseguia esperar para tirá-la do barco. Ela estava atormentando Sinatra, pressionando para que ele se casasse com ela, usando muitas drogas e bebendo. Frank me disse: "Juro por Deus, eu estava a ponto de jogá-la para fora da merda do barco". Em vez disso, ele chamou um de seus assistentes no fim da viagem, quando chegaram à terra, e fez que a levassem embora.[19]

Mas isso foi no fim da viagem. No momento em que a foto foi tirada, eles se pareciam bastante com um casal.

Mais tarde naquele mês, Frank, Dean, Sammy e Peter — menos Joey, que ficou em Hollywood para começar a gravar seu novo seriado cômico —[20] viajaram, alegres, para uma Europa fervendo de tensão. Berlim era o epicentro.

A cidade, que ainda não tinha o muro, com suas zonas americana, britânica e francesa e pontos de passagem relativamente porosos, havia muito tempo era o local de menor resistência para alemães-orientais que queriam escapar para o Ocidente, e milhares estavam fazendo isso, causando um constante constrangimento para o bloco comunista. Na Cúpula de Viena em junho, Khruschóv ameaçou fazer uma paz em separado com a Alemanha Oriental, restringindo o acesso a Berlim e efetivamente bloqueando a cidade; tendo falhado em desafiar o líder soviético nesse ponto crucial, o presidente Kennedy acabou parecendo fraco e inexperiente.[21] Nas semanas seguintes, ele compensou isso anunciando uma nova medida militar, dobrando a aposta, e mandando que se construíssem abrigos nucleares, o que fez com que a ansiedade aumentasse no mundo inteiro.

Em um verão em que os turistas americanos ficaram em casa e os hotéis europeus estavam vazios, Frank e Dean aterrissaram em Londres em um clima à prova de ansiedade muito próprio deles.[22] Estavam ali para filmar uma participação (no papel de dois astronautas patetas) no novo filme de Bob Hope e Bing Crosby, *Dois errados no espaço*. "Na cena deles", a UPI explicava, "Crosby e Hope são enviados por engano em um foguete para a Lua. Em vez de serem os primeiros humanos lá, eles encontram o clã — personificado em Sinatra e Martin — cantando boas-vindas."[23] Uma foto de um despacho da Associated Press mostrava Sinatra e Martin em trajes espaciais, bronzeados e bêbados e com coquetéis na mão, ao lado de Crosby e Hope, que estavam vestidos de chineses. O texto da AP abaixo da foto, com o título INTEGRANTES DO CLÃ FAZEM AVIÃO ATRASAR, descrevia a próxima parte da excelente aventura de Frank e Dean:

> Frank Sinatra e Dean Martin se demoraram em um bar do aeroporto de Londres e se recusaram com veemência a entrar no avião para Paris antes de terminar seus drinques.
>
> Comissárias de bordo constrangidas tentavam apressá-los para entrar em um avião no qual 103 passageiros tentavam entender o que estava causando a demora.
>
> "Tome um drinque", disse Sinatra, sorridente, para uma embaraçada aeromoça.
>
> Um terceiro membro do "clã", Peter Lawford, estava sentado ali perto.
>
> Enfim as meninas venceram. Passando de maneira casual pela alfândega, Sinatra e Martin escalaram com dificuldade a escada do avião três minutos antes da hora da decolagem. O avião decolou com dez minutos de atraso.[24]

Um detalhe de grande importância: de novo, assim como na invasão do show de Eddie Fisher no Cocoanut Grove, Lawford se afastou da brincadeira. Na época do baile de posse, a colunista Suzy do grupo Hearst tinha previsto: "Atendendo a pedidos, Peter Lawford vai se afastar discretamente de seus amigos de Hollywood. Nenhuma ruptura brusca, perceba, apenas um centímetro por vez".[25]

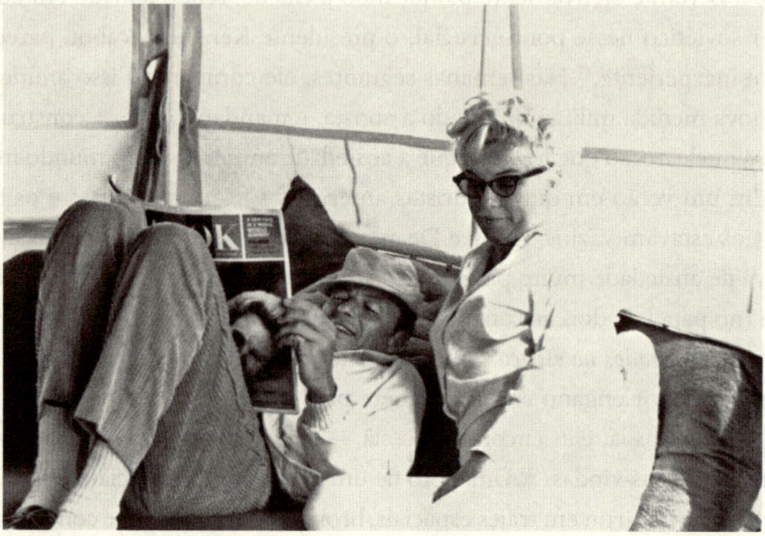

Frank e Marilyn a bordo do iate dele, no final do verão de 1961. O desmazelo e o caos emocional dela o incomodavam, mas a ternura entre os dois é aqui evidente.

Em seu caminho líquido pela Europa, Frank e Dean planejavam ir à Alemanha para visitar o filho de Dean, Craig, um recruta do Exército lotado perto de Frankfurt. (Uma notícia com foto posterior mostrou os dois passando pela alfândega alemã, com cara de turistas alegres, elegantes em ternos de lã vindos do planeta Las Vegas: se Dean estava preocupado com os eventos mundiais, ele disfarçava bem.)[26] De lá foram para a Riviera, para visitar Joseph Kennedy, que tinha convidado Sinatra, Martin e os Lawford para passar dez dias em sua casa em Cap d'Antibes.[27] Eles então passaram algumas semanas relaxantes cruzando o Mediterrâneo em um barco fretado pelo playboy milionário Bob Neal.[28]

Sammy tinha ido a Monte Carlo para participar do evento beneficente anual da princesa Grace para a Cruz Vermelha. Nem é preciso dizer: Joe Kennedy não o convidara para ficar em sua casa.

Mas então, de repente, ninguém estava convidado. Em 3 de agosto, com a manchete JOE KENNEDY DIZ AO CLÃ: SEM CONVIDADOS, o *New York Post* publicou uma reportagem em que o Embaixador era citado dizendo: "Eu sei que eles estão vindo para a Côte d'Azur. Sem dúvida, virão me visitar e ficarei feliz de vê-los. Mas eles terão de ficar em um hotel porque não tenho espaço em minha casa para acomodá-los".[29]

Alguma coisa estava estranha. Enquanto Frank e Dean visitavam Craig, a UPI informava:

> O iate a vapor de 170 pés *Hiniesta*, fretado de Sir John North, da Grã-Bretanha, está ancorado no porto de Nice esperando para receber parte do clã.
>
> "Ainda não sabemos para onde vamos viajar", disse o dono de poços de petróleo texano J. Robert Neal. "Estamos esperando 'o líder'."[30]

Mas o líder não iria. Em vez de irem da Alemanha para a Riviera, Frank e Dean voltaram para Londres, onde o caminho deles cruzou com o de Sammy — que em *sua* chegada a Nice disse à imprensa que Sinatra e Martin tinham cancelado o cruzeiro. "Eu me encontrei com os dois ontem à noite em Londres", contou Davis, "e eles me disseram que precisavam voltar logo para os Estados Unidos. Não sei por quê."

Ele não sabia, ou não ia dizer. Mas a UPI diria, em um despacho de 17 de agosto com o título CRUZEIRO DE SINATRA TERIA SIDO CANCELADO POR CAUSA DE REAÇÃO DE WASHINGTON:

> O dono de poços de petróleo texano Robert Neal, que fretou o iate para o cruzeiro do "clã" de Frank Sinatra no Mediterrâneo, teria dito que o passeio foi cancelado por causa de "reações furiosas de grupos de Washington".
>
> Neal, de acordo com o colunista de Londres Paul Tanfield, do *Daily Mail*, disse que a reação foi instigada pelo momento inadequado do cruzeiro.
>
> "Andaram falando que parentes e amigos do presidente estavam tomando sol nas praias do Mediterrâneo, enquanto seus conterrâneos estavam sendo convocados devido à crise."[31]

Um editorial de 18 de agosto no *Monroe News-Star*, da Louisiana, expressou a indignação de muita gente:

Agosto de 1961: Frank e Dean fazem uma ponta, como astronautas trapalhões, no último (e pior) filme de Bing Crosby e Bob Hope, a comédia Dois errados no espaço. *Todos se divertiram.*

Sem dúvida, teria sido melhor se Lawford, Sinatra, Martin e outros membros do "clã" não tivessem escolhido visitar os Kennedy mais velhos na Riviera neste exato momento. Quanto às proezas publicitárias que acompanharam a viagem — incluindo o atraso de um avião comercial na Inglaterra —, seriam coisas de mau gosto neste momento ou em qualquer outro.

Mas em especial naquele momento. Na manhã de 13 de agosto, 32 mil soldados e engenheiros do Exército da Alemanha Oriental, com soldados soviéticos ao lado para impedir interferências, começaram a construir um emaranhado de arame farpado e cercas em torno dos 43 quilômetros do perímetro dos três setores ocidentais de Berlim: o Muro. O presidente ordenou que 1500 soldados americanos em veículos blindados fossem para lá. Durante 48 horas, pareceu que poderia eclodir uma guerra.[32]

Joe Kennedy pode ter cancelado o convite a Frank, Dean e os outros por sugestão direta da Casa Branca. Ou, como alguém que já havia se dado mal por estar do lado errado da história, ele pode simplesmente ter sido esperto o suficiente para perceber a publicidade negativa que uma visita daquelas criaria naquele momento. Mas havia mais uma coisa: o procurador-geral e sua família tinham decidido permanecer na casa do Embaixador naquela mesma semana, e o procurador-geral e Frank Sinatra não eram uma mistura que funcionasse bem.[33]

Em sua reunião de meados de agosto, a Comissão de Controle do Jogo de Nevada aprovou a proposta de Frank para a compra de uma parte majoritária do Cal-Neva Lodge.[34] Entre os que antes haviam feito propostas para comprar partes minoritárias estavam Joe DiMaggio, Skinny D'Amato e Dean Martin; pelo visto, todos tinham agora desistido. Em 15 de agosto, escreve Nancy Sinatra, a Park Lake Enterprises, Inc. (que fazia negócios sob o nome de Cal-Neva Lodge) tinha um capital autorizado de mil ações sem valor nominal, das quais 540 foram emitidas. Frank Sinatra possuía 270 ações; Hank Sanicola, 180; e Sanford Waterman, noventa. A expectativa, diz Nancy, era que Frank em algum momento compraria todas as outras ações e se tornaria o único proprietário. Seu pai gostava do Cal-Neva, ela escreve, "porque ele era despretensioso mas ao mesmo tempo glamoroso, familiar porém estimulante".[35]

Enquanto o mundo se inquieta com a crise de Berlim, Sinatra e Martin voltam da Europa num clima à prova de ansiedade muito próprio deles.

Skinny D'Amato pode ter desistido de ficar com as ações, mas ainda estava intimamente envolvido com as operações do cassino do Cal-Neva. E embora o novo Livro Negro da Comissão de Controle do Jogo agora proibisse oficialmente Sam Giancana de pôr os pés em qualquer cassino de Nevada, ele era dono de uma fatia significativa do hotel no lago Tahoe, com Frank como testa de ferro. Isso era um motivo de bastante preocupação para Hank Sanicola, que podia perder os 300 mil dólares que tinha investido se Mooney aparecesse — o que era uma virtual certeza, agora que Sinatra estava no comando.

Como Frank era capaz de pura filantropia — muitas vezes em caráter anônimo —, podemos tentar ver um certo altruísmo no fato de ele contratar Axel Stordahl, o grande arranjador de seus anos na Columbia, para orquestrar seu último álbum pela Capitol: Stordahl, que ainda não tinha cinquenta anos, estava gravemente doente, com câncer. O guitarrista Al Viola lembraria que a esposa do arranjador, June Hutton, que fora cantora das Pied Pipers,* procurou o produtor Dave Cavanaugh, da Capitol, para fazer lobby pelo marido. "Ela sabia que Frank estava saindo da Capitol", disse Viola, "e também sabia que Axel queria participar de um último álbum com Frank, porque ele poderia não estar mais por ali por muito tempo."[36]

Mas não se tratava só de caridade. Stordahl supervisionara a primeira sessão de gravação de Frank na Capitol em 1953, e, embora o genial Riddle logo o tenha superado, havia uma bela simetria em trazer Axel de volta para o canto do cisne de Sinatra na gravadora, o álbum que teria o — pungente — título de *Point of No Return*.

Havia simetria, mas também havia uma extrema ambiguidade por parte de Sinatra. Frank agora odiava a Capitol de modo tão absoluto que seu impulso inicial foi romper o contrato. "Tenho certeza de que seus advogados precisaram de muita conversa para fazer com que ele tomasse essa decisão", contou o trombonista Milt Bernhart. "Minha impressão é que ele disse: 'Eles que me processem'."[37]

Sinatra também tinha sentimentos conflitantes em relação a Axel Stordahl, o americano de origem norueguesa silencioso e gentil que fumava seu cachimbo de cabeça para baixo ao estilo marinheiro e que quase nunca falava mais do que umas

* O grupo vocal da orquestra de Tommy Dorsey. Sinatra entrou para a orquestra como membro do grupo, e depois se tornou seu solista.

poucas palavras. Em 1953, bem quando eles estavam acabando de começar a trabalhar na Capitol, e antes de a carreira de Frank ter dado a volta por cima, Stordahl conseguira o emprego de diretor musical no programa de TV de Eddie Fisher. Eddie Escroto Fisher. Esse tinha sido o final da parceria de uma década entre Sinatra e Stordahl, e oito anos depois a ferida continuava aberta, do ponto de vista de Frank. Quando se tratava dos rancores dele, oito anos eram uma piscada de olhos.

E, no entanto, ele decidiu trabalhar com Axel. Porque ele estava com câncer, o.k. Mas também porque ele continuava sendo um bom arranjador.

Isso não significava que Frank teria de ser gentil com ele. Ou com a Capitol. Foram duas sessões de gravação de *Point of No Return*, com seis músicas em cada sessão, nas noites de 11 e 12 de setembro, e ele apareceu com uma hora e meia de atraso nas duas vezes, algo que nunca tinha feito antes.

O escritor Robin Douglas-Home, jovem o suficiente, inglês o suficiente e afável o suficiente para convencer Sinatra a lhe conceder uma entrevista, estava lá para presenciar a cena. Pouco antes de Frank chegar, "a atmosfera estava tranquila", ele escreveu.

> O baixista estava fumando um cigarro com uma longa piteira branca. Um trombonista, de maneira sub-reptícia, seguia a transmissão de um jogo com um fone de ouvido ligado a um rádio transistor. Murmúrio de conversas, fumaça de cigarros, rangidos de violinos, batidas de tambores, explosões de trompas, trinados de trompetes, assovios de flautas.
>
> De repente, a cacofonia se reduziu a um sussurro e todas as cabeças se voltaram para a porta. Sinatra entrava, tranquilo. Vestia um terno cinza-escuro bem cortado; um chapéu de feltro cinza-escuro que o coroava de maneira jovial; um lenço vermelho e amarelo que saía altivo do bolso na altura do peito; as gáspeas pretas de seus sapatos de couro envernizado apareciam debaixo dos vincos que pareciam o gume de uma faca. O rosto estava alerta, determinado, com um resquício de nervosismo — os gelados olhos azuis se moviam de lá para cá [...] mas também havia um brilho neles ou a um segundo de distância.[38]

Milt Bernhart, na orquestra, não viu o brilho. "Quando entrou, Sinatra só queria saber de negócios", lembraria o trombonista.

> A plateia de sempre estava lá e ele entrou com sua comitiva, foi direto para o microfone e disse: "Como estamos?". Nem falou direto com Stordahl na verdade.

Na maior parte das músicas, ele fez só um take, talvez dois, sem ensaio. A certa altura, Dave Cavanaugh lhe pediu que fizesse outro take de uma canção, porque alguma coisa tinha dado errado na cabine. Sinatra se recusou. A folha com a letra já estava no chão. Ele disse: "Não. Próxima música". Quando Cavanaugh tentou convencê-lo a fazer outro take, Sinatra só olhou para ele, pegou a folha com a letra e rasgou em uns vinte pedaços. "Você não me ouviu?", ele perguntou. "Próxima música!"[39]

"A tensão dessas sessões de gravação deixava evidente que Sinatra ainda guardava rancor por Stordahl", escreve Charles Granata.

> Ouvindo todas as músicas do disco, e entendendo as condições estressantes em que ele foi gravado, é possível distinguir com facilidade entre o "verdadeiro" Sinatra e o cantor desleixado, intratável, que só compareceu porque era obrigado a fazê-lo. Em geral os álbuns não trazem as canções na ordem em que foram gravadas, e as faixas em que Sinatra de fato se empenhou estão misturadas com aquelas em que ele não estava nem aí.[40]

A música com pior resultado do álbum, e uma das mais notórias gravações do cânone de Sinatra, é "These Foolish Things" — a grande balada de Harry Link-Holt Marvell-Jack Strachey que um jovem e ardoroso Frank tinha gravado com insegura perfeição (e com arranjo de Stordahl) para a Columbia em julho de 1945. Dezesseis anos depois, irritado e distraído, ele parece um sonâmbulo ao cantar, deixando claro o quanto não está nem ligando ao entoar a segunda palavra da canção, "*cigarette*" (em "A cigarette that bears a lipstick's traces"),* desafiadoramente desafinada. Durante o resto da música, ele soa rouco e apático, como a vítima de muitas ressacas, e apenas vez ou outra — como se de repente tivesse lembrado quem era — chegando a alturas dignas de Sinatra.

E então vem a cereja do bolo. Na última estrofe,

Oh, how the ghost of you clings
*These foolish things remind me of you.***

* Um cigarro com vestígios de batom. (N. T.)

** Ah, como a sua sombra continua aqui/ Essas coisas tolas me lembram você. (N. T.)

há uma emenda de fita dolorosamente audível entre "*of*" e "*you*", revelando que na última palavra Frank não havia conseguido alcançar a nota, e que o "*you*" de outro take foi inserido. É o tipo de erro grosseiro que Sinatra nunca teria permitido em um álbum com o qual ele se preocupasse: com a Capitol, é claro, ele simplesmente tinha deixado de se preocupar.

Contudo, assim como Frank podia criar mágica no cinema com apenas uma tomada, ele não conseguiu evitar, apesar de tudo, apesar dele mesmo, salpicar pó de estrelas em algumas das músicas de *Point of No Return*. As duas primeiras faixas do disco, "When the World Was Young" e "I'll Remember April" — a última que ele gravou em cada uma das duas noites consecutivas —, são de um gênio cantando baladas em seu melhor momento: tranquilo, suave e incomparavelmente expressivo. Ouvindo-o cantar desse jeito, você consegue perdoá-lo por qualquer coisa; você se esquece de que ele é qualquer outro homem que não seja esse homem. E Stordahl, radiante como uma lâmpada que brilha mais pouco antes de apagar, fez alguns de seus melhores trabalhos aqui, deixando evidente seu dom para criar arranjos exuberantes e fluidos para cordas e mostrando um novo gosto por metais brilhantes e trompas melancólicas. A versão de Sinatra de "When the World Was Young", uma música francesa com letra em inglês de Johnny Mercer, é uma obra-prima: Frank coloca todo o peso e a força de seus anos nas reminiscências cadenciadas de um socialite que está envelhecendo. Lembra "Lush Life", mas sem o tédio constrangido.

E "I'll Remember April" é quase tão boa quanto — um standard de que Sinatra se apropria totalmente. A bela orquestração de Stordahl, balizada pela percussão tilintante (os sinos de templo de Emil Richards dão ao arranjo um sabor do sudeste da Ásia), finca os pés no presente, sem nenhum toque de nostalgia embolorada.

Frank canta com suavidade a coda de "April":

I won't forget, but I won't be lonely,
*I'll remember April, and I'll smile.**

E então tudo acaba — a música, o disco e o tempo dele no Estúdio A. Robin Douglas-Home descreveu esses últimos momentos:

* Não vou esquecer, mas não vou estar só, / Eu vou me lembrar de abril, e vou sorrir. (N. T.)

Às 23h45, o último playback chegou ao último acorde. Houve um momento de silêncio que, depois do tremendo volume de ruído, causava uma estranha sensação de ser deixado suspenso no ar. Então a orquestra começou a aplaudir. Sinatra virou as costas fingindo não perceber o aplauso, e se ocupou abotoando a camisa e ajeitando a gravata. Por fim ergueu um braço e disse: "Obrigado, amigos", e se dirigiu à porta. Houve uma gritaria desordenada de "Boa noite, Frank", e então as partituras foram fechadas, os instrumentos, guardados nos estojos, e logo o estúdio todo estava vazio e silencioso.[41]

Ele não voltaria àquela sala por mais de trinta anos.[42]

Era estranho, mas era verdade: Brother-in-Lawford tinha de repente conseguido algum brilho em Hollywood, não com base em nepotismo ("Não acho que alguém que esteja fazendo um filme legítimo vá me colocar no elenco só por causa do meu cunhado", ele disse; "Eu sei e eles sabem que isso não faria vender nem um ingresso a mais"),[43] mas com base na força de seu desempenho em *Exodus*, cujo diretor, Otto Preminger, acabara de contratá-lo para interpretar um senador americano em seu novo filme, o suspense político *Tempestade sobre Washington*.[44] Em setembro daquele ano, o filme estava sendo rodado em Washington, DC, e Lawford pediu a Frank, por favor, que fizesse uma aparição em que o verdadeiro Frank Sinatra é visto por um jovem casal de tietes em uma festa na capital.

A forte atuação política de Sinatra no último ano e meio fazia com que fosse naturalmente crível que ele estivesse em uma história sobre Washington, emprestando real poder a uma ficção sobre poder. E mesmo que ser o cunhado do presidente não estivesse fazendo com que Peter Lawford conseguisse papéis em filmes, outro tipo de nepotismo estava funcionando para ele: ele nunca teria tido o tipo de visibilidade de que estava desfrutando agora se não fosse por sua ligação com Frank.

Era uma ligação que Lawford desejava manter. No fim de maio, na locação em Kanab, ele havia ligado para a Casa Branca para dar parabéns a Jack — e, então, como presente especial, passou o telefone para Sinatra. "Feliz aniversário, *prez*",[45] Frank gorjeou. O favor teve o efeito desejado: o Líder ficou de bom humor pelo resto do dia.

Mas tentar satisfazer sua vontade de realmente passar tempo com aquele outro líder, o líder do mundo livre, era uma tarefa cada vez mais difícil.

O presidente Kennedy de fato queria ver Frank. Judith Exner escreve que, desde o começo do relacionamento deles, o presidente nunca conseguira deixá-la em paz quanto a Sinatra ("Toda vez que falávamos pelo telefone [...] ele perguntava: 'Tem visto Frank ultimamente?'"), e que, agora que ela tinha começado a ligar com regularidade para Kennedy na Casa Branca, ele continuava obcecado. Ela descreve um almoço em sua segunda visita, num sábado de maio:

> Quase de imediato Jack começou a me bombardear com perguntas sobre fofocas, a maior parte sobre Frank. O que Frank estava fazendo? Era verdade que ele estava saindo com Janet Leigh? Passávamos pela mesma ladainha de sempre. Eu negava saber de qualquer fofoca e ele insistia que eu sabia muita coisa. Isso continuou tranquilamente sem nenhum progresso até que Dave [Powers] disse: "Você não vai conseguir que ela fale nada, dá para ver!". Jack insistiu: "Vamos, Judy, só uma bobagem, nada chocante ou vergonhoso, só alguma coisa divertida".
>
> "Como eu disse, Jack, compre uma revista sobre cinema."
>
> "Muito obrigado", ele disse, virando-se para Dave com um gesto de desamparo. "Ela não lembra um diplomata de carreira?"[46]

A sra. Kennedy, claro, não se encontrava em Washington naquele fim de semana, estava na casa de veraneio da família, uma fazenda de cavalos em Middleburgh, na Virgínia. E logo ficou claro para Peter Lawford que Frank Sinatra teria de ser contrabandeado para dentro da Casa Branca para se encontrar com o presidente, mais ou menos como acontecia com Judy Campbell. "Jack sempre foi tão grato a ele por todo o trabalho que ele fez na campanha arrecadando dinheiro", Lawford disse a Kitty Kelley.

> Ele disse: "Eu realmente devia fazer alguma coisa pelo Frank [...] talvez eu o convide para um jantar ou um almoço na Casa Branca". Comentei que Frank ia adorar, mas então Jack disse: "Só tem um problema. Jackie odeia Sinatra e não vai aceitar a presença dele nesta casa. Então na verdade não sei o que fazer". Ali estava o presidente dos Estados Unidos em um dilema igual ao da maior parte de nós quando não quer irritar o cônjuge. Brincamos por alguns minutos sobre pôr Frank em um saco e arrastá-lo até a porta lateral para que os jardineiros pudessem colocá-lo para

dentro como se fosse um saco de lixo e Jackie não iria vê-lo. Também falamos de escondê-lo em um dos imensos pacotes de fraldas de John-John.[47]

Mas, na terceira semana de setembro, a primeira-dama precisou aturar a presença de Sinatra duas vezes num espaço de três dias — e a primeira vez foi na Casa Branca. A ocasião foi um banquete para o elenco e para o diretor de *Tempestade sobre Washington*, evento para o qual ela não tinha a menor intenção de convidá-lo. Porém, quando a chefe de gabinete da sra. Kennedy, Letitia Baldridge, ligou para Peter Lawford no hotel em que ele ficou para fazer os preparativos para o almoço, Sinatra estava no quarto, e não houve como deixá-lo de fora.

Jackie Kennedy ficou incomodada. Ela trabalhara duro para manter seu marido à distância de um homem que ela achava que iria macular a imagem do presidente. "Do ponto de vista dela, isso era ainda mais verdadeiro depois do desastre da baía dos Porcos", escreve Barbara Leaming, biógrafa de Jacqueline Kennedy. "A última coisa de que Jack precisava era se ligar a um homem que, na cabeça da população, estava associado com a Máfia — com certeza não nessa semana especificamente, enquanto Jackie iniciava um grande esforço de reabilitação."[48]

No fim do verão de 1961, o novo governo havia passado por uma série de derrotas e de fiascos, a invasão abortada de Cuba não sendo o menor deles. A invasão da baía dos Porcos em abril, planejada pelo governo de Eisenhower, mas levada adiante pelo governo de Kennedy, tinha fracassado em libertar Cuba, deixando o novo presidente numa situação constrangedora e o Caribe aberto a uma incursão soviética. Na Cúpula de Viena em 4 de junho, JFK parecera um peso leve para Nikita Khruschóv, enquanto Berlim vivia uma situação delicada e mísseis ocidentais e soviéticos estavam de frente uns para os outros em toda a Europa. Pensando nisso, a primeira-dama havia decidido reconstruir a imagem do marido "como um líder maduro e tranquilo que já estava conseguindo grandes resultados" — e, com o olho que tinha para aparências, reformular a imagem da Casa Branca como "um símbolo do poder e do objetivo da nação".[49]

O lugar "que Jackie chegara a acreditar que devia ser confortável, aconchegante e convidativo seria deliberadamente formal, perfeito e acima de tudo intimidador", escreve Leaming. "Em vez de deixarem as pessoas à vontade, aqueles cômodos iriam impressionar com a grandiosidade e o poder da presidência — e de Jack. Nos seus planos cuidadosos, ela estava fazendo todo o possível para levar Jack a parecer um estadista."[50]

Mas Jack, que odiava que lhe dissessem o que fazer, insistiu no convite, e com a perspectiva da iminente chegada de Frank Sinatra à Casa Branca, Jackie viu todos os seus esforços de construção de imagem irem por água abaixo. Na expectativa de manter o banquete em sigilo, a sra. Kennedy deu ordens para que o evento ficasse fora dos registros oficiais. Enquanto isso, o presidente não conseguia disfarçar sua felicidade com a perspectiva de uma tarde com seu amigo Frank.

"Normalmente, o banquete de *Tempestade sobre Washington* teria sido o tipo de evento privado em que Jack e Jackie aproveitavam a oportunidade para brilhar juntos", escreve Leaming.

> Nessa ocasião, Jackie não estava interessada em fazer seu papel. Em vez disso, ela planejava ficar de olho em Sinatra [...] e no relógio. Os Kennedy eram esperados na embaixada do Peru às vinte horas, e o presidente tinha agendado para a semana seguinte um discurso importantíssimo na ONU. Jackie esperava que o banquete acabasse antes que alguém na sala de imprensa descobrisse que ele havia acontecido.
>
> As coisas começaram mal quando os Kennedy entraram com quinze minutos de atraso e Sinatra gritou: "Ei, Chickie baby!".[51]

Três dias depois, ela teria de vê-lo de novo.

Em 24 de setembro, a convite dos Lawford (de acordo com Peter Lawford) ou de Joe Kennedy (segundo outros relatos), Frank foi a Hyannis Port a bordo do avião particular do presidente, o *Caroline*, acompanhado de Pat Lawford, Ted Kennedy e do playboy Porfirio Rubirosa, da República Dominicana, com sua quinta esposa, Odile. Com o aeroporto de Hyannis tomado pela neblina, o avião pousou em New Bedford, a noventa quilômetros de distância, e a festa, assim como a bagagem de Frank — doze malas, uma dúzia de garrafas de champanhe, um engradado de vinho, três embalagens de sorvete em gelo seco e dois pães italianos para o Embaixador —, seguiu para o complexo dos Kennedy em dois táxis.

Peter Lawford então esperou-os na casa de Joseph Kennedy, onde a mesa de jantar estava posta para 26 pessoas.[52] Ao que tudo indica, a noite foi agitada. Em uma autobiografia cheia de revelações, o motorista de Joe e Rose Kennedy, Frank Saunders, lembraria que Sinatra chegou não só com Pat, Teddy e os Rubirosa, mas com "uma multidão de socialites e de pessoas bonitas", incluindo algumas mulheres que para Saunders pareciam prostitutas. "As empregadas ficaram comentando", ele escreveu. "Mas o astro era Frank Sinatra."

Intensamente curioso sobre os acontecimentos, o motorista pegou um par de botas de montaria que engraxara para Joe Kennedy e, a pretexto de devolvê-las, foi até a casa do Embaixador e entrou pela escada dos fundos. Ali acabou esbarrando no velho, em um corredor com pouca luz, acariciando uma jovem rechonchuda:

> "Estou com suas botas de montaria, sr. Kennedy", eu disse. Falei em voz alta, como para deixar claro meu pretexto para estar ali.
>
> "Minhas botas de montaria! Bem a tempo!" O pai do presidente riu. A mulher deu uma risadinha tímida.[53]

A mulher, Saunders descobriu depois, era a esposa de Porfirio Rubirosa.

Na tarde seguinte, uma dúzia de integrantes do grupo, incluindo Frank, foi participar de um passeio de três horas e meia a bordo do iate *Marlin*, de Joe Kennedy. "O *Marlin* navegou cerca de treze quilômetros até Cotuit Bay, e ancorou em um lugar coberto", informou um texto da Associated Press.

> A maior parte dos convidados permaneceu a bordo, mas a sra. Kennedy, que se iniciou no esporte no verão deste ano, praticou esqui aquático por um tempo, apesar do frio.
>
> Ela estava com uma touca de natação de pétalas brancas e usando a parte de cima de uma roupa de mergulhador sobre o maiô, obviamente como proteção contra o frio.
>
> A sra. Kennedy mostrou o resultado de suas semanas de prática fazendo *slalom* em um único esqui atrás de uma lancha.
>
> Ela sorriu e acenou enquanto passava perto de um barco com repórteres.
>
> [O secretário de imprensa da Casa Branca Pierre] Salinger disse que Sinatra não vai ficar na casa do presidente, mas está visitando os Lawford, que estão na casa do pai do presidente, Joseph P. Kennedy.[54]

A ênfase de Salinger sobre as acomodações de Frank em Hyannis Port representava uma distinção importante. Era preciso manter uma barreira pública, ainda que tênue, entre o presidente Kennedy e Sinatra, que, de acordo com Barbara Leaming, estava "barulhento e desagradável"[55] (leia-se: bebendo) naquele fim de semana. De sua parte, a sra. Kennedy, exibindo-se no esqui aquático, parece ter dado seu próprio show impressionante — mas apenas até certo ponto. Leaming escreve:

> A presença de Sinatra no cabo [era] tão desconcertante que, de maneira pouco característica, Jackie [...] não conseguiu esconder o ciúme que sentia do interesse de Jack por uma das mulheres que Sinatra havia levado com ele. O visível incômodo de Jackie foi tão incomum que todos perceberam, representando uma grande derrota para uma mulher que se orgulhava de sua capacidade de disfarçar as emoções, sobretudo em relação às outras mulheres de seu marido.[56]

Qual das "mulheres que Sinatra tinha levado" cativara Jack e desmontara Jackie? O palpite mais fácil, baseado na documentação, é Odile, a bela esposa do playboy Rubirosa. A única outra mulher mencionada nos relatos da imprensa é a irmã do presidente, Pat. Mas, se Saunders, o motorista, for confiável, e Sinatra de fato levou belas prostitutas, tudo é possível.

Frank tinha outras coisas a fazer em Hyannis Port, além de se divertir. Uma delas era relacionada com o projeto de um filme que havia chegado a um impasse, uma adaptação do suspense político *The Manchurian Candidate*, de Richard Condon. O best-seller, sobre o filho de uma família politicamente importante capturado pelos chineses durante a Guerra da Coreia e submetido a lavagem cerebral para assassinar o presidente, atraiu o interesse da indústria do cinema logo após sua publicação, em 1959, mas, no ambiente conservador dos últimos anos de Eisenhower, a visão sombria da natureza humana e da política americana — um dos personagens principais, o senador Johnny Iselin, era evidentemente baseado em Joseph McCarthy — fez com que o projeto se transformasse em uma batata quente.

O livro ficou em compasso de espera até o início de 1961, quando o dramaturgo George Axelrod e o diretor John Frankenheimer compraram os direitos de adaptação. Axelrod, que tinha escrito *The Seven Year Itch* para a Broadway (e o roteiro para a versão cinematográfica de Billy Wilder, *O pecado mora ao lado*), assim como o roteiro indicado ao Oscar de *Bonequinha de luxo*, era um dos roteiristas mais bem pagos de Hollywood e amigo de Sinatra. Frankenheimer, um prolífico e muito estimado jovem diretor de TV nos anos 1950, estava agora abrindo seu caminho no cinema: tinha feito *Juventude selvagem*, com Burt Lancaster, em 1961, e estava terminando a produção de dois filmes que teriam grande impacto em 1962, *O anjo violento*, com Warren Beatty, e *O homem de Alcatraz*, com Lancaster. Frank era fã dele.

Apesar do bom histórico de Axelrod e de Frankenheimer, os estúdios ainda hesitavam sobre *The Manchurian Candidate*. Era um livro muito sombrio, e o tema do assassinato político era controverso no início de 1961, quando as causas dos recentes assassinatos do primeiro-ministro congolês Patrice Lumumba e do ditador dominicano Rafael Trujillo continuavam obscuras. Mas, quando o roteirista e o diretor procuraram Frank com o projeto, ele de imediato quis participar — embora o roteiro ainda não estivesse completo.

Axelrod e Frankenheimer deram a Frank a chance de escolher interpretar o hipnotizado assassino Raymond Shaw ou o ex-colega de pelotão de Shaw, o oficial de inteligência do Exército Bennett Marco, que também sofreu lavagem cerebral e descobriu a trama de assassinato bolada pela mãe de Shaw, Eleanor. Frank, que já interpretara um suposto assassino de presidente em *Meu ofício é matar*, escolheu Marco, e Axelrod continuou a escrever.[57]

Sinatra, que agora era coprodutor junto com Frankenheimer e Axelrod, planejou que o filme fosse distribuído, como seus filmes independentes anteriores, pela United Artists. O único problema era que o presidente da UA, Arthur Krim, odiou o projeto — odiou tanto que disse a Sinatra, Frankenheimer e Axelrod que "tentaria convencer qualquer outro estúdio que eles procurassem a não aceitar",[58] como escreve Daniel O'Brien, historiador dos filmes de Sinatra.

De acordo com O'Brien, Krim, que estava prestes a se tornar tesoureiro nacional do Partido Democrata, "achou que a trama política — que incluía corrupção, infiltração comunista e assassinato — podia tanto ser constrangedora quanto prejudicial para Kennedy, em especial devido às negociações entre americanos e russos para estabelecer limites aos testes nucleares". Para piorar as coisas, Krim não gostava de Richard Condon, que em determinado momento trabalhara para ele como publicitário (e tinha sido relações-públicas em *Orgulho e paixão*).

E assim Frank levou o caso para o presidente dos Estados Unidos.

Quando não estava apaixonado por tolices como o musical *Camelot*, Jack Kennedy era um sujeito duro e realista, na vida e na política. Ele tinha adorado

The Manchurian Candidate quando o livro foi lançado — adorado tanto que havia dito a Frank, que também amou o livro.[59] Quando Sinatra falou a Kennedy sobre o projeto do filme naquele fim de semana em Hyannis, a primeira reação do presidente foi: "Que ótimo — quem vai fazer o papel da mãe?".[60]

E quanto àquele pequeno problema com Arthur Krim, Kennedy ficou feliz em ligar para o extrovertido presidente da United Artists e garantir a ele que aquele era um filme que valia muito a pena fazer. Não é surpresa que Krim de imediato tenha mudado de ideia.

Havia outro problema a ser abordado naquele fim de semana em Hyannis Port, algo que Frank vinha evitando por não se tratar de um problema seu. Em março, entre um e outro lançamento de bombinhas do 17º andar do Fontainebleau, Sam Giancana lhe pedira que intercedesse com os Kennedy num assunto cada vez mais importante para o chefe da Máfia: fazer com que o FBI o deixasse em paz. Bobby Kennedy era o maior problema dele. Como escreveu um historiador, "desde a Lei Seca [...] os procuradores-gerais haviam 'declarado guerra' ao crime organizado, mas Robert Kennedy foi o primeiro a combater por essa guerra".[61] Desde que Kennedy assumiu como procurador-geral, tinha redobrado os esforços para pegar Giancana, e a pressão estava começando a ser sentida por Mooney, que achava que, em vez de o processarem, os Kennedy deviam estar agradecendo a ele a ajuda financeira nas primárias da Virgínia Ocidental e na eleição em Illinois. De acordo com uma escuta de dezembro de 1961 do FBI que registrou Giancana e um subordinado chamado Johnny — Formosa ou Rosselli —, Frank tinha garantido a ambos que não ia acontecer nada, que ele ia falar com Kennedy. Mas pela voz raivosa de tenor dos dois gângsteres, dois meses depois da visita de Sinatra ao complexo presidencial, parecia que Frank estava cheio de promessas vazias:

> JOHNNY: Eu disse: "Frankie, posso te fazer uma pergunta?". Ele diz: "Johnny, peguei o nome do Sam [Giancana] e escrevi num papel e disse a Bobby Kennedy: 'Esse cara é meu amigo. Esse cara é meu amigo. Quero que você saiba disso, Bob'." [...] Aqui entre nós, Frank se encontrou com Joe Kennedy três vezes. Ele ligou para ele três vezes, Joe Kennedy, o pai.
>
> GIANCANA: Bom, eu não sei com quem [palavrão] ele [Sinatra] está falando, mas [...] afinal de contas, se estou levando dinheiro de alguém, vou ter certeza de que esse

dinheiro vai trazer resultado. Tipo: "Você quer ou não quer?". Se a pessoa aceita o dinheiro, talvez um dia desses o cara me faça um favor.

JOHNNY: É isso aí. Ele diz que escreveu seu nome.

GIANCANA: Bom, numa hora ele me diz isso e depois me diz outra coisa. E na última vez que falei com ele foi no hotel na Flórida [...] e ele disse: "Não se preocupe, se eu não conseguir falar com o velho [Joe Kennedy], falo com *o* cara [presidente Kennedy]". Uma hora ele diz que falou com Robert, e na outra diz que não falou com ele. Então ele nunca falou com o cara. É um monte de [palavrão]. Ou falou ou não falou. Esquece isso. Por que mentir pra mim? Eu não percebi que ia ser assim.

JOHNNY: Se ele não tem como fazer, quero que ele me diga: "John, a carga é pesada demais".

GIANCANA: Quando ele diz que vai fazer um favor pra um sujeito, eu não me importo [palavrão] quanto tempo vai demorar, ele tem que fazer o favor pra você.

JOHNNY: Ele diz que colocou seu nome, meu chapa, em...

GIANCANA: Ah, [palavrão]. De um quintilhão de nomes, ele vai se lembrar desse nome, hein?

JOHNNY: O que aconteceu, Frank me disse: "Johnny, não vão mexer com ele".

GIANCANA (fazendo uma pausa, respirando fundo e depois gritando): Tenho mais [palavrão] na minha [palavrão] do que qualquer outro [palavrão] nesse país! Acredite em mim!

JOHNNY: Eu sei, Sam.

GIANCANA (ainda gritando): Eu estava na estrada com essa mulher, devia ter... vinte caras! Estavam na casa do lado, no andar de cima, no andar de baixo, cercado, em todos os lados! Entro no carro, tem alguém atrás. Despisto o cara — bum! —, vem algum outro atrás em seguida! Quatro ou cinco carros... Pra lá e pra cá, pra lá e pra cá!

JOHNNY: Isso foi na Europa, certo?

GIANCANA: Bem aqui na Rússia: Chicago, Nova York, Phoenix![62]

Um pouco de humor negro de mafiosos: como uma coisa dessas podia acontecer nos Estados Unidos? (E aqui vemos a inspiração para a frase imortal de Tio Júnior em *Família Soprano*: "Os caras do FBI estão tão por dentro de mim que sinto o gosto do anticaspa!".)

Frank vinha fazendo um jogo perigoso. Ele sabia que Giancana estava insatisfeito com sua demora em fazer sua parte (na mesma escuta, Johnny diz: "Ele disse que tem noção de que você deve estar puto com ele"; Giancana responde: "Deve estar com a consciência pesada"),[63] mas sem dúvida ele não havia se empenhado muito. Em vez de abordar diretamente os Kennedy, ele tinha pedido a Peter Lawford que falasse com Bobby Kennedy para largar do pé do chefe da Máfia. Bobby tinha dito a Lawford que cuidasse da própria vida, e ficou por isso. Como Dean Martin observou uma vez, "só Frank conseguia se safar das coisas de que ele conseguia se safar. Só Frank. Qualquer outra pessoa estaria morta".[64]

O próprio Giancana admitiu isso. Ele certa vez disse a um parceiro de Chicago chamado Tommy DiBella que tinha pensado em mandar matar Sinatra até que uma noite, quando estava na cama com sua amiga Phyllis McGuire, ele teve uma revelação: "Eu estou comendo a Phyllis, tocando músicas do Sinatra no fundo, e o tempo todo fico pensando: Jesus, como posso silenciar essa voz? É o som mais bonito do mundo. Frank tem sorte de ter essa voz. Salvou a vida dele".[65]

Frank sabia. E desse modo ele pôde continuar andando com Giancana e com outros gângsteres, fazendo pequenos favores a eles quando era conveniente e não fazendo nada para eles quando assim preferia. O relacionamento de Sinatra com a Máfia era uma transação, feita na moeda falsa do submundo: os gângsteres podiam se aproveitar da sua aura, e ele podia se aproveitar da deles; cada um dos lados fingia fazer coisas para o outro, e ninguém fazia grandes coisas.

Mas nos dois mundos, no show business e no mundo do crime, a ilusão era poderosa. Se as pessoas tinham medo de Frank porque achavam que ele tinha relações com a Máfia, ele não se incomodava nem um pouquinho. Ele podia se aproveitar do poder dos amigos sem pagar por isso.

Ou, pelo menos, era o que ele achava.

Ava apareceu em Nova York de novo no fim de setembro. Com quase 39 anos, estava cada vez mais sensível sobre sua aparência, mas não com as aparências: certa noite, entrou no Chateau Madrid com um garoto bonitão — um sujeito de 24 anos chamado Guy Pastor,[66] filho de um *bandleader* de nome Tony Pastor — e logo foi embora, quando um dançarino de flamenco chamado Raul começou a tirar fotos mais ou menos na direção em que ela estava. Ela só voltou depois de ser convencida de que o dançarino estava fotografando o show que acontecia no local, e não ela.[67] Frank também estava na cidade, se divertindo e bebendo com um pelotão que incluía Joe E. Lewis. Ava tentou ligar para ele, mas não o encontrou; ele ligou de volta, mas não a encontrou.[68] Por fim eles fizeram contato e, duas noites mais tarde, saíram — em um grupo que incluía os Porfirio Rubirosa, os George Axelrod e a sra. Mike Romanoff, entre outros.

"Perto da uma da manhã, Frank e Ava se separaram", escreveu Earl Wilson. "Frank pegou um táxi para o El Morocco, e Ava foi para algum lugar em uma limusine.

"Um fotógrafo que tinha pedido antes uma foto de Frank e Ava ouviu: 'Não, eles são apenas parte de um grupo'."[69]

Não há dúvida de que ele ouviu algo mais enfático do que isso, mas era verdade.

Em um texto da coluna "Voice of Broadway" de meados de outubro, Dorothy Kilgallen escreveu que tinha recebido muitas cartas como a seguinte:

> Cara srta. Kilgallen:
>
> Eu consideraria meu dia perdido se não lesse sua coluna no jornal vespertino, portanto gostaria da sua opinião sobre (de acordo com os jornais) por que o presidente e sua encantadora esposa receberiam alguém como Frank Sinatra em sua casa, enquanto o irmão do presidente, Robert Kennedy, supostamente vai investigar os Fischetti amigos de Sinatra. Posso lhe garantir que na minha família foram depositados mais de cinquenta votos para o presidente Kennedy, mas de agora em diante ninguém vai votar em nenhum dos Kennedy, e acredite em mim: há mais pessoas na minha família que estão enojadas com o modo como o presidente escolhe seus amigos. Que você e os seus gozem da melhor saúde, e Deus a abençoe.
>
> Sinceramente,
>
> Mary Ann Nolan[70]

Kilgallen respondeu, em parte:

> Srta. Nolan, você e todas as outras pessoas que me escreveram são uma minoria admirável, mas ingênua. A maioria das pessoas neste país admira — aberta ou secretamente — um sujeito durão de sucesso que se refere às mulheres como "gatas" e desce de aviões com um copo de uísque na mão. Suponho que um psiquiatra de salão deduziria que há muitos sujeitos tímidos neste país que dariam tudo para

deixar para trás a mulher, os filhos, a hipoteca e os costumes da comunidade e viver à moda de Sinatra, sem regras e com muita bebida e mulheres por todos os lados.

Em todo caso, exceto pelo presidente Kennedy, Frank Sinatra é a pessoa mais importante dos Estados Unidos hoje. É rico, poderoso e adorado por milhões de fãs. Ele é mais famoso do que qualquer escritor, filósofo, religioso ou poeta. Se você não acredita em mim, saia na sua rua e pergunte às cinquenta primeiras pessoas que encontrar quem é o autor do último romance a ganhar o prêmio Pulitzer. Pergunte quem é Bertrand Russell. Peça que elas digam o nome do arcebispo de Cantuária. Pergunte a elas o que Robert Frost faz da vida. Você ficará surpresa com as caras inexpressivas.

Mas pergunte sobre Frank Sinatra e você terá cinquenta respostas certas.

Então, por que o presidente Kennedy não deveria recebê-lo, se é o que ele quer? A eleição acabou. Ele venceu.

Ele voltou ao Sands no começo de novembro para uma temporada de duas semanas; como sempre, foi um sucesso. Entre os que foram à estreia, que teve todos os ingressos vendidos, estavam os onipresentes Porfirio Rubirosa, junto com os Sammy Davis, Mike e Gloria Romanoff, Vic Damone, Richard Conte, Leo Durocher e Tommy Sands. Frank recebeu uma grande salva de palmas quando apresentou uma convidada surpresa: "Ela é a mãe dos meus filhos",[71] ele disse, indicando Nancy mãe, que sentou perto do palco.

Também estava presente um engenheiro da Reprise: Sinatra estava gravando os shows (com Antonio Morelli regendo uma orquestra de 24 músicos, incluindo Bill Miller ao piano) com a ideia de fazer seu primeiro disco ao vivo, uma perspectiva que deixava entusiasmada a maior parte de seus fãs mais ardorosos, em especial aqueles que nunca o tinham visto pessoalmente. A gravadora de Frank gravou nove dos shows da temporada do Sands, e, de acordo com Ed O'Brien, ele achou que "várias músicas de cada show"[72] estavam boas o suficiente para entrar no disco. "Frank estava muito empolgado em lançar um disco ao vivo pela Reprise", lembrou O'Brien. As fitas foram guardadas na sede da Reprise, em Los Angeles, e a incessante correria da vida de Sinatra foi em frente.

O primeiro item da agenda era a gravação de um novo disco — o sexto desde dezembro do ano anterior. Ele vinha sendo incrivelmente produtivo nos primeiros doze meses da Reprise. Como escreve Friedwald, o Chefão tinha gravado dois discos inteiros com Billy May, feito dois álbuns com colaboradores tão velhos que estavam batendo na bunda dos mais novos [Stordahl e Oliver], e feito um disco de músicas agitadas com um arranjador mais novo, com quem nunca tinha trabalhado [Johnny Mandel]. A única lacuna que faltava preencher era fazer o mesmo com um disco de baladas. Esse seria *Sinatra & Strings*, o primeiro de muitos projetos com Don Costa, um orquestrador e produtor talentosíssimo e que estava em rápida ascensão.[73]

Costa, de 36 anos, era um pau para toda obra musical: "um músico admirado pelos músicos; um arranjador admirado pelos arranjadores",[74] disse o arranjador-compositor Mickey Leonard. Ele era um excelente guitarrista, que tinha feito gravações instrumentais de sucesso; um orquestrador brilhante, que trabalhava na velocidade da luz (e autodidata), que mais tarde escreveria com sucesso para Steve Lawrence e Eydie Gorme, e, nos últimos tempos também, o diretor artístico, principal arranjador e produtor para o selo de Steve e Eydie, a ABC-Paramount Records. Ele também tinha uma personalidade lendária: encantador, desorganizado, sempre com coisas demais para fazer, e sempre atrasado para entregar os trabalhos, em grande parte devido a seu gosto pelo álcool e por se divertir até tarde da noite.[75] O engenheiro de estúdio Lee Herschberg se lembraria de Costa, depois de muitas taças de vinho, ter uma ideia para uma música, rabiscar o começo de um arranjo em uma toalha de mesa de restaurante, depois levar a toalha de mesa para o hotel, ficar acordado a noite inteira para terminar um arranjo para orquestra completa, e gravar a música no dia seguinte.[76]

"Costa escrevia introduções que podiam ser usadas para escrever uma sinfonia", disse a violinista Carmel Malin. "Ele escrevia aqueles acordes superintricados, e eles diziam: 'Essa nota não está certa'. Ele dizia: 'A nota está certa'. Você tocava de novo, e *estava* certa. Ele dizia: 'Você nunca ouve Ravel?'"[77]

Claro que havia outro arranjador que ouvia muito Ravel, mas Nelson Riddle, ainda na Capitol, continuava, em termos contratuais, indisponível para a Reprise — um fato que não o impediu de ficar "muitíssimo chateado"[78] com a decisão de Frank de contratar Costa, escreve Peter Levinson. "Como consequência, ele passou a se referir a Costa como 'Don Co-Star',* uma expressão que indicava algo mais do que uma pequena inveja."

* "Co-star" é a expressão em inglês para "coadjuvante". (N. T.)

E também havia um pouco de verdade. Apesar de seus dons impressionantes, os comentaristas dificilmente põem Costa entre os arranjadores de primeiro nível de Sinatra. "Don Costa era um grande jogador para ficar na reserva", escreve Charles Granata. "Era o cara que você chamava quando precisava da sonoridade de uma outra pessoa, mas essa outra pessoa não estava disponível."[79]

"Você sabe quem Don Costa de fato era para Frank todo aquele tempo?", Sammy Cahn perguntou a Will Friedwald. "Don Costa era um novo Axel, com aquelas cordas profundas, abundantes."[80]

Talvez. E talvez as habilidades camaleônicas de Costa fizessem com que aos olhos de Sinatra ele parecesse um pouco menor. Como vimos, todos os relacionamentos artísticos da vida de Frank também foram uma intricada luta pelo poder: ele podia passar por cima de um colaborador que mostrasse a menor fraqueza, e nos anos seguintes ele dominaria Costa, para prejuízo de ambas as partes. A parceria deles começou no auge. "*Sinatra & Strings*", disse o arranjador em 1970, "foi, e sempre será, a marca da minha existência."[81]

Havia outro compositor clássico além de Ravel com quem o belo trabalho de Costa nesse disco tem uma afinidade. Uma dica está em outra coisa dita por Mickey Leonard: "Don Costa era um dos autores mais emotivos, e sua orquestração era bastante teatral. Ele escrevia com um grande senso dramático".[82]

As palavras também descrevem Giacomo Puccini, um dos favoritos de Frank. A ópera que era a vida dele estava agora em pleno segundo ato, e ele queria um meio de expressar isso.

"*Sinatra & Strings* abriu toda uma nova era", Frank Sinatra Jr. disse a Granata. "As orquestras estavam ficando maiores, e papai queria aquele som exuberante de cordas."

Eles fizeram tudo certo. Com o modo profundamente fluido e vagamente iluminado dos arranjos e com o magnífico ardor dos vocais de Frank (apenas ouça a "Stardust" dele aqui — ele só canta a estrofe! — ou sua "Night and Day"), *Sinatra & Strings* é despudoradamente emotivo e artisticamente superlativo. Puccini teria aprovado.

No fim de novembro, Frank voltou para a Austrália para quatro noites de shows em Sydney (ao som de 100 mil dólares),[83] que seriam seguidos por uma excursão a Hong Kong, Tóquio e Tailândia. Uma estranha tripulação o acompanhou: o pianista Bill Miller, junto com o trompetista Al Porcino e o baterista Johnny Markham (eles trabalhariam com músicos locais em Sydney), Dorothy Provine; Leo Durocher; Mike e Gloria Romanoff; e um barman de Nova York chamado Ermenegildo Rizzo — Jilly.

Jilly Rizzo era uma figura — o tipo de figura de que Frank gostava: boêmio de Nova York criado em Greenwich Village, foi à guerra, depois trabalhou como estivador e leão de chácara antes de ser promovido a dono do próprio bar, na rua 49 Oeste, em 1948. Embora nunca tenha sido um boxeador, ele tinha uma retina descolada (resultado de uma brincadeira violenta com o irmão e um clipe de papel, e não do ringue)[84] que lhe dava *aquele olhar*, e era habilidoso com os punhos. (Ele também gostava de ter um pequeno cassetete na manga, como garantia.) Nunca foi mafioso, mas trabalhou para a Máfia e andou com mafiosos, e sabia falar como eles. Em 1954, comprou um novo bar, ao norte do distrito dos teatros no número 256 da rua 52 Oeste, e batizou o lugar com seu melódico primeiro nome.

O Jilly's era um lugar amplo, com uma luz baixa agradável, que ficava a uns poucos degraus do nível da rua, com um grande e bonito bar de carvalho à direita assim que você entrava, um piano-bar no fundo e uma decoração predominantemente vermelha. Nada chique; muita fumaça e risadas. O lugar tinha, lembraria George Jacobs,

> uma característica incomum: servia comida chinesa, talvez a pior comida chinesa de Nova York. Comida chinesa ao estilo de Nova Jersey, frango *chow mein*, *moo goo gai pan*, porco agridoce, tudo totalmente inautêntico, e nem como imitação era gostoso. O sr. S. achava que era magnífico, o feijão com arroz do misterioso Oriente.[85]

Frank começou a gravitar em torno do lugar em meados dos anos 1950, depois de gravitar em torno do próprio Jilly, um incidente que carrega uma nuvem de mitologia.

Como explicaria um dos filhos de Rizzo,

> Houve uma discussão em um dos clubes em que meu pai costumava trabalhar como leão de chácara na época em que ele fazia isso em vários lugares da cidade. Houve uma grande discussão, e eles não conseguiam dar conta desse cara que tinha acabado de entrar no lugar, então eles chamaram meu pai e disseram: "Precisamos de você aqui".

Meu pai disse: "Já chego aí", e Frank estava lá naquela noite. Meu pai foi até lá, deu no cara um, dois, três — *já era* —, e Frank disse: "Tenho que conhecer esse cara". Foi assim que começou.[86]

Os dois ficaram mais próximos em Miami em novembro de 1958, enquanto Frank estava filmando *Os viúvos também sonham*. Rizzo estava lá, com sua casa flutuante singular — vamos deixar que Earl Wilson faça a descrição, em uma reportagem escrita em Miami Beach:

Está atracada ali uma impressionante casa flutuante chinesa — de design moderno, valendo 140 mil dólares, que precisa ser rebocada, já que não tem motores —, de propriedade de Jilly Rizzo, dono do pub Jilly's, de Nova York. O barco (*Jilly's Yen*), atracado em frente ao Eden Roc, tem uma cama redonda e peças de ouro no banheiro — e você precisa tirar os sapatos quando entra.[87]

Tudo em Jilly era despudoradamente aquilo que era, do seu jeito de falar, cheio de solecismos e de duplas negativas, à esposa, Sorrel "Honey" King, cuja cor de cabelo incomum levou Frank a apelidá-la de "judia azul".[88] Rizzo era em alguns sentidos o tipo de sujeito que Sinatra queria ter sido: corajoso, durão, engraçado e, ao que parecia, totalmente livre de demônios internos de qualquer tipo. E não se impressionava fácil, nem com o próprio Frank, que ele chamava de "o cantor".[89] Era fácil encontrar bajuladores; Jilly era caloroso e leal, mas fazia as coisas do jeito dele. Como diria um amigo:

Jilly era bem-sucedido muito antes de conhecer Frank Sinatra. Tinha um negócio de bastante sucesso, e era simplesmente uma atração para as pessoas. Um monte de gente famosa ia ao Jilly's, antes ou depois do teatro. E quando você ia ao Jilly's, não precisava se preocupar, porque sabia que estava protegido.[90]

"Certa noite, alguém no bar roubou a bolsa de uma mulher, e a história chegou até ele",[91] lembraria o pianista Monty Alexander, que começou a tocar no Jilly's no começo dos anos 1960. Rapidinho, "Jilly agarrou o sujeito, arrastou-o até a estação do metrô e jogou-o escada abaixo, dizendo: 'Você não venha no meu bar fazer esse tipo de coisa'. O próprio Jilly. Ele não pediu ao leão de chácara que fizesse isso".

Logo Sinatra e Rizzo começaram a passar mais tempo juntos. Jilly era alguém com quem ele podia falar, alguém com quem não precisava ficar se preocupando com os "esses" e "erres", e, se fosse necessário, alguém que podia agir se surgisse algum problema. (Além disso ele não bebia, o que significava que estava alerta quando o problema surgia.)[92]

E ele era uma companhia divertida. Assim como Durocher e Mike Romanoff. Os shows de Sydney foram bem, mas os passeios turísticos depois foram atrapalhados pelo humor sombrio do rei. Apesar das várias distrações — na Tailândia, o marajá de Jaipur acompanhou Sinatra e seu grupo em um passeio por seu zoológico particular, pela pista de corridas e pelo campo de golfe —,[93] a "solidão aflitiva" de Frank no passeio "fez com que ele se decidisse a casar de novo", de acordo com "um amigo que viajou para a Austrália com o astro" (Durocher? Romanoff? decerto não Jilly) e falou com Walter Winchell, que escreveu:

> Dorothy Provine, uma das integrantes do grupo, apareceu em algumas colunas como sua diversão mais recente, mas o fato é que Sinatra passava a maior parte de seu tempo sozinho no quarto de hotel, pensando. Ele ficava ligando para Juliet Prowse, tentando convencê-la a "pegar o primeiro voo e por favor vir me ver. Sinto muita saudade de você". "Frank", ela teria dito a ele, "não quero estar na sua lista de mulheres. Com a gente, só tem como funcionar de um jeito!"
>
> Contando esse telefonema para o amigo, Sinatra bateu com o punho na mesa, exclamando: "Esse é meu tipo de garota!".[94]

O relacionamento de Sinatra com Prowse era um mistério para todo mundo, talvez incluindo os próprios Frank e Juliet. Ela estava decidida, durante todo o relacionamento, a manter sua independência e a continuar trabalhando: isso era um problema para Sinatra, que ficava fascinado com mulheres independentes, mas não queria que elas continuassem sendo assim. (E, claro, ficava entediado no exato instante em que uma mulher se tornava dependente.)

Eles romperam e voltaram várias vezes ao longo de 1961, mas na maior parte do tempo não estiveram juntos. No outono, ela disse a um repórter que o relacionamento deles era "sério na medida em que eu gostava muito dele e ainda gosto. Mas por quanto tempo algo pode durar sem que haja um objetivo final?".[95] Quando Frank se recusou a morder a isca — se é que havia uma isca —, ela disse a outro repórter: "Eu segui meu próprio caminho e ele seguiu o dele. Tenho minha vida para cuidar e não vou ficar à toa esperando. Se quero sair com outras pessoas, saio. Não há nada que me prenda".

Ela estava falando sério. Tinha um novo agente, um sujeito jovem e bonito chamado Eddie Goldstone, e logo o mundo viu que ele era mais do que seu agente. As colunas de fofocas mapeavam com avidez as aparições dos dois em restaurantes e boates no país inteiro, especulando ansiosamente se você-sabe-quem estava com ciúmes. Lee Mortimer, antigo inimigo de Sinatra, afirmou que este tinha colocado um detetive particular para seguir o casal,[96] mandado "amigos" tentarem "induzir Goldstone a ir embora",[97] e depois o ameaçara pessoalmente. Embora Mortimer fosse um chato rabugento, era fácil acreditar naquilo.

Enquanto isso, Goldstone manteve Prowse ocupada também em termos profissionais. Embora tenha recusado um segundo filme com Elvis, ela fez o papel principal ou o de principal coadjuvante em três filmes lançados naquele ano, e dançou bastante na televisão. Também interpretou o papel principal em uma produção de Las Vegas de *Irma la Douce*, e então, no final de dezembro, viajou para Nova York para fazer uma participação como convidada por 10 mil dólares em *The Perry Como Show*. Earl Wilson, que Sinatra lia religiosamente, escreveu que tinha "ficado agitado vendo a atraente Juliet Prowse no Copa com um sujeito jovem; era o agente dela, Eddie Goldstone".[98] Frank não deve ter gostado.

Em 19 de dezembro, Joseph P. Kennedy, aos 73 anos, teve um derrame enquanto jogava golfe em Palm Beach. Ele ainda viveu por mais quase oito anos, sobrevivendo à morte dos dois filhos mais velhos. Preso a uma cadeira de rodas, com as faculdades mentais aparentemente intactas — "vendo tudo com aqueles gelados olhos azuis",[99] como lembraria o motorista Frank Saunders —, Kennedy só conseguia pronunciar uma palavra: não. "Só que ele não falava", Saunders escreveu.

> Ele fazia um barulho. Um longo e alto não. NNNnnnããããoooo! Muitas e muitas vezes. Às vezes conseguia guinchar um sim, e às vezes usava a mão e o braço esquerdos, o lado bom, para fazer gestos e acenar para nós. Ele tentava escrever com a mão esquerda, para nos dar instruções e dizer o que queria, mas isso o deixava frustrado. Eu via o medo passeando pelos seus olhos, e às vezes também havia algo

mais efêmero neles — o olhar que você pode ver em um animal selvagem enjaulado. Ele estava preso, e sabia disso.

A descrição é impiedosa, mas muito poucas pessoas sentiam piedade por Joe Kennedy. "Fiquei surpreso de ver que um homem que havia sido tão poderoso e que era tão rico não tinha mais amigos próximos",[100] contou Frank Saunders. Nessa pequena lista das pessoas que visitaram o Embaixador nas semanas depois de ele ter sido abatido, o nome de Frank Sinatra não aparece.

No mesmo mês, Frank e Peter Lawford dissolveram sua sociedade no restaurante Puccini, em Beverly Hills, e venderam o lugar a uma associação de gângsters de Chicago.[101]

17.

Só as pessoas que não concordam comigo dizem que sou controverso.

Frank Sinatra em entrevista coletiva em Tóquio, 20 de abril de 1962

Os três sargentos estreou no dia 7 de janeiro, e a reação da crítica, como previsto, foi arrasadora. "Em algum lugar no leste de Suez, o fantasma de Rudyard Kipling deve estar se contorcendo como um dervixe no túmulo", escreveu Hazel Flynn em *The Hollywood Citizen News*. "Está mais para Din do que para Gunga, acredite, começando com uma briga de bar e terminando com um grande massacre."[1] O resenhista da *Time* disse: "O Clã leva seus papéis na troça, enquanto se bronzeia ao sol [...]. Os espectadores mais perspicazes vão perceber que Sinatra e sua tropa de escoteiros se tornaram pioneiros de uma nova forma de arte: o filme caseiro de 4 milhões de dólares".[2]

Apesar das muitas críticas do público ao Rat Pack — ou talvez justamente por isso —, não surpreende que o filme tenha tido um sucesso razoável nas bilheterias.

Apresentando-se num clube noturno de Nova York, o mais entusiasmado membro do grupo manteve a chama acesa: "A adoração de Sammy Davis ao ídolo Frank Sinatra aumenta cada vez mais — agora ele improvisa durante as canções, e bebe enquanto se apresenta", observou Earl Wilson.

> Em sua estreia no Copa [...] ele subiu em cima do piano e começou a dançar. Imitando Dean Martin, Sammy cantou num copo e tomou um gole do microfone. "Sou um membro do Clã", admitiu. "Somos apenas um pequeno grupo de sujeitos normais que se encontram uma vez por ano para conquistar o mundo."[3]

Enquanto isso, em Los Angeles, o líder arranjou um jeito de distrair o mundo das más críticas. Quando Juliet Prowse voltou de Nova York, em 8 de janeiro, Frank estava à sua espera no aeroporto.[4] E no dia seguinte os jornais do mundo todo trombeteavam a novidade: Frank Sinatra, 46 anos, e Juliet Prowse, 25, estavam noivos e iam se casar.

Seguiu-se um estranho bailado.

A notícia do noivado surpreendeu todo mundo, talvez até os próprios protagonistas. "Uma grande garota [...] uma garota maravilhosa",[5] desabafou Frank para o escritor de Hollywood James Bacon, com quem se encontrou quando concluía um circuito de golfe no Hillcrest Country Club, em Beverly Hills.

"Você deixou todos chocados", disse Bacon a Sinatra.

"Eu também estou um pouco chocado", disse Frank. "Já estou com 46 anos. Está na hora de me assentar."

Justo nesse momento, George Burns apareceu. "Ei, Nat", começou Sinatra. "Hoje fiquei noivo de Juliet Prowse."

"É", comentou Burns, desinteressado, mudando de assunto.

"Ele acha que estou brincando", disse Frank quando Burns se afastou. "Não acredita em mim."

Assim como a mãe de Prowse, com quem a Associated Press entrou em contato em Johannesburgo. "Não acredito que nada disso seja verdade", declarou.

> Não acredito nisso porque não ouvi nada de Juliet diretamente, e somos uma família unida e sempre nos falamos. Além do mais, Juliet já me disse que ela e Frankie são apenas bons amigos, que não havia nada em relação a um grande romance ou casamento [...]. Isso não é verdade, ou então é algo novo e uma súbita reviravolta nos acontecimentos. Se não for isso, as coisas não se encaixam.[6]

Mas com certeza ela não entendia seu possível futuro genro, para quem uma súbita reviravolta nos acontecimentos era um processo funcional padrão. Ao que tudo indica, Frank levou Prowse para jantar no Romanoff's no dia em que ela voltou de Nova York e a pediu em casamento. Com uma pequena condição: que ela desistisse da vida artística. Dessa forma, Frank expressava um de seus desejos mais profundos e impossíveis — que uma mulher fogosa se subordinasse por completo a ele. (E, claro, continuasse sendo uma mulher fogosa.)

Pega de surpresa, Prowse disse que precisava pensar a respeito. Sinatra perguntou se ela não podia pensar durante o trajeto até Palm Springs. No fim da noite, parece que chegaram a um acordo: ela desistiria da maior parte da vida artística, com exceção de um ou outro filme e aparições na TV como convidada especial; fora isso, se dedicaria inteiramente a Frank. Ele a presenteou com um anel de noivado de diamante, e ela aceitou.[7]

Os amigos de Sinatra ficaram chocados, muito chocados. Pouco antes do anúncio, Van Heusen tinha dito: "Acho que Frank nunca mais vai se deixar fisgar".[8] Lawford se recusou a acreditar na notícia até Sinatra confirmá-la por telegrama. No palco do Copa, Sammy pediu à plateia "um minuto de silêncio por nosso líder, Frank Sinatra, que está nos abandonando".[9]

"Juliet Prowse vai continuar sua ascensão aos píncaros de Hollywood, enquanto Sinatra passa as noites em casa como um tigre domado", provocou Earl Wilson. "Vamos sentir sua falta nos bares, Frank. Talvez ela deixe você sair uma noite por semana."[10]

Mas não muito tempo depois do anúncio, pouco antes de viajar para uma visita à família na África do Sul, Prowse de repente declarou à UPI: "Não penso em me aposentar". Indagada sobre a razão de ter mudado de ideia, ela respondeu: "Pensei melhor a respeito. A ideia de não me apresentar mais. Isso tem sido parte da minha vida há muitos anos, e não acredito que consiga pendurar as sapatilhas e nunca mais dançar".[11]

Como de hábito, Frank manteve sua própria agenda. Enquanto Prowse falava com a UPI, ele recebia o sempre simpático Bob Thomas, que o visitou nos Goldwyn Studios, onde tinha início a produção de *Sob o domínio do mal*. "Todo mundo estava comentando que ele não queria falar em público sobre seu futuro casamento, mas a gente precisa correr riscos nesse jogo", escreveu Thomas.

> Arrisquei dizer que a escolha daquela noiva tinha sido sua opção mais sagaz desde o papel de Maggio em *A um passo da eternidade*. Juliet é muito admirada pela imprensa especializada, que a considera inteligente, talentosa e encantadora.

Sinatra não fugiu do assunto, e confirmou: "Sim, ela é uma garota maravilhosa".

Mais animado, pressionei: "E o casamento vai ser em junho, como tem sido divulgado?".

"Sei lá", ele respondeu. "Ela está indo para a casa da família na África do Sul neste fim de semana, e vai falar com a mãe a respeito." Em seguida, voltando a ser o velho Sinatra [inclua aqui uma voz ao estilo *Amos 'n' Andy*]: "Coisas de mulheres".

E quanto aos rumores de que Juliet vai desistir da carreira depois do casamento?

"Isso mesmo. Acho que vai ser melhor se ela não trabalhar."

Uma perda para o mundo artístico, observei.

"É, mas eu saio ganhando", ele replicou.[12]

Mas de repente começou a circular um novo e suculento boato: que, na verdade, o noivado era "só um maravilhoso golpe publicitário", como escreveu Dorothy Kilgallen em 17 de janeiro. "Com os campos divididos em partes iguais", prosseguiu ela.

Para os mais leais, que insistem que "Frank é famoso demais para apelar para golpes publicitários", outros especialistas explicam melhor: "Ele faria isso para favorecer a carreira da garota. Ele gosta da garota. Adoraria dar essa ajuda". Por coincidência, os agentes publicitários de Sinatra estavam tentando contratar Juliet para pelo menos um destacado programa de televisão em uma data logo em seguida à notícia do casamento. A proposta foi recusada, pois os produtores do show acharam que Juliet não era muito conhecida do grande público espectador do programa.[13]

Até os paranoicos têm inimigos, e Kilgallen, que não era amiga de Frank, estava jogando pesado. Prowse fora uma presença constante na TV durante todo o ano de 1961, e tinha acabado de se apresentar no programa de Perry Como com um alto cachê. Mas não havia dúvida de que, embora sua carreira estivesse indo bem, o noivado aumentou bastante sua visibilidade e ajudou muito a alavancar os negócios — bem no momento em que Frank queria que ela desistisse.

"Os que estão dizendo essas coisas são pessoas irresponsáveis", disse ele a Earl Wilson sobre as declarações (que por certo incluíam as de Prowse) de que ela continuaria na vida artística. E repetiu: "Ela não vai mais trabalhar. Se não for assim, não quero".[14]

Como sempre, Frank estava trabalhando muito. Em meados de janeiro, ele acrescentou Gordon Jenkins ao elenco da Reprise (sem dúvida aumentando a pressão arterial de Riddle, ainda preso na Capitol) para gravar um novo álbum, imagine só, todo baseado em valsas. Era uma proposta meiga, que evocava o lado antiquado de Frank e Jenkins, simbolizada por cordas melodiosas e harmonias simples. Mas era também uma decisão comercial. Num momento do mercado em que a Reprise lutava para se manter com as próprias pernas — e que a Capitol inundava o mercado com produtos de Sinatra —, a jogada se provaria problemática: em seu lançamento, em outubro, o LP não passou do 26º lugar na lista dos mais vendidos.

A princípio o novo álbum se chamaria *Come Waltz with Me*, inspirado pela canção-tema, encomendada por Sinatra a Cahn e Van Heusen. A provocação sem dúvida não passaria despercebida pela Capitol Records, que afinal tinha lançado *Come Fly with Me*, *Come Dance with Me!* e *Come Swing with Me!*, e havia pouco vencera a batalha legal por *Swing Along with Me*. Mas Sinatra se poupou do trabalho de voltar a um tribunal quando ouviu a composição de Sammy e Chester, uma canção outonal agridoce com letra do grande compositor Irving Berlin, que era um pouco mais agitada do que a maioria das outras faixas do LP, cinco das quais eram trabalhos de décadas passadas (nenhuma posterior a 1927). Frank preferiu então intitular o álbum a partir da primeira faixa, "All Alone", de Berlin.

Irving Berlin foi um dos compositores mais engraçados de Tin Pan Alley, mas seu trabalho também bebia num poço fundo de tristeza — Berlin ficou viúvo aos 24 anos e perdeu um filho ainda criança de seu segundo casamento, só para mencionar dois eventos de sua vida —, e suas valsas dos anos 1920 mostram uma característica inquietante, sem paralelos na composição americana. Mas as tristezas de Berlin e de Sinatra não eram exatamente as mesmas, pois a melancolia musical de Frank vinha em um único sabor: fossa de amor não correspondido.

Por essa razão, "Always", de 1925, um hino meigo e triste de devoção, não funcionou em *All Alone*. Mas a canção-título era perfeita para os propósitos de Sinatra, assim como "The Song Is Ended", de 1927, que fechava o álbum. Entre as duas se destacavam outras três músicas imortais de Berlin — "What'll I Do?",

"When I Lost You" (de 1912, o ano em que enviuvou) e "Remember" —, além de meia dúzia de faixas de outros compositores, todas em compasso três por quatro, mas nenhuma com a qualidade das composições de Berlin.

Só essas cinco músicas já valiam o preço do disco. A conjunção da magnífica interpretação de Frank — que de fato estava no auge de sua capacidade artística naqueles anos — com as canções enganadoramente simples e devastadoras de Berlin e os arranjos descaradamente sentimentais de Gordon Jenkins foi de uma eficácia total. No caso de canções menores, como "The Girl Next Door", de Hugh Martin e Ralph Blane (originalmente "The Boy Next Door", cantada por Judy Garland no musical da MGM *Agora seremos felizes*, de 1944), e a chorosa "Are You Lonesome Tonight?", de 1926 (sucesso brega de 1960 na voz de Elvis depois do Exército), Sinatra consegue dignificar o material de forma audível. Mas nem ele pôde fazer muita coisa com a pasteurizada canção-título do filme *Indiscreta*, de 1958, com Cary Grant e Ingrid Bergman. Com poucas exceções ("All the Way" e "Only the Lonely", mas não muitas outras, se pensarmos bem), as melhores composições da dupla Sammy e Jimmy eram tra-la-lás adocicados; por alguma razão, os dois produziram suas melhores canções de amor com outros parceiros.*

O falecido Peter J. Levinson compareceu às sessões de gravação de *All Alone* nos dias 15, 16 e 17 de janeiro. "Com efeito, era uma coisa boa de ver", declarou. "Sinatra de fato se *apresentava* para os convidados da plateia."[15] Por outro lado, observou Levinson, por mais que parecesse feliz com seu noivado, Frank "estava péssimo quando entrou em cena. Era como se estivesse saindo de nove orgias. Suando, sem nem tentar disfarçar — é inacreditável ter conseguido cantar de maneira tão linda como cantou naquele álbum".

Na verdade, o sentimento responsável por seu abatimento naquela primeira sessão pode ter sido tristeza e não dissipação: naquele mesmo dia, Sinatra tinha carregado o caixão no enterro de um amigo, o grande comediante Ernie Kovacs, morto num acidente de automóvel aos 42 anos.

Enquanto isso, Frank estava fazendo uma coisa surpreendente: trabalhando num grande filme. Depois de *Os três sargentos*, esperava-se que *Sob o domínio do*

* Sobretudo Jule Styne, no caso de Cahn; sobretudo Johnny Burke, no caso de Van Heusen. (N. A.)

mal, outra produção independente na qual ele se envolveu intimamente, sofresse dos mesmos problemas: excesso de interferência do astro e falta de controle dos cineastas. Mas todos os filmes de que Sinatra participou envolveram jogos de poder, e os poucos bons foram dirigidos por homens que conheciam o próprio valor e entendiam as minúcias de trabalhar com um puro-sangue superintuitivo e muitíssimo impaciente. E quando Frank respeitava seu diretor e as possibilidades artísticas do material, seu investimento em tempo e atenção podia ser absoluto, como percebeu Otto Preminger, com enorme surpresa e prazer, em *O homem do braço de ouro*.

Tanto na música como nos filmes, o material era sempre o que mais atraía Frank. Ele adorava uma grande melodia, mas a letra também era muito importante. Apesar de toda a sua impaciência, era um leitor atento — de letras de música, de volumosas biografias históricas, de material potencial para o cinema, de peças de teatro. Adorou o romance *The Manchurian Candidate* [O candidato da Manchúria], e desde o início se entusiasmou com o roteiro de George Axelrod, de uma fidelidade extraordinária ao trabalho de Condon, assemelhando-se a um pesadelo numa sala de espelhos.

E com John Frankenheimer, Sinatra sabia desde o começo que tinha um diretor que merecia seu tempo e comprometimento: um cineasta com uma visão artística clara, dono de uma personalidade forte e de uma sensibilidade com que se podia bater de frente.

Tendo apenas trinta anos quando as filmagens começaram, Frankenheimer era um garoto atlético e bonitão do Queens, com uma presença não menos marcante que a de Sinatra e uma reputação de garoto prodígio obtida em meados e no final dos anos 1950, quando a televisão ainda era ao vivo e artística. Entre 1954 e 1960, dirigiu 152 dramas ao vivo para a TV, uma média de um a cada duas semanas, realizando seu trabalho mais importante para o antológico e aclamado programa *Playhouse 90*, da CBS, transferindo-se para o cinema apenas quando a televisão mudou. Frankenheimer dirigiu trabalhos de Hemingway, Faulkner e Fitzgerald; tinha uma percepção arguta da psicologia de seus personagens e um grande talento visual, com especial carinho por tomadas de câmera não convencionais e movimentos exóticos.[16] Numa extensa resenha para o *New York Herald Tribune* no início de 1960, o crítico de televisão John Crosby citou inúmeros excelentes diretores revelados pela mídia ainda recente, entre eles Arthur Penn, George Roy Hill, Delbert Mann, Robert Mulligan e Sidney Lumet. Definiu Frankenheimer, de longe o mais jovem entre eles, como "o mais espetacular, mais audacioso, mais colorido, mais brilhante".[17]

Segundo todos os relatos, John Frankenheimer ficou particularmente obcecado pelo *Sob o domínio do mal*, filme que, segundo Daniel O'Brien, o diretor considerava "seu primeiro projeto realmente pessoal, sentindo que a história levantava uma questão bastante válida em relação à manipulação política e ao condicionamento da sociedade norte-americana".[18]

Mas os três membros da equipe de produção se mostraram totalmente envolvidos com o filme e respeitosos uns com os outros. Embora Sinatra fosse o grande centro das atenções — "Sem você não teríamos um filme", admitiu Frankenheimer ao cantor numa conversa gravada em fita 25 anos depois —, o astro esqueceu por um momento seu lado ditatorial. "Você me deixou fazer o que sei fazer, deixou George fazer o que sabia fazer", lembrou o diretor. "Não houve nenhuma dessas constantes interferências de que se lê a respeito hoje."[19]

Um Sinatra de 71 anos o corrigiu com delicadeza. "Nós três *acreditávamos* no que estávamos fazendo", declarou. "Não estaríamos juntos se não tivéssemos acreditado. Não foi o caso de eu ter deixado você fazer o que queria fazer, de jeito nenhum."

Embora a nostalgia possa ter enevoado as reminiscências dos três produtores do filme em 1987, a prova está no filme acabado, que é o melhor de Sinatra (e de Frankenheimer), bem como no fato de a filmagem ter sido concluída em 39 dias com leveza e sem nenhum trauma. Boa parte do crédito por esse trabalho, segundo Tom Santopietro, deveu-se à decisão de Frankenheimer de dirigir Sinatra como o fizeram George Sidney (*Meus dois carinhos*) e Vincente Minnelli (*Deus sabe quanto amei*): "ensaiando primeiro só com outros membros do elenco, trazendo Sinatra apenas para uma pré-filmagem e uma passada antes de rodar a cena final. Reduzindo a necessidade de refilmagens ao mínimo, Frankenheimer conseguiu manter constante a boa vontade de Sinatra".[20]

Mas Sidney e Minnelli fizeram apenas bons filmes com Frank, não uma grande obra: lidar com ele não era o único fator da equação. *Meus dois carinhos* e *Deus sabe quanto amei* eram filmes de estúdio, e Sinatra era apenas uma roda dentada na engrenagem — ainda que uma grande roda dentada. *Sob o domínio do mal* foi um filme *dele*. Ao lado de *Meu ofício é matar* e *O homem do braço de ouro*, também figura entre os materiais mais pesados que já fizera — talvez o mais pesado. E em *Meu ofício é matar* e *O homem do braço de ouro* Sinatra ainda estava na casa dos trinta anos. Em 1962, estava prestes a se tornar um cinquentão, e aparentava a idade que tinha. "Achei que seria ótimo ver o rosto marcado e maravilhoso de Sinatra dizendo falas incongruentes",[21] disse George Axelrod, que inseriu no roteiro diálogos inteiros do romance de Condon.

Frank adorou o roteiro. Levava-o para onde fosse e o lia em voz alta sem pestanejar.[22] Contou a todo mundo (e quando Sinatra falava, todos ouviam) que estava mais entusiasmado com esse papel do que com qualquer outro que já interpretara.[23] Ele amava seus discursos longos e desvairados.

Frank estava arrebatado, fascinado por suas falas; envolveu-se por inteiro, e esse foi sempre o segredo de seus melhores trabalhos. "Sinatra tratava os colegas atores com consideração, ensaiava com eles quando necessário, dava ideias para as cenas e nunca questionou a autoridade de Frankenheimer", escreve O'Brien. "Com Axelrod no estúdio durante toda a filmagem como consultor e para eventuais mudanças nos diálogos, *Sob o domínio do mal* se mostrou uma das produções mais tranquilas da carreira de Sinatra."[24]

O elenco também teve muito a ver com isso. O primeiro dos papéis principais a ser preenchido depois do de Sinatra foi o do assassino Raymond Shaw: em setembro, o ator inglês nascido na Lituânia Laurence Harvey, de 32 anos, foi contratado com um cachê de 270 mil dólares.[25] Harvey era um jovem bonito, com rosto longo e expressivo, voz grave e vibrante e um jeito ligeiramente distraído: seu primeiro grande sucesso foi o drama inglês *Almas em leilão*, de 1959, como o arrivista Joe Lampton. Logo foi descoberto por Hollywood e jogado numa série de papéis mal escolhidos: um coronel sulista em *O Álamo*, e parceiro romântico de Elizabeth Taylor (*Disque Butterfield 8*) e Jane Fonda (*Pelos bairros do vício*). Em termos de Hollywood, o problema de Harvey era não ser exatamente nem amante nem lutador: passava sempre um ar de rigidez e sexualidade confusa. Por sorte, era o que se pedia para o papel de Raymond Shaw.

Em dezembro, Angela Lansbury foi contratada para interpretar a mãe de Raymond, a arquivilã Eleanor Shaw Iselin. Parece que Sinatra queria Lucille Ball para o papel, numa interessante visão do elenco, como indica Tom Santopietro:

> Com a idade, Lucille se transformou numa atriz madura, perdendo todos os traços da vulnerabilidade que inspirara seus muitos anos na televisão em *I Love Lucy*. Essa gravidade adquirida com a vivência teria cabido muito bem no papel de Eleanor,

> embora ninguém saiba se Lucille teria se sentido à vontade ao lidar com os recessos sombrios de sua personagem distorcida.[26]

Lansbury, uma atriz destemida, se sentia à vontade ao lidar com qualquer coisa. John Frankenheimer fez Frank assistir à sua atuação como a mãe do irresistível jovem garanhão interpretado por Warren Beatty no drama *O anjo violento*, também de Frankenheimer e prestes a ser lançado. No drama gótico, escrito para a tela por William Inge, há uma insinuação de incesto entre a mãe sinistra e possessiva e o filho genioso, num registro não diferente do existente na relação entre Raymond e Eleanor em *Sob o domínio do mal*. Sinatra se convenceu. Aos 36 anos, Angela Lansbury era apenas três anos mais velha que Laurence Harvey, mas sua expressão madura e vivida já havia resultado numa trilogia de papéis maternos no início dos anos 1960, começando com o de mãe de Elvis Presley em *Feitiço havaiano*.

O terceiro grande nome a ser escalado foi o de Janet Leigh, como Rosie, a namorada de Bennett Marco, um papel pequeno porém muito importante. Separada de Tony Curtis havia quase um ano e voltada à criação das duas filhas pequenas do casal, Janet não fazia um filme desde *Psicose*, de Alfred Hitchcock, em 1960. Apesar da brevidade de sua presença na tela em *Sob o domínio do mal*, ela e Sinatra (com quem correram boatos de que a atriz teria tido um caso) participariam de uma cena equivalente ou superior a qualquer coisa que os dois já haviam feito no cinema — uma das maiores e mais estranhas cenas do cinema moderno.

Joe Hyams, entrevistador de celebridades do *Herald Tribune*, visitou Frank nos Goldwyn Studios depois de ouvir um intrigante boato. "Segundo as fofocas que rondam pela cidade, Frank Sinatra é um 'novo homem' desde seu noivado com Juliet Prowse", escreveu Hyams.

> Amigos e bisbilhoteiros dizem que não só ele parece mais jovem como também se tornou um sujeito adorável. Durante todos esses anos, já vi Sinatra afável, mas nunca, nunca adorável, por isso corri até o set de *Sob o domínio do mal* para ver com meus próprios olhos esse "novo" homem [...].
>
> Encontrei o homem no camarote com a porta aberta. Puxa vida, havia mudanças. Ele parecia mesmo mais jovem, com o cabelo curto ao estilo West Point, coerente com seu papel no filme, e com o uniforme que vestia.

Estava sentado numa cadeira, uma coca na mão em vez de uma vodca, fumando um cachimbo com tranquilidade em vez de tragando ansiosamente um cigarro. Ouvia com atenção um álbum intitulado *Relaxism*, presente de Dean Martin.

"Quais são as novas, Joe?", ele me perguntou, todo simpático.

"Pelo que ouvi, é você quem tem as novidades", respondi.

Pareceu-me que o azul calmo dos olhos de Sinatra começou a congelar com rapidez numa tonalidade azul-aço. Por isso, como os olhos de Sinatra sempre foram meu barômetro e sou um covarde assumido, mudei logo de assunto.[27]

Pouco depois, um diretor assistente chamou Frank ao estúdio, e Hyams foi atrás. "Era uma cena com Laurence Harvey, e a tomada, consistindo num sólido diálogo, durou sete minutos e 35 segundos sem nenhum branco, o que é tão notável para uma única tomada que quase chega a ser um recorde", escreveu o repórter. "Frank mudou mesmo", disse a Hyams um membro do círculo de Sinatra. "Ele sabe suas falas na ponta da língua e não faz mais palhaçadas."[28]

O quanto disso era influência de John Frankenheimer e o quanto se devia a Julie Prowse era outra questão. (Mas a coca-cola, o cachimbo e o disco de relaxamento bem poderiam ser dicas sugeridas pelo novo assessor de imprensa de Frank, Chuck Moses, que também trabalhava na publicidade de *Sob o domínio do mal*.)

No início de fevereiro, elenco e equipe foram a Nova York para uma semana de filmagem em locações — no Madison Square Garden, no Central Park e até no Jilly's (Frank mandou a Rizzo um cheque — de um dólar — pela utilização do restaurante).[29] Outro repórter do *Herald Tribune*, chamado Don Ross, procurou Sinatra no Garden, decorado para a cena de uma convenção política, com bandeiras vermelhas, brancas e azuis e centenas de homens e mulheres no papel de delegados, usando roupas de verão e portando cartazes que diziam "Benjamin K. Arthur para presidente" e "Big John Iselin".

Mais uma vez envergando seu uniforme de major, Frank parecia determinado a continuar representando seu papel de sujeito encantador. E quando Sinatra estava determinado a encantar, nenhum ser humano ficava imune. "Em vez de enfiar um dedo no nosso olho, como diziam já ter feito com jornalistas, ele nos recebeu com calorosos apertos de mãos", escreveu o repórter, agradecido.

Ficamos uma hora e meia conversando com Sinatra. Ele só saía por breves períodos para filmar umas cenas diante da câmera. Descobrimos que se tratava de um homem simpático, com muito charme e um belo sorriso [...]. Olhávamos ao redor em busca dos guarda-costas durões que diziam pairar ao redor de Sinatra, mas não vimos ninguém que se encaixasse nessa descrição. Tampouco havia algum doidivanas do clã por perto.[30]

Ross esperava encontrar um velhote de Las Vegas de ressaca; em vez disso, testemunhou uma surpreendente demonstração de Frank no auge de seu vigor.

> Seu papel no filme exige que ele persiga Laurence Harvey, que ele supõe estar prestes a matar alguém, por um dos corredores do Garden. Sinatra entrou pelo corredor a toda a velocidade —, percorrendo uma distância de cerca de 45 metros. Ele correu bem rápido. Fizemos o mesmo trajeto e o encontramos já voltando, e imaginamos que estivesse sem fôlego. Mas ele só estava com a respiração um pouco acelerada. Para um homem da idade dele, foi impressionante.
>
> "Você está em boa forma", dissemos.
>
> "Ah, claro", ele respondeu. "Golfe, tênis, natação e calistenia três ou quatro vezes por semana."
>
> "Não se esqueça das mesas de vinte e um", disse alguém. Ele sorriu.

Quando o repórter perguntou como Sinatra lidava com os longos intervalos entre as tomadas, a resposta fez jus a um homem que sempre entendeu bem sua plateia — e que sabia o que os exigentes leitores republicanos do *Herald Tribune* gostariam de ouvir. "Gosto de ler", explicou.

> Estou lendo *Agonia e êxtase*, um livro sobre Michelangelo, e também um livro de direito. Chama-se *Musmanno Dissents* [...]. Também estou lendo *Minha vida no tribunal*, de Louis Nizer. Eu o conheço bem. E, por fim, estou no meio de *Como treinar seu cão*. Acabei de comprar um são-bernardo. Ele se recusa a aprender qualquer coisa, mas é uma graça.

Claro que ninguém pode viver com o nariz enfiado nos livros. Durante as noites, Frank encontrava o amigo Mike Romanoff, que tinha vindo lhe fazer companhia, e os dois iam ao El Morocco. Em uma noite memorável, foram ao Toots Shor's, onde o onipresente Earl Wilson testemunhou um encontro particularmente portentoso. "Numa noite dessas, Frank Sinatra e Richard Nixon — os dois tipos mais opostos que podemos imaginar — estavam em lados opostos do recanto das celebridades do Toots Shor's", escreveu o colunista.

> Mike Romanoff, que jantava com Sinatra, foi até Nixon e disse algumas palavras romanescas [...].
>
> Nixon veio até a mesa e estendeu a mão a Sinatra.
>
> Nesse momento um frequentador gritou: "Isso aí, Frank, você fez com que ele viesse até você!".
>
> Foi uma noite dispendiosa para Sinatra — deve ter custado uns mil dólares no Shor's. Porque Toots enfiou a mão no bolso de Sinatra, tirou maços de notas e distribuiu quinhentos dólares aos garçons, maîtres, auxiliares e barmen.
>
> Em seguida, maravilhado pelo que conseguiu fazer, seguiu Sinatra até o táxi, extraindo mais uns [...] dólares para todo mundo menos os clientes. Sinatra gostou da brincadeira, gostou mesmo. Foi embora porque tinha que acordar às sete da manhã para filmar *Sob o domínio do mal* no Madison Square Garden.
>
> "Quando estou em Nova York, em geral vou dormir às sete da manhã, mas esta é a primeira vez que preciso acordar às sete da manhã em Nova York", ele explicou.[31]

O comprometimento de Sinatra com o filme foi notável. Mas seu compromisso com Prowse continuou se embrenhando por estranhos meandros. Em 4 de fevereiro — 23 anos depois do dia de seu casamento com Nancy Barbato na igreja Nossa Senhora das Dores, em Jersey City —, o colunista Hy Gardner jogou no ar um rumor expresso numa linguagem curiosamente não romântica: que, "se Sinatra levar adiante seu plano de se casar com Juliet Prowse, os dois poderiam fugir para casar no começo de março, quando Frank tem uma apresentação agendada no Fontainebleau, em Miami Beach".[32]

Se?

No Dia dos Namorados, 14 de fevereiro, Mike e Gloria Romanoff organizaram uma festa de noivado para Sinatra e Prowse no Romanoff's. Louella Parsons opinou: "Todos aqueles que apostavam que o casamento não se realizaria estão começando a retirar suas apostas e agora acreditam que Frank fala sério quando diz que quer se assentar".[33] Sammy Davis Jr. chegou a anunciar que Frank contratara os serviços do grande Joe Williams para cantar no casamento.[34]

Então, em 20 de fevereiro, Louella, cujos tentáculos se estendiam por toda parte, recebeu a mais quente das dicas: Prowse tinha cancelado o vestido e o enxoval.[35]

No dia seguinte, a Essex Productions fez uma declaração sucinta: "Juliet Prowse e Frank Sinatra anunciaram hoje que cancelaram seus planos de casamento. Um conflito de interesses em torno da carreira artística nos levou a essa decisão. Consideramos ser melhor tomar essa decisão agora do que mais tarde".[36] Um porta-voz acrescentou: "Nenhum dos dois estará disponível para comentários. Não haverá mais explicações".[37]

Não eram necessárias mais explicações. Uns dois dias antes, Prowse dissera a um repórter: "Não pretendo desistir da carreira. Mas continuar naturalmente, sem ser a todo vapor".[38]

A medida de "a todo vapor" viria de Sinatra, que tinha deixado bem claro o que achava a respeito. Também parece revelador que Juliet Prowse estivesse ensaiando para um especial com Donald O'Connor na TV quando o anúncio foi divulgado. "Nada de lágrimas, em hipótese alguma", declarou um porta-voz de Prowse. "Ela está ótima, está linda." "Não deu para perceber nada", acrescentou O'Connor. "Ela trabalhou com o mesmo afinco dos outros dias."[39] ("Por que ela iria chorar?", perguntou uma amiga de Prowse. "O cachê mínimo de um espetáculo dela em Las Vegas saltou de quinhentos dólares para 17 500 dólares por semana.")[40]

Enquanto isso, de acordo com Sidney Skolsky, Frank buscava refúgio em Palm Springs, arrasado.[41]

As farpas começaram a voar de imediato. "Falando de noivados curtos!", gracejou um gaiato da Broadway. "Ora, Frank já teve noivados mais longos em Las Vegas!"[42]

Dean Martin disse que conhecia a verdadeira história: "Juliet queria que *Frank* abandonasse a carreira".[43]

E Dorothy Kilgallen não pôde deixar de esfregar sal na ferida: "Os companheiros de Frank Sinatra dizem que ele está morrendo de rir da imprensa americana, que ele despreza, por ter 'caído' na história de seu 'noivado' com Juliet Prowse".[44]

É bastante duvidoso que Frank estivesse dando risada com o fim de um caso de amor, ainda que um caso de amor conduzido de forma precária. Alguns meses depois, Prowse lançaria mais luz sobre o assunto. "Eu teria me casado com

Frank", declarou, "mas sempre fui um pouco difícil para ele."[45] Disse também que ele ficou mais inflexível quanto ao trabalho dela quando descobriu que os filhos se opunham ao casamento.

Como Frank já havia aprendido antes, é muito difícil juntar duas pessoas difíceis. E, como deve ter ficado claro para todas as partes, ele fazia questão de conduzir a dama na dança. O noivado durara 43 dias.

Na noite de domingo, 25 de fevereiro, Frank e Dean participaram de um musical especial de Judy Garland na CBS. Apesar dos inúmeros problemas do passado, nem todos exorcizados (ela e Sid Luft estavam prestes a se separar mais uma vez), a carreira de Judy encontrava-se no que Will Friedwald definiu como "uma espiral ascendente",[46] na esteira de seu triunfante concerto no Carnegie Hall em abril do ano anterior e da indicação de melhor atriz coadjuvante em *Julgamento em Nuremberg*. Aos 39 anos, Judy parecia renascida das cinzas — ao menos por enquanto. Estava com boa aparência — com o peso sob controle — e cantando de maneira notável, como só ela conseguia cantar. Tanto Frank quanto Dean tiveram seus altos e baixos na TV (no caso de Frank, sobretudo baixos), mas nessa ocasião os dois se encaixaram com perfeição, complementando Garland sem nunca competir com ela, num formato encantador (dirigido por um Norman Jewison em ascensão) que segmentou números solo e duetos numa espécie de lógica onírica, em cenários simples e com um mínimo de diálogos.

Martin apresentou uma versão bem-comportada de sua personalidade esfuziante, sem levar muito a sério suas interpretações, contando mais com sua extraordinária estampa. Frank, por outro lado, empenhou-se bastante em sua atuação, interpretando bem o papel de admirador de Judy, segurando as mãos dela e olhando em seus olhos, alternando com delicadeza momentos de leve ironia e sinceridade, numa estranha representação da relação dos dois na vida real, ora juntos, ora separados. Só Deus sabe no que eles estavam pensando, mas foi um espetáculo fascinante. E Sinatra cantou lindamente, com sentimento, tanto nos solos como nos duetos.

Mas nem todo mundo ficou encantado. "A inclusão de Frank Sinatra e Dean Martin, nenhum dos dois cantando bem, nem bem ensaiados, acrescentou pouco", opinou a crítica Cynthia Lowry. "Os dois pareciam mais interessados em insultar um ao outro e fazer gracinhas do que em coadjuvar a estrela."[47] E um tal de William E. Sarmento, crítico de televisão do *Sun*, de Lowell (Massachusetts), fez uma crítica especial a Frank. "Infelizmente, os anos não foram gentis com a voz de Sinatra como foram com a de Garland", escreveu. "Em muitas das canções, ele falou em vez de cantar, lutando para permanecer no tom durante a maior parte do tempo. O verdadeiro problema de Sinatra foi ter se estereotipado. Parece alguém fazendo uma imitação de Frank Sinatra. Deve andar lendo muita publicidade a seu próprio respeito."[48]

Era uma coisa circular: publicidade negativa sobre a publicidade negativa de Sinatra. Mas um dos fatores constantes a respeito dele é que isso nunca lhe faltou: e naquela época a publicidade negativa não parava de aumentar.

Com a crise do primeiro ano de mandato do presidente temporariamente suspensa, afinal pôde ser agendada uma viagem apolítica ao estado da Califórnia. A visita foi marcada para 23 de março e se estenderia até o dia 25.[49] Kennedy faria um discurso e receberia da Universidade da Califórnia em Berkeley o título de doutor honoris causa, visitaria as instalações de mísseis na base da Força Aérea em Vandenberg e talvez fizesse uma visita ao ex-presidente Eisenhower, que descansava em Palm Desert. Kennedy também planejava um pequeno descanso, e o plano — organizado por Peter Lawford —[50] era que ficasse hospedado no complexo de Frank Sinatra em Wonder Palms Road.

Como a primeira-dama estava viajando pela Índia e pelo Paquistão, a perspectiva era de um fim de semana bem divertido.

Jack Kennedy já tinha se hospedado na casa de Frank Sinatra em Palm Springs quando era senador, mas uma visita presidencial era algo bem diferente. "Trabalhamos durante semanas para organizar tudo com perfeição, planejando festas, fazendo listas de convidados, tentando incluir todo mundo, sem esquecer ninguém",[51] recordou George Jacobs. Tina Sinatra escreve: "A notícia alimentou a mais gratificante fantasia de papai: que o complexo se tornasse a Casa Branca do Oeste, uma segunda casa de Jack Kennedy".[52]

As reformas da propriedade, algumas já em andamento, foram aceleradas. Frank montou um cronograma de sete dias por semana para a construção da Casa da Árvore de Natal, uma edícula projetada para seus filhos, agora necessária para hospedar o Serviço Secreto. Foi construído um heliporto de concreto, instalada uma linha especial — um telefone azul e branco com um receptor vermelho e uma luz que piscava. "Dois dias antes da visita, os operários continuavam martelando 24 horas por dia", relata Tina.

Aí o presidente cancelou a estadia.

Os problemas pairavam no ar já fazia algum tempo. Jacobs afirma que o golpe de Joe Kennedy mudou para sempre a relação da família com Sinatra: "Bobby, o Puritano, e Jackie, a esnobe, assumiram o poder e decretaram que o sr. Sinatra não era Nosso Tipo de Gente. De repente, os olhos dos irlandeses deixaram de sorrir. E o sr. S. deixou de ser o Primeiro Amigo para se tornar apenas mais um carcamano de Hoboken".[53]

Na verdade, como escreve Ronald Brownstein, Frank simplesmente "interpretou mal o seu homem"[54] desde o início.

> Para Kennedy, a associação com Sinatra sempre foi uma coisa mais casual, com efeitos equívocos. Apesar de seu charme contagiante, Kennedy era um homem reservado, com poucos amigos próximos. "Havia uma barreira em torno de Kennedy que ninguém ultrapassava; talvez nem Bobby", disse [o redator de discursos do presidente Richard] Goodwin. "Acho que não era uma coisa elaborada; fazia parte da natureza do homem." Kennedy gostava da companhia de Sinatra, mas os que o acompanhavam nunca acharam que o irreverente cantor tivesse muita penetração nas fortificações que repeliam tantos outros; para Arthur Schlesinger, os dois eram "amigos celebridades", cuja relação gerava mais faíscas em público do que em particular.[55]

O senador Kennedy chegou a ser amigo da celebridade. Mas, no presidente Kennedy, Frank encontrou, pela primeira e última vez, um homem cuja celebridade superava a sua.

> Sinatra ocupara o centro do palco durante a maior parte de sua vida adulta. Mas, sob o brilho da glória de Kennedy, ele se viu diante do holofote mais brilhante do mundo. Não estava interessado em recompensas tangíveis ou em alguma nomeação honorária, mas em algo mais íntimo e especial; o que ele precisava de Kennedy era um presente muito mais pessoal, a bênção de sua presença. Como Sinatra percebeu, não era a recompensa mais fácil para Kennedy conceder, mas era a mais fácil de negar.[56]

* * *

De fato, o vento mudou logo no início da presidência: Frank não quis, ou não conseguiu, interpretar os sinais. Muitas notícias e fofocas durante o ano de 1961 falavam do desconforto de figuras proeminentes em relação a Sinatra e O Clã. Duas semanas antes do episódio do hotel Ambassador, um despacho da UPI dizia: "Houve um pedido oficial para Frank Sinatra 'moderar' suas demonstrações públicas de afinidade com o presidente Kennedy e a administração. Diz-se que em suas conversas Sinatra se refere ao presidente como 'Prez'".[57]

De acordo com Brownstein, Jack Kennedy começou a dar os retoques finais para dissolver a amizade com Sinatra logo após a agitada visita de Frank a Hyannis Port em setembro. "O rompimento aconteceu em dois estágios", escreve Brownstein.

> Naquele outono, Sinatra mandou vários presentes a Kennedy; as cartas de agradecimento eram curtas e formais, não mais expansivas do que "Fiquei encantado com seu gesto de atenção". Em 1962, o Departamento de Justiça abriu uma investigação formal sobre as ligações de Sinatra com o crime organizado.
>
> O último ato teve início no outono de 1961, quando gravações do FBI [de Johnny Rosselli] descobriram seis chamadas para Judith Campbell Exner, a mulher que Sinatra havia apresentado a Kennedy e a Giancana.[58]

A investigação começou em 27 de fevereiro de 1962, quando o diretor do FBI, J. Edgar Hoover, "sempre o burocrata",[59] como o define Seymour Hersh, enviou um memorando ao procurador-geral, Robert Kennedy, notificando oficialmente algo que ambos já sabiam havia algum tempo: Judith Campbell também andara fazendo telefonemas para a Casa Branca.

Hoover não estava apenas seguindo o protocolo; estava também usando suas descobertas como uma arma em sua batalha pelo poder com o procurador-geral e o presidente. E enquanto Jack Kennedy parecia olimpicamente indiferente a Hoover, Bobby sabia muito bem da exposição do irmão ao "perigo extraordinário de uma chantagem".[60]

Na verdade, havia anos o FBI vinha mantendo Campbell, Rosselli e Giancana sob estrita vigilância. Um informante da Máfia chamou a atenção do bureau para Campbell no início de 1960, logo depois de o senador John F. Kennedy "ter se comprometido" com ela em Las Vegas — apresentado por Frank Sinatra no Sands.

Rosselli e Giancana encontravam-se na mira do radar do FBI desde a Conferência Apalachin, em 1957, mas ganharam ainda mais atenção do bureau quando foram recrutados para a Operação Mangusto, o plano para assassinar Fidel Castro, em março de 1961. E àquela altura o FBI sabia muito bem da amizade de Judith Campbell com Rosselli e Mooney Giancana — e com Sinatra. "Uma análise de suas ligações telefônicas revela quatro chamadas em dezembro de 1961 para Palm Springs, a residência de Frank Sinatra na Califórnia",[61] diz um memorando interno do FBI de 26 de fevereiro de 1962. Judith também tinha feito ligações para Giancana.[62]

"Agora ficava claro que o presidente Kennedy estava em conluio com duas pessoas afiliadas à Máfia — Sinatra e Campbell", relatam Tom e Phil Kuntz em *The Sinatra Files* [Os arquivos Sinatra], livro que escreveram sobre o dossiê de Sinatra no FBI. "O potencial para um escândalo desastroso deve ter parecido óbvio para Hoover e os Kennedy, sobretudo em vista do que o bureau vinha ouvindo a respeito de Giancana e Rosselli [e o envolvimento dos dois com a Mangusto]."

Seymour Hersh afirma que Bobby Kennedy mostrou-se relutante — talvez com medo — em dizer ao respeitado irmão mais velho "que ele devia parar de se encontrar com uma mulher que lhe dava prazer".[63] Por isso, preferiu pedir que um de seus colaboradores mais próximos, o assistente da promotoria Joseph Dolan, desse ordens para a secretária particular de Kennedy, Evelyn Lincoln, não aceitar mais as ligações de Judith Campbell. Hersh diz que "sobrou para Hoover dar as más notícias ao presidente" sobre a situação explosiva, num almoço com Kennedy em 22 de março.

Tudo isso aconteceu mais de duas semanas antes de Frank ficar sabendo do cancelamento da visita.

Frank foi informado pelo homem que tinha organizado a visita — Peter Lawford, a quem o presidente designou a desagradável missão de comunicar a notícia a Sinatra. Lawford havia preparado uma versão mais palatável da história, que fazia algum sentido: o Serviço Secreto teria alegado que o complexo de Wonder Palms ficava num lugar aberto, no meio de um campo de golfe, o que dificultava a segurança. Mas Frank logo extraiu a verdade de Lawford: Bobby Kennedy não queria que o irmão ficasse numa casa em que Sam Giancana também havia se hospedado.

Frank jogou o telefone na parede.

Segundo George Jacobs, pouco depois Frank ligou de outro aposento e conseguiu falar com o procurador-geral: "Eu o ouvi repetir muitas vezes: 'Que *merda* é essa?'. Infelizmente, toda aquela merda estava caindo no sr. S".[64] Inflexível,

Bobby Kennedy desligou o telefone na cara de Sinatra. "Lá se foi outro aparelho telefônico, reduzido a cacos", escreve Jacobs. Frank, desesperado, ligou de novo para Lawford, tentando encontrar alguma solução, dizendo que não poderia ser humilhado daquela forma.

Foi o momento do golpe de misericórdia. Lawford disse a Sinatra que a situação era insolúvel: os novos alojamentos para o presidente já haviam sido providenciados. Onde?, perguntou Frank. "Houve um silêncio interminável", relata Jacobs. "Depois o sr. S. simplesmente deixou o telefone cair no chão. Ficou parado olhando para o deserto, como se alguém tivesse dito que um familiar tinha morrido. Foram cerca de cinco minutos até ele conseguir me contar."[65]

Jack Kennedy ia se hospedar na casa de Bing Crosby, em Palm Desert. Os agentes do Serviço Secreto ficariam aquartelados na casa ao lado, de Jimmy van Heusen.

Jacobs escreve que parte da suprema humilhação levada a cabo por Kennedy deveu-se ao fato de Crosby ser republicano, "um homem de Eisenhower e Nixon". Na verdade Bing fora apoiador de Kennedy. Mas apesar da grande veneração de Sinatra por Crosby, e do verniz de amizade entre os dois, Crosby não se mostrava menos indiferente a Frank do que Frank sempre se mostrou em relação ao resto do mundo — e apesar do brilhante trabalho dos dois em *Alta sociedade*, bem como apresentações na TV e no rádio, a competição entre ambos era ferrenha. Agora, na visão genérica do público, Bing vencia e Sinatra tinha perdido.

Transido de fúria, Frank destruiu sua preciosa coleção de fotos de JFK, deu pontapés na porta do quarto de hóspedes presidencial, tentou até arrancar a placa de ouro da porta. Diz a lenda (embora Tina Sinatra negue)[66] que ele chegou a levar uma marreta ao heliporto de concreto. Mas o principal alvo de sua raiva foi Peter Lawford, cujo jogo duplo — tentando ser ao mesmo tempo membro da família real americana e do Clã — tinha por fim terminado.

"Quando Jack chegou para aquele fim de semana, ele me perguntou como Frank tinha recebido a notícia", lembra Lawford.

> Respondi: "Não muito bem", o que era no mínimo um eufemismo. O presidente disse: "Vou ligar para ele para acalmar as coisas". E ligou mesmo. Depois da conversa, Jack contou: "Ele está bem chateado, mas eu lhe disse para não culpar ninguém, porque você não teve nada com isso. Foi apenas uma questão de segurança [...]". Mas Frank não acreditou nem por um minuto, e, fora uma ou duas exceções, nunca mais falou

comigo. Cortou meus papéis dos filmes que faríamos juntos — *Robin Hood de Chicago*, *Os quatro heróis do Texas* — e fez Dean e Sammy se virarem contra mim também.[67]

Sem dúvida, Frank se odiou por ter esperado muito e ter caído de tão alto, mas era sempre mais fácil canalizar sua raiva para fora. Sem dúvida, também, ele ficou furioso com Jack Kennedy, mas parece nunca ter dito uma palavra contra seu ídolo. Com sua atitude frágil e autodepreciativa, sua carreira insípida e seus maus hábitos, Peter Lawford era o melhor saco de pancadas do mundo.

Na noite de 6 de março, Frank foi à United Recording para gravar uma música que queria muito cantar. Era "I Gotta Right to Sing the Blues", composição de Harold Arlen e Ted Koehler, e Sinatra estava gravando a faixa para sua quase ex-gravadora. A Capitol, representada por Alan Livingston, estava "esfregando sal numa ferida aberta [...] ao insistir que Sinatra gravasse mais um single, como especificado pelo contrato", escreve Charles Granata.[68] Àquela altura, Frank estava tão farto da companhia que se recusava a pôr os pés em seus estúdios. Mas, apesar da tentação que deve ter sentido de concluir o acordo com Livingston com um "dane-se" — e com todo o respeito pela afirmação de Granata de que a interpretação de "Blues" de Sinatra naquela noite foi "distanciada, sem sentimento"[69] —, sua performance parece mais sem energia, mais ambivalente do que distanciada: muito furioso para dar uma força à Capitol, mas orgulhoso demais para ser gravado cantando mal.

Suas emoções se revelam depois das notas da escala de blues finais da orquestra de Skip Martin.* Quase inaudível, Frank murmura: "Tudo bem, acabou!".

E estava tudo acabado com a Capitol Records.**

Mas "a petulância de Sinatra ficou clara para todos os que estavam no estúdio naquela noite, e não só por causa da Capitol", observa Granata.

> A contrariedade em fazer a gravação só foi atenuada pela presença do produtor Dave Cavanaugh — uma das poucas pessoas de sua antiga gravadora com quem ele ainda mantinha amizade.

* Segundo Friedwald, Martin, um maestro e arranjador veterano, "às vezes dava cobertura a Sinatra nessa época". *Sinatra!*, p. 384. (N. A.)

** Até 1993 e 1994, quando a Capitol lançaria *Duets* e *Duets II*. (N. A.)

Mas Cavanaugh foi embora ao término da música da Capitol, e Sinatra e Billy May prepararam-se para gravar duas canções de Cahn e Van Heusen: "The Boys' Night Out" e "Cathy". Quando Jimmy van Heusen apareceu na cabine de controle, o humor já melindroso do cantor azedou.[70]

"Frank estava muito nervoso", relata Billy May.

> Já tínhamos gravado "The Boys' Night Out", e durante toda a gravação ele ficou olhando o tempo inteiro para Jimmy na cabine de controle. Depois, chegou a hora da segunda faixa, "Cathy", que era uma bela canção — uma valsa. Frank [...] olhou para Van Heusen e disse: "Vou dizer uma coisa, Chester. Por que você não pede para Jack Kennedy gravar essa merda de música para ver quantos discos vende?".[71]

No dia seguinte, quarta-feira, 7 de março, Frank foi para Palm Springs, alegando um acesso de laringite, doença que o acometia com frequência — ou que ele inventava — quando estava encalacrado em outros problemas. Na sexta, dia 9, segundo informação da UPI, ele ainda estava em recuperação no deserto, e por isso infelizmente impossibilitado de comparecer a um jantar agendado em Miami Beach, oferecido pelo presidente Kennedy em honra ao seu bom amigo senador George Smathers.

No dia 22 de março, o presidente teve seu almoço habitual com J. Edgar Hoover, que, segundo escreve Arthur Schlesinger, apresentou um memorando sobre os telefonemas de Judith Campbell. Schlesinger diz que desde então "as ligações de Campbell cessaram".[72] A própria Campbell afirmou depois: "Ainda vi Jack em março e abril, e os telefonemas só pararam em junho. E pararam não por causa de alguma força externa, mas por conta de um desgaste natural. Foi o espectro da Casa Branca que matou o romance. Não J. Edgar Hoover".[73]

Nesse dia do almoço de JFK e Hoover, "Frank Sinatra saiu de Palm Springs e seguiu para as Bermudas, na véspera da chegada do presidente Kennedy", como observou Louella Parsons em sua coluna publicada em vários jornais. "Há rumores de que Frank está muito magoado pelo fato de o presidente não se hospedar em sua casa, depois de tudo que fez para angariar fundos para o Partido Democrata."[74] Havia mais do que rumores. A notícia da mudança de planos do presidente começou a chegar aos jornais, e era uma história explosiva. "Se os Kennedy quisessem humilhar meu pai de propósito, eles não poderiam ter feito melhor", escreve Tina Sinatra.[75]

O insulto não foi apenas pessoal. Rosalind Wyman, proeminente democrata da Califórnia e uma das organizadoras da campanha de Kennedy na Costa Oeste, teve medo de que a desavença pudesse alijar Frank do partido. "Sinatra era um grande democrata", declarou.

> Adorava Harry Truman. Adorava Roosevelt. Sinatra já se apresentava para nós antes de Kennedy, e nós, do partido, sempre fomos muito gratos [...]. Lamentamos muito o ocorrido, e tomei algumas medidas para tornar nosso ponto de vista conhecido pela Casa Branca [...]. Foi um homem que fez tudo o que pedimos durante a campanha, e muito mais.[76]

Os protestos caíram em ouvidos moucos. Richard Goodwin, redator de discursos da Casa Branca, lembrou que o presidente não pensou duas vezes antes de banir Sinatra. "Não significou nada" para ele, explicou. "Se Kennedy chegou a pensar nisso de alguma forma, se achasse que isso poderia prejudicar o mínimo que fosse sua presidência, claro que teria cortado relações com ele; teria feito o mesmo com pessoas mais próximas do que Sinatra, se fosse necessário."[77]

Como um amante desprezado, Frank ficou atormentado pela rejeição. "Se ao menos ele tivesse pegado o telefone e me ligado para dizer que, em termos políticos, era difícil ficar perto de mim, eu teria entendido", disse Sinatra a Angie Dickinson. "Não desejo nenhum mal a ele. Mas ele nunca mais me ligou."[78]

Cerca de dois meses mais tarde, Sinatra mandou uma cadeira de balanço com estampa de flores para Kennedy, de presente de aniversário.[79] Só recebeu outra educada carta de agradecimento.[80]

O menosprezo presidencial não foi apenas um terrível vexame para Frank, foi também um desastre de relações públicas. Embora a Casa Branca nunca tenha se manifestado de maneira explícita sobre as razões da mudança de planos de Kennedy, editorialistas e formadores de opinião acreditaram que conheciam bastante bem as verdadeiras causas, e as expressaram repetidas vezes nos jornais.

No início de 1962, o assessor de imprensa de Sinatra, Chuck Moses, resumiu: "O rompimento com JFK foi brutal para ele. E passa uma impressão errada ao público. As pessoas pensam que Frank, Dean, Sammy e alguns outros são inseparáveis. Claro que eles são bons amigos, mas Frank tem muitos outros amigos, interesses e atividades".[81]

Claro, mas o público do país em geral só sabia o que lia nos jornais. Era hora de empreender algumas sérias reformas na imagem.

Os instintos filantrópicos de Sinatra eram autênticos, e seus trabalhos nesse sentido não costumavam ser divulgados, mas a ideia de realizar um grande ato beneficente em público vinha pairando no ar fazia muitos anos. Seus agentes de relações públicas anteriores, Henry Rogers e Warren Cowan, vieram com uma ideia vaga, porém impressionante, de uma turnê internacional em benefício de crianças carentes — mas aí Sinatra demitiu os dois quando Rogers fez um comentário destemperado sobre Frank ser o pior inimigo de si mesmo.[82] Chuck Moses pegou a bola no ar e saiu correndo. Os concertos beneficentes para crianças do México, na primavera anterior, foram uma espécie de ensaio e tiveram grande sucesso, inspirando inclusive uma menção nos *Registros do Congresso* do senador pela Califórnia James Roosevelt (filho de Frank Delano Roosevelt), que dizia, em parte: "A contribuição humanitária de Sinatra merece aplausos que vão além dos devidos a um grande artista do entretenimento".[83]

Mickey Rudin, um dos sócios de seu próprio escritório de advocacia, mas com uma lucrativa atividade paralela como *consigliere* de Sinatra, pavimentou o caminho para a grande turnê, agendando concertos para ele em cidades da Europa e da Ásia, onde a publicidade negativa o havia precedido. "Viajamos pelo mundo todo — de Roma a Tóquio e Londres —, e vi Mickey criar um clima de demanda por Frank", lembrou a então esposa de Rudin, a violoncelista Elizabeth Greenschpoon.

> Sem capangas e valentões. Mickey conseguiu que contratassem Frank. Graças aos fortes laços de meu marido com Israel, ele também conseguiu dar o nome de Frank a um abrigo para jovens, pois a turnê deveria beneficiar crianças e jovens. Digo "deveria" porque o verdadeiro propósito era beneficiar Frank. Ele precisava de uma imprensa favorável na época, e Mickey cuidou para que isso acontecesse.[84]

Essa avaliação contrasta radicalmente com a afirmação de Will Friedwald, de que a turnê foi "o maior gesto humanitário da carreira de Sinatra [...] marcado pelo notável alto calibre da música produzida e pela surpreendente discrição da própria turnê e sua documentação [...] guardada pelos trinta anos seguintes". E Friedwald prossegue:

> Quando se compreendia o poder positivo e negativo da mídia, Sinatra teve que decidir se divulgaria ou não esse empreendimento à imprensa dos Estados Unidos, e ele escolheu excluí-la. Se aquilo fosse interpretado como algo feito para obter isenção de impostos ou publicidade (e nem uma coisa nem outra valiam mais para ele do que dois meses de trabalho pago), todo o propósito do projeto seria comprometido.[85]

A verdade está em algum ponto entre a visão pessoal não muito simpática de Greenschpoon (era compreensível que estivesse amargurada depois do rompimento com Rudin) e a justificável abordagem musical favorável de Friedwald. Na verdade, Sinatra foi acompanhado por um relações-públicas e um fotógrafo na viagem, e recebeu uma respeitosa cobertura da imprensa, quase reverente, em todas as etapas do processo: o tipo de publicidade que valia muito mais do que dólares. Frank realizou trinta concertos durante dois meses, e cada centavo arrecadado foi encaminhado para instituições de caridade voltadas a crianças. Sinatra cobriu todas as despesas de viagem e diárias dos músicos e do seu entourage.

Mas havia outro motivo por trás da excursão: o astro, mais uma vez desimpedido, estava animado com a perspectiva de um reencontro com sua sempre encantadora ex-mulher, na época expatriada na Espanha.

Com toda essa mudança no ar, e com alguns dias livres na semana antes da partida, Sinatra entrou em estúdio para gravar um novo álbum, com um novo arranjador, Neal Hefti.

Aos 39 anos, Hefti era um brilhante compositor de jazz e arranjador cujas composições e partituras foram um fator-chave para o sucesso da Count Basie Orchestra nos anos 1950. "Se não fosse por Neal Hefti", disse Miles Davis numa entrevista de 1955, "a orquestra de Basie não tocaria tão bem quanto toca."[86] Foi um elogio extraordinário, mas muito merecido. Quando ainda era um jovem trompetista de *big bands*, Hefti ouviu muito bebop, mas as músicas que criou para Basie — como "Splanky", "Teddy the Toad", "Little Pony" e "Li'l Darlin'" — eram tão contagiantes quanto imprevisíveis, com destaque para os brilhantes solos minimalistas de piano de Count, a grande sonoridade de seu trompete e a seção de sopros. Como compositor, Hefti acabou sendo mais conhecido por sua trilha sonora de *Batman*, a série de TV dos anos 1960, e pela do filme *Um estranho casal*, de 1968 (e sitcom nos anos 1970), a primeira mostrando seu talento com o timbre robusto dos metais, e a segunda na nuance jazzística que também inspirou "Li'l Darlin'".

De início, Frank contratou Hefti como produtor e diretor artístico para substituir Felix Slatkin, que fora trabalhar em outra gravadora. Mas era inevitável que Sinatra, um idólatra de Basie, logo transformasse o novo talento da casa em maestro arranjador. Primeiro com dois singles gravados no final de fevereiro de 1962, ainda que não fosse um trabalho de muito destaque: uma faixa medíocre e lamentável chamada "Everybody's Twistin'", que tentava capitalizar a mania em voga pela dança do twist; e um simpático disco de metais, porém descartável, chamado "Nothing but the Best" ("I like a new Lincoln, with all of its class/ I like a martini, and bird under glass").*

As coisas melhoraram em abril, quando Frank e Hefti produziram um álbum, *Sinatra and Swingin' Brass*, com um conceito de som totalmente novo de Billy May. Infelizmente, Sinatra não escolheu nenhuma composição inédita de Hefti para o LP (pois as letras não satisfaziam seus rígidos padrões), mas ele e o arranjador conseguiram rejuvenescer e imprimir um novo suingue a várias canções já meio antigas, como "They Can't Take That Away from Me" (1937), de George e Ira Gershwin, "At Long Last Love" (1938) e "I Love You" (1944), de Cole Porter, a notável "Goody Goody" (1936), de Matty Malneck e Johnny Mercer, uma das melhores (e mais excitantes) músicas de fim de caso de todos os tempos, que logo se tornaria uma constante no repertório de Sinatra.

O chilique de Frank por conta da esnobada de JFK e o próprio esnobe já eram coisas de semanas antes, e a produção de um belo novo álbum teve um efeito revigorante. Hefti disse depois que achou "fácil, muito fácil"[87] trabalhar com Sinatra, e as evidências são audíveis, não só nas faixas em si como também nas (sempre reveladoras) partes não aproveitadas no disco, em que um artista muitíssimo perfeccionista no estúdio pode se mostrar relaxado e feliz de estar fazendo o que faz com as pessoas com quem trabalha.

* Eu gosto é do novo Lincoln, com sua classe/ Gosto de um martíni, e pássaros em redoma de vidro. (N. T.)

O exemplo em questão é o grande hino à resiliência "Pick Yourself Up", de Jerome Kern e Dorothy Fields. Trata-se de uma canção bem apropriada a Sinatra ("Will you remember the famous men/ Who had to fall to rise again"),* mas que ele nunca tinha gravado; é também uma canção prolixa, com uma modulação cheia de truques, típica de Kern na ponte, à qual Hefti impôs um andamento bem acelerado. Sinatra precisou de menos de sete takes para acertar, três bem curtos e quatro passando a música inteira, e — de repente, a letra era mais que apropriada — falava de trabalho.

No take seis, aconteceu uma coisa extraordinária. Quando Sinatra retomou a ponte para uma segunda vez, seu "Will remember the famous men" saiu quilômetros do tom — uma desafinada quase impossível para o grande cantor que ele era numa gravação. Frank parou de repente, a orquestra parou, e um silêncio mortal pairou no Estúdio A da United Recording. Sem lugar para se esconder, diante de dezenas de pessoas — músicos, técnicos, espectadores —, aquele homem famoso por nunca pedir desculpas disse em voz baixa: "Desculpe, desculpe". Sem piadas, sem subterfúgios.

Em seguida, quando o engenheiro de som disse "[compassos] dez a dezoito", Frank se levantou, tirou a poeira e deu a volta por cima.

A mais antiga das velhas canções de *Swingin' Brass* é a memorável "Ain't She Sweet", de Milton Ager e Jack Yellen, de 1927, outra música nunca gravada por Sinatra. Frank cantou com charme e confiança, sem saber ou atribuir alguma importância ao fato de que dez meses antes, num estúdio em Hamburgo, na Alemanha, um grupo de rock 'n' roll do norte da Inglaterra, de jaquetas de couro, tinha gravado uma versão resmungada e mais ritmada da mesma canção. O grupo se chamava The Beatles, um nome bem risível na época.**

Em 15 de abril, com o álbum pronto para ser lançado, Frank saiu para empolgar o mundo.

* Vocês vão se lembrar dos homens famosos/ Que tiveram que cair para se levantar de novo. (N. T.)

** No dia 23 de junho de 1961, em Friedrich-Ebert-Halle, em Hamburgo: John Lennon no vocal e na guitarra rítmica, Paul McCartney no baixo, George Harrison na guitarra solo e Pete Best na bateria. O single da Polydor só seria lançado em maio de 1964, com outro baterista, e mudou o mundo. (N. A.)

Como não gostava de ficar só, fez de tudo para que isso não acontecesse. Além de George Jacobs, seu entourage incluía Jimmy van Heusen; o banqueiro Al Hart; Mike Romanoff e sua linda e jovem esposa, Gloria; Leo Durocher e sua jovem e ainda mais linda namorada (uma loira que, para desgosto de Durocher, era testemunha de Jeová e virgem); Howard Koch, o chefe da produtora cinematográfica de Sinatra; um publicitário que falava cinco línguas; um fotógrafo de cena; uma equipe de TV de três homens; e Bill Miller e um quinteto de jazz.[88]

Nenhuma mulher acompanhou Frank na viagem, embora, segundo Jacobs, ele tenha flertado tanto com Gloria Romanoff como com a namorada de Durocher. E Van Heusen, claro, era perito em arranjar garotas de programa de alto nível sempre que necessário. E havia ainda a longínqua e cintilante perspectiva do encontro com Ava.

Uma combinação de arte e economia determinou a escolha dos músicos que o acompanhariam na turnê. A exemplo de sua muito bem-sucedida turnê na Austrália três anos antes, Frank decidiu levar um grupo pequeno, o pianista Miller e mais um quinteto com vibrafone. Na excursão de 1959, a combinação de Miller com o grupo de Red Norvo tivera tudo para agradar a Sinatra, com o acompanhamento rítmico denso nos números mais acelerados inspirando o cantor jazzista em Frank, e as ricas texturas instrumentais mexendo com o cantor romântico nos números mais lentos. Dessa vez Norvo não estava disponível, mas Frank convidou o jovem vibrafonista e multipercussionista Emil Richards, que já havia tocado com ele cerca de dois anos antes, bem como três habituais acompanhantes de Sinatra: o flautista e saxofonista Harry Klee, o guitarrista Al Viola e o baterista Irv Cottler. A única cara nova era um talentoso baixista de jazz méxico-americano chamado Ralph Peña. O grupo ensaiou bastante com Frank na casa da Bowmont Drive, com arranjos tão esmerados (de Hefti, Billy May, Johnny Mandel e Bill Miller) que faziam os seis músicos — mais Sinatra — soarem como se fossem cinco vezes mais numerosos.

A comitiva não partiu exatamente na calada da noite. Bob Hope foi fazer o bota-fora do amigo no aeroporto internacional de Los Angeles, bem como um simpático grupo de repórteres, que anotaram em seus blocos quando o novo Sinatra declarou, todo simpático, que não se sentia "mais velho, só um pouco mais maduro".[89] Uma telefoto da UPI divulgou uma imagem simbólica para os jornais do país: um Sinatra de chapéu, sorrindo para uma menina de dez anos,

Lisa Ashworth, e seu cachorrinho embarcando no mesmo avião da Pan Am para a primeira etapa da viagem.[90]

Só havia um problema com a grande viagem de Frank: ele odiava viajar. Além de ser supersticioso em relação a aviões (por pouco não embarcara no mesmo voo que caiu e matou Mike Todd), ele tinha uma "falta de curiosidade total em relação ao mundo exterior", segundo Jacobs. "Todas as suas prateleiras de biografias, as horas que passava no dicionário ou lendo sobre geografia, história e culturas o deixaram totalmente frio. Era um sujeito caseiro, não um explorador."[91] Onde ele ia encontrar seu petisco preferido, Franks and Beans da Campbell's, se estivesse em algum lugar exótico? E uma das principais vantagens do seu entourage, além da companhia, era "isolá-lo das tradições locais".

Mas isso era uma coisa que ele sabia fazer sozinho. Ao chegar a Tóquio, relutou em sair do hotel New Japan, até para visitar o Palácio Imperial ou as mundialmente famosas cerejeiras. "As únicas cerejas que quero ver são as gueixas",[92] declarou — mas quando Van Heusen trouxe algumas para a suíte, elas se recusaram a beijá-lo. "Vocês comem sushi e não me beijam na boca?", ele estrilou. Beijar não era uma coisa corriqueira na cultura japonesa, explicou um tradutor. "E você chama isso de cultura?", retrucou Frank.

Ele se sentia mais à vontade nas entrevistas coletivas (para as quais não precisava sair do hotel). Com um visual "bronzeado e mais garboso", segundo um correspondente do *Pacific Stars and Stripes*,[93] Sinatra respondia com paciência às perguntas dos repórteres.

"Você é famoso, rico, tem tudo — o que mais deseja da vida?", perguntou um deles.

"Não estou em busca de realizar nada específico", respondeu Frank. "Gostaria de usar meu tempo fazendo um trabalho construtivo. Sou um adulto mais que privilegiado, e gostaria de ajudar crianças necessitadas."

Era uma boa linha declaratória. Apoiada por certo equilíbrio. "Flashes espocaram e os fotógrafos ignoraram o limite de três minutos, mas logo o cantor mostrou sua famosa impaciência com jornalistas", escreveu o homem do *Stars and Stripes*.

> Ao ser indagado se estava tentando criar uma "nova imagem" de boa vontade e paciência para substituir a publicidade controversa, Sinatra respondeu: "Realmente acho que não. Só as pessoas que não concordam comigo dizem que sou controver-

so. Pretendo continuar controverso, pois só fazemos progressos se formos controversos e rebeldes de vez em quando".

O primeiro concerto de Frank em Tóquio foi realizado na noite seguinte, 20 de abril, no teatro-restaurante Mikado. Definindo Sinatra como uma "lenda viva" — epíteto que começava a pegar no cantor —, Al Ricketts, colunista de entretenimento do *Stars and Stripes*, se entusiasmou:

> Com um lenço vermelho pendendo do bolso do paletó, Frank manteve um ritmo lento nos primeiros quinze minutos, mas engatou uma marcha mais rápida pelo resto do show. Depois de valsar por canções antigas como "Moonlight in Vermont" e "My Funny Valentine", coroou a apresentação com uma versão sacaninha de "The Lady Is a Tramp" [...].
>
> Comandou o espetáculo de ponta a ponta, justificando seu lugar como o mais fascinante artista do show business atual.[94]

Depois de um segundo show no Mikado e outro no Parque Hibiya, Frank entregou um cheque de 9 milhões de ienes (cerca de 25 mil dólares) ao governador de Tóquio, Ryotaro Azuma, destinado a instituições infantis; recebeu uma chave de ouro da cidade[95] e, para homenageá-lo, deram seu nome a um orfanato.[96] De lá, Sinatra seguiu para a Coreia e de volta ao Japão, em Okinawa, onde realizou concertos beneficentes em bases militares dos Estados Unidos, quando se mostrou preocupado com o que os jovens soldados, sem dúvida fãs de Elvis, pensariam dele. Mas ele estava subestimando sua imagem (assim como a fome de cultura americana dos soldados longe de casa): Sinatra e seu enxuto sexteto deixaram os garotos entusiasmados, e essa reação foi uma injeção de ânimo no moral do cantor.[97]

Sinatra começou a gostar mais da viagem. A pura magnificência de seus acompanhantes e a qualidade do som produzido por aquele pequeno conjunto o deixaram entusiasmado — e ele retribuía motivando ainda mais os músicos. "Frank trabalhava muito bem com pequenos grupos", lembrou Al Viola. "Se você ouvir aquelas fitas, vai ver que ele estava mandando ver com a gente! Olhava para nós como se estivesse dizendo: 'Ei, vocês, vamos nessa... isso é um concerto!'. Não queria que parecesse que estávamos tocando em um bar."[98]

E ainda havia as crianças: em Hong Kong, uma multidão delas saiu às ruas com flores para recebê-lo. Frank realizou outros quatro concertos beneficentes lá, e se divertiu em seu tempo livre encomendando roupas sob medida — uma dúzia de blazers cor de laranja, duas dúzias de calças de ótima lã, sapatos com saltos mais altos de couro de cobra e de crocodilo — e fazendo todo tipo de piadas.

Foi em Hong Kong que Frank teve o maior chilique de toda a viagem, por causa de um erro de holofote. O operador chinês se esqueceu de ligar o spot no final dramático de "One for My Baby (and One More for the Road)", arruinando o efeito desejado. Sinatra ficou louco da vida, quase destruindo o camarim e a suíte do elegante hotel Peninsula. "'Chinas de olho puxado filhos da puta', gritava, rasgando uma tela de valor inestimável ou quebrando um vaso Ming", contou seu criado pessoal. "O sujeito entrou numas de quebrar coisas, como se fosse sexo."[99] Por outro lado, só um artista entende a frustração de não conseguir descarregar a energia acumulada por uma apresentação. De todo modo, no final das contas o dinheiro resolveu tudo.

Depois de entregar um cheque de 17 mil dólares ao secretário executivo do Conselho de Serviço Social de Hong Kong, Frank botou o show de novo na estrada, aterrissando em Atenas em 1º de maio e de lá indo direto para Jerusalém.[100]

Foi a primeira visita de Frank a Israel, e para ele foi uma revelação — o primeiro lugar que de fato o envolveu. Os israelenses não eram apenas um povo com alma, eram durões — e tinham mesmo de ser, naquele pequeno pedaço de terra hostil —, duas características que Sinatra respeitava demais. No dia 9 de maio, durante as cerimônias de comemoração do 14º aniversário da independência de Israel, Frank ficou ao lado do primeiro-ministro, David Ben-Gurion, e do general Moshe Dayan, assistindo a homens e mulheres soldados marchando. A beleza rude e a história solene do país o emocionaram profundamente; por fim ele se mostrou um turista entusiasmado, até apaixonado. Visitou o Muro das Lamentações, a Via Dolorosa e o memorial do Holocausto Yad Vashem, o mar da Galileia e as colinas de Golan. Em nove dias, fez sete concertos em seis cidades e visitou tudo o que pôde. Em Nazaré, lançou a pedra fundamental de um centro de juventude árabe-judaico, ao qual disse que doaria toda a arrecadação da etapa israelense da turnê.[101] Depois disse a George Jacobs que aquele país o deixou com vergonha de não ter lutado na Segunda Guerra Mundial. Israel, completou, era uma terra que merecia que se morresse por ela.[102]

* * *

Enquanto o entusiasmado Frank plantava árvores em Israel — uma para seus três filhos, outra em memória de seu falecido agente Bert Allenberg —, a colunista de fofocas Dorothy Manners, substituindo a doente e já idosa Louella Parsons, retratava uma cena estranha e surpreendente: Ava Gardner e o ex-ditador argentino exilado Juan Perón, de 66 anos, eram a sensação de Madri, "vistos juntos em toda parte", como entregou Manners. Acrescentando, felina: "A queda de Ava por toureiros é bem conhecida. Mas é a primeira vez na história que ela, por assim dizer, pega o touro pelos chifres".[103]

A verdade era a seguinte: mesmo com sua conta bancária se esvaindo com rapidez, Ava continuava vivendo como uma estrela, num apartamento dúplex num bairro tranquilo de Madri, cheio de embaixadas e consultórios médicos, com uma equipe doméstica girando em sua órbita, que incluía motorista e secretário particular morando com ela. Perón, que recebera asilo político de Francisco Franco, era seu vizinho no andar de baixo — onde vivia com sua segunda esposa, Isabel.

Aos 39 anos, havia três que Ava não fazia um filme, e começava a achar que tinha perdido seu único atributo, sua estonteante beleza. A vida da estrela tinha se tornado amorfa e dissoluta, uma saraivada constante de noites boêmias, cenas de bebedeiras e amores logo esquecidos. "Meu trabalho era basicamente fazer companhia a ela", contou seu secretário particular, um aspirante a ator chamado Ben Tatar.

> Ava adorava dançar, não só o flamenco. Costumávamos dançar em casa. Era espontâneo: ela *precisava* dançar. Punha uma música e dançávamos um pouco no vestíbulo do apartamento, na sala de estar [...]. Ela ouvia um bocado de discos de Frank Sinatra. Tinha todos os discos dele. Às vezes ele ligava para lá. Eu tinha a impressão de que os dois ainda eram apaixonados. Na primeira vez em que atendi um telefonema de Sinatra, ele disse: "*Quem diabos é você?*".[104]

Juan Perón complementava a excentricidade de sua vizinha do andar de cima. Como um personagem de Gabriel García Márquez, o velho ex-ditador às vezes saía na sacada para fazer discursos para correligionários imaginários; também mantinha no apartamento um caixão com o corpo de Evita, sua segunda mulher. Pelo visto, tinha sido fã de Ava Gardner por muitos anos. "Ava não gostava muito das posições políticas do novo vizinho", escreve seu biógrafo Lee Server, "mas agora ele estava velho, os dois ocupavam um espaço em comum na Espanha de Franco e ela tentava ser amistosa."[105] Às vezes ia ao apartamento de baixo para comer as deliciosas empanadas da *señora* Perón, onde ouvia "Isabel falando com ciúme sobre o quanto a falecida Evita continuava sendo a mulher mais importante da vida do marido".

Mas as madrugadas de flamenco de Ava — todo aquele sapateado no teto — deram nos nervos de Perón, e a amizade terminou. Tal era a confiabilidade das colunas de fofocas.

Enquanto isso, seu mais fiel admirador se aproximava. Em todos os shows da turnê, Sinatra cantava um de seus standards favoritos, "I Get a Kick out of You", de Cole Porter — e sempre que chegava ao verso "Some like the perfume in Spain",* ele acrescentava um enfático *Yeah!*, "pois ele estava indo se encontrar com Ava",[106] segundo o vibrafonista Emil Richards.

O playboy Rubirosa chegou (de iate, não deixando por menos) para pôr um ponto final em toda aquela solenidade israelense — e, não por acaso, levar todo o show ambulante de volta a Atenas. Lá, nas noites de 18 e 19 de maio, Sinatra fez dois concertos no Odeon de Herodes Ático, um anfiteatro ao ar livre ao lado da Acrópole. Bill Miller considerou a primeira apresentação — não gravada, infelizmente — a melhor de todas da turnê mundial.[107]

Em Atenas, a falta de curiosidade turística de Frank voltou a se manifestar. Segundo seu criado pessoal, ele preferiu o turismo dentro de casa, não saindo da suíte do Grande Bretagne e se distraindo com as prostitutas que Van Heusen arranjava. Sinatra considerou-as "as favoritas entre todas as donzelas que experimentara, não necessariamente pela aparência, mas pelo calor e pela hospitalidade".[108] Duas delas lhe levaram uma gigantesca mussaca.

Pouco depois, Frank surpreendeu seus músicos ao anunciar que daria dez dias de folga para todos. "Ele nos chamou na sua suíte, e parecia constrangido", contou Emil Richards.

* Alguns gostam do perfume da Espanha. (N. T.)

"Estou indo agora, mas, antes de saírem, vão até o quarto e peguem tudo que estiver em cima da cama; é para vocês", disse. E se retirou. Quando entramos no quarto, a cama estava forrada de dracmas. Dinheiro grego. Simplesmente enchemos nossos bolsos de dinheiro para nos divertir naqueles dez dias.[109]

Richards foi para a ilha de Hidra, onde passou três dias prazerosos refestelado sob o sol, tomando ouzo e comendo peixe fresco trazido pelos pescadores locais. No quarto dia, ouviu o apito grave de um grande barco — e, para sua surpresa, viu o iate de Rubirosa no porto. "Quando olhei, lá estava Frank no convés", contou Richards. "E Frank me diz: 'Vamos embora! Faça suas malas, estamos indo para a Itália mais cedo'."[110]

Só depois o vibrafonista decifrou o que havia acontecido: Frank tinha ido à Espanha para ver Ava — mas não sozinho. "Levou Rubirosa e Romanoff, Howard Koch e o criado pessoal, George", relatou Richards. "E Frank estava furioso. Ava serviu comida para todo mundo e saiu. De repente, Frank perguntou: 'Onde diabos ela está?'. Quando ele foi a uma taberna fora da cidade, lá estava ela com um toureiro."

Em Roma algo melhor o esperava: seu avião particular, trazido até ele, pois não tinha autonomia para longas rotas transoceânicas.* *El Dago* era um Martin 4-0-4, um aparelho de dois motores projetado para transportar quarenta passageiros em rotas comerciais, mas reformado segundo as exigências principescas de Frank, com um sistema de som hi-fi, um piano elétrico, um projetor de cinema, bar e uma suíte. O esquema de cores do interior era (é claro) basicamente laranja, com vistosos painéis de madeira. Alguns toques orientais (gravuras com dançarinas de Bali) e um alto carpete complementavam a decoração. Minúsculas estrelas elétricas pontilhavam o teto.

* Aqui há um pequeno mistério. George Jacobs afirma que *El Dago* era um DC-6, um aparelho de quatro motores com um alcance de aproximadamente 4800 quilômetros, mas fotos mostram claramente um Martin 4-0-4 de dois motores — com uma autonomia de cerca de 1600 quilômetros. Como, então, o avião foi transportado de Los Angeles a Roma? Mais especificamente, como atravessou o Atlântico (a não ser de navio)? A viagem pode ter sido possível com escalas em Gander, na Terra Nova, e Nuuk, na Groenlândia, seguindo para Reykjavík, na Islândia, e depois para Shannon, na Irlanda — um bocado de trabalho, mas as pessoas estavam acostumadas a fazer essas coisas para Frank. (N. A.)

O nome do avião, orgulhosamente impresso numa faixa da fuselagem, já tinha causado certa controvérsia. Em 1961, a Comissão Mista Cívica de Ítalo-Americanos, uma organização de Chicago especializada em orgulho étnico, escreveu a Sinatra pedindo que mudasse o nome — e agora, com a nova ofensiva de RP em andamento, ele por fim rebatizou o avião com o nome de *Christina*, em homenagem à filha mais nova.[111] "A mudança é uma melhoria",[112] comentou Dorothy Manners, seca.

Entre 24 e 26 de maio, Frank se apresentou em Roma e Milão, com sucesso mediano. Em primeiro lugar porque, por incrível que pareça, Frank não falava italiano. (O projeto para um álbum com canções italianas foi cancelado naquela primavera, com a alegação de que Sinatra tinha problemas para pronunciar as palavras.)[113] Em segundo, talvez devido a sentimentos conflitantes em relação ao seu país natal, por conta de sua origem miscigenada — a mãe era de Gênova; o pai nascera na Sicília. Segundo Jacobs, as pessoas nas ruas o adoravam, mas os que tinham dinheiro para comprar ingressos para os shows foram indelicados: houve gritos de "Ava, Ava",[114] especialmente indesejáveis naquele momento.

No concerto de 26 de maio, em Milão, seu monólogo do entreato, gravado numa fita pirata, soa impessoal, inseguro — um reflexo de sua falta de ligação com a plateia. Numa tentativa de fazer humor, Frank imita um americano falando com sotaque italiano ao pegar uma xícara de chá: "Vou tomar uma pequena *tazza tè*".[115] Com poucas risadas na plateia.

Quatro noites depois, os espetáculos de Londres foram muito mais bem-sucedidos. Era a primeira apresentação de Frank na cidade desde 1953, com bastante participação do público. Havia tempos os ingleses o adoravam — sua voz os consolara durante a guerra, e eles tinham se mantido leais durante seu período de derrocada —, e o sentimento era mútuo. Apesar de a princesa Margaret ser uma das patrocinadoras e ter comparecido à estreia, no Royal Festival Hall, a atmosfera não teve nada de contida: a recepção da plateia a Frank foi arrebatadora. Mesmo assim, no primeiro número, "Goody, Goody", percebe-se que ele está nervoso. E apesar de recuperar a compostura — e cantar lindamente, animado pela empolgação da plateia —, quando chega a hora da pausa para o chá, Frank ainda parece um pouco intimidado pela ocasião. "Muito obrigado, alteza, lordes e ladies, senhoras e senhores", começa a dizer, um pouco sem fôlego, como um garoto de Hoboken que não consegue acreditar que está mesmo naquele ambiente. Depois de tropeçar num pequeno campo minado de anglicismos, ele volta a Hoboken:

> Estamos adorando esta viagem que começamos há seis semanas [...]. Realmente é uma experiência muito gratificante fazer este tipo de trabalho — estou gostando demais. Quando voltarmos para casa, tenho planos de visitar algumas áreas carentes de Nova York, como Wall Street e alguns outros lugares, e ver se posso ajudá-las um pouco. E depois me internar direto num hospital.[116]

Não era só uma brincadeira. Na verdade, a falta de fôlego durante o intervalo não era apenas devida ao nervosismo: Frank estava em turnê havia um mês e meio, cantando noite após noite, encontrando e afagando crianças dia após dia, e aquela voz incomparável — sempre um instrumento delicado — começava a mostrar sinais de fadiga. Ao resenhar o concerto de Frank de 3 de junho, no teatro Hammersmith Odeon de West London (o quarto concerto em três dias), Ray Coleman, do *Melody Maker*, elogiou "o esmerado profissionalismo" do cantor, mas acrescentou: "Às vezes sua voz soou rouca, até nasal, e em certos trechos Sinatra teve dificuldade em sustentar algumas notas — sobretudo em 'My Funny Valentine'".[117]

E a turnê ainda tinha duas semanas pela frente. Nos dias 5 e 7, Frank fez duas apresentações em Paris (as primeiras da história na Cidade Luz, embora havia anos ele já cantasse as odes de Vernon Duke e Cole Porter): a primeira foi no Lido, um *nightclub*-teatro em Champs Élysées, a segunda no Olympia, um grande teatro musical no Nono Arrondissement. O concerto do Olympia foi a única apresentação gravada de forma profissional da turnê mundial, de olho no eventual lançamento de um LP pela Reprise. O que por pouco não aconteceu: o disco só seria lançado mais de trinta anos depois, em 1994, já em formato de CD. Foi o terceiro disco ao vivo de Sinatra lançado comercialmente, e é um documento curioso. Para começar, a etiqueta diz, de maneira errônea, que a gravação foi realizada em 5 de junho no Lido. Porém, mais importante, e o principal motivo para a demora, é que na noite do concerto do Olympia a voz de Frank estava no toco, apesar da grandeza do local, do calor da plateia e da generosidade da apresentação de Charles Aznavour — *"Frank Sinatra, Paris vous appartient!"* (Frank Sinatra, Paris pertence a você!).

À primeira vista, em termos vocais, não se percebe muita coisa. Mas há alguns maus momentos: no começo do primeiro número, "Goody, Goody", Frank, de maneira descuidada e quase desafiadora, se joga num tom maior ("So you met someone who set you back on your heels — Goody, goody!").* E no quinto número, "Moonlight in Vermont", ele luta pateticamente para manter o tom — sua desafinada em "ski trails down a mountainside"** parece o equivalente sonoro de um pugilista ensanguentado cambaleando nos últimos assaltos. Batalhando para atingir os registros mais altos, grasnando em algumas passagens mais agudas, Sinatra mostra um estranho prenúncio do cantor que se tornaria na velhice.

Mas assim mesmo ele arrasa — Sinatra é Sinatra. Frank podia não estar perfeito, mas seu orgulho e seu amor pelo canto estão em jogo, e ele ainda contava com aquele fantástico sexteto a apoiá-lo (e a provar alguma coisa). Afinal, ele recupera o fôlego, o tom e a confiança e consegue brindar a plateia com uma grande seleção de baladas e músicas mais ritmadas: "Day In, Day Out", "I've Got You under My Skin", "In the Still of the Night" e — muito importante — "April in Paris".

Dois dos melhores números do show são duos, com Frank acompanhado só por um instrumentista. As duas canções são sua marca registrada. Ele faz uma linda interpretação de "Night and Day" com o guitarrista Viola, e confere a "Ol' Man River" a majestade que a composição merece, acompanhado por Bill Miller ao piano. Frank tinha uma longa experiência com ambas as músicas. Cantou "Night and Day" pela primeira vez na época em que era garçom-cantor na Rustic Cabin, em 1939.

"Ol' Man River" era também parte essencial de seu repertório, como ele mesmo disse ao amigo Alec Wilder.[118] Surpreendentemente, Sinatra vinha cantando o clássico de Jerome Kern e Oscar Hammerstein (composto em 1927 para o musical *Show Boat*) havia quase duas décadas — desde seus 27 anos, em 1943 —, e de alguma forma, durante esse período, um ítalo-americano branco e magricela conseguiu cantar bem uma canção que ficara famosa na voz do grande barítono negro Paul Robeson, com todo o mérito. "Sinatra precisava de 'Ol' Man River' para se afirmar como cantor — de uma forma que nenhuma etérea canção de amor ou, em décadas posteriores, uma música mais ritmada poderiam comover seus ouvintes", escreve o historiador musical Todd Decker. "Com 'Ol' Man River', Sinatra [...] provou em definitivo que podia cantar uma melodia desafiadora com uma letra séria, que lidava com as grandes questões da vida."[119]

Sua interpretação é poderosa, e no crescendo final ("He just keeps rollin'

* Então você conheceu alguém que o rejeitou — Que bom, que bom! (N. T.)

** Trilhas de esqui descendo a montanha. (N. T.)

a-long!")* ele encontra o grande volume de voz e o floreio vocal que lhe faltaram no início do concerto. A plateia adora. Mas os sentimentos mais profundos de Frank estão arraigados demais à sua intensa vulnerabilidade: ele não consegue se manter sério por muito tempo. Assim que cessam os aplausos e começa a irreverente introdução de "The Lady Is a Tramp", Frank abre um sorriso. "Essa última música foi sobre o povo de Sammy Davis", explica. "Esta agora é sobre o *meu* povo."

Como a composição de Rodgers e Hart não fala sobre ítalo-americanos, deve-se presumir que ele estava se referindo às mulheres. Muitas e muitas mulheres. Voltando mais uma vez à referência das primeiras apresentações da turnê, quando, de maneira implícita, dedicava aquela música a Ava, Frank mudou uma palavra-chave: "Some like the perfume in Spain — *Eca*!".

* Ele apenas continua no caminho. (N. T.)

18.

E eu achava que os italianos fossem liberais.

Sammy Davis Jr. para Frank, no palco do 500 Club, 25 de agosto de 1962

A turnê mundial capengava para o encerramento, faltando só mais um concerto: a festa anual da Cruz Vermelha organizada pela princesa Grace, em 1º de junho, em Monte Carlo. A voz de Frank já não estava em boa forma nos concertos de Paris, e depois, como diz Friedwald, "ele quase já não tinha mais com o que cantar".[1] O único problema era que ele agora planejava gravar um álbum — a preguiça era o único pecado capital de que Sinatra não podia ser acusado.

Depois de desfrutar bastante dos muitos prazeres de Paris ("O lugar onde mais nos divertimos foi Paris",[2] revelou George Jacobs com uma piscada, acrescentando que conseguiu até encontrar Franks and Beans da Campbell's para o chefe na Fauchon, uma mercearia de luxo), Frank voltou a Londres para concluir um projeto muito aguardado, um álbum com canções britânicas, sob a regência do maestro e arranjador canadense Robert Farnon. Assim como Billy May, Farnon, de 44 anos, era prognata e feérico; assim como May e Don Costa, era também um músico talentoso — seu instrumento era o trompete jazzístico, que ele tocava tão bem que dizem que Dizzy Gillespie se declarou aliviado quando Farnon desistiu de ser instrumentista para se dedicar à composição, à regência e à orquestração.[3] Poucos se igualaram a ele. Quincy Jones o mencionava como uma grande influência, e André Previn o definiu como "o maior compositor para cordas do mundo".[4] Foi Costa quem o recomendou a Sinatra como o melhor arranjador para o álbum inglês.

O LP — o primeiro e último gravado por Frank em outro país — vinha sendo preparado havia anos. O jornal inglês *Melody Maker*, especializado em música, informara em 1959 que Sinatra tinha planos de "gravar um grande disco"[5] em Londres; Frank começou a montar o repertório em dezembro de 1961. Um produtor da afiliada britânica da Reprise, a Pye Records (cujo diretor artístico tinha acabado de recusar certo grupo de rock 'n' roll de Liverpool em busca de um primeiro contrato de gravação),[6] compilou uma lista de quase setenta composições originais inglesas, que Frank depois reduziu a onze. Farnon trabalhou nos arranjos com carta branca de Sinatra. Eles repassaram os andamentos e os tons em 1º de junho, dia do concerto no Royal Festival Hall, e "na tarde de 12 de junho Sinatra chegou ao C. T. S. Studio em Bayswater num Rolls-Royce emprestado por Douglas Fairbanks Jr. e disse a Farnon: 'Vamos ver como fica, hein?'", segundo Friedwald.

> Quatro instrumentistas nos trompetes, quatro nos trombones, oito nos saxofones e madeiras, quatro no ritmo (entre os quais Bill Miller e um pianista local, por exigência do sindicato), vinte nas cordas e uma imensurável horda de entusiastas, algumas dezenas só na cabine de controle, já tinham chegado. "Havia muita gente ali que não tinha nada a ver com a gravação", contou Farnon. "Gente por todo lado, sentada no meu pódio, embaixo do piano, em cima do piano [...]. O estúdio estava atulhado de gente, e Frank adorou. Não se incomodou com nada."[7]

Ele não se incomodou por um tempo, embora nas fitas não aproveitadas seja difícil ouvi-lo: sua voz, em frangalhos, soa grave e ressonante, porém rouca e com fissuras periódicas. A capacidade de sustentar notas parece seriamente comprometida, o fabuloso controle de respiração, apenas uma reminiscência longínqua. Uma observação que ele fez durante um intervalo para o chá no Royal Festival Hall fica na lembrança: "Este chá que tomo durante a apresentação não é uma piada", disse. "Não é um acessório; é uma necessidade. É muito bom para a garganta, o chá com um pouco de mel misturado — faço isso há anos. E depois o cigarro arruína a coisa toda."[8]

Frank fumava. Sem moderação, a exemplo de tantas outras coisas que fazia: até três maços de Camel sem filtro por dia. Como podia inalar tanta fumaça de tabaco e ainda conseguir cantar? Como conseguia controlar o fôlego? Estamos falando de Sinatra. Mas os efeitos cumulativos da turnê, o cigarro, a bebida e as farras até a madrugada cobravam seu preço.

Mesmo assim, Frank manteve o bom humor durante o pedregoso período de três horas da primeira sessão de gravação. Já no final da tarde, ele prefacia um take de "I'll Follow My Secret Heart", do amigo Noël Coward, com um pequeno acesso de tosse — que é ecoado por outros no estúdio. "Droga, a gente precisa dormir em lugares fechados", diz Frank. Em seguida, um pouco envergonhado, repete uma velha piada: "Preciso acertar o meu tom".[9] Na verdade, a piada não é tão engraçada: aquele take um não é agradável de ouvir.

Afinal, de música em música, durante três noites, com inúmeros takes e muita paciência de todos, *Sinatra Sings Great Songs from Great Britain* acabou sendo gravado. Todos os envolvidos, em especial Frank, sabiam muito bem que o cantor nem de longe demonstrava ser quem era: no final da primeira noite, depois das piadas de praxe, Sinatra se ausentou sem se despedir, um sinal claro de que se sentiu humilhado. "Ele estava tendo dificuldade para cantar", relatou Farnon. "A voz parecia cansada, cheia de falsetes. Ele estava muito bravo consigo mesmo."[10]

Na terceira e última noite, apareceu um convidado inesperado. Nelson Riddle estava em Londres para gravar *Lolita* para Stanley Kubrick, que gostara de seu trabalho em *In the Wee Small Hours* e *Frank Sinatra Sings for Only the Lonely*. (Enquanto se encontrava na cidade, o arranjador também se dedicou a uma relação com Rosemary Clooney.)[11] Riddle fizera parte do entusiasmado público do Royal Festival Hall: era sempre difícil resistir à atração gravitacional de Frank, e o fato de estar proibido de trabalhar com ele na época deve tê-lo deixado ainda mais impressionado com a performance do cantor com aquele esplêndido sexteto e seu poder sobre uma plateia estelar.[12] Ver Sinatra trabalhando com outro arranjador talentoso e ouvi-lo lutar para controlar a voz teria misturado camadas de inveja, um pouco de sadismo e arrependimento no espírito complexo e sombrio de Riddle.

***

Sinatra Sings Great Songs from Great Britain é uma curiosidade, um asterisco, um honroso fracasso. Os arranjos de Farnon para aquela grande e adorável orquestra são maravilhosos, mas tanto Frank como os instrumentistas receberam um pesado tratamento de eco para disfarçar as imperfeições vocais. As imperfeições, contudo, apareceram assim mesmo. Frank tremula, tropeça, e se você prestar atenção perceberá (mesmo contra a sua vontade) os momentos em que ele perde o fôlego. Ninguém espera que Sinatra perca o fôlego.

Mas o principal problema se refere ao repertório. Com exceção de duas grandes baladas — "If I Had You", de Jimmy Campbell, Reg Connelly e Ted Shapiro, e "The Very Thought of You", de Ray Noble —, só se salva a simpática porém nada imortal composição de Noël Coward, seguida por um monte de flores ("A Garden in the Rain", "Roses of Picardy", "We'll Gather Lilacs in the Spring"), uma canção meio esnobe ("We'll Meet Again") e uma pungente nostalgia dos tempos de guerra, "A Nightingale Sang in Berkeley Square". O restante é agradável, mas descartável. Mesmo pondo-se de lado o problema da voz de Frank, é um álbum bem-comportado, e bom comportamento nunca foi o forte de Sinatra.

Depois de passar por Monte Carlo, onde realizou seu último concerto beneficente, Sinatra voltou para casa exultante: com as novas paisagens que conhecera, a boa ação realizada e ainda algo mais. Quando Earl Wilson foi visitar seu velho amigo no Savoy Hilton, em Nova York, encontrou Frank e Mike Romanoff alojados na suíte presidencial às voltas com um jantar de boas-vindas ("salame, sopa de mariscos, vitela e VINO"), cortesia do Patsy's, na rua 56 Oeste. "Frank estava de bom humor", escreveu o colunista. "De uma hora para outra se viu popular na imprensa mundial."[13]

Era verdade. De repente, relatos da grandeza de Sinatra — e uma nova nota, sua humildade — despontavam em toda parte: segundo seus cálculos, a turnê tinha arrecadado 1,2 milhão de dólares para instituições infantis, mas observou: "Gostaria que tivessem sido 5 milhões".[14] A viagem o havia mudado, afirmou. "Descobri um monte de coisas que não sabia antes", declarou a um repórter. "Foi uma revelação."[15] Uma história que ganhou muita divulgação girou em torno de um encontro de Frank com uma garota cega de seis anos:

"Estava ventando, afastei o cabelo dos olhos dela e disse que o vento estava desmanchando seu penteado. Ela me deixou perplexo quando perguntou: 'Que cor tem o vento?'".[16]

De volta a Los Angeles, Frank encontrou seus problemas exatamente como os havia deixado. O primeiro era a Reprise Records. A gravadora tinha entrado no negócio em 1960 com grandes ideais e um capital de 300 mil dólares — emprestados do sempre amigável City National Bank, presidido pelo camarada de Frank (e companheiro na turnê mundial) Al Hart. Em seu primeiro ano de operação, a Reprise obtivera um lucro de 100 mil dólares, mas em 1961 havia perdido 400 mil, reduzindo a zero o equilíbrio do fluxo de caixa. No primeiro trimestre de 1962, a gravadora contabilizava um déficit de 250 mil dólares.[17]

Os problemas da Reprise eram tanto externos como autoinfligidos. Em primeiro lugar, tinha um feroz inimigo no vice-presidente da Capitol, Alan Livingston. Para ele, não bastou a Capitol ter ganhado a disputa pelo título do álbum *Swing Along with Me!/Sinatra Swings*: Livingston passou a adotar uma política de terra arrasada. A antiga gravadora de Frank, escreve Stan Cornyn, veterano da indústria fonográfica,

> ofereceu o catálogo inteiro de Sinatra a seus distribuidores na base do leve dois, pague um, dois álbuns pelo preço de um: um desconto sem precedentes de 50%. Os consumidores podiam comprar a discografia completa de Sinatra pagando 1,99 dólar por álbum. Vendido a 4,98 dólares — por um disco só —, o novo produto da Reprise mofava nas prateleiras. Logo Sinatra estava com treze álbuns nas paradas. A má notícia: doze eram da Capitol. O novo LP da Reprise só vendeu humilhantes 156 400 discos.[18]

Era paradoxal: as gravações de Sinatra vendiam melhor do que nunca; mas o homem de negócios estava naufragando com a estratégia da concorrência. Sua conta bancária continuava próspera, mas seu orgulho estava muito ferido. E nos últimos tempos seu orgulho, que significava bastante para ele, vinha sendo bem atingido.

As coisas já estariam ruins se Frank fosse o único artista no catálogo da Reprise. Mas não era o caso. Ele já tinha surrupiado Dean Martin da Capitol — deixando Livingston com mais raiva ainda — e começado a construir sua base a partir daí, prometendo que "os artistas da Reprise teriam uma amplitude até então desconhecida nos parâmetros da indústria fonográfica", segundo escreve Cornyn.

> Os artistas da Reprise manteriam a propriedade de seus másteres. (Poucos mantiveram.) Seus artistas teriam ações da empresa. (Nunca aconteceu.) Os artistas da Reprise teriam controle completo sobre as sessões de gravação. (Aconteceu.) Os artistas da Reprise poderiam gravar para outros selos quando desejassem. (Dificilmente.) "Ele postulou que o motor dessa empresa seriam seus artistas", lembrou Mo Ostin. "Hoje tudo parece lógico, mas naquela época era realmente revolucionário."[19]

Logo a Reprise estava contratando artistas como Jo Stafford, Rosemary Clooney, Count Basie, Duke Ellington, Dennis Day, The Four Lads, The Hi-Lo's, Danny Kaye, as McGuire Sisters, Ethel Merman, Debbie Reynolds, Dinah Shore, Joey Bishop, Peter Lawford. (A mesma coluna de Earl Wilson que deu as boas-vindas a Frank depois de sua turnê mundial observou, como se fosse novidade, que Eddie Fisher tinha acabado de assinar com a Reprise.) "À parte a camaradagem, a lista parecia uma tese de mestrado de Sinatra sobre Boa Música", continua Cornyn.

> Em 1961, quando a Columbia assinou com Bob Dylan, então com vinte anos, o elenco da Reprise poderia ter sido tirado do catálogo telefônico de Palm Springs, um lugar que se transformara em território de Dinah Shore. Os cantores da Reprise passavam pouco tempo nos estúdios de gravação durante a semana, e muito tempo almoçando no Racquet Club.[20]

"A única coisa significativa na Reprise era o tipo de música com que Sinatra esteve a vida toda envolvido",[21] disse Ostin. Frank adorava jazz, e Mo Ostin tinha trabalhado na Verve, de modo que contratava artistas de jazz: Ben Webster, Mavis Rivers, Jimmy Witherspoon, Calvin Jackson, Eddie Cano, Barney Kessel, Chico Hamilton, Dizzy Gillespie, Shorty Rogers e Marv Jenkins, uma reedição de Django Reinhardt. Mas ninguém vendia quase nada.

Na verdade, o jazz, como produto vendável, vinha morrendo havia anos. O principal culpado era o rock 'n' roll, seu filho ingrato. Segundo Billy Crystal, cujo pai era um dos gerentes de uma loja de discos em Manhattan e de uma gravadora de jazz independente, a Commodore, as orquestras que eu adorava, a música de Coleman Hawkins, Lester Young, Sidney Bechet, Ben Webster, Roy Eldridge [...] e todos os outros estavam cedendo lugar aos Duprees, os Earls, as Shirelles e os Beach Boys. Aqueles gigantes do jazz originais, homens e mulheres que deram origem a toda a nossa música, estavam agora reduzidos a tocar em estádios esportivos, onde se apresentavam de chapéu de palha e trajes caricaturais.[22]

Mas Sinatra podia ser dar ao luxo de estabelecer as próprias regras, e de vetar um tipo de música na Reprise — sem dó nem piedade: "Com efeito, Frank nos proibia de contratar qualquer artista de rock 'n' roll", recordou Ostin. "Ele era muito inflexível nessa questão."[23]

Mickey Rudin abriu um processo contra a Capitol em nome de Frank, alegando restrição de comércio e violação da emenda Robinson-Patman, que regulamentava preços discriminatórios. O processo exigia que a empresa cessasse imediatamente sua campanha de dois por um, que prejudicava o desenvolvimento inicial da gravadora, estabelecendo "condições de mercado que forçavam a Reprise a ajustar seus preços em um patamar 'estabelecido pelo réu'",[24] segundo escreve Arnold Shaw. Sinatra reivindicou 1,05 milhão de dólares de indenização pelos prejuízos.

Menos de um ano antes, Frank e Marilyn Monroe tinham vivido um romance, navegando no iate dele enquanto liam a revista *Look*; mas se separaram algum tempo depois. A personalidade caótica de Marilyn se mostrou demais para Frank, e o noivado com Juliet Prowse a magoou muito, tocando inseguranças profundas a respeito de sua idade (Prowse era dez anos mais nova) e do próprio corpo (Marilyn considerava suas pernas curtas e grossas demais, em comparação às longas e atraentes de Juliet).[25] Quando o noivado foi desfeito, Frank e Marilyn ainda se viram algumas vezes, mas os dois já haviam encontrado outras atividades: Frank em sua turnê mundial (e Ava); e Marilyn com o presidente dos Estados Unidos.

Segundo todas as evidências, a relação entre Marilyn Monroe e Jack Kennedy foi mais uma espécie de fantasia mútua, de ícone para ícone, do que qualquer outra coisa — e uma fantasia mais dela do que dele. "Bem, não foi uma coisa importante da parte dele",[26] disse o senador George Smathers, amigo íntimo de

Kennedy, a respeito do envolvimento de JFK com Marilyn. Na verdade — apesar da insistência de tabloides vendidos em supermercados e de uma miríade de biografias de Monroe e Kennedy, e a despeito das divagações idólatras de Marilyn sobre o presidente numa série de livres associações de palavras registradas numa gravação divulgada em 1997 —,[27] parece que os dois se encontraram exatamente quatro vezes. O primeiro encontro aconteceu em outubro de 1961, numa festa oferecida a Kennedy na casa de praia de Pat e Peter Lawford em Santa Monica (para provocar o cunhado, Lawford também convidou Kim Novak, Janet Leigh e Angie Dickinson); o segundo, num jantar para o presidente em Manhattan, em fevereiro de 1962. Em nenhuma das duas ocasiões ela teve momento íntimo algum com Jack Kennedy.

O terceiro encontro ocorreu durante o infame fim de semana de 24 a 26 de março: enquanto JFK se hospedava na casa de Bing Crosby em Palm Desert (e Frank afogava as mágoas nas Bermudas), Marilyn Monroe — convidada por Peter Lawford — encontrou-se com Kennedy em circunstâncias mais íntimas, pela primeira vez.[28] "Ela passou a noite nos aposentos do presidente",[29] informou Barbara Leaming. Podemos inferir que rolou sexo, mas não sabemos ao certo. A singularidade da ocasião foi confirmada por diversas fontes, que incluem ex-agentes do Serviço Secreto, Lawford e o massagista e confidente da estrela, Ralph Roberts.[30]* Por estranhos meandros, o episódio foi uma espécie de traição dupla a Sinatra: um triângulo com um vértice ausente.

O quarto encontro entre os dois, quando Frank estava em Atenas, foi o mais breve de todos. Na noite de 19 de maio de 1962, diante de 15 mil pessoas em um evento de arrecadação de fundos para o Partido Democrata no Madison Square Garden, Marilyn subiu ao pódio num vestido coberto de lantejoulas colado ao corpo (sem nada por baixo) e cantou "Happy Birthday, Mr. President", na voz ronronada que era sua marca registrada. A apresentação foi tão incendiária que todos os presentes (Jacqueline Kennedy não estava lá na ocasião) imaginaram, e muitos desde então, que os dois estavam tendo o mais tórrido caso de amor. (Ao assumir o pódio depois da canção, o presidente disse: "Depois de ouvir alguém cantar 'Happy Birthday' para mim dessa forma tão meiga e bonita, já posso até

* De forma bem indiscreta, Monroe telefonou para Roberts da casa de Crosby para pedir orientação sobre o problema nas costas de "um amigo"; instantes depois, o estupefato massagista estava na linha com um homem que falava exatamente como JFK. (N. A.)

me retirar da política".)[31] Mas o momento carnal já havia passado; aquilo era só espetáculo. Depois da festa, numa reunião repleta de celebridades no apartamento de Arthur e Mathilde Krim (ele, o presidente da United Artists, que JFK convencera a lançar *Sob o domínio do mal*; ela, cientista e pesquisadora que mais tarde realizaria um valioso trabalho no estudo da aids), o Kennedy que mais se aproximou de Marilyn foi Bobby.

De acordo com Arthur Schlesinger, também presente no apartamento dos Krim naquela noite, aquele foi o primeiro encontro de RFK com Monroe. E segundo Adlai Stevenson, também presente, ele e Bobby ficaram fascinados. Em carta a um amigo, Stevenson descreveu seus "encontros perigosos" com Marilyn na festa, "vestida com o que ela definiu como 'pele e miçangas'. Eu não vi as miçangas! Meus encontros, porém, só aconteceram depois de romper as fortes defesas estabelecidas por Robert Kennedy, que pairava em torno dela como uma mariposa ao redor da chama de uma vela".

"Todos éramos mariposas ao redor de uma vela naquela noite", escreveu Schlesinger.

> Acho que nunca vi uma pessoa tão linda; fiquei encantado com seu jeito de ser e sua sagacidade, ao mesmo tempo tão mascarada, tão ingênua e tão penetrante. Mas era possível sentir uma terrível irrealidade à volta dela — como se eu estivesse falando com alguém embaixo d'água. Eu e Bobby entramos numa divertida competição pela atenção dela; Marilyn pareceu encantada por ele e simpática a mim — mas logo se refugiou em sua própria névoa cintilante.
>
> Havia alguma coisa nela ao mesmo tempo mágica e desesperada.[32]

A forte atração que homens poderosos e inteligentes sentiam por ela (incluindo Sinatra e Arthur Miller) ia além do óbvio, mas era sempre provocada pelo óbvio. A magia era inebriante, mas o desespero aparecia logo em seguida. E só Frank reconheceu uma parte de si mesmo naquilo, algo de que ele não gostava de jeito nenhum.

Quanto ao presidente, depois daquela noite, Kennedy e Marilyn não se viram mais. Preocupado de que a exagerada performance do Madison Square Garden pudesse aumentar as fofocas a respeito dele com Monroe e chegar à imprensa, ele destacou membros de sua equipe para suprimir as notícias e distanciá-lo em definitivo da atriz.[33]

Costurada em seu vestido justíssimo, Marilyn era uma ilusão; naquela primavera e naquele verão, ela lutava uma desesperada batalha para se manter fiel à sua verdadeira personalidade. Estava doente, solitária e com medo; viciada numa série de medicamentos interativos perigosos, receitados por dois médicos diferentes (um deles seu psiquiatra — que já fora de Frank — e cunhado de Mickey Rudin, Ralph Greenson). Presa a um contrato considerado ruim, para estrelar um filme que não queria fazer, para um estúdio caindo aos pedaços, Marilyn se sentia cada vez mais insegura. O longa — uma refilmagem de uma comédia aloprada com Cary Grant e Irene Dunne, *Minha esposa favorita*, de 1940 — recebeu o título, bem a propósito, de *Something's Got to Give*. Dean Martin seria o ator principal. O roteiro era confuso e incoerente. O diretor era o grande, porém atarantado, George Cukor; o estúdio, a Twentieth Century Fox, sangrava dinheiro em duas frentes: em Roma, onde, em meio ao frenesi dos tabloides em torno de um desastroso romance entre Richard Burton e a cronicamente doente Elizabeth Taylor, os custos de produção de *Cleópatra* chegavam a astronômicos 30 milhões de dólares; e em Hollywood, onde as contínuas ausências de Marilyn Monroe — que estava muito doente, com sinusite crônica, insônia, viciada em drogas e aterrorizada — tinham transformado o cronograma da produção num caríssimo pesadelo.

Durante as sete semanas desde o início das filmagens de *Something's Got to Give*, Marilyn só comparecera ao trabalho cinco dias. Pelo cronograma, o filme estava 32 dias atrasado e com o orçamento estourado em 2 milhões de dólares. Em 9 de junho, quando Frank se apresentava na grande festa da princesa Grace em Monte Carlo, a Fox anunciou que estava demitindo sua atriz, substituindo-a por Lee Remick.[34] Naquela batalha entre duas superestrelas adoentadas, Monroe, participando de um filme muito mais barato, era simplesmente descartável. "É triste, mas nenhum estúdio nos dias de hoje pode manter Liz Taylor e Marilyn Monroe trabalhando ao mesmo tempo — em especial um estúdio que perdeu 25 milhões de dólares no ano passado",[35] declarou à Associated Press um executivo da Fox (ao que tudo indica, um porta-voz).

O mesmo executivo, que pediu para permanecer anônimo, previu que a demissão de Marilyn poderia significar o fim de uma fabulosa carreira.

> Marilyn diz que não consegue trabalhar porque está doente. Na verdade, acredito que Marilyn pensa que está doente.

Está tudo na cabeça dela, é claro, e talvez seu estado mental a torne fisicamente enferma. Acho que ela não consegue se controlar. Quer trabalhar, quer ser uma grande atriz, e é uma grande atriz.

Mas, seja qual for sua doença, isso não a deixa trabalhar.

Não estava tudo na cabeça dela. Ralph Greenson e outros médicos haviam tornado Marilyn dependente de estimulantes, tranquilizantes e medicamentos ansiolíticos cujos efeitos colaterais e sequelas a deixaram apavorada. Ainda por cima, a Fox sabia que tinha uma bomba nas mãos com *Something's Got to Give*. O roteiro era irremediável, e a lentidão das filmagens de Cukor era tão responsável pelos atrasos quanto as faltas de Marilyn. Segundo declarou mais tarde um dos produtores do filme, ela era "um peão — um peão interessante, um peão triste, trágico, engraçado —, mas um peão. E essa é a verdadeira história de Hollywood".[36]

Pouco depois de Marilyn ser dispensada, Dean Martin abandonou o projeto, alegando ser perda de tempo fazer um filme com alguém que não fosse Marilyn.[37] O filme nunca foi concluído.

Sinatra, que amava Marilyn à sua maneira, e entendia Hollywood tão bem como qualquer um, se pronunciou logo depois. "Para ser franco, não sei muito sobre o assunto", disse em Nova York em 18 de junho. "Mas, na minha avaliação à distância, existe uma pequena possibilidade de que Marilyn e Dean possam ter servido de bodes expiatórios. Talvez a empresa esteja querendo contentar os acionistas. No balanço geral, o público lucrou. Era um roteiro medonho."[38]

Quando voltou a Los Angeles, Frank fez o possível para ajudar Marilyn, disponibilizando seus advogados e informando que a Essex Productions estava se preparando para produzir o próximo filme da atriz. "Acho que seria bom", disse. "É uma boa companhia. Uma boa química. O público ficaria entusiasmado."

"Enquanto isso", escreveu David Lewin, do *Daily Express*, de Londres, "Marilyn Monroe segue tranquila cuidando da vida, o que no momento consiste basicamente em decorar sua nova casa perto do oceano Pacífico em estilo mexicano e ler roteiros que lhe são apresentados todos os dias."[39]

Um terceiro problema de Frank naquele verão — naquele estágio, mais um incômodo — era Sam Giancana, ainda às voltas com a intensa vigilância do FBI e furioso porque as promessas de Sinatra de intervir a seu favor com os Kennedy se mostraram inócuas. "Mentiroso de [imprecação]!", explodiu, numa conversa gravada com um camarada, referindo-se a Frank. "Nunca mais vou acreditar naquele [imprecação] [...]. Achei que o sujeito poderia ser boa gente. Mas eu devia saber que o sujeito ia me [imprecação]."[40]

Em dado momento, Johnny Formosa, subalterno de Giancana (e ocasional hóspede de Frank), sugeriu uma solução. "Vamos mostrar a eles", disse. "Vamos mostrar a esses maricas e imbecis de Hollywood que eles não podem agir como se nada tivesse acontecido. Vamos dar uma surra no Sinatra. Ou podemos dar uma surra naqueles outros dois caras. Lawford e Martin, e eu arranco o outro olho daquele preto."[41]

"Não", retrucou Sam. "Tenho outros planos para eles."

As restrições de Mooney eram significativas: os federais tinham erodido bem seu poder. No ano anterior, quando tentou pegar 3 milhões de dólares emprestados do fundo de pensão do sindicato dos caminhoneiros para uma grande reforma do Cal-Neva Lodge, Jimmy Hoffa em pessoa recusara a proposta. "Certa vez já cheguei a pegar 1,75 milhão de dólares dele em dois dias", choramingou Giancana a um amigo. "Agora, por causa dessa pressão, ele não me faz nem um favor. Não posso fazer nada por mim mesmo. Dez anos atrás eu podia pegar quanto dinheiro quisesse do sujeito, e agora eles não aceitam acordo nenhum."[42]

Muitas quantias foram divulgadas referentes àquela reforma: 3 milhões, 4 milhões de dólares; no outono de 1961 um artigo de jornal citou Hank Sanicola sonhando com uma reforma de 10 milhões no Cal-Neva, que incluía um novo hotel. Quando se misturam obras de construção e o crime organizado, não se pode apostar em previsões orçamentárias. Mas parece que Giancana conseguiu obter um empréstimo de 1,5 milhão de dólares do Banco de Nevada[43] (Skinny D'Amato foi gravado numa conversa a respeito) —[44] o suficiente para equipar o hotel com um heliporto no teto, um moderno salão de beleza, uma loja de roupas I. Magnin[45] e um "showroom luxuoso completamente novo",[46] como definiu um artigo sensacionalista do *Nevada State Journal* referindo-se ao novo Salão das Celebridades.

> A nova sala de espetáculos, parte do atual projeto de reforma e expansão de 3 milhões de dólares do clube, acomodará quase quinhentas pessoas no primeiro jantar acompanhado de um show e mais de setecentas para o segundo show, sem jantar.

> Os lugares se distribuem em quatro patamares, e a frente do palco foi projetada para descer ao nível do chão, para artistas que preferem trabalhar mais perto da plateia.

O artigo não menciona as mulheres que seriam trazidas de avião de San Francisco para trabalhar no negócio de prostituição, que funcionaria às claras na recepção.[47]

Mesmo sem sabermos se o custo chegou a 3 milhões ou ficou em 1,5 milhão de dólares, o gasto foi alto, e Giancana estava preocupado com o retorno. "Vou tirar meu dinheiro de lá e acabar com metade do clube sem dinheiro nenhum", disse a Johnny Rosselli, de forma um tanto enigmática. (Talvez ele quisesse dizer *ou*, e não *e*.) "Não vai fazer a menor diferença [...]. Aquele lugar nunca vai ser muito bom porque a temporada é muito curta."[48]

Isso era verdade. As pesadas nevascas da serra nas estreitas estradas das montanhas mantinham o resort fechado o inverno inteiro. Segundo Nancy Sinatra, Frank e os sócios decidiram que a melhor estratégia de lucratividade era "melhorar as estradas locais e desenvolver atividades de inverno",[49] transformando o Cal-Neva num resort que funcionasse o ano todo.

Mas Sam Giancana não estava falando de botas de neve e rampas de esqui, e ele era um dos sócios (se não, como alguns afirmaram, o verdadeiro proprietário),[50] apesar da troica oficial formada por Frank (que diziam ter 50% do resort), Sanford Waterman (16%) e Hank Sanicola (33%).

Mas Sinatra nutria altas esperanças. Independentemente de quais fossem os termos exatos do acordo com Giancana, Frank estava, pela primeira vez na vida, assumindo um papel ativo na administração de um hotel-cassino (sua participação no Sands era apenas formal: Jack Entratter e Carl Cohen — e os rapazes da Costa Leste — eram os que na verdade tocavam o show). Frank sentia-se orgulhoso de seu novo rebento, como definiu o repórter de cinema e TV da Associated Press James Bacon.

> As brumas da manhã mal tinham se levantado do lago Tahoe, no alto das Sierras da Califórnia.
>
> E lá estava Frank Sinatra, com uma planta na mão, dizendo ao carpinteiro onde montar uma divisória.
>
> Foi uma visão e tanto, mas não tão surpreendente quanto uma posterior, em outra manhã.

> Lá estava Sinatra no meio de um grupo de garçons, ensinando a maneira certa de tirar os pratos das mesas sem fazer barulho.[51]

Em algum momento, Frank levou Bacon para conhecer as dependências. "No ano que vem nosso hotel de oito andares já estará construído, e vamos ficar abertos o ano todo", vangloriou-se. Quando o repórter perguntou sobre as pesadas nevascas, Sinatra descartou a questão com um gesto de ombro, dizendo que era fácil arranjar transporte de helicóptero entre o Cal-Neva e o aeroporto de Reno, cerca de oitenta quilômetros dali.

"É como sempre digo", continuou Frank dirigindo-se a Bacon, "para ganhar dinheiro é preciso gastar dinheiro."

Sim, mas dinheiro de quem?

Naturalmente, o cassino, não a casa de espetáculos ou o hotel, seria a fonte de lucros do Cal-Neva. E no que dizia respeito ao cassino, Giancana não queria correr riscos. Em 2003, Anthony Summers entrevistou Dan Arney, copiloto do *Christina* nos anos 1960, sobre o que Arney chamou de "coleta rápida": "Eles ligavam e diziam que iríamos a Truckee-Tahoe, de lá ao Sands e depois a Burbank, o que significava que íamos recolher dinheiro", contou o piloto. "Lembro que uma vez havia três valises, e não pude deixar de dar uma olhada numa delas durante o voo. O dinheiro estava em pacotes de 10 mil."[52]

Outra estratégia de lucratividade.

Como era previsível, a inauguração em 29 de junho foi um sucesso, de acordo com a *Variety*. "A primeira aventura de Frank Sinatra no mundo dos negócios no norte de Nevada começou em bom ritmo", opinou a publicação semanal de entretenimento, destacando que a inauguração "atraiu uma multidão maior que a capacidade do lugar, incluindo muitos nomes dos negócios e do cinema de Hollywood".[53] James Bacon observou em outro despacho da AP que Juliet Prowse estava presente no palco quando Sinatra começou a cantar. "A elegante dançarina sul-africana chegou no avião particular de Sinatra, junto com o *restaurateur* Mike Romanoff, o estilista Sy Decore, os produtores Bill Perlberg e Bill Goetz, os atores David Janssen e Richard Conte e outros personagens de Hollywood", escreveu Bacon.

> Enquanto Sinatra empreendia uma turnê mundial de dois meses em prol de crianças desamparadas, a srta. Prowse saía com Eddie Fisher.

Quando voltou, Sinatra e a srta. Prowse tornaram a se encontrar. Aquilo reacendeu as especulações românticas, mas ambos afirmaram que os encontros eram apenas de bons amigos.

Em uma apresentação num domingo depois da meia-noite, Sinatra mal havia aberto a boca quando várias matronas que ocupavam as mesas começaram a dar gritinhos, como colegiais.

Era uma reminiscência dos dias da Segunda Guerra Mundial — talvez as mesmas garotas —, da época em que Sinatra era o rei dos desmaios.

Em um momento do show, ele pediu a um garçom na coxia que trouxesse um chá com mel.

Lá veio o inexpressivo comediante Joey Bishop, de paletó branco, toalha no braço e uma xícara de chá.

"Frank", disse Bishop, "você não disse o que eu ia fazer quando me chamou para trabalhar no Cal-Neva. Preciso começar a ler melhor esses contratos."[54]

A manchete? As mais apaixonadas fãs de Sinatra tinham virado matronas. (O subtítulo: o Rat Pack não era mais o mesmo. Respondendo a rumores de que sua amizade com Sinatra tinha esfriado, Sammy disse: "Está tudo maravilhoso. Mas não posso mais passar a noite fora ou encontrar gente às cinco da manhã. Agora sou um homem casado".)[55]

E o subtexto tratava das alianças em mutação, com o Cal-Neva no centro. Por mais contundentes que fossem os sentimentos pessoais de Giancana em relação a Sinatra, a admiração do gângster pela música de Frank o fazia voltar pedindo mais. Às vezes, apesar de estar proscrito pelo Livro Negro, ele entrava escondido no Cal-Neva de helicóptero, segundo uma fonte —[56] não só para ouvir Sinatra, mas para encontrar a namorada, Phyllis McGuire, e, claro, para supervisionar seu investimento.

Tudo isso deixava Hank Sanicola muito nervoso. A licença de jogo do cassino estava em perigo, assim como seu vultoso investimento. Ele reclamou muito da situação naquele verão, e não quis guardar o sentimento para si mesmo.

Foi um verão movimentado no Cal-Neva, ainda que nem tudo tenha chegado aos jornais.

Na noite seguinte à inauguração, um assistente de xerife local chamado Richard Anderson foi ao hotel buscar sua mulher, Toni, uma atraente garçonete encerrando seu turno de trabalho. Os dois estavam casados havia três meses; antes disso, Toni teve um caso com Frank Sinatra. Mas, apesar de agora ela ser uma mulher casada, Frank — que, afinal, era seu empregador — continuou a tratá-la como se ainda tivesse direitos sobre ela. Anderson já o havia alertado a não se meter com a mulher dele.

Na noite de 30 de junho, o xerife assistente estava na cozinha do hotel, conversando com os lavadores de pratos enquanto esperava a esposa, quando Frank entrou e perguntou o que Anderson estava fazendo lá. Quando este respondeu que viera buscar sua mulher, Frank tentou expulsá-lo do local. Anderson se recusou a sair; o conflito esquentou. Na confusão que se seguiu, o xerife assistente deu um soco em Sinatra — tão forte que ele não pôde se apresentar nos dois dias seguintes. Em retaliação, Frank fez com que Anderson fosse suspenso da força policial.[57]

Duas semanas depois, o xerife assistente estava indo de carro com a mulher a um jantar quando um automóvel em alta velocidade vindo em sentido contrário tirou o carro do casal da estrada, que bateu numa árvore. Richard Anderson morreu na hora. A esposa, jogada para fora do carro, sofreu múltiplas fraturas. O outro veículo envolvido — um conversível marrom com placa da Califórnia, segundo uma testemunha —[58] não parou, e o motorista não pôde ser identificado.

Marilyn Monroe vivenciou uma reviravolta quase miraculosa depois de ser demitida de *Something's Got to Give*. Uma semana após a demissão, executivos da Twentieth Century Fox, percebendo o valor do que estavam dispensando, mudaram de ideia e começaram as discussões sobre recontratá-la e revisar o roteiro do filme. Marilyn saiu da refrega parecendo uma vítima inocente, e claro que continuava sendo uma grande estrela: não parava de receber roteiros para avaliação; revistas formavam fila para fazer fotos e entrevistas. No final de junho e começo de julho, ela posou para o que se tornaria uma famosa série de fotografias de Bert Stern, contratado pela *Vogue*. Vistas hoje, as fotos mostram Marilyn, aos 36 anos, emanando um novo tipo de serenidade, uma beleza madura.

Porém, com Marilyn a serenidade era sempre passageira. Naquela primavera e verão, ela também fez uma série de contatos, sobretudo por telefone, mas pelo menos uma vez pessoalmente, com Robert Kennedy — que, "com sua curiosidade, sua simpatia, suas respostas diretas à aflição dela, de alguma forma penetrou como poucos naquela névoa cintilante", segundo escreveu Arthur Schlesinger.

> Eles se encontraram de novo na casa de Patricia Lawford em Los Angeles. Depois ela ligou para Bobby em Washington, usando outro nome. Estava quase sempre perturbada. [A secretária de Kennedy] Angie Novello conversou mais tempo com ela que o procurador-geral. Pode-se supor que Robert Kennedy habitou as fantasias do último verão de Marilyn.[59]

Já foi sugerido que uma dessas fantasias era de que Bobby Kennedy se casasse com ela.

O Kennedy mais jovem, tão atencioso quanto o irmão mais velho era promíscuo, parece ter tido uma tímida queda por Monroe; ela, por sua vez, parece ter sido atraída por ele de uma forma mais idealística que física. Certa ocasião, quando Marilyn perguntou ao seu massagista e confidente Ralph Roberts se ele tinha ouvido boatos de que ela e Bobby estavam tendo um caso, ele respondeu: "Não dá para não ouvir. É o assunto de Hollywood". Ela replicou: "Bem, não é verdade. De qualquer forma, ele é frágil demais para mim".[60]

Teriam eles dormido juntos? Teria o Savonarola de Washington, inimigo jurado de Frank Sinatra, nêmesis de Sam Giancana, escorregado e caído por Marilyn Monroe? Na gravação de livre associação de palavras que Marilyn fez para seu psiquiatra, Ralph Greenson, na primavera ou verão de 1962, ela se referia a Jack Kennedy em termos idólatras ("Marilyn Monroe é um soldado. Seu comandante em chefe é o maior e mais poderoso homem do mundo"), para depois observar:

> Fico feliz que ele tenha Bobby a seu lado. É como na Marinha — o presidente é o capitão e Bobby seu imediato. Bobby faria qualquer coisa pelo irmão, assim como eu. Eu nunca o envergonharei. Enquanto eu tiver memória, terei John Fitzgerald Kennedy. Mas Bobby, doutor, o que eu faço com Bobby? Como pode ver, não há lugar para ele na minha vida. Acho que não tenho a coragem moral de encarar isso e magoá-lo. Queria que outra pessoa contasse a ele que está terminado. Tentei induzir o presidente a fazer isso, mas não consegui falar com ele. Agora estou contente por não ter conseguido... ele é muito importante para se pedir uma coisa dessas.[61]

Tudo isso é muito excitante — só que essas palavras não saíram da própria fita, mas de uma transcrição "quase literal"[62] feita pouco depois da morte de Marilyn por John Miner, chefe do departamento de medicina legal do gabinete da procuradoria do distrito de Los Angeles, revelada por ele 35 anos depois para Seymour Hersh, autor de investigações e denúncias de corrupção sobre Kennedy. RFK pode ter escorregado, MM pode ter se deixado levar por suas fantasias, mas são inúmeras as variáveis intervenientes no relato — a transcrição de uma fita de livre associação de palavras, feita para um médico insistente, por uma atriz de ego fluido e sob influência de diversas drogas diferentes — para ser levado a sério.

O certo é que, naquele verão, Monroe voltou a se relacionar com o amor de sua vida, Joe DiMaggio. Os dois tinham mudado nos dez anos desde que se divorciaram, e naqueles dias de junho e julho que passaram juntos eles voltaram a se encontrar como pessoas diferentes. Marilyn falou com DiMaggio sobre suas preocupações com Greenson. Pode ter dito menos sobre a associação do psiquiatra com um fornecedor de fármacos, um interno chamado Hyman Engelberg, sempre de prontidão para abastecer Marilyn com "doses de juventude" — uma combinação de tranquilizantes e anfetamina —[63] e outras injeções para ajudá-la a dormir à noite. Engelberg também se sentia meio dono da atriz, e em algumas ocasiões assumia a função de medicá-la independentemente das instruções de Greenson.[64]

Em algum período no final de julho, Monroe passou um fim de semana no Cal-Neva. Os relatos acerca de sua estadia contêm diferenças radicais.

Quase todos asseguram que Marilyn passou o último fim de semana do mês no resort, entre 27 e 29 de julho — uma ideia comovente em si, pois foi também o último fim de semana de sua vida. Mas essa afirmação quase certamente não é verdadeira.

De acordo com Donald Spoto, os Lawford convidaram Marilyn para se hospedar com eles no Cal-Neva entre os dias 27 e 29, e ela aceitou com prazer, telefonando a DiMaggio e pedindo-lhe que a encontrasse lá. Outros dizem que foi Frank Sinatra quem a convidou para ir ao Cal-Neva, pois estava preocupado com ela, e que DiMaggio não estava lá. "Frank é uma pessoa muito, muito solidária", disse depois Mickey Rudin. "Ele trouxe Marilyn ao Cal-Neva para que ela se divertisse um pouco, esquecesse um pouco os problemas."[65]

Todos os relatos concordam que Peter e Pat Lawford estiveram com Monroe no resort — apesar da desavença entre Frank e Lawford. Se isso for verdade, o fim de semana em questão teria de ser o de 20 a 22 de julho (a *Variety* registrou a presença do casal lá nessa data),[66] não o dos dias 27 a 29. E embora Joe DiMaggio tenha estado na região do lago Tahoe em algum momento no fim de semana de 20 a 22, ele não ficou hospedado no palácio dos prazeres de Frank.[67]

As notícias dos jornais confirmam a presença de DiMaggio no Harrah's, na margem sul do Tahoe, naquele fim de semana,[68] e um ex-chefe dos garçons do Cal-Neva chamado Ray Langford lembra que ele ficou hospedado no Silver Crest Motel, na mesma estrada, não no hotel de Sinatra.[69]

Joe D. era amigo íntimo de Skinny D'Amato, que estava para o Cal-Neva assim como Jack Entratter e Carl Cohen estavam para o Sands. Mas DiMaggio acabou vindo a odiar Sinatra, seu antigo parceiro de bebedeiras, que ele considerava mais um impostor de Hollywood — e que sabia ter tido um caso com Marilyn.

Totalmente alheio ao reatamento da atriz com DiMaggio, Frank não gostou de saber que Joe estava nas imediações. "Se o cara não a quer mais, por que não deixa a mulher em paz, porra?", gritou. "Ele só está piorando as coisas aqui."[70] E por que DiMaggio estaria no lago Tahoe, senão para se encontrar com Marilyn? Ao que tudo indica, ele foi até lá para ficar de olho na ex-mulher, não para ficar com ela: rondou pelas imediações do Cal-Neva naquele fim de semana e foi pescar com Ray Langford, mas não foi visto no hotel.

Mas parece que Sinatra ficou perto de Monroe. Um ex-segurança do Cal-Neva recordou:

> O sr. Sinatra pediu que fosse preparada uma refeição especial para ela — muita comida, um filé com batatas e cheesecake. Foi à cozinha e montou um cardápio para todos os dias que ela ficaria lá. Sei que a refeição foi mandada ao chalé dela. O sr. Lawford atendeu à porta do quarto de Marilyn. O garçom não a viu. A bandeja voltou para a cozinha duas horas depois. A única coisa que tinha sido comida era o cheesecake, e alguém disse que foi o sr. Sinatra que o comeu.[71]

O mesmo funcionário relatou que,

> quando pôs os olhos em Marilyn, Frank ficou alarmado ao ver quanto ela parecia deprimida. Falou por telefone com o psiquiatra dela aos gritos, dizendo: "Que espécie de tratamento você está fazendo com ela? Ela está péssima. É para essa merda que ela está te pagando? Por que ela não está em alguma instituição de saúde ou coisa parecida?".[72]

Dois boatos insistem em rondar o fim de semana de Monroe no Cal-Neva: que ela teve uma overdose de barbitúricos, e que se envolveu em relações sexuais (possivelmente perversas) com Sam Giancana, e talvez também com outros mafiosos.

Quanto à primeira história, Spoto a define como "indecente e infundada".[73] Porém, um ex-funcionário da cozinha do hotel relatou ter recebido um telefonema histérico de Peter Lawford:

> "Traga logo um café aqui para o chalé 52", ele gritou ao telefone, e desligou [...]. Não se passaram nem dois minutos e foi a vez de o sr. Sinatra gritar ao telefone: "Onde está esse maldito café?". Depois fiquei sabendo que eles estavam no 52, andando com Marilyn de um lado para outro, tentando acordá-la.[74]

Lawford também contou a Kitty Kelley: "Tive um rápido encontro com Frank quando levamos Marilyn ao Cal-Neva, mas ele ficou tão furioso com ela depois da overdose e da lavagem estomacal que começou a esbravejar com todo mundo".[75]

Quanto ao segundo boato, Anthony Summers e Robbyn Swan afirmam que Giancana estava no Cal-Neva naquele fim de semana, e que Frank teria tirado uma série de fotos chocantes com sua câmera, mostrando (de acordo com o fotógrafo Billy Woodfield, que disse ter revelado o filme) "Marilyn de quatro. Ela parecia doente. E Sam Giancana estava montado nela, como se fosse um cavalo, ou tentando ajudar — não consegui entender bem".

Woodfield disse que Sinatra tirou o isqueiro do bolso e queimou a foto na frente dele.[76]

É uma história horripilante; porém, mais uma vez, faltam provas diretas — nesse caso, do próprio incidente, e mesmo da presença de Giancana no Cal-Neva nos dias em que Monroe esteve lá. Betsy Duncan Hammes, uma testemunha confiável, próxima tanto de Giancana como de Sinatra, afirma que Mooney não estava presente. "Eu estava no lago Tahoe naquele fim de semana e vi Marilyn jantando", relatou. "Giancana e sua turma não estavam lá, eu teria sabido se eles estivessem."[77]

Mas Giancana estava lá, e logo voltaria.

Que importa qual foi o fim de semana que Marilyn Monroe passou no Cal-Neva?

Marilyn se encontrava num estado de espírito delicado e instável naquele verão — "Ela podia sofrer uma crise pelo que tinha comido no almoço, de tão emocional e estressada que estava",[78] disse Mickey Rudin, que foi advogado tanto de Marilyn como de Sinatra.* No relato de Peter Lawford, Frank lavou as mãos em relação à atriz quando ela partiu do lago Tahoe.

Na versão de Donald Spoto, Monroe e DiMaggio passaram o último fim de semana de julho de forma romântica e em isolamento no Cal-Neva, durante o qual ele propôs que se casassem de novo e ela aceitou. "Marilyn e Joe marcaram uma data para o casamento, 8 de agosto, em Los Angeles", escreve Spoto, "e uma radiante Marilyn voltou para casa usando o pijama de Joe."[79]

É agradável pensar que as coisas poderiam ter acontecido dessa maneira — de pijama e tudo —, mas no último fim de semana de julho DiMaggio estava na Costa Leste, onde compareceu ao Dia dos Veteranos. E é pouco provável que sua proposta tenha acontecido antes ou durante o fim de semana anterior, quando Marilyn Monroe, segundo todos os relatos, não estava se comportando como uma noiva feliz.

É mais provável que ele tenha feito essa proposta na semana de 23 de julho, quando estava perto de San Diego, comemorando a formatura do filho, Joe Jr., no U. S. Marine Corps Recruit Depot.[80] De lá ele seguiu para a Costa Leste, só voltando para a Costa Oeste no dia 4 de agosto para um jogo de basquete beneficente em San Francisco. Em 25 de julho, Marilyn recebeu em sua casa o chefe de produção da Twentieth Century Fox, Peter Levathes, com boas notícias: recontratando pessoalmente a atriz para as filmagens de *Something's Got to Give*, com um salário mais alto. "Ele a achou muito simpática e razoável", escreve Spoto, "e quando já estava indo embora Marilyn disse uma coisa que ficou em sua lembrança durante anos: 'Sabe, Peter, de certa forma sou uma mulher muito infeliz. Todo esse absurdo de ser uma lenda, todo esse glamour e publicidade. De alguma maneira, sempre decepciono as pessoas.'"[81]

Frank chegou a pensar em se casar com Marilyn para salvá-la. "Ele achava que, se ela fosse sua esposa, todo mundo se afastaria, dando algum espaço para ela, permitindo que se recompusesse", comentou um amigo. "Ninguém vai mexer com Marilyn se ela for a sra. Sinatra", disse. "Ninguém se atreveria."[82]

* Assim como do cunhado do psiquiatra de Marilyn, Ralph Greenson. (N. A.)

"É verdade, Frank queria se casar com a mina", disse Jilly mais tarde. "Ele pediu e ela não aceitou."[83]

Marilyn estava se guardando para Joe.

Então veio o dia 5 de agosto, e aquela morte terrível, que num instante pareceu subtrair uma boa parte da beleza e da esperança do mundo. A infinita vulnerabilidade de Marilyn provocava amor e ódio, mas parece não ter deixado ninguém indiferente. Sua morte súbita foi uma espécie de fim da inocência, e de certa forma um presságio de coisas ainda piores por vir. Frank ficou "arrasado", contou seu criado pessoal. Joe DiMaggio também ficou arrasado, e além do mais furioso: com Hollywood, que tinha mastigado Marilyn e a cuspira fora, e com os "putos dos Kennedy", como ele os chamou aquele dia. "Ela era um brinquedo para ele",[84] segundo disse a um amigo. "Era de Bobby Kennedy que Joe estava falando", relembrou o amigo. "Ele o odiava. E odiava Sinatra — Joe falava muito mal de Sinatra."[85]

DiMaggio e a meia-irmã de Monroe, Berniece Miracle, concordaram que o funeral seria estritamente familiar, no Westwood Village Memorial Park no dia 8 de agosto — data em que Marilyn e Joe se casariam. Convidaram pouco mais de vinte pessoas: basicamente, como escreve o biógrafo de DiMaggio, Richard Ben Cramer, "pessoas que trabalharam para Marilyn — uma empregada, a governanta, a secretária, o motorista, o massagista Ralph Roberts, o psiquiatra Ralph Greenson (e família), o assessor de imprensa, os advogados, uns dois cabeleireiros e seu leal maquiador, Allan 'Whitey' Snyder".[86]

Patricia Lawford veio da Costa Leste para o funeral, onde estava hospedada na Casa Branca de verão, em Hyannis Port, só para ficar sabendo ao chegar que nem ela nem o marido (que fora a última pessoa a falar com Marilyn na noite de sua morte)[87]* tinham sido convidados. "Estou chocado", declarou Peter Lawford a James Bacon, da Associated Press. "Não sei quem foi o responsável, mas a coisa toda foi muito mal organizada."[88]

Joe DiMaggio foi o responsável. Nenhum astro ou estrela do cinema foi convidado. "Os encarregados da organização explicaram que, se convidassem

* As últimas palavras dela a Lawford foram: "Diga adeus a Pat, diga adeus ao presidente e diga adeus a si mesmo, porque você é um sujeito legal". Estranhamente, depois ela murmurou: "Vou ver, vou ver", antes de silenciar. (N. A.)

uma estrela, teriam que convidar várias, e que uma grande multidão teria transformado o funeral num circo", escreveu Bacon. Mas acrescentou, sem dúvida expressando os sentimentos de muitos em Hollywood: "A ausência de grandes nomes do cinema pode ter conferido um tom digno, quase solene, ao funeral, mas não pareceu uma despedida final para uma estrela da magnitude de Marilyn".

Inez Melson, amiga de Marilyn presente ao funeral, contou mais tarde que Frank chegou ao cemitério com seus guarda-costas e tentou entrar à força, depois tentou subornar pessoas.[89] Mas foi impedido.

Mickey Rudin, um dos convidados, foi se queixar a DiMaggio de que muita gente importante na indústria cinematográfica estava barrada, não apenas astros e estrelas. O que ele deveria dizer a essa gente?, perguntou.

"Diga que, se não fosse por eles, Marilyn ainda estaria viva",[90] respondeu DiMaggio.

Frank voltou para o Cal-Neva. Afinal, o lugar agora tinha seu nome no registro (em termos oficiais, era o Cal-Neva Lodge de Frank Sinatra); havia negócios a tratar. Joe E. Lewis, uma estranha presença naquele momento, com sua expressão trágica e suas piadas de bêbado, ia se apresentar no Salão das Celebridades no dia 9, seguido por Eddie Fisher.[91]

A vida continuava, de sua maneira quase sempre absurda. As manchetes ganharam tons sombrios com a morte de Marilyn, mas as seções de fofocas só estavam esperando os colunistas prestarem suas homenagens. No dia 6 de agosto, estranhamente justaposta à obrigatória primeira página sobre os trágicos eventos do fim de semana ("Legista e polícia investigam morte de Monroe"), muitos jornais publicaram uma avaliação dos primeiros dois anos da presidência de Kennedy escrita por Relman Morin, da Associated Press. Sob o título "JFK não se abala em sua calma", o artigo começava:

> O presidente John F. Kennedy parece ser o homem mais antitérmico de Washington esses dias.
>
> Enquanto o siroco político sopra quente vindo de Capitol Hill, Kennedy permanece gelado.
>
> Continua em sua cadeira de balanço, mastigando gelo do refrigerante, fumando uma cigarrilha tranquilamente enquanto avalia os dois anos de seu primeiro mandato na Casa Branca. Não há fissuras visíveis em sua calma de mármore.

Um ano antes, escreveu Morin, os Estados Unidos estiveram envolvidos em problemas de política externa, em especial com a crise de Berlim; agora o presidente encontrava-se acossado por questões domésticas aparentemente menores: o veto do Senado à emenda do Medicare; o engavetamento da emenda de fomento à agricultura e à educação; a lenta recuperação da economia depois da recessão do ano anterior. Mas, ainda que homens de negócios considerassem JFK contrário aos negócios e conservadores o chamassem de "socialista", a popularidade do presidente, que até pouco tempo antes estava em surpreendentes 79% (e tivera uma leve queda), continuava alta.[92]

Poucos fora do círculo interno de Kennedy sabiam do turbilhão atrás daquela fachada. A morte de Marilyn podia ter resolvido um grande problema potencial para o presidente, mas havia outro em ebulição. "A ligação dele com Judith Campbell Exner ainda era um segredo para o público", escreve Seymour Hersh, embora J. Edgar Hoover e dezenas de agentes do FBI

> agora soubessem do envolvimento de Kennedy com ela, e soubessem também que ela se encontrava regularmente com Sam Giancana e Johnny Rosselli. Hoover também sabia que um antigo funcionário da General Dynamics, uma das duas licitantes no contrato de 6,5 bilhões de dólares para a aeronave TFX [o caça F-111], tinha feito parte de uma equipe que invadira o apartamento de Exner em Los Angeles em agosto.[93]

Os assaltantes, argumenta Hersh, estavam buscando evidências que pudessem usar para chantagear o presidente e garantir o contrato para a General Dynamics.

E apesar das garantias de Nikita Khruschóv nos bastidores de que não estava enviando mísseis a Cuba, Kennedy continuava recebendo relatórios de inteligência sobre uma escalada militar soviética naquele país. Mais ainda, além da possibilidade de um conflito com Cuba reviver a questão da baía dos Porcos, prejudicando a imagem dos democratas nas eleições de meio do mandato e chamuscando as chances de JFK de reeleição em 1964, a Operação Mangusto, o plano para assassinar Fidel Castro — com ou sem a aprovação direta do presidente ou do procurador-geral —, ainda estava fresca na memória.[94]

Enquanto isso, Frank vivia outro entrevero com um fotógrafo.

Ele tinha voltado do Cal-Neva para Los Angeles na noite de 12 de agosto — uma semana depois da morte de Marilyn. Ao parar em San Francisco, levou uma turma de oito pessoas a uma boate chamada New Facks. Segundo testemunhas, o fotógrafo começou a tirar fotos quando "duas garotas não identificadas" se apoiaram no ombro de Sinatra. Frank disse alguma coisa ao homem, e seguiu-se o tumulto. De início todos os envolvidos negaram que Sinatra tivesse agarrado o fotógrafo, Jimmie Jaye Perrine, pelo colarinho e o jogado no chão. Em Los Angeles, Chuck Moses declarou: "Não houve contato físico, ninguém quebrou câmera nenhuma". O dono da boate, George Andros, disse que Sinatra apenas exigiu que o fotógrafo entregasse o filme. "Ele me deu a câmera e tirei o filme", lembrou Andros. "Frank estava absolutamente calmo."[95] Até o fotógrafo — que alegou estar tirando fotos de alguém ao lado de Sinatra, não dele — negou que o cantor tivesse encostado a mão nele. Foi outro "sujeito" que o agarrou, segundo Perrine; Frank chegou até a lhe dizer depois que sentia muito pelo ocorrido.[96]

Três dias mais tarde, Perrine abriu um processo de 275 390 dólares, alegando que Frank o havia esganado e destruído sua câmera.[97]

O que aconteceu de verdade? Teria Frank, como seria previsível, simplesmente perdido a paciência? Ou o fotógrafo — que depois fez um acordo em juízo de 2,5 mil dólares —[98] aproveitou uma oportunidade para ganhar um dinheiro rápido com o alvo mais visado do mundo artístico?

De certa forma, não faz diferença. Independentemente de quantos hospitais infantis Frank visitasse, de quantas benfeitorias anônimas realizasse, ele sempre agitava as coisas. Muita gente já falou sobre a eletricidade que se podia sentir no assoalho do Sands, e mesmo em toda a Las Vegas, quando Sinatra estava lá, inclusive antes de alguém saber de fato que ele estava lá. Confinada a um quarto de hotel, a um restaurante ou a uma pequena boate, num instante aquela eletricidade podia se transformar de uma leve faísca em uma explosão.

Logo depois, aconteceu um confronto muito maior. Segundo Nancy Sinatra, seu pai e Hank Sanicola estavam indo de carro de Palm Springs a Las Vegas quando Sanicola expressou sua preocupação quanto às visitas de Sam Giancana a Phyllis McGuire no Cal-Neva, em violação às regras do Livro Negro. Frank tentou garantir que Mooney só frequentava seu chalé e a casa de espetáculos, sempre longe do cassino, mas Hank não acreditava. O velho amigo de Sinatra se mostrou preocupado — as perdas do Cal-Neva estavam comendo os lucros da Park Lane Enterprises, a corporação que também produzia os filmes de Frank e da qual Hank tinha boa parte das ações.

Naquele momento, diz Nancy, seu pai insistiu em comprar a parte de Sanicola no hotel e em todas as outras participações. O único problema era que ele não tinha muito dinheiro para isso. Assim, cedeu a Hank a propriedade total de suas cinco empresas de copyright musicais: Sands, Saga, Marivale, Tamarisk e Barton, com um inventário total que, segundo Nancy, valia "bem mais de 1 milhão de dólares".[99] Sanicola mandou o motorista parar, pegou sua bagagem do porta-malas e ficou parado no acostamento da rodovia, vendo Frank Sinatra se afastar da vida dele para sempre.

Na versão de Sanicola, foi Frank que o mandou sair do carro.[100]

Só em tempos mais recentes Sinatra rememorou para o escritor britânico Robin Douglas-Home os dias em que era jovem, nos difíceis anos das profundezas da Depressão:

> Eu tinha dezessete anos, e andava por Nova York cantando com pequenos grupos em casas de beira de estrada. Corria a notícia de que havia um garoto na vizinhança que sabia cantar. Muitas vezes trabalhei a noite toda para ganhar nada. Ou talvez por um sanduíche e cigarros — a noite inteira por três maços [sic]. Mas sempre trabalhei em cima de uma premissa básica — continuar ativo, praticar o máximo possível. Conheci um caça-talentos chamado Hank Sanicola [...] que às vezes me dava cinquenta centavos ou um dólar para comprar comida. Por alguma razão, ele sempre teve muita fé em mim.[101]

Sanicola foi o braço direito de Sinatra desde o começo: pianista de ensaio, assessor musical, editor de música, guarda-costas, confidente e amigo. Essa talvez tenha sido uma relação que durou mais que qualquer outra na vida de Frank — é possível que ele tenha conhecido Hank antes de conhecer Nancy Barbato. Mas Hank começou a fazer exigências. De repente, itens perdidos em colunas de mexericos ganharam novo significado: antiguidades que Frank trouxera para Jilly e Honey da turnê mundial; o clube noturno em Miami que ele estava pensando em comprar com Jilly.[102] E Jilly, que não exigia nada, assumiu os três papéis mais recentes desempenhados por Hank.

Com Sinatra, apenas seus filhos e pais eram para sempre — e até eles faziam exigências incômodas.

O fato era que Frank estava sem dinheiro, e o Cal-Neva continuava sangrando suas finanças — não eram bons sinais. A Reprise também o sangrava. Muita coisa estava acontecendo em 1962 (e Frank continuava gastando como se seus recursos fossem infinitos), mas havia ainda mais por vir.

Cerca de duas semanas depois, Frank partiu para a Costa Leste para três noites de shows no 500 Club. Ele ia se apresentar com Dean (que começara a semana sozinho) num ato de caridade explícita para o velho companheiro Skinny D'Amato. Sammy se juntaria aos dois na última noite. O 500 — e na verdade todo o negócio de *nightclubs* — já vinha decaindo havia anos, vítima da televisão, dos inflados cachês dos principais artistas e de Las Vegas, onde o jogo era o cão que abanava o rabo do entretenimento. Sem um cassino adjacente, as boates (como a *Variety* as chamava) não eram mais que sorvedouros de dinheiro. Até Atlantic City vinha se dando melhor. Skinny tinha expandido o 500 Club para mil lugares na plateia em 1958, e desde então vira esses lugares sendo esvaziados a cada temporada. Foi uma atitude inteligente ter se associado ao Cal-Neva, onde conseguia obter algum lucro, ainda que não constasse dos livros contábeis.

Naquele mês de agosto, em Atlantic City, pairava no ar um clima decadente do tipo últimos-dias-de-Roma: não só foi a última vez que Frank, Dean e Sammy se apresentariam juntos no 500 Club como a cidade estava recebendo a visita de várias altas figuras do crime organizado, conforme observou um relatório do gabinete do FBI em Newark para J. Edgar Hoover,

> por dois propósitos, que são comparecer ao casamento da filha de ANGELO BRUNO [chefão da Máfia da Filadélfia] em 26 de agosto de 1962, e uma apresentação de FRANK SINATRA-DEAN MARTIN-SAMMY DAVIS JR. no 500 Club.
>
> FRANK SINATRA chegou a Atlantic City [...] para a apresentação acima mencionada com DEAN MARTIN e ficou no primeiro andar do Claridge Hotel [...] que tem

cerca de quarenta quartos. Os representantes de Sinatra não permitiram ninguém no andar, nem mesmo da gerência do hotel, a não ser se convidado [...].

SINATRA e MARTIN estavam se apresentando no 500 Club como um favor pessoal a PAUL D'AMATO, também conhecido como "SKINNY", sem receber pagamento, mas com todas as despesas custeadas por D'AMATO [...].

O avião particular de SINATRA pousou no aeroporto de Atlantic City [...] e ele saiu do aeroporto num carro sem identificação da polícia de Atlantic City.[103]

O relatório continuava, dizendo que Sam Giancana foi "visto [...] em um salão de jantar particular no andar de Sinatra no Claridge Hotel".

Uns dois dias depois, Hoover se deu ao trabalho de enviar um memorando rotulado como "PESSOAL" para o procurador-geral, Robert F. Kennedy. Dizia:

Enquanto conduziam investigação no Claridge Hotel em Atlantic City, Nova Jersey, em relação a uma investigação do nosso Programa de Inteligência Criminal, agentes do nosso escritório de Newark foram informados confidencialmente por um funcionário desse hotel que Frank Sinatra recebeu um telefonema pessoal do presidente John F. Kennedy em 23 de agosto de 1962.[104]

Fazia meses que os dois não se falavam. Estaria JFK tentando uma reconciliação? Parece que a telefonista do hotel completou a ligação do presidente, mas ninguém ficou ouvindo. "A natureza [do telefonema] não foi relatada",[105] observou um resumo posterior do FBI, de forma sucinta e eletrizante.

No final da tarde de 25 de agosto, o capitão da polícia de Atlantic City, Mario Floriani, dirigiu o automóvel que transportou os três artistas ao 500 Club, onde foram recebidos por uma multidão aos gritos.[106] Frank, Dean e Sammy fizeram cinco shows naquela noite, e o último começou já com o céu clareando sobre o mar. Na gravação de um dos shows, uma plateia bastante receptiva engole todas as tiradas do Rat Pack, ainda que agora algumas soem simplesmente mofadas:

FRANK [mudando a letra de "The Lady Is a Tramp"]: *She loves the free, fresh clyde in her bird, without a word** [...].[107]

Algumas, além de mofadas, grosseiras:

* Ver nota do autor na p. 21. (N. T.)

DEAN [para Sammy]: Não me toque! Pode cantar comigo e falar comigo, mas não me toque!

E outras recentes, porém grosseiras:

SAMMY [reclamando que só ele não tinha um banquinho para sentar]: Acho que Martin Luther King não vai gostar disso.

FRANK: Escuta aqui, você está querendo comprar um Ônibus da Liberdade* destruído? É barato.

Com uma resposta que ficou para a posteridade, Sammy rebateu na lata: "E eu achava que os italianos fossem liberais".

Depois da última apresentação, "Frank e seu entourage foram para a cidade com Skinny e Sammy", escreve Jonathan van Meter. Eram 8h15 da manhã.

> Eles pararam no Grace's Little Belmont, em frente ao Club Harlem, na Kentucky Avenue, para visitar a mãe de Sammy Davis Jr., Baby Sanchez, que na ocasião era garçonete no famoso clube de jazz, depois seguiram para o Timbuktu, na esquina da Kentucky com a Arctic Avenue, Frank distribuindo notas de cem dólares para todos os barmen, carregadores, porteiros, cozinheiros, garçonetes e atendentes de toalete que cruzavam seu caminho.[108]

Mesmo sem dinheiro, ele continuava sendo o *padrone*, e o maioral do show business, sem rival.

E a semana — com cinco noites de Dean, três de Dean com Frank e uma com Frank, Dean e Sammy — rendeu 175 mil dólares para Skinny D'Amato, um amigo que contava com bons amigos.[109]

"O procurador-geral está convicto — e não só ele — de que o crime do jogo paga outros crimes", dizia o editorial do *Morning Herald*, de Uniontown (Pensilvânia).

* Referência ao movimento Freedom Riders, do início dos anos 1960, quando negros começaram a ocupar lugares reservados aos brancos nos ônibus no Alabama. (N. T.)

> Kennedy declarou ao subcomitê do Senado no ano passado: "O crime organizado é alimentado por inúmeras atividades, mas a principal fonte de seu crescimento é o jogo ilícito".
>
> Essa é a principal razão para uma investigação do jogo em Las Vegas, Nevada, por um grande júri federal, onde o passatempo é legal. O procurador-geral está ruminando a possibilidade de que grandes escroques se tornaram proprietários secretos de algumas das arapucas de prazer de Las Vegas.[110]

Frank voou de volta para a Costa Oeste com o *Christina*, ainda seguindo a primeira lei de Newton. Na mesma noite em que chegou, no dia 26, cantou numa homenagem ao cinquentenário de Sam Goldwyn na indústria do cinema; na noite seguinte já estava na United Recording para gravar um single equivocado: "The Look of Love" — título de uma assanhada e logo esquecível canção de Sammy Cahn e Jimmy van Heusen, não o clássico de Hal David e Burt Bacharach —, e a outra faixa era uma música de dois compositores desconhecidos chamados George Cory e Douglass Cross, "I Left My Heart in San Francisco".

Sim, essa "I Left My Heart in San Francisco" mesmo. Tony Bennett a tinha gravado em janeiro, no lado B de um single cujo lado A, sua interpretação do clássico da Broadway "Once Upon a Time", de Lee Adams e Charles Strouse, não cativou ninguém quando as estações de rádio começaram a tocá-la em fevereiro. Mas, assim que os disc jockeys viraram o disco de 45 rotações, a homenagem de Bennett a San Francisco decolou e virou ouro, logo se tornando uma marca registrada do intérprete. Por que Frank escolheu gravar essa música, que já se tornara um sucesso na voz de Tony meio ano antes, é meio misterioso — só que Sinatra era Sinatra, e, apesar da relação entre os dois cantores ser marcada pelo comportamento dominador de Frank, Bennett, mais novo (nascido em 1926), o via como uma espécie de mentor. Frank deve ter achado simplesmente que era seu direito pegar seu quinhão: mais uma vez, o *padrone*.

Mas ele se enganou. A versão de Bennett espalhava poeira de estrelas, e a de Sinatra, embora seja bem cantada, não. Tony Bennett tinha (e continua tendo, enquanto escrevo) a rara habilidade de imprimir alegria a uma música, e alegria era uma flecha que Frank não tinha na sua aljava. (*Schadenfreude* — ao pé da letra, alegria com a desgraça alheia — ele tinha até demais: confira em "Goody, Goody", o irreverente e suingado número que ele cantou em quase todos os shows da turnê mundial, parecendo dedicar a música, cada vez mais, a Ava.)

Por alguma razão, é muito provável que por vergonha, Sinatra retirou o disco de circulação duas semanas depois de lançado.

A sessão de 27 de agosto mostrou também um desperdício dos talentos de Nelson Riddle, que fez arranjos agradáveis por baixo dos panos (embora seu contrato com a Capitol estivesse terminando, ele ainda tinha obrigações a cumprir), e o faz-tudo da casa, Neal Hefti, que foi o maestro. Até os fracassos de Sinatra despertam certo interesse, mas esse é uma exceção.

De Los Angeles ele voltou logo para o lago Tahoe, onde fechou o Salão das Celebridades para a temporada, depois de cantar no fim de semana do Dia do Trabalho e em mais três noites adicionais. Seu grande plano não incluía ficar até outubro, mas ele tinha muita coisa a fazer.

O cassino continuou aberto, sugando o sangue dos trouxas.

No dia 18 de setembro, a *Variety* formalizou a separação entre Frank e Hank, embora ainda com algum resguardo. "A associação de 28 anos entre Frank Sinatra e Hank Sanicola chegou a um ponto de azedume", noticiou o periódico especializado.

> Na esteira de rumores que circulam em Nova York acerca de um rompimento, Sanicola admitiu ontem: "Tivemos algumas discordâncias — sobre a operação do Cal-Neva. Mas vamos continuar conversando [...]". E acrescentou: "Pode estar tudo bem amanhã. Já aconteceu antes. Acho que sou o único sujeito que às vezes discorda de Frank".
>
> Contatado no set de filmagem de seu novo longa, *O bem-amado*, Sinatra foi mais longe que o habitual "sem comentários". Ele respondeu: "Ninguém tem nada a ver com isso".[111]

Mas Hank já tinha discordado demais. Estava tudo acabado.

No início daquele outono, uma caixa com o nome de remetente "London W1" aterrissou na mesa do chefe de direção artística da Capitol Records, Dave Dexter Jr. A caixa de papelão continha dezoito discos mandados pela parceira britânica da Capitol, a EMI, a serem considerados para distribuição pelo selo americano. Embora a Capitol não tivesse nenhuma política contra o rock — os Beach Boys estavam indo muito bem com eles —, Dexter não pensou duas vezes antes de recusar um dos discos, uma música chamada "Love Me Do", com um novo grupo inglês chamado The Beatles. O fato de o disco estar subindo nas paradas de sucesso no Reino Unido não quis dizer nada para ele: "Não gostei por causa das gaitas de boca", ele relembrou. "Não gostei das gaitas porque cresci ouvindo antigos discos de blues com gaitas, e eu simplesmente não [...] eu vetei o disco na mesma hora."[112]

O bem-amado fora um grande sucesso na Broadway quando Frank se comprometeu a trabalhar na versão cinematográfica no começo do ano, e ainda era encenado no Brooks Atkinson Theatre quando a produção do filme teve início, em meados de setembro. Foi a primeira peça teatral de Neil Simon, uma comédia agridoce e autobiográfica sobre um playboy que ensina suas aptidões mundanas ao irmão mais jovem, inocente e influenciável. Sinatra, é claro, era o retrato natural do playboy — o papel ecoava sua interpretação em *Armadilha amorosa* —, embora seu personagem, Alan Baker, devesse ter pouco mais de trinta anos. O grande Lee J. Cobb assinou para interpretar o pai de Alan. Cobb, um ator sério adepto do Método (coisa que Frank realmente não era), era só quatro anos mais velho que Sinatra. Um iniciante de 22 anos chamado Tony Bill, que nunca havia atuado profissionalmente, foi escalado para interpretar Buddy, o irmão mais novo de Alan. (Nancy Sinatra, querendo imprimir um impulso muito necessário na carreira do marido, fizera pressão para Sinatra contratar Tommy Sands para o papel; Frank concordou, mas depois de insistentes argumentos do roteirista Norman Lear e do diretor Bud Yorkin contra Sands, o desventurado genro foi recusado.)[113]

Por diversas razões, o projeto já começou fora do tom.

A Paramount iria distribuir o filme; a empresa de Frank, a Essex, coproduziria o longa com a Tandem, uma nova empresa dirigida por Norman Lear e Bud Yorkin, dois veteranos de comédias de televisão, mas relativamente recém-chegados ao cinema. Lear e Yorkin (escalado para dirigir seu primeiro filme) precisaram ser bastante persuasivos para convencer Sinatra a interpretar o papel: havia a questão da diferença de idade, além do que Buddy, o irmão mais novo (e alter ego de Neil Simon), tinha o papel mais importante no original. Lear teve que mexer um bocado na peça — e Simon não ficou contente.

Já pouco à vontade em comédias, em *O bem-amado* Sinatra estava entrando num novo território. Neil Simon começara a carreira escrevendo para *Your Show of Shows*, de Sid Caesar, e Norman Lear já escrevera para Dean Martin e Jerry Lewis, entre outros comediantes (seu parceiro de trabalho Ed Simmons criou a persona de Dean como bêbado). Bud York também tinha trabalhado para a dupla Dean e Jerry, como produtor e diretor, em *The Colgate Comedy Hour*. Aos 36 anos, Yorkin sentiu-se intimidado diante da nova incumbência, e inseguro sobretudo diante da perspectiva de dizer a Frank Sinatra o que ele deveria fazer — "Com certeza eu não queria dar uma de importante",[114] lembrou. Mas Frank o surpreenderia, desde o primeiro dia de filmagem.

Sinatra instruiu o diretor novato sobre como deveria proceder: Yorkin ensaiaria antes todas as cenas em que Frank participaria; este então assistiria a Yorkin interpretando a cena, fazendo o papel dele. Depois Frank atuaria para as câmeras. Só uma vez.

No primeiro dia de filmagem, a primeira cena era uma conversa entre Sinatra e Lee J. Cobb. Yorkin interpretou o papel com Cobb antes de Sinatra entrar, conduzindo a cena da forma padrão: duas tomadas em plano médio de Sinatra e Cobb, seguidas de dois close-ups, um por cima do ombro de Cobb, outro por cima do de Frank. "Ele entrou, sentou e ficou assistindo", relembrou Yorkin, "e disse: 'É, acho que funcionou bem'. E prosseguiu, logo depois: 'Mas tenho algumas sugestões'."[115]

Sinatra propôs que a cena fosse filmada em uma tomada contínua, com a câmera se aproximando dos dois de forma gradual. "Aí ele disse: 'E se eu entrasse e falasse desse jeito?'", continuou Yorkin. "Logo percebi que duas tomadas seriam cortadas. Porque ele gosta de trabalhar depressa." Sua preocupação era que aquela tomada única não ficasse perfeita. "Ele me ferrou." Como era novato na direção, Yorkin queria ter mais opções.

> Então eu disse: "Puxa, acho que podemos fazer desse jeito também, mas eu gostaria de fazer primeiro do meu jeito". Ficamos na maior expectativa quanto à reação dele. Frank disse: "Não há razão para fazer dos dois jeitos. Só existe um jeito certo. Os diretores da antiga gostavam de ter mais opções, mas você não precisa de nada disso". Ingênuo como eu era, repliquei: "Eu meio que acho que preciso disso". E comecei a explicar.

Frank o interrompeu. "Bom, se você pensa assim, então acho que todo mundo tem esse direito", disse, e saiu — para a maquiagem, pensou Yorkin.

Após algum tempo — a cena estava iluminada; Cobb estava a postos —, Yorkin disse: "Bem, meninos, vamos lá". Mas Sinatra não estava à vista. "Eu disse: 'Pessoal, estou aqui esperando. Vamos trazer Sinatra para a cena'. E eles disseram: 'Ele foi embora'."

"Eu disse: 'Como assim, foi embora?'. Eles responderam: 'Simplesmente saiu com o carro do estacionamento'. E eu: 'Meu Deus, não acredito. Minha carreira acabou antes mesmo de ter começado'. Não dormi a noite toda."

"Na manhã seguinte", prosseguiu Yorkin, "quando cheguei, um dos rapazes se aproximou e disse: 'O chefe quer falar com você'."

Yorkin foi até o camarim de Sinatra, apavorado.

> Frank disse: "Sente-se, Bud. Deixe eu fazer uma pergunta. Alguém já lhe disse que às vezes é difícil trabalhar comigo? Você já ouviu falar disso?". Respondi: "Sim, já ouvi". Ele continuou: "Alguém já lhe disse que não gosto de fazer um monte de tomadas e coisas assim? Acho que você não precisa de muitas. Já ouviu falar sobre isso?". Respondi: "Sim, claro. Já ouvi falar sobre isso".
>
> Então Frank disse: "Já ouviu falar que às cinco da tarde é hora do martíni? A gente pode estar no meio de uma cena, mas para mim acabou, pois é hora do martíni. Já ouviu falar disso?". Respondi: "Sim, já ouvi". E ele disse: "Ora, meu Deus, se já ouviu falar de tudo isso, por que não convidou Howard Keel para o papel?".

Yorkin relaxou. Sinatra também. "Frank bateu palmas e disse: 'Vamos logo com isso!'. E foi assim que me tirou da sinuca de bico", lembrou Yorkin. E foi assim que voltaram ao trabalho, fazendo quase tudo do jeito de Frank — mas o talentoso diretor bolou um método surpreendente para conseguir outras tomadas de Sinatra quando necessário.

"Ele não se deixava enganar", contou Yorkin.

> Sabia quando a cena não tinha funcionado, se havia esquecido uma fala ou coisa assim, e sabia que, óbvio, teria de filmar mais uma vez. Mas, se eu achasse que ficara faltando alguma sutileza, não podia dizer a ele: "Eu gostaria de fazer mais uma tomada".
>
> Então, o que fiz uma vez [...] depois de uma cena, eu disse: "Puxa, acho que podemos melhorar". E ele replicou: "Ah, acho que ficou muito bom". Aí eu disse: "Olha, vou dizer uma coisa. Sua mãe e minha mãe só notariam alguma diferença

se alguém escrevesse nosso nome errado. Minha mãe vai adorar essa cena, e com certeza sua mãe também. Mas Billy Wilder vai perceber que nós fodemos a cena". A essa altura ele disse: "Tudo bem, uma para o Billy Wilder; vou repetir desta vez, pelo Billy Wilder". Depois disso, nunca mais tivemos uma discussão, literalmente.

Mas talvez devessem ter discutido mais. *O bem-amado* é até divertido de assistir, sobretudo pelo esplendoroso mocó de solteiro do personagem de Frank, com um banheiro de ônix e um closet luxuoso e imenso que já valem o preço do ingresso — e parecem bem sinatrianos, assim como os muitos ternos pretos com tonalidades alaranjadas de Alan. Mas, como filme, não *funciona*; parece uma sitcom espichada, o que não é surpreendente, dado o pedigree dos cineastas. Há algumas partes engraçadas, Frank está relaxado e encantador — faz até uma boa imitação de Bogart —, mas com o rosto enrugado e encaroçado, devastado sob qualquer iluminação, ele é muito velho para o personagem, e também velho para ainda estar fazendo o papel de solteirão. (Se bem que a idade não o impedira de ter um flerte com Jill St. John, uma *starlet* de 22 anos que alegava ter QI de gênio e interpretava a vizinha sensual e doidinha do andar de cima.)

O esquema de vaudevile, com diferentes namoradas aparecendo em momentos inconvenientes, já explorado em *Armadilha amorosa*, àquela altura já estava bem desgastado. Mas uma aparição é especialmente interessante: Phyllis McGuire, no pequeno papel da sra. Eckman, a compradora de Dallas que é também uma das transas eventuais de Alan. Quando aparece na porta dele, furiosa por ter tomado um cano, e espeta o salto alto nos dedos dele para fazer com que ele confesse seus pecados, ela é uma *dominatrix* realista e assustadora — efeito ampliado por sua altura (mais alta que Frank naqueles saltos), a expressão cruel de feições lisas e olhos felinos, a cintura de vespa, o vestido todo preto (inclusive com luvas de couro pretas até os cotovelos) e um casaco de leopardo jogado no ombro. É uma caçadora, e Alan parece um coelho assustado em suas garras — e só consegue convencê-la a sair do apartamento na lábia.

Na vida real, McGuire era a assustadora namorada de Sam Giancana, e Mooney certo dia visitou o set, todo orgulhoso, para vê-la trabalhar, pondo Frank numa situação difícil, como recordou Yorkin de forma bem vívida. "Frank veio me dizer: 'Escuta... enquanto estivermos filmando, você precisa dizer à equipe para não fazer piadas, vamos só filmar essa coisa e acabar logo com isso'."

Giancana ficou lá o dia inteiro, e se comportou muito bem. "Ele pareceu bem simpático", contou Yorkin, lembrando que Sinatra estava nervoso como um colegial: "Frank disse: 'Ei, arranje uma cadeira de diretor para ele; deixe-o ficar ali'. Pegamos uma cadeira de lona e lá ficou ele, assistindo à cena".

Talvez a expressão de medo de Sinatra na cena com Phyllis McGuire não tenha sido forçada. Em suas memórias, Shirley MacLaine descreve um aterrorizante encontro nos bastidores com Giancana, num show de Sammy Davis Jr.: sem nenhuma provocação, o mafioso torceu o braço dela atrás das costas, e quando Sammy pediu que a largasse, Mooney deu um soco forte no estômago dele, de tirar o fôlego. "Fiquei confusa", escreve MacLaine.

> Sammy estava com dor. Meu braço tinha sido retorcido. Aquele homem parecia um monstro [...]. Anos depois, vi Giancana com uma mulher que ele amava. Fiquei surpresa em ver como ela se portava com aquele homem. *Dominatrix* seria uma descrição eufemística. Na frente de Giancana, ela se referia a ele como "um chupador de pau nojento, tão covarde que adorava ser chicoteado". E ele engolia. Por alguma razão, aquilo fez um sentido inverso para mim. Os que dominavam adoravam ser dominados. Eu o entendi um pouco melhor.[116]

Será que Frank gostava de ser dominado? Sem dúvida estava ansioso para agradar a Sam Giancana, ainda mais naquele outono — quando, como indicou um memorando de outubro do FBI, ele deixou o *Christina*, um automóvel e sua casa de Palm Springs à disposição do gângster e sua amada dama: "Às 3h16 de 26 de setembro de 1962", começava o memorando, num estilo portentoso, "PHYLLIS MCGUIRE foi vista descendo de um avião particular no aeroporto de Palm Springs e sendo recebida por três homens desconhecidos numa caminhonete identificada como um Buick 1962 com placa da Califórnia número XDP318".[117]

McGuire entrou na perua, de propriedade da Essex Productions, de Sinatra, e o veículo se dirigiu aos arredores do Tamarisk Country Club, onde foi avistado pouco depois, estacionado no pátio do complexo de Frank. Na opinião dos agentes de vigilância no aeroporto, um dos homens que receberam o avião de McGuire era Sam Giancana.

Enquanto Sam e Phyllis relaxavam no deserto (ou faziam o que costumavam fazer), Frank se dedicava ao que mais gostava, com algumas das pessoas de que mais gostava. Nas noites de 2 e 3 de outubro, ele se reuniu com Neal Hefti e a orquestra de Count Basie — que incluía, além do majestoso William J. Basie, de Red Bank, Nova Jersey, grandes nomes como o trompetista Thad Jones; o trombonista Benny Powell; os saxofonistas Frank Wess e Frank Foster; o guitarrista Freddie Green; o baixista Buddy Catlett; e o baterista Sonny Payne — para gravar dez faixas de seu mais recente álbum pela Reprise.

O LP se chamaria *Sinatra-Basie: An Historic Musical First*, e o título grandioso não era um exagero. Frank idolatrava o incomparável pianista de jazz e pioneiro da era do suingue (nascido em 1904) desde que Count e sua orquestra ganharam destaque no final dos anos 1930, e já o conhecia desde os anos 1940. "Esperei vinte anos por este momento",[118] proclamou Sinatra no dia do início das gravações.

Por que demorou tanto? O arquivista de Sinatra, Ed O'Brien, observa que muitos críticos consideraram que a parceria "seria um mau casamento musical — por temor de que o som mais leve de Sinatra e o suingue cortante de Basie funcionassem como água e óleo".[119] Mas na verdade a questão parece ter sido mais banal: conflitos contratuais haviam impedido o cantor e o líder da banda de gravar juntos até esse momento.[120] Como se constou, os dois foram feitos um para o outro.

Um dos destaques é a primeira faixa do álbum, "Pennies from Heaven", de 1936, de Johnny Burke e Arthur Johnston. Frank já a tinha gravado seis anos e meio antes, com arranjo de Nelson Riddle, para *Songs for Swingin' Lovers!*: ouvir as duas versões mostra bem o quanto Sinatra mudou nesse ínterim, tanto em termos musicais quanto como homem. A primeira gravação tem suingue, mas de leve — num trote —, e a interpretação de Frank se dá na base do coração e do vozeirão, captando toda a esperança do clássico da época da Depressão.

Em contraste, a "Pennies" de Sinatra-Basie (com Bill Miller ao piano)* é tensa, cortada, dura, com Sinatra tentando mostrar — e conseguindo provar — que é um grande cantor de jazz. Ainda que o lado sentimental da canção se perca na transição, encontra-se um novo significado — dirimindo qualquer dúvida a respeito de Frank Sinatra ser um verdadeiro cantor de jazz. Os conhecedores já sabem há anos: em 1956, o grande Lester Young, que tocou sax tenor na orques-

* Count sabia ler partituras, mas de forma rudimentar: em canções que não conhecia bem, ele cedia o teclado a Miller. Ver Ed O'Brien e Robert Wilson, *Sinatra 101*, p. 128. (N. A.)

tra original de Basie, disse a Nat Hentoff: "Se eu pudesse reunir uma orquestra exatamente como gostaria, Frank Sinatra seria o cantor. Na verdade, meu principal nome é Frank Sinatra".[121]

Ninguém tinha mais autoridade que Young para dizer isso, e não poderia haver maior elogio.

No final de setembro, Earl Wilson informou: "Frank Sinatra, durante uma rápida visita a Mike Romanoff, a quem embebedou, saiu do Jilly's com a modelo Joan Walker e foi para o Copa, onde disse à cantora Tina Robin que ela era o máximo".[122] Wilson observou depois, em tom casual: "Talvez FS seja operado por causa de um ferimento no golfe".

O golfe não tinha nada a ver com isso. Na verdade, Frank tinha machucado a mão direita no começo do ano durante a filmagem de uma cena de luta em *Sob o domínio do mal*. A sequência de artes marciais entre o personagem de Sinatra, Bennett Marco, e o agente soviético Chunjin, interpretado por Henry Silva, é de uma eficiência chocante e absolutamente inesperada: Marco bate à porta de um apartamento esperando ver Raymond Shaw; mas quem atende é Chunjin, e a violência começa no mesmo instante. A cena surpreende também pelo realismo. Os espectadores do cinema moderno estão tão acostumados com artes marciais coreografadas nos filmes que a visão de dois homens que parecem estar tentando mesmo se matar é chocante, perturbadora e, claro, emocionante.

"Substituído por um dublê apenas na tomada em que Marco é arremessado pelo quarto", escreve Daniel O'Brien, "Sinatra sofreu por sua arte ao filmar a sequência. Ao desfechar um golpe de caratê numa mesa de madeira, ele quebrou a mobília e o dedo mínimo, ainda que a fratura passasse despercebida até o final da sequência, pois o ator não mostrou nenhum sinal de desconforto."[123]

Mas a contusão provocou uma lesão chamada contratura de Dupuytren, disfunção do tecido em que o dedo mínimo e o anular se contraem na direção da palma da mão e não conseguem ser totalmente esticados. A capacidade de pegada fica comprometida.[124] Frank fazia muitas coisas com a mão direita, inclusive segurar o microfone, e essa disfunção o atormentou por anos, apesar de várias cirurgias para tentar corrigir o problema.

O compromisso de Frank em fazer a sequência de luta de forma realista reflete sua total dedicação a *Sob o domínio do mal*. "Achei que aquilo podia ser uma coisa extraordinária... e foi mesmo", lembrou Angela Lansbury, também extraordinária no filme. Frank disse depois: "Minha lembrança é de um maravilhoso entusiasmo da parte de todos os envolvidos no filme. Foi uma experiência maravilhosa, maravilhosa — que só acontece uma vez na vida de um ator".[125] Seu trabalho no filme — que não teve nada a ver com a desanimadora nulidade de *Os três sargentos* nem com as gracinhas da sitcom *O bem-amado* — não é nada menos que o auge de sua considerável arte interpretativa, num filme que ainda mantém a mesma força décadas depois.

"Seguindo seu mantra interpretativo, de ouvir com atenção e reagir com espontaneidade, Sinatra está absolutamente convincente ao delinear todos os diferentes aspectos do personagem de Marco", escreve Tom Santopietro. "O Bennett Marco de Sinatra se destaca como um exemplo trabalhado com perfeição do americano moderno nos Estados Unidos do século XX, desiludido depois da Segunda Guerra."[126]

A famosa cena do encontro com a personagem de Janet Leigh, Rosie, começa com Marco sentado no vagão-restaurante de um trem indo para Nova York, um homem arruinado, trêmulo e suarento lutando para acender um cigarro enquanto Rosie o observa. Claro que ela não faz ideia de que Marco está de licença do Exército, passando por um tratamento psiquiátrico: os recorrentes pesadelos de sua lavagem cerebral na Coreia o destroçaram. Exasperado, ele se levanta, esbarrando numa mesa, e tenta se recompor no espaço entre dois vagões. Rosie o acompanha. Numa cena de estonteante e indisfarçada sensualidade, ela acende um cigarro, tira-o da boca e o passa para Marco. Ele continua suando, evitando o olhar dela, e os dois travam um diálogo mais que bizarro.

"Maryland é um lindo estado", ela começa.

"Aqui é Delaware", replica Marco.

"Eu sei", ela responde. "Fui um dos trabalhadores chineses originais que instalaram os trilhos neste trecho."

A conversa prossegue nesse mesmo tom surreal — ela com o olhar animado, como se tudo fizesse o maior sentido; ele desligado, de olhar baço — até que de repente ela muda o tom. Depois de perguntar se ele é casado, Rosie se oferece: "Moro na rua 54 Oeste, número 53. Apartamento 3B. Você vai conseguir se lembrar?".

"Sim", ele responde, quase inaudível.

"Eldorado 5-9970", ela continua. "Consegue lembrar?"

"Sim", ele murmura, parecendo culpado, atormentado, exausto — um homem fragilizado, reeditando o alquebrado prisioneiro de guerra que já foi. Nem mesmo o retrato pitoresco do desespero de um viciado em drogas de *O homem do braço de ouro*, numa maravilhosa atuação, mas uma Atuação com um A maiúsculo, se compara ao poder daquela desolação. De onde veio aquela interpretação? Quem imaginaria que Frank seria capaz de uma atuação como aquela?

O filme estreou em Los Angeles em 12 de outubro, e no dia 24 em Nova York, e a crítica se mostrou apropriadamente perplexa. Anby, da *Variety*, escreveu: "Uma vez ou outra surge um filme que 'funciona' em todos os departamentos, com roteiro, produção e desempenhos tão bem equilibrados que o efeito final é de uma satisfação quase completa. Assim é *Sob o domínio do mal*".[127] Muitas resenhas elogiaram o desempenho de Frank. *The New Yorker* exultou: "As interpretações são todas de alto nível, e Sinatra, com seu talento extraordinário habitual, está simplesmente fantástico".

O termo "extraordinário" é apropriado. Mas não houve nada de habitual naquela interpretação.

Nem no próprio filme. George Axelrod se manteve fiel aos diálogos desalinhados de Richard Condon (a sequência do trem entre Marco e Rosie foi praticamente extraída do romance), e John Frankenheimer usou todos os recursos de seu considerável talento: uma intensa sensibilidade psicológica, o uso eficiente de estranhos ângulos de câmera (em uma das cenas, assumimos o ponto de vista de um personagem deitado no chão) e um recurso aguçado, trazido direto da televisão, de montar cenas que parecem ao mesmo tempo estranhas e chocantemente reais. (A filmagem em preto e branco ressaltou esse efeito.) A sequência da entrevista coletiva em que o senador Iselin, interpretado por James Gregory, anuncia que dispõe de uma lista de comunistas conhecidos no Congresso é inovadora em sua verossimilhança — com suas câmeras, cabos e uma atmosfera esfumaçada, só poderia ter sido criada por um veterano da TV — e assustadora em seu retrato da podridão no coração dos políticos americanos. É paranoica? Ou realista?

Com suas imagens brutais de lavagem cerebral, assassinatos a sangue-frio, conspirações diabólicas e o clímax da trama para assassinar o presidente — levada a cabo por um atirador com uma mira telescópica —, *Sob o domínio do mal* teve a dose certa de intensidade para atrair os frequentadores de cinema, mas foi suficientemente perturbador para obrigar os espectadores a certo distanciamento. Em sua resenha no *Los Angeles Times*, John L. Scott escreveu: "O filme é de fato fascinante, a despeito de sua premissa fantástica e da matança indiscriminada nas cenas finais, e, se você estiver em busca de uma fábula de terror — com vieses psicológicos e fundo político —, esse é o filme".[128]

No momento em que ele escrevia essas palavras, e durante os muitos meses vindouros, a realidade política atropelaria cenários que nem os mais talentosos cineastas imaginaram criar.

Dois dias depois da estreia de *Sob o domínio do mal* em Los Angeles, um avião espião U-2 da Força Aérea dos Estados Unidos obteve nítidas evidências fotográficas daquilo que a inteligência militar vinha dizendo ao presidente Kennedy havia meses — e que o premiê Khruschóv vinha garantindo ser verdade: os soviéticos tinham instalado mísseis nucleares de médio alcance e de alcance intermediário em Cuba, num desafio direto à Doutrina Monroe. Kennedy exigiu o imediato desmantelamento dos silos de mísseis, instituindo um bloqueio militar nas águas e no espaço aéreo da ilha. Paralelamente, seus assessores imediatos pressionavam por uma invasão de Cuba e pela deposição de Castro.

Pelos treze dias subsequentes, durante os quais navios soviéticos tentaram furar o bloqueio e um míssil russo abateu um U-2 americano, pareceu que o mundo estava à beira da aniquilação nuclear. Na noite de segunda-feira, 22 de outubro, o presidente fez uma aparição televisionada anunciando a descoberta dos mísseis, dizendo: "A política deste país será considerar qualquer ataque de míssil lançado de Cuba contra qualquer país do hemisfério ocidental como um ataque da União Soviética aos Estados Unidos, exigindo uma resposta retaliatória à União Soviética".

Naquela mesma noite, Frank Sinatra e Sammy Davis Jr., acompanhados por uma orquestra regida por Billy May, gravaram o popular dueto que já cantavam em clubes noturnos, "Me and My Shadow". Apesar dos laivos racistas, trata-se de uma interpretação animada e contagiante — Frank e Sammy estão cantando muito bem, os arranjos de May pegam na veia, a harmonia e os versos inteligentes (e atualizados) são encantadores:

We're closer than smog when it clings to L. A.,
*We're closer than Bobby is to JFK.**

* Somos mais próximos que a neblina que paira em LA/ Somos mais próximos que Bobby de JFK. (N. T.)

Ao mesmo tempo, Frank estava se preparando (da melhor maneira que podia) para uma guerra nuclear. Durante o fim de semana em que ele estava em Palm Springs, o secretário de imprensa da Casa Branca, Pierre Salinger, ligou para falar sobre a possibilidade de haver grandes problemas — num surpreendente gesto de um governo que tinha se distanciado oficialmente de Sinatra. Nancy, filha de Frank, lembrou que o pai telefonou para ela e o marido, Tommy Sands, em Nova York, recomendando-lhes que fizessem as malas e assistissem ao discurso do presidente na TV naquela noite.[129] Sinatra lhes disse que estivessem prontos para partir assim que a transmissão terminasse.

O que Frank sabia era que JFK ia anunciar o bloqueio de Cuba. Ouvira de Pierre Salinger que, se os russos lançassem um ataque de mísseis retaliatório sobre Washington, atingiriam Nova York também. Ele contou à filha que tinha um plano de sobrevivência para a família: os Sinatra voariam de pista de pouso em pista de pouso a bordo do avião de Frank, que o enchera de suprimentos.

Tina Sinatra, então com catorze anos, lembrou-se do "medo e do caos que pairaram sobre Marymount", a escola particular onde estudava. Irving "Sarge" Weiss, substituto de Sanicola como faz-tudo de Frank, levou-a para casa, e Nancy mãe viajou de carro com ela para Palm Springs. "Papai veio ao nosso encontro no complexo", lembrou Tina.

> Nancy e Tommy tinham chegado da Costa Leste. Passamos a maior parte do fim de semana assistindo aos programas de Huntley, Brinkley e Walter Cronkite, e me lembro do quanto mamãe e papai se mostraram abalados naqueles dias. Meu pai estava calmo, mas muito compenetrado, como se estivesse sempre pensando no próximo passo.[130]

Incapaz de avaliar a gravidade dos acontecimentos, Tina admite que chegou a gostar da situação, curtindo a proximidade familiar temporária. Mas também se recorda de "estoques de comida em lata e água sendo empilhados" e do mapa que o pai tinha feito "das pistas de pouso disponíveis na região, no caso de precisarem usar o avião".

O metódico Frank chegou a arranjar tempo para localizar Juliet Prowse em Manhattan. "Não sei como Frank descobriu onde eu estava", ela contou depois, "mas ele ligou para o meu hotel e disse: 'Quero que você saia de Nova York, porque a cidade vai explodir'."[131] Juliet replicou que preferia se arriscar.

Prowse, assim como todo mundo, teve sorte. No dia 27 de outubro, depois de duas semanas de um jogo de xadrez envolvendo muitos blefes e manobras de todas as partes para salvar as aparências, Kennedy e Khruschóv concordaram em uma trégua. Os soviéticos retiraram os mísseis de Cuba em troca de uma promessa dos americanos de não invadirem a ilha; e os Estados Unidos retiraram, em segredo, mísseis da Turquia e do sul da Itália.

"No set de filmagem de *O bem-amado*, Frank Sintra parece mais relaxado do que já vi em anos", escreveu Louella Parsons em 29 de outubro.

> Uma das razões deve ter sido o diálogo sonhado por Norman Lear e Bud Yorkin, que incluiu uma cena que fez Sinatra e toda a equipe cair na risada várias vezes.
>
> Dan Blocker, com seus 120 quilos e quase dois metros de altura, desconfia que Frank está paquerando sua mulher no filme, Phyllis McGuire. Dan ameaça: "Se pegar você perto da minha mulher, vou abrir um buraco no seu corpo e deixar você seco!".[132]

A piada interna, claro, é que na vida real, os dois metros de altura e os 120 quilos não eram nada perto do poder de Sinatra.

Tony Bill, que continuaria trabalhando como ator por algum tempo após *O bem-amado* e em seguida se tornou um bem-sucedido produtor e diretor, sempre se lembrou de seu primeiro filme como um dos trabalhos mais agradáveis de sua carreira. "Foi uma coisa maneira, divertida, civilizada",[133] contou. E atribuiu isso diretamente à tranquilidade da colaboração entre Sinatra e Bud Yorkin.

"Estava claro que Bud não estava no controle, no sentido literal, pois Sinatra tinha o poder de se impor às pessoas", lembrou Bill. "Mas não o vi exercendo esse poder com muita frequência."

Nem precisava. Frank se divertiu com Yorkin, com a história, e ninguém teve de se matar para fazer o filme. Frank pôde se dar ao luxo de tratar bem o pirralho. Jovem sensível e chegado a livros, Tony Bill era ingênuo demais para ser intimidado por Sinatra. "Eu tinha saído de um colégio de padres", explicou. "Não sabia nada de roupas bacanas. Não sabia nada do jeito cool de falar, dos termos usados por Sinatra. Não sabia nada de gângsteres e de mulheres perigosas. Não sabia nada das armadilhas que rondavam aquele nível de sucesso."

Com sua antena sensível, Frank captou e respeitou esse aspecto, botando o jovem ator sob suas asas. "Ele foi uma espécie de tio", relembrou Bill. "Totalmente profissional e cortês, e quase sempre solícito." De vez em quando Frank incluía Bill e sua mulher na época em jantares coletivos; chegou até a levar o jovem casal no *Christina* para passar um fim de semana em seu complexo em Palm Springs.

"Foi como ficar em um hotel muito, muito luxuoso, cujo dono estava em casa, mas ocupado", contou Bill. "Lembro que fiquei impressionado sobretudo pelo fato de o banheiro ter tudo que você pudesse precisar. Como na época nunca tinha ficado em hotéis bacanas na vida, foi uma revelação que alguém pudesse ser tão meticuloso."

O jovem ator observou bem os contornos do superestrelato de Sinatra. "Foi o primeiro astro de cinema que conheci que tinha o que chamo de 'escudo de proteção invisível'", explicou.

> É uma coisa permanente, até onde posso dizer. Não é algo que você liga e desliga. É uma reação natural ao estrelato — tão natural como as reações a uma lavagem cerebral. Não acho que essas pessoas se tornam totalmente desumanizadas, mas acho que a capacidade de se relacionar com os outros num nível não estelar se desgasta a ponto de não mais existir após certo tempo — como um confinamento solitário, ou uma tortura. É uma tortura ao contrário — a tortura do privilégio. De sempre ser festejado, de todo mundo rir das suas piadas, de nunca ser criticado, nunca ter que esperar por nada, nunca ficar só na vontade de alguma coisa — eu achava tudo aquilo meio constrangedor. Mas deve ser humanamente impossível resistir a uma coisa dessas.

Mas, apesar de todo esse poder, Frank tinha pouco controle sobre alguns planos que Sam Giancana havia traçado para ele.

O Villa Venice era um restaurante italiano grande e luxuoso na frondosa localidade de Wheeling, Illinois, cerca de vinte quilômetros ao norte de Chicago. Tinha sido um conhecido *nightclub* nos anos 1920, apresentando muitas orquestras de jazz da época; depois fechou, deixando um espaço cavernoso perfeito para um bufê.[134] Era o tipo de lugar propício para abrigar grandes festas de casamento, o que aconteceu diversas vezes.[135]

Giancana era um dos donos do Villa, embora, como sempre, se escondesse por trás de outros sócios.[136] No começo de 1962, ele gastou um bom dinheiro — alguns dizem que chegou a 250 mil dólares —[137] para restaurar a glória passada do local como casa noturna, tendo na frente canais de verdade, navegados por gondoleiros de verdade, e uma casa de espetáculo com capacidade para oitocentas pessoas. Seu plano era recuperar o investimento, e mais um pouco, a partir de uma ideia simples.

A história já vinha mostrando que casas noturnas eram um negócio moribundo — a não ser em Las Vegas e Tahoe, onde cassinos legalizados podiam obter a receita que as casas de show perdiam para os cachês dos grandes artistas. O esquema de Mooney (incubado, por incrível que pareça, nas barbas de Bobby Kennedy) era abrir um cassino ilegal num galpão provisório a dois quarteirões do Villa Venice, por apenas um mês — para depois desaparecer num piscar de olhos — e atrair trouxas endinheirados com dois dos maiores espetáculos do show business: primeiro, Eddie Fisher, seguido pelo famoso Clã: Frank, Dean e Sammy.

Giancana pediu que Frank cuidasse disso; Frank cuidou.

"Eu estava cantando no Latin Casino, na Filadélfia, quando recebi o telefonema de Frank, em agosto de 1962", recordou Fisher.

> Foi no dia em que Marilyn Monroe foi encontrada morta, ele estava muito chateado. Disse que queria que eu fizesse uma pré-estreia para ele num clube chamado Villa Venice, em Chicago. Respondi: "Frank, não posso. Tenho trabalhado demais. Estou muito cansado para ir a Chicago". Isso não o convenceu. Ele insistiu até que eu disse: "Tudo bem. Mas preciso voltar a me apresentar no Desert Inn depois que terminar no Winter Garden [de Nova York]. Se você me liberar desse show, vou a Chicago". Achei que era a desculpa perfeita. Sinatra era um dos donos do Sands, um dos maiores concorrentes do Desert Inn, e eu tinha certeza de que o Desert Inn não ia me liberar. Mas, de alguma forma, Sinatra conseguiu que isso acontecesse.[138]

Mas Sinatra não estava disposto a atender ao pedido de Mooney sem algumas compensações. Uma delas era que a Reprise gravasse os espetáculos: Frank calculou que o LP resultante venderia fácil 1 milhão de cópias. Com uma porcentagem de cinquenta centavos de dólar por álbum, o lucro seria de 500 mil dólares. Além disso, ele pediu ao gângster um vagão de trem privativo para viajar de

Los Angeles a Chicago com Dean. Numa conversa telefônica gravada, Giancana demonstrou sua frustração: "Esse Frank quer mais dinheiro, quer isso, quer aquilo, quer mais garotas, quer [...]. Não preciso nem disso nem dele [...]. Quebrei a cara quando conversei com ele em Nova York".[139]

Entrementes, mais de um jornal apontava Sinatra como um dos sócios do Villa Venice, ou dizia até que seria o proprietário do lugar. ("Logo, logo, o milionário Frank vai ser dono de tudo", escreveu Sheilah Graham.)[140]

Nunca ficou esclarecido se Giancana pagou os artistas ou exigiu que trabalhassem de graça. Com certeza o gângster tinha razões para achar que Sinatra lhe devia muito, por ter ajudado seu companheiro JFK a ganhar na Virgínia Ocidental e em Illinois, e por aturar a ingratidão de Kennedy depois. E o procurador-geral estava aumentando a pressão. Depois da apresentação de Eddie Fisher no Villa Venice, em 31 de outubro, três agentes do FBI o procuraram em seu quarto de hotel, querendo saber o que o cantor poderia dizer sobre Giancana. Os federais também se mostraram curiosos sobre a razão de Fisher estar se apresentando em Wheeling, Illinois. "Porque um amigo me pediu para fazer esse favor", informou o cantor aos agentes. "Não recebi quase nada e ainda tive de pagar uma imensa conta de hotel no Ambassador East. Fazer favor para amigos pode sair muito caro."[141]

Depois de Fisher, Sammy Davis Jr. (que devia 20 mil dólares a Mooney)[142] se apresentou durante uma semana no Villa Venice, e em 26 de novembro Frank e Dean se juntaram a ele, lotando a casa de shows, que, segundo um dos artigos, teve lugares vazios durante as apresentações de Sammy.[143]

Com Frank, Dean e Sammy — em dezesseis espetáculos em sete noites —, a casa ficou lotada. "As filas se estendiam ao redor do quarteirão", escreveu Shawn Levy.

> O cassino do galpão estava lotado. A multidão presente na noite de estreia contou com uma galeria de criminosos de Chicago: Marshall Caifano, Jimmy "The Monk" Allegretti, Felix "Milwaukee Phil" Alderisio, Willie "Potatoes" Daddano e, claro, Giancana, bem como o gângster de Wisconsin Jim DeGeorge e Joe Fischetti, o homem de Frank no Fontainebleau.[144]

Os garbosos escroques e suas extravagantes acompanhantes encontravam-se num esplendor italiano, numa casa de espetáculos "de decoração suntuosa, com um espesso tapete cor de vinho e tapeçarias discretas e de bom gosto nas paredes".

Durante a semana de Sammy, o couvert artístico já foi alto, de cinco dólares (o equivalente a quarenta dólares em 2015); nos shows principais, o preço dobrou, e as mesas só podiam ser reservadas para grupos de no mínimo dez pessoas. O Villa estava faturando cem dólares por mesa a cada show, sem contar a bebida e a comida. Mas Giancana ganhava dinheiro mesmo era no cassino do galpão, onde as rodas da roleta e as mesas de dados e vinte e um eram todas viciadas.[145]

Tudo na operação sugeria uma impostura de luxo; boa parte do espetáculo era pontuada por tapinhas e risinhos irônicos. Na noite de estreia, Dean Martin entrou capengando no palco, copo na mão, e depois de sua fala habitual ("Há quanto tempo estou no ar?") começou a cantar uma paródia de "When You're Smiling":

When you're drinking, when you're drinkin',
*The show looks good to you.**

Depois partiu para "The Lady Is a Tramp" (com letra especial de seu amigo Sammy Cahn):

I love Chicago, it's carefree and gay,
*I'd even work here without any pay.***

O público gostou. Quando Dean relaxou a plateia com interpretações semicômicas de "Volare" e "On an Evening in Rome", Frank chegou para animar todo mundo de novo, entrando na batida rítmica de "Goody, Goody" — Matty Malneck, o compositor, estava regendo a orquestra —,[146] provocando entusiásticos aplausos dos homens e gritinhos das mulheres. Como costumava acontecer quando ele interpretava essa canção, seu agudo dominava o lugar, mas não importava: era Sinatra.

Entre os casais sentados à primeira fila estavam Sam Giancana e Judy Campbell. Os dois tiveram um envolvimento profundo naquele outono, apesar de ele manter sua relação com Phyllis McGuire; segundo Campbell, Mooney chegou

* Quando você está bebendo, quando você está bebendo/ o show parece bom para você. (N. T.)
** Adoro Chicago, despreocupada e feliz/ Tanto que até trabalho aqui sem ganhar nada. (N. T.)

a ajudá-la a fazer um aborto de um filho que ela alegava ter sido concebido com Jack Kennedy.[147] Naquele momento, enquanto Sam e Judy ouviam Frank fazer sua magia, o mafioso estava tão enlevado quanto a plateia: afinal, ele também era um fã.

O FBI também interrogou Frank quando ele estava na cidade, mas o astro só declarou que estava fazendo os shows como um favor ao dono nominal do estabelecimento, Leo Olsen, que era um velho amigo de Chicago. Os agentes também tentaram falar com Dean, mas ele se esgueirou. Sammy, porém, foi surpreendido por dois brancos grandões de terno e distintivos em sua suíte no Ambassador East certa manhã. Quando os agentes lhe perguntaram por que recusava apresentações bem pagas em casas noturnas para trabalhar de graça, ele ofereceu um drinque aos agentes — que declinaram — e preparou um para si mesmo.

"Baby, essa é uma boa pergunta", disse Davis. "Mas devo dizer que é para o meu amigo Francis."[148]

"Ou para amigos dele?"

"Sem sombra de dúvida."

"Como Sam Giancana?"

"Sem sombra de dúvida."

Os agentes pediram que Sammy explicasse melhor. "Baby, deixa eu dizer uma coisa", começou o artista. "Eu só tenho um olho, e esse olho vê um monte de coisas que meu cérebro diz que eu não devia comentar. Se eu não atender meu cérebro e começar a falar, daqui a pouco o único olho que me resta pode deixar de enxergar."

O último show aconteceu em 2 de dezembro; o trio saiu da cidade. Dinah Shore estava escalada para se apresentar a seguir, mas cancelou misteriosamente no derradeiro minuto. No dia 3, pouco depois de ser invadido pela polícia estadual de Illinois, o cassino-galpão fechou as portas, e o Villa Venice encerrou para sempre suas atividades como restaurante e *nightclub*.[149] Desde aquele dia, só funcionaria como bufê. Mais tarde, fitas gravadas pelo FBI revelaram que Sam Giancana tinha arrecadado 3 milhões de dólares, livres de impostos, durante aquele lucrativo mês de novembro.[150]

"Ainda bem que Peter Lawford não apareceu no Villa Venice, em Chicago, com os outros do 'Clã'", escreveu Sheilah Graham em sua coluna de 11 de dezembro.

> Em vista da investigação corrente relacionada à casa de jogos nas proximidades, e do fato de o Villa Venice ter sido reaberto só por um mês [...]. E também me disseram que Sinatra pagou a conta do hotel para sua turma, que chegou a 5 mil dólares pela semana. O negócio todo parece muito estranho.[151]

19.

Não sei o que outros cantores sentem quando articulam as letras das músicas, mas, por ser um maníaco-depressivo de dezoito quilates e ter tido uma vida de violentas contradições emocionais, desenvolvi uma sensibilidade muito apurada tanto para a tristeza como para a alegria.

Mike Shore, escrevendo como Frank Sinatra
na entrevista da *Playboy* de fevereiro de 1963

Na véspera de Natal, Ava completou quarenta anos: idade difícil para qualquer mulher naquela era pré-feminista, mas uma experiência esmagadora para uma deusa das telas. Com a autoestima e as ambições profissionais naufragando, Ava continuava à deriva, espalhando pitorescos destroços no caminho. Na segunda metade do ano ela participara de um drama histórico abjeto chamado *55 dias em Pequim*; no decorrer da filmagem, ela se indispôs com a maior parte do elenco e da equipe, sobretudo com o coprotagonista, Charlton Heston; talvez tenha sido responsável pelo ataque cardíaco sofrido pelo diretor Nicholas Ray; e ela própria teve um colapso nervoso, de repente não conseguindo mais decorar suas falas.

Contudo, de alguma forma ela conseguiu terminar o filme, e ainda foi contratada para outro, *A pantera cor-de-rosa*, de Blake Edwards, mas as exigências absurdas e o comportamento irascível da atriz provocaram sua dispensa antes mesmo do início das filmagens. Certa noite em Paris durante esse período, ela foi jantar no famoso restaurante Tour d'Argent, sendo recebida pelo próprio dono do local, o alto e elegante Claude Terrail.

"Você se lembra de mim, Claude?", perguntou Ava. "Eu estive aqui muito tempo atrás."[1]

"Eu me lembro muito bem", respondeu Terrail. "Você veio com Frank Sinatra."

Os dois tomaram um drinque, conversaram e acabaram tendo um caso de sete ou oito meses. "Claude Terrail não era nenhum ingênuo, tinha experiência com mulheres glamorosas e as excentricidades das celebridades do show business", escreve Lee Server, biógrafo de Ava. Ele era um playboy internacional, já tinha visto bastante coisa e vivido muitas experiências, mas nunca havia lidado com nada parecido com o persistente fascínio de Ava por Frank. "Ela punha um disco dele para tocar e ficava conversando com a música", recordou Terrail. "Ficava dizendo: '*Sim, sim, eu sei…*', ou '*Não, não diga isso… você precisa esquecer…*'. Ava conversava com o disco. Era uma coisa quase mística."

Os dois tiveram um romance internacional: passaram por Paris, Madri, pelos Estados Unidos, pelo Pacífico. "Ela gostava de ir a todos esses lugares para fugir, fugir, fugir", contou Terrail. "Para continuar fugindo." E embora Ava não conseguisse se livrar dos velhos hábitos ("Ava Gardner e Yves Montand desconcertando Basin Street num canto escondido", escreveu Walter Winchell em 16 de janeiro),[2] o *restaurateur* conseguiu levá-la para uma encantadora — e amaldiçoada — semana no Havaí. Ava tinha algo em comum com o ex-marido: quando estava sóbria, podia ser a meiguice em pessoa; mas, quando bebia, a raiva e a loucura logo assumiam o poder. E agora, com medo de estar perdendo a beleza, Ava andava bebendo mais do que nunca.

"Ficamos numa *villa*", lembrou Terrail.

> Em Waikiki. Uma casa adorável. Foram dias ótimos e também terríveis. Eles fazem um drinque maravilhoso no Havaí — o *mai tai*. Ela adorava *mai tai*. Um é perfeito. Dois, tudo bem. Três, quatro, é demais. Ela se sentia infeliz, sempre brigando […]. Quando estávamos lá, Sinatra ligava todas as noites. Era difícil. Ele falava muito

mal de mim. Dizia para ela: "O que você está fazendo com esse filho da puta? Sabe o que ouvi falar dele?".[3]

No dia 21, os jornais noticiaram que Ava tinha voltado a Los Angeles, onde passou pelo que foi chamado de uma pequena cirurgia no Cedars-Sinai Medical Center. "O hospital não revelou a natureza da operação ou onde a srta. Gardner está internada", informou a Associated Press. "Ela tem uma irmã, Bea, que mora aqui."[4]

Mas Ava também tinha um ex-marido que morava lá. Em 3 de fevereiro, Frank e ela foram vistos juntos assistindo a um torneio de golfe no Tamarisk Country Club, em Palm Springs.[5]

No dia 1º de janeiro, os jornais anunciaram que Nelson Riddle, enfim livre da Capitol Records, tinha assinado com a Reprise.[6] Três semanas depois, ele e Frank comemoraram o reencontro gravando duas músicas, o tema de *O bem-amado*, de Cahn e Van Heusen, e uma nova composição da dupla, "Call Me Irresponsible".

Mas, assim como Frank e Ava não conseguiam reiniciar de onde haviam parado, o mesmo acontecia com Frank e Nelson. O ultrassensível arranjador ainda se ressentia das infidelidades de Sinatra, em especial da escapada com Don Costa. Talvez Riddle conseguisse evocar o espírito de Debussy e Ravel em seus arranjos, se as canções merecessem. Mas as músicas eram um Cahn e Van Heusen mediano: a primeira, simples e medíocre, e a segunda, doce e sentimental. Um retorno aos dias de glória não era provável — pelo menos ainda não.

O bem-amado era um título gracioso para uma peça ou filme, mas o que significava na realidade? Ninguém envolvido com a fita parece ter visto nela mais do que um leve entretenimento hollywoodiano. Sammy Cahn e Jimmy van Heusen, por outro lado, levaram muito a sério seu papel de compositores particulares do cantor em chefe, de modo que aspiraram a uma canção nas alturas de "Come Fly with Me", mas que na verdade era bem prosaica:

Make like a Mister Milquetoast and you'll get shut out,
*Make like a Mister Meek and you'll get cut out.**

* Se você for um sr. Tímido, será expelido, / Se for um sr. Humilde, será eliminado. (N. T.)

A letra era Cahn no seu pior estilo arcaico e didático; a melodia era vibrante, mas indiferente — e Riddle, não tendo com que trabalhar, não pôde fazer muito com aquilo.

Já "Call Me Irresponsible" foi um negócio mais complicado. Na época, Cahn e Van Heusen criaram a música para ser cantada por Fred Astaire num filme chamado *O estado interessante de papai*, comédia sentimental ambientada no Texas na virada do século, sobre um pai desastrado e sua adorável filhinha. A letra de Cahn —

Call me irresponsible, call me unreliable,
*Throw in undependable, too...**

— parecia uma confissão pessoal de seus próprios (consideráveis) fracassos como marido e pai, e a melodia de Van Heusen, embora simpática, era de segunda categoria. ("Here's That Rainy Day" é ótima; "Call Me Irresponsible" é até boa.) Juntando as duas, letra e música compunham uma canção com apelo meloso — o suficiente para ganhar um Oscar quando o filme foi lançado (que acabaria sendo estrelado por Jackie Gleason, e não por Astaire).

Sinatra faz uma bela interpretação da música, e Riddle (que também tinha sérios problemas acerca de seu papel como marido e pai) escreveu um arranjo pungente, mas sem pegada. Para Frank, confissão é semelhante a pedir desculpas, um ato antinatural. E os mais grandiosos arranjos sentimentais de Nelson para Sinatra envolvem canções de amor e canções de fossa — dois lados da mesma moeda para Frank — nas quais o arranjador podia projetar seus próprios anseios românticos e atormentados. Frank já não sofria mais tanto por Ava, nem ela por ele, não como antes. Os dois ainda provocavam ciúme um no outro, mas agora já estavam na meia-idade: ainda cheios de anseios imortais, mas já encarando a mortalidade.

No final da primeira semana de fevereiro, apesar do alegado caso tórrido que estaria tendo com Rhonda Fleming, Sinatra viajou para Nova York com a

* Pode me chamar de irresponsável, pode me chamar de inconfiável,/ Pode me chamar de duvidoso também... (N. T.)

magoada Ava — e lá, ao menos por algum tempo, ficou com ela.[7] Voltou para a Costa Leste no dia 9 para comemorar as bodas de ouro dos pais, quando organizou uma grande festa; na mesma ocasião, como publicado por diversos jornais, comprou para Dolly e Marty um casarão num luxuoso bairro de Fort Lee — no próspero condado de Bergen, um grande salto na vida — e também deu à mãe um bracelete de diamantes da Tiffany de 25 mil dólares, entregue num carro-forte.[8]

Os pais de Frank agora compunham um casal de idade, com 69 e 67 anos — eles haviam se casado ainda adolescentes, contra a vontade dos pais de Dolly, em 1913 —, e viviam uma aposentadoria tranquila, longe das batalhas do passado. Os dois sentiam um tremendo orgulho do sucesso espetacular do único filho. Dolly de maneira vociferante (ela tinha a desconcertante tendência de se referir ao filho como Frank Sinatra quando falava com os outros, sempre com os dois nomes),[9] e Marty com seu jeitão calado e resmungão.

Ambos eram bastante ambivalentes sobre o que eles dois, o destino e o próprio Frank tinham produzido.

Quando Frank era garoto, Dolly o mimara muito, mas também costumava bater nele quando saía da linha — às vezes com um cassetete que mantinha escondido no balcão do bar de Hoboken que o casal gerenciou por algum tempo. "Ela era uma megera", contou Sinatra a Shirley MacLaine. "Eu morria de medo dela. Nunca sabia o que ela queira que eu fizesse."[10] Quando ele se tornou Frank Sinatra, o domínio físico da mãe terminou, mas ela continuou a dizer o que queria e a fazer exigências. "Eu me lembro de Dolly como uma avó amorosa e divertida — mas também como uma mulher ríspida e egoísta que vivia exigindo coisas",[11] escreveu Tina Sinatra.

Quanto a Martin: "Vovô não acreditava em coisas que vinham fácil, como a vocação de cantor do papai", prosseguia Tina. "Ele queria que o filho fizesse faculdade e fosse engenheiro, não conseguia apoiar os elevados sonhos de meu pai."

Um jornalista em busca de uma reportagem de interesse humano, ao visitar a casa de tijolos vermelhos onde o casal ainda morava em Weekawken, considerou o lugar surpreendentemente modesto ("Para os pais de um cantor e ator milionário, a casa parecia pequena demais, até para fazer uma visita, mas limpíssima, com seu 'jardim na frente' de um metro e meio por três muito bem cuidado"),[12] e definiu Dolly como atipicamente reservada. "Sinto muito, não tenho tempo para falar agora", ela declarou. "Gostaria muito, mas não posso."

> Não era da natureza da sra. Sinatra, em geral sociável e pouco reticente, havia muito conhecida como "Lady Bountiful" nas cidades costeiras de Nova Jersey por suas agressivas atividades políticas, estar "muito ocupada para falar".
>
> Mas no próximo sábado haverá uma grande comemoração aqui, marcando os cinquenta anos de seu casamento com Martin Sinatra.
>
> E é compreensível que, se os detalhes não forem mantidos em sigilo, os fãs do filho único do casamento possam invadir a cidade, fazendo Frankie cancelar seus planos de festejar com os pais.

Dolly deve ter mordido a língua para não falar nada. Ela não tinha problemas em dizer o que pensava. Como lembrou George Jacobs: "Nunca vi uma mulher tão boca suja quanto Dolly. 'Vai se foder, seu babaca de merda filho da puta, seu puto de merda' era uma sentença típica sua. Talvez isso fosse útil quando ela precisava ganhar votos ou favores na marra".[13] Era fácil aflorar nela a truculência do político espertalhão. Frank deixara a lista de convidados com a mãe, que havia convidado trezentos moradores de Hoboken, com duas notáveis exceções: a própria irmã, Josie Monaco, a tia favorita de Frank, que tinha enfurecido Dolly ao declarar a um repórter da revista *Look* em 1957 que ela fora uma mãe ausente para o filho solitário; e o padrinho de Frank, Frank Garrick, por ter demitido o jovem Sinatra de um jornal em 1932.[14] Nem Dolly nem Frank jamais o perdoaram. "Meu filho é como eu", ela gostava de dizer. "Se você apronta com ele, ele não esquece jamais."[15]

Outra ausência chocante nas festividades do aniversário de casamento foi a de Ava. Ela e Dolly se adoravam. (Ava também dizia palavrões como um marinheiro.) Mas Frank e Ava chegaram a uma espécie de acordo. Durante a semana seguinte, os dois foram vistos juntos e em separado circulando por Manhattan. "Tudo acontece com Frank Sinatra — inclusive sua ex-mulher Ava Gardner", escreveu Earl Wilson no Dia dos Namorados.

> Ava apareceu enquanto ele comemorava os cinquenta anos de casamento dos pais — e Frank a levou para jantar no La Scala com a filha Nancy e seu marido, Tommy Sands [...]. Mas Ava foi embora à uma da manhã — e Frank foi para seu point habitual, o Jilly's, o mais concorrido da cidade [...] frequentado basicamente por gente que queria ver o cantor farrista.[16]

Alguns dias mais tarde, o mesmo colunista observou: "Ava Gardner quase se tornou uma Greta Garbo em sua paixão por privacidade. Depois de jantar com o ex-marido Frank Sinatra, ela voltou para sua redoma".[17]

E, dias depois: "Ava Gardner, cabelo penteado para trás, usando pouca maquiagem e muito bonita, saiu de sua reclusão para ver Lena Horne no Waldorf e Peter Duchin no St. Regis — com a irmã e o cunhado [...] mas sem um belo acompanhante".[18]

Dali a cinco dias, o que não causou surpresa, ela arranjou um acompanhante: "Ava Gardner e Peter Duchin foram ao Colony, ao El Morocco e ao Waldorf, onde Lena Horne se apresentou para a casa cheia".[19]

Mas Frank tinha partido havia muito tempo, e já estava em Los Angeles com Nelson.

Em seu primeiro álbum com Riddle para a Reprise, Frank decidiu jogar alto. *The Concert Sinatra* (assim chamado por causa do tamanho da orquestra, não por ser um álbum ao vivo) foi gravado durante quatro noites, de 18 a 21 de fevereiro, num estúdio dos Goldwyn Studios, com um grupo instrumental de 73 componentes, até então o maior a acompanhar um cantor popular. (Frank Jr. diz que eram mais de oitenta.)[20] Felix Slatkin, diretor artístico e guia musical de Sinatra, não estava entre eles. No dia 8 de fevereiro, o primeiro violino morrera de um ataque cardíaco aos 47 anos, vítima de toda uma vida de maus hábitos. Sua morte abriu uma brecha na vida artística de Sinatra. Tanto por ele como pela sua mulher, Eleanor Slatkin. Sinatra fez questão de que Eleanor participasse do LP, "como uma espécie de laborterapia para não se deixar vencer pela tristeza",[21] escreveu Will Friedwald. "Se ela não quiser participar, não faço o álbum", afirmou Frank.

O disco é maravilhoso. Não para todos os gostos; talvez grandioso demais para os que gostam de um Sinatra mais intimista ou suingado. Mas Riddle, inspirado pela ampla paleta disponível, aproveitou a ocasião para compor arranjos que continham tanto visões imponentes (preste atenção na introdução cósmica de 45 segundos de "Lost in the Stars", de Kurt Weill e Maxwell Anderson, do musical da Broadway com o mesmo nome) quanto inesperadas intimidades ("I Have Dreamed", de Rodgers e Hammerstein, de *O rei e eu*).

Além da canção de Weill e Anderson, as outras oito faixas do álbum eram do domínio de Rodgers-Hart-Hammerstein, e todas também da Broadway: "My

Heart Stood Still", de Rodgers e Hart, do musical da Broadway *A Connecticut Yankee*; "Ol' Man River", de Kern e Hammerstein, de *O barco das ilusões*; "Bewitched, Bothered, and Bewildered", de Rodgers e Hart, de *Meus dois carinhos*; e "You'll Never Walk Alone" e "Soliloquy", de Rodgers e Hammerstein, de *Carrossel*. Todas eram canções teatrais, pois o álbum era teatral.

E nenhuma faixa era mais teatral do que a grande "Soliloquy", de 1945. Cantada pelo anti-herói de *Carrossel*, o vagabundo Billy Bigelow, a extensa e formidável ária à paternidade exigia uma capacidade vocal e dramática da mais alta ordem. Frank a tinha gravado para a Columbia em 1946, e precisou de duas sessões separadas para completar a canção de quase oito minutos, que foi lançada pelo selo (clássico) Masterworks da gravadora nos dois lados de um disco em 78 rpm. Em 1955, Frank fez uma pré-gravação dela, além de três outras músicas do espetáculo, para a versão cinematográfica de *Carrossel* — mas depois abandonou o projeto, deixando as fitas num limbo legal. (Apenas um número, o dueto Sinatra-Shirley Jones de "If I Loved You", foi ouvido desde então.)

Frank não foi o único prejudicado por seu chilique nas filmagens de *Carrossel*, o filme também: ele teria sido um tremendo Billy Bigelow. Mas, mesmo na época, com 39 anos, ele já estava meio velho para o papel. Agora, aos 47, tinha uma idade avançada demais para interpretar Billy nas telas — mas perfeita para cantar a canção-tema do personagem. Uma comparação entre as versões de "Soliloquy" de 1946 e de 1963 resume bem a história: no disco da Columbia (com arranjo de Axel Stordahl), Sinatra canta lindamente, mas a juventude de sua voz prejudica a vulgaridade do personagem. Na faixa da Reprise, os primeiros sons de barítono da meia-idade de Sinatra são de arrepiar: agora, sim. Os anos e as lágrimas lhe conferiram autoridade para cantar essa música.

E sua interpretação parece não ter exigido nenhum esforço, embora a composição de oito minutos e cinco segundos tenha sido gravada (para o filme em 35 mm)[22] em partes, pois, como lembrou Riddle mais tarde, "foi uma coisa cansativa".[23] O resultado é um triunfo tanto para o cantor como para o arranjador. Friedwald escreveu: "A versão da Reprise é sobre equilíbrios: Sinatra atingindo a mistura certa de agressividade e ternura, Riddle encontrando o limite entre a bravura da Broadway e sua própria imaginação, mais etérea".[24] O mesmo poderia ser dito do disco como um todo.

"Soliloquy" foi gravada por muitos outros cantores — Sammy Davis Jr. e Mel Tormé nos anos 1960; e, em tempos mais recentes, pelos astros da Broadway

Brian Stokes Mitchell e Mandy Patinkin e pelo baixo-barítono Bryn Terfel. Mas Sinatra é Sinatra. Só sua versão pode ser considerada definitiva.

You can have fun with a son,
But you've got to be a father to a girl.
[Você pode se divertir com um filho,
mas com uma filha é preciso ser pai.]

"Soliloquy", de Rodgers e Hammerstein

Cantar uma música sobre a paternidade era uma coisa; ser pai era outra, bem diferente. Com as duas filhas, Frank Sinatra parece ter encontrado um equilíbrio entre amor e distância, compensando em afeto o que não podia dar em presença. Apesar de estar ausente a maior parte do tempo, tanto Nancy como Tina parecem ter vivido com uma expectativa constante de que ele sempre voltaria, ainda que apenas para uma visita. (A mãe parecia sentir a mesma coisa.)

O mesmo não pode ser dito sobre o desventurado filho, que herdou e não herdou o nome do pai. Quando Frank Sinatra trocou sua jovem família por Ava Gardner, em 1949, o pequeno Franklin Wayne Emanuel Sinatra tinha cinco anos — "o pior momento possível", lembrou a irmã mais nova. "Meu irmão entendeu o suficiente para interiorizar sua perda. Sentiu-se desnorteado e bastante traumatizado. Acho que o mundo dele simplesmente desabou."[25]

Quando garoto, Frankie era "gracioso, inteligente e engraçado, a alegria de qualquer festa", escreve Tina. "Aos dez ou onze anos, apresentava-se a quem quisesse ouvir, imitando as aparições de papai na TV palavra por palavra."[26]

Mas a adolescência chegou com certa gravidade. O garoto de treze anos que tocou piano para Louella Parsons e outros numa festa em 1957 oferecida pela mãe já demonstrava aversão ao rock 'n' roll e amor pelos standards. Ele continuava copiando Frank pai, só que com menos encanto.

Imitar sua imagem era a única maneira de Frankie estar perto do pai: qualquer outro tipo de intimidade era improvável. O complicado distanciamento entre Marty Sinatra e Frank se reproduzia na relação entre Frank e o filho. "Os dois eram meio tímidos um com o outro", escreve Tina. "Não era uma coisa tão incomum entre pai e filho na época, mas acho que Frankie precisava de mais do que isso."[27]

Com a adolescência, Frankie se distanciou e se tornou um garoto problemático. Passou a andar em más companhias, foi preso por atirar em postes de iluminação com uma espingarda de chumbo. A mãe decidiu que só havia duas opções para o filho: ir morar com o pai ou estudar num internato. A primeira opção, claro, não existia de jeito nenhum. Frankie foi despachado para um colégio interno nas montanhas de San Jacinto, a oeste de Palm Springs.[28]

"Até setembro de 1958, quando fui mandado para uma escola preparatória, minha vida com a família era muito, muito normal", declarou ele mais tarde. "Depois que saí do círculo interno, minha posição na família nunca mais foi restabelecida."[29]

E pelo resto da vida ele tentou recuperar seu papel na família. A maneira de conseguir isso se mostrou ao mesmo tempo simples e impossível: Frankie havia passado muito tempo vendo o pai em estúdios de gravação, sets de filmagem e *nightclubs* para saber que desejava de alguma forma seguir seus passos no mundo artístico. Continuara tocando piano, e era bem talentoso: de início, achou que poderia compor. Em vista do peso esmagador a que estava submetido, teria sido mais inteligente escolher outra carreira — de professor universitário, por exemplo (era fascinado por história militar) —, mas acabou sendo motivado mais pela carência do que pela inteligência: ele queria estar perto do pai, mesmo que este não fizesse a menor ideia de como ficar perto do filho.

No outono de 1962, matriculado como estudante de música na Universidade do Sul da Califórnia, Frankie se viu dividido entre dois caminhos. Os pais queriam que se formasse numa faculdade. Mas naquele verão, na Disneylândia, ele pediu para cantar com o grupo de dança Elliott Brothers, uma turma de rapazes de cabelo curto e paletó vermelho, e conseguiu se dar bem — apresentando-se como Frank Sinatra Jr.[30] Quando Jack Benny, um velho amigo da família, soube da apresentação de Frankie, ligou para Frank perguntando se Júnior poderia aparecer em seu programa de televisão. "Se meu filho vai entrar para o mundo artístico", respondeu Frank, "ninguém melhor do que você para ele começar."[31] No início de outubro, Frankie participou do *The Jack Benny Program*, cantando uma música e atuando num quadro cômico. As críticas foram razoáveis.

No final do ano, Frank Jr. pensava cada vez menos em concluir os estudos e cada vez mais em cantar e atuar. "Ele é mais ator do que cantor", disse Frank pai a um repórter. "Tem uma boa qualidade vocal. Mas precisa praticar mais. Ele está estudando música, e quero que termine a faculdade."[32]

Mas Frank ressaltou que não se opunha que o filho entrasse no mundo artístico. "Se é o que ele quer", declarou. "Na verdade ele quer ser ator, arranjador e cantor, nessa ordem. Tudo bem, quero que ele aprenda a cantar. Aonde quer que vá, vão lhe pedir para cantar."

Em março, o compenetrado rapaz de dezenove anos decidiu formalmente o que queria fazer, assinando um contrato com Sam Donahue, saxofonista, trompetista e arranjador que assumira a liderança da orquestra de Tommy Dorsey sem Tommy Dorsey (uma *orquestra fantasma*, no jargão das jazz-bands).[33] "Não pretendo criar muito alvoroço emocional — com gritos e suspiros —, como meu pai", declarou, com sinceridade. "Mas com certeza espero contribuir com a orquestra."

Dez dias mais tarde, o álbum de estreia dos Beatles, *Please Please Me*, foi lançado na Grã-Bretanha.

Mike Shore era um gênio da publicidade da Costa Oeste, cujos anúncios nos anos 1940 e 1950 transformaram um vendedor de carros usados de Los Angeles chamado Earl Muntz numa sensação de vendas e numa personalidade midiática conhecida como Madman Muntz. As campanhas publicitárias de Shore para Muntz o tornaram famoso no país, usando de todas as estratégias malucas para vender automóveis — fantasias exóticas, cartazes bizarros e truques fora de série: num de seus comerciais na TV, Muntz ameaçava destruir um carro com uma marreta se não o vendesse até o final do dia.

Shore começou a se envolver com a Reprise Records por meio do irmão Merle, que fora diretor de arte de Norman Granz na Verve. Quando Mo Ostin contratou Merle Shore como diretor artístico do novo selo de Frank Sinatra, Mike começou a passar mais tempo no escritório; logo se seguiram anúncios e ideias promocionais. Foi Mike Shore quem bolou o nome do selo novato, em parte inspirado pela letra de "April in Paris" ("April in Paris, this is a feeling/ No one can ever reprise"),* assim como o famoso anúncio na *Billboard* ("Um novo Sinatra, mais feliz e *emancipado* [...] desimpedido, desacorrentado, sem limites") que tanto incomodou a Capitol. "Mike era absolutamente brilhante", lembrou Ostin. "Um sujeito muito inteligente."[34]

* Abril em Paris, este é um sentimento/ Ninguém pode reprisar. (N. T.)

Mike também escrevia discursos para Frank de vez em quando — coisinhas que o Chefão poderia dizer em reuniões de vendas, por exemplo — e, nesse novo papel, Shore, um homem reflexivo e muito intuitivo, começou a passar mais tempo ao lado do patrão. Esse contato sempre o deixou inquieto. "Eu costumava almoçar com ele", lembrou, "e sempre ficava nervoso por estar almoçando com uma lenda."[35]

Mas Shore também se sentia fascinado por Sinatra, admirando muitos de seus aspectos, entre os quais sua política liberal. Ao redigir para o superastro, o publicitário acabou se identificando bastante com ele. "Havia um cara que costumava escrever coisinhas para Bing Crosby, que o cantor usava no programa *Kraft Music Hall* — e de alguma forma ele conseguia entrar na cabeça de Crosby", disse Shore. "Eu sentia o mesmo em relação a Sinatra, pelo menos quando me encontrava com ele. Eu de fato o compreendia. Eu o conhecia muito bem."

No final de 1962, a *Playboy* decidiu fazer uma longa entrevista com Frank Sinatra, e o editor da revista, Hugh Hefner, contratou o jornalista de celebridades Joe Hyams para o trabalho. Hefner já o tinha incumbido de entrevistar Frank dois anos antes, para um artigo na *Show Business Illustrated* sobre os diversos empreendimentos artísticos do cantor. O extenso artigo se mostrou bastante positivo, até meio deslumbrado — e em alguns trechos, um tanto imaginativo —, sobre o tino de Frank para os negócios. Mas depois disso, por razões desconhecidas, Sinatra pegou birra de Joe Hyams. E recusou a entrevista para a *Playboy*.

O fotógrafo Billy Woodfield, próximo tanto de Hyams como de Sinatra (e de Mike Shore), foi falar com Frank numa tentativa de estabelecer uma trégua. "Sinatra disse: 'Não quero Hyams nesse negócio'", contou Shore. Frank sugeriu então que o próprio Woodfield escrevesse a entrevista inteira. "Isso foi numa sexta-feira", lembrou Shore. "Sinatra disse: 'Venha me mostrar o material na segunda. Mas tem de ser interessante'. Então, no sábado de manhã, logo cedo, Woodfield estava lá tentando escrever a entrevista. E me chamou porque estava travado."[36]

Billy Woodfield era fotógrafo, não redator. Mike Shore não era escritor; era o redator que tinha criado Madman Muntz. "Nunca pensei que a entrevista seria publicada", declarou Shore. "Mas fiquei lá mais ou menos umas quatro horas e bolamos a entrevista inteira. As perguntas e as respostas."

Woodfield levou o manuscrito para Frank na segunda-feira. "Billy me ligou na segunda à tarde", relatou Shore. "Ele tinha acabado de almoçar com Sinatra e contou: 'Sinatra adorou a entrevista'. Eu disse: 'Ah, não brinca'."

Mas era verdade. Frank adorou mesmo a entrevista porque, de alguma forma, num lampejo genial naquela manhã de sábado, Mike Shore conseguiu colocar na página uma versão de Sinatra que era ao mesmo tempo verídica e melhor que a realidade, a personificação de tudo o que o astro queria atingir em termos intelectuais e na superação de suas inseguranças. Descolado, bem articulado, inteligente e arguto, mas sempre discreto, o Frank de Shore pareceu tão crível — não só sobre o que o motivava, mas também falando de grandes questões mundiais, como religião organizada, desarmamento nuclear e expansão do comunismo — que a entrevista continua sendo citada até hoje, sem ninguém discutir que aquelas palavras brilhantes não foram emitidas pelos lábios do homem.

E como era um grande publicitário, Shore elaborou as afirmações de Frank de forma sempre citável, criando várias formulações que passaram a fazer parte da cultura:

> PLAYBOY: Muitas explicações já foram dadas sobre sua capacidade única — além das sutilezas de estilo e equipamento vocal — para transmitir o estado de espírito de uma canção à plateia. Como você definiria isso?
>
> SINATRA: Acho que é por conseguir envolver a plateia na música, envolver pessoalmente — porque também me sinto envolvido. Não é algo que eu faça de maneira deliberada; é uma coisa natural. Se a música é um lamento por um amor perdido, sinto essa tristeza nas vísceras, sinto pessoalmente essa dor. E expresso a solidão, a mágoa e a dor que estou sentindo.
>
> PLAYBOY: Mas será que todos os vocalistas não "sentem" o que cantam? Existe tanta diferença…
>
> SINATRA: Não sei o que outros cantores sentem quando articulam as letras das músicas, mas, por ser um maníaco-depressivo de dezoito quilates e ter tido uma vida de violentas contradições emocionais, desenvolvi uma sensibilidade muito apurada tanto para a tristeza como para a alegria. Sei o que o cara que compôs a música está tentando dizer. Já passei por isso — fui e voltei. Acho que a plateia sente isso junto comigo. Não há outra escolha. Afinal, a sentimentalidade é uma emoção comum a toda a humanidade.[37]

("Quanto ao maníaco-depressivo de dezoito quilates, eu estava na verdade falando de mim também", lembrou Shore.)

Quando a *Playboy* perguntou se ele acreditava em Deus, Sinatra foi ainda mais eloquente (como se fosse possível): "Em primeiro lugar, acredito em você e em mim", respondeu.

> Sou como Albert Schweitzer, Bertrand Russell e Albert Einstein, na medida em que respeito a vida — em todas as suas formas. Acredito na natureza, nos pássaros, no mar, no céu, em tudo que posso ver ou que apresente alguma evidência real. Se essas coisas são o que você chama de Deus, então eu acredito em Deus. Mas não acredito num Deus pessoal a quem se possa pedir consolo ou perguntar sobre uma jogada certa num lance de dados. Não estranho a aparente necessidade de fé das pessoas; sou a favor de qualquer coisa que me ajude a passar a noite, seja uma oração, um tranquilizante ou uma garrafa de Jack Daniel's.

Nos anos seguintes, os compositores Kris Kristofferson ("Help Me Make It through the Night") e John Lennon ("Whatever Gets You through the Night") se inspirariam nessas imortais palavras de Shore / Sinatra.

Embora a versão de Sinatra oferecida por Shore às vezes esbarre na insolência característica do Rat Pack ("Olha, amigo, isso vai ser um cruzeiro oceânico ou uma voltinha pelo porto?") e no que poderia ser definido como verborragia ("Nossa civilização, na sua vertente atual, foi moldada pela religião, e os homens que aspiram a cargos públicos em qualquer lugar do mundo livre devem declarar obediência a Deus se não quiserem se arriscar a um opróbrio imediato"), a entrevista para a *Playboy* não foi um mero tour de force; Shore realmente *captou* Sinatra, como homem e como grande artista. Como disse o avatar de Frank na entrevista:

> SINATRA: Muito do que foi escrito sobre mim é um grande borrão, mas me lembro de ter sido definido por uma palavra simples com a qual concordo. Foi num artigo que me estraçalhou por meu comportamento pessoal, mas o jornalista disse que, quando a música começava e eu passava a cantar, eu era "honesto". Isso descreve o que sinto. Tudo o mais que foi dito sobre mim pessoalmente não é importante. Quando canto, eu acredito. Sou honesto. Se você quer ter uma plateia ao seu lado, só existe um jeito. Você precisa chegar até ela com humildade e com uma honestidade total. Isso é um ponto fundamental da minha parte; descobri — e você pode ver isso em outros artistas — que, se você não chega até a plateia, nada acontece.

> Você pode ser o artista mais perfeito do mundo, mas a plateia é como uma mulher — se você se mostrar indiferente, fim da linha. Isso vale para qualquer tipo de contato humano: para um político na televisão, um ator no cinema ou um rapaz e uma garota. É tão verdadeiro na arte como na vida.

Foi um texto de ghost-writer, mas muito eficiente: Frank em sua essência, e na vida.

Na noite de 8 de abril, Frank foi o apresentador da 35ª edição da premiação da Academia de Cinema. Num espetáculo que começou com dificuldades técnicas (as câmeras da ABC estavam fora de foco e o som estava ruim),[38] Sinatra também pisou em ovos no começo. Estava bonito e elegante no palco, o bronzeado contrastando com a gravata branca. Mas, por se sentir ou intimidado ou indiferente à ocasião (talvez um pouco das duas coisas), de início não conseguiu fazer contato com as pessoas da indústria, muitas das quais o haviam acolhido de volta ao estrelato na noite do Oscar de 1954.

Foi infeliz ao começar com um "pequeno discurso sobre o jargão do mundo artístico a respeito de fazer filmes melhores em Hollywood usando a *Mona Lisa* como exemplo", escreveu a colunista de TV Cynthia Lowry. "A certa altura, ele se referiu à Gioconda como 'aquela mina', mas ninguém deu risada."[39]

O espetáculo, porém, logo se estabilizou, assim como Frank. Pouco antes do anúncio do prêmio de melhor filme (que iria para *Lawrence da Arábia*), Sinatra olhou firme para a câmera e disse o que pensava.

> Antes de chegar ao mais importante, gostaria de aproveitar esta oportunidade para ser sincero, digamos assim. Para falar um pouco para nós mesmos — da indústria cinematográfica. Pessoalmente, de fato estou um pouco cansado de toda essa conversa de editoriais, abre aspas, "Qual é o problema de Hollywood?", fecha aspas. Estou cansado de ouvir falar de produções e custos exorbitantes. Do papel dos grandes astros e estrelas, de quanto precisamos de subsídios do governo. Eu sei e vocês também sabem… o que precisamos é de bons filmes.[40]

Houve aplausos esparsos. "E a maneira de se fazer bons filmes, como já insinuei indiretamente esta noite, é voltar à questão da *Mona Lisa*." Levantou um indicador didático. "Filmes *individuais*, feitos de forma artesanal, com paixão e cuidado, por cineastas individuais. Não por bancos, comitês, contadores, advogados, funcionários de escritórios ou juntas diretoras que na verdade estão no negócio imobiliário, mas de gente que faz cinema."

Foi uma coisa curiosa a dizer. Por um lado, Sinatra estava em solo firme, tendo recém-lançado *Sob o domínio do mal*. Por outro, por incrível que parecesse, ele estava prestes a penetrar de novo toda a profundidade cinematográfica que já havia explorado em *Os três sargentos*.

No dia 16, Hedda Hopper escreveu um artigo curioso. "Frank Sinatra vendeu seu ninho de águia para John W. Kluge, presidente da Metromedia, que comprou a KTTV do *Los Angeles Times* e lançou uma nova estação aqui", escreveu. "Kluge tem uma linda casa em Nova York, e adquiriu essa nova residência para passar os fins de semana quando viajar a negócios. Kluge não discutiu o preço — Frankie conseguiu o que pediu."[41]

John Kluge não precisava pechinchar: era um verdadeiro magnata, um multimilionário da mídia que comprava e vendia emissoras de televisão. Mas por que Frank vendeu seu requintado refúgio de solteirão de inspiração japonesa, com uma estonteante vista para o vale ao norte e para a cidade ao sul? Ele adorava o lugar.

De qualquer forma, ele se mudou para um novo imóvel, um apartamento num belo minicomplexo de tijolos brancos em estilo moderno dos anos 1950 (com cinco unidades) no número 882 da North Doheny Drive, bem na linha que hoje separa Beverly Hills de West Hollywood. O apartamento está lá até hoje, em perfeitas condições.

O complexo foi construído ao redor de um pátio central invisível da rua e era guarnecido por um portão de metal atrás do qual havia uma estátua de um leão chinês em tamanho natural. Tinha uma garagem virando a esquina da Cynthia Street; os moradores estacionavam ali e acessavam o edifício sem precisar usar a entrada da frente. Mesmo numa época anterior à incansável e onipresente vigilância da mídia aos famosos ou quase famosos, o complexo oferecia privacidade e um luxo sutil, servindo como um discreto refúgio para inúmeros personagens interessantes: Marilyn Monroe morou lá em duas ocasiões, uma no início dos anos 1950, por volta do episódio que ficou conhecido como Invasão na

Porta Errada, e de novo no final da década, pouco antes de se mudar para a casa de Brentwood, onde morreu.

Além de Monroe, a construção abrigou, em ocasiões diversas, o playboy milionário Bob Neal, que às vezes se encontrava com Frank; a trágica estilista de Hollywood Irene (que depois se suicidou pulando de uma janela do Roosevelt Hotel); o correspondente da *Time* em Hollywood Ezra Goodman (que talvez esperasse arranjar alguns furos já perto de casa); a secretária de Sinatra, Gloria Lovell; e o próprio Frank.

George Jacobs, porém, nunca viveu lá.

Em suas simpáticas e criativas memórias, o criado e seu coautor dizem que no auge do romance de Frank com Marilyn Monroe, em 1961, Sinatra teve que decidir se iria ou não morar com a atriz. Preferiu não morar. Em vez disso, afirma o livro *Mr. S.*, Frank mudou-se com Jacobs para a North Doheny, tanto para vigiar Marilyn como também como uma espécie de "prêmio de consolação",[42] pois o criado acabava de passar por um amargo processo de divórcio.

Existem dois problemas nessa afirmação: primeiro, Jacobs se divorciou no outono de 1963, mais de um ano depois da morte de Marilyn. E, segundo, Betsy Duncan Hammes, uma testemunha coerente e confiável que viveu naquele complexo de 1959 a 1967, diz que George Jacobs com certeza nunca morou lá.[43] As memórias do criado ganham algum tempero, e um bom ponto de vista narrativo, ao situar o autor no complexo, mas perdem em algo mais importante: veracidade.

Betsy Hammes conheceu seu novo vizinho assim que ele se mudou, na primavera de 1963, e sob circunstâncias bastante caseiras: com Frank pedindo emprestada uma xícara de açúcar. "Eu tinha alguns cubos de açúcar numa xicrinha de café, e coloquei em frente à porta dele", contou Betsy. "Pouco tempo depois, minha campainha tocou e encontrei um maço de notas de dinheiro enroladas, uns quinze dólares, numa xícara em frente à minha porta. Ele tinha deixado a xícara errada."[44]

Os dois logo se tornaram amigos. "Ele era como qualquer vizinho que se possa ter na porta ao lado", disse Hammes. "Quando eu chegava, ele carregava as compras para mim. Uma vez eu estava transportando uma mesa e ele me ajudou."

Frank dava a impressão de ser um pouco solitário. Gostava de cozinhar tarde da noite — "Era muito bom em pizzas, espaguete e coisas assim, estava sempre com a massa e os molhos prontos" — e gostava de conversar até altas horas. "Ele era interessante", contou. "Complicado. Adorava aprender, adorava o conhecimento: adorava palavras cruzadas. Às vezes falava de Ava Gardner. Dizia: 'Depois que desmanchei com ela, graças a Deus fui a um psiquiatra'."

Ante a inevitável pergunta — Hammes era uma mulher atraente —, ela responde: "Saímos algumas vezes, mas tínhamos carreiras independentes. Nós gostávamos um do outro. Só isso, basicamente. Não houve romance. Mas gostávamos um do outro. E quando estávamos lá, estávamos lá. Era conveniente".

Indagada se fazia ideia do motivo de Frank Sinatra, o artista mais famoso do mundo, ter decidido de repente se mandar de onde vivia antes e mudar para um local mais simples do outro lado da cidade, Hammes respondeu que não. Não podemos saber muito mais. A Reprise estava afundada no vermelho; o Cal-Neva era um sorvedouro de grana. Embora o dinheiro dos filmes, de discos e de apresentações em *nightclubs* continuasse entrando, bem como os rendimentos de seus vários investimentos imobiliários e corporativos, as despesas eram altas. Frank tinha agora três aviões: o *Christina*; um novo brinquedinho, um pequeno jato Morane-Saulnier (para quatro passageiros);[45] e um helicóptero Hughes 269A (que costumava ser pilotado pelo amigo Van Heusen).[46] Havia ainda o complexo de Palm Springs e os empregados domésticos; o escritório da Essex Productions e seus funcionários; a Reprise e sua equipe. Frank tinha comprado também um novo imóvel em Manhattan: uma cobertura dúplex com varanda e uma espetacular vista para o East River, numa torre recém-construída no final da rua 72.[47] Assim, na primavera de 1963, Frank poderia estar numa situação financeira apertada.

E havia algo mais: em janeiro de 1962, Frank pediu permissão para instalar um heliporto de concreto em sua casa na Bowmont Drive — mais ou menos como o que já tinha construído no complexo de Palm Springs para a visita de JFK. A aquisição de mais poder aumentou também sua impaciência: quando Frank queria estar em algum lugar, ele queria estar naquele lugar *na mesma hora*. Temendo serem incomodados por aterrissagens e decolagens frequentes e barulhentas, seus vizinhos de Los Angeles foram contrários ao projeto do heliporto. Com veemência. "Cada vez que Frank cospe a gente ouve lá de casa", disse um deles. "A acústica do cânion é melhor do que a do Hollywood Bowl", disse outro. "Sem dúvida haveria um problema com o ruído."[48]

Quarenta moradores das proximidades assinaram uma petição contra a obra. O presidente da associação de moradores de Mulholland afirmou que, se fosse permitido que Sinatra construísse seu heliporto, outros decerto o imitariam. "Se aprovarmos um, teremos de aprovar todos."[49] Havia muita gente rica naquelas colinas.

Durante uma audiência na junta de planejamento, Mickey Rudin argumentou (Frank não estava presente) que seu cliente precisava do heliporto para evitar os horários de pico do aeroporto de Los Angeles quando saía da cidade. O advogado afirmou que o uso do heliporto seria pouco frequente: "Não mais de 35 ou quarenta vezes por ano".[50] O que não soou muito convincente. Além do mais, acrescentou Rudin, Sinatra prometia deixá-lo disponível para agências públicas ou privadas em caso de incêndio ou enchentes. "O barulho não será maior do que o provocado pelos automóveis e caminhões", alegou o advogado, de modo pouco verossímil.

A proposta de Frank foi recusada. E foi o fim para a Bowmont Drive.

Durante a primavera e o verão, Frank limitou-se a seguir os próprios passos. No final de abril, ele e Nelson produziram um novo LP, *Sinatra's Sinatra*, com regravações de dez músicas que já haviam sido sucesso com o cantor, sobretudo nos tempos da Capitol ("In the Wee Small Hours of the Morning", "Young at Heart", "All the Way", "Witchcraft", "How Little We Know", "I've Got You under My Skin"), mais duas — "Oh! What It Seemed to Be" e "Nancy (with the Laughing Face)", de Phil Silvers e Jimmy van Heusen — de sua passagem pela Columbia. Ele também regravou um antigo hit do rádio, "Put Your Dreams Away", já gravado por suas duas ex-gravadoras, e "Second Time Around", de Cahn e Van Heusen, seu primeiro single pela Reprise, de 1960.

Para adoçar o produto, Sinatra acrescentou ao final do LP as gravações originais de duas das composições mais açucaradas de Cahn e Van Heusen para o cinema: "Pocketful of Miracles", com coro de crianças e tudo (do horrendo *Dama por um dia*, de Frank Capra), e "Call Me Irresponsible".

O propósito do álbum era cruamente estratégico: tentar recuperar o mercado de Sinatra para a Reprise. Nesse sentido, o lançamento do disco em agosto foi um sucesso, tendo chegado ao oitavo lugar na classificação da *Billboard* e resultando no primeiro disco de ouro de Frank pelo novo selo e no primeiro desde *Nice 'n' Easy*, de 1960.

Mas foi um sucesso artístico meio capcioso. Quem já tinha as gravações originais precisaria mesmo comprar aquele disco? Sinatra tinha um considerável pudor artístico (embora com a Capitol, no final, estivesse disposto a qualquer negócio): ele na verdade queria fazer aquelas novas releituras, e conseguiu o que desejava, até certo ponto. Sua interpretação é primorosa, e os arranjos de Riddle, mais ou menos os mesmos das gravações anteriores, são imbatíveis. Como observa Friedwald, o fundo instrumental soa diferente em estéreo (muitas das faixas originais foram gravadas em mono).[51] As músicas em si são uma mixórdia.

"All the Way" e "In the Wee Small Hours of the Morning" não só são lindas canções como também detêm uma sabedoria e uma maturidade que não estavam presentes nas gravações originais. A diferença ganha especial destaque na nova "Wee Small" — com a primeira versão, banhada de Ava, sendo arrasadora, e a atualização, não. A nova "I've Got You under My Skin", com Dick Nash tocando o famoso solo de Milt Bernhart (Bernhart estava comprometido com a gravação de uma trilha sonora e não pôde aparecer de novo),[52] não perde em nada para a gravação original. A segunda "Second Time Around" é simples e adorável. E "Young at Heart", de 1963, não deveria deixar ninguém descontente — a não ser os que voltassem a ouvir a versão de 1954 e percebessem que já era uma joia rara sem necessidade de melhorias.

A nova interpretação de "Witchcraft", de Carolyn Leigh e Cy Coleman, por outro lado, é uma boa leitura ligeira de Sinatra em busca de novidades. Não há nada de tão errado em trocar "that wicked witchcraft" por "that coo-coo witchcraft" — só o que faz é depreciar o verso e concentrar a atenção no artista como celebridade e não na própria canção. Mas Frank tenta um improviso melódico no trecho "It is such an ancient pitch" (o tipo de coisa que Ella Fitzgerald faria com um pé nas costas) que, de maneira irônica, sai muito do tom. Quando ele tenta uma ingênua imitação de Reginald van Gleason no final da música — "Ew, you're a fine witch" —, não se pode deixar de lembrar o famoso comentário de Orson Welles ao dramaturgo Abe Burrows sobre a versão cinematográfica do musical *Guys and Dolls*: "Eles puseram um cocozinho em todas as suas falas".[53]

Em relação a "Nancy (with the Laughing Face)" e "Oh! What It Seemed to Be", quanto menos se disser, melhor. Em algum momento em seu passado nebuloso, Frank infundira uma doçura e um sentimento a essas velhas canções que ele não conseguia mais transmitir.

* * *

A vida de Sinatra e a de Giancana continuaram interligadas. Em janeiro, o FBI interrogara Frank e Mickey Rudin, nos escritórios da Essex Productions, no Sunset Boulevard, sobre as finanças do Cal-Neva. Rudin disse aos agentes que os planos de expansão para o hotel precisariam da injeção de cerca de 4 milhões de dólares, e que a Essex/Park Lake pretendia pedir um empréstimo ao fundo de pensão do sindicato dos caminhoneiros. "Tanto RUDIN como SINATRA comunicaram que desejavam declarar oficialmente que não houve nenhum pagamento por baixo do pano de nenhum tipo, que se tratou de uma transação comercial simples e direta com suficientes garantias",[54] afirmou o relatório do bureau.

Mas quando o FBI revisou as minutas de uma reunião do sindicato de setembro de 1962, em que o próprio Jimmy Hoffa rejeitara o pedido de empréstimo de Mickey Rudin (Hoffa recusou um pedido de Giancana para o Cal-Neva mais ou menos na mesma época), o bureau desconfiou.[55] De onde Sinatra estava planejando tirar esses 4 milhões?

Em 24 de abril de 1963, cinco dias antes de Frank começar as sessões de *Sinatra's Sinatra*, o agente especial do FBI encarregado de Los Angeles escreveu um fervoroso memorando a J. Edgar Hoover, pedindo permissão para plantar uma escuta na casa do cantor em Palm Springs — que, observou o agente, era agora sua principal residência. "Durante as últimas semanas a Divisão de Los Angeles obteve informações que tendem a indicar que o supracitado indivíduo pretende passar mais tempo na região de Palm Springs do que em Los Angeles",[56] começa o memorando. (Parecia até que ele tinha lido Hedda Hopper.)

O documento se estendia bem mais, lembrando Hoover — de maneira redundante, sem dúvida — das associações passadas e presentes de Frank com "alguns dos indivíduos mais mal-afamados dos tempos modernos", com seus nomes exóticos escritos, ao estilo do FBI, em chamativas letras maiúsculas: "BONANNO, de Phoenix, FISCHETTI, de Miami", "o falecido WILLIE MORETTI, de Nova Jersey", LUCKY LUCIANO,* SAM "MOONEY" GIANCANA e JOHNNY FORMOSA, que, afirmava

* O memorando deixou de dizer que Luciano, velho amigo de Sinatra, também já era falecido, depois de viver exilado pelo resto de seus dias, vítima de um ataque cardíaco em Nápoles após sua deportação em janeiro de 1962. Entre os objetos pessoais encontrados em seu apartamento havia uma cigarreira de ouro com uma carinhosa inscrição de Frank. Ver Gosch e Hammer, *Last Testament of Lucky Luciano*, p. 444. (N. A.)

o agente, "durante a última temporada do Cal-Neva esteve presente no hotel Cal-Neva, ao que tudo indica com muito a dizer sobre suas operações".

Mas, à medida que o documento se estendia, lembrando o diretor de coisas que ele também já sabia — a decepção de Giancana com os esforços de Sinatra para fazer a administração Kennedy mitigar suas ações contra o crime organizado; os interesses de Sinatra no Sands ("SINATRA é dono de boa parcela") e no Cal-Neva ("no momento ele é proprietário de quase 100%) —, fica parecendo cada vez mais uma requisição para um pedido de investigação. O memorando concluía, esperançoso:

> A longa e continuada associação de SINATRA como possível fachada para investimentos de criminosos de estatura tanto nacional como internacional leva esta divisão a crer que uma fonte confidencial, se estabelecida em Palm Springs e relacionada a Sinatra, sem dúvida resultaria em informações de inteligência muitíssimo valiosas, fornecendo um retrato de operações e investimentos criminosos de alto nível.
>
> Requisitamos autorização legal para conduzir uma vigilância primária para determinar a viabilidade da instalação de um *misur* [escuta por microfone] na residência de SINATRA em Palm Springs, Califórnia.

Em memorando redigido no mesmo dia do início das sessões de *Sinatra's Sinatra*, o diretor dá um puxão de orelha no agente:

> PARA: SAC [agente especial encarregado], Los Angeles
> De: Diretor, FBI
> ASSUNTO: FRANK SINATRA
> "Francis Albert Sinatra" (Nome Verdadeiro)
> crime organizado
>
> Re seu memo 24/4/63
>
> Autorização do bureau não concedida neste momento para conduzir uma vigilância para determinar a viabilidade da instalação de um *misur* na residência de Frank Sinatra em Palm Springs, Califórnia. Caso consiga obter informações que justifiquem tal instalação, pode reapresentar suas recomendações. Devo lembrar que todos os *misurs* devem ser justificados por completo.[57]

* * *

Uma coluna de Bob Thomas de 1º de maio relacionou a mudança de residência de Frank com um sinal de que ele estava abrandando: "Depois de viver a toda a velocidade durante boa parte de seus 45 [sic] anos, parece que Frank descobriu o segredo da desaceleração", escreveu Thomas.

> Ele, que sempre pareceu se opor ao ar livre, agora é um golfista empolgado.
>
> A mudança do modo de vida de Sinatra se revela pela mudança de seu apartamento de solteiro no alto da montanha para a casa em Palm Springs. Está seguindo os passos de Red Skelton, Dinah Shore e outras estrelas que fizeram do deserto suas residências permanentes. Continua mantendo um apartamento aqui para usar quando está trabalhando.
>
> "A vida lá embaixo é maravilhosa", declarou Frank [...]. "É a única forma de conseguir relaxar para valer. Mesmo que eu tente ficar em casa à noite aqui [Los Angeles], algo sempre acontece e acabo saindo. No deserto ninguém consegue chegar até mim. É surpreendente a diferença que faz essa distância." Frank percorre os duzentos quilômetros em 27 minutos em seu avião particular.[58]

Onze dias depois, Frank viajou para o Havaí para relaxar, com um amigo que talvez estivesse ainda mais necessitado de descanso. Sob o título HOTÉIS E RESTAURANTES FREQUENTADOS POR SAM GIANCANA, a ficha do FBI sobre o gângster relaciona o "Sheridan [sic] Surfrider Hotel, Waikiki Beach, Havaí", e começa: "GIANCANA, sob o nome de J. J. BRACKETT, hospedou-se no Surfrider Hotel em companhia de FRANK SINATRA de 12 de maio de 1963 até 16 de maio de 1963".[59]

Três dias depois, Frank estava afobado de novo, viajando a Nova York para um concerto beneficente para cegos no Carnegie Hall, e logo fazendo meia-volta para começar a rodar um filme que mostraria que seu sofisticado trabalho em *Sob o domínio do mal* fora apenas uma anomalia de destaque.

O nome do filme era *Os quatro heróis do Texas*: mais uma bobagem da série do Rat Pack que começara com *Onze homens e um segredo* e continuou com *Os três sargentos*. A essa altura, haja bobagem. Essa última parte, um faroeste em ritmo de paródia, devia contar com apenas Frank e Dean, e só um dos dois sabia fazer comédia. Anita Ekberg e Ursula Andress estavam à vista e disponíveis. (A Warner

Brothers havia oferecido 1 milhão de dólares a Sophia Loren por quatro semanas de trabalho no filme; sabiamente, ela recusou.)[60] Robert Aldrich era o diretor (e coprodutor e corroteirista), e na época era um profissional reconhecido, tendo dirigido os filmes noir clássicos *A morte num beijo*, *A grande chantagem* e *O que terá acontecido a Baby Jane?*; também já realizara faroestes bem-sucedidos (*O último bravo*, *Vera Cruz*) e aventuras na Segunda Guerra Mundial (*Morte sem glória*, *A dez segundos do inferno*). Já tinha lidado com grandes egos, como Bette Davis e Joan Crawford, e com tipos durões, como Burt Lancaster, Jack Palance e Lee Marvin. Mas o homem que dizia que um diretor "precisa de poder para que não interfiram em seu trabalho e para fazer o filme da forma que o visualizar"[61] não conhecia Frank Sinatra.

Além disso, Aldrich nunca havia dirigido uma comédia, e paródias sobre o Velho Oeste são capciosas, mesmo sob as melhores circunstâncias, e as circunstâncias da filmagem de *Os quatro heróis do Texas* estavam longe das ideais. O novo e tranquilo Frank, que agora morava no deserto, soltou uma nota destoante no início de junho. "Bronzeado e descansado, Sinatra me diz que está jogando golfe; pratica todas as manhãs", escreveu Hedda Hopper. "Não entende esses malucos que viajam pelo mundo para fazer filmes. Até lamenta ter de ir ao deserto de Mojave para filmar *Os quatro heróis do Texas*."[62]

"Lamenta" era o termo apropriado. Ao contrário do inexperiente Bud Yorkin, Robert Aldrich se recusava a paparicar Frank; e, pior, o diretor não se sentia à vontade dirigindo uma comédia e se recusava a admitir isso. Perspicaz e intuitivo, Sinatra sentiu o desconforto de Aldrich e optou por atormentá-lo, dedicando-se o mínimo possível à sua atuação. "Mais interessado em se divertir brincando de caubói com Martin, o astro não tinha intenção de encarar *Texas* como algo mais que uma travessura no estilo do Clã",[63] escreve Daniel O'Brien.

> Frustrado pelas recusas de Frank em seguir ou sequer ouvir suas recomendações, Aldrich discutiu muito com ele, e essas ferozes discussões foram lembradas pelo produtor executivo Howard Koch no funeral do diretor, mais de vinte anos depois. Aldrich se deu muito melhor com Martin, considerando o ator como um verdadeiro profissional.

Howard Hawks tivera essa mesma impressão de Dean quatro anos antes, durante as filmagens de *Onde começa o inferno*.

Depois de duas semanas de filmagem, Frank resolveu dar um tempo e ir a Nova York. Era um modus operandi comum do cantor num filme com o qual não se sentia muito comprometido: sair da cidade por um tempo, deixar que filmassem sem ele. Só que, nesse caso, tinha razões mais importantes para ir a Manhattan além de uma mera escapada.

Os dois tornaram a se falar pelo telefone, a altas horas da noite, quando as conversas beiravam o sonho, esquecendo-se de todas as impossibilidades e só se lembrando do espetacular, e Ava voltou a Nova York. Não só voltou: levou as malas para a nova cobertura de Frank, e de repente, por mais implausível que parecesse, as coisas entre eles ficaram sérias de novo. Frank, que conhecia pouco o território que vai da agonia ao êxtase, estava no céu. "Ela voltou, sou o homem mais feliz do mundo",[64] disse a amigos. "Ela voltou. Com tudo."[65]

O problema era que Sam Giancana também estava de volta.

A relação de Frank com o gângster de Chicago não era muito diferente de sua relação com Ava: nos dois casos, estavam em jogo grandes paixões não muito bem compreendidas; nos dois casos, a proximidade e a separação eram igualmente difíceis. Nos dois casos, Frank ganhava com a associação. Tanto Ava como Mooney dominavam Frank e, até certo ponto, eram também dominados por ele. E no que se referia a dominação e subserviência, o mafioso estava na cidade naquela semana com Phyllis McGuire, que se apresentaria com as irmãs em *The Ed Sullivan Show*.

Ava, que deplorava o fascínio idólatra de Frank pela Máfia, detestava gângsteres em geral e Giancana em particular. Lee Server explica isso da seguinte maneira:

> Ava encontrou o agressivo e disforme gângster em várias ocasiões quando estava com Frank, bem como muitos outros de sua laia [...]. No passado, diversas vezes se vira cercada por eles numa mesa de boate enquanto esperava para assistir a uma apresentação de Frank, ou nos bastidores, onde os via enxamear em volta como fãs do cantor, beijando e passando a mão nele como veados de voz grossa — como dizia a Frank. Era mais um motivo de discussão entre os dois. Frank achava que os mafiosos tinham estilo, coragem, não engoliam desaforos de ninguém. Ava os considerava uns porcos e psicopatas, que passavam a maior parte da vida adulta na cadeia.[66]

"Esses crápulas vão arruinar sua vida", disse Ava certa vez. "Um dia desses, Frank, você vai acabar no fundo de algum rio com um sapato de cimento. E nem pense que vou acabar lá embaixo com você, seu carcamano de merda."[67]

Mas Sinatra e seus esquivos amigos estavam ligados como siameses naquela semana de junho. De início Ava até pareceu aceitar — ainda que sempre querendo se anestesiar o mais depressa possível. No sábado dia 8, Frank a levou, com Mooney e Phyllis, para jantar na nova mansão dos pais dele em Fort Lee. Lá ele mostrou a todos a nova mobília que tinha comprado, a sala de jantar com uma cerejeira japonesa artificial, com estátuas de santos, pequenas bicas de água benta, uma cadeira autografada por Sammy Davis Jr., fotos dos papas João XXIII e Paulo VI, de Dean Martin e da própria Ava. "Nós nos divertimos muito", lembrou McGuire. "Levamos uma garrafa de Crown Royal para Dolly e Marty numa sacola de feltro. Ava ficou tão fascinada que não via a hora de chegar para tomar um trago, o que ela fez intercalando com cerveja. Ela estava adorável, e Dolly gostava muito dela."[68]

Dolly sempre gostou de Ava. A certa altura da reunião, pegou a atriz pelo braço e perguntou: "Quando vocês dois vão se casar de novo?".[69]

Mas a mãe dominadora e narcisista só conseguia ver a ex-nora como um reflexo do que desejava de si mesma: uma mulher de boca suja, espírito livre, atirando antes e perguntando depois. (E, claro, lindíssima.) A situação financeira do filho na época não a preocupava mais do que a situação dos tempos em que batia no jovem Frank com o cassetete e lhe dava caldos na praia de Jersey.

As McGuire Sisters fizeram sua apresentação no programa de Sullivan (Barbra Streisand, a nova sensação de 21 anos, também participou do programa naquela noite),[70] e depois Giancana levou Frank, Ava, Phyllis e as irmãs, e outros convidados para comemorar. "Fomos ao Trader Vic's, que estava fechado por ser domingo", recordou o agente de turnês das McGuire Sisters, Victor Collins. "Mas Sam bateu na porta e outro ítalo-americano atendeu e disse: 'Estamos fechados'. Sam retrucou: 'Certo, mas nós acabamos de abrir', e, meu Deus, eles abriram."

Quando entramos, todos começaram a beber, e os demônios se soltaram. Frank e Ava "se envolveram na pior briga que já vi", contou Collins.

> As ofensas que os dois diziam um para o outro! Ela o chamou de canalha e disse que ele não passava de um maldito carcamano. Na hora todo mundo estava bebendo e se divertindo, mas ainda assim todos se olharam, e olharam para Ava quando ela disse aquilo, mas ela continuou como se não estivéssemos lá [...]. Frank ficava mandando Ava calar a boca [...]. Depois os dois saíram às pressas e fomos ao apartamento de Phyllis na Park Avenue. Mais tarde, Sinatra apareceu com Sammy

Cahn. Estava chovendo a cântaros, e Sinatra começou a derrubar os guarda-chuvas de todo mundo, achando tudo aquilo muito engraçado. Ainda devia estar furioso com Ava.[71]

Claro que estava. Os dois se achavam de novo na arena, de volta ao interminável círculo de ciúme (Frank, sendo quem era, ainda arranjou tempo naquela semana para fazer uma visita a Jill St. John, que interpretou seu papel),[72] com brigas homéricas e reatamentos com muito sexo. Frank também se empenhou para agradar Ava de outras maneiras, convocando Jilly Rizzo para preparar os mexilhões da Mulberry Street de que ela tanto gostava e recomendar restaurantes descolados onde os dois pudessem namorar sem ser perturbados.[73]

Era natural que Sinatra quisesse que seus amigos prediletos gostassem uns dos outros, e Jilly e Momo se davam bem, mas, no que dizia respeito a Ava e o gângster, o ódio era mútuo. Giancana sabia agradar a muitas mulheres, mas eram mulheres vulneráveis ou apenas não tão sagazes. "[Mooney] nunca gostou de mulheres que soubessem fazer perguntas inteligentes",[74] comentou certa vez Chuck, irmão de Giancana. Ava não se achava muito inteligente, mas era de um intelecto arguto. E já tinha uma opinião sobre Sam Giancana, e ele também tinha uma opinião formada sobre ela. "Sam não gostava nada de Ava", contou Collins. "Sempre dizia que ela era uma piranha maluca."[75]

Vamos lembrar que estamos falando de um homem apelidado de Mooney.

O que já era ruim foi ficando pior. Numa noite daquela mesma semana, Frank e Ava estavam no Jilly's com um grupo de amigos quando Giancana chegou, e Frank logo o convidou a sentar. Como lembra um membro do entourage de Frank, assim que Momo sentou, Ava se levantou. "Com licença, senhores", disse. "Preciso falar com um amigo ali."

"Que diabo de amigo é esse?", perguntou Frank.

Ava o ignorou. Atravessou o salão e sentou ao lado de um homem que estava numa mesa sozinho. Começou a flertar com ele de forma ostensiva, tocando-lhe o braço, acariciando sua nuca e, por fim, dando risadinhas e sentando no seu colo. Olhava para Frank para ter certeza de que ele estava vendo aquilo tudo. "Foi mais do que Frank conseguia aguentar", escreve J. Randy Taraborrelli.

Frank se levantou, empurrando a cadeira com tanta força que a derrubou, e foi até a mesa do desconhecido. De acordo com três testemunhas, ele arrancou Ava do colo do homem. Ela quase caiu no chão. Em seguida ele pegou o sujeito pelo colarinho, olhou direto nos olhos dele e disse num tom de voz bem alto, para ser ouvido apesar da música: "Você tem sorte de eu não te matar aqui mesmo, seu idiota. Quem você pensa que é, seu puto? Você está *louco*? Quer *morrer*? Porque eu sou o cara que faz essas coisas acontecerem, seu imbecil". Quando Frank afinal o largou, o novo amigo de Ava caiu no chão.[76]

Frank arrastou Ava de volta à mesa e a jogou numa cadeira. Ela se levantou, mas ele a empurrou de volta. Giancana ficou assistindo à cena como se estivesse vendo uma luta de boxe, torcendo por Frank. Ava pegou o drinque de Mooney, jogou na cara de Frank e saiu sem olhar para trás.

"Rapaz, nunca vi uma coisa dessas", disse Momo. "Isso foi um *clássico*."[77]

Ava já humilhara Frank outras vezes, mas eles sempre voltavam. No dia seguinte, porém, quando Frank, Jilly e outros conversavam na cobertura de Sinatra, a campainha da porta tocou. "De repente", contou uma testemunha,

Ava saiu de outro quarto toda vestida, com uma mala na mão, e foi direto para a porta. Ela a abriu, virou-se, fez um pequeno aceno [...] e saiu. Nenhum de nós soube o que fazer. Ficamos muito envergonhados por Frank. Ficamos pasmos. Frank estava perplexo. Depois Jilly me disse que o sujeito na porta era piloto de uma linha aérea espanhola.[78]

Foi a conclusão de mais um capítulo, mas não seria o último.

Frank voltou à Califórnia para brincar de caubói; Mooney retornou a Chicago para enfrentar os federais.

Em junho de 1963, Bobby Kennedy, ciente da explosiva ligação do irmão com Sam Giancana por meio de Judy Campbell, mandou o FBI recrudescer a já estrita vigilância ao gângster. Um dos efeitos colaterais foi que Frank Sinatra, que esteve muitas vezes com Giancana naquele ano, começou a fazer mais aparições do que nunca como convidado especial na ficha de Momo no FBI.

Os agentes acompanharam os passos do mafioso em Nova York, onde ele foi com a namorada assistir às McGuire Sisters em *The Ed Sullivan Show*. O dossiê do FBI afirmava que, embora GIANCANA costumasse se hospedar no apartamento de PHYLLIS MCGUIRE quando em Nova York, sabia-se que ficava no Waldorf Astoria e nos hotéis Madison naquela cidade. [Editado] alertou que GIANCANA janta com regularidade nos seguintes restaurantes de Nova York: La Scala, The 21 Club, El Morocco e Chambord.[79]

Curiosamente, o Jilly's não era mencionado.

Naquele mês, o FBI instituiu o que chamou de "vigilância cerrada": agentes de plantão ao redor da casa de Mooney em Chicago interrogavam vizinhos e visitantes, e o observavam quando estava no campo de golfe, jogando no buraco anterior ao dele. Os principais tormentos de Giancana eram os agentes especiais William Roemer, Marshall Rutland e Ralph Hill. Os três deixavam o gângster furioso. "Por que vocês não investigam os comunistas, seus putos?", gritava para eles. "Não vou aceitar isso sem fazer nada! Vou acender uma fogueira embaixo de vocês, lembrem-se disso!"[80]

Essa vigilância opressiva provocou uma alteração de eventos bastante incomum, descrita num memorando do dia 9 de julho, de J. Edgar Hoover para Robert Kennedy:

> Ficamos sabendo pela nossa vigilância que Giancana retomou suas reuniões no Armory Lounge, em Forest Park, Illinois. Os auxiliares de Giancana têm transportado grupos de indivíduos, que entram e saem dessa localidade, onde ele "preside o tribunal" numa grande mesa logo na entrada.
>
> Na última semana, um dos principais lugares-tenentes de Giancana, Charles "Chuck" English [Charles Carmen Inglesia], entrou em contato com nossos agentes solicitando um encontro.[81]

Perto do final da entrevista, continuava o memorando, English, que se encontrava levemente embriagado, tentou convencer Mooney a falar com os agentes. Giancana declinou, mas, quando os agentes se preparavam para sair, English chegou com uma mensagem para o agente especial Roemer: "Se Bobby Kennedy quiser falar com Sam, ele sabe quem procurar".[82]

"Quem?", perguntou Roemer. "Frank Sinatra?"

"Foi você quem disse isso, não eu", replicou English.

A insinuação era que o procurador-geral poderia ganhar alguma coisa se conversasse com Giancana — ou perderia alguma coisa se não o fizesse. À sua maneira oblíqua de gângster, Mooney achava que seu papel na Operação Mangusto significava que havia trabalhado de forma legítima para o governo dos Estados Unidos, apesar de ter pegado o dinheiro do governo e se dirigido ao banco todo contente, sem contribuir em nada para o projeto a não ser com seu nome sinistro. Giancana não sabia, mas Bobby Kennedy não fazia ideia de que ele estivera envolvido na operação — ao menos em termos oficiais.[83]

Portanto, Momo acreditava que o procurador-geral tinha uma dívida com ele, além da dos Kennedy, que, em tese, lhe deviam seu sucesso na eleição; mas Bobby Kennedy via o mafioso apenas como uma chateação (ou pior) a ser eliminada. Porém, Sam Giancana tinha outra carta na manga.

Aconselhado por Anthony Tisci, seu genro, Giancana moveu um processo contra o Departamento de Justiça, na esperança de ganhar uma injunção do tribunal contra o FBI por assédio. O motivo: a agência estava tolhendo seu direito constitucional à privacidade.[84]

Os jornais enlouqueceram. Que ironia! UMA HISTÓRIA TRISTE, MAS O FBI CONTINUA INABALÁVEL,[85] dizia uma manchete de 1º de julho, informando que o juiz Richard B. Austin, do tribunal federal do distrito, havia recusado a petição de Momo, apesar da apaixonada argumentação feita pelo advogado do gângster, o famoso defensor dos direitos civis George N. Leighton, alegando que "os agentes federais estavam arruinando a vida social de Giancana, prejudicando seus jogos de golfe e ridicularizando-o na frente de amigos e vizinhos de Oak Park",[86] segundo o relato da UPI. "Como o senhor se sentiria ao tentar fazer uma bola entrar no 18º buraco sendo observado por seis agentes do FBI?", perguntou Leighton ao juiz, acrescentando que os agentes também seguiram Giancana na igreja, e que ele tivera de contratar fotógrafos para tirar fotos dos fotógrafos do FBI que o fotografavam. Austin não se deixou impressionar.

E o juiz continuou imperturbável quando Leighton apresentou uma segunda petição, no dia 12. Mas em 15 de julho Austin concordou em ouvir o próprio Mooney. Giancana estava correndo um risco tremendo ao ocupar o banco de testemunhas: precisaria enfrentar uma acareação com advogados do governo que tinham milhares de páginas de documentos "detalhando todos os aspectos de sua história criminosa, munição suficiente para prendê-lo para o resto da vida", segundo as memórias de Chuck Giancana, irmão e afilhado de Momo.

> Mas ele se mostrou muitíssimo confiante, dizendo a Chuck que iria vencer a disputa pelo que chamou de "duas boas razões". A primeira, apontou, era que seus direi-

> tos civis estavam realmente sendo violados, e que poderia provar isso num tribunal. E a segunda, ainda mais importante, é que iria ganhar porque, ao mover o processo, ele estava pagando para ver o blefe de Bobby Kennedy: Giancana tinha certeza de que o procurador-geral recuaria. Segundo seu ponto de vista, Kennedy não teria escolha: "Vou estar na tribuna com uma lata de vermes na mão. E Bobby vai morrer de medo de eu abrir a lata [...] porque, se eu abrir, todos os segredinhos sujos vão vir à tona".[87]

Bobby Kennedy vacilou. No dia 16 de julho, a UPI informou que o juiz Austin havia mudado de tom, mandando o FBI parar com seu assédio a Giancana, e também acusando o agente-chefe do bureau em Chicago de "desrespeito à Corte por se negar a acatar ordens de Washington de responder a perguntas no tribunal". As ordens tinham vindo do procurador-geral.

A partir daquele momento, decidiu o tribunal, o FBI teria de restringir seu "acompanhamento ostensivo". Os agentes que seguiam Mooney no campo de golfe teriam de deixar outra dupla de jogadores entre eles e o gângster. A partir dali, o bureau só poderia usar um automóvel na vigilância da casa de Giancana, não uma frota. E esse automóvel teria de ficar a pelo menos um quarteirão de distância da casa do gângster em qualquer ocasião.[88]

Mooney sorriu quando o agora simpático juiz proferiu sua sentença. No dia seguinte, como relatou um memorando do bureau, Giancana tirou vantagem de sua nova invisibilidade.

> [Editado] forneceu informações em [editado] que mostravam que SAM GIANCANA, logo após a suspensão da vigilância do FBI, enganou a vigilância organizada pelo Departamento do Xerife do Condado de Cook e seguiu [...] para o lago Tahoe, na região da Califórnia, onde se encontrou com PHYLLIS MCGUIRE, tendo se hospedado no Cal-Neva Lodge, do qual FRANK SINATRA é um dos proprietários.[89]

O projeto musical seguinte de Frank, *Reprise Repertory Theatre*, parecia valer muito a pena pelo que representava. O plano era ressaltar a identidade da marca regravando quatro grandes musicais da Broadway (*Finian's Rainbow*, *Guys and Dolls*, *Kiss Me, Kate* e *South Pacific*) apenas com artistas da Reprise — uma limitação que também era uma força, dado o elenco que Sinatra teria ao seu lado:

Dean Martin, Sammy Davis Jr., Jo Stafford, Rosemary Clooney e Keely Smith; como *pièce de resistance*, o plano era contratar ninguém menos que Bing Crosby para a gravadora.

Frank também planejava, pela primeira vez, produzir ele mesmo o LP. De certa forma, essa imposição do próprio nome não era novidade: não importava quem estivesse girando os botões na sala de controle, Sinatra sempre foi o verdadeiro produtor de seus discos. Mas agora ele teria de tomar várias decisões artísticas, inclusive quem escalar e quando. Dos 54 números selecionados para quatro LPS, Sinatra cantaria em apenas catorze; várias de suas participações se dariam em duetos e trios. O projeto começou com estrondo em 10 de julho, com Sinatra gravando com Dean e Sammy a canção de Cole Porter "We Open in Venice", de *Kiss Me, Kate*, de 1948.

A faixa é uma versão encantadora de uma música borbulhante, porém menor, de Porter: o auge do número ganha o conforto e a confiabilidade de uma velha luva de beisebol, e o trio arrepia do começo ao fim, inclusive com tiradas ao estilo de Las Vegas e uma pitada de *Amos 'n' Andy*. O arranjo quase caricatural de Billy May (diretor musical da Reprise, com Morris Stoloff na regência) imprime à composição um ritmo rápido e animado — quase maníaco.

Mas algo deu errado. Apesar do inevitável distanciamento de uma visão retrospectiva de cinquenta anos ou mais, a pergunta é fácil de formular: quem era o público para aqueles álbuns? Cada um dos artistas envolvidos no *Repertory Theatre* tinha seus próprios admiradores, e vendia (ou não conseguia vender) discos baseados em programas de rádio, propaganda e aparições na TV. Mas, se o objetivo da coleção com a marca da Reprise era chamar atenção para o selo, essa coletânea de artistas não diluiria o apelo — por mais generosa que fosse a atitude de Frank como um dos cantores?

E ainda havia outro importante fator histórico: em 1963, a Era de Ouro da Broadway, que esses quatro exaltados musicais dos anos 1940 e 1950 simbolizavam, já tinha passado. A Broadway continuava lançando sucessos, mas o mundo estava mudando mais rápido do que se podia perceber.

A sessão de gravação do *Repertory Theatre* do dia 18, com arranjos de Riddle, até que foi bem. Depois de Frank e Dean cantarem uma agradável versão de uma musiquinha de Frank Loesser de *Guys and Dolls*, Frank gravou três números solo:

"I've Never Been in Love Before", de Loesser, do mesmo espetáculo, e "Old Devil Moon" e "When I'm Not Near the Girl I Love", de *Finian*, compostas por Burton Lane e Yip Harburg.

A versão de "Moon" em estéreo e com estalar de dedos foi uma boa releitura da versão mono de 1956, também com arranjo de Nelson. Mas Frank nunca tinha gravado as duas outras canções, e ambas saíram adoráveis, imbuídas daquela característica indefinível que ele sabia imprimir num bom material de qualquer década.

Frank gravou essas lindas canções na noite de quinta-feira; no dia seguinte, partiu para o lago Tahoe para se encontrar com Sam Giancana.

Apesar da ordem de se afastarem de Mooney, os federais conseguiram manter a pressão, convocando a ajuda de outras agências da lei para seguir o gângster — "para grande consternação de Giancana, que bradava uma série de frases de abuso verbal"[90] sempre que percebia estar sendo seguido, segundo memorando do FBI.

Em 19 de julho, as McGuire Sisters estrearam no Salão das Celebridades do Cal-Neva para uma temporada de uma semana.[91] Giancana, que fora ao cassino numa contravenção direta às ordens do Livro Negro de Nevada, estava lá para prestigiar a namorada. Ele e Phyllis ficaram no chalé 50. "A maior parte do tempo", contou a revista *Life* na sequência, "Sam só ficou na varanda do chalé 50, pegando um bronzeado e contemplando o lago. Embora não fosse hóspede oficial do Cal-Neva, ele só precisava assobiar para pedir o serviço de quarto, e dispunha de um furgão bege do hotel à sua disposição."[92] Kitty Kelley escreve que o FBI fotografou Momo e Frank jogando golfe juntos naquela semana, embora a atitude oficial do bureau tivesse sido não seguir Giancana a Nevada.[93] (De qualquer forma, logo o tribunal federal reverteria a decisão e o FBI voltaria a ficar na cola do gângster.)[94]

Mas não foi o golfe que criou problemas para Frank. Como explicou um incisivo memorando do FBI:

> [Editado] alertou que, durante a estadia de GIANCANA no Cal-Neva Lodge, ocorreu um incidente numa noite em que GIANCANA se envolveu numa briga com um certo VICTOR COLLINS, que na época era gerente de turnê das irmãs MCGUIRE.[95]

Collins descreveu o episódio para Kelley de forma bem mais detalhada. Ele contou que estava bebendo no chalé com as irmãs e Giancana, e Phyllis McGuire não parava de socar o braço dele, de brincadeira, mas um pouco forte demais, cada vez que passava por perto. A certa altura, o gerente levantou, agarrou Phyllis pelo braço e tentou sentá-la na cadeira da qual ele acabara de levantar. De alguma forma — é evidente que muito álcool já tinha sido consumido àquela altura — ela acabou caindo no chão, o que deixou Giancana muito bravo.

"Sam veio correndo do outro lado da sala e me deu um murro que me acertou o supercílio esquerdo com um enorme anel de diamante que ele usava no dedo", contou Collins.

> De repente vi tudo vermelho e me atraquei com ele, levantei-o do chão e ia jogá-lo pela porta de vidro, mas pensei: "Para que destruir o lugar?". Então decidi levá-lo para fora e arremessá-lo de costas no guarda-corpo de metal do pátio. Quando estava chegando à porta, tomei uma pancada na nuca. Não sei quem me bateu por trás, mas minha nuca começou a sangrar. Não me deixou desacordado, mas caí em cima de Sam. Ele estava com um terno cinza perolado, que ficou manchado pelo sangue do meu supercílio. Segurei-o pelos testículos e pelo colarinho, e ele não conseguia se mexer. Aí Sinatra chegou com seu criado, George, o rapaz de cor. Tinham vindo para participar da festa.
>
> As meninas gritavam e corriam de um lado para outro como um bando de galinhas, porque ninguém sabia o que ia acontecer [...]. George ficou ali parado, revirando os olhos na cara preta, porque sabia quem era o Sam [...]. Sinatra e George me tiraram de cima do Sam, que saiu correndo pela porta. Depois Sinatra me chamou de encrenqueiro, disse que os gângsteres iam mandar me matar por causa daquela briga. Retruquei que só se me pegassem de longe com um fuzil de longo alcance, pois nenhum deles tinha coragem de me enfrentar cara a cara. "Eu não tenho medo de nada, seu carcamano", eu disse, e ele começou a gritar, dizendo que ia perder aquele lugar por causa da briga. Ia perder todo o dinheiro por causa da publicidade. Perguntei: "O que você quer dizer com perder dinheiro? Você não tem dinheiro nenhum neste lugar. É tudo dinheiro da Máfia, e você sabe disso". Aí ele e George foram embora, e no dia seguinte viajei para Nebraska.[96]

O relato do incidente por George Jacobs mais ou menos corrobora o de Collins, exceto pelo revirar de olhos e outros detalhes interessantes. Um deles: "Phyllis estava batendo na cabeça do gerente de turnê com seu sapato de salto

alto",[97] escreve o criado. Jacobs não fala do medo de Sinatra de perder o Cal--Neva; diz que Sinatra o fez levar Mooney a Palm Springs "em um dos nossos furgões mais discretos", esperando que a coisa toda não fosse divulgada.

Mas foi. Alguém chamou a polícia por causa da briga, a polícia notificou o FBI, e este informou a Comissão de Controle do Jogo de Nevada sobre a presença de Giancana no Cal-Neva, que de imediato deu início a uma investigação.[98]

Enquanto Frank se comportava mal em Tahoe, Dean cuidava dos negócios em Hollywood. Ao entrevistar Martin no set de filmagem de *Os quatro heróis do Texas* na Warner Brothers, Don Alpert, do *Los Angeles Times*, definiu o astro como relaxado, divertido e — em gritante contraste com o frequente enfado de seu bom amigo em relação a filmagens — filosófico quanto à profissão. "Acho um trabalho maravilhoso fazer filmes", disse Dean. "Quando terminar aqui, vou para Tahoe com Frank e depois devo tirar um dia inteiro de folga para ir ao Sands, em Las Vegas. A seguir vou fazer *Robin Hood de Chicago* com Frank."[99]

Robin Hood de Chicago seria uma comédia de gângsteres passada em Chicago nos anos 1920. A ironia não precisava ser ressaltada.

Frank voltou ao trabalho — a contragosto em *Os quatro heróis do Texas*; mas com prazer no *Repertory Theatre* (inclusive para fazer sua primeira e maravilhosa gravação de "Luck Be a Lady" em 25 de julho; a canção se tornaria um de seus clássicos). Também gravou alguns novos singles no dia 31: o encantador "Here's to the Losers" e o menos encantador "Love Isn't Just for the Young".

Aí surgiu a funesta manchete de 2 de agosto no *Chicago Sun-Times*: "Visita de Moe põe em perigo licença de Sinatra". A reportagem de Sandy Smith descrevia em detalhes a hospedagem do final de julho no Cal-Neva e dizia que o presidente da Comissão de Controle do Jogo de Nevada, Edward Olsen, já havia começado uma investigação. A briga no chalé 50 era relatada em detalhes: Smith sabia inclusive que a pessoa que tinha golpeado Collins por trás era o maître do Cal-Neva, Eddie King.[100] A confusão foi revelada, mas só em Chicago, pois numa época menos conectada como aquela as agências de notícias não acompanharam a história. Enquanto isso, Frank produzia manchetes de outro tipo.

TERCEIRO ATO

Midas

20.

Isso é um modo de vida, e um homem precisa viver a própria vida.

Frank Sinatra para Edward Olsen, presidente da Comissão de Controle do Jogo de Nevada, agosto de 1963

No início de 1963, a Reprise Records estava dando tanto prejuízo — cerca de 2 milhões de dólares por ano desde o início de 1960 — que correram rumores de que Frank Sinatra viajava a Chicago nos fins de semana a fim de pegar dinheiro emprestado com Sam Giancana e outros amigos, só para a folha de pagamento.[1] As coisas iam tão mal que ele teve de mudar a postura do selo em relação a músicas que detestava. "Afinal fui falar com Sinatra e disse: 'Olha, vamos falir, a não ser que entremos no negócio de rock 'n' roll para nos tornarmos mais competitivos'", contou Mo Ostin. "O tino comercial de Frank superou suas emoções. Ele disse: 'Bom, se você tem mesmo essa opinião, então o.k., pode ir em frente'."[2]

A dura verdade era que Frank não tinha mais nenhum envolvimento emocional com seu próprio selo. Depois de contratar todos os amigos e desperdiçar um monte de dinheiro, ele simplesmente voltou sua atenção para outras coisas. "Não foi difícil para Sinatra desistir da gravadora", escreve o ex-executivo da Warner-Reprise Stan Cornyn. "Ele já estava cansado. Como em suas paixões efêmeras, Sinatra tinha amado seu selo — da mesma forma que amava uma mulher aqui e outra ali, um par de botas de couro ou uma garrafa de Jack. Paixões efêmeras. Você faz, depois esquece."[3]

Agora ele estava esquecendo a Reprise e deixando a encrenca para outros resolverem. E que encrenca. O projeto *Reprise Repertory Theatre* fora caríssimo: cada álbum custou 100 mil dólares para ser produzido. "Era um jogo fora de sintonia com o mercado", escreve Cornyn. "Só 17 900 pessoas mostraram interesse em comprar a série. Foi a aposta mais alta da Reprise, e seu maior desastre."[4] E o elenco do selo estava inflado — tipos como Sammy, Dean, Bing e Rosemary Clooney, contrabalançados por tipos como Soupy Sales, Arturo Romero & His Magic Violins e Don Drysdale, o dublê de cantor e lançador do Dodgers.[5] Quase ninguém na lista, em cima ou embaixo, estava vendendo alguma coisa. Mesmo Sinatra mal vendia 100 mil unidades por álbum. Dean Martin vendia de 20 mil a 25 mil.[6]

Na tentativa de obter algum lucro, Ostin contratou o aclamado produtor pop Jimmy Bowen, que administrou a gravadora em seus primeiros passos no rock 'n' roll. (Na mesma época, contratou também Sonny Burke, um notável ex-líder de *big bands* — o homem que tinha chamado a atenção da Capitol para Nelson Riddle —,[7] como diretor de repertório da Reprise. Burke também trabalhou como produtor da casa.)[8]

Uma das primeiras providências de Bowen foi contratar o destacado produtor, arranjador e compositor Jack Nitzsche. Nitzsche tinha emplacado um single na lista das dez mais no verão de 1963, uma envolvente e grandiosa peça instrumental (produzida por Bowen) chamada "The Lonely Surfer".[9] Depois foi a vez do americano de ascendência mexicana Trini Lopez, de 26 anos, cujo álbum de estreia, *Trini Lopez at PJ's*, ganhou um disco de ouro.[10] Mas um disco de ouro e um single de sucesso não poderiam reverter as perdas da Reprise. Foi necessário um golpe de prestidigitação de Mickey Rudin para conseguir isso.

Jack Warner, o último dos irmãos Warner a continuar na indústria do cinema e chefe do estúdio que levava seu nome, vinha tentando atrair Sinatra desde que *Onze homens e um segredo* se tornara um sucesso de bilheteria. "Foi um grande filme, e Jack era apaixonado por Frank", lembrou Mo Ostin. "Por isso ele queria fazer um filme com Frank."[11] O namoro esquentou e ganhou força em 1961 e 1962, e o acordo para rodar dois filmes, *Os quatro heróis do Texas* e *Robin Hood de Chicago*, deixou Warner satisfeito; mas ele queria mais. Em agosto de 1963, ele conseguiu.

Tudo começou de forma inocente, se é que uma reunião entre o garboso e ditatorial presidente da Warner Brothers (que, ao lado de Darryl F. Zanuck, da Twentieth Century Fox, era um dos últimos mandachuvas de Hollywood) com o combativo e brilhante advogado de Sinatra pode ser chamada de inocente. Jack Warner só queria uma coisa — Frank Sinatra em seu estúdio de filmagem — e, quando se sentou para negociar com Mickey Rudin, pensou que estava apenas negociando o trabalho de Sinatra como ator e produtor de filmes. Mas logo descobriu algo mais.

O fato de a proposta do negócio ter sido feita quando o caso do Cal-Neva começava a vir à luz não foi coincidência. O cassino só perdia dinheiro; o *consigliere* de Frank também sabia que teria aborrecimentos em Tahoe no futuro. E a Reprise era um problema que tinha de ser resolvido logo. O golpe de mestre de Rudin foi fazer Jack Warner resolver isso para ele.

A Warner Brothers também tinha um selo de gravação, que resistira a anos de prejuízos e só pouco tempo antes saíra do vermelho com sucessos dos Everly Brothers, do trio folk Peter, Paul and Mary, da cantora de pop-jazz Joanie Sommers e do cantor e comediante Allan Sherman. A Warner Bros. Records era lucrativa, mas não tinha nada de arrogante, e, quando Mickey Rudin acenou com a possibilidade de acrescentar Frank Sinatra ao selo, Jack Warner pulou na cadeira. Tudo o que o presidente precisava fazer, disse Rudin, era comprar a Reprise e fundi-la com a Warner.

"Mickey sabia que Jack Warner queria muito Sinatra, por isso se antecipou e empurrou a gravadora para ele", lembrou Mo Ostin. "Não era uma coisa que a Warner Brothers compraria em circunstâncias comuns."[12]

Jack Warner estava disposto a fazer praticamente qualquer coisa para contratar Frank Sinatra, e Rudin, um buldogue em negociações e um tático sem limites, estava pronto para fazer exigências que em outras circunstâncias pareceriam exorbitantes. O que ele tinha em mente era nada menos que se livrar de dois grandes sorvedouros de dinheiro, a Reprise e o Cal-Neva, que Frank mantinha sob o guarda-chuva corporativo da Essex Productions. E, claro, obter um belo lucro na transação. Cornyn escreve:

> O primeiro esboço do negócio foi elaborado pelo advogado da Warner Peter Knecht, que resumiu a parte da Reprise numa sentença: "O que eles estão pedindo é que, em troca de todo o fantástico capital da Essex, Frank Sinatra receba cerca

de 350 mil ações da Warner Bros". Era um negócio de cerca de 5,25 milhões de dólares.

Warner hesitou. Ele *não queria* tudo o que a negociação incluía, a exemplo do Cal-Neva Lodge. Não queria ser coproprietário (com Danny Kaye) das estações de rádio da Essex ou de sobras de filmes de Sinatra. Quanto à Reprise Records, bem, ele até aceitaria, mas não fazia muita questão.

Mas as conversas a portas fechadas continuaram em ritmo acelerado.[13]

Antes de qualquer coisa, Rudin precisava estabelecer um preço em dólares para a Reprise, afundada no vermelho. Cornyn escreve que foi preciso muita criatividade para isso. "Mandaram um perplexo Ostin fazer uma avaliação do selo: acrescente o valor das matrizes de gravação, os contratos, as mesas, cadeiras, clipes de papel — qualquer coisa que se pudesse vender."[14]

Com uma expressão séria, Rudin propôs um preço de 2 milhões de dólares.

"Mas a Warner não queria pagar mais de 1,5 milhão de dólares", contou Ostin. "Por fim, para harmonizar a situação, Mickey buscou um novo acordo: 'Vou dizer uma coisa. Vamos baixar o preço para 1,5 milhão. Mas, para compensar esse meio milhão, Frank fica com os direitos de todos os seus másteres da Reprise'." Era o que Sinatra sempre quisera com a Capitol, mas nunca havia conseguido.

E a jogada continuou, cada vez mais audaciosa.

"Como se sabia na cidade, Mickey tinha colhões de aço", escreve Cornyn. "Para fechar o negócio com a Warner, ele lançou uma bola com efeito. E se Sinatra ficasse com 50% da *fusão* entre a Warner e a Reprise Records? Warner convenceu Rudin a baixar para 33%."[15] ("Isso acabou sendo um golpe de sorte mais tarde",[16] disse Ostin, de forma meio eufemística: em 1969, a Kinney National Company, de Steve Ross, compraria a Warner-Reprise — na época chamada Warner Bros.-Seven Arts — por 400 milhões de dólares.)

O negócio foi pura magia fiscal. "Ao vender seus dois terços da Reprise, com todos os prejuízos, Sinatra ganhou dinheiro vivo, mais um terço da lucrativa Warner Bros. Records", escreve Cornyn. "Ele ficaria com um terço da Warner/Reprise sem ter feito nenhum investimento financeiro. Warner faria todo o investimento."[17]

No dia 7 de agosto, a *Variety* anunciou em manchete na primeira página: SINATRA É O NOVO CONSULTOR DE PRODUÇÃO DA WB DEPOIS DE FUSÃO COSMÉTICA, COM DESDOBRAMENTOS À VISTA. "A Warner Brothers e Frank Sinatra fecharam acordo ontem em dois negócios de longo prazo e firmaram compromisso para um terceiro, que, quando finalizado, concluirá a fusão e envolverá muitos milhões de dólares por um período de alguns anos", começava o artigo.

> O primeiro elo forjado na extensa cadeia é a fusão, válida a partir do próximo mês, da Warner Bros. Records com a Reprise Records, de Sinatra, sob a nova designação corporativa de Warner Bros. Records-Reprise Records Co. A nova empresa se tornará um fator-chave na indústria fonográfica, reunindo um total de noventa artistas, entre grupos e cantores individuais. O elenco da WB conta hoje com 28 artistas, enquanto a Reprise conta com 62.
>
> A segunda fase do negócio é a assinatura de um contrato com Sinatra para trabalhar como consultor de teatro e TV da Warner Bros. Pictures. Sinatra estará empenhado em arranjar pacotes de negócios para a companhia [...] "sob a orientação" de Jack L. Warner, presidente.
>
> A terceira presumível fase do negócio depende do resultado das presentes discussões, que poderão resultar na Sinatra Enterprises, a qual poderá produzir espetáculos a serem financiados e distribuídos pela WB.[18]

Na conclusão do negócio, Frank não ficou com nenhuma ação da Warner Brothers, mas a empresa de Jack Warner lhe fez um belo adiantamento: um cheque administrativo de 1 milhão de dólares. Frank ficou uma semana com o cheque no bolso, mostrando a quem quisesse ver.[19] "Isso é o que chamo de dinheiro no bolso",[20] dizia.

Mas o dinheiro não era o bastante para ele. Como parte do acordo, sua produtora — agora chamada Artanis — se mudaria para as instalações da Warner em Burbank, mas Frank não queria ser apenas mais um bobão atrelado a um negócio de produção. Assim, orientou Mickey Rudin a comunicar a Jack Warner que ele queria um cargo. Digamos, assistente do presidente. Warner concordou; o cargo foi anunciado.

De imediato a imprensa começou a especular: Jack Warner já estava com mais de setenta anos. Estaria Sinatra pensando em assumir o estúdio quando Warner se aposentasse?

"Jack ficou louco quando leu os jornais", recordou a amante de Warner, Jacqueline Park.

> Estávamos no Sherry Netherland em Nova York, tomando café da manhã na suíte de Jack. Ele começou a gritar como louco, me mostrando um artigo de jornal.

"Veja, é isso que eu ganho por tentar ser um sujeito legal com esse filho da puta", berrou. Depois telefonou para Sinatra e disse: "É melhor você entender uma coisa, Frank, e entender já. Sou o presidente da Warner Bros. Pictures, e esse estúdio é meu e do meu irmão [...]. Pode dizer aos seus amigos que não tenho medo deles. Não cheguei tão longe para acabar sendo sócio de uma gangue de rufiões".[21]

A Warner sentiu-se obrigada a emitir um comunicado à imprensa no dia seguinte, elucidando o acordo entre Sinatra e a Warner Brothers:

> Em vista do surgimento de inúmeros comentários desinformados sobre esse relacionamento, será apropriado elucidar algumas questões. Dois terços da Warner Bros. Records são de propriedade da Warner Bros. Pictures, e um terço é do sr. Sinatra. A empresa está no negócio de produção de discos fonográficos que serão distribuídos pelos selos Warner Bros. e Reprise.
>
> Quanto à produção cinematográfica, há um acordo entre a Warner Bros. Pictures e a Artanis Productions, Inc., uma produtora independente, segundo o qual a Artanis produzirá filmes nos estúdios da Warner Bros. Studios, que serão lançados pela Warner Bros. Pictures. O sr. Sinatra detém substancialmente todas as ações da Artanis Productions e é o presidente da empresa. O sr. Sinatra não possui nenhuma ação da Warner Bros. Pictures, Inc.
>
> Essa associação, bem como a afetuosa amizade existente entre mim e o sr. Sinatra, levou a certas especulações de que eu esteja considerando o sr. Sinatra meu sucessor como presidente da Warner Bros. Pictures — ou que o sr. Sinatra queira ser meu sucessor. Não há razão nem evidências para tal especulação.[22]

Frank não era um gângster, embora às vezes gostasse de interpretar esse papel. Tampouco estava tentando assumir a Warner Brothers, mas acabou fazendo papel de bandido graças a Mickey Rudin, que havia transformado vermelho em azul com sua varinha de condão. Mas todos os poderes do advogado de pouco adiantaram no caso das perdas cada vez maiores de Frank nas margens do lago Tahoe.

No dia 8 de agosto, agentes da Comissão de Controle do Jogo de Nevada fizeram uma visita ao Cal-Neva, só para, como era previsível, encontrar os funcionários calados. Atendendo ao conselho de seu advogado, Skinny D'Amato se recusou a dar declarações.[23] Como explicou Edward Olsen, "todo mundo tinha memória curta e conhecimento limitado de qualquer coisa que acontecia a leste do rio Truckee".[24]

Às cinco da tarde do mesmo dia, o próprio Olsen falou com Frank em seu escritório no Sands.

Aos 44 anos, Ed Olsen era um ex-jornalista de Nevada inteligente e determinado que conhecia a indústria do jogo de alto a baixo. Em consequência de uma tuberculose nas articulações do quadril contraída na infância, ele andava com dificuldade, usando muletas e calçado ortopédico.[25] Parecia muito adaptado à sua deficiência, e apresentava sempre a mesma compostura em suas reuniões com Frank Sinatra. "Conversamos longamente, e ele reconheceu que havia de fato se encontrado com Giancana", contou Olsen. "Disse que topara com ele saindo do chalé de Phyllis e que os dois se cumprimentaram, só isso. Alegou que não, que ninguém pediu que ele fosse embora, ninguém se aprofundou no assunto e que não sabia mais nada sobre aquilo ou sobre qualquer outro assunto."[26]

Sobre a questão da alegada briga no chalé 50, Frank deu uma resposta bem elaborada: "Se houve algum tumulto lá quando eu estava presente, eles devem ter abafado tudo". Quando Olsen perguntou se ele repetiria essa declaração sob juramento, Sinatra disse que nunca declarava nada sob juramento sem consultar seu advogado.

Frank foi educado, mas não fez concessões. "Ele explicou sua filosofia para nós de forma bem razoável", lembrou Olsen mais tarde.

> Ele não se mostrou irritado nem nada parecido. Disse que se encontrava com Giancana talvez entre seis a dez vezes por ano e ocasionalmente jogava golfe com ele, e admitiu que Giancana se hospedara em sua casa em Palm Springs. Disse que não era seu sócio em Nevada, mas mantinha parcerias esporádicas com ele em outros negócios sempre que convinha. Afirmou que mantinha relações com pessoas muito diversas, e que Giancana se encaixava nessa categoria. Perguntei-lhe se não achava que a associação com Giancana e com pessoas de igual notoriedade, fosse em Palm Springs, fosse em Chicago ou Nova York [...] não resultava em má fama para ele e em má fama para o jogo em Nevada. Sinatra concordou com aquilo, dispondo-se a não se encontrar mais com Giancana ou pessoas desse tipo em Nevada, mas que continuaria a se associar com eles o quanto quisesse quando não estivesse no estado. E acrescentou: "Isso é um modo de vida, e um homem precisa viver a própria vida".

A filosofia de Frank era bastante clara: fora pequenas acomodações aos poderosos para continuar no negócio, as únicas regras que pretendia seguir eram as suas próprias.

Naquela noite, pouco depois da meia-noite, Frank Sinatra Jr. fez sua estreia em Las Vegas no Driftwood Lounge do Flamingo, cantando com a orquestra que levava o nome de Tommy Dorsey. Frank ocupou um assento de pista com as duas Nancys, com a menor de idade Tina (quinze anos) sendo dolorosamente excluída.[27] "Estou tão nervoso... isso está me matando",[28] murmurou o pai do cantor para um acompanhante. O local estava lotado: só restavam lugares em pé no saguão; atrás de um cordão de isolamento, clientes do cassino ficaram na ponta dos pés para ver Frankie abrir o show com "Night and Day" e prosseguir com outros sucessos de Sinatra, como "Too Close for Comfort", "This Love of Mine" e "I'll Be Seeing You".[29]

A *Variety* foi simpática, mas não se deixou impressionar. "Claramente é um bom espetáculo sentimental, e é bom para o mundo artístico ver o Sinatra de dezenove anos envolvido num grande show como os que deram partida à carreira do pai. Como ele reedita algumas canções identificadas com Sinatra pai, é possível que haja comparações injustas", começou o resenhista, antes de prosseguir:

> Sinatra Jr. tem potencial para se sair muito bem por conta própria, e ainda é jovem o bastante para desenvolver seu próprio estilo e sonoridade. Pode não ter a textura sonora do pai; pode não provocar muita emoção no momento; no entanto, dispõe do material que pode se transformar em outra lenda chamada Sinatra [...].
>
> A exemplo do pai, com a orquestra original de Tommy Dorsey e os Pied Pipers originais, ele canta "I'll Never Smile Again" com os Pied Pipers atuais com uma surpreendente semelhança de sonoridade. Com ou sem seus acompanhantes atuais, Frank Sinatra Jr. é uma atração muito forte para qualquer casa de espetáculos.[30]

E papai gostou, ou ao menos se sentiu aliviado. "Estou muito orgulhoso dele", declarou o homem que agora os jornais teriam de chamar de Frank pai. "E ele fez tudo sozinho, não dei nenhuma assessoria."[31]

O que ele lhe dera de presente: um novo Pontiac conversível, cortesia de Pete Epsteen, o vendedor de automóveis de Chicago para quem Frank tinha feito comerciais (como um favor a Momo); todo o dinheiro que Frankie conseguisse gastar; e, segundo George Jacobs, "Júnior tinha contas em lojas e podia se vestir tão bem como papai, garotas caíam aos seus pés. O que mais ele poderia desejar?, pensou o sr. S. Amor? Amor era coisa de mulher".[32]

Pela primeira vez em anos, Frank não se apresentou no 500 Club naquele verão. "Aquele imenso hotel e *nightclub* na orla de Nova Jersey, que quase não abriu nesta temporada por falta de dinheiro para cobrir os custos dos espetáculos e dos músicos sindicalizados, está com sérios problemas de novo", escreveu Dorothy Kilgallen numa nota em julho que não enganou ninguém.

> No final da primeira semana de funcionamento — e apesar de ter sido lotada por uma saudável plateia no fim de semana do Quatro de Julho —, a casa não conseguiu pagar aos artistas do show nem à orquestra, e os proprietários estão desesperados tentando levantar fundos para continuar a funcionar no verão.[33]

Enquanto os negócios do clube escorriam pelo ralo, seu proprietário estava em Nevada enfrentando consideráveis dificuldades de ordem legal.

Em 23 de agosto, uma foto colorida de Frank e Frank Jr. estampou a capa da revista americana *Life*. Pai e filho lado a lado de smoking, Frank sorrindo, Júnior com a boca aberta, cantando. A chamada dizia:

O SOM
DO NOVO
SINATRA
Frank Jr.
segue os passos do pai

"O som do novo Sinatra é impressionante, um incrível eco de Frank pai cantando",[34] comentava o redator anônimo da *Life*, de forma não muito precisa. O breve artigo fazia um perfil da surpreendente ascensão do cantor de dezenove anos — a apresentação na Disneylândia, o show de Benny, a proposta da orquestra de Dorsey e a estreia em Las Vegas — e explicava, com uma pungência notável e não intencional, a única influência do novo cantor: "Estudei com Frank Sinatra, embora ele não saiba que estudei com ele", dizia Júnior. "Mas tenho seguido a carreira dele minha vida toda, já o vi se apresentar em todo lugar — teatros, bares, casas de striptease."

O tom patético não terminava aí. "Júnior leva um gravador de fita em suas turnês e, ao se aquecer antes das apresentações, exercita a voz durante uma hora cantando junto com as gravações de Sinatra", escreveu o repórter. "Também consegue citar de cor cenas inteiras dos filmes em que o pai aparece."

"Acho que o garoto tem futuro, mas precisa ganhar experiência", declarou Frank pai à *Life*. Júnior comentou sua declaração: "Quando ele fala em experiência, está se referindo a aprender a beber, a farrear e a ficar acordado a noite toda".

Tudo muito bonito, merecendo até ser embalado numa caixa amarrada com laço de fita. Mas, se alguém sacudisse a caixa, ouviria um som seco e matraqueado.

Na mesma sexta-feira, Frank se apresentou em Las Vegas, com Dean e Sammy no Sands. À noite, fizeram seu programa habitual no Copa Room; de dia, Frank se inflamou quando leu os jornais, com o furo de reportagem em Chicago ganhando repercussão nacional. SINATRA TERIA HOSPEDADO UM GÂNGSTER?, dizia uma típica manchete no dia 30, acima da matéria agora divulgada pela UPI: não apenas Giancana estivera presente no Cal-Neva, numa contravenção direta à lei de Nevada, como também fora "tratado com tapete vermelho".[35] Em Los Angeles, o homem a quem Ed Olsen se referia como "advogado de Sinatra, um senhor muito simpático de nome Mickey Rudin, de Hollywood",[36] tentou bloquear o fluxo com uma muralha de pedra. "Não é verdade que algum personagem do submundo tenha se hospedado no hotel ou se envolvido em alguma briga", declarou ao *Herald Examiner*, concluindo com uma frase curiosa. "Sua informação estava errada."[37]

Olsen reagiu, informando aos jornais que sua investigação — ele havia mandado intimações para todos os funcionários do Cal-Neva, incluindo Skinny

D'Amato — estava sendo "conduzida sem pressa". Só seria concluída, declarou, quando "certas discrepâncias de informações fornecidas por diversas pessoas do Cal-Neva pudessem ser resolvidas".[38]

Frank se inflamou. Quando se tratava de má publicidade, ele se comportava como o rei Canuto, estapeando as ondas sem resultado. Nesse caso, o *Las Vegas Sun* ficara sabendo das intimações ao Cal-Neva e começou a divulgá-las, e as agências de notícias depois foram atrás. Mas Sinatra desconfiou que Olsen só estivesse querendo aparecer. Do Cal-Neva, onde ele, Dean e Sammy estariam se apresentando no Salão das Celebridades durante o fim de semana do Dia do Trabalho, Frank fez seu contador, Newell Hancock, telefonar para Ed Olsen. "Hancock começou a conversa com: 'Ed, que diabo você está fazendo conosco com toda essa publicidade?'." Olsen redigiu num memorando de 4 de setembro. "Expliquei a Hancock que a publicidade não se originou com a comissão [...]. Hancock começou a dizer que 'Frank está irritado' e queria falar comigo."[39]

Pelas regras de Frank, isso significava que Ed Olsen deveria ir até ele, no Cal-Neva. Sinatra sugeriu, através de Hancock, que os dois se encontrassem para jantar; depois Olsen poderia ficar para assistir ao espetáculo.[40]

Olsen declinou. Um encontro desse tipo não seria apropriado, disse ao contador, porque ele estava em meio a um processo de investigação do Cal-Neva. Meia hora depois, seu telefone tocou. Era o próprio Frank. "Dizer que ele estava irritado seria um tremendo eufemismo", escreveu Olsen. "Ele estava furioso."[41]

Sinatra expressou irritação por Olsen não ter aceitado seu convite. Com toda a paciência, Olsen explicou por que não poderia ir ao Cal-Neva. Ao que Frank replicou: "Você está se comportando como um policial de merda [...]. Eu só queria ter uma conversa não oficial com você".

Olsen explicou que aquilo era impossível, que só poderia ter um encontro com Sinatra nas dependências da Comissão de Controle do Jogo, com outras pessoas presentes e com uma secretária registrando a conversa.

"Escute, Ed, não estou acostumado a engolir esse tipo de merda de ninguém neste país e não vou engolir de vocês", explodiu Frank. "Quero que você venha jantar comigo aqui [...] e traga aquele seu amigo insignificante, o La France." Charles La France, o investigador-chefe da comissão, estava no escritório. A essa altura, Olsen fez um gesto de cabeça para que ele pegasse a extensão.

"Foi você, com suas malditas intimações, que causou todo esse problema", prosseguiu Sinatra.

Olsen explicou que só os que entregaram as intimações tinham conhecimento delas; que a imprensa não sabia nada a respeito.

"Você é um puta mentiroso", retrucou Frank. "Está em todos os jornais."

Olsen repetiu sua explicação.

"Eu aposto 50 mil dólares com você", disse Frank.

"Não tenho 50 mil dólares para apostar", replicou Olsen.

"Você não é da mesma classe que eu", disse Sinatra.

"Espero que não, com toda a certeza", retrucou Olsen.

"Tudo bem, não quero mais papo com você", disse Frank. "Vim até Las Vegas para a gente conversar, e se você tivesse conduzido essa investigação como um cavalheiro, e vindo falar com o meu pessoal em vez de mandar essas malditas intimações, você teria obtido todas as informações que desejava."

Nesse momento, Olsen lembrou que mandara três agentes com uma estenógrafa ao Cal-Neva para colher declarações de testemunhas na mesma noite da entrevista de Frank nos escritórios da Comissão de Controle do Jogo de Nevada. Disse a Frank que Skinny e Eddie King não quiseram falar nada, e que King havia mentido sobre seu envolvimento na briga do chalé 50. Olsen acrescentou que não acreditava que Frank estivesse dizendo a verdade sobre seu próprio papel no incidente.

"Nunca mais quero falar com você", repetiu Frank.

Olsen replicou dizendo que, se quisesse falar com Frank, mandaria uma intimação.

Já sem paciência, Frank perdeu a compostura. "Pode tentar me encontrar, e se me encontrar, esteja preparado para uma grande surpresa... uma puta surpresa", disse. "Lembre-se disso. Agora, escute, Ed... não se meta comigo. Não se meta comigo. Não se meta comigo, porra."

"Você está me ameaçando?", perguntou Olsen.

"Não", respondeu Frank. "Só não se meta comigo. E pode dizer a mesma coisa para essa merda de comissão também."

Minutos depois de Sinatra ter batido o telefone, dois agentes da divisão de auditoria da Comissão de Controle do Jogo entraram no cassino de Cal-Neva. O momento da visita foi pura coincidência, não tendo nada a ver com a investigação ou a conversa telefônica: era prática antiga da comissão monitorar a contagem das mesas de jogo no fim de semana do Dia do Trabalho. Mas aquela aparição fez Skinny D'Amato, já em estado de alerta máximo, entrar em pânico. Correu para falar com Frank, que gritou: "Ponha esses dois filhos da puta para fora!".[42]

A situação foi resolvida sem incidentes quando Irving Pearlman, o gerente do cassino, disse aos agentes que a contagem já tinha começado. Concluindo não haver sentido em entrar na sala de contagem àquela altura, os agentes informaram a Pearlman que voltariam depois.

Os dois voltaram às 6h30 da manhã do Dia do Trabalho, e acompanharam a contagem do início ao fim de forma rotineira. Então as coisas ficaram estranhas. Quando os funcionários do cassino concluíram a contagem, Skinny entrou e tocou no braço de um dos auditores. "Aqui está, uma para cada um de vocês",[43] disse. Quando D'Amato saiu da sala, o auditor viu duas notas de cem dólares enfiadas na dobra do braço. Os agentes ficaram horrorizados. D'Amato voltou alguns minutos depois e explicou que o dinheiro era uma compensação pela inconveniência de eles terem vindo à sala de contagem duas vezes.

Como observa seu biógrafo, o amistoso D'Amato não tinha nenhum propósito sinistro; estava agindo com naturalidade. "Skinny tentou lubrificar as engrenagens com dinheiro, como já fizera centenas de vezes", escreve Jonathan van Meter. "Passou tanto tempo da sua vida em Atlantic City usando dinheiro para resolver problemas que deve ter sido impossível para ele perceber o quanto aquela atitude era absurda."[44]

Assim que saíram do cassino, os dois agentes ligaram para Ed Olsen, tirando-o da cama — eram 8h30 da manhã do Dia do Trabalho —, e contaram ao chefe o que tinha acontecido. "Bem, do meu ponto de vista, aquilo foi a gota d'água", declarou Olsen.

> Eu já estava cansado daquela empresa. Não conseguia obter uma resposta direta para nada, era uma dor de cabeça constante, todo aquele negócio. Senti que [...] a continuação daquilo seria prejudicial para toda a indústria do jogo em Nevada.
>
> Por isso, assim que consegui que o advogado chegasse ao escritório e preparasse a papelada legal, elaboramos uma denúncia, pedindo a revogação da licença do sr. Sinatra tanto para o lago Tahoe como para o Sands, em Las Vegas, com base no fato de [...] ter conduzido uma operação imprópria e ter se associado a pessoas deletérias para a indústria do jogo.[45]

Antes de preencher a papelada da denúncia, Ed Olsen a apresentou ao governador Grant Sawyer para uma revisão. Sawyer, um democrata progressista que havia se elegido ao cargo prometendo limpar a indústria do jogo em Nevada (e que nomeara Olsen presidente da Comissão de Controle do Jogo), não gostou muito da ideia. "Era a última coisa que ele precisava naquele momento!",[46] contou Olsen. Revogar a licença do dono de cassino mais proeminente do estado, o homem que era Las Vegas personificada, seria uma mácula não apenas para Frank Sinatra, mas também para o jogo em Nevada, para o próprio estado e, por extensão, para Grant Sawyer.

O governador lhe perguntou por que pretendia revogar as licenças de Sinatra; Olsen mostrou-lhe a volumosa documentação sobre as evasivas do Cal-Neva e a linguagem obscena e ameaçadora de Frank durante a conversa telefônica. Sawyer quis saber quando ele pretendia apresentar o pedido. Assim que elaborasse os detalhes legais, respondeu Olsen.

"Bem, é melhor você estar certo", disse o governador.

Na noite de quinta-feira, 5 de setembro, Frank se apresentou pela última vez no Cal-Neva, cantando e fazendo piadas com Dean e Sammy, e puxando Judy Garland para o palco para um quarteto final em "Birth of the Blues".[47] No dia seguinte, Sinatra, Martin e Davis partiram para o Sands, onde se apresentaram durante o fim de semana, com os gravadores da Reprise registrando o encontro para a posteridade. Foram gravados doze rolos de fita em cinco espetáculos; a maioria do material nunca foi lançada.[48]

No domingo, 8 de setembro, o Cal-Neva encerrou a temporada. No dia seguinte, Frank viajou para Nova York, à frente dos ventos que se avolumavam.

Na noite de segunda-feira, Júnior faria sua mais importante apresentação até então, com a Tommy Dorsey Orchestra de Sam Donahue no hotel Americana, em Nova York. Jackie Gleason estava lá, assim como Joe E. Lewis, Toots Shor, Jack E. Leonard e Alan King.[49] Frank não estava. Em honra à ocasião, o editor da *Variety*, Abel Green (que escrevia para a revista especializada toda semana desde 1919), foi em pessoa para fazer a resenha do show, e ficou impressionado com o que ouviu.

O que mais impressionou Green foi como Frankie se saiu bem apesar dos formidáveis obstáculos: não só a plateia, composta de um bando de esnobes ressabiados que podiam pagar seis dólares de couvert, como também um microfone de pouca potência, com o volume mais baixo para não interferir nas transmissões ao vivo da rádio WNEW. (A transmissão foi conduzida por ninguém menos que William B. Williams, o homem que cunhou o termo "Chefão da Turma" para definir Sinatra no início de sua carreira.)

E houve também o maior obstáculo de todos, o homem que não compareceu naquela noite, presume-se, para não roubar a cena do filho. "Sua herança é ao mesmo tempo uma ajuda e um peso", escreveu o perspicaz Green sobre Frankie.

> Mesmo assim, apesar do ônus de encarar uma plateia que estava pagando seis dólares pelo couvert, um microfone tímido e o desafio de se afirmar, Frankie fez sua parte. A propósito, o pessoal do "vamos ver" não era de Missouri — era de Manhattan, e estava lá torcendo por uma tradição. Júnior a segurou.[50]

Mas até que ponto ele estava segurando uma tradição, e até que ponto já era um artista das antigas? (Sem mencionar que era uma novidade.) Abel Green definiu o espetáculo — que, além da nova orquestra de Tommy Dorsey, também incluía a ex-cantora infantil Helen Forrest, agora com 46 anos, e os Pied Pipers reformulados — como "uma nostálgica volta no tempo para um grupo de adultos que reviveram musicalmente seus dias de juventude, com um pot-pourri que soou, se harmonizou e balançou como a lista de sucessos da *Variety* de 25 anos atrás".

Depois do show, repórteres perguntaram a Júnior sobre a ausência do pai. Frankie reagiu com desembaraço. "Falei com papai pelo telefone e ele estava tossindo", respondeu. "Estava muito cansado. Passou a tarde toda trabalhando nos negócios da gravadora. Achou por bem ficar em casa até se sentir melhor."[51]

Então, só para mostrar a Júnior quais eram as regras do jogo, um jornalista tentou encurralá-lo: "Será que seu pai não veio por causa da situação em Nevada?". Àquela altura, a situação ainda se encontrava tão represada que ninguém sabia do que ele estava falando.

Frankie sabia, e respondeu sem hesitar. "Já conversei com meu pai sobre isso, e ele disse que vai fazer uma declaração quando estiver preparado."

Naquela quarta-feira, a Comissão de Controle do Jogo de Nevada apresentou uma denúncia formal contra a empresa de Frank, a Park Lake Enterprises.

Na primeira acusação, a comissão denunciou que, em várias ocasiões entre 17 e 28 de julho, Sam Giancana "hospedou-se no chalé nº 50 do Cal-Neva Lodge com o conhecimento e a permissão dos licenciados" e que "os funcionários serviram comida e bebida a Giancana, que tinha acesso a transporte conduzido pelos referidos funcionários e acesso a automóveis de propriedade e/ou controlados pelos licenciados [...] além de outras cortesias e serviços de funcionários e representantes da Park Lane Enterprises".[52]

A segunda acusação afirmava que Frank "tinha anunciado às claras que continuaria sua associação com o sr. Giancana, desobedecendo assim à lei do estado".

A terceira acusação afirmava que Sinatra se envolvera numa conversa telefônica

> destinada e com o objetivo de intimidar e coagir o presidente e membros da Comissão de Controle do Jogo a descontinuar o desempenho de seus deveres legais, e a interromper a investigação então pendente em relação às visitas de Sam Giancana ao Cal-Neva Lodge [...].
>
> Na citada conversa telefônica, Frank Sinatra ofendeu e caluniou a Comissão Estadual de Controle do Jogo, a Comissão do Jogo de Nevada e membros das referidas comissões, empregando linguagem repulsiva e de baixo calão virulenta ao extremo.

A quarta acusação afirmava que Paul D'Amato, "o agente administrativo e representante da Park Lake Enterprises, Inc., relacionado nos registros da folha de pagamento como assessor da referida corporação licenciada na operação do Cal-Neva Lodge, tentou impor dinheiro" a dois agentes da Comissão de Controle do Jogo de Nevada, que "foi o equivalente a uma tentativa de suborno".

Na manhã seguinte, as notícias estavam na primeira página de todos os jornais e, como observou Edward Olsen, "abriram-se as portas do inferno na imprensa e em todo o país".[53]

Durante os anos 1950, colunistas não amigáveis — em particular Westbrook Pegler e Lee Mortimer, do grupo Hearst — de vez em quando remexiam nas velhas associações de Frank com o submundo: os primeiros patrocínios de Willie Moretti em Nova Jersey; a presença do cantor na conferência da Máfia em

Havana em 1947, onde ele trocara brindes com Lucky Luciano. Mas, até então, nenhuma publicidade o havia ligado diretamente à Máfia, uma organização cuja existência o FBI só reconhecera havia uns seis anos, e cuja abrangência só agora os Estados Unidos começavam a entender — e a se deixar fascinar por ela.

Com o perfil público da Máfia ganhando mais evidência, ítalo-americanos e outros cidadãos de bem começaram a reagir, com razão. Em editorial de 1959 intitulado "Ítalo-americanos são bons cidadãos", o colunista George Sokolsky, do grupo Hearst, escreveu:

> Supor [...] que todos os italianos nos Estados Unidos e seus descendentes estão organizados de maneira criminosa num corpo chamado "A Máfia" é não apenas aceitar a culpa por associação, como também uma maldição por conta de nascimento e nacionalidade [...]. Precisamos contrapor Enrico Fermi a Vito Genovese? Precisamos contrapor Frank Sinatra a Lucky Luciano?[54]

A tentativa de isentar Sinatra de alguma ligação com Luciano expressa por um colunista de um grupo jornalístico que apenas dez anos antes fora o pior inimigo de Frank era surpreendente. Mesmo no calor da campanha presidencial dos anos 1960 (e mesmo enquanto o triângulo profano formado por Jack Kennedy, Judy Campbell e Sam Giancana tomava forma), a pior acusação que os jornais podiam levantar estava relacionada com o envolvimento de Frank em estripulias com seus comparsas do Rat Pack: comportamento indevido de um amigo do candidato democrata à presidência dos Estados Unidos, claro, mas até certo ponto charmoso.

Mas não havia nenhum charme na encrenca em que ele estava metido agora. Não se tratava mais de uma troca de sopapos com um fotógrafo. Como anunciava a legenda sob uma foto de um sorridente Sinatra na primeira página do *Arizona Republic* de 12 de setembro: "Problema, problema".[55] SINATRA PODE PERDER A LICENÇA DE JOGO EM NEVADA, trombeteava a manchete. O *Republic* e muitos outros jornais publicavam os relatos completos da UPI sobre a denúncia da Comissão de Controle do Jogo de Nevada, Sam Giancana na ribalta ao lado de Frank, com as quatro acusações apresentadas em detalhes explícitos. Em relatos igualmente detalhados, a Associated Press chamava Giancana de "um dos doze chefes do crime nos Estados Unidos".

"Sinatra tem quinze dias para entrar com sua defesa antes que a Comissão do Jogo de Nevada tome uma atitude", continuava a notícia. "Ele terá direito a ser ouvido por uma comissão de cinco membros antes de ter sua licença revogada. Se for revogada, Sinatra poderá apelar ao tribunal do estado."[56]

Enquanto isso, o tribunal da opinião pública começou a se mexer. "Sendo Sinatra a figura pública que era, imagino que tenha percebido que a denúncia iria atrair enorme atenção, não só da imprensa como de indivíduos de todo o país", relembrou Ed Olsen.

> Chegavam literalmente centenas de cartas de várias regiões do país. E a coisa triste que percebi foi que muita gente mostrava um... parecia um ressentimento arraigado contra Sinatra, por causa do seu sucesso, ou por ele ter vindo de uma família pobre e ganhado dinheiro, ou alguma coisa desse tipo. E muitas dessas manifestações revelavam insinuações raciais. As pessoas estavam *injuriadas* com o homem. Por isso concordavam com que o estado estava fazendo com ele...
>
> Por outro lado, havia cartas deliciosas, de gente que era fã de Sinatra, ou que o conhecia — amigos, coisas assim —, e o apoiava.[57]

Hank Greenspun, editor e dono do *Las Vegas Sun*, amigo e grande admirador de Frank, tomou a defesa do cantor, escrevendo uma série de colunas diárias de primeira página enaltecendo sua generosidade e sua filantropia e disparando contra a Comissão de Controle do Jogo. "Acho que nunca fui tão criticado na vida quanto fui por Greenspun", declarou Olsen, observando que as colunas não diziam bem a verdade, mas eram "tão bem escritas que vale a pena lê-las".[58]

Foi generosidade da parte dele — os textos de Greenspun são mais emocionais do que bem elaborados. "Não consigo pensar em nenhum indivíduo que tenha sido mais importante para disseminar o nome e a fama de Nevada para o mundo exterior do que Frank Sinatra", afirmava uma das colunas. "Acho que a revogação da licença é uma forma medonha, horrível, mesquinha e barata de retribuir a esse homem todo o bem que fez a este estado."[59]

Frank, é claro, estava fora do estado — em Manhattan, para ser exato. Na noite de 12 de junho, ele enfim conseguiu ir ao Americana para assistir ao show de Frankie, que para ele deixou a desejar. "Vou chutar o seu Francis!", gritou para Júnior depois do espetáculo. "Nunca mais me deixe ver você cantar desse jeito, sem entusiasmo."[60]

O garoto tentou explicar: "É que estou preocupado com uma coisa".

"Dane-se!", replicou Frank. "Não importa qual seja o seu nome, você nunca vai ser nada se não se entusiasmar com o que está fazendo."

Ao contrário do pai, Frankie não tinha aprendido a se isolar do mundo — o que é muito mais fácil quando você acha que está no centro dele. Depois do show, repórteres procuraram Frank com as inevitáveis perguntas sobre o Cal-Neva. "Não tenho nada a dizer", ele respondeu. "Só vou saber alguma coisa quando voltar a Los Angeles e falar com meu advogado." Mas continuou: "Nós vamos lutar".

No dia seguinte, com o velho amigo Skitch Henderson ao piano, Sinatra cantou no Dia do Funcionário da Organização das Nações Unidas. O próprio secretário-geral U Thant o apresentou como "o grande animador de espíritos".[61] Para provar que o secretário-geral tinha razão, Frank olhou ao redor do amplo salão da Assembleia Geral e perguntou: "Vocês se incomodam se eu fumar?". Acendeu um cigarro e olhou à sua volta. "É essencial saber relaxar, com tantas regiões deflagradas no mundo", explicou. "Vietnã... Congo..." Fez uma pequena pausa. "Lago Tahoe..."

Quando a plateia esboçou uma risada, ele acrescentou, meio que cochichando: "Alguém quer comprar um cassino usado? Eu nunca quis esse cassino mesmo".[62] Aí todos gargalharam.

"Existem algumas cabeças advocatícias por aí", observou Earl Wilson no dia 18, "que acham que Frank Sinatra tem argumentos para travar sua batalha contra a Comissão do Jogo de Nevada."[63] Louis Sobol, outro colunista amigável a Frank, concordou. "O que a fraternidade do jogo local não consegue entender", escreveu, "é toda essa onda quanto à hospedagem de Sam Giancana no Cal-Neva Lodge, quando não é segredo que ele tem interesses financeiros em diversos cassinos em Nevada e várias vezes já se hospedou em hotéis de Las Vegas."[64] O advogado Greg Bautzer — que, por mais estranho que parecesse, representara Nancy Sinatra em 1949 em seu divórcio de Frank — também ficou do lado do cantor: "Não acho que deveria ser possível um indivíduo perder uma propriedade por ser amigo de alguém. Posso até ter um amigo condenado pela Justiça se quiser, e não existe lei que diga que não posso fazê-lo",[65] declarou.

Ninguém mencionou as ameaças de Frank a Ed Olsen.

* * *

No final de setembro, enquanto a Comissão de Controle do Jogo de Nevada preparava seu processo contra Frank Sinatra, o presidente Kennedy passou por Las Vegas para fazer um discurso sobre a preservação dos recursos naturais do país.[66] No caminho para o Centro de Convenções num carro aberto com o governador Grant Sawyer, Kennedy virou-se para ele e perguntou: "Vocês não estão sendo um pouco severos demais com Frank aqui?".[67] O governador respondeu: "Bem, sr. presidente, tento cuidar das coisas aqui em Nevada, e desejo boa sorte ao senhor em nível nacional". Tomando isso como o "vai se foder" que era, JKF pressionou um pouco mais. "Não há nada que você possa fazer por Frank?", perguntou. "Não", respondeu Sawyer.

Mais tarde, ao saber sobre o ocorrido com Sawyer, Ed Olsen ficou impressionado. "Puxa, era o mais alto nível de pressão política que se poderia exercer naquela situação!",[68] comentou. Embora não exista nenhum indício de que Sinatra tenha pedido a intervenção do presidente, ou que possa ter havido qualquer pressão política, Frank trabalhou bastante na preparação de sua defesa ante a Comissão de Controle do Jogo, contratando um conhecido advogado criminalista de Las Vegas chamado Harry Claiborne. Mickey Rudin atuou como consultor. Posteriormente, Rudin contou a Nancy Sinatra que estava pronto para provar que Frank não convidara Sam Giancana para ir ao Cal-Neva, que Giancana não havia se hospedado no resort e que Sinatra não tinha ideia de que Momo estava na área na ocasião.[69] O advogado acrescentou que, mesmo que ele e Frank perdessem no nível administrativo, ele estava bem preparado para apelar da decisão.

Em 3 de outubro, Harry Claiborne interrogou Ed Olsen durante quatro horas. Rudin, uma figura intimidante, também estava presente. O presidente da Comissão de Controle do Jogo, com suas muletas estalando, não se sentiu atemorizado. Tinha ido bem preparado, com uma pasta cheia de documentos que atestavam as descobertas de seus investigadores e suas próprias lembranças da memorável conversação telefônica com Sinatra (que havia transcrito depois do fato, não gravado) — e, só por segurança, dois rolos de fita de gravação virgens, que colocou de maneira ostensiva em cima da mesa.[70]

Foi uma tática brilhante, mas teria sido necessário mais do que esse truque teatral para deter os cães de briga de Frank. No final, bastou apenas uma interferência de seu novo sócio nos negócios. No meio do processo, Jack Warner telefonou para Mickey Rudin e disse que, se Sinatra ia se associar à Warner Brothers como executivo, qualquer publicidade sobre o Cal-Neva e Giancana seria negativa.[71] A menos que Frank desistisse de sua licença do cassino, impôs o mal-humorado chefe de estúdio, o negócio com ele estaria cancelado. Rudin, que estivera impaciente para brigar com a Comissão de Controle do Jogo, escutou seu cliente e, relutante, jogou a toalha.

No final, contudo, Frank sustentou que a preocupação em perder o negócio com a Warner Brothers fora secundária. O principal motivo de sua desistência em lutar contra a Comissão de Controle do Jogo, escreve Nancy Sinatra, foi que "o inquérito era potencialmente embaraçoso para seu amigo, o presidente Kennedy".[72]

Pouca gente além de Frank Sinatra soube quão "potencialmente embaraçoso" podia ser.

No dia 7 de outubro, Frank jogou oficialmente a toalha. Por meio de Claiborne, ele emitiu uma declaração dizendo que, "não apenas como artista, mas como investidor e executivo", havia muito vinha planejando — de qualquer forma — se afastar em definitivo da indústria do jogo em Nevada e que, além disso, tinha coisas melhores para fazer. "Pouco tempo atrás me associei a uma grande empresa de entretenimento", continuou,

> e ao firmar essa sociedade prometi não apenas dedicar meu talento como artista a alguns de nossos investimentos em conjunto, como também concordei em dedicar todo o meu tempo e minha energia a essas atividades da empresa na indústria do entretenimento. Por essa razão, instruí meu advogado a notificar os funcionários da Comissão do Jogo que estou me retirando da indústria do jogo de Nevada.[73]

Frank podia se dar ao luxo dessa retirada. Não apenas contava com o dinheiro e a respeitabilidade da Warner, como também, conforme observou a *Variety*: "Mesmo esse abandono forçado de seu Cal-Neva Lodge no lago Tahoe e de suas 'cotas' no Sands, em Las Vegas, será vantajoso. Sinatra tem certeza de que obterá ganhos de capital em ambos. No caso de seus 9% na hotelaria de Las Vegas, Sinatra calcula um ganho de capital de 800 mil dólares".[74] No caso de sua parte de 50% no Cal-Neva, avaliada em 3 milhões de dólares, em tese ele podia obter bem mais, embora a incerteza do tamanho da parte de Sam Giancana confundisse os matemáticos.[75]

* * *

A despeito de todas essas retumbantes declarações, Frank ficou desolado por ter que desistir do que sua filha Nancy chamou de "seu sonho, o Cal-Neva",[76] e furioso com Giancana: "Aquele puto nunca deveria ter ido lá", disse. "Vejam só o problema que ele me causou. Isso é culpa *dele*, não minha."[77] De sua parte, Mooney ficou exasperado com o fato de Frank ter perdido a compostura com o presidente da Comissão de Controle do Jogo de Nevada, uma diatribe que acabou custando cerca de 465 mil dólares ao gângster. "Sinatra chamou Ed Olsen de aleijado", contou Phyllis McGuire.

> Sam nunca perdoou Frank por ter feito isso. Dizia: "Se ao menos ele tivesse calado aquela maldita boca". Mas nunca conseguiu entender por que Frank era tão briguento [...]. Estava sempre recomendando: "*Piano, piano, piano*" — "vai com calma, vai com calma". Sam nunca entendeu o comportamento cabeça-quente de Frank.[78]

O fato de um assassino psicopata dizer que Sinatra precisava controlar seu gênio tem um significado que por si já diz tudo.

"Aquele filho da mãe e sua boca grande", disse Giancana a outro amigo. "Ele só precisava ficar quieto, deixar os advogados cuidando do caso, pedir desculpas e levar uma suspensão de trinta a sessenta dias [...] mas não, Frank tinha que pegar o telefone com aquela maldita boca grande que ele tem, e agora perdemos o lugar todo."[79]

Giancana achou mais conveniente esquecer que, para começar, tinha sido seu próprio gênio que provocara a rixa do chalé 50 e desarrolhara aquela garrafa de problemas.

A relação entre os dois terminou da mesma forma que terminava a maioria das relações de Sinatra: não com um confronto, mas com um silêncio raivoso. "O sr. S. nunca se encontrou com o sr. Sam nem lhe telefonou para dizer que estava indo para a Warner", escreve George Jacobs. "O sr. S. simplesmente deixou de falar com ele. Dispensou-o do mesmo jeito que dispensava suas amantes. Ao contrário do que acontecia com as garotas, ele *quis* conversar, *tencionou* conversar com Sam, mas isso nunca aconteceu."[80]

* * *

Alguns meses depois, Ed Olsen foi assistir a um show de Sammy Davis Jr. no Sands com amigos, um casal da Califórnia. Depois do espetáculo — que apreciou muito —, Olsen foi com eles até uma loja de presentes no saguão para comprar jornal. Para deleite do casal, Sammy estava à vista perto do balcão, experimentando um taco de golfe exposto na loja. O casal cismou que queria se apresentar a Sammy, e, antes que Olsen se desse conta, os dois já o estavam apresentando ao artista também.

Como contou Olsen,

> Davis olhou para mim por um segundo, depois se virou para o casal da Califórnia e disse: "Eu gostaria de falar com esse senhor a sós".
>
> Aí pensei: Meu Deus, com certeza vem briga.
>
> Quando o casal se afastou, Davis me puxa para um canto e [...] começa a me dizer, usando um monte de palavrões, que Sinatra merecia o que eu tinha feito com ele: "Fazia anos que aquele filho da puta estava precisando disso. Trabalho com ele há dezesseis anos, e nunca vi ninguém ter peito de enfrentar esse cara!".[81]

Sob todos os aspectos, a relação de Frank Sinatra com Jack Kennedy já quase não existia: não havia mais visitas a Palm Springs, a Washington ou a Hyannis Port; não havia mais os emocionantes telefonemas do "Prez". Mas faz certo sentido o fato de Frank ter dito à filha que desistiu da defesa do Cal-Neva para evitar constrangimentos para o presidente, ainda que por autoproteção (e autopromoção) diante da situação. Apesar do afastamento da Casa Branca — e dos intensos esforços de Jackie Kennedy nos bastidores —, boa parte do público ainda via Sinatra e JFK como amigos. E por mais venial que fosse seu pecado no caso da licença do Cal-Neva, Frank (e, por associação, o presidente) tinha muito a perder no tribunal da opinião pública se fossem reveladas todas as implicações de sua relação com Giancana.

E, claro, se todas as implicações de sua própria ligação com Sam Giancana fossem reveladas, o presidente dos Estados Unidos poderia perder bem mais do que a própria reputação.

* * *

Mickey Rudin afirmava que os jornais haviam condenado Frank Sinatra à ignomínia por duas acusações falsas: o convite a Giancana para ir ao Cal-Neva e a revogação de sua licença de jogo como resultado desse convite. E Rudin tinha razão. Seu cliente era inocente das duas acusações — Giancana na verdade se convidara a ir ao Cal-Neva, e Frank desistira da licença voluntariamente.

Mas fora Sinatra, como licenciado do Cal-Neva, responsável pelo desrespeito às regras da Comissão de Controle do Jogo de Nevada — a inclusão no Livro Negro? Sim. Havia usado linguagem chula e destemperada e ameaçado o presidente da comissão? Sim. Teria perdido a licença se fosse em frente na batalha legal? Não temos como saber.

Nancy Sinatra afirma que o pai foi perseguido, apesar de sua alegada inocência, por ser "a figura mais visível de Nevada na época", e que ele nunca se recuperou do episódio do Cal-Neva. "A imprensa, claro, fez a festa",[82] ela escreve.

Devido aos contínuos erros de informação nos relatos dos jornais sobre o episódio, Frank perdeu o que restava de seus ideais ingênuos e ficou mais propenso a guardar ressentimentos. Tornou-se mais vulnerável e pessimista, e até cínico. Acima de tudo, porém (afirma Nancy), seu pai estava magoado.

A imagem de Frank Sinatra como um ingênuo de olhos brilhantes vertendo lágrimas porque aqueles jornalistas malvados o tinham transformado num sujeito ressentido pode ser absurda; sem dúvida Lew Wasserman, Peter Lawford e Hank Sanicola concordariam com isso. Mas, mesmo sendo compreensível que visse o pai com olhos mais complacentes, Nancy Sinatra também o conhecia melhor, e o fato de ter percebido uma mudança nele tem um significado real. Perto da linha de chegada dos cinquenta anos (ele faria 48 em dezembro), Frank estava mais rico do que nunca, e — em parte por isso — também mais isolado e desconfiado do que nunca. Como acontecera com o rei lendário, tudo o que ele tocava se transformava em ouro: o poder que acumulara era imenso, mas era cada vez mais difícil encontrar amor e alegria.

Gene Kelly saiu da MGM em 1957, quando iniciou sua transição de ator para diretor e produtor de filmes, deixando para trás seu passado na era de ouro dos musicais de Hollywood. Mas, em 1963, quando Frank Sinatra se propôs a reviver o gênero com *Robin Hood de Chicago* (que seria seu último musical), ele procurou o velho colega da Metro para ajudar no projeto.

Agora como sócio da Warner Brothers, Frank estava se sentindo expansivo. Não só queria Kelly como coprodutor de *Robin* como também imaginava uma trilogia cinematográfica — com ele próprio estrelando os três filmes, claro, e Kelly coestrelando o segundo e dirigindo o terceiro. Kelly, cujo telefone não tocava mais como antes, ficou contente em ocupar essa posição secundária.[83]

Com a participação de Frank, Dean, Sammy e Bing Crosby (com quem Frank parece não ter ficado ressentido por ter emprestado sua casa ao presidente), *Robin Hood de Chicago* começaria a ser filmado em meados de outubro, com coprodução de Frank Sinatra e Gene Kelly. Mas, antes de as câmeras começarem a rodar, Kelly desistiu do projeto, como anunciou a *Variety*.

"Não é muito difícil adivinhar a razão", escreveu Dorothy Kilgallen no dia 21. "Gene percebeu, em suas conversas com Sinatra, que não teria exatamente carta branca como produtor. O astro pretende participar também dessa função."[84]

O palpite de Kilgallen estava certo. O filme era de Frank, o dinheiro era de Frank e as regras seriam de Frank. Gene Kelly disse a ele que havia números musicais demais no filme; Frank discordou. Sem discussão. Houve outra discordância tão importante quanto essa: como velho mestre de filmes musicais, Kelly considerava os ensaios algo crucial. Muito tempo antes Sinatra já deixara clara sua posição com relação a ensaios.

"Eu não estava tomando nenhuma decisão", declarou Kelly mais tarde. "Só estava seguindo ordens. Sem falar nada, como os outros rapazes, mas nem sempre a amizade é só o que conta nesse negócio."[85] Com Frank, a amizade era ainda menos importante. Ele assumiu a produção e a interpretação de *Robin Hood de Chicago*, mas o projeto de trilogia foi discretamente abandonado.[86]

Havia muito tempo Frank Sinatra sonhava em ser um chefão da Máfia; agora ele iria interpretar um deles no cinema.

Transportar Robin Hood e seu bando para um filme musical de gângster nos loucos anos 1920 em Chicago não era uma má premissa, enquanto premissa — não muito pior, digamos, do que basear *Eles e elas* em contos de Damon Runyon ambientados em Times Square —, e, ainda que Sammy Cahn e Jimmy van Heusen, que Frank chamou para criar as músicas de *Robin*, não fossem exatamente um Frank Loesser, também não ficavam muito atrás. A exemplo de Sammy e Jimmy, o resto da equipe de produção já tinha se tornado presença constante nos projetos de Frank: Koch, o diretor musical Nelson Riddle, o diretor de fotografia e produtor associado William H. Daniels. A cadeira de diretor voltaria a ser ocupada por Gordon Douglas, que se mostrara bem tolerante com o estilo sui generis de Sinatra fazer filmes em *Corações enamorados*, de 1954.

Gene Kelly poderia ter levado o projeto a outros patamares, mas se insubordinou, e agora já era carta fora do baralho. Nenhum dos restantes se atreveria a repetir seu erro.

A história de *Robin Hood de Chicago*, criada por um roteirista de sitcom chamado David Schwartz — cuja experiência anterior consistia basicamente na versão televisiva de um dos programas de rádio favoritos de Frank, *The Amos 'n' Andy Show* —, era baseada na rivalidade entre as gangues de Robbo (Sinatra), o chefão da zona norte, e sua contraparte da zona sul, Guy Gisborne (Peter Falk). Envolvia uma recompensa em dinheiro malbaratada e uma rivalidade romântica entre Robbo e Gisborne por causa de Marian (Barbara Rush), filha de um gângster morto. No papel, parecia uma loucura divertida, mas qual roteiro de musical não o é?

As músicas e o elenco eram a melhor parte. Dean interpretava Little John, jogador e braço direito de Robbo, Sammy era Will Scarlet, seu ajudante de ordens, louco por uma metralhadora, e Bing fazia o papel do amistoso e corrupto administrador de um orfanato chamado Allen A. Dale — num personagem que, muito tempo antes, já fora prometido a Peter Lawford.[87] Edward G. Robinson tinha uma aparição como Big Jim, o mafioso lesado, e veteranos durões de Hollywood como Victor Buono, Allen Jenkins e Jack La Rue dariam o colorido do gênero.

A produção começou no Dia das Bruxas, com filmagens em locações de Chicago,[88] antes de ser transferida para as dependências da Warner Brothers, onde já estavam sendo filmados *Médica, bonita e solteira*, *Minha bela dama*, *Coração querido* e, de John Ford, *Crepúsculo de uma raça*.[89] *Robin* começou bem, com o simpático e eficiente Douglas executando direito seu trabalho sem fazer grandes exigências ao chefe. O moral estava alto. Aos sessenta anos e sempre prestes a se aposentar, Crosby estava adorando participar de seu primeiro musical desde *Alta sociedade*, encantado com a camaradagem com Sinatra, Martin e Davis. O único foco de tensão vinha de May Britt, que se recusava a visitar o set por ficar muito irritada com a subserviência do marido ao Líder — uma postura que Sammy desenvolvera à perfeição.[90]

Na noite de 13 de novembro, no estúdio da Warner Brothers, Frank gravou uma grande música, "My Kind of Town", de Cahn e Van Heusen, um imponente hino à cidade de Chicago. Sua voz estava ótima, cheia de confiança. Na terceira semana de novembro, a filmagem estava um dia à frente do cronograma.

Foi então que aconteceu a inimaginável explosão.

Diz a história que Frank estava rodando uma cena em um cemitério em Burbank quando a notícia chegou de Dallas, mas a história é boa demais — ou ruim demais, nesse caso — para ser verdade. Em seu comentário em áudio no DVD de *Robin Hood de Chicago*, Frank Sinatra Jr. diz que na verdade a filmagem na locação no cemitério foi feita em 21 de novembro, e que Frank, ao sair para fumar um cigarro entre duas cenas, se encostou num túmulo e reparou na inscrição: JOHN F. KENNEDY, 1873-1940.[91]

A verdade, ao que parece, é que em 22 de novembro Sinatra, o único ator convocado para filmar naquele dia, estava rodando uma cena de tribunal na Warner (Mickey Rudin fazia uma ponta como o juiz, deixando sua infeliz carantonha imortalizada para a posteridade) quando a notícia do assassinato do presidente chegou ao estúdio. Frank ficou em silêncio, atônito, escreve Nancy Sinatra.[92] Então pediu a um assistente que o pusesse em contato com a Casa Branca por telefone. Foi quando voltou até a equipe de filmagem e disse, com tristeza: "Vamos filmar logo esta cena, porque nunca mais quero voltar aqui".[93]

A produção havia parado por quase meia hora. Quando as câmeras voltaram a rodar, o veterano durão Jack La Rue sofreu um desmaio — talvez a única reação genuína no set aos eventos daquele dia — e teve de ser reanimado. Gordon Douglas filmou mais nove cenas, dezenove tomadas, antes de Frank ir para casa, às 2h50 da tarde.[94]

Em Las Vegas, informou a *Variety*, todas as atividades de entretenimento foram interrompidas por 24 horas depois da notícia da morte do presidente Kennedy. "Executivos de cassinos declararam que as mesas de jogo pararam quase por completo no início da tarde do assassinato",[95] observou a revista.

Sinatra e George Jacobs foram para Palm Springs, onde nem Nancy conseguiu falar com o pai por telefone.[96] Durante três dias "ele se enfurnou no quarto, assistindo ao circo que envolveu o assassinato, pirando como o resto do mundo quando Ruby matou Oswald, comendo só uns sanduíches de ovo frito e bebendo enormes quantidades de Jack Daniel's", escreve o criado.

> Ele ligou para Pat Lawford em Washington para expressar seus pêsames, embora ainda se recusasse a falar com Peter. Não telefonou para Jackie ou Bobby, que, ele disse, "não me ligariam de volta". Preferiu mandar uma imensa coroa de flores. Apesar de toda a raiva que sentia por Bobby por tê-lo tirado de cena, o sr. S. jamais disse uma palavra indelicada sobre o homem que já tinha amado e continuava a admirar como líder, se não como homem. "Eu gostava de Jack de verdade", eu disse ao sr. S. Eu estava chorando, não consegui evitar. "Ele gostava de você também, George", disse Sinatra, com tristeza. "Provavelmente mais do que de mim."[97]

"Frank estava bem abalado quando falou com Pat, e faria qualquer coisa para vir a Washington para o enterro de Jack, mas não era possível convidá-lo", contou Peter Lawford com certo prazer sádico. "Ele já tinha se mostrado um grande constrangimento para a família."[98]

Quando as filmagens de *Robin Hood de Chicago* recomeçaram, na semana seguinte, o dinamismo e o entusiasmo da equipe tinham evaporado. De repente, não dava mais para achar graça em tiroteios entre duas gangues rivais. Quando Frank entreouviu alguns membros da equipe fazendo comentários maldosos sobre Dallas e seus cidadãos, ele subiu no sistema de som do estúdio e improvisou um discurso pedindo tolerância. Houve um momento de silêncio aturdido, seguido de aplausos espontâneos de todos. Os jornais especializados de Hollywood publicaram a história.[99]

O país já passara por tempos sombrios em outras ocasiões, mas nada como aquilo. Se o presidente tivesse sido assassinado no saguão de um edifício ou em algum encontro particular, já teria sido terrível, mas seria diferente. O crime, contudo, fora cometido em público, de forma horrível. Num segundo, sob o sol claro de um dia de outono em Dallas, a imagem de vigor e glamour que inspirava o mundo, independentemente da substância, fora eliminada por uma violência pornográfica: o fotograma 313 do filme de Zapruder, o clarão avermelhado. Foi como se as mandíbulas do inferno se abrissem de repente, e Satã estivesse rindo da loucura da vaidade humana. Era impossível viver aquele dia sem ter a sensação extrema da própria vulnerabilidade, da transitoriedade e da fragilidade de todas as atividades humanas. Frank teria sentido isso como sentia tudo o mais: da maneira mais aguda possível.

E quem tinha feito aquilo? Frank sabia de coisas, fora informado de coisas. Conviver com o que achava que poderia ser a verdade parecia de fato terrível.

Mas o pior de tudo deve ter sido a sensação de que ter um grande poder no mundo afinal não significava nada.

Foi um Dia de Ação de Graças que todos passaram como sonâmbulos, e Sinatra não foi exceção. O assassinato o abalou muito: a sensação de mortalidade ficou na sua cabeça. Ele ia fazer 48 anos em poucas semanas, não era mais o sensacional artista em ascensão da década, e o futuro à sua frente parecia cada vez menos recompensador. Os cigarros Camel e o Jack Daniel's pesavam cada vez mais; a primeira imagem que via no espelho de manhã não era animadora.

A ceia de Ação de Graças, como sempre, aconteceu no complexo de Palm Springs, com Nancy mãe, Frankie e Tina. Nancy mãe preparou o jantar: dois perus com inhame, purê de batata, molho de frutas vermelhas, seu recheio especial (com nozes, damasco e aipo, ligeiramente queimado por cima) e torta de abóbora.[100]

Para Frank, tudo teve o gosto de cinzas.

"O Dia de Ação de Graças era um feriado alegre para nossa família, mas naquele ano meu pai estava alquebrado", contou Tina Sinatra. "'Isso não poderia acontecer em lugar nenhum', ele ficava dizendo. 'E muito menos *aqui*.'"[101]

Frank gostava de Dean? Dean gostava de Frank? Claro; muito. Mas os dois prefeririam extrair um molar sem anestesia a olhar o outro no olho e expressar algum *sentimento*. O mesmo, e até mais um pouco, era verdade para Sinatra e Martin em relação a Bing Crosby. Os dois o idolatravam havia muito tempo: Dean tinha roubado dele; e Frank pouco tempo antes se sentira magoado com ele. E Bing, o ídolo perfeito, estava ainda mais acima — anos-luz mais acima — em relação a mostrar sentimentos, como faziam aqueles dois rapazes italianos de sangue quente (da forma como ele os via).

É essa miscelânea que confere à performance do trio em "Style", de Cahn e Van Heusen —

A flower's not a flower if it's wilted,
*A hat's not a hat till it's tilted**

—, todo o seu grande estilo e deleite. De smoking, palheta e bengala, os três são a coisa mais distante da média: cada um chama atenção à sua própria maneira, mas ninguém rouba a cena. E o que eles sentem um pelo outro também está lá, só que bem abaixo da superfície, que é, claro, puro estilo.

Eles gravaram essa canção na noite de 3 de dezembro — cinco dias depois do feriado de Ação de Graças, onze dias depois do assassinato. Todos os sentimentos, à parte a alegria da performance, estão enterrados bem abaixo da superfície, onde os três achavam que deveriam morar os sentimentos.

Barry Keenan era daquele tipo talentoso e sem rumo que todo mundo já conheceu na vida, um sujeito que chegou ao auge muito rápido e se extinguiu muito jovem. Quando estudava na University High School em West Los Angeles, no final dos anos 1950 — onde foi amigo e colega de Nancy Sinatra, assim como de Jan Berry e Dean Torrence, que logo se tornariam a dupla de cantores de sucesso Jan e Dean —, Keenan gozava de uma reputação meio contraditória: era um festeiro encantador e beberrão, mas também um garoto muito inteligente e ambicioso, fascinado pela bolsa de valores e determinado a se tornar milionário antes de completar trinta anos.[102]

E quase conseguiu. Aos 21, era um bem-sucedido investidor imobiliário e o membro mais jovem da Bolsa de Valores de Los Angeles, ganhando por volta de 10 mil dólares por mês no início dos anos 1960.[103] Casou-se cedo e vivia bem. Mas se feriu com gravidade num acidente automobilístico e, em pouco tempo, ficou viciado em analgésicos e perdeu todo o seu dinheiro. O casamento desmoronou. Houve alguns pequenos esbarrões com a lei.

Em 1962, começou a pedir dinheiro emprestado ao velho amigo Dean Torrence — a princípio não muito, uns duzentos dólares aqui e ali. Torrence podia se dar a esse luxo. Àquela altura, ele e Jan Berry tinham estabelecido uma carreira bem-sucedida no rock 'n' roll, e também atípica: os dois continuavam morando

* Uma flor não é uma flor quando está murcha, / Um chapéu não é um chapéu quando está torto. (N. T.)

na casa dos pais e concluindo os estudos na faculdade, Berry na preparatória de medicina da UCLA, Torrence em arquitetura na USC. Dean Torrence tinha uma conta bancária substancial, em parte graças aos bons investimentos em ações recomendados por Keenan.

Keenan e Torrence tinham outra ligação: quando estavam no ensino médio, com Jan Berry e outro amigo, um cara durão chamado Joe Amsler, todos fizeram parte de um clube social chamado The Barons, cujos membros mantiveram um laço próximo e fraternal anos depois do colégio. Como amigo e ex-membro dos Barons, Torrence se sentia na obrigação de ajudar Keenan; ao mesmo tempo, fazia o possível para nem sempre estar disponível quando ele o procurava.

Na primavera de 1963, Barry Keenan entrou em contato com Dean Torrence mais uma vez, dizendo que precisava falar com ele. "Eu sabia o que aquilo significava", relatou Torrence. Ele disse a Keenan que estava indo para uma aula na USC. Quando saiu da aula, Keenan estava à sua espera. "Preciso conversar com você num lugar tranquilo", disse.

Os dois foram até a quadra de esportes. Keenan contou a Torrence que sua situação financeira era desesperadora, que um emprego de vendas porta a porta não tinha dado em nada. Devia um monte de dinheiro à família. Mas agora tinha um plano em mente, que havia anotado em detalhes num fichário. Explicou tudo enquanto o amigo ouvia, boquiaberto. Barry Keenan disse a Dean Torrence que tinha feito uma pesquisa minuciosa sobre vários tipos de crimes, e encontrado um que envolvia o menor risco e resultava na maior recompensa: sequestrar o filho de um artista famoso.

Nevava sobre o lago Tahoe no domingo, 8 de dezembro; carros com tilintantes correntes nos pneus subiam a gelada Route 50, que contornava a margem sudeste do lago e seguia para o hotel-cassino Harrah's, na divisa do estado. Ao contrário do Cal-Neva, ao norte, o resort de Bill Harrah funcionava durante o inverno, atraindo muita gente para suas mesas de jogo e para as atrações artísticas na casa de shows da margem sul. O artista desse final de semana era Frank Sinatra Jr., que cantaria com Sam Donahue e a Tommy Dorsey Orchestra.

De cueca samba-canção e camiseta branca, Frankie relaxava em sua suíte antes do primeiro show, comendo um frango trazido ao quarto na companhia de um trompetista da orquestra chamado John Foss. O telefone tocou, e Frankie atendeu. "Não tem ninguém com esse nome", disse depois de um momento. "Número errado."[104]

Por volta das 21h30, bateram na porta. "Serviço de quarto", anunciou a voz do lado de fora. "Encomenda para o senhor."

Foss abriu a porta e um homem de parca de esqui marrom entrou, carregando uma caixa de vinho. Pôs a caixa numa mesa e, desajeitado, tirou do bolso um revólver calibre .38 cinza-azulado — carregado —, que apontou para John Foss e Frank Sinatra Jr. Mandou ambos deitarem na cama. Outro homem entrou no quarto. Os dois eram Barry Keenan e Joe Amsler — que desde o ensino médio vinha ganhando a vida fazendo bicos como lutador de boxe e pescador, e já tinha uma pequena ficha na polícia. Keenan havia atraído Amsler a Tahoe com a mentira de que um serviço de construção os esperava, deixando para contar sobre o sequestro só no último minuto. Eles estavam nervosíssimos. "Onde está o dinheiro?", exigiu Keenan, como se tivessem ido até lá para roubar. (Na verdade, ele estava duro de novo, sem dinheiro nem para abastecer o carro de fuga, um Chevrolet Impala 1963.) Frankie e Foss entregaram tudo o que tinham na carteira, vinte dólares e alguns trocados.

"Acho melhor um de vocês vir com a gente", disse Keenan. Apontou para Frankie: "Você".

"Mas eu estou de cueca", replicou Frankie.

"Então vá se vestir, porque você vem com a gente", insistiu Keenan.

Enquanto Frankie colocava uma calça cinza, mocassins marrons sem meias e uma jaqueta azul, Keenan amarrou os pulsos de Foss com esparadrapo cirúrgico. Amsler amarrou as mãos de Frankie atrás das costas e o vendou com uma máscara de dormir, e a seguir os dois arrastaram Júnior do quarto e saíram no escuro caminhando pela neve. Instantes depois, Keenan voltou ao quarto e arrancou o fio do telefone da parede. Saiu sem perceber que tinha esquecido a arma no quarto do hotel.[105]

John Foss conseguiu se libertar em poucos minutos e correu para o saguão, onde disse ao recepcionista que Frank Sinatra Jr. tinha sido sequestrado; depois levou a notícia ao empresário de Frankie, Tino Barzie. Em meia hora, o hotel enxameava de policiais. Diante da desagradável tarefa de telefonar para Frank pai para dar a terrível notícia (e talvez se lembrando do destino de Lawford), Barzie preferiu ligar para Nancy mãe, que jantava em sua casa em Bel Air com a colunista de fofocas de Hollywood Rona Barrett.* Nancy cobriu o bocal do telefone com a mão. "Meu Deus, Rona", disse. "Frank Jr. foi sequestrado!" Ligou em seguida para Frank em Palm Springs. "Ah, meu Deus, não acredito", exclamou Sinatra. "Ah, não. Ah, não. Ah, não."[106]

Na mesma hora Frank fretou um avião (o *Christina* estava em Los Angeles) e rumou para Reno em meio a uma nevasca; o que não deve ter sido fácil para ele, que sempre tivera mais medo de voar do que gostava de demonstrar. William Raggio, promotor público do condado de Washoe e velho amigo, o recebeu no aeroporto, assim como uma multidão de repórteres e fotógrafos. "Não tenho nenhum comentário a fazer", disse Frank, ríspido. "Saiam da minha frente, seus vagabundos."[107] Ele e Raggio entraram no automóvel do promotor e seguiram para o Harrah's, noventa quilômetros ao sul, mas a nevasca tornara impossível o tráfego pelas estradas e os dois tiveram de voltar a Reno. Lá, na suíte do sexto andar do Mapes Hotel, um prédio art déco no centro da cidade, Frank — ao lado de Mickey Rudin, Jack Entratter, Jim Mahoney (que substituíra Chuck Moses como assessor de imprensa de Sinatra), Jilly Rizzo e cinco agentes do FBI —[108] ficou à espera de um telefonema de quem tivesse raptado seu filho.

No Harrah's, o bureau submetia John Foss e Tino Barzie a testes com um detector de mentiras perguntando, entre outras coisas, se o sequestro não fora uma armação. Era uma pergunta estranha, mas que, nas circunstâncias, precisava ser feita. Os dois responderam que não sabiam de armação nenhuma e passaram no teste.[109]

Não houve nenhuma comunicação naquela noite, embora o telefone tenha tocado várias vezes enquanto Frank esperava na mesa ao lado, fumando um cigarro atrás do outro e em extrema agitação, às vezes de fontes inesperadas. Bobby Kennedy ligou, e em cinco minutos o homem que Frank odiava se tornou seu aliado, pois o procurador-geral prometeu que o Departamento de Justiça daria

* Nancy mãe vendeu a casa de Carolwood em 1961 e foi morar numa casa menor — mas não de classe mais baixa — no 700 da Nimes Road, Bel Air, "uma casa moderna, de três quartos e piscina e um deque em balanço, mas sem quintal", segundo *My Father's Daughter*, p. 87. (N. A.)

prioridade máxima à investigação. Sam Giancana telefonou, oferecendo-se para conduzir uma investigação do seu jeito, e Frank afastou ainda mais o ex-amigo ao pedir que não fizesse isso: "Por favor. Não faça nada. Vamos deixar o FBI cuidar da investigação".[110]

Pierre Salinger também ligou, assim como Pat Brown, o governador da Califórnia. O próprio J. Edgar Hoover telefonou, recomendando que Sinatra não falasse com a imprensa. Foi uma saborosa ironia.

Na segunda-feira de manhã, os jornais traziam manchetes funestas, não só sobre o sequestro, mas também sobre o horroroso acidente com um 707 da Pan Am que explodira numa bola de fogo sobre Elkton, Maryland, matando as 81 pessoas a bordo. O clima estava inclemente. A neve cobria boa parte do país. RAIO TRANSFORMA AVIÃO NUMA BOLA DE FOGO?, dizia a manchete do *Hutchinson News*, do Kansas. A reportagem sobre o sequestro vinha ao lado da notícia da queda do jato, com uma tocante fotografia de Frankie de smoking bem ao lado de uma foto do acidente em Elkton. Logo abaixo, um bloco de texto promovia *The Torch Is Passed* [A tocha foi passada], o livro de registros da Associated Press sobre o assassinato de Kennedy. "O *Hutchinson News* está disponibilizando o livro aos seus leitores a um preço razoável de dois dólares", dizia o texto. "Não será vendido em livrarias."

A reportagem da AP sobre a queda do jato descrevia em detalhes uma cena de mortandade e destruição. Havia muitos acidentes aéreos naquela época. A matéria sobre Frank Jr. dizia que a polícia estava em busca de dois presos foragidos, os assaltantes de banco Joseph James Sorce, de 23 anos, e Thomas Patrick Keating, de 21, que estariam ligados ao caso. Supunha-se que os dois estavam armados e eram perigosos.[111]

Frank continuou ao lado do telefone no Mapes Hotel, só saindo para ir ao banheiro ou tomar ar fresco por alguns minutos na cobertura. Jim Mahoney deu uma declaração à imprensa: "Sinatra está pronto para fazer negócio com os sequestradores, sem perguntas".[112] O dia foi passando, mas ninguém se manifestou.

Teria sido fácil para Frank e família imaginar o pior em meio àquele tormento indizível: que Júnior fora raptado por violentos e desesperados criminosos de carreira, rápidos no gatilho e com pouco a perder. (Muitos anos mais tarde, Tina Sinatra contou que o pai chegou a temer que o sequestro pudesse ter sido uma mensagem da Máfia exigindo silêncio sobre qualquer coisa que pudesse ligar o crime organizado ao assassinato de Kennedy.)[113] Mas é difícil imaginar que os Sinatra teriam se sentido mais tranquilos se conhecessem a verdadeira história do sequestro e o trio aloprado que o havia planejado.

Que Barry Keenan, católico praticante e viciado em álcool e Percodan, tinha começado a ouvir a voz de Deus alguns meses antes. "Deus falava comigo, sobretudo quando eu ia à igreja e acendia uma vela e ficava em silêncio. Eu ouvia Deus falando comigo e me dizendo o que fazer", contou Keenan. "E Ele era muito específico sobre ninguém sair ferido e eu devolver o dinheiro depois."[114] Fazia parte dos seus planos separar 10% do dinheiro do resgate para a igreja.[115]

Que uma das partes do fichário de Barry Keenan descrevia em detalhes seu plano de investimento de cinco anos com o dinheiro do resgate, que ele pretendia aplicar em projetos imobiliários em West Los Angeles e em ações da Chrysler Corporation, na época em baixa. Na lista de fundos necessários para os investimentos pretendidos e para ajudar os pais, ele chegou à quantia exata do que precisava: 240 mil dólares. "Como eu ia ter que devolver", explicou, "não queria levantar mais dinheiro do que pudesse pagar com facilidade."[116] Ao término de cinco anos, ele pretendia devolver todo o dinheiro de Frank Sinatra, com juros: "Eu ficava imaginando a reação dele e do FBI quando o dinheiro do resgate começasse a voltar",[117] disse. Nos anos seguintes, o plano de investimento de Keenan teria sido muito bem-sucedido, se tivesse sido realizado — as ações da Chrysler tiveram uma grande alta, e os terrenos de West Los Angeles que ele pretendia comprar se transformaram na Marina Del Rey.

Que outro trecho das anotações do fichário descrevia os potenciais benefícios políticos do sequestro para a família Sinatra. "Aproximaria mais o pai do filho", disse Keenan. E também:

> Na época, Sinatra estava sendo investigado por suas ligações com a Máfia e lavagem de dinheiro por meio do Cal-Neva Lodge e o cassino Sands, em Las Vegas. Pensei, bom, isso pode ajudá-lo nessa questão [...]. Achei que o público teria uma imagem mais favorável dele se o visse como um pai preocupado e não como um cantor famoso de braços dados com a Máfia.[118]

Que Keenan, depois de pressionar o obtuso e assustado Joe Amsler a participar do sequestro de Júnior, passou a sentir que estava sequestrando duas pessoas:

Frankie e Amsler. Para fazer o parceiro ficar mais calmo e mais confiante, Keenan deu a ele parte de seus comprimidos de Percodan.

Que Júnior, de início acreditando que estava sendo apenas vítima de um roubo e feito refém, cooperou de pronto com Keenan e Amsler no começo, prometendo ajudar os dois de todas as maneiras possíveis, até concordando em tomar dois soníferos com uísque para parecer desmaiado de verdade, e não raptado, se a polícia parasse o carro de fuga.

Que a certa altura durante a fuga, quando o Impala se aproximou de um bloqueio policial, Joe Amsler saiu do carro em meio à forte nevasca e desmaiou ao tropeçar num galho de árvore.

Que quando afinal soube que estava sendo sequestrado, Júnior ficou irritado, recusando-se a dar a Keenan o número do telefone particular do pai para o pedido de resgate. "Não. Vai se foder", disparou. "Não vou mais cooperar. Vai em frente, pode me matar. Vai em frente. Estou te desafiando. Pode me matar."[119]

Que, sem confiar em si mesmo para fazer o telefonema a Frank pai com o pedido de resgate, Barry Keenan, de 23 anos, recrutou um segundo comparsa, chamado John Irwin, de 42, um pintor de paredes de voz rouca que, assim como seus cúmplices, também tinha na polícia uma ficha corrida de pequenos crimes.

Na manhã daquela segunda-feira, o telefone de Dean Torrence tocou. Era uma ligação de Barry Keenan. "Ele me perguntou se eu já tinha ligado o rádio", lembrou Torrence. "Respondi: 'Não… por quê?'. Ele contou então que alguém tinha sequestrado Frank Sinatra Jr. no lago Tahoe."[120]

Torrence ficou abismado. "Nunca pensei que ele fosse fazer aquilo", disse. "Achei que alguém tivesse ficado sabendo do plano dele."

Poucos instantes depois, o músico percebeu que o velho amigo tinha mesmo levado adiante seu esquema maluco. "Fiquei em choque", continuou Torrence, dizendo que Keenan "falou com muita calma. Estava cansado; não dormia fazia um ou dois dias. Aí ele foi ao que interessava, que precisava de mais dinheiro."

Barry Keenan e Joe Amsler, que agora mantinham Júnior trancado no quarto dos fundos de uma casa alugada em Canoga Park, no vale de San Fernando, ainda não tinham feito o pedido de resgate porque estavam com medo de falar com Frank Sinatra ao telefone.[121]

* * *

Às 16h45 de segunda-feira, por fim o telefone tocou no quarto do Mapes Hotel.

"É Frank Sinatra?",[122] perguntou uma voz grave do outro lado da linha.

"Ele mesmo", disse Frank.

"Não está parecendo Sinatra."

"Bem, mas é", disse Frank.

"Você pode estar disponível amanhã às nove da manhã?"

"Sim, posso."

"O.k. Seu filho está em boa forma. Não se preocupe com ele."

Houve um clique na linha, depois silêncio.

Não muito tempo depois, a polícia capturou os assaltantes de banco Sorce e Keating a trinta quilômetros da cena do sequestro. Os dois estavam de fato bem armados. Mas, quando o FBI mostrou as fotos de ambos a John Foss, ele não identificou ninguém. "A partir daí a polícia parece ter ficado sem nenhuma pista sobre o sequestro",[123] informou um comunicado da UPI.

Frank ficou mais uma noite sem dormir na suíte do Mapes, enquanto Nancy mãe e Tina, então com quinze anos, esperavam na Nimes Road, em Bel Air. Nancy filha estava em New Orleans com Tommy Sands, onde ele iria se apresentar, no hotel Roosevelt. Agentes do FBI mantinham toda a família Sinatra sob vigilância. Frank também tinha contratado seguranças particulares para patrulhar a casa da Nimes Road.

Na terça de manhã, por volta das nove horas, John Irwin, o sequestrador de voz grossa, voltou a ligar; dessa vez ele pôs Júnior na linha.

"Oi, papai",[124] disse Frank.

"Frank Jr.?"

"Eu mesmo."

"Como está, filho?"

"Tudo bem."

"Não está passando frio?"

Não houve resposta. "Você continua na linha?", perguntou Frank. "Você continua na linha?"

Mas foi Irwin quem respondeu. "Pronto", disse.

"Você quer falar sobre um acordo?", perguntou Frank. "Quer resolver essa coisa?"

"Sim, quero", respondeu Irwin. "Mas não posso fazer isso agora, Frank."

"Por que não?"

"Preciso esperar até mais ou menos as duas da tarde."

"Bom, você tem ideia do que vai querer?"

"Bom, é claro que queremos dinheiro."

"Bom, diga quanto você vai querer."

"Bom, não posso dizer isso agora."

Os agentes do FBI já tinham perguntado quanto Frank poderia arranjar de uma hora para outra: 1 milhão, 1,5 milhão, foi a resposta.[125] "Não entendo por que você não pode me dar uma ideia, para começarmos a fazer os preparativos",[126] disse Frank.

"Bem, é disso que tenho medo. Não quero dar muito tempo para você se preparar."

De maneira sutil, a voz de Sinatra assumiu um tom de comando. "Bem, preciso ter algum tempo", disse.

"Eu sei. Mas, olha, não... me irrite. Você está me deixando nervoso. Volto a ligar por volta das duas horas."

"Bem, você não pode ligar antes disso?"

"Acho que não. Agora preciso desligar."

"Posso falar com Frankie de novo?"

A ligação foi interrompida.

"Devo dizer que Frank estava abalado quando desligou o telefone", contou o agente do FBI John Parker.

> Eu estava bem ali, no quarto. Vi quando ele desmoronou. "Eu só quero meu filho de volta", ele disse [...]. "É tudo o que eu quero. Que me devolvam meu filho." Acho que ninguém nunca viu Sinatra daquele jeito. Todo mundo meio que ficou olhando, sem saber o que fazer. Quer dizer, será que devíamos consolá-lo ou deixar o homem em paz?

> Quando vi aquilo tudo comecei a pensar: Cara, esse sujeito não tem ligações com a Máfia. Esse sujeito não tem ligações com o submundo. Porque, se tivesse, meu Deus, seria o momento de usar tudo isso, não é?[127]

Nesse ínterim, os sequestradores mandaram Sinatra ir para o posto de gasolina Ron's em Carson City, 45 quilômetros ao sul de Reno, onde ele receberia novas instruções pelo telefone público do estabelecimento.[128] "Então, já viu, Frank Sinatra sênior e o FBI vão correndo para Carson City, a meia hora de distância", relatou Keenan.

> Em mais ou menos quinze minutos, John começou a ligar para Frank Sinatra no posto de gasolina. E o mecânico do posto — que estava ocupado e sozinho no local — atendia as ligações. E quem ligava pedia para falar com Frank Sinatra, o artista mais famoso do mundo na época, e o mecânico ficou muito bravo com aquele sujeito ligando a toda hora querendo falar com Frank Sinatra.
>
> Ele acha que é gozação. Então, assim que desliga pela terceira vez, dizendo um palavrão [...] dois carros do FBI param na porta de repente, e Frank Sinatra sênior desce de um automóvel e diz: "Sou Frank Sinatra, alguém me ligou?". E dá para imaginar a reação do pobre mecânico. Afinal, quando John voltou a ligar, Frank atendeu o telefonema. E John disse qual seria o próximo passo.[129]

Os sequestradores queriam 240 mil dólares, disse Irwin a Sinatra. "Foi exatamente o que decidimos que precisávamos",[130] explicou.

Frank ficou perplexo com aquela estranha — e estranhamente baixa — quantia. "Do que você está falando?", perguntou. "Posso dar até 1 milhão, limpinho."

"Não precisamos de tanto", respondeu Irwin. "Não queremos tirar vantagem de você, sr. Sinatra. Só precisamos de 240 mil." Depois disse para Frank seguir para a casa de Nancy em Bel Air e esperar outra ligação.

"A essa altura, Júnior já tinha se acalmado", relatou Barry Keenan. "Estava dando risada com Joe Amsler, contando piadas sujas. Ele disse para a gente: 'Sabe de uma coisa? Espero que vocês se saiam bem dessa. Vocês são corajosos'."

* * *

No México, onde acabara de concluir as filmagens de *A noite do iguana*, Ava ficou sabendo do sequestro — talvez notificada por Frank — e logo começou a beber com uma conhecida do local chamada Nelly Barquette. "Ela ficou muito preocupada", lembrou Nelly, "e chorou muito pelo sequestro do garoto", escreve Lee Server.

> Ava choramingou: "Esse garoto… podia ser *meu* filho!". Ela não tinha filhos, prosseguiu, e disse que lamentava muito por isso. Poderia ter tido um filho com Frank Sinatra, explicou. E continuou chorando, e de repente parecia não estar mais chorando pelo garoto sequestrado, mas por ela mesma e pelas coisas erradas que tinha feito na vida. Disse a Nelly Barquette que ainda era apaixonada por Frank Sinatra, que doía muito estar apaixonada por alguém por quem não podia estar apaixonada.[131]

"Sim, ela me disse isso diversas vezes", contou Barquette. "Que era apaixonada por ele. Que sempre seria apaixonada. E que tudo aquilo doía demais."

Frank agora estava ao mesmo tempo irritado e aterrorizado. Teve a impressão de que os sequestradores estavam improvisando: o resgate era baixo demais, estranho demais. O FBI concordou com sua avaliação.[132] (Os sacanas pareciam estar sentindo certo prazer em dar ordens ao homem mais poderoso do mundo artístico.) Se os sequestradores eram de fato amadores inexperientes, aquilo era ao mesmo tempo uma boa e uma má notícia: por um lado, poderiam ser enganados com facilidade; por outro, poderiam entrar em pânico e pôr Júnior em perigo.

Enquanto isso, Sinatra telefonou ao banqueiro Al Hart e pediu que retirasse 240 mil dólares de sua conta, em cédulas de diversos valores, 12 400 notas ao todo: 70 mil em notas de cem, 35 mil em notas de cinquenta e o resto em notas de vinte, dez e cinco.[133] Hart e seu pessoal fotografaram todas as notas.[134] Foi um processo demorado. No final da tarde, um agente do FBI perguntou ao presidente do banco: "Onde você vai pôr esse dinheiro, em sacos de papel?". As cédulas pesavam dez quilos. "Vá comprar uma sacola", disse Hart. O agente foi até a loja de departamentos J. W. Robinsons, mas não tinha dinheiro para comprar uma sacola que custava 56 dólares. Voltou para o City National Bank, onde Al Hart lhe deu quinze dólares do dinheiro do resgate para cobrir a diferença.

Hart guardou o dinheiro na sacola de couro, 239 985 dólares, em maços grossos de notas amarrados com elásticos, e levou para a casa de Nancy.[135]

Às seis da tarde de terça-feira, depois de fechar a conta no Mapes, Frank partiu para Los Angeles com sua comitiva. As ruas próximas ao número 700 da Nimes Road estavam lotadas de carros de repórteres e fotógrafos. Vinte e seis agentes do FBI e mais de cem integrantes da polícia de Los Angeles foram destacados para o caso, o maior sequestro desde o do bebê Lindbergh, em 1932. O FBI estabeleceu um centro de operações no antigo quarto de Frankie. Quando o pai entrou pela porta dos fundos, Tina Sinatra viu na expressão dele "um misto de emoções mal contidas, de pesar e de raiva [...] e alguma coisa mais", ela escreve. "Papai estava se sentindo indefeso. Era uma sensação estranha para ele, uma tortura."[136]

Durante a noite da terça-feira, a garota ficou assustada ao presenciar os pais prestes a desmoronar. A mãe, contou, "não aceitava nenhum sedativo e estava quase histérica". Mas, ela lembra, era o pai que a deixava mais nervosa.

> Eu só o tinha visto amedrontado assim uma vez, num voo muito ruim para Nova York. Agora eu via aquele mesmo olhar de pânico naqueles olhos azuis, e também estava entrando em pânico. Meu pai fazia o possível para esconder as emoções. Queria dar um bom exemplo, não piorar o problema. Mas não conseguia enganar a filha, e era difícil para mim vê-lo lutando contra o medo.[137]

"Por que eles não ligam?", Frank não parava de resmungar. "Por que eles não *ligam*?" Era até um pouco animador ver que ele começava a ficar zangado, explicou Tina.

Às 21h26 o telefone tocou.[138] Frank atendeu no quarto toque, instruído pelo FBI. Dessa vez Irwin mandou que ele fosse a um telefone público num posto de gasolina na esquina da Camden Drive com o Santa Monica Boulevard, em Beverly Hills.[139] Sinatra levou um monte de moedas — cinco dólares em trocados — para fazer telefonemas, caso precisasse.

As moedas foram muito úteis: durante a hora seguinte ou até mais tempo, Frank percorreu uma série de telefones públicos, de West Los Angeles em direção ao sudeste, recebendo e fazendo telefonemas para os sequestradores e outras pessoas. No telefone da esquina da Camden com o Santa Monica, John Irwin disse para Frank mandar um mensageiro levar o dinheiro do resgate para outra cabine telefônica, no terminal da Western Airlines no aeroporto de Los Angeles, e se identificar como Patrick Henry. Sinatra ligou para J. Edgar Hoover pedindo-lhe que enviasse um homem que se mantivesse calmo e não pusesse a vida do filho em perigo. Hoover destacou um agente chamado Jerome Crowe para o trabalho.

Com a mala cheia de dinheiro e Crowe ao seu lado, Frank foi para o aeroporto. Quando o telefone da cabine do terminal da Western tocou, Crowe atendeu.

"Aqui é John Adams. Com quem eu falo?"[140]

"Aqui é Patrick Henry", respondeu o agente.

O sequestrador instruiu Crowe a ir a outro posto de gasolina e pedir um mapa rodoviário. Dali em diante, disse, o agente estaria sendo observado. O homem lhe disse então que se dirigisse até um posto de gasolina na esquina do Sepulveda com o Olympic, em West Los Angeles.

Naquele posto, quando Crowe atendeu o telefone, disseram que Frankie seria libertado na saída da Mulholland Drive na estrada para San Diego, entre três e quatro horas depois que o agente deixasse o dinheiro e se mandasse.

Querendo uma garantia de que o refém ainda estava vivo, Crowe pediu para falar com Frank Jr. O sequestrador disse que não era possível, porque "ele não está aqui, está em outro lugar"[141] — talvez um sinal de que agora Keenan falava pelo trio, já que John Irwin estava com Frankie no esconderijo em Canoga Park. Em seguida o sequestrador disse para Crowe seguir para outro posto de gasolina, perto de um cemitério no Sepulveda Boulevard.[142] Nesse último posto, segundo foi informado, Crowe veria dois ônibus escolares estacionados.[143] Deveria deixar a valise entre os dois veículos e se registrar num hotel. Com um esquadrão de agentes do FBI rondando por perto, em táxis e num caminhão da Good Humor, Jerome Crowe deixou a sacola na calçada entre os dois ônibus e saiu dali com Frank.[144]

Sem dormir durante dias e chapados de várias drogas, os sequestradores agora estavam destroçados. Barry Keenan pegou o resgate, mas Joe Amsler, que monitorou o recolhimento, entrou em pânico e fugiu ao avistar alguém que imaginou ser um agente do FBI à espreita no posto de gasolina do Sepulveda. Quando Keenan ligou para John Irwin dizendo estar com o dinheiro, mas que Amsler havia sumido, Irwin na mesma hora desconfiou que Keenan o havia matado para eliminar uma testemunha.[145] Enquanto isso, Frankie, que por uma mistura de síndrome de Estocolmo e carência pessoal tinha se afeiçoado a Irwin, começava a se impacientar. Quando Irwin lhe contou que eles tinham conseguido o dinheiro, mas que havia ocorrido um problema — Amsler tinha se assustado e fugido —, Júnior se empertigou.[146] Disse ao sequestrador que, se este não o soltasse, ele, Frankie, o mataria — ou Irwin teria de matá-lo.

"Júnior estava muito zangado por ter causado todo aquele problema para a família", lembrou Keenan. "Já estava cansado de nós. Queria ser solto. A coisa não estava saindo como imaginávamos. John e Frank tinham ficado amigos, e John queria soltar Frank. Ele achava que eu podia ter enlouquecido e matado Joe, e não queria se arriscar."[147]

Frankie já havia sugerido outra possibilidade a Irwin: que seus cúmplices tinham fugido com o dinheiro do resgate e o deixado na mão para sofrer as consequências.

Cansado, sentindo-se culpado e fustigado pelo prisioneiro, John Irwin já havia perdido o gosto por todo aquele empreendimento. Às duas da manhã, ele telefonou para Frank Sinatra na Nimes Road e disse: "Alguma coisa deu errado".[148]

O coração de Frank parou. "Como assim, alguma coisa deu errado?", gritou ao telefone. "Fizemos tudo o que vocês mandaram. Onde está meu filho?"

"Não, não foi com você", explicou Irwin. "Alguma coisa deu errado aqui. Por isso deixei seu filho no cruzamento da estrada para San Diego com a Mulholland. Gostaria muito de não ter me envolvido nisso, mas agora é tarde demais. Desculpe."

Sinatra pegou o rosto de Tina entre as mãos. "Vou trazer seu irmão para casa",[149] disse.

Mas não foi o que aconteceu. Frank dirigiu sozinho, como instruído, mas com um agente do FBI atrás. Ficou andando em círculos pela alça da Mulholland sem encontrar ninguém. Meia hora mais tarde, voltou a Nimes Road sem o filho. "Chorei o caminho todo de volta", contou depois a um amigo. "Chorei, cara, estava descontrolado. Quase não conseguia dirigir a porra do carro [...].

Pensei: meu Deus, eles pegaram o dinheiro e mataram Frankie. Eles mataram meu filho."[150]

Enquanto Frank procurava o filho, Barry Keenan estava fazendo a mesma coisa. "Quando voltei para o esconderijo com o resgate e não encontrei John e Júnior, e já depois de ter me perdido de Joe, comecei a chorar", relatou.

> Nada daquilo tinha dado certo. Eu estava com o dinheiro, mas havia perdido o refém e meus dois parceiros. E era muito importante para meu plano que *eu* libertasse o Júnior. Eu não queria ser preso sem o Júnior. Queria que todo mundo soubesse das minhas boas intenções. Tudo tinha se transformado numa comédia de erros.
>
> Eu pirei, entrei no meu carro e comecei a procurar Frank Jr. E quando estou lá procurando por ele, quem eu vejo passando pela estrada? Frank pai e um agente do FBI, fazendo a mesma coisa, *procurando o Júnior*. Meu coração quase parou quando eles passaram por mim.[151]

Quando Frank voltou de mãos vazias, "a expressão do rosto dele me deixou assustada", relatou Tina. "Eu nunca tinha visto uma expressão como aquela: perplexa, furiosa, tensa e absolutamente cansada, tudo ao mesmo tempo. 'Desculpem', ele nos disse. 'Ele não estava lá.' Era véspera do aniversário de 48 anos do meu pai, mas de repente ele me pareceu muito mais velho."[152]

"Isso não é bom", disse um dos agentes do FBI, "mas não significa que seja o fim."

Os sequestradores não levaram em conta que não existia uma saída para a Mulholland Drive na estrada para San Diego. Seguindo em direção ao sul vindo de Canoga Park, John Irwin saiu no North Sepulveda Boulevard em direção ao norte e deixou Frank Jr. uns quatrocentos metros depois da alça da Mulholland, do lado errado da estrada.[153] Agitado como estava, ele também se esqueceu de dizer a Frankie que seu pai estava vindo buscá-lo.[154] Eram 2h30 da madrugada. Bem orientado apesar do frio, da fome e da exaustão, Frankie voltou pela alça de acesso e atravessou a estrada, em direção a Bel Air. A máscara de dormir ainda estava pendurada no pescoço. Virou à direita na Roscomare Road, seguindo direto para a casa da mãe, três quilômetros a sudeste, passando por alamedas sinuosas e arborizadas do enclave mais luxuoso do mundo. Cada vez que um carro passava ele mergulhava num arbusto, com medo de que os sequestradores tivessem mudado de ideia e vindo atrás dele.[155]

Vinte minutos depois, George C. Jones, um policial civil que fazia a ronda com sua viatura de Bel Air, ouviu uma voz chamando, depois viu um rapaz magricelo acenando para ele. Em seguida viu a máscara de dormir. Todo mundo que tivesse lido um jornal ou ouvido o rádio nos últimos dois dias sabia da máscara de dormir.[156]

Na casa da Nimes Road, Frank estava desmoronando, furioso com o que achava ter sido uma traição, gritando ordens para os agentes do FBI ("Liguem para Bobby Kennedy! Liguem para Hoover! Meu Deus, liguem para o presidente, não estou nem aí! Acordem o puto do presidente! Alguém *faça* alguma coisa!")[157] e reclamando pessoalmente com o Todo-Poderoso, que, ele tinha certeza, estava prestando especial atenção. ("Deus, olhe, não desconte no Frankie, tá? Sou eu. Eu sou o babaca. Castigue a mim. Não o Frankie. Mas é o que você está fazendo, não é? Descontando em mim?")

Frank disse aos agentes que se Deus, Washington ou o destino não interviessem nos próximos cinco minutos, ele ia ligar para Sam Giancana.

George Jones sabia das hordas de repórteres e fotógrafos na porta da casa da Nimes Road, de modo que disse para Frankie entrar no porta-malas do carro. Não era o primeiro porta-malas em que Frankie entrava nos últimos dois dias. Quando passou pela multidão de jornalistas do lado de fora da casa de Nancy Sinatra, George botou a cabeça para fora do carro: "Nenhuma notícia ainda, rapazes?",[158] perguntou. Depois seguiu pela entrada dos fundos e tocou a campainha.

Um agente do FBI atendeu a porta, com Nancy Sinatra logo atrás. "Sra. Sinatra", disse George Jones, "estou com seu filho no porta-malas do carro. Está tudo bem com ele."[159]

Jones abriu o porta-malas e Frank Jr. saiu — magro, esfomeado, mas no geral em bom estado. Abraçou a mãe, histérica. "Oi, mãe", disse. "Não chore... já acabou." Depois se virou para Frank e disse: "Desculpe, pai".

"Desculpar o quê?", perguntou Frank. "Meu Deus. Desculpar o quê?"[160]

* * *

Sorrindo, Frank foi até a multidão de repórteres à espera de notícias — mais ou menos uns 150 ao todo — e se desculpou por deixá-los aguardando no frio. Eram quase quatro horas da manhã do dia 11 de dezembro, quarta-feira. Quando se virou para voltar para a casa, falou com os jornalistas mais uma vez. "Amanhã é meu aniversário, e esse é o melhor presente que eu poderia ganhar."[161]

"Frankie devorou uma refeição e depois foi interrogado pelo FBI", contou Tina.

> Quando eles acabaram, foi hora da reunião familiar. Era maravilhoso estarmos juntos de novo e em segurança. A certa altura mamãe abriu uma garrafa de Dom Pérignon. Tomou a garrafa inteira e nem ficou com dor de cabeça.
>
> Ganhamos um segundo fôlego, e já estava quase amanhecendo quando papai foi embora com Mickey Rudin. Quando ele estava saindo, minha mãe disse: "Frank, abotoe esse paletó, está muito frio".[162]

Durante toda aquela quarta-feira, Barry Keenan agiu como uma espécie de Papai Noel maníaco, rodando por Los Angeles e jogando sacos de papel cheios de dinheiro na casa de vários amigos e parentes, sem que eles soubessem. Os involuntários e afortunados beneficiários eram pessoas a quem ele devia dinheiro, inclusive os pais e a ex-mulher. Pelo raciocínio de Keenan — se é que ele estava raciocinando —, se a entrega não fosse feita pessoalmente, todos poderiam ficar com o dinheiro sem problema. Outro presenteado foi seu velho amigo Dean Torrence. "Deixei uma coisa para você no chuveiro", disse ao amigo.

"Era um saco grande cheio de dinheiro", relatou depois Torrence. "Não faço ideia de quanto havia. Acho que nem Barry sabia — ele estava tão delirante que só foi jogando um monte de dinheiro no saco. Eu não chamei a polícia", disse — uma vez Baron, sempre Baron. "Dei um jeito de devolver tudo a ele no dia seguinte. Para minha sorte, ele foi preso naquela noite."[163]

"Meu irmão resolveu o caso",[164] escreve Nancy Sinatra. Enquanto Frankie estava vendado, segundo ela, seus sentidos ficaram mais aguçados: ele ouviu aviões de pequeno porte passarem por cima do esconderijo; pelo som do motor, identificou a marca do furgão em que foi transportado; deduziu a provável profissão de John Irwin pela aspereza das mãos dele. Mas, no fim, não foram as observações argutas de Frank Jr. nem o brilhante trabalho investigativo do FBI que resultaram na prisão dos infratores; foi o irmão de Joe Amsler, que telefonou para o bureau enquanto Joe dormia na casa de James Amsler na Imperial Beach. Quinze agentes prenderam Barry Keenan quando ele chegou à casa dos pais da namorada em La Cañada. Keenan alegou que eles o espancaram para obrigar a dizer onde estava o dinheiro do resgate.[165]

Onze de dezembro de 1963: Frank Jr. fala à imprensa depois de voltar fisicamente ileso de seu sequestro. "Amanhã é meu aniversário", disse Frank pai aos repórteres, "e esse é o melhor presente que eu poderia ganhar."

"No dia seguinte, a polícia interrogou todo mundo", contou Dean Torrence. "O FBI ficou um pouco curioso por eu ter sido o único a não receber dinheiro nenhum."[166]

"Virtualmente tudo o que previ no meu plano em termos de como os Sinatra seriam afetados deu certo", disse Barry Keenan a Randy Taraborrelli em 1997.

Pai e filho se abraçando. Pais divorciados se reencontrando para a ocasião. E o público passou a ver Sinatra sob uma luz mais simpática e não como bandido. Naquela noite eles fizeram uma grande festa de comemoração. Não poderia ter funcionado melhor nem se eles tivessem me pagado para fazer aquilo, o que, a propósito, eles não fizeram.[167]

Foi uma avaliação notável, distanciada e isenta. Mas, do modo como as coisas aconteceram, os benefícios para os Sinatra duraram menos que os sacos de dinheiro que Barry Keenan distribuiu por Los Angeles. As repercussões, porém, perdurariam por décadas.

"Graças a Deus acabou", dissera Frank, quando a provação foi superada. "Agora vou dormir por uma semana."[168]

Claro que isso seria difícil de acontecer em qualquer momento da vida de Sinatra, até mesmo naquele. No fim de semana seguinte, ele estava no palco outra vez.

O Sands havia sido inaugurado no dia do aniversário de 37 anos de Frank, 12 de dezembro de 1952; no sábado seguinte ao sequestro, ele viajou no *Christina* para Las Vegas com Jill St. John, Dean Martin e Yul Brynner, entre outros, para comemorar seu aniversário de 48 anos, o 11º aniversário do cassino de que ele não era mais sócio e o final feliz do sequestro. Quando Sinatra e Martin subiram ao palco sem ser anunciados, para se juntarem a Sammy Davis Jr. e Danny Thomas, a plateia recebeu Frank aplaudindo de pé. Ele fez tiradas espirituosas com Sammy, Danny e Dean e eles cantaram três músicas, inclusive "Luck Be a Lady".[169]

Já de madrugada, quando Frank e sua turma chegaram ao show de Don Rickles no Sahara, o comediante olhou para Sinatra com um sorriso maroto. "Sabe por que os sequestradores soltaram o Júnior?", perguntou. "Porque o ouviram cantarolando no porta-malas."[170]

21.

Só molhei um pouco meu passarinho.

Frank Sinatra, sobre seu quase afogamento na praia da ilha de Kauai, maio de 1964

Como boa parte dos americanos, Sinatra começou o novo ano melancólico. Os três abalos daquele outono — o Cal-Neva, o assassinato e o sequestro — geraram nele um novo senso de vulnerabilidade que não seria superado com facilidade. "Nosso mundo virou de cabeça para baixo", escreveu Tina Sinatra. "Meu pai andou doente, às vezes pior e às vezes melhor, desde o assassinato de Kennedy. O sistema imunológico dele agora estava em frangalhos [...]. Mamãe não seria a mesma por um bom tempo. Saía para fazer alguma coisa simples na rua e pegava o caminho errado; estava desorientada."[1]

Frank também. Ele buscou refúgio em Palm Springs durante o feriado, tentando não chamar a atenção e se recuperar de algum vírus que tivesse contraído. Numa demonstração solene de generosidade, mandou um broche de presente de Natal para Jacqueline Kennedy. Esquecendo-se do quanto o detestava, ela respondeu com um sincero bilhete de agradecimento.

Caro Frank,

Quero lhe agradecer pelo belo broche que me mandou de Natal. Você sempre foi muito atencioso.

Parece que a única coisa feliz que aconteceu neste final de ano foi a volta do seu filho em segurança para você.

Saiba que isso me deixou muito feliz.

Aceite minha gratidão — a mais profunda — por tudo que você fez por Jack — e por acreditar nele desde o começo.

Jackie[2]

Não era hora para canções felizes. No segundo dia do ano, Frank deu início à gravação de um novo álbum de músicas patrióticas dedicadas ao presidente assassinado, um projeto feito em colaboração com Bing Crosby chamado *America, I Hear You Singing*. Fred Waring e seu grupo, The Pennsylvanians — uma orquestra com coral —, também participariam. Cada cantor iria gravar três músicas solo, e Sinatra faria dois duetos com Crosby: uma baladinha de Cahn e Van Heusen chamada "You Never Had It So Good" ("Miles of happy faces/ Different styles and races"),* e um spiritual, "Let Us Break Bread Together". Na noite do dia 2, Sinatra gravou suas três faixas: "Early American", uma espécie de hino aos valores básicos de Johnny Burke e Jimmy van Heusen; "The House I Live In", um remake do hino à tolerância do curta-metragem estrelado por Sinatra vencedor do Oscar de 1945; e "You're a Lucky Fellow, Mr. Smith", uma incitação ao patriotismo cantada pelas Andrews Sisters no filme *Ordinário, marche!*, com Abbott e Costello, de 1941. Frank foi acompanhado por um coro exagerado nas três canções.

A coisa toda foi muito fervorosa e um pouco estranha. Por um lado, era uma época em que músicas patrióticas estavam em evidência, e crianças americanas não tinham vergonha de cantar:

This is my country, land of my birth
*This is my country, grandest on earth.***

* Milhas de rostos alegres/ Diferentes estilos e raças. (N. T.)

** Este é o meu país, terra onde nasci/ Este é o meu país, o mais grandioso da Terra. (N. T.)

Sinatra de fato amava o país, à sua maneira, mesmo que o amor que o país sentisse por ele fosse condicional. Bing, uma pessoa tão calorosa aos olhos do público quanto fria na vida real, era adorado — assim como os charmosos e inofensivos ítalo-americanos Dean Martin, Perry Como e Tony Bennett. Frank podia ser infinitamente charmoso, mas seu lado italiano era uma questão delicada, e ele pouco se preocupava em ser inofensivo: costumava dizer o que pensava, muitas vezes para seu próprio prejuízo. Sua popularidade jogava com temas mais sombrios, como sedução e inveja. Uma coisa era ver Bing Crosby cantar músicas patrióticas, mas com Frank isso parecia esquisito, meio enfático demais, como se ele estivesse usando um terno que não lhe servisse.

O resultado foi terrível: o equivalente musical, naquela temporada sombria, de bater potes e panelas para espantar os demônios. O velho ditado segundo o qual a Justiça militar está para a Justiça assim como a música militar está para a música deveria ter um corolário relacionado à música patriótica, acrescentando outro círculo do inferno à música patriótica com coro. Todas as pessoas envolvidas eram muito talentosas — um Sinatra recuperado cantando como só ele era capaz; os músicos e o coral eram de primeira; Nelson Riddle chegou a criar belos arranjos para as duas canções iniciais na sessão de 2 de janeiro —, mas nada disso salvou a empreitada. Frank se envolveu intensamente com o projeto, como fazia com todas as suas ideias, fossem elas boas ou más. Mas acabou superando aquele momento.

A temporada de reflexão passou rápido. Duas semanas depois, Frank e Dean viajaram para o norte até Pebble Beach, para participar do torneio anual profissional e amador de golfe organizado por Bing, também conhecido como o Crosby Clambake. Os dois chegaram atrasados na sexta-feira dia 17, e só entraram na sala de jantar do elegante Del Monte Lodge por volta da uma da manhã, onde Frank exigiu algo para comer. Seria razoável supor que tivesse bebido. De estômago vazio. Quando um funcionário disse que a cozinha estava fechada, Frank demonstrou sua infelicidade como só ele sabia fazer. O funcionário ligou para o chefe, Richard Osborne, o presidente da Del Monte Properties. Enquanto ele fazia a ligação, Frank tomou-lhe o telefone da mão e disse a Osborne para levantar a bunda da cadeira e vir falar com ele na mesma hora.[3]

O corpulento, atlético e proeminente presidente do clube — o tipo de homem que os jornais costumavam chamar de esportista — achou que seria interessante tentar aplacar Frank e Dean com uma garrafa de champanhe. Frank, para quem Richard Osborne de repente passou a personificar todos os males acumulados da "waspcracia" americana, não se impressionou. Quando Osborne explicou de novo que a cozinha estava fechada, Sinatra o esmurrou, mandando a garrafa de champanhe pelos ares.[4] E continuou batendo no presidente, que se protegeu dos golpes como pôde antes de fugir da sala. "Acho que superestimei o senso de humor de Sinatra",[5] ele disse depois. Osborne não foi o primeiro a fazê-lo, e estava longe de ser o último.

Se revelou seu pior lado na sala de jantar do Del Monte Lodge, Frank mostrou seu melhor na United Recording uma semana e meia depois, gravando dez faixas (em duas noites) para um novo LP, com o nada suave mas adequado título de *Frank Sinatra Sings "Days of Wine and Roses", "Moon River", and Other Academy Award Winners*. Riddle cuidou dos arranjos e da regência, e o resultado é um álbum quase perfeito.

Quase, pois nem mesmo Frank Sinatra pôde fazer muita coisa com a mais que bombástica "Love Is a Many-Splendored Thing", faixa de Sammy Fain e Paul Francis Webster, do lacrimoso filme de mesmo nome [*Suplício de uma saudade*, em português] com William Holden e Jennifer Jones, de 1955. Mas nas outras dez músicas Frank faz bastante coisa, e em três ele e Nelson se superaram: "Secret Love", de Fain e Webster, e "Moon River" e "Days of Wine and Roses", de Henry Mancini e Johnny Mercer.

Depois de ter feito a encantadora protagonista de *Ardida como pimenta* — filme que a Warner Brothers plagiara em 1953 de *Bonita e valente* (Jack Warner tentara comprar os direitos do filme, mas a MGM bateu seu lance) —,[6] Doris Day havia chegado ao primeiro lugar das paradas com a canção-tema "Secret Love". Mas, por maior que fosse o talento de Day como cantora, o jeito meio masculinizado de sua personagem no filme se perdia na gravação, que resultou — como exigido pelos anos 1950 — sincera e, bem, *limpa*. A interpretação de Sinatra de 1964 imprimiu um tom mais calejado à música, com sua voz experiente ressaltando lindamente os acordes sublimes de Riddle, convencendo os ouvintes de que, mesmo levando uma vida exposta ao público, de alguma forma ele tinha conseguido ter um amor secreto.

Riddle deve ter rangido os dentes enquanto fazia os arranjos de "Moon River" e "Days of Wine and Roses", megassucessos de Henry Mancini, mas os ouvintes não percebem isso no resultado: seu arquirrival musical ficou orgulhoso. No caso da segunda, tema musical de *Vício maldito* (1962), angustiante drama com Jack Lemmon e Lee Remick sobre alcoolismo, Riddle teve a brilhante ideia de tornar a composição mais animada, com os graves retumbantes do trombone de George Roberts ancorando uma intensa seção de metais, e Frank — que tinha problemas recorrentes com o próprio consumo prodigioso de álcool e os comportamentos que isso eliciava — conseguiu transformar seu lamento numa canção irresistível.

Em 1964, "Moon River", tema musical de *Bonequinha de luxo*, lançado em 1961, havia se tornado um sucesso tão retumbante — tanto em sua versão instrumental *muzak* da época como na interpretação adocicada de Andy Williams (de seu LP best-seller de trilhas sonoras) — que Johnny Mercer passou a detestá-lo. "Odeio essa merda de música",[7] contou a um amigo. Foram necessários Sinatra e Riddle para dar uma nova vida à composição — e não era simples ser Sinatra e Riddle. Frank, que por natureza era um entusiasta de letras musicais, adorava o trabalho de Mercer, fazendo justiça a muitas de suas maiores criações: "Blues in the Night", "One for My Baby", "That Old Black Magic", "Day In, Day Out", "Laura", "Autumn Leaves" e várias outras. "Moon River"[8] era uma obra tardia do grande e esmerado letrista, escrita após um longo período inativo, e Sinatra conseguiu transmitir toda a sua dignidade e melancolia — seguido pela elegante partitura de Riddle, que começa com Frank acompanhado apenas pelo pungente violão espanholado de Al Viola.

Com uma exceção, o álbum foi um baú de tesouro e prazer, e a melhor faixa é a primeira e única gravação de Sinatra da atemporal "The Way You Look Tonight", de Jerome Kern e Dorothy Fields, cantada pela primeira vez por Fred Astaire no filme musical *Ritmo louco*, de 1936. Astaire, que não era um grande vocalista mas era um grande cantor — em outras palavras, um intérprete sem rival da canção popular americana —, tinha em essência consagrado a composição com sua performance ardente. Mas Frank e Nelson a refizeram com uma versão mais animada, suave e calorosa na proporção exata. Desacelerando o andamento (e imprimindo um frisson de tensão sexual), Sinatra consegue transmitir uma intimidade que nunca foi capaz de encontrar na vida real: sua perda foi nosso ganho.

Mas também foi um ganho para ele, já que seus relacionamentos mais importantes não eram exatamente com pessoas, mas sim com as letras, a música, o microfone e a plateia. A interpretação de Frank de "The Way You Look Tonight" pode não ser perfeita, mas é majestosa — uma gravação que poderia ser enviada ao espaço para comunicar ao universo o que é o amor humano.

Então como, por comparação, uma simples canção pop chamada "I Want to Hold Your Hand" poderia ser algo mais que uma piada? Uma moda passageira, o equivalente musical ao *frisbee* ou ao bambolê, uma distração trivial para a juventude americana, ainda entristecida pelo assassinato de seu jovem presidente?

Em 1963, Dave Dexter, da Capitol, descartou os Beatles com firmeza, rejeitando os três primeiros singles da banda, "Love Me Do", "Please Please Me" e "From Me to You". Mas em março daquele ano, com o lançamento de seu primeiro LP, *Please Please Me*, o grupo se tornou uma imensa sensação na Grã-Bretanha — os singles "She Loves You" e, depois, "I Want to Hold Your Hand" venderam 1 milhão de cópias cada, num mercado com um décimo do tamanho do americano — e em dezembro, como resultado de um estranho encadeamento de eventos, os Beatles atravessaram o Atlântico e firmaram um pé nos Estados Unidos.

Tudo começou no Dia das Bruxas, quando Ed Sullivan, velho amigo e inimigo de Frank, calhou de estar no aeroporto de Heathrow, em Londres, ao mesmo tempo que os Beatles retornavam de uma turnê de cinco dias pela Suécia. Sob uma chuva pesada, "centenas de fãs aos gritos"[9] receberam o grupo, de acordo com Mark Lewisohn, bem como dezenas de jornalistas, fotógrafos e representantes da BBC. Sullivan ficou impressionado. Depois de ter praticamente apresentado Elvis Presley ao mundo quando o convidou ao seu programa em setembro de 1956, sentiu que talvez os Beatles fossem o próximo Elvis Presley. Em 12 de novembro, Sullivan se reuniu com o empresário do grupo, Brian Epstein, e ofereceu não uma, mas duas aparições ao vivo consecutivas em seu programa — em termos de impacto, o equivalente televisivo a duas reportagens nas revistas *Time* ou *Life* — a 3500 dólares por apresentação, bem menos que o cachê máximo habitual que pagava. Negociador astuto, Epstein aceitou o cachê baixo, mas exigiu o máximo de divulgação para o grupo. Embora os Beatles fossem desconhecidos nos Estados Unidos, Sullivan concordou.

Enquanto isso, a beatlemania invadia o Reino Unido, despertando um interesse divertido e condescendente nos americanos. Em 18 de novembro, no

Huntley-Brinkley Report, transmitido pela NBC, o sempre rabugento Edwin Newman fez um relato de quatro minutos sobre o grupo, olhando carrancudo para a câmera e dizendo: "Ninguém sabe por que os Beatles saíram do porão dos *nightclubs* de Liverpool e alcançaram uma proeminência nacional, mas aconteceu".[10] Quatro dias depois — na manhã de 22 de novembro, no dia do assassinato —, durante a transmissão de *CBS Morning News with Mike Wallace*, o correspondente em Londres, Alexander Kendrick, fez um comentário de cinco minutos igualmente sarcástico sobre o grupo ("musicólogos dizem que é igual a qualquer outra forma de rock 'n' roll, só que talvez seja mais barulhento"), que começou com trechos filmados de uma apresentação dos Beatles tocando "She Loves You".

Em Maryland, uma garota de catorze anos chamada Marsha Albert — duas décadas antes, ela teria sido definida como uma *bobby soxer** — assistiu ao programa, em êxtase.

Assim como o narrador em primeira pessoa de "Roll Over Beethoven", de Chuck Berry (música que os Beatles cantaram desde o começo), Marsha escreveu uma carta ao seu disc jockey local — Carroll James, da rádio WWDC, de Washington — dizendo que ele deveria tentar obter um dos discos dos Beatles para tocar no programa.

Enquanto isso, no dia 14 de dezembro, "I Want to Hold Your Hand" tomou o lugar de "She Loves You" no topo das paradas britânicas — a primeira vez na história da Inglaterra que um grupo ou artista substituía a si mesmo na primeira colocação. Ao saber disso, Carroll James encomendou uma cópia do novo single de sucesso, que a gravadora dos Beatles, a EMI, logo mandou a bordo de um jato da BOAC. Em 21 de dezembro, James deixou Marsha Albert apresentar "I Want to Hold Your Hand" em seu programa na WWDC. Foi a primeira vez que o single foi ao ar numa rádio americana. No decorrer das semanas seguintes, a música conquistou um sucesso tremendo, sendo reproduzida quase sem parar pela WWDC. Como resultado, a EMI e Brian Epstein afinal convenceram a Capitol a lançar um disco dos Beatles. Era "I Want to Hold Your Hand", com "I Saw Her Standing There" no lado B, e — para tirar partido da sensação crescente na WWDC e, em breve, em outras estações de rádio — a Capitol lançou o álbum um dia depois do Natal, 26 de dezembro de 1963.[11]

* Termo cunhado para se referir a fãs adolescentes de música pop nos anos 1940. (N. T.)

Tudo isso aconteceu durante a triste estada de Frank em Palm Springs.

Os quatro heróis do Texas estreou no mesmo dia que "I Want to Hold Your Hand", com bem menos sucesso. Os críticos massacraram o filme. "*Os quatro heróis do Texas* [...] é um daqueles filmes conhecidos em Hollywood como filmes do Clã", escreveu a *Time*.

> São filmes realizados por Frankie e seus amigos [...] e, a julgar pelo que se diz no showbiz, são muito divertidos de filmar. Pena que não sejam muito divertidos de assistir [...]. Não é muito engraçado ver dois torpedeiros de meia-idade (Martin e Sinatra) chafurdando em mares de álcool. Não é muito engraçado ver duas damas de formas voluptuosas (Anita Ekberg e Ursula Andress) envolvidas numa competição de mau gosto de quem tem peitos maiores. E não é muito engraçado ouvir fala após fala que desenvolvem sentidos duplos a partir de uma ideia única.
>
> Mas o principal problema de *Texas* [...] e o principal problema de todos os filmes do Clã é a atitude das pessoas na tela. Elas constituem uma panelinha, e parecem entediadas com o mundo externo. Às vezes, absurdamente, parecem até entediadas umas com as outras.[12]

A imprensa já vinha fazendo críticas ao Clã havia alguns anos, ainda que o que restava dele já tivesse se tornado piada velha. Mas Frank se expôs ao opróbrio ao fracassar no mais básico de todos os testes: não conseguir vender mais ingressos. Não havia problema em desagradar aos críticos, desde que as pessoas continuassem comparecendo. Mas, depois do sucesso de *Onze homens e um segredo*, os filmes do Rat Pack — basicamente um xodó de Frank — começaram a perder cada vez mais público. Em *Os quatro heróis do Texas*, escreveu Bosley Crowther, do *New York Times*, o personagem de Sinatra, Zack Thomas, "se comporta como um paxá, cercado de criadas e lacaios servis".[13] Era parecido demais com a realidade, faltava um pouco de ironia, e os frequentadores do cinema entenderam. Frank tinha violado sua própria regra, como expressa pelas palavras de Mike Shore: a plateia é como uma mulher — se você se mostrar indiferente, fim da linha. Sinatra tinha pegado o dinheiro de Jack Warner e perdido boa parte dele (para piorar, o sequestro havia custado 1 milhão de dólares em gastos de produção de *Robin Hood de Chicago*).[14] E, segundo a lógica de Hollywood, Warner continuava decidido a investir dinheiro nele.

* * *

Jack Kennedy e Hank Sanicola não foram os únicos amigos que Frank perdeu no final de 1963. Logo depois do sequestro, Sam Giancana telefonou com um recado dúbio: estava feliz e satisfeito por saber que Frankie tinha voltado para casa em segurança, mas desapontado por Frank não ter aceitado a ajuda que ele havia oferecido. "Desapontado" era uma palavra grave no léxico de Mooney. Mas ele tinha outra proposta: havia maneiras de lidar com os três responsáveis, mesmo que eles já estivessem sob custódia policial. Frank recusou com polidez. "Ele sabia que, se qualquer coisa acontecesse com aqueles sequestradores, o dedo acusatório seria apontado direto para ele, e Frank já estava com problemas suficientes por causa do Cal-Neva", disse Tommy DiBella, um amigo de Giancana. "Além disso, sei que Frank Sinatra nunca ia querer contrair uma dívida tão grande com Sam Giancana."[15]

Talvez houvesse ainda outras razões, naquele momento, para se distanciar da Máfia.

Em todo caso, Frank e Mooney haviam oficialmente rompido. Sinatra, que antes era capaz de causar medo por suas ligações, tinha perdido essas ligações. "Ele sentia falta de Sam Giancana e de todos os caras durões, do perigo, da intimidação e da confiança nunca alardeados que vinham de ter a Máfia a seu lado",[16] escreveu George Jacobs. Frank comprou uma pistola, uma Smith & Wesson .38, e nunca mais saiu de casa sem a arma no coldre.

E ainda restava Jilly.

Com Sanicola e Giancana fora de cena, o dono de bar assumiu maior relevo na vida de Sinatra. Em junho do ano anterior, quando Hank começava a se afastar do Cal-Neva, Earl Wilson havia escrito uma notinha em sua coluna: "Jilly Rizzo vai abrir em Hollywood uma filial de seu restaurante Jilly's, tendo Frank Sinatra como sócio".[17] (Isso nunca aconteceu, mas Rizzo abriu um Jilly's em Palm Springs em 1968.) Três dias depois, Walter Winchell publicou em sua coluna um pequeno texto sobre a amizade entre os dois, intitulado "Novelet":

> Talvez você tenha visto o nome Jilly's em algum clube noturno num filme de Frank Sinatra [*Sob o domínio do mal*] [...]. Ou em alguma coluna publicada em diversos jornais [...]. Sinatra costuma levar Jilly a esses locais distantes — sobretudo para se divertir —, ele é um cara engraçado [...]. Num lugar remoto, muitos anos atrás,

> Frank decidiu dar uma volta sozinho perto de seu hotel para tomar ar fresco [...]. Sem serem vistos, dois bandidos avaliaram a situação, e, ao ver que Frank estava sozinho, decidiram assaltá-lo [...]. Mas Jilly percebeu [...]. Ficou esperando os dois passarem embaixo do mezanino do hotel, no segundo andar, e pulou bem em cima deles — como nos filmes [...]. É por isso que Frank Sinatra e Jilly, da rua 52 Oeste, são tão amigos [...]. Para sempre.[18]

Como nos filmes — ou numa história de aventura juvenil. Assim como Hank e Mooney, Jilly transmitia o tipo de poder que faltava em Frank. E, ao contrário deles, Rizzo não pedia nada em troca. E administrava sua masculinidade com leveza, algo que Sinatra considerava interessante e admirável. "Ele falava como um personagem de *Eles e elas*, mas com muito mais palavrões, sempre dizendo 'esses merdas' e 'aqueles veados', e o sr. S. gostava de imitá-lo", escreve Jacobs. "'Dei um soco na boca do canalha e o filho da puta caiu que nem merda', era como Jilly falava."[19] Frank também ria de todas as piadas dele (sempre ruins) — como um adolescente entusiasmado.

"Frank era um sujeito solitário", lembrou o pianista de jazz Monty Alexander, que tocava no Jilly's nos anos 1960.

> Jilly preenchia aquele espaço vazio, e eles se tornaram meio irmãos. Frank confiava nele; e Jilly dava conselhos e feedback a Frank — sem dizer o que ele devia fazer, apenas bons conselhos. Também era capaz de interpretar o papel de durão — e transmitir isso caso fosse necessário, pois conhecia as pessoas certas. Eu sabia que, se alguém mexesse comigo, Jilly ia me proteger como um tio ou padrinho que cuidasse de mim. Ele dizia: "Garoto, não se meta em confusão". Sempre achei que poderia contar com ele se me acontecesse alguma coisa, dar um telefonema — "Jilly, estou com um problema".
>
> Uma vez arrumei uma namorada, tivemos uma briga e ela arranhou meu rosto. Jilly perguntou: "O que aconteceu com você?". Eu disse: "Uma mulher arranhou meu rosto porque...", e ele já foi dizendo: "Vou quebrar o pescoço dela!". Eu disse: "Não, não, está tudo bem, chefe". Chamei-o de chefe. "Está tudo bem, chefe, não esquenta". "Vou quebrar o pescoço dela!" Jilly era assim.[20]

Era uma época anterior ao feminismo — e Betsy Hammes lembra certa ocasião em que Jilly a jogou, junto com outra amiga que não sabia nadar, na piscina do Sands, só para se divertir. Mas aquele era o clima perfeito para Frank, agora que Momo tinha partido. "Eu gostava do Jilly, não tinha nada contra ele", contou Hammes. "Sabia ser um doce, mas não era flor que se cheirasse. Frank mantinha esse pessoal por perto — arruaceiros. Ele adorava andar com *bad boys*. E virava outra pessoa quando estava com eles. Encrencas — era com Jilly mesmo."[21]

Na noite de domingo, 12 de janeiro, Frank Jr. — agora viajando com "proteção incomum" (a saber, os guarda-costas do pai Al Silvani e Ed Pucci, ambos competentíssimos)[22] — fez sua primeira aparição na televisão desde o sequestro, como convidado no programa *The Ed Sullivan Show*, junto com Sam Donahue e a banda fantasma de Dorsey, Helen Forrest e os Pied Pipers. Outros convidados incluíam Connie Francis, a equipe de comédia de Jerry Stiller e Anne Meara e o pianista de ragtime Big Tiny Little. Foi divertido, mas havia um tsunami no horizonte.

Mesmo antes do lançamento oficial de "I Want to Hold Your Hand", estações de rádio por todo o país estavam tocando a música. No começo, a Capitol tentou por meios legais proibir as estações de fazê-lo, mas logo desistiu, percebendo que a publicidade só poderia ajudar. Nos primeiros três dias depois do lançamento, em 26 de dezembro, o disco já tinha vendido 250 mil unidades: 10 mil por hora só na cidade de Nova York. Em 18 de janeiro, o single começou sua trajetória de quinze semanas pelas paradas americanas, até chegar, em 1º de fevereiro, ao primeiro lugar, onde passou sete semanas, sendo então substituída por "She Loves You".[23]

E é assim que se forma uma audiência de 73 milhões de telespectadores — 23 milhões de residências; 34% de toda a população dos Estados Unidos. Foi a maior audiência de TV de todos os tempos, incluindo a cobertura do assassinato de Kennedy e seus desdobramentos. Foi Frank um dos 73 milhões a assistir ao programa de Sullivan no dia 9 de fevereiro? A história não nos diz, mas é bem mais provável que ele tenha visto Frankie no programa de janeiro, cantando músicas de Sinatra com Helen Forrest e os Pied Pipers, do que tenha assistido a um grupo de rock 'n' roll britânico com um nome engraçado. Frank estava em Palm Springs naquela noite — ele poderia ver o programa ao vivo com uma viagem de dezessete minutos em seu jato Morane-Saulnier —,[24] tentando relaxar enquanto aguardava para saber se seria intimado a testemunhar no caso de sequestro envolvendo Barry Keenan, Joe Amsler e John Irwin, que teria início no dia seguinte, 10 de fevereiro. E relaxar não significava ficar sentado assistindo a qualquer porcaria na televisão.

"Na segunda-feira, primeiro dia do julgamento, um júri composto de nove homens e três mulheres foi selecionado com surpreendente rapidez, sob orientação do juiz do distrito federal William G. East", reportou a UPI em 11 de fevereiro. A reportagem informava ainda que os advogados de defesa dos sequestradores estavam prestes a fazer suas declarações de abertura, e esperava-se que alegassem que Frank Jr. havia sido sequestrado "de maneira consensual".

Não era um bom sinal.

A ideia perversa de que o sequestro poderia ter sido uma espécie de farsa, talvez até um golpe publicitário para ajudar a carreira musical de Frankie, já estava sendo disseminada desde que o sequestro ocorreu, quando o FBI se dera ao trabalho de administrar testes de polígrafo em John Foss e Tino Barzie. Independentemente do que houvesse por trás do crime, alguns já achavam que o jovem Sinatra tinha se beneficiado do incidente, se não em termos psicológicos, ao menos em termos profissionais. "A publicidade gerada com certeza valorizou o nome do cantor", escreveu Art Stone, da *Variety*, em 15 de janeiro. "No caso do Harrah's, em Tahoe, o nome de Sinatra Jr. estava no fim da lista quando a orquestra estreou. Mas, depois do sequestro, seu nome foi elevado ao topo, logo abaixo do da Tommy Dorsey Orchestra."[25]

É verdade — o Harrah's chegara inclusive a expor uma imensa mensagem de boas-vindas: FRANKIE JR. ESTÁ DE VOLTA —,[26] mas a história foi mal contada. Ao saber da mudança na fachada, Frank pai tinha ligado para o Harrah's e protestado. A mensagem foi removida, e o nome de Frankie voltou ao fim da lista, em letras pequenas.

A ideia de uma farsa estava no ar, e um advogado esperto aproveitou a oportunidade. "Eu estava na cadeia, sozinho e desesperado", lembrou Barry Keenan.

> E de repente um advogado me procurou — não o meu — certa noite e me disse: "Olha, se isso foi um golpe publicitário, e se você puder nos dizer que foi um golpe

publicitário, seria base para uma defesa muito forte". No papel de chefe, eu é que teria de fazer a declaração.

Àquela altura, eu já estava mais consciente e já tinha entendido que estávamos muito encrencados. Resolvi pensar no assunto. Na manhã seguinte, criei essa mentira sobre o sequestro ter sido um golpe publicitário, e meus advogados não precisaram de mais nada. Aquilo se tornou nossa defesa. Não tenho orgulho disso. Foi uma coisa terrível que fiz com os Sinatra. Mas foi o que fiz, sinto muito em dizer.[27]

Keenan foi representado por Charles L. Crouch; Joe Amsler, por George A. Forde e Morris Lavine; e John Irwin, por Gladys Towles Root. Root, com 58 anos, era uma figura extravagante, uma mulher dentro do que na época era um negócio de homens, habituada a usar chapéus grandes e chamativos no tribunal e conduzir interrogatórios fulminantes.[28] Foi ela quem sugeriu o ângulo de golpe publicitário para Barry Keenan — e apresentou a história ao júri, no dia 11 de fevereiro. "Esse foi um acordo contratual planejado entre Frank Sinatra Jr. e outros ligados a ele",[29] disse Gladys.

"Uma maçã não cai longe da árvore, e Frank Jr. só queria virar a cabeça das moças, da mesma forma que o pai", continuou a advogada, afirmando também que Júnior havia dito a John Irwin: "As garotas corriam atrás do meu pai. Aí algum agente de publicidade esperto se aproveitou disso e transformou meu pai numa estrela internacional. A imprensa não me considera tão interessante quanto o meu pai".[30]

Em seguida o advogado de Amsler, George Forde, depois de ressaltar que a carreira de Júnior entrara em ascensão desde o sequestro, introduziu um misterioso e anônimo "quarto réu".

"Temos um lugar vago aqui para esse quarto réu", disse Forde. "Um homem que financiou essa coisa toda [...]. Foi quem pagou pela bebida que dois dos réus e Sinatra Jr. consumiram juntos. Quem financiou a ascensão do jovem Sinatra de cantor de uma orquestra de cem dólares por semana a uma estrela internacional."[31] O financiador misterioso, continuou, era um cantor que já tinha "vendido 2 milhões de discos".[32]

Apesar da insinuação sensacionalista de que Forde se referia a Frank Sinatra, logo ficaria claro que ele estava falando de Dean Torrence.

O estrelato internacional de Frank Jr. consistia numa turnê que ele estava fazendo com a orquestra de Dorsey na Inglaterra e em bases militares americanas pela Europa. "Existem muitos garotos que cantam melhor do que eu, mas não têm a oportunidade de cantar com a Tommy Dorsey Orchestra. Sou muito grato pela minha posição", declarara à *Variety*, com pungente sinceridade. "Se eu saísse da orquestra agora, não teria forças para me manter sozinho. Eu não existiria sem as pessoas com quem estou trabalhando. Sou um novato nesse negócio. Sou apenas um membro da orquestra, não a estrela do show."[33]

Frank Jr. deixou a turnê e voltou para Los Angeles. No dia 13 de fevereiro, notícias de seu primeiro comparecimento no tribunal ("É hora do show para Sinatra Jr.") dividiram as primeiras páginas com relatos sobre a apresentação dos Beatles no Carnegie Hall na noite anterior: "Os Beatles pareciam uma paródia divertida dos piores elementos do rock 'n' roll americano", relatou a Associated Press. "A palavra 'pareciam' é usada por cautela, pois ninguém, em especial as garotinhas aos gritos, na verdade, ouviu os Beatles."[34] Os shows de Frank pai no Paramount duas décadas antes tampouco tinham sido audíveis, e também tinham sido motivo de diversão para a imprensa. E, como Sinatra em 1943, os Beatles estavam no processo de encantar o país. No começo de abril, eles já dominavam os cinco primeiros lugares entre as Hot 100 da *Billboard*, e catorze posições ao todo.

Na sexta-feira, dia 14, Frankie depôs em um interrogatório conduzido pela sra. Root — que pouco antes tinha posado para um fotojornalista em seu traje de tribunal, um vestido-saco de lã com decote em V debruado de pele de raposa bege, uma capa de pele de lobo roxa e um chapéu de lã champanhe.[35] Com Frank Jr. sentado no banco de testemunhas, ela quis saber por que ele não havia dito nada quando a polícia de Nevada parou o carro dos sequestradores num bloqueio de rua.

"Porque, sra. Root, antes de chegarmos ao bloqueio o homem número um afirmou que ocorreria um tiroteio", ele respondeu. "Eu não queria que uma ação súbita e idiota fizesse com que esse homem, que era burro o bastante para me sequestrar, atirasse na cabeça de um policial."[36]

"Realmente", disse a sra. Root. E, virando-se para o júri: "A verdade é que isso teria arruinado a pequena trama de sequestro, que você planejou, e que não teria dado certo".[37]

"Isso não é verdade", replicou Frankie, enfático.

Mas, na segunda-feira, a defesa começou os trabalhos com a publicação de uma reportagem na edição de domingo do *Los Angeles Times* que trazia a seguinte manchete: SINATRA JR. LUTA DESESPERADAMENTE CONTRA ACUSAÇÃO DE FARSA. O subtítulo dizia: "Cantor fica sério e empalidece ao refutar alegação de ter buscado publicidade para sua carreira".[38] "Fiquei indignado quando li essa manchete", declarou o juiz East no tribunal, "e duplamente indignado quando li o conteúdo da reportagem." Na matéria, o advogado de Amsler, George Forde, dissera que Barry Keenan havia admitido que o sequestro tinha sido um golpe publicitário planejado, financiado por um homem misterioso chamado Wes. O advogado de Keenan, Crouch, pediu a anulação do julgamento. Quando o juiz recusou o pedido, Crouch afirmou: "De agora em diante, estou trabalhando sozinho".[39]

O juiz East permitiu que Frank Jr. voltasse para sua turnê na Europa, com a condição de se manter disponível para retornar ao tribunal para um novo testemunho. Frankie pegou um voo para Londres. O julgamento sofreu outro revés quando Dean Torrence depôs, afirmando que não soubera do plano de sequestro com antecedência; mas depois, no mesmo dia, pediu para prestar novo depoimento. "Lamento muito, mas inventei algumas histórias",[40] declarou. Agora o juiz East deveria decidir se acusava Torrence de perjúrio. "Estou muitíssimo transtornado por causa disso", disse Torrence. Mais tarde naquela semana, a defesa recebeu aprovação para intimar Frank Jr. para um novo depoimento, e também para convocar Frank pai para testemunhar pela primeira vez.

Frank, que se mantinha afastado do julgamento e aguardava, ansioso, para saber se seria intimado, fez com que Mickey Rudin protestasse contra a intimação enquanto ele viajava para Tóquio, para concluir os preparativos do primeiro filme de seu acordo com a Warner Brothers (e o primeiro que fazia sem Dean ou Sammy em mais de um ano). Era um drama da Segunda Guerra Mundial antibelicista chamado *Os bravos morrem lutando*. O filme tinha algumas características inéditas: seria uma coprodução nipo-americana, e pela primeira vez em sua carreira Sinatra iria dirigir. Nesse meio-tempo, Frankie voltou da Europa, com um compreensível mau humor. Na sexta-feira dia 28, ele passou seus vinte minutos no banco de testemunhas se defendendo de questões sobre por que havia cooperado com os sequestradores. "Eu não queria ser morto",[41] foi basicamente sua resposta.

Quando Frankie foi liberado — dessa vez em definitivo — e o júri foi dispensado pelo restante do dia, um juiz East exasperado repreendeu a defesa: "Vocês abusaram dos processos desta Corte ao trazer esta testemunha", disse.

Frank Jr. também estava exasperado. O julgamento e a publicidade decorrente, alegou, tinham resultado no cancelamento de um compromisso em Paris. "Parece que aquelas pessoas não acreditam na história de sequestro", declarou numa entrevista coletiva improvisada na porta do tribunal. "As sementes da dúvida foram plantadas na minha integridade pessoal, e vou carregar isso pelo resto da vida."

Foi um lamento apropriado, desolado e presciente.

O júri ouviu seis horas de alegações finais na sexta-feira, 6 de março, o vigésimo dia do julgamento. "Este é o caso de sequestro mais estranho de que já ouvi falar",[42] disse o advogado de defesa Lavine.

Os nove homens e três mulheres ficaram isolados durante a noite, e no sábado entregaram seu veredicto, considerando Barry Keenan e Joe Amsler culpados de todas as acusações, e John Irwin culpado de todas as acusações com exceção do próprio sequestro. O juiz East condenou Keenan e Amsler à pena máxima: prisão perpétua mais 75 anos.[43] Irwin seria sentenciado a dezesseis anos e oito meses por conspiração.[44]

Os três foram encaminhados para uma instituição médica federal em Springfield, Missouri, onde passaram por avaliação psiquiátrica.[45]

"Recebi um relatório declarando que, do ponto de vista legal, eu era insano, que tinha enganado Joe e o forçado a participar do sequestro", lembrou Barry Keenan.

> Eles disseram que não tivemos intenção de ferir Júnior. Para um relatório de condicional, eles entrevistaram familiares e amigos e determinaram que éramos bons garotos. Ficaram tentando jogar toda a culpa de tudo em John porque ele era mais velho e deveria ter sido mais sensato. Depois de tudo aquilo, nossas prisões perpétuas foram reduzidas para 25 anos, uma sentença bastante leve para aquele crime. E as regras eram diferentes naquela época. John e Joe continuaram com suas apelações, e foi assim que conseguimos sair.[46]

Na verdade, quando o juiz East descobriu que a promotoria tinha adulterado o relatório psiquiátrico, ele reduziu a sentença de Keenan para doze anos. No fim, Amsler e Irwin passaram três anos e meio na prisão. Barry Keenan saiu em 1968, depois de quatro anos e meio, e se tornou um empreendedor imobiliário milionário.

* * *

Na verdade, quem foi sentenciado à prisão perpétua foi Frank Jr. Segundo um ex-funcionário de Bill e Edie Goetz, amigos de Frank pertencentes à realeza de Hollywood acreditavam, no íntimo, que ele tinha encenado o próprio sequestro — inclusive o casal Goetz.[47] Assim como boa parte do mundo. "Frankie era inocente, mas não conseguiu desfazer o estrago", escreve Tina.

> Ele ouvia provocações nos shows, e isso o magoou profundamente. Foi atormentado pelo estigma público por anos. Nancy diria que esse incidente deixou sua vida mais amarga e, em última análise, prejudicou sua carreira. Não tenho tanta certeza disso, pois meu irmão também estava nadando contra a corrente no mundo da música. Em meados de 1960, cantores de smoking com *big bands* eram uma espécie em extinção. Talvez o contexto musical e a teimosia de Frankie também o tenham prejudicado.
>
> Quanto aos dois homens da minha família, e o relacionamento intermitente e abafado entre eles [...]. Nossa crise familiar não se resolveu, como poderia acontecer numa versão hollywoodiana. Papai e Frankie seguiram da mesma forma que antes, sem uma ligação muito sólida. Eles se amavam e sabiam disso, mas fora preciso uma experiência radical para se aproximarem. Quando o trauma passou, a ligação foi perdida.
>
> Os dois homens compartilhavam um nome, uma história e uma paixão pura pela música, mas nada disso foi suficiente.[48]

Em julho, depois de uma manobra legal de Frank Sinatra e Mickey Rudin, um grande júri federal indiciou Gladys Root e George Forde por conspiração e perjúrio.[49] "Tenho pena de pessoas vingativas", afirmou a sra. Root a respeito de Sinatra. "Sempre acreditei no poder da verdade, e a verdade sairá vencedora neste caso."[50]

Todas as acusações contra os dois advogados seriam suspensas no ano seguinte.[51]

No final de abril, Frank foi para a ilha de Kauai, na ponta oeste do arquipélago do Havaí, para começar as filmagens de *Os bravos morrem lutando*. Jilly e Honey Rizzo foram com ele, assim como um promotor musical amigo chamado Murray Wolf (que também era um velho amigo de Van Heusen) e George Jacobs. Com o relacionamento com Jill St. John em ponto morto, Sinatra estava viajando desacompanhado.

Além de dirigir o filme, Sinatra fazia o papel de Francis Maloney, o ajudante beberrão do farmacêutico, liderando um elenco que incluía o conhecido ator de televisão Clint Walker, Tommy Sands, marido de Nancy, Richard Sinatra, seu primo em segundo grau (filho do *bandleader* Ray Sinatra, que tivera certo sucesso durante a era do suingue, antes do surgimento do outro Sinatra), o durão Brad Dexter e Tony Bill, que havia contracenado com Frank em *O bem-amado*. Dentro do espírito da coprodução binacional, no entanto, os atores japoneses seriam listados nos créditos primeiro, apesar de serem desconhecidos nos Estados Unidos.

Ainda tentando expressar seus sentimentos liberais e idealísticos, Frank levou a sério a história que estava produzindo: um pequeno grupo de soldados americanos faz uma aterrissagem forçada numa remota ilha do Pacífico durante a Segunda Guerra, e descobrem que ela está ocupada por um pelotão japonês abandonado. Os dois lados precisam decidir se irão coexistir, e até ajudar um ao outro, ou continuar fazendo parte do conflito mais amplo, que nesse contexto se torna insignificante.

E Frank levou mais ou menos a sério a direção de seu primeiro filme.[52] Mas, dada sua profunda impaciência natural com o processo de filmagens, foi sensato ao se cercar de pessoas confiáveis: seu produtor Howard Koch voltou à cena ("Ele de fato conhece o cinema como a palma da mão", disse Tony Bill. "Era um cineasta vigoroso"),[53] e William Daniels, agora na produção em vez da direção de fotografia. Ajudando na direção, mas sem receber créditos, estava o confiável Gordon Douglas.

Durante as filmagens nas locações, Sinatra alugou uma casa à beira-mar na baía de Wailua por 2 mil dólares por mês, redecorada em laranja pelo proprietário em homenagem a Frank.[54] Na frente da casa, num excesso de simbolismo, uma bandeira de Jack Daniel's tremulava no topo de um alto mastro.[55]

Numa animada tarde havaiana de domingo, no dia 10 de maio, Sinatra encheu a casa de convidados, incluindo Howard Koch e a esposa, Ruth, Brad Dexter, outro ator durão que participava do filme chamado Dick Bakalyan, Murray Wolf, e Jilly e Honey Rizzo. George Jacobs preparou os drinques e a comida.

As gravações tinham começado duas semanas antes e tudo corria bem, mas Howard Koch lembrou: "Frank já estava ficando impaciente"[56] para terminar, embora ainda faltassem dez dias de trabalho. Koch percebeu a ansiedade de Sinatra assim que entrou na casa. Enquanto todos seguiam para a praia, o sempre obsequioso produtor sentou-se à mesa com o cronograma da produção para ver se podia encontrar uma forma de adiantar a filmagem.

Nesse meio-tempo, apesar de avisos acerca de uma forte correnteza, Ruth Koch decidiu sair para nadar na praia em frente à casa. O que aconteceu depois é tema de um conjunto de recordações no estilo *Rashomon*.

"A água era bem rasa, então não havia muito risco de afogamento", lembra George Jacobs.

"Eles eram dois homens que compartilhavam um nome e uma história e uma paixão pura por música, mas nada disso foi suficiente", escreveu Tina Sinatra.

Mas a correnteza arrastou Ruth, e Sinatra, que nadou em sua direção para socorrê-la, também foi arrastado. Na mesma hora, um jovem surfista havaiano remou para resgatar ambos. Enquanto ele os ajudava a voltar para a praia, Brad Dexter, que estava na casa e viu que algo estava acontecendo, mergulhou para auxiliá-lo.

Talvez eles tenham engolido um bocado de água, mas nem Ruth nem Frank estavam em perigo mortal. A impressão, no entanto, é que *todos* os envolvidos no incidente o fizeram parecer bem pior do que foi, e receberam o crédito por ter ajudado a salvar a vida do sr. S.[57]

Brad Dexter, que interpretou o sargento durão Bleeker em *Os bravos morrem lutando*, era um sujeito de origem sérvia (seu nome verdadeiro era Veljko Soso ou, segundo outras fontes, Boris Milanovich) grande e forte, alegre mas com jeito de perigoso — "o tipo de cara que toma cerveja, com experiência mundana e que sabe das coisas",[58] recordou Tony Bill —, que construiu uma carreira sólida, mas nada excepcional, como ator em filmes e na televisão. Antes daquela tarde fatídica, Dexter era mais conhecido por duas coisas: seu tempestuoso casamento de dez meses com Peggy Lee em 1953 e o fato de ter estrelado, ao lado de Steve McQueen, James Coburn, Yul Brynner, Charles Bronson, Robert Vaughn e Horst Buchholz, o cult *Sete homens e um destino*, clássico de 1960 dirigido por John Sturges.[59] Dexter, ele próprio e outros brincavam, era aquele entre os sete de quem ninguém conseguia se lembrar.

Em conversa com Kitty Kelley uns vinte anos depois do incidente — período em que chegou a ser uma pessoa importante na vida de Sinatra, antes de ser descartado —, Dexter contou com ricos detalhes uma história dos eventos daquela tarde, retratando-se como um salvador heroico, e Sinatra como uma vítima fraca e indefesa. "Era uma tarde ensolarada e estávamos na praia, curtindo o mar e aquele belo sol tropical", recordou Dexter.

> As ondas estavam ficando cada vez maiores, e percebi que havia uma corrente traiçoeira ganhando força. Avisei a todos para tomarem cuidado na água. Frank me pediu que fosse até a casa buscar um pouco de vinho e soda para ele, e fui. Enquanto eu juntava tudo na cozinha, escutei Murray gritando histérico na sala de estar, dizendo que Frank estava se afogando.[60]

Segundo Dexter, ele largou o vinho e a soda, saiu correndo da casa e foi até a praia, onde conseguiu avistar a cabeça de Sinatra e a de Ruth Koch entre as imensas ondas. Enquanto os outros olhavam, paralisados de medo, Dexter mergulhou e enfrentou as ondas até alcançar Ruth, que se debatia para respirar. "Salve Frank", ela disse. "Não consigo continuar."

"Ninguém vai morrer", replicou Dexter. "Todo mundo vai sair dessa vivo. Continue lutando. Venha. Você vai conseguir."

Segurando Ruth Koch embaixo de um braço, ele nadou até Frank, que já estava em estado de hipóxia. Seu rosto estava azulado e a visão, prejudicada. "Eu consigo te ouvir, mas não consigo te ver", disse Sinatra, segundo Dexter.

Terá ele pensado em Dolly, que o empurrara para o mar na praia em Jersey? "Frank estava patético, indefeso feito um bebê", contou o ator a Kelley.

Sinatra com Clint Walker, Tommy Sands (à esq.) e Brad Dexter (com o charuto na boca) no set de Os bravos morrem lutando. *O durão Dexter salvou a vida de Frank nas ondas de Honolulu, uma boa ação que não ficou impune.*

> Ele ficou balbuciando: "Eu vou morrer, estou acabado, é o fim, o fim. Por favor cuide dos meus filhos, eu vou morrer" [...]. Fiz de tudo para ele lutar pela vida, fiquei dando tapas em seu rosto e fortes golpes nas costas. Tirei Frank de debaixo da água várias vezes, mas ele estava mole e inerte como uma boneca de pano [...]. Tentei deixá-lo com raiva chamando-o de covarde e fracote. Chamei-o de merdinha

> medroso. Mas ele não reagiu. Parecia que queria morrer, que não tinha nenhuma vontade de viver. Ele simplesmente desistiu.

Frank desmaiou, assim como Ruth Koch. Conforme as ondas quebravam sobre eles, Dexter puxou um em cada braço enquanto se mantinha acima da água, sabendo que seu tempo estava acabando. Por fim, diz ele, surgiram "quatro cabeças no oceano vindo em nossa direção. Não me lembro de quanto tempo levou para nos alcançarem, mas pareceu uma eternidade. Depois alguém disse que foram 45 minutos".

De acordo com a história de Dexter, os homens (anônimos) em pranchas de surfe prenderam Sinatra e Ruth Koch nas pranchas com cordas e os levaram de volta para a praia, deixando o ator, já exausto, se virar sozinho. Dexter quase afundou nas ondas, mas foi aí, segundo ele, que um único pensamento o encheu de energia: se desistisse,

> eu estaria terminado para sempre, e por quê? Por causa de duas pessoas que queriam morrer? Que tinham desistido de tentar salvar a própria vida e não estavam nem aí com a minha? [...] Saí nadando como um louco, tomado por uma paixão extravagante pela vida, desafiando as ondas a me afogarem. Por algum milagre que não consegui entender até hoje, cheguei à praia antes do grupo de salva-vidas.

Milagre mesmo. Dexter diz que correu até os homens que fizeram o resgate, que tinham acabado de chegar à praia com Sinatra e Koch ainda inconscientes.

"Estendi Frank na areia e fiz respiração artificial nele", recordou Dexter. "Quando ele começou a vomitar água, deixei-o aos cuidados dos salva-vidas. Jilly Rizzo veio correndo na minha direção, gritando: 'Você é um herói, Brad. Você é um herói. Se não fosse você, Frank estaria morto'."

A versão do episódio dada por Nancy Sinatra (que não se encontrava presente, pois estava na ilha com Tommy Sands e só chegou depois à casa do pai) introduz todo um elenco de personagens envolvidos no resgate — e omite por completo Brad Dexter. Após uma onda puxar Ruth, escreve Nancy, Frank tentou nadar em sua direção, mas uma segunda onda a trouxe de volta para a praia, e a correnteza levou seu pai mar adentro.[61] Embora fosse um bom nadador, ele nadou contra a maré por longos minutos, incapaz de retornar.

Ainda segundo Nancy, enquanto Jilly Rizzo correu em vão à procura de um barco, um vizinho, Alfred Giles, pulou na água com sua prancha de surfe, e o supervisor do condado, Louis Gonsalves, e o gerente de hotel Harold Jim nadaram até Sinatra.[62] Giles, Gonsalves e Jim enfrentaram o mar até um tenente do departamento de bombeiros chamado George Keawe entrar na água, jogar uma corda e puxar todos de volta à praia. O rosto de Sinatra já estava ficando azul — um sinal, Keawe sentiu, de que ele não teria durado muito mais tempo na água.

Frank foi levado para casa numa maca, escreve Nancy.[63] Quando ela chegou, o pai estava na cama, pálido, mas com fome. Eles comeram sanduíches de ovos com pimentão e viram televisão juntos até ele dormir.

Dexter disse a Kelley que, após o resgate, foi para seu quarto de hotel e adormeceu, exausto. Duas horas depois, quando voltou para a casa de Sinatra, ele a encontrou cheia de "repórteres, fotógrafos, funcionários da ilha, amigos, membros do elenco e da equipe e representantes da Cruz Vermelha". A filha mais velha também estava lá. Frank, de roupão e chinelos e sentado numa poltrona, tentava reconfortá-la.

"Frank olhou para mim quando entrei no quarto e vi que ele ainda estava em estado de choque", lembrou Dexter. "Seus olhos estavam injetados e ele tinha a expressão de um touro derrubado. Quando nos entreolhamos, pareceu que ele não sabia o que dizer. Estava constrangido. Desligou o telefone e disse: 'Minha família está grata a você'."[64]

Tony Bill lembrou que ninguém fez muito alarde a respeito do acidente no set de filmagens no dia seguinte. "Foi como: 'Oi, Frank teve dificuldade para voltar à praia; ele saiu para nadar, aí Brad foi também e o trouxe de volta'",[65] contou.

Mas, enquanto isso, a imprensa obtinha suas informações com o agente de publicidade Harry Friedman. Ansiosos por um novo acontecimento impactante em torno de Sinatra — já haviam se passado quase seis meses desde o sequestro —, os jornais exploraram ao máximo a história. SINATRA QUASE MORRE AFOGADO,[66] diziam as manchetes; SINATRA ESCAPA DA MORTE. As matérias eram todas parecidas, mas não encaixavam muito bem. A UPI relatou que a onda era imensa (o primeiro boletim da agência sobre o incidente também continha a interessante afirmação de que "Sinatra foi resgatado em poucos minutos").[67] Duas outras pessoas também haviam sido puxadas pela correnteza, disse a UPI, mas conseguiram voltar nadando até a praia e chamar ajuda.[68] "Brad Dexter, um ator, nadou até Sinatra, mas não conseguiu trazê-lo de volta",[69] informou a Associated Press.

Este último relato combina com a descrição do próprio Dexter: foram os surfistas anônimos que trouxeram Frank e Ruth Koch à praia. Mas então por que, na versão de Dexter, Jilly o cumprimentou como herói? E por que, no relato de Nancy, o ator desapareceu?

Minha família está grata a você. "Foi um comentário muito esquisito, quase como se eu o tivesse colocado na desconfortável posição de ter que me agradecer por salvar sua vida", disse Dexter. "Ele nunca me agradeceu, nem na hora nem depois, e hoje entendo que meus esforços de resgate devem ter rompido nossa amizade bem naquele momento, ao privá-lo do papel de grande benfeitor que gostava de fazer com seus amigos."[70]

Foi mais complicado que isso. Na noite seguinte, recordou Dexter, Jilly ligou para ele e o convidou para um jantar na casa de Frank. Era uma ocasião especial: George estava fazendo espaguete ao pomodoro — o predileto de Frank — e Patsy D'Amore, do Villa Capri, tinha mandado *prosciutto* e pão italiano fresquinho.

Mas "Frank parecia tenso e deprimido quando cheguei", contou Dexter. "Só percebi o quanto ele estava bravo quando sentamos para jantar e George passou a servir o espaguete." De acordo com o ator, Sinatra começou a gritar que o macarrão não estava bom e jogou o prato na cara do criado, gritando: "Coma você essa merda! Eu não vou comer!".[71]

Jacobs removeu o espaguete do rosto e voltou para a cozinha. "Isso foi cruel, Frank", Dexter disse afinal, atônito. "Foi uma coisa muito cruel."

"Que merda!", gritou Sinatra. "Esse merda não sabe cozinhar macarrão al dente, e eu só como al dente."

A primeira coisa que Dexter pensou foi que "talvez o Frank ainda estivesse sofrendo do choque de quase ter se afogado, ainda estivesse meio fora de si". Mas aí ele percebeu outra coisa: "Sinatra inconscientemente estava me punindo por ter sido posto na péssima posição de ser grato pela própria vida. Ele não conseguiu lidar com seus sentimentos em relação a mim, por isso descontou no pobre George, um negro que nunca reagiria, que Frank tratava como escravo".

Faz sentido — a não ser pelo fato de George Jacobs contar uma história bem diferente. Na sua versão, era espaguete à marinara, e não ao pomodoro, e os convidados eram ninguém menos que Spencer Tracy e Katharine Hepburn. Assim como Nancy Sinatra, Jacobs omite por completo a presença de Brad Dexter. O criado disse que, para seu espanto, Frank tinha sentido um forte desejo pela atriz de 56 anos quando a viu nadando num maiô justo no mar durante o amanhecer, como sempre fazia (como disse o personagem de Tracy a respeito de Hepburn em *A mulher absoluta*: "Ela não tem muita carne, mas o que tem é perfeito").

Mas Hepburn e Tracy formavam um casal tão próximo — por várias razões complexas e pessoais — que Sinatra não tinha nenhuma chance com a Grande Kate. "Talvez o sr. S. se sentisse muito excitado e frustrado, pois estava bastante irritável"[72] na noite do jantar, escreveu Jacobs. O criado serviu o espaguete, que, segundo ele, já tinha preparado "um milhão de vezes" para o chefe. Então, assim como na história de Dexter, Frank experimentou o macarrão, começou a praguejar que não estava al dente, pegou a travessa e jogou o conteúdo em cima de Jacobs e seu paletó branco. "Foi a única vez que ele de fato me maltratou, mas uma vez é o suficiente", recordou o criado. "Tracy e Hepburn ficaram tão atônitos que foram embora, enquanto Sinatra limpava a mesa quebrando todos os pratos."

Jacobs diz que também foi embora — e gastou 2 mil dólares em roupas novas em Honolulu e mandou a conta para Sinatra. Quando o criado voltou, no dia seguinte, Frank

> tentou tratar o incidente como uma grande piada. "Você não está puto comigo, está, Spook?", ele perguntou, tentando me fazer sentir antiquado por não participar de seu joguinho [...]. O sr. S. nunca pediu desculpas, mas também não reclamou da conta. Ser Frank Sinatra significava nunca ter de pedir desculpas, mas não significava que não sentisse remorso. Mas era necessário saber como interpretar o "Código de Remorso" que ele mantinha. Quando o sr. S. tentava tratar um deslize como piada, você sabia que ele estava tentando se desculpar.[73]

Embora a versão de Jacobs seja plausível, a de Dexter é mais crível. A fúria de Frank com sua própria impotência nas ondas e seu medo mal direcionado de envelhecer e morrer (como o mundo poderia continuar sem ele?) parecem gatilhos mais prováveis para o chilique com o espaguete do que luxúria frustrada. Dexter disse que Sinatra admitiu ter pesadelos terríveis sobre o quase afogamento, mas, quando questionado sobre o episódio por outras pessoas, ele dizia apenas: "Só molhei um pouco meu passarinho".[74]

Colocado à força numa posição bastante desconfortável de gratidão para com um homem que estava indo pegar vinho para ele ("Frank poderia ir buscar um café para você", recordou Dick Bakalyan, "mas não era uma boa ir buscar um café para ele — as pessoas começavam a tratar você como um empregado"),[75] Sinatra passou os dois anos seguintes tentando retribuir o favor a contragosto. Admitiu Brad Dexter em seu círculo íntimo e lhe deu um papel em seu filme seguinte, chegando até a atribuir o crédito de produtor a Brad por outro filme. Porém, quando sentiu que a dívida tinha sido paga, Sinatra o eliminou de sua vida sem pensar duas vezes.

Quincy Jones trabalhara com Sinatra quanto tinha 25 anos e era um arranjador e *bandleader* brilhante mas facilmente intimidável, conduzindo a excepcional orquestra da Barclay Disques na festa beneficente de 1958 da princesa Grace em Mônaco. Jones era quase desconhecido na época, mas Frank o encontrou da mesma forma como encontrava todos os seus colaboradores musicais importantes: ouvindo. Seu bem-dotado ouvido dizia tudo o que precisava saber. Embora jovem, Jones já tinha produzido arranjos impressionantes para Count Basie, Dinah Washington e outros. Por acaso, ele estava trabalhando na Barclay em Paris, enquanto Sinatra participava do evento beneficente em Monte Carlo. Frank pegou o telefone e teve início uma grande parceria.

Em 1964, Jones estava em Nova York, onde trabalhava como diretor musical para a Mercury Records e, nas horas de folga, desenvolvia uma bem-sucedida carreira como arranjador. Criara partituras para diversos singles de Basie e, em 1963, para dois álbuns: *Li'l Ol' Groovemaker… Basie!* e *This Time by Basie!*. Como adorava tudo o que Count produzia, Sinatra ouviu o trabalho de Jones. O mais recente LP continha uma música de Bart Howard de 1954, que originalmente fora intitulada "In Other Words". Assim como o resto do álbum, a faixa — agora chamada "Fly Me to the Moon" — era instrumental, mas Frank, que conhecia Howard desde o início dos anos 1950, quando ele tocava piano com Mabel Mercer, Eartha Kitt e outras cantoras de cabaré no Blue Angel, em Nova York, se lembrava bem da letra. A canção fora composta no ritmo de valsa, e ganhara uma tremenda popularidade: "Fly Me to the Moon" tinha sido cantada e gravada (mais de cem vezes),[76] em geral por vocalistas femininas, em interpretações tanto melancólicas como sonhadoras. Frank tinha outra ideia. E naquele mês de maio em Kauai, não muito tempo depois de quase morrer afogado, ele pegou o telefone e ligou mais uma vez para Quincy Jones.

Quase cinquenta anos depois, Jones se lembrou da ligação com clareza.

Ele disse: "Oi, Quincy, aqui é Francis. Estou no Havaí filmando *Os bravos morrem lutando*, e acabei de escutar o disco que você fez com Basie, com 'Fly Me to the Moon', de Bart Howard". É uma valsa, mas fizemos em quatro por quatro com Basie, claro. Frank disse: "É assim que quero fazer. Você estaria disposto a trabalhar num álbum comigo e com Basie? Consegue vir para cá na semana que vem?".[77]

Jones não falava com Sinatra desde Mônaco, em 1958. "Quase caí da cadeira", ele recordou. "'Você consegue vir para cá na semana que vem?' Porra, dois dias depois eu estava em Kauai."

Ele chegou à ilha, seguiu para a baía de Wailua e entrou no escritório de Frank.

No meio da conversa, ele diz: "Espera um minuto, Q.", e liga para o Pentágono. Daí diz: "Jim", ou qualquer que fosse o primeiro nome do cara, "você acha que consegue trazer a Frota do Pacífico para cá até amanhã às onze e meia? Estou filmando uma cena". Na manhã seguinte, lá estavam os contratorpedeiros, os porta-aviões — estavam todos lá.[78]

As filmagens em locações de *Os bravos morrem lutando* foram concluídas enquanto Jones estava no Havaí, e ele e Sinatra voltaram para Los Angeles juntos. No caminho, fizeram uma parada em Honolulu, onde Frank comemorou organizando uma bacanal de proporções épicas para Quincy e alguns outros amigos. "Começou com sete pessoas, além do Francis, mas, depois de uma ligação para algumas damas e celebridades locais, em 45 minutos havia dezenove pessoas",[79] recordou Jones. "Festejamos até cair, por três dias, cara. Acordei certa manhã dentro de um armário com Frank. Perguntei: 'Como diabos a gente veio parar aqui?'. Todo mundo estava bem doidão!"[80]

A morte havia sido exorcizada, e o poder fora reafirmado.

E assim surgia uma nova amizade. Logo Frank forjava um vínculo mais próximo com Quincy Jones do que tinha, ou teria, com qualquer outro de seus arranjadores. Quando eles aterrissaram em Los Angeles, foram direto para o estacionamento da Warner Brothers e Frank instalou Jones no bangalô de Dean

Martin, ao lado de seus próprios escritórios. Quincy começou a trabalhar de imediato no álbum de Basie, correndo contra um prazo apertado.[81]

Na primeira noite, Jones ficou tão envolvido no trabalho que perdeu a noção do tempo e acabou ficando trancado na suíte de Martin, onde adormeceu às quatro da manhã. "Lá pelas seis e meia, escutei uma batida na porta", recordou.

> Abri a porta e era Frank, de farda, o uniforme do filme de guerra que estava dirigindo. Ele olhou bem no meu olho e perguntou: "Como quer seus ovos, Q.?".
>
> "Mexidos", balbuciei.
>
> Ele preparou os ovos mexidos, tomamos o café da manhã e desde aquele dia ficamos bons amigos.[82]

Uma boa amizade com Sinatra quase sempre partia da iniciativa dele, em seus próprios termos e como resultado de suas necessidades. Nesse caso, não há dúvidas de que, além de estar relacionada ao formidável talento e à personalidade genuína de Jones, a amizade também tinha a ver com a cor de sua pele. Desde os tempos em que era um jovem cantor desconhecido rondando os clubes de jazz na rua 52, Sinatra era admirador do estilo e da genialidade dos grandes músicos negros que tinha visto e ouvido por lá: Count Basie. Billie Holiday. Art Tatum. Fats Waller. Lester Young. "Ele era um irmão disfarçado", Jones escreveu sobre Frank.

> Adorava a cultura e as raízes das *big bands*. Certa noite, em Palm Springs, ele me contou sobre uma queda que tivera por Billie Holiday quando era mais novo, mas não deu para levar adiante por causa da época. "Q., não dava para levar aquilo adiante naqueles tempos, não importava onde a gente estivesse", explicou.[83]

Agora ele estava na mesma categoria que seus ídolos, mas parte de Sinatra sempre aspiraria à cultura negra, que ele nunca conseguiu penetrar. Afinal, ele era um homem de meados do século XX, produto de uma época de segregação. As piadas do programa *Amos 'n' Andy* ("Eu não gostava muito daquele tipo de coisa", admitiria Quincy Jones no futuro. "Não conseguia me acostumar")[84] refletiam os sentimentos ambíguos de Frank: admiração e distanciamento. Já Jones, que na juventude tinha tocado e criado arranjos para muitos grandes jazzistas, se não a maioria, ficou entusiasmado em acrescentar Sinatra à sua lista. "Frank fazia meu estilo", recordou.

> Ele era descolado, autêntico e direto e, acima de tudo, um monstro de um músico. Eu adorava o cara, admito. Adorava tanto quanto qualquer outra pessoa com quem trabalhei, porque para ele não havia meio-termo. Era preto ou branco: se ele gostasse de você, faria qualquer coisa para ajudá-lo. E, se não gostasse, a culpa era sua. Sei que ele também gostava de mim. Em todos os anos em que trabalhamos juntos, nunca tivemos um contrato — só apertos de mãos. Os Sinatra sempre me fizeram sentir parte da família, filhos, avós e tudo o mais.[85]

Todos os compositores que haviam tido papel importante na carreira de Frank até então — Stordahl, Riddle, May, Jenkins — fizeram questão de manter distância dele (e Frank tinha feito o mesmo). Sinatra não era apenas dominador, ele era o chefe. Deixar a amizade entrar na equação poderia afetar o trabalho, e não de maneira positiva. Além do mais, era inevitável que os orquestradores acabassem colaborando com outros cantores, amenizando a intensidade incomparável de trabalhar com Frank. O melhor, a maioria deles pensava, era poder seguir adiante com tranquilidade, para manter as coisas num nível profissional e saudável (Riddle, que não era tão afeito a amizades, mas levava seu relacionamento profissional com Sinatra de forma muito pessoal, fora um caso especial). Devido ao fascínio de Sinatra por jazz e pela cultura negra, e ao dom de Quincy Jones para ser amistoso sem ser bajulador, o arranjador conseguiu trabalhar com Frank em quase todos os níveis e também ser seu amigo: era uma situação sem precedentes, e nunca mais se repetiria.

Na noite de 9 de junho, Sinatra, Jones e a orquestra de Basie começaram a gravar *It Might as Well Be Swing*. E começaram com tudo, criando uma das obras-primas de Frank, "The Best Is Yet to Come", de Cy Coleman e Carolyn Leight, os compositores de "Witchcraft".

Coleman e Leight tinham criado "Best" para Frank em 1959: era uma cançãozinha repetitiva de estalar os dedos e enganadoramente simples, com uma modulação engenhosa de lá bemol para dó entre o primeiro e o segundo refrão e uma letra sexy e sincopada. Frank gostou da composição, mas deixou-a na gaveta por um ano sem gravá-la — talvez por causa do desenlace com a Capitol, e pelo fato de a Reprise ainda não estar em operação. Aí os editores passaram a canção para Tony Bennett, que a lançou como um single da Columbia no começo de 1961.[86] "Frank era preguiçoso", disse Quincy Jones. "Ele deixava Tony Bennett gravar primeiro, e só depois ia atrás. Tony sempre se orgulhou disso — de anteceder Frank na música, nas composições."[87]

Com Quincy Jones, Frank desenvolveu rapidamente uma ligação mais próxima que as que teve com qualquer um de seus outros arranjadores. Mas as condições de proximidade com Sinatra, como quase tudo o mais em sua vida, eram impostas por ele.

Bennett tinha boas razões para se sentir orgulhoso. Sua versão era tão brilhante, tão contagiante, que segui-lo foi um ato de pura presunção da parte de Sinatra — mas o que era Frank, senão a personificação da presunção? O fato de ter se dado mal com "I Left My Heart in San Francisco" parece nunca ter entrado em sua cabeça. Frank adorava a forma como Bennett cantava, apesar de nem sempre gostar dele (desde dezembro havia rumores de que ambos não se falavam),[88] mas não cedia a ninguém mais em seu campo de atuação. Se o relacionamento de ambos não ia bem, era em grande parte porque Bennett precisava encontrar seu próprio espaço sob a sombra imensa de Sinatra.

Coisa que ele havia conseguido. Era dono de uma grande carreira, tinha seus próprios admiradores e seus próprios demônios. Fora do palco, era de uma personalidade retraída. No palco, possuía o dom teatral de ganhar vida quando abria a boca para cantar. A alegria era seu dom especial, e foi essa alegria que ele imprimiu em "The Best Is Yet to Come" — Bennett chegava a dar risada ao cantar o final. Em suas mãos, a grande canção de amor, com seu ritmo de sapateado e sua mensagem de imenso otimismo —

Out of the tree of life I just picked me a plum

[...]

*Still, it's a real good bet the best is yet to come**

—, parecia ter encontrado seu intérprete mais legítimo.

Mais uma vez, Sinatra usou uma abordagem nova. Como já havia feito em muitas ocasiões, ele deu à música uma carga sexual de que nenhum outro cantor homem teria conseguido se aproximar. Frank se deleitou no arranjo de suingue de Jones, pesado nos metais e tornado glorioso pelo incomparável conjunto de Basie. Sua versão evocou pura maestria, não só da música em si, mas do "você" da canção, a mulher a quem ele dizia que, se ela achava que tinha sido ótimo junto com ele, ainda não havia visto nada. Sua versão descaradamente machista tinha um quê de Mefistófeles: Frank era um feiticeiro, e alguns de seus truques prometiam ser sujos. Mas a versão também continha a qualidade própria de Sinatra: desafio. Mesmo perto dos cinquenta, mesmo com a morte já quase a encostar os dedos frios em seu ombro — e mesmo que o grande amor de sua vida tivesse ficado para trás —, o poder de Frank era tal que ele sem dúvida conseguia fazer o mundo dançar ao seu ritmo.

"The Best Is Yet to Come" não foi seu único desafio a Tony Bennett. A segunda faixa da noite, "I Wanna Be Around", era de um single de sucesso de Bennett de 1963, e teve uma origem singular: em 1957, uma avó chamada Sadie Vimmerstedt, de Youngstown, Ohio, escreveu uma carta para Johnny Mercer nas folhas de um velho calendário de mesa dizendo ter uma ideia para uma música. Explicou que ficara indignada quando Frank Sinatra deixou a mulher por Ava Gardner, e encantada quando Ava deu a "Frankie boy" aquilo que ele merecia ao deixá-lo. Ela tinha um título em mente — "When Somebody Breaks Your Heart" — e um verso da letra: "I want to be around to pick up the pieces when somebody breaks your heart".** A sra. Vimmerstedt endereçou a carta a "Johnny Mercer, compositor, Nova York, NY", e a deixou no correio. A agência de correios de Manhattan enviou o envelope para a Sociedade Americana de Compositores, Autores e Editores, que o encaminhou a Mercer.[89]

O compositor, que era alcoólatra e depressivo, estava numa fase pouco pro-

* Da árvore da vida colhi uma ameixa [...]/ Mas aposto que o melhor ainda está por vir... (N. T.)

** Quero estar por perto para catar os cacos quando alguém partir seu coração. (N. T.)

dutiva. Mas, com o sucesso de "Moon River" e "Days of Wine and Roses" no começo dos anos 1960, sua autoconfiança aumentou, e ele compôs a melodia e a letra de "I Wanna Be Around", que se iniciava quase com as mesmas palavras do verso criado por Vimmerstedt. Mercer escreveu à senhora, dizendo que lhe daria crédito como coautora e dividiria os royalties com ela, mas que não queria a música gravada até encontrar o cantor certo para isso. Dois anos se passaram até Mercer informar à sra. Vimmerstedt que enfim encontrara a voz perfeita. "Fiquei muito animada quando ele me contou que Tony Bennett ia gravar a canção",[90] ela disse. E também ficou animada ao receber um cheque de royalties no valor de 50 mil dólares, poucos meses depois de o single de Bennett entrar nas paradas.

Mas, nessa história, o vencedor é Tony Bennett. Sua versão da música é de extasiar — e sua voz tem a qualidade metálica do jazz —, enquanto a interpretação competente de Sinatra de "I Wanna Be Around" é emocionalmente muda: quase como se ele compreendesse que Ava já havia recebido todas as mensagens que ele poderia lhe enviar.

Mas não havia nada de mudo na última canção da noite, "Fly Me to the Moon" — Sinatra acertou em cheio no take um. Quincy Jones tinha pegado o compasso quatro por quatro liderado pela flauta do instrumental de Basie — que soava como música ambiente, embora música ambiente das boas — e o tornou incendiário: ainda quatro por quatro, mas com um andamento mais rápido, impulsionado pelos metais. E Frank, dirigindo o Rolls-Royce providenciado por Count e Q., engrenou esse standard moderno numa marcha inédita. Dali por diante, só revisionistas cantariam a música em ritmo de valsa. A versão de Sinatra era um convite predominantemente masculino à levitação, tão bom quanto "Come Fly with Me", se não melhor. Frank, Quincy e Bill Basie tinham criado a versão definitiva de uma música que já fora gravada cem vezes.

As noites seguintes não foram tão prazerosas. Na segunda sessão, em 10 de junho, Sinatra gravou outro sucesso de Bennett, "The Good Life". Em sua origem, a música era uma canção francesa chamada "La Belle Vie" — título perfeitamente gaulês, que conjurava imagens de pão, vinho e *l'amour*. E, apesar de a letra em inglês (de Jack Reardon) conter elementos sombrios e ambíguos — "Yes, the good life lets you hide all the sadness you feel"* —, a interpretação grandiosa

* Sim, a boa vida nos deixa esconder toda a tristeza que sentimos. (N. T.)

da frase-título por Bennett *transmitia* o prazer da vida. A versão de Sinatra tem um ritmo animado, mas uma superficialidade estranha: como se dessa vez ele não tivesse conseguido encontrar o significado da letra. A música também contém um verso — "You won't really fall in love 'cause you can't take the chance"* — que Frank talvez tenha sentido de forma muito pessoal. Ele não estava mais em sua melhor forma; seu distanciamento era claro.

Foi a terceira vez que um álbum de Sinatra concorreu com Bennett: Frank empatou uma vez e perdeu duas. Embora ele não estivesse se propondo, de modo deliberado, a gravar músicas que outros cantores já tinham transformado em sucessos — Frank e Jones criaram a lista de canções juntos —, isso aconteceu em sete das dez faixas do LP: além das três de Bennett havia "I Can't Stop Loving You", com Ray Charles; "Wives and Lovers", com Jack Jones; "More", com Steve Lawrence; e — logo essa — "Hello, Dolly!", com Louis Armstrong.

Em certo sentido, Sinatra já tinha cantado essa música não muito interessante: quando sua carreira estava em declínio em 1948, Mitch Miller o convencera a gravar uma baboseira saltitante com guitarra havaiana chamada "Sunflower", cujo refrão seria reproduzido, quase nota por nota, na animada composição de 1964 de Jerry Herman.**

A versão de Armstrong fora lançada em janeiro, e logo se tornou a gravação mais importante de sua carreira, alcançando o primeiro lugar entre as Hot 100 da *Billboard* e acabando com o monopólio dos Beatles nos três primeiros lugares depois de catorze semanas consecutivas. Talvez Frank tenha se sentido grato. Ele tinha grande respeito por Armstrong como um colosso do jazz e da música popular, e fez algo brilhante: transformou sua versão de "Hello, Dolly!" num tributo aberto a Louis, e, com acompanhamento em estilo Las Vegas da orquestra de Basie, criou um tributo jovial e dançante com referências ao grande músico —

Hello, Satch! This is Francis, Louis...
*It's so nice to see you back where you belong****

—, incluindo até um gutural e satchmesco *"Oh, yeahh!"* no final.

* Você não vai se apaixonar de verdade porque você não consegue aproveitar a chance. (N. T.)

** O compositor de "Sunflower", Mack David, processou Herman e venceu um acordo não judicial.

*** Olá, Satch! Aqui é Francis, Louis... / É tão bom ver você no seu devido lugar. (N. T.)

A imitação foi bem menos lisonjeira na cópia mal concebida de "I Can't Stop Loving You", com Ray Charles. A versão começa promissora, com Frank encarnando o grito rouco de Charles na frase-título, mas logo afunda como uma pedra num melisma anasalado e desafinado na parte "I've made up my *mi-ind*".* Ninguém — nem o simpático produtor Sonny Burke na cabine de som, nem Quincy Jones ou Bill Miller — teve coragem de dizer que Frank havia feito algo desastroso. Ninguém teve coragem de dizer que ele estava fora de sua zona de conforto naquela mistura única de rhythm and blues e country and western de Charles. Mas tal era a onipotência de Sinatra, e o orgulho que sentia por sua participação honorária no grupo dos negros, que ele acreditava poder fazer qualquer coisa — mesmo quando não podia. E, como sempre, ele estava em busca de sucessos. E riu por último, como de hábito, quando sua versão de "I Can't Stop Loving You" se tornou, junto com "Fly Me to the Moon" e "The Best Is Yet to Come", uma das faixas mais populares do álbum, apesar de tudo.[91]

Frank continuaria atrás de hits, mas, conforme a música popular ia mudando, de forma repentina, irrevogável e completa, isso se tornaria cada vez mais raro.

No sábado, 13 de junho, os Rolling Stones estavam na parte oeste de sua primeira turnê pelos Estados Unidos quando apareceram no programa semanal de variedades *The Hollywood Palace*, da ABC. Dean Martin era o convidado anfitrião, e aproveitou a oportunidade para se vingar dos Stones, bem como da recente Invasão Britânica.

Austero em seu smoking, Dino aplaudiu com entusiasmo ("Lindo, lindo!")[92] quando o comediante Joey Forman saiu do palco, para logo assumir uma expressão súbita de medo. "Agora!", anunciou, sob risos da plateia. "Algo para os jovens. Cinco rapazes da Inglaterra que venderam muitos discos. Eles são chamados de Rolling Stones. Pedra que rola não cria limo, então aqui estão eles."

Os Stones tocaram duas músicas, ambas *covers*: "Not Fade Away", de Buddy Holly, e "I Just Want to Make Love to You", de Willie Dixon. (Assim como os Beatles na época pré-1963, o grupo ainda tinha pouco material original no começo.) Eles se apresentaram bem e com carisma — houve uns dois gritos discretos, mas um corte rápido da câmera mostrou um bocado de gravatas e cabelos grisalhos na pla-

* Tomei minha decisão. (N. T.)

teia. Mick Jagger pareceu um pouco intimidado pelo ambiente, mas demonstrou muito mais domínio sobre o idioma musical negro do que Frank Sinatra.

Em seguida Dino voltou para o palco, batendo palmas com entusiasmo, embora seu rosto inexpressivo contasse outra história. "Rolling Stones — eles não são ótimos?", disse, revirando os olhos. "Depois do show eles vão direto para Londres. Estão desafiando os Beatles para uma competição de arrancar os cabelos. Eu poderia jurar que Jackie Coogan e Skippy também fariam parte do grupo", prosseguiu, numa óbvia referência distante a *Skippy*, filme de 1931 estrelado por Jackie Cooper quando este tinha nove anos. Os Stones, em outras palavras, eram jovens.

Dean não parou por aí. "Bem, vou contar uma coisa a vocês", continuou, malicioso. "Esses grupos de cantores hoje em dia — dá a impressão de que eles têm cabelos compridos. Isso não é verdade. É uma ilusão de ótica — eles só têm testa baixa e sobrancelhas altas." Não fez nenhum sentido, nem foi muito engraçado, mas a plateia riu.

A coisa toda foi bem inofensiva — no bom e velho estilo Dino —, até o próximo participante, Larry Griswold, um acrobata comediante, terminar sua apresentação. Martin ergueu os olhos: "Larry Griswold — ele não é ótimo? Ele é o pai dos Rolling Stones. E, desde que ouviu o grupo cantar, está tentando se matar".

Por um lado, aquilo foi uma forma antiga de humor provocativo, mas também uma fratura na fachada de condescendência amistosa: em alguma parte profunda de sua alma tranquila e inacessível, Dino estava nervoso. Assim como Frank. Tudo bem insistir com George Jacobs que os Beatles eram "uma moda boba e passageira, como bambolês ou chapéus de pele de guaxinim de Davy Crockett [...] que não que ia durar muito".[93] Mas catorze posições nas Hot 100 — em comparação com zero por parte de Sinatra e Martin, em junho — não era tão engraçado. Os bárbaros estavam nos portões, e Dean, Frank e todos os de sua estirpe estavam vendo os portões estremecerem.

Stephen King, na época com dezesseis anos, estava assistindo ao programa em Durham, Maine. Quando Martin piscou e revirou os olhos para a plateia, ele se lembra de ter pensado: "Vai se foder, seu velhote parasita. Você é o passado, eu acabei de ver o futuro".[94]

Frank compareceu ao *Ed Sullivan* no dia 28 de junho, deixando de lado rixas antigas com o combativo anfitrião para ajudar na publicidade de *Robin Hood de*

Chicago, que acabara de estrear. Ele fez as pazes com Sullivan e cantou "My Kind of Town", a melhor música — e o melhor momento — do filme.[95] Os críticos foram unânimes em sua indiferença ao longa. Considerando-o um "filme óbvio e sem inspiração", Bosley Crowther, do *New York Times*, disse: "A melhor parte é a fotografia em cores [...]. Pelo menos uma coisa se pode dizer a favor: a arrogância habitual de Sinatra está amenizada".[96]

Robin Hood de Chicago se saiu um pouco melhor que *Os quatro heróis do Texas*, mas isso não significava muita coisa.[97] O elusivo El Dorado de *Onze homens e um segredo* — o pote de ouro que fizera Jack Warner abrir seu talão de cheques, esperando que chovessem mais riquezas — permaneceu elusivo.

Assim como novas músicas de sucesso, embora Frank continuasse tentando, mesmo com a revolução do rock a ameaçar a música popular. Enquanto a tempestade piorava, o "jovem diretor artístico" da Reprise, o texano Jimmy Bowen, ganhava cada vez mais importância na gravadora. "Bowen falava arrastado, usava gíria de negros e era um bom companheiro", escreve Stan Cornyn.

> Ele vestia roupas apertadas demais, ou talvez tivesse comido demais depois de tê-las comprado. Usava óculos ray-ban com lentes marrons e ouvia arranjos musicais (não só melodias) na cabeça. Ficava acordado a noite toda, bebia Jack e conseguia garotas gostosas. Nunca usou um lenço no bolso. Sua motivação: só produzir singles de sucesso.[98]

E sua motivação mais recente era produzir singles de sucesso para seu chefe. "Jimmy nunca pensava em termos de álbum", disse o engenheiro Lee Herschberg. "Ele nunca teria um álbum conceitual. Para ele, bastava juntar singles de sucesso e você teria um álbum. Não era preciso haver uma continuidade ou um tema, ou algo assim."[99] Bowen lembrou que, durante sua primeira reunião com Sinatra, este disse: "'Olha, se você produzisse músicas para mim, o que você faria?'. Respondi: 'Bom, eu não trairia a sua característica. Mudaria a música ao redor, mas manteria você do jeito que é'".[100]

Com esse propósito, Bowen contratou um novo arranjador, um ex-pianista e organista de jazz e rhythm and blues chamado Ernie Freeman, que tinha entrado no lucrativo negócio de fazer com que ídolos adolescentes brancos como Bobby Vee e Paul Anka soassem como roqueiros.[101]

Era um mundo novo, e no dia 17 de julho, na primeira sessão de gravação com Freeman, Sinatra viu isso de perto. Foram-se os músicos de estúdio com os quais ele estava acostumado, os valentes e gigantes da música clássica e do jazz, substituídos por "instrumentistas do estilo de rock Nashville, tais como o baterista Hal Blane e o tecladista Leon Russell, além do primeiro violino Sid Sharp, que conseguia arrumar violinistas que 'não se incomodavam de estourar uma corda'",[102] segundo Will Friedwald.

Ah, e também um coro completo.

Quando entrou no estúdio naquela noite, Frank "ouviu dois flautistas tocando tríades (tweet-tweet-tweet)", escreve Cornyn.

> Bowen estava na cabine de controle, as mãos suadas, observando Sinatra, que encarou os flautistas e se virou para Jimmy.
>
> "O que é isso?", perguntou.
>
> "São tríades", respondeu Bowen.
>
> "Ah."[103]

Frank fez três gravações naquela noite: "Softly, as I Leave You", uma canção de amor italiana traduzida para o inglês e interpretada com sucesso, no início daquele ano, por Matt Monro, o "Sinatra britânico"; "Then Suddenly Love", de Roy Alfred, o compositor de "The Huckle-Buck", uma tentativa malsucedida de Sinatra em rhythm and blues de 1949, e da também jazzística "Lean Baby", de 1953; e uma composição de Sammy Cahn, Ned Wynn e L. B. Marks chamada "Available". Em uma só sessão, ele criou um novo tipo de som, marcado por um ritmo insistente e metronômico, com um fundo grandioso de cordas e coral. Sinatra cantou lindamente, mas a música, um pouco *muzak* demais, chamou atenção, mas não de maneira positiva. Era como se a Voz estivesse usando um terno de poliéster tendo ao fundo um cenário cafona.

"Quando terminamos a edição de 'Softly', estávamos ouvindo os playbacks e Frank perguntou: 'E aí, James, o que acha?'", recordou Bowen.

> E respondi: "Acho que é apenas um disco para a trigésima posição, mas vamos voltar para o rádio". Ele olhou para mim como se não tivesse gostado muito do que ouviu e foi embora. E acho que o disco foi direto para a posição 27 ou 28. Mas com Sinatra isso era importante porque a palavra da gente era muito importante para

ele, e foi o que senti. Foi um desafio colocar Sinatra entre as quarenta mais tocadas das paradas com os Beatles em cena.[104]

"Softly, as I Leave You", com "Then Suddenly Love" no lado B, chegaria à 27ª posição no dia 5 de setembro: missão cumprida.[105] Mas a que custo?

Foi nesse ano que Sinatra ficou gordo. Não muito gordo, mas mais largo, aparentando mais a meia-idade. Até então ele sempre tinha sido considerado magro: por mil colunas de jornal, nos monólogos de Bob Hope, até nos desenhos animados da Warner Brothers. Do começo dos anos 1940 ao final dos anos 1950, o epíteto homérico de "artista magrelo" não poderia ser aplicado a mais ninguém. A imagem se manteve firme até os cabelos ficarem mais ralos e o artista magrelo virar só artista.

Foi o fim do período intermediário, digamos, entre 1957 e 1963, quando Frank ainda era magro, mas tinha perdido a aparência famélica que o definira na juventude, a aparência que despertava nas mulheres o desejo de alimentá-lo e protegê-lo. Agora, com seu rosto macilento e marcado, ele era um magro fumante e não um magro charmoso. Essa aparência se manteve durante as filmagens de *Os bravos morrem lutando* no Havaí, quando diversas fotografias dentro do set mostravam um histriônico Sinatra dirigindo os atores, esbelto em seus trajes militares.

Mas, em algum momento do verão de 1964 — talvez devido ao quase afogamento, à bacanal em Honolulu, ou quem sabe apenas ao peso da meia-idade —, Frank começou a engordar: dois quilos, cinco, oito. E com o peso, os contornos afilados do rosto, a fisionomia que havia feito o escultor Jo Davidson (que criou um busto dele em 1946) lembrar de Lincoln, desapareceram para sempre. A cabeça de Sinatra se tornou mais esférica e calva, o pescoço, mais largo; os apliques ficaram cada vez mais evidentes.

Foi essa aparência que ele levou para seu último filme, *O expresso de Von Ryan*.

Era um filme da Twentieth Century Fox (o contrato com a Warner não exigia exclusividade), na qual Sinatra não se cobrira de glórias: suas mancadas com o estúdio incluíam o abandono da produção de *Carrossel*; *Pink Tights*, o musical cancelado com Marilyn Monroe; e *Can-Can*, um grande fracasso. Mas a Fox estava numa nova fase, depois de quase ter falido com o fiasco colossal de *Cleópatra*. Agora Darryl F. Zanuck estava no comando, e Zanuck, assim como Jack Warner, queria Sinatra.

O expresso de Von Ryan era outra história sobre a Segunda Guerra, mas muito diferente de *Os bravos morrem lutando*. Uma adaptação do bem-sucedido romance de mesmo nome, encaixava-se com perfeição na narrativa de guerra em estilo juvenil disseminada no início dos anos 1960, exemplificada pelo grande sucesso de *Fugindo do inferno*, de 1963. *Von Ryan* conta a história de um grupo de prisioneiros aliados que empreendem uma fuga ousada, dessa vez sequestrando um trem de carga. Frank interpretou o líder do grupo, coronel Joseph Ryan (era um papel bem mais proeminente que o de ajudante do farmacêutico interpretado em *Os bravos morrem lutando*, e isso se refletia em seu rosto mais cheio, sugerindo prosperidade).

Sinatra teve receios em relação ao projeto desde o começo, sobretudo por envolver várias semanas de filmagens na Itália e na Espanha: ele não gostava de sair de seu próprio ambiente, e tinha más associações com ambos os países. No primeiro, esperava-se que, por ser ítalo-americano, Frank falasse o idioma, mas ele não falava, e as plateias nos concertos que realizara na Itália em 1953 e 1962 foram indiferentes ou rudes.

Já a Espanha, terra do memorável desastre de *Orgulho e paixão*, também era o lugar onde Ava havia declarado sua total independência, tendo casos românticos internacionalmente divulgados com dois toureiros, enquanto o mundo se deleitava com a humilhação de Frank. E foi em Roma que seu casamento com ela tinha afinal desmoronado.

Apesar de toda a bagagem emocional negativa, Frank intuiu que *O expresso de Von Ryan* poderia ser um sucesso, e ele não aparecia num grande filme desde *Onze homens e um segredo*. Zanuck estava oferecendo participação no lucro bruto, um acordo praticamente inédito. Quando um velho amigo de Frank, o cáustico roteirista Harry Kurnitz, expressou sua opinião — de que o mundo já estava cansado daqueles filmes caseiros do Rat Pack —, Sinatra afinal entendeu.

Também era hora de uma mudança de cenário. Los Angeles, assim como o resto do país, estava passando por transformações avassaladoras no final do verão de 1964. Foi o Verão da Liberdade no Sul; o verão em que os republicanos nomearam Barry Goldwater ("Extremismo na defesa da liberdade não é um vício") candidato à presidência pelo partido. O Harlem vivia distúrbios motivados por questões raciais; protestos contra a Guerra do Vietnã começavam a se multiplicar numa tendência nacional. Hollywood não era mais a reluzente cidade que Frank dominara por quase duas décadas. A indústria cinematográfica estava em apuros (*Cleópatra* fora tanto causa como sintoma). Na Sunset Strip, os velhos e grandiosos *nightclubs* Mocambo e Trocadero já haviam fechado fazia um bom tempo — o Ciro's, sob nova direção, tinha sido remodelado na forma de uma casa de rock —, e os restaurantes elegantes com banquetas vermelhas, onde a velha guarda de Hollywood se reunia para manusear cardápios gigantes e trocar olhares, eram cada vez mais raros e distantes uns dos outros. Discotecas como a Whisky a Go Go e The Daisy brotavam como cogumelos depois de uma tempestade. Cabelos compridos começaram a aparecer na Strip. Os Beatles e outros grupos estranhos começaram a tocar em todas as rádios — embora em agosto Dino tenha conseguido se vingar (também em nome de Sinatra) dos Beatles, dos Stones e de todos os outros quando seu single da Reprise "Everybody Loves Somebody" (uma canção de 1947 — então cantada por Sinatra — turbinada por Jimmy Bowen) tirou "A Hard Day's Night" do primeiro lugar da *Billboard*.[106] Foi uma vitória moral, porém temporária. Encorajados pela rebelião e pelo êxtase de novas possibilidades, os jovens sabiam que estavam assumindo o controle. Sinatra não estava nem um pouco satisfeito.

No início de agosto, ele fez as malas e seguiu para Roma, parando em Nova York para pegar Jilly. Segundo Earl Wilson, Jilly seria "encarregado da 'segurança de Sinatra', protegendo-o dos fotógrafos italianos, os paparazzi [...]. Se Frank jogasse bombinhas nos fotógrafos, a coisa podia ficar bem feia".[107]

Frank levou o resto de sua turma — Brad Dexter, Dick Bakalyan e Mike Romanoff tinham papéis no filme — e uma mala cheia com seus fogos de artifício favoritos. Ele estava num humor tipo "foda-se tudo", pronto para atuar onde tivesse vontade e trabalhar em seus próprios termos. E antipatizou de cara com o diretor e produtor de *O expresso de Von Ryan*, o metódico canadense Mark Robson. "Orgulhando-se de ser um artesão meticuloso, provavelmente Robson teria discutido com Sinatra mesmo nas tomadas mais simples, com Frank sempre ansioso para gravar suas cenas na velocidade máxima", escreve Daniel O'Brian.

> Nas locações mais difíceis e isoladas, um confronto era inevitável. A estrela do filme não demonstrou o mesmo respeito por Robson que reservara para Otto Preminger ou John Frankenheimer. Surdo a todas as explicações sobre a logística da produção,

Sinatra insistiu que suas cenas fossem filmadas na ordem, com um mínimo de espera para troca de cenários.[108]

Robson explicou que aquele método de filmagem era possível, mas envolveria muito mais esforços e gastos. Frank o interrompeu. "Eu sei de tudo isso", retrucou. "Não estou dizendo como agendar as filmagens. Só estou dizendo o que quero, e você acabou de me dizer, na frente de testemunhas, que pode fazer isso. Esse foi o acordo. Então *faça*. Ouviu?"

As testemunhas eram outros membros do elenco e da equipe, incluindo a turma de Frank, que ovacionou seu líder, afrontando Robson abertamente. O diretor não cumpriu de imediato a ordem de Sinatra, que foi embora do set.[109]

Para tentar apaziguar o astro, a Fox pôs à sua disposição um iate para ele fazer um cruzeiro pela costa. Sinatra levou os amigos e aproveitou o sol em Portofino, Santa Margherita e Rapallo, enquanto Robson se consumia de raiva.[110]

Sinatra em O expresso de Von Ryan, *de 1965. Nessa época, o rosto e o corpo de Frank começaram a ficar mais largos: os contornos afilados de sua fisionomia juvenil se foram para sempre.*

Sinatra tinha uma vantagem financeira sobre o diretor. Além de contar com o apoio do estúdio, os custos diários de produção eram de 25 mil dólares (mais ou menos 200 mil dólares em 2015), e o acordo de Robson, diferentemente do dele, garantia uma porcentagem dos lucros líquidos do filme, não dos lucros brutos. Sinatra podia se dar ao luxo de adiar a filmagem indefinidamente; Robson, não.

A Fox cedeu a todos os seus caprichos. Quando Frank se recusou a ficar em Roma com o resto do elenco — Roma que se dane! —, o estúdio alugou uma *villa* de dezoito cômodos para ele fora da cidade, cercada por um muro de três metros, com uma piscina interna e outra externa e heliporto. Um helicóptero fretado o levava todo dia a Cortina D'Ampezzo, nas montanhas Dolomitas, um longo percurso que o elenco e a equipe precisavam percorrer de carro. "Entre as cenas", escreve George Jacobs, "ele ouvia Puccini e velhas músicas folclóricas napolitanas, e atirava bombinhas no pessoal elegante mas pomposo que esquiava em Cortina d'Ampezzo."[111] Ele também usou traque para destruir os toaletes de Dexter e Bakalyan no hotel.

Frank estava em pleno frenesi de meia-idade (meia-idade se ele vivesse até os cem anos, como tinha toda a intenção de fazer), uma segunda adolescência. Em termos românticos, Sinatra estava livre, leve e solto: tinha ficado — como se diz — com Angie Dickinson em Los Angeles no início daquele verão, mas, com seu poder no auge e sua capacidade para envolvimentos profundos no ponto mais baixo, Frank estava voando solo naqueles dias.[112] Curtiu uma paixonite por uma linda secretária de produção italiana, mas ela era recém-casada e não estava interessada em aventuras, nem mesmo com Sinatra.

Segundo Jacobs, seu chefe não foi capaz de compreender isso. "Certo fim de semana", lembrou o criado, "Sinatra topou com o casal no saguão do Miramonte Majestic Hotel — o marido fora até Cortina visitá-la e ela com orgulho o apresentou ao sr. S."[113] Frank reagiu pegando uma caneta-tinteiro e assinando um autógrafo em letras grandes nas costas do casaco de cashmere branco que ela usava, presente do marido. A secretária começou a chorar. "Na segunda-feira seguinte", escreve Jacobs, "quando as lojas abriram, ele me pediu para ir comprar três casacos de cashmere idênticos, nas cores vermelho, branco e azul, e entregá-los no hotel da secretária, sem nenhuma explicação ou pedido de desculpas."

Frank estava exercendo o máximo de poder que podia. Quando era um garoto solitário e mimado em Hoboken, Dolly comprara chamativas jaquetas cor de laranja e pretas para os membros do clube do filho, que se reunia depois da escola no Turk's Palace, para garantir que seu círculo de amigos se mantivesse próximo. Agora ele estava usando uma estratégia similar para manter sua equipe feliz (incluindo Jack Entratter, que lhe fazia uma visita). Num fim de semana, recordou Brad Dexter, Sinatra fez com que vários vendedores de produtos de luxo de Roma levassem uma seleção de seus melhores artigos para a *villa* — camisas de seda, gravatas, casacos de cashmere, abotoaduras de ouro, cintos de couro de crocodilo — e convidou Jilly, Entratter, Bakalyan, Dexter e o assessor de imprensa Jim Mahoney para se servirem. De acordo com Dexter, todos, menos ele, aproveitaram ao máximo a oportunidade. "Por que está sendo tão generoso?", perguntou a Frank. "Você não precisa fazer isso."[114]

"Não significa nada para mim, Brad. Pegue alguma coisa. Fique à vontade."

Dexter diz que ele meneou a cabeça e saiu do recinto.

Ava também estava na Itália, filmando *A Bíblia*, mais uma vez sob a direção de John Huston, e envolvida num relacionamento complicado com seu colega de elenco George C. Scott, outro alcoólatra. Ela fazia o papel de Sara e ele, de Abraão. Scott, ex-fuzileiro naval, era um grande ator e dono de uma forte presença, mas bebia muito, tinha apagões e terríveis ataques de ira. Claro que raiva não era novidade para Ava. Scott estivera abstêmio por vários anos até conhecer Ava; apaixonou-se loucamente por ela e voltou a beber. Na época, era casado com Colleen Dewhurst, que estava grávida, mas isso não o desencorajou. Certa noite, no vilarejo de Avezzano, ele e Ava estavam bebendo e ela por acaso mencionou o nome de Frank. Scott a agrediu, jogando-a no chão e dando vários socos em sua cabeça. No dia seguinte ele se desculpou de forma abjeta. O maquiador disfarçou os hematomas e Ava continuou seu trabalho no filme — bem como seu relacionamento com George C. Scott.[115]

Como sempre, Ava estivera em contato com Frank por telefone. Ele tinha feito planos de se encontrar com ela, mas teve que cancelá-los: os jornais italianos estavam oferecendo uma recompensa por uma foto dos dois juntos.[116] Ava nunca lhe contou sobre a surra — com medo de que Sinatra mandasse matar Scott —, mas de alguma forma ele descobriu. Quando as filmagens de *A Bíblia* se transferiram para a Sicília, Gardner começou a perceber que três homens corpulentos passaram a aparecer no set todos os dias. Segundo escreve em suas memórias, ela supôs que Huston os contratara para protegê-la, mas um amigo de Jilly convenceu Randy Taraborrelli de que Frank tinha enviado os três.[117] Uma noite em Taormina, Ava e Scott estavam bebendo e começaram a discutir em voz alta. Quando Scott ergueu a mão para bater nela, os três homens surgiram do nada, agarraram o ator pelos braços e o arrastaram para dentro de um carro. No dia seguinte ele apareceu para trabalhar sem hematomas perceptíveis, mas visivelmente intimidado.[118]

Fosse por gratidão ou nostalgia, Ava embarcou num voo para Roma e passou um fim de semana com Frank. Dexter e Bakalyan a receberam no aeroporto e a levaram para a *villa*. "Frank estava afetuoso, sentimental", escreve Lee Server. "Mais uma vez surgiu a velha conversa sobre retomar o relacionamento. Mas havia certa tensão no ar. Não houve sexo naquele fim de semana."[119]

Havia uma boa razão para isso, como recordou Brad Dexter. Certa noite ele jantou com os dois, e Ava estava abatida e desanimada. Bebeu até quase cair, depois cambaleou até a cama. Frank virou-se para Dexter. "É a única mulher que amei na vida, e olhe só para ela", disse. "Virou uma bêbada."[120]

Ver aquilo era doloroso para Sinatra, mas talvez tivesse sido igualmente doloroso se ele tivesse sido capaz de contemplar a si mesmo.

No começo de setembro a equipe passou a filmar na Espanha, onde ocorreu um incidente ridículo: em Torremolinos, na noite anterior à conclusão das filmagens, Sinatra, Dexter, o gerente do hotel em que estavam hospedados e mais algumas pessoas tomavam um drinque quando Frank sentiu um tapa no ombro.[121] Ao se virar, uma jovem o abraçou e houve uma explosão de flashes de câmeras.

Ela era uma aspirante a atriz, usando um truque barato para conseguir uma foto publicitária com Sinatra, talvez com o envolvimento de algum tabloide. Compreensivelmente furioso, Frank a empurrou para longe, gritando que ninguém podia tirar fotos dele sem permissão. O gerente mandou os fotógrafos irem embora.

Enquanto isso, a jovem foi ao bar e pediu um drinque — que jogou com copo e tudo no rosto de Sinatra, cobrindo-o de uísque e abrindo um corte em sua bochecha. O gerente fez com que ela fosse levada para fora. Quando mais tarde a moça apareceu no saguão do hotel, o gerente chamou a polícia. Frank prestou depoimento, mas não quis dar queixa.

Na manhã seguinte, o saguão estava cheio de policiais; na rua havia jipes com metralhadoras montadas.[122] Todas as pessoas envolvidas com o filme foram detidas, e dois membros da equipe foram presos. Frank e Dexter conseguiram driblar a polícia e ir para o set trabalhar no último dia de filmagens.

No dia seguinte, quando os dois estavam prestes a deixar Madri pela manhã, agentes à paisana da Guardia Civil os pararam no saguão do hotel e disseram que ambos deviam ir à delegacia de polícia para responder a perguntas.[123] A jovem havia prestado queixa contra Frank e Dexter por agressão, e, de acordo com a lei espanhola, os dois podiam ser detidos por três dias antes de serem oficialmente acusados de algo. Enquanto Dexter ligava para o embaixador americano, Frank gritava com os policiais, chamando o líder fascista da Espanha, o generalíssimo Franco, de "bicha espanhola".[124] Aquilo não caiu bem. A polícia trancou Sinatra e Dexter em celas separadas e os submeteu a um longo interrogatório. O produtor do filme, Saul David, por fim apareceu e pagou 25 mil pesetas (416 dólares em 1964, uma porção considerável do salário anual da Guardia Civil) para liberá-los sob fiança. A polícia levou Frank direto para o aeroporto, sem nem deixá-lo fazer as malas. Ele embarcou num avião e voou para Paris, onde mergulhou em seus ressentimentos no luxo do Hotel George v.

"Nunca mais volto para aquele maldito país", afirmou. "Odeio aqueles malditos fascistas."[125]

Ava também começava a se cansar da Espanha. Mas, infelizmente, ainda não tinha se cansado de George C. Scott.[126]

Em outubro, as filmagens de *O expresso de Von Ryan* foram transferidas para um estúdio na Twentieth Century Fox. Zanuck apertou o cinto na Fox, demitindo pessoal e vendendo parte do terreno, enquanto mantinha a máquina em funcionamento com filmes mais baratos e produções para televisão, estratégia que ajudaria a empresa a se recuperar. (Tanto *Von Ryan* como *A noviça rebelde*, orçados em 5,7 milhões e 8,2 milhões de dólares, respectivamente, foram filmes mais ou menos grandes, mas não chegaram nem perto do avassalador orçamento de 44 milhões de *Cleópatra*).[127] Entre as séries de TV em produção naquele outono, gravadas nas dependências do estúdio entre o West Pico Boulevard e o Olympic Boulevard, estavam a aventura de ficção científica *Viagem ao fundo do mar*, o drama passado na Segunda Guerra *Twelve O'Clock High* e a nova novela do horário nobre da ABC, *A caldeira do diabo*.[128]

A caldeira do diabo era baseada no provocativo romance de Grace Metalious, de 1956, sobre os segredos sórdidos de Peyton Place, uma pequena cidade da Nova Inglaterra, e, embora a versão para a TV amenizasse os aspectos mais pesados do livro, a ousada sexualidade para os padrões da época tornou o programa controverso e instantaneamente popular. A loira durona Dorothy Malone interpretava Constance McKenzie, mulher com um passado sombrio e proprietária da livraria de Peyton Place.[129] A novata Mia Farrow, na época com dezenove anos, fazia o papel de Allison, sua filha alienada e virginal, mas curiosa em relação ao sexo (e secretamente ilegítima).

Esguia, etérea e vagamente andrógina, Farrow tinha malares altos, enormes olhos azuis e um pedigree hollywoodiano um pouco enodoado. Sua mãe, a irlandesa Maureen O'Sullivan, fora uma verdadeira estrela nos anos 1930 e 1940, mais famosa por seu papel de Jane, contracenando com o Tarzan de Johnny Weissmuller em meia dúzia de filmes. Mas teve atuações mais substanciais em produções como *A ceia dos acusados*, *Anna Karenina* e *Orgulho e preconceito.* A carreira de O'Sullivan no cinema entrou em declínio na década de 1950, assim como a carreira do marido, o diretor de filmes B australiano John Farrow (*Vítimas do divórcio*, *O relógio verde*). John era católico devoto — tendo escrito uma biografia bem avaliada sobre Sir Thomas More — e também um bêbado frio que traía O'Sullivan com regularidade enquanto ela criava os sete filhos que tinha com ele. "Farrow foi um homem inteligente, talentoso, infeliz, atormentado, muitas vezes frustrado, inseguro e arrogante que deveria ter sido ator — mas que detestava atores",[130] escreveu o colunista Lloyd Shearer. Em 1953, Farrow dirigiu o irrelevante western *A bela e o renegado*, estrelado por uma Ava Gardner relutante que teve um caso com ele por puro tédio. Ava se lembrava de John como "um tipo vil e lascivo, tão cruel com os cavalos quanto com as putas que trazia de avião de Los Angeles".[131] Farrow morreu no começo de 1963, aos 58 anos, de ataque cardíaco. Poucos choraram sua morte.

Maria de Lourdes Villiers Farrow, apelidada de Mia, idolatrava o pai quase sempre ausente e a linda mãe, ausente mesmo quando estava com ela.[132] No estilo hollywoodiano da época, Mia e seus irmãos (ela era a terceira filha, a mais velha de quatro garotas) foram criados por babás, mas os Farrow foram ainda mais longe — os filhos viviam numa creche separada da casa principal, com uma cozinha só para eles. A infância de Mia foi difícil: ela contraiu pólio aos nove anos; os glamorosos pais tiveram problemas no casamento (passaram a dormir em quartos separados depois que O'Sullivan soube do caso com Gardner); e seu adorado irmão mais velho morreu num acidente de avião em 1958. Ela frequentou uma escola de freiras na Inglaterra, que detestou; desenvolveu uma intensa vida imaginativa, como um modo de se afastar de seu cotidiano. "Eu era a solitária da família", declarou ao colunista Bob Thomas. "Era capaz de calar todos os barulhos de casa, para viver nas minhas próprias fantasias."[133]

"Em Beverly Hills, quando todos em casa estavam dormindo", escreveu Mia em suas memórias, "eu costumava vagar pelos cômodos e olhar minha família, e de vez em quando abria o olho de alguém com muito cuidado com o polegar, só por um segundo, para ver o globo ocular lá dentro."[134]

De certa forma, era inevitável que aquela garota estranha, sonhadora, linda e exótica, cujos padrinhos eram Louella Parsons e George Cukor, acabasse se tornando atriz.

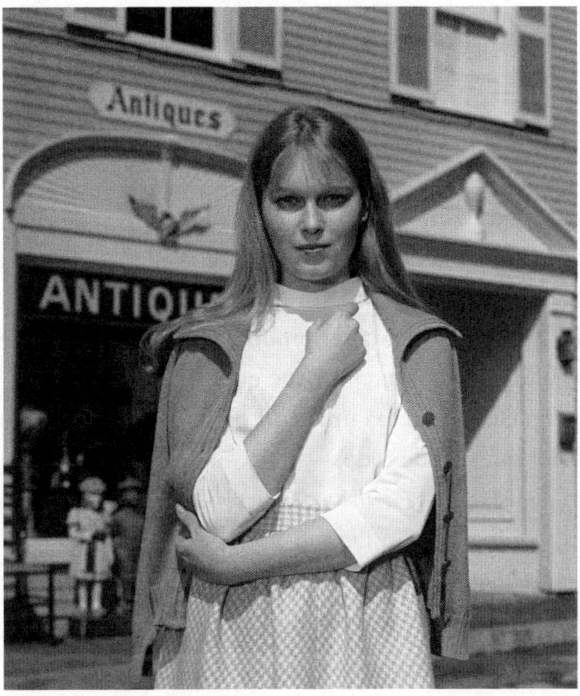

Mia Farrow em A caldeira do diabo, *1965. Esguia, etérea e vagamente andrógina, tinha malares altos, enormes olhos azuis e um pedigree hollywoodiano um pouco enodoado. Aqui ela mostra uma marcante semelhança tanto com seu falecido pai, o diretor John Farrow, quanto com seu futuro filho Ronan.*

Certa vez, ao passar o Natal com a mãe em Nova York — O'Sullivan estava estrelando uma comédia na Broadway —, Farrow, então com dezessete anos, implorou para ter aulas de atuação e logo mostrou seu talento. "Descobri que só nas aulas de teatro eu era capaz de manipular as pessoas, diverti-las, até mesmo fazer com que reparassem em mim com aquele maravilhoso jogo de fingimento, em que eu não precisava ser eu mesma",[135] recordou. Dali em diante as coisas aconteceram rápido. Quando uma atriz abandonou a produção da Broadway de *A importância de ser prudente* — o elenco era todo inglês —, Mia fez um teste para o papel, foi aprovada e obteve críticas excepcionais. A Twentieth Century Fox assinou um contrato com ela. Com exceção de uma ponta num dos filmes de seu pai quando era criança, o piloto de *A caldeira do diabo* foi seu primeiro momento em frente às câmeras.[136]

O primeiro papel no cinema também veio logo: Britt Ekland, que interpretava uma moça ingênua num filme de aventura de Richard Attenborough chamado *Os rifles de Batasi*, teve de abandonar o papel porque seu marido, Peter Sellers, sofrera um ataque cardíaco, e a Fox mandou Farrow para Londres para preencher a vaga.[137] Ela trabalhou por duas semanas e voltou para os Estados Unidos, onde o piloto de *A caldeira do diabo* já tinha ido ao ar, e descobriu que estava sendo anunciada como uma nova estrela.

Mia recebeu o sucesso instantâneo de braços abertos. "Quero uma grande carreira, um grande homem e uma grande vida!", ela diria a Hedda Hopper, pouco depois de a série começar a ser produzida. "A gente tem que pensar grande — é o único jeito de se conseguir o que quer."[138]

De certa forma, também era uma conclusão inevitável que ela acabaria encontrando o maior homem de todos.

O pretexto plausível para a visita de Farrow ao set de *O expresso de Von Ryan* foi que o jovem ator inglês John Leyton, com quem ela tinha feito uma cena de amor em *Os rifles de Batasi*, estava no elenco. "Os estúdios têm uma espécie de clima de campus", escreve ela em suas memórias.

> Quando atores estão trabalhando em estúdios próximos, cria-se uma camaradagem; a adrenalina corre solta, e quando as pessoas ficam impacientes durante os longos intervalos das filmagens, uma opção é perambular em outro set. Assim, adorei quando Johnny Leyton, de *Os rifles de Batasi*, chegou para trabalhar em *O expresso de Von Ryan*, estrelado por Frank Sinatra.
>
> Eu havia conhecido Sinatra oito anos antes, no restaurante Romanoff's, onde estava jantando com meu pai. Tinha onze anos. "Que menina bonita", ele

> tinha dito em tom de brincadeira, e meu pai replicara: "Fique longe dela". Mas eu não imaginava que o sr. Sinatra iria se lembrar disso. Agora, estava no estúdio escuro, vendo-o atuar numa cena a bordo de um falso trem com uma linda atriz italiana, e pensei em como o rosto dele era bonito, cheio de dor e, de certa forma, familiar.[139]

Mia deixa de mencionar que seu falecido pai (que tinha olhos azuis e testa alta) era bastante parecido com Frank Sinatra. E — detalhe estranho — que os dois usavam o mesmo perfume. "Hoje posso dizer", ela escreveu mais tarde, "que eles tinham o mesmo cheiro."[140]

Farrow também não comentou que naquela visita ao set estava vestindo apenas uma camisola do departamento de figurino de *A caldeira do diabo*, e mais nada, e que, embora tivesse falado muito na imprensa sobre seu corpo de vara-pau (ela disse à revista *Life* que suas medidas eram 20-20-20),[141] a dama exagera em seus protestos. Frank olhou para ela, e olhou mais uma vez.[142]

E Mia voltou a visitar o set, mais de uma vez. Brad Dexter recordou que Farrow ia todos os dias ao set e ficava "de olho"[143] em Sinatra. Ao final da primeira semana, quando Frank, Dexter e o diretor de fotografia William Daniels estavam prestes a viajar para Palm Springs no jato de Frank, Mia perguntou: "Por que vocês nunca me convidam para ir junto?".

"Frank reconsiderou", contou Dexter. "'Então? Você está brincando? Quer vir conosco?' Entusiasmada, Mia respondeu: 'Claro'."

A versão de Farrow é bem mais casta. Enquanto assistia à filmagem, "vi Sinatra sentado a alguma distância atrás de mim, no meio de um animado grupo de homens", escreve.

> De repente, um deles, um homem grande com uma expressão simpática, se aproximou de mim e disse: "Ei, a gente estava tentando adivinhar quantos anos você tem". Olhei de soslaio para o grupo, que me observava de suas cadeiras de lona. Eu estava de tranças e achei que parecia bem mais nova do que de fato era, de modo que me levantei e disse, com orgulho: "Dezenove". Minutos depois, fui convidada para me sentar com eles e, claro, aceitei na hora. Mas fiquei tão nervosa que derrubei o conteúdo da minha bolsa no chão, na frente de Frank Sinatra e debaixo da

cadeira dele, e também dentro de uma das minhas galochas. Lutei para apanhar as coisas. Meu aparelho ortodôntico (a humilhação), moedas espalhadas por todo lado, fotos do meu cavalo, pedaços de um *donut* verde, frascos de papinha de nenê para meu gato, protetor labial, meus óculos, absorventes, goma de mascar, balas, chaves, a catástrofe completa. "Oh, me desculpe", fiquei dizendo, "sinto muito", enquanto ele me ajudava a recolher as coisas do chão.[144]

Parece cena de filme. A música fica mais alta. "Deve ter sido nesse momento que nossos olhares se encontraram", ela prossegue.

> Senti uma coluna de luz subir por dentro de mim, puxando partículas das profundezas escuras. Eu estava um pouco atordoada quando saí para voltar ao trabalho. Ele me acompanhou até a porta do estúdio e perguntou se eu gostaria de ver um filme com ele na sexta-feira à noite — uma apresentação particular de sua primeira experiência como diretor, *Os bravos morrem lutando*.
>
> "Claro", respondi. "Eu adoraria."

Chega a noite de sexta-feira; os dois se encontram na sala de projeção da Warner Brothers. As luzes se apagam e Mia assiste ao filme num estado de torpor: "Havia os japoneses e os nossos soldados, e todos de uniforme, e algumas escaramuças — não tenho certeza, minha mente não estava na tela. Em algum ponto no meio do filme, Frank Sinatra pegou na minha mão. É disso que me lembro".[145]

Quando as luzes se acendem, ele a convida para acompanhá-lo a Palm Springs "nessa mesma noite". Haverá outros convidados; vai ser divertido.

Mia balbucia alguma coisa sobre seu gato. Ele precisava ser alimentado, e só come papinha de nenê. E ela nem trouxe roupas, o pijama, a escova de dente. Nada disso faz sentido. Mia agradece o convite e pede desculpas.

Mas, enquanto isso,

> eu pensava: por favor, me perdoe, Frank Sinatra, é minha culpa, talvez eu não devesse ter ficado de mãos dadas com você, aquilo foi precipitado da minha parte, causei uma impressão errada, *não posso* ir a Palm Springs com você, nem a nenhum outro lugar. Não faço ideia do que estou fazendo, não sei de nada, só vou decepcioná-lo, não tenho pílula nem diafragma, não tenho uma ideia clara do que as pessoas

fazem, já que não tenho experiência alguma nessa área, então, por favor, vamos esquecer isso tudo. Me desculpe por ter ficado de mãos dadas com você.

E Frank perguntou: "Que tal amanhã? Vou mandar meu avião pegá-la. Você pode levar o gato".

Como assim? Mandar o *avião* dele para mim e para o gato? O senso de realidade saiu de cena na ponta dos pés.

Na verdade, ambos estavam em um território estranho. Ela é virgem! (Vamos confiar em seu relato. Se Frank soubesse disso, teria sido tão rápido em oferecer seu avião?) Mia nunca tinha ouvido um disco de Sinatra nem visto nenhum de seus filmes — exceto *Os bravos morrem lutando*.[146] Nem os pais dela tinham discos de Sinatra: ouviam canto gregoriano.

Mia Farrow ouve os Beatles. Fuma maconha e já tomou LSD. Faz ioga. Foi amiga de Salvador Dalí. Essa é a garota que abria os olhos dos familiares adormecidos com o polegar (matizes de *Um cão andaluz*). Que disse: "Às vezes acho que gostaria de guardar minha alma num lugar inacessível. Eu teria um castelo com um fosso e uma ponte levadiça, e as pessoas nunca poderiam me pisotear e tirar pedaços da minha alma até não restar nada".[147] Essa é a garota que vagou à solta pelo mundo por um bom tempo, mas que também detém uma vigorosa ambição. Que tem um senso tão ruim de direção que precisa ser conduzida pelos outros quando quer chegar a algum lugar, mas ao mesmo tempo sabe muito bem para onde está indo.[148] A garota que deixa outros cuidarem dela — e nunca teve cuidados suficientes —, mas ao mesmo tempo parece estranhamente capaz de cuidar de si mesma. Tem um apartamento de três dormitórios no segundo andar de uma casinha em Beverly Hills, como milhares de outras jovens atrizes, e o decorou com móveis da Sears e carpete de parede a parede, com uma lagoa artificial com uma pequena cascata coberta de musgo artificial, para seu gato angorá surdo chamado Malcolm.[149] Mas, diferentemente de milhares de outras jovens atrizes, ela tem linhagem e uma determinação férrea. Tem tudo para vencer na vida.

Sinatra é Sinatra, agora prestes a fazer 49 anos, e ao ver essa garota magricela com um corpo surpreendente menear os cabelos loiros e compridos enquanto olhava para ele com aqueles grandes olhos azuis, balbuciando sentenças com uma encantadora timidez em sua voz doce e trêmula, ele sentiu um irresistível desejo de ficar com ela, de tomar conta dela. Frank viu a morte de perto naquelas ondas em Kauai, e aqui está a vida, em sua forma mais viçosa.

Então Frank olha para Mia com seus irresistíveis olhos de um azul elétrico, dando-lhe a atenção que todas as mulheres no mundo desejam, que agora é só dela. A atenção total que John Farrow nunca lhe deu. E, com uma audácia sincera, Mia sustenta o olhar:

> Eu me segurei, não vacilei nem desviei o olhar, e, embora eu mesma não dissesse nada, a ousadia e o vigor de toda aquela troca de olhares me surpreenderam com um silêncio ainda maior, do qual emergiu um novo pensamento, acompanhado de música e luz — de que poderia ser maravilhoso estar em Palm Springs ou em qualquer outro lugar com Frank Sinatra.[150]

Assim, no dia seguinte Mia está no jato de Frank com seu gato, enquanto o piloto taxia para um canto remoto do aeroporto de Palm Springs, onde ela avista Frank Sinatra "recostado num carro preto, braços cruzados sobre uma camisa laranja de manga curta. Estava bonito. Quando desci a escada do avião segurando meu gato e um chapéu de palha, ele veio em nossa direção, rindo".[151]
E agora os dois tinham passado para o outro lado do espelho.

Mia e Frank começaram a explorar o estranho território novo das personalidades de cada um.

No começo um pouco isolados, passando os fins de semana em Palm Springs, observados por um George Jacobs confuso: "Não é que Mia fosse uma garota Beatles, ou uma garota Stones, e não uma garota Frank. Ela era uma garota *nada*, uma novata completa [...] uma garota ingênua de dezenove anos cuja principal paixão era um gato surdo".[152] Frank precisava de companhia, por isso quase sempre havia algumas pessoas por lá — seus amigos Yul Brynner, Jack Entratter e a namorada deste, Corinne Cole, que depois se tornou sua esposa.

Anos depois, numa carta a Farrow, Cole escreveu algumas reminiscências sobre aqueles fins de semana outonais:

> Na sala de estar, com o ar-condicionado pingando na porta corrediça aberta, você e eu sentadas em traje de banho tentando aprender a jogar gamão. Frank nadava na piscina; Jack celebrava o "sol judeu", convocando doadores pelo telefone. Cada vez que um dos aparelhos tocava, nossos corações se afundavam e nós mergu-

lhávamos no silêncio, esperando que fôssemos dispensadas de qualquer maneira. Então Frank emergiu da água, apenas seu famoso rosto aparecendo, e com todo o vigor de sua voz exclamou para que o mundo todo ouvisse: "Amo você". Se alguém estivesse no gramado do número 17 de Tamarisk naquele instante, teria o furo do ano. Com ar indiferente, seus olhos se ergueram do nosso jogo e sua atenção se voltou para ele. Através da porta telada, você devolveu suavemente: "Também te amo, Charlie".[153]

É uma descrição adorável da vida real vivida em circunstâncias excepcionais, enquanto o mundo se agitava lá fora. E é estranho perceber que ela era cinco anos mais nova do que a filha mais velha dele.

Mas a calma de Mia revelava uma segurança profunda, que Nancy não tinha. Ela estava um pouco atordoada com todas as novidades em sua vida, mas isso também era uma máscara, um escudo, que cobriam um ego observador ao extremo e uma determinação de ferro. Apesar das tranças, da voz macia e da insegurança cuidadosamente maquinada, Mia sabia muito bem o que estava fazendo e para onde estava indo. Num daqueles fins de semana, Jack Warner e sua amante Jacqueline Park foram para Palm Springs, e Park ficou maravilhada com a serenidade de Farrow dentro de uma casa cheia de fotos de Ava:

> Havia fotos de Ava no banheiro, no quarto de dormir acima da cama dele, na sala de estar e uma até na cozinha, mas Mia nunca disse uma palavra sobre isso [...]. Perguntei-lhe se estava feliz com Frank e ela respondeu: "Sim, vamos nos casar. Eu sei que vamos. Esse é meu destino, e não há nada que eu possa fazer a respeito".[154]

Na verdade, ela estava fazendo tudo que podia a respeito.

Ela o chamava de Charlie ou Charlie Brown, pois sua cabeça cada vez mais redonda (que Mia via sem peruca) a fazia pensar no personagem das tirinhas. Frank a chamava de Angel Face ou Baby Face. Fazia todo o possível para incluí-la em seu mundo. Tocava sinfonias de Ralph Vaughan Williams no estéreo — Mia adorava —, tentou fazê-la se interessar por golfe, mas isso ela detestou. Frank lhe deu de presente um jogo de tacos "numa sacola branca, com MIA escrito em letras azul-claras", ela lembrou, só que não adiantou. "Pior ainda que aprender a jogar era ter de assistir a intermináveis torneios de golfe na televisão com Frank."[155]

E também havia a questão das armas de fogo, uma parte essencial do ritual de namoro de Sinatra desde que ele e Ava tinham saído para atirar no deserto de Indio, em 1949. Agora as coisas exigiam mais pragmatismo e discrição e, de acordo com os parâmetros dos anos 1960, despertavam mais paranoia: voltando para casa do apartamento de Frank em Los Angeles uma noite, Mia percebeu que estava sendo seguida por dois homens num automóvel. Ela parou num posto de gasolina bem iluminado e ligou para Sinatra, que apareceu em poucos minutos, armado. Os homens foram embora. A próxima coisa que Frank fez foi comprar um revólver com cabo de madrepérola para Farrow e levá-la ao deserto para praticar tiro ao alvo em latinhas. "Eu era uma pupila relutante e atirava muito mal, mesmo de óculos. Afinal, Frank teve de reconhecer que seria mais seguro me manter longe de armas de fogo."

O deserto também era um lugar para meditação e estudo: conforme os dois caminhavam pelas ruas estreitas nos arredores de Tamarisk, Frank fez o melhor que pôde para informar àquela criança de outra era sobre o que tinha transformado Sinatra em Sinatra, floreando suas histórias como faria qualquer pretendente ao tentar impressionar sua garota. Dessa forma, Frank não tinha sido um almofadinha mimado (e intimidado pelos colegas) em seu passado em Hoboken, mas sim um garoto de rua experiente sobrevivendo "num dos bairros mais perigosos do país — talvez do mundo". Ele descrevia seu primeiro casamento em poucas palavras: Nancy, "sua namorada de infância, uma mulher excepcional sob todos os aspectos, com quem ele teve três crianças adoradas, duas delas mais velhas do que eu; eu ficava imaginando como eram os filhos dele, e o que poderiam pensar de mim".[156]

Quanto a Ava, que (enquanto ainda era casada com Frank) tinha provocado a destruição do casamento dos pais de Mia e de quem havia "muitas lindas fotos [...] espalhadas pela casa", Frank "parecia tão triste ao falar dela que era um alívio quando ele mudava de assunto".

E quando mudava de assunto ele sempre acabava mencionando seu Rosebud, sua pedra de toque. "Ele me contou como havia aprendido a arte de seu fraseado e a técnica de respirar disfarçadamente com Tommy", lembrou Farrow.

> "Quem é Tommy?", perguntei, e Frank apenas me encarou. Em momentos como esse — e eram muitos —, eu ficava nervosa e constrangida, compreendendo que ali estava outra coisa que todo mundo no mundo inteiro provavelmente sabia. Mas, com toda a paciência, Frank explicou que Tommy Dorsey era um famoso *bandleader*

e tocador de trompete [sic] que já morrera, e que ele, o jovem Frank Sinatra, tinha cantado com sua orquestra.

"Ah, sei", eu dizia. "Desculpe."

Mas talvez fosse Frank que devesse se sentir constrangido, por falar de assuntos tão datados. (Em 1988, como recordou Jonathan Schwartz, Sinatra ainda tentava despertar o interesse de mulheres mais jovens — nesse caso, a namorada de Schwartz — com suas lembranças sobre Dorsey.)[157] Contudo, naquela época, como sempre, o que Sinatra tinha a dizer era menos interessante do que aquilo que ele tinha de ser.

O abismo entre os dois era maior e mais profundo do que ambos imaginavam (embora talvez Frank tivesse noção desse fato). Mas, como acontece com todos os novos amantes, eles acreditavam que sua felicidade física refletisse uma fusão espiritual.

> Às vezes, caminhávamos em silêncio de mãos dadas e olhávamos para as estrelas a ocupar seus lugares uma a uma no céu do deserto, e nesses momentos eu me sentia mais próxima dele do que jamais me sentira de alguém em toda a minha vida. Em outras ocasiões, quando o silêncio demonstrava o distanciamento dele, eu me sentia insegura e à deriva. Mas, na maior parte do tempo, aqueles dias tranquilos, em que estávamos descobrindo um ao outro, quando quase ninguém sabia sobre nós, foram os mais felizes que passamos juntos.[158]

Então, de início devagar, o mundo começou a entrar em cena.

Primeiro veio a velha guarda de Hollywood, a nova turma de Frank, agora que ele estava na meia-idade e em busca de mais sucesso: "aquele pessoal mais velho e empertigado, cuja companhia Frank encorajava para parecer mais respeitável", como disse Brad Dexter. "Eu chamava aquela turma de 'show da madrugada'."[159]

Eram Bill e Edie Goetz; Rosalind Russell e o marido, o produtor da Broadway Freddie Brisson; o produtor de filmes Armand Deutsch e a esposa, Harriet; Claudette Colbert e o marido, o cirurgião otorrinolaringologista Joel Pressman. Frank a levou para o jantar de Ação de Graças na casa dos Goetz (onde ele mandou Mia raspar o prato).[160] E, embora no começo, como observou George Jacobs, "ninguém, absolutamente ninguém levasse aquele romance a sério",[161] Edie Goetz notou que "Mia era uma jovem muito esperta, que sabia muito bem quem era e o que desejava. Era doida por Frank, e pretendia se casar com ele".[162]

E, em pouco tempo, os amigos do show da madrugada, os Goetz, os Brisson e os Pressman, também começaram a incitar Frank a se casar.

No início de novembro, um horror inconcebível: uma forte tempestade em Los Angeles gerou um deslizamento de terra nas colinas de Burbank que soterrou a casa do pianista de Sinatra, Bill Miller, ferindo-o com gravidade e matando sua esposa, Aimee, de 47 anos. Miller, que tinha feito uma tentativa desesperada de salvá-la quando ela foi arrastada pelo deslizamento, foi encontrado pela equipe de resgate a pouco mais de um quilômetro da casa, agarrado a um automóvel.[163] Frank encontrou uma nova casa para seu pianista, pagou as contas médicas que o seguro dele não cobria e providenciou a mobília da nova residência, cuja instalação ele próprio supervisionou até os mínimos detalhes, incluindo louça, roupa de cama e o novo guarda-roupa.[164] Fez tudo o que pôde, com exceção de se encontrar com seu braço direito musical para consolá-lo pessoalmente.

O grande homem e genial pianista que Sinatra chamava, brincando, de Suntan Charlie sempre tivera — e sempre teria — um relacionamento complexo com ele; e agora a relação havia se complicado ainda mais. "Bill não gostava muito de Frank", insistiu uma antiga paixão de Sinatra, Peggy Connelly. "Era como um criado que nunca via seu chefe como herói. Uma vez ele me perguntou: 'O que você vê nesse sujeito? Ele sempre repete as mesmas histórias'. Bill poderia ter tido uma ótima carreira sem Frank, mas ele não era esse tipo de pessoa."[165]

"Bill sempre tolerou as provocações de Frank, mas tinha sua própria maneira de se vingar", recordou Emil Richards. "Se Frank dissesse: 'Bill, me dá o tom', Bill só tocava uma nota. Um pequeno 'bup', e só [...]. Era como se Bill estivesse dizendo: 'Vai, seu puto, encontre o seu tom. Você sempre manda em mim, mas agora eu te peguei!'."[166]

Frank não levou Mia para Las Vegas — ainda não. Poderia ter sido constrangedor: na noite seguinte ao feriado de Ação de Graças, Frank cantou no Sands com Count Basie e sua orquestra. Depois de apresentar alguns amigos ao lado do palco, ele se voltou para uma mesa próxima e disse: "E agora, a mãe de meus três filhos, sra. Nancy Sinatra".[167] Dois dos três filhos, Nancy Sandra e Frank Jr., estavam à mesa com ela. Quincy Jones, que foi o regente durante as duas semanas de apresentações, lembrou que Sinatra estava centrado e fazendo um ótimo trabalho. O mentor da bacanal em Honolulu havia desaparecido por completo.

> Jack Entratter perguntou: "O que vocês fazem com Frank? Quando ele está com o Rat Pack, aqueles caras vão para a sauna às cinco e meia da manhã tomando Jack Daniel's. Eles passam a noite toda na farra. Mas, quando vocês trabalham com ele, Frank chega 45 minutos adiantado com a partitura, uma pasta e exercícios vocais. Dá para ver que ele está preparado. Porque, apesar de tudo o que veio depois, os filmes, a TV e tudo o mais, antes de qualquer coisa Frank foi um cantor de orquestra, essa é a raiz dele".[168]

Frank parecia ter deixado o Rat Pack para trás. Estava apaixonado. Assistindo à gravação de um episódio de *A caldeira do diabo*, Sheilah Graham viu Farrow receber o que parecia ser um telefonema importante. "Ainda me lembro de Mia toda afoita, na lanchonete da Twentieth Century Fox, dizendo: 'Acabei de receber uma ligação do homem que eu amo'", lembrou Graham. "Eu tinha ouvido alguns rumores, e perguntei: 'Frank Sinatra?'. 'Sim.' Foi uma resposta direta, clara e confiante."[169]

No dia 30 de novembro, Graham publicou a notícia com alegria em sua coluna, dizendo que o romance entre Frank e Mia era "o mais maluco e mais feliz do ano". Também informou que o casal "ainda não falou de casamento, mas isso pode muito bem estar nos planos deles".[170] O telefone de Farrow não parou de tocar nas 24 horas seguintes, com ligações de Nova York, Londres, Paris — e de Maureen O'Sullivan. "Tenho me encontrado com o sr. Sinatra, mas só para falar sobre um filme que estamos pensando em fazer juntos",[171] foi a resposta de Mia para todos. Louella Parsons, que sempre fora maternal, mas estava cada vez mais distante da situação, ouviu os rumores sobre um romance e ecoou a negação de sua afilhada. "Não acho que seja verdade", escreveu. "Acho que Frank tem falado com Mia sobre um papel em algum filme."[172] O filme em questão, que não parecia muito promissor, era *Vamos casar outra vez*, no qual Farrow interpretaria a filha de Frank.

A *Variety* ficou encantada com a apresentação de Sinatra e Basie no Sands, que considerou

> um sucesso óbvio, mesmo antes de a cortina subir [...] o tipo de performance incrível que Entratter sem dúvida gostaria de estender para além das duas semanas programadas. Sem acompanhamento de coral, é puro Sinatra e puro Basie. A combinação de personalidades e talentos é irresistível.[173]

A matéria também revelou que Frank, "com boa voz e bom humor", cantou "In Other Words" ("Fly Me to the Moon"), "My Kind of Town" e — novidade em seu repertório — "Get Me to the Church on Time".

Velhos hábitos custam a morrer. Além de Nancy, Nancy filha e Frank Jr., Sinatra chamou outro convidado especial para a noite de estreia no Copa Room, como recordou seu colega de elenco em *O expresso de Von Ryan*, John Leyton, presente com a namorada:

> Frank nos levou até a mesa e nos apresentou a algumas pessoas, entre as quais Sam Giancana — eu o chamei de senhor! Frank me disse para perguntar a Sam o que ele fazia da vida. Fiquei inseguro [...] mas Frank insistiu com um sorriso [...]. Bem, acabei perguntando [...] e ele se levantou e gritou: "Eu sou dono de Chicago, é isso que faço na vida". Como ele percebeu que Frank tinha me feito perguntar, respondeu com um sorriso no rosto![174]

Pelo visto, o FBI e a Comissão de Controle do Jogo de Nevada estavam tirando uma soneca naquela noite.

22.

Sou um homem simétrico, quase em excesso.
Sinatra na revista *Life*, 23 de abril de 1965

A folha do calendário foi virada em meio a um turbilhão. "Os Estados Unidos de 1964 estavam lutando para se livrar do preto e branco e ir para o colorido",[1] escreveu o crítico Dwight Garner. Ele estava falando de muito mais do que a televisão — embora, entre 1964 e 1966, o número de aparelhos de TV em cores nos lares americanos tivesse mais que triplicado.[2]

O profundo mal-estar gerado pelo assassinato começava a amenizar. Em 1964, com a Invasão Britânica aportando, garotos americanos pegaram guitarras e começaram a deixar o cabelo crescer. (Até o filho de Dean Martin, Dean Paul, entrou na moda e formou um trio de rock, Dino, Desi & Billy, com os amigos Desi Arnaz Jr. e Billy Hinsche.) Em 1965, garotos americanos, assim como algumas garotas, conseguiram contratos com gravadoras, e no mesmo ano surgiram as bandas The Association, The Blues Project, Canned Heat, The Doors, The Electric Prunes, Grateful Dead, Jefferson Airplane, The Lovin' Spoonful, The Mamas & The Papas, Sir Douglas Quintet e The Stone Poneys, com Linda Ronstadt. *Hullaballo*, o novo programa musical de variedades para jovens (em cores) da NBC, apresentou esses novos grupos para milhões de pessoas no horário nobre, em números que eram concluídos com a visão titilante de Lada Edmund Jr., de dezessete anos, dançando numa gaiola.

A Warner-Reprise Records estava a todo vapor, lucrando com Dino (*Dream with Dean*, que incluía "Everybody Loves Somebody") e também com os novos contratados de Mo Ostin, os Kinks, cuja irresistível, espirituosa e sensual "You Really Got Me", com seu insistente coro — duh-*da*-da-da-*dah* —, fazia pulsar as caixas de som e os nervos dos adultos enquanto caixas registradoras tilintavam em todo o país.

Sinatra, a essa altura, não estava mais enfurecido com capangas cretinos, repetições imbecis e letras lascivas: os Kinks estavam gerando muito dinheiro. "O rock 'n' roll pertence à geração mais nova, e não vou tentar criticá-lo",[3] declarou à *Variety*, com moderação diplomática, em novembro. Mas Frank sabia em que direção os ventos sopravam, e não estava feliz. Em fevereiro, ele e seu alegre camarada Joe E. Lewis — o velho comediante de olhos tristes que era a coisa mais próxima neste mundo do ser antípoda que era Mia Farrow — passaram duas semanas no Eden Roc, em Miami, antes de seguir para o Sands. Contemplando o espaço lotado no Copa Room, Sinatra se virou para Jimmy van Heusen e disse: "Olha só isso — por que eles não compram os meus discos?".[4] Mas seu problema não estava nas plateias de Las Vegas: estava no resto do país. Frank não chegava entre as primeiras vinte posições na lista das Hot 100 da *Billboard* desde 1958.

Eles estavam escondidos à vista de todos.

"Mia Farrow e Frank Sinatra deixaram o mundo saber tudo sobre seu novo caso na discoteca The Daisy", ressaltou o colunista de Hollywood Mike Connolly em 22 de janeiro. "E os dois definitivamente NÃO estavam discutindo teses da *Partisan Review* sobre se faroestes hollywoodianos são mitos de massa ou rituais de massa."[5] The Daisy era *a* nova discoteca em Beverly Hills, ainda mais quente que a Whisky a Go Go, por uma razão: era particular, e exclusiva. Uma taxa de filiação de 250 dólares (que mais tarde chegou a mil dólares)[6] afastava a ralé —[7] e vez ou outra, para grande satisfação do pessoal do cinema, astros como Peter O'Toole e Jason Robards Jr. foram rejeitados naquela primavera por não serem membros nem convidados de membros. O proprietário era Jack Hanson, criador da Jax, a calça justa e modeladora de bumbum popularizada por jovens como Jane Fonda e Jill St. John (que, dizia-se, tinha 2 mil dólares em peças da marca).[8] O modelo logo se tornou *de rigueur* nas avenidas Madison e Worth e na Rodeo Drive. Fonda e St. John, o que não é de surpreender, também eram frequentadoras da discoteca, louvada pela *Time* numa reportagem de 1965 por "fazer com que algumas das mulheres mais bonitas nos Estados Unidos dancem e balancem usando suéteres folgados sem nada por baixo".[9]

Hollywood sempre tivera o hábito de juntar velhotes ricos com lindas garotas, e sempre dava um jeito de apresentar novas variações do tema. "Uma noite da semana passada", continuava a reportagem da *Time*, "Carol Lynley, Jane Fonda, Jill St. John e Jill Haworth dançavam lindamente na pequena pista de dança enquanto Anthony Quinn, Dean Martin, George Hamilton e Eddie Fisher se mostravam para as moças." Claro que a troca de olhares era mútua — "sem nada por baixo" — e, dos quatro homens, apenas Hamilton tinha menos de trinta anos (Quinn e Martin tinham, respectivamente, cinquenta e 47), e Fonda, aos 27, era a mais velha das garotas. Aninhados na pista, Frank e Mia combinavam perfeitamente com o estilo do clube.

Mas isso não significava que eles combinassem perfeitamente um com o outro. Frank gostava de ouvir Ralph Vaughan Williams, ver golfe na TV e beber até o amanhecer no saguão do Sands. Mia, não. Ela queria sair e dançar o tipo de música que curtia, mas The Daisy não tocava discos de Tony Bennett ou Ella Fitzgerald.

No começo de 1965, Larry King era um jovem e impetuoso apresentador de Miami que teve a sorte de conseguir Jackie Gleason como mentor — assim como King, um residente deslocado do Brooklin — depois que o artista apareceu em seu programa local de televisão. Certa noite, King estava numa festa na casa de Gleason quando seu anfitrião, que tinha certo gosto pela filosofia, perguntou aos homens na sala: "O que é impossível na profissão de vocês? O que nunca vai acontecer?".

"Um dos convidados era médico", recordou King,

> e ele disse que nunca conseguiriam produzir sangue em laboratório: "Nunca vão fabricar sangue que possa ser usado em uma pessoa. Isso nunca vai acontecer".

Aí Gleason fez a mesma pergunta para outro cara, e depois para mim. Respondi: "Eu tenho meu programa de televisão e escrevo uma coluna, mas apresento um programa de rádio com duração de três horas toda noite, das nove à meia-noite, um programa de rádio local muito popular. Sinatra vai se apresentar no Eden Roc. Seria impossível ter Frank Sinatra no meu programa de rádio por três horas".[10]

"Bem, isso foi em 1965", prosseguiu King,

> e em 1965 Frank Sinatra era a pessoa mais importante do mundo. A Capitol, a Reprise, a coisa toda. E ele ia se apresentar no Eden Roc com Joe E. Lewis. Então Jack perguntou: "E em que noite ele terá folga?". "Segunda-feira", respondi. E Jackie disse: "Então ele vai estar no seu programa segunda que vem".
>
> Aí perguntei: "Jackie, posso dizer ao vivo esta noite que Frank Sinatra vai estar no meu programa na próxima segunda-feira?". "Vá em frente." E assim, naquela noite, anunciei ao vivo que Frank Sinatra estaria no programa na segunda-feira seguinte. A emissora me chamou. Eles perguntaram: "Você tem certeza?". Respondi: "Jackie disse que ele vem", e contei a história. Chegou a sexta-feira, e a emissora comprou anúncios de página inteira no *Miami Herald* para divulgar o fato, mas eles me disseram que deixaram mensagens no Eden Roc e que ninguém estava retornando as ligações.
>
> Bem, afinal a segunda-feira chegou. Ninguém foi para casa depois do expediente. Todas as secretárias ficaram. O programa começava às nove. Uns dois minutos antes das nove aparece uma limusine, e de dentro sai Sinatra. Havia uns degraus na frente. Era uma estação de rádio muito bonita. Frank subiu os degraus, todo mundo ficou só olhando, aí ele perguntou: "Quem é Larry King?". Respondo: "Sou eu". E ele diz: "O.k., vamos lá".

"Nunca fiquei nervoso ao vivo, exceto no meu primeiro dia como apresentador e naquele dia", contou King.

> Nós nos acomodamos, e — meu lema na vida era: "Nunca minta para a plateia, não é nenhuma cirurgia cerebral, o negócio é se entregar ao momento". Então apenas perguntei: "Por que você está aqui?". Preferi não seguir aquela rotina de "Meu amigo Frank Sinatra", toda aquela baboseira. Frank respondeu: "Uns cinco ou seis anos atrás eu tinha que cantar no Town and Country, de Ben Maksik, no Brooklyn, e

estava com laringite. Era a última noite, e liguei para Jackie. 'Jackie, você pode vir aqui e fazer um show?', perguntei. 'E Jackie foi e fez um show de uma hora. Depois fui com ele até o carro, me inclinei na janela e disse: 'Te devo uma'. Agora, em Miami, recebi um recado para ligar para Jackie. Quando liguei, ele só disse: 'Pode me retribuir o favor'.".

"Com Gleason, muita coisa tinha a ver com ego", recordou King. "O fato de ele poder fazer aquilo era assombroso. Então, do ponto de vista dele, era um favor e algo extraordinário a se fazer, mas também digno de elogios."

Aquela foi a primeira de várias entrevistas que King faria com Sinatra no decorrer do próximo quarto de século. "A entrevista acabou sendo maravilhosa", contou.

> Havia um cara de relações públicas que acompanhou Frank e disse: "Não sei o que você pretende fazer, mas não mencione o sequestro, porque ele não quer falar sobre isso e irá embora". Mas a entrevista acabou correndo tão bem que no meio da conversa perguntei: "A respeito do que aconteceu entre você e a imprensa — você acha que foi injustiçado ou que houve um exagero?". E ele disse: "Acho que foi exagero, mas já fui injustiçado também. Por exemplo, no caso do sequestro". E aí ele contou tudo a respeito. Frank odiava a imprensa, detestava os tabloides. E fez uma bela citação: "Essas pessoas ganham a vida em cima da sorte ou do azar, real ou imaginário, de gente que tem muito mais talento que elas".

Graças em grande parte à campanha ativa de desinformação e contenção conduzida pelo assessor de imprensa de Frank, Jim Mahoney, e pela Twentieth Century Fox — em que, numa época em que tal coisa ainda era possível, executivos de estúdio ordenaram a eliminação de todas as fotos tiradas de Sinatra e Farrow juntos —,[11] o país demorou a reagir à história Frank-Mia. Os jornais do início de 1965 mostraram uma surpreendente escassez de comentários sobre o casal. Uma coluna distribuída em fevereiro, do comentarista de televisão Alex Freeman, começa relatando um episódio em que Sinatra e Natalie Wood não tiveram permissão para entrar no Ondine Club, em Nova York.[12] (O espaço estava lotado em sua capacidade legal, e o porteiro pediu desculpas.) Mais adiante em sua coluna, Freeman insiste:

Como indício da irrelevância do tão divulgado romance entre Frank Sinatra e a adolescente Mia Farrow, ambos se encontraram numa festa no restaurante nova-iorquino El Morocco, Mia com um acompanhante e Frank ao lado de Jean Kennedy Smith, irmã de RFK e esposa de Steven [sic] Smith. Os dois mal se cumprimentaram.

Sinatra ainda não estava preparado para revelar Mia a seu novo grupo em Nova York, o equivalente na Costa Leste do show da madrugada. Frank não ficava só com Jilly e Toots Shor quando estava em Manhattan. Às vezes se encontrava com pessoas como Lelan Haywards, o casal Bill Paley e o casal Bennett Cerf. Sinatra e Cerf, o gregário editor, colunista e personalidade de televisão (*What's My Line?*), haviam se conhecido numa festa em Manhattan nos anos 1950, e fora amor à primeira vista para ambos. Frank, viciado em qualidade superior e autodidata, ficou muito impressionado com o meio social interessante e sofisticado no qual o cofundador da Random House transitava com destaque: membros da cena literária (Sinclair Lewis e William Faulkner eram frequentadores habituais da casa de Cerf), do teatro e da sociedade assimilada de judeus nova-iorquinos. De sua parte, o editor, que nutria um fascínio explícito por Hollywood e por celebridades, dificilmente poderia resistir ao encanto da maior estrela no show business.

"Acho que eles tinham uma admiração mútua por serem de mundos diferentes", disse o filho de Cerf, Christopher.

> Meu pai adorava ser parte de tudo aquilo. Era infinitamente curioso e achava Sinatra muito glamoroso e interessante. Acredito que Sinatra gostava de pensar que tinha uma ligação com o mundo literário e editorial. Mas, além disso, eles de fato se divertiam juntos. Frank brincava muito com meu pai, que adorava aquela brincadeira. Ele o chamava de Bennett the Bookie.[13]

Cerf e a esposa, a ex-atriz de cinema Phyllis Fraser (prima de Ginger Rogers), tinham uma casa em Mount Kisco chamada The Columns, e organizavam grandes recepções lá e também em sua residência em Nova York, no Upper East Side. Sinatra costumava visitar os Cerf quando estava na cidade, e nessas ocasiões se encontrava com gente como Moss Hart e a esposa, Kitty Carlisle Hart (quando Hart morreu precocemente, em 1961, Frank compareceu ao enterro do compositor, o que, em se tratando de Sinatra, foi um grande gesto);[14] Arlene Francis, colega de Bennett Cerf no programa *What's My Line?*, e seu marido, o ator Martin Gabel; o produtor de cinema Arthur Hornblow e sua esposa, Leonora, apelidada de Bubbles; o industrial William Green e sua esposa, Judy, uma morena deslumbrante e muito inteligente de olhos azul-esverdeados que os homens achavam encantadora e que vez ou outra escrevia livros. As mulheres que frequentavam o círculo de Cerf eram inteligentes, dinâmicas (o apelido de Frank para a formidável Phyllis Cerf, que tendia a assumir o comando das ocasiões sociais e da vida de seus amigos, era General) e atraentes. Em mais de uma oportunidade, Sinatra seguiu a antiga tradição de fazer amizade com um homem e dormir com sua mulher.

O mundo de Cerf era o equivalente, na Costa Leste, ao mundo de Bill e Edie Goetz em Hollywood: rico, inteligente, exclusivo e encantado por contar com Frank. Havia certa intersecção entre os dois grupos sociais (e isso se perpetuaria) — Bennett Cerf e Bill Goetz também compareceram ao enterro de Moss Hart; assim como Zeppo Marx, cuja esposa um dia se casaria com Frank Sinatra, e ainda o letrista da Broadway Alan Jay Lerner, ex-marido da atriz Nancy Olson, que em breve se casaria com Alan Livingston, da Capitol Records.

Frank transitava pelos dois mundos ao mesmo tempo com tranquilidade e inquietação, em algum nível sempre se sentindo o sujeito de Hoboken que tinha interrompido os estudos. A tensão era expressa em seu inevitável e dominante carisma. A principal recordação que Christopher Cerf tem da presença de Sinatra na casa de sua família (além da emoção incomparável quando Frank se sentava ao piano e cantava alguma coisa) era a voz forte e alta do cantor, que ocupava cômodos inteiros. "Ele era *barulhento*", recordou Cerf.

> Não de um jeito incômodo, mas ele se projetava. De repente ficava entusiasmado e era aquele brado: "VEM AQUI!".
>
> Frank nunca estava fora do palco. Ele fazia perguntas interessantes e ouvia as respostas, mas não ficava de lado enquanto outras pessoas conversavam. Era sempre a presença central em qualquer ambiente em que eu o tenha visto.

Ser amigo de Sinatra nunca era tedioso. Cerf recordou certa ocasião, no verão de 1964, quando ele e uma garota com quem estava saindo, seus pais e Frank foram a uma festa na casa dos recém-casados Bill e Judy Green, em Westchester.[15] Depois da festa, os cinco voltaram de carro para Mount Kisco, com Bennett Cerf ao volante. "Tenho certeza de que todos havíamos bebido um pouco, e fora uma longa noite", contou Christopher Cerf.

> Pouco antes de passarmos em frente à casa de Arlene Francis e Martin Gabel, a meio quilômetro da nossa casa, na mesma rua, Frank disse de repente: "Pare o carro, Bennett. Quero entrar e ver Marty". Meu pai disse: "Não, eles não estão em casa", e Sinatra retrucou: "Como você sabe?". Meu pai respondeu: "Eu sei, eles nem estão em Mount Kisco".[16]

"Frank ficou bravo", prosseguiu Cerf.

> Meu pai dizia que não ia parar, mas Frank continuou insistindo: "Que merda, quero descer. Pare esse carro que eu vou *andando* até lá, já que você não quer me levar". Meu pai não cedeu: "Isso é bobagem, a entrada é comprida e escura, não vou parar". E não parou. Continuou dirigindo até a nossa casa. Quando chegamos lá, Frank estava furioso. Pelo que me lembro, ele percorreu todo o caminho de volta andando e chegou à casa de Arlene e Martin, só para descobrir que eles não estavam lá. Mas ainda estava furioso quando voltou, só porque meu pai não fez o que ele queria.
>
> Frank começou a gritar, meu pai se manteve firme e minha mãe, que estava sempre defendendo Sinatra, disse: "Não grite com meu marido!". Eu me lembro dela ameaçando-o. Aí minha amiga Helene disse: "Nem acredito que estou passando um fim de semana com vocês". Era a coisa mais emocionante que ela já tinha visto. Frank chegou ao ponto de chamar um helicóptero para vir pousar no nosso quintal. Ele passou a noite lá em casa, mas na manhã seguinte, bem cedo, talvez lá pelas oito horas, um helicóptero aterrissou no quintal dos fundos da nossa casa, Sinatra embarcou e foi embora. Todo mundo ficou preocupado, pensando que aquilo seria o fim de nossa amizade, mas não foi. Uma semana depois estava tudo esquecido — ou, se não esquecido, já estava todo mundo rindo a respeito.

Mas tudo isso aconteceu antes de Mia, quando Frank ainda sentia a maresia de Kauai nas narinas e não tinha uma jovem garota ao seu lado para lhe garantir a vida eterna.

* * *

Sinatra e Basie em Las Vegas eram uma coisa; Sinatra dirigindo um filme era outra. *Os bravos morrem lutando* estreou em fevereiro e, enquanto algumas críticas foram respeitosas ("Cativante e provocativo", escreveu Kevin Thomas, do *Los Angeles Times*; mas ele definiu o desempenho de Tommy Sands como "irrecuperavelmente canastrão"),[17] outras foram mais severas. Bosley Crowther, em seu estilo peculiar, foi de uma contundência fora do comum. "Se a ameaça de Frank Sinatra como diretor de cinema for julgada por sua primeira experiência em *Os bravos morrem lutando*, fica claro que os demais diretores não têm nada a temer em termos de competição", começou, antes de acrescentar que o filme era "uma demonstração mínima de invenção criativa com um uso máximo de clichês."

> Ao assumir uma produção conjunta com duas empresas japonesas, o sr. Sinatra, como produtor e diretor, além de ator no papel secundário de paramédico bebum, demonstra talento apenas nesta última função. Dirigindo a si mesmo, ele não tem dificuldade em roubar cenas, em especial aquela em que balbucia piadinhas ébrias enquanto se prepara para amputar a perna de um trêmulo japonês. O sr. Sinatra não demonstra muita apreensão quando se trata de pôr os japoneses em seu lugar.
>
> Ele tem bem mais dificuldade com os colegas americanos. Clint Walker como comandante do avião, Tommy Sands como o tenente convencido, Brad Dexter como sargento e Tony Bill como operador de rádio transformam suas atuações exageradas — falsas atuações — na marca registrada do filme. Combinadas com as inacreditáveis cores e o inacreditável roteiro de Katsuya Susaki e John Twist, a produção se resume a uma bela de uma farsa.
>
> Faziam-se filmes de guerra melhores na Monogram.*[18]

Em retrospecto, deve-se reconhecer que Crowther tinha bons argumentos. Talvez a abordagem conceitual de *Os bravos morrem lutando* fosse provocativa e cativante numa época em que o triunfalismo acerca da Segunda Guerra Mundial

* Monogram Pictures Corporation era um estúdio de Hollywood especializado em filmes de baixo orçamento que atuou entre 1931 e 1953, quando a companhia mudou o nome para Allied Artists Pictures Corporation. (N. T.)

ainda era vigente, mas, visto nos dias de hoje, o filme é apenas de um pedantismo cômico. Como obra cinematográfica, é bem fraco. Também não gerou muito entusiasmo no público. A bilheteria de 2,5 milhões de dólares — cerca de metade do faturamento de *Onze homens e um segredo* — foi bem razoável, mas nada que fizesse Jack Warner pular de alegria.

Mas o pior ainda estava por vir. No começo de março, Frank deu início a seu 38º filme, uma comédia para a Warner Brothers com o agourento título de *Vamos casar outra vez.*

O título [em inglês]* não era um trocadilho muito inteligente, mas ao menos era melhor do que a ideia original, *Community Property* [Propriedade comunitária]. Esse era o projeto no qual, segundo constava, Mia interpretaria o papel de filha de Sinatra. Teria sido uma escolha de elenco muito mais interessante que a escolha final, de contratar para o papel a filha verdadeira de Frank, Nancy, uma atriz muito ansiosa e inexperiente.

Mal concebido desde o início, o filme elencava Sinatra como uma espécie de Don Draper chamado Dan Edwards, um publicitário estafado com uma esposa entediada e dois filhos em casa. Frank sabia interpretar muitos tipos — o soldado, o viciado em heroína, o solteirão —, mas seu forte, ou pelo menos seu desempenho mais interessante, era o papel de rebelde solitário, que combinava com sua personalidade sempre inquieta. Interpretar um executivo sério, de óculos caros e terno com colete, mesmo que bem-sucedido, estava longe de sua zona de conforto. Além do mais, Frank fez muita pressão para que Deborah Kerr, com quem atuara em *A um passo da eternidade*, uma atriz de imensa competência e dignidade (com uma tremenda sexualidade reprimida) — mas sem o menor talento para comédia —, interpretasse a esposa de Dan, Valerie. Dean Martin, cada vez menos interessado em trabalhar como ator e preparando-se para levar sua imagem suavemente elegante e piadista para um programa de variedades próprio na NBC, não precisou de muita persuasão para aceitar o papel de Ernie, sócio e melhor amigo de Dan, o solteirão convicto (e um proto-Roger Sterling) que Valerie havia trocado por Dan dezoito anos antes.

* *Marriage on the rocks*: "Casamento nas pedras", ou "Casamento com gelo". (N. T.)

O criador de gags Cy Howard, veterano de Martin e Lewis (*A amiga da onça, The Colgate Comedy Hour*), ficou responsável pelo roteiro de sitcom de baixo nível: Dan e Valerie acabam se divorciando, Val se casa com Ernie para deixar Dan com ciúmes, a filha Tracy se rebela. Frank (a Sinatra Enterprises estava coproduzindo com a Warner Brothers) chamou Jack Donohue, um ex-coreógrafo (que trabalhara com Sinatra na produção de *Aconteceu assim*, de 1946), agora diretor de TV (*The Frank Sinatra Show, The Lucy Show*), para dirigir o filme.

"Estou bem ciente de que meus últimos trabalhos deixaram a desejar", Frank disse a Peter Bart, do *The New York Times*, em abril. "Acho que o problema é que na época em que fiz aqueles filmes parecia não haver nada melhor disponível. A coisa toda se resume a material."[19]

Mas aos cinquenta anos, passando por mudanças no rosto e no físico e acumulando cada vez mais poder, Sinatra estava engrenando outra marcha como ator de cinema: ele parecia ter mais interesse no produto do que no material. Continuava tendo uma presença imponente na tela — por pior que fosse o material —, mas não conseguia mais desaparecer, nem mesmo parcialmente, atrás de um papel. Podia interpretar o ajudante de farmacêutico Maloney, o coronel Ryan ou Dan Evans, mas continuava sendo Frank Sinatra, o conquistador de mundos. O Chefão. Isso acontecia, acontece, com muitos astros de cinema — em vez de desaparecerem num papel, eles desaparecem em si mesmos. Pode funcionar por um tempo, até não funcionar mais.

Frank era um conquistador de mundos. Podia ter saído do negócio de cassinos, mas estava envolvido com produção de filmes e com o mercado de imóveis comerciais; administrava uma companhia aérea particular com meia dúzia de aviões; tinha participação numa empresa de peças metálicas e até participação acionária numa corporação que fabricava componentes de mísseis.[20]

Frank fizera uma previsão quase exata em 1961, ao ser entrevistado pela *Show Business Illustrated*. "Daqui a quatro anos vou ter cinquenta", tinha declarado. "Até lá já vou estar cansado de atuar e cantar. Bom, não cansado realmente, mas... que diabos, quando eu chegar a essa idade não vai mais haver muita coisa que queira fazer, ou possa fazer."[21]

E prosseguiu: "Quando penso em mim mesmo daqui a cinco anos, não me vejo tanto como artista de entretenimento, me vejo mais como um executivo de alto nível, interessado em negócios, talvez em dirigir e produzir filmes. Minha meta final é ampliar minha capacidade administrativa".

Não foi por acaso que Frank também ampliou a circunferência da cintura.

Mas ele estava enganado ao prever que seu tempo como cantor se esgotaria. Mesmo durante as filmagens daquela lamentável farsa (ele tornava a produção mais animada atormentando Dino no set: um de seus truques favoritos era um bigode falso feito de fita preta que prendia no lábio logo antes do início das filmagens),[22] Frank voltou à United Recording para começar a gravação de um novo álbum com Gordon Jenkins. Além de lindo, o disco revelaria uma maturidade excepcional.

Com os cinquenta anos dele se aproximando depressa, Mia estava fazendo com que Frank se sentisse jovem e velho ao mesmo tempo. No começo do ano, ele anunciou que estava em busca de canções outonais para seu novo LP, e logo o material começou a se acumular. Três das que Frank escolheu eram músicas que já tinha gravado: "Hello, Young Lovers", de Rodgers e Hammerstein; "Last Night When We Were Young", de Harold Arlen e Yip Harburg; e, claro, "September Song", de Kurt Weill e Maxwell Anderson.

As faixas restantes foram uma coletânea mista, incluindo duas novidades de Cahn e Van Heusen, "It Gets Lonely Early", e a composição arrastada, mas sincera, que acabou dando nome ao álbum, "The September of My Years".

As a man who has always had the wandering ways,
*Now I'm reaching back for yesterdays.**

Era Sammy em seu tom mais didático, e Chester em seu tom mais grandioso.

Mas havia outra música, muito melhor, de Ervin Drake, o mesmo compositor de "Good Morning Heartache".

A canção, que usava a metáfora de safras de vinho para mapear o progresso de vida de um sujeito na meia-idade, tinha sido gravada originalmente pelo Kingston Trio, no auge do entusiasmo pela música folk, em 1961. Acompanhada de um sentimental violão em estilo espanhol e bem interpretada pelo trio de Bob Shane (então com vinte e poucos anos), "It Was a Very Good Year" tinha certo carisma sincero, e o álbum em que a música foi lançada, *Goin' Places*, chegara ao terceiro lugar nas paradas.

* Como um homem que sempre vagou por aí/ Agora estou olhando para os dias de ontem. (N. T.)

Até que Frank um dia a ouviu no rádio do carro e resolveu mostrar um ou dois truques para a garotada.

No feriado de Páscoa, o marido de Nancy Sinatra, o genro mais azarado do mundo, a abandonou. Nancy escreve que foi pega de surpresa: achava que tinha um casamento feliz com Tommy Sands.[23] Mas, do nada, conta, ele lhe confessou que jamais iria superar seu medo de compromisso e de família. Dizendo que queria o divórcio, foi embora — e nunca mais voltou.

Medo de família significava sobretudo medo de Frank. Depois de não conseguir incluí-lo em *O bem-amado*, Nancy pressionara o pai para escalar seu marido em *Os bravos morrem lutando*, e Sinatra o fez, gerando arrependimentos gerais e imediatos. No papel do tenente Blair, um militar certinho e ortodoxo, o pequeno e desinteressante Sands decidiu esticar o queixo e resmungar cada fala a plenos pulmões, transformando um desempenho que teria sido constrangedor numa produção colegial. "Ele se atrapalhou todo na produção", contou seu colega de elenco Tony Bill. "Foi o fim da carreira dele."[24]

Mas o que na verdade matou sua carreira foi desrespeitar a filha de Frank Sinatra. Segundo Quincy Jones, Sands tinha começado a frequentar a vida noturna de Hollywood, e não estava sendo muito discreto a respeito: "O PJ's e outras casas do tipo estavam abrindo na época, e Tommy começou a pular a cerca", recordou Jones.

> Eu o alertei: "Tommy, você está brincando com fogo, cara. Presta atenção. Você escolheu a família errada". E ele replicou: "Ah, Quincy, vai ficar tudo bem. Francis vai entender". Retruquei: "O.k., que bom que você pensa assim". Aí Tommy resolveu contar para Frank que ele e Nancy estavam tendo alguns problemas. Ele disse: "Francis, vamos dar um tempo separados. Sei que você vai entender".[25]

Sinatra entendeu bem demais. Ele estava enfurecido, toda a Hollywood sabia, e — se teve algo a ver com isso ou não — a carreira de Sands no show business acabou junto com o casamento.[26]

Tommy e Nancy moravam numa pequena casa em Hollywood Hills. Ela saiu de lá e foi para a casa da mãe em Bel Air. "Lembro de voltar para casa depois da aula numa segunda-feira e encontrar minha irmã no antigo quarto de Frankie, com papai sentado ao seu lado na cama, tentando consolá-la", escreve Tina Sinatra.

> Eles estavam fazendo um filme juntos [...] e papai veio para casa depois do trabalho todos os dias naquela semana, até Nancy se animar para voltar às filmagens. Ele estava lá sempre que ela precisava; era uma rocha quando estávamos à deriva. Ninguém entendia de rompimentos emocionais melhor que meu pai.[27]

Ninguém.

Durante as noites ele trabalhava no álbum. Tinha escolhido Gordon Jenkins para fazer os arranjos, em vez de Nelson Riddle, por uma boa razão: ele andava refletindo sobre mortalidade, e Jenkins era capaz de criar passagens de cordas carregadas de uma sentimentalidade sincera e determinada, que levava ouvintes incautos a buscar seus lenços antes mesmo que percebessem o que estava acontecendo. Riddle chegava ao coração através da mente, usando a grande arte. Gordon Jenkins usava aquelas cordas estridentes e atacava direto a jugular emocional.

Seus detratores são ruidosos, se não até preconceituosos. "Ele é terrível",[28] sentencia Jonathan Schwartz. O genial Riddle, claro, sendo um exemplo reluzente. E Riddle era mesmo um gênio. Mas comparar os dois é injusto com ambos. Músicos compreendem a falta de sutileza de Jenkins, mas apreciam sua eficácia. "Gordon tem sua própria identidade e som", disse o pianista Lou Levy, substituto ocasional de Bill Miller nas excursões com Sinatra. "Tudo era uma espécie de gemido e lamento. Ele sabia como obter esse tipo de som. Eu não tinha muita paciência para aquilo, mas com Sinatra funcionava. E sei que Frank gostava. É impossível falar mal de um arranjo como o de 'Very Good Year'. É uma obra-prima."[29]

E é mesmo. A canção representa o ponto alto da parceria entre Sinatra e Jenkins. Graças à presença de uma equipe de gravação da CBS — Frank concordou em conceder uma entrevista para Walter Cronkite, que seria transmitida no outono —, podemos ver a sessão: o relógio do estúdio mostra que são 20h35; os espectadores parecem solenes, homens e mulheres vestidos como se fossem ao teatro; e Jenkins, de camisa branca, cabelos grisalhos, rege os músicos em seu estilo único de canhoto, gesticulando para um lado e para o outro, para cima e para baixo, como se estivesse varrendo pisos e lavando janelas. Frank, impecável num terno escuro e colete claro, a gravata afrouxada com cuidado, a peruca perfeitamente penteada, faz uma apresentação — para aquela plateia, foi de fato uma apresentação — em que canta com uma voz que parece o oceano. Então, entre takes, ele aparece ouvindo o resultado com atenção enquanto fuma, o rosto infinitamente expressivo a registrar centelhas de emoção em cada compasso.

É a melhor música do álbum, mas as demais também proporcionam uma experiência outonal e tocante. "Jenkins usou texturas mais uniformes do que qualquer outro arranjador de Sinatra", escreve Friedwald.

> E, assim como em *All Alone*, a orquestração e as próprias canções parecem seguir a mesma urdidura. E, apesar da previsibilidade eventual das imagens recorrentes — folhas caindo, cabelos grisalhos, brisas em Technicolor, a triste preocupação com crianças abandonadas [...] —, o conceito em si nunca parece forçado.[30]

O que enaltece a coisa toda, mesmo ao beirar o kitsch, e até por vezes ao cruzar essa fronteira, é a voz majestosa que canta com sinceridade e convicção. Um poeta, como Stan Cornyn definiu Sinatra no texto que escreveu no encarte do álbum. Mas poeta de uma espécie muito específica: um alquimista, capaz de transformar em puro ouro aquilo que outros artistas talvez deixassem de lado.

Cornyn, que começou a trabalhar na indústria do disco escrevendo encartes de álbuns às dúzias para a Capitol, e depois para a Warner, poderia ter agido da mesma forma mecânica com *September.* "Eu podia ter ficado no meu escritório e escrito 'As eras do homem são medidas em meses, e *September*...', esse tipo de coisa",[31] ele recordou. Mas ele foi às gravações — em grande parte porque se tratava de Sinatra, e Cornyn fez questão. Também levou papel para rascunho, lápis e caneta, e fez anotações a respeito do que viu. Elas oferecem um vislumbre cristalino da ocasião e são dotadas de certa poesia:

> Sem suingue esta noite. Esta noite vai ser séria.
>
> Dentro, os músicos, regidos por um Gordon Jenkins à vontade, sem paletó, ensaiam os arranjos sem voz. Aguardando a chegada dele.
>
> Fora, no corredor, os guardas uniformizados esperam, sem saber o que fazer com as mãos [...].

Ele chega. Gravata frouxa, colarinho aberto. Os guardas na porta do estúdio abrem caminho.

"Bom dia, senhor", ele diz. "Quem está assistindo ao jogo?"

Trinta esposas de músicos da orquestra gostariam de saber o placar. Quatro homens começam a procurar um rádio de pilha.

"Olá, Sidney, como vai? Como vai o mundo da música?"

Ele chega por trás de Gordon Jenkins, que está ensaiando as cordas. Sinatra acompanha 32 compassos, então se vira para Mike Romanoff. "Do jeito que esse cara faz arranjos de cordas, se fosse judeu ele seria insuportável."

O Príncipe fica um pouco mais alerta.

"Está pronto, Gordie?"

"Estou", responde Jenkins. "Eu estou sempre pronto. Eu já estava pronto em 1939."

"Eu só fiquei pronto aos nove anos."

Ele caminha até seu palco, pigarreando. "Acho que engoli um copinho."

Jenkins dá início a uma canção, regendo com os braços na altura da cintura, movendo-os de um lado para o outro. Ele não rege a orquestra, ele *é* a orquestra.

Sinatra começa a cantar as reflexões de seu setembro. Jenkins, que está num tablado de meio metro de altura, se vira da orquestra para o cantor, observando-o com atenção, com a expressão de um pai orgulhoso.

As esposas, com suéteres pretos bordados com contas e pérolas, abafam o som de suas pulseiras.[32]

Enquanto isso, a equipe da CBS gravava tudo. Muitos anos depois, o produtor Don Hewitt contou como persuadiu Sinatra a comparecer à entrevista de Cronkite: Hewitt disse que Frank estaria ocupando "a mesma cadeira em que Dwight Eisenhower, Jack Kennedy e Lyndon Johnson tinham sentado".[33] E, por fim, o golpe de mestre: o produtor disse a Sinatra que não participasse do programa se não estivesse se sentindo à altura dele. Na noite seguinte, as câmeras estavam no estúdio de gravação.

Os tambores começaram a soar. No número de 23 de abril, a *Life* publicou uma matéria de capa sobre Sinatra — no mundo de 1965, um evento cultural significativo. No mundo de 1965, a revista *Life* era tão importante quanto a televisão: era lida de Park Avenue a Gold Coast em Chicago e a Nob Hill, em San Francisco; em fazendas no Kansas, em ranchos do Wyoming e em casinhas do Arkansas; estava em todas as salas de espera de médicos e dentistas do país. A foto colorida na capa da revista mostrava Frank elegante, com um chapéu de feltro preto e branco, gola olímpica branca e um cardigã laranja. Parecia um pouco surpreso, com a boca aberta em pleno canto. SINATRA ABRE O JOGO, dizia a chamada. A matéria de dezoito páginas, definida pela *Life* como um "ensaio-entrevista íntimo com fotos" ("O mundo privado e os pensamentos de Frank Sinatra"), incluía um longo texto do editor assistente Tommy Thompson, uma série de fotos posadas e espontâneas feitas pelo fotógrafo da revista John Dominis e um texto ("Eu e minha música") escrito pelo próprio Frank.

Thompson era um ex-ator de teatro texano. Alto e atraente, tinha um charme sutil — "Tommy era o tipo de pessoa por quem todos se sentiam atraídos",[34] recordou a ex-diretora de publicidade da *Life*, Fifi Booth. Ele havia conhecido Sinatra em novembro do ano anterior, interessado em escrever uma matéria. Tomaram uns drinques em Nova York, mas Tommy percebeu que Sinatra estava distraído, como era típico dele: "Ele ficava mudando de assunto, falando de Jackie Gleason em Miami ou de Dean Martin em Hollywood, e no fim só murmurou: 'Venha me visitar na Costa Oeste'".[35] Thompson foi, encurralando Frank no set de *O expresso de Von Ryan* e provando seu charme ao fazer com que ele concordasse em lhe conceder uma entrevista.

Mas em fevereiro, quando foram ao encontro de Sinatra no Eden Roc, Thompson e Dominis descobriram que só tinham conseguido pôr o pé na porta de entrada. Durante as duas semanas seguintes eles o acompanharam enquanto Frank trabalhava e se divertia, fazendo com que aos poucos se acostumasse à presença deles. Dominis, que tinha fotografado leões bem de perto na África, achou que trabalhar próximo a Sinatra era uma experiência semelhante: nenhum movimento brusco; muitas horas esperando em silêncio até surgir a oportunidade ideal para uma foto, quando o fluxo de movimento permitisse.

Isso sempre acontecia durante a madrugada, recordou Dominis em tom de cansaço, mais de quarenta anos depois.[36] Thompson se lembrou de ter se ausentado uma noite dizendo estar exausto e voltado para casa às duas da manhã, só para ser acordado às cinco por um telefonema da suíte de Frank. "Ele estava fazendo uma festa com Joe E. Lewis", contou o jornalista, "e os dois não conseguiam aceitar que eu estivesse dormindo."[37]

No total, Thompson e Dominis passaram sete semanas atrás de Sinatra, em Miami, Las Vegas, Hollywood e Palm Springs. "Fiquei fascinado pela profundidade daquele homem", escreveu Thompson.

> Dava para perceber que as pessoas que nos observavam achavam que estávamos falando de mulheres ou coisa assim. Mas ele é um mago do mercado de ações, e pode passar horas conversando sobre finanças. Frank adora ópera, e acha que Callas desafina. Gostaria muito de tentar reger uma sinfonia algum dia, se puder fazer isso sem parecer um golpe publicitário. E conhece todas as estatísticas de boxe já registradas.[38]

Claro que tudo isso era verdade, mas o jornalista não levou em conta a profundidade real, e tampouco o princípio da incerteza de Heisenberg, a respeito do efeito que o observador tem sobre o observado. Se Tommy Thompson era um homem charmoso, Frank Sinatra, que não era de ficar para trás em nada, teria de ser ainda mais charmoso. Agressivamente. (Embora o mais provável fosse que Frank podia passar minutos, e não horas, discutindo finanças.) Como todos nós, Sinatra era um camaleão até certo ponto, mas, quando estava acompanhado de alguém que o impressionava — ou a quem sentia necessidade de impressionar —, ele podia levar essa mutabilidade a extremos. E Sinatra sempre estava disposto a uma performance.

Thompson registrou as contradições de Frank. "Ele é um homem que pode se irritar e jogar um hambúrguer passado demais em seu criado ou um cinzeiro num assistente inepto — mas nunca demite ninguém de sua imensa equipe de auxiliares e agregados", escreveu. (É verdade; Sinatra deixava que outros fizessem o trabalho sujo por ele.)

> Sinatra pode passar dez minutos de sua apresentação numa boate atacando uma colunista [Kilgallen] com tanto veneno que a audiência fica chocada — e depois enviar 100 mil dólares a uma faculdade em Los Angeles com instruções estritas de que a doação não deve ser divulgada. Zomba das pessoas que considera quadradas e sempre diz "obrigado" quando alguém pede seu autógrafo. Ele é um sedutor lendário — que diz não fazer sucesso com as mulheres.[39]

Tudo verdade, mas só na superfície. Os acessos de fúria e os grandes (e expiatórios) atos de generosidade; seu desdém arrogante e seus modos sofisticados;

a sexualidade voraz e a incapacidade de manter um relacionamento íntimo — essas coisas vinham da profundidade real de Sinatra, inexplorada por Tommy Thompson e por muitos que o seguiram, todos hipnotizados pelo que foi, por quase sessenta anos, o maior espetáculo da Terra.

A matéria trazia uma introdução que mencionava o enorme aniversário por vir, mas o assunto não foi aprofundado e não foram examinadas as possíveis repercussões psicológicas da data para Frank. Thompson preferiu começar o texto com um tópico que prometia fascinar os americanos: a riqueza de Frank. "Sinatra é rico e sabe fazer bom uso de seus recursos",[40] garantia o texto, de maneira sedutora. Uma foto exibia Sinatra a bordo de um de seus dois helicópteros, prestes a decolar para Palm Springs. ("Ele também tem três aviões, incluindo um novo Learjet de oito lugares.") Outra foto mostrava o cantor almoçando (*"prosciutto* e melão, salada de frutas, queijo e vinho tinto resfriado") com Jack Warner. "Posso dizer que tenho estabilidade financeira", ele disse a Thompson, modesto.

A revista Life *começa a contagem regressiva para o grande evento: no final do ano, Sinatra completará cinquenta anos. A parte de Frank na matéria de dezoito páginas, um ensaio chamado "Eu e minha música" (veja a menção na capa), é extraordinariamente categórica e inteligente.*

Sem ser muito preciso, o escritor chamou Sinatra de "homem de negócios determinado", em vez de dizer o que ele de fato era: um artista volátil e impaciente, dado a delegar responsabilidades em vez de assumi-las. Sim, nominalmente ele administrava a Sinatra Enterprises e a Artanis Productions. Verdade, ele era um executivo da Warner Brothers e diretor da Warner-Reprise. Mas a equipe de 75 pessoas mencionada com admiração no artigo, "variando de garotas que respondem a cartas de fãs a pilotos e guarda-costas", também incluía homens como Howard Koch, Mickey Rudin e Mo Ostin, que faziam a maior parte do trabalho pesado no que dizia respeito às questões de negócios. O verdadeiro Frank Sinatra era o homem retratado na cabine de seu helicóptero, sempre a caminho de algum outro lugar.

Mas as fotos da matéria contavam uma história mais acurada do que Thompson. Essa era a grande força da *Life*. A revista, uma eminente instituição americana, existira por décadas num metadomínio da cultura popular, entre o mundo visual dos cinejornais e da televisão e a esfera ainda respeitável da mídia impressa. A *Life* era, antes de tudo, uma revista de imagens — os textos eram apenas comentários. A extensa matéria sobre Sinatra foi mais notável pelas impressionantes fotos em preto e branco: Frank pensativo no *chiaroscuro* enfumaçado ensaiando uma orquestra; com um ar autoritário de terno com colete e óculos no set de *Vamos casar outra vez*; lendo um roteiro numa poltrona Eames em Palm Springs, cercado por esculturas orientais e equipamentos de áudio de última geração, com o leal cão pastor australiano (chamado Ringo!) a seu lado e uma tigela cheia de maços de cigarro na mesa a seus pés. Também havia fotos comoventes de sua família: Marty e Dolly, idosos, em frente ao Sands; Tina, então com dezesseis anos, recebendo do pai amoroso um beijo na bochecha. E havia uma imagem mais ambígua: de Nancy Sinatra, aos 24 anos, com vestido decotado e colar de pérolas, aninhada com Frank na cadeira de um restaurante, os braços a enlaçá-lo e a bochecha encostada na cabeça dele com uma afetividade meio inadequada. O pai, segurando as mãos dela, parece bem satisfeito. O pobre Tommy nunca teve chance.

Em termos simbólicos, a única foto de Frank Júnior não o mostrava com o pai, mas sim assistindo a uma apresentação de Frank dos bastidores, maravilhado.

Algumas das imagens mais cativantes compõem uma série de fotografias tiradas durante a madrugada por Dominis, na suíte de Frank no Eden Roc. Em uma das sequências, Sinatra, de smoking e acompanhado de pessoas proeminentes, executa seu velho truque de puxar uma toalha de mesa sem quebrar a louça em cima (com sucesso questionável). Outra sequência o mostra deitado no chão, imobilizado por um acesso de riso depois de ouvir uma piada de Joe E. Lewis. Em outra foto, ele e o velho comediante de rosto flácido, "de madrugada, depois de uma festa", segundo a legenda, aparecem completamente bêbados dentro de um closet, contando velhas piadas. Dominis conseguiu ainda uma foto de Frank na sauna na manhã seguinte, um paxá seminu, inchado e bastante abatido, com uma toalha enrolada na cabeça.

O texto, refletindo as fotos de embriaguez, descrevia uma noite depois do segundo show no Eden Roc: por volta da 1h30 da manhã, Sinatra havia entrado no saguão do hotel para tomar um drinque, dado autógrafos e então partido para outro *nightclub*, onde tomou Jack Daniel's (meia garrafa: "Mas não parecia estar bêbado — nunca parece", escreveu Thompson) e conversou com Lewis sobre os velhos tempos. Seu entourage, que tinha começado com apenas três ou quatro pessoas, aumentou para oito, dez e depois mais. Como era inevitável, Frank voltou a ficar impaciente. Enquanto seu comboio voltava para o hotel, ele avistou uma barraquinha de cachorro-quente, ainda aberta às 5h30. "Vamos comer um lanche", disse, e todos saíram dos carros. "Eram seis da manhã quando a festa chegou à suíte de hotel de Frank. Mas a noite ainda não havia terminado, pois Frank não declarou que tinha terminado. 'Todo mundo vai aguentar mais um pouco', ordenou. E todos aguentaram. Começaram a jogar dardos num alvo preso na parede."

E por fim o rei daquela corte, o homem que tinha assassinado o sono, decidiu que bastava. "Eram sete da manhã e o sol já tinha nascido quando Frank anunciou que estava indo para a cama. A sala ficou vazia num instante. Ele vestiu um pijama cor de laranja, pôs um disco para tocar e leu um pouco. Ainda levou um bom tempo para adormecer."

As mulheres que aparecem nas fotos tiradas na suíte do hotel não são, diplomaticamente falando, muito bonitas. É natural perguntar se eram amigas, amigas de amigas ou talvez companhias casuais. "Sinatra está sempre rodeado de mulheres", escreveu Thompson. "Quando se hospeda num hotel, elas mandam bilhetes, ligam e tentam passar pelo segurança postado na porta. Apesar de ser frequente vê-lo com mulheres famosas, Sinatra também sai com vendedoras de cigarros ou coristas-dançarinas."[41]

Como ilustração, a matéria inclui uma foto de Frank nos bastidores de um show na Broadway acendendo o cigarro de uma sedutora Natalie Wood, de casaco de pele (o decote profundo de seu vestido, visível numa fotografia parecida no livro de Nancy Sinatra, foi retocado), e outra do cantor segurando um copo com canudinho para alguém que a legenda identifica como "uma acompanhante em Miami, uma vendedora de cigarros chamada Yumi Akutsu, que trabalha no hotel onde ele estava cantando".

Mia Farrow não é mencionada na matéria nenhuma vez.

"As mulheres costumam considerá-lo um acompanhante enigmático", escreveu Thompson.

> "Frank é um homem muito atencioso, mas não o compreendo", diz uma atriz. "Ele me leva para sair, mas aí passa a maior parte da noite falando com os amigos."
>
> "Era para eu ter um doutorado em mulheres", lamenta Frank, "mas a verdade é que me dei mal mais vezes do que me dei bem. Sou muito afeiçoado a elas, eu as admiro. Mas, como todos os homens, não entendo as mulheres [...].
>
> "Gosto de mulheres que se vestem com bom gosto e sutileza. Não gosto de maquiagem em excesso. Sei que uma mulher precisa se maquiar um pouco, mas acho que as mulheres — em geral — já são bonitas sem precisar de maquiagem de circo. E mulheres que fumam desde o momento em que abrem os olhos até apagar as luzes à noite — isso me deixa atordoado. É pouco feminino e perigoso — e acaba com a casa toda pegando fogo, sabe."

Ele era um homem à frente de seu tempo.

Ao falar sobre casamento, foi igualmente específico:

> "Não digo que casamento é uma coisa impossível", começa Frank. "Mas, se eu me casasse, teria de ser com alguém de fora do show business, ou alguém que desistisse do show business. Acho que sou um bom provedor. Tudo o que peço é que minha esposa cuide de mim, e posso garantir que ela seja bem cuidada.
>
> "Não me vejo como um homem exigente, mas sou difícil de conviver em alguns aspectos. Existem hábitos da minha vida que eu nunca poderia mudar por uma mulher. Sou um homem simétrico, quase em excesso. Exijo que tudo esteja em seu lugar. Minhas roupas precisam ser penduradas do jeito certo. Existem algumas coisas que não consigo tolerar em mulheres. Perfumes fortes, por exemplo, me afastam. Em primeiro lugar, sou alérgico a eles. Começo a espirrar, o que não é muito romântico — e isso pode incomodar uma mulher."

O que mais parecia preocupá-lo, no entanto, eram as formas como uma mulher poderia incomodá-lo.

Os comentários de Frank foram estranhamente proféticos, não em relação ao seu casamento seguinte, mas ao que veio depois, o quarto e último, com Barbara Blakeley Marx: *Se eu me casasse, teria de ser com alguém de fora do show business, ou alguém que desistisse do show business. Acho que sou um bom provedor. Tudo o que peço é que minha esposa cuide de mim, e posso garantir que ela seja bem cuidada.*

Mas, assim como ocorreu com Mia Farrow, seus comentários foram mal recebidos.

A contribuição de Frank à matéria, o longo ensaio intitulado "Eu e minha música", é um texto extraordinário. Seja quem for que o tenha escrito, fez um ótimo trabalho: ele soa como Sinatra, e — ao contrário da entrevista para a *Playboy* criada por Mike Shore — *parece* muito com Sinatra, coloquial e nunca articulado demais, mas versado, refletindo conhecimento técnico e opiniões musicais que só poderiam ter vindo de um dos maiores cantores populares de todos os tempos.

Frank fala com conhecimento de causa, do alto de sua autoridade, um lugar mais do que merecido. Ele tivera de batalhar contra cem outros garotos cantores durante os anos das *big bands* e sobrevivera a todos, aos Jack Leonards, Bob Eberlys e Dick Haymeses. Tinha se aventurado sozinho, quando esse tipo de iniciativa era muito incomum e arriscado em termos profissionais, e fora bem-sucedido além de qualquer expectativa. Havia escapado por pouco de ver sua carreira extinta, e superado seus impulsos autodestrutivos e o espírito vingativo americano para montar o maior segundo ato na história do show business. Gravara dúzias de discos que durariam tanto quanto a própria música. Sinatra era imortal, e sabia disso.

O ensaio é magistral. Sinatra é incisivo, e às vezes profético ("A era do cool jazz acabou").[42] Ele conta apenas uma mentira explícita: "Nunca tive uma aula de canto — aula mesmo —, fora algumas vezes em que pratiquei calistenia vocal com um instrutor". (Na verdade, nos anos 1930 e 1940, um ex-tenor da Metropolitan Opera chamado John Quinlan trabalhara de maneira extensiva com Frank para eliminar traços de Hoboken de sua dicção e conferir mais poder à sua voz, que na época era fraca e aguda.) Mas sua arrogância ocasional nunca parece imerecida, e suas revelações sobre a arte e a ciência do canto, embora por vezes técnicas demais, são incrivelmente reveladoras para todos que se derem ao trabalho de prestar atenção.

Frank começa descrevendo como sua idolatria precoce pelo inimitável, mas extensamente imitado, Bing Crosby se transformou na determinação em ser diferente. "O que funcionou afinal para mim", escreveu, "foi mais o bel canto da tradição italiana de canto, mas não me prendo a isso." Ele não se prende a isso porque não é algo muito definido: o estilo bel canto foi desenvolvido nas óperas e oratórios de Handel no século XVIII, atingindo seu ponto alto nas óperas de Rossini, Bellini e Donizetti no começo do século XIX, e tem uma ampla gama de características, e algumas, mas não todas, se aplicam a Frank Sinatra. Algumas das principais características do estilo, no entanto — um legato impecável, a dicção perfeita e o fraseado gracioso baseado no controle total da respiração —, caem em Frank como uma luva, e ele passa a descrever como deparou com elas.

Sinatra já tinha dito essas coisas antes, mas nunca de maneira tão extensa e clara. "Como diabos ele fez isso?", escreveu, em referência a Tommy Dorsey.

> Eu sentava atrás dele no coreto e o espreitava, tentando ver como ele respirava. Mas nunca vi suas costas se mexerem. Nem a jaqueta se mexia. Eu empurrava a cadeira um pouco para o lado, para observá-lo. Por fim, depois de um tempo, descobri que ele tinha um pequeno buraco "escondido" no canto da boca — não era bem um buraco, era um espacinho por onde ele respirava.

Dorsey conseguia esconder a abertura no canto dos lábios com o bocal do trombone. Sinatra, por outro lado, ficava no meio do palco só com um sorriso e sapatos bem engraxados. Como diabos *ele* fazia isso? No texto, Frank conta a já conhecida história sobre como aumentou sua capacidade pulmonar — dando voltas embaixo d'água em piscinas públicas, correndo na pista do Stevens Institute —, mas omite seu próprio truque secreto. Enquanto Dorsey respirava pelo buraco escondido, Sinatra o fazia abrindo bem a boca em momentos específicos durante a canção — como se estivesse sorrindo — e puxando o ar pelos dois cantos da boca. Vendo Sinatra cantar em filmes e vídeos é possível reparar no truque, que ele faz com estilo (e bom som).*

Frank foi mais revelador ao falar de sua incomparável técnica com o microfone. O microfone é o instrumento do cantor, ele escreveu — uma lição, resmungou, que muitos vocalistas nunca aprendem. Ele descreveu como usar o equipamento com sutileza — "como uma gueixa usa seu leque": quando aproximá-lo da boca, quando afastá-lo, como evitar o espocar dos P e as respirações audíveis.

"Quando estou usando um microfone, prefiro que seja preto, para combinar com meu paletó e a audiência não percebê-lo", continua. "Muitos anos atrás descobri que podia tirar o microfone do suporte e andar com ele. Isso é uma bênção, e muitos cantores não tiram vantagem dela. Ella Fitzgerald, pobre garota, ainda não faz isso. Eles preparam o microfone e Ella nunca toca nele. Não dá nem para ver o rosto dela."

Pobre garota. (Fitzgerald era só dezesseis meses mais nova que Sinatra.) Foi a primeira provocação a um cantor no texto, mas outras viriam. Os comentários não eram gratuitos: Frank tinha um bom argumento para cada caso. Apesar de toda a sua grandeza, Fitzgerald era uma pessoa estranha e tensa, insegura com a própria aparência e às vezes até contida no palco ou nas gravações. Tendia a se retrair, quase desaparecer atrás de sua excepcional proficiência: Ella não lidava muito bem com a própria genialidade. Seus melhores desempenhos se davam nos momentos em que ela se esquecia de si mesma e deixava a coisa fluir. Mas Sinatra também tinha dificuldades em lidar com o brilhantismo da cantora: como ele confessou numa entrevista de 1959, Ella o intimidava.[43] Agora que tinha o poder e o foro, talvez Frank estivesse buscando uma pequena vingança.

O único colega que ele louvou sem reservas foi Tony Bennett, a quem chamou de "o melhor cantor em atividade, o melhor expoente de uma canção [...]. É o cantor que transmite aquilo que o compositor tinha em mente, e talvez um pouco mais. Há sentimento por trás".

Com outros, havia algumas reservas. Vic Damone ("tem a melhor garganta do mundo, mas [...] carece de know-how, ou qualquer que seja o termo"), e Lena

* A grande cantora Jo Stafford, integrante dos Pied Pipers, de Dorsey, me disse achar que Sinatra, assim como ela, tinha uma vantagem anatômica inata no que diz respeito ao controle da respiração: uma caixa torácica maior.

Horne ("uma mulher linda, mas canta de forma mecânica. Falta vida em suas interpretações"). Comentários especialmente agressivos. Estaria ele se vingando de algo? No caso de Horne, sem dúvida.*

Mas por que ele falou mal de (sua ex-amante) Judy Garland e, mais uma vez, de Ella? "Tecnicamente, duas das piores cantoras em atividade", escreveu, criticando-as com severidade por perpetuarem seu pior pesadelo, respirações audíveis no meio das frases. Mas Garland era uma intérprete incomparável, uma comovente força da natureza: quando entrava no palco, sua técnica (ela também tinha um vibrato potente) era a última coisa a preocupar a plateia. E a voz de Fitzgerald era tão poderosa que às vezes as notas se tornavam mais significativas que o conteúdo: ao mesmo tempo sua força e sua fraqueza. (Frank também insultou a pobre Ella por gravar material não comercial, como "Down in the Depths on the 90th Floor", de Cole Porter — mas na verdade foi uma crítica a seu velho inimigo Norman Granz, produtor de Ella.)

Depois de criticar Sarah Vaughan por demorar tanto para encontrar uma identidade musical, ele a obsequiou com um estranho elogio: "Hoje Sassy é tão boa que quando a ouço cantar tenho vontade de cortar os pulsos com uma lâmina sem fio". Também fez um elogio inesperado a Barbra Streisand ("uma artista"), embora George Jacobs tenha declarado que Frank a desprezava. Peggy Lee, apesar de ter sido — ou talvez por ter sido — uma ex-amante, recebeu um elogio condescendente ("até que é boa com as letras. Tem um pouco mais de sustentação que as outras garotas").[44] Frank elogiou Jo Stafford apenas por sua técnica, e reservou só duas palavras para Rosemary Clooney: "Canta bem".[45]

Jack Jones era o novato predileto de Sinatra. "Ele se destaca, tem uma qualidade geral que o coloca *potencialmente* bem à frente dos outros", escreveu. "Jones também canta bem jazz. Mas precisa de muito cuidado daqui por diante. O próximo ano dirá. Mais uma coisa: ele devia parar de cantar esses comerciais de gasolina que passam nas transmissões de beisebol do Dodgers."

Palavras duras, mas o tempo mostraria que Sinatra estava certíssimo: Jack Jones, um cantor maravilhoso, foi vítima de uma carreira mal administrada (por ele mesmo e também por outros) e nunca realizou seu verdadeiro potencial. Frank sabia muito bem do que estava falando.

* Frank era muito amigo do marido de Lena, o regente (branco) e ex-diretor musical da MGM Lennie Hayton, e ouvira dizer que Horne tinha depreciado Hayton em público.

* * *

Frank quase chegou a ser duro consigo mesmo, apesar de seu narcisismo impenetrável. "Fumo demais e bebo demais", admitiu. Contudo, não pôde deixar de acrescentar: "Mas aprendi que isso não prejudica muito as cordas vocais — elas ficam numa parte protegida do corpo". Só deixou de mencionar seus pulmões, que pelo visto estavam numa parte de seu corpo protegida pela sorte. Não fora o caso de Nat King Cole, outro fumante inveterado, que havia morrido em fevereiro, aos 45 anos, de câncer pulmonar.

Quanto ao futuro, ele pressentia certo estreitamento. "Neste ponto da minha carreira", escreveu, "não tenho mais nenhuma montanha para escalar." Sinatra nunca havia feito um show na Broadway, e revelou que não tinha o menor desejo de começar agora. A repetição seria tediosa demais para ele, e, além do mais, pagava muito mal. Em relação ao pobre Sammy Davis, que na época fazia sucesso com *Golden Boy*, Frank disse: "Acho que ele não vai se dar muito bem em termos financeiros, e está amarrado por dois anos". Outra previsão cumprida com precisão.

Em seguida, Frank escreveu uma profecia referente a si mesmo que ele se esforçaria por realizar. "Uma coisa que eu gostaria de fazer", disse, antecipando a década de 1970 até meados da de 1990, quando prosperou como artista de palco,

> é uma longa série de apresentações de uma única noite [...] pelo país inteiro. Eu levaria uma orquestra, como a de Basie ou outra *big band*, e alguns artistas, comediantes e mais outras atrações, e contrataria um trem. Gostaria de chegar a uma cidade e cantar apenas por uma hora e pouco, um pequeno show [...]. E também gostaria de passar algumas semanas me apresentando em Nova York, se tiver tempo. Faz muitos anos que não trabalho naquela cidade.

Mas e quanto à idade e ao declínio, essas condições incômodas que afligem o resto da humanidade? Frank estava atirando no escuro. "Tenho quase cinquenta anos, e já pensei muito em quanto tempo a voz vai aguentar", escreveu.

> Acho que a condição física tem mais a ver com isso do que a idade. Em outras palavras, acho que sou capaz de continuar cantando enquanto me mantiver em forma. Minha voz continua boa como sempre. Mas serei o primeiro a saber quando isso

começar a mudar — quando o vibrato começar a se estender e o fôlego começar a falhar. Quando isso acontecer, direi adeus. Não gostaria de fazer um álbum e ter que escutá-lo daqui a vinte anos percebendo esses sintomas. Não posso fingir para mim mesmo que minha voz vai continuar forte, ou que meu entusiasmo vai continuar o mesmo daqui a alguns anos.

Em todo caso, não acredito em comodismo. Em todos os meus anos como cantor, sempre acreditei em pegar apenas o núcleo do ato, a parte que é muito boa, e daí sair rápido. Não fico muito tempo no palco. Isso também vale para minha vida.

Sinatra era bom em sair rápido. Dizer adeus, no entanto, seria muito mais difícil do que ele poderia prever.

Havia ainda outra questão. O que ele cantaria agora, enquanto sua voz ainda estava forte mas a música popular mudava tão depressa — ainda mais depressa que depois da guerra, quando o público se afastara de Sinatra? Na entrevista de novembro para a *Variety*, Frank tinha reclamado que os veteranos Harold Arlen, Harry Warren e Hoagy Carmichael não estavam mais conseguindo vender. Cahn e Van Heusen, assim como Cy Coleman e Carolyn Leigh, disse Frank, eram os únicos compositores que ainda mantinham uma produção regular.[46]

Mas até eles vinham lutando contra a maré, e Sinatra admitiu que estava desnorteado. "Passei um quarto de século cantando e sou o presidente de uma gravadora importante. Mesmo assim, não tenho uma boa ideia do que o público vai ou não vai comprar", escreveu.

A música é tão frágil — no dia a dia — que nunca se sabe.

Recebo cerca de quinhentas composições novas por ano, e 497 costumam ser péssimas. Mas ouço todas do mesmo jeito. Sempre pode aparecer algo bom [...].

Não sei ler partituras musicais. Aprendo as canções ouvindo a melodia algumas vezes enquanto leio a letra. Consigo captar logo a melodia. E aprendo as letras escrevendo-as à mão.

Quando recebo uma nova canção, procuro a continuidade da melodia, que por si só já conta uma história musical. A história precisa chegar a algum lugar. Não gosto de divagações. E, como prova do que digo, isso vale também para a letra — até mais, na verdade. A letra precisa contar uma história completa, desde o "era uma vez" até o "fim".

Uma música que não tenha continuidade não é capaz de manter o interesse de um artista. E uma música só pode ser interessante para o público quando um artista [...] compreende a música e a canta de forma adequada. Se há uma coisa que fiz durante minha carreira foi prestar atenção em cada nota e cada palavra que cantava — quando eu respeitava a canção. Se não conseguir transmitir isso para o ouvinte, fracassei.[47]

Mas a questão permanecia: que canções ele cantaria agora?

Maio foi o mês em que Frank e Mia apareceram pela primeira vez em público como casal, no espetáculo de caridade SHARE Boomtown Show, que sempre contou com ampla cobertura da mídia.[48] Ela ficou surpresa quando Frank disse que eles iriam — àquela altura eles não frequentavam nem restaurantes. Os dois vestiram roupas de faroeste, Mia ficou conhecendo Sammy Davis e Shirley MacLaine, e Dean Martin fez um brinde a ela no palco: "Ei, tenho uma garrafa de scotch mais velha que você".

Todo mundo deu risada, os fotógrafos dispararam suas câmeras e teve início o frenesi especulativo da imprensa. O mundo ficou atônito, horrorizado e totalmente excitado pelo espetáculo de um solteirão profissional de 49 anos com uma virgem de dezenove com rosto de menina — que interpretava uma garota sonhadora e tímida de dezesseis anos em uma das séries de TV mais populares dos Estados Unidos. Era inaudito, era delicioso.

Orgulhoso e desafiador, Frank começou a levar Mia a festas e restaurantes, a apresentá-la a um número cada vez maior de amigos em Los Angeles, Las Vegas e Nova York. Mia descobriu que Frank podia enxugar uma garrafa de 750 ml de Jack Daniel's numa noite, e que o que ele mais gostava era de passar as noites entre histórias e piadas estridentes, sempre cercado de um elenco de personagens: amigos, agregados, hóspedes.[49] Mia logo percebeu que suas horas a sós com ele ficavam cada vez mais raras.

Mas, de certa forma, essa era a ideia.

***

Em junho, Frank, Dean e Sammy participaram de um evento beneficente na Kiel Opera House em St. Louis, para a Dismas House, uma instituição intermediária para ex-presidiários e uma das organizações de caridade favoritas dos amigos de Frank no sindicato dos caminhoneiros. O show, transmitido por circuito interno de televisão, foi exibido em cinemas em Nova York e Los Angeles. O apresentador era Johnny Carson, que tinha assumido o *Tonight Show*, de Jack Paar, em 1962 e atingido o patamar de astro por direito próprio. Ainda jovem (39 anos) e ousado, ao mesmo tempo provocador e inofensivo, Carson tinha um rosto impecavelmente americano, com os olhos pequenos e o nariz pontudo do Centro-Oeste, mas era rápido no gatilho e em seu semblante transparecia uma agressividade subliminar. Apesar de ter um porte mediano em relação aos três convidados do show, seu ego era tal que ele não se deixou intimidar, preferindo entrar num clima de gozação. Quando chegou a hora de apresentar Sinatra, que (é claro) entrou depois de Dean e Sammy, Carson olhou para a câmera e anunciou, solene: "Senhoras e senhores, em nome da Dismas House, eu lhes apresento o nosso cantor dos bandidos".*

Frank adorou. Apareceu com um grande sorriso, e ele e Carson se cumprimentaram com uma mesura. Depois de algumas provocações obrigatórias por parte de Dean, Sinatra cantou oito músicas, terminando com um "Happy Birthday" para Tina Sinatra, que completara dezessete anos. Ela subiu ao palco para dar um beijo no pai.

Frank estava ficando mais rechonchudo nas bochechas e no pescoço. O cabelo, mesmo com um aplique, parecia mais ralo que nunca. Mas seu sorriso era genuíno e caloroso e, com apoio da Count Basie Orchestra ao fundo (regida por Quincy Jones), ele cantou com incomparável poder e estilo. Basie inspirava Sinatra — na opinião de Rob Fentress, observador de longa data de Frank Sinatra, que acompanhou diversas sessões de gravação e de shows no Sands, o tempo que Frank passou cantando com Count o tornara um artista mais dinâmico.[50] No palco, Dean fez as habituais piadas sobre seu desempenho como cantor (embora não precisasse fazê-lo); e Sammy cantou como só ele sabia cantar. Mas só Frank era Frank: estava sozinho no cume, e sabia disso, como todo mundo.

* O fundador da Dismas House, padre Charles Dismas Clark, era conhecido como o Padre dos Bandidos.

Quanto ao Rat Pack, que estava fazendo sua última apresentação, ficou claro que seu momento havia passado. A presença de Carson e das câmeras de televisão enfraqueceram o número, tirando muito de sua imprevisibilidade. O anfitrião tipicamente americano, com sua fala suave, parecia um domador de leões trabalhando com três grandes felinos, e ele de fato os domou. (Na verdade o próprio Dean, prestes a embarcar no que se tornaria um programa de variedades de enorme sucesso da NBC naquele outono, foi quem cumpriu essa função, destilando seu estilo de bebum para as câmeras com perfeição.) Mas, apesar de alguns belos improvisos por parte dos três, com contribuições ocasionais de Johnny, as piadas consagradas — como a parte em que Dean carregava Sammy pelo palco dizendo "Gostaria de agradecer à NAACP por este maravilhoso troféu" — e o humor obrigatoriamente étnico, quase sempre dirigido a Davis e agora inapropriado, numa época de intensos tumultos relacionados a direitos civis, tudo aquilo já começava a parecer antiquado. O fato de a transmissão ser em preto e branco ficou simbólico demais.

Três dias depois. Frank estava em Nova York celebrando a estreia de *O expresso de Von Ryan* no Toots Shor's com Dean, Joey Bishop e Count Basie. (O filme foi bem recebido por público e crítica, e se tornaria o mais lucrativo de Sinatra daquela década.) O cantor tinha vindo até a Costa Leste em seu novo Learjet, o *Christina II*.[51] O avião, Frank contou a Earl Wilson, possibilitava breves viagens de divulgação "de Detroit a Chicago ou Washington em qualquer noite, e consigo estar de volta ao Jilly's às duas da manhã".[52]

Enquanto isso, Mia estava em Los Angeles, trabalhando duro nas gravações de *A caldeira do diabo*. O programa teve tanto sucesso que a ABC estava planejando mudar o cronograma naquele outono, de dois para três episódios por semana. A pressão era implacável: no papel de uma personagem-chave, Allison MacKenzie, Farrow participava de todos os episódios, e a produção continuaria durante o verão.

Mia não parecia se incomodar. Falando como a profissional experiente que em pouco tempo tinha se tornado, ela disse a Bob Thomas em uma entrevista na primavera: "Agora temos duas empresas fazendo as filmagens ao mesmo tempo, em vez de uma. E ainda nem começamos a preparar o material para o verão".[53]

A primavera e o verão trouxeram outro material: rumores persistentes sobre o relacionamento de Farrow com Sinatra. "Li que Mia Farrow, de *A caldeira do diabo*, é casada com Frank Sinatra. Qual é a idade deles?", perguntou em abril a sra. M. Jones, de Portsmouth, Virgínia, numa carta à coluna TV "Scout", publicada em diversos jornais. (A resposta, incorreta, informou que Frank tinha 47 anos, e Mia, dezenove. Na verdade Frank já tinha mais de 49, e Mia havia acabado de fazer vinte).[54] Em maio, a perspicaz Dorothy Kilgallen mostrou que acreditava nos boatos e também se manifestou a respeito:

> Quando Mia Farrow declarou seu amor por Frank Sinatra, a maioria dos sabichões do show business achou que se tratava de um "falso romance" ou de uma estratégia publicitária com a qual Frank havia consentido "para ajudar a garota" — assim como ele ajudou Juliet Prowse a ganhar as primeiras páginas ao presenteá-la com um grande diamante que acabou não sendo acompanhado por uma aliança. Agora, no entanto, alguns dos cínicos mais empedernidos começam a acreditar que Frank adora Mia, sobretudo porque alguém muito, muito próximo a ele acha que os dois vão se casar — e essa pessoa está constrangida com essa possibilidade, pois Mia é mais nova que a filha de Frank, Nancy.[55]

Kilgallen podia muito bem estar se referindo a Dolly Sinatra, que estava sempre disposta a divulgar suas opiniões. "Meu filho só está ajudando essa garota a se tornar uma estrela", proclamou a mãe de Frank.

> Quantas vezes Frank já ajudou alguém a chegar ao topo? É isso que ele está fazendo agora [...]. Essa Mia, ela é uma menininha simpática, mas só isso. Afinal, os filhos de Frank são mais velhos que essa garota. Vou passar os próximos dois dias em Nova York no apartamento do meu filho. Acho que ainda tenho certa influência sobre ele. Se houver qualquer verdade nesses rumores — pessoalmente, sei que não há —, vou usar minha influência para desencorajar qualquer casamento.[56]

Mas Dolly não sabia com quem estava lidando. "Ela não é tão frágil quanto parece", observou Bob Thomas. "Em algumas questões ela pode ter uma determinação de ferro."[57]

Thomas estava se referindo à nova política de Mia de jamais discutir sua vida pessoal, uma postura sensata, mas que acabava comunicando muito por omissão. Quanto a Frank: "O pessoal do The La Rue [o restaurante de West Hollywood], onde Frank Sinatra e Mia Farrow jantam com frequência, diz que nunca o viu tão apaixonado",[58] escreveu Walter Winchell no começo de junho.

Nunca era um exagero. Mas com certeza já fazia alguns anos.

Frank viajou bastante no *Christina II* naquele verão, passando por Israel no final de junho para fazer uma participação de três dias num filme com Kirk Douglas, *À sombra de um gigante*, antes de voltar aos Estados Unidos para uma participação marcante nas celebrações do Quatro de Julho, no Newport Jazz Festival.

Lançado em 1954 pelo promotor de jazz George Wein, o festival vinha gerando certa controvérsia social e artística no decorrer dos anos. Era uma fonte de irritação para os ricos moradores locais por gerar muito trânsito, além do afluxo anual de músicos afro-americanos e jovens fãs desgrenhados. Em 1960, a Guarda Nacional teve de ser chamada para controlar um tumulto que começou quando uma grande multidão de fãs violentos que não tinham conseguido entrar invadiu o lugar.[59] No mesmo ano, Charles Mingus e Max Roach promoveram um festival de jazz rival no outro lado da cidade, como protesto contra a política de cachês de Wein, que favorecia artistas do *mainstream* (na maioria brancos).[60] O promotor tinha lançado o festival como um projeto sem fins lucrativos, mas em 1965 o evento já se tornara um negócio havia muitos anos. Quando as vendas de jazz começaram a cair, a participação em Newport diminuiu igualmente. (Os tumultos do passado também não ajudaram.) Fazer Count Basie pedir que Frank Sinatra cantasse na última noite do evento foi uma jogada comercial sagaz da parte de Wein, e Frank foi esperto ao aceitar a oferta.

Como adorava a orquestra de Basie, e gostava dos arranjos, da regência e da amizade com Quincy Jones, Sinatra decidiu levar todo o conjunto para uma turnê em seis cidades — sua primeira com um grupo instrumental grande desde a produção na Costa Oeste com Riddle em 1957. O evento beneficente na Dismas House foi, na prática, o ensaio para essa nova turnê. E, apesar da bela apresentação em Newport em 1965, essa foi "a única ocasião em que vi Frank ansioso",[61] como recordou Jones. Sua participação seria o clímax de quatro dias com concertos de alguns dos maiores nomes do jazz: Dizzy Gillespie, Joe Williams, Modern Jazz Quartet, Thelonious Monk, John Coltrane, Art Blakey,

Lee Morgan, Carmen McRae, Duke Ellington, Herbie Mann, Dave Brubeck, Earl Hines e Buddy Rich, velho colega, nêmesis e amigo de Frank da época de Dorsey.

Teria ele se sentido intimidado? Frank não era de revelar seus temores; só baixou a guarda por se sentir à vontade com Jones. Talvez o questionamento de longa data quanto a ser ou não um cantor de jazz estivesse abalando seus nervos. A pergunta tola continuava sendo formulada, apesar do que deveria ter sido a palavra final dada por Lester Young, em sua entusiástica legitimação de 1956.[62] Mas alguns críticos e puristas continuaram zombando de Frank, a quem consideravam um branquelo conservador e o principal expoente do chamado salto empresarial: um belo cantor pop, com certeza, mas só isso. Até Frank recusava o manto de vocalista de jazz — talvez por considerá-lo uma limitação. Com uma combinação de machismo astuto e falsa modéstia, preferia chamar a si próprio de cantor de boate.

Em seu artigo de 17 de julho sobre o festival de Newport, o tradicionalista e articulado crítico de jazz Whitney Balliett, da *New Yorker*, mal pôde disfarçar seu desprezo pelo evento em geral ("insosso, banal, às vezes profissional, às vezes original, nunca excitante")[63] e por Sinatra em particular, que ele chamou de "celebrado cantor de jazz de Meadows, Nova Jersey" — numa época em que essa região era conhecida apenas por sua poluição industrial e odor pantanoso.

"A noite de domingo foi um circo", escreveu Balliett.

> A apresentação de Sinatra foi conduzida com precisão militar. No final da tarde de domingo, durante um número de bossa nova com Stan Getz, dois helicópteros sobrevoaram a área [...] e fizeram um breve pouso bem atrás do palco. Eles voltaram exatamente às 19h45, trazendo Sinatra e sua comitiva, e às 21 horas, depois de meia dúzia de músicas desconexas de Count Basie, Sinatra entrou desfilando no palco com seu baterista [Sonny Payne], seu trompetista — Harry (Uma Nota Só) Edison — e seus próprios arranjos. Basie colocou óculos de empresário, começou a ler sua partitura e Sinatra cantou "Get Me to the Church on Time". Sete ou oito vocais depois, Sinatra fez uma pausa, pegou uma xícara de chá no piano e, enquanto bebericava no centro do palco, apresentou um monólogo composto de piadas de Bob Hope e cheio de referências oportunistas ao hotel em Las Vegas no qual tem participação [...]. Em seguida deixou a xícara no lugar, cantou outras dez canções e se despediu. Já estava no ar antes mesmo de a orquestra de Basie, lutando para

reconquistar sua alma, terminar "One O'Clock Jump", a última música do festival. Parece que a conta ficou em 35 mil dólares.

Foi um tratamento ao estilo Eustace Tilley.* Todos os termos-chave escarnecedores estavam lá: Meadows, Nova Jersey; empresário; "Get Me to the Church on Time" (um material bem medíocre); Bob Hope; Las Vegas; e o golpe final, 35 mil dólares. Muito dinheiro em 1965, o suficiente para comprar uma boa casa nos subúrbios de Short Hills ou Shaker Heights. Na verdade, 35 mil dólares foi só o adiantamento de Sinatra: incluindo sua porcentagem sobre os ingressos, o valor final chegou mais perto de 40 mil dólares.[64]

Por alguma razão, Balliett deixou de mencionar a qualidade das interpretações de Sinatra, as outras canções apresentadas, o considerável valor comercial que o cantor acrescentou ao festival: nos últimos anos, o concerto de domingo à noite vinha sendo o menos concorrido, e os ingressos para o show de Frank se esgotaram, ajudando a levar 40 mil pessoas a Newport, um aumento de 6 mil pessoas em relação ao ano anterior.[65] Em suas memórias, George Wein descreveu a cena inesquecível da chegada dos dois helicópteros que traziam Sinatra, seu séquito e Quincy Jones: "Quando as duas aeronaves pousaram, às 19h45, houve certo tumulto", escreveu.

> Ninguém estava tocando naquele momento, pois o concerto estava programado para as oito horas. A porta se abriu e Sinatra apareceu. Só existe uma forma de descrever o que aconteceu: ele se tornou, naquele instante, o deus ex machina do festival. Um deus saindo da máquina. Frank andou do heliporto até seu trailer por um caminho cercado de guarda-costas.[66]

Quanto à apresentação em si, Wein a considerou "uma performance gloriosa",[67] expressando apenas um pouco de pesar pelo fato de o "programa ter sido mais extenso no suingue, com poucas baladas". Entre as músicas que Frank cantou naquela noite, além de "Get Me to the Church on Time", estavam "Fly Me to the Moon", "Street of Dreams", "I've Got You under My Skin", "You Make Me Feel So Young" e "Where or When", todas com arranjos ou rearranjos de Quin-

* Personagem criado por Rea Irving, o dândi de cartola a observar uma borboleta através de um monóculo ilustrou a capa da primeira edição da revista *The New Yorker*, publicada em 1925. (N. E.)

cy Jones feitos para capturar o espírito dos originais de Riddle.[68] Como escreveu o crítico de jazz Arnold Jay Smith,

> muitos acreditam que Jones foi o regente mais caloroso e gratificante com quem Sinatra já trabalhou. Mesmo quando ele revisitou os arranjos de Riddle, May e Don Costa, as músicas ganharam uma qualidade mais suave e virtuosa, que combinava com o estilo de Sinatra. Graças aos arranjos de Jones, Sinatra podia se divertir mais com as letras, pontuá-las com interpolações rítmicas vocais e alongar frases musicais quebrando as divisões de compasso.[69]

Arnold Shaw, biógrafo de Sinatra, que comparecera a todos os festivais de jazz de Newport, escreveu: "Houve muitos momentos memoráveis, como a 'descoberta' do trompetista Miles Davis em 1955 e a primeira apresentação de Dave Brubeck em 1958. Nenhum outro músico eletrizou e literalmente conquistou o festival como Sinatra o fez em 1965".[70]

A *Variety* concordou, referindo-se ao festival de Newport de 1965 como "o festival de Sinatra" e definindo sua participação como "um ataque vocal avassalador de uma hora".[71] Ele "acrescentou uma nova dimensão ao festival", escreveu o colunista semanal David B. Bittan, "com uma teatralidade glamorosa — marca de seu estilo pessoal. Talvez os puristas do jazz não tenham gostado de sua apresentação, visto que Sinatra não é, do ponto de vista técnico, um 'cantor de jazz'. Mas ele trouxe algo a Newport que nenhum outro artista poderia ter trazido". O cachê de 40 mil dólares de Frank, escreveu Bittan, "valeu cada centavo, para Wein e para o festival".

Às 22h25, Sinatra se despediu e recebeu a maior ovação dos quatro dias do evento.[72] "Ao sair do palco, ele disse: 'Obrigado, padre O'Connor [o padre fã de jazz que foi o mestre de cerimônias do festival], e obrigado, George', e caminhou direto para um dos helicópteros", recordou Wein.

> Dois minutos depois, ele estava no ar. Os dois helicópteros partiram tão de repente quanto haviam chegado, com as luzes de pouso piscando um adeus saudoso. Sinatra estava a caminho de Nova York e queria chegar ao restaurante Jilly's antes da meia-noite para contar a todos o que tinha acontecido em Newport. Foi a saída mais teatral que ele poderia ter feito. Enquanto os helicópteros desapareciam na noite, milhares de pessoas ficaram olhando em silêncio, hipnotizadas. Frank havia

literalmente descido dos céus para mostrar seu talento, e agora estava fazendo sua ascensão.[73]

A imagética religiosa seria constrangedora se não fosse tão adequada. Prestes a completar cinquenta anos, Frank havia se tornado uma espécie de semideus, não em virtude de sua presença — qualquer estrela de cinema tem presença —, mas por causa de sua incomparável capacidade de manipular emoções humanas com o puro poder de sua voz.

Quatro dias depois, Frank realizou seu desejo expresso no ensaio para a revista *Life* de voltar a Nova York, onde, por três noites com ingressos esgotados, apresentou-se no estádio do West Side Tennis Club, em Forest Hills, no Queens. "A plateia era composta em grande parte de matronas de meia-idade, que reagiram da mesma forma que suas filhas adolescentes num show dos Beatles", escreveu Arnold Shaw. "As três apresentações renderam um faturamento recorde de 271 886 dólares."[74]

Em seu texto para a *Life*, Sinatra havia falado sobre os Beatles, que também tinham feito um show com ingressos esgotados em Forest Hills, em agosto do ano anterior, e já não podiam mais ser ignorados. "Eu me divirto lendo o que as adolescentes hoje em dia estão fazendo com os Beatles", ele escreveu.

> Elas parecem um pouco mais agressivas do que eram cem anos atrás no Paramount Theater, quando a garotada gostava de mim. Nunca vou me esquecer da primeira vez que escutei aquele som estranho vindo da plateia — aqueles gritos apaixonados. Eu não sabia o que estava acontecendo. Os gritos começaram, e foram ficando mais fortes.

Se a caracterização de Frank foi um tanto condescendente, isso era compreensível. O quarteto de Liverpool não estava apenas virando a indústria musical de cabeça para baixo, estava dividindo a divindade do mundo pop com Frank, e ficando com a melhor parte. Queens, em Nova York, foi o local de outro evento musical memorável um mês depois da apresentação de Sinatra em Forest Hills: o concerto dos Beatles no Shea Stadium, no dia 15 de agosto. Mais de 55 mil fãs compareceram ao show, gritando tão alto do começo ao fim que ninguém, nem os músicos, conseguiu ouvir a música. O faturamento bruto do evento foi de 304 mil dólares, mais do que Frank tinha gerado em três noites no West Side Tennis Club.[75]

Para o grupo britânico, porém, mais importante do que o dinheiro foi aquela demonstração vívida, no início de sua terceira visita aos Estados Unidos, de que fazer turnês estava se tornando irrelevante para eles. Tocar sem ninguém ouvir era um grande impedimento para se apresentar ao vivo, e a rotina exaustiva dos deslocamentos dificultava a composição do novo material necessário de que precisavam para se sentir vivos como artistas. Depois de começarem a fumar maconha (que Bob Dylan havia apresentado a eles no ano anterior) e experimentar LSD, os Beatles estavam ficando mais introspectivos, e logo abandonariam a estrada de vez para se tornar músicos de estúdio.

Enquanto isso, Dylan, modelo e ídolo dos Beatles, também passava por transformações e transformava o mundo. No Newport Folk Festival, apenas 21 dias depois da teofania de Sinatra em Newport, o inovador cantor e compositor nascido Robert Allen Zimmerman foi amplamente vaiado por tocar uma versão eletrificada de seu hino "Like a Rolling Stone", prestes a ser lançado. Com a duração sem precedentes de seis minutos e treze segundos, o single logo dominou as estações de rádio americanas naquele verão, apesar da relutância inicial por parte da gravadora de Dylan, a Columbia, em lançar a música, e da relutância dos DJs em tocar uma faixa tão longa. Era um tipo novo de música popular: não servia para dançar; sem dúvida não servia para fazer amor nem para tocar numa lanchonete. Era pura rebeldia, uma poesia áspera para uma época áspera, e emoção em estado puro para os jovens que a ouviam.

Mas se não servia para dançar nem para fazer amor, e se outros cantores não conseguiam cantá-la — poucos conseguiram, em todo caso; era uma declaração muito pessoal —, então o que era? Ainda seria cantada e apreciada décadas depois, como "I've Got You under My Skin" ou "Where or When", ambas com quase trinta anos em 1965? Estaria o que muitos chamavam de a Grande Canção Americana acabando? Ou era o começo de uma nova vertente? Impossível dizer, mas havia uma grande cisão na paisagem, com a juventude de um lado e a tradição do outro.

* * *

As apresentações de maio e setembro formaram um híbrido estranho, de mãos dadas sobre um abismo, tentando permanecer juntas apesar de tudo.

Em suas memórias, Mia Farrow escreveu sobre três mundos distintos entre os quais a vida de Sinatra era dividida. O primeiro era o tempo privado que eles compartilhavam, cada vez mais raro agora que o caso tinha vindo a público. O segundo era o mundo social do establishment Beverly Hills-Manhattan, com os Goetz, os Deutsche, os casais Billy Wilder e Jack Benny, Kirk Douglas, Ruth Gordon, Garson Kanin, Roz Russell e seu marido, Freddie Brisson, na Costa Oeste; e os Cerf, os Paley, os Hayward, o casal Arthur Hornblow, Claudette Colbert e seu marido, Joel Pressman, na Costa Leste. O grupo A, como Farrow os chamava, adorava Frank, que se comportava bem quando estava com eles — mas nem sempre, como já vimos.[76]

A casa dos Goetz, em Beverly Hills, contou Mia, tinha as paredes forradas por obras de Renoir, Cézanne, Gauguin, Bonnard e Picasso. Os jantares de sexta-feira eram preparados por um chef francês. Depois da refeição, como que por um passe de mágica, os quadros subiam e uma tela de cinema descia, e os convidados tinham o privilégio de assistir em primeira mão a um dos últimos filmes de Hollywood. Os convidados, escreve Farrow, eram sobretudo amigos de seus pais; e a conheciam desde que era uma garotinha, "o que era estranho, por um lado, e agradável, por outro". Quando vinham visitar Frank em Palm Springs, eles às vezes traziam os filhos já crescidos, que durante as refeições se sentavam na mesa "das crianças", enquanto Mia ficava com os adultos.

Era mais do que um pouco surreal.

Igualmente estranho era o terceiro mundo de Frank, o mundo noturno de Las Vegas, ou Miami, ou Palm Springs, ou o que Farrow chamava de "aquela *outra* Nova York": de bebedeiras, bravatas e garotas de Jilly Rizzo e Toots Shor.[77] No momento em que Sinatra chegava a um hotel em Las Vegas ou Miami ou a um restaurante de Nova York, segundo Mia, homens — e mulheres — que ela não conhecia apareciam do nada. Ela não fazia ideia, escreve, de como todos se juntavam ali.

Mas Frank não se dava ao trabalho de organizar aquilo: compartimentalização era o nome do jogo. Com frequência, Farrow se encontrava num compartimento próprio, sozinha.

* * *

A triunfante turnê com Basie terminou em agosto. Frank estava num intervalo entre álbuns e filmes, então resolveu levar Mia para um cruzeiro: "uma viagem de barco", como ela chamou. O barco em questão era o *Southern Breeze*, um iate motorizado de 168 pés, alugado por 2 mil dólares ao dia. Frank planejou o itinerário com cuidado, parando em portos ao longo da costa da Nova Inglaterra. No começo, a série de TV em que ela atuava pareceu um obstáculo, escreveu Farrow, mas obstáculos desse tipo eram brincadeira de criança quando Sinatra estava determinado: graças à sua influência na Twentieth Century Fox (e em todo o resto do mundo), os roteiristas de *A caldeira do diabo* criaram um conveniente acidente de carro para Allison MacKenzie que deixou a personagem em coma.[78] "Se Mia decidisse se casar", comentou a Associated Press, "talvez o roteiro incluísse a morte de Allison."[79]

Foi uma provocação pouco sutil para Farrow, sugerindo que Sinatra não valorizava muito o trabalho dela.

Os convidados para o cruzeiro formavam um grupo estranho. À parte a tripulação, Mia era décadas mais nova que qualquer outro passageiro, e até Frank era de uma geração diferente da de Claudette Colbert (nascida em 1903), Rosalind Russell (1907) e Bill e Edie Goetz (1903 e 1905, respectivamente). Havia algo de respeitável e um tanto impróprio, um vislumbre premonitório de *O bebê de Rosemary*, naquele "clã de matronas envelhecidas"[80] pairando sobre o artista incorrigível e sua jovem namorada.

A imprensa também sentiu isso.

Como Farrow já havia notado, desde o começo o mundo parecia incapaz de entender o relacionamento Frank-Mia; e sentindo-se confuso, indignado e provocado, o mundo era incapaz de deixar o casal em paz. O cruzeiro foi muito mais que uma sucessão de fotos numa estreia de filme ou num *nightclub*: para a imprensa, ele rendeu quatro semanas de matérias ao longo de um mês que, naqueles tempos alegres antes do advento do noticiário 24 horas por dia, era conhecido como Temporada de Bobagens.[81] Lá estava o Casal Sensação dos Estados Unidos num barquinho, alvos fáceis no mar.

Nem mesmo Frank, um veterano tarimbado de guerras contra paparazzi, previu o frenesi que o cruzeiro despertaria,[82] relembrou Farrow. Foi um ato de cegueira arrogante da parte de Sinatra. Será que ele de fato achava que poderia protegê-los?

Quase que de uma hora para outra, escreve Mia, barcos cheios de fotógrafos flutuavam ao redor, helicópteros rugiam acima, ensurdecedores, e era impossível ligar a televisão sem ver os incessantes relatos sobre o quanto Frank era velho, o quanto ela era jovem, que eles logo se casariam, com quantas mulheres lindas Sinatra já estivera, em quantas brigas havia se metido, de quantos gângsteres era amigo, como era grande o *Southern Breeze*...[83]

Mas a coisa mais incrível, segundo Mia, foi que ela e Frank não trocaram uma palavra a respeito daquele frenesi da imprensa. Mia não fazia ideia se ele estava furioso ou constrangido; só sabia que continuava um bom e teimoso anfitrião, "absolutamente determinado" a fazer todos se divertirem. Nem por um momento chegou a pensar em interromper o cruzeiro, e a viagem continuou, com a imprensa navegando atrás deles.

De maneira um tanto patética, o contingente fez uma visita a Rose e Joe Kennedy em Hyannis Port — parece que foram os Goetz, que conheciam a sra. Kennedy, que tomaram a iniciativa, em vez de Sinatra, que não tinha contato com a família desde que Bobby interferira na investigação do sequestro.[84] O Embaixador ainda estava numa cadeira de rodas, incapaz de falar. As coisas ficaram um pouco mais tranquilas numa noite em que as irmãs Kennedy, Jean Smith, Eunice Shriver e Pat Lawford, subiram a bordo com os maridos.[85] As cortinas foram fechadas; rolaram brincadeiras e grande consumo de álcool, enquanto Mia se admirava com a juventude e a exuberância da turma dos Kennedy — principalmente em comparação com os viajantes mais velhos.

É um indício de quão insuportáveis as coisas haviam se tornado que Frank tenha por algum tempo abrandado sua *fatwa* contra Peter Lawford.

Mia Farrow conheceu o verdadeiro Frank Sinatra. A imagem que tinha dele, de festeiro, mulherengo e brigão, era um grande equívoco.[86] Percebeu que ele transbordava uma "ternura ferida", uma vulnerabilidade que só conseguia admitir quando cantava. Talvez, pensou, se as pessoas observassem as fotos do jovem Frank, o cantor magricelo de gravata-borboleta e seu belo rosto anguloso, elas veriam quem ele era de verdade, e o que tentava proteger com seu exterior durão.

Ao mesmo tempo, esse era o homem que Mia tinha visto — muitas vezes — enxugando uma garrafa de 750 ml de Jack Daniel's numa noite. O álcool era uma parte essencial de sua armadura, e a bordo do *Southern Breeze* Frank se recolheu e se isolou dos outros. Em meio ao constante bombardeio da imprensa, Farrow lembra, o mais difícil para ela, além do bochicho e do confinamento, foi o distanciamento emocional de Frank.[87]

Ela também escreveu, de forma reveladora, que no momento em que entrava numa sala, independentemente de quem estivesse presente, Frank se tornava o centro das atenções.[88] E ninguém nunca se sentia inteiramente à vontade ao seu lado, nem mesmo em seus momentos mais encantadores. Mia chega a afirmar — como se fosse uma explicação — que, num mundo de fingidores, Frank era despojado de quaisquer artifícios. Que — como se fossem virtudes — ele tinha "um senso infantil de indignação diante de qualquer injustiça que percebesse e uma incapacidade de ceder". Que era tão duro no julgamento dos outros como em seu próprio. E isso também era verdade. Mas há uma desconexão na avaliação sensível de Farrow, entre o que em Frank deixava as pessoas tensas e o que aquilo era na realidade. Frank era de fato desprovido de artifícios, e, num barco cheio de socialites afetados brincando de mímica, jogando gamão, fazendo rapapés e fingindo que estava tudo bem, sua tendência foi fugir ainda mais para dentro de si mesmo. Mas ele também era sujeito a profundos sentimentos de baixa autoestima, raiva, merecimento e grandeza. Via-se de maneira irremediável como Frank Sinatra e mais ninguém, e o abismo entre ele e qualquer outra pessoa, por mais íntima que fosse, seria sempre fundo como o oceano.

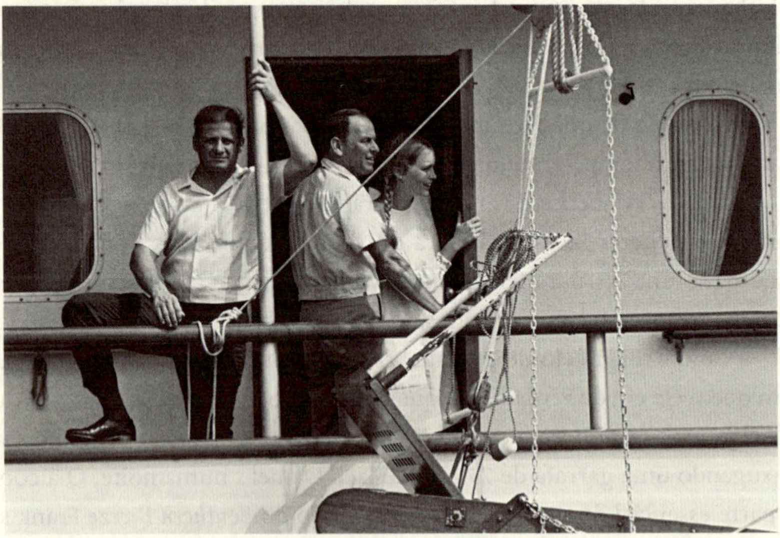

A infernal viagem de iate, agosto de 1965. O que começou como um prazeroso cruzeiro para Sinatra, aos 49 anos, e sua amada de vinte tornou-se primeiro um frenesi para a imprensa, depois uma tragédia.

* * *

O *Southern Breeze* atracou em Martha's Vineyard, onde Claudette Colbert e Rosalind Russell foram falar com os repórteres para tentar amenizar a histeria da mídia. Elas eram amigas da mãe de Mia e atenciosas acompanhantes, insistiram as matronas; não havia nenhum casamento planejado. A negativa só serviu para piorar a situação: quando o grupo visitou James Cagney em sua casa, em Chilmark, novos rumores sugeriram que Frank e Mia iriam se casar lá.[89] Uma pesada neblina surgiu na costa. No dia 10 de agosto, um grupo de tripulantes que teve a noite de folga decidiu desembarcar em busca de um pouco de diversão. Ao final da noite, o grupo voltou ao iate, mas sem o camareiro James Grimes e o terceiro imediato Robert Goldfarb, que perderam o barco. Grimes e Goldfarb fizeram com que duas garçonetes os levassem num bote, mas o mar revolto virou a pequena embarcação e Goldfarb, que tinha 23 anos, desapareceu.[90] Enquanto a guarda costeira vasculhava o porto (o corpo do jovem tripulante surgiria na praia semanas depois), Frank decidiu encerrar aquele cruzeiro infernal. O que a *Time* tinha chamado de "a viagem mais observada desde que Cleópatra flutuou sobre o Nilo para encontrar Marco Antônio"[91] havia durado uma semana.

Frank a levou para a estreia do show de Joey Bishop no Sands. Las Vegas deixou Mia perplexa. Sentada a uma mesa no Garden Room com Frank, Frank Jr. (que estava se apresentando com a orquestra de Dorsey no Flamingo Lounge), Joey e esposa, Jack Entratter e, como relatou a UPI, "dez outras pessoas — entre as quais um homem de 120 quilos que pairava, protetor, sobre Sinatra e a srta. Farrow",[92] em algum momento Mia se levantou para ir ao banheiro e Frank lhe deu uma nota de cinco dólares. Era para comprar alguma coisa?, ela perguntou. Todos na mesa riram, e Frank explicou que o dinheiro era para a funcionária do banheiro feminino.[93]

Uma típica noite em Las Vegas implicava beber, jogar e "ficar em bares contando histórias até o amanhecer",[94] recordou Mia. O clima era tumultuado: uma vez Frank ofereceu uma nota de cem dólares a um garçom — decerto o que o coitado ganhava numa semana — para que ele derrubasse uma bandeja cheia de copos. (O garçom se recusou, mas Sinatra deu o dinheiro assim mesmo.) As "minas" sentavam-se empertigadas à mesa, com as pernas cruzadas de forma afetada, bebericando vinho branco, fumando e rindo das piadas dos homens. Falavam de coisas de mulheres entre si, mas sem deixar de observá-los e ouvi-los, por precaução. Uma a uma, iam se apagando enquanto os homens continuavam a festa. Era normal, escreve Farrow, que ela mesma cochilasse, com a cabeça apoiada nos braços cruzados sobre a mesa.

Às três da manhã, depois de assistir ao segundo show de Bishop (Frank subiu no palco e brincou um pouco com Joey — "Alguém quer comprar um barco?", perguntou), os dois subiram no pequeno jato de Frank e voltaram para a Califórnia.[95] Já estava na hora de Allison MacKenzie sair do coma, e de Frank voltar ao trabalho.

No começo de setembro, Sinatra gravou sua participação no primeiro programa de *The Dean Martin Show*. Assim como Frank, Dean detestava ensaiar: cada programa ficava pronto em duas horas, e a transmissão final deixava isso aparente.[96] A produção parecia despreparada, às vezes a câmera não sabia muito bem para onde apontar, e Martin dava a impressão de estar satisfeito com qualquer coisa. Ele se mostrava à vontade em seu estilo beberrão, de smoking e bronzeado, a cabeça grande e retangular parecendo uma escultura de madeira. Seus olhos reluziam maliciosos em meio àquela bagunça tola, o que se provou a fórmula que manteria o programa no ar para sempre.

Frank, com a peruca aparada em estilo Roma antiga, estava relaxado, embora não muito engraçado. Mas, como sempre, um pouco irascível demais para a televisão. Dean o chamou de Chefão da Turma, e Frank gostou. O esquete em que Sinatra levou seis jovens beldades ("Com perdão do trocadilho, esse é o meu sex-teto") para o covil de Dean começou fraco, e degringolou quando uma série de outros convidados — Danny Thomas, Bob Newhart, Jack Jones, Steve Allen, Eddie Fisher — entrou na sala um por um, todos acompanhados pelo aplauso obrigatório. Conforme o palco se enchia, como na famosa cena de *Uma noite na ópera*, Sinatra, sem saber muito bem o que fazer, começou a levantar e voltar a sentar, gritando frases improvisadas, determinado a se manter no centro das atenções. Era um trabalho duro num palco lotado. O melhor momento surgiu quando Fisher fez um comentário sobre seu novo álbum, e Frank olhou para ele com o que pareceu um desagrado genuíno. "Se não for da Reprise, pode calar sua bocarra!",[97] rosnou. Então sorriu, satisfeito.

Não existe registro de Frank ter topado com dois outros músicos convidados de Martin, Jan e Dean, cantando ("algo para os jovens!") seu sucesso "The Little Old Lady from Pasadena". Tendo Dean Torrence sido, é claro, indiciado mas nunca julgado como coautor no sequestro de Frank Sinatra Jr.

A Warner Brothers basicamente queimou *Vamos casar outra vez*, lançando o filme na terceira semana de setembro, bem depois do pico de verão e muito antes da alta temporada da primavera. Para piorar, o estúdio ainda ganhou um bônus adicional com uma greve jornalística em Nova York, e por isso apenas dois resenhistas de jornais que não estavam em greve avaliaram o filme: Archer Winsten, do *Post* ("muito abaixo do melhor patamar Sinatra-Martin para filmes, e uma atuação quase irreconhecivelmente fraca de Deborah Kerr"); e Judith Crist, do *Herald Tribune* ("sem graça, insípido e aguado").[98] A parceria de Frank e Dean na indústria cinematográfica, que começara tão promissora com *Deus sabe quanto amei*, terminou com um fracasso. Mas Frank e Dean ainda se reuniriam uma vez mais, já como velhos que deveriam ser mais sensatos, em *Um rally muito louco*, de 1984.

No outono de 1965 eles ainda não eram velhos, mas já estavam na meia-idade, e suas ideias para filmes haviam se esgotado. Um papel dramático era impensável para Dean. Ele tivera seu último papel sério em *Na voragem das paixões*, de 1963, que foi um fracasso de bilheteria (o filme perdeu 1,2 milhão de dólares),[99] levando-o a fazer um cálculo simples: chega de dramas. Mas as comédias também não estavam funcionando para eles: *Os três sargentos* e *Os quatro heróis do Texas* tinham sido tentativas cada vez mais forçadas nessa categoria, e *Vamos casar outra vez* fora o golpe final. Frank já se aventurara sozinho em filmes, e agora voltaria a fazê-lo.

Em outubro, Frank deu início a outra produção, dessa vez para a Paramount: *Assalto a um transatlântico*.

Era um filme de ação, "uma variação náutica pouco inspirada de *Onze homens e um segredo*",[100] nas palavras de Daniel O'Brien, uma história sobre um grupo de desajustados que tenta roubar o navio *Queen Mary* usando um velho submarino e um torpedo falso. A estonteante italiana Virna Lisi contracenou com Frank, que fez o papel do líder da gangue, um ex-comandante de submarino durão chamado Mark Brittain. O papel era perfeito para Sinatra, num contexto bem familiar, com produção do amigo e figurão de Hollywood Bill Goetz. Talvez os bárbaros tivessem chegado aos portões culturais em meados dos anos 1960, mas a estrutura de poder na indústria cinematográfica seguia firme, e a exaustão criativa prevalecia. Apesar disso, novas vozes começavam a ser ouvidas. Nas palavras do recém-contratado e entusiasmado executivo da Paramount Robert Evans, "*Assalto a um transatlântico* foi um filme B elevado ao status de filme A só porque tinha Sinatra".[101] Era um "dinossauro", explicou a seus chefes. "Quando o produto é ruim, não dá para vender."

Mas Frank precisava seguir em frente, e foi o que ele fez.

Bob Thomas o visitou no set da Paramount, no momento em que Sinatra tentava acabar com aquilo o mais depressa possível. "É uma boa história, precursora no gênero de tramas improváveis",[102] Frank disse ao colunista, mas não pareceu muito convicto disso.

> "Mas, olha, dá para fazer essas histórias emplacarem — se você envolve a plateia nos primeiros oito a doze minutos. E mantém o ritmo acelerado. E nós aceleramos bastante, acredite."
>
> Eu acreditei. Bastava ver Frank trabalhando para ter uma ideia da velocidade da operação.
>
> "O que estamos esperando?", ele perguntou num intervalo das filmagens. "Vamos logo."
>
> O intervalo me deu a oportunidade de perguntar sobre os planos atuais e futuros do fenômeno conhecido como Sinatra.
>
> "Na véspera do Dia de Ação de Graças vou fazer uma participação especial na NBC", ele informou. "Uma semana antes, a CBS vai transmitir *The World of Frank Sinatra*. [O título seria alterado para *Sinatra: An American Original*.] Eles estão me seguindo há seis meses, filmando praticamente tudo o que faço."
>
> "Duas semanas atrás, Walter Cronkite foi a Palm Springs e gravou uma longa entrevista. O cara é ótimo, sabe. Acho que é o melhor dos âncoras, um repórter de verdade, que sabe explorar uma entrevista e fazer perguntas interessantes. E também um verdadeiro cavalheiro."

Duas semanas depois, Frank havia mudado de opinião sobre Walter Cronkite. Uma reportagem do *New York Times* publicada em 6 de novembro informava que a CBS havia recebido uma carta de Mickey Rudin expressando sérias reservas de Sinatra acerca do documentário e pedindo para rever o material antes da transmissão. A CBS recusou. Rudin também acusou a rede de "violação de acordo", e sugeriu que a entrevista de Cronkite fosse refeita.

A principal objeção de Frank era "a insistência da CBS em abordar questões não relacionadas às suas atividades como artista", escreveu Val Adams, autor da matéria.

> Frank acrescentou que originalmente tinha concordado em cooperar com a filmagem, por ter sido levado a crer que seria um comentário sobre sua carreira profissional, na mesma linha dos programas que a CBS News fizera sobre as carreiras de Pablo Casals, Isaac Stern e Marian Anderson.
>
> A declaração do cantor, transmitida por seu assessor de imprensa, Jim Mahoney, em Hollywood, não especificava quais eram as questões não relacionadas à sua carreira que a CBS insistia em abordar. Mas, numa das entrevistas de Walter Cronkite para o programa, o correspondente da CBS pergunta sobre a vida pessoal do cantor [...]. Segundo fontes confiáveis, perguntas contundentes de Cronkite irritaram o artista.
>
> Algumas eram sobre os romances de Sinatra, seu relacionamento com a imprensa e certas atividades comerciais. Ele se recusou a responder a determinadas perguntas. Tudo isso está no programa que a CBS pretende transmitir.[103]

A conversa entre o veterano repórter e Frank foi muito mais interessante do que o *New York Times* relatou, em especial no que dizia respeito às tais certas atividades comerciais. "Tudo estava indo muito bem entre nós", recordou Cronkite,

> até Don [Hewitt] se aproximar e cochichar para eu perguntar sobre a Máfia. Só perguntei como ele respondia às acusações de que tinha conexões com a Máfia. Sinatra apertou os lábios. Olhou bem nos meus olhos.
>
> "Chega", ele disse, quase pulando da cadeira e gesticulando para que Jilly Rizzo e Hewitt entrassem no quarto dele. Não fui convidado para a reunião particular, na qual a bela voz de Frank ficou ainda mais alta que em suas apresentações. A única frase coerente que escutei foi uma acusação de que Hewitt havia prometido que a Máfia não seria mencionada.

Eles entraram num acordo que eu nunca teria considerado possível, e Sinatra voltou para responder à pergunta.[104]

Em suas memórias, Don Hewitt não menciona Jilly na reunião no quarto de Frank, mas deixa bem clara a dificuldade da situação. Conta que Frank o repreendeu, fazendo alusão à conversa de Mickey Rudin com ele sobre os termos da entrevista: "Você ignorou todas as regras de Mickey".[105]

"Não, Frank", respondeu o produtor. "Nós nunca concordamos com aquelas regras."

"Eu devia matar você", disse Frank.

"Se fosse outra pessoa, isso seria só força de expressão", Hewitt alega ter respondido. "Mas você deve estar falando sério."

"Estou falando sério", confirmou Frank.

Hewitt escreve: "Saí rapidinho da casa de Sinatra e voltei para o meu hotel". Mas algum acordo deve ter sido feito, pois Cronkite acabou fazendo a pergunta — embora sem as câmeras — e Frank a respondeu, à sua maneira.

Uma vítima incauta da indelicadeza de Hewitt e Cronkite foi o jornalista Gay Talese, que pouco antes havia saído do *New York Times* e assinado um contrato com a *Esquire*, onde seu novo editor, Harold Hayes, pediu-lhe que fosse a Los Angeles no outono de 1965 para escrever um perfil sobre Frank Sinatra.

Talese relutara antes de aceitar a incumbência. Escritor de estilo e respeitabilidade, ele não queria ser rotulado como jornalista de celebridades, e também havia o fato de Sinatra tratar os jornalistas notoriamente mal. Mas era um grande ano para crônicas (a *Billboard* também publicaria uma matéria de 89 páginas sobre Frank no final de novembro; e a *Look* fez uma reportagem de capa duas semanas depois). Quando Jim Mahoney garantiu a Harold Hayes que Sinatra aceitaria uma entrevista, Talese deixou suas dúvidas de lado e voou para a Costa Oeste.

Talese chegou a Los Angeles no domingo, 31 de outubro, alugou um carro da Avis e se hospedou no Beverly Wilshire (a *Esquire*, em formato grande naquela época e muito bem-sucedida, fazia as coisas com estilo), onde apreciou as belas camareiras e pediu um banquete pelo serviço de quarto, com uma garrafa de vinho. Talese se preparou com bastante conforto para encontrar Sinatra, talvez no dia seguinte.

Na segunda-feira de manhã, Mahoney disse a Talese que Frank Sinatra estava resfriado e que não poderia recebê-lo tão cedo, ou talvez em tempo algum.

Era mais do que apenas um resfriado, explicou o assessor. "Foi essa coisa do Cronkite [...] aquele maldito Don Hewitt", balbuciou Mahoney. Em seguida: "Essas revelações que a CBS está fazendo deixaram Sinatra muito chateado".[106]

"Expliquei que não ia falar sobre crime organizado", recordou Talese. "Eu disse: 'Não estou interessado na Máfia. Vim até aqui e adoraria fazer essa matéria'."

Então Mahoney disse ao repórter que Sinatra só aceitaria fazer a entrevista se ele, Frank, ou Mickey Rudin pudessem ver o texto final. Ambos não fariam nenhuma alteração, garantiu o assessor; só queriam ver o conteúdo antes que fosse publicado.

Talese disse a Jim Mahoney que isso era impossível, e Mahoney respondeu que, nesse caso, Sinatra não estaria disponível.

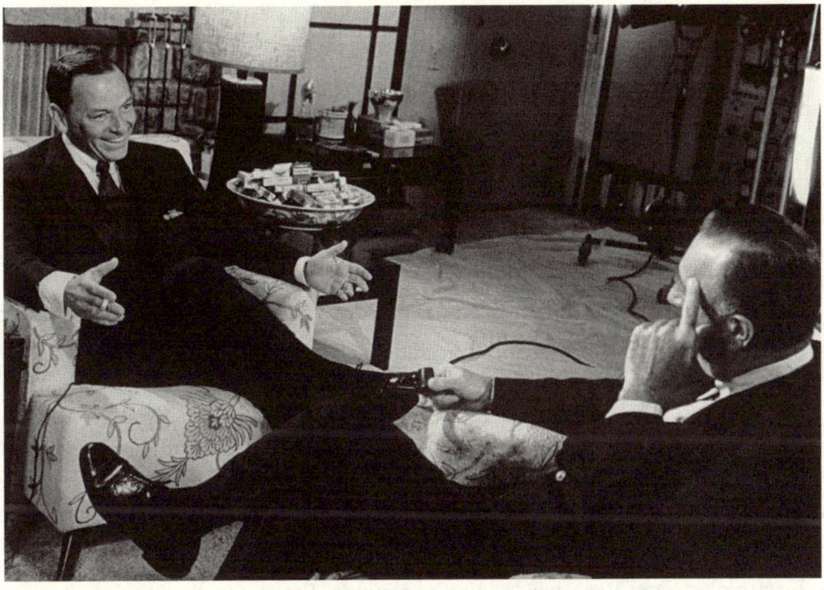

Frank, vestido com o conservadorismo de um banqueiro, numa entrevista concedida a Walter Cronkite no final de 1965. Diante da câmera, ele soube se conter e agradar; fora dela, explodiu quando lhe foi feita uma pergunta inconveniente.

O resto, claro, é história. Deus, o resfriado comum e a CBS News deram a Gay Talese o maior presente que um jornalista poderia receber: um obstáculo crucial, mas transponível. Usando a generosa verba da *Esquire* (Talese ficou quase seis semanas hospedado no Beverly Wilshire; suas despesas chegaram a 5 mil dólares, duas vezes mais do que o que lhe foi pago para escrever o perfil), ele fez a maior matéria tangencial na história do jornalismo de revistas: "Frank Sinatra está resfriado". Privado do acesso ao entrevistado (embora, segundo uma fonte que preferiu se manter anônima, ele tenha na verdade feito uma breve entrevista com Sinatra), Talese procurou de maneira obstinada qualquer pessoa relacionada a Frank que aceitasse falar com ele — incluindo Mahoney — e, da mesma maneira que o fotógrafo da *Life* John Dominis rondava leões na África, posicionou-se bem perto do grande felino sempre que possível. O jornalista também se beneficiou do tipo de sorte que acompanha um árduo trabalho: por já ter escrito a respeito de Jack Hanson, o proprietário da discoteca The Daisy na Rodeo Drive, ele conseguiu acesso ao clube noturno. Como passou a frequentar o local, calhou de estar presente numa noite em que Frank, inquieto e bêbado, teve um encontro memorável com o jovem escritor e roteirista Harlan Ellison. Talese transformou esse encontro no trecho mais vívido e perturbador de sua reportagem.

Observando Sinatra nas sessões de gravação, num set de filmagem e nas mesas de jogos em Las Vegas, escreveu Talese depois,

> testemunhei suas mudanças de humor, sua irritação e desconfiança quando achava que eu estava me aproximando demais, e seu prazer e gentileza quando, cercado de gente de sua confiança, conseguia relaxar. Foi mais proveitoso observá-lo, ouvir as suas conversas, estudar a reação das pessoas à sua volta do que me sentar e conversar com ele, caso tivesse me concedido a entrevista.[107]

É um argumento conveniente, claro, mas — sobretudo no caso de Sinatra — também irrefutável. Frank se conhecia bem: na verdade, ele sabia demais sobre seu caos interno para se sentir confortável. Era por isso que temia a solidão, a autorreflexão e perguntas pessoais de gente supostamente íntima, ou de qualquer um. Encurralado em uma verdadeira entrevista, Frank tendia a recitar banalidades ou a fornecer pistas que podiam ou não ser metafóricas ("Sou um homem simétrico, quase em excesso"), ou apenas a deslumbrar seu interlocutor, como tinha deslumbrado Tommy Thompson com suas demonstrações amplas, porém superficiais, de conhecimento. Em todo caso, deslumbrar era sempre fácil: poucos conseguiam resistir a Frank quando ele exercia seu charme. Assim como a morte e o sol na famosa máxima de La Rochefoucauld, Sinatra era mais bem observado não de maneira direta, mas de uma perspectiva ligeiramente lateral.

Na segunda-feira, 8 de novembro, Frank apareceu no estúdio da NBC em Burbank para começar as gravações de *A Man and His Music*, uma celebração musical de sua carreira como vocalista. (Aquele ano também marcou o 25º aniversário de sua carreira artística, embora ele tivesse começado a cantar com Harry James em abril de 1939). Nelson Riddle e 43 músicos esperavam, ansiosos, junto com a equipe de produção, "o pessoal da segurança, os publicitários da Budweiser [...] assim como uma boa dúzia de mulheres que trabalhavam como secretárias em outras partes do edifício, mas tinham escapado para ver aquilo", escreveu Talese. O rosto de Sinatra "estava pálido, seus olhos azuis pareciam um tanto aguados", continuou o repórter.

> Ele não conseguira se livrar do resfriado, mas de todo modo ia tentar cantar, pois o cronograma estava apertado e àquela altura já haviam sido gastos milhares de dólares com orquestra, equipes de filmagem e aluguel do estúdio. Mas quando Sinatra, a caminho da salinha de ensaio onde ia aquecer a voz, olhou para o estúdio e viu que a plataforma da orquestra e o palco não ficavam próximos um do outro, como ele pedira expressamente, seus lábios se crisparam e ele ficou muito perturbado. Alguns instantes depois, na sala de ensaio, ouviu-se o ruído dos socos que ele desferia contra o piano, e a voz do pianista, Bill Miller, dizendo em voz baixa: "Procure não se exaltar, Frank".[108]

O dia seguinte marcaria o aniversário de um ano da morte da esposa de Miller no deslizamento de Burbank, e era ele quem estava reconfortando Frank.

Jim Mahoney chegou pouco depois e falou com Sinatra sobre a morte da velha inimiga do cantor, Dorothy Kilgallen. O corpo da colunista de 52 anos havia sido encontrado naquela manhã em seu apartamento em Nova York. A causa da morte parecia ter sido uma combinação fatal de álcool e barbitúricos.*

* Kilgallen criticara abertamente as descobertas da Comissão Warren sobre o assassinato de John F. Kennedy, e, segundo consta, tinha dito a amigos que estava "prestes a expor todo o caso JFK". Mais tarde, isso gerou rumores de que ela havia sido assassinada.

"Dorothy Kilgallen morreu", disse Sinatra ao entrar no estúdio. "Bem, acho que vou ter que reformular todo o meu show."

O temido documentário da CBS foi ao ar em 16 de novembro, e revelou-se um total anticlímax. Acompanhadas pela narrativa em off de Walter Cronkite, passaram pela tela imagens da vida e da carreira atuais e pregressas de Sinatra, entremeadas por fotos dele em sua sala de estar em Palm Springs, vestido como banqueiro ou advogado corporativo (ou o chefe da agência de publicidade em *Vamos casar outra vez*), num terno escuro com colete, abotoaduras e prendedor de gravata franceses. Durante a entrevista, ele franziu o cenho, pensativo, respondendo em parte às perguntas de Cronkite — claro que aquela cena da discussão não fora gravada — e mostrou-se, de forma geral, tão sério quanto um juiz.

Esse era o problema de fazer perguntas diretas a Sinatra. O resultado eram formulações vagas e bastante ponderadas: "O que faço com minha vida diz respeito a mim. Eu a vivo da melhor forma que posso. Já fui criticado em muitas, muitas ocasiões, por causa de... alguns conhecidos ou algo assim. Mas não faço essas coisas para inspirar ninguém a fazer o mesmo, é isso que quero dizer".[109]

Ou, em referência ao *casus belli*, a tradicional questão (as pessoas continuam perguntando até hoje, muito depois de sua morte: nunca vão parar de perguntar) sobre suas associações com os tais... conhecidos levou a respostas elaboradas e evasivas:

> Meus envolvimentos ocorreram por razões profissionais legítimas. Construímos um hotel em Las Vegas, mas, por fim — havia tanto trabalho a ser feito nos meus filmes, músicas, gravações —, acabei me afastando de todos esses negócios periféricos.
>
> Mas conheço pessoas de todos os tipos por causa do habitat que frequento na rotina do trabalho artístico, em *nightclubs*, em concertos, onde quer que eu esteja, em restaurantes, você acaba conhecendo todo tipo de gente. Então não há muito a ser dito sobre isso, e acho que quanto menos for dito, melhor, pois... não existe uma resposta. Quando digo não, é não mas por alguma razão isso continua acontecendo, sabe. Por isso digo apenas que me recuso a discutir essa questão, não há o que esclarecer.[110]

Ou, para quem estava analisando sua psicologia, um caso de pensamento exageradamente positivo.

CRONKITE: Você acha que tem pavio curto?

SINATRA: Não mais. Eu tinha. Acho que isso é normal, com a idade e o amadurecimento — e com o estilo de vida, os amigos, pessoas com quem você se relaciona. Sempre admirei pessoas delicadas, muito pacientes, e parece que sem querer imitei essas pessoas e comecei a seguir nessa linha. Quando digo que tinha pavio curto, não quer dizer que saía por aí chutando cachorros, velhinhas e pessoas.

"Estamos na grande era da sinceridade",[111] declarou Paul Newman à *Playboy* em 1983. "*Foda-se* a sinceridade." Frank Sinatra ecoava esse sentimento, mas a questão continuava, os repórteres seguiam exigindo que ele *se explicasse*. Manifestando o mesmo sentimento que Newman, mas em 1965, e num linguajar apropriado ao horário nobre da televisão, ele disse a Cronkite: "Bogart, quando ainda era vivo, uma vez me disse [...] a única coisa que você deve ao público é um bom trabalho".

E Frank fez um bom trabalho, interpretando a si mesmo (seu maior papel, afinal) em vários dos clipes contemporâneos do documentário. Os telespectadores viram Sinatra como um perfeccionista ansioso, gravando com uma voz magnífica "A Very Good Year"; como um homem caridoso, entretendo detentos numa prisão perto de Washington com uma interpretação tranquila e suave de "Fly Me to the Moon"; como *il padrone*, anfitrião jovial na sala dos fundos do Jilly's. Para aparente deleite de todos na comprida mesa — Nancy mãe e Nancy filha, Tina, Sammy Davis e Alan King, entre outros —, Frank lembrou a história de Sammy sendo surpreendido por uma torta na cara quando os dois apareceram no *The Soupy Sales Show*, em setembro. Não era uma história muito engraçada: afinal, Davis era cego de um olho. Era humor sádico, do tipo que Dolly Sinatra gostava. Frank parecia estar adorando.

Ao final desse último clipe, uma reclamação surpreendente na voz infantil de Nancy filha: "Quando você tem pai, você quer que ele seja pai o tempo todo. E às vezes, quando ele está com amigos, eles agem como um bando de garotos. É ótimo que eles estejam se divertindo tanto, mas isso me incomoda um pouco".

* * *

Os críticos foram unânimes em seu repúdio ao que Cynthia Lowry, da Associated Press, chamou de "um showzinho simpático".[112] "A CBS e o público foram enganados", escreveu John Horn, do *Herald Tribune*. "Não foi incisivo. E tampouco foi interessante", disse Bob Williams, do *New York Post*. A *Variety* chamou o programa de "um louvor completo a Frank Bom Companheiro, artista famoso, magnata com um coração de ouro, homem de família (ainda) e pessoa divertida".

Kay Gardella, do *Daily News*, achou que as perguntas contundentes de Cronkite "foram editadas para apaziguar o astro temperamental", e Jack O'Brien, do *Journal American* (Nova York tinha muitos jornais naquela época), opinou que as indagações do repórter "pareceram cavalheirescas e contidas no que dizia respeito a romances (nenhuma pergunta sobre Mia Farrow), criminalidade [...]. A CBS não identificou nenhum dos gângsteres e outros personagens cujo caráter, ou falta de caráter, pudesse ter influenciado a vida desse sensível e talentoso cantor".

Jack Gould, do *New York Times*, resumiu: "*Sinatra* não foi uma produção autorizada, mas poderia ter sido".[113]

Talvez a indignação deles viesse da vaga impressão de terem sido enganados. "No começo pareceu que Sinatra estava de fato preocupado com o conteúdo do programa", escreveu o biógrafo Arnold Shaw, "mas depois ficou claro que ele deu mais uma lição aos agentes de publicidade do país sobre como ganhar mais público por meio de controvérsia."[114]

Quase todos os críticos mencionaram a participação comovente de Nancy filha: "O lamento discreto dela pareceu um tanto constrangedor, queixoso e até mordaz",[115] disse Jack O'Brien.

O grande ano de Frank foi uma época difícil para sua dedicada primogênita: o rompimento com Tommy Sands, sua crise e o fraco desempenho em *Vamos casar outra vez*, e agora isso. Mas a pequena Nancy ainda daria a volta por cima.

O acordo original de Nancy com a Reprise a proibia de gravar rock 'n' roll. Obediente, ela cortou algumas músicas novas feitas com o ex-produtor de Annette Funicello, uma das integrantes do programa *Clube do Mickey*, um homem chamado Tutti Camarata. Nancy Sinatra "acertou na mosca",[116] em suas palavras, com seu segundo single, uma música bobinha e cheia de ecos chamada "Like I Do", que alcançou o primeiro lugar nas paradas italianas e japonesas, mas recebeu zero atenção nos Estados Unidos. O disco gerou alguns dólares para a gravadora moribunda; dinheiro suficiente para deixar Frank orgulhoso, mas não para ajudar a empresa ou a carreira de Nancy como cantora.

Ao final de 1965, no entanto, a Warner-Reprise era uma máquina de sucessos, Nancy não decolava, e o presidente da Reprise, Mo Ostin, que começava a ganhar influência suficiente na indústria musical para considerar tal decisão, pretendia dispensá-la. Até que o produtor de Duane Eddy, Lee Hazlewood, entrou em cena. Ele era amigo de Jimmy Bowen e estava convencido de que podia fazer um single de sucesso com Nancy Sinatra.

Lee compôs a canção, um *rockabilly* pesado, e encomendou uma trilha instrumental. Na sexta-feira, 19 de novembro, três noites depois de sua reclamação infantil no documentário da CBS, Nancy compareceu ao Estúdio B da United Recording e gravou o vocal.

Quando ela perguntou a Hazlewood como deveria cantar a música, ele instruiu: "Como uma garota de catorze anos apaixonada por um homem de quarenta".[117] Nancy não sabia do que ele estava falando. Depois de um primeiro take comportado, recordou Nancy, o produtor apertou um botão na cabine de controle e vociferou com sua voz grave que ela havia sido uma mulher casada; não era mais virgem. De acordo com algumas fontes, ele então ordenou que ela cantasse a música como se fosse "uma garota de dezesseis anos que trepa com caminhoneiros".[118]

Nancy obedeceu. Dali a três semanas, "These Boots Are Made for Walkin'" chegou ao primeiro lugar. E pouco depois, apesar de na vida real ela ainda ser a garotinha do papai, uma intervenção publicitária transformaria Nancy num símbolo sexual internacional, de cabelo bufante, batom fosco, blusas decotadas, minissaias e, claro, as famosas botas brancas. Logo Nancy estava no Vietnã cantando para os soldados americanos, que passaram a ouvir "Boots" em lugares como Da Nang e Pleiku, contando os dias e tendo fantasias com Nancy Sinatra.

Sem convidados especiais e com um roteiro mínimo — só Frank, com resfriado e tudo, cantando uma seleção cronológica de seus maiores sucessos para uma plateia ao vivo —, *Frank Sinatra: A Man and His Music* foi transmitido pela

NBC na véspera do Dia de Ação de Graças. Os críticos adoraram ("Uma hora de arte consumada"),[119] escreveu Rick DuBrow, da UPI, e a audiência foi gigantesca.[120] Frank só teve de fazer o que fazia melhor do que qualquer outra pessoa, sem nenhum obstáculo.

No final de novembro, Frank já tinha voltado ao estúdio para gravar um novo álbum, um LP cheio de canções sobre a lua com um nome óbvio, mas carinhoso: *Moonlight Sinatra*. Riddle escreveu os arranjos, e ocupou o tablado do Estúdio A da United Recording. O resfriado de Frank era apenas uma triste lembrança, e Talese — mais perto do que nunca de sua presa — registrou o ânimo de Sinatra na véspera do grande aniversário. "Quando Frank Sinatra se dirige para o estúdio, é como se dançasse pela calçada, no trajeto entre o carro e a porta de entrada", escreveu o jornalista.

> Então, estalando os dedos, ei-lo diante da orquestra numa sala acolhedora, isolada, e logo ele está dominando cada homem, cada instrumento, cada onda sonora [...].
>
> Quando sua voz está em forma, como naquela noite, Sinatra fica arrebatado, a sala vibra, há uma excitação que se irradia através da orquestra e se faz sentir na cabine de controle, onde uma dúzia de homens, amigos de Sinatra, acenam para ele de trás do vidro [...].
>
> Quando ele termina, eles ouvem a gravação, e Nancy Sinatra, que acaba de entrar, vai ao encontro do pai em frente à orquestra, para ouvir a gravação. Eles ouvem em silêncio, o rei e a princesa, sob os olhares de todos; quando a música termina, ouvem-se aplausos na cabine de controle, Nancy sorri, seu pai estala os dedos e diz, dando um chute no ar: *"Obadabadooo!"*.[121]

Ao final da sessão de gravação, enquanto os músicos passavam por ele para desejar boa noite, Sinatra — que conhecia todos pelo nome e parecia ter uma memória fenomenal de cada detalhe da vida pessoal deles — parou o trompista Vincent DeRosa. O músico estava com Frank desde os dias do programa de rádio *Your Hit Parade*, patrocinado pelos cigarros Lucky Strike.

> "Vincenzo", disse Sinatra, "como vai sua filhinha?"
>
> "Está bem, Frank."

"Oh, ela já não é mais uma menininha", corrigiu-se Sinatra. "Agora já é uma moça."

"Sim, ela está na faculdade. Na USC."

"Ótimo."

"Acho que ela até tem talento, Frank, para cantar."

Sinatra ficou calado por um instante, depois disse: "É, mas é bom que ela cuide primeiro dos estudos, Vincenzo".

Vincent DeRosa concordou com a cabeça.

"Sim, Frank", disse ele. "Bem, boa noite, Frank."

"Boa noite, Vincenzo."[122]

Depois que os músicos saíram, Frank encontrou Don Drysdale, o golfista Bo Wininger e algumas outras pessoas no corredor, com quem passaria a noite bebendo. Mas antes ele foi até o final do corredor para se despedir de Nancy, prestes a voltar sozinha de carro para casa.

"Depois de beijar-lhe o rosto, Sinatra apressou-se em ir ao encontro dos amigos, na porta", escreveu Talese.

> Mas antes que Nancy tivesse tempo de sair do estúdio, um dos homens de Sinatra, Al Silvani, ex-empresário de boxe, a alcançou.
>
> "Já está pronta para sair, Nancy?"
>
> "Oh, muito obrigada, Al", disse ela. "Mas está tudo bem."
>
> "Ordens do papa", disse Silvani, levantando as mãos, as palmas bem à mostra.
>
> Nancy apontou para dois amigos dela que iam acompanhá-la até em casa, Silvani os reconheceu, e só então se decidiu a ir embora.[123]

Moonlight Sinatra foi um desfecho apropriado para o ano dourado de Frank, um luminoso contraponto aos álbuns anteriores com canções românticas e sombrias. Riddle, que não fazia arranjos para um álbum completo de Sinatra desde *Academy Award Winners*, tinha voltado a toda, mostrando que, enquanto Gordon Jenkins conseguia comover corações com cordas, só Nelson conseguia fazer essas cordas soarem como Debussy. No limiar de uma nova era, Sinatra estava cantando em outro tom, andando sob outra luz. *Clair de lune*.

Este é o Mês de Sinatra [...] com um esforço publicitário de intensidade inaudita para divulgar — e vender — o aniversário mais memorável na história da música.

Anúncio da Warner-Reprise na *Billboard*, dezembro de 1965[124]

Assim eram as coisas para um homem cujas vidas privada e pública iam completar cinquenta anos.

A gravadora tinha boas razões para celebrar: tanto Sinatra como Jenkins receberam um Grammy por "It Was a Very Good Year", prêmio também conferido a *September of My Years*. Dois álbuns de compilação — *Sinatra '65*, composto de singles e outras sessões e lançado em julho, e *My Kind of Broadway*, um disco de trilhas sonoras lançado em novembro — logo galgaram boas posições nas paradas, assim como *A Man and His Music*, uma retrospectiva da carreira de Sinatra em dois LPS.[125]

Em homenagem ao grande aniversário de Frank, a mãe de seus filhos, ao lado das duas filhas, fez um gesto extraordinário: na noite de domingo, 12 de dezembro, exatos cinquenta anos depois de Frank Sinatra fazer sua arriscada estreia no mundo naquele apartamento sem água quente na Monroe Street em Hoboken, Nancy mãe, Nancy filha e Tina organizaram uma festa de gala para ele no luxuoso salão de baile Trianon do hotel Beverly Wilshire. "Todo mundo do showbiz de Hollywood estava lá — e quase todo mundo de Nova York", recordou Nancy filha. Milton Berle organizou a trilha sonora; Jack Benny e George Burns se apresentaram. Tony Bennett cantou com uma orquestra inteira — assim como Sammy Davis, que veio de Nova York para a ocasião e saiu de dentro de um imenso bolo de aniversário de quase dois metros de altura feito de cartolina, cantando a paródia de Sammy Cahn "My Kind of Man, Sinatra Is".[126]

A pequena Nancy cantou outra paródia de Cahn, feita a partir da canção "Tit-Willow", de Gilbert e Sullivan:

Who in the forties was knocking them dead?
My daddy, my daddy, my daddy.
The rug he once cut he now wears on his head.
*My daddy, my daddy, my daddy.**[127]

* Quem aos quarenta estava arrasando todo mundo? / Meu papai, meu papai, meu papai. / O tapete que cortou agora ele usa na cabeça. / Meu papai, meu papai, meu papai. (N. T.)

"Se estivesse completando cinco anos em vez de cinquenta, Frank Sinatra não estaria mais entusiasmado", escreveu Dorothy Manners, que tinha assumido a coluna de Louella Parsons.

> Frank se divertiu com todos os detalhes, inclusive com a brincadeira em sua mesa que mostrava uma fotografia dele quando criança, todo bem vestido, sobreposta a uma partitura musical de "Oh, Look at Me Now!". [...]
>
> No momento mais cômico da noite, foi exibida numa tela uma entrevista encenada no estilo Walter Cronkite, com John Willis [o editor da *Screen World*] fazendo perguntas que eram "respondidas" por trechos dos antigos filmes de Frank. Foi tão engraçado que poderia render uma coluna inteira.
>
> Mas eu gostaria de dizer que a estrela da noite foi Nancy Sinatra mãe, linda, brilhante e graciosa, que trabalhou semanas para criar essa noite inesquecível para Frank.[128]

A única pessoa que não estava lá era Mia.

Os sorrisos e cenários preparados no salão de baile Trianon não foram desprovidos de certo caos subjacente. Segundo George Jacobs, Nancy mãe bateu o pé quando surgiu a questão sobre convidar a nova garota de Frank. "Mia teve um chilique. Nancy mãe teve um chilique. O sr. S. teve um chilique", recordou o criado. "Foi um milagre a festa ter acontecido [...] mas, em algum momento, Nancy filha convenceu Nancy mãe. Vamos deixar papai feliz, foi seu argumento, e Nancy mãe, que sempre foi graciosa e apaziguadora, cedeu."[129]

Depois de agradecer à primeira esposa, Frank disse a Mia que ela podia ir com ele à festa. Radiante, Farrow comprou um vestido de noite azul de chiffon para a ocasião, numa loja elegante em Beverly Hills.[130]

Até que Frank Jr. interveio.

Naquela mesma semana, Frankie tinha tido seu próprio grande momento, estreando o recém-batizado "Frank Sinatra Jr. Show" no Basin Street East, em Nova York. Sam Donahue havia devolvido o nome de Tommy Dorsey ao domínio público. Na noite de abertura, Frank Jr. disse a Earl Wilson que viajaria para a Costa Oeste no domingo, seu dia de folga, para comparecer à grande comemoração do pai.[131]

Mas, ao ficar sabendo que Frank tinha convidado Mia, Frankie ligou furioso para o pai, perguntando como ele podia constranger a mãe dele daquela forma.

Frank pai desligou na cara do filho, Frankie ficou em Nova York e afinal Frank disse a Mia que seria melhor ela não ir. Apesar da descrição alegre de Dorothy Manners, Jacobs recordou que Sammy saindo de dentro daquele falso bolo de aniversário foi a única coisa na noite que fez Frank sorrir de verdade.[132]

Mia tornou o aniversário de Sinatra inesquecível à sua própria maneira: quando foi para o apartamento dela depois da festa, Frank descobriu, em meio ao forte cheiro de maconha, que ela tinha cortado os belos cabelos, que iam até a cintura, deixando-os com apenas dois centímetros de comprimento. Em suas memórias, Farrow alega que cortou o cabelo numa manhã antes do trabalho, tomada por um "horror à vaidade"[133] em seu camarim no set de *A caldeira do diabo*. Segundo Mia, ela guardou as mechas tosadas num saco plástico e foi ver o resultado no espelho do camarim. Gostou do que viu, mas o cabeleireiro ficou horrorizado, assim como os produtores. Eles arranjaram uma peruca e Mia tomou uma bronca; derramou-se em pedidos de desculpas, mas não estava sendo sincera.

A notícia chegou à imprensa e estourou. Não faltaram especulações: teria ela feito isso como desfeita a Frank? Em Nova York, Salvador Dalí definiu o ocorrido como um "suicídio mítico". Farrow insistiu que não houvera nenhum drama com Sinatra, que ele tinha adorado seu novo cabelo desde o primeiro momento.

Mas Ryan O'Neal, que contracenava com Mia no programa, insistiu mais tarde: "Ela não cortou no estúdio. Ela já apareceu com o cabelo cortado".[134] E segundo George Jacobs, houve drama de sobra quando Frank viu o escalpo tosado de Mia. "Agora vou mesmo parecer uma bicha",[135] ele resmungou.

Era uma *lição* por desconvidá-la.

E também revelaria quem era o verdadeiro centro das atenções.

QUARTO ATO

Fúrias

23.

Aqui vai uma música que não suporto. Simplesmente não suporto essa música. Mas que diabos.

Frank Sinatra, apresentando "Strangers in the Night" num concerto em Jerusalém, novembro de 1975

A harmonia mudou meio-tom: uma modulação difícil.

O começo do ano foi auspicioso. No dia 7, Sinatra voltou ao Sands com a Basie Orchestra, Count e Bill Miller em dois pianos e Quincy Jones na regência. A *Variety* entrou em êxtase com a primeira noite, repleta de astros: "As vibrações carismáticas de Frank Sinatra parecem hipnotizar ao menos 99% das pessoas no Sands", escreveu o crítico da revista com empolgação, apesar da pouca coerência, "e talvez a porcentagem tenha subido nessa estreia cheia de celebridades. Até admiradores menos entusiasmados devem admitir que Frank atingiu em seu trabalho atual um novo pico de magnetismo pessoal, que é o entretenimento esplêndido."[1]

A orquestra de Basie continuou arrebatando tanto Frank como as plateias. A ausência de uma seção de cordas nos arranjos de Riddle e Jenkins de números como "I've Got You under My Skin" e "It Was a Very Good Year" levou Jones a criar um recurso brilhante, usando surdinas nos metais e fortalecendo a melodia do trompete principal com três flautas tocando em uníssono.[2] Frank estava sorridente. Também havia novos arranjos feitos pelo trombonista e orquestrador Billy Byers, velho parceiro de Quincy: uma versão leve e adorável de "The Shadow of Your Smile", nova balada de Johnny Mandel; uma "Get Me to the Church on Time" polirrítmica; e uma dançante mas intimista "Where or When", que se tornou a versão principal de Sinatra. O glorioso show continuaria até janeiro, e ficaria ainda mais glorioso, pois a Reprise estava gravando as apresentações para o primeiro álbum ao vivo de Sinatra.

Mia estava com ele em Las Vegas, fisicamente, mas não de todo em espírito. No primeiro Natal que eles passaram juntos, no ano anterior, Frank a decepcionara ao lhe dar um broche de diamante com a figura de um coala, em vez do filhote de cachorro que ela deu a entender que desejava — um presente frio, caro e artificial, em vez de algo caloroso e verdadeiro.[3] Nesse ano o presente para Mia fora uma cigarreira de ouro maciço com a inscrição "Mia, Mia, com amor, de Francis".[4] Ela usava a cigarreira para guardar baseados.

Em uma das notas de sua coluna (uma das últimas, pois ela morreria em fevereiro), Hedda Hopper mencionou uma cena vista no Sands: "Às cinco da manhã, Mia Farrow estava na sala de jantar com a cunhada e o irmão, comendo ovos com presunto. Ninguém a reconheceu com aquele corte de cabelo".[5] Frank, presumia-se, estava acompanhado de pessoas mais agitadas. Mia escreveu sobre sua sensação de distanciamento ao ver o irmão proto-hippie e a cunhada em Las Vegas como convidados de Sinatra, os rostos puros em flagrante contraste com o ambiente espalhafatoso do cassino, vendo Frank detonar 20 mil dólares na mesa da roleta.[6]

Frank era o excesso personificado; o que mais ela esperava? O vínculo sexual entre ambos persistia, mas a ligação espiritual começava a cindir-se. A diferença de idade já era problemática, mas também havia um abismo sociológico entre os dois. Filha mimada de artistas de Hollywood, Mia podia se dar ao luxo de desdenhar as coisas brilhantes que significavam tanto para um ítalo-americano novo-rico da proletária Hoboken.

E Frank continuava se esquivando de uma intimidade maior com as pessoas, tendo sempre mais gente à sua volta. Ele gostava tanto de receber hóspedes, escreve Mia, que logo anexou um bangalô de dois quartos e um chalé de quatro quartos em estilo da Nova Inglaterra aos dois edifícios externos octogonais já existentes em sua casa de Palm Springs, aumentando a capacidade do complexo para hospedar 22 pessoas ao mesmo tempo.[7] Os amigos de Sinatra chamavam-no de gerente de pousada.

E ele administrava o lugar como uma pousada quatro estrelas, com banheiros meticulosamente abastecidos, carros de prontidão para quem desejasse fazer compras, sessões de cinema à noite. Todos aqueles minuciosos detalhes a deixavam com enxaqueca, recorda Mia.

Essa não era a única coisa que a distanciava de Frank. Na primeira semana de fevereiro, ela aceitou fazer o papel de anfitriã em várias festas oferecidas por Frank a seus amigos de Palm Springs e aos golfistas profissionais, durante o torneio de golfe Bob Hope Desert Classic: foi um choque cultural incomparável, sapatos brancos e calças xadrez versus óculos retrô e colares de miçangas.[8] Dorothy Manners (que agora tinha oficialmente tomado o lugar de Louella Parsons, então com 84 anos) esteve em uma das festas, onde observou Farrow sentada em um canto, trabalhando no seu bordado em vez de se integrar aos convidados. "De vez em quando ela olhava e sorria para um dos hóspedes habituais", escreveu a colunista.

> Ela é uma garota quieta, que agora parece um garoto, com seu corte de cabelo tosado e calça simples.
>
> É hora do jantar e o grupo segue Frank para a sala de jantar.
>
> Mia decide terminar a fileira que está bordando antes de deixar o trabalho de lado.
>
> Todos já deveriam estar sentados. De repente, lá está Frank.
>
> Não há raiva em seu rosto. Apenas uma paciência inexpressiva, como se já tivesse feito essa cena inúmeras vezes.
>
> "Você não vai jantar com a gente?", pergunta. "Ou vai comer esse banquinho?"[9]

Para compensar, Frank organizou uma festa no aniversário de 21 anos de Mia no Chasen, no dia 11 — o que foi outro choque cultural, só que num local diferente.

O restaurante em West Hollywood, que já contava três décadas, com suas paredes de madeira escura e banquetas de couro vermelho, incorporava o espírito de Hollywood dos velhos tempos. Sinatra contratou duas orquestras, mas foi o único da festa que não dançou: o primeiro sinal de que havia algo errado.[10]

Dez dias mais tarde, o casal pelo visto não estava mais junto. "Não quebre a cabeça tentando descobrir o que separou Frank Sinatra e Mia Farrow",[11] escreveu Dorothy Manners no dia 21.

> Eles não iam mesmo se casar. Frank, pelo menos, não ia. Os mundos de uma garota de 21 anos e de um homem de cinquenta são muito distantes.
>
> Não houve brigas nem discussões. Na verdade, tudo acabara bem antes da festa que Frank organizou para os 21 anos de Mia no Chasen. Os dois estavam tão bem na ocasião que nenhum convidado suspeitou de nada.
>
> Mas houve alguns sinais: Mia não se sentou à mesa de Frank. Ela saiu com Roddy McDowall. E o presente de Sinatra foi um anel — de "amizade" — que nunca poderia ser confundido com um anel de noivado.

Na verdade, houve uma discussão acalorada. No apartamento dela, pouco antes da festa, Mia sugeriu que eles morassem juntos antes de se casarem. Frank descartou a ideia, dizendo que nunca poderia envergonhar sua família dessa forma. Ela já estava cheia da família dele, e disse isso a Frank. De acordo com um amigo de Farrow, ela então jogou um abajur em Sinatra, que passou de raspão por sua cabeça. Ele a agarrou pelo pescoço, levantando a mão como se fosse agredi-la. Mia pediu que Frank fosse embora e ele se retirou.[12]

Em suas memórias, Mia escreve que os detalhes do primeiro rompimento entre os dois foram "absurdamente insignificantes, mesmo na época" — uma afirmação que diz muito sobre seu desejo de não discutir detalhes do evento em si.[13] Ela atribui a separação a um "abismo de inseguranças" mútuo e a uma incapacidade de conversar sobre suas diferenças. Não havia animosidade, ela insiste, "apenas um torpor e uma resignação familiares aos dois."

E um abajur voador e um apertão na garganta.

Mia começou a se encontrar com outro homem, ela escreve. Ele era "maravilhoso" e "nada assustador".[14] E jovem, inteligente e engraçado, assim como seus amigos. Ficou particularmente surpresa com o pouco que todos eles bebiam. No período de folga da Páscoa em *A caldeira do diabo*, Mia e seu novo amigo foram a Roma e a Veneza.

O novo amigo era Mike Nichols. Aos 34 anos, pouco tempo antes Nichols desistira de uma próspera carreira de comediante stand-up com Elaine May para se tornar o jovem diretor mais popular do momento, primeiro na Broadway (*Ba-*

refoot in the Park, *The Odd Couple*) e então no cinema, com *Quem tem medo de Virginia Woolf?*, estrelado por Elizabeth Taylor e Richard Burton e concluído pouco tempo antes. Calmo, espirituoso e dotado de uma educada ironia, o berlinense Nichols não podia ser mais diferente de Frank Sinatra, exceto em um aspecto: era uma poderosa estrela do show business que Farrow, aos 21 anos, considerava digno de sua atenção, mesmo que apenas por algum tempo.

"Com uma semana de recesso de *A caldeira do diabo*, para onde você acha que Mia Farrow foi?", escreveu Harrison Carroll em meados de abril.

> Para Roma, onde se encontrou várias vezes com Elizabeth Taylor e Richard Burton. Ouvi dizer que se hospedou na casa deles, mas não tenho certeza se ficou mesmo lá.
>
> Além disso, o que é ainda mais intrigante, Mia andou pela cidade com o famoso diretor Mike Nichols, que ela conheceu algumas semanas atrás em Hollywood [...].
>
> Dias importantes estão chegando à vida de Mia. Ainda não está confirmado, mas estou convicto de que ela vai deixar o elenco de *A caldeira do diabo* em junho, em troca de um contrato para fazer um filme por ano para a Twentieth Century Fox.[15]

Frank fizera Mia sair com Bob Hope e Dinah Shore em Palm Springs; com Nichols, ela chegou a passar um tempo com Liz e, ainda mais emocionante, com Dick, que sabia declamar Shakespeare e Dylan Thomas (e beber tanto quanto Sinatra). E estava prestes a assinar um contrato para fazer filmes, ascendendo no mundo, com ou sem Frank.

Enquanto ela esteve fora (e o artigo de Talese era publicado na *Esquire*), Sinatra gravou um grande sucesso.

O alemão Bert Kaempfert, maestro, compositor e produtor musical, foi responsável pela criação da canção cadenciada e diabolicamente marcante da trilha sonora de um filme de espionagem com James Garner chamado *Passaporte para o perigo*. Kaempfert era um expoente da indústria fonográfica europeia, um gigante da música ambiente com um ouvido certeiro para melodias contagiantes: não só foi a primeira pessoa a gravar os Beatles (quando acompanharam o cantor

Tony Sheridan numa recriação da antiga "My Bonnie") como também o compositor de "L-O-V-E", o lamentável último sucesso de Nat King Cole, que chegou ao topo das paradas.

Quando Jimmy Bowen, da Reprise, ouviu pela primeira vez a nova canção de Kaempfert, ele se endireitou na cadeira e prestou atenção.

> Eu disse: "Cara, escreva uma letra para isso e faço Sinatra gravar". Não contei isso a ninguém, porque, é óbvio, ninguém sabe o que Frank vai fazer até ele dizer que vai fazer. Mas eu sabia que a melodia seria um sucesso. Então, eles me mandaram umas letras que não gostei, mas depois enviaram uma que achei adequada. E gravamos a música.[16]

A música era "Strangers in the Night", e Sinatra a odiou assim que a ouviu.

"Não quero cantar isso", disse a Sarge Weiss, que lhe levou a partitura. "É uma merda."[17]

Mas Frank estava em conflito. Durante os anos 1950 e 1960, sempre tinha vendido mais álbuns do que singles: no caso destes, ele já não voava alto desde 1956, quando "Hey! Jealous Lover" chegou ao sexto lugar das paradas. (Seu último single a chegar à primeira posição havia sido "Five Minutes More", em 1946.)[18] E Frank queria voltar ao topo.

Jimmy Bowen sabia como fazer singles de sucesso — ele e o compositor Ernie Freeman tinham colocado Frank de volta nas paradas de singles da *Billboard*, ainda que de forma modesta, com "Softly, as I Leave You", e depois a dupla levara Dean ao primeiro lugar com "Everybody Loves Somebody". Por mais que Frank gostasse de Dean (e por mais que amasse Nancy filha, que estava bombando no mundo inteiro com "These Boot Are Made for Walkin'"), Frank queria muito voltar ao topo do pop.

Ele resolveu gravar a música.

Freeman escreveu um arranjo e a gravação foi marcada na United Recording para 11 de abril. Entre o mês com Basie no Sands e uma subsequente temporada no Fontainebleau, Sinatra não pôs os pés em um estúdio por quatro meses.

Na noite de domingo, 10 de abril, Jimmy Bowen foi jantar no Martoni's, um restaurante de culinária italiana em Hollywood frequentado pelo pessoal da indústria fonográfica, e deu de cara com o cantor Jack Jones — o sujeito que Frank tinha mencionado no seu ensaio da *Life* como um verdadeiro talento em potencial. Jones disse a Bowen que estava animado com o single que acabara de gravar: "Strangers in the Night". O disco já tinha sido enviado para as principais estações de rádio. "Devo ter ficado pálido", lembrou Bowen. "Meu coração disparou. Murmurei algo do tipo: 'É, bom, que ótimo. Boa sorte'."[19]

E ligou para Sinatra.

"Não dou a mínima se *Deus* gravou, a gente vai gravar!",[20] disse Frank.

E Frank gravou. Com um percalço: no último terço da melodia havia uma modulação difícil — uma subida de meio-tom que ele não conseguia (ou na verdade não queria) alcançar. Bowen sugeriu uma solução engenhosa: "Frank, cante até a mudança de tom e corte. Depois a gente faz um *bell tone** e você segue daí no novo tom até o final".

Deu certo. Bowen então "passou a noite toda preparando o máster de Sinatra depois da gravação", escreveu Stan Cornyn. Em seguida mandou imprimir rápido uma dúzia de acetatos do single. Enquanto isso,

> Sinatra chamou Ostin para descrever em detalhes como tinha sofrido para fazer aquela gravação e dizer que queria lançar o disco logo. Já. Foram separados oitocentos dólares em notas de vinte para "gratificações", para garantir que as coisas fossem feitas. Assistentes correram para o aeroporto de Los Angeles, pedindo "um favor" a aeromoças prestes a partir em viagens pelo país. Por vinte dólares, elas levariam um pacote com o single do Sinatra para, digamos, o aeroporto de O'Hare, onde seria recebido pelo promotor da Reprise em Chicago. Mais vinte dólares, um obrigado e um táxi até o diretor do programa *Top Forty*, de Chicago, para quem o pacote seria entregue com o bilhete "Para você. De Frank". Jack Jones foi aniquilado, virou poeira de prateleira.[21]

Era bom ser rei, e ainda melhor conhecer os macetes.

Frank podia fazer praticamente qualquer coisa dar certo, sobretudo quando estava com a grande voz em forma. Enquanto as cordas volteavam e a guitarra rítmica (tocada por Glenn Campbell na sessão) soava com seu monocórdio *chincle-chincle-chincle* atrás dele, Sinatra cantou a letra pegajosa com a convicção

* Técnica musical em que uma voz ou instrumento imita o som de uma campainha. (N. T.)

de quem queria um grande sucesso do fundo do coração, e de alguma forma — depois de trinta anos de palco, ele já dominava o feitiço — Frank fez o ridículo funcionar.

Depois do insulto dos dois versos finais —

It turned out so right
*For strangers in the night**

— ele por fim começou a se divertir um pouco, cantarolando:

Dooby dooby doo
Doo doo doo-bee ya
Da da da da da ya ya ya.

Sinatra nunca deixaria de odiar "Strangers in the Night". "Ele achava que se tratava de dois veados num bar",[22] contou Joe Smith, da Warner-Reprise. (Cantando em público, às vezes ele mudava a letra, de "Love was just a glance away / a warm embrancing dance away" para "a lonesome pair of pants away").[23]** Em 1975, num concerto em Jerusalém, Frank apresentou a canção assim: "Aqui vai uma música que não suporto. Simplesmente não suporto essa música. Mas que diabos".[24]

Que diabos mesmo. A canção chegou às paradas da *Billboard* no dia 7 de maio, ao lado de outras novidades: "I Am a Rock", com Simon & Garfunkel, "Did You Ever Have to Make Up Your Mind?", com The Lovin' Spoonful, e "Come Running Back", com Dean Martin. Dois meses depois, alcançou o primeiro lugar, derrubando "Paperback Writer", com os Beatles, música que tinha destronado "Paint It Black", com os Rolling Stones. No Reino Unido, a música de Frank ficou no topo das paradas de singles por três semanas naquele verão.[25]

Frank tinha mostrado a Dean e a Nancy quem era o chefe. *Dooby dooby doo* era o novo *ring-a-ding-ding.*

* Deu tudo tão certo / Para estranhos na noite. (N. T.)

** Originalmente, a letra dizia: "O amor estava à distância de um olhar / à distância de uma calorosa e aconchegante dança", sendo alterada por Frank para "à distância de um solitário par de calças". (N. T.)

* * *

Enquanto isso, Mia continuava vivendo momentos felizes sem ele. "Como previsto, o diretor Mike Nichols e Mia Farrow voltaram a se ver assim que ele retornou da Europa", escreveu o colunista Jack O'Brian no início de maio. "Eles estiveram no Cocoanut Grove, com Tony Newleys e o casal Rex Harrison [...] e, claro, apareceram mais tarde no Daisy Club."[26]

Frank, que sempre foi leitor assíduo das colunas de fofocas, leu com atenção. "Isso não é muito bom", disse a um amigo no Jilly's. "Acho que vou precisar resolver isso com Mia. Dá para acreditar? Sinatra de joelhos?"[27]

Mia estava fazendo o jogo de Ava, divertindo-se em público, exibindo outros namorados para Frank. Ele não conseguia dominá-la, e isso o excitava imensamente.

Na noite em que voltou a Los Angeles, ela foi despertada por um telefonema de Frank de Las Vegas, recorda Farrow.[28] Ainda acordando, de repente ela se viu concordando em viajar no avião dele para encontrá-lo na noite seguinte. Os dois começaram a planejar um futuro juntos, indo contra consideráveis obstáculos. Ambos eram pessoas carentes e complexas, ela escreve; nenhum dos dois conhecia a si próprio muito bem. E tinham problemas para falar sobre o que sabiam de si mesmos: "Procurávamos completar um ao outro às cegas". Uma fórmula com poucas possibilidades de resultar numa união duradoura. Mas, naquele momento, ela desfrutava de toda a atenção de Sinatra.

Outra união, muito mais importante, ia chegando ao fim, embora nem Sinatra nem Riddle soubessem disso na época. Em maio, eles gravaram o que viria a ser o último álbum dos dois juntos, um projeto que fora agendado para uma data posterior, mas agora adiantado pela produção para capitalizar o enorme sucesso do novo single. O álbum se chamaria, é claro, *Strangers in the Night.*

Nelson não havia feito o arranjo da canção-título, mas cuidou dos arranjos de todo o material restante. Com exceção do *cover* vacilante e mal concebido por Frank de "Downtown", sucesso de Petula Clark, o álbum ficou tão sublime quanto "Strangers" era ridícula.

O LP ganhou o subtítulo de *Sinatra Sings for Moderns*, e, apesar de apenas metade das músicas ser dos anos 1960, a sensação transmitida era de leveza, alegria e liberdade — Riddle com um estilo novo, simbolizado pelo uso de um órgão descolado à moda de Basie (Count muitas vezes fazia naipes com o instrumento) em diversas faixas, com maior destaque na sublime "Summer Wind" e numa regravação igualmente deslumbrante do primeiro grande sucesso de Sinatra, "All or Nothing at All", de 1939.

"Summer Wind" era uma canção pop alemã de 1965, de Heinz Meier, traduzida em pura poesia por Johnny Mercer:

> *Like painted kites, those days and nights*
> *Went flying by* [...].*

Com sua voz andrógina, Wayne Newton tinha feito certo sucesso com a música, mas nas mãos de Frank e Nelson ela se tornou algo completamente diferente e magnífico. Com os acordes cintilantes de Riddle e o órgão Hammond de Artie Kane a retratar um vento tépido e preguiçoso, o barítono profundo e experiente de Frank pairando atrás do ritmo como um passeio na praia, a canção destilava a essência pura e fugaz de um romance de verão.

Quanto à atualizada "All or Nothing at All": um quarto de século antes, tinha sido uma pura ópera pré-guerra; na versão de 1966, com um ritmo ligeiro, ousados metais em surdina e um rebelde contraponto de órgão, um Sinatra bem mais experiente elaborou um testemunho agridoce sobre a mutabilidade do amor.

O álbum foi um arraso.

Chegou ao primeiro lugar, e permaneceria nas paradas por 73 semanas, o LP de maior sucesso de Frank desde *Only the Lonely*, de 1958. No entanto, ao final de tudo, Sinatra decidiu que a era Riddle havia acabado, por mais importante que tivesse sido.

"Não há nenhuma história específica, e, se houver, não a conheço", disse Riddle ao entrevistador da NPR Robert Windeler, pouco antes de sua morte, em 1985.

> Sinatra não se deixa tolher por lealdades [...]. Ele tinha que pensar em Frank. Fiquei magoado com isso, me senti mal, mas acho que de certa forma estava ciente de que nada é para sempre. Uma onda diferente de música havia chegado, e eu estava intimamente associado a ele em certo [outro] tipo de música [...]. Assim, ele se

* Como pipas pintadas, aqueles dias e noites/ Passavam voando [...]. (N. T.)

> mudou para outras áreas. É quase como alguém que troca de roupa. Vi Frank fazer isso com Axel Stordahl, meu favorito; eu devia ter percebido que seria a minha vez. Ele simplesmente seguiu em frente.[29]

A inquietação de Sinatra — em sua arte, em suas relações pessoais, em tudo — era seu dom e seu mal, e uma doença permanente.

Mike Nichols saiu de cena. No início de junho, Frank e Mia foram vistos nos arredores de Hollywood e "pareciam loucamente felizes e comprometidos",[30] segundo Earl Wilson. Os rumores de casamento começaram novamente. E nos dias 5 e 6, o outro casal comprometido, Frank e a filha Nancy, gravou um novo especial de TV, *A Man and His Music Part II*, nos estúdios da NBC em Burbank. A tímida e assustadiça pequena Nancy tinha se transformado em uma *vamp* de minivestido franjado e botas de cano alto cor-de-rosa, *"go-go boots"*, os cabelos loiros enormes e os olhos intencionalmente semicerrados.

Ainda assim, o papel de garotinha do papai (que não era apenas um papel, claro) persistiu. Entrando confiante num set decorado em *op-art*, as arrojadas botas bem separadas, ela abriu o programa com uma música meio esquisita —

> *My pa can light my room at night*
> *With just his being near*
> *And make a fearful dream all right*
> *By grinning ear to ear**

— antes que um corte abrupto mostrasse Frank, de smoking, cantando alto: "Yes Sir, That's My Baby",** e o número se transformasse num dueto estranhamente incestuoso.

Mesmo assim, o resultado foi um espetáculo leve e engraçado, e Frank pareceu estar se divertindo muito com Nelson Riddle e Gordon Jenkins ali, regendo seus respectivos segmentos.

* Meu pai pode acender a luz do meu quarto à noite/ Só de estar por perto/ E corrigir um sonho assustador/ Com um sorriso de orelha a orelha. (N. T.)

** Sim, senhor, essa é a minha garotinha. (N. T.)

O radiante início de junho tornou os acontecimentos dos dias 7 e 8 ainda mais estranhos.

Dean Martin completou 49 anos no dia 7, e naquela noite Frank levou o amigo e outras oito pessoas, entre elas Jilly Rizzo, Richard Conte e três mulheres (Mia não estava no grupo), para comemorar no Polo Lounge, restaurante do Beverly Hills Hotel. Na mesa ao lado estavam Frederick Weisman, de 54 anos, presidente da Hunt's Foods (e cunhado do filantropo e colecionador de arte Norton Simon), e Franklin Fox, empresário de Boston. Os dois haviam ido ao Polo Lounge para tomar uns drinques em homenagem aos respectivos filhos, que estavam prestes a se casar, mas logo a algazarra da outra mesa tornou a conversa impossível. Weisman aproximou-se e perguntou ao grupo se poderiam falar mais baixo, e também pediu que maneirassem na linguagem.

Frank lançou a Weisman um olhar fulminante. "Você passou dos limites, amigo", disse. "Acho que você não deveria estar aí com esses seus óculos falando comigo desse jeito."[31]

De acordo com Fox, em seguida Sinatra fez um comentário antissemita.

Weisman se levantou, ofendido, mas Frank, Dean e os outros já estavam indo embora. No instante seguinte, porém, Frank se virou e foi até a mesa de Weisman.

"Ele voltou para dar vazão à sua raiva, e Fred se levantou", recordou Fox.

> Eu só queria manter Sinatra longe dele, e por isso o segurei. Eu estava na frente de Fred quando Sinatra jogou o telefone [...]. Dean Martin estava tentando tirar Frank de lá, e de repente meu amigo estava caído e Sinatra e seu grupo tinham ido embora. Tentei ajudar Fred no chão [...]. Não conseguimos reanimá-lo, chamamos uma ambulância e ele foi levado do bar numa maca.

George Jacobs conta uma história diferente; segundo o criado, o telefone em questão — "um dos telefones pelos quais o Polo Lounge era famoso entre novos-ricos que queriam aparecer" —[32] não foi jogado por Sinatra, mas usado como arma por Jilly, que com ele bateu várias vezes na cabeça de Weisman. Outra descrição dos fatos relata que o ataque ocorreu em um estacionamento com manobristas, do lado de fora. Anos mais tarde, a ex-mulher de Dean Martin, Jeanne, insistiria que Frank tinha batido em Weisman.[33]

De qualquer forma, Sinatra e Martin estavam bem longe quando a polícia chegou. Frank em Palm Springs, Dean no lago Tahoe. Enquanto isso, Frederick

Weisman, com o crânio fraturado, encontrava-se inconsciente na unidade de terapia intensiva do Cedars-Sinai Medical Center, sem expectativas de sobreviver.

Como consequência imediata do incidente, o chefe de polícia de Beverly Hills, Clinton Anderson, constrangeu Frank publicamente, dizendo aos repórteres: "Sinatra está se escondendo, mas iremos atrás dele. No momento, queremos descobrir a causa da briga e as condições de saúde de Weisman".[34]

Frank ligou para Anderson e disse que a briga tinha acontecido por culpa de Weisman. Segundo ele, o empresário o havia ofendido, batido nele e depois caído no chão. "Em nenhum momento vi alguém agredi-lo, e eu sem dúvida não fiz isso."

Frank estava apavorado. "Acho que fiz besteira", disse a um amigo. "Dessa vez me ferrei. Se esse cara morre, estou fodido."[35]

Mia viajou para Palm Springs para ficar com ele, assim como Jack Entratter e a esposa, Corinne. "Acho que foi a única vez que vi o homem assustado", lembrou Corinne Entratter. "Ficamos por lá umas duas semanas, olhando um para o outro. Mia e eu tentamos aprender a jogar gamão. Ninguém foi a lugar algum. Parecíamos prisioneiros [...]. Ninguém sabia como aquilo ia se resolver."[36]

Weisman recuperou a consciência 72 horas depois, mas permanecia em estado grave, e Sinatra continuou se sentindo culpado e assustado. Segundo um amigo de Mia, ela e Sinatra discutiram quando ela disse que o episódio no Polo Lounge talvez não tivesse sido culpa dele. Ele ficou chateado com o "talvez".[37]

No dia 27, Weisman conseguiu falar com a polícia sobre o incidente, mas não se lembrava de nada depois de ter sido atingido. O que significava, é claro, que não iria lembrar quem o agredira. Mas, devido às histórias contraditórias e à falta de provas — e também, segundo uma fonte, a algumas ameaças telefônicas —, a família de Weisman decidiu não prosseguir com as acusações criminais contra Sinatra. George Jacobs afirmou que Frank pagou "milhões"[38] a Weisman para abafar o caso, embora o irmão do empresário tenha dito na época: "Não há nada para resolver. Só queremos esquecer o ocorrido".[39] No dia 30 de junho, o procurador de Los Angeles encerrou a investigação.

Sinatra ficou muito aliviado, e o alívio lhe trouxe uma espécie de euforia. Farrow não ficou surpresa, ela relembra, quando, certa manhã em Palm Springs, Frank a levou para fora, segurou as mãos dela e a pediu em casamento. "No espaço que se estreitava entre nós", ela escreve, "eu investi toda a esperança da minha vida."[40]

* * *

Sinatra foi até a Billy Ruser's, em Beverly Hills, a loja onde comprara para Ava os brincos de esmeralda que não tinha como pagar em 1953.[41] Dessa vez, pagou 85 mil dólares por um anel de diamante de nove quilates. Ele estava indo para a Europa, para o início de um novo projeto da Warner (que acabou sendo seu último para o estúdio), um filme sobre espiões chamado *O serviço secreto em ação*. Sinatra fazia o papel de um ex-assassino da Agência de Serviços Estratégicos obrigado a voltar à ativa quando seu filho é sequestrado — uma reviravolta no roteiro que poderia ter feito Frank hesitar, o que não aconteceu. Ele pediu para Mia acompanhá-lo a Nova York antes de partir.

Enquanto viajavam para Nova York em seu Learjet, lembra Farrow, Frank tentava convencê-la a comer, como de costume.[42] Insistiu para ela experimentar a sobremesa. Embaixo do bolo havia uma caixinha, e dentro dela havia um anel de noivado com um enorme diamante em forma de pera. Ele precisou lhe dizer em qual dedo deveria ser usado. Era o tipo de anel que era melhor não aceitar, pensou Mia.

Eles passaram o final de semana do Quatro de Julho na casa dos Cerf, em Mount Kisco. "Não me lembro de ter visto uma paixão ardente", contou Christopher Cerf, "mas ele foi muito, muito atencioso com ela."[43] Depois disso, Sinatra viajou para Londres na companhia de George Jacobs, Jimmy van Heusen e Brad Dexter (agora vice-presidente da Artanis Productions e produtor de *O serviço secreto em ação*), mas sem Mia.

Foi o maior choque cultural que Londres já vira. Enquanto os Beatles e os Stones adotavam o modo psicodélico, andando pelas ruas da capital britânica de óculos escuros retrô, boás de plumas e penteados de ninhos de passarinho, o pequeno americano de peruca, que tinha desbancado todos do topo das paradas, aterrissou e dominou a cidade.

Sinatra alugou um apartamento enorme na Grosvenor Square, em frente à embaixada americana. Depois das filmagens nos Shepperton Studios, onde o filme estava sendo rodado, Frank passava as noites no Playboy Club e fazia amizades: "várias moças magras do tipo de Mia, de minissaias Biba e meias Mary Quant, que mostravam suas formas na King's Road. Era o paraíso na terra para homens que gostavam de ver pernas",[44] escreveu George Jacobs. Chester, de forma discreta, fez com que Frank não sentisse falta de companhia feminina.

De volta a Nova York, em meio a uma onda de calor, Mia fazia-se notar mostrando ao mundo como tinha se tornado um bem precioso. No dia 7 de julho, ela enfim anunciou que estava deixando *A caldeira do diabo* e assinando contrato com a Twentieth Century Fox.[45] Seu cachê para um papel principal no cinema era de 200 mil dólares.[46] Na noite de domingo, 10 de julho, ela entrou mancando e usando muletas no restaurante PJ Clarke's, sempre cheio de celebridades. Farrow sofrera um corte feio na perna ao se sentar sem querer numa tesoura no apartamento da mãe, mas estava radiante, mostrando sua nova pedra preciosa.[47] "É um anel de amizade dado por Frank",[48] anunciou. Seu sorriso sugeria que ninguém deveria confundir a enorme pedra em seu dedo com nada além do que na verdade era.

A mãe dela estava preocupada — primeiro, por achar que Mia estava se precipitando nessa inapropriada união ("Se o sr. Sinatra vai se casar com alguém", dissera Maureen O'Sullivan, de 54 anos, no ano anterior, "ele deveria se casar era comigo!"),[49] e, segundo, por medo de que a filha acabasse numa situação humilhante. Era famoso o caso de Lauren Bacall, que tinha arruinado suas chances de casamento com Frank e acabara sendo humilhada em público por mencionar o noivado antes de ter sido anunciado oficialmente. O'Sullivan ligou para Sinatra, que estava em Londres, e foi direto ao assunto: o que podia ser divulgado sobre o diamante de nove quilates no dedo de sua filha?

Frank pensou um pouco antes de responder. Mia podia anunciar o noivado, ele disse, mas sem dar uma data definida para o casamento.[50] O'Sullivan reuniu sua dignidade como grande dama e como mãe. Será que ele não poderia fazer melhor que isso?

Tudo bem, respondeu Sinatra. Entre o Dia de Ação de Graças e o Natal.

Maureen O'Sullivan anunciou a novidade ao mundo em 14 de julho. "Eu não poderia estar mais feliz", declarou à Associated Press. "Frank é uma pessoa maravilhosa e sei que eles vão ser muito felizes juntos!" A diferença de idade não importava, insistiu. "Conheço pessoas que são velhas aos 35 e outras que continuam joviais aos setenta. Frank tem sido sempre um amor de pessoa quando o encontro",[51] afirmou, não muito convicta.

De volta a Los Angeles, Mia virou a bola da vez. Fotógrafos acampavam ao redor de sua casa; ela tinha de engatinhar no chão para não ser vista.[52] Ligou para

Frank e perguntou o que fazer. "Vamos nos casar imediatamente", ele respondeu. Os dois ficaram de se encontrar em Las Vegas.

Brad Dexter conta uma história diferente. Segundo ele, na noite do anúncio, depois de jantar e jogar vinte e um no Colony, um clube londrino de jogos administrado por George Raft, um velho amigo de Sinatra, o astro perguntou o que Dexter achava do noivado.

Dexter não se conteve. "É uma diferença enorme de idade, Frank", respondeu. "Estamos falando de cerca de trinta anos. Não faz sentido. Quando ela tiver quarenta você vai ter setenta. Mas, se é isso que você quer, vá em frente e case com a garota."[53]

"Esse negócio de idade não significa nada", retorquiu Sinatra. "Além disso, ela é uma boa menina e eu estou sozinho. Preciso de alguém."

"Sei que você está sozinho. Só acho que está confundindo o amor que sente pelo seu filho com o que sente por Mia. Júnior não vai se rebelar com você, mas Mia vai." Em seguida, Dexter disse que Frank deveria consultar um psiquiatra.[54]

"Ele enlouqueceu", recordou Dexter. "Ficou fora de si, começou a destruir o apartamento da Grosvenor Square, quebrou luminárias, virou a mesa."[55]

Ainda furioso, Frank pegou o telefone e ligou para Jack Entratter em Las Vegas. "Faça todos os arranjos", disse, "porque estou partindo de Londres amanhã e eu e Mia vamos nos casar."

Don Digilio, o editor-chefe do *Las Vegas Review-Journal*, cobria a cidade havia bastante tempo. Ele conhecia Jack Entratter, bem como todos os gerentes de cassinos. De alguma forma, ficou sabendo, por uma fonte não identificada, que a cerimônia do casamento não se realizaria mais entre o Dia de Ação de Graças e o Natal, como Frank tinha dito, mas sim na terça-feira, 19 de julho, às 17h30, no Sands Hotel. Estranhamente, a fonte contou a Digilio que "a realização da cerimônia era uma certeza, a não ser que ocorresse alguma emergência ou que as notícias acabassem trazendo jornalistas e fotógrafos para o hotel".[56] A fonte revelou ainda que Sinatra queria manter o casamento em segredo até depois da cerimônia. A notícia apareceu nas primeiras páginas de muitos jornais na manhã do dia 19, e a imprensa do mundo inteiro correu para Las Vegas.

* * *

No dia seguinte, escreve Farrow, ela vestiu um terno branco, e Bill e Edie Goetz foram buscá-la para ir a Las Vegas no avião de Frank.[57] Ela não deveria contar a ninguém sobre o casamento, segundo ordens de Frank; nem mesmo Nancy e Tina sabiam a respeito. Mia ficou preocupada, pensando em como sua mãe se sentiria magoada — e ficou imaginando como a notícia havia vazado para a imprensa. Encontrou Frank em sua suíte no Sands, bonito em seu terno escuro. Sobrecarregados de emoções, os dois caíram na risada — e depois não conseguiam olhar um para o outro.

O principal sentimento de Sinatra no voo de Nova York a Las Vegas deve ter sido de pavor. Segundo seu criado, ele não bebeu muito a bordo do Learjet, mas fumou muito e "estava com a expressão sombria, como se estivesse a caminho de uma grande cirurgia, ou da própria execução".[58] Frank não tinha contado à sua família sobre o casamento, e temia que descobrissem antes de conseguir ele mesmo avisá-los. Não sabia que a notícia já tinha vazado.

Mas Sinatra tinha contado a Ava. Várias fontes, inclusive Lee Server, biógrafo de Ava Gardner, disseram que Frank pediu que George Jacobs ligasse para ela de Londres dando a notícia, pouco antes da cerimônia. Contudo, nas memórias de Jacobs, que fazem grande alarde sobre o relacionamento amigável do criado com o amor da vida de seu chefe, não há referência alguma àquela ligação. Também é digna de nota a menção que Randy Taraborrelli faz a "uma amiga próxima"[59] de Ava, uma certa Lucille Wellman — não mencionada no livro de Server. De acordo com Lucille, Gardner disse a ela que Frank ligou do Sands, pouco antes da cerimônia, "chateado e nervoso", e desejando em voz alta que não estivesse cometendo um grande erro. Ainda segundo Wellman, Ava aconselhou-o a repensar sua decisão, ao que ele respondeu: "É tarde demais, querida. O juiz já está esperando". Depois, teria dito: "Não importa o que sinto por essa mocinha [...]. Sempre vou te amar".

Em uma coisa, porém, todos os relatos concordam: quando ouviu a notícia, Ava começou a chorar e não conseguiu parar.[60]

A cerimônia civil, conduzida pelo juiz William Compton, começou pontualmente às 17h30 na sala de estar da suíte de Jack Entratter, e levou ao todo uns quatro minutos. Frank usava terno com colete, um infeliz eco visual de *Vamos casar outra vez*; Mia estava com um vestido branco curto e diáfano com mangas ao estilo *kaftan*. O cabelo tosado estava ainda mais curto. Bill e Edie Goetz eram os padrinhos de casamento; Entratter conduziu a noiva. Somada à bizarrice da ocasião, havia a presença de Red Skelton, que estava se apresentando no Sands, e que, conforme observou Mia sem comentários adicionais, "tinha acabado de dar um tiro na mulher".[61] (Os jornais noticiaram que, naquela manhã, uma pistola calibre .38 fora "descarregada por acidente"[62] na suíte dos Skelton, e uma bala acertara Georgia Skelton no seio esquerdo. Não houve um processo criminal formal.)

Quanto à noiva e ao noivo, "nunca vi tanta ansiedade",[63] recordou Edie Goetz. "Os dois estavam tão nervosos que não dava para acreditar. O rosto de Frank estava vermelho, seu desconforto era visível enquanto repetia os votos."

"O sr. S. parecia nervoso e em choque", concordou George Jacobs. "Mia estava radiante, como se tivesse ganhado na loteria. A menina tinha conquistado seu homem, afinal. Agora a parte difícil seria descobrir como fazê-lo continuar com ela."[64]

"Este é o dia mais feliz da minha vida",[65] disse Mia ao abraçar Edie Goetz.

Houve brindes com champanhe, Mia agradeceu a todos e Frank por fim abriu um sorriso. Pegou a nova esposa pela mão e a levou da sala com ar-condicionado para o pátio com jardim japonês de Entratter.[66] Ali — depois que um assessor anunciou "Apenas para fotógrafos e repórteres", barrando as equipes de TV para que a família de Sinatra não soubesse do casamento pelos telejornais — uma multidão de jornalistas se reuniu, sob um calor de quase 42 graus. Alguém notou que Mia não tinha dado uma aliança a Frank.[67]

"Como você está, amor?", Frank perguntou a Mia. "Minha noiva!",[68] anunciou.

Enquanto dezenas de câmeras tiravam fotos e os jornalistas começavam a fazer suas perguntas, Frank levantou a mão. "É um grande dia, amigos", disse. "Não consigo descrever o que sinto. Decidimos nos casar na semana passada. Nós dois estávamos lá no oeste, parecia ser a coisa certa, e estamos muito apaixonados, foi uma decisão lógica."[69]

Tão lógica quanto Lewis Carroll. Um repórter arriscou perguntar: "Mia vai acompanhá-lo a Londres?".

"Ah, sim, claro que sim", respondeu Sinatra.

Frank e Mia, no Sands, em 19 de julho de 1966. "Minha noiva!", ele anunciou, enquanto espocavam dúzias de flashes.

Mas Frank havia feito outra ligação antes da cerimônia. Às 17h30 do dia 19, Tina Sinatra estava se despedindo dos amigos Deana e Dino Martin em sua garagem quando "tio Dean acenou para eu entrar", escreveu. "Ele me levou para sua salinha particular, onde se refugiava para ver golfe na TV, me sentou num sofá forrado com um cobertor indígena e disse: 'Quero que você saiba que seu pai está se casando com Mia neste exato momento'."

Como é compreensível, Tina ficou chocada e magoada por não saber de nada. Dean lhe disse que seria melhor ela ir para casa e contar a novidade à mãe: a notícia ia estourar a qualquer momento. Mas na hora em que a filha mais nova de Frank chegou em casa, Nancy mãe já tinha recebido um telefonema da amiga Dorothy Manners.

"Minha mãe ficou atordoada e se sentiu ofendida, porque papai não confiara em nós", lembrou Tina.

> Foi a primeira vez que fomos excluídas de algo importante na vida dele.
>
> Uma hora mais tarde, papai deixou a recepção e nos ligou na Nimes Road [...]. Fui eu que atendi ao telefone, e ele percebeu que eu estava com raiva.
>
> Ele disse: "Quero que vocês se sintam felizes por mim, que vocês desejem o meu bem".

> Respondi: "Ainda estou muito ressentida com você por não ter me contado". Eu não quis dar minha bênção; não foi uma conversa muito agradável. (Depois pedi desculpas a ele e a Mia.)
>
> Em retrospecto, não posso culpar meu pai por manter segredo. Ele não podia confiar na família, pois não queria ouvir o que já sabia: que estava louco. Só poderia seguir em frente com o casamento se continuasse vivendo em negação. "Eu não queria que ninguém estragasse aquilo", ele me confessaria, muito tempo depois.[70]

Sinatra parecia uma criança emburrada. E estava agindo como uma criança: furtivo, impulsivo, autocentrado. Mas sua noiva, uma criança precoce e sábia, era tão cúmplice quanto ele naquela estranha ligação, e isso era infinitamente estranho. Um diagrama de Venn do casamento mostraria uma pequena interseção sombreada representando o sexo e o afeto; duas grandes áreas externas permaneciam em branco. E antitéticas.

Eles evitaram a imprensa anunciando que viajariam para Nova York, quando na verdade foram para Los Angeles, só que não para a casa de Frank (que tinha alugado uma residência grande em sua antiga base, em Holmby Hills, perto do Sunset Boulevard), mas para a casa dos Goetz, onde os padrinhos de casamento organizaram uma bela festa. "Meu irmão Patrick e a esposa foram", lembrou Mia;

> e Prudence, Maria [sua amiga próxima Maria Roach] e Lenny Gershe; meu padrinho, George Cukor, levou Katharine Hepburn; Spencer Tracy chegou sozinho. Edward G. Robinson estava lá, e também Dean Martin, Ruth e Garson Kanin, Richard Attenborough e os Billy Wilder. Havia um bolo de casamento enorme.[71]

Mas não havia outros da família Sinatra. Tampouco Maureen O'Sullivan.

Os recém-casados passaram sua primeira noite como marido e mulher com os Goetz, antes de seguir para Londres.

Ao pararem em Nova York a caminho de Londres, os recém-casados foram homenageados pelos Cerf e por Leland Hayward no "21", na noite de 25 de julho. Quando Frank e Mia saíram do restaurante, um franzino fotógrafo do *New York Post* chamado Jerry Engel se aproximou para tirar uma foto. Foi uma má ideia. Sinatra deu um soco nele, derrubando seus óculos.[72]

Na noite seguinte, Frank levou a noiva para jantar na casa de Marty e Dolly, em Fort Lee, em um evento também não registrado no livro de memórias de Mia. Dolly ficou dois dias na cozinha nos preparativos para o grande evento: na casinha modesta atulhada de bugigangas havia imagens do papa, estátuas de santos e uma cerejeira artificial. As grandes mesas de jantar gemeram sob o peso de travessas de ravióli, *scaloppine*, *scungilli*, lasanha, *fettuccine*, lula, ossobuco, mortadela, vários tipos de frios e sobremesas. Toots Shor, Joe E. Lewis e Jilly estavam lá, assim como Roz Russell, Freddie Brisson e Liza Minnelli, amiga de infância de Mia, fumando cigarrilhas. A noiva só comeu salada e, pelo visto intimidada por toda aquela agitação, falou tão pouco quanto Marty Sinatra. Dolly, que sempre fora louca por Ava e ainda era, estava desapontada. "Essa aqui não fala nada", ela disse a um amigo. "E não come. O que ela faz?"[73]

E, puxando George Jacobs de lado: "Ela não tem nada de mais. Será que ele não podia arranjar coisa melhor?".[74]

Claro que Dolly a subestimou: a nora era extremamente inteligente, graciosa e obstinada — e ambiciosa. "Mia era uma leitora voraz, com uma inteligência vivaz e uma imaginação ativa",[75] escreveu Tina, que simpatizou com ela, ao contrário de Nancy filha (que se sentiu ameaçada e competitiva, ao menos no início).[76]

> Ela era interessante e interessada pelo que se passava ao seu redor. Além do mais, Mia trazia um algo a mais à mesa: uma política liberal bem estabelecida.
>
> Mia também sabia ser boba, e meu pai amava bobagem. Era dona de uma intrigante destreza física; em vez de simplesmente andar por uma sala, Mia dançava pelo ambiente. E sabia se integrar num grupo — era ao mesmo tempo divertida e fácil de entreter. Mia poderia fazer você se sentir como se fosse a única pessoa por perto que valia a pena ouvir.
>
> Não era difícil ver por que meu pai tinha se apaixonado por ela.

Claro que Tina Sinatra não estava falando com objetividade, e sim do ponto de vista de uma jovem três anos mais nova que Mia Farrow. (Quando escreveu suas memórias já na meia-idade, Tina fez uma crítica política à quarta esposa do pai, Barbara Marx, que havia se tornado sua inimiga ferrenha.) E Mia não estava sendo apenas politicamente hábil ao cultivar a amizade de Tina; ela sentia uma atração natural por pessoas de sua idade.

E isso se revelou um problema assim que eles foram para Londres. "Mia conhecia muito mais gente na Inglaterra do que Frank, inclusive metade dos astros de rock cujas músicas tocavam no rádio, e ela queria ver todos", recordou Jacobs. "O sr. S. queria ver todos mortos, então havia um grande conflito."[77]

Sinatra agora se recusava a sair, temendo encontrar os amigos jovens e modernos de Farrow. Enquanto Londres se agitava loucamente, Mia encontrava-se numa espécie de prisão domiciliar. O apartamento de Frank na Grosvenor Square era decorado com "sedas verdes brilhantes com muitas borlas, mesinhas com tampo de vidro e cinzeiros de jade",[78] ela escreveu, com o olhar atento de uma prisioneira num ambiente antiquado. A frequência era igualmente terrível. Enquanto ele estava filmando, as esposas de seus amigos de Londres apareciam sem avisar, para visitá-la ou levá-la para fazer compras — e Mia se escondia no quarto enquanto a secretária se livrava delas.

O casal passava bastante tempo no quarto, relembrou Jacobs, mas fora dele não eram tão abertamente carinhosos como recém-casados felizes deveriam ser. Seu chefe parecia mal-humorado e disperso, contou.[79] Nos fins de semana, para manter a esposa afastada de más influências, Frank a fazia sair de Londres, para visitar outros amigos ricos e mais velhos, como Jack Warner (com 74 anos), o magnata corporativo Loel Guinness (sessenta) e Fritz Loewe (65), compositor de *My Fair Lady*. A bordo do iate de Loewe, Mia comia sanduíches de pétalas de flores.[80]

Ela não era a única entediada. Sinatra tinha começado a trabalhar em *O serviço secreto em ação* com certo grau de comprometimento — só Deus sabia o quanto ele precisava de um filme de sucesso após os desastres consecutivos de *Vamos casar outra vez* e *Assalto a um transatlântico* (que tinha sido lançado em meados de junho, causando bocejos tanto nos espectadores quanto nos críticos) —, mas logo perdera o interesse. Frank ainda estava furioso com Brad Dexter por ter lhe chamado a atenção sobre seu casamento, considerado problemático, e estava enjoado da Inglaterra. Depois que um helicóptero que o transportava para uma locação fora de Londres se perdeu num nevoeiro, provocando um atraso de 45 minutos, ele se enfureceu e exigiu que toda a produção fosse transferida para Palm Springs — uma ideia estranha para um filme de espionagem que se passava na cinzenta Alemanha Oriental. Quando Sinatra se afastou, mal-humorado e recusando-se a trabalhar, o diretor, Sidney Furie, ficou ainda mais transtornado, caiu no choro, entrou em seu jipe e partiu. Dexter teve de usar toda a sua habilidade diplomática para fazer com que a estrela e o diretor concluíssem as filmagens no Reino Unido.[81]

No final de agosto, as filmagens de *O serviço secreto em ação* foram transferidas para Copenhague; o equilíbrio fora mais ou menos restaurado, e elas estavam dentro do prazo.[82] Após alguns dias de trabalho, Sinatra disse a Dexter que queria um fim de semana de folga para ir a Los Angeles, onde participaria de um evento beneficente para o governador da Califórnia, Pat Brown, que concorria ao terceiro mandato contra seu adversário republicano, Ronald Reagan. Frank conhecia Reagan desde a década de 1940, e não gostava dele nem de sua mulher, a ex-atriz Nancy Davis. "Ele odiava o cara, simplesmente odiava", contou uma ex-namorada de Jimmy van Heusen. "Se estivéssemos numa festa e os Reagan chegassem, Frank estalava os dedos e dizia: 'Vamos, Chester. Vamos embora. Não suporto esse idiota do Ronnie. Ele é um porre. Toda vez que você chega perto do cretino ele faz um discurso, e nunca sabe do que está falando'."[83]

Reagan tivera uma carreira medíocre como ator de cinema (*Criador de campeões*, *Em cada coração um pecado*, *Bedtime for Bonzo*), iniciada no final da década de 1930. Assim como muitas carreiras cinematográficas, a de Reagan acabou nos anos 1950 com a popularização da televisão. Seguindo a tendência, ele aceitou um trabalho de apresentador de uma série dramática chamada *General Electric Theater*, em 1954. Os patrocinadores eram bastante conservadores no tocante à política, e Reagan, que sempre fora democrata (embora no final dos anos 1940 tivesse informado secretamente o FBI sobre simpatizantes do comunismo em Hollywood), de repente se bandeou para a direita. Fora um presidente conservador do Screen Actors Guild e forte partidário de Barry Goldwater nas eleições presidenciais de 1964.

Tudo isso era, obviamente, um anátema para o democrata Frank, seguidor de Franklin Delano Roosevelt. Ele também odiava a maneira cordial e simplória de Reagan ("Não aguentava ouvir toda aquela baboseira dele").[84] Segundo Peter Lawford, Frank "jurou que sairia da Califórnia se Reagan algum dia fosse eleito para um cargo público".[85]

Brad Dexter, que nutria os mesmos sentimentos por Reagan, concordou de pronto com o pedido retórico de Frank por um fim de semana de folga. Assim começou o final bizarro de *O serviço secreto em ação*.

Sidney Furie gravou com tranquilidade sem a presença de Frank durante vários dias. Dexter "então recebeu um comunicado de Mickey Rudin, advogado do astro, informando que Frank não mais retornaria a Copenhague", escreve Daniel O'Brien, historiador dos filmes de Sinatra.

> As cenas pendentes poderiam ser feitas num estúdio em Los Angeles, como no caso das filmagens na Espanha de *Orgulho e paixão* uma década antes. Mas, em vez de enviar o material já filmado de *O serviço* para a Warner, como solicitado por Rudin, Dexter se recusou a seguir as ordens de Sinatra. Citando os contratos de pós-produção existentes na Inglaterra, ele e Furie optaram por concluir o filme sem o ator. Reformularam o roteiro para diminuir o número de cenas importantes que Sinatra não havia filmado, e rodaram o material necessário com um dublê, editando-o depois com close-ups do astro tirados de tomadas já existentes. Quando o próprio Rudin apareceu para reiterar o ultimato de Frank, Dexter não cedeu, preferindo optar por entregar o filme terminado a Jack Warner em pessoa dois meses depois.[86]

Quando Dexter entrou no escritório de Frank nos estúdios de filmagem da Warner Brothers, o vice-presidente da Sinatra Enterprises, Milt Krasny, disse que Mickey Rudin o havia instruído a informar o produtor de que ele fora demitido do projeto. Ele deveria pegar suas coisas e deixar de imediato os estúdios. Dexter afirmou que só permitiria que um homem o demitisse, e ligou para Frank em Palm Springs.

Eram nove da manhã, e George Jacobs atendeu e disse que Sinatra estava dormindo. Dexter pediu que Jacobs o acordasse. Alguns minutos depois, Sinatra pegou o telefone com voz sonolenta: "Como vai? Como foi o voo? Você se deu ao trabalho de vir até aqui".[87]

Dexter disse a Sinatra que o filme estava concluído, mas que acabara de ouvir que fora demitido. "Não vou receber ordens de nenhum de seus empregados", exclamou. "Se quiser me demitir, tudo bem, mas quero ouvir diretamente de você — e de ninguém mais. Entendeu, Frank?"[88] Houve um longo silêncio, seguido de um clique. Sinatra tinha desligado.

Dexter se recusou a aceitar sua demissão, fazendo os ajustes finais na cópia de exibição do filme e exigindo os 15 mil dólares restantes do seu pagamento de 50 mil. Mas ele nunca recebeu esse dinheiro. "Questionado sobre o incidente, Jim Mahoney, o assessor de imprensa de Sinatra, argumentou que Dexter havia causado a própria demissão", escreveu O'Brien. "O produtor novato não apenas confiscou o filme como também não permitiu que Sinatra ao menos visse a versão inicial. Qualquer que seja a verdade dessas várias alegações, o resultado foi um filme quase impossível de ser lançado."

"É claro que ele era o produtor, mas parece ter se esquecido de que foi Frank quem lhe deu o trabalho", disse Mahoney, referindo-se a Dexter. "De qualquer forma, aquilo foi o fim de tudo."[89]

E foi também o fim de Brad Dexter, no que dizia respeito a Frank. A maior de todas as boas ações não poderia ficar impune. "Na verdade, não foi Brad que salvou minha vida", Frank disse depois sobre seu quase afogamento no Havaí. "Foi um velho numa prancha de surfe."

No dia 7 de setembro, Frank apresentou um evento de arrecadação de fundos para Pat Brown no Civic Auditorium de San Francisco. Joey Bishop foi o mestre de cerimônias; Dean Martin, Connie Francis, Rowan e Martin, os Step Brothers, Trini Lopez e Ella Fitzgerald também participaram. Do lado de fora, "uma fila desordenada de manifestantes contrários à guerra, descalços e de aparência horripilante, arrastava-se ao redor [...] numa tentativa patética de cantar uma música da qual não sabiam a letra nem o ritmo",[90] escreveu Barbara Bladen, colunista do *San Mateo Times*. Nada disso perturbou os acontecimentos internos, que eram dignos de Las Vegas. "Mia Farrow Sinatra, cujo cabelo curto brilhou nos holofotes como uma careca [...], recebeu uma grande salva de palmas, talvez por ter amarrado O Líder", escreveu Bladen.

Em setembro daquele ano, os recém-casados saíram em busca de uma nova casa, processo que levou Mia ao desespero.[91] O corretor lhes mostrava mansões em Beverly Hills, ela escreve, mas Farrow não conseguia se imaginar morando em nenhuma delas. Frank estava perdendo a paciência, e Mia não conseguia explicar por que se sentia tão incomodada. Depois de algum tempo, viram uma casa em estilo Tudor que não era tão agressivamente luxuosa, que agradou aos dois. Frank a comprou.

Era uma casa que imitava o estilo inglês campestre, com cinco quartos, cinco banheiros e meio, aninhada numa curva arborizada na Copa de Oro Road, ao norte do Sunset, em Bel Air.[92] Dick Powell e June Allyson haviam morado na casa no final dos anos 1940 e início dos anos 1950, enquanto Allyson tinha um caso com Dean Martin.[93] Essa era a vida doméstica de Hollywood. Mas Powell e Allyson conseguiram se manter casados por dezoito anos, até a morte dele em 1963. Frank não estava pensando em termos tão grandiosos. "Se eu puder ter um ou dois bons anos, é tudo que posso esperar",[94] disse a Dean pouco antes de se casar com Mia. Ele disse o mesmo às suas filhas depois do casamento.

De todo modo, Frank nunca chegara a comprar uma casa com Ava. Edie Goetz encontrou um decorador para os recém-casados e eles se mudaram, ainda que se estabelecer na casa não estivesse bem nos planos. Enquanto setembro dava lugar a outubro, Frank cumpria sua ocupada agenda de gravações e projetos cinematográficos, enquanto Mia, também de maneira ativa, procurava trabalho no cinema, de certa forma para desgosto do marido.

Ava viajou a Nova York no final de setembro para a estreia mundial de *A Bíblia*. O crítico de cinema do *Daily News*, Rex Reed, que estava escrevendo seu perfil para a revista *Esquire*, pegou a estrela num momento de sinceridade. Jovem, muito bonito e sedutor, Reed, que forjava sua reputação como *bad boy* e ganhava espaço nas hostes dos integrantes do *new journalism*, fez questão de prestar atenção na condição etílica de Ava. Como o mundo já sabia havia muito tempo, Ava sob o efeito do álcool era uma boa fonte, e Reed esperou até ela ter bebido o bastante para perguntar sobre seus três ex-maridos famosos, Mickey Rooney, Artie Shaw e Frank Sinatra. Ticando cada um na lista, ele por fim chegou a Frank:

> Sinatra? "Sem comentários", ela diz ao seu copo.[95]
>
> Uma lenta contagem até dez, enquanto ela beberica seu drinque. Então: "E quanto a Mia Farrow?". Os olhos de Ava iluminam-se de um verde suave. A resposta veio mordaz. Impublicável.[96]

Porém, é curioso notar que, posteriormente, Reed alterou esse trecho numa reimpressão, em sua antologia *Do You Sleep in the Nude?*:

> Uma lenta contagem até dez, enquanto ela beberica seu drinque. Então: "E quanto a Mia Farrow?". Os olhos de Ava iluminam-se de um verde suave. A resposta vem como muitos gatos lambendo muitos pires de leite. "Hah! Eu sempre soube que Frank ia acabar na cama com um garoto."

Segundo outra fonte, o que Gardner na verdade disse foi: "Eu sempre soube que Frank sempre quis um garoto com boceta".[97]

E, de acordo com duas outras fontes, Sinatra estava em Nova York naquele mesmo fim de semana, e a ausência de Farrow pode ter sido significativa.[98]

Na primavera anterior, uma gravação do cantor de soul O. C. Smith atraiu a atenção de Frank. A canção, um blues com vocal de apoio em andamento meditativo, foi chamada de "That's Life". Sinatra gostou tanto da música que chamou Jimmy Bowen em seu escritório e tocou o single de Smith para ele. "Acho que devemos gravar isso, James",[99] disse. "O que você acha?"[100]

Bowen, que agora havia ganhado a confiança de Frank por não ter medo de lhe dizer a verdade, acabou concordando. "Sim, com certeza", respondeu.

Sinatra gravou a música em junho, com arranjo de Nelson Riddle, para o seu segundo especial *A Man and His Music* com Nancy. Com o acompanhamento de uma orquestra e um saltitante órgão de blues, Frank transformou a leitura aveludada do cantor soul numa interpretação mais intensa e vivaz, com uma voz rouca e rascante que ele agora havia desenvolvido à perfeição.

Mesmo assim, Bowen sabia muito bem que era preciso mais do que aquilo para um single de sucesso. Por isso, pediu que Ernie Freeman fizesse mudanças consideráveis no arranjo de Riddle, acelerando o andamento e acrescentando um coral gospel de fundo, à Ray Charles.

A sessão de gravação de "That's Life", o single de Sinatra, foi marcada para a noite de 18 de outubro, no Western Recorders', um novo estúdio de oito pistas de última geração, ao lado da United Recording, no Sunset Boulevard. Nem Jimmy Bowen nem seu coordenador, Eddie Brackett, tinham gravado alguma coisa em oito pistas, de modo que pediram que os músicos chegassem uma hora antes de Sinatra para garantir que tudo corresse bem.

Mas houve problemas técnicos desde o início, e além disso Frank chegou meia hora mais cedo, acompanhado por Mia, Mo Ostin e um contingente de camaradas. Antes mesmo de começar, Sinatra já estava impaciente para sair. "James, preciso terminar isto logo", disse. "Tenho um jantar marcado e não posso deixar de ir."

"Quando Frank estava com pressa, ele não pensava na posição nas paradas", recordou Jimmy Bowen. Sinatra cantou a música duas vezes com a orquestra, depois entrou na cabine para ouvir a gravação. Alguma coisa nos takes incomodou Bowen: a seção rítmica reagia obediente à beleza do vocal de Sinatra, desacelerando quando necessário. Não era o som másculo e potente que o produtor desejava. Frank olhou para Ostin e perguntou o que ele achava. "Está ótimo, Frank", respondeu Mo. "Frank me lançou um olhar impaciente e me botou na berlinda", lembrou Bowen. "E então, está o.k.?"

> Eu sabia que aquilo não ia acabar bem, mas tinha de confiar em meus instintos. Era o meu trabalho. "Bem, se estivermos querendo um sucesso estrondoso, não está o.k. Precisamos gravar de novo, com um fundo mais forte."
>
> O silêncio mortal pareceu durar um minuto — mas na verdade não passou de quinze segundos. Sinatra ficou me olhando com aqueles olhos azuis, frios como aço. Os amigos ficaram apreensivos, achando que eu estava louco. "Então vamos lá", ele concordou, e voltou para o estúdio.

De costas para a parede, Bowen leu a receita de rebeldia para a seção rítmica. "Olhe aqui, quero que vocês *atropelem* esse filho da puta", disse.

> Eles tocaram de novo e arrasaram, revigorando a canção e insuflando energia em Sinatra, que ficou bravo — dava para ouvir seus resmungos: "Mas a vida é assim, é o que todo mundo diz". Ele cantou com a maior intensidade, e no final, exclamou: "Ohh, yeahhh".
>
> Frank deu meia-volta e saiu pela porta dos fundos. Não disse "obrigado", "boa noite", "bom trabalho", nada. A turma dele continuou me encarando, como se dissessem: *Você fodeu tudo de vez*. Mas minha sensação era: *Dane-se, consegui o que queria, que era o que ele queria*.

O produtor passou o resto da noite trabalhando na mixagem, só saindo do estúdio com um acetato às quatro da manhã. Bowen também deixou um acetato para ser entregue em mãos na residência de Sinatra ainda naquele dia. Foi para casa e adormeceu, exausto, mas foi acordado um tempo depois por uma ligação de Sinatra. "James, ficou ótimo", disse Frank. "Obrigado." E desligou.

Um mês depois, a música estava na lista da *Billboard*, junto com "You Keep Me Hangin' On", com as Supremes; "Good Vibrations", com os Beach Boys; e "Last Train to Clarksville", com os Monkees, chegando ao quarto lugar. Raramente a raiva de Frank se mostrara tão construtiva.[101]

No dia 3 de novembro, Sinatra começou uma temporada de duas semanas no Sands, acompanhado da orquestra de Antonio Morelli, sob a regência de Gordon Jenkins. Era a 28ª temporada de Sinatra no Copa Room, e sua primeira desde o casamento com Mia Farrow.[102] A multidão em pé no salão esticou o pescoço quando Joe E. Lewis acompanhou Farrow, cujo cabelo agora estava parecido com o de Peter Pan em comprimento, até seu lugar perto do palco. Logo depois Lefty fez a contagem e Frank começou a apresentação com "The Shadow of Your Smile".[103] Olhava direto para a esposa enquanto cantava, e ela retribuía o olhar com carinho. Mia sabia a letra de todas as músicas, relembra; respirava junto com ele.[104] Sentiu as emoções dele fluírem na casa de espetáculos. Ela fazia parte da voz dele, parte dele. Era uma coisa indescritível ser a única mulher, num recinto cheio de mulheres que sentiam que ele estava cantando para elas, para quem Sinatra estava de fato cantando.

A sala explodia em aplausos após cada número. (Frank usou uma cola para cantar "Strangers in the Night", porque, como dizia: "Acredite se quiser, nunca decorei essa letra".)[105] Uma meia dúzia de músicas depois, Sinatra fez uma pausa, tomou um gole de seu copo, olhou para a plateia em silêncio reverente e apresentou algumas celebridades: Don Drysdale, Willie Mays e Leo Durocher; Richard Conte, Andy Williams e Tina Sinatra — que, tendo completado dezoito anos em junho, afinal tinha idade suficiente para entrar no show.[106] "Smokey the Bear deveria estar aqui esta noite", disse Frank. "Todos vocês conhecem Smokey. É Sammy Davis. Mas ele não pôde vir. Está fazendo um show em Watts. É um posto de gasolina. Ele o chama de Whitey's. Eles vendem três tipos de combustível: gasolina, álcool, e *queima!, baby, queima*."[107]

Frank estava se referindo (em Las Vegas, que ainda era pré-histórica em suas atitudes raciais) aos motins do verão de 1965 no bairro de Watts, em South Los Angeles, resultantes da insatisfação dos residentes afro-americanos com seu tratamento pelo Departamento de Polícia de Los Angeles. Embora os tumultos tivessem se acalmado e não voltassem a acontecer no verão de 1966, agitações raciais e incidentes violentos esporádicos continuaram por toda a cidade.[108]

"Mas Sammy está bem", prosseguiu Frank.

> Ele há pouco comemorou seu aniversário de casamento e mandei um presente — sim, mandei a ele e a Mai [sic] um sofá de dois lugares forrado de pele de zebra, para eles poderem namorar sem chamar muito a atenção [...]. Bem, vamos ver. Que outras novidades nós temos? Ah, sim. Eu me casei — ela está aqui.[109]

Mia se levantou, respondendo à aclamação da plateia. "Sim, eu me casei mesmo", continuou Sinatra. "Ora, vejam vocês, eu precisava — enfim encontrei uma mulher que posso trair."

Foi como se ele tivesse dado um tapa no rosto dela na frente de quinhentas pessoas. Por um momento, todos prenderam a respiração. Farrow baixou a cabeça e enrubesceu.

Frank tentou consertar. "Ela não é bonita?", perguntou. Em seguida: "Acho que é melhor eu cantar. Entrei numa grande enrascada".

O show terminou à meia-noite, e a noite estava apenas começando. Frank levou Durocher e alguns outros amigos para o Aladdin, para ver o show de Joe E. Lewis. Antes disso, porém, escreveu Earl Wilson, "Frank parou numa mesa de vinte e um, pegou um punhado de fichas de cem dólares e ganhou mais ou menos uns 3 mil, enfiando várias fichas grandes no bolso de um amigo que tinha perdido".[110] Passou quase duas horas jogando enquanto Mia observava, embora o estranhamento dela em relação a Las Vegas agora fosse total. Mais ou menos na mesma época, certa noite Sheilah Graham viu Sinatra jogando, entusiasmado, no cassino Sands, enquanto Farrow esperava, paciente, ao lado. Por fim, a colunista recordou, "ela tocou no braço de Frank quando ele balançava os dados e disse: 'Vamos embora'. Ele se desvencilhou com um gesto brusco e gritou: 'Escuta aqui, não me diga o que fazer. Não tente me mudar!'".[111]

Em 8 de novembro, Ronald Reagan foi eleito governador da Califórnia, derrotando Pat Brown por quase 1 milhão de votos.

* * *

Apesar da grandiosidade de *Strangers in the Night*, Jimmy Bowen considerou o álbum retrógrado; a última coisa que ele queria criar era outro LP de Sinatra com aquele sentimento antiquado (leia-se: influenciado por Riddle) atrelado a uma canção de sucesso que ele, Bowen, orgulhosamente produzira. "Não podemos fazer uma coisa moderna e inovadora para depois voltar e fazer 'Wee Small Hours' nas outras nove faixas",[112] disse a Frank.

Assim, *That's Life*, o álbum gravado em duas noites em meados de novembro, continha oito músicas que combinavam muito bem com a canção-título em termos de composição e produção, só que menos interessantes. O resultado foi um LP que era, num sentido formal, a imagem espelhada de *Strangers in the Night*: uma forte faixa-título, acompanhada por músicas mais fracas. Apesar de só uma parte do material de *That's Life* ser ruim — como "Winchester Cathedral", algo mais do que brega —, o resto não foi especialmente bom ou mesmo especialmente marcante. E fora do território dos singles de sucesso, a tenuidade dos arranjos de Ernie Freeman ficava evidente demais. Foi, e é, desanimador ouvir Frank cantar "The Impossible Dream" ("A pedido de Mia", contou Rob Fentress, que participou da sessão, "e Frank não gostava da música")[113] com um coro crescente de fundo e cordas estridentes: foi o equivalente sonoro de *Assalto em um transatlântico* ou *O serviço secreto em ação*, e um ouvinte poderia ser perdoado por se perguntar se a carreira de Sinatra como cantor era coisa do passado, assim como a de astro de cinema.

Frank e Mia foram para Nova York juntos no Dia de Ação de Graças, para visitar Dolly e Marty, fazer algumas compras de Natal e participar do evento social do ano, o Baile Preto e Branco, de Truman Capote. O ar estava meio frio; Sinatra comprou um presente antecipado para Farrow, um longo casaco de pele cinza, como um pedido de desculpas não verbalizado.[114]

O baile aconteceu no dia 28 de novembro, no Plaza Hotel. Quatrocentas e oitenta pessoas compareceram, escolhidas a dedo entre a elite de dois continentes pelo extravagante escritor, que acabara de ficar rico com o enorme sucesso de *A sangue frio*, seu "romance de não ficção" baseado no assassinato da família Clutter em Holcomb, no Kansas, em 1959.[115]

Foi o paraíso para Capote, sua apoteose na sociedade e nos meios de comunicação. Ele tinha convidado todo mundo que fosse alguém, desde a homenageada, Katharine Graham, até Alice Roosevelt Longworth, Margaret Truman Daniel e Lynda Bird Johnson, de Henry Ford II e Tallulah Bankhead a Rose Kennedy e Gloria Vanderbilt Cooper, de Marianne Moore à maarani de Jaipur. E, claro, os Cerf. Christopher Cerf, que se lembrou daquela noite como "um borrão preto e branco",[116] dançou com Mia Farrow, por quem tinha uma pequena queda. "É um dos pontos altos da minha vida, pelo menos da perspectiva dos outros", ele declarou. Naturalmente, Frank tinha dado sua aprovação.

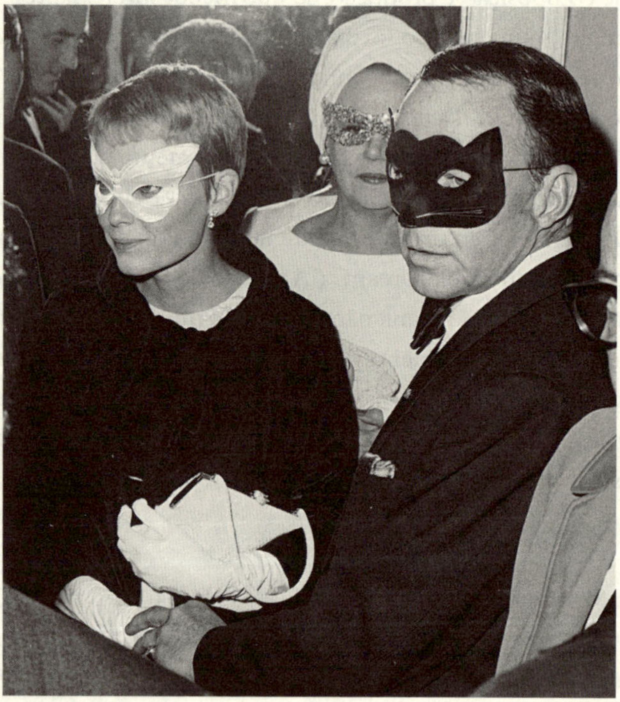

Os recém-casados no Baile Preto e Branco, de Truman Capote, em novembro de 1966. O 51º ano de Frank foi um período de breve alegria e de fúrias devoradoras.

A máscara de Farrow era uma borboleta branca; Sinatra, também de maneira apropriada, representou um gato preto.[117] Peter Lawford foi outro convidado. As máscaras, a multidão e a organização meticulosa de Capote tornaram fácil para Frank ignorá-lo por completo.

O baile foi uma verdadeira chegada para Truman Capote — a Nova York e à fulgurante sociedade político-social-literária — e outra espécie de chegada para Frank Sinatra. Embora na realidade ele já tivesse chegado muitos anos antes, e tornasse a fazê-lo com frequência nos anos seguintes, não havia nada de errado em chegar mais uma vez.

Duas semanas depois haveria outro aniversário, com o estranho e nada mágico número 51.

24.

Nunca lute com um judeu no deserto.
Frank Sinatra

Em dezembro de 1966, o compositor popular brasileiro Antonio Carlos Jobim estava tomando cerveja com amigos em seu bar favorito no Rio de Janeiro quando um garçom lhe trouxe um telefone, disse-lhe que era uma ligação dos Estados Unidos, e que quem estava ligando era Frank Sinatra.

Jobim ficou agitado, mas não aturdido: Sinatra, o ídolo de sua geração, já expressara interesse em gravar suas composições em 1964, ano em que a gravação de Stan Getz e João Gilberto da mais famosa música do compositor, "Garota de Ipanema", tornou-se um sucesso internacional, projetando a bossa nova brasileira a uma popularidade mundial. No ano seguinte, a Warner Records, o selo de Sinatra, tinha lançado um álbum chamado *The Wonderful World of Antonio Carlos Jobim*, no qual Jobim tocava (e cantava, numa voz rudimentar mas emocionante) suas próprias canções, com arranjos de Nelson Riddle.

Quando Jobim atendeu o telefone naquele dia de dezembro, Frank lhe disse que gostaria de fazer um álbum com ele. O compositor não pensou duas vezes. "É uma honra, eu gostaria muito",[1] disse.

Aos 39 anos, Jobim já era um colosso: um compositor único e singular cujas influências incluíam Heitor Villa-Lobos, Debussy e Ravel. Suas canções, muitas com letras escritas pelo poeta Vinicius de Moraes, eram como as de ninguém mais: enganosamente simples, ligeiramente melancólicas, iridescentemente adoráveis. Ecoavam com Eros e nostalgia e permaneciam por longo tempo no ouvido, comparáveis de modo favorável às maiores obras do cancioneiro americano. (As letras de algumas de suas composições foram traduzidas para o inglês por letristas não muito estelares — o texto de Norman Gimbel que quase parece uma paródia de "Garota de Ipanema" é um exemplo* —, mas as melodias em si eram fortes o bastante para suportar a transformação.)**

O que Jobim não sabia é que Sinatra estava ligando para ele num momento crítico de sua própria carreira. Talvez Frank estivesse com um gosto ruim na boca depois de "Winchester Cathedral" e "The Impossible Dream"; sem dúvida, como sempre, ele estava numa busca incansável por novas inspirações. Tinha reclamado que os velhos gigantes, os Harry Warren e os Harold Arlen, não estavam mais produzindo canções; não podia contar para sempre com Cahn e Van Heusen, e Cy Coleman e Carolyn Leigh. Não podia gravar standards para sempre. Com o rock sacudindo as bases da música popular, Sinatra precisava de algo novo. O que seria melhor do que a deleitável fusão de samba e jazz cujo simples nome já expressava novidade?

Para ressaltar seu desejo de mudança, Frank disse a Jobim que queria que Claus Ogerman — o compositor e maestro alemão que tinha escrito as partituras para o primeiro LP americano do brasileiro, o todo instrumental *Antonio Carlos Jobim, The Composer of Desafinado, Plays* — fizesse os arranjos para o disco deles. Sinatra perguntou a Jobim se ele podia ir de imediato para Los Angeles e começar a trabalhar nos arranjos. Foi uma pergunta mais ou menos retórica.

"Na noite de quinta-feira, 12 de janeiro de 1967, Frank ofereceu uma festa para celebrar o 65º aniversário de Joe E. Lewis no Jilly's South, em Miami Beach", relem-

* Veja o perverso arremedo de Stephen Sondheim, "The Boy From..." ["O garoto de..."], da revista off-Broadway *The Mad Show*, de 1966.

** De maneira notável, as letras tanto em português quanto em inglês da maior canção de Jobim, "Águas de março", foram escritas pelo próprio compositor.

brou Earl Wilson, sem mencionar que o humorista acabara de sofrer um leve acidente vascular cerebral. "Foi a festa mais molhada a que jamais compareci", disse.

> A noivinha, Mia Farrow, era a anfitriã. De vez em quando ela sentava no colo de Frank. Ele e Mia deram uma volta pela sala, saudando pessoalmente cada um dos 150 convidados, falando com eles durante alguns minutos, fazendo-os se sentir bem-vindos.
>
> "Vocês conheciam minha garota?", perguntava Frank aos convidados, beliscando-a no rosto. Disse que estaria de volta a Nova York no meio do verão, para filmar *Crime sem perdão*.
>
> O que Mia ia fazer? Nada de filmes na Europa! "Não quero deixar meu benzinho", disse ela, segurando a mão dele.
>
> Os felizes Sinatra saíram para uma excursão por diversas ilhas no jato particular dele, mas voltaram em uma semana, com Mia contestando rumores de que estaria grávida e comunicando que ia fazer seu primeiro filme como protagonista, *O espião de dois mundos*.[2]

A temporada caribenha do casal pode ter sido feliz[3] — eles se hospedaram na casa de Claudette Colbert, em Barbados —,[4] mas seu retorno, nem tanto: pouco depois de Frank pousar em Miami, ele recebeu uma intimação para testemunhar num grande júri federal que investigava evasão de lucros em cassinos de Nevada. E o filme de Mia seria rodado na Europa.

Enquanto Frank e Mia tomavam sol em Barbados, Jobim viajou para Los Angeles e foi trabalhar com Claus Ogerman, que tinha sido instalado pelo pessoal de Sinatra numa suíte com piano no Beverly Hills Hotel. Deveria haver sete canções de Jobim no álbum: "The Girl from Ipanema" ("Garota de Ipanema"), "Dindi", "Quiet Nights of Quiet Stars" ("Corcovado"), "Meditation" ("Meditação"), "If You Never Come to Me" ("Inútil paisagem"), "How Insensitive" ("Insensatez") e "Once I Loved" ("O amor em paz").

Frank também tinha decidido incluir três canções americanas, adaptadas para a batida da bossa nova: "Change Partners", de Irving Berlin, "I Concentrate on You", de Cole Porter, e "Baubles, Bangles, and Beads", adaptada de um tema de Alexander Borodin por Bob Wright e George Forrest para o musical da Broadway *Kismet*, de 1953. (Sinatra certa vez tinha gravado esta última num galope estridente, em *Come Dance with Me!*, de 1959.) Ogerman ia fazer o arranjo dessas três sem a participação de Jobim.

O trabalho foi agradável e rápido. O compositor e o arranjador se conheciam bem, tinham um ótimo entrosamento e não eram avessos a misturar negócios com prazer. Houve muitos jantares regados a champanhe no Chasen's, tarde da noite — na mesa de Sinatra, é claro —, e Ogerman escrevia as orquestrações depois disso, começando à meia-noite e trabalhando até altas horas da madrugada, produzindo arranjos que assustaram Vern Yocum, copista de longa data de Sinatra.

"Quando pegou as partituras no Beverly Hills Hotel e olhou para elas, ele me encarou e disse: 'Claus, você acha que isso vai funcionar?'", lembrou Ogerman. "Para ele as páginas pareciam muito vazias. Estava acostumado a trabalhar em partituras cheias, trilhas sonoras de filmes ou coisa parecida, e as minhas eram realmente leves. Mas isso era também uma vantagem, porque, se você escreve demais, acaba interferindo no intérprete."[5]

Essa era uma lição que Frank havia ensinado a Nelson Riddle no início de seu relacionamento; Ogerman sabia disso por intuição, e trabalhara com Jobim antes. O que ele tinha em mente era nada menos do que um álbum revolucionário, que usaria o tranquilo gênio do brasileiro para pôr em relevo a arte sublime de Sinatra, um LP que alcançaria grande força com o mínimo possível de ornamentação.

Enquanto isso, Frank tinha voltado a Los Angeles, e ensaiou o novo material de forma minuciosa com Bill Miller. Ele também começou a se exercitar, cortando a bebida e o cigarro, descansando tanto quanto possível e aplicando seu velho truque para condicionar a voz — percorrendo a piscina a nado várias vezes — para aumentar a capacidade pulmonar.[6]

(Em 26 de janeiro, ele viajou sem alarde para Las Vegas; ia testemunhar numa audiência a portas fechadas ante o grande júri federal, parecendo relaxado e confiante quando saiu de uma limusine com o advogado Rudin, segundo reportou a Associated Press.[7] As observações de Sinatra ao grande júri — que não resultaram em acusações — permaneceram inacessíveis.)[8]

Frank não estava menos relaxado e confiante quando entrou na Western Recorders na noite do dia 30. "Ele de fato sabia cada palavra, cada nuance, cada tom, cada melodia, com perfeição", rememorou Ogerman. "Acho que ele disse certa vez: 'Tenho de ser tão bom ou talvez melhor do que cada músico no estúdio'. Essa era sua meta. Foi assim que ele se preparou."

Por outro lado, o compositor, referido em termos poéticos por Stan Cornyn no texto da contracapa do disco como "este esguio e descabelado menino-homem, que fala macio enquanto em torno dele o mundo corre depressa demais",[9] estava despreparado para se encontrar com seu ídolo. "Esse homem é o monte Everest para um compositor", admitira Jobim ao letrista Gene Lees. "Ele temia e reverenciava Frank",[10] disse Lee Herschberg, o engenheiro de gravação que trabalhava naquela data, referindo-se ao tímido brasileiro. "Talvez demais, *já*",[11] concordou Claus Ogerman.

Mas Jobim relaxou rápido, junto com todos os outros no estúdio, inclusive Frank. "Penso que Sinatra compreendeu que ele tinha de estar, como se diz, alegre, para tornar a vida mais fácil para todos nós", disse Ogerman. "O ambiente era muito agradável."

Sinatra e Antonio Carlos Jobim em 1967. Nas canções e na personalidade do tímido gênio brasileiro, Frank encontrou uma serenidade que em qualquer outro lugar o desconcertava. Os dois criaram juntos uma arte sublime.

E muito tranquilo. Como a partitura, a instrumentação era esparsa: dez violinos, quatro violoncelos, um trombone, três flautas. Um piano (Miller), um contrabaixo, bateria (tocada por um brasileiro chamado Dom Um Romão), e Jobim ao violão. As sessões começaram "como os campeonatos mundiais de *softball*", escreveu Cornyn em seu texto na contracapa. "E Sinatra faz de tudo isso uma brincadeira. 'Não cantei tão macio desde que tive a laringite.'"[12]

"Muito suavemente com esta peça, companheiros",[13] disse Frank aos músicos das cordas, logo antes de gravar "How Insensitive".

Ele estava sério. Tinha um jeito de lidar bem com dificuldades entre aqueles que respeitava, e a presença do tímido e tranquilo poeta brasileiro, e do compenetrado arranjador e regente alemão, o acalmava. Assim como fazia a própria música. "Os arranjos foram simplesmente espetaculares", disse Lee Herschberg. "Na verdade, foi um álbum simples de fazer — tudo andou muito rápido."[14] Os músicos, alguns deles a nata de Los Angeles em matéria de talento de estúdio, "rolavam como um Rolls-Royce, com pouquíssimas repetições", lembrou Ogerman. "Um ou dois takes, e pronto."[15]

Atrás do vidro duplo da cabine de controle, uma pequena multidão — Sonny Burke, Lee Herschberg, Stan Cornyn, o executivo da Warner Records Mike Maitland, Mia Farrow, Nancy Sinatra e Keely Smith, entre outros; "abotoaduras de ouro, unhas postiças Revlon, gravatas Countess Mara",[16] nas palavras de Cornyn, assistiam maravilhados enquanto Sinatra cantava com uma requintada ternura à qual não tinha recorrido desde *Wee Small Hours*, doze anos antes.

Após a sessão final, o belo álbum finalizado, Sinatra levou um pequeno grupo — Jobim, Ogerman e Dom Um Romão, Mo Ostin, Mike Maitland e Sonny Burke — tarde da noite para um jantar no Stefanino, no Sunset. "O bom ali era que Sinatra estava muito solto", lembrou Claus Ogerman. "Foi como um monólogo de duas horas. Ele falou sobre os velhos tempos com a Tommy Dorsey Orchestra, sobre quem era seu companheiro de quarto, e coisas assim. E ainda sabia o nome de cada músico na orquestra de Dorsey. Foi incrível. Muito agradável. Foi tudo muito agradável."[17]

E era sempre a mesma coisa.

Na última noite, terminado o trabalho de Jobim e de Ogerman, e após os músicos terem ido embora, Nancy Sinatra trouxe ao estúdio seus próprios instrumentistas para gravar uma nova canção, chamada "Somethin' Stupid".[18]

O dueto de amor era uma bagatela de autoria do ex-*folkie* C. Carson Parks, cujo irmão, o multi-instrumentista, compositor e excêntrico musical Van Dyke Parks, pode ter sido o primeiro a trazê-la à atenção de Frank.[19] Outro relato diz que o empresário de Carson Parks entregou a Mo Ostin uma versão gravada por Parks com sua parceira Gaile Foote, e então a canção achou o caminho para chegar a um dos Sinatra, Frank ou Nancy.

Seja como for, Frank, tendo acabado de descer das alturas do Parnaso, quase não levou a sério esse single descartável. Enquanto Bill Strange, o arranjador de "These Boots Are Made for Walkin'", regia a orquestra, ele começou a parte vocal, em estreita harmonia com a filha:

I know I stand in line
Until you think you have the time
*To spend an evening with me.**

Só que ele estava pronunciando os S como o Patolino. Depois que a risada geral diminuiu, eles completaram o número no take dois. Mo Ostin apostou com Frank que a canção ia ser um fiasco. Não foi.

Lançada em 18 de março, "Somethin' Stupid" — com seu coro de "And then I go and spoil it all/ By saying somethin' stupid/ Like 'I love you'",** ficou logo conhecida como a Canção do Incesto — chegaria rápido ao topo das paradas de singles da *Billboard*.[20] Em contraste, *Francis Albert Sinatra & Antonio Carlos Jobim* só chegou ao número 19 entre as Top 40, e lá ficou por apenas seis semanas. *That's Life*, que fora lançado no último dia de 1966 e chegado ao sexto lugar, seria o último álbum de Sinatra a alcançar uma posição de um só dígito nos registros nas paradas até *Duets* e *Duets II*, em 1993 e 1994.[21] Frank ainda estava no topo do mundo, mas a carreira nas gravações tinha oficialmente iniciado seu declínio comercial.

"Eles eram recém-casados exemplares, que se adoravam", escreveu Tina Sinatra sobre seu pai e Mia.

* Sei que estou na fila/ Até que você ache que tem tempo/ Para passar uma tarde comigo. (N. T.)
** Então eu vou e estrago tudo/ Dizendo uma coisa estúpida/ Como "Eu te amo". (N. T.)

Não havia nada que Mia não fizesse por papai, ou ele por ela. Ela fez despontar o lado mais gentil, mais carinhoso de meu pai: o Frank ao pé da lareira [...].

Não me senti ameaçada por Mia. Eu estava grata a ela, porque ela fez meu pai mais feliz do que eu jamais o tinha visto. Quando passei um tempo com eles no deserto, a antiga inquietude dele parecia ter desaparecido em seus atos. Quando passávamos o tempo jogando jogos de palavras, ele parecia estar calmo e relaxado. Mia estava muito orgulhosa de como tinha convertido o quarto de hóspedes em sua área de vestir, e papai resplandecia com ela. Ela tinha feito tudo em cor-de-rosa, o que não combinava bem com os tons terrosos no resto da casa, mas nenhum dos dois se importava. Estavam fazendo as regras à medida que avançavam.[22]

Mas então ela foi embora.

Em meados de fevereiro, enquanto Frank se preparava para ir a Miami, onde abriria uma temporada de duas semanas no Fontainebleau, Mia viajou para Londres para começar a filmar o thriller de espionagem *O espião de dois mundos*. Os coprotagonistas eram Tom Courtenay e Laurence Harvey, velho amigo de Frank e seu antagonista em *Sob o domínio do mal*. "Será a primeira real separação desde o casamento", escreveu Earl Wilson em sua coluna. "Mas Frank vai ao encontro dela na Inglaterra assim que puder. Tudo é felicidade."[23]

"Frank não pareceu se importar, embora ele não voltasse a Londres comigo",[24] escreveu Farrow em suas memórias.

Frank se importava. *Acho que vai ser melhor se ela não trabalhar*, como já dissera uma vez em relação a Juliet Prowse.

Jackie Mason, nascido Yacov Moshe Maza, era um ex-rabino que se tornou um loquaz comediante no "Cinturão do Borscht":* tinha sotaque iídiche e um senso de humor ainda mais cortante, se é que isso é possível, do que o de Don Rickles.[25] Rickles, afinal, havia assumido o papel de bobo da corte: podia dizer o que quisesse ao rei (ou ao presidente, nesse caso), contanto que o rei risse. Mason não ligava para quem estaria ofendendo — era um equilibrista na corda bamba, sem rede. Tinha zombado, por algum tempo, dos transplantes de cabe-

* Conjunto de hotéis de veraneio nas montanhas Catskill, no estado de Nova York, bastante frequentados por judeus, onde muitos comediantes começaram a carreira. (N. T.)

lo de Frank (as cirurgias, que começaram pouco depois de seu quinquagésimo aniversário,[26] eram um segredo sabido por todos)[27] e dos sapatos que o faziam parecer mais alto, e começara a garimpar um rico material sobre o casamento Sinatra-Farrow em seu início: "Frank põe de molho sua dentadura e Mia escova seu aparelho ortodôntico [...] depois ela tira os patins e os põe junto à bengala dele [...] ele remove a peruca e ela desmancha as tranças".[28]

Frank não gostou disso. Ao assistir ao show de Joe E. Lewis no Aladdin (onde Mason também se apresentava) em novembro do ano anterior, ele, da plateia, tinha provocado seu velho companheiro: "Na verdade eu vim para ver Jackie Mason",[29] disse.

"Ora, cale a boca", Lewis retrucou. "Por que você não vai a uma cervejaria e deixa porem uma cabeça em você?"

"Ah, só estou brincando", disse Sinatra. "Se esse vagabundo aparecesse no palco agora, eu daria uma mordida no pescoço dele. O cara é um nojo."[30]

Não muito tempo antes, Frank, ou alguém agindo em seu nome, dera uma mordida de verdade em Mason: o cômico recebeu um telefonema em que ameaçavam sua vida se ele não parasse de fazer piadas sobre Sinatra. Mason contratou um guarda-costas e continuou a fazer piadas. Alguns dias depois, três tiros foram disparados através da porta de vidro da varanda de seu quarto de hotel no Aladdin. As balas se alojaram na cama de Mason, na qual estivera sentado minutos antes.[31] O gabinete do xerife do condado de Clark investigou os tiros, mas depois arquivou o caso devido à incerteza quanto ao motivo do ataque — as piadas sobre Sinatra ou a complicada vida amorosa do comediante.[32]

Insistindo em que o motivo era o primeiro, Mason fez uma limpeza em seu número, retirando as piadas sobre Mia e reduzindo o humor sobre Sinatra a amenas chacotas sobre o fato de ele ser mulherengo.

Mas depois, ao se apresentar no início de fevereiro no hotel Saxony, em Miami, ele disse: "Não tenho ideia de quem foi que tentou atirar em mim [...]. Após os tiros, tudo que ouvi foi alguém cantando: '*Doobie, doobie, doo*'".[33]

"Fui advertido em ameaças anônimas durante toda a semana, pelo telefone e por pessoas que não conheço no vestíbulo do hotel, para que me calasse em relação a Sinatra", relembrou Mason, "mas não pensei muito sobre isso."[34]

E então, às cinco da manhã de 13 de fevereiro, quando Mason estava em seu carro com uma amiga, a alguns quarteirões do Saxony, "de repente", ele lembrou, "a porta se abre e uma mão fechada entra direto em meu nariz e me arrebenta — uma mão fechada com uma espécie de anel feito para abrir um rombo na sua cara".[35] Ele sofreu múltiplas lacerações no rosto e uma fratura no nariz — foi hospitalizado — e disse aos repórteres que estava convencido de que suas observações sobre Sinatra tinham levado à agressão.[36]

Mais tarde Mason comentou com a amiga, que saltou do carro e fugiu durante o incidente, que o agressor havia dito: "Isso não é a pior coisa que pode acontecer se você não ficar de boca fechada quanto a Frank Sinatra".[37]

Frank chegou a Miami dois dias depois.

Laurence Harvey tinha garantido a Mia Farrow que a filmagem de *O espião de dois mundos* só ia requerer sua presença em Londres durante dez dias, seguidos de três dias em Berlim. O trabalho em Londres correu bem, lembrou Farrow, mas em Berlim o filme ficou atrasado em relação ao cronograma, e os três dias viraram uma semana, depois mais.[38] Pelo telefone, do outro lado do oceano, Frank espumava de raiva.

Irritado é um modo suave de dizer. Muitos anos antes, quando Dolly perambulava por Hoboken, ocupada com seu trabalho no Partido Democrata e como parteira e aborteira, ela tivera pouco tempo para seu único filho. Ela o havia dominado com sua distância, fazendo-o se sentir pequeno. Era a última coisa que ele queria sentir, naquela época e agora.

Shecky Greene estava atraindo, como de hábito, grandes multidões ao Riviera, em Las Vegas, quando Jilly Rizzo o procurou com um pedido incomum: ele consideraria a possibilidade de fazer a abertura para Frank no Fontainebleau, em fevereiro?

Greene não costumava fazer aberturas para ninguém: era um astro por mérito próprio, de primeira grandeza, um *topliner*, como o definia a *Variety*, ganhando 25 mil dólares por semana no Riviera. Mas tratava-se de Sinatra, e Rizzo disse a Shecky que ele receberia em Miami o mesmo que recebia em Las Vegas, e ele topou.

Frank Sinatra estava fascinado com Greene por várias razões: em primeiro lugar, ele era um comediante brilhante e original, que nunca recorria a materiais tais como tinham sido escritos; "Nunca tive um número",[39] dizia. Em vez disso, o humorista compacto e musculoso, um judeu de Chicago com a compleição de um atacante de futebol americano, queixada quadrada e atlética e olhos tristes de bassê, simplesmente entrava no palco e na maior parte do tempo improvisava, com frequência desatando a falar em iídiche, que ele conhecia, ou em outros dialetos que não conhecia (assim com Sid Caesar, Greene era genial fazendo seu francês, ou alemão ou chinês soarem como genuínos), ou começando de repente a cantar numa rica e melodiosa voz de barítono.

Em meados da década de 1960, Greene havia se tornado uma instituição em Las Vegas e, como ele abertamente admitia, amiúde perdia a maior parte de seu elevado salário nas corridas de cavalo. Tinha um sério vício em jogos de azar, problemas com a bebida e episódios de raiva, tudo isso agravado por um casamento em desintegração e uma profunda ambivalência em relação ao show business. "Medo", contou, "eu sentia um medo terrível."[40] Às vezes sofria de paralisantes ataques de ansiedade, ocasionalmente quando estava em cena. E essas coisas também fascinavam Sinatra, porque em certa medida o faziam se lembrar de si mesmo.

Mas havia ainda uma terceira qualidade em Shecky Greene que não parava de intrigar Frank: o comediante não tinha medo dele.

"Eu via as pessoas, pessoas bem-sucedidas, italianos e judeus, cair de joelhos diante desse sujeito", relembrou Greene.

> Eu via judeus que eu respeitava em Miami, eles beijariam a bunda dele. Um dia estávamos no barco de — como se chama mesmo?, o dono do Fontainebleau — Novack, e chegou a comida, e Sinatra jogou a comida no passadiço. Perguntei: "Por que porra de motivo você fez isso?". Ele disse: "Não é da sua conta". Então tirei os sapatos e joguei também. Ele disse: "Para que você fez isso?". Eu disse: "Agora vou ter de descer e pegar a comida". Toda vez que ele fazia algo, eu fazia algo. E havia essa coisa estranha, as pessoas que ele não conseguia controlar ele passava a respeitar.

"Eu não beijava a bunda dele", contou Greene. "E ele gostou disso. Sua mãe me disse uma vez: 'Ele gosta de você porque você é eu'."

De sua parte, Greene estava impressionado com Sinatra — por uma razão. "O homem era um grande cantor, e eu apreciava seu talento. Mas seu talento não tinha nada a ver com quem ele era." Quem era ele? "Quando eu não estava bebendo, na verdade o estudava", lembrou o comediante. "Ele me queria por perto o tempo todo; ele sempre queria ir aonde tinha essa porra de comida italiana. E assim eu o estudava, o observava, enquanto ele fazia essas coisas fodidas, e eu dizia: 'Isto é show business ou é vida real?' Não sei. Não consegui formar uma ideia."

Ser parte do séquito significava estar disponível a qualquer hora, em especial nas horas que antecediam o amanhecer. "Ele não conseguia ir dormir, e por isso gostava de contar histórias", relembrou o humorista. "Quanto mais bebia, mais histórias contava. Depois de algum tempo, elas eram bem maçantes. Ele falava sobre os tempos de Tommy Dorsey — tinha feito isso, e em seguida tinha feito aquilo. Muito maçante."

Greene estava então numa batalha campal com seus próprios demônios. Ele também ingeria quantidades industriais de bebida, e o álcool desencadeava nele ataques de fúria. Diziam que havia jogado um piano pela janela de uma cobertura no Fontainebleau; tivesse ou não sido o caso, ele admitiu, na presença de Frank, ter destruído um quarto de hotel. "Cada peça de mobiliário estava deste tamanho quando terminei", contou Greene, mostrando o polegar e o indicador a uma distância de alguns centímetros. "Eu estava enlouquecido. Mas ele era meu par, pois era totalmente insano."

O comediante relembrou uma ocasião em que ele e Sinatra estavam a sós na suíte de Frank no Fontainebleau.

> Ele me agarra e me diz: "Venha cá". Me põe diante do espelho e diz: "Você é o filho da puta mais nojento que já conheci na minha vida". Bem, eu estava fazendo algumas coisas muito estranhas naquela época. Mas retruquei: "Não, venha você aqui". E o agarrei debaixo do braço e pus *ele* diante do espelho. "Não, *aí* está o filho da puta mais nojento", eu disse. E completei: "Talvez eu seja o segundo, mas, acredite, você é o primeiro, e estou muito longe de você".

Assim como Greene, Sinatra controlava seus temores durante apresentações criando uma presença de palco agressiva; ao contrário de Shecky, Frank levava essa agressividade — que com frequência assumia proporções de brutalidade — para sua vida fora do palco. "Era um cruzamento de megalomania e medo", disse Greene. "Mas era um medo silencioso — ele pensava que mais ninguém sabia disso." O efeito era compensado com fama e poder. E álcool. "Depois de dois drinques eu via uma mudança", lembrou o humorista.

Também ao contrário de Greene, Sinatra costumava descarregar sua fúria em pessoas em vez de fazê-lo em objetos. "Eu o vi jogar comida no chão", relembrou.

> Eu o vi mandar Jilly chutar pessoas. Uma vez descemos à cafeteria do Fontainebleau. Eram quatro ou cinco da manhã. Sinatra gostava de uns pãezinhos marrons quentes que eles tinham lá, de modo que descemos para ver se já estavam prontos, e não estavam. E Frank ficou louco, disse alguma coisa a Jilly, e Jilly deu um pontapé no padeiro e quebrou seu tornozelo.
>
> Eu disse: "Caras, vocês estão doidos, porra? O que estão fazendo?". Eu costumava assistir a essas coisas e não queria estar com ele. A cada dois minutos eu queria ir embora.

Mas ele ficava.

Farrow foi para Miami para passar alguns dias com Sinatra; ele se comportou. Então ela voltou para a Alemanha, e o mau comportamento recomeçou. Joe Fischetti, ainda nominalmente ligado ao Fontainebleau, achava mulheres para Frank.[41] E ele bebia com regularidade.

"Estávamos sentados no Gigi Room, no Fontainebleau", rememorou Shecky Greene,

> e ele me disse: "Ele está usando meu nome". "Como assim?", perguntei.
>
> "Esse filho da puta está usando meu nome", disse Sinatra. Então perguntei: "De quem você está falando?".
>
> "Do meu filho", ele respondeu.
>
> "Bem, você deu a ele o nome de Frank Sinatra Jr. Não é o nome dele?"
>
> "O que você quer dizer com isso?", ele retrucou. "Ele anda por aí usando meu nome."
>
> "Bem, Jesus Cristo, que nome ele usaria? Charles Bronson? Esse é o nome dele."
>
> "Cale a boca", ele disse.[42]

Em 13 de março, foi publicado *O bebê de Rosemary*, romance de terror de Ira Levin sobre feitiçaria e culto ao demônio na Nova York de hoje. O livro saltou de imediato para as listas dos mais vendidos, e no final do mês a Paramount tinha comprado os direitos de filmagem para o produtor William Castle (*A casa dos maus espíritos*, *Eu vi que foi você*) e contratou o jovem diretor polonês Roman Polanski (*A faca na água*, *Repulsa ao sexo*) para dirigir o filme. O projeto logo se tornou um dos mais quentes em Hollywood, e o papel-título, ansiosamente almejado por toda jovem atriz na cidade.

"Não há melhor evidência do status conjugal dos Sinatra do que os voos a jato de Mia Farrow de volta da Inglaterra para ver Frank em toda ocasião possível", escreveu Harrison Carroll em sua coluna de Hollywood, em 14 de março.

> Com duas semanas de folga de *O espião de dois mundos*, ela veio direto para cá. Frank deveria vir depois de sua temporada de shows na Flórida. Seu filme *Shamus* provavelmente não começaria a ser rodado até por volta de 1º de abril. Enquanto isso, equipes trabalhavam dobrado para completar a redecoração da nova residência do casal em Bel Air.[43]

Mas por que era necessária, em geral, uma evidência quanto ao status conjugal dos Sinatra?

No dia 2 de março, Frank tinha tido a melhor de todas as suas noites no prêmio Grammy, vencendo nas categorias gravação do ano e melhor vocal masculino por "Strangers in the Night", e na de álbum do ano por *A Man and His Music*. Por outro lado, fazer cinema já o entediava — fato atestado por três fracassos seguidos de filmes em que ele trabalhara (*O serviço secreto em ação* seria lançado em julho, para a malfadada bilheteria que ele merecia). No caso de *Vamos casar outra vez* e *Assalto a um transatlântico*, o problema havia sido o material, como ele dissera a Peter Bart. *O serviço secreto* propiciara um desenvolvimento melhor, mas, com a explosão do louco casamento com Mia no meio disso tudo, Frank simplesmente tinha caído fora.

Antes que sua parceria com Brad Dexter se consumisse em chamas, Dexter tentara reviver o declinante interesse de Sinatra por cinema com um roteiro de William Goldman chamado *Caçador de aventuras*, uma história policial baseada no romance *O alvo móvel*, de Ross Macdonald. Mas depois as negociações com os proprietários dos direitos, os produtores Elliott Kastner e Jerry Gershwin, fracassaram, e o filme acabou sendo feito com Paul Newman em vez de Frank Sinatra.

Com seu roteiro sombrio e espirituoso e seu elenco soberbo (que contava com Lauren Bacall, Julie Harris, Arthur Hill e Janet Leigh), *Caçador de aventuras* foi um sucesso artístico e de bilheteria em 1966, uma trama dura, audaciosa, cínica em torno de um herói cheio de defeitos — Newman em seu mais bem-sucedido malandro — e alguns personagens não tão admiráveis. Essa fórmula vencedora remontava aos filmes policiais *Relíquia macabra* e *À beira do abismo*, com Humphrey Bogart — sexo, perigo, humor e um personagem central sarcástico. Seguir o caminho indicado por seu velho ídolo Bogie, Sinatra agora se dava conta, poderia fazer reviver sua carreira no cinema.

Essa carreira duraria mais treze anos apenas; em cinco de seus seis papéis como protagonista entre 1967 e 1980, ele faria o papel de detetive. Como ressalta Tom Santopietro,

> a persona de um detetive particular é bastante adequada a Frank Sinatra [...]. A expectativa das plateias é que detetives se pareçam com sua versão idealizada de Frank Sinatra: o homem em questão devia ser experimentado naquilo, marcado por ferimentos e contusões, duro, cínico, mas ainda com uma pequena e íntima reserva de esperança. Duro com os homens, cauteloso com as mulheres, o cavalheiresco cavaleiro que já tinha passado por tudo isso mas ainda lutava a luta cotidiana — tudo isso caía bem em Frank Sinatra como um de seus ternos feitos sob medida.[44]

Contudo, ele estava com 51 anos, e aparentava essa idade: rechonchudo, a calva avançando, mais inflado no rosto, embora ainda vigoroso. Se não podia imitar o truque de Cary Grant de bancar o pretendente a mulheres muito mais jovens, ele ainda podia se apresentar como seu protetor, uma figura paternal com uma carga sexual. E um solitário corrigindo injustiças. A solidão era a chave. Em seus maiores papéis no cinema e em sua carreira nas gravações, a imagem prevalente era de um homem solitário. E se o homem mesmo era menos rijo e menos seguro do que sua imagem, menos sábio e espirituoso, a solidão era real.

* * *

Nas primeiras horas da manhã de 27 de novembro de 1966, mesmo dia em que Mia e Frank iam aparecer na série de TV *Adivinhe o que ele faz*, outro lendário homem solitário, Howard Hughes, mudou-se para a cobertura de nono andar do Desert Inn. Ele ficaria lá pelos próximos quatro anos, recluso num quarto com cortinas blecaute, enquanto assumia o comando de Las Vegas.

Tendo acabado de vender, obrigado por um tribunal federal, sua participação majoritária na Trans World Airlines, Hughes era agora o homem mais rico do país, com dinheiro e propriedades que valiam 1,5 bilhão de dólares.[45] "Ele não foi para Las Vegas com um plano mestre", escreve Michael Drosnin, biógrafo de Hughes.

> Ele só tinha ido porque não sabia para que outro lugar poderia ir e porque estivera ali antes, e gostara. Gostava da atmosfera da noite, gostava das garotas que se apresentavam nos shows, gostava de todo o tom e ambiente locais. No início da década de 1950, antes de ficar recluso, costumava viajar para lá para passar uma noite, alguns dias ou algumas semanas, assistir a shows, talvez pegar uma garota de um desses shows, enviando um de seus lacaios para marcar o encontro, sempre lhe ordenando que obtivesse a concordância por escrito e assinada. Raramente jogava, só vez ou outra depositava uma moeda num caça-níqueis, mas passava pelos cassinos e era uma figura familiar na primeira fila dos salões de show, e sempre voltava.[46]

Mas, quando a década de 1950 deu lugar à de 1960, o inventor, aviador e empreendedor outrora considerado um galante excêntrico tinha decaído à loucura, e seu distúrbio obsessivo-compulsivo vicejou sem controle. Ele jazia nu em sua cama na cobertura do Desert Inn em indescritível condição de imundície, urinando em garrafas, limpando-se com toalhas de papel que depois amassava e jogava de lado. Deixou que o cabelo e as unhas crescessem até um comprimento grotesco. Ainda havia certa lógica dissonante em todas essas obsessões, uma lógica que girava em torno da ideia de controle.

Hughes tinha uma visão: ele ia resgatar uma cidade que se divertia consigo mesma em sua grosseria e vulgaridade. Ia purificar Sin City, a Cidade do Pecado. Ia, conforme escreveu num memorando a seu braço direito Robert Maheu, "tornar Las Vegas tão confiável e respeitável quanto a Bolsa de Valores de Nova York

— de modo que o jogo em Nevada terá o tipo de reputação que tem o Lloyds de Londres, de modo que Nevada numa cédula será como prata de lei".[47]

E não parava por aí. "Podemos fazer aqui uma 'cidade do futuro' realmente superambiental", escreveu Hughes. "Sem poluição, sem contaminação, com um eficiente governo local, onde os contribuintes de impostos paguem o menos possível, e obtenham algo em troca de seu dinheiro."

"Aquilo era", escreve Drosnin, "o Paraíso Hughes — nada de contaminação, nada de impostos, e muita classe. Havia, é claro, outro requisito: ele tinha de ser dono de tudo."

E teria de comprá-lo dos homens que então o possuíam — os suseranos do crime organizado.

O fato de Howard Hughes ser inquilino da cobertura do Desert Inn era um espinho na carne de seu proprietário, o chefe da Máfia de Cleveland, de nariz tuberoso, Moe Dalitz. Dalitz queria alugar suas suítes do nono andar para grandes apostadores, e queria que Hughes saísse de lá. Hughes respondeu com uma contraproposta: ele compraria o Desert Inn.

Na verdade, Dalitz, que, como outros chefes da Máfia por todo o país, estava sob intensa vigilância do Departamento de Justiça, estava ansioso por vender. Mas não estava a fim de que Hughes o percebesse. Seguiram-se três meses de barganha, sendo as negociações conduzidas pelos representantes dos contendores, Maheu e Johnny Rosselli, o embaixador da Máfia em Las Vegas e Hollywood. Ambos, é claro, eram velhos amigos e parceiros no fracassado complô da CIA para assassinar Fidel Castro. No entanto, no verdadeiro estilo capa e espada, nenhum dos dois hesitaria em dar uma rápida estocada no outro.

Por fim, após negociações bizantinas, chegou-se a condições de venda aceitáveis para os dois lados. E no último dia de março de 1967, Howard Hughes recebeu permissão da Comissão do Jogo de Nevada para adquirir as operações do Desert Inn por 13 milhões de dólares. A Junta de Licenciamento de Jogos do Condado de Clark também aprovou uma licença para um cassino de Hughes.[48] O velho rival de Sinatra nas afeições de Lana Turner e Ava Gardner agora o superara na única arena na qual ele não podia competir, e dado o primeiro passo para alterar de maneira permanente o caráter da cidade que Frank Sinatra, com seus ombros estreitos, tinha elevado à grandeza.

* * *

Tony Rome, o primeiro dos que seriam os três filmes policiais de Sinatra para a Twentieth Century Fox, começou a ser filmado em Miami no dia 3 de abril. Frank representava o papel-título, um espirituoso e desafortunado detetive particular que mora num barco; Richard Conte fazia o papel de um tenente da polícia; Jill St. John, uma divorciada sexy; Gena Rowlands, a ex-mulher de Tony; e Sue Lyon, depois a *Lolita* de Stanley Kubrick, interpretava uma garota rica e dissoluta. Frank convocou Billy May para escrever a trilha sonora, e o sempre confiável (e sempre afável) Gordon Douglas para dirigir o filme.

Durante o dia Sinatra trabalhava nas filmagens; à noite ele se apresentava num show no Fontainebleau, mais uma vez com Shecky Greene fazendo a abertura. Frank também tinha dado a Shecky um pequeno papel no filme (de modo que a Twentieth Century Fox, em vez de Sinatra, pudesse pagar ao comediante um salário à altura de Las Vegas) como um trapaceiro manco chamado Catleg. Ele escalou ainda outros amigos em papéis pequenos: Jilly; Mike Romanoff; Rocky Graziano; e, de novo nas telas num surpreendentemente eficaz retorno como um agiota gordo e ameaçador, Mickey Rudin.

A filmagem foi rápida e eficiente, com Douglas demonstrando seu talento de artesão ao conduzir a história (o roteiro, baseado no romance *Miami Mayhem*, de Marvin Albert, era de Richard Breen) e seu velho instinto e mão para garantir que todo dia o set estivesse iluminado e pronto para que Frank fizesse o mínimo possível de tomadas.

Sinatra respondeu na mesma moeda, acertando o alvo e oferecendo o mais espontâneo desempenho em toda a sua carreira cinematográfica. Tony Rome era um homem que parecia ser mais próximo do Sinatra real do que qualquer outro personagem que Frank jamais representara. Ele parecia livre e solto, em cada palavra e gesto, e até em seu sotaque; Tony bem poderia ter vindo direto de Hoboken. O homem que o representava tinha sido quase sempre uma presença instigante na tela grande, fosse numa roupa de marinheiro ou num uniforme militar, fosse espetando uma agulha no braço ou suando enquanto rememorava uma lavagem cerebral. Mas, mesmo ao assistir aos melhores desempenhos de Sinatra, fazia-se um cálculo mental: o homem que com tanta eficácia transmitia emoção na tela, o ator de uma incrível naturalidade, era o mesmo homem que exibia um sorriso forçado quando usava um smoking e cantava "Fly Me to the

Moon". É claro que isso também era uma representação. Houve uma dúzia (ou mais) de Sinatras reais, muitos dos quais nunca eram vistos nos filmes. Mas Tony Rome — um homem solitário, um homem que caçava mulheres ou deixava que elas o caçassem; que bebia e fumava e afrouxava a gravata; que troçava com ironia e agia com dureza, mas que de vez em quando caía no ringue e começava a contagem — parecia real, porque Frank claramente se sentia à vontade ao representá-lo.

E essa tranquilidade com o material e com o processo assegurava a tranquilidade do restante do elenco e da equipe. "Foi de fato prazeroso; foi divertido", disse Gena Rowlands ao relembrar a filmagem. "Tudo correu de maneira fácil e suave. Frank estava muito preparado; ele não se mostrou temperamental com ninguém que eu tivesse visto."[49]

Rowlands, que nunca se encontrara com Sinatra antes disso mas tinha ouvido as histórias sobre ele, ficou agradavelmente surpresa. "Descobri que ele era um ator maravilhoso — conseguia fazer cenas complicadas em uma só tomada, e nunca o vi fazer mais de uma", contou.

> Era engraçado, também. Tinha senso de humor, e se comportava de forma generosa com todos os atores. Não havia nada de pretensioso nele — era simples e incrivelmente agradável.
>
> Ele era esse tipo de italiano das antigas que sempre ajudava você. Filmamos muito a bordo, e assim tínhamos de ir do píer para o barco. Ele sempre estava logo ali, dando-lhe a mão, certificando-se de que você não batesse numa dessas luminárias posicionadas em lugares peculiares, por causa da água e tudo o mais. Um cara muito gentil.

As noites eram diferentes. Mia tinha voltado para Berlim, e, embora o casal se falasse por telefone várias vezes por dia, havia no horário uma diferença de seis horas, e sempre chegava o momento em que ela tinha de dormir um pouco, bem quando a noite de Frank estava só no início. Ele começava a beber após o término da filmagem, toda tarde, e os que estavam por perto depois disso viam um Sinatra muito diferente daquele que Gena Rowlands via durante o dia. "O ambiente era volátil e violento em torno dele o tempo inteiro", relembrou Shecky Greene. "Nós nos apresentávamos toda noite para a mesma plateia, e quando eu estava no palco não havia nada a não ser risos. Mas, quando chegava a vez de Frank, a mesma plateia entrava em erupção e as pessoas começavam a brigar."[50]

Numa reportagem sobre Sinatra, Dan Lewis, repórter de entretenimento cujas matérias eram distribuídas para vários jornais, descreveu o 14º andar do Fontainebleau, onde Frank estava alojado, como um virtual campo armado, com uma atmosfera pesada e ameaçadora, onde enxameavam seguranças e guarda--costas que ele chamava de "seu Serviço Secreto Dago". "Todo mundo quer ver Frank", o chefe de segurança do hotel disse a Lewis. "Todo mundo quer falar com ele. A época mais difícil para mim é quando Frank está hospedado aqui."[51]

Frank como Tony Rome, no início de 1967. No papel que desempenhou com o menor esforço em sua carreira no cinema, Sinatra representou um personagem que parecia ser mais próximo de sua vida real do que qualquer outro que jamais retratara.

"Frank tinha tanta gente bajulando em torno dele, era de dar enjoo", contou Greene. "E esses guarda-costas atacavam à primeira ordem, de modo que as pessoas, é claro, ficavam amedrontadas. Mas, mesmo que não ordenasse a pancadaria, ele permitia que houvesse violência só pelo fato de ter esses camaradas por ali."[52]

O humor de Sinatra piorou quando ele saiu do quarto certa noite e um dos guarda-costas lhe entregou um jornal com uma foto de publicidade na qual Mia dançava com Laurence Harvey. Os dois estavam estreitamente enlaçados, os longos e finos braços de Mia em volta do pescoço de Harvey.[53] Essa foi a gota d'água numa charada que já durava alguns meses: em *O espião de dois mundos*, Farrow representava uma fotógrafa que tinha um caso com o personagem de Harvey, um assassino da KGB, e a imprensa que cobria celebridades e, em certa medida, Harvey estavam dando importância à química entre os dois na tela e fora dela. "Tenho algumas cenas de amor ardentes com Mia",[54] jactou-se ele com Leonard Lyons em meados de abril, e pelo menos um relato em jornal descrevia uma dessas cenas em detalhes tão gráficos quanto permitiam os padrões jornalísticos de 1967.[55]

Frank tinha se aproximado de Laurence Harvey durante a filmagem de *Sob o domínio do mal*, e sabia muito bem que ele era um homossexual enrustido.[56] O apelido que Sinatra lhe dera era Ladyboy. No início ele havia sido tolerante. "Frank Sinatra deu sua aprovação para que Laurence Harvey acompanhe Mia Farrow por toda a Londres", escrevera Sheilah Graham em março. Mas então, já detectando fissuras no casamento, a colunista não resistiu a acrescentar, coquete: "Mia com toda a certeza não vai sair com ninguém a não ser...".[57]

Mas essa foto não tinha a ver com realidade, tinha a ver com reputação. ("A raiva dele não foi causada por ela estar dançando com Larry", lembrou Graham; "foi pela fotografia amigável demais, que ele pensou que iria despertar fofocas. E despertou.") Laurence Harvey tinha 38 anos e era, aos olhos do mundo, um galã bonito e heterossexual. E Sinatra tinha suportado pilhérias sobre sua idade avançada e a juventude da mulher que seriam suficientes para enfurecer qualquer homem, mesmo um homem com um pavio mais comprido que o dele. Foi para o telefone, acordando Mia no meio da noite em Berlim, e gritou com ela durante a maior parte de uma hora inteira. Ela embarcou no próximo avião rumo a Miami para tentar acalmá-lo. Ele foi implacável. Ela deu meia-volta e retornou ao trabalho em Berlim.[58]

Em 15 de abril, "Somethin' Stupid" chegou ao primeiro lugar na lista das Hot 100 da *Billboard*.[59] Isso perfazia dois primeiros lugares em dois anos, com duas canções às quais ele não dera tanta importância.

Àquela altura ele também não estava pensando muito em si mesmo.

Duas noites depois, Frank, com um copo na mão que ele tornava a encher com frequência, estava na sala de TV da casa de Harry Mufson em Miami Beach. Mufson, o dono do Eden Roc, tinha sido sócio de Ben Novack na construção do Fontainebleau, mas havia se separado dele em termos amargos e era agora seu concorrente — e vizinho — principal. Sinatra ficava saltando entre os dois estabelecimentos. Naquela noite, Frank, Mufson, a mulher de Mufson, Shecky Greene, Jilly Rizzo, Joe Fischetti e vários outros tinham se reunido para assistir à estreia de Joey Bishop no novo *talk show* da madrugada na ABC.

A orquestra tocou a canção-tema de Bishop — "Joey, Joey, Joey", de Frank Loesser, de *The Most Happy Fella* — e o anfitrião entrou e fez seu monólogo. Bishop chamou os comerciais. Ao retornar, bateu um papo rápido com seu parceiro, Regis Philbin, e então apresentou seu eminente primeiro convidado: "Senhoras e senhores, o governador de nosso estado, Ronald Reagan".

Quando Reagan surgiu da abertura na cortina com seu sorriso forçado, Frank Sinatra levantou-se, foi até o aparelho de TV e chutou a tela com toda a força, estilhaçando o tubo de imagem.[60]

Havia o Frank diurno, e havia o Frank noturno.

Durante o dia, ele compunha a figura, um modelo de equilíbrio e de um amistoso — conquanto brusco — coleguismo. À noite, fazia o papel do vândalo de Miami. Ele bebia; havia o rumor de que se encontrava com Jill St. John para continuar de onde haviam parado, apesar de ela estar nominalmente envolvida com Jack Jones. Enquanto isso, Fischetti continuava a lhe levar belas mulheres, e o que acontecia depois disso nem sempre era bonito.

Numa noite de sábado, segundo Shecky Greene, "ele ficou completamente doido". Uma garota, lembrou ele de maneira vaga, fora espancada. E o robusto comediante, que não ficava atrás de Frank em matéria de bebedeira, fez uma coisa maluca: levantou o muito embriagado Sinatra, "joguei-o em cima de meu ombro, entrei no elevador, levei-o para cima, até sua suíte, e o larguei lá".

Greene sacudiu a cabeça ao lembrar. "Eu o joguei sobre meu ombro e ele esperneava como uma criancinha", contou. "Richard Conte estava conosco, éramos Frank, eu e Richard Conte, e Conte: 'Largue ele, Shecky! Vamos ser mortos! Você não entende?'. Esse é o durão dos filmes. Eu disse: 'Que porra é essa que está havendo com você? O homem é louco'."

Mesmo estando bêbado como estava, Sinatra, no entanto, lembrava-se de alguma coisa do incidente, e não engoliu isso muito bem.

"Ele ficava me dizendo: 'Você ainda vai levar'", contou Greene. "Eu dizia: 'Levar o quê? Que porra você vai me dar, Frank? Quer brigar? Está bem, vamos brigar'."

"'Ah, você vai levar', ele continuava dizendo. 'Quando é que eu vou levar?', eu lhe perguntava."

Tiffany Bolling tinha vinte anos, era loira e deslumbrante, uma garota da Califórnia de espírito livre vinda de um ambiente interessante: seu pai biológico era o pianista de jazz e cantor Roy Kral; a mãe, que rompera com Kral pouco tempo depois de Tiffany nascer, também trabalhava como cantora, e como comediante. A arte de representar veio a Bolling de forma natural, e, estando em Miami na primavera de 1967, ela fez um teste com Gordon Douglas e recebeu um pequeno papel com fala em *Tony Rome*. A jovem representava uma fotógrafa sexy numa boate, vestida como coelhinha da *Playboy*, que tirava uma foto da qual o personagem de Sinatra precisava como prova.

Algumas semanas após o início da filmagem, Frank certa noite encontrou-se com Bolling no Gigi Room do Fontainebleau, onde ele oferecia um pequeno jantar para alguns integrantes do elenco e membros da equipe do filme, servindo *pasta* com seu molho marinara especial; tinha preparado a comida ele mesmo na cozinha do restaurante. Da maneira como o tempo consagrou, Frank pediu que um amigo fosse até a jovem atriz e perguntasse se ela gostaria de se sentar à sua mesa. Ela gostaria, e assim fez.

Bolling tinha cantado um pouco em cafeterias e, embora seu gosto se inclinasse mais para Janis Joplin e Linda Ronstadt, achava que Sinatra "tinha um diabo de uma grande voz", como ela mesma relembrou. "Eu lhe disse isso; eu disse: 'Sabe, tenho de lhe dizer, cara: você tem uma grande voz'. Ele irrompeu numa risada. E replicou: 'Quem é *você*?'."[61]

Começaram a ter um caso. Bolling era dois anos mais moça que Mia Farrow, e uma pessoa muito diferente: uma garota bonita mas ainda não de todo formada, arrojada mas pouco exigente. Mia nunca veio a ser mencionada, lembrou Bolling; a jovem atriz parece ter tido a impressão de que Sinatra e a mulher não estavam mais juntos. "Eu não lhe fiz perguntas; na verdade eu não me importava", ela disse. "Sabia que ele estava separado dela, ou não teria me envolvido com ele. Eu não era esse tipo de pessoa."

Bolling, que tinha um apartamento em Fort Lauderdale, logo se mudou para a cobertura no Fontainebleau. (Ela também achava que Jill St. John a metralhava com o olhar. "Não creio que gostasse muito de mim, e ela deixava isso bem claro", relembrou.) Bolling se sentava na mesa de Sinatra quando ele se apresentava no La Ronde Room; durante o dia, depois de ter completado suas duas cenas curtas no filme, ela lia ou passeava na praia. Um dia, uma vendedora da loja de roupas femininas no vestíbulo do hotel foi até a suíte com uma grande seleção de peças. "O que você quer?", perguntou a vendedora. "O sr. Sinatra gostaria de vestir você."

"Acho que Francis estava passando por uma grande transformação em sua vida", contou Bolling.

> Penso que a meia-idade o estava atingindo com muita dureza. Ele vinha fazendo transplantes de cabelo e estou certa de que eram muitos dolorosos. Sei que ele tinha consciência de sua aparência — Mia era muito jovem; eu era muito jovem — e estava tentando se agarrar à sua juventude. Você nunca notou aquela faísca em seu olhar? Ele não podia chegar lá. Eu me sentia mal por ele, porque ele nunca poderia ir a lugar *nenhum*. Mas havia essa criança nele, gritando para sair, para pular para cima e para baixo, brincar e ser tola.
>
> Eu de fato amava esse homem. Ele era um rei, e me tratava como uma princesa e uma rainha, o tempo todo. Nunca, jamais, houve nenhum tipo de abuso ou nenhum tipo de coisa estranha — exceto uma vez, quando ele contratou uma prostituta e quis que eu participasse, e eu disse: "Vai se foder, cara, estou indo embora" — e fui.

Uma noite, pouco depois, quando Shecky Greene estava prestes a subir ao palco no La Ronde Room, Sinatra disse: "Shecky, fique grudado em mim e farei de você o maior astro deste negócio".[62]

"Olhei para ele e disse: 'Se ser um grande astro significa ser como você, então não quero'", relembrou Greene.

Às quatro horas daquela madrugada, quando o comediante passava pelo vestíbulo do hotel, foi atacado por três homens: Joe Fischetti e os dois guarda-costas de Sinatra, Ed Pucci e Andy Celentano. Fischetti golpeou Greene com um cassetete. Greene, que em termos literais e figurativos não sentiu nenhuma dor, reagiu com fúria. "Fischetti, aquele porra de babaca — eu abri um rombo na cara dele", lembrou. "Eu nem sabia o que estava fazendo. Nem mesmo senti nada porque estava muito bêbado naquela madrugada."[63]

Como Jackie Mason antes dele, Greene acabou no hospital, com uma concussão e um grande talho na têmpora. Primeiro, ficou furioso. "Eu disse: 'Vou matá-lo. Vou matar esse Dago filho da puta",[64] lembrou.

Mas quando vazou a notícia do ataque, Sinatra e Fischetti imploraram a Greene que não contasse nada ao único homem que ambos temiam: um fã de Greene e velho conhecido de Chicago, Sam Giancana. Mooney vivia agora no México, tendo fugido do país para tentar escapar da intensa vigilância do FBI. E poucos dias depois o antigo chefe da Máfia ligou para Shecky Greene.

"Ele me perguntou: 'O que aconteceu? Me diga o que aconteceu com aquele babaca'", recordou Greene.

> Respondi: "Nada, eu caí da escada". Ele retrucou: "Você não caiu da escada". Ele disse: "Shecky, Milwaukee Phil está aí embaixo". Ele estava falando comigo do México. Sei que o FBI estava à escuta. Ele prosseguiu: "Milwaukee Phil está aí embaixo; desça e diga a ele o que você quer". E tudo que eu tinha a dizer a ele era: quero que esse babaca leve uma surra. Eles teriam feito isso. Eu disse: "Sam, estou lhe dizendo, eu rolei escada abaixo".

A famosa piada veio depois: "Sinatra salvou minha vida em 1967. Cinco sujeitos estavam me batendo e eu o ouvi dizer: 'Chega'".

"Essa piada correu o mundo", contou Shecky Greene, um velho homem recordando um mau momento.

O Frank noturno estava afastando os que lhe eram mais próximos, um por um. "Jilly veio até mim", recordou Greene, "e disse: 'Shecky, estou fugindo disso. Não aguento mais, então estou caindo fora por três dias. Vou ligar para você; você vai ser o único a saber onde estou. Não quero que ele saiba'."

"Então, havia essa parte dele que queria se livrar de Sinatra. Mas ele amava Sinatra. Não sei por quê, não sei como. Isso eu não posso negar."

Tiffany Bolling fugiu também. "Fui para Nova York. Eu não sabia para onde ir", relembrou. "Então fui para a casa de Jilly — e Jilly estava em Nova York! Isso me deixou pirada! Pensei: o que você está fazendo aqui, cara? Você devia estar com Francis em Miami! E ele disse: 'O que está fazendo aqui, Tiffy?'."[65]

Ela voltou. Jilly voltou. Até Shecky Greene voltou para *Tony Rome* depois que saiu do hospital. O talho em sua têmpora ficou registrado no filme. A atração de Sinatra era simplesmente forte demais. E o Frank diurno tinha um jeito de consertar as coisas.

"Francis me ligou e disse: 'Por favor, venha a meu quarto'", lembrou Bolling.

> E ele abriu a porta e disse: "Sinto muito. Sinto muito mesmo". Ele não só me disse essas palavras, mas naquela noite me convidou para ir ao show que ainda estava fazendo no Fontainebleau, e antes disso descemos e ele me presenteou com o mais lindo colar de pérolas tamanho ópera que eu jamais tinha visto.[66]

Mas quando Sinatra pediu a Shecky Greene que fizesse com ele uma turnê de verão, o comediante definiu seu limite.

> Eu lhe disse: "Não vou fazer essa turnê". E, assim, ele passou a noite inteira ligando para os jornais e dizendo a eles que tinha cancelado minha participação na turnê. Eu nunca estive nessa turnê. Não ia sair com ele. Só de ver o tipo de vida que ele levava — eu estava me odiando por ter ficado tanto tempo com ele. Era assustador. E eu não sou isento de culpa por todas as coisas que aconteceram. Quero dizer, eu não estava exatamente bom da cabeça naquela época.[67]

Assim era Miami na primavera de 1967.

No início de maio, a Liga Antidifamação Ítalo-Americana nomeou Frank presidente nacional de uma campanha para desestimular a identificação de americanos de ascendência italiana com a Máfia e a Cosa Nostra.[68] Era uma ação curiosa, quase provocativa, por parte da liga, dado o fato, e o porquê, de tão pouco tempo antes Sinatra ter sido obrigado a abrir mão de sua licença de jogo em Nevada. "As manchetes sobre Frank Sinatra-Liga Antidifamação italiana eram notícias válidas, mas como poderiam omitir um Joe DiMaggio ou um Perry Como?",[69] perguntava o colunista de entretenimento Jack O'Brian no dia 9.

Três dias depois, Ralph Salerno, uma autoridade em Máfia nacionalmente reconhecida e ex-detetive do Escritório Central de Investigação do Departamento de Polícia de Nova York, fazia mais ou menos a mesma pergunta, dessa vez nas páginas do *New York Times*. A amizade e a associação de Sinatra com membros identificados da Máfia "dificilmente coincidem com a imagem que a liga está tentando projetar como representativa dos 20 milhões de americanos nascidos ou com antepassados na Itália", disse Salerno ao jornal. "Durante anos Sinatra fez coisas que tornam de conhecimento público quem ele escolhe para suas amizades em Nevada, Nova Jersey, Brooklyn, Miami e Havana",[70] declarou.

"Pode estar havendo uma necessidade básica da comunidade ítalo-americana de melhorar sua imagem", continuou Salerno, "mas creio que o caminho mais adequado para isso é encontrar um porta-voz que tenha a estatura e possa granjear o respeito de um Roy Wilkins [diretor executivo da NAACP]."

O presidente da liga, o juiz de tribunal civil Ross J. Di Lorenzo, trovejou em resposta. "Esse é o tipo de ataque difamatório que faz com que seja necessário criarmos nossa organização", disse. "O sr. Sinatra se aliou a muitos dos grandes líderes mundiais — presidentes, governadores, chefes de Estado e outros notáveis — e fez tanto, se não mais, quanto qualquer outro ser humano pelas causas dos grupos minoritários de cada contexto étnico, racial e religioso."[71]

Era perfeitamente circular: um ítalo-americano difamando outro ítalo-americano por difamar ainda um terceiro ítalo-americano. E, num posterior lampejo de falta de lógica, alguns viam na capacidade de Frank de evitar um julgamento uma evidência *prima facie* de sua inocência. "Era óbvio que o sr. Salerno não tinha feito o dever de casa, pois meu pai nunca foi indiciado por nada",[72] escreveu Nancy Sinatra.

Mia terminou seu trabalho em *O espião de dois mundos* — o diretor, Anthony Mann, infelizmente havia morrido de infarto no fim de abril; Laurence Harvey completou o filme — e voltou para Nova York, e para Frank, e para a discórdia.

Ela e Sinatra tinham feito um acordo de que ela faria um filme por ano. Mas, como Farrow sabia muito bem, papéis em filmes, sobretudo de protagonista, que era o que ela queria, não caíam do céu; um ator ou uma atriz jovens tinham de batalhar vigorosamente por trabalho com muita antecipação, ou corriam o risco de ser malsucedidos e se tornar notícia velha. *O espião de dois mundos* a tinha posto no mapa — Farrow foi capa da *Life* no dia 5 de maio —, mas ela ainda precisava de um papel que a fizesse avançar por seus próprios méritos.

Mia sabia que sempre poderia ser notícia como sra. Sinatra, mas não era bem isso que tinha em mente. "Não era o caso de ser uma esposa que ficasse em casa e cozinhasse espaguete para ele", disse a um repórter. "Muitas mulheres poderiam fazer isso."[73]

Tampouco seria o caso de Mia trabalhar em filmes com o marido. "Não creio que um homem deva atuar junto com sua mulher — isso pelo menos vale para nós dois",[74] disse Frank. Mia parecia concordar. "Tenho de fazer as coisas por mim mesma", declarou. "Se eu fosse a protagonista junto com ele, muita gente pensaria que foi ele que conseguiu o papel para mim."[75]

O conflito surgiu cedo. Ela queria muito ter filhos (Frank queria muito não ter), e assim mesmo, de alguma forma, as coisas continuavam a funcionar: os sinais eram mistos. "Há rumores de que Mia Farrow vai se aposentar agora que experimentou o sabor do estrelato em *O espião de dois mundos*, que ela vai assumir em tempo integral a tarefa doméstica de ser a esposa de Frank Sinatra", escreveu a colunista Marilyn Beck em 19 de maio. "Ela já recusou várias propostas atraentes para atuar em filmes."[76] Dois dias depois, Leonard Lyons anunciava no topo de sua coluna que o próximo filme de Farrow seria *The Severed Head*, com Richard Burton e Elizabeth Taylor.[77]

Ela podia ter recusado alguns trabalhos, mas estava fazendo campanha, arduamente, por outros. O produtor David Susskind estava montando o elenco para o remake, para a televisão, de *Belinda*, de 1948, filme que dera a Jane Wyman um Oscar por seu desempenho como uma surda-muda vítima de estupro. Farrow queria muito o papel-título, e Susskind não queria passar nem perto disso.

Susskind, um irascível egoísta, tinha uma história com Sinatra: ambos haviam travado uma muito divulgada batalha de telegramas, depois que o produtor tentara trazê-lo a seu *talk show* e não conseguira. "Não quero ter nenhum problema nessa produção", ele disse ao agente de Farrow. "E com a mulher de Frank Sinatra você automaticamente arranjaria problemas."[78]

Mia então ligou ela mesma para Susskind, para pedir o papel. "Por favor, por favor, por favor, reconsidere", ela disse. "Eu daria tudo no mundo para representar essa personagem."

Susskind lhe explicou que ele não podia correr o risco. Sabia que Frank não queria que ela trabalhasse. "E, seja como for, ele não gosta muito de mim", disse a Farrow.

"Sr. Susskind, minha carreira é muito importante para mim", ela replicou. "Preciso de um papel como esse. Por favor, me ouça. Sou em primeiro lugar atriz e em segundo lugar esposa. Por favor."

Pelo visto, ela estava fazendo o mesmo discurso a mais de um produtor. "Frank Sinatra talvez tenha de bater o pé", escreveu Sheilah Graham em 4 de junho.

> Sua jovem mulher, Mia Farrow, estava pronta para assinar com *O bebê de Rosemarie* [sic], a produção de Roman Polanski-William Castle para a Paramount, quando George Cukor a requisitou para seu *Nine Tiger Man*, da Twentieth Century Fox, que detém seu contrato. *O bebê de Rosemarie* será feito em Nova York. *Nine Tiger Man* começa em Londres, depois vai para a Índia, com Robert Shaw como coprotagonista. Frankie, que detestou a estada de Mia em Londres para filmar *O espião de dois mundos*, poderia insistir em mantê-la em Hollywood, onde os Sinatra têm uma grande e linda casa, ou em Nova York, onde têm uma grande e linda cobertura, com ar-condicionado e vista para o rio East.[79]

Então, em 8 de junho, os jornais noticiaram que ela teria o papel principal no remake do filme *Belinda*, da ABC.

Mia Farrow não menciona *Belinda* em suas memórias, o que, de maneira estranha, embaralha a linha do tempo nesse período crítico de seu casamento com Sinatra. Ela descreve quão estressante para ambos tinham sido suas longas ausências para filmar *O espião de dois mundos*.[80] Agora que o filme estava pronto, Mia lembrou, ela e Frank estavam ansiosos por passar algum tempo livre em casa antes de começarem a filmar juntos em *Crime sem perdão*, na Fox. Farrow se perguntava como seria contracenar com Sinatra; ela estava aflita com a possibilidade de desapontá-lo.

Foi exatamente quando, ela escreve, que a Paramount lhe ofereceu *O bebê de Rosemary*. Seria sua primeira oportunidade como a estrela de um filme, mas, ainda mais importante para ela, seria a chance de deixar sua marca como atriz. Se o projeto tivesse sucesso, ela pensou, poderia dar-lhe condições de escolher bons papéis em filmes de qualidade; ela poderia alcançar o que dizia ser então a ambição de sua vida: fazer a cada ano um filme que valesse a pena, podendo assim se dedicar a ser esposa e algum dia, talvez, ser mãe.

Mas, ao contrário do que ela escreveu, na verdade não havia naquele mês de junho nenhum plano substancial para ela coestrelar *Crime sem perdão*, e a Paramount ainda não tinha lhe oferecido *O bebê de Rosemary*, embora parecesse que as duas coisas estavam prestes a acontecer. O que era um problema, pois o início das filmagens de *O bebê de Rosemary* estava programado para o fim de agosto, em Nova York, e isso representaria três filmes num ano, e não apenas um.

As telefonistas do Sands — naquela época as ligações externas ainda tinham de ser feitas através da mesa telefônica do hotel — tinham como rotina escutar as conversas dos hóspedes, não pelo desejo de bisbilhotar, mas por uma questão de política gerencial. Naquele tempo, quando a Máfia era proprietária de cassinos (Meyer Lansky supervisionava as operações do Sands de seu condomínio em Miami), "tínhamos de nos proteger",[81] lembrou Ed Walters, o supervisor das mesas de jogo no Sands. Com uma crescente pressão sobre o crime organizado por parte do Departamento de Justiça, quem iria saber quando a própria nata estaria em perigo?

Mas havia também outras considerações. Na era da Máfia em Las Vegas, alguns dos maiores clientes dos cassinos eram homens que, pelos mais variados motivos, não queriam que se soubesse que estavam lá. Com frequência — a identidade era um dado mais obscuro na era pré-computadores — eles viajavam sob nomes fictícios. Às vezes, perdiam nas mesas quantias substanciais de dinheiro; o que poderia evitar que qualquer um deles alegasse falsamente que não tinha como pagar, ou desaparecesse por completo? Em Sin City, toda sorte de malfeito era possível. Para a gerência do cassino, escutar o que se dizia ao telefone era um meio essencial de controle.

No início de 1967, uma das telefonistas do Sands procurou Walters com um dilema. A sra. Sinatra, Mia Farrow, tinha feito numerosas ligações de manhã bem cedo para um homem em Nova York que aparentemente era seu agente, e discutido trabalhos, todo tipo de trabalho. E a sra. Sinatra dissera ao homem em Nova York, repetidas vezes, que o sr. Sinatra não deveria, em nenhuma circunstância, ter conhecimento disso. Deveria ela (a telefonista perguntou a Walters) falar ao sr. Entratter sobre essas ligações?

Se Entratter descobriu, ele nunca contou a Frank: atiçá-lo seria arriscado demais.

"Não tenho certeza de quando tive o primeiro pressentimento de que papai e Mia estavam tendo problemas", escreveu Tina.

> Talvez tenha sido na tarde em que apareci em seu novo endereço na Copa de Oro, a casa em estilo Tudor que eles mal teriam tempo de decorar, antes de se separar. Papai saíra, sem dúvida estava trabalhando, e encontrei Mia no sótão, em cima de seu quarto de vestir. O dia estava claro e bonito, mas ela preferiu ficar dentro de casa, lendo um livro, seus cãezinhos aconchegados a seu lado.
>
> Aí está, pensei comigo mesma, uma mulher que poderia viver muito tranquilamente.[82]

Quando não estava ao telefone falando com seu agente. Ou escutando o recém-lançado — "inovador, sísmico",[83] como Mia o definiu — *Sgt. Pepper's Lonely Hearts Club Band*, que com rapidez mudaria o mundo inteiro, empurrando Frank Sinatra e sua geração musical para uma praia ainda mais distante.

Os ensaios para *Belinda* começaram na primeira semana de junho. No dia 15, a Reuters anunciou que Mia Farrow estava em observação no Cedars-Sinai Medical Center. "Ela só está exausta", disse aos repórteres Jim Mahoney, que agora também trabalhava como assessor de imprensa de Farrow. "Ela está no hospital para fazer exames e descansar", explicou, acrescentando: "Ela acaba de completar um estrênuo papel num filme feito na Inglaterra".[84]

Preocupado com a possibilidade de ter de substituir sua estrela, David Susskind viajou até a Costa Oeste. Segundo contou, o que viu ao encontrar Farrow o transtornou de maneira profunda. "Ela estava machucada da cabeça aos pés, com horríveis talhos vermelhos e marcas nos braços, nos ombros e no pescoço, como se tivesse sido muito espancada", disse ele a Kitty Kelley.

> Sentei perto dela e disse: "Mia, querida, creio que alguém não esteja querendo que você faça esse papel". Ela baixou os olhos e disse que ainda queria fazê-lo. Ela me implorou e suplicou, e disse que ia ficar bem. Ressaltou que a maior parte do estrago estava abaixo do rosto, de modo que poderíamos cobri-la com maquiagem,

> o que fizemos, mas numa certa incidência de luz ainda se podiam ver aqueles horríveis vergões. Fiquei com pena daquela pobre menina.[85]

Embora havia muito tempo circulassem rumores de que Sinatra maltratava mulheres fisicamente, a referência de Susskind é a única de que Sinatra alguma vez agrediu Mia Farrow, e tanto a fonte — Susskind não cultivava nenhuma afeição por Frank Sinatra — quanto o fato de ser a única devem ser levados em consideração antes de se julgar o caso. Em 1986, a própria Farrow disse que "as referências [no livro *Sinatra: His Way*, de Kelley] a como Frank Sinatra me tratava [...] são absolutamente inverídicas".[86]

Contudo, Frank podia ser um bêbado cruel até em épocas melhores, e a primavera-verão de 1967 não foi uma delas. Sua mulher com frequência estava fora, e quando presente era passivamente e — às vezes — ativamente desafiadora. Não só vivia procurando o trabalho que ele não queria que ela assumisse; Mia era também, escreveu George Jacobs,

> um gênio criativo para começar brigas que deixavam o sr. S. louco. Ela reverencia tudo que o irrita, cabelos compridos, drogas, misticismo, rock, Vietnã, fazendo-o se sentir como o Velho Marinheiro* por estar muito fora daquilo tudo para discordar dela. "Como é que você pode *dizer* isso?" era a expressão favorita dela, pronunciada num tom de insultuosa intolerância.[87]

O modus operandi habitual de Mia, contou o criado, era redirecionar o calor de suas discussões para o quarto de dormir. A paixão física tinha sido a base do relacionamento, mas eles estavam agora se aproximando da marca dos três anos, e o inevitável esfriamento já tinha começado. Outros aspectos da relação teriam de assumir importância maior, se ela tivesse de continuar. Farrow queria apaixonadamente ter um filho com ele; ele, apaixonadamente, não queria tal coisa.[88]

Cada vez mais parecia que as diferenças entre ambos se sobrepunham a suas semelhanças. "Talvez o fato de não ser jovem o incomodasse", disse Mia anos depois. "Frank sentia que as coisas se afastavam dele. Meus amigos da Índia entravam na casa descalços e lhe davam uma flor. Isso o fez se sentir 'quadrado' pela primeira vez na vida."[89]

* Referência ao poema *A balada do velho marinheiro*, de Samuel Taylor Coleridge. (N. T.)

Ele tentava. Tina lembrou-se de ter encontrado Frank e Mia na discoteca The Daisy. "Papai com um paletó estilo Nehru e colar de contas, ou calça jeans com incrustações prateadas — um rematado descolado, tão gracinha quanto podia ser. Ele sentou-se e fumou e bebeu conosco, e gostava de se levantar e dançar ao som da mais recente canção da Motown."[90] Mas sua ex-namorada Sandra Giles, que também avistou o par no local, teve uma impressão diferente: "Mia Farrow estava dançando com todos os homens", relembrou. "Frank parecia estar muito solitário. E ele veio até minha mesa e disse: 'Sandra, você se importa se eu sentar aqui com vocês?'".[91]

Sinatra estava envelhecendo numa época em se cultivava a juventude; com todo o seu dinheiro e poder, o mundo parecia estar se afastando dele. Tinha acabado de carregar o caixão de Spencer Tracy, e os jovens estavam celebrando a própria imortalidade. E a música, sempre a nova música, vindo dos rádios em toda parte, sem parar. Aquele foi o verão no qual "Light My Fire", dos Doors, parecia estar numa fita que se repetia num loop; segundo Jacobs, Frank chutou o rádio de um carro com o calcanhar quando essa canção foi tocada em três estações, uma atrás da outra.[92]

Uma televisão; um rádio. Se ele estava descarregando sua fúria em objetos, poderiam as pessoas ficar muito atrás?

O trabalho, como sempre, era o bálsamo. Ele começou a preparar um novo álbum: a primeira sessão de gravação aconteceu em Nova York no final de junho, o primeiro encontro de Frank com a Big Apple em quase quinze anos.[93] O LP, *The World We Knew* (alternativamente, *Frank Sinatra*), era uma miscelânea, mais uma coleção de singles do que uma concepção unificada: nada menos que cinco arranjadores estiveram envolvidos, entre eles Gordon Jenkins, Claus Ogerman e o agora inevitável Ernie Freeman. Nelson Riddle não estava à vista em lugar algum.

O álbum foi outro capítulo na progressiva busca de Jimmy Bowen para manter Sinatra em destaque; como sempre, Frank veio com suas reservas. Ele — tão pouco tempo antes — *tinha sido* a época; por que precisaria agora ficar sintonizado com ela? O tom do LP foi estabelecido pela faixa-título, produzida por Bowen com arranjo de Freeman, uma impactante e cativante canção chorosa do mesmo compositor de "Strangers in the Night", Bert Kaempfert, o qual sabia como criar um gancho que de fato fisgasse você. Com o suporte de uma portentosa figura em *bass-fuzz*, uma seção rítmica *chink-a-chink** e um coro que se eleva às alturas, Frank, e um pesado eco, entra com uma letra apelativa e vazia:

> *Over and over, I keep going over the wor-lld we knew,*
> *Once when you-u walked beside me***

É como o tema de um filme imaginário de meados da década de 1960, alguma profana mistura de um western spaghetti com um dolorosamente triste romance europeu — bem próximo de "Strangers", mas ainda muito distante do grande Sinatra. (E, consciente ou inconscientemente, a mensagem da canção remonta a um tempo que tinha sido mais gentil com ele.) Contudo, Kaempfert, Bowen e Freeman sabiam o que estavam fazendo, pelo menos até certo ponto: quando foi lançada como single mais tarde naquele ano, ela ficaria cinco semanas no topo da lista da *Billboard* para "música ambiente".[94]

Em essência, o álbum inteiro tinha uma qualidade de música ambiente, "fácil de ouvir": produzido com esmero, determinantemente contemporâneo, no limite da vacuidade (e avançando vazio adentro). Além da inevitável "Somethin' Stupid", havia dois temas de filmes, "Born Free" e "This Is My Song" (escrita por Charlie Chaplin para *A condessa de Hong Kong*); o sucesso menor de Petula Clark "Don't Sleep in the Subway"; e, por alguma razão — alguns dizem que Frank ficou constrangido pela bronca que tomou de Richard Rodgers para que cantasse suas músicas corretamente —, a atualização balançante e estridente de "Some Enchanted Evening", de Rodgers e Hammerstein.[95]

Mas o empreendimento foi em certa medida redimido pela estranhamente maravilhosa "This Town" — a coisa mais próxima dos honestos blues que Sinatra jamais gravara, completada com uma lastimosa gaita de boca — e pela única faixa realmente ótima do LP, o arranjo de beleza delicada de Claus Ogerman para o lamento "Drinking Again", de Johnny Mercer e Doris Tauber.

Significativamente, Frank não usou nada desse material quando fez uma turnê em julho, que cobriu Pittsburgh, Cleveland, Madison, Detroit, Chicago, Filadélfia e Baltimore, para encontrar seu verdadeiro público. Este acorreu às multidões — a turnê teria um sucesso sem precedentes —[96] para ver Sinatra e seu

* Que aparece e desaparece, como num truque de mágica. (N. T.)

** Vezes sem conta, percorro o mundo que conhecemos / Uma vez, quando você caminhava a meu lado. (N. T.)

número de abertura, com a Buddy Rich Orchestra; também estavam no show o comediante Pat Henry (preenchendo a lacuna deixada por Shecky Greene),[97] e Sergio Mendes, protegido de Jobim. Sabendo qual era o lado com manteiga de sua fatia de pão, Frank agarrou-se mais aos clássicos — canções como "Day In, Day Out", "Moonlight in Vermont", "Fly Me to the Moon", a inevitável atração "Ol' Man River" —, com os quais mesclou alguns dos melhores materiais novos, como "Summer Wind" e "Quiet Nights of Quiet Stars". Como esperado, ele teve de incluir os novos grandes sucessos "Strangers" e "That's Life".

Sinatra cantou esta última duas vezes no Salão de Convenções da Filadélfia em 13 de julho, reprisando seu desafiador e novo hino no fim do concerto, para deleite da plateia, que incluía Mia Farrow. "Lembro como ele brincou com ela durante o show, vez ou outra soprando-lhe um beijo, mostrando a língua de maneira jocosa e fazendo caretas para ela", relembrou seu arquivista Richard Apt, que estava presente. "Lembro também que Ed McMahon estava com ela numa ala especial no lado esquerdo do palco. Após cada canção Mia se levantava e aplaudia. Era mesmo muito graciosa."[98]

Os dois estavam se dedicando com afinco a apresentar seu casamento sob a luz mais favorável. O que acontecia em particular era outra questão. Quando a Paramount ofereceu oficialmente a Farrow o papel em *O bebê de Rosemary*, no início de julho, "o timing [...] foi terrível, e fiquei num dilema",[99] ela relembrou. Estava em meio aos ensaios para *Belinda*; tinha sido hospitalizada havia pouco por exaustão, ou coisa pior. Ela e Frank discutiram os prós e os contras, ela escreve, talvez de maneira eufemística.[100] A filmagem de *O bebê de Rosemary* estava programada para durar doze semanas; Farrow perguntou a Sinatra se ele aceitaria que ela trabalhasse mais alguns meses. E não era só o trabalho, ela afirmou: era sua maior oportunidade, finalmente. Além disso, ela lembrou a ele, estaria no set da Paramount durante quase todos os três meses, poderia ir para casa todas as noites. Haveria apenas dez dias de locações em Nova York, uma semana no início da filmagem e três dias no fim.

Frank se esforçou para ser compreensivo, ela escreve, mas ainda tinha dúvidas quanto ao projeto. Na cama, certa noite em Palm Springs, ele por fim leu o roteiro. Seu veredicto: ele não conseguia vê-la naquele papel. Sua influência sobre ela era tanta, relembrou Farrow, que de uma hora para outra tampouco ela conseguia se imaginar no papel. Em parte, esperava que ele simplesmente a proibisse de assumir o papel, o que ele não fez.

O que chama mais a atenção nesse relato é a fria tentativa de Frank de fazê-la desistir do papel de uma vida. Cheia de ambivalências, ela aceitou o trabalho.

Durante o mês de julho, Howard Hughes negociou com os dezoito proprietários oficiais do Sands — entre eles Jack Entratter, Carl Cohen e Dean Martin, mas não mais com Frank Sinatra — para adquirir o hotel-cassino que tinha sido o quartel-general de Sinatra em Las Vegas durante quinze anos. Enquanto as conversações progrediam, Frank teve uma ideia: como Hughes parecia inclinado a comprar a propriedade, quem sabe não queria levar o Cal-Neva também.[101]

Na esteira da confusão com Giancana, Sinatra fora proibido de operar o hotel-cassino Tahoe, mas mantivera sua posição majoritária, arrendando o lugar a uma dupla de apostadores de San Francisco.[102] Uma venda total tiraria o elefante branco de suas mãos e poria um bocado de dinheiro no banco.

Mas o bilionário se recusou a morder a isca. Ele nem sequer atendia as ligações de Frank. Então, em 22 de julho, anunciou-se que Howard Hughes tinha adquirido o Sands — a propriedade e as operações — por estimados 15 milhões de dólares (revelou-se mais tarde que o valor real fora de 23 milhões).[103] Um porta-voz de Hughes fez uma declaração: "Estamos comprando uma operação muito bem-sucedida que foi montada por uma equipe bem-sucedida de gerentes, executivos e empregados, aos quais damos as boas-vindas na família Hughes. Não estamos planejando mudanças na operação do Sands".[104]

Ninguém jamais falara dessa maneira sobre um cassino antes: não era a maneira como falavam os homens que tinham construído Las Vegas. Mas era exatamente a maneira como falavam porta-vozes de corporações.

Apesar da afirmação de longa data de Frank e Mia de que não deviam, não podiam, não iriam trabalhar juntos, pareceu, no final de julho, que era exatamente isso que eles estavam prestes a fazer — não uma vez, mas duas. "Estávamos meio que brincando alguns meses atrás", escreveu Earl Wilson no dia 31,

> quando sugerimos que Frank Sinatra e Mia Farrow deveriam fazer filmes juntos e se tornar outro caso do tipo Richard Burton-Liz Taylor — mas pelo visto esse é exatamente o plano que a Twentieth Century Fox tem para eles em *Crime sem perdão*

e *A grande ameaça* (uma história de espionagem sobre a China comunista). E se a Fox não conseguir tê-los numa cena de amor, o mundo inteiro ficará desapontado.

O falatório sobre *A grande ameaça*, que acabaria sendo algo menor com Gregory Peck, era só isto: falatório sobre cinema. Mas *Crime sem perdão* vinha sendo trabalhado desde o outono anterior — só que sem Mia —, e agora o início das filmagens estava programado para meados de outubro, em Nova York.[105] Como ela desempenharia um papel-chave, mas como coadjuvante, seu trabalho estava marcado para começar em 17 de novembro. Esse cronograma se encaixava, de maneira apertada, na agenda de *O bebê de Rosemary*, que deveria se estender até 14 de novembro.[106]

Com toda a sua ambivalência, indecisão e ansiedade, Mia foi o animado foco do malabarismo publicitário da Paramount, em 16 de agosto, sorrindo e fazendo caras e bocas diante de dezenas de repórteres e fotógrafos reunidos num cavernoso estúdio enquanto Vidal Sassoon aparava em exatamente dois centímetros e meio seu já curto cabelo, num lançamento cerimonial da produção de *O bebê de Rosemary*.[107]

Após duas semanas de ensaio, ela foi filmar as externas em Nova York, e quando começava o fim de semana do Dia do Trabalho Sinatra estreou no Sands pela 29ª vez.

Ele arrasou, como sempre. "Frank Sinatra, ainda a maior atração da Strip, está de volta", publicou a *Variety*. "De certa forma ele brinca com a tomada do Sands por Howard Hughes cantando 'Fairy tales can come true, it can happen to you — if you're Howard Hughes' [Contos de fada podem tornar-se realidade, pode acontecer com você — se você é Howard Hughes]. Como sempre, Bill Miller, aos 88 anos, conduziu as festividades."[108]

As celebrações logo começaram a refletir certa irritação. "Vocês devem estar se perguntando por que não tenho um drinque na mão", disse Frank uma noite à plateia do Copa Room. "Howard Hughes o comprou."[109] Ele repetiria esse gracejo em vários shows subsequentes.

O Sands tinha mudado, de maneira abrupta e dramática. "Os donos do Sands pegaram seu dinheiro e Hughes levou para lá seu próprio pessoal", relembrou Ed Walters.

Isso foi feito à meia-noite para começar um novo dia. O pessoal de Hughes, uma combinação de contadores e advogados, chegou com peso e com força. Interromperam todas as transações do cassino e fizeram a contabilidade de tudo. Esses sujeitos nunca tinham estado no negócio de cassinos e olhavam para nós como se fôssemos mafiosos e jogadores. Eles de pronto fizeram uma longa lista de novas regras para o cassino, em especial as concernentes a tomar e conceder créditos.[110]

Os soldados da infantaria de Hughes eram também, sem exceção, mórmons: abstêmios, não jogavam, guarda-livros destituídos de humor assumindo o controle de um mundo que ainda no dia anterior estava repleto de uma diversão livremente direcionada, atrevida. Na supervisão da operação estava o novo gerente do cassino, um general da Força Aérea aposentado chamado Edward Nigro.

E Sinatra ficou puto da vida: com Hughes, por desconfigurar o Sands, por não atender suas ligações, por desafiar sua supremacia em Las Vegas — e em todos os outros lugares. Quem era o homem mais poderoso do mundo? Um bilhão de dólares tinham percorrido um longo caminho para resolver essa questão. ("Estou aqui para comprar o controle de Howard Hughes", gracejou Frank em outro show. "Quem mais seria capaz de fazê-lo? Eu me encarreguei disso!")[111] E ele estava furioso com Jack Entratter,[112] que se sentia seguro em seu novo contrato de cinco anos como presidente do Sands[113] — e deitando e rolando nos cerca de 3 milhões de dólares que tinha embolsado com a venda —,[114] por não ter persuadido Hughes a comprar a parte de Sinatra no Cal-Neva.

E, é claro, com Mia, por estar em Nova York. E por tornar visível sua incapacidade de mantê-la sob seu controle.

Como ele podia ser tão grande e sentir-se tão pequeno?

No Dia do Trabalho, a maior noite do ano no cassino, ele cancelou abruptamente os dois shows, alegando estar com uma infecção na garganta. Voou de volta para Palm Springs. Nos três dias subsequentes, enquanto Sammy o substituía, Frank encontrou-se em segredo com os proprietários do Caesars Palace, o novíssimo (e ainda operado pela Máfia)[115]* hotel-cassino na Strip, em frente ao Sands, para tratar de sua ida para lá, abandonando o Sands. Uma de suas condi-

* Entrevista de Ed Walters. Walters afirmou que o Caesars esteve sob o domínio do crime organizado durante mais tempo que qualquer outro cassino em Las Vegas.

ções foi que o Caesars comprasse sua parte no Cal-Neva. Pelo visto, ele estava conseguindo obter tudo que queria.[116]

Mas ainda estava furioso. Depois — na quinta-feira — teria de voltar ao trabalho, e trabalhar para Howard Hughes era por si só degradante. Frank circulava pelo cassino num humor especialmente insuportável, anunciando a todos que estivessem próximos o bastante para ouvir que não havia razão para que Howard Hughes, com todo o seu dinheiro, não o dividisse com ele, já que ele fizera o Sands ser o que era.[117] E jogava como se não houvesse amanhã.

"Como um demente, ele ia jogando fora suas fichas, perdendo aos milhares", relembrou Earl Wilson, que estava lá naquela semana. "Logo estava devendo ao Sands 200 mil dólares em vales."[118]

No Sands da era pré-Hughes, Frank Sinatra havia operado sob uma única regra: ele nunca pagava seus vales quando perdia; quando ganhava, ficava com os ganhos. Ninguém mais fazia isso, mas ninguém mais era Sinatra.

Mas esse não era o antigo Sands. Na quinta-feira, 7 de setembro, o gerente do cassino Carl Cohen entrou no escritório de Jack Entratter e disse-lhe que o general Nigro (embora aposentado, conservava o título honorífico) decidira cortar o crédito de Frank no cassino, porque ele não havia saldado sua dívida. "Por que cortar seu crédito quando ele nem mesmo tinha sido pago por sua participação?", admirou-se depois a assistente de Entratter, Eleanor Roth. "Eles poderiam ter descontado os vales de seu salário sem constrangê-lo." De qualquer maneira, afirmou Roth, "Jack Entratter não teve colhões para dizer a Frank qual era a situação".[119]

Pela segunda vez.

Na manhã seguinte bem cedo — sexta-feira, 8 de setembro —, Frank foi até uma mesa de vinte e um no cassino e pediu duzentos dólares em fichas. Walters, o supervisor das mesas de jogo em serviço, lamentou informá-lo das novas regras. "Ele apenas sacudiu a cabeça e foi embora", lembrou Walters. "Parecia aborrecido, mas não muito."[120]

Ele estava se contendo, por enquanto. Mas Mia voltou de Nova York e o encontrou profundamente agastado. Como era seu hábito, ia dormir numa hora em que a maioria dos americanos estava tomando o café da manhã, e só acordava no final da tarde.

Na sexta-feira à noite, seis dos astronautas da Apollo — Jack Swigert, Gene Cernan, Tom Stafford, Walt Cunningham, Wally Schirra e Ron Evans — foram ver o show de Sinatra à meia-noite no Copa Room. Depois do show, Frank levou-os à mesa de bacará, onde, segundo Eleanor Roth, pediu fichas a crédito.[121] Disseram-lhe que ele não mais tinha crédito no cassino, o que o humilhou na frente de seus heróis. Como era previsível, Sinatra ficou furioso.

O relato de Mia Farrow da primeira cena naquele memorável e louco fim de semana — o horário é um pouco depois do amanhecer do sábado — começa placidamente, embora de forma bizarra.[122] Após mais uma interminável noite de Las Vegas, ela escreve, ela e Frank estavam num carrinho de golfe, finalmente voltando para sua suíte e sua cama. "Ele estava usando uma caixa de sapato na cabeça para que o sol não batesse em seus olhos."

Uma imagem memorável, mas não um bom sinal. Sinatra tinha se aborrecido no cassino, ela escreve, mas tudo enfim se acalmara. De repente, ele fez o carrinho dar meia-volta e o estabilizou, dirigindo rumo à fachada envidraçada do saguão. Farrow conhecia seu marido bem demais para tentar protestar. Sua vida passou como um relâmpago diante de seus olhos: como, ela se perguntava, ela tinha ido parar num cassino em Las Vegas, num carrinho de golfe dirigido por um homem com uma caixa de sapato na cabeça e indo de encontro ao que parecia ser desastre certo?

No último segundo, Frank deu uma guinada no volante: em vez de chocar-se de frente com a fachada envidraçada, o carrinho bateu de lado. Como por milagre, nenhum dos dois se feriu. Tomado por uma energia demoníaca, Sinatra saltou do carrinho de golfe e cruzou o cassino deliberadamente a passos largos enquanto Farrow "trotava atrás dele, agarrando a pequena bolsa de noite feita de contas". Ele pegou algumas cadeiras, empilhou-as e tentou atear fogo nelas com seu isqueiro dourado. Guardas do cassino correram para lá. Porém, escreve Mia, quando viu que não conseguia pôr fogo nas cadeiras, Frank pegou a mão dela e a levou para fora do prédio. Mas, estranhamente, as memórias de Farrow mais uma vez misturaram ocorrências, situando o episódio não em setembro de 1967, mas antes de seu casamento, mais de um ano antes de ter efetivamente acontecido, com isso tirando-o de contexto e fazendo-o soar ao mesmo tempo mais esquisito e menos significativo do que na verdade foi.

Por que ela teria feito isso?

A memória é a mais caprichosa das faculdades, mas o incidente do carrinho de golfe foi documentado de forma extensiva na imprensa logo que ocorreu; não poderia ser confundido com nenhuma outra leviandade de Sinatra. Mas, ao descontextualizá-lo, Farrow destituiu-o de seu significado, talvez porque o significado seja doloroso demais para suportar: Frank estava furioso não apenas com Hughes e o Sands, mas com ela. A humilhação no cassino era apenas parte disso. Mia o tinha humilhado inúmeras vezes.

Ed Walters, que estava no andar do cassino naquela noite, achou o revisionismo de Farrow totalmente incompreensível. "As garçonetes dos coquetéis no Sands conheciam bem Sinatra, e não iriam tolerar nenhuma de suas bobagens", disse Walters. "Se Mia não estivesse lá, elas teriam dito a ele que voltasse para seu quarto. E ele teria escutado. Mas, quando Mia estava com Frank, ninguém chegava perto dele."[123]

Muito mais simples, recordando o fato hoje, seria não ter estado lá.

Há grandes lacunas em todos os relatos sobre o memorável último fim de semana de Frank Sinatra no Sands: embora muito tenha sido escrito sobre os loucos acontecimentos, não foi estabelecida uma sequência exata — em primeiro lugar, bem, porque as coisas foram loucas demais; em segundo, porque os destaques (ou vexames) parecem ter sido suficientes para satisfazer a uma curiosidade mórbida.

Mas uma cronologia do evento pode lançar alguma luz sobre esse caos.

Num memorando a Hughes mais tarde, no mesmo dia — sábado, 9 de setembro —, Robert Maheu relatou o drama sem sutilezas: "Por duas noites consecutivas, a altas horas da madrugada, Sinatra comportou-se como um danado de um tolo no cassino do Sands", escreveu.

> Ele ficou circulando e insultando pessoas com palavrões. Na noite passada, jogou um carrinho de golfe contra uma fachada envidraçada, e estava repulsivamente bêbado. Num esforço para protegê-lo de si mesmo, Carl Cohen cancelou seu crédito depois que ele obtivera mais 30 mil dólares em espécie e perdera aproximadamente 50 mil.* Sinatra ficou fora de si e no fim desta tarde me ligou, dizendo que estava indo embora do Sands e que não ia cumprir o restante de seu contrato.[124]

Novos relatos corroboram essa afirmação. "Um porta-voz do Sands Hotel disse no domingo que não tinha a menor ideia de por que Frank Sinatra havia

* *Jilly! Sinatra's Right-Hand Man*, uma história oral de Rizzo, afirma que Mia tinha perdido 20 mil dólares e que Sinatra perdeu os 50 mil tentando recuperá-los.

suspendido 'sem explicações' as apresentações ali contratadas", noticiou a UPI na segunda-feira, dia 11.

> "Não creio que tampouco Sinatra saiba por quê. Ele simplesmente foi embora", disse o porta-voz.
>
> O cantor tinha começado uma temporada de três semanas em 30 de agosto. Ele deveria se apresentar no Copa Room do hotel até 20 de setembro. O cantor Frankie Avalon foi contratado para completar a temporada.
>
> "Foi a primeira vez que aconteceu algo desse tipo", disse o representante do Sands.
>
> Sinatra, que estava fazendo sua 29ª apresentação no hotel desde 1952, foi para sua casa em Hollywood no sábado à noite, antes do primeiro show.[125]

Mia Farrow escreve que, naquela noite — aqui não há confusão na cronologia dos fatos, com base nos eventos que se seguiram —, ela e Frank foram jantar com Nancy filha e seu novo namorado, Jimmy Bowen, no Trader Vic's, em Beverly Hills.[126] Todos conversavam num clima agradável e as coisas corriam bem, ela escreve, até que a noite sofreu uma reviravolta.[127] Bem calibrado, Frank de repente decidiu que iria para Las Vegas, naquele momento, e que Mia iria com ele.

Ela estava bem habituada às mudanças súbitas de humor de Frank, à sua abrupta necessidade de ir para algum outro lugar — onde quer que estivesse a ação. E uma vez lá, ela sabia, ele seria tomado pelo espírito do mundo noturno, um lugar onde mal se registrava a existência dela.

Mas naquela noite Mia tinha uma desculpa: precisava estar bem cedo no estúdio. E assim, ela escreve, Frank a levou de carro para casa, deu-lhe um doce beijo de boa noite e foi para o aeroporto. Ele telefonou mais tarde para dizer a ela que tinha chegado em segurança.

Na manhã seguinte, Farrow relembrou, ele telefonou para ela, que estava no estúdio da Paramount, dizendo de maneira vaga que houvera uma briga, que as coroas de seus dentes da frente tinham sido arrancadas: isso logo estaria nos jornais, e seu dentista estava a caminho, levando novos dentes.[128] Tudo isso era verdade, exceto que a briga, na realidade, havia sido muito breve.

Em algum momento antes do amanhecer de domingo, dia 10, Frank tinha voltado ao Sands, desferido um soco no balcão de um estarrecido capitão porteiro e exigido ver Carl Cohen. "Ele ameaçou matar quem quer que se interpusesse em seu caminho, falou palavrões e disse que bateria nas telefonistas se elas não passassem sua ligação para Cohen", relatou Maheu a Hughes mais tarde, no mesmo dia. "Num esforço para acalmar a situação, Carl concordou em se encontrar com ele."[129]

"Construí este hotel a partir de um monte de areia e posso pôr essa porra de lugar abaixo, e antes de eu terminar é isso que ele vai ser novamente!",[130] anunciou Sinatra.

Eram 5h45 de uma manhã de domingo, o cassino encontrava-se mais ou menos tranquilo, e os empregados do Sands estavam abalados. Cohen vestiu-se, desceu e foi até o Garden Room para comer algo antes de tratar com Sinatra. "Quando Carl está irritado", disse uma vez seu irmão, "ele come com as duas mãos e não dá a mínima para nada."[131]

Cohen não estava irritado agora, só aborrecido. Ele era um judeu durão de Cleveland, um protegido de Moe Dalitz que chegara ao topo do negócio do jogo por meio de uma combinação de astúcia e implícita ameaça física. A implicação era forte. Ele tinha 1,90 metro de altura e pesava quase 115 quilos; seu sorriso — quando sorria — era de certa maneira caloroso e gelado ao mesmo tempo. Pouquíssimos homens haviam sido tolos o bastante para se atravessar no seu caminho. "Não se brigava com Carl Cohen", contou Ed Walters. "Houve dois sujeitos com os quais ele se aborreceu e que nunca mais foram vistos."[132] Cohen não tinha medo algum de Frank Sinatra, que ele sabia ter cabeça quente mas não ser do tipo que vai para cima.

Cohen estava sentado em sua mesa no Garden Room quando Frank entrou, acompanhado por Jilly Rizzo e um amigo rico de Miami chamado Stanley Parker. Sinatra quis saber por que seu crédito tinha sido cancelado, e Cohen, que não conhecia Parker, pediu-lhe que saísse. A conversa era privada, disse.

"Seu filho da puta, ele pode ouvir tudo que eu tenho para dizer a você",[133] disse Frank a Cohen.

"Do que você me chamou?", perguntou Cohen.

"Você me ouviu, seu filho da puta", respondeu Sinatra. "Por que está tão nervoso?"

"Você acabou de me tirar da cama", disse Cohen.

Frank olhou fixo para ele. O Jack Daniel's falando, ele se repetiu: "Por que você está tão nervoso?".

Aquilo foi o bastante para Carl Cohen. Dizendo estar cansado daquela conversa unilateral, ele se levantou para ir embora.

A partir desse momento, as coisas ficaram bem loucas muito depressa. Coerentes com isso, os relatos variam. "Sinatra chamou Cohen de todos os palavrões que há no livro", relatou Maheu a Hughes. Entre eles, segundo funcionários do Judiciário, "filho da puta", "dedo-duro" e "chupador de pau". (A própria Dolly não poderia ter feito melhor.) Diz uma fonte que Sinatra virou a mesa com o café da manhã de Cohen, derramando um bule de café quente no colo dele e queimando seu abdome e sua virilha. Segundo outra, o próprio Cohen derrubou o bule de café no momento em que sua substancial barriga se chocou com a beira da mesa quando se levantava para ir embora. Algumas fontes dizem que Frank jogou um punhado de fichas do cassino no rosto de Cohen, outras discordam. Mas a maioria concorda que, depois de ter ameaçado Cohen de morte ("Vou arranjar um cara para enterrar você, filho da puta"), Frank sacou a única arma de seu arsenal verbal que por fim fez o grandalhão passar dos limites.

"Seu *kike*!", ele gritou.*

Um segredo sujo sobre Frank Sinatra, o democrata de Franklin Delano Roosevelt e campeão da tolerância, um homem que foi ele mesmo, com frequência, vítima de preconceito étnico, era que, se ele estivesse bêbado o bastante e na condição errada de humor, seria capaz de voltar à linguagem das ruas de Hoboken — "ficar racial", como um veterano empregado do Sands relembrou. Como regra, as vítimas desses epítetos degradantes costumavam ser perplexos subalternos, garçons, ajudantes de garçons e funcionários de estacionamento que de alguma forma tivessem caído em seu desagrado — talvez trazendo-lhe um hambúrguer feito do modo errado — ou simplesmente entrado em sua visão periférica na hora errada. Eles eram os mais fáceis de serem escolhidos para isso; sua mera existência também tocava aquela parte de Frank que se sentia fraca e desprezível.

Mas agora ele tinha escolhido o sujeito errado. Carl Cohen, que demorava para se enfurecer, no mesmo instante socou a boca de Sinatra com o punho, esmagando as coroas dos dois dentes da frente e derrubando-o direto no chão.

Sangrando e furioso ("Você quebrou meus dentes! Eu vou te matar, filho da puta escroto!"), Frank levantou-se, atirou uma cadeira em Cohen (errou e

* "Kike" é um termo ofensivo e depreciativo para "judeu", assim como "nigger" é para "negro" ou "afro-americano". (N. T.)

atingiu um guarda de segurança na cabeça), então berrou uma ordem a Rizzo: "Pega ele, Jilly! Pega!".

Jilly Rizzo podia não ser um cientista de foguetes, mas era diplomado em matemática das ruas, e um cálculo instantâneo lhe disse que ficasse imóvel com as mãos visíveis junto ao corpo. "Jilly não vai se atirar contra Carl", observou Ed Walters. "Nesta cidade havia algumas pessoas que nenhum astro do entretenimento ia querer foder. Não há astro de entretenimento maior que a cidade inteira. Eles têm patrões. Eles trabalham para nós. E nós temos patrões."

Mas, a partir desse momento, Frank Sinatra não trabalhava mais para o Sands.

O pessoal de Frank tentou abafar o incidente durante alguns dias, mas ele por fim estrondeou nas primeiras páginas dos jornais do mundo na quarta-feira, dia 13, juntamente com as notícias de sua defecção para o Caesars — e a aquisição do Cal-Neva pelo Caesars por 2,5 milhões de dólares.[134] A reportagem na UPI citava um porta-voz de Sinatra, que teria dito: "Não podemos negar nada do que aconteceu em Las Vegas. Havia testemunhas demais. Devo admitir que é tudo verdade. Não podemos nem mesmo negar que seus dentes foram golpeados."

A reportagem também observava que

> o dr. Abe B. Weinstein, que é dentista do cantor desde 1943, viajou na segunda-feira de Connecticut para a casa de Sinatra em Beverly Hills, Califórnia, para reparar o dano [...]. O dentista disse, ao chegar de volta a Nova York, na terça-feira, que o incidente tinha sido "um grande choque" para Sinatra. Segundo o dr. Weinstein, após a intervenção dentária, "ele pôs os braços em torno de mim e estava muito emocionado".[135]

O ciclo de notícias continuou em movimento, e, como relembrou Kirk Douglas, amigo de Frank, a maior parte das pessoas à volta de Sinatra evitava se referir ao humilhante incidente.[136] Douglas não conseguiu resistir. Quando perguntou se a briga tinha mesmo acontecido, Frank admitiu que sim. Então, encarou o velho amigo, seus olhos faiscaram e ele acrescentou: "Kirk, aprendi uma coisa.[137] Nunca lute com um judeu no deserto".[138]

No Sands, na sequência do episódio, Kitty Kelley escreve, "Cohen foi [...] tratado como um herói conquistador, em especial por empregados que tinham sofrido com a fúria de Frank no decorrer dos anos. Alguns chegaram a considerar oferecer-lhe um jantar como reconhecimento por seu feito".[139]

Ed Walters discordou com veemência. "Carl não foi um herói e não ficamos contentes pelo que houve com Frank", relembrou o ex-supervisor.

> Que diabo, fomos testemunhas de uma briga entre duas das pessoas mais talentosas e queridas da cidade. Eu pessoalmente admirava e respeitava os dois. Eram os melhores naquilo que faziam. Juntamente com Jack Entratter, eles fizeram o Sands ser aquilo que se tornou. E todos sabíamos que daquele dia em diante nunca seríamos os mesmos.[140]

"A briga de Sinatra no Sands destruiu a reputação de Jilly como cara durão", observou Leonard Lyons numa coluna no início de outubro. "Jilly ficou de lado, assistindo a seu ídolo ser derrubado, sem mover um dedo."[141]

O longo relato do tumulto em Vegas na primeira página da *Variety* terminava com a declaração oficial de Frank, cuidadosa mas estranhamente redigida:

> Lamento o término de minha longa associação com o Sands Hotel. Durante muitos anos admirei e respeitei Howard Hughes e lamento que minha decisão de aceitar a oferta do Caesars Palace venha logo depois que ele adquiriu o Sands. Além de me apresentar, concordei em dar assistência gerencial à prospecção de talentos, tanto para o Caesars Park quanto para o Cal-Neva.[142]

Para terminar, o semanário de entretenimento se perguntava se "Sinatra iria influenciar Dean Martin, Sammy Davis, possivelmente Joey Bishop e outros amigos íntimos a levar seus contratos para o Caesars Palace".

Isso não aconteceu. Sammy continuaria no Sands; Dean terminaria lá o último ano de seu contrato, e depois iria para o Riviera; Joey ficaria na TV até seu show afundar — e então, em 1970, voltaria para o Sands.

No fim da matéria da *Variety* havia outro item sobre Sinatra, relativo a um assunto muito diferente. "Por amizade ao vice-presidente Hubert H. Humphrey, de Minnesota", estava escrito, "Frank Sinatra abrirá mão de seu cachê de 8 de outubro para uma apresentação do show dominical beneficente 'Noite de estrelas', no Auditório de Saint Paul, que visa angariar fundos para os Cidadãos pelo Comitê Johnson-Humphrey do Minnesota Farmer Labor Party." Frank, continuava a reportagem, tinha escalado para o show sua filha Nancy, Dean Martin, Milton Berle, Pat Henry, os Step Brothers, The 5th Dimension "e possivelmente Buddy Rich e Trini Lopez".[143]

Frank encontrara Humphrey pela primeira vez em Nova York, em novembro de 1966: não muito tempo depois que Pat Brown tinha perdido o governo da Califórnia para Ronald Reagan, Sinatra e sua jovem esposa fizeram uma visita de cortesia ao vice-presidente e à sua mulher, Muriel, que estavam no Waldorf Towers. "Frank apareceu numa tarde de domingo com Mia, que ficou bem coquete e aconchegada no sofá a seu lado, mas não disse uma só palavra",[144] lembrou Norman Sherman, assessor de imprensa de Humphrey.

> Ela só ficou ouvindo Sinatra e Humphrey trocarem reminiscências a respeito das *big bands* da década de 1930, em Dakota do Sul. Hubert era fanático por boxe e sabia todo tipo de trivialidade sobre quem pesava quanto e qual lutador ganhara qual título, assim eles trocavam ideias sobre isso também. Houve uma ligação instantânea entre os dois, uma sensação boa que levou a uma bela amizade. Humphrey tinha Frank em alta conta, mas na época ele tinha todo mundo em alta conta. E, verdade seja dita, não era fácil fazer amigos naquela época, sobretudo na indústria do entretenimento, que era tão violentamente contra a política do presidente Johnson no Vietnã.

Uma cena estranha: as duas figuras públicas numa conversa íntima mas totalmente impessoal; Mia, que já começara a discordar com veemência de Frank no tocante à guerra, mordendo a língua e sendo submetida a mais um bate-papo geriátrico.

Sinatra não nutria simpatia por Lyndon Johnson (o sentimento era mútuo: não só havia o rumor de que Frank desrespeitara Sam Rayburn, o venerado mentor de Johnson, na 56ª convenção como também ficara ao lado dos Kennedy em 1960, quando Johnson os odiava). Mas ele errara feio no grande jogo de influências políticas, e agora, na campanha para a eleição presidencial de 1968, Humphrey estava tão próximo quanto possível de Frank.[145] Assim, com seus novos dentes da frente no lugar, ele mais uma vez emprestaria seu tempo e sua voz aos democratas: a vida continuava, o showbiz e a política continuavam, apesar dos desastres que aconteciam em outros lugares.

De vez em quando o showbiz atingia o sublime. No início de outubro, Frank gravou o terceiro especial *A Man and His Music*, tendo como artistas convidados Ella Fitzgerald e Antonio Carlos Jobim, com Nelson Riddle regendo a orquestra. Em matéria de música popular televisionada, simplesmente não houve nada melhor. Uma espécie de magia aconteceu quando Sinatra e Fitzgerald cantaram juntos: eles fizeram dueto em "They Can't Take That Away from Me", e "I Don't Mean a Thing If It Ain't Got That Swing"; depois interpretaram uma "The Lady Is a Tramp" com letra especial, e foi um estouro tão grande que quando terminaram Frank disse: "Acho que me machuquei".[146]

A sensação foi sem dúvida bem diferente nas quatro canções do pot-pourri que ele cantou com Jobim. Os dois, de smoking, sentaram lado a lado contra um fundo escuro, Sinatra com um cigarro e o brasileiro com seu violão, e passaram de "Quiet Nights of Quiet Stars" para "Change Partners" e para "I Concentrate on You" e para "The Girl from Ipanema", sem uma só nota errada ou qualquer passo em falso. O canto de Frank foi tão tranquilamente deslumbrante (Jobim às vezes vocalizava harmonias suaves ao fundo, com efeito de notas de violoncelo) que fez lembrar o que Ava uma vez dissera sobre sua voz: que ela tinha "uma qualidade que me faz querer chorar de felicidade, como um lindo pôr do sol ou um coro de meninos cantando canções de Natal".[147]

Uma qualidade que só fez a loucura no Sands parecer muito mais surreal.

Mia Farrow relembrou que Roman Polanski preferia filmar cenas longas em uma única e prolongada tomada, o que exigia grande precisão na movimentação dos atores e da câmera. Por esse motivo, e devido ao perfeccionismo do diretor polonês, ele com frequência chegava a fazer quarenta tomadas de uma cena, um método, ela escreve, que levava o irascível John Cassavetes à loucura.[148]

Cassavetes, que atuou com Farrow em *O bebê de Rosemary*, era ele mesmo um escritor e diretor que fez filmes de cunho pessoal, com alto grau de improvisação e uma crueza bastante próxima de documentários; sua visão artística era diametralmente oposta à de Roman Polanski, e os dois logo chegaram a grandes desavenças. O conflito, combinado com os métodos detalhistas de Polanski, quase de imediato causou muitos atrasos em relação ao cronograma, e Mia, que atuava em quase todas as cenas, não podia ir embora até que a filmagem estivesse completamente terminada.

Crime sem perdão foi, sob todos os aspectos, um filme mais substancial que *Tony Rome*, um complexo drama criminal no cenário de uma inóspita Nova York, com temas sombrios (corrupção da polícia, homossexualidade, hipocrisia social) e um protagonista nada absurdo representado por Sinatra, o sargento Joe Leland, um detetive do Departamento de Polícia de Nova York forçado a enfrentar um crime muito repugnante e o fracasso do próprio casamento. Até o elenco de coadjuvantes fez o filme anterior de Frank parecer bem leve: Lee Remick, Ralph Meeker, Jack Klugman, Al Freeman Jr., Robert Duvall, Horace McMahon. Aos 31 anos, Remick, que interpretava Karen, a alienada e promíscua esposa de Leland, era uma atriz realizada que tinha atuado em filmes de peso como *O mercador de almas*, *Anatomia de um crime* e *Vício maldito*. Era uma presença impactante na tela, com seus olhos extraordinariamente largos, aflitos, azul-esverdeados. Mia Farrow representaria Norma MacIver, a viúva de um homossexual enrustido que, num momento-chave da trama, cometia suicídio. O papel era pequeno, mas importante, embora o nervosismo de Farrow por ter de opor sua luminosidade ainda pequena à força estelar da mulher que fazia a esposa de Joe Leland não fosse de todo inadequado.

Crime sem perdão reuniu virtualmente a mesma equipe de produção de *Tony Rome* — o produtor Aaron Rosenberg, o diretor Gordon Douglas, o diretor de fotografia Joseph Biroc —, e a filmagem correu de maneira não menos tranquila, com locação em Manhattan e depois de volta ao estúdio da Twentieth Century Fox. Mas, ao passo que o filme de Frank avançava sob a direção de Douglas, um artífice competente trabalhando com o máximo de suas forças, o de Mia ficou ainda mais atrasado enquanto o meticuloso artista enfrentava seu protagonista masculino e filmava uma tomada após outra.

Um item curioso apareceu na coluna de Earl Wilson em 11 de outubro, sob o título SINATRA APROVA A VIAGEM DE MIA PARA A ÍNDIA.

> Maureen O'Sullivan me conta que ela e seu genro Frank Sinatra aprovaram a ida de Mia e Prudence Farrow para a Índia, para estudar e meditar com um famoso místico.
>
> "Eu também gostaria de ir. Somos todos interessados em religião e filosofia", diz Maureen. "Minha ida depende de eu arranjar um show para fazer. E tenho certeza de que Mia não iria sem a aprovação de Frank."
>
> Maureen acrescenta, alegre: "Oh, nesse departamento tudo vai bem", referindo-se às relações conjugais.[149]

O místico famoso era Maharishi Mahesh Yogi, a Índia e os Beatles estavam na moda, e aqui surge um enigma envolvendo — mais uma vez — a linha do tempo no relacionamento de Mia Farrow com Frank Sinatra, como relatado em suas memórias.

No livro, ela fala com angustiosos detalhes sobre o colapso, no início de 1968, de seu casamento estranhamente filial, comparando-o com uma adoção que ela tivesse de algum modo conseguido estragar. Ela sentia como se houvesse sido "devolvida ao vazio",[150] escreve. Sua vida desmoronara, ela não conseguia mais imaginar um futuro satisfatório. Seu trabalho, ela temia, por sua própria natureza estava condenado à trivialidade: o ofício de representar, em geral, e o estrelato no cinema, em particular, estimulavam seu egoísmo e sua arrogância naturais. No passado ela chegou a acalentar sonhos idealistas de se tornar uma freira, ou uma pediatra a cuidar de crianças pobres no além-mar; agora ela era apenas um "peso leve", só mais uma estrelinha de Hollywood prestes a se divorciar.

No registro de suas lembranças, Mia reflete com desespero sobre como poderia transformar sua vida: mudando de nome; tingindo o cabelo de castanho; ficando gorda; mudando para o Peru. Em meio à desordem psíquica, escreve, ela recebeu à noite uma chamada telefônica de sua irmã Prudence, em Boston, "desorientada com alguns de seus pesadelos [...] falando sobre meditação transcendental".[151]

No livro de Farrow, tudo isso acontece depois da virada do ano, quando toda esperança por uma reconciliação entre ela e Frank tinha se esvaído. Mas, na vida real, eis Mia e Prudence planejando sua partida no início do outono de 1967, e Frank decerto a aprova (segundo a jovial autoridade de Maureen O'Sullivan, tudo estava muito bem entre Sinatra e a mulher).

Frank estava intrigado e furioso com a lentidão da filmagem de *O bebê de Rosemary*, lembrou Farrow.[152] Ele foi para Nova York por algumas semanas para filmar *Crime sem perdão* em locações; ela ia vê-lo nos fins de semana, tentando manter seu relacionamento intacto. A data em que ela deveria se juntar ao filme de Sinatra se aproximava, e Frank deixou claro que esperava que ela cumprisse seu compromisso, mesmo que isso significasse abandonar *O bebê de Rosemary* antes que estivesse finalizado. Mia percebia que seu casamento estava em risco. Mas sentia o mesmo em relação à própria dignidade: se abandonasse o projeto, pensou, até mesmo Frank iria respeitá-la menos.

Ela se imaginava outra vez de volta a Las Vegas, desesperadamente entediada e sonolenta às quatro da manhã, enquanto os homens contavam suas piadas e as mulheres, em seus melhores vestidos, conversam sobre gatos...

Frank deu seu ultimato, e ela explicou que era impossível. Ele ligou para Robert Evans na Paramount e exigiu que Mia fosse liberada de *O bebê de Rosemary*; Evans explicou que Polanski precisava dela por mais um mês. "Enquanto estiver trabalhando para nós, ela é Mia Farrow, não sra. Sinatra",[153] ele disse a Frank.

Na ausência dela, ele começou um caso morno com Lee Remick: mais um romance de set de filmagem, baseado em solidão e tédio. A notícia chegou a Mia. Ela se segurou e continuou a trabalhar.

O filme era estafante: às vezes ela saía à noite para dançar, para descarregar — no Whisky, no Daisy, na Factory. Com acompanhantes impecáveis, Lenny Gershe ou Larry Harvey ou Roddy McDowall.

Então veio a noite de 13 de novembro.

Um evento beneficente acontecia na Factory, em prol de um projeto para levar o teatro a escolas de áreas mais pobres no centro da cidade. O espetáculo era um desfile de moda do popularíssimo estilista francês André Courrèges, "uma travessura alegre e em ritmo acelerado, com modelos dançando ao som de jazz africano",[154] de acordo com a Associated Press. Muita gente de Hollywood estava lá: os Gregory Peck e os Kirk Douglas; Barbra Streisand, Omar Sharif, Lucille Ball, Shirley MacLaine e os recém-casados Jack Jones e Jill St. John. Até Ava, na cidade para começar a trabalhar no drama histórico *Mayerling*, estava lá, parecendo radiante em organdi branco e cetim verde. E Robert F. Kennedy e sua mulher, Ethel, que estavam visitando os Douglas em Palm Springs, também estavam presentes. Assim como Mia.

E a certa altura, durante a noite, Mia, que adorava dançar, dançou com Bobby Kennedy, na frente de centenas de pessoas, entre os quais muitos dos amigos de Frank em Hollywood. Eles dançaram mais uma vez, e mais uma vez.

A notícia se espalhou. Rápido.

Durante todo esse tempo Mia tinha tentado dizer a Frank como seu trabalho era importante para ela; acreditara que a ligação especial entre eles, aquilo que partilhavam nas raras e tranquilas ocasiões em que estavam juntos a sós, faria com que ele entendesse. Ele realmente a amava do jeito dele (embora as raras e tranquilas ocasiões também o deixassem tenso), assim como ela o amava do jeito dela, mas Mia não compreendia: ela o tinha humilhado repetidas vezes. Intencionalmente ou não — isso não importava.

O dia 17 de novembro chegou e se foi. O mundo sabia que ela não tinha se apresentado para *Crime sem perdão* — e então a produção interrompeu o filme, seu astro estava contrariado demais para trabalhar.[155] No dia 22, véspera do Dia de Ação de Graças, Mickey Rudin apareceu no set de *O bebê de Rosemary* na Paramount, foi ao camarim de Farrow e, com todo o charme do agiota que ele representara em *Tony Rome*, entregou-lhe um maço de papéis. Endereçado a ela, era um pedido de divórcio por parte de Frank Sinatra. Ela viu uma "expressão não profissional de surpresa"[156] passar pelo rosto de Rudin ao se dar conta de que Mia até então não sabia de nada. Mantendo-se o mais firme que pôde, ela assinou rapidamente os papéis, sem ler nada. Disse a Rudin que faria tudo que ele e Frank quisessem; ela não contrataria um advogado para si própria.

Quando chegou a hora de retomar a filmagem, Roman Polanski encontrou Farrow em seu camarim, "soluçando muito", como ele lembrou. "O que a magoou mais foi que Sinatra não se dignara a falar ele mesmo com ela, apenas mandou um de seus lacaios. Enviar Rudin era como estar despedindo um empregado. Ela simplesmente não conseguiu entender o desprezível e calculado ato de crueldade de seu marido, e isso a dilacerou."[157]

"Eu não tinha nada pelo que quisesse viver", ela disse muitos anos depois, "Nada. Minha vida havia acabado."[158]

"Frank Sinatra e Mia Farrow passaram o Dia de Ação de Graças separados, por acordo mútuo, o primeiro dia de uma separação experimental que pôs fim a dezesseis meses de casamento", relatou a UPI em 24 de novembro.

O cantor e sua esbelta e jovem mulher estavam reclusos. Sinatra em seu pomposo retiro no deserto, em Palm Springs, e a srta. Farrow em sua elegante mansão em Bel Air, onde um indivíduo armado patrulhava o portão de entrada.

Sinatra, 52 anos [sic], anunciou a separação experimental através de seu representante de relações públicas, que disse, após ler a declaração, que "não haveria comentário adicional de nenhuma das partes".

A atriz recusou-se a atender o telefone, mas uma empregada deu uma indicação de seu estado emocional ao dizer que estava comendo muito pouco e que estava sozinha e sem falar com ninguém.[159]

No dia 29, o chefe de produção da Twentieth Century Fox, Richard Zanuck, anunciou que a novata britânica Jacqueline Bisset, de 23 anos, ia substituir Mia Farrow em *Crime sem perdão*. (O papel de Norma MacIver seria consideravelmente reduzido.) Enquanto isso, a filmagem permanecia suspensa. "Zanuck disse que esperava retomar a produção de *Crime sem perdão* na próxima semana, quando Sinatra voltará de sua casa em Palm Springs", observou a UPI.

No deserto, Frank também estava desolado, sentindo, como lembrou vividamente seu criado, que não tinha "ninguém, nada".[160] De vez em quando se consolava brincando com sua grande coleção de trens elétricos, no seu chalé no complexo de Wonder Palms: um sonho de criança realizado. Trens elétricos também tinham sido a paixão do grande e severo mentor de Sinatra, Tommy Dorsey — outro homem que com frequência constatava que as relações humanas são um desafio insuperável.

Sinatra tinha assinado com Duke Ellington na Reprise, no primeiro arroubo de excitação com seu novo selo, numa época em que ainda acreditava que sua paixão por jazz seria compartilhada com o público de compradores de discos. Isso não ocorreu. Logo após a fusão Warner-Reprise, Ellington, junto com alguns outros artistas do jazz, inclusive Count Basie, foi cortado da lista.[161]

Embora Frank tivesse perdido o interesse em ser um executivo de gravadora, ele ainda gostava de jazz, e havia muito tempo cultivava o desejo de fazer um álbum com Duke; ele tinha considerado essa ideia pela primeira vez em 1947, nos tempos da Columbia.[162] Vinte anos depois, o álbum afinal aconteceu, embora com dificuldades.

Duke Ellington era um grande artista em declínio no final de 1967. Billy Strayhorn, que fora durante muito tempo seu colaborador, arranjador e inspirador, tinha morrido em maio; aos 68 anos, Ellington, que como *bandleader* sempre dependera de Strayhorn e dos músicos para se inspirar e executar suas grandes composições, estava descobrindo agora, como escreve seu biógrafo, Terry Teachout, "que sua música não estava mais em voga".[163] (Para grande contrariedade de Duke, Sinatra havia tentado arduamente roubar Strayhorn dele nos primeiros dias da Reprise.)[164] Depois de deixar o selo, Ellington teve de se submeter a gravar álbuns de canções pop contemporâneas, inclusive músicas dos Beatles; e também continuou a fazer turnês com sua orquestra, que contava com muitos dos músicos que tinham trabalhado com ele durante anos — instrumentistas lendários, como Johnny Hodges, Paul Gonsalves e Cootie Williams. Mas era sempre difícil encontrar uma audiência, e, embora os músicos ainda fossem bons, não eram mais tão bons, ou tão comprometidos, como uma vez tinham sido.

Sinatra encarregara Billy May de escrever os arranjos, e os dois fizeram a seleção das músicas, uma levemente melancólica mistura de inesperadas composições de jazz (que incluía apenas um original de Ellington, "I Like the Sunrise"), canções da Broadway e um sucesso contemporâneo ("Sunny", de Bobby Hebb). O álbum teria somente oito faixas, para dar aos grandes solistas tempo para mostrar o que eram capazes de fazer. Mas, quando May e Bill Miller viajaram para Seattle, onde Duke e a orquestra se apresentavam numa temporada estendida, e ensaiavam as músicas do disco, May ficou desolado. "Jesus, o ensaio foi *horrível*", ele relembrou. "Aquela orquestra, sabe, eles eram péssimos na leitura à primeira vista. Então fomos para um trecho que eles já conheciam, e foi o.k."[165] Faltando ainda duas semanas para a sessão de gravação, Ellington prometeu a May que eles continuariam a ensaiar as partituras em conjunto, com Duke tocando ao piano a parte vocal de Frank.

Mas, no momento em que Ellington e seus homens apareceram na Western Recorders para a sessão de gravação (com um atraso de 45 minutos), Billy May se deu conta de que "eles nunca tinham encostado nas partituras de novo, nunca tinham sequer olhado para elas depois daquele dia". Como escreve Will Friedwald,

> a organização de Ellington não só era o maior amálgama de talentosos solistas e compositores que o jazz jamais conheceu como era também uma orquestra de prima-donas que só conseguia se manter reunida pelo maior ego de todos eles [...].

O grupo simplesmente não cuidou de empreender nenhum esforço no trabalho de arranjadores de fora.[166]

"A solução de May", continua Friedwald, "foi adicionar à orquestra alguns 'infiltrados', homens do estúdio que liam música à primeira vista e que poderiam seguir as partituras e tocar no estilo de Ellington." Entre eles estava o trompetista Al Porcino, veterano de muitas apresentações de Sinatra, e os tecladistas Jimmy Jones e Milt Raksin, para darem um reforço aos declinantes dons pianísticos do idoso maestro.

Foi um estranho encontro aquele que teve lugar na noite de 11 de dezembro. Ellington, o velho gênio, uma presença majestosa, felina, elusiva ("Ele estava bem quieto", lembrou o engenheiro Lee Herschberg; "ele absolutamente não tinha muita coisa a dizer"),[167] possuía um ego que era em tudo tão grande quanto o de Frank, e talvez ainda guardasse algum rancor contra ele por causa de Strayhorn. E, o que é compreensível, Sinatra, o aflito ex-marido iminente, não estava com a voz muito boa naquela semana; ante sua própria condição e o pouco preparo da orquestra, ele tinha por um breve momento pensado em detonar o projeto.[168] Mas a oportunidade de gravar com Ellington, ele se deu conta, poderia não se repetir.

E de algum modo, entre a determinação de Sinatra e o brilhantismo de May, o talento dos "infiltrados" e a residual grandeza (e amor-próprio) de Duke e seus homens, tudo deu certo. O grande intérprete de sax alto Johnny Hodges tocou deslumbrantes solos em "Yellow Days", e na primorosa "Indian Summer" — faixa que Nelson Riddle descreveu mais tarde como sua favorita entre as que Sinatra gravara, e o único arranjo que ele gostaria de ter escrito.[169] E o lendário sax tenor Paul Gonsalves executou lindamente a última canção da noite, a única do álbum com andamento acelerado: a célere, estridente e cheia de bravura "Come Back to Me".

Essa canção (de Alan Jay Lerner e Burton Lane, do musical da Broadway *On a Clear Day You Can See Forever*), com sua letra plangente —

Have you gone to the moon,
*or the corner saloon or to rack and to ruin**

* Você foi para a Lua, / ou para o bar da esquina ou para desgraça e ruína. (N. T.)

—, foi bastante adequada àquela semana (assim como a primeira música da sessão, "All I Need Is the Girl", de *Gypsy*, composta por Stephen Sondheim e Jule Styne). E, de maneira muito apropriada, a prolongada nota final de Frank, o *me* de "come back to me", foi uma das mais firmemente sustentadas que ele jamais emitiu.

A noite seguinte foi a de seu 52º aniversário, e ele não poderia se sentir menos comemorativo. Não estava a fim de uma festa, tinha dito aos amigos.[170] "Ele de fato não estava motivado", relembrou Milt Bernhart, que viera do estúdio ao lado para uma visita. "Naquela altura, alguém trouxe num carrinho seu bolo de aniversário."[171]

Mas, como lembrou Lee Herschberg, o humor de Frank deu uma guinada para cima: "Alguém, Jilly ou um de seus homens, entrou trazendo no braço duas damas realmente bonitas e disse: 'Frank, aqui está seu presente de aniversário'. Uma hora e meia depois, saímos de lá naquela noite!".[172]

"Mia Farrow Sinatra chegou discretamente à cidade para terminar de filmar *O bebê de Rosemary*", observou Earl Wilson em 12 de dezembro.

Em suas memórias, Farrow se lembra de ter filmado sua última cena, em frente à Tiffany, na Quinta Avenida.

Num momento muito tocante, ela fica na calçada enquanto os membros da equipe, sua família durante os últimos três meses, guardam suas coisas e seguem para casa, para suas vidas; é a época do Natal; ela está sozinha.[173] Volta para a cobertura de Frank e empacota suas coisas; logo depois se senta junto às malas, sem saber ao certo para onde ir. Nesse exato momento, Pamela Hayward — a mulher de Leland Hayward, a qual constava da lista A de Sinatra — apareceu por lá. Pamela diz a Mia que tem estado preocupada com ela. Estava indo para Palm Springs, naquele momento, para passar o Natal com Frank. Ela liga para Frank e o repreende com bom humor: essa garota precisa de um pouco de sol e de boa comida. A próxima coisa de que se dá conta, escreve Farrow, é que as duas estão aterrissando no deserto de Palm Springs.

Essa é a versão escrita. Em 1968, segundo ela contara à *Photoplay*, "eu lhe implorei que me acolhesse de volta, ao menos para as festas. Para uma nova tentativa. Ele me disse que tinha convidado muita gente para passar as festas com ele e que, se eu não me importasse com uma multidão, ele ficaria feliz em me ter lá".[174]

Era sempre mais seguro numa multidão.

Não foi bem um convite, mas ela estava desesperada. "Eu aceitaria sua proposta mesmo que a multidão fosse grande o bastante para encher o Coliseu",[175] contou.

E quase foi. Frank tinha convidado[176] nada menos de 27 pessoas a Palm Springs para mitigar suas tristezas de aniversário/das festas/conjugais: os Deutsche, os Goetz, os Brisson, os Cerf, os Hornblow, Harry Kurnitz, os Hayward, os Brynner, Garson Kanin e Ruth Gordon; e mais uma dúzia.[177] Todos idosos, sérios e ricos, exceto Mia. "Era uma multidão divertida; duas semanas de diversão e brincadeiras", ela insistiu em dizer à *Photoplay*, logo após o período das festas, seu sorriso desesperado legível nas entrelinhas. "Eu nunca tinha tido um tempo tão maravilhoso. Frank estava cercado das pessoas de quem mais gostava, inclusive eu. E estava tão relaxado e feliz. Nunca o tinha visto tão feliz. Talvez a felicidade daquelas duas semanas tenha um bom efeito em nosso casamento. Espero que sim."[178]

Estava assustadoramente parecida com a frágil Daisy Buchanan — personagem que representaria seis anos depois —, soluçando porque eram tão bonitas as camisas de Jay Gatsby.

Na verdade, quando chegou a Palm Springs, Mia achou Frank "taciturno e sério".[179] Ao mesmo tempo, ela escreve, sentia-se grata por estar ali, e ansiosa por não fazer nada de errado. Não falaram sobre nada substancial — nem *O bebê de Rosemary* nem *Crime sem perdão*, ou a sra. Remick, ou os papéis que ela tinha assinado. Mais que tudo, ela relembrou, evitaram conversar sobre o futuro.

Como no passado, Sinatra pediu-lhe que distribuísse os lugares para cada jantar, instruindo-a especificamente para nunca fazê-lo sentar-se ao lado de certa mulher, porque ela era muito entediante. Ele tolerava o casal, que constava da lista A em sua vida, pelo fato de o marido ser muito divertido. E, assim, toda noite Farrow misturava as duas dúzias de convidados em torno das três mesas de jantar, cuidando de nunca pôr a desagradável hóspede junto a seu anfitrião — até que, certa noite, o marido da tal mulher encontrou Farrow sozinha na sala de estar. Mia sorriu, mas ele estava gritando, ela lembrou. Eles estavam lá havia quatro dias, esbravejou o homem, e Farrow não pusera sua esposa ao lado de Frank nem uma vez. A mulher estava infeliz e humilhada, ele lhe disse. "Você é uma garotinha estúpida e grosseira — você *nunca* será uma anfitriã!"[180]

Farrow ficou tão enervada com essa agressão, ela escreve, que não lhe respondeu nada nem contou o ocorrido a Sinatra. Estava convencida de que o homem nunca a teria destratado daquela maneira se não tivesse certeza de que em breve ela estaria fora da vida de Frank. Como um golpe final, ela acrescenta que o casal era amigo de Ronald Reagan e mais tarde teria um papel importante ao assegurar o apoio de Frank a Reagan e ao Partido Republicano.

O presente de Natal que Farrow deu a Sinatra foi um autêntico táxi londrino, comprado quando ela estava filmando *O espião de dois mundos*. Mia enfrentara consideráveis dificuldades para converter o veículo às especificações dos Estados Unidos, e Yul Brynner, ela lembrou, tinha planejado uma cerimônia elaborada e até alugado librés para si mesmo e para George Jacobs.[181] Naquela tarde, na hora do coquetel, Yul iria tocar a buzina e Farrow levaria Frank e todo mundo para fora, onde Brynner e Jacobs, com muito estardalhaço, apresentariam o táxi.

Já eram cinco horas, a buzina tocou, e os convidados, todos eles com grande surpresa, dirigiram-se para a porta e saíram da casa, seguidos por Frank e Mia, que o puxava pelo braço. Mas Frank estava amuado — ele não gostava que lhe dissessem o que fazer — e, assim, ele disse *a ela* o que fazer: estava frio lá fora, ela devia voltar para dentro e vestir um casaco. Mia tentou alegrá-lo, mas ele estava ficando exasperado; não arredaria pé dali enquanto ela não vestisse o casaco. Os convidados tinham se calado; todos os olhares se voltaram para Sinatra e Farrow.[182] Ela ficou corada, o rosto em brasa; seu sorriso, travado. Voltou correndo para dentro, agarrou um casaco na gaveta da cômoda, jogou-o sobre os ombros e correu de novo para fora. Frank ainda estava contrariado, e ainda em atitude de comando. Disse a ela que *vestisse* o casaco. Ela obedeceu, abotoando cada botão. Só então eles puderam percorreram o caminho que levava até o táxi. Os convidados se postaram ao lado. Brynner, em sua libré, fez uma reverência, e entregou a Sinatra um rolo de pergaminho, enquanto Jacobs, radiante, batia continência. O grupo aplaudia, enquanto Frank e Mia, ali de pé, contemplavam o reluzente táxi londrino. Era um Austin preto e quadrado e irremediavelmente antiquado. Ele o odiou.[183] Sim, ele tinha 52 anos; sim, ele andava com republicanos ricos. Mas ele era *Frank Sinatra*, pelo amor de Deus — ele guiava um Dual-Ghia! Como ela podia ter pensado que ele gostaria de uma coisa daquelas?

É claro que o fato de eles não estarem se falando muito sobre nada naqueles dias não ajudou.

Outra coisa a respeito da qual eles deixaram de falar foi sobre o que ia acontecer com os dois após o idílio daquele período festivo. Na véspera do Ano-Novo, Frank transportou o contingente inteiro, "vestidos com suprema elegância e já bem embriagados",[184] como lembrou Farrow, para uma festa em Los Angeles. O letrista Alan Jay Lerner e o diretor Joshua Logan estavam lá; disseram a Mia que já tinham visto algumas cópias de cenas de *O bebê de Rosemary*, e que ela estava fantástica — consideraria a ideia de estrelar o filme que estavam preparando, uma adaptação do musical de Lerner-Loewe *Paint Your Wagon*?

Ela ficou enlevada com o respeito que estavam demonstrando para com ela.[185] Sinatra permaneceu em silêncio. Poucas horas depois, Frank lhe disse que estava indo embora. Correndo atrás dele, ela perguntou se poderia ir também. Sinatra a levou até a casa deles em Bel Air e disse que estava indo para Acapulco.

Ele estava indo visitar Merle Oberon e o marido, e seus planos não incluíam Farrow.

25.

Ele é o rei, não é?

Hubert H. Humphrey, em um concerto de Sinatra,
3 de maio de 1968

Enquanto Frank cozinhava no calor do México, Mia definhava na grande casa da Copa de Oro Road, exausta e deitada na nova cama king size. A casa estava fria, mas ela não conseguiu se forçar a pedir ao zelador ou ao cozinheiro japonês que ligassem o aquecimento. À noite, ela se arrastava até a geladeira para buscar algum alimento que a reconfortasse, fazendo-a lembrar os bons tempos (bolo de chocolate Sara Lee), passava pelo aposento preferido de Frank, com seu bar, uma grande TV e mobília laranja. "'Noite, sra. S.', dizia o guarda, não importava o que estivesse acontecendo", ela lembrou. "Ele tinha uma arma."[1]

Ela escreve que, em meio às incertezas de seu desespero, desembrulhou uma lâmina de barbear que estava na pia do banheiro e depois tornou a embrulhá-la com cuidado. Não conseguia se concentrar, nem mesmo em suicídio. Não tinha ideia de para onde ir ou do que fazer.[2]

Então o próprio Frank chegou, num terno escuro e sapatos reluzentes, recendendo à loção pós-barba que John Farrow também usava, com um presente que trazia para ela, a coisa mais bonita que jamais lhe dera: um linda e antiga caixinha de música.[3] Ele mostrou a ela como dar corda; ouviram-na tocar sete músicas, ela escreve.

Realidade, ou um sonho?

Ou talvez apenas mais um malabarismo com a linha do tempo. A impiedosa realidade trouxe outro visitante à sua porta da frente, o sempre charmoso Mickey Rudin. Sinatra tinha lhe telefonado de Acapulco, contou-lhe o advogado, e dito que Farrow podia ficar onde quisesse — ele pagaria por isso —, mas não poderia estar na casa quando ele voltasse.[4] Rudin disse-lhe que sentia muito, mas que ela teria de ir embora.

Ela jogou algumas coisas numa maleta, entrou no Thunderbird amarelo que ele havia lhe comprado e o dirigiu, soluçando, até um hotel.

"A reconciliação de Ano-Novo entre Frank Sinatra e Mia Farrow parece que deu certo", gorjeou a colunista Florabel Muir em sua coluna sobre Hollywood de 12 de janeiro, distribuída para vários jornais.

> Eles estão de volta de Palm Springs e tudo vai às mil maravilhas.
>
> Mia concordou em desistir de sua carreira de atriz e concentrar-se em ser a sra. Frank Sinatra, dona de casa. E isso é uma carreira de tempo integral para qualquer garota!
>
> Ela também abriu mão de sua pretendida peregrinação à Índia para ver o guru dos Beatles. A próxima coisa, sabem, é que ela vai deixar o cabelo crescer, ganhar um pouco de peso e ficar longe dos refletores.[5]

Tratava-se, é óbvio, da mais pura ficção. Muir — ex-repórter policial cuja reivindicação à fama consistia em ter recebido certa vez um tiro no traseiro enquanto fazia a cobertura das atividades do gângster Mickey Cohen —[6] tinha quase oitenta anos, e estava no fim de sua longa carreira; sabe Deus quem lhe passou essa história. Alguns dias depois, Frank ligou para Mia e disse que não conseguia tirá-la da cabeça, mas que estava tudo acabado entre eles. Daria a ela todo o dinheiro que ela quisesse, acrescentou; ela não queria nada a não ser ele, disse Mia. Era a única coisa que ele não poderia lhe oferecer. No dia seguinte, Farrow viajou a Nova York para se juntar à irmã Prudence numa viagem ao sopé dos Himalaias, para meditar com Maharishi Mahesh Yogi.

"Quero ser uma pessoa melhor", disse à Associated Press uma tímida e nervosa Mia Farrow quando se preparava para embarcar num avião rumo à Índia. Vestindo seu casaco de inverno com o capuz com orla de pele ajustado em volta do rosto, ela parecia uma ansiosa viajante do espaço ou uma criança numa roupa para neve.

> A loira atriz, esposa separada do cantor Frank Sinatra, fez a breve declaração no aeroporto Kennedy, sentada ao lado do sorridente e barbado guru indiano.
>
> A partida da srta. Farrow para a Índia ao que tudo indica foi uma decisão de última hora.
>
> O guru disse que ela falara com ele na segunda-feira à noite sobre "uma experiência altamente espiritual que é comum aos jovens hoje em dia", e contara que queria ir para a Índia com ele.
>
> "Ela será uma boa discípula", afirmou o guru, acrescentando: "É uma boa pessoa, um bom material humano. E vou guiá-la para uma experiência espiritual mais elevada [...]".
>
> Foi-lhe perguntado se a srta. Farrow mencionara seu marido durante a breve conversa com ele.
>
> "Ela não falou dele", respondeu. "Talvez, ao ouvir sua experiência, o nome dele surja."[7]

Enquanto isso, no entanto, Frank estava voltando para o Fontainebleau.

Ele fora contratado para uma temporada de seis semanas, uma duração sem precedentes, no La Ronde Room, dois shows por noite, seis dias por semana.[8] Mais uma vez, ele planejou fazer um filme nas horas diurnas: uma sequência de *Tony Rome* intitulada *A mulher de pedra*, que, como seu predecessor, era recheada de sexo, violência e piadas pesadas, mas leve em significados mais profundos. A mesma equipe de produção — o produtor Aaron Rosenberg, o diretor Gordon Douglas, o diretor de fotografia Joseph Biroc — estava a postos. O confiável Richard Conte retornou como Dave Santini, o tenente de polícia de Miami; Dan Blocker, de *Bonanza*, interpretava um grandalhão pesado chamado Waldo Gronsky, e a cota de colírio para os olhos foi preenchida por Raquel Welch, então com 27 anos, que, por força de seu papel inicial em *Mil séculos antes de Cristo* (num biquíni feito de pele de animal que ela parecia prestes a arrebentar a qualquer momento), de 1966, tornara-se instantaneamente um símbolo sexual. Welch, tão intimidada por atuar com Sinatra que Gordon Douglas teve de ensaiar com ela em separado para sua primeira grande cena juntos, recebeu o segundo maior cachê.[9]

Esse foi um desenvolvimento de última hora. Sammy Davis deveria ter representado o parceiro de Tony, um policial de Miami chamado Rubin, mas então, quando estava quase entrando, já estava fora — "forçado a se retirar",[10] nas horríveis palavras de uma nota na *Variety*. O comediante Pat Henry, que aquecia as apresentações de Frank e fizera um bom trabalho num pequeno papel em *Crime sem perdão*, substituiu Sammy por um valor muitíssimo menor.

A exclusão de Davis de *A mulher de pedra* foi parte de uma cadeia de eventos que começou no início de fevereiro, quando Sinatra adiou sua estreia no Fontainebleau — a princípio marcada para sexta-feira dia 9, para homenagear o aniversário de casamento de seus pais —[11] e depois a adiou de novo. Alguma coisa vulcânica estava borbulhando em Frank.

Qualquer que fosse o caos que estrondeava na vida de Sinatra naquele mês de fevereiro, ele tinha suas raízes no verão anterior, quando Mia fora trabalhar pela primeira vez em *O bebê de Rosemary* e seu casamento começara a desmoronar. Por mais furioso que pudesse estar com ela, Frank também estava balançado. Ele sempre foi mais sensível do que gostava que percebessem, a fuga dela para a Índia o deixara súbita e profundamente aborrecido, e, como acontecera antes com frequência quando seus relacionamentos se rompiam, isso o deixou doente.

Seu mundo estava em desequilíbrio. Não só sua esposa tinha voado do ninho, não só tinha brigado com Sammy pela enésima vez,[12] mas ele estava, relatou Earl Wilson,

> dando o que falar em Miami Beach. Houve rumores de que golpeou Eddie Fisher na boca. E outras pessoas também. E que tem se recusado a atender a ligações de Mia Farrow. É provável que nada disso seja verdade. Quem ia querer golpear um sujeito legal como Eddie Fisher, e quem ia querer se recusar a atender ligações de Mia? A estreia de Frank no Fontainebleau foi adiada de hoje (9 de fevereiro) para a próxima sexta-feira porque Frank tem estado acamado [...] gripado, com uma febre de quase 39 graus.[13]

O desagrado de Sinatra irradiou-se para além de sua suíte na cobertura. Earl Wilson logo se viu voltando atrás — em relação a si mesmo e a outros. "Não é verdade de modo algum que Frank Sinatra golpeou Eddie Fisher nos dentes em Miami Beach, segundo os rumores que correram lá", escreveu, de maneira canhestra, em 14 de fevereiro.

> O fato é que, quando Eddie teve de interromper seu show no Fontainebleau uma noite, por estar doente, Frank, que também estava doente, foi substituído por Pat Henry. E então Frank emprestou a Eddie & Connie Stevens seu jato para que eles pudessem sair para um descanso de alguns dias. Eddie disse que antes disso nunca tivera tanto respeito por Frank.
>
> O difundido rumor de que Frank Sinatra se divorciou de Mia Farrow no México foi negado de imediato pelo assessor de imprensa de Frank, Jim Mahoney.[14]

Uma reportagem de primeira página da *Variety* citava, no mesmo dia, outros rumores, inclusive um que alegava que "Sinatra não estava doente, apenas irritado com uma coisa ou outra. Seu médico, o médico do Fontainebleau, dr. Ralph Robbins, diz que não, que o cantor está com pneumonia".[15]

Na verdade, o cantor estava doente e também irritado. Com Sammy, por motivos não especificados (embora sua ida a Londres alguns meses antes para fazer uma droga de filme intitulado *Uma dupla em ponto de bala*, com Lawford, sem dúvida não fora bem recebida); com o comediante Jack E. Leonard — com quem quase chegou às vias de fato no Club Gigi, do Fontainebleau —, por continuar a fazer piadas com Mia.[16] E com Earl Wilson, seu mais antigo e constante amigo entre os colunistas, que o tinha traído duas vezes no espaço de uma semana.

Quando terminou de filmar *Mayerling*, Ava recebeu uma ligação da Flórida. Frank estava com pneumonia, disse o interlocutor; estava muito doente. Chamava por ela, dizendo seu nome repetidas vezes. Ava viajou para Miami, acompanhada de sua criada Reenie Jordan, uma secretária e 29 peças de bagagem.[17] "Ela subiu num elevador particular para o santuário dele no topo do Fontainebleau, atrás de hordas de sequazes, bajuladores e gorilas de 140 quilos — a ofegante *cuadrilla* de Frank, que agora ele levava consigo aonde quer que fosse", escreve Lee Server, biógrafo de Gardner.

> "Está contente de me ver, baby?", perguntou Frank.
>
> "Disseram que você estava morrendo, Francis", disse ela. "Viajei 24 horas para vir até aqui."
>
> Ele tinha um vírus nos pulmões, estava mal, não tão mal a ponto de ter de ir para o hospital e perder a vista de sua cobertura. Mas quando ficava doente Frank precisava de muita gente junto à sua cama, rezando. Ela lembrou aquela vez no lago Tahoe quando, em lágrimas, o ator que coadjuvava com Sinatra lhe disse que Frank estava à beira da morte e que ela precisava dar meia-volta e retornar depressa de Los Angeles ao amanhecer. Em Miami, estressada pela preocupação e pelo jet lag, ela gritou com ele por ser um idiota egoísta.[18]

Segundo uma testemunha, "ela entrou direto no quarto de Frank, deu uma olhada nele e disse: 'Jesus Cristo, você não está morrendo, está? Lá vamos nós de novo, porra. Que diabos há de errado com você? Está resfriado ou o quê? Enfim, o que estou fazendo aqui? Você sabe pelo que tive de passar para vir até aqui?'".[19]

Ela foi embora no dia seguinte.

Mas ele estava mesmo doente — doente demais para estrear em 16 de fevereiro, ou no dia 23, tão doente, sustentou George Jacobs, que teve de ser hospitalizado por um breve período. "Eu estava muito preocupado com a saúde dele", relembrou o criado.

> Eu achava que ele era indestrutível, e ali estava ele, à mercê de um lugar que ele odiava acima de qualquer outro, um hospital. Sua pele estava amarelada, esverdeada. Sentia-se fraco demais para insistir em usar peruca. Parecia ter desistido. Sua aparência era frágil, envelhecida e desamparada; ele estava furioso consigo mesmo, e com os céus, por deixá-lo ficar desse jeito.[20]

"Frank Sinatra continua fraco — e quieto, o que não é usual — por causa de sua pneumonia", observou Earl Wilson no dia 28, "e o diretor do Fontainebleau Miami Beach, Ben Novack, não tem condições de dizer se vai abrir na sexta-feira, como anunciado."[21]

Então ele melhorou. "A corrida da alta sociedade a Miami Beach acontecerá neste fim de semana, com a estreia de Frank Sinatra no Fontainebleau na sexta-feira",[22] escreveu Wilson, de modo esbaforido, em 1º de março.

O colunista e a mulher, Rosemary — que ele imortalizara em letras impressas como sua B.W., ou Beautiful Wife —, arrumaram as malas "para uma rápida viagem de fim de semana a Miami Beach para pegar a estreia há muito tempo adiada de nosso amigo, Frank",[23] escreveu Wilson em suas memórias.

Mas, quando chegou, disseram-lhe que Sinatra não se apresentaria se ele estivesse na plateia.

"Foi como receber um soco no estômago", relembrou o colunista. "Em toda a minha vida nunca sofri um choque como esse."

E era verdade. "Frank Sinatra recusou-se a abrir a temporada no Fontainebleau nesta sexta-feira (1) se o colunista Earl Wilson estivesse na plateia, segundo o porta-voz do cantor", observou a *Variety* em 4 de março.

> A mesma fonte relata que Sinatra soube que havia uma reserva para Wilson e informou que não se apresentaria se o escriba entrasse. Wilson foi barrado, e o show aconteceu.
>
> Segundo o porta-voz de Sinatra, este se ofendeu com duas notas recentes na coluna de Wilson que se referiam ao cantor.[24]

Mas não eram só duas notas recentes que haviam irritado Sinatra; mais uma vez, seu ponto de ebulição fora ultrapassado e ele começara a ferver. Meses antes, Jim Mahoney dissera a Wilson: "Frank não gostou da maneira como você tratou a história da briga",[25] referindo-se à pancadaria com Carl Cohen.

O colunista ficou espantado: "'Ele gostou da maneira como *alguém, seja lá quem for*, tratou disso?', perguntei a Mahoney. Ele poderia ficar satisfeito com qualquer coisa que fosse escrita sobre tal cena? Deveria eu ter defendido sua conduta ultrajante?".[26]

Na cabeça de Frank, deveria. Earl Wilson vinha cobrindo Frank desde a época de Tommy Dorsey, e, embora ele não chegasse, por pouco, a ser um bajulador, ao longo dos anos fora tão confiavelmente amigável no que era publicado que se formara uma amizade — e, na verdade, uma linha jornalística tinha sido ultrapassada. Todo colunista de fofocas precisava lidar com uma desconfortável equação para ele: ser agradável, mesmo que insincero, era o preço para ter acesso. Se fosse longe demais, no entanto, perderia a credibilidade. Alguns escritores, como Kilgallen, jogavam duro, mas depois, com frequência, tinham de recorrer a fontes indiretas e temas obscuros. Earl Wilson tentara ter credibilidade e também sua amizade, e no fim — atingido pela força da ira de Frank — viu que era impossível.

Ele ficou arrasado. "Eu me rendi ao que Sinatra decretara, num dos momentos mais tristes de minha carreira", relembrou.

> Não posso descrever a vergonha que senti, o abatimento e a dor da rejeição. Depois de tentar ser um honrado homem de imprensa com a reputação de me relacionar bem com grandes personalidades, receber esse tapa na cara me fez desmoronar espiritualmente.
>
> A palavra "barrado" é uma degradação em minha atividade, e não tinha sido antes usada contra mim. Um colunista insensível poderia tomar isso como cumprimento, mas não consegui levar isso com frivolidade, eu estava magoado.
>
> "Por fim aconteceu comigo", eu disse, "aquilo que sempre acontecia com os outros amigos dele, e nunca acreditei que acontecesse."

O que o tinha feito pensar que era diferente dos outros?

Um pouco pálido, um pouco magro, Frank retornou de sua cama de doente e arrasou com todos. Quando subiu ao palco no La Ronde Room — com uma nova aparência, como que de inspiração hippie, um suéter branco de gola rulê e um pingente, em vez de um smoking —, ele fez a multidão esquecer que havia qualquer outra pessoa.

Sob o título SINATRA APRESENTA-SE COM A VELHA GARRA, George Bourke escreveu no *Miami Herald*:

> Com seis quilos e várias gradações de bronzeado a menos do que seu normal, Sinatra ofereceu em alto volume uma hora e dez minutos de canções, a maior parte das quais tão bem como sempre fez, conquanto com uma guturalização que não perturbou demais o ouvido que ao longo de décadas se sintonizou com seu estilo.
>
> Sinatra também não simplificou as coisas para si com números fáceis. Houve algumas canções que não davam margem a fingimentos, e pareceu que Sinatra as tomou como um desafio, ciente de que não se poderia esperar de quem tinha tido pneumonia que conseguisse lidar com elas e que havia algumas pessoas prontas para apostar que ele não conseguiria.[27]

Enquanto isso, sua esposa abandonada estava na Índia, buscando a pureza e a verdade.

O *ashram* na encosta da montanha era frio, duro e austero no fim do inverno. Ela ficava num quartinho com uma cama dura, uma cômoda com gavetas e uma lâmpada fraca; instruída a meditar doze horas por dia, dava o melhor de si, relembrou, mas era raro chegar perto disso (ao contrário da irmã, que quase nunca saía de seu quarto). Em vez disso, ela lia, tinha seus pensamentos e caminhava junto ao caudaloso Ganges. Quase toda tarde, Maharishi a convocava a seu bangalô para uma conversa particular; ele lhe dava mangas. Ela respondia, assim contou, com cauteloso ressentimento: por que ele a estava tratando de modo diferenciado?

Até então, relembrou Farrow, o *ashram* tinha sido um lugar frio, silencioso, monótono, onde na prática cada hora em que se estava desperto era dedicada à meditação.[28] Então, certa tarde, os Beatles chegaram.

O grupo se voltara para a meditação transcendental — e dizia ter parado com as drogas — no mês de agosto anterior; tinham planejado ir para Rishikesh em outubro, antes da morte de seu empresário, Brian Epstein, que os deixou desnorteados.[29] Sob a liderança de George Harrison, o único deles que de fato acreditava na disciplina de Maharishi ("Sempre que medito", reclamava John Lennon, "há uma grande banda de metais em minha cabeça"),[30] eles afinal conseguiram ir para a Índia em fevereiro, e chegaram ao *ashram* como se fossem um circo itinerante, rompendo a atmosfera solene com sua música e suas brincadeiras.

Mia Farrow transformou-se com a presença do grupo. Eles ficavam sentados à beira do rio, tocando violão e cantando; quando ela conversava com eles, recordou, o peso que se instalara sobre ela era retirado. "Eles pareciam ser belos e destemidos",[31] ela escreve. E jovens. Espantosamente, desde o ensino médio, ela não convivia com pessoas da própria idade.

De repente, lembrou Farrow, o *ashram* deixou de ser um lugar cinzento e ganhou um colorido. Os Beatles e sua música pareciam onipresentes — mesmo nas refeições, para as quais levavam seus violões, e improvisavam músicas, para o deleite dos outros peregrinos.

Muitas dessas canções — entre elas "Dear Prudence", que suplicava que a irmã de Mia deixasse de meditar na clausura e saísse para brincar — integrariam, no ano seguinte, o *Álbum Branco*.

Então, um dia, Maharishi convidou Mia para uma sessão de meditação pessoal em sua caverna. Depois de vinte minutos, quando se levantavam, ele de repente a estava abraçando com braços surpreendentemente cabeludos.[32]

Mia Farrow com três Beatles, Donovan e Maharishi Mahesh Yogi, em Rishikesh, Índia, março de 1968. Fugindo de seu casamento em deterioração, Farrow encontrou uma paz momentânea no ashram*; logo estaria fugindo novamente.*

Ela fugiu — da caverna, do *ashram*, do país. Um filme, *Cerimônia secreta*, a esperava em Londres, se ela quisesse. Joseph Losey na direção, Elizabeth Taylor e Robert Mitchum como coprotagonistas. Ela decidiu aceitar.

E Frank por fim tinha decidido atender a suas ligações. De Miami, ele a convidou a ficar no apartamento vazio na Grosvenor Square, uma ideia que a interessou, lembrou Farrow, porque ela imaginou que isso poderia fazê-la se sentir de algum modo mais próxima dele.[33] Em vez disso, no entanto, ficar no apartamento onde tinham vivido quando recém-casados só a fez sentir a falta dele de forma ainda mais acentuada.

Os acontecimentos dos meses anteriores — no caso dela com o caótico acréscimo do *ashram* e da Índia — a tinham abalado não menos do que a ele. Com duas semanas de espera até que a filmagem começasse, Mia pouco a pouco começou a descompensar. Incapaz de dormir à noite, passava os dias na cama, com medo de sair. Até que seu médico achou que ela estava incoerente e a internou numa clínica. Depois de passar três dias lá, sob medicação pesada, Mia pediu a ajuda de sua secretária para fugir, pulando uma janela e descendo pela escada de incêndio. "Se você se matar", disse-lhe a secretária, "nunca a perdoarei."[34]

Ela voou para Miami.

Seu táxi levou-a ao Fontainebleau numa noite quente e úmida; num grande letreiro na marquise lia-se FRANK SINATRA. Do caminho de acesso ela podia ouvir a orquestra tocando "My Kind of Town (Chicago Is)". Ao entrar na sala de espetáculo, ela viu Sinatra como o vira tantas vezes antes: de pé em meio à luz esfumaçada do projetor, em seu smoking, microfone na mão.

"Já no fim, quando as luzes se acenderam, a plateia de repente se virou", escreveu o repórter de Hollywood Hal Bates. "Houve um leve murmúrio. Alguém avistara Mia Farrow de pé no La Ronde Room, perto da entrada. Frank não a tinha visto."[35]

Segundo a Associated Press, Farrow se esgueirara no Fontainebleau à 1h30 da madrugada de sábado, 9 de março, entrando pelas quadras de tênis do hotel e pelo porão, da mesma forma que se esgueirara para sair da clínica em Londres.[36] Ela assistiu ao resto do show e depois foi para a cobertura com ele.

Alguns dias depois, ela retornou a Londres. Haviam concordado que terminariam seus respectivos filmes. Depois veriam.

A energia de Frank voltou, mas não seu equilíbrio. "Ele estava triste. Estava magoado",[37] relatou Nancy filha, que viajara a Miami para consolar o pai. O propósito dele era terminar aquele filme bobo — em três semanas, segundo disse.[38]

Sua pressa tornou-se visível: a sensação positiva na filmagem de *Tony Rome* esvaiu-se em lembranças à medida que o irascível astro intimidava muitos do elenco e da equipe de *A mulher de pedra*. "Ele estava realmente aborrecido", contou um extra chamado Al Algiro. "Lembro de Pat Henry se confundir muito com suas falas, e depois de três tomadas Frank ficou tão furioso que esbofeteou Pat no rosto várias vezes e lhe disse para melhorar seu desempenho."[39]

Kitty Kelley acusou o astro de "recusar-se a fazer mais de uma tomada e arrancar um punhado de páginas de roteiro para ganhar tempo", e de tratar Gordon Douglas como um lacaio que estivesse no filme apenas para servi-lo. Por insistência de Frank, Douglas agendou suas cenas de modo que ele nunca precisasse chegar antes do meio-dia; os sets já ficavam previamente iluminados, e seu dublê planejava cada movimento de tal forma que, quando Frank chegava, ele podia completar a ação em um set e prosseguir no seguinte sem demora.[40]

Mas Sinatra era o cara de uma tomada só desde o início de sua carreira nas telas; arrancar páginas de roteiro e começar a trabalhar ao meio-dia também não eram novidade. Frank sabia bem qual era a diferença entre entretenimento e cinema de verdade, e não estava mais no negócio do cinema: Zinnemann, Preminger e Frankenheimer eram figuras de seu passado. Ele tinha contratado Gordon Douglas — e continuou a contratá-lo — não porque fosse um lacaio, mas porque era um artífice talentoso, no qual se podia confiar para extrair de Sinatra a melhor atuação possível no menor tempo possível.

Fodam-se os filmes; cantar era a única coisa que de fato importava. Raquel Welch lembrou-se de ter assistido a um dos shows de Sinatra naquele mês de março, acompanhada de um relutante Elia Kazan, que queria falar com ela sobre um possível papel num filme. "Gadge perguntou: 'Onde podemos nos encontrar?'", relembrou Welch. "Eu disse: 'Toda noite vou ver Frank no Fontainebleau. Você gostaria de jantar comigo lá?'. Ele respondeu: 'Ah, eu odeio aquele filho da puta'." Ela convenceu Kazan a ir mesmo assim.

"E então estávamos lá sentados", contou a atriz,

> e Gadge reclamava: "Esse filho da puta, ele só faz uma tomada — que porra ele pensa que é, dizendo a algum diretor que é isso aí, ele já terminou?". Eu comentei: "O.k. Mas estive com ele num set, e na verdade a primeira tomada de Frank é uma tomada bem notável — ele de fato parece conseguir isso. É um tanto maçante se você tem de esperar que todos os outros alcancem você".

Ela continuou tentando atenuar a posição de Kazan, mas o diretor

> continuou naquela de que filho da puta era Sinatra, de como ele pensava que era um figurão e um durão e todo o resto. Por fim, começa a abertura e estão tocando

todos esses arranjos incríveis, e Frank sai dos bastidores, pega o microfone, chega ao centro do palco sob a luz do projetor e começa a cantar. Está no meio da primeira canção, e Gadge se vira para mim e diz: "Meu Deus! Esse porra de sujeito é o melhor ator que já vi na minha vida. Ele está completamente nu lá em cima — retiro tudo que disse. Ele é um gênio".[41]

No início daquele ano de eleições para presidente, as forças comunistas do Vietnã desfecharam de surpresa a ofensiva do Tet, matando milhares de soldados americanos e sul-vietnamitas, e erodindo de forma significativa a convicção dos Estados Unidos de que poderiam ganhar a guerra. No início de março, quando a resistência doméstica ao conflito se intensificava, o candidato democrata e contrário à guerra Eugene McCarthy fez uma inesperada demonstração contra o presidente Johnson nas primárias de New Hampshire; quatro dias depois, Robert F. Kennedy, que também se opunha à guerra, declarou sua candidatura. No lado republicano, Richard Nixon tinha nas pesquisas ampla vantagem sobre Ronald Reagan e Nelson Rockefeller.

Na noite de 31 de março, quando Frank Sinatra e sua filha mais velha assistiam à televisão na suíte de cobertura de Frank no Fontainebleau, o presidente — que em âmbito privado estava preocupado com sua saúde e sentia que havia perdido o controle sobre o Partido Democrata com relação ao Vietnã — assombrou a nação ao anunciar que não ia tentar a reeleição.

Depois da transmissão, lembrou Nancy Sinatra, ela e o pai conversaram sobre a guerra e a eleição vindoura. Frank disse achar que Hubert Humphrey devia concorrer.[42] Nancy, apoiadora de Bobby Kennedy, acreditava que Humphrey teria de abordar a questão do Vietnã. Seu pai concordou, mas acrescentou que, como vice-presidente de Lyndon Johnson, ele não podia constranger o presidente ao condenar a guerra. Nancy, que tinha visto o conflito de perto, batia o pé num ponto, de maneira apaixonada: a guerra precisava parar. Frank também pensava assim, disse, e sabia que Humphrey era da mesma opinião.

Esse era o Frank sóbrio e contemplativo. O Frank menos sóbrio e vingativo logo começou a salgar sua fala no palco com chistes maldosos sobre Bobby Kennedy.[43] E logo teve algo mais imediato com que se aborrecer: o *Miami Herald*, o mesmo jornal que acabara de fazer sobre ele uma tão brilhante resenha, ameaçava intimá-lo na ação de 10 milhões de dólares do Fontainebleau contra o jornal, que dois anos antes publicara uma reportagem na qual acusava o hotel de ser operado pela Máfia.

Sinatra tinha testemunhado brevemente no processo quando estava em Miami, na primavera anterior. Mas o advogado do *Herald*, William Steel, dissera dessa vez: "Sinatra foi leviano em seu depoimento. Houve respostas enganosas. Queremos explorar seu curioso relacionamento com o Fontainebleau, e saber se ele é um dos donos ou não".[44]

O curioso relacionamento de Frank com o grande e vistoso hotel de Miami remontava a uma década antes, e estava estreitamente vinculado à sua longa amizade com Joe Fischetti. E enquanto o julgamento da ação agora prosseguia, uma estranha informação surgiu: "O vice-presidente executivo do hotel, Frank Margulies, testemunhou que Sinatra não recebeu nenhum pagamento do Fontainebleau por seu contrato de seis semanas este ano, nem por uma dupla apresentação no La Ronde Room um ano atrás", informou a *Variety* em 10 de abril.

> Margulies disse que o diretor do Fontainebleau, Ben Novack, tratou de arranjar as coisas com Sinatra, e que Joe Fischetti foi útil nisso.
>
> Os registros do hotel mostram que Fischetti, primo do falecido Al Capone, recebeu por fora 1080 dólares mensais do hotel, entre 1959 e 1962. Até morrerem, os dois irmãos falecidos de Fischetti, Rocco e Charles, tinham sido líderes na organização da Máfia em Chicago.
>
> Quando Joe Fischetti foi convocado para depor nas preliminares do julgamento, ele lançou mão da Quinta Emenda em todas as perguntas do *Herald*. Vários empregados do Fontainebleau testemunharam que Fischetti é companhia constante de Sinatra quando este está no hotel.[45]

Furioso com a intimação do *Herald*, Frank quase cancelou suas últimas quatro noites no Fontainebleau, mas então, tendo súbita e estranhamente se acalmado, decidiu acolher a intimação e terminar seu contrato. "Estamos tendo uma estadia maravilhosa em Miami Beach", ele contou à sua plateia na noite de 3 de abril. "Recebendo todo dia uma intimação."[46] Foi agraciado com uma no dia seguinte, e intimado por um juiz de tribunal itinerante a comparecer, sob risco de ir para a prisão.

Em 4 de abril, enquanto Sinatra refletia sobre seus infortúnios legais, Martin Luther King Jr. era assassinado em Memphis. Tumultos irromperam em Washington, DC, Baltimore, Kansas City e Chicago.

Mas não em Miami, onde Frank terminou *A mulher de pedra* no dia 5, tendo completado o filme com rapidez, como havia desejado. Ele encerrou seu compromisso com o Fontainebleau na noite seguinte.

Então pulou fora da cidade.

"O *Miami Herald* informou hoje que Frank Sinatra deixou abruptamente a Flórida na terça-feira para evitar depor sob juramento a respeito de suas relações com os proprietários e operadores do Fontainebleau Hotel",[47] noticiou a Associated Press em 10 de abril.

Mas o tribunal itinerante de Miami-Condado de Dade livrou-se do problema de tentar extraditar Frank: no dia 21, o *Herald* de repente retirou suas acusações e Ben Novack também de repente retirou sua ação contra o jornal.[48] Tudo isso cheirava a algo levemente suspeito — teria o *Herald* se rendido a pressões financeiras? Teria Joe Fischetti apenas coberto muito bem seus rastos? Novack obteve exatamente o que queria: uma declaração na primeira página no *Miami Herald* que dizia: "É nossa opinião que o Fontainebleau não é propriedade de, nem é controlado por, nenhum gângster ou personagem do submundo".[49]

Uma estranha e insincera retratação.

Mickey Rudin não se deixaria aplacar com tanta facilidade. A intimação de Frank Sinatra pelo *Herald*, ele suspeitou, tinha sido "simplesmente uma tentativa de achaque e um esforço malsucedido de atrapalhar" o relacionamento de seu cliente com o Fontainebleau e com Ben Novack.

Mais uma vez, os jornais haviam arranhado a reputação de Sinatra; mais uma vez ele saíra maculado, mas não indiciado. Os jornais, contudo, ainda não tinham terminado com ele.

Hubert Humphrey anunciou sua candidatura em Washington, DC em 27 de abril. Três dias depois, Frank Sinatra retornou à capital da nação, pela primeira vez desde o baile de posse de Kennedy, ostensivamente para um concerto beneficente em prol da organização Big Brothers of America, no Shoreham Hotel, em 3 de maio, mas na verdade para voltar ao poderoso jogo de influências da arena política.

O colunista político Drew Pearson, que escrevia para uma rede de jornais e presidia a Big Brothers, tinha convidado Frank para fazer o show; seu pagamento seria a boa publicidade. Aos setenta anos, Pearson, com sua aparência distinta e seu bigode branco, era o colunista mais conhecido do país, famoso pelas posições liberais e pelos combativos artigos investigativos. Ele fora um crítico contundente de Joseph McCarthy na década de 1950, e em tempos mais recentes atacara o governador Ronald Reagan. Mas, na coluna de 1º de maio, deu boas-vindas à chegada de Sinatra à cidade e um brilhante cumprimento à participação do cantor no evento beneficente, acrescentando de brinde uma refutação ao velho rumor de que Frank tinha se esquivado a seu recrutamento na Segunda Guerra Mundial. Pearson deixou de mencionar sua própria conexão com as organizações Big Brothers, além do fato de que o vice-presidente iria discursar no evento.[50]

O presidente Johnson, ao ouvir que Sinatra se apresentaria no evento do Shoreham, declinou de comparecer.[51]

Frank e Hubert Humphrey foram os convidados num coquetel na casa do colunista em Georgetown, na noite de 1º de maio. Nos convites lia-se "Encontro com Frank Sinatra e seu candidato",[52] mas a escolha de candidato por Sinatra não surpreendera ninguém em Washington: ele não chocou ninguém como homem de Eugene McCarthy, e já tinha dito, para registro: "Não creio que Bobby Kennedy esteja qualificado para ser presidente dos Estados Unidos".[53]

Numa cidade de egos gigantescos, Frank não iria conter o seu. "Vou realmente fazer esta cidade pular durante os próximos dois dias",[54] disse ao prefeito Walter Washington, enquanto a música do coquetel tilintava no jardim colonial de Drew Pearson. Entre os outros convidados naquela noite havia dois amigos de Sinatra, o vice-presidente do sindicato dos caminhoneiros, Harold Gibbons, e um homem de negócios de Chicago, de cabelos grisalhos e aspecto vigoroso, chamado Allen Dorfman. Gibbons, chefe do sindicato em St. Louis, organizara o evento beneficente de 1965 em prol da Dismas House, no qual Frank tinha se apresentado; também era, ao que tudo indicava, o herdeiro do presidente do sindicato, Jimmy Hoffa, então na penitenciária federal em Lewisburg, Pensilvânia.

Allen Dorfman, oficialmente no negócio de seguros, mas na realidade um associado muito próximo de Hoffa, tinha sido absolvido das mesmas acusações pelas quais Hoffa fora condenado: suborno de um jurado e fraude contra o fundo de pensão do sindicato dos caminhoneiros nos estados centrais, por meio de grandes empréstimos a figuras do crime organizado.[55] Hoffa estava preso em grande parte devido aos esforços de Bobby Kennedy, que, antes de renunciar ao cargo de procurador-geral para candidatar-se ao Senado pelo estado de Nova York, fizera da condenação do líder sindicalista uma cruzada pessoal.

Frank tinha viajado para Washington com Allen Dorfman.[56]

Maxine Cheshire, a colunista de fofocas do *Washington Post*, também estava na festa de Pearson. Ela ficou intrigada ao ver um homem tido como membro da Máfia socializando não só com Frank Sinatra mas também com o vice-presidente dos Estados Unidos. "Enquanto Sinatra e vários membros do sindicato dos caminhoneiros estavam com Humphrey, encostado numa parede de tijolos numa extremidade do terraço, coloquei Dorfman contra a parede", relembrou Cheshire. "De maneira abrupta, eu disse: 'Entendo que você está aqui para fazer um acordo com Humphrey; ele perdoará Hoffa em troca de sua ajuda para elegê-lo'."[57]

"*Yeah*, benzinho, estamos aqui para comprar todo mundo na cidade que esteja à venda", disse Dorfman, acrescentando, com charme: "Qual é o seu preço?".

Quando Sinatra foi embora, Cheshire o seguiu até um dos mais caros restaurantes de Georgetown, o Rive Gauche. Os companheiros de jantar de Frank eram Harold Gibbons, Allen Dorfman e a sra. Jimmy Hoffa. A colunista aproximou-se de sua mesa e perguntou, tranquila mas com firmeza, se Humphrey prometera perdoar Hoffa. Ninguém respondeu.

A sra. Hoffa "manteve-se calada e esquiva quando lhe perguntei se tinha ido para falar de política com um grupo que, era óbvio, teria coisas desagradáveis a dizer sobre o homem que pusera seu marido na cadeia", escreveu Cheshire no *Post*.

> Ela ficou olhando sombriamente para seu prato e a única vez em que abriu a boca foi para mordiscar os mariscos picados que estavam diante dela.
>
> Sinatra desapontou os outros que jantavam no luxuoso restaurante de Georgetown. Muitos dos que tinham lido sobre suas exibições públicas de façanhas pugilísticas esperavam no mínimo que ele aplicasse um *swing* na fotógrafa do *Washington Post*.
>
> Mas Sinatra se controlou, apesar de ter pedido à gerência que protegesse seu grupo da publicidade [...].
>
> O grupo também incluía o garboso e bronzeado Allen Dorfman, de Chicago, o esplendor de cujo terno verde sob medida tinha atraído a atenção na festa de Pearson. Ele era um dos réus, junto com Jimmy Hoffa, no julgamento deste último por suborno de jurado.[58]

Não era o tipo de publicidade que Frank tinha esperado encontrar em Washington.

Ele se deu melhor com a colunista social do *Star*, Betty Beale, que ficou doida com seu concerto. "Sinatra, usando a cruz dourada de St. Anne numa corrente, com sua camisa branca tipo cossaco e smoking, deixou impressionadas as 1600 pessoas que compareceram ao jantar beneficente da Big Brothers, em homenagem a seu presidente, Drew Pearson", escreveu Beale.

> Todos os 1600 convidados assistiram, fascinados, a uma apresentação que ajudou a elevar os lucros do jantar em 50 mil dólares.
>
> "Ele é o rei, não é?", exclamou o vice-presidente Humphrey.
>
> Washington viu também um Sinatra diferente daquele que é em geral retratado em publicações [...]. No jantar, Frank disse ao prefeito Walter Washington que, durante a marcha dos pobres na capital, ele terá de manter as pessoas ocupadas para garantir que a situação permaneça sob controle.
>
> "Em qualquer momento em que você precisar que eu volte para ajudar", ele disse, "só me avise com alguns dias de antecedência e farei isso."[59]

Sinatra contou a Beale que havia planejado fazer shows para arrecadar fundos para Humphrey em seis a dez cidades, começando no fim de maio; disse que também tencionava organizar um comitê de cem animadores em prol do candidato, entre os quais sua filha Nancy. (Ele tirara esse número do ar — como Humphrey continuava a apoiar a Guerra no Vietnã, muitos dos democratas de Hollywood, inclusive Nancy filha, estavam se mantendo longe do candidato.) Quando a matronal colunista lhe perguntou sobre a cruz cravejada de diamantes que ele usava, Frank, acionando seu charme, disse a ela que fora um presente da sra. Leland Hayward. "Foi a primeira cruz realmente valiosa que esta sua correspondente viu num homem, embora os pingentes sejam a nova voga, e devo dizer que lhe caía muito bem",[60] elogiou Betty Beale.

No mesmo jantar, Maxine Cheshire viu Frank passar pela fila na recepção, de novo com a sra. Hoffa, e ouviu Drew Pearson se desculpar com eles pela infeliz reportagem da colunista no *Washington Post* — a qual, ele dissera em seu programa no rádio mais cedo naquele dia, tinha sido completamente forjada.[61]

Embora o presidente Johnson tivesse faltado ao concerto, ele havia sugerido a Hubert Humphrey que "trouxesse Drew à Casa Branca após a festa".[62] Johnson não poderia suspeitar que Pearson levaria ele mesmo um convidado: o homem que o presidente estava tentando evitar desde o início.

O vice-presidente, o colunista e Frank Sinatra chegaram ao quarto de Lincoln na Casa Branca depois da meia-noite para deparar com uma cena levemente surreal: "Lady Bird Johnson já estava debaixo dos cobertores na grande cama de Lincoln com suas quatro colunas e o dossel delas pendente", escreve Oliver Pilat, biógrafo de Pearson.

> O presidente, apenas com a calça do pijama, estava deitado sobre uma mesa, sendo manipulado por um massagista.
>
> Após um rápido olhar nos visitantes, Johnson virou a cabeça para o outro lado sem dizer nada. A ligeira conversa de Humphrey com Lady Bird aos poucos evaporou. O presidente por fim disse algumas palavras de cumprimento a Humphrey e Pearson, ignorando Sinatra, que tinha se aproximado da famosa cornija da lareira onde, segundo Pearson escrevera em sua coluna, Jacqueline Kennedy entalhara um estranho registro da presença de seu marido ali.*

Frank e Hubert Humphrey, em agosto de 1968: uma amizade passageira. A identificação de uma vida inteira de Frank como democrata de FDR chegaria ao fim nesse annus horribilis *de assassinatos, tumultos e da escalada do conflito no Vietnã.*

* Consta que, na inscrição que a sra. Kennedy deixou na cornija, lia-se: "Neste quarto viveram John Fitzerald Kennedy e sua mulher, Jacqueline, durante os dois anos, dez meses e dois dias em que ele foi presidente dos Estados Unidos". *Chicago Tribune*, 22 de maio de 1994.

O presidente desceu da mesa de massagem, pegou um livreto de suvenir sobre a Casa Branca e o jogou para Frank. "Não creio que você leia", disse Johnson, "mas tem um monte de fotos."

Sobranceando, com seu 1,93 metro, seu visitante não convidado, o presidente também estendeu outra coisa a Sinatra: um brinde presidencial para visitantes do sexo feminino, um batom com o selo da Casa Branca. "É um bom tópico de conversa", disse Johnson, "ele fará de você um grande homem entre suas mulheres."

Frank se virou e saiu do quarto sem dizer uma palavra.

Ele entrou firme na trilha da campanha, e sozinho. Os democratas estavam profundamente divididos naquela primavera, e as celebridades amigas de Sinatra ou eram republicanas ou — como Shirley MacLaine, Sammy Davis Jr., Gene Kelly, Gregory Peck e Sammy Cahn — apoiavam Kennedy. Um grupo minoritário de astros (entre os quais Paul Newman, Robert Vaughn, Dick van Dyke e Carl Reiner) apoiava Eugene McCarthy.[63] As primárias da Califórnia estavam marcadas para 4 de junho, e o estado tendia pesadamente para RFK.

Mas a política era um tema quase irrelevante quando Sinatra deu um concerto em prol de Humphrey em Oakland, em 22 de maio. "O rei do mundo — que seria Frank Sinatra, e não Charles de Gaulle — veio a Oakland na outra noite", escreveu o colunista local Al Martinez, "para um espetáculo beneficente em favor da candidatura presidencial de… de… ah, sim, Hubert Humphrey, e foi um evento de grande sucesso. Sinatra deveria ser escolhido candidato com facilidade na primeira votação."[64]

Era engraçado, mas bem colocado. Hubert Humphrey tinha energia e convicções — havia sido um sincero liberal e defensor dos direitos civis desde o final da década de 1940 —, embora, ao contrário do herói de Frank, Jack Kennedy, quase não fizesse se mexer o medidor de carisma. Ele queria (um pouco demais) que gostassem dele, e era gostável: sem dúvida mais gostável do que Dick Nixon. Mas Nixon anunciara ter "um plano secreto" para acabar com a guerra, o país já não aguentava ver os corpos voltando para casa semana após semana, e Humphrey continuava evasivo quanto à questão.

Bobby Kennedy, por outro lado, era um candidato inspirador, a quem faltavam o reluzente charme e a perigosa sexualidade do falecido irmão, mas que exalava uma intensidade de ideais que muitos achavam estimulante naquele ano tumultuado. Ele não era apenas contrário à guerra; ele falava de maneira apaixonada a favor de justiça racial e econômica; visitava e cortejava as cidades do interior; desafiava os jovens a criar um futuro melhor. Kennedy mostrava-se brilhante e puro, como que exorcizando seu passado com Joe McCarthy.

Seus apoiadores achavam que, se vencesse as primárias da Califórnia, Kennedy poderia tirar Eugene McCarthy da corrida e planejar um confronto com Humphrey na convenção democrata, em agosto. E as coisas iam nessa direção. Kennedy venceu nas primárias de 4 de junho (e no mesmo dia ganhou de Humphrey no estado natal deste, Dakota do Sul), mas pouco depois da meia-noite, quando ia ao encontro de seus apoiadores no Ambassador Hotel, em Los Angeles, o que era absolutamente impensável aconteceu no momento em que ele deixava o salão e atravessava a cozinha do hotel.

Naquela noite Sinatra estava em Manhattan, bebendo no Jilly's com um grupo de amigos, entre os quais o promotor do concerto, Ken Roberts. "Estávamos atrás, no camarote de Frank", relembrou Roberts.

> A garota da chapelaria, Fran, chegou e disse: "Alguém acaba de atirar em Bobby Kennedy", e Sinatra comentou: "Espero que atirem na porra da cabeça dele". Foi exatamente o que ele disse, e todos pensamos que estava brincando.
>
> Alguns minutos mais tarde, ela voltou e disse: "Sim, ele foi atingido na cabeça". Sinatra ficou pálido, muito assustado e em pânico [...]. Em pânico porque pensou que, enquanto cantava, alguém poderia atirar *nele*.[65]

Segundo George Jacobs, o assassinato de Bobby Kennedy por Sirhan Sirhan não despertou em Frank "nenhuma sensação de satisfação ou desforra".[66] O que é difícil de acreditar. Embora Kennedy tivesse vindo em auxílio de Sinatra durante o rapto de Frank Jr., movimentando um imenso contingente do Departamento de Justiça, isso para Frank só ressaltara o que ele, Kennedy, sempre fora: um policial. E na mente de Sinatra ele nunca seria absolvido de seu pecado primevo de tê-lo separado de seu amigo Jack e de tê-lo exposto a uma grande vergonha pública nesse processo.

O mais provável é que Frank tenha sentido uma aguda sensação de desforra, mesclada com culpa, horror e, naquele ano de fogo e sublevação, uma nova vulnerabilidade.

Seu pai ficou quieto por algum tempo depois do assassinato, relembrou Nancy Sinatra, que então, pesarosa, se uniu a ele no apoio a Hubert Humphrey.[67] Frank disse à filha que considerava Humphrey um homem decente, que parecia se importar com as pessoas com as quais outros não se importavam. Frank acreditava no que ele dizia e punha fé nele, acrescentou.

Tudo isso era muito lógico; tudo que faltava era paixão. Mas então, talvez, a paixão fosse coisa do passado.

No início de agosto, um estranho tópico apareceu no alto da coluna de Walter Winchell:

> Ava Gardner está se recuperando com rapidez de uma grande cirurgia no hospital St. Joseph's, para onde foi levada pelo avião particular de seu ex-marido F. Sinatra. A aeronave também a levou à casa dele em Palm Springs, para convalescer. O mesmo rumor acrescenta que ele pagou a conta dela no hospital (8 mil dólares) etc.[68]

Na verdade, os informantes de Winchell estavam quase dois meses atrasados. A cirurgia de Ava tinha ocorrido no início de junho. "Um exame no hospital feminino Chelsea, em Londres, havia detectado a presença de um tumor fibroide em seu útero", escreve seu biógrafo.

> A morte prematura de sua mãe devido a um câncer no útero havia assombrado Ava por mais de vinte anos. Qualquer problema ginecológico que ela apresentava lhe provocava ansiedade, e ela o imaginava como um sintoma dessa doença assassina. Agora, sem refletir muito, ela optou por fazer uma histerectomia.[69]

O procedimento ocorreu no hospital St. Joseph's, em Burbank, e primeiro ela foi se recuperar na casa da irmã Bappie, perto dali. A data no início de junho pode ser estipulada graças à vívida lembrança de Ava do período que sucedeu à cirurgia. "Eu estava na cama na casa de minha irmã, na Califórnia, recuperando-me de minha histerectomia, algo que mexe com a cabeça de uma mulher, e soube do assassinato de Robert Kennedy pela TV", lembrou. "Naquela noite tive uma espécie terrível de vertigem, e pela manhã estava numa forte depressão. A mais profunda e mais negra das nuvens desceu sobre mim; ela me envolveu por completo."[70]

Ela estava com 45 anos. A operação a transformara de maneira definitiva como mulher; também sua carreira — tal como era agora — expunha sua idade. Em *Mayerling*, Omar Sharif e Catherine Deneuve eram os protagonistas, os trágicos amantes, o príncipe da coroa Rudolf e a baronesa Vetsera; Gardner, embora fosse só dez anos mais velha que Sharif, havia interpretado sua mãe, a imperatriz Elisabeth, e James Mason, o imperador Franz Josef. Para coroar a indignidade, o galante e certificavelmente heterossexual Sharif tinha insistido em que a estreita amizade entre eles durante os três meses de filmagem se mantivesse platônica.[71]

Por outro lado, uma parte dela estava grata por não ser mais uma estrela, por não ter de continuar a ser a mulher mais bonita do mundo. Ela tinha pulado fora dessa tarefa árdua para sempre.

Como antes, Ava estava de novo à deriva, sentindo-se deprimida; depois passaria a tomar o antidepressivo Elavil. Ela convalesceu da operação na casa de Frank no deserto, numa estranha reviravolta: havia apenas três meses, tratara a doença dele com desdém; agora ele tratava o sofrimento dela com uma gentileza tão intensa quanto o sol de Palm Springs.

Mas, então, foi ele quem manteve a tocha brilhando, mesmo quando toda a esperança de reacendê-la estava perdida.

Crime sem perdão foi lançado em âmbito nacional no dia 3 de junho, e as notícias variaram no tom. "Críticos elogiavam o filme por seu diálogo pungente, realista",[72] afirmou Nancy Sinatra, o que não queria dizer muita coisa. Na realidade, os resenhistas atribuíram inúmeras falhas ao filme — Vincent Canby, do *New York Times*, chamou-o de "um filme que, de maneira atropelada, até mesmo arrogante, mistura o real e o falso", arrasando a direção de Gordon Douglas como "fraca e sem imaginação", e dizendo, sobre a atuação de Frank, que "o sr. Sinatra, cuja peruca deve ser a melhor que o dinheiro pode comprar, tem o aspecto ceroso e inexpressivo de um astro de cinema que se movimenta pelos cenários sombriamente autênticos de uma grande cidade".[73]

Isso estava mais ou menos correto. Numa época em que os filmes passavam por grandes mudanças — Canby acabara de substituir Bosley Crowther, a antiga nêmesis de Frank, que fora expulso do *New York Times* por seus insistentes e mordazes ataques a *Bonnie e Clyde: Uma rajada de balas*, o original e sangrento longa de Arthur Penn de 1967 —, *Crime sem perdão* parecia datado. Assim como seu astro. Em *Tony Rome* não se pensava tanto na idade de Sinatra porque ele estava se divertindo com o papel; o filme, assim como seu astro, nunca se levou a sério.

Crime sem perdão era sério. E Frank, obrigado a ser durão e soturno, mais parecia velho e ofegante, como se os problemas com Mia estivessem visivelmente pesando sobre ele. Suas tentativas de atenuar a atuação com humor não funcionaram bem. (E a peruca — embora sem dúvida muito cara — não era tão boa assim.) O público de cinema já não tinha mais tanta certeza de por que queria vê-lo. O faturamento de *Crime sem perdão* não foi lá essas coisas.

Por outro lado, *O bebê de Rosemary*, que estreou dez dias depois, logo se tornou o filme número um no país, fazendo instantaneamente de Mia Farrow uma estrela, por seu próprio mérito e não mais por ser a noiva-criança de Frank. E essa foi a gota d'água para o casamento. Os dois estavam se falando por telefone, até escrevendo um para o outro, mas a definitiva vitória de Mia sobre ele nas bilheterias foi a humilhação final.

Ela não teve prazer com a vitória.[74] O sucesso do filme, e o seu próprio sucesso, pareceu-lhe abstrações, lembrou Farrow. Ela terminou *Cerimônia secreta*, retomou o contato com velhos amigos e se preparou para seguir adiante. Após alguns meses, Mia escreve, embora ainda amasse Frank, parou de sonhar com um futuro ao lado dele. Teve um caso de verão com Peter Sellers, e isso foi parar nas colunas de fofocas. Frank lia as colunas de fofocas.

Ele levou Bill Miller e uma orquestra de volta para a estrada, cantando em prol de Humphrey em Cleveland, Minneapolis e Detroit. Então, em 24 de julho em Nova York, ele entrou num estúdio de gravação pela primeira vez em sete meses, para gravar um single que o levaria a uma nova direção.

O lado A, com arranjo de Don Costa, era comercial como sempre: outra música de Bert Kaempfert, com o título estranhamente germânico "My Way of Life". A canção, que se completava com um coro sublime e um rufar de tambores, estava imbuída do mesmo tipo de inflados eurodramas que "The World We Knew" e, em cada detalhe, era tão florida e insípida quanto:

You are my way of life,
*I'll never let you go.**

Soava tanto como uma ameaça quanto como uma promessa.

* Você é meu modo de vida,/ Não deixarei você ir embora. (N. T.)

Mas o lado B era em tudo diferente: um esforço determinado de Sinatra para se ajustar à música da época, sua primeira incursão em um novo gênero, chamado, canhestramente, de folk rock. A faixa se intitulava, com uma murmurante e simples expressão do fim da década de 1960, "Cycles" [Ciclos].

Escrita por Gayle Caldwell, ex-cantor do bem talhado sucedâneo do grupo de folk The New Christy Minstrels, era uma ode cadenciada e agridoce à circularidade da vida, em seus altos e baixos, no decorrer das estações, esse tipo de coisa. O compositor Teddy Randazzo ("Goin' Out of My Head") tinha feito um arranjo seco e suave — um dedilhar no violão, um piano com som de country e western, um pequeno coro, algumas cordas —, e a canção era, à sua própria maneira, tão insípida quanto a de Kaempfert:

I've been told, and I believe,
*that life is meant for livin'**

Era um território temático que Frank já tinha percorrido, de modo muito mais poderoso, em "A Very Good Year" e "That's Life". Mas "Cycles" era aqui e agora; era adequada ao espírito da época, pelo menos a um tipo de espírito: uma reação à rispidez do mundo em explosão e à corporatização; um recuo para coisas naturais, e para um idealismo juvenil.

Era bem uma espécie de ironia que Frank Sinatra a estivesse cantando.

De certa maneira, ele estava se curvando ao inevitável — a juventude se apoderava do mundo, e era à juventude que se tinha de servir. Mas ele tivera seu caso com a juventude, e havia se machucado: seria essa faixa pseudofolk sua tentativa de se recuperar, ou uma mera tentativa de vender discos?

O significado de uma canção, tanto em suas palavras quanto em sua música, representava quase tudo para Sinatra. Entre os cantores populares, ele tinha uma aptidão única para penetrar no cerne do sentido de uma canção e transmiti-lo ao ouvinte, de um modo que estava além das palavras. Mas vender discos também sempre fora importante para ele, mesmo nos velhos e maus tempos de Mitch Miller. A situação ideal era ele conseguir gravar grandes discos que vendiam, e isso havia parado de acontecer. Agora, um dos dois teria de dar certo.

* Disseram-me, e eu acredito,/ que a vida é para se viver. (N. T.)

* * *

Mia, de volta à Califórnia, estava morando sozinha na casa de Bel Air, à espera do fim legal de seu casamento, mas tratando de se consolar apesar de tudo. "Peter Sellers está na cidade para ver Mia Farrow", escreveu Dorothy Manners, de Hollywood, em 27 de julho.

> Mia também está se encontrando com Sammy Hess, um jovem corretor de imóveis. Algumas vezes os encontros se superpõem, e os três "perdedores" são vistos, um alegre trio, em lugares de diversão e de jogos.
>
> Perdedores? Bem, Mia perdeu Frank Sinatra; Peter perdeu sua espalhafatosa esposa Britt Ekland; e Sammy perdeu sua noiva, Tina Sinatra, prestes a se tornar ex-enteada de Mia.
>
> Na outra noite o trio foi ao estúdio Warner Bros.-7 Arts para uma exibição especial de *O abilolado endoidou*, filme do qual Peter é o protagonista. Eles o acharam bem hilariante. E ouvi dizer que realmente é.[75]

Segundo seu criado, Frank estava enfurnado em Palm Strings, deprimido demais devido a seu divórcio para fazer muito mais do que assistir a *Mod Squad* na TV — deprimido demais "até para querer ligar para o interminável desfile de garotas de programa de Jimmy van Heusen".[76] Assim mesmo, ele conseguiu ir a Los Angeles na segunda-feira, 12 de agosto, para juntar-se às duas filhas na gravação de um álbum de Natal da família Sinatra (Frank Jr., numa excursão em feiras de condados no Meio-Oeste, faria seu vocal depois).[77] Embora Nelson Riddle tivesse feito bons arranjos (Don Costa também contribuiu) e obrigatoriamente regido a orquestra, *The Sinatra Family Wishes You a Merry Christmas* resultou em algo bem insípido. Ainda assim, o disco tinha seu valor como curiosidade, marcando a terceira vez em que Frank gravava a maravilhosa "The Christmas Waltz", de Sammy Cahn e Jule Styne, e com os únicos vocais gravados por Tina Sinatra (ela estava "em coma",[78] de tanto medo, relembrou). Com uma atualização e uma nova letra de Cahn para "The Twelve Days of Christmas", a Sinatra mais jovem até fez um breve solo, irrompendo com

On the third day of Christmas I gave my loving dad
*Three golf clubs**

surpreendentemente no tom certo e com um charme de menina.

O divórcio foi marcado para a sexta-feira, 16 de agosto. Mia ia viajar para El Paso com Mickey Rudin, que levaria os documentos; eles iriam de carro, pela ponte, até Juárez e se apresentariam a um juiz mexicano. Tudo poderia ser feito em uma hora.

Na noite anterior, ela sentiu uma grande necessidade de esquecer seus problemas. Frank tinha Jack Daniel's e televisão. Ela, seus próprios remédios. Ia dançar e dançar, dançar até esvaziar a mente.

Naquela noite, quinta-feira, 15 de agosto, George Jacobs procurou algo para fazer, numa noite de verão morta em Beverly Hills. Não havia muitos lugares noturnos abertos: primeiro ele foi ao Luau, um restaurante no estilo Trader Vic's na Rodeo Drive, com suas grandes bananeiras, tanque de carpas, lampiões e mictórios de grandes conchas de mariscos no toalete dos homens.[79] Mas o Luau estava morto, e assim ele acabou no Daisy.** "Eu estava fazia algum tempo no bar quando quem é que entra, senão Mia, com seu querido amigo John Phillips", relembrou Jacobs.

> Se o mundo pensava que Mia estava reclusa chorando por seu iminente divórcio do Chefão, ficaria surpreso com o humor alegre e festivo que ela demonstrava naquela noite. E, se havia alguém que simbolizava a cultura do rock com drogas, ou sem elas, que Frank Sinatra detestava e temia, era John Phillips, com seu cabelo comprido e untuoso, sempre chapado, o sr. California Dreaming em pessoa. Apesar das drogas, Frank cobiçava a deslumbrante loira Mama Michelle, mulher de Phillips, o que talvez o fizesse odiar Phillips ainda mais. "Georgie Porgie, pudding 'n'

* No terceiro dia de Natal dei a meu amoroso pai/ Três tacos de golfe. (N. T.)

** Em suas memórias, escritas em 2003 em conjunto com William Stadiem, Jacobs afirma que acabou no Candy Store, depois de ter ido primeiro ao Luau e ao Daisy. Mas, como ele falou com Kitty Kelley no início da década de 1980, quando sua lembrança do episódio era mais recente, fiquei com sua primeira versão da história.

pie, Kiss this girl and make her sight",* saudou-me Mia, recitando com voz alegre, como se não me visse fazia anos, embora eu tivesse estado com ela na casa de Bel Air naquela mesma tarde. Achei que ela estava alta, alta como uma pipa. "Dance comigo, Georgie Porgie", ela insistiu, arrastando-me para a pista, enquanto John Phillips ia para o banheiro masculino para fumar um baseado, ou fazer algo ainda mais forte.[80]

Eles dançaram, pelo que pareceu a Jacobs, por uma eternidade. Ele ficou olhando em vão, esperando ver Phillips emergir do banheiro, enquanto as músicas se sucediam: "Sunshine of Your Love"; "This Guy's Love with You"; "Love Child". Jacobs sentia-se tenso, sobretudo quando a música era lenta e ele tinha nos braços quem estava prestes a ser a ex-mulher de seu patrão, embriagada e um pouco afetuosa demais. Quando o DJ pôs para tocar "Somethin' Stupid", e as vozes de Frank e Nancy filha encheram o clube, o criado achou que já aguentara o máximo que podia. Por fim ele devolveu Mia a Phillips e foi embora.

Ela e Mike Rudin eram os únicos passageiros a bordo do Learjet, relembrou Mia; ela sentou-se tão longe dele quanto possível na pequena cabine da aeronave. Do aeroporto de Juárez eles foram transportados a toda a velocidade para o tribunal, onde uma multidão de paparazzi os esperava. Já no prédio, ela foi ao banheiro e vomitou.

Numa mesa bem iluminada no centro de uma sala de tribunal cheia de repórteres e fotógrafos — isso a fez se lembrar, sem que houvesse nenhuma lógica, de um ringue de boxe —, deram-lhe uma caneta. Enquanto os flashes espocavam, ela assinou os documentos de divórcio. O próprio chão pareceu tremer, ela lembrou.[81]

O relato de Farrow coincide mais ou menos com as reportagens das agências de notícias. "Vestindo slack, a srta. Farrow parecia cansada e nervosa durante o procedimento de trinta minutos na corte civil do juiz Lorenzo Holguin Seniceros", escreveu Vernon Scott, da UPI. "Ela disse ao juiz que sua vida com Frank

* "Georgie Porgie, pudim e torta, beije essa garota e a faça suspirar", versão de Mia para uma antiga canção infantil. Originalmente, "Georgie Porgie, Puddin' and Pie, kissed the girls and made them cry" [Georgie Porgie, pudim e torta, beijou as garotas e as fez chorar]. (N. E.)

Sinatra tinha se tornado insuportável, e informou que não vivia com ele como marido e mulher desde dezembro de 1967."[82] A Associated Press relatou que Mia estava "magra e insone", e que "parecia estar tão nervosa que quase não conseguiu segurar a caneta. Suas mãos tremiam enquanto assinava os documentos".[83]

Em Los Angeles, Frank estava num estúdio de gravação na Television City da CBS. De paletó Nehru de veludo cotelê branco e um colar de contas, gravava um especial de TV com Don Costa, Diahann Carroll e o 5th Dimension. Nancy Sinatra contou ter ido ao estúdio para assistir ao ensaio geral, que transcorreu bem — e o qual, como sempre, foi gravado, para o caso de ser preciso cobrir quaisquer falhas que ocorressem durante a apresentação final.[84] Quando Frank saiu do set, lembrou Nancy, Jilly chamou-o de lado, para dizer que Mickey Rudin ligara, avisando que os procedimentos finais do divórcio tinham sido concluídos. Sinatra perguntou a Don Costa se no ensaio geral a orquestra tinha se saído bem. Tinha. Ele ficou calado por um momento e então disse: "Vamos ficar com o ensaio geral. Não vou conseguir fazer de novo agora".[85] "Foi como se alguém tivesse apagado a luz em seus olhos",[86] relembrou Nancy.

As agências de notícias relataram que Frank voou para a Costa Leste, e Mia foi direto para a casa em Bel Air, onde sua mãe a esperava.[87] Farrow escreve que, depois que ela e Rudin voltaram para Los Angeles, ficaram presos no tráfego engarrafado na autoestrada, e, enquanto o advogado mantinha uma longa e acelerada conversa com o motorista, ela simplesmente saiu do carro e pegou uma carona para a casa que não era mais dela, onde Frank a esperava.

Quando chegou, ela escreve, encontrou Frank furioso por causa da carona.[88] Ela por fim lembrou a ele que não estavam mais casados, e portanto podia fazer o que quisesse. Isso pareceu acalmá-lo; mesmo assim, ela recordou, teve o cuidado de não ficar lá por tempo demasiado.

As histórias não coincidem de maneira exata, mas o final é o mesmo.

Ela recusou qualquer ajuste financeiro, deixando a casa em Bel Air apenas com as joias que ele tinha lhe dado, sua baixela de prata de 48 peças e seus bichinhos de pelúcia.[89]

Isso aconteceu no fim de semana. A semana seguinte foi pior. Na manhã de segunda-feira, 19 de agosto, o *Wall Street Journal* publicou na primeira página uma reportagem sobre Sinatra escrita pelo repórter investigativo Nicholas Gage. "Frank Sinatra é muito sensível no que concerne à sua calvície", era o começo pouco promissor.

Só seus amigos mais íntimos têm permissão de permanecer com ele quando troca de peruca. Entre esses poucos e selecionados amigos está Joseph Fischetti, primo do falecido Al Capone e, dizem agentes da lei, um veterano homem da Máfia.

Isso não é surpresa para quem conhece bem o ator-cantor. Por quase trinta anos, alguns dos melhores amigos de Sinatra têm sido — para dizer sem rodeios — gângsteres. Não apenas marginais sem importância. O sr. Sinatra está enturmado com a elite da Máfia.

O sr. Sinatra não deixa de ser leal com aqueles que considera seus amigos. Suas associações muitas vezes têm ameaçado seus interesses nos negócios. Elas lhe custaram relacionamento amigável com o falecido presidente John F. Kennedy. Ainda assim, o sr. Sinatra permaneceu ligado aos amigos. Ele até se recusa a falar sobre eles com um repórter.

Normalmente, as amizades de um homem não são da conta de ninguém a não ser dele mesmo. Mas o sr. Sinatra mais uma vez está de volta aos assuntos públicos — na política, e na política presidencial.[90]

As indiscretas associações de Frank já tinham sido notícia antes, mas, como escreve (com frequência) sua filha Nancy, ele nunca foi indiciado por nada, e o tribunal da opinião pública em geral o absolvia com uma piscadela e uma advertência: seu talento e seu charme pareciam redimi-lo a cada vez, assim como a inveja popular de seu estilo de vida perdulário e de suas proezas em desconsiderar as autoridades.

Mas ele ansiava por voltar ao poderoso jogo de influências da arena política, e estava de volta, e de algum modo imaginara que seria capaz de agenciar o poder como fazia com quase tudo o mais — em seus próprios termos. O artigo no *Walt Street Journal*, uma transparente tentativa do jornal de solapar Humphrey, ditou novos termos.

Depois de permitir a Jim Mahoney uma breve réplica — "Esses relatos são fofocas, ataques maldosos e desnecessários. O sr. Sinatra tem se associado a presidentes, chefes de Estado e centenas de personalidades muito mais interessantes e merecedoras de notícias de jornal" —,[91] Gage abordou, num considerável nível de detalhe, as amizades de Frank com personalidades merecedoras de notícias de jornal — Willie Moretti, Lucky Luciano, os irmãos Fischetti e Sam Giancana. Ele recapitulou as aventuras de Sinatra com a Comissão de Controle do Jogo de Nevada e sua saída forçada do negócio de cassinos, desenterrando um novo boato, a saída involuntária de Frank do ramo das corridas de cavalos.

Frank, num paletó Nehru, durante a gravação do especial da CBS Francis Albert Sinatra Does His Thing, *em agosto de 1968. Com a tinta em seus documentos de divórcio de Mia Farrow ainda não de todo seca, Sinatra estava tão perturbado que quase não conseguiu ir até o fim do ensaio geral.*

"Antes de o sr. Sinatra vender sua participação no Cal-Neva, ele foi obrigado a vender uma participação no hipódromo de Berkshire Downs, em Massachusetts", escreveu Gage.

> Ele e o cantor Dean Martin haviam se tornado diretores do hipódromo em 1963. Essa participação violava um regulamento de Nevada que proibia a proprietários de cassino no estado [Martin tinha ações do Sands] ter participação no negócio do jogo em outro lugar.
>
> Outros, embora secretos, proprietários de Berkshire Downs na época eram Raymond Patriarca, o chefe da Máfia na Nova Inglaterra, e Gaetano (Three Finger Brown) Lucchese, o falecido chefe de uma das cinco "famílias", ou organizações, da Máfia de Nova York.[92]

Como peteleco final, o repórter observou que, conquanto Frank aparentemente se tivesse mantido afastado de gângsteres nos meses recentes, ele se relacionara com eles em âmbito privado.

> Em outubro último, o sr. Sinatra foi a Nova York para fazer um discurso [num ato beneficente em prol da Liga Antidifamação Ítalo-Americana, no Madison Square Garden]. Segundo os relatos da polícia, ele também foi de carro a Turnbull, Connecticut, para visitar em casa Dave Iacovetti, membro da família de Carlo Gambino, da Máfia de Nova York.

Nancy filha disse que isso era uma calúnia. Gage tratara de ligar o nome de seu pai a cada mafioso conhecido e a cada incidente da Máfia nos Estados Unidos, desde o início da década de 1940 até o presente, ela esbravejou, hiperbolicamente.[93] Mas ao escrever muito mais tarde, depois da morte do pai, Tina Sinatra expressou-se de forma mais moderada — e realista — sobre a persistente atração que exerciam sobre Frank aqueles arruaceiros de alta hierarquia cujos nomes terminavam com uma vogal: "Meu pai conheceu pessoas como Willie Moretti e Johnny Formosa durante toda a sua vida", ela admitiu. "Ele chegou à idade adulta numa época em que a política, o show business e o submundo formavam um triunvirato no qual os componentes se sobrepunham. As pessoas que nele atuavam tinham muita coisa em comum; todos estavam buscando dinheiro e poder."[94]

E agora os tempos tinham mudado, de maneira súbita e radical. O assassinato de JFK fora a linha demarcatória que havia separado os velhos tempos dos atuais. O florescimento da contracultura, que em certa medida, não pequena, foi uma reação à Guerra do Vietnã, logo provocou uma reação da direita. E em 1968 Richard Nixon, com toda a sua conversa sobre um plano secreto para dar fim à guerra, apresentava-se como um candidato da lei e da ordem. Numa época de assassinatos e de fúria com relação ao Vietnã, a tensão entre direita e esquerda estava aumentando, e Hubert Humphrey, agora o provável candidato democrata à presidência, estava entalado em algum lugar no centro. Os republicanos estavam preparados para usar todos os meios necessários para derrubá-lo, e o artigo de Nicholas Gage no *Wall Street Journal* lhes deu a munição da qual precisavam.

A reação ao artigo foi rápida e disseminada. "Há uma boa possibilidade de que sejamos todos sumariamente submetidos à lei e à ordem na campanha que está prestes a começar", escreveu em 21 de agosto Miles McMillin, colunista do

Capital Times, de Madison (Wisconsin). "Do modo como Nixon está falando, poderíamos pensar que ele era Matt Dillon concorrendo com Billy the Kid. E agora prepara-se o terreno para fritar Humphrey com base no papel desempenhado por Frank Sinatra em sua campanha."[95]

Em 1951, um jovem advogado chamado Joseph Nellis, conselheiro do senador Estes Kefauver na Comissão Especial sobre Crime Organizado no Comércio Interestadual, havia tomado um depoimento secreto de Frank sobre suas ligações com a Máfia. Agora Nellis escrevia um memorando particular a Humphrey, advertindo o candidato de que pouco havia mudado em Sinatra. Ele citou a visita de Frank a Washington com Allen Dorfman em maio, e sua presidência da Liga Antidifamação Ítalo-Americana, cuja liderança incluía pelo menos um homem ligado à Máfia. Quando Martin McNamara, conselheiro especial de Humphrey, descobriu que Sinatra era alvo de uma nova investigação do Departamento de Justiça quanto às conexões entre a indústria do entretenimento e a Cosa Nostra, também escreveu um memorando.[96] Logo Humphrey deixou de atender às ligações de Frank.[97]

Sinatra estava furioso, e não apenas com o *Wall Street Journal*. Na noite do divórcio, Rona Barrett, colunista de fofocas de uma rede de jornais, que também tinha um segmento do telejornal das onze horas na KABC-TV, fez uma breve e insinuante menção ao vivo à dança de Mia Farrow com George Jacobs no Daisy. Quando Jacobs voltou ao complexo de Palm Springs, Sinatra não quis conversa com ele.

"A criada veio até mim e disse: 'O sr. Sinatra quer que você saia da casa'", relembrou o criado. "Frank tinha se trancado em seu quarto e não saiu de lá. Bati na porta e perguntei: 'Qual é o problema? O que está acontecendo?'. Ele não abriu a porta. 'Mickey vai lhe contar. Mickey vai lhe contar', ele respondeu. 'Chame Mickey.'"[98]

Mickey Rudin disse a Jacobs que a menção de Barrett aborrecera Sinatra, e que seria melhor que Jacobs tirasse seus pertences da casa até que a coisa esfriasse. As coisas não esfriaram. "Todos os que cercavam o velho — Jilly e todos eles — trataram de envenenar sua mente até que ele de fato acreditou que seu criado pessoal estava dormindo com sua mulher",[99] disse Jacobs. Foi uma espécie de golpe por parte de Jilly, que havia muito tempo sentia estar competindo com Jacobs pela atenção de Frank. E aquilo era uma afronta passível de demissão.

"Depois de catorze anos juntos, ele simplesmente jogou essa rede sobre mim, e nem mesmo me olhou de frente para fazer isso", disse o criado, sem conseguir acreditar.

> Eu tinha estado tão próximo desse homem. Até assinava seu nome melhor do que ele. Na verdade, era eu quem dava todos os autógrafos. "Passe isso para o George", dizia Frank sempre que alguém queria um retrato autografado seu. Eu ia com ele a toda parte. Cuidei dele na tentativa de suicídio no lago Tahoe. Ajudei-o a passar pelo trauma com Ava, a única mulher que ele sempre amou. Até fui seu enfermeiro depois dos transplantes de cabelo… Levei todas as garotas de carro a Red Krohn para seus abortos, e tratei cada uma dessas damas como uma rainha, porque era isso que ele queria que eu fizesse. As mulheres que esse homem teve nesses anos todos! Ainda me lembro de Lee Radziwill esgueirando-se em seu quarto. Como é que eu sei? Eu ouvi. Eu sempre tive um quarto ao lado do de Frank para que ele pudesse bater na parede se precisasse de alguma coisa.[100]

Em consequência de sua demissão, Jacobs ficou tão furioso com Sinatra que jogou fora tudo que o patrão tinha lhe dado: relógios caros, roupas, sapatos, câmeras. "Não queria ter nada perto de mim que viesse daquele canalha", contou. "Recebi 12 mil dólares como pagamento pela demissão e dei cabo deles, e então vendi todas as minhas ações da Reprise Records."

Mas já perto do fim da vida, anos após a morte de Frank, Jacobs perdoou o ex-patrão. "Ah, cara, que vida eu tive com aquele pobre homem", disse. "Tenho tanta saudade dele, porra."[101] O ex-criado, idoso e quase cego, contava suas lembranças em sua pequena casa no lado ruim de Palm Springs, o inclemente sol do deserto a arder em suas janelas.

"Ó Deus, penso nele todos os dias", contou Jacobs.

> Foi como um pai para mim. O filho da puta, toda vez que saía de casa, perguntava: "Você tem algum dinheiro no bolso?". Não importava o que eu respondesse. "Aqui estão mais duzentos", ele dizia.
>
> Posso vê-lo dizendo: "Bem, já é tempo de você vir para cá". Eu dizia: "Sr. S., tenho uma porção de coisas a fazer, o senhor sabe disso". Ele dizia: "Quanta coisa você tem de fazer para outras pessoas que não faz para mim?". Eu respondia: "Bem, tem uma porção de coisas". Porque eu tinha famílias. Precisava sustentar famílias.

Mas ele me dava o dinheiro, e assim eu tinha de fazer o trabalho para ele. E eu dava um duro danado.

Ele não parecia solitário?, perguntei.

"Muitas vezes eu achava que sim", respondeu Jacobs.

Ele não precisava se sentir solitário. Todos em Hollywood tentavam fodê-lo. Pat Lawford — todo mundo. Ah, cara. Esse sujeito, tudo que precisava fazer era estalar os dedos, e o quarto ficava cheio. Eu ia acordá-lo para o café da manhã, e cinco raparigas saíam do quarto.

Mas ele e eu costumávamos nos sentar e conversar o tempo todo. Ele ficava em seu divã na sala de estar, o pé em cima da mesa. Sentávamos e batíamos um papo. E então, depois de ele ficar sentado ao sol, eu lhe levava um drinque ou alguma outra coisa, passava óleo nas suas costas ou nas suas pernas. Ele tinha atenção constante, porque eu estava lá com ele o tempo todo.

Sobre o que eles conversavam?

"Antes de ir para a cidade ele sempre queria saber o que estava acontecendo por lá", ele disse.

Eu tinha de ir e dar umas voltas. É tão engraçado o modo como ele confiava em mim, para tudo. E quando Sam e aqueles sujeitos vinham de Chicago, esses filhos da mãe pensavam que eu era o líder. Eu sabia de todo mundo na cidade. Eu sabia de tudo. Assim eles imaginavam. "Pergunte ao George, ele sabe. Merda, se não sabe, ele vai descobrir."

Perguntei a Jacobs se ele alguma vez tinha sonhado com Sinatra.

"Com muita frequência", ele respondeu.

Tenho alguns puta sonhos no meio da noite. Acordo e não consigo voltar a dormir. É sempre sobre alguma coisa, comigo e com ele. "Ei, Spook." Esse era o meu apelido. Eu pegava essa porra de Dual-Ghia, ia para a cidade e transava toda noite. "Ei, Spook. Alguma vez você deixa o carro para eu dirigir?" Eu dizia: "Não sabia que o senhor queria usá-lo. Vou deixar seu carro para o senhor". Ele ria! Ah, como sabia rir.

E Jacobs tinha perdoado a mulher que fora a causa de sua demissão?

O velho homem sacudiu a cabeça. "Ó Deus, ela era uma criança", ele disse. "Eu não conseguia suportar essa putinha. Mia me envolvia nas coisas. Se ela fazia algo de errado, dizia: 'Deve ter sido o George que fez isso'. Era como tomar conta do filho de alguém."

"Ela era uma dissimulada", contou Jacobs. "Havia sempre essas historinhas e coisas que inventava, e Frank olhava para mim e dizia: 'Cara, ela devia escrever filmes em vez de atuar neles'. Ela possuía uma mente muito imaginativa."

Sinatra foi encarregado de ser o mestre de cerimônias e cantar num almoço para Muriel Humphrey e 2 mil delegadas na Convenção Nacional do Partido Democrata em Chicago, e de se apresentar numa festa para o prefeito Richard Daley — mas então, de repente, ele não iria mais comparecer. No domingo anterior à convenção, anunciou que um "compromisso urgente de gravação"[102] ia mantê-lo na Califórnia a semana inteira.

Não havia compromisso de gravação, urgente ou não. Na verdade, ele não tinha naquela semana nada mais urgente a que se dedicar do que um morno romance com Carol Lynley, de 26 anos, que estava fazendo um filme na Warner Brothers durante o dia e dançando no Daisy à noite.[103]

Como se viu depois, no entanto, ele perdeu uma convenção incrível. Entre violentos embates entre ativistas antiguerra que protestavam e o Departamento de Polícia de Chicago — instigados pelo prefeito Daley, que pretendia que a convenção fosse uma demonstração de seu status como poderoso agente democrata e sentiu-se afrontado pessoalmente por aquela desordem —, os democratas designaram Humphrey como seu candidato à presidência. Sinatra continuaria a fazer campanha para ele, menos por amor a Humphrey do que por ódio a Richard Nixon, o homem que tinha planos secretos para acabar com a guerra.

Entre meados de agosto, época de seu divórcio, e início de novembro, Frank esteve muito pouco em evidência. Não gravou e, embora estivesse escalado para começar a fazer um filme da Twentieth Century Fox chamado *Jogo de paixões*, com Elizabeth Taylor e o diretor George Stevens, em Paris, no início de setembro, ele saiu do projeto de maneira abrupta depois que Taylor, que tivera mais uma de suas inúmeras crises de saúde em agosto, anunciou que precisava adiar o início das filmagens.

Ele não pareceu ficar aflito com essa decisão, apesar da polpuda remuneração que lhe vinha dos filmes que fazia. "Frank Sinatra, que ganha 1 milhão de dólares e um percentual de cada um de seus filmes, fica também com o negativo do filme depois de sete anos", escreveu Sheilah Graham em sua coluna. "O único outro ator, que eu saiba, que recebe esse bônus é Cary Grant." Ela acrescentou então um perspicaz pós-escrito: "Duvido que Frank seja rico. Ele espalha seu dinheiro por toda parte".[104]

A desculpa de Sinatra para deixar o filme foram conflitos em sua agenda — sendo os conflitos em questão um concerto beneficente para o sindicato dos caminhoneiros em St. Louis, em 30 de outubro, e sua estreia, em 22 de novembro, no Caesars Palace, em Las Vegas.[105] Poder-se-ia pensar que um homem determinado daria um jeito de conciliar esses dois eventos, porém, mesmo com 1 milhão de dólares por filme, Frank não estava especialmente ansioso por ter sua agenda ditada por Liz Taylor, nem por trabalhar em Paris — nem, por outro lado, por trabalhar com George Stevens, um rigorista famoso por exigir que seus atores fizessem muitas tomadas de cada cena.[106] O papel foi dado a Warren Beatty; o filme foi um fiasco.

O que Sinatra parecia estar mais determinado a fazer naquele outono era apagar a lembrança de Mia. Ele estava de novo saindo com mulheres: ao mesmo tempo que Carol Lynley, houve — pelo menos na tela do radar — atrizes tão exóticas (e jovens) quanto Irene Tsu (*Flor de lótus*), de 23 anos, nascida em Xangai, e Quinn O'Hara (*Fantasma de biquíni*), de 27, nascida em Edimburgo.[107] E depois houve a mais exótica e jovem de todas: "O nome de Frank Sinatra está sendo associado em toda parte com o de uma loira sueca de vinte anos, Ingalill Klippinger, que ele conheceu num clube de jogo em Londres",[108] escreveu o colunista do *Chicago Tribune* Robert Wiedrich em 27 de setembro.

Ingalill Klippinger?

O nome soa falso porque de fato era, tão falso quanto tudo o mais que dizia respeito a ela. Na realidade, Ingallil Klippinger era Diane McCue, uma garota perdida que tinha fugido de sua família disfuncional em Pittsburgh e se tornado stripper num notório lugar violento de Baltimore, o Block. No verão de 1968, o proprietário de um clube em Baltimore, Sammy Goldstein, amigo de Jilly Rizzo, mandou McCue para Nova York, como um presente para Frank Sinatra. Um homem chamado Nick the Pig foi buscar ela e uma amiga, presente para Rizzo, no aeroporto Kennedy e a levou até Jilly, e foram feitas as apresentações. No dia em que Diane McCue conheceu Frank, ela parecia ter cerca de, mas ainda não, quinze anos.[109]

Como várias outras mulheres que alegam ter sido amantes de Sinatra, McCue escreveu suas memórias alguns anos depois, e é na verdade uma história infame, que gira em trono de mafiosos, drogas e o assassinato brutal de Sammy Goldstein, que era amigo de Frank e também de Jilly.[110] Grande parte de sua história bate com os fatos. Há evidências de que ela e Sinatra estiveram de fato envolvidos: há relatos da imprensa que associam um ao outro e fotografias dos dois juntos. Há também evidência de que realmente tinha cerca de quinze anos quando eles se conheceram, o que faz dela sua amante mais jovem desde Natalie Wood, em 1954.[111]

Como Wood, McCue era sexualmente precoce, mas o fato de as relações terem sido consensuais não as torna menos perturbadoras. Elas carregam consigo uma espécie de sentido amoral: em ambos os casos, Frank estava saindo do fim de um casamento e buscando uma espécie de retomada por meio de uma fantasia com uma virgem. Era um tipo de consolo que seu poder podia lhe permitir. Sinatra também era romântico: dizia que o etéreo balé com dois jovens amantes *Daphnis et Chloé*, de Ravel, era sua peça favorita.[112]

Diane McCue tinha vindo de um lugar muito diferente — o mundo do venha-o-que-vier às três da manhã do Block e da rua 52 Oeste, um ambiente no qual Jilly era tanto cúmplice de Frank quanto seu facilitador. Mas naquele outono ela acompanhou Sinatra a um evento em outra espécie de mundo, um mundo que estava cada vez mais se tornando o centro de Frank, a velha guarda, os jogadores de golfe e de tênis, o cenário das celebridades e da sociedade em Palm Springs. "Em 15 de outubro de 1968, Frank e eu chegamos à grande abertura do Jilly's West numa enorme e comprida limusine", ela relembrou.

> Havia um grande ajuntamento de astros do cinema e celebridades na frente do bistrô. Uma das atrizes olhou para mim e inclinou-se na direção de outro ator. Ela lhe perguntou: "Quem é essa garota com Frank?".
>
> "Não sei; ela se parece um pouco com Mia", ele disse.[113]

Esses dois astros, ela escreve depois, eram Lucille Ball e David Janssen.

O colunista social do *Oakland Tribune*, Robin Orr, comentou o evento, sobretudo porque o financiador de Jilly (e amigo de Frank), Danny Schwartz, tinha feito fortuna na área da baía de San Francisco, antes de mudar para o deserto. "Schwartz e sua mulher, Natalie, que deu o nome *Natilus* a seu Learjet, eram coanfitriões na animada festa que inaugurou o novo *nigthclub*", Orr escreveu.

> Quatrocentos membros dos resplandecentes mundos da sociedade e dos refletores compareceram, entre eles os grandes amigos dos Schwartz, Frank Sinatra, Lucille Ball e seu marido Gary Morton, e Jilly Rizzo, o proprietário oficial do novo clube.
>
> Jilly é também um velho amigo de Sinatra, e seu piano-bar na rua 52 Oeste em Nova York tem sido o cenário de muitos filmes de Sinatra. Cenas de *O bem-amado* e *Sob o domínio do mal* foram rodadas ali,
>
> Em todo caso, tanto Jilly como Frank estiveram presentes na festa da noite de terça-feira e na festa realizada no aeroporto para a despedida de Frank, que seguiu para sua campanha política.[114]

O colunista deixou de mencionar a stripper loira de quinze anos de braço dado com Sinatra na reluzente festa.

Diane McCue não embarcou no Learjet de Frank para suas duas próximas paradas, o evento beneficente do sindicato dos caminhoneiros em St. Louis e um comício de Hubert Humphrey no Astrodome de Houston, em 3 de novembro, dois dias antes da eleição.[115] Na terça-feira, dia 5, os democratas perderam a presidência para Richard Nixon por apenas meio milhão de votos populares, após sua campanha ser prejudicada de maneira irremediável pelo caos em Chicago, pelo continuado trauma da guerra e pela candidatura independente de George Wallace, ex-governador do Alabama, se é que não pela mácula das conexões de Frank Sinatra com a Máfia.

Foi um resultado deprimente: em 1960, Frank tinha conseguido utilizar sua influência para manter Nixon — um homem, relembrou Shirley MacLaine, que ele "odiava com um ódio corrosivo"[116] — fora do cargo; agora sua influência declinara claramente. Mas ele logo encontraria uma maneira de se ajustar à época.

Na semana seguinte Sinatra foi à Western Recorders para gravar dois singles com Nelson Riddle; nenhum dos dois sabia, na noite de 11 de novembro, que, pelos oito anos seguintes, seria a última vez que trabalhariam juntos.[117]

As ligações para Nelson Riddle eram agora muito menos frequentes; Don Costa se tornara o homem a quem Frank recorria em sua vã tentativa de produzir sucessos para o Top 40 ("My Way of Life" e "Cycles" tinham estado por um breve período na lista, mas a primeira só alcançou o sexagésimo lugar, e a segunda, o 41º — ficou mais perto do topo, mas não o bastante para um charuto comemorativo).[118] E, embora o sustento de Riddle não dependesse mais de Sinatra — estava se dando bem escrevendo música para filmes e para a televisão —, ele se ressentiu de sua inconstância. "Já mais para o fim, Nelson não gostava particularmente de Frank", relembrou Bill Miller. "Ele sentiu como se Frank estivesse se desvencilhando dele."[119]

As duas canções gravadas naquela noite foram uma balada sofrível chamada "Blue Lace" (música de Riziero Ortolani, letra de Patty Jacob e Bill Jacob) e a música *bop* que era o tema-título do filme *Star!*, de Julie Andrews.[120] Nenhuma das duas acrescentou muito brilho à obra de Sinatra-Riddle. As familiares e tremeluzentes figuras da flauta em "Blue Lace", embora encantadoras em si mesmas, só evocavam, de forma tentadora, o grande trabalho que Frank e Nelson tinham realizado juntos no passado: um reflexo turvo de um fogo distante.

Na noite seguinte, Frank estava de volta com Costa. Devido ao (relativo) sucesso de "Cycles", ele decidira fazer um álbum em torno da canção, um LP cujo cerne seria de folk rock e em torno do qual haveria country e western — com exceção do retumbante "My Way of Life", que não era nem uma coisa nem outra. *Cycles*, o álbum, foi gravado em três noites, de 12 a 14 de novembro, com Bill Miller regendo os arranjos de Don Costa.

O público tinha mudado. Não mais gravatas Countess Mara e as balouçantes pulseiras de pingentes, substituídas por camisas de gola rulê, correntes com medalhões e minissaias. Um novo tipo de espectador de celebridades também tinha surgido: entre os que compareceram às sessões de *Cycles* estavam o fenômeno do falsete Tiny Tim e George Harrison com sua mulher, Pattie. Uma foto da sessão mostra Sinatra numa conversa séria com o Beatle, que parece encantado por estar na presença de Frank. É uma imagem tocante, e também um forte contraste entre a música do presente e a do passado. Harrison, que estava especialmente impressionado com a eficiência de Sinatra, bem pode ter feito a principal pergunta que tinha em mente: "Como é que você faz isso? Nós levamos meses para gravar um único álbum".[121]

Os Beatles, cujas apresentações públicas haviam ficado no passado, eram agora exclusivamente uma banda de estúdio, que fazia magia musical com seu brilhante produtor George Martin e seu engenheiro de som Geoff Emerick. Sinatra ainda fazia isso da maneira antiquada, mas a dura verdade era que a tentativa de, ao mesmo tempo, se adaptar ao presente não era de seu feitio.

O terrível paradoxo era que a grande e suave voz que cantava a melosa "Cycles" e, agora, as verdadeiramente horríveis "Pretty Colors" e "Moody River" era a mesma grande e suave voz que cantara "Dindi", "Everething Happens to Me" e "What Is This Thing Called Love?". Era um gênio com um uso equivocado — ou, no melhor dos casos, no lugar errado. Havia material de valor em *Cycles* — Joni Mitchell e Judy Collins tinham feito uma coisa linda de "Both Sides Now", de Mitchell (que Frank, por alguma razão, insistia em chamar de "From Both Sides, Now"), e Glen Campbell (que tocara guitarra em várias sessões de Sinatra) fizera singles brilhantes com "By the Time I Get to Phoenix", de Jimmy Webb, e com "Gentle on My Mind", de John Hartford.

Mas, conquanto Frank pudesse cantar essas canções de forma magnífica — ou, mais corretamente, pudesse emprestar a magnificência de sua voz a essas canções —, seu coração não estava com elas, e isso era claro. Eram músicas de outra geração, e, para ele, cantá-las era quase a mesma coisa que Frank Sinatra usar jaqueta jeans tachonada, medalhões, camisas de gola rulê e paletós Nehru: ele podia fazer isso, pelo menos um pouco, por força de sua personalidade; mas era uma nota em desarmonia, e o risco de se tornar risível era real.

A mulher de pedra foi lançado em 20 de novembro, e as resenhas não foram de todo terríveis. Exercitando sua nova veia de crítico de filmes (e se exibindo um pouco), Vincent Canby, do *New York Times*, classificou a obra água com açúcar, ambientada em Miami, de forma enérgica e ambivalente (é tão ruim que chega a ser bom mas na verdade é ruim), chamando-a de "uma mistura tão perfeita do material com o ambiente que a extraordinária vulgaridade e o desleixo do filme quase podem ser apreciados por si mesmos, como se fossem grafite em tela larga".[122] Mas Charles Champlin, do *Los Angeles Times*, ecoou os sentimentos de muitos ao se concentrar em Frank:

> Ele representa o ex-policial que se tornou detetive particular com uma mistura ficcional, testada pelo tempo, de indiferença e cinismo, de um maltratado mas sobrevivente idealismo, espirituosidade, coragem, libido, sede e todas as demais an-

siedades interessantes. Ele curte claramente o papel e é esse evidente prazer que faz efervescer o tênue material num vívido divertimento.[123]

Tudo verdade. *A mulher de pedra* fez *Crime sem perdão* parecer pesado — e Sinatra, como não acontecera em seu filme anterior, estava com um aspecto fantástico. Muito bronzeado e magro em seu terno claro de verão (todos os problemas com Mia pareciam ter lhe arrancado vários quilos), ele saltava ao longo de uma ação de desenho animado com um humor e uma energia surpreendentes, dada sua suposta irritabilidade durante filmagens. As cenas de Frank com Dan Blocker, que esteve maravilhoso como o imenso e ameaçador Gronsky, eram deliciosas, embora as que partilhou com Raquel Welch, que seguiu com perfeição as pegadas em salto alto de Jill St. John, estivessem bem longe das de Bogie e Bacall. Se o espectador desligasse suas faculdades críticas, boa parte do filme era bem divertida — bastante gente fez isso, tornando *A mulher de pedra* um filme bem lucrativo.

"Como havia provado no passado, o sr. Sinatra tem um talento muito apurado e raro", escreveu Vincent Canby ao final de sua resenha, "mas ele precisa de pessoas competentes para trazê-lo à tona, como John Frankenheimer em *Sob o domínio do mal* ou Ella Fitzgerald e Antonio Carlos Jobim no especial de televisão do ano passado."[124]

Isso foi ao mesmo tempo perspicaz e presciente. Não estava claro, em novembro de 1968, para onde exatamente sua carreira no cinema deveria prosseguir. "Frank Sinatra estava farto de representar detetives", escreveu Dorothy Manners; "os produtores não tinham de se dar o trabalho de oferecer-lhe um."[125] Mas o que isso deixou? Gostasse ou não, ele passara da idade para um protagonismo romântico. Da maneira como aconteceu, *A mulher de pedra* era uma espécie de anticlimático canto do cisne. Nos filmes, como no resto de sua carreira, Sinatra ficou plantado numa situação estranha, uma figura gigantesca com possibilidades reduzidas.

Como que para sinalizar seu recuo, ele anunciou que estava deixando Los Angeles, cidade onde tinha morado durante 25 anos. No início de novembro, depois que professores e cientistas da Faculdade de Medicina da UCLA publicaram uma declaração em que advertiam quanto aos perigos da persistente cobertura de uma neblina de poluição e instavam todos que podiam deixar a cidade a fazê-lo, Frank levou isso ao pé da letra.[126] "O ar não está respirável, por isso estou indo embora", anunciou. "O *smog* está tão ruim que tive de me consultar com meu médico três dias por semana porque isso tinha me afetado o nariz e a garganta."

"A coisa mais surpreendente na última declaração de Frank", escreveu a colunista Joyce Haber, "é que, como sabem os que privam com ele, o cantor não tem um médico de nariz e garganta. (Ele não tem um médico de modo geral, a menos que se leve em conta seu amigo obstetra Leon Krohn.)"[127]

(Na verdade, a coisa mais surpreendente dessa declaração de Frank foi que ela deixou de mencionar os efeitos, em seu nariz e em sua garganta, de seus abandonos e retomadas — mas sobretudo as retomadas — do hábito de fumar dois maços de Camel sem filtro por dia.)

"Sinatra disse que estava vendendo sua casa (ou casas?) em Los Angeles, o que o deixa com seu retiro no deserto, uma casa novinha e estilosa em Manhattan e um novinho e estiloso apartamento em San Francisco, que ele chama de 'uma cidade adulta e animada'", continuava Haber.

> Mas pessoas que estão "por dentro" e eu apostamos em Manhattan. Manhattan tem o Jilly's, essa taberna na rua 52 Oeste cujas paredes são cobertas de fotos de Frank, entre elas uma monstruosa ampliação com seu amigo Larry Harvey. Sem mencionar um letreiro, junto ao banheiro masculino, que fica piscando "Lar do Rei".

Mas não foi assim, embora o ar de Manhattan representasse uma ampla melhora em relação ao de Los Angeles. E esses que "estavam por dentro" e Joyce Haber não levaram em consideração o profundo e duradouro amor de Sinatra pelo deserto. Palm Springs continuaria a ser seu lar e centro de operações pelo resto de sua vida.

"O paletó Nehru parece ser 'in', mas é o começo do fim", tinha escrito Jack O'Brien numa coluna de abril, acrescentando o golpe de misericórdia: "Meia dúzia de restaurantes nada chiques os encomendou para os garçons e eles se tornaram os uniformes em salões de beleza por toda parte".[128]

Frank pareceu não tomar conhecimento desse lembrete: ali estava ele naquele paletó Nehru de veludo cotelê branco (e colar de contas) no fim de novembro, no quarto especial de televisão de sua reiniciada carreira, modestamente intitulado *Francis Albert Sinatra Does His Thing* [ao pé da letra, "Francis Albert Sinatra faz a sua coisa]. Ainda tinha uma boa aparência — magro e com o mesmo bronzeado com que aparecera em *A mulher de pedra*. A peruca, no entanto, era diferente: para a temática jovem e moderna do show na TV ele usou um aplique agressivamente moderno, uma franja à Júlio César.

Mas a observação que fez no clímax do show foi conciliatória: "Ninguém me explicou o que se supõe que seja essa 'minha coisa'", disse ele, rindo, "mas não pode ser muito ruim, já que estão me deixando fazê-la na televisão".[129]

E o que ele fez foi bastante bom. Cantou "Hello, Young Lovers" e "Baubles, Bangles, and Beads" e — é claro — "Cycles"; fez um pot-pourri de spirituals com Diahann Carroll; e então, usando um extravagante paletó Nehru de um azul-claro psicodélico (parecia ter sido franzido com fio metálico), dançou de forma corajosa mas um tanto desajeitada enquanto cantava "Sweet Blindness", de Laura Nyro, com The 5th Dimension. "Obrigado, pessoal", ele disse, quando terminaram o número. "E não olhe agora, Francis Albert, mas o gap de sua geração está ficando visível."[130]

E estava. Assim como o fato — conforme evidenciado por algumas encenações canhestras, sons estranhos, e a desgraciosa troca colateral de olhares e sinais entre Frank e duas garotas que estavam lá como extras ornamentais — de que ele tinha permitido que o ensaio geral fosse ao ar. Mas as resenhas foram respeitosas: intocável ou não, ele deslizava no conforto de ser Sinatra.

Na antevéspera do Dia de Ação de Graças ele estreou no Caesars, com o suporte — espectro de 1939 — da Harry James Orchestra.[131] José Feliciano, The 5th Dimension e Pat Henry também estavam no programa. O fiasco no Sands ocorrera mais de um ano antes, e Las Vegas tinha mudado muito. Depois de adquirir o Desert Inn e o Sands, Hughes continuou sua farra de aquisições, arrebatando o Castaways, o Frontier e o Silver Slipper.[132] Suas equipes de contadores atentos aos mínimos detalhes estavam a postos, garantindo uma contabilidade correta e o mínimo possível de falcatruas. Sin City estava a caminho de ser a Disney no Deserto. "A Las Vegas dos velhos tempos, quando era de fato possuída e operada pela Máfia, foi uma das grandes cidades de todos os tempos", disse Polly Berben. "Ela só ficou entediante quando as corporações assumiram. É triste dizer isso, mas é realmente a verdade."[133]

Nem o Circus Maximus do Caesars Palace tinha algo parecido com o Copa Room. "Quando Frank foi para o Caesars, era como quatro Copa Rooms reunidos",[134] relembrou Rob Fentress, que observava Sinatra havia bastante tempo e assistiu a muitos de seus shows em ambos os cassinos. Ele estava exagerando, mas só um pouco: na sala de espetáculos do Sands cabiam 350 pessoas sentadas; na do Caesars, 1100 ou mais. Sinatra conseguia dominar uma plateia de qualquer proporção — no Rio de Janeiro, em 1980, ele cantaria para 175 mil pessoas num estádio de futebol —, mas a emocionante intimidade do Copa Room era agora coisa do passado. Apesar de todo o entusiasmo da *Variety* ("O retorno de Frank Sinatra à Strip foi, como alguém poderia chamá-lo, um arraso", escreveu "Duke", o veterano crítico de entretenimento da revista),[135] seus fãs mais apaixonados poderiam apontar a diferença. O estresse do ano anterior e o tamanho da nova e enorme sala se combinaram para apequená-lo, de maneira ligeira mas notável. "Não havia lá a eletricidade dos tempos do Sands", disse Fentress. "E sua voz não era a mesma."[136]

Paul Anka conheceu Frank em 1959 ou 1960, quando o jovem canadense, fenômeno do pop, estava se apresentando em Las Vegas pela primeira vez. "Eu tinha dezoito ou dezenove anos — nem me deixaram entrar no cassino", ele lembrou.

> Conheci Sinatra e os rapazes, e eles estavam sempre juntos. A maior curtição que eu jamais tivera foi naquela sauna. Tudo que se possa imaginar acontecia lá [...]. As mulheres que estavam por lá o tempo todo! Não só eram atraentes como sabiam o que estavam fazendo [...] se você quisesse transar — e transar de verdade —, era lá que você poderia transar.[137]

"O pequeno árabe",[138] como Frank o chamava — Anka tinha ascendência libanesa e síria —, era um jovem muito talentoso, um hábil compositor de canções, bem como cantor, e, ao mesmo tempo, o perfeito acólito de Sinatra: amante da diversão, pouco exigente e deslumbrado. "Frank Sinatra, Dean Martin, Sammy Davis Jr. — eram como pequenos deuses de smoking e sapatos de couro laqueados", ele escreveu em suas memórias.

> Eles não falavam como as outras pessoas, não se comportavam como as outras pessoas, não tinham de seguir as regras da maneira como outras pessoas seguiam, os regulamentos normais do dia a dia não se aplicavam a eles [...].
>
> Mais tarde Frank e o resto do Rat Pack me adotaram. Recebi deles pequenas joias de sabedoria sobre como representar e como me comportar. Ao assistir aos ensaios no Copa Room do Sands Hotel, aprendi sobre estilo, e os insights de quem estava por dentro de como se apresentar em cena. Era como ir a uma faculdade para aprender o que era legal.[139]

Com o decorrer dos anos, Anka tornou-se membro adjunto do círculo de Sinatra, saindo com ele quando suas agendas coincidiam, para o Sands, o Copa, o Jilly's, o Fontainebleau. Uma vez, no final da década de 1960, lembrou, jantou na Flórida com Frank "e alguns sujeitos da Máfia", aos quais Sinatra de súbito anunciou: "Estou saindo do negócio. Estou farto disso, estou dando o fora".[140]

As palavras despertaram uma lembrança. Alguns anos antes, em férias no sul da França, Anka tinha ouvido uma canção francesa chamada "Comme d'Habitude" [Como de hábito]. "Achei que era uma gravação ruim, mas havia alguma coisa nela",[141] contou. Ele havia adquirido os direitos de publicação. Agora poderia fazer da melodia uma canção de Sinatra.

"À uma da manhã me sentei diante de uma velha máquina de escrever elétrica IBM e disse: 'Se Frank fosse escrever isso, o que ele diria?'", lembrou Anka.

> E comecei, metaforicamente, "And now the end is near".* Li um monte de periódicos, e notei que tudo era "meu isso" e "meu aquilo". Estávamos na "geração eu", e Frank se tornou o cara que eu ia utilizar para dizer aquilo. Usei palavras que nunca usaria: "I ate it up and spit it out".** Mas era assim que ele falava.

Pelo menos era assim que ele falava quando estava tentando parecer durão. As palavras das canções que ele cantava, tão cuidadosamente estudadas e interiorizadas em sua emoção, eram onde ele expressava seu mais elevado modo de ser. Mas Anka, achando que a nova letra era "toda ele",[142] ligou para Frank, que estava no Caesars, e disse: "Tenho algo realmente especial para você".[143]

* E agora o fim está próximo. (N. T.)

** Eu comi isso e cuspi de volta. (N. T.)

Sinatra ficou apreensivo. A canção "na verdade não tinha absolutamente nada a ver com minha vida",[144] ele diria depois.

> Sei que é um sucesso muito grande — e eu gosto de grandes sucessos —, mas toda vez que me levanto para cantar essa canção eu tenho que me segurar, porque, não importa que imagem ela projete, eu detesto a presunção nos outros. Odeio a imodéstia, e é assim que me sinto toda vez que canto a música.[145]

Ainda assim, o círculo interno o convenceu de que ela daria um bom single, e numa rara sessão na tarde do penúltimo dia do ano, com Bill Miller regendo uma orquestra de quarenta instrumentos, Frank gravou "My Way" em um só take.[146]

Fechando um ano que começara com sofrimento e tristeza com um grito que veio do coração de outra pessoa.

QUINTO ATO

O último show

26.

Fora, no jardim, mastigando vigorosamente a grama verde verde, estava o encantador presente de Natal de Frank, dois burros sicilianos gêmeos, que ele chamou de Cosa e Nostra.

Suzy Knickerbocker, em sua coluna de 10 de janeiro de 1969

O deserto era agora seu lar; a vida tinha mudado. Se a vida de Frank Sinatra era um processo contínuo de troca de amigos íntimos, uma muda periódica, a companhia que ele reuniu à sua volta naquele Natal dizia volumes inteiros sobre quem ele havia se tornado e quem ele gostaria de ser.

Por sua vez, a confraria resplandecente dos amigos de Frank, todos eles ricos e bem, ao longo de vários anos, estava emocionada por estar com ele — ele era *Sinatra*, pelo amor de Deus. A pecha de "não convencional" que o acompanhava era também uma parte importante de sua aura. A colunista social Suzy Knickerbocker fez a crônica do encontro dos dois mundos. "Logo antes do Natal, quando a neve voa no leste e o *smog* polui no oeste", ela escreveu, maliciosa, no início de janeiro, "um grupinho brilhante e muito interligado de ambas as costas do país, carregando cestos cheios de gulodices, atravessa as florestas a caminho da casa de vovó Frank Sinatra em Palm Springs para passar a alegre temporada das festas de fim de ano."[1]

Suzy, também conhecida como Aileen Mehle, era uma loira mignon e atraente de certa idade — 44, para ser exato — que afetava um tom apetitosamente sarcástico em suas crônicas sobre os ricos e famosos, mas amaciava de modo considerável esse tom quando se tratava de Frank Sinatra, com quem ela saía de vez em quando. Essa proximidade de alguém que era tema de suas colunas lhe conferia grande vantagem em relação a Earl Wilson, cujo prestígio com Frank tinha minguado com rapidez após seu infeliz ataque de candura no episódio do Fontainebleau. Em troca das gentilezas de Mehle, Frank não apenas lhe permitiu ter o status de colunista mais favorecida como também a trouxe direto para dentro do grupo. Era uma posição que permitia a ela ser tanto observadora quanto participante durante aquelas festas na Wonder Palms Road — uma situação fatalmente conflitante em si mesma, mas os jornais não lhe estavam pagando então por um jornalismo objetivo.

Era uma época em que a sociedade ainda parecia ter importância, antes de um tempo em que celebridades meramente vulgares tinham se tornado a moeda corrente. Mehle descreveu a borbulhante companhia, a mansão do prazer no deserto com as cinco casas de Sinatra, sua hospitalidade, com pródigos e generosos detalhes, e o efeito foi (e é) não só suscitar inveja mas provocar náusea, como quando se enfia à força patê de fígado ou caviar goela abaixo. Pode-se ver e sentir o ambiente de Frank, mas procura-se em vão por alguma confusa humanidade nele. "Sinatra é muito, muito mais que um anfitrião superlativo e totalmente encantador; ele é um incrível anfitrião que nunca deixa escapar nada", escreveu num arroubo a colunista.

> A propriedade de Sinatra irradia-se em torno da casa principal, onde o dono mora, cuida do bar e preside a hora do coquetel, e onde o grupo almoça e janta na nova e linda sala de jantar cheia de quadros [...].
>
> À esquerda da casa principal, voltada para um cenário de montanhas que parecem ter sido colocadas ali especialmente para a ocasião, está o grande salão, um aposento enorme com uma crepitante lareira, um ruidoso bar e um tilintante piano. Aqui é possível assistir toda noite a um filme, ou ouvir discos no Discomatic que o sr. Loel Guinness deu a Frank no ano passado.
>
> Enganchada no grande salão e marcada com uma placa de bronze fica a sala Yul Brynner.[2]

Yul não pudera comparecer naquele ano, escreveu Suzy, nem os Guinness, que estavam com os netos em Palm Beach, nem os Leland Hayward, que estavam produzindo uma peça em Nova York. Truman Capote fora esperado, mas tinha ido de carro, atravessando o país, em vez de pegar um avião, e chegou "bem a tempo de perder tudo".

Por sorte, escreveu Mehle, todos os outros apareceram: os Bennett Cerf, que dividiam o Chalé Cerf, casa deles separada da residência principal, com os Armand Deutsche, "de Beverly Hills e com a fortuna da Sears, Roebuck & Co. O sr. e a sra. Freddie Brisson (Rosalind Russell) estavam enfurnados na Casa Árvore de Natal, assim como o sr. e a sra. William Goetz, o tsar e a tsarina da sociedade de Beverly Hills".

E os Joe Mankiewicz e os Mike Romanoff, na Casa Árvore de Natal; e Claudette Colbert, na Casa Hayward; e Arthur e Bubbles Hornblow, em solitário esplendor, na casa que tinha seu nome.

Se Capote tivesse ido, teria muito sobre o que escrever. Também teria sido o único convidado, além de Mehle, abaixo dos cinquenta.

"Fora, no jardim, mastigando vigorosamente a grama verde verde", concluía a colunista, "estava o encantador presente de Natal de Frank" — ela não disse de quem —, "dois burros sicilianos gêmeos, que ele chamou de Cosa e Nostra. São tão idênticos, na parte norte e na parte sul, que às vezes eles não sabem quem é um e quem é o outro."[3]

E eles venceram de goleada um táxi londrino.

De volta ao leste, o antigo mundo intrometeu-se de maneira dolorosa. Em Nova York, poucos dias após o Ano-Novo, Nancy Sinatra estava gravando um *Kraft Music Hall* especial quando seu pai e Jilly apareceram no Estúdio 8H da NBC. Surpresa e deliciada ao ver o pai, ela o abraçou e beijou — e de repente viu que Frank não estava sorrindo.[4] Seus olhos estavam vermelhos e cansados. Ele disse apenas: "Por favor, ligue para seu avô".

Marty Sinatra, 76 anos, fora hospitalizado com um problema cardíaco — um aneurisma da aorta. Quando seu estado piorou, Frank o fez internar-se com urgência no Hospital Metodista em Houston, onde trabalhava o dr. Michael DeBakey, famoso cirurgião especializado em transplante de coração. Mas o Sinatra mais velho, que fora asmático a vida inteira, logo desenvolveu um enfisema, e o dr. DeBakey não poderia fazer muito por ele. Tampouco Frank, a não ser ficar sentado junto à cama do velho, impotente apesar de todo o seu poder, segurando a mão do pai enquanto este arfava em busca de ar.

Anthony Martin Sinatra, nascido Saverio Antonino Martino Sinatra em Lercara Friddi, Sicília, em 1894,* morreu no dia 26 de janeiro. Pequeno (quase dez centímetros mais baixo que Frank), rude, taciturno e analfabeto, os braços cobertos de tatuagens de seu tempo de boxeador profissional peso-galo, o ex-capitão de bombeiros de Hoboken tinha sido um modelo de masculinidade, mas Frank Sinatra era em quase tudo o filho de sua mãe: impaciente, irascível a ponto de ser dado a explosões de mau humor, brilhantemente verbal.[5] Aos sessenta anos ele lembraria como, quando criança, ouvia os pais através da parede do quarto: "Às vezes eu estava deitado no escuro acordado e os ouvia conversar", contou.

> Ou melhor, eu a ouvia falar enquanto ele escutava. Na maioria das vezes era sobre política ou algum vizinho sem importância. Lembro-me dela fazendo um discurso sobre como Sacco e Vanzetti tinham sido incriminados. Porque eram italianos. O que provavelmente era verdade. E o que ouvia de meu pai era algo como um grunhido [...]. Ele só dizia: "Eh. Eh".[6]

Marty Sinatra, que uma vez expulsara o adolescente Frank de casa por ser um vadio, tinha levado muito tempo para aprovar a estranha profissão que o filho escolhera. Ele se fechava em si mesmo. Mas viera a se orgulhar do filho único; e pai era pai, e mais uma barreira contra a mortalidade se fora.

O funeral do avô foi um pesadelo, conforme lembrou Nancy;[7] uma multidão invadiu o cemitério Santo Nome, de Jersey City, onde a cena foi de "puro tumulto".[8] O caos aconteceu por causa de Dolly, foi a percepção de um amigo de infância de Frank. "Ele estava fulo com sua mãe", disse Joey d'Orazio. "Ela tinha falado a gente demais coisas demais sobre os detalhes do enterro, feito anúncios demais, e assim a cena foi uma loucura. Havia policiais e bombeiros por toda parte, aquilo foi um circo, uma coisa que sei que Frank nunca ia querer."[9]

* No livro *Sinatra: The Life*, Summers e Swan especulam que o pai de Frank tinha nascido dois anos depois de outro filho com o mesmo nome, que morrera logo depois de nascer — daí o ano de 1892 ser atribuído às vezes a Marty. Para completar a confusão, sua lápide registra seu nascimento em 1893.

Havia gente famosa, é claro. Sammy Davis, num paletó Nehru e casaco de pele. Vinte e cinco limusines, dez delas só com arranjos de flores enviados de Vegas e Los Angeles.[10] Guarda-costas com walkie-talkies, câmeras de TV e repórteres com microfones. No centro de tudo estava Dolly, chorando e lamentando-se de maneira incontrolável. Frank e Jilly tiveram de segurá-la e contê-la quando ela tentou se jogar sobre o caixão; Frank ficou visivelmente contrariado quando ela gritou: "Marty, Marty, por favor, não me deixe!".[11]

"Depressa, Bob. *Depressa*", disse ele ao sacerdote, padre Robert Perrella. O padre apressou o que restava do serviço fúnebre; a família conseguiu enfiar Dolly rapidamente num carro.

De volta à casa da avó, relembrou Nancy Sinatra, o homem que ela conhecia como tio Vincent* serviu comida para cerca de sessenta pessoas no bar do porão, do qual Marty tanto gostava, entre muitas fotografias da família emolduradas.[12] Seu pai tinha passado por muitas crises demonstrando força e tranquilidade, escreve Nancy. "Mas, quando o pai dele morreu, algo se rompeu."[13]

Frank começou a pressionar Dolly a se mudar para Palm Springs. Ele construiria para ela uma casa perto da dele, propôs. Ela resistiu, dizendo que lá era muito quente no verão. Ele lhe disse que também compraria para ela um apartamento em La Jolla ou Del Mar, perto da pista de corridas. Ela ainda recusou. Não gostava dos amigos de Frank, comentou com uma conhecida. "Não quero mudar para lá com todos aqueles figurões",[14] reclamou. E quanto aos amigos dela? Como poderia deixá-los? Frank disse-lhe que mandaria buscar qualquer um deles de avião, sempre que ela quisesse.

Então a objeção mais importante de todas: como poderia ela abandonar a sepultura de Marty? Quem lhe levaria flores? Frank disse que levaria os restos mortais do pai para o cemitério Desert Park Memorial, em Cathedral City, bem na estrada a partir da Wonder Palms Road, se ela mudasse de ideia.

Levaria mais de um ano, mas afinal ela cedeu.

Depois da morte do pai, ele se sentiu intensamente vulnerável. "Ele se tornou um pouco mais quieto, um pouco menos agitado", relembrou Tina. "Como

* O primo de Martin Sinatra da terra de origem, Vincent Mazzola, veterano da Primeira Guerra Mundial com trauma de guerra, misteriosamente apelidado de Chit-U, fora morar com Dolly e Martin por volta de 1926.

se uma peça lhe tivesse sido retirada."[15] "Em seus períodos de baixo-astral", escreveu Earl Wilson,

> ele, apreensivo, achava que "já era", em termos profissionais e físicos, bem como políticos [...]. Ele confidenciou a um amigo que sua voz agora ficava cansada depois de três noites seguidas cantando. Será que seus pulmões estavam indo embora? A dor na mão direita — a mão que segurava o microfone — o apavorava de verdade.[16]

A dor originava-se do distúrbio de tecido subcutâneo da mão chamado contratura de Dupuytren, lembrança de uma cena de *Sob o domínio do mal* na qual ele partia uma mesa com um golpe de caratê, mais uma coisa que o impediria de fazer filmes nos dois anos seguintes.

Mas, para compensar o desânimo que se seguiu à morte do pai — e talvez o desânimo por causa de uma nova era nixoniana —, Sinatra consolou-se com sua atividade favorita. Entre fevereiro e o final de março ele gravou como se sua vida dependesse disso, terminando 34 novas faixas no decurso de dez sessões no estúdio. E começou em grande estilo, trazendo de volta seu querido amigo e colega em genialidade Antonio Carlos Jobim.

Claus Ogerman estava agora compondo e regendo música sinfônica. Para ocupar seu lugar, Jobim trouxe Eumir Deodato, compositor e arranjador brasileiro de 26 anos. Morris Stoloff, veterano de muitas sessões de gravação de trilhas sonoras de filmes, era o regente. A mudança desde *Francis Albert Sinatra & Antonio Carlos Jobim* foi pequena, mas perceptível: as dez canções que Frank gravou nas noites de 11, 12 e 13 de fevereiro (dessa vez, todas elas de autoria de Jobim) eram um pouco mais instigantes do que as do álbum anterior, mas não menos arrebatadoramente belas. Desde "One Note Samba" ["Samba de uma nota só"], com acompanhamento de violão e vocal (e uma inteligente letra em inglês) pelo compositor; a deslumbrante "Wave", na qual Sinatra várias vezes atinge um espetacular mi bemol baixo, uma oitava inteira abaixo da tônica; até "Drinking Water" ["Água de beber"], na qual Frank canta alguns versos em português; e a obsedante e brilhantemente estranha "Song of the Sabia" ["Sabiá"]; as três sessões produziram um buquê de pequenas obras-primas, uma coleção que se alinha orgulhosamente com *Francis Albert Sinatra & Antonio Carlos Jobim*.

Só que a Reprise — que chegou a produzir a capa do álbum — nunca lançou o LP, que deveria ter o título *Sinatra-Jobim*.

Ninguém sabe dizer por quê. Como ressalta Will Friedwald, a coleção anterior de Sinatra e Jobim "tinha obtido um respeitável 19º lugar na parada de sucessos — e isso apesar de uma tremenda competição" de sucessos, desde LPS de rock até os de música pop. O que deu errado com esse lindo novo álbum? "Talvez Sinatra não estivesse satisfeito com a capa", escreve Friedwald, "que o mostrava encostado a um ônibus da Greyhound (o que eles estavam pensando?), ou talvez ele quisesse refazer 'Desafinado'[...]."[17]

"Desafinado" — "Out of Tune" em inglês; letra em inglês de Gene Lees — era um dueto, com Frank e Tom cantando alternadamente os versos, que se dirigem a um(a) amante crítico(a) e elusivo(a):

If you say my singing is off-key, my love,
*It will hurt my feelings, don't you see, my love.**

É uma gravação em tudo encantadora, com o vocal de Sinatra em seu melhor e Jobim — cujo cantar é imbuído da paixão do compositor por sua própria música, embora não possa ser descrito como aprimorado — ilustrando de maneira sutil o conceito da desafinação. Mas, quando a gravação ficou completa, a ideia de dois homens interpretando letras de amor na mesma canção assustou alguém: é bem provável que Frank, embora ninguém saiba com exatidão. "Alguém não gostou da implicação de que havia alguma homossexualidade ou coisa parecida, por causa do modo como cantavam a letra um para o outro", lembrou o engenheiro Lee Herschberg, que trabalhou naquela sessão. "Foi uma gravação maravilhosa, também."[18]

Dois anos depois, em 1971, a Reprise poria sete das dez canções — todas menos "Desafinado", "Bonita" e "The Song of Sabia" — no lado A de um álbum chamado *Sinatra & Company*. O lado B, o que é lamentável, consistia em sete das menos cotadas produções de Sinatra e Don Costa: o tipo de canção pop suave que daria à música da década de 1970 a má fama que em geral mereceu.

Cinco dias depois de se despedir de seu amigo Tom, Frank tornou a se reunir com Don Costa para começar a montar um álbum em torno de "My Way",

* Se você disser que eu desafino, amor, / Saiba que isso em mim provoca imensa dor. (N. E.)

que agora estava sendo distribuída como single. Graças, em não pouca medida, à flexibilidade do arranjador, o LP seria sem dúvida uma grande mistura. No lado positivo, a delicada interpretação de Sinatra de "A Day in the Life of a Fool", do compositor brasileiro Luiz Bonfá (com letra em inglês de Carl Sigman, e mais conhecida como "Manhã de Carnaval", tema do filme *Orfeu Negro*), foi tão boa quanto qualquer outra que ele fizera com Jobim. A bonita balada "All My Tomorrows", de Cahn e Van Heusen, era uma canção que Frank tinha gravado para o filme *Os viúvos também sonham*, de 1959: contudo, embora ele a tivesse cantado melhor naquela época, a versão de 1969 foi mais profunda e sombria, mais triste porém mais sensata. E sua versão de "Yesterday", de Paul McCartney, foi um sensível mas respeitoso *cover* dessa histórica canção, se é que ele mesmo não é histórico.

É quando o álbum apressa o andamento que as coisas ficam problemáticas. Sinatra levou a galope "Watch What Happens", de Michel Legrand, que na maioria das interpretações é uma balada em tom abafado e sensível — o apavorado homem de negócios dando a volta por cima — e, sobre uma partitura medíocre de Costa, conseguiu drenar todo o significado da canção. (Sem falar que foi persistentemente insípido.) Sua "Once in My Life", que nos faz ter saudade de Stevie Wonder, apresentou o mesmo problema. E "Hallelujah, I Love Her So", grunhido, e em modo de blues, foi melhor, mas nada que fizesse Ray Charles tremer de apreensão.

Seu *cover* de "Mrs. Robinson", de Paul Simon, foi algo totalmente diverso. Frank pegou essa canção, para a qual alguém que não foi creditado, sem dúvida Sammy Cahn, escrevera uma letra ligeiramente adaptada, fazendo dela uma brincadeira surreal, desde o início ("And here's to you, Mrs. Robinson, Jilly loves you more than you will know"),* passando pelo meio ("How's your bird, Mrs. Robinson? [...] Mine's as fine as wine, and I should know")** até o desvanecente final ("Keep those cards and letters coming",*** e Frank bradava: é o slogan de Dino). O arranjo de Costa era tão rápido e estridente quanto qualquer coisa que Billy May poderia ter escrito, e o vocal de Sinatra foi duro, até brutal, e seguro.

* E note bem, Mrs. Robinson, Jilly a ama mais do que pode conceber. (N. T.)

** Como vai seu passarinho, Mrs. Robinson? [...] O meu está bom como vinho, e eu devo saber. (N. T.)

*** Continuem mandando postais e cartas. (N. T.)

Na interpretação de Simon & Garfunkel, a música expressava a pesarosa lembrança que uma mulher de meia-idade tinha de uma época mais compreensível; na de Sinatra, expressava fodam-se Simon, Garfunkel e todos os outros vômitos — que era como Frank se referia às vezes à geração mais jovem — que haviam arruinado a paisagem antes familiar da música popular. Era uma sátira de uma eficácia cruel.

(E Paul Simon, a princípio, não gostou da brincadeira. "Paul disse-me muitos anos depois que tinha ficado bastante aborrecido com o fato de Sinatra ter mudado sua letra", relembrou o produtor Phil Ramone, "e que ele tivera a intenção de processá-lo por isso. E quando ele me contou essa história foi como se estivesse dizendo: 'Cara, isso foi ingênuo, ou o quê?'.")[19]

"A Putnam vai publicar *O poderoso chefão*, de Mario Puzo, 'a história de uma família da Cosa Nostra' com um cantor de fama internacional como um proeminente personagem ficcionalizado", escrevera o colunista Jack O'Brien no mês de setembro anterior. "O mais recente romance a arrastar a Voz ainda mais fundo para o esterco, *The King*, foi uma chatice ficcional e uma desgraça."[20]

O poderoso chefão, é claro, não era nada disso, e Frank Sinatra ficou preocupado com a descrição, no romance, de um cantor ligado à Máfia chamado Johnny Fontane, a ponto de, no outono de 1968, pouco depois de a Paramount ter reservado os direitos para fazer um filme baseado no livro — na época ainda em manuscrito —, fazer Mickey Rudin pedir para examinar trechos dele. A Putnam recusou.[21]

Em meio a muita badalação, o livro foi lançado em 10 de março. Foi direto para o topo das listas de mais vendidos e lá ficou por muito tempo, competindo pelo primeiro lugar com *O complexo de Portnoy*, de Philip Roth. Desde o começo, apesar da multicolorida inventividade do romance de Puzo, poucas pessoas tiveram alguma dúvida de que o personagem de Fontane era baseado em Sinatra. "*O poderoso chefão* é uma obra de ficção, embora exista um personagem modelado de forma tão precisa na vida e nos tempos de Frank Sinatra que ele, Frank, com certeza vai fazer barulho — de maneira muitíssimo vocal e ítalo-americana — quanto a isso",[22] escreveu Jean Hurd em sua coluna sobre livros no *Daily News* de Winona (Minnesota), numa avaliação típica.

Por enquanto, Frank não podia fazer muita coisa, exceto começar a construir sua investida.

***

Rod McKuen era um colossal personagem de faroeste — um sujeito grande, ossudo, rude mas sensível, que fugiu de casa aos onze anos e trabalhou como auxiliar de rancho, lenhador e caubói de rodeio antes de começar a escrever poesia e canções. Foi parar na cena *beat* em San Francisco; perambulou por Paris, onde conheceu seu mentor, o cantor e compositor belga Jacques Brel, e começou a traduzir as canções de Brel para o inglês. As primeiras poesias de McKuen foram publicadas por pequenas editoras e difundidas boca a boca; em 1968, a Random House já era sua editora e seus três livros de poemas venderam cerca de 1 milhão de exemplares. O público tinha comprado também 2 milhões de LPS de seus versos recitados e canções.[23]

Bennett Cerf, cofundador e editor-chefe da Random House, gostava de McKuen, não tanto pela qualidade de seus poemas, que eram desavergonhadamente simplórios, literais e românticos — votos de cartões de saudações comemorativos para uma época riponga —, mas pela quantidade de suas vendas. Quando a *Time* publicou um artigo chamando o poeta de "Edgar Guest com suco de limão", Cerf replicou: "Apesar disso, ele vende 5 mil ou 6 mil exemplares por semana. Isso é poesia, ponham na cabeça! Se vendemos às vezes um total de 2 mil exemplares de um livro médio de poesia, ficamos bem satisfeitos. Gostaria de achar mais alguns Rod McKuen!".[24]

No início de 1968, Cerf ofereceu um jantar em homenagem a McKuen no "21": a lista de convidados incluía Ed Sullivan, Walter Cronkite, Gloria Vanderbilt, Richard Rogers, Arlene Francis, o sr. e a sra. John Steinbeck, o sr. e a sra. George Plimpton e Osborne Elliot, o editor da *Newsweek*, e sua mulher. Mas "o convidado mais importante, no que dizia respeito a Rod McKuen", relembrou Cerf, "foi Frank Sinatra".[25] E antes que a noite chegasse ao fim, Sinatra tinha concordado em ouvir algumas das músicas de Rod.

Aos olhos de Frank, o lugar, a companhia e o fato de Bennett Cerf haver publicado McKuen automaticamente conferiam classe ao poeta-compositor. De sua parte, McKuen já tinha se impressionado com Sinatra antes disso. "Tentei durante anos chegar até Frank; escrevi canções tendo-o em mente, mas nunca consegui abordá-lo", rememorou. "Quando por fim nos conhecemos, em vez de se oferecer para interpretar apenas uma ou duas de minhas canções, ele me prometeu um álbum inteiro, o que nunca fizera antes para nenhum outro compositor. Foi incrível."[26]

Ou bastante compreensível. Rod McKuen vendia loucamente; as vendas de Frank Sinatra estavam caindo.

Frank gravara uma canção de Jacques Brel traduzida por McKuen, "If You Go Away" ["Ne Me Quitte Pas"] para o álbum *My Way* — a lenta e sofrida melodia bem francesa e a letra encharcada de lágrimas do poeta tinham sido bem enjoativas para Sinatra: foi como se ele tivesse enfiado uma boina na cabeça. Assim mesmo, três semanas depois de completar o LP, ele voltou ao estúdio para cumprir a promessa feita a McKuen. O álbum resultante, baseado num tema familiar e mais uma vez orquestrado por Don Costa, foi intitulado *A Man Alone*. Mas, muito diferente de *All Alone*, de 1962, que em seu título e em seu conteúdo era bastante influenciado por Irving Berlin, *A Man Alone* era totalmente saturado de Rod McKuen, sobre quem o mais que se poderia dizer era que vendia um monte de livros e discos.

O álbum continha seis canções, todas com letra e música de McKuen, e cinco peças recitadas. A faixa-título dava o tom:

In me you see a man alone...
*A man who listens to the trembling of the trees.**

A música era bonita e simples e se apoiava pesadamente nas cordas; a letra era — bem, como a de Johnny Mercer é que não era. Quanto às peças faladas, "Empty Is" era exemplo típico: "Empty — the faces of women mourning, when everything has been taken from them".** Sinatra recitou a coisa em tons abafados, reverentes e com sotaque de Hoboken. O efeito foi vagamente ameaçador, como se ele estivesse murmurando ameaças ao telefone tarde da noite: sem dúvida não o que se teria imaginado. Talvez a aventura anterior de Frank na gravação de *spoken-words* deveria ter alertado todo mundo quanto aos riscos.

Em junho de 1966, três dias após o horrível espancamento de Frederick Weisman no Polo Lounge, Sinatra, embora tecnicamente escondido da lei em Palm Springs, tinha, de modo muito surpreendente, feito uma gravação cômica baseada no poema "Gunga Din", de Rudyard Kipling. (Segundo uma fonte, a gravação foi feita na casa de Frank no deserto.)[27] O resultado foi o produto mais

* Em mim você vê um homem sozinho... / Um homem que escuta o tremor das árvores. (N. T.)
** Vazios — os rostos de mulheres de luto, quando tudo foi tirado delas. (N. T.)

surrealista de sua carreira na gravação. Começava com um preâmbulo falado: "Recriemos aquele momento. Com o inimigo à espera numa emboscada, o humilde aguadeiro vê seus queridos camaradas se aproximarem com rapidez da armadilha mortal. Ele sabe muito bem que fazer soar o clarim para avisá-los poderia significar morte certa".

Seguem-se dois sólidos minutos de efeitos sonoros: o toque de advertência do clarim, um tiro, um agoniado toque de clarim; o ruído de tropel de cavalos, mais tiros, um toque de clarim ainda mais agoniado, mais tiros e um clarim já quase inaudível. Tudo isso parece durar uma eternidade, até que os últimos tiros silenciam o clarim para sempre, e Frank retorna, entoando as palavras de Kipling:

Though I've belted you and flayed you,
By the living God that made you,
*You're a better man than I am, Gunga Din.**

É preciso ouvir para acreditar.
Mo Ostin evocou a história dessa gravação.

Sinatra tinha assistido ao humorista Jimmy Komack, na televisão, fazendo uma leitura de "Gunga Din", de Kipling. Era uma brincadeira; havia um trompete tocando no fim, e todo aquele tipo de coisa. Frank achou engraçado. Ele me disse: "Vamos fazer disso nossa próxima gravação!". Eu disse: "O quê? Depois de 'Strangers in the Night' você vai sair com isso? Não podemos fazer uma coisa dessas". Ele replicou: "Quero fazer esse disco, e quero que ele saia".

E, assim, ele fez a gravação, e depois fomos em frente e prensamos o disco e o enviamos para distribuição. Antes do envio, eu disse ao chefe de produção na época, um cara chamado Matt King: "Matt, senta em cima disso. Não o distribua. Talvez ele mude de opinião e reconheça que não devia estar fazendo isso". Mas Frank não mudou de ideia.

Um dia, eu estava jogando golfe com Bob Cavallo, um executivo muito importante, e alguns outros caras. Estávamos no oitavo buraco, e um caddie se apro-

* Embora eu tenha lhe batido com o cinto e o tenha açoitado,/ Juro pelo Deus vivo que criou você,/ Você é um homem melhor do que eu, Gunga Din. (N. T.)

ximou correndo e disse: "Sr. Ostin, sr. Ostin, tem uma ligação urgente de Frank Sinatra!". Ele estava muito empolgado com o fato de Frank Sinatra estar ligando.

Eu vou, pego o telefone. Frank diz: "Soube que você segurou o lançamento de 'Gunga Din'. Como ousa fazer isso? Você descumpriu minhas instruções. Eu sou o dono dessa porra de companhia!". Ele ficou louco de raiva comigo. Me fez estremecer. Eu disse: "Sabe o quê, Frank? Vou tratar disso. Vou garantir que ele saia". Foi assim que aconteceu. Depois voltei para a partida. Não queria que aqueles sujeitos soubessem como fiquei aturdido com aquela ligação! Dei nove tacadas quando o *par* era três.[28]

No fim, Frank caiu em si. O single de 45 rotações com "Gunga Din" nos dois lados — afinal, o que caberia no outro lado? — só teve distribuição privada, entre amigos.[29]

Em 1969, Ostin, que logo se tornaria presidente da Warner/Reprise, não era tão subserviente a Sinatra quanto uma vez o fora. Tendo descoberto o rock e uma versão mais suave conhecida como folk rock, ele foi útil na contratação de artistas como Jimi Hendrix, Joni Mitchell e Grateful Dead; estava em processo de adquirir os comparáveis Jethro Tull, Van Morrison, James Taylor e Fleetwood Mac. O homem que já fora um submisso contador, o bode expiatório de Mickey Rudin, estava a caminho de ser um dos homens mais poderosos no negócio de discos.[30] E sua companhia estava fazendo dinheiro às carradas — mas na maior parte não de Frank Sinatra. "Quando começou a ir atrás de discos pop, ele não estava fazendo grandes discos, e muitos deles não tiveram sucesso", relembrou Ostin. "Aquele disco com Rod McKuen não foi bom."[31]

My Way, o álbum, tampouco foi especialmente bom, mas tinha "My Way", a canção, que chegou à parada da *Billboard* no final de março, e mais tarde subiria ao número 27.[32] O LP, lançado mais ou menos na mesma época, chegaria ao 11º lugar.[33] Ambos, o single e o álbum, tiveram resultado muito melhor na Inglaterra, onde o monótono hino, cuja mensagem Frank achara tão desagradável, de algum modo caiu nas graças do público.[34]

Em 1969, havia outra visitante regular no complexo na Wonder Palms Road, que ficou mais deslumbrada com o lugar e seu proprietário do que talvez quisesse demonstrar. Barbara Marx era uma bela loira numa idade perigosa, pouco acima dos quarenta, e numa perigosa disposição mental: disposta a abandonar um marido idoso — Zeppo Marx, o mais moço e, outrora, o mais bonito dos Irmãos Marx — e mudar sua vida para melhor.

Barbara Blakeley, filha de um açougueiro de Bosworth, Missouri, nunca foi brilhante, mas era bonita e decidida, e razoavelmente esperta para saber capitalizar sua estonteante beleza. Em 1948, depois que sua família se mudou para Long Beach, Califórnia, ela se inscreveu em seu primeiro concurso de beleza, e venceu. Estava com vinte anos. "Conheci Barbara quando eu tinha catorze anos, em Long Beach, e ela era a Miss Fiesta de Belmont Shore", relembrou Betsy Duncan Hammes — segunda colocada no concurso. "Ela era mesmo alta, e absolutamente deslumbrante. Mas sabe o quê? Eu sempre disse que Barbara poderia ter tido uma grande carreira, mas ela sempre se casava com o homem errado. Eles se aproveitavam dela."[35]

Por outro lado, talvez ela fosse apenas uma mulher que amadureceu tarde. Blakeley casou-se com seu primeiro marido, um aspirante a cantor de orquestra chamado Bob Oliver, quando os dois tinham vinte anos; dois anos depois, tiveram um filho, Bobby. Apostando na aparência de Barbara, o casal abriu uma escola para modelos — era ela quem de fato trabalhava — e se envolveu desde o princípio num novo concurso de beleza chamado Miss Universo. Mas o casamento acabou quando Oliver começou a paquerar as candidatas, e Barbara jogou-se nos braços de outro cantor, chamado Joe Graydon. Os dois, junto com Bobby, mudaram-se para Las Vegas (os relatos divergem quanto a se eles chegaram a se casar), onde Graydon trabalhava como DJ e Barbara conseguiu um emprego no Riviera como "uma *showgirl* que ganhava 150 dólares por semana para deslizar por um palco com um penteado em forma de torre que representava qualquer coisa, desde a estátua da Liberdade até a torre Eiffel",[36] ela rememorou.

O supervisor Ed Walters lembrou-se de ter visto Barbara no Sands com frequência naquela época — "sua beleza era impressionante",[37] contou —, andando pelo cassino com uma amiga, outra loira escultural, a atriz Dani Crayne, que mais tarde se casou com o ator David Janssen. "Elas atravessavam o Sands como barracudas, procurando homens mais velhos e ricos que quisessem relembrar como era ser jovem", ele acrescentou. "Não era uma questão de dinheiro e não era uma questão de sexo, era para melhorar sua posição no mundo."

Algum tempo depois que Graydon perdeu o emprego e começaram os problemas financeiros, ela recordou, "um homem bem vestido e de meia-idade começou a aparecer toda noite para me ver ensaiar. Aos 56, Zeppo Marx tinha se retirado prematuramente do show business para se dedicar a coisas de que gostava — jogo, mulheres e golfe".[38]

Zeppo — Herbert em sua certidão de nascimento — havia participado dos primeiros cinco filmes dos Irmãos Marx, e então, depois de *Diabo a quatro*, de 1933, foi trabalhar numa agência de gerenciamento de talentos em Hollywood, fundada por outro Marx aposentado, Gummo, conhecido como Milton. Zeppo era também um mecânico talentoso: durante a Segunda Guerra Mundial, fundou uma companhia que desenvolveu os ganchos que prenderam a bomba atômica Fat Man ao B-29 que a lançou em Nagasaki; também inventou um relógio de pulso que fazia soar um alarme quando a pulsação do coração de quem o usava ficava irregular.[39]

Apesar do talento de Zeppo, seu trabalho no campo da engenharia não conseguiu fazer dele um homem rico; segundo uma fonte, ele vivia de um fundo fiduciário da família e depois teve de ser sustentado por seu irmão Groucho.[40] Seja qual for o caso, ele era uma significativa melhora em relação a Joe Graydon, e quando Barbara Blakeley queria uma coisa ela ia atrás. "Ela era como um cavalo de corrida, sabe, com antolhos e tudo",[41] disse Betsy Hammes.

"Zeppo era um inveterado jogador de cartas, mas era o homem mais famoso e mais importante que ela conhecera até então, e assim ela cuidou de manter-se bem apresentável para ele", contou o estilista de moda e crítico Richard Blackwell, para quem Blakeley fora modelo em meados da década de 1950.

> Eu a ajudei emprestando joias e casacos de *mink* para ela usar quando saía com ele, para que mantivesse uma boa apresentação — como se não precisasse se casar por dinheiro [...]. Ela queria desesperadamente casar com Zeppo devido à vida boa que ele poderia proporcionar a ela e a seu jovem filho.
>
> Após três anos, Zeppo afinal a pediu em casamento e eles se casaram em 1959. Isso lhe permitiu frequentar o Palm Springs Racquet Club e o Tamarisk Country Club, o que foi muito importante para Barbara. Ela e Dinah Shore ficaram bem amigas. Zeppo a introduziu num mundo novo de dinheiro e destaque social que ela nunca tinha conhecido. Ele não era o homem mais classudo do mundo, isso eu lhe garanto, mas era a melhor coisa que Barbara conseguiria fazer por si mesma naquele momento.[42]

Uma década depois, no entanto, estava farta. Para começar, nunca o amara, ele não era tão rico quanto ela havia pensado, e tudo que ele sempre queria fazer era jogar cartas. Não apenas isso, mas ele tivera o descaramento de lhe ser infiel. Barbara retribuiu o favor. Ela e uma amiga "estavam sempre compartilhando algum sujeito", lembrou Hammes. "Ela vivia cercada de homens. Quanto a Zeppo... isso não a detinha."[43]

E ainda mais, ele era um homem idoso, a caminho dos setenta, e ela estava no apogeu da vida. Gostava de dançar, era uma boa atleta, ávida jogadora de golfe e de tênis. O Racquet Club e o Tamarisk eram suas segundas casas; ela e Zeppo moravam junto ao 17º *fairway*, bem em frente à propriedade de Frank. Primeiro, ela e Frank acenavam "sempre que nossos carrinhos passavam perto um do outro no campo de golfe, mas não creio que ele me reconhecesse, a menos que me visse com Zeppo",[44] ela recordou.

> Então, um dia, sem mais nem menos ele me ligou. Sua ex-mulher, Ava Gardner, ia chegar à cidade, e ele tinha mandado construir uma quadra de tênis especialmente para ela — apesar de só ficar alguns dias. Poderia eu organizar um jogo de duplas para ela?
>
> Quando cheguei à quadra com dois amigos, encontrei a criada de Ava misturando Moscow Mules ao lado da quadra. Creio que Ava já estava meio bêbada ainda antes de começarmos. Frank tentou deixá-la enciumada flertando comigo — até me assediando contra o cercado de arame —, mas percebi qual era o jogo.
>
> No final da década de 1960, Zeppo e eu saíamos duas vezes por semana com Frank e seus amigos, ou jantávamos no complexo.[45]

Isso é verificável. "Na noite de sábado, vi Frank Sinatra no Beachcomber com um grupo que incluía Barbara e Zeppo Marx (dos famosos Irmãos Marx) e Jilly, dono do mais novo e principal ponto noturno de Palm Springs",[46] lê-se num item de coluna social em dezembro de 1968. No complexo, "os que bebiam e permaneciam até as primeiras horas da manhã — Bill Holden, Robert Mitchum, John Wayne, Glenn Ford e Orson Welles — faziam parte de sua panelinha",[47] relembrou Barbara, ainda deslumbrada, décadas depois. Seu idoso marido, que gostava de se recolher cedo, se apagaria naquele cenário, dado o contraste.[48]

Então, certa vez, tarde da noite, houve um memorável jogo de mímica. "Eu estava no time oposto ao dele, que incluía seus companheiros de bebedeira, o comediante Pat Henry, o profissional de golfe Kenny Venturi, o compositor Jimmy van Heusen e Leo Durocher, o empresário de beisebol", ela escreveu em suas memórias.

> Com um grande relógio de metal no colo, anunciei que o tempo se esgotara, antes que o time de Frank adivinhasse sua charada — a advertência do governo num maço de cigarros.
>
> "Os três minutos já passaram", gritei, animada. "Vocês não conseguiram!"
>
> Eles começaram a se queixar e a protestar, mas a expressão no rosto de Frank quando se levantou silenciou todo mundo. "Afinal de contas, quem foi que mandou você tomar conta do tempo?", ele ganiu, os olhos parecendo raios laser azuis.
>
> "Ora, você!", repliquei.
>
> Frank arrancou o relógio do meu colo e o segurou com firmeza. Por um momento pensei que fosse me bater com ele. Recusando a me deixar intimidar, eu o encarei até que ele se virou e atirou o relógio na porta, despedaçando-o em centenas de estilhaços. Molas, bobinas e cacos de vidro voaram pela sala. O mostrador do relógio jazia no chão virado para cima, os ponteiros fixados para sempre em alguns minutos depois das quatro horas da manhã [...].
>
> Nunca vou esquecer o fogo nos olhos de Frank e a maneira como olhou para mim. Sua fisionomia estava cheia de raiva e frustração, mas havia algo mais — desejo. Creio que eu soube então que alguma coisa aconteceria entre nós algum dia. Só não sabia quando.[49]

Talvez esse fogo nos olhos fosse só irritação. "Ele primeiro a odiou", relembrou George Jacobs. "Não saía com ela, e, aonde quer que fôssemos, lá estava ela. Ele dizia: 'Quem é que a fica convidando?'."[50]

Logo, logo, no entanto, relembrou o criado, ela passou a se convidar para visitá-lo. "Zeppo estava na casa dos sessenta anos e doente o tempo todo, e com frequência, à noite, depois que ele tinha ido dormir, Barbara saía furtivamente para visitar o sr. S. Eu lhe perguntei o que via nela. 'Grace Kelly, se eu fechar os olhos', ele respondeu."[51]

Então Jacobs foi embora, mas Barbara continuou a frequentar a casa.

Em maio, Frank voltou ao Caesars, mais uma vez por um salário do tamanho do Circus Maximus, 100 mil dólares por semana, com uma rala barba mefistofélica para ressaltar sua gola rulê e seu medalhão.[52] Ele parecia mais suave, segundo a *Variety*: "Não mais esguio ou voraz, com vontade de balançar a cada segundo. Mas, como ele mesmo admite, Frank especula sobre esse lado *nightclub* de sua multifacetada carreira, e diz num momento de intervalo em sua maratona de canções: 'É para as crianças'".[53]

Estaria ficando mesmo cansado, ou só experimentando o cansaço? (Tinha perdido o pai. Como poderia explicar a alguém?) Mas depois de cantar "My Way" e "Cycles" com um efeito introspectivo ele acelerava o ritmo com "The Lady Is a Tramp" e "I've Got You under My Skin", e foi um estouro, como sempre havia sido.

"Epítome do sucesso afluente de sua geração por meio do showbiz", registrou o escriba da *Variety*, "Sinatra não pode ser comparado a nenhum outro no atual cenário. Em cada movimento e cada gesto, Sinatra demonstra que pertence a uma classe própria dele mesmo."

Ele sabia disso; sempre soubera. Por mais cansado que pudesse se sentir às vezes, ele sabia no mais fundo de seu ser que era indispensável.

Naquele verão, Gay Talese e sua mulher foram a uma festa em homenagem a Rod McKuen na casa de campo de Phyllis e Bennett Cerf, em Mount Kisco. Nan Talese era editora de McKuen na Random House e Bennett Cerf era seu chefe, e a ocasião era celebratória. "McKuen era um astro, porque estava fazendo muito dinheiro para a Random House", relembrou Gay Talese. "Fui convidado por causa de Nan. Era só uma pequena festa de verão — o jantar foi debaixo de uma tenda, perto da piscina. Não creio que houvesse mais de oito pessoas lá."[54]

Para total surpresa do escritor, Frank Sinatra era um dos convidados.

"Ele nunca me cumprimentou, nunca olhou para mim", disse Talese. "Já era o meio da tarde, ele tinha um rádio e estava acompanhando um jogo de beisebol, com o som muito alto."

Talese acreditava que a grosseria de Sinatra tinha menos a ver com qualquer aborrecimento por causa da reportagem na *Esquire* do que com outra coisa: "Ele talvez se sentisse incomodado porque estava na casa de uma pessoa cuja amizade ele cortejava", disse. "Sinatra e eu tínhamos muita coisa em comum. Éramos filhos de imigrantes, e Sinatra tinha um pouco de alpinista social. E as pessoas que ele não precisava cortejar, a essas ele não dava atenção."

* * *

Foi um verão estarrecedor, o último da era de Aquário, denso de acontecimentos: o pouso na Lua, Woodstock, Chappaquiddick, *Abbey Road*, os assassinatos cometidos por Manson. O barbeiro de Frank, Jay Sebring, seria uma das quatro pessoas chacinadas junto com Sharon Tate naquela terrível meia-noite de 8 para 9 de agosto.

De junho até meados de agosto, Frank fez um de seus mais longos intervalos, embarcando num cruzeiro que percorria a Costa Leste em seu novo iate de 85 pés, o *Roma*, dessa vez com uma loira misteriosa no lugar de Mia.[55] Ele assistiu ao lançamento da Apollo 11 no cabo Kennedy;[56] levou consigo os Cerf para uma visita aos William Styron em Martha's Vineyard;[57] navegou de volta para Vero Beach, Flórida, com seu séquito e com o comediante Phil Harris.[58] Quando relaxava ao largo de Atlantic Highlands, Nova Jersey, recebeu mais uma intimação, dessa vez para comparecer ante um comitê que investigava o crime organizado no Garden State. Ele encarregou Mickey Rudin de acabar com aquela praga.[59]

No dia 16 de agosto, viajou até Houston para atuar como mestre de cerimônias numa gigantesca homenagem aos astronautas da Apollo 11, no Astrodome. (Para deleite de Frank, Neil Armstrong, Buzz Aldrin e Michael Collins tinham ouvido "Fly Me to the Moon", de Basie-Sinatra, numa transmissão a partir do espaço que o mundo inteiro sintonizou.) Dois dias depois, ele estava de volta à Western Recorders, pela primeira vez desde março, para gravar algumas canções de Teddy Randazzo, a esquecível "Forget to Remember" e a cativante "Goin' Out of My Head", grande sucesso de Little Anthony and the Imperials em 1964 e prestes a se tornar uma máquina de fazer dinheiro para Sinatra, apesar de figurar na rabeira da lista (número 79 na *Billboard*).[60]

Sua interpretação, com um arranjo bastante agradável de Don Costa, foi competente, mas insossa. "Goin' Out of My Head" era mais um som do que uma canção: significado não era parte de sua essência. Ele perseguira significados por toda a sua vida — na fama, no amor, nas palavras das músicas que cantava. Dos três, o terceiro item tinha sido o mais confiável; não mais.

Ele estava à deriva, em busca de algo. "Pela segunda vez em sua vida, sua carreira chegara a uma encruzilhada", escreveu Tina. "Os Beatles vendiam mais do que ele nas lojas de discos. A era dos *nightclubs* — *sua* era — estava se eclipsando, e ele ainda precisava planejar seu próximo movimento."[61]

E na semana seguinte estava de volta a Nova York, para começar um álbum que iria demonstrar o quanto ele queria chegar a alguma coisa nova.

O primeiro encontro entre Frank Sinatra e Frankie Valli, o cantor baixinho, com voz de hélio,* líder do grupo Four Seasons, aconteceu no Jilly's em meados da década de 1960, quando, segundo uma fonte, Valli simplesmente cometeu a temeridade de subir e se apresentar. A isso seguiram-se um jantar, drinques e uma amizade. Quando Frank manifestou curiosidade quanto ao monumental sucesso dos Seasons, Valli o atribuiu em grande parte aos talentos de seu cofundador, Bob Gaudio. "Ele contou a Sinatra que tinham tido todo esse sucesso nos discos porque Bob Gaudio compusera e produzira todas as suas canções", relembrou o produtor-arranjador Charles Calello, que havia feito a maioria das partituras dos sucessos do grupo. "E Sinatra disse: 'Bem, ele poderia compor algumas canções para mim?'."[62]

Seria melhor que Frank tivesse investigado mais um pouco. Bob Gaudio coescrevera alguns dos maiores sucessos do Four Seasons — canções como "Walk Like a Man", "Big Girls Don't Cry" e o hit de 1 milhão de cópias vendidas "Can't Take My Eyes Off You" — com o prolífico compositor Bob Crewe. No final da década de 1960, no entanto, Gaudio começou a trabalhar com um talentoso porém excêntrico letrista chamado Jake Holmes. Juntos, Gaudio e Holmes criaram em 1969 o álbum conceitual *The Genuine Imitation of Life Gazette*, do Four Seasons, que fugia das canções de amor para abordar temas pesados como a guerra e as tensões raciais, em faixas que chegavam a seis minutos de duração. O LP foi um estrondoso fiasco.[63]

Gaudio e Holmes puseram-se a trabalhar, compondo algumas de suas novas canções para Sinatra. Quando Frank ouviu quatro delas, ficou satisfeito. "E então", disse Calello, "Gaudio apresentou-lhe a ideia de fazer com isso o álbum *Watertown*."[64]

Outro álbum conceitual, isto é, um ciclo de canções que giram em torno de um personagem ficcional (o cantor) com um problema e que se passa numa pe-

* Referência a uma brincadeira que consiste em aspirar pela boca um pouco de hélio de uma bexiga, o que faz as cordas vocais se contraírem momentaneamente, deixando a voz mais aguda, às vezes esganiçada. (N. T.)

quena cidade ficcional (e não, como foi com frequência escrito, em Watertown, Nova York). "Jake e eu discutimos que tipo de coisa seria interessante fazer para Sinatra", rememorou Bob Gaudio. "O que poderíamos fazer que ele não tivesse feito antes? Então acertamos em pô-lo numa cidade pequena. Com uma mentalidade de cidade pequena e o mais próximo que pudéssemos chegar do que era básico na vida de uma América mediana. Tentamos eliminar disso todo brilho e esplendor."[65]

Foi uma mudança radical para Frank. "Numa série de solilóquios, o narrador incógnito nos conta sua emocionante história de perda pessoal e de uma redenção não realizada", escreveu Ed O'Brien, arquivista de Sinatra, no texto da capa do álbum.

> Sua mulher o tinha deixado e a seus dois filhos pela sedução da cidade grande, e sua ausência pairava palpável no ar. Embora seja de todo compreensível por que alguém fugiria da inóspita e sombria paisagem de Watertown, nossa empatia fica com o eloquente homem comum que foi deixado para trás. Ele é um homem desesperado, a personificação de todas as pessoas comuns numa cidade pequena, uma figura solitária que sofre insuportáveis tormento e desespero. Mas, ao expressar intemporais sentimentos de um amor irremediavelmente perdido, ele encontra salvação na palavra escrita, e uma extraordinária transformação acontece. Em sua tristeza, ele adquire uma compreensão mais profunda de si mesmo, e uma transcendente percepção do que perdeu e por quê. Há uma beleza terrível em tudo isso.[66]

Mas houve alguns problemas. O primeiro foi que Sinatra no início não percebeu que esse era um álbum conceitual; ele pensava que Gaudio e Holmes apenas tinham escrito para ele dez novas — melancólicas e literárias — canções. "Não creio que ele estivesse esperando que o disco fosse o que era, uma história", disse Gaudio.

> Ele se apaixonou por alguma coisa. Nunca de fato discutimos isso em detalhes, Frank e eu. Não sei o que despertou nele a vontade de fazer isso; não creio que ele achasse que seria comercial no sentido contemporâneo. Era bem óbvio que não se tratava de uma canção de sucesso após outra. Creio que ele se apaixonou pelo conceito, pela história de amor.[67]

Pelo visto, era um conceito admirável. O problema era que Gaudio e Holmes eram talentosos compositores de música popular, mas só isso. (O apogeu de Gaudio tinham sido as espetaculares músicas pop que escrevera com Bob Crewe; ir mais fundo do que isso foi uma decisão errada.) Nas mãos de grandes compositores como Rodgers e Hammerstein, um solilóquio musical poderia vir a ser uma obra de arte transcendental. E no final da década de 1960, compositores contemporâneos importantes como Lennon e McCartney ("She's Leaving Home"), Jimmy Webb ("Wichita Lineman") e Joni Mitchell (qualquer coisa em sua obra) estavam transformando narrativas biográficas ou autobiográficas em grande música popular.

Mas o problema maior foi que Sinatra não conseguiu se identificar por completo com o material. Ele estava em busca de algo novo, mas sua sensibilidade artística provavelmente lhe disse, bem no fundo, que estava indo pelo caminho errado.

Logo surgiram problemas. Calello e um arranjador chamado Joe Scott escreveram as partituras para o álbum e Frank fez três sessões de gravação em Nova York no final de agosto, mas elas não lhe agradaram. "Ele sentiu que poderia ter feito melhor em termos de seu desempenho ao cantar", escreve Friedwald, "e, não querendo ficar na Costa Leste (Calello lembra que alguém estava tentando lhe apresentar alguns documentos na ocasião), decidiu gravar novos vocais por cima das faixas gravadas, em Los Angeles."

Na verdade, ele já tinha recebido a intimação para comparecer em Nova Jersey, e Rudin conseguira adiar seu comparecimento para 19 de agosto. Mas essa data chegou e passou, e de repente as coisas estavam começando a esquentar no leste. Frank estava aborrecido e perturbado, fosse por causa da investigação sobre o crime organizado, fosse por causa do próprio *Watertown*. Além disso, pôr sua voz em cima de uma gravação era uma medida extrema, à qual quase nunca recorrera em sua carreira, e por bons motivos. Estar no meio de seus colegas músicos enquanto gravava era um de seus maiores prazeres na vida; estar sozinho num estúdio cantando com fones de ouvido ficava num segundo e muito distante lugar.

"O único álbum que fizemos em que usamos essa técnica em todas as faixas foi *Watertown*, porque tinha sido gravado em Nova York e eles despacharam as fitas para cá", disse Lee Herschberg, que foi o engenheiro do LP. "Ele não gostou de ter que fazer isso. Não creio, de qualquer maneira, que ele tenha gostado desse projeto. Não eram as melhores canções do mundo para ele cantar. Eram canções difíceis de interpretar. Dava para sentir que ele na verdade nunca esteve ligado naquele projeto."[68]

"Ele não conhecia as canções bem o bastante", insistiu Calello.

> Uma das coisas que descobri trabalhando com Frank foi que ele levava muito tempo para aprender uma canção. Mas eu tinha falado com Sammy Cahn sobre isso. Eu lhe perguntei: "Quanto tempo você leva para ensinar uma música a Sinatra?". Ele disse: "Bem, Frank não gosta de pressa para aprender uma canção. Ele se dá o tempo necessário para de fato assimilá-la, para apreciar seu valor. Às vezes leva uma boa semana para ele dominá-la toda". Assim, para ele, aprender músicas para um novo álbum, todas elas originais, era uma grande tarefa.[69]

Mas aprender as canções não foi o problema, senti-las é que foi. No fim, o cantor em primeira pessoa, o *eu* de *Watertown* — ao contrário do *eu* de "Soliloquy", ou mesmo de "Ol' Man River" — não era Frank Sinatra, nem ninguém como ele. O LP teve valor como experiência e foi uma anomalia interessante em sua carreira, mas, quando a Reprise estava chegando a seu décimo aniversário, não foi bem um ornamento para o selo.[70] O último disco de Sinatra vendera menos do que qualquer outro que ele gravara — 35 mil cópias. "Foi algo inaudito",[71] disse Mo Ostin. Mas houve um motivo para isso.

De meados de setembro até o início de outubro Frank tinha se apresentado no Caesars, depois voltou para o mar — do Caribe — a bordo do *Roma*. Era uma ocasião interessante para fazer uma viagem pelo oceano, quando havia uma intimação para que ele fosse detido em Nova Jersey.

Os legisladores do estado natal de Frank estavam aborrecidos com ele. Depois de o terem intimado a comparecer a uma audiência privada da Comissão de Investigação do Estado em 19 de agosto, Mickey Rudin havia conseguido um adiamento de um mês. Mas em 19 de setembro, em vez de agraciar as silenciosas salas de Trenton com sua presença, Sinatra estava estreando no Circus Maximus do Caesars. O juiz da Suprema Corte Frank J. Kingfield emitiu a intimação — executável apenas em Nova Jersey — em 14 de outubro, acusando-o de desacato. "Desacato" era um termo legal bem formal e inequívoco, e no caso de Frank tinha um sentido real.

No mesmo dia, em Beverly Hills, Jim Mahoney disse: "O sr. Sinatra deixou a cidade de Nova York esta manhã e foi para o Caribe, e no momento não tem conhecimento da situação. Estamos agora tentando localizá-lo e estou certo de que quando for informado do assunto ele se pronunciará".[72]

Em meio a um pigarrear coletivo, a Associated Press conseguiu localizá-lo em Freeport, Bahamas, onde Frank e sua comitiva haviam se instalado numa suíte com oito quartos no Lucayan Beach Hotel. "Ele saiu navegando na quarta-feira a bordo de uma embarcação alugada, e fez apostas em diversos cassinos", relatou o repórter da AP. "Jornalistas que tentaram falar com Sinatra sobre a intimação de Nova Jersey foram afastados. Um guarda-costas advertiu um fotógrafo do *Nassau Tribune* de que não tirasse nenhuma fotografia."[73]

Enquanto Frank relaxava em Freeport, seus advogados começaram a trabalhar duro, abrindo um processo numa Corte federal para que a própria Comissão de Investigação do Estado fosse declarada inconstitucional e solicitando uma temporária ordem restritiva para impedir a comissão de encetar qualquer ação. Requisitaram também um mandado permanente para bloquear qualquer comparecimento de Sinatra ante a comissão no futuro.

Em resposta, a comissão mostrou suas armas, ameaçando indiciar Frank por desacato e extraditá-lo para Nova Jersey.[74]

Uma semana depois, de volta a Los Angeles, Sinatra fez uma declaração que era alternadamente apaixonada, simpática e dissimulada. "Durante muitos anos, toda vez que alguns nomes italianos são envolvidos em qualquer investigação, recebo uma intimação", disse. "Eu compareço. Fazem-me perguntas sobre várias pessoas que não conheço. Fazem-me perguntas baseadas em rumores e em eventos que nunca aconteceram. Sou submetido ao tipo de publicidade que não desejo nem procuro."[75]

Ele estava disposto, prosseguiu, a responder "a toda e qualquer pergunta apropriada" num depoimento ou numa entrevista pessoal. Mas, continuou,

> não quero ser parte de nenhuma baderna que necessariamente vai acontecer se eu comparecer ante a comissão estadual de investigação em Nova Jersey, sejam as audiências públicas, sejam privadas.
>
> Independentemente do fato de que sou de ascendência italiana, não tenho nenhum conhecimento da extensão ou do modo como funciona o "crime organizado" no estado de Nova Jersey ou se existe esse tal de "crime organizado".

Essa disputa continuaria durante os quatro meses seguintes; o caso iria mais tarde para a Suprema Corte, na qual Frank perderia, num recurso.

* * *

A família Sinatra esteve reunida em muitas ocasiões naquela temporada. Em Las Vegas, o dia 29 de agosto fora designado, com grande pompa, "A Noite dos Mil Sinatras". Na verdade foram apenas três, embora fosse o suficiente: Frank no Caesars Palace; Frank Jr. no Frontier; e Nancy, em sua primeira apresentação num *nightclub*, no recém-inaugurado International.[76] O maior hotel do mundo fora concebido pelo magnata Kirk Kerkorian, colega de Howard Hughes; a criação de corporações em Las Vegas estava se acelerando.

Em 19 de outubro, quando se intensificava a guerra legal de Frank com o estado de Nova Jersey, ele se apresentou com Frankie num especial de televisão da CBS, *Frank Sinatra Jr. with Family and Friends.*[77] (Mais ou menos na mesma época, os jornais traziam a história de que Mia Farrow estava esperando um filho com André Previn; os dois iriam se casar em setembro próximo.)[78] Em 12 de dezembro, Nancy filha fez uma festa para o pai, comemorando seu 54º aniversário, e nas festas do Natal a família inteira — Frank, Frankie, Nancy mãe e Nancy filha, Tina e Dolly — foi para o Havaí. "Mas não alimentem esperanças", escreveu a colunista de Hollywood Norma Lee Browning. "É apenas um evento familiar e não o reacender de uma velha chama — entre Frank e Nancy mãe."[79]

No entanto, era a primeira vez em um longo período que ele não passava as festas com uma esposa ou uma namorada firme. Quase se poderia dizer que estava se tornando sério e sensato.

27.

ELE ESTÁ AQUI.
Anúncio no letreiro na entrada do Caesars Palace, 1970

A Metro-Goldwyn-Mayer percorrera um longo caminho descendente desde que Sinatra tinha cantado e dançado em seus musicais da década de 1940. Depois de descartá-lo como se faz com bens danificados, o estúdio deparou com a era da televisão e combateu a intrusão da telinha produzindo épicos de alto orçamento, alguns dos quais bem-sucedidos, como *Ben-Hur* e *Doutor Jivago*, e outros não, como *O grande motim* e *O rei dos reis*. Então chegaram os assaltantes das corporações. Em 1966, Edgar M. Bronfman, da Seagram, comprou uma participação que lhe deu o controle da MGM e, no final de 1968, nomeou como chefe de estúdio um homem de 38 anos chamado Louis Polk, MBA em Harvard e ex-executivo principal na General Mills.

Louis Polk conhecia muito mais o negócio de cereais do que o de filmes, fato evidenciado pela louvável mas claramente equivocada visão de alto nível que ele demonstrou em seu breve turno. Em 1969, o estúdio encomendou adaptações do romance *As aventuras de Augie March*, de Saul Bellow, da peça

Rosencrantz and Guildenstern Are Dead, de Tom Stoppard, de *A condição humana*, de André Malraux, e do "anti-western" *The Ballad of Dingus Magee*, do romancista experimental David Markson. Não muito tempo depois — mais ou menos quando o magnata Kirk Kerkorian adquiriu uma participação de 40% na MGM e iniciou uma corrida com Bronfman pelo poder —, os contadores da MGM se deram conta de que o estúdio estava à beira de registrar uma perda de 19 milhões de dólares.[1] Em meio a essa comoção corporativa, o estúdio abandonou alguns projetos, mas *O mais bandido dos bandidos*, baseado no romance de Markson, não foi um deles.

O livro, cujo subtítulo era *Being the Immortal True Saga of the Most Notorious and Desperate Bad Man of the Olden Days, His Blood-Shedding, His Ruination of Poor Helpless Females, & Cetera* [A verdadeira e imortal saga do mais notório e desesperado vilão dos velhos tempos, do sangue que ele derramou, de como arruinou pobres e indefesas mulheres & cetera], era um burlesco pós-moderno com uma sensibilidade cômica escabrosa, surrealista — tom apropriado à era do Vietnã, à era do anti-heroísmo e do psicodelismo. Uma adaptação para o cinema teria, necessariamente, de se concentrar mais na ampla veia cômica do romance do que nos prazeres do texto. Para essa finalidade, em fins de 1969, a MGM contratou o diretor Burt Kennedy — um especialista em westerns que pouco antes dirigira uma incursão cômica no gênero, *Uma cidade contra o xerife*, com James Garner — e uma equipe de escritores formada pelos irmãos Tom e Frank Waldman, que haviam criado o roteiro de *Um convidado bem trapalhão*, farsa de Blake Edwards de 1968, assim como de episódios de *Jeannie é um gênio*, *A ilha dos birutas* e *McHale's Navy*. Aos Waldman juntou-se o romancista Joseph Heller, que escrevera *Ardil-22*, e deveria ter percebido que esse projeto não era para ele.

Frank Sinatra também deveria ter percebido. Mas em vez disso, poucos dias antes de seu 54º aniversário, ele assinou o contrato para representar Dingus Magee (que no romance tinha dezenove anos) e, num raro lapso de avaliação comercial, abdicou de sua remuneração usual de 1 milhão de dólares em troca de um percentual maior sobre a bilheteria bruta.[2]

Como filha do fundador da MGM e coisa mais próxima de uma princesa coroada na capital do cinema, Edith Mayer Goetz era imbuída de uma soberba que só poderia advir de alguém que crescera, junto com os filmes, como uma realeza do cinema. Depois que seu marido, Bill, se libertou de gravitar em torno de Louis B. Mayer e se estabeleceu como um dos maiores produtores de Hollywood, os Goetz ficaram riquíssimos: possuíam cavalos de corrida e uma lendária coleção de arte, e ofereciam as mais deslumbrantes festas do meio cinematográfico. Eram amigos de Frank Sinatra havia quase quinze anos quando Bill Goetz morreu de câncer, em agosto de 1969. E após um prudente intervalo, Frank começou a cortejar Edie Goetz.

Edie tinha 64 anos, uma década inteira mais velha do que ele, era mais atraente do que bonita, mas a combinação de sua riqueza, sua imponência e sua vulnerabilidade foi como uma poção excitante para Sinatra. E ela teve as atenções do homem mais famoso e carismático de Hollywood, um homem com sua própria riqueza e aviões a jato à sua disposição, e inebriante.

"Frank cuidou tão bem de mim, e foi tão bom para mim depois que Billy morreu", ela relembrou, anos depois.

> Viajávamos juntos para toda parte. Ele me levou a Palm Springs e a Nova York, para a festa do 25º aniversário de casamento de Arthur e Bubbles Hornblow. E, oh, os presentes [...] num Natal ele me deu uma bolsa bordada, e não se viam os pontos do bordado nem com uma lente de aumento, tão finos eles eram, e dentro havia uma caixa de ouro maciço na qual estava gravado: "Para Edie, com muito amor — Noel. Francis" [...].[3]

"Tivemos um caso de amor tão amistoso", ela contou. "Ele me chamava de 'sexy' — era divertido e engraçado."

Então, certa noite, na biblioteca da mansão dos Goetz na Delfern Drive, logo ao norte do Sunset em Holmby Hills, Frank a pediu em casamento.[4]

Era uma coisa que ele fazia de tempos em tempos, com várias mulheres, acompanhando um amplo espectro de idades e de culturas. Ele sempre levava isso a sério, assim como levava a sério as palavras das canções que cantava... Estava impregnado do que sentia naquele momento, e esperava que o objeto de sua afeição sentisse a mesma coisa.

Contudo, em vez disso, Edith Mayer Goetz foi pega de surpresa. "Por que eu não poderia me casar com você, Frank?", ela desabafou. "Por quê...? Por quê...? Você não é nada mais que um arruaceiro."

Ele levantou-se e saiu, para nunca mais falar com ela.

* * *

Durante os últimos meses de 1969, a equipe de advogados de Sinatra batalhou com a Comissão de Investigação do Estado de Nova Jersey em nome de seu cliente, declarando de maneira ousada que o grupo era inconstitucional, com base no fato de seus procedimentos serem "acusatórios", e solicitando que se formasse um comitê de três juízes para ouvir os argumentos de Frank. Em janeiro de 1970, após o Terceiro Tribunal Itinerante de Recursos dos Estados Unidos ter indeferido a solicitação, o caso foi para a Suprema Corte dos Estados Unidos, onde os advogados alegaram que um indiciamento de seu cliente causaria a ele e à sua carreira um dano irreparável.[5]

Mas, em 3 de fevereiro, a mais alta Corte do país decidiu contra Sinatra, com a discordância dos juízes liberais Hugo L. Black, William O. Douglas e Thurgood Marshall. O juiz William J. Brennan se absteve — talvez porque seu filho fosse um investigador do estado de Nova Jersey que pouco antes fizera a ponderosa declaração de que, segundo o *New York Times*, "o crime organizado tinha se infiltrado em quase todas as facetas da vida no estado, inclusive a Legislatura".[6]

Na tarde-noite de terça-feira, 17 de fevereiro, "pouco depois de ter voado da cidade de Nova York para o vizinho aeroporto do condado de Mercer a bordo de seu jato particular, um Grumman-4", informou o *New York Times* numa reportagem de primeira página no dia seguinte, Frank foi a Trenton "e prestou depoimento durante mais de uma hora [...] numa sessão extraordinária e fechada, convocada às pressas, da Comissão de Investigação do Estado, que lhe perguntou o que ele sabia sobre crime organizado e corrupção oficial em Nova Jersey".[7]

Conquanto a audiência fosse fechada — e portanto, por definição, secreta —, não foi isso o que aconteceu, como escreveu de forma dramática Nancy Sinatra, à meia-noite.[8] De maneira bem prosaica, os procedimentos tiveram início às sete horas da noite, quando Frank, sem chapéu e vestindo um sobretudo escuro para defendê-lo do frio de fevereiro, entrou nos escritórios executivos da comissão, poucos quarteirões a oeste do palácio do governo estadual, com um séquito de seis pessoas, entre as quais dois advogados. Por um acordo prévio, ele entrou sozinho na sessão fechada e passou a uma hora e quinze seguinte sendo interrogado por dois membros da comissão, Glen B. Miller Jr. e James T. Dowd. "Sob interrogatório, segundo relatos, o sr. Sinatra abandonou sua animada postura habitual e parecia estar apreensivo",[9] escreveu Ronald Sullivan, do *New York Times* (ao que parece, tendo entrevistado depois um dos participantes).

Embora nada do que Frank disse na audiência tivesse sido divulgado na época, cerca de doze anos depois Kitty Kelley conseguiu obter uma transcrição daquela reunião.[10] Parece que o que Frank contou aos membros da comissão foi quase nada.

P: O senhor conhece Willie Moretti?

FRANK SINATRA: Não.

P: Alguma vez encontrou-se com ele?

FS: Não tenho certeza se alguma vez me encontrei, porque parece que já passou muito tempo desde que tive uma casa em Hasbrouck Heights, Nova Jersey, minha mulher e eu. Compramos uma casa, e o homem de quem compramos a casa, acho, um dia o levou até lá para me conhecer.

P: O senhor conhece Meyer Lansky?

FS: Eu me encontrei com ele.

P: Quem é ele?

FS: Li nos jornais que ele era uma pessoa indesejável.

P: Alguma vez o senhor ouviu dizer que "Skinny" D'Amato é membro da Cosa Nostra?

FS: Nunca.

P: O senhor está a par da reputação de Sam Giancana como membro da Cosa Nostra?

FS: Não.

P: O senhor está a par da reputação de Joseph Fischetti como membro da Cosa Nostra?

FS: Não.

P: O senhor está a par da reputação de Lucky Luciano como membro da Cosa Nostra?

FS: Não, senhor.

P: O senhor está a par da reputação de Willie Moretti como membro da Cosa Nostra?

FS: Não, senhor.

P: O senhor está a par da reputação de Joe Adonis como membro da Cosa Nostra?

FS: Não, senhor.

P: Eu estava empregando o termo "Cosa Nostra". Se estivesse usando a palavra "Máfia" a respeito de qualquer uma das pessoas antes mencionadas, o senhor responderia de modo diferente?

FS: Não, senhor.

P: O senhor conhece alguém que seja membro da Cosa Nostra?

FS: Não, senhor.

P: O senhor conhece alguém que seja membro da Máfia?

FS: Não, senhor.

P: O senhor conhece alguém que seja membro de qualquer organização que poderia estar na categoria de crime organizado?

FS: Não, senhor.[11]

Esse diálogo — antes e em segredo — foi parecido com o do interrogatório do subcomitê do Senado feito a Michael Corleone, vivido por Al Pacino, em *O poderoso chefão, Parte II*: os estranhos e perigosos nomes italianos saltando pesadamente da língua dos sisudos e quadrados burocratas brancos; a tensa e soturna testemunha ítalo-americana negando tudo, em monossílabos.

Nancy Sinatra escreveu que a audiência foi um mero expediente publicitário em favor da Comissão de Investigação do Estado, para não falar da desnecessária humilhação imposta a seu pai.[12] As perguntas feitas a Frank pelos membros da comissão já tinham sido respondidas antes, argumentou Nancy — e, uma vez concluídas, eles passaram a se comportar como fãs, e um deles perguntou se era mesmo Sinatra ou um dublê que corria para o trem no final de *O expresso de Von Ryan*.

Ela tinha razão. Na manhã seguinte, após a comissão ter anunciado que estava satisfeita com o depoimento de Frank e que estava retirando as acusações de desacato contra ele, "um alto funcionário da comissão, que pediu para não ser identificado, revelou que o propósito primordial do interrogatório do sr. Sinatra não era saber mais sobre as atividades do submundo em Nova Jersey", segundo o *New York Times*. "O funcionário disse que a comissão teve a intenção de demonstrar que tinha o poder de obter o depoimento de praticamente qualquer um e que um fator primordial de obrigar o sr. Sinatra a comparecer foi a publicidade que seu comparecimento iria originar."[13]

A essa altura, no entanto, Frank fora embora fazia muito tempo, voando a jato de volta para a Califórnia para trocar um circo por outro. Uma semana depois estaria no Arizona, usando ceroula e filmando *O mais bandido dos bandidos*.

* * *

No início de fevereiro, Sinatra fora escalado para ser mestre de cerimônias num jantar de gala em homenagem a Harry Truman, promovido pelo Comitê Democrático Nacional em Miami Beach. Ele cancelou sua presença, anunciou Don Rickles no palco, porque "tinha um compromisso em Newark"[14] — sendo Newark uma palavra que soava mais divertida do que Trenton, o lugar efetivo do compromisso em Nova Jersey que infelizmente havia retido Frank.

No final do mês, no entanto, ele conseguiu uma noite de folga de sua filmagem e voou para Washington para animar outro jantar de gala, promovido pela Casa Branca para arrecadar fundos em benefício de um centro de pesquisa do Congresso em memória do falecido senador Everett Dirksen. Embora o jantar black tie fosse "bipartidário, com poucos discursos e muito entretenimento",[15] informou a Associated Press — Danny Thomas, Dinah Shore e Wayne Newton também estavam no programa —, Dirksen tinha sido republicano, e o presidente e a sra. Nixon estavam entre os que copresidiam o evento. Era a primeira vez que Frank pisava na Casa Branca desde o encontro com Lyndon Johnson em seu quarto de dormir, dois anos antes, e, por mais apartidária que fosse, essa foi uma ocasião muitíssimo mais prazerosa.

No dia seguinte, de volta ao set de *O mais bandido dos bandidos* após duas horas de sono, Sinatra concedeu uma longa entrevista a William Wolf, crítico de cinema da revista *Cue*. Jim Mahoney lembrara antes a Wolf que o tempo de seu cliente era precioso e que perguntas inapropriadas poderiam fazer com que a conversa fosse encerrada de repente. A advertência era desnecessária. As regras básicas já tinham sido entendidas havia muito tempo: Sinatra confiava em que sua eminência e sua personalidade dominadora impediriam a maioria dos jornalistas de desrespeitá-lo em sua presença, e a maioria dos jornalistas, excitados só de estar em sua presença, seguiam essa linha alegremente. Para Wolf, Frank parecia estar num generoso estado de espírito naquele dia — ou num estado de espírito que, nele, podia ser tido como tal: expansivo e atencioso, se não exatamente sincero. "Ele parecia estar cansado, apesar de relaxado e amigável", escreveu o crítico. "Quase parecia que, numa mudança rara de atitude ele estava ansioso para falar com um repórter."[16]

Talvez de fato estivesse. Por alguma razão, Sinatra se encontrava num humor filosófico. "Já aconteceu o suficiente comigo", disse, apertando os olhos sob o sol do deserto. "Mais do que mereço — e eu sempre quis aproveitar o resto de minha vida. Agora eu só gostaria de ter paz de espírito."

Um objetivo difícil de alcançar. Mas uma estranha e nova canção era o fundo musical naquele ano, aonde quer que fosse e o que quer que fizesse: ele estava magoado, e cansado. Às vezes negava isso de maneira enérgica — às vezes com energia demasiada. "Nunca penso a respeito", respondeu, quando Wolf lhe perguntou se estava preocupado com o envelhecimento. "Eu me sinto em grande forma. Eu me mantenho em forma." Ele alegou também que tinha reduzido o fumo a dez cigarros por dia, embora com a bebida a história fosse diferente. ("Ele sorriu e disse: 'Consigo aguentar vários copos numa noite. Faço isso por prazer e gosto de fazer'.")

O que perguntar a um homem que já fez de tudo? Wolf quis saber pelo que Frank se interessava agora, o que o impedia de se entediar com aquilo tudo. "Toda vez que aparece uma nova canção, é uma excitação totalmente nova", disse-lhe Sinatra.

> É isso que faz do entretenimento um negócio interessante. Nenhum dia é igual ao outro. Em geral, o que os artistas mais procuram é variação. Se não é isso, deveria ser. Isso mantém você e o público interessados.
>
> Eu gostei de fazer filmes como *O homem do braço de ouro*, porque eu representava um personagem interessante. E gosto de musicais. Não creio que eles algum dia voltarão a ser como eram. Agora prefiro uma história com canções. Se fosse possível, gostaria de fazer *Nascida ontem* como um filme com canções, com Barbra Streisand.

Havia em tudo isso uma aguda percepção. Já fazia muitos anos que ele atuara em *O homem do braço de ouro*, e ele tinha razão quanto aos musicais — não estavam voltando. E também foi perspicaz de sua parte dizer que uma história com canções poderia funcionar, se a história fosse boa: *Nascida ontem* poderia de fato ser um grande veículo para ele e Streisand.

Frank tinha orgulho e inteligência bastantes para saber que *O mais bandido dos bandidos* caía numa categoria totalmente diferente. "É um papel engraçado", foi o melhor que ele pôde dizer. "Tenho procurado uma comédia já há algum tempo."

Ele ainda ficava empolgado, perguntou o crítico, com a perspectiva de fazer ainda mais dinheiro? Frank sacudiu a cabeça. "O dinheiro na verdade nunca me interessou, e não interessa agora", insistiu. "Fiz muito dinheiro trabalhando, mas nunca trabalhei duro só para fazer dinheiro. Gosto é de gastar dinheiro. É para isso que é feito — ponha-o em movimento!"

Como o astral estava em alta, Wolf decidiu arriscar e fazer algumas perguntas delicadas. Frank se casaria de novo?

O astral mudou no mesmo instante. "Não tenho pensado a respeito", ele disse com suavidade. "Não gostaria de me aprofundar nisso."

Devidamente advertido, o escritor deixou passar. Mas então pôs a mão em outra batata quente: as recentes aventuras de Sinatra com a Comissão de Investigação do Estado de Nova Jersey. Teria ele alguma mensagem para os colegas ítalo-americanos que estavam insatisfeitos por vira e mexe serem associados à Máfia?

Frank atribuiu pouca importância ao fato. "Não penso que eles estejam muito aborrecidos com isso", começou. "A maioria dos ítalo-americanos está [...] bem assegurada em suas vidas — a segunda e a terceira gerações. Não creio que estejam preocupados demais com a questão da Máfia." Muito mais sério, ele continuou, era um "problema geral que afeta a todos". Ele então revelou o que mais o preocupava no que tangia à vida americana contemporânea: "É a amoralidade!", disse. "E tanta agitação. Creio que tínhamos nos acostumado a um modo de vida, os da minha faixa etária. As coisas como são hoje estão confundindo muitos americanos. Veja os protestos, convocados ou não. Não sou contra protestos, se forem por uma causa. Mas não gosto de rebeliões sem causa. É assustador." Chegando aos 55, o homem a quem tanto e bastante já acontecera soava menos como um playboy do que como um cauteloso e velho burguês.

O objetivo da Comissão de Investigação do Estado de Nova Jersey de obter publicidade parece ter sido bem-sucedido, como demonstra um cabograma incomum que o diretor do FBI, J. Edgar Hoover, recebeu em 10 de março. O comunicado, assinalado como URGENTE, veio de um adido jurídico da embaixada dos Estados Unidos em Londres; o título do assunto era FRANK SINATRA, COOPERAÇÃO DE POLÍCIA ESTRANGEIRA.

EM 9 DE MARÇO PASSADO JOHN WALDRON, COMISSÁRIO, POLÍCIA METROPOLITANA, NOVA SCOTLAND YARD, AVISOU QUE SINATRA E A ORQUESTRA DE COUNT BASIE IRIAM SE APRESENTAR

NO ROYAL FESTIVAL HALL, LONDRES, EM 7 E 8 DE MAIO PRÓXIMO, NUM ESPETÁCULO DE CARIDADE EM BENEFÍCIO DA SOCIEDADE PARA PREVENÇÃO DE CRUELDADE COM CRIANÇAS. A SOCIEDADE REALIZA UM ESPETÁCULO ANUAL, É UMA DAS INSTITUIÇÕES DE CARIDADE PREFERIDAS DA FAMÍLIA REAL, ELES COSTUMAM SER CONVIDADOS E COSTUMAM COMPARECER.

O COMISSÁRIO ESTÁ MUITÍSSIMO PREOCUPADO COM A PUBLICIDADE RECENTE SOBRE SINATRA E SEU TESTEMUNHO SOBRE CONEXÕES COM A MÁFIA EM NOVA JERSEY. O COMISSÁRIO TEM DE FAZER RECOMENDAÇÕES A FAVOR OU CONTRA A PRESENÇA DA RAINHA E OUTROS MEMBROS DA FAMÍLIA REAL. SE A RAINHA COMPARECER, SINATRA SERÁ APRESENTADO A ELA E O COMISSÁRIO TEME QUE ISSO POSSA TER UM RESULTADO DESFAVORÁVEL NA IMPRENSA.

O COMISSÁRIO APRECIARIA MUITO UM RESUMO DE INFORMAÇÃO PERTINENTE DISPONÍVEL SOBRE SINATRA, INCLUSIVE DADOS DE IDENTIDADE, POR QUE ELE TEVE DE ABRIR MÃO DE SEUS INTERESSES EM LAS VEGAS, A RECENTE QUESTÃO DE NOVA JERSEY ETC. ELE GARANTE QUE TODA INFORMAÇÃO SERÁ TRATADA COMO CONFIDENCIAL, E O BUREAU COM TODA A CERTEZA NÃO SERÁ IDENTIFICADO COMO A FONTE. ELE PRECISA DESSA INFORMAÇÃO O MAIS BREVE POSSÍVEL, JÁ QUE A FAMÍLIA REAL RECEBEU O CONVITE.[17]

O FBI forneceu de boa vontade as informações: um memorando de A. Rosen, do bureau, atestava "a ligação de Sinatra durante anos com conhecidos gângsteres e membros da Cosa Nostra, como o falecido Willie Moretti, Paul Emelio D'Amato e Salvatore 'Sam' Giancana". E como informação extra, Rosen acrescentou "os resultados de uma investigação de segurança a respeito de Sinatra realizada em 1955, a qual revelou que seu nome, no início ou em meados da década de 1940, estivera associado ou demonstrara apoio a cerca de dezesseis organizações que eram ou abertamente comunistas ou infiltradas por comunistas".[18]

Um pouco pesaroso, Rosen admitiu então: "Essa investigação não revelou nenhum Partido Comunista efetivo, ou uma explícita filiação por parte de Sinatra".

Entre outras notícias da Grã-Bretanha, em 10 de abril Paul McCartney anunciou formalmente que estava deixando os Beatles, o que causou o rompimento do grupo — John Lennon tinha dito a seus três companheiros de banda alguns meses antes que estava indo embora —, um *fait accompli*. Grande parte do mundo lamentou, mas poucas lágrimas foram vertidas em Las Vegas.

Mais uma semana, mais 100 mil dólares. No final de abril, depois de encerrar o trabalho em *O mais bandido dos bandidos*, Frank apresentou-se por seis noites no Caesars; assistindo à estreia na noite do dia 22, Duke, da *Variety*, como era previsível, ficou impressionado:

> Como um sucesso de cabaré, Frank Sinatra continua sua ascensão, e do que se viu e se ouviu em sua quinta apresentação no Circus Maximus — frequentado na estreia por um novo recorde de celebridades de alto coturno nas primeiras filas —, nenhuma aposentadoria à vista.
>
> Lançando suas canções e suas falas duronas mas encantadoras, melhor do que nunca, Sinatra vale bem — e mais — o que estão lhe pagando.[19]

Em 24 de abril, Hank Greenspun, o editor do *Las Vegas Sun* e um sempre confiável incentivador de Sinatra, escreveu um "editorial", do qual se lia num trecho:

> Frank Sinatra no Caesars Palace é equivalente à presença de uma convenção com 25 mil delegados. Ele é o rei e suas apresentações aqui são marcadas por engarrafamentos na Strip e no tráfego aéreo e por salões superlotados. Um ingresso para uma apresentação de Sinatra tornou-se símbolo de status em Las Vegas.[20]

Era tudo verdade, e uma declaração poderosa o bastante para que o Caesars pusesse a citação num anúncio de página inteira na *Variety*, as palavras de Greenspun em chamativas letras brancas flutuando num fundo preto.[21] Era sinergia pura na nova Las Vegas das corporações — exceto que, secretamente, a principal engrenagem na grande máquina havia se quebrado. Frank estava cansado, e sua mão direita, a que segurava o microfone enquanto ele lançava suas canções e suas falas duronas mas encantadoras, doía como o diabo. Com frequência cada vez maior ele se perguntava por quanto tempo mais poderia manter todo aquele circo funcionando.

A viagem para a Inglaterra, contudo, restaurou seu ânimo. Os britânicos sempre o animavam. Sua voz os tinha alentado durante os dias sombrios da guerra, quando os bombardeios alemães lhes roubavam a luz do dia, e eles nunca se esqueceram disso: saudavam-no como um herói cada vez que ele voltava. Sem o temperamento puritano dos ianques, os ingleses viam seu lado "menino mau" mais como agradável do que como repreensível: nosso Frank. Ele pensara em tudo isso depois da audiência em Nova Jersey, quando a publicidade ruim recrudesceu. Não seria ótimo se apresentar no Royal Festival Hall, diante da realeza, e por uma causa nobre? Ele levaria Basie e sua grande orquestra, e pagaria ele mesmo todas as despesas. É claro que ia aceitar se apresentar de graça. Seria o tipo de relações públicas que o dinheiro não pode comprar — exceto, é claro, pelo fato de que ele as estava comprando.

Foi ainda melhor que o esperado. "Eles aplaudiam e aplaudiam", escreveu Alvin Shuster, do *New York Times*.

> Eles pularam de suas cadeiras. Ficaram lá até as primeiras horas da manhã. Frank Sinatra estava na cidade dando o primeiro de seus dois concertos de caridade, e quase que a única pessoa calma no Royal Festival Hall era o próprio crooner.
>
> Era a primeira apresentação de Sinatra em Londres em mais de sete anos, e, como disse um crítico exuberante no *Evening News Friday*, "socialites vestidos a rigor ofereceram as mais ruidosas boas-vindas desde que Winston Churchill foi homenageado no Dia da Vitória [...]".
>
> A princesa Margaret e lorde Snowdon estavam entre os convidados, que esperaram até a uma hora da madrugada até que Frank chegasse e começasse o show com "I've Got the World on a String". Foi após 22 canções, muitas interrompidas por aplausos já nas primeiras palavras, que Sinatra e o *bandleader* Count Basie deram por encerrado o concerto.[22]

O concerto, concebido para um público tradicionalista, consistiu quase todo em sucessos antigos — além de "String", números como "April in Paris", "Pennies from Heaven" e "Moonlight in Vermont". Duas exceções foram "Yesterday", de McCartney — sem dúvida do agrado de multidões em Londres —, e, estranhamente, uma composição escrita para *Watertown* mas deixada fora do álbum, chamada "Lady Day".

A história por trás de "Lady Day" é que Bob Gaudio e Jake Holmes, que pouco conheciam de jazz e mal sabiam quem era Billie Holiday, haviam escrito uma música não sobre a grande cantora, mas sobre a esposa fugitiva de *Watertown*, Elizabeth. A canção tinha versos como

> *Poor Lady Day could use some love, some sunshine,*
> *Lady Day has too much rain.**

* A pobre Lady Day poderia usar algum amor, alguma luz do sol,/ Lady Day tem chuva demais. (N. T.)

Mas depois de gravar a canção, no mês de agosto anterior, Frank tinha se virado para Gaudio e Holmes e anunciado, para espanto deles, que ela era um tributo perfeito a Holiday. Deveria ser regravada em outra ocasião, disse, e para outro álbum. Não era uma canção das melhores (como tributo a uma grande e perdida figura do jazz, estava muito abaixo de elegias sublimes como "I Remember Clifford" e "Goodbye, Pork Pie Hat"), e a afeição de Frank por ela refletia muito mais sentimentalismo do que perceptividade artística.[23] Mas Sinatra a estava cantando, no centro do palco no Royal Festival Hall, e a plateia de Londres ouviu com reverência.

As duas noites foram, na opinião de muitos — e não menos do próprio Frank —, grandes concertos. "Tenho uma sensação engraçada de que essas duas noites podem ter sido, de fato, meu melhor momento",[24] ele disse pouco depois, ecoando inconscientemente Winston Churchill. Um dos músicos britânicos presentes, o baixista Daryl Runswick, relembrou:

> Há poucas ocasiões em que um bando de músicos de traquejo mundial em Londres fica assombrado com um desempenho. Foi o que aconteceu então. O que lembro é de quão arduamente Sinatra parecia estar trabalhando. Eu estava a uma distância muito pequena dele e me lembro do quanto ele se concentrava. Ele foi impecável [...]. Mais cedo naquele mesmo dia ele tinha dito a um dos músicos que essa poderia ser sua última apresentação em Londres. Isso sem dúvida nos deixou surpresos.[25]

No final de abril, o presidente Nixon anunciou a expansão da Guerra do Vietnã para o Camboja, campanha que já vinha acontecendo, de maneira velada, fazia meses. Grandes protestos irromperam nos campi de faculdades pelos Estados Unidos inteiros: bandeiras foram queimadas, a retórica revolucionária ficou mais ardente. Em 4 de maio, a Guarda Nacional de Ohio abriu fogo contra manifestantes que protestavam na Universidade Estadual de Kent State, matando quatro estudantes.

Sinatra não era fã de Nixon, mas as bandeiras queimadas e os discursos que pediam a queda do governo — *the protestations* — ficaram entalados em sua garganta.

Em 8 de julho, ele fez seu surpreendente anúncio: estava aderindo à campanha para reeleger Ronald Reagan governador da Califórnia. Mais do que isso — estava aceitando a copresidência do comitê de campanha de Reagan.

"É meu dever como cidadão deixar de lado considerações partidárias quando acho que o candidato do outro partido é claramente um homem excepcional para o cargo",[26] disse Frank.

Apenas dezoito meses antes, o colunista Vernon Scott escrevera: "As pessoas mais brilhantes de Hollywood são democratas. Os republicanos entre eles são poucos e silenciosos". Sinatra, que já fora o democrata em chefe da capital do cinema, parecia agora estar beirando a direita.

"Ele deixou claro que não tem intenção de abandonar sua filiação ao Partido Democrata, mas disse que se juntou a Reagan a pedido pessoal do governador, depois de conversarem sobre os problemas do estado", informou o *Oakland Tribune*.

> "Os que não conhecem o governador Reagan e a mim como nós conhecemos um ao outro há mais de vinte anos podem se surpreender com o anúncio", disse Sinatra. "No entanto, nossos amigos comuns sempre souberam que partilhamos o mesmo desejo pelo bem-estar do povo do estado da Califórnia e da nação."
>
> Ele não fez menção a Jess Unruh, o candidato do Partido Democrata, mas os ativistas da campanha de Reagan disseram que consideravam isso uma "ressentida rejeição" ao ex-líder da maioria na Assembleia.[27]

No mínimo. Unruh, ex-discípulo de Bobby Kennedy (o que já era bem ruim, na opinião de Frank), apoiara Eugene McCarthy após o assassinato de Kennedy, efetivamente torpedeando as possibilidades de Hubert Humphrey na campanha presidencial. *O amigo de meu inimigo*... Mas o fato de Frank aderir à campanha de um homem que ele, apenas pouco tempo antes, considerara tolo e chato dizia muito de seus temores em relação ao país e de seu descontentamento com um partido que o tinha menosprezado durante mais uma campanha presidencial.[28]

A colunista Joyce Haber, do *Los Angeles Times*, entrevistou Frank por telefone alguns dias após o anúncio. Ela quebrou o gelo contando-lhe que havia feito uma pesquisa de opinião com algumas secretárias de seu escritório sobre sua bomba política, e que elas estavam perplexas. Sinatra foi todo doçura e luz. "O divino Francis Albert apenas soltou uma risada, aquela risada macia e sexy, quando lhe contei que ele tinha surpreendido as mais lindas cabeças da cidade",[29] ela escreveu.

Haber perguntou-lhe se, ao se posicionar contra Unruh, ele estava satisfazendo sua havia muito testada inclinação por uma *vendetta* siciliana. "O aspecto pessoal é secundário", insistiu Frank. "Mas, agora que você o mencionou, é uma razão danada de boa. Porque Unruh prejudicou muito meu candidato em Chicago. Na verdade, ele prejudicou todo o Partido Democrata. Humphrey não perdeu. Seu pessoal perdeu por ele."

Mas Humphrey também tinha se desfeito de Sinatra — fato humilhante demais para este admitir, mas que influenciara sua decisão de aderir a Reagan tanto quanto a perfídia de Jess Unruh.

Com franqueza admirável, Harber perguntou a Frank como ele poderia conciliar sua própria filosofia humanitária e filantrópica com a retirada, pelo governador Reagan, anunciada naquele mesmo dia, de 10 milhões de dólares de ajuda aos idosos, cegos e deficientes da Califórnia.

Frank ficou calado durante vários segundos, aparentemente espantado. "Ele fez isso?", perguntou por fim. "Bem, suponho que não se retira o apoio a um candidato por causa de uma única questão, mas... vou examinar isso. E pode apostar que vou falar com ele sobre isso."

Os registros não indicam que o tenha feito. Ele de fato estava mais cansado do que deixava transparecer, e com dores. Duas semanas antes, tinha passado por uma cirurgia para aliviar a contratura de Dupuytren na mão direita.[30] "Parecia que eu segurava uma bomba na mão",[31] ele contou a Haber. Em fins de julho, houve certo constrangimento quando o departamento de publicidade da NBC anunciou impulsivamente que Sinatra seria o primeiro convidado no novo *talk show* diurno de sua colega (e ocasional amante) Dinah Shore, no início de agosto.[32] Ele não estava muito a fim de aparecer diante das câmeras com uma mão inchada e enfaixada. Não estava a fim de fazer nada.

"A convalescença de papai foi lenta e dolorosa", escreveu Tina. "Era a primeira vez que eu via meu pai sofrer, com uma sensação de impotência que iria conhecer bem demais."[33]

No passado, Frank sempre tinha sido um dínamo quando o assunto era campanha política, mas ele pouco fez por Reagan no começo, além de emprestar seu nome à causa. Pouco fez em geral durante aquele verão além de se apresentar em uns poucos concertos de caridade, agarrando com sofrimento o microfone como a única coisa que continuava a lhe dar puro prazer e a fazê-lo seguir adiante.

No entanto, ele se superou para uma grande ocasião, em 7 de agosto, que marcou ao mesmo tempo o quarto aniversário do Caesars Palace e a estreia de

Nancy filha no Circus Maximus. Após o Caesars ter comemorado com o corte da fita inaugural de seu novo anexo, de catorze andares e 220 suítes, Frank deu ao hotel-cassino algo ainda melhor, promovendo duas extravagantes festas para a filha mais velha: um coquetel para a nata de Hollywood na noite de sexta-feira e, como observou a *Variety*, "o principal evento no sábado, um baile black tie para o debute de Nancy na sociedade do Caesars, com o comparecimento de casais e solteiros cuidadosamente selecionados".[34]

O jornal ficou menos deslumbrado com a pródiga estreia de Nancy filha, que foi produzida e coreografada por seu noivo, Hugh Lambert, e contava com cinco mudanças de figurino, além de The Osmonds (inclusive Jimmy Osmond, de sete anos, que soltou a plena voz uma versão de "My Way" de fazer parar o show), um trio vocal de mulheres negras chamado The Blossoms e um corpo de dez dançarinos. "A srta. Sinatra é, em termos de voz, uma intérprete irregular", escreveu o crítico do periódico, mas acrescentando com gentileza: "Para superar a falta de supremacia no manejo da voz, seu desempenho foi prazerosamente caloroso, em especial quanto a compartilhar todo o show [...]. Desconte uns poucos números e teremos uns 75 minutos bons".[35]

Um parágrafo conciso no final da resenha anunciava o próximo ato a se realizar no grande salão: "Frank Sinatra vem em seguida, de 3 a 16 de setembro, com David Frye e o Four Seasons".

No início de setembro, o multitalentoso anfitrião de *talk shows*, animador e liberal Steve Allen, outrora aliado de Sinatra na campanha presidencial de John F. Kennedy, escreveu-lhe uma carta aberta. "Caro Frank, muitas coisas pouco lisonjeiras sobre você estão sendo ditas no momento por democratas em todo o país", começava o texto.

> Eles não conseguem compreender como um liberal por toda a sua vida pôde mudar de repente e apoiar um dos principais expoentes do conservadorismo, Ronald Reagan.
>
> Os mais entendidos entre seus ex-aliados políticos, Frank, estão dizendo que o que de fato surpreende em sua adesão a Reagan é que você, na essência, não mudou em nada suas opiniões. Eles dizem que seu ódio ao senador Bob Kennedy era tão grande — por ele tê-lo mantido afastado da confiança de seu irmão, o presi-

dente — que você esperou muito tempo para ter sua vingança e não foi demovido nem mesmo com o assassinato do senador. O que se diz, Frank, é que tudo que você pode fazer, agora que Bobby se foi, é "ir à forra" com o colaborador dele, Jess Unruh, e os tipos de Kennedy-McCarthy que trabalham para ele.

Gostaria de ouvir você cantar um refrão de "Say It Isn't So" ["Diga que não é assim"], de Irving Berlin, Frank. Sinceramente, gostaria de saber que todos esses rumores correntes sobre uma "vingança siciliana" são falsos. Sem dúvida você vai nos dizer que são. Mas, se for assim, considere então alguns dos problemas sociais que fazem deste momento de nossa história o mais perigoso e assombroso que os Estados Unidos jamais conheceram, porque sabemos qual é a posição de Reagan nessas questões. Pensávamos que sabíamos qual era a sua também.[36]

Allen continuava listando as posições conservadoras, se não reacionárias, de Reagan quanto a relações inter-raciais, bem-estar social, atendimento de saúde para idosos, reforma de prisões, manifestações em campus, direito de aborto, pena de morte e outras questões. "Apenas uns poucos milhares de pessoas poderão ler esta carta, Frank. Eu lhe ofereço acesso a alguns milhões se você quiser vir a meu programa de TV explicar sua posição."[37]

Frank não aceitou sua oferta.

Onde quer que Frank esteja, há certa eletricidade permeando o ar. É como se Mack the Knife estivesse na cidade, e a ação começasse.

Billy Wilder[38]

"Quando ele chegava a Las Vegas, era sobre isso que as pessoas falavam", relembrou o produtor George Schlatter. "'Você viu Frank? Frank está na cidade.' Os motoristas de táxi, os carregadores nos hotéis, as prostitutas, todo mundo dizia: 'Frank está aqui'."[39]

ADIVINHE QUEM, lia-se no letreiro na entrada do Caesars Palace quando Frank se apresentou no Circus Maximus pela primeira vez.[40] Quando estreou lá pela sexta vez, para uma temporada de três semanas a começar em 3 de setembro de 1970, o anúncio evoluíra para um simples ELE ESTÁ AQUI.

A cada hóspede era dado um medalhão dourado com a seguinte inscrição gravada:

AVE,
SINATRA:
O
MAIS NOBRE ROMANO
ESTÁ NO
CAESARS PALACE

Ele era o show em Las Vegas, o evento principal, e saber disso lhe permitia arrogar-se certos privilégios cabíveis a imperadores, entre os quais a pequena liberdade de tratar o guichê do caixa no cassino como sua conta-corrente pessoal. No cassino do Caesars Sinatra continuou com o hábito que durante muito tempo mantivera no Sands: ele embolsava seus ganhos, e deixava o que perdia na forma de "vales", valores que eram, no caso dele, e só no caso dele, imaginários — até que chegou o momento em que deixaram de ser. Esse momento tinha chegado um dia no Sands, agora chegava no Caesars.

Las Vegas estava crescendo, e, conforme novas torres subiam de forma vertiginosa ao longo da Strip, subiam também os preços dos hotéis e do entretenimento. Enquanto as corporações se esforçavam por fazer de Sin City um lugar amigável para famílias, a Máfia continuava a lucrar tremendamente com os cassinos. O Departamento de Justiça e a Receita estavam atentos.

No verão de 1970, o FBI e a Receita estavam prestando particular atenção no Caesars Palace, que no final de 1969 fora adquirido por 60 milhões de dólares pelo Lum's, uma cadeia de fast-food de Miami —[41] cujos executivos mantiveram o gerente de cassino anterior (e ex-coproprietário do Caesars), um tal de Jerome Zarowitz, protegido de Meyer Lanski.[42] Mas, no clima regulatório mais rigoroso da nova Las Vegas, Zarowitz logo teve de ser demitido: devido a seu registro criminal, o estado de Nevada recusou licenciá-lo. Os federais também estavam de olho numa misteriosa queda de 3 milhões de dólares na receita bruta do cassino sob a gestão de Zarowitz. Quando ele deixou o emprego, foi substituído por um homem que ele havia recomendado, Sanford Waterman.[43] No caso de o nome soar conhecido, Waterman — um ex-distribuidor de filmes em Nova York e apostador na Flórida, segundo relatos noticiosos — tinha sido outrora um dos sócios de Frank Sinatra no Cal-Neva.[44]

Segundo o supervisor das mesas de jogo do Sands (e depois do Riviera) Ed Walters, Waterman era de fato um testa de ferro para um "sujeito dos mais importantes em Nova York".[45] Ele trabalhara no Sands na década de 1960, nominalmente como anfitrião no cassino, mas na verdade para zelar pelos interesses de seu chefe na Costa Leste. Ninguém lá, inclusive Sinatra, gostava dele, contou Walters: "Era um babaca muito pão-duro". De acordo com o ex-supervisor, depois que Sinatra deixou o Sands, o patrono de Waterman o tinha enviado ao Caesars para ficar de olho em Frank.

Como parte de uma contínua investigação, a Receita também estava vigiando Frank — e Sanford Waterman — por meio de um agente infiltrado no guichê do caixa do cassino do Caesars. E nas altas horas da madrugada de domingo, 6 de setembro, num episódio muito semelhante ao incidente de quase exatamente três anos antes no Sands, a merda foi de novo atirada no ventilador.

Sinatra estava sentado à mesa de bacará, um copo de Jack Daniel's a seu lado, entretido em uma das poucas atividades que o faziam se esquecer da dor na mão. Segundo o agente infiltrado, um membro do séquito de Frank foi até o guichê do caixa durante a troca de turnos e sacou 7,5 mil dólares em troca de fichas pretas. Uma hora depois, o mesmo homem voltou com outra pilha de fichas pretas. "Foi aí que soubemos que Sinatra nos estava usando para fazer sua caixinha", lembrou o agente.

> Tudo que ganhava acima do vale ele embolsava, e quando ficava sem dinheiro para apostar ele só assinava outro vale de 10 mil. Para ele, era um jeito de ganhar dinheiro fácil.[46]
>
> Queríamos saber se ele devolvia o dinheiro dos vales. Sinatra dizia às pessoas que não tinha de pagar por seus vales. Disse que, quando se apresentava no Caesars e depois se sentava para jogar, atraía em torno dele apostas em dinheiro grande, de modo que o cassino se dava bem e lucrava tanto com isso que não precisava cobrar dele.[47]

Por volta das cinco da manhã, o supervisor do cassino telefonou para o agente da Receita para dizer que Frank acabara de assinar outro "vale" para mais 10 mil dólares, na mesa de bacará. Testemunhas disseram mais tarde que ele estava jogando a 8 mil dólares a mão numa mesa na qual o limite usual era de 2 mil. Disseram que Sinatra estava perdendo, e queria elevar o limite para 16 mil dólares a mão.[48]

Em 1970, a renda familiar média nos Estados Unidos girava em torno de 7,5 mil dólares.[49] Para Frank Sinatra, 10 mil dólares era pouco mais do que uns trocados, bastante para ser interessante, mas nada especial numa mesa de bacará no Caesars. Nesse caso, é claro, o valor seria puramente imaginário, a menos que Frank ganhasse. O agente telefonou para Sanford Waterman.

Assim como Carl Cohen três anos antes, Sandy Waterman não gostou de ser acordado. Tinha 66 anos o velho judeu de fisionomia triste com um passado irregular: não exatamente um *shtarker* — um cara durão —, mas alguém que estivera muito próximo de alguns deles, entre os quais Jerry Zarowitz. Ele também tinha inimigos no Caesars, entre os quais Frank Sinatra. E assim, quando se vestiu para descer e falar com Sinatra, Waterman — lembrando-se de Carl Cohen e sabendo muito bem que não era fisicamente dotado para dar um soco no cantor, ou em quem o estivesse protegendo — enfiou uma pistola calibre .38 no cós da calça.

Foi então até a mesa de bacará e disse a Frank que precisava cobrar dele 10 mil dólares em dinheiro, imediatamente.

"Qual é o problema? Meu dinheiro não é bom aqui?",[50] perguntou Frank.

"Sim, seu dinheiro é bom, contanto que você tenha dinheiro", disse Waterman. "Você não vai receber fichas até que eu o veja em espécie."

Da mesma maneira que no incidente do Sands, as coisas começaram a esquentar no mesmo instante, e relatos posteriores do que aconteceu exatamente variaram muito. Segundo o agente da Receita, "Frank chamou Waterman de *kike* e Sandy chamou-o de 'um filho da puta de um guinéu'.* Ficaram nessa altercação diante de um grande ajuntamento de gente, inclusive três guardas da segurança, até que Sandy sacou da sua pistola e a pôs entre os olhos de Sinatra".

O agente deixou de mencionar se Frank tinha primeiro posto os dedos em torno do pescoço de Waterman, detalhe que não combina bem com as dores que ele ainda sentia na mão direita, mas essa acusação seria feita depois.

Segundo Nancy Sinatra, seu pai reagiu com frieza ao fato de ter uma pistola apontada para seu rosto, segurando a arma e dizendo a Waterman esperar que ele gostasse de sua arma, porque poderia ter de comê-la.[51] Ela alegou também que Jilly Rizzo, prontamente se redimindo de sua falha na defesa de Frank no tumulto do Sands, saltou sobre uma mesa e arrebatou a pistola das mãos de Waterman.

Frank voou direto para sua casa de Palm Springs, interrompendo abruptamente seu compromisso com o Circus Maximus depois de três dias. O salão

* Termo ofensivo para um ítalo-americano. (N. T.)

ficou às escuras naquela noite. No dia seguinte, Sanford Waterman foi preso por ataque com arma mortífera, e solto sem pagar fiança. Ele se recusou a comentar o incidente, mas o xerife de Las Vegas, o temível Ralph Lamb, tinha muito o que dizer. "Se Sinatra voltar à cidade", disse Lamb, "ele vai ter de vir ao centro da cidade para obter uma carteira de trabalho. E se me causar qualquer problema, vai para a cadeia."[52] (Havia em Las Vegas uma requisição legal de que todos os que trabalhavam em entretenimento tirassem impressões digitais e fossem fotografados para a emissão de carteiras de trabalho, antes de aceitar empregos no condado de Clark. Como todos os figurões, no entanto, Frank se beneficiava de um acordo entre cavalheiros para ser uma exceção.)

"Estou cansado de ele intimidar garçons e garçonetes, começar incêndios e jogar tortas em cima dos outros", continuou Lamb ilustrativamente. "Ele sai daqui locupletado demais. Chega de ele ficar pegando no pé das pessoas nesta cidade." O xerife, sabiam bem os habitantes de Las Vegas, não era de fazer ameaças vazias.

O promotor público do condado de Clark, George Franklin, também estava interessado em ver Sinatra. "Uma observação que, segundo consta, ele fez a Waterman quando estava saindo", disse Franklin,

> foi: "A Máfia vai cuidar de você". Então eu gostaria de ter uma pequena conversa com o sr. Sinatra. Gostaria de tratar com ele desse assunto de suas amizades com membros do submundo. E gostaria de saber quem eram os proprietários dos *nightclubs* em que ele cantou no começo da carreira, quem o lançou nesse caminho e coisas desse tipo.

Tudo isso soava terrivelmente cansativo agora.

Conquanto nos primeiros relatos Waterman não tivesse dito nada sobre Frank tê-lo agarrado pelo pescoço — "Ele estava vindo direto para cima de mim",[53] disse a delegados quando foi preso, alegando legítima defesa —, três dias depois sua história, e a do promotor do distrito, havia evoluído. Em 9 de setembro, Franklin anunciou que não ia acusar o gerente do cassino por ataque com arma mortífera, porque Waterman ainda tinha as marcas dos dedos de Sinatra em seu pescoço quando foi interrogado por delegados.

Por intermédio de Jim Mahoney, Frank disse que não tocara em Waterman.[54] Sinatra tinha testemunhas, ele alegou, que atestariam que alguns espectadores haviam saltado em cima do gerente e o derrubado no chão. Isso deixou em aberto a intrigante possibilidade de que as marcas dos dedos em Sanford Waterman fossem de Jilly Rizzo.

Frank ficou calado durante duas semanas. Por fim, numa entrevista à United Press International, ele disse: "Quanto às observações relativas à Máfia atribuídas a mim, elas só cabem, estritamente, numa história em quadrinhos. Não faço ameaças e não estou concorrendo a uma reeleição".[55]

Essa foi uma referência dirigida ao fato de que tanto o xerife Lamb quanto o promotor distrital Franklin eram candidatos à reeleição.

"Eu não estava na mesa de bacará", disse Sinatra.

> Não houve nenhuma discussão sobre crédito ou sobre quanto eu ia apostar. O fato é que tinha acabado de me sentar a uma mesa de vinte e um e nem mesmo havia feito uma aposta, já que o carteador ainda estava embaralhando as cartas.
>
> A essa altura Waterman chegou e disse ao carteador: "Não dê cartas para este homem". Eu só me levantei e disse: "Ponha seu nome no letreiro e virei ver que tipo de atividade você tem", e fui embora. Isso foi tudo que eu disse.[56]

"Sinatra não disse se pretendia voltar ao Caesars Palace para cumprir seu contrato", escreveu Vernon Scott. "Seus amigos tiveram sérias dúvidas de que ele o faria."

Segundo Joyce Haber, o que Frank contou a seus amigos foi que nunca mais voltaria a Nevada.[57] Nunca seria um período longo, mas ele quase cumpriu sua palavra: não se apresentou de novo na Strip durante mais de três anos.[58]

Não estava se apresentando em Las Vegas; não estava fazendo filmes ou discos. O que estava *de fato* fazendo? Esse pensamento lhe ocorreu com frequência naquele verão, e não teria melhorado seu estado de espírito.

A Paramount, que havia adquirido a opção de filmar *O poderoso chefão* quando o manuscrito ainda não estava pronto, tinha de início engavetado o livro quando *Sangue de irmãos*, um filme sobre a Máfia produzido pelo estúdio, bombava. Mas agora, no fim do verão de 1970, com o romance de Puzo vendendo loucamente nos Estados Unidos e no mundo inteiro, era imperioso fazer uma adaptação para o cinema. Com toda a indústria cinematográfica numa estagnação criativa e financeira, a Paramount esperava que esse filme pudesse reverter a situação. Enquanto o estúdio fazia considerações sobre o possível elenco e procurava um diretor, Mario Puzo, que fora contratado para escrever o roteiro, estava numa casa alugada em Malibu, dando nele os últimos retoques. Foi mais ou menos nessa época, numa noite daquele mês de setembro, que seu caminho se cruzou com o de Frank Sinatra.

Sinatra, escreveu o autor em suas memórias, fora um ídolo seu já havia muito tempo, mas a quem nunca quis conhecer. "Eu apenas acreditava que ele era um grande artista (cantando, não representando) e que tinha vivido uma vida de grande coragem", contou Puzo. "Eu admirava seu sentimento de responsabilidade familiar, sobretudo sendo ele um italiano no Norte [sic], que para um italiano do Sul é tão estrangeiro quanto um inglês."[59]

Milhões de leitores sabiam agora que o personagem de Johnny Fontane fora inspirado em Frank Sinatra, e que Frank estava aborrecido com isso. Essa questão de início havia sido posta de lado, antes de o romance ser publicado, quando a editora de Puzo, a Putnam, recusou-se a permitir que Mickey Rudin visse o manuscrito. "Contudo, o filme era outra história", relembrou Puzo.

> Nas primeiras reuniões com a equipe jurídica da Paramount, eles manifestaram preocupação em relação a isso até eu lhes assegurar que era um papel bem pequeno no filme. Como sem dúvida foi.
>
> Agora, a questão era que, em meu livro, eu escrevera o personagem de Fontane com total simpatia pelo homem e por seu estilo de vida e seus problemas. Acreditava que havia captado a inocência dessas pessoas do grande negócio do entretenimento, seu desespero com a corrupção que esse tipo de vida lhes impõe e sobre aqueles que gravitam em torno delas. Pensava que havia captado a inocência interior do personagem. Mas também pude perceber que, se Sinatra pensasse que o personagem era ele, ele poderia não gostar disso, do livro, ou de mim.
>
> Mas é claro que algumas pessoas queriam que nos conhecêssemos. Uma noite no Elaine's, em Nova York, Sinatra estava no bar e eu, numa mesa. Elaine perguntou se eu recusaria ser apresentado a Sinatra. Eu disse que por mim estava o.k. se para ele estivesse o.k. Mas não estava o.k. para Sinatra. E ficou perfeitamente o.k. para mim. Não pensei mais sobre isso.[60]

Mas uma noite naquele mês de setembro, em Hollywood, Puzo — que, como de hábito, preferia ficar em casa à noite na companhia de um bom livro —

foi a uma festa de aniversário de um produtor amigo seu, no Chasen's, e Sinatra estava lá, jantando em outra mesa.

Um homem ao qual Puzo se referiu como "um famoso milionário"[61] estava promovendo a festa para seu amigo; de modo afável, o milionário perguntou ao escritor se gostaria de conhecer Frank. Puzo disse que não. O milionário estava com um homem que era seu braço direito, e que tentou insistir. Puzo mais uma vez disse que não.

"Durante o jantar houve uma cena na qual John Wayne e Frank Sinatra se encontraram à meia distância entre suas mesas para saudar um ao outro", lembrou Puzo. "Eles estavam com excelente aspecto, melhor do que na tela, pareciam vinte anos mais moços do que de fato eram. E ambos lindamente vestidos, sobretudo Sinatra." Mas então o milionário pegou Puzo pela mão. "Você tem de conhecer Frank", ele disse. "Ele é um bom amigo meu."

Puzo pensou em se livrar da situação e ir embora, mas não queria desrespeitar seu anfitrião. Enquanto o milionário fazia as apresentações, Sinatra nem uma vez ergueu os olhos de seu prato.

"Gostaria que você conhecesse meu bom amigo Mario Puzo", disse o milionário.

"Acho que não", disse Frank.

Puzo dispôs-se a ir embora na mesma hora, mas o milionário de algum modo não entendeu a mensagem. Começou a apresentar Puzo de novo.

"Eu não quero conhecê-lo", disse Sinatra.

A cena agora tinha ficado mesmo embaraçosa. Puzo tentava fugir dali, e o milionário, em lágrimas, gaguejava pedindo desculpas — a Sinatra. "Frank, sinto muito. Meu Deus, Frank, eu não sabia, Frank, sinto muito..."

Sinatra logo o interrompeu. "Sua voz era agora o tipo de voz que eu ouvira enquanto fazia amor quando jovem, suave e aveludada", relembrou Puzo.

> Ele estava consolando o arrasado milionário. "A culpa *não é sua*", disse Sinatra.
>
> Eu sempre fujo de discussões e pouquíssimas vezes em minha vida me aborreci com qualquer coisa que seres humanos fazem, mas depois disso eu disse a Sinatra: "Ouça, a ideia não foi minha".
>
> E então aconteceu a coisa mais espantosa. Ele entendeu tudo errado. Pensou que eu estava me desculpando pelo personagem de Johnny Fontane em meu livro.

Ele disse, e sua voz era quase gentil: "Quem lhe disse para pôr isso no livro? Seu editor?".

Fiquei atônito. Não permito que editores acrescentem nem mesmo vírgulas em meus livros. É a única coisa na qual sou intransigente. "Eu estava me referindo a ser apresentado a você."

O tempo misericordiosamente amorteceu a humilhação daquilo que se seguiu. Sinatra começou a gritar impropérios. Lembro que, ao contrário de sua reputação, ele não usou nenhum palavrão. A pior coisa de que me chamou foi de cafetão [...].

Sinatra prosseguiu com sua diatribe e continuei a encará-lo. Ele mantinha os olhos baixos, olhando para o prato. Berrando. Em nenhum momento levantou o olhar. Por fim saí dali e do restaurante. Minha humilhação deve ter se estampado em meu rosto porque ele berrou atrás de mim: "Engasgue. Vá em frente, e engasgue". Sua voz era frenética, esganiçada.

Depois disso, escreveu Puzo, ele ficou deprimido, percebendo que Frank odiara o livro e acreditando que ele tinha lhe feito um ataque pessoal através do personagem de Johnny Fontane. Mas uma noite, algumas semanas depois, após a Paramount ter escolhido Francis Ford Copolla para dirigir o filme, o cineasta deparou com Sinatra num clube e este calorosamente pôs os braços em torno de seus ombros. "Francis, eu representaria o poderoso chefão para você", ele disse ao espantado Copolla. "Não faria isso para esses caras da Paramount, mas o faria para você."[62]

Sentindo-se melhor em outubro, Frank fez três apresentações em prol de Reagan, em Los Angeles, San Francisco e San Diego. Ele até conseguiu cooptar o em geral apolítico Dean Martin — desimpedido e descompromissado, e recém-separado de sua sofredora mulher, Jeanne — a se apresentar com ele. Em Los Angeles, a Sinatra e Dino juntaram-se Bob Hope e John Wayne. "A plateia no salão Cocoanut Grove do Ambassador Hotel riu das piadas-relâmpago de Wayne e Hope e aplaudiu a interpretação de Martin para 'Everybody Loves Somebody'", escreveu o repórter da Associated Press, mas "o aplauso mais ruidoso foi para Sinatra, que cantou clássicos como 'Angel Eyes', 'That's Life' e 'My Way'."[63]

Depois das apresentações, o ator-que-virou-governador subiu ao palco, com sua colega ex-atriz e esposa, Nancy, a seu lado. "Esses maravilhosos artistas", ele disse, "como se acham palavras para agradecer-lhes por tudo isso?"

Reagan então passou com suavidade da vagueza para o explícito. "Muitas coisas foram ditas e escritas sobre as pessoas do show business", afirmou. "Nunca deixei de me orgulhar das pessoas nessa profissão à qual pertenci, nem deixei de ser um fã."

Do que, exatamente, ele estava falando? Dos democratas? Das figuras rutilantes de Hollywood? Fosse como fosse, o homem que até pouco antes fora o mais rutilante entre todos tornara-se um conspirador num salão cheio de republicanos. "Muitas sobrancelhas foram erguidas", gracejou Frank, sobre sua defecção. "Nós os fizemos estremecer um pouco."

Nós.

Ele mesmo parecia estar aturdido algumas semanas depois, quando Norma Lee Browning o agarrou enquanto corria ("ele não ia parar e sentar para uma entrevista", ela escreveu)[64] no Palm Springs Tennis Club. "Para pôr um fim em toda especulação, ouvi da boca do próprio envolvido", escreveu a colunista em 24 de outubro. "Frank Sinatra nunca mais se apresentará em Las Vegas."

> "Nunca, sem dúvida", ele me disse quando lhe perguntei sem rodeios se os rumores eram verdadeiros.
>
> E quanto a todos esses fãs que vão em bando a Las Vegas para vê-lo?
>
> "Sinto muito", ele disse, "mas já sofri lá suficientes indignidades. Não mais."
>
> Nancy vai voltar? (Seu contrato prevê mais duas apresentações no Caesars Palace.)
>
> "Isso é com Nancy", disse seu pai. "Mas posso lhe dizer uma coisa, eu não voltaria lá nem para uma estreia de Nancy."
>
> São palavras fortes para um homem que idolatra a filha, como Sinatra. E vice-versa.
>
> A perda do nome de Sinatra no cenário de Las Vegas sinaliza o fim de uma era.
>
> Sinatra revelou também que vai voltar ao hospital para mais uma cirurgia na mão, o que pode significar que terá de cancelar seu próximo filme, com Otto Preminger. O que pode significar que *O mais bandido dos bandidos* será seu último filme?
>
> Não perguntei (uma coisa de cada vez), mas tive uma perturbadora premonição de que o artista que é o Astro Número Um do mundo do entretenimento está se preparando para pular fora do showbiz.

* * *

O filme com Preminger era para ser de suspense, adaptado de um romance de mistério com o estranhamente sendakiano título *Where the Dark Streets Go* [Aonde vão as ruas escuras]. Frank ia representar o papel de um padre que investiga um assassinato. Mas ele se mostrou inseguro quanto a isso, e contou à colunista Marilyn Beck, em julho, que não pensava em filmar em Nova York durante o inverno.[65] A essa altura, também, sua mão ainda doía como o diabo. E para piorar havia o fato de que seu único outro filme em que representara um padre, *O milagre dos sinos*, não tinha se saído muito bem. Um mês após a conversa de Frank com Norma Lee Browning, ele e Preminger suspenderam *Where the Dark Streets Go*. Preminger alegaria problemas insolúveis no enredo — sendo um deles, sem dúvida, a dificuldade de inserir uma história de amor plausível (ele havia oferecido o principal papel feminino a Jane Fonda). "Ainda quero fazer um filme com Frank",[66] insistiu o diretor.

Mas o interesse de Frank em fazer cinema, no final de 1970, parecia ter se reduzido a um pálido reflexo do que havia sido. Durante os últimos dois anos, seu nome fora aventado em relação a vários projetos: uma história na qual Sinatra faria o papel de um surdo-mudo e não pronunciaria uma só palavra no filme inteiro;[67] uma produção com Sinatra e Goldie Hawn, *Caiu uma moça na minha sopa*;[68] até um filme coestrelado por Sinatra e Mia Farrow (um estúdio teria oferecido aos ex-cônjuges 1 milhão de dólares para cada um — por parte de quem, ele não disse).[69] Nenhum deles chegou a parte alguma.

Em setembro ele assinou com a Warner Brothers para fazer um filme policial chamado *Dirty Harry*, mas logo sairia desse projeto também, alegando razões médicas. Clint Eastwood, então com quarenta anos, assumiria o papel em seu lugar, e a partir dele construiria uma carreira.

Frank parecia agora estar na outra extremidade de sua trajetória profissional. *O mais bandido dos bandidos* não seria seu último filme, mas seria o mais recente por um período bem longo.

Ele não estava pronto para parar; ainda não. Em 26 de outubro, estava de volta à Western Recorders pela primeira vez em quase um ano, preparando as faixas para o segundo lado de *Sinatra & Company*, bem como alguns singles.

Não estava pronto para parar, mas havia de algum modo perdido a sincronia consigo mesmo. Teria deixado a tocha cair? Teria deixado Riddle para trás? Outrora gravara grandes canções; agora estava gravando na maior parte das vezes o lugar-comum — ou então não estava conseguindo entrar no espírito real das poucas canções contemporâneas apreciáveis que tentava interpretar.

Por um ou outro motivo (em boa parte porque ele era um só, e não pôde ter acesso a *tudo*), Frank deixou de gravar dezenas de canções importantes: desde "How Long Has This Been Going On?", dos Gershwin, até "Isn't It Romantic?", de Rodgers e Hart, e "Between the Devil and the Deep Blue Sea", de Arlen e Koehler; e a lista continua.[70] Talvez, em seu horror a ficar mais velho, ele sentisse necessidade de deixar para trás o cancioneiro americano — talvez sentisse que estar associado a grandes mas sumidos ou inativos compositores como Porter, Gershwin e Berlin era o equivalente a se categorizar como figura histórica, não mais como um jovem.

O que mais pode explicar o segundo lado de *Sinatra & Company*? O que mais pode justificar a decisão de Frank de gravar a banalíssima "I Will Drink the Wine" e a pessimamente intitulada "Sunrise in the Morning" [Nascer do sol pela manhã], do compositor inglês de 22 anos Paul Ryan? Ou a também horrivelmente intitulada "My Sweet Lady" [Minha doce senhora] e a vaporosa "Leaving on a Jet Plane", de John Denver? Ou uma das composições mais melosas de Burt Bacharach e Hal David, "(They Long to Be) Close to You", cuja versão mais bem-sucedida foi gravada pelos Carpenters?

Sim, ele queria vender discos. Sempre quis vender discos. E talvez conseguisse resolver a quadratura do círculo, pudesse alcançar alguma mítica audiência jovem que teria o prazer de ouvir Frank Sinatra cantando as canções de uma nova geração. O mais pungente número no lado B de *Sinatra & Company* é "Bein' Green" — uma música composta pelo extravagantemente talentoso Joe Raposo, para ser cantada por Kermit, o sapo de *Vila Sésamo*.

Bennett Cerf e seu filho Chris tinham apresentado Frank pouco tempo antes a Raposo, então com 33 anos, um pianista genial, compositor brilhante e de irresistível personalidade que morreria tragicamente jovem, de câncer, dezoito anos depois. Sinatra, de um modo paternal, ficou um pouco enamorado de Raposo, acreditando, por engano, que ele era ítalo-americano (era descendente de portugueses); o jovem desempenharia um papel importante no álbum *Ol' Blue Eyes Is Back*, de 1973, o primeiro que Sinatra faria após seu curto afastamento.

"Bein' Green" é uma canção suave à primeira vista, sem grande significado além do páthos de Kermit, um personagem solitário e meio simplório, que se lamenta em voz alta por ser ignorado.

It's not that easy bein' green,
*Having to spend each day the color or the leaves.**

Frank canta isso com a mais suave das vozes — sua voz Jobim — e o feito tem um encanto inesperado e é surpreendentemente tocante. A canção é, afinal, sobre ser diferente — uma coisa que Sinatra tinha conhecido muito bem desde sua mais remota juventude, e que claramente ainda o emocionava, apesar de sua riqueza e de sua fama. Vindo dele, a canção é um estranho *cri de coeur*, que não tem nada a ver com um amor perdido, e é única em seu vasto repertório.

Também poderia ter ocupado um lugar digno num álbum não realizado chamado *Sinatra Sings Children's Songs* — outra boa ideia que Frank descartou.

Na noite de 28 de outubro, ele fez um intervalo para gravar dois singles, ambos arranjados por seu velho colega de-novo-marido-de-novo-ex-marido de Lena Horne, Lennie Hayton: "I'm Not Afraid", uma graciosa valsa de Jacques Brel com uma boa letra em inglês de Rod McKuen, e "Something", de George Harrison. Harrison assistira a pelo menos uma das sessões de gravação de *Cycles* e visitara Frank em Palm Springs; os dois tinham criado uma estranha e efêmera, mas tocante, ligação. Sinatra iria elogiar "Something" de maneira efusiva em pleno concerto, dizendo que era "uma das melhores canções de amor escritas em cinquenta ou cem anos".[71]

Foi gentil da parte dele ter dito isso: é uma canção encantadora, e John Lennon e Paul McCartney tiveram razão em achar que ela havia afinal introduzido Harrison na liga deles como compositor.[72] Mas muitas das obras dos grandes cantores-compositores das décadas de 1960 e 1970, entre as quais as baladas dos Beatles, têm nelas tão fortemente estampadas as personalidades e histórias de vida de seus criadores individuais que podem ser complicadas de reinterpretar. Tendem a perder na adaptação.

Isso é particularmente verdadeiro no caso da gravação de "Something" por George Harrison no álbum *Abbey Road*. Poder-se-ia alegar que a qualidade dessa canção a torna universal, mas é muito difícil encontrar boas versões *cover* dela.

* Não é tão fácil ser verde, / Tendo de usar todo dia a cor das folhas. (N. T.)

O próprio Harrison disse que sua favorita era a de James Brown, numa interpretação muito jamesbrowniana — mas ele pode ter dito isso, ao menos em parte, em forma de ironia. Ele não se referiu particularmente aos *covers* de "Something" por Frank Sinatra. (Frank iria regravar a música, com arranjo de Nelson Riddle, para seu álbum *Trilogy*, de 1980.)

De certa forma, os problemas de Sinatra com "Something" reafirmam suas às vezes nobres, mas quase sempre mal orientadas, tentativas de gravar obras de compositores modernos: elas simplesmente não eram para ele. A "Something" de 1970, repleta de atraentes sons de cravo e uma flauta balanceante, faz lembrar a notória comparação feita por Samuel Johnson entre uma mulher pregando no púlpito e um cachorro andando sobre as patas traseiras: não é algo bem-feito, mas, de maneira surpreendente, existe. E quando Frank gravou o número pela segunda vez, ele tornou o erro mais grave, acrescentando estalos de dedos à moda de Las Vegas e a infame interpolação:

You're asking me, will my love grow [...]
*You stick around, Jack, it might show.**

Com essa única sílaba, ele rejeitou a sensibilidade da canção e suprimiu sua essência: tinha feito dela uma canção sua, mas a maneira como o fez não foi boa.

Ele finalizou o álbum na quinta-feira, dia 29, com as faixas "Leaving on a Jet Plane" e "Close to You"; tirou uma folga no fim de semana e voltou ao estúdio na noite de segunda-feira, 2 de novembro, para gravar três singles. As duas primeiras músicas, duetos com Nancy, chamadas "Feelin' Kinda Sunday" e "Life's a Trippy Thing", foram uma escancarada tentativa de repetir o feito brilhante que fora "Somethin' Stupid".

Eles não conseguiram. As harmonias vocais de pai e filha eram agradáveis, mas as canções em si eram saltitantes e bobas, e um animado coro fazendo as vozes de fundo não ajudou muito. Nem as letras.

Hey, Mr. Sunlight, gonna outshine your bright,
*I'm talkin' outta my head, I'm so high on life.***

* Você me pergunta se meu amor vai crescer [...]/ Fique por aí, Jack, isso pode aparecer. (N. T.)

** Ei, sr. Luz do Sol, vou superar seu brilho / Estou falando bobagem, estou de bem com a vida. (N. T.)

Os singles tiveram a morte comercial que sobejamente mereciam, embora, como era concebível, registrassem uma recepção mais calorosa na Itália, onde Nancy tinha um grande público.

A última música que Frank gravou naquela noite, outra obra de John Denver com o muito adequado título de "The Game Is Over" [O jogo acabou], não seria lançada por um quarto de século, até por fim sair num estojo de coleção da Reprise em 1995. Sinatra não faria outra gravação no decorrer de dois anos e meio.

O mais bandido dos bandidos estreou em 18 de novembro, uma semana antes do Dia de Ação de Graças, num timing concebido esperançosamente pela MGM para um sucesso de vendas na época do Natal. "É uma espécie de western", lia-se no tímido mote do filme. "Ele é uma espécie de caubói." O cartaz mostrava Frank com um casaco comprido e um chapéu Stetson empoleirado numa peruca esquisita, um indício do tipo de comicidade que os compradores de ingressos para o filme poderiam esperar.

Roger Ebert, no *Chicago Tribune*, foi muito áspero ao comentar o filme, e duro sobretudo com Sinatra. "*O mais bandido dos bandidos* é uma peça de retalho tão desgastada quanto pode ser uma imitação de western, desde, oh, 'A Stranger Returns'",[73] ele escreveu, referindo-se a *Um homem, um cavalo, uma pistola* [*The Stranger Returns*], um notório western spaghetti de 1968 estrelado pelo cult de grande popularidade Tony Anthony.

> Presume-se que seja uma comédia, e foi dirigida por Burt Kennedy, que, presume-se, é um diretor de comédias western (*Uma cidade contra o xerife* não foi ruim), mas seu fracasso é quase completo.
>
> Inclino-me a culpar Frank Sinatra, que nos anos recentes tem se destacado por não cuidar para valer de seus filmes [...].
>
> Desta vez, como é usual, o elenco de apoio é bom. Temos George Kennedy como um xerife mastigador de charutos; Anne Jackson como uma madame medíocre; Lois Nettleton como uma simpática ninfomaníaca e Jack Elam, é natural, como o vilão. São engraçados de assistir, mas onde está Sinatra? Em Las Vegas?[74]

Infelizmente, Sinatra está na maior parte do filme, em geral de ceroula cor-de-rosa e um absurdo chapéu-coco em cima daquela perucona (o *New York Times* a chamou de "peruca da juventude"),[75] e, de forma inexplicável, parecendo estar satisfeito consigo mesmo. O interesse amoroso, por assim dizer, era Michelle Carey com suas belas pernas, que representava Anna Hotwater, uma sexy garota índia de minissaia e botas *go-go* de camurça. Anna falava um inglês pidgin com voz de bebê e, agachada em alguns arbustos, pronunciava a frase imortal: "O que vamos fazer agora? Fazer bim-bam?".

"Bim agora, bam mais tarde", respondia Dingus. O diálogo, tristemente, tinha as impressões digitais autorais de Joseph Heller.*

"Ele precisava dessa tolice depois que vovô morreu",[76] escreveu Nancy Sinatra, saindo em sua defesa. Ele pode ter precisado, mas o mundo, não. O peru** do feriado chegou e foi embora com piedosa rapidez.

Embora votasse nos democratas, a sempre charmosa Dinah Shore viu-se fortemente envolvida com a nova administração presidencial. Não só compareceu à cerimônia de posse de Richard Nixon como logo e rapidamente travou amizade com o vice-presidente, Spiro Agnew, com quem com frequência jogava tênis na casa dela em Beverly Hills. E em setembro de 1970, Dinah Shore disse a um assistente de Agnew chamado Peter Malatesta, como recordou este num livro de memórias, que "Frank Sinatra também admirava o vice-presidente e o respeitava por ser tão franco e direto em suas opiniões".[77]

Franco e direto era uma qualificação amena. Embora Agnew, quando governador de Maryland, tivesse sido um moderado quanto a questões ambientais e raciais, sendo o número dois de Nixon ele logo se tornou o pistoleiro do presidente: um belicoso porta-estandarte da assim chamada maioria silenciosa, os descontentes americanos médios que achavam que a oposição à Guerra do Vietnã era impatriótica, até imoral. O afável vice-presidente, um condecorado veterano da Segunda Guerra Mundial, assumiu com alegria a tarefa de lhes res-

* Em *Ardil-22*, Heller escreveu: "Eu faço você um grande astro de Hollywood, Yossarian. Multi*dinero*. Multidivórcios. Multirrapidinhas o dia inteiro. *Sì, sì, sì!*".

** No original, *turkey*, "peru", também gíria para "fiasco", daí o trocadilho com o característico peru do Dia de Ação de Graças. (N. T.)

ponder com exuberantes diatribes escritas por quem escrevia seus discursos, Pat Buchanan e William Safire, referindo-se aos que se opunham à guerra como "pusilânimes e fujões", "nababos falastrões do negativismo" e "um corpo estéril de esnobes impudentes que se definem como intelectuais".[78]

"Ele precisava dessa tolice depois que vovô morreu", escreveu Nancy filha sobre Frank em O mais bandido dos bandidos, *de 1970. Ele pode ter precisado, mas o mundo, não.*

Frank, que gostava de palavras e tinha medo dos protestos, animou-se com esse tipo de fala. Quando manifestou interesse em se encontrar com Agnew, o vice-presidente ficou "surpreso e um tanto lisonjeado", relembrou Malatesta, mas também cauteloso o bastante para pedir-lhe que falasse sobre isso com o chefe de seus assessores, Arthur Sohmer, e com seu principal conselheiro político, Roy Goodearle. "Esses dois cavalheiros tinham sentimentos confusos quanto a essa aliança, mas só expressaram uma leve preocupação e deixaram a conclusão para Agnew e para mim", escreveu Malatesta.

> Para mim isso fazia sentido. Sinatra era um dos mais carismáticos e excitantes intérpretes em décadas. Eu o conhecia como um grande anfitrião e pessoa das mais generosas, e, embora ele sempre tivesse se identificado politicamente com os democratas, em especial nos anos de Kennedy, pensei, por que não? Vamos apresentá-lo ao nosso homem. Quem sabe aonde isso pode levar?[79]

Naquele mês de novembro, Agnew foi à Califórnia com sua mulher, Judy, e passou o Dia de Ação de Graças em Palm Springs, que visitara pela primeira vez no ano anterior e da qual logo passara a gostar. Malatesta sugeriu ao vice-presidente que se encontrasse com Sinatra quando ele estava no deserto, e Agnew concordou. O assessor então ligou para Frank — que ele conhecia superficialmente — e propôs uma partida de golfe com ele, o vice-presidente e Bob Hope. "Ele disse que gostaria de se encontrar com o vice-presidente, mas que a recente cirurgia na mão o impedia de jogar golfe naquele momento", relembrou Malatesta; Frank disse que ia pegar um carrinho e se juntar a eles no segundo percurso de nove buracos, para um bate-papo.

> A centelha da amizade entre Agnew e Sinatra acendeu-se no primeiro encontro [...]. Nos drinques após a partida de golfe, Frank convidou o vice-presidente a visitar sua propriedade no dia seguinte. Explicou que tinha de voltar para Los Angeles, mas nos assegurou que Nancy Sinatra mãe teria muita satisfação em nos mostrar tudo. Agnew aceitou com prazer. Como combinado, ele, Judy e eu fizermos nossa primeira visita ao mundo de Frank Sinatra no deserto.[80]

Que o mundo de Frank Sinatra no deserto incluísse às vezes a mãe de seus filhos como hóspede, anfitriã e talvez mais do que isso é uma faceta fascinante do relato de Malatesta. "Embora divorciados havia muito tempo, Frank e Nancy ainda eram bons amigos, e, apesar de sermos recém-chegados, não foi difícil perceber que continuava a existir muito amor entre eles", escreveu.

> Nancy seria em várias ocasiões a anfitriã e a planejadora das festas na propriedade. Ela complementava o senso de estilo de Frank e compreendia que tipo de ambiente ele queria que sua casa tivesse.
>
> A conexão entre Judy e Nancy foi tão instantânea quanto a de Frank e Spiro. Tivemos uma tarde exuberante. Eu soube que voltaríamos![81]

Logo antes do Dia de Ação de Graças, uma coluna inteira de Norma Lee Browning sobre Frank apareceu nos jornais da nação, sob o alarmante título: *O MAIS BANDIDO DOS BANDIDOS* PODE SER O ÚLTIMO FILME PARA SINATRA, QUE ESTÁ INCLINADO À APOSENTADORIA.

"Está começando a parecer que um 'peru' de Ação de Graças da M-G-M, *O mais bandido dos bandidos*, vai fazer história... como o canto do cisne de Frank Sinatra", escreveu Browning.

> Para os que conhecem melhor Sinatra, sua aposentadoria é uma aposta de dois para um. Mas não uma aposentadoria só para vadiar ao sol de Palm Springs. Entre um punhado de seus mais íntimos amigos, o que se diz é que ele só está deixando o show business para ingressar em outro tipo de atividade — ninguém está dizendo qual. Alguns dizem que está se aposentando do trabalho artístico ATIVO para ser um magnata ATIVO.[82]

Enquanto prosseguiam os trâmites da venda da Reprise Records para a Warner Brothers, escreveu Browning, Frank havia formado uma holding com Danny Schwartz e Mickey Rudin; os três detinham agora uma grande participação na National General Corporation, que possuía uma cadeia de cinemas, além de produzir e distribuir filmes. "Schwartz é agora vice-presidente executivo dessa companhia e, embora isso seja pura conjectura, eu, pessoalmente, predigo que Frank Sinatra pode logo se juntar a ela na qualidade de executivo não atuante como artista."[83]

Mas ela estava chutando; ser magnata, nesse caso, soava como algo bem inverossímil. O comentário de Danny Schwartz sobre seu irrequieto parceiro pareceu se aproximar mais da verdade: "Pode ser que ele fique mais envolvido à medida que formos avançando, mas, de novo, pode ser que não. Ele pode mudar de ideia a cada semana, sabe".[84]

O próprio Frank não autorizou nenhum comentário sobre seus planos futuros, exceto: "Quero me manter ocupado. A solidão é muito deprimente, preciso de atividade".

Era a coisa mais verdadeira que ele dizia em muito tempo.

No sábado, 12 de dezembro, dia do 55º aniversário de Frank, Nancy filha casou-se pela segunda vez, com Hugh Lambert. Sempre filial, ela disse que optara por essa data porque, "como papai gosta de oferecer presentes em seu aniversário, ele teria de me oferecer".[85]

Assim como Nancy, Lambert havia sido casado: tinha uma filha jovem e um filho adolescente. Numa foto do casamento, o noivo, aos quarenta anos — afável e com aparência de menino, com óculos grandes e o cabelo loiro-escuro despenteado —, parece um consorte bem-disposto e radiante; é Nancy, com sua maquiagem pesada nos olhos e um sorriso indecifrável, que parece abrigar pensamentos profundos. A cerimônia teve lugar na igreja católica de St. Louis, em Cathedral City, a pouco mais de três quilômetros da propriedade de Frank; compareceram sessenta amigos e parentes, e outros duzentos apareceram sem ser convidados.

A igreja costumava ficar cheia nas tardes de sábado, com as famílias mexico-americanas da região, como lembrou Nancy mais tarde.[86] Naquele sábado, contudo, encontraram a igreja fechada. Todos bem vestidos e sem ter aonde ir, estavam circulando do lado de fora quando Frank Sinatra, Frank Jr. e Jilly Rizzo chegaram.

Quando Frank soube que a igreja tinha sido fechada para sua congregação, seu rosto ficou vermelho.[87] Ele exigiu que o padre abrisse as portas, e as portas foram abertas. O povo da cidade foi entrando e enchendo os assentos vazios. "O que eles viram foi como algo saído de um conto de fadas",[88] descreveu Joyce Haber. A decoração tinha lampiões ornados com guirlandas brancas, verdes e azuis; os vestidos das damas para a festa de casamento tinham sido criados pelo estilista Donfeld, candidato ao Oscar. A noiva usava um vestido comprido de 2500 dólares de chiffon de seda *georgette* branco-pérola ornado com cinquenta variedades de rendas importadas; a irmã Tina, a dama de honra, usava chiffon cor de lavanda.

"Tina, que vai se casar com Robert Wagner quando sair o divórcio dele, foi quem pegou depois o buquê de Nancy, para deleite de todos", escreveu Haber. (Mas Wagner — que tinha levado à cerimônia sua antiga paixão, Barbara Stanwyck, de 63 anos — desprezaria Tina Sinatra e voltaria a se casar com Natalie Wood depois de concluído o processo de seu divórcio da atriz Marion Marshall.)[89]

"Havia quatro mesas de bufê e um enorme bolo de noiva com muitas camadas", continuava a colunista. "Quando desvaneceram as últimas melodias do pot-pourri latino (bongôs, violões), Frank fez um brinde aos recém-casados com champanhe Taittinger: "Que esses dois jovens tenham sempre boa saúde e felicidade e que tenhamos muitos e muitos netos!".[90] Nenhuma palavra quanto a Frank ter ou não prestado favores a postulantes no dia do casamento de sua filha.

No mesmo dia, na mesma hora, numa superposição digna de *O poderoso chefão*, o FBI e agentes da Receita estavam realizando batidas simultâneas em operações contra apostas ilegais em esportes, em 26 cidades de todo o país, entre elas Nova York, Detroit, Miami Beach, Los Angeles, Houston e Las Vegas, "onde agentes prenderam dois executivos do suntuoso Caesars Palace, um cassino com jogos de azar, sob acusação de usar telefones para ajudar extorsionários",[91] segundo a Associated Press. Um dos dois era Sanford Waterman. Ao abrir seu cofre pessoal, agentes acharam 400 mil dólares em dinheiro.[92]

Cinquenta e cinco: havia nisso certo peso. Amigos, músicos e seus frequentadores habituais tinham começado a chamá-lo de The Old Man, mesmo apelido que um jovem Frank e os músicos da orquestra tinham usado para Tommy Dorsey.

Peter Malatesta sabia que ele e os Agnew retornariam ao mundo de Sinatra — "um mundo privado cheio de excitação e luxo, e caloroso a ponto de deixar você aturdido" —,[93] e eles o fizeram, jantando com Frank no complexo na penúltima noite de 1970, antes de seguirem de helicóptero para a nova propriedade de Bob Hope em Hollywood para uma grande festa de véspera de Ano-Novo.[94]

Os planos de Frank para o feriado eram aparentemente mais intimistas. Enquanto corriam rumores de que a) Ava fora vista no deserto (numa limusine com motorista passando pela Palm Canyon Drive) e de que b) ele estava prestes a se casar com Aileen Mehle[95] ("Suzy diz que não é isso, mas a ouvimos dizer que queria que fosse", escreveu Norma Lee Browning),[96] Sinatra foi localizado "entrando num restaurante em Palm Springs de braço dado com Hope Lange, sorrindo com bom humor quando o dono do restaurante cumprimentou Hope como sra. Sinatra",[97] observou Marilyn Beck no final de dezembro.

E embora Frank, Lange e o dono do restaurante tenham mais tarde garantido à colunista que o episódio todo fora uma brincadeira, quando a atriz loira — que na mesma época também estava envolvida com John Cheever — divorciou-se de seu marido, o diretor Alan Pakula, no ano seguinte, os autos revelaram que ela tinha se encontrado muitas vezes com Frank Sinatra.[98]

28.

Alguém pode, por favor, me achar o diabo da estrada?
Frank Sinatra

Se havia quaisquer dúvidas restantes quanto à reviravolta política de Sinatra, ele as dissipou ao voar para Sacramento três dias após o Ano-Novo para a segunda cerimônia de posse de Ronald Reagan como governador da Califórnia. Na tarde de 4 de janeiro, enquanto manifestantes agitavam bandeiras do Vietcong, gritavam obscenidades e cantavam "Libertem Angela" — numa referência à radical professora de filosofia da UCLA Angela Davis, presa pouco tempo antes por conspiração relacionada à tomada pelas armas de um tribunal no condado de Marin —, Reagan dizia a uma multidão, na escadaria do Capitólio, que sua maior prioridade era rever o sistema de assistência social do estado, o qual descreveu como um "Leviatã de dimensões insustentáveis".[1]

Naquela noite, Frank jantou na hora republicana de seis da tarde com o governador e sua mulher e um grande e irrepreensível contingente, que incluía o irmão e a cunhada do governador, sr. e sra. Neil Reagan; os pais de Nancy Reagan, dr. e sra. Loyal Davis; dois dos filhos de Reagan, Patti, de dezoito anos, e

Skipper (apelido de Ron Reagan), de doze; o reverendo Donn Moomaw, ex-astro de futebol da UCLA que virou ministro presbiteriano, e sua mulher; e um grupo de Hollywood integrado, entre outros, por Jack Benny; James Stewart e sua mulher, Gloria; Vikki Carr e o marido; Robert Cummings; sr. e sra. Buddy Ebsen; Audrey Meadows e o marido; e sr. e sra. John Wayne.[2]

Não se viu Jilly em parte alguma.

Depois, Frank se apresentou para 5 mil pessoas, a quinhentos dólares por casal, na festa inaugural no War Memorial Auditorium: embora Wayne, Benny, Carr, Ebsen e Dean Martin também tenham se apresentado, Sinatra foi a estrela reluzente e a grande atração — bem como o produtor do show. Ele fez o número de encerramento, é claro. Depois de Jimmy Stewart tê-lo apresentado, Frank cantou um programa de sucessos infalíveis, começando com "You Make Me Feel So Young", "Pennies from Heaven" e "I've Got You under My Skin", concluindo, é claro, com "My Way".[3] Ao longo dele, prestou uma homenagem à esposa do governador, uma mulher de quem ele outrora tinha escarnecido como uma atriz fracassada e tiete fracassada Sinatra, com uma cintilante interpretação da canção "Nancy",[4] de Jimmy van Heusen e Phil Silvers:

Believe me, I've got a case
*On Nancy, with the laughin face.**

Ela ficou radiante de prazer: sempre fora obcecada por ele, e continuaria a sê-lo até idade avançada, relembrou uma amiga íntima.[5]

Dez dias depois, Ronald Reagan fez uma sólida retribuição a Frank, comparecendo, em 15 de janeiro, à inauguração do Centro de Educação Médica Martin Anthony Sinatra, no Palm Springs Desert Hospital. O vice-presidente Agnew também estava presente. Frank tinha assumido todo o custo do centro, 805 mil dólares, em memória de seu falecido pai. "Ele está aqui", disse Frank ao cortar a fita, apontando para a própria cabeça. "E aqui",[6] acrescentou, apontando para o coração.

* Acredite, tive um caso (ardente)/ Com Nancy, com seu rosto sorridente. (N. T.)

Foi um dia de discursos emotivos e de altos propósitos: Dia de Frank Sinatra em Palm Springs, como oficialmente promulgado pelo prefeito Howard Wiefels — mas não seria todo dia, na verdade, o dia de Frank Sinatra em Palm Springs? Dolly, é claro, estava presente, junto com Nancy mãe, Nancy filha, Frankie e Tina. A mãe de Frank estava sentimental, um estado de espírito não costumeiro. "Foi um dia maravilhoso — mas triste também", ela contou a Norma Lee Browning. "Frank é meu único filho e um filho maravilhoso. E eu amo meus netos. Mas amo Nancy mãe também."

"Lágrimas surgiram em seus olhos", escreveu Browning, "não deixando dúvida quanto a onde ela se situa nessa tocante questão."

Num almoço privado mais tarde, Frank foi nomeado doutor honoris causa em medicina e membro honorário da equipe médica do hospital, pelo dr. Daniel Kaplan, que o presenteou com um estojo preto de médico. "Isso quer dizer que ele pode operar?", perguntou alguém.

"Frank está operando há anos", disse Kaplan.

E duas semanas depois *disso*, Frank estava confundindo os que o criticavam em termos políticos: foi a atração, em Beverly Hills, num evento de obtenção de fundos para John Tunney, o democrata jovem (36 anos) e kennedyano recém-eleito pelos californianos para o Senado. Sinatra não só cantou para um democrata como, para isso, recusara um convite pessoal de Alan Shepard para assistir ao lançamento da Apollo 14. "Frank está casado com os democratas, ele só teve um caso com os republicanos",[7] disse um anônimo a Dorothy Manners.

Mas, apenas dois meses antes, Dwight Chapin, assistente especial do presidente Nixon, tinha achado tempo para enviar um memorando sobre Sinatra à chefe da equipe da sra. Nixon, Connie Stuart. "Como a senhora vai se lembrar, Frank Sinatra apoiou Ronald Reagan na eleição de governadores este ano", escreveu Chapin.

> O presidente e a sra. Nixon convidaram Sinatra para comparecer ao jantar de Diaz Ordaz, presidente do México, em San Diego. Sinatra não compareceu, mas veio para a recepção, embora estreasse na mesma noite em Las Vegas. No fim de semana passado, ele jogou golfe com o vice-presidente em Palm Springs.

> Falei hoje com Paul Keyes [produtor de *Laugh-In* e amigo de Nixon] e ele sugeriu que talvez Sinatra pudesse estar disponível para fazer uma Noite na Casa Branca. É claro que há fortes argumentos favoráveis e contrários ao oferecimento do fórum da Casa Branca a ele. Estou certo de que muitos dos nossos amigos no campo do entretenimento achariam errado permitir que uma pessoa que foi anti-Nixon se apresente na Casa Branca. Estou razoavelmente convencido de que apenas o valor publicitário — sem falar do desenvolvimento de um relacionamento entre Sinatra e o presidente — superaria em muito os aspectos negativos.[8]

As rodas estavam em movimento: ele estava sendo bem-vindo à congregação.

Nancy escreveu que estava se sentindo mais próxima do que nunca de seu pai depois do casamento, lembrando que Frank aparentava estar mais introspectivo, mas também mais relaxado.[9] Ele e Nancy mãe passavam um bom tempo juntos, ela contou; com Dolly morando nas proximidades, a família parecia ser de novo uma família. As turnês de Frank eram sentidas por todos — inclusive ele — como um rompimento disso. "Alguém pode, por favor, me achar o diabo da estrada?", vivia dizendo.

Frank não estava gravando discos, não estava fazendo filmes; fora um ocasional evento político ou beneficente, não estava dando concertos. A seu modo consagrado pelo tempo, conseguia, como um malabarista, manter três relacionamentos (ou quatro, contando com Nancy mãe): com Hope Lange, com Lois Nettleton, sua colega de elenco em *O mais bandido dos bandidos*, e, cada vez mais em 1971, de maneira sub-reptícia, com Barbara Marx. Ele era atencioso, ele era romântico, e depois, sempre e rapidamente, seguia para a próxima.

Não menos importantes eram as noites passadas fora com os rapazes, Jilly e outros, entre os quais Jimmy van Heusen e Irwin "Ruby" Rubenstein, proprietário do Ruby's Dunes. Nas noites de segunda-feira eles se encontravam para assistir à transmissão de futebol americano pela ABC, no restaurante Dominick's, em Palm Springs; Frank tinha até chapéus e paletós especiais com as iniciais DOM — de Dirty Old Men [Velhos Sujos] — superpostas numa figura que representava o futebol, para a turma vestir enquanto assistia aos jogos.[10]

Exatamente como aqueles paletós do Turk's Palace, de quarenta anos antes.

* * *

Ele era um cavalheiro distinto; seu brilho, ainda mais fulgurante. Em meados de fevereiro, uma coluna de Norma Lee Browning registrava alguns de seus bons feitos — estava planejando enviar seu jato pessoal a Mônaco para trazer a princesa Grace e seu séquito para a festa de junho em prol do Fundo de Ajuda ao Cinema e à Televisão; estava construindo um centro recreativo para adolescentes em Palm Desert — e uma proeza ainda maior: tinha acabado de ganhar um Globo de Ouro, o prêmio Cecil B. de Mille por contribuições excepcionais à indústria do entretenimento.[11]

No início de março, para variar, ele estava do lado oposto da câmera, fotografando a primeira luta entre Muhammad Ali e Joe Frazier, a Luta do Século, no Madison Square Garden, para a revista *Life*. Embora tivesse recorrido a artimanhas para assumir a empreitada sobretudo porque — inexplicavelmente — não conseguira lugares ao lado do ringue, suas fotos ficaram boas o bastante para o semanário usar uma delas, uma imagem de Frazier acertando um golpe no rosto de Ali, na capa da edição de 19 de março, e, dentro da revista, uma sequência de oito páginas com flagrantes da luta surpreendentemente excelentes, obtidos por Frank, acompanhados por um artigo de 4 mil palavras de ninguém menos que Norman Mailer.

Mailer deu a seu caudaloso, proeminente e faiscante ensaio o título de EGO, em homenagem a Ali, que ele qualificou como o Maior dos Estados Unidos nesse departamento — e com cujo ego ele, de maneira não surpreendente, conseguiu confundir o seu próprio. "Tudo que fizemos neste século, de feitos monumentais a pesadelos de destruição humana", escreveu, "tem sido em função desse estado extraordinário da psique, que nos confere autoridade para declarar que estamos seguros de nós mesmos quando não estamos."[12]

Ele se estendeu em divagações sobre Alan Shepard (que, malgrado Frank não ter estado em cabo Kennedy para vê-lo partir, voara até a Lua, pousara em sua superfície e lançara duas bolas de golfe), Picasso, Hemingway, Tolstói e Proust; discorreu de forma brilhante sobre boxeadores brancos e negros em geral, e Frazier e Ali em particular — e, no entanto, em seu lugar junto ao ringue no Garden, havia de algum modo negligenciado a inclusão de um pequeno homem ali perto, de terno escuro e peruca grisalha, um dos mais destacados avatares, entre aqueles sobre os quais estava escrevendo, no século sobre o qual estava escrevendo, e, apesar da Nikon que tinha nas mãos, a terceira pessoa mais fotografada no recinto naquela noite.

> Quero anunciar meu imediato afastamento do mundo do entretenimento e da vida pública. Por mais de três décadas tive a grande e boa sorte de usufruir de uma rica, recompensadora e profundamente gratificante carreira como profissional do entretenimento e figura pública. Ao longo dos anos, as pessoas têm sido maravilhosamente calorosas e generosas em sua receptividade a meus esforços. Meu trabalho levou-me a quase todos os recantos do mundo e concedeu-me o privilégio de aprender por experiência direta como todas as pessoas na verdade são parecidas — os laços comuns que unem uns aos outros todos os homens e mulheres, seja qual for a cor, o credo, a religião, a idade ou o status social; as coisas que a humanidade tem em comum e que a linguagem da música, talvez mais do que qualquer outra, comunica e evoca.
>
> Foram três décadas frutíferas, cheias de trabalho, tensas, às vezes tumultuadas, às vezes tristes, mas sempre excitantes. Houve pouco tempo para reflexão, leitura, autoanálise, e essa necessidade que todo homem tem de um período de ociosidade, uma longa fase na qual buscar uma melhor compreensão das amplas e transformadoras mudanças que ocorrem agora em todas as partes do mundo. Este parece ser um momento adequado para tomar esse alento.
>
> Frank Sinatra, 23 de março de 1971

Jim Mahoney havia trabalhado com habilidade a declaração; a família teve conhecimento dela por antecipação, é claro.[13] "Isso não me surpreendeu",[14] escreveu Nancy filha sobre a decisão do pai de se aposentar. Na verdade, ninguém ficou muito surpreso. "Sua história nos discos de fato estava em queda; ele também não estava fazendo bons filmes",[15] lembrou Mo Ostin — fatos que tampouco tinham passado despercebidos por muitos outros no show business. O zum-zum já circulava fazia algum tempo. "Você leu sobre isso primeiro aqui",[16] relembrou a seus leitores Norma Lee Browning, uma das primeiras a espalhar o boato, espicaçada pelo fato de que Frank emitira a declaração primeiro para seu eventual caso amoroso Suzy Knickerbocker, como notícia exclusiva de sua coluna no *Daily News*, de Nova York.

"Espero ansiosamente poder usufruir de mais tempo com minha família e meus queridos amigos, escrever um pouco — talvez até mesmo ensinar",[17] ele acrescentou, como a tomar o mais acertado de todos os caminhos.

"Seu gradual desaparecimento do mundo do entretenimento — filmes, TV, *nightclubs*, discos, Hollywood, Las Vegas, Nova York, Londres, qualquer lugar — é um golpe numa indústria já afundada no desânimo", escreveu Browning, de maneira lamentosa. "Marca o fim de uma era, uma era maravilhosa que será lembrada por muito tempo, em especial nesta época de nossos assim chamados filmes da 'nova' Hollywood, tão facilmente esquecíveis. O nome de Sinatra é mágico quando anunciado numa marquise."[18]

Soava como nostalgia, mas era simplesmente a verdade.

Hollywood, que Frank havia desonrado de modo constante durante a década anterior, parecia ter ficado instantaneamente saudosa ao pensar na partida dele. Na noite dos prêmios da Academia, em 15 de abril, no Dorothy Chandler Pavilion, do Los Angeles Music Center, Gregory Peck agraciou Sinatra com seu terceiro Oscar, dessa vez por seus trabalhos beneficentes, mas também como uma espécie de despedida oficial.

Foi uma noite de prêmios esquizofrênicos: *Patton: Rebelde ou herói?* ganhou o Oscar de melhor filme; *Woodstock: Três dias de amor e música*, o de melhor documentário. *Starlets* usavam *hot pants*, shorts curtíssimos e de cintura alta; grandes damas, como Merle Oberon e Jennifer Jones, desfilavam com seus esvoaçantes vestidos.[19] A velha guarda da cidade erguia as sobrancelhas com ceticismo ante as novidades, mas, como sempre, tentava se adaptar: a juventude era sempre mágica em Tinseltown. Até Peck, com seus 55 anos, usava o cabelo grisalho no estilo desarrumado. Mas, quando abriu a boca para falar, foi como se o Antigo Testamento tivesse ganhado vida.

"Sinatra, Frank — barítono, como está classificado no *Who's Who*, receberá o prêmio humanitário Jean Hersholt de 1971",[20] trovejou em tom majestoso, sob as majestosas sobrancelhas. Peck continuou falando sobre os inumeráveis e não divulgados atos de caridade de Frank, depois mencionou só uns poucos entre os mais públicos: as instituições para crianças que tinham resultado da turnê mundial de 1962; os hospitais e faculdades no país que haviam se beneficiado de sua generosidade; os muitos concertos beneficentes. Então, num puro tropo, Peck catapultou o único Oscar de Sinatra como ator até aquele momento:

> Em 1953, este homem foi escolhido para o prêmio da Academia por sua emocionante atuação como ator coadjuvante em *A um passo da eternidade*. Nunca os membros da Academia foram mais prescientes. Ator coadjuvante [*supporting actor*] — oh, sim, realmente. Não há ninguém, em seu raio de ação, que tenha precisado de seu apoio [*support*] e a quem esse apoio tenha sido recusado. Senhoras e senhores, um homem que fez por merecer tudo que conquistou — Frank Sinatra.

Enquanto a orquestra entrava com a canção-título de *The House I Live In*, o curta de 1945 pelo qual Frank ganhara seu primeiro prêmio da Academia, um Oscar especial, ele foi receber a estatueta das mãos de seu amigo, parecendo estar feliz da vida, e olhou para a câmera. A peruca com franja, o rosto arredondado: era o contorno do Mais Nobre Romano, que ele teria nas décadas por vir. Suas espessas costeletas estavam grisalhas; as orelhas tinham começado a cair um pouco devido à idade. Ele pousou as mãos na estatueta. "Esta é realmente uma emoção muito i-intensa para mim esta noite", disse, gaguejando um pouco.

> Durante anos, participei das premiações da Academia desempenhando diferentes papéis. O de intérprete, o de mestre de cerimônias, o de apresentador, o de agraciado. Mas este é o momento mais alto da minha... pequena caminhada na vida, vocês poderiam dizer. E estes dias estive me dedicando um pouco mais à reflexão e à contemplação do que fiz 25 anos atrás. Isso porque...

E de repente, de maneira espantosa mas não exatamente surpreendente, ele estava mudando com total desenvoltura para sua expressão favorita, a sempre um pouco ofensiva, nunca de fato divertida, a profunda voz de mandachuva de *Amos 'n' Andy*: "Sou o que se conhece no vernáculo como um homem agora aposentado".*

Houve um ligeiro e desconcertado riso na plateia — Coretta Scott King** estava presente! Isso não importava para Frank; como sempre, ele escrevia as próprias regras.[21] Ainda menino, sozinho em seu quarto em Hoboken, tinha ouvido

* No original, *re-tired*, trocadilho com o termo "tired", que significa "cansado". (N. T.)

** Ativista pelos direitos dos negros nos Estados Unidos. (N. T.)

Amos 'n' Andy em seu grande rádio Atwater Kent, e as vozes de Freeman Gosden e Charles Correll, homens brancos imitando de maneira absurda homens negros cheios de si, o haviam encantado e divertido, pelo muito que em si tinham do país. Ele continuou achando *Amos 'n' Andy* divertido pelo resto de sua vida — e da mesma forma, pensou, acharia a sua plateia; isso simplesmente parecia lógico.

Frank cobrindo para a revista Life *a luta pelo campeonato de pesos pesados entre Muhammad Ali e Joe Frazier, no Madison Square Garden, em 8 de março de 1971. O próprio Sinatra foi a terceira pessoa mais fotografada no recinto naquela noite.*

"Uma das coisas que eu estava pensando a respeito é por que você tem de ficar famoso e receber um prêmio por ajudar outras pessoas", ele prosseguiu, falando com sinceridade.

> Não estou sendo jocoso quanto a isso [...]. Se seu nome é Fulano de Tal, e você trabalha dia e noite ajudando seus vizinhos desamparados, o que você ganha por seus esforços é cansaço. Da mesma forma, o sr. e a sra. Fulano de Tal e todos vocês

> que dão de si mesmos para ajudar os que carregam uma carga grande demais e a fazem ser sua também...

Ele apanhou a estatueta e a segurou na direção da câmera. "Quero que vocês compartilhem comigo este prêmio humanitário Jean Hersholt", disse. Era puro show business, e a plateia foi atrás. A câmera flagrou Roz Russell e George Cukor aplaudindo loucamente.

Mas Frank ainda não tinha acabado. "Porque eu o ganhei, da mesma forma vocês o ganharam", continuou.

> De fato, a maneira de vocês o ganharem foi mais difícil do que a minha. Isso fez com que fosse mais fácil para mim espalhar um punhado de raios de sol aqui e ali. O que estou querendo dizer é que no show business se paga muito bem. E, sendo o homem tranquilo e conservador que sou...

Ele fez uma pausa até que as risadas cessassem.

"... investi certa quantia a 3%. E pus os dividendos para trabalhar na mais nobre das causas, caridade em benefício de seus camaradas."

A câmera cortou para Nancy filha, na plateia, sentada ao lado de seu radiante marido, enxugando uma lágrima.

"É o único investimento no mundo que rende 100%", disse Frank. "Seja como for, isso é para mim um grande, enorme volume que foi posto aqui" — apontou para o coração — "e gostaria de agradecer a meus queridos irmãos e irmãs da Academia por este momento de júbilo. Obrigado."

Ele e Gregory Peck apertaram as mãos, e a câmera se voltou para mostrar os aplausos da plateia — Tina, Nancy, Hugh Lambert e, ao lado dele, de smoking, Jilly, batendo palmas freneticamente. E ao lado de Jilly, Liv Ullmann.

Que estranho e maravilhoso espetáculo era essa coisa chamada show business.

Havia boatos: sempre havia boatos. Alguns diziam que ele estava deixando o show business devido à mão direita inutilizada;[22] outros, que ele estava, em segredo, gravemente doente, um eufemismo de duas palavras para uma doença de uma palavra só.[23]

E depois havia aqueles que simplesmente se recusavam a acreditar nisso. "Há pessoas fazendo apostas em Las Vegas e em jogos de cartas em Beverly Hills, duvidando que sua aposentadoria vá durar muito", opinou um redator num jornal. "Ele ainda é solicitado, e a tentação de uma profissão que tem sido toda a sua vida pode ser grande demais para ser rejeitada."[24]

Em grande medida, isso era *wishful thinking*, um desejo de que fosse verdade; era também mais verdadeiro do que qualquer um pudesse saber naquele momento.

Ele estava de volta ao Los Angeles Music Center na noite de domingo, 13 de junho, oficialmente para levantar dinheiro para o Fundo de Ajuda ao Cinema e à Televisão, mas, como todos que compareceram sabiam, para apresentar seus dois últimos concertos.

O primeiro foi no Dorothy Chandler Pavilion, com 3200 lugares; o segundo, ao qual compareceriam sua família e seus amigos, no mais intimista Ahmanson Theatre. Gregory Peck produziu o espetáculo. Jack Benny, Bob Hope, Sammy Davis Jr., Pearl Bailey, Don Rickles, Mitzi Gaynor e Barbra Streisand também se apresentaram, mas Sinatra, de maneira apropriada, encerraria o show. Sinatra sempre encerrava.

Ele tinha terminado o primeiro concerto e estava no camarim, aguardando terminarem os dinâmicos números de abertura. Tommy Thompson, da *Life*, estava lá para observar o personagem do que seria a matéria de capa da revista. "Ele estava nervoso", escreveu Thompson.

> Ele orquestrara com todo o cuidado esse finale, e, sendo o mais meticuloso dos homens, queria que tudo corresse com estilo e graça. Pegou a lista datilografada das catorze canções que iria cantar e a estudou mais de uma vez. Jogou-a sobre a mesa e começou a rabiscar. A caneta hidrográfica criou uma casa, depois ele a preencheu com riscos pretos, cobrindo as janelas e as portas como se ninguém mais morasse nela.[25]

A casa em que tinha vivido. Era uma figura do seu inconsciente, mas desenhá-la era também uma atuação. Ele ficava sozinho tão raramente que quase toda a sua vida fora uma atuação: o amedrontado, caótico, implacavelmente mercurial homem que dentro dele representava Frank Sinatra, o papel de uma vida inteira. Ele dera grande valor a esse papel.

Várias pessoas foram vê-lo no camarim. O guitarrista de Frank, Al Viola, veio para ensaiar o dueto que iam apresentar, "Try a Little Tenderness". Cary Grant deu uma passada, outro que sabia o que era representar um papel que o mundo esperava. "Todos querem ser Cary Grant", ele dissera uma vez. "Até eu quero ser Cary Grant."[26] O próprio Grant tinha se aposentado cinco anos antes, sem ao menos uma declaração à imprensa, para cuidar da filha pequena.

Don Rickles entra de supetão, arrastando consigo Sammy Davis num abraço de urso. "Nós os aquecemos para você, Frank", ele exclamou. "Você vai ser grande lá fora, Frank. As pessoas gostam de sentir pena, Frank."[27]

Eles foram embora e entrou Jack Benny, 77 anos, com violino e tudo, e ficou três minutos. "Este homem", ele disse, acenando com a mão para Sinatra, "este homem apoia Ronald Reagan para governador da Califórnia. Agora, *eu* teria apoiado Reagan tranquilamente, mas Frank fez isso primeiro. Então eu fui o segundo, com um pequeno apoio, e o que ganho de Frank Sinatra no dia seguinte, senão um telegrama com uma só palavra? Dizia: IMITADOR."

Frank parecia prestes a cair do sofá. Benny começou de novo. "Agora, *eu* gostaria de me aposentar, só que…", Benny cuspiu para fora, "só que *não posso*."

Frank segurou os flancos, sacudindo-se todo de tanto rir.

O velho comediante foi embora, e o recinto ficou mais ou menos tranquilo. "Você está *mesmo* parando?", perguntou Thompson a Sinatra.

Frank não hesitou. "Estou absolutamente certo quanto a meu afastamento", disse. "Não é possível fazer gratuitamente uma declaração como a que fiz. Pelo menos *eu* não posso. Não tenho esse tipo de estrutura."

"Ele bebeu um pouco mais de vodca, mas isso não pareceu relaxá-lo", escreveu Thompson.

> A noite estava demasiadamente cheia de fantasmas. Ele estava tão tenso quanto um lutador esperando a sineta tocar. "Eu já tive uma mancheia", ele disse, "já tive o bastante. Talvez o público também tenha tido o bastante."
>
> Sacudi a cabeça.
>
> "Tem coisas que preciso fazer", ele continuou. "Como a primeira, que é não fazer absolutamente nada durante oito meses, talvez um ano." Ele ia percorrer o deserto tirando fotos de cactos, disse. Ia pendurá-las na parede de tijolos da ala do

hospital que tinha dotado em Palm Springs. Ia "ler Platão e cultivar petúnias". Ia pintar um pouco, talvez tentar mais uma vez usar aquarela. "Nunca consegui controlar essa técnica", contou.

"Vai escrever aquele livro?"

Ele sacudiu a cabeça, em dúvida. "Não sou um sujeito dos mais loquazes", ele disse. "Provavelmente não vou escrever um livro."

Cinco anos antes, Thompson escreveu, Frank tinha lhe dito que iria se aposentar quando sentisse que a voz estava indo embora, "quando o vibrato começa a se estender e o fôlego começa a falhar".[28] Esse momento chegara? Sinatra negou, enfático.

"Fisicamente, a voz está longe de ir embora", respondeu. "Que diabo, eu só estou parando, isso é tudo. Não quero mais pôr nenhuma maquiagem. Não quero mais me apresentar. Não estou saindo de cena para parar de viver. Talvez eu esteja saindo de cena para começar a viver."

Era meia-noite quando Barbra Streisand terminou sua parte: era a hora de Sinatra. Frank pegou o smoking. Rickles tinha reaparecido no camarim, todo animado. "Alguém ajude o velho com seu casaco!", gritou o humorista. "Abram caminho! Abram caminho para o veterano. Ajudem-no a sair num resplendor de glória. Lembre-se, Frank. Pena!"[29]

Rosalind Russell estava no centro do palco, lutando com suas emoções. "Essa tarefa não me deixa feliz", ela começou. "Nosso amigo tomou uma decisão", disse, e então teve de parar. Após um instante começou de novo. "Uma decisão da qual particularmente não gostamos, mas que devemos honrar. Ele trabalhou muito e duro durante trinta anos, com sua cabeça e sua voz e sobretudo seu coração..."

Sua voz falhou, e ela fez mais uma pausa.

"Mas é hora de guardar o lenço de novo e reprimir o soluço", ela disse por fim, "pois ainda temos o homem, ainda temos os olhos azuis, esses maravilhosos olhos azuis, esse sorriso — por uma última vez temos o homem, o maior astro do entretenimento do século XX..."

Frank chegou para remir a pobre Roz de seu sofrimento, e a plateia — que além de sua família e da nata de Hollywood incluía a princesa Grace, o governador e Nancy Reagan, os Agnew e Henry Kissinger, novo amigo de Sinatra — pôs-se de pé aplaudindo, batendo com os pés, gritando e recusando-se a parar. Frank abraçou Russell e então acalmou a multidão. Percorreu o auditório com o olhar e deu um leve sorriso. Quando começara, contou, tinha feito alguns trabalhos por apenas um maço de cigarros. "Assim, penso que, se aquela foi a maneira de começar, esta noite é a maneira de encerrar",[30] disse.

Olhou para o tablado da orquestra e sorriu: Nelson Riddle voltara para o ato final. O austero, professoral e soberbamente brilhante arranjador, a maior inspiração de Sinatra além de Ava, lá estava segurando sua batuta, na expectativa.

"Que se comece bem pelo começo", disse Frank, e Riddle deu o sinal para a orquestra começar a tocar a melancólica "All or Nothing at All".

Ele cantou por uma hora apenas, percorrendo seus pontos mais altos, década por década: "I'll Never Smile Again", "I've Got You under My Skin", "Ol' Man River", "The Lady Is a Tramp", "Try a Little Tenderness", "Nancy", "Fly Me to the Moon". A plateia se pôs de pé repetidas vezes. Ele cantou aparentemente sem esforço, com graça, força e uma profunda emoção, fechando os olhos durante as baladas e, nos números de andamento mais acelerado, estalando os dedos da mão esquerda e comandando a orquestra: "Entrem agora, as cordas também!".[31]

Por fim ele chegou ao fechamento que era costumeiro naquela época, uma canção da qual não gostava, mas que todos sempre pediam. As palavras, simplórias, agora faziam um terrível sentido:

*And now the end is near.**

Mas é claro que ninguém queria que nada tivesse um fim. Os aplausos foram ensurdecedores, assim como os pedidos de bis. Frank fez um sinal a Nelson, e a orquestra começou a tocar o rearranjo impactante de Riddle para "That's Life" — que terminou com a mesma espécie de nota de despedida:

But if there's nothing shakin' come this here July,
*I'm gonna roll myself up in a big ball and die — my, my!***

* E agora o fim está próximo. (N. T.)

** Mas se nada trepidante neste julho acontecer / Vou me rolar numa grande bola, e morrer — Meu Deus, meu Deus! (N. T.)

Aquilo agora era um jogo: gritando e sapateando, a plateia recusava-se a deixá-lo ir embora. Mas ele venceu; ele sempre vencia. Acenou pedindo silêncio e falou com suavidade ao microfone. Tinha construído sua carreira com canções de bar, disse; para ele, fazia sentido terminar com uma delas. E o palco, dramaticamente, ficou escuro, um spot a destacar a cabeça de Frank, e a orquestra começou a tocar "Angel Eyes".

Matt Dennis e Earl Brent haviam escrito a canção em 1946; Herb Jeffries, grande vocalista de Duke Ellington, fez a primeira gravação no ano seguinte. Ella Fitzgerald e Nat King Cole a gravaram em 1952 e 1953, respectivamente, e suas versões foram tão belas quanto seria de esperar. Sinatra não se aproximou dela até *Only the Lonely*, em 1958, mas a demora valeu a pena: como fizera antes e continuaria a fazer, ele arrebatou uma canção dos maiores e a fez maior ainda, elevando-a, além da beleza pura, para uma pura e deslumbrantemente pungente autobiografia. A letra se enredava com a busca do cantor para encontrar seu sempre elusivo amor —

I gotta find who's now number one,
*And why my angel eyes ain't here**

— e terminava com a obsedante declaração final: "Scuse me while I disappear".**

Frank cantara "Angel Eyes" em concertos por anos, e tinha concebido um modo de impacto seguro para concluí-la: com o palco escuro e o foco de luz só em seu rosto, ele acendia um cigarro no meio da canção e então, na última frase, soltava uma baforada final no momento em que o spot ia enfraquecendo até a escuridão, e ele mesmo desaparecia. Era sucesso garantido, as plateias adoravam.

E foi uma ideia brilhante fechar com "Angel Eyes" nessa noite — não apenas uma vez, como exigia o mito, mas duas vezes, primeiro no grande show no Dorothy Chandler Pavilion, e agora, mais tarde, no segundo, no Ahmanson Theatre. O tema era desaparecimento, mas desaparecimento nos termos de Frank, que ainda tinha o poder nas mãos mesmo quando deixava o palco. A plateia

* Tenho de descobrir quem agora é a número um,/ E por que minha olhos de anjo não está aqui. (N. T.)

** Desculpe-me enquanto desapareço. (N. T.)

ficaria — ficou — previsivelmente pasma, deixada atônita por uma das maiores cenas de esvanecimento na história dos palcos.

Mas sair de cena era uma coisa; ficar invisível, outra bem diferente.

A limusine acelerou ao atravessar as ruas escuras de Beverly Hills, as mesmas ruas em que ele tinha andando sozinho ainda jovem, segurando seu Oscar, dezessete anos antes. Agora não era mais um jovem nem estava sozinho — estava com seus bons amigos Roz Russell e Freddie Brisson e alguns outros, a caminho da casa de Russell e Brisson para uma esticada depois da festa.

"Estou cansado", disse Frank. "Foi um inferno de 35 anos. Sempre cantei coisas sérias, vocês sabem. Não um monte de baboseiras. Isso me deixava exaurido."[32]

A aposentadoria que não houve: sair de cena era uma coisa; ficar invisível, outra bem diferente.

Ele ficou nostálgico. "Eu fazia cinco shows completos na costa de Jersey", lembrou. "Das 20h15 até as quatro da manhã. Via o sol nascer quando estava indo para casa. E depois, no Paramount, em Nova York, eram dez shows por dia — onze nos sábados."

Tommy Thompson também estava no carro. "O rádio foi ligado, uma estação em espanhol irradiava um lamento que vinha de um lugar ao sul da fronteira", ele escreveu depois. "Frank inventou rapidamente uma letra sobre um caubói e seu cavalo. Cantou alguns compassos. Parou."

"E esta, senhoras e senhores", disse Frank, afundando de novo em seu assento e fechando os olhos, "é a última vez que Frank Sinatra vai abrir a boca."

Era muito pouco provável.

Coda

Bem, parecia ser uma boa ideia [...] vagabundear e jogar golfe. Depois de muitos anos, tenho um handicap de 17. E outro dia fiz uma ligação para o exterior e a telefonista me perguntou como se soletrava meu sobrenome. Eu lhe disse [...] e ela perguntou pelo meu primeiro nome. Então ela perguntou: "Júnior ou Sênior?".

Frank Sinatra, na gravação de seu especial de retorno,
Ol' Blue Eyes Is Back, setembro de 1973

Ele não conseguiu aguentar. Tinha vivido em meio àquela adulação, àquela reação espontânea das pessoas, que era quase como um alimento para ele. E não conseguiu viver sem isso.

Vern Yocum, por muito tempo
copista de Sinatra

A abortada aposentadoria de Sinatra em 1971 não foi de maneira alguma o fim de sua história, mas sua vida após retornar aos holofotes — e é claro que ele voltou aos holofotes — revelou-se uma história muito diferente.

No período entre 26 de março de 1954, um dia depois de ter ganhado o Oscar por *A um passo da eternidade*, e 13 de junho de 1971, data de seu concerto de despedida em Los Angeles, Sinatra gravou 46 álbuns, muitos deles grandes álbuns. No período entre seu segundo retorno, em 1973, e o fim de sua carreira — ele apresentou seu concerto final em 1995 —, gravou sete discos, alguns muito bons.

Entre 1954 e 1971, ele atuou em 32 filmes; após 1973, em dois, um deles para a televisão.

Entre 1954 e 1971, ele se apresentou inúmeras vezes em *nightclubs* — com uma lotação de, no máximo, trezentas ou quatrocentas pessoas sentadas e, no mínimo, muito menos que isso — em Los Angeles, Las Vegas, Chicago, Miami, Atlantic City e Nova York, entre outros lugares, justificando com isso sua alegação de ter sido, em primeiro lugar, em último lugar, e sempre, um cantor de bar. Após 1973 ele tornou-se, quase exclusivamente, um artista de concertos, apresentando-se para multidões de mil espectadores ou mais — às vezes muito mais. Essas eram, de modo geral, plateias maduras que queriam *Sinatra*, e queriam os números que eram sua marca registrada, alguns deles novos, mas a maioria, originária do cancioneiro americano. Ele havia travado uma batalha ambivalente contra a nova música, às vezes tentando ele próprio interpretá-la, quase sempre com resultados desanimadores. Agora, por fim, podia ser — exclusiva e proveitosamente — ele mesmo.

E entre 1954 e 1971, apesar de seus breves casamentos com Ava Gardner e Mia Farrow, ele teve uma vida amorosa incomparavelmente prolífica, que teria humilhado o próprio Casanova, ao mesmo tempo que, como escreveu sua filha Tina, não conseguia estabelecer uma conexão verdadeiramente íntima com nenhuma das centenas, se não milhares, de mulheres que levou para a cama. Após 1973, com a inevitável decadência oriunda da idade, sem falar das consequências de quatro décadas de muito fumo e muita bebida, sua vida amorosa, primeiro devagar, depois de súbito, foi interrompida. Após seu casamento com Barbara Marx, em 1976, ele se tornou, para todos os efeitos, e pela primeira vez na vida, monogâmico.

Uma história muito diferente.

Logo depois do concerto de despedida ele se comportou — em certa medida — como um bom aposentado: pintava, tirava fotos, jogava golfe. Por outro lado, ele ainda *era* Frank Sinatra. E, assim, o relacionamento com Hope Lange e Lois Nettleton continuou por algum tempo; a atriz Victoria Principal, de 21 anos, também entrou em cena naquela época, assim como Eva Gabor, de 52. Frank até propôs casamento à bela, namoradeira e muito viajada Pamela Churchill Hayward, após a morte de Leland Hayward em 1971; mas ela, em vez disso, preferiu W. Averell Harriman.

E houve então Barbara Marx, de 43 anos, cada vez menos casada com Zeppo, e cada vez mais presente em sua vida. Tina Sinatra, em visita à Riviera com Robert Wagner logo depois da apresentação de despedida de Frank no Ahmanson Theatre, viu seu pai e Marx juntos em Monte Carlo, e a impressão que passavam era de serem um casal.

Foi o primeiro encontro mais prolongado da Sinatra mais jovem com a mulher que os amigos de Marx haviam apelidado, devido à sua incansável animação, de "Sunshine Girl". Olhando pelas lentes escuras do retrospecto — Tina e Barbara se tornariam inimigas implacáveis quanto a dinheiro e outras questões —, a filha caçula de Frank alegou ter ficado primeiro tanto encantada quanto desapontada. Por um lado, escreveu, "Barbara tinha uma energia cativante em torno dela, uma capacidade de se divertir que é um dom inestimável quando se está em situação de muita proximidade com alguém".[1] Quando Jilly se confundiu no aluguel de um iate para um cruzeiro — em vez de uma embarcação digna de Sinatra, ele recebeu uma lancha de cruzeiro vagabunda com cabines cheirando a peixe —, Barbara incentivou todo mundo a ir na onda e curtir a viagem de barco.

Por outro lado, "eu não sentia que houvesse uma real afeição entre eles", relembrou Tina.

> Embora sorrisse o tempo todo e se mostrasse ansiosa por agradar, Barbara era também bem recatada. Ela e papai ficavam à distância de um braço um do outro. Comportavam-se como companheiros eventuais; não me parecia que estavam apaixonados. Por instinto, não confiei nesse tipo.

A filha mais moça de Frank logo iria ver em Marx, com uma admiração um tanto rancorosa, uma "implacável estrategista, uma sobrevivente profissional".[2] A mãe de Frank adotou uma visão mais preconceituosa. Quando o relacionamento ficou mais sério, Dolly, para decepção do filho, começou a proclamar seu desafeto da única maneira que sabia: em voz alta e sem eufemismos. "Não quero que nenhuma prostituta entre em nossa família!",[3] ela declarou, usando a palavra-chave — *whoo-er* [em vez de *whore*], um *punch* do condado de Hudson.

Ela bem que podia estar cuspindo contra o vento.

Não foi um namoro tranquilo — em muitos aspectos, não foi sequer um namoro. "Jilly contou uma história que me preocupou", escreveu Tina Sinatra.

> Numa noite em 1973, bem tarde, papai e Barbara juntaram-se a um grupo de amigos no lugar das esticadas boêmias de Jilly, em Nova York. Barbara era capaz de beber como os melhores entre eles, acompanhava meu pai em cada dose que ele tomava. Os homens começaram a falar de política, e então Barbara se intrometeu para expressar sua opinião. Em câmera lenta a mesa inteira se virou para encará-la, como se tivesse dito a coisa mais idiota que eles tinham ouvido naquela noite.
>
> Meu pai a repreendeu com brutalidade: "Que diabo você sabe seja lá do que for? Quando eu quiser ouvir algo de você, eu vou lhe perguntar. Até então, você apenas fique aí *sentada*". E Barbara ficou ali sentada. Talvez sua estada em Las Vegas a tenha tornado resistente aos desacatos por parte dos homens.
>
> *Por que papai estava agindo assim?*, eu me perguntava. *E por que ela tolerava isso?*[4]

Mas as respostas eram simples. Ele estava agindo assim porque ela tinha tido a ousadia de se comportar como se fosse uma igual, efetivamente questionando a autoridade dele. Na frente de sua turma, era uma humilhação implícita, e humilhações detonavam nele o que havia de pior.

Quanto ao motivo de tolerar a agressão dele: ela iria se agarrar firme durante o tempo que fosse necessário, não importava quão rude fosse a cavalgada, até que o prêmio fosse dela.

A noção de sua própria mortalidade começou a impregnar a consciência de Sinatra; a perda de velhos amigos não ajudou em nada. Mike Romanoff e Bennett Cerf morreram no mesmo dia, no final do verão de 1971 — e Frank ficou tão abatido no funeral de Cerf que um memorando do FBI observava que ele "parecia estar com a saúde muitíssimo abalada", e continuava especulando, de maneira desvairada, "que FRANK SINATRA recebera o diagnóstico de um câncer terminal, e sua expectativa de vida fora estimada em cerca de dois meses".[5]

Era só *wishful thinking* por parte do FBI. No entanto, outro comunicado do bureau, pouco depois, observava, com mais exatidão, que Sinatra tinha oferecido a Martha Mitchell, mulher do procurador-geral de Richard Nixon, John Mitchell, uma viagem de San Francisco a Los Angeles em um de seus jatos particulares. "É visível", concluía o memorando, "que Frank Sinatra está ficando muito ativo na política em prol da campanha para reeleger o presidente Nixon."[6]

Se ele pudera aceitar Reagan e Agnew, por que não Nixon também? Em 1972, Frank escrevia observações laudatórias a políticos que uma vez detestara mais que tudo. Quando o presidente retornou de uma reunião de cúpula em Moscou, Sinatra enviou-lhe uma carta em que dizia "Bravo" por um trabalho "bem-feito".[7] Nixon respondeu de acordo:

> Caro Frank,
>
> Após qualquer longa jornada, a melhor parte é sempre voltar para casa, e suas palavras calorosas de saudação fizeram essa ocasião ser especialmente feliz.

Naquele mesmo ano, Sinatra alugou uma casa opulenta em Embassy Row, em Washington, DC, para estar mais próximo da atuação política, da qual sentia falta desde a época de Kennedy. Teve um pouco mais de atuação do que queria, no entanto, quando recebeu uma intimação para comparecer ante a Comissão Especial da Câmara sobre o Crime Organizado, que estava investigando a influência da Máfia nos esportes profissionais e queria falar com Frank sobre seus investimentos no hipódromo de Berkshire Downs, em Massachusetts, ligado à Máfia. Com arrogância, Frank informou à comissão de congressistas que ele deporia "por convite, não por intimação"[8] e que preferia fazê-lo numa sessão fechada. A comissão acedeu ao primeiro, não ao segundo, e Sinatra foi com tudo ao dirigir-se a seus interrogadores. "Não sou um cidadão de segunda classe", ele disse logo de saída. "Vamos logo com isso."

Teve um desempenho magistral, negando, obstruindo e desafiando. No fim da audiência, Frank tinha uma sala cheia de congressistas comendo em sua mão. "Você ainda é o Chefão da Turma", disse-lhe o deputado Charles Rangel, de Nova York, quando ele saía da sala.

Deliciado com a humilhação pública da comissão (em sua maioria democrata), Nixon ligou pessoalmente para Sinatra para congratulá-lo por seu desempenho. Tocado por isso, Frank decidiu dar oficialmente seu apoio à reeleição do presidente. Muitos de seus amigos ficaram chocados; Tina Sinatra foi contundente. "Aquilo me deixou atônita", ela rememorou. "Liguei para ele no complexo e botei minha raiva para fora: 'Que diabo, pai, eu me matando por McGovern e agora você sai com *Nixon*?'."[9]

"Assim são as coisas, criança — este é um país livre", ele lhe disse.

Afinal, "decidi perdoá-lo por seu espantoso lapso de julgamento, e concordamos em discordar", ela escreveu.

Ainda havia mais lapsos espantosos por vir. Em janeiro de 1973, Frank — junto com a recém-divorciada Barbara — compareceu à segunda cerimônia de posse de Nixon. Estava encarregado de ser o mestre de cerimônias do Concerto de Música Americana no Kennedy Center, mas, como o Serviço Secreto não foi capaz de liberar a tempo o comediante Pat Henry, Frank ficou sem uma apresentação de abertura. Furioso, deu o cano no concerto. E ainda furioso, e com vários drinques correndo por suas veias, entrou no lobby do Fairfax Hotel algumas horas depois, Marx a seu lado, para topar com a colunista de fofocas do *Washington Post*, Maxine Cheshire, que o tinha constrangido em pessoa e por escrito com referências a suas associações com a Máfia.

Ele descarregou sua fúria sobre ela como só Sinatra poderia fazer. "Vocês conhecem a srta. Cheshire, não conhece?", ele perguntou às pessoas que passavam pelo lobby. "Esse fedor que vocês estão sentindo é dela." Virou-se então para Cheshire: "Você não é mais do que uma biscate de dois dólares, sabia disso? Você é uma puta! Soletra-se P-U-T-A!". Ele pegou duas notas de um dólar no bolso e as enfiou no copo vazio que ela segurava. "Aí estão dois dólares, baby", disse. "Isto é o que você costuma receber."[10]

Claro que o incidente foi parar nos jornais: e isso foi tudo, quanto a Sinatra e à cerimônia de posse.

Mas agora a Casa Branca e Nixon estavam com um problema — o presidente tinha convidado Frank para cantar num banquete oficial para o primeiro-ministro italiano, Giulio Andreotti, em abril. O chefe da equipe de Nixon, H. R. Haldeman, pressionou fortemente o patrão para que retirasse o convite, mas, afinal, Nixon estava excitado demais com a perspectiva de ter Sinatra com ele para fazer isso.

Com Nelson Riddle regendo a Banda dos Fuzileiros Navais dos Estados Unidos, Frank apresentou dez números, começando com "You Make Me Feel So Young" e terminando com "The House I Live In". Fora os comícios de Agnew, foi sua maior aparição em público, cantando, em quase dois anos. A voz já não era a mesma, mas o presidente, que se aventurou ele mesmo ao piano, gostou do que tinha ouvido. Ao final da apresentação naquela noite, escreveu Nancy Sinatra, Nixon levou Frank para um canto e disse que ele precisava abandonar a aposentadoria.[11] "Sr. presidente", respondeu Sinatra, "depois desta noite, vou ter de pensar no assunto."[12]

Sinatra e Nixon em agosto de 1972. As reviravoltas no mundo, e a sempre presente atração de Frank pelo poder, tornaram mais fácil sua adesão a um político que outrora detestara.

Na verdade, ele estava pensando nisso já havia algum tempo. No Quatro de Julho anterior, a bordo de um iate fretado na costa da Riviera, Peter Malatesta, assessor de Spiro Agnew, tinha encontrado Sinatra tomado por uma tosse seca e intermitente, e num péssimo humor. Sinatra "insinuou que poderia abandonar a aposentadoria, mas isso não foi dito com excitação ou num tom de expectativa", relembrou Malatesta.

> No ano anterior [...] estimava-se que Frank havia despendido cerca de 10 mil dólares por dia, quantia que seu advogado Mickey Rudin mencionou para mim durante uma conversa. Disseram-me que Sinatra tinha proventos de 2 milhões de dólares por ano. Graças a suas economias e investimentos, poderia gastar mais, mas 3,6 milhões de dólares já era forçar a situação. Como me disse Mickey: "Se ele quiser gastar essa quantidade de dinheiro, vai ter de trabalhar de novo".[13]

Multiplique a quantia por cinco para ter uma ideia vagamente aproximada de quantos dólares isso seria em 2015. Essa taxa de dispêndio é assombrosa em qualquer medida — é impressionante, ou, mais propriamente, sinátrica. Os iates fretados, as suítes em hotéis cinco estrelas, as refeições para grupos inteiros em restaurantes quatro estrelas, as apostas altas em Monte Carlo, as bugigangas caras para as senhoras; os jatos e o combustível para eles; as refinadas instalações da propriedade em Palm Springs; os quadros de Monet, Pissarro, Utrillo, Hopper; a equipe de empregados, dúzias deles. Isso dava uma soma e tanto. Se ele não quisesse começar a gastar das reservas, teria que voltar a trabalhar.

Três dias após o concerto na Casa Branca, Frank anunciou que ia deixar a aposentadoria, gravando um especial para a NBC, a ser transmitido no outono.[14] Dez dias depois — no mesmo dia em que os principais assessores de Nixon, entre eles Haldeman, renunciaram em meio ao crescente escândalo de Watergate —, Frank entrou num estúdio de gravação (Samuel Goldwyn) pela primeira vez em quase dois anos e meio e começou a fazer um álbum novo.

Foi um começo agitado e difícil. No primeiro dia, ele tentou gravar duas músicas — arranjos de Don Costa para "Nobody Wins", de Kris Kristofferson, e para "Noah", de Joe Raposo — e ficou tão insatisfeito com o que ouviu que mandou destruir as matrizes. Mas um mês depois ele estava de volta, para duas noites seguidas de gravação, dessa vez com Gordon Jenkins, e no final de agosto ele tinha um LP. O diretor de arte da Reprise, Ed Thrasher, que fizera a capa do álbum de Jimi Hendrix, Joni Mitchell e do Grateful Dead, assim como a de *My Way*, de Sinatra, trouxe a imagem para a capa — simples, em tom sépia, a partir de uma imagem em preto e branco de Frank atrás de uma estante de partitura, sorridente numa camisa branca com o colarinho aberto — e com o título *Ol' Blue Eyes Is Back*.[15]

Sinatra gostou. Sua filha Nancy detestou. "Eu disse: 'Você está brincando. Isso é horrível'",[16] ela lembrou. A opinião dele prevaleceu.

O que não foi uma surpresa. Nunca ninguém o chamara de Ol' Blue Eyes antes disso, mas não importava. Era a mais pura das mitologias pessoais, mas ele estava sincronizado o suficiente com a própria mitologia para saber que aquilo ia pegar. E pegou.

Ele tirou Gene Kelly de sua aposentadoria para coestrelar o especial de TV; até fez um treinamento vocal com o cantor de ópera Robert Merrill, de 56 anos, que entendia de como obter efeitos dramáticos de pulmões idosos. O programa foi gravado em meados de setembro; três semanas depois, Spiro Agnew caiu em desgraça e renunciou, acusado de praticar extorsão, fraude fiscal, suborno e conspiração durante os períodos em que fora do Executivo do condado de Baltimore, governador de Maryland e vice-presidente dos Estados Unidos. Foi-lhe permitido um pleito de *nolo contendere* quanto a uma acusação de sonegação fiscal; ele nunca foi condenado.

De várias maneiras, aquele foi um outono decepcionante. Além do escândalo de Watergate e de Agnew, houve a cotação mediana para *Ol' Blue Eyes Is Back*, o especial de TV, que perdeu em audiência para *The Hospital*, filme de 1971 estrelado por um antigo namorado de Ava, George C. Scott, na ABC.[17] Por outro lado, *Ol' Blue Eyes Is Back*, o álbum, foi lançado duas semanas depois, em meio a uma pródiga campanha publicitária, e — num contexto de ofertas recentes de Pink Floyd, Led Zeppelin, Elton John, Paul McCartney e outros — ficou num respeitável 13º lugar. Uma resenha otimista da Reprise que acompanhava o novo LP dizia que Sinatra ia "gravar um disco a cada seis meses e se apresentar em pessoa algumas vezes",[18] mas álbuns subsequentes da década de 1970 não teriam melhor resultado. O público comprador de discos, na maior parte jovem, estava enviando a Sinatra uma mensagem clara. Agora, e para o restante de sua carreira, Frank teria de ganhar seu dinheiro real — o dinheiro do qual precisava para viver no estilo com que se acostumara havia tanto tempo — apresentando-se em concertos, no maior número de lugares possível.

Em sua primeira apresentação pública oficial desde seu afastamento, ele voltou triunfante ao local no qual dissera que nunca tornaria a pôr os pés: em janeiro de 1974, com o Caesars Palace sob nova administração, e com Sanford Waterman sob indiciamento, Sinatra estreou no Circus Maximus. O ingresso mais barato custava sólidos trinta dólares; cada espectador ganhava um medalhão no qual estava gravado: "Ave, Sinatra: o Mais Nobre Romano está de volta". O mais nobre romano parecia estar um pouco rechonchudo; tinha engordado alguns quilos durante o tempo de sua aposentadoria. Junto com "Come Fly with Me", "I Get a Kick out of You" e "You Make Me Feel So Young", Frank cantou outra faixa do novo LP, "Send in the Clowns", de Stephen Sondheim, uma obra-prima teatral com a qual não se conectara de verdade, e — exibindo uma nova e pronunciada aptidão para circular entre o sublime e o muito menos que sublime — uma canção de seu futuro álbum *Some Nice Things I've Missed*, a infinitamente lamentável "Bad, Bad Leroy Brown".[19]

E assim ele foi para a estrada, como um espírito inquieto condenado a vagar pelas grandes salas de espetáculos e estádios do país: San Jose. The Fontainebleau. Carnegie Hall. Nassau Coliseum. Atlanta. Providence. Detroit. Filadélfia. Washington. Chicago. De volta a Las Vegas. E isso só na primeira metade de 1974. No meio de cada concerto, ele fazia uma pausa para tomar um pouco de chá, ou alguma coisa mais forte, e fazer algumas observações, com frequência observações não favoráveis sobre jornalistas, sobretudo jornalistas mulheres. Manifestava um desdém especial por Rona Barrett, que havia pouco tempo publicara um livro de memórias no qual alegava que Frank Jr. tinha encenado seu próprio sequestro para conseguir a atenção de Frank. "O Congresso devia dar ao marido de Rona Barrett uma medalha só por ele caminhar a seu lado e ter de olhar para ela", dizia Frank às plateias. "Ela é tão feia que sua mãe teve de prender um pedaço de carne de porco em seu pescoço para que o cão brincasse com ela."[20] Outros repórteres, muitos dos quais eram escritores que Sinatra poderia querer manter como aliados, como Charles Champlin, do *Los Angeles Times*, repararam.

Em outubro de 1974 ele fez uma série de concertos, anunciados como O Grande Evento, começando em Boston e indo para Buffalo, Filadélfia e Pittsburgh, com uma pausa no Madison Square Garden para uma grande transmissão ao vivo pela ABC antes de prosseguir para o interior, com mais cinco paradas. O show em Nova York, no palco em formato de arena, teve cenário de luta de boxe: o conceito fora bolado pelo jovem e atrevido promotor de concertos Jerry Weintraub. "Você é o campeão mundial dos pesos pesados, Frank",[21] disse.

> O cantor número um do mundo. Não tem desafiantes, nem mesmo alguém que chegue perto disso. Então, vamos fazer a coisa num ringue, como se fosse uma luta pelo título dos pesos pesados, e convidar todo mundo que vai a lutas pelo título de pesos pesados, porque eles são seus fãs. E vamos chamar Howard Cosell para ser o apresentador.

A capa do álbum gravado ao vivo mostraria Frank num *trench coat* preto, echarpe branca, smoking e luvas de couro, o aspecto do pugilista de rosto redondo e meia-idade que ele tinha se tornado. A plateia o adorou.

"Agora vamos cantar o hino nacional, mas vocês não precisam se levantar",[22] anunciou Sinatra, antes de começar "My Way".

"Ah, o sempre adorável Frankie", escreveu no *New York Times* Martha Weinman Lear, que tinha sido *bobby soxer* na Paramount trinta anos antes,

> aqui estamos no Garden, dançando de rosto colado, a meia-luz, e é, oh, tão doce [...]. É agora o Velho Olhos-Azuis, com barriga, papada e peruca, e ao inferno com elas. Os olhos azuis ainda ardem, os golpes ainda são incomparavelmente certeiros, o estilo, o *estilo*, ainda está todo aí, e o que restou de sua voz ainda é para mim como nenhuma outra voz, e sempre será.[23]

Mas o influente crítico de jazz e pop Ralph J. Gleason, que cobriu o evento para a *Rolling Stone*, pediu licença para discordar. "Esse estilo que ele criou foi grande e amplo o bastante para sustentar a carreira de meia dúzia de outros cantores, mas o Velho Olhos-Azuis é um estorvo que Frankie nunca foi", escreveu.

> É simplesmente esquisito vê-lo agora todo brilhoso como um boneco de cera, parecendo um bobo com aquela peruca na cabeça. E a movimentação no palco, que antes tinha a tensão de uma pantera, agora é de um arruaceiro afobado e constrangido.

> Sua possível presença num evento justifica guarda-costas, telefonemas apressados, grandes esquemas de segurança e uma cortina de mistério [...]. Creio que ninguém, a não ser esses palhaços a seu serviço, pensa de fato que essa exibição de poder seja necessária [...]. Para Frank Sinatra, cuja voz o tornou o amigo de milhões de americanos, comportar-se como um ditador caribenho anacrônico com guarda-costas e polícia secreta é simplesmente obsceno [...]. Penso que ele enveredou por um caminho que agora o faz ser, para mim, um alienígena, de um modo que nunca foi.[24]

O Grande Evento, no Madison Square Garden, em 13 de outubro de 1974. "Agora vamos cantar o hino nacional, mas vocês não precisam se levantar", anunciou Sinatra antes de cantar "My Way".

Em poucas palavras, assim foi a pós-aposentadoria de Frank: assediada, segura e insegura atrás de um portão protegido. Mais rígida do que nunca por fora, ainda um amálgama derretido por dentro.

Quando Sinatra completou sessenta anos, ficou menos interessado do que nunca em ir atrás de mulheres: "Não há nada pior do que ser um velho galinha",[25] disse uma vez a um escritor. Ao mesmo tempo, as realidades da monogamia e do casamento o entediavam e aterrorizavam. Fizera isso três vezes (a parte do casamento, pelo menos) e não tinha dado certo. E havia proposto casamento a um número indefinido de mulheres, sempre levando isso a sério naquele momento — como levava a sério as músicas que cantava —, mas partindo com rapidez para a próxima assim que o momento passava.

Além disso, duas das mulheres com quem se casara, e certo número daquelas a quem propusera casamento, tinham insistido, irritantemente, em manter outros empregos em vez de cuidar dele. Ele precisava de alguém que o assumisse com prazer como ocupação de tempo integral. Ele era em si mesmo um projeto dos grandes, e, enquanto cada vez mais mulheres ficavam para trás ou eram alijadas de sua vida, havia cada vez menos mulheres que pareciam capazes de fazer aquilo. No entanto, uma continuava por lá.

Mesmo segundo o próprio relato de Barbara Marx, atrair Frank Sinatra não foi manobra das mais simples. Seu relato idealizado, no livro de memórias intitulado, de maneira infeliz e inesquecível, *Lady Blue Eyes*, lista muitos rompimentos e retomadas, até uma separação prolongada, após o concerto no Madison Square Garden, durante a qual ambos saíram com outras pessoas: digno de nota foi o encontro de Frank com Jacqueline Onassis, que, quando Jack Kennedy era vivo, considerava Frank um marginal. A seus olhos, agora ele tinha ganhado estatura, mas menos de forma romântica do que literária: pelo visto — Jackie começara a trabalhar como editora de livros —, ela só queria que ele escrevesse suas memórias.

Na primavera de 1976, escreve Tina Sinatra, seu pai surpreendeu os filhos ao manter uma prolongada ligação com sua mãe. Foi exatamente na época em que Barbara Marx deu a Frank um ultimato: "Case comigo ou me perca".[26]

"A vida interior de meu pai era um labirinto sem saída", escreveu Tina. "O que se pode dizer a um homem em meio a tamanho tumulto que ele não tenha dito a si mesmo mil vezes antes?"[27] No final ele deu ouvidos a seus próprios temores, que lhe diziam que estava ficando velho, assim como Nancy mãe. Barbara, por outro lado, de algum modo parecia estar envelhecendo ao contrário. Em junho, ela compareceu com Frank ao batizado de Amanda, filha de Nancy filha, com um "perfil novo em folha e parecendo dez anos mais jovem",[28] segundo Tina. Também usava um diamante do tamanho de um ovo de codorna no anular da mão esquerda.

Barbara escreve que, após seu ultimato, Frank convidou-a para ir a Chicago, onde estava passando algum tempo com um velho amigo, e ele presenteou-a com "um enorme diamante em formato de pera que, eu soube depois, tinha 22 quilates", e uma pedra ainda maior, uma esmeralda perfeita. "Você pode fazer uso delas do jeito que quiser",[29] ele lhe disse.

"Rezando para estar fazendo a coisa certa", ela escreve, "pedi a um joalheiro que encravasse o diamante num anel de noivado. Assim que o enorme solitário ficou pronto, mandei o joalheiro devolvê-lo a Frank, não a mim, para que pudesse me presentear com ele do jeito que lhe aprouvesse."

Era determinismo mascarado de livre e espontânea vontade.

Num jantar, algumas noites depois, ela achou o anel em sua taça de champanhe. "Isto é para mim?",[30] ela perguntou.

"Sim, bela", disse Frank. "Por que você não o põe?"

"Ainda não eram essas as palavras que eu queria ouvir", ela contou. E, assim, entregou o anel a ele e disse: "Aqui está, Frank, ponha você. Ponha em qualquer lugar que queira". Ela estendeu ambas as mãos.

Sacudindo a cabeça, derrotado, ele pôs o anel no dedo anular da mão esquerda, e estava feito.

Eles se casaram em 11 de julho de 1976, em Sunnylands, a propriedade de 3 mil acres de Walter Annenberg em Rancho Mirage. Ronnie e Nancy Reagan, Sammy e Altovise Davis, os Gregory Peck, os Kirk Douglas e os Ted Agnew compareceram. Houve um breve contratempo mais cedo naquele mesmo dia, quando Barbara empacou com o acordo pré-nupcial que Mickey Rudin lhe entregara — ele estipulava que nenhum dos bens de Frank anteriores ao casamento ou seus futuros ganhos seriam dela —,[31] mas no fim, sem ter por enquanto uma alternativa, ela assinou.

"Quando o juiz perguntou a Barbara: 'Você aceita este homem na riqueza ou na pobreza?', meu pai exclamou: 'Na riqueza, na riqueza'", relembrou Tina. "Todos riram, mas o rosto de papai continuou sério. Quando completou seus votos, ele me pareceu um homem que conhecia os termos do acordo e estava determinado a ir com ele até o fim. Ele tentaria o diabo para fazer aquele casamento dar certo."[32]

Também sua nova mulher compreendeu os termos do acordo, mas isso para ela não significava que o acordo não pudesse ser amenizado mais adiante.

Barbara Marx e Frank no início de junho de 1976, um mês antes de seu casamento. Fisgar Sinatra foi difícil, mas Barbara era firme, determinada e esperta.

As duas mulheres anteriores de Frank tinham cultivado elevadas aspirações culturais, refletindo um lado dele que se inclinava na mesma direção. Barbara Sinatra tinha interesse em coisas e pessoas cintilantes, joias e celebridades em vez de ideias. Concretizado o casamento com Barbara, Frank mudou em definitivo para o oeste e para a direita, para a vida de Palm Springs, ensolarada e desprovida de reflexões. Seus contatos com o mundo mais amplo agora eram mais raros, para acompanhar a esmagadora fascinação de sua quarta mulher com os reluzentes endinheirados internacionais que se deslocavam em bandos elegantes de um a outro luxuoso porto de escala. Uma porta nele se fechou, deixando bem trancado atrás dela tudo que ele pensara e sentira mais profundamente, e a pessoa que com ele dividia a cama parecia não manifestar interesse no que de fato havia lá dentro.

No ano de seu quarto casamento, ele com frequência abria os shows com um número que Barry Manilow tinha tornado popular pouco tempo antes, "I

Write the Songs". Sinatra acrescentou seu próprio toque, mudando a frase que era a chave da canção:

I sing the songs that make the whole world sing,
*I sing the songs of love and special things.**

Não adiantou muito. O número ainda era irremediavelmente açucarado, como grande parte do material novo que agora entremeava seu repertório, coisas especiais como "Stargazer", de Neil Diamond, "Like a Sad Song", de John Denver, e "Never Gonna Fall in Love Again", de Eric Carmen. Frank estava se empenhando para se destacar, tentando reunir plateias mais jovens e esperando vender discos. Os discos não vendiam muito, mas os frequentadores de concertos continuavam a afluir assim mesmo: ele era o evento.

Sam Giancana agora se fora, eliminado em seu porão em Chicago quando cozinhava salsichas, atingido sete vezes na cabeça por alguém em quem o velho homem havia sido tolo o bastante para confiar. No ano seguinte, 1976, Frank teve sua última dança com os amigos dos amigos, no Westchester Premier Theater, em Tarrytown, Nova York, um teatro de fachada de 7 milhões de dólares e 3600 lugares, erigido pela Máfia com o único propósito de sugá-lo até o fim. Diana Ross se apresentou lá, e Dean Martin, Tom Jones, Liza Minnelli, Steve Lawrence e Eydie Gorme, The Band e Harry Chapin, mas Sinatra foi o grande luminar, a principal atração: ele se apresentou no Westchester 27 vezes em 1976 e 1977, assegurando-se de ser pago por baixo do pano e em espécie, e cuidando de que Jilly e Mickey Rudin também pudessem molhar o bico.

Na noite de 11 de abril de 1976, Frank recebeu um grupo de eminentes visitantes em seu camarim, e posou, com um sorriso forçado, para uma fotografia com oito deles. Eram, como se constatou, o que se poderia chamar de diretoria da Máfia, que incluía Carlo Gambino em pessoa e seu ungido sucessor, Paul Castellano; assim como o *capo* de Gambino, Gregory DePalma; o chefe do crime organizado em Los Angeles (e mais tarde informante do FBI), Jimmy "The

* "Canto as canções que fazem o mundo todo cantar mais,/ Canto as canções de amor e de coisas especiais." Originalmente, "write", ou seja, escrever, em vez de "sing". (N. T.)

Weasel" Fratianno; e uma dupla de subordinados chamados Salvatore Spatola e Richard "Nerves" Fusco.

Em 1981, quando Sinatra reapresentou seu pedido de licença de jogo em Nevada, a Comissão de Controle do Jogo ficou interessadíssima na fotografia. Frank alegou que, embora tivesse topado de passagem com uns poucos homens da foto, aquela era a primeira vez que se encontrava com a maior parte deles, inclusive Gambino, e não tinha ideia do que eles faziam para ganhar a vida. Os membros da comissão também perguntaram a Sinatra se ele, Dean Martin e Sammy Davis Jr. haviam feito de graça os concertos no Villa Venice em 1962, como retribuição a Sam Giancana pela ajuda da Máfia na eleição de John F. Kennedy: Frank negou. "Ele mentiu",[33] disse Tina Sinatra a Steve Kroft, correspondente do *60 Minutes*, numa entrevista em 2000. Sinatra obteve sua licença.

O Westchester Premier Theater, depois de falir no final da década de 1970, foi demolido em 1982.

Em 6 de janeiro de 1977, Dolly ia viajar com Frank e Barbara em um dos jatos dele para Las Vegas, onde Frank era esperado para sua estreia no Caesars Palace. No último minuto, por motivos nunca explicados, ela mudou de ideia e resolveu viajar — com uma amiga de Nova Jersey que a visitava, Anna Carbone — mais tarde naquele dia.[34] Embora Barbara Sinatra tenha escrito em suas memórias que ela e Dolly haviam feito as pazes e até se tornado amigas,[35] insinuou-se que Dolly não quis viajar no mesmo avião com a nora.[36]

No fim da tarde, o Learjet fretado no qual a mãe de Frank e a sra. Carbone iam viajar decolou de Palm Springs, entrou numa tempestade de neve e desapareceu das telas dos controladores de tráfego aéreo. Frank foi logo notificado e imaginou o pior: ele, de algum modo, apresentou o primeiro show, cancelou o segundo e voou de volta para Palm Springs, onde, escreve Barbara, "quase não pronunciou uma palavra durante dois dias. Sentou-se num sofá a um canto do bar e ficou olhando para o espaço".[37] No terceiro dia foram encontrados os destroços do avião perto do topo de uma montanha próxima, a San Gorgonio. Não houve sobreviventes.

Barbara Sinatra e Tina Sinatra escreveram sobre os dias que se seguiram ao acidente, cada uma a seu modo. "A vida continuou após a morte de Dolly, como sempre continuara", diz Barbara.

Frank cancelou duas semanas de shows e fomos para Barbados passar algum tempo num lugar que amávamos, mas apresentar-se era a terapia de Frank, e ele precisava voltar ao palco. Era também o que sua mãe teria esperado, pois com certeza nunca houve uma mãe que fosse mais orgulhosa do filho.

Também era o que sua mulher precisava que ele fizesse.

Última dança de Sinatra com os amigos dos amigos: em 11 de abril de 1976, Frank posou nos bastidores do Westchester Premier Theater com o que se poderia chamar de diretoria da Máfia, que incluía o próprio Carlo Gambino, o segundo a partir da direita, e seu capo, *Gregory DePalma, à direita de Sinatra. A atração de uma vida inteira do cantor pela Máfia foi profunda, autêntica e desafortunada.*

A filha mais nova de Frank conta como ela e a irmã se sentiram ultrajadas ao descobrir que a madrasta despojara a casa de sua avó das porcelanas, da prata, dos cristais e das joias. "Constatou-se que Barbara, que estava na família havia dez minutos, tinha nomeado a si mesma a curadora dos objetos de valor de Dolly", ela escreve. Mais tarde, Barbara devolveu a maior parte, menos algumas coisas: "peles, joias e várias bolsas finas de vovó".[38]

O impressionante é que nem Barbara nem Tina mencionam o estado de espírito de Frank após essa súbita e inimaginável perda. A morte do pai havia sido uma tragédia; a da mãe foi uma calamidade. Tinham sido um par, Frankie e Dolly, por mais de sessenta anos: ela fora sua atormentadora e sua heroína, mas sobretudo fora seu espelho. Agora ele era a mais estranha de todas as coisas, um espelho que não refletia ninguém.

* * *

Em março de 1978, Frank deveria entregar um prêmio a Nelson Riddle num jantar de reconhecimento em homenagem ao arranjador, em Los Angeles. Sinatra estava se apresentando num teatro em Fort Lauderdale, mas tinha concordado em viajar para o oeste e comparecer ao evento. No último minuto, no entanto, ele caiu de cama com um forte resfriado, e voou da Flórida para casa. A homenagem foi adiada para domingo, 16 de abril.

Na terça-feira, 13 de abril, Frank voltou ao Sunrise Musical Theatre, em Fort Lauderdale, para cumprir os compromissos a que havia faltado. No dia 16, noite do jantar de Riddle, ele apresentou seu show de encerramento na Flórida. Alguém de sua equipe — talvez Mickey Rudin — enviou Gregory Peck para entregar o prêmio em lugar de Frank. Nunca ficou determinado de quem foi essa decisão (embora, no fim das contas, a bola tenha parado em Sinatra) ou por que ele deixou de comparecer à homenagem.

No ano seguinte, Sonny Burke, produtor de longa data de Sinatra, apresentou um conceito para um novo álbum, uma coleção com três LPS que esquadrinharia o passado, o presente e o futuro musical do cantor. O álbum seria intitulado *Trilogy*. O plano previa que as três partes teriam arranjos de, respectivamente, Nelson Riddle, Billy May e Gordon Jenkins.

Uma noite, durante os primeiros estágios do planejamento, "Sinatra e eu estávamos no quarto de vestir da suíte no Caesars, e falávamos de Nelson, e eu estava fazendo elogios", relembrou Vincent Falcone, que começou como pianista de Frank no final da década de 1970 e, depois, tornou-se seu regente.

> Frank virou-se para mim e disse: "Telefone para ele e pergunte se ele faria uma partitura para mim". E eu disse: "Uau, cara — isso é *história*!". Assim, peguei o telefone e liguei para Nelson. Eu comecei: "Nelson, o sr. Sinatra me pediu que ligasse para você. Ele gostaria de saber se você faria um arranjo para...". E então houve um silêncio mortal no outro lado da linha por uns dez ou quinze segundos, e em seguida Nelson respondeu: "Diga-lhe que estou ocupado", e desligou.[39]

A resposta de Frank, segundo Falcone, foi "Que se foda".[40] Billy May acabou fazendo o arranjo da seção do Passado de *Trilogy*, e Don Costa, a do Presente.

Na noite de 19 de setembro de 1979, Rob Fentress, antigo observador de Sinatra — ele comparecera a várias das sessões de gravação de Frank e era muito amigo de Sonny Burke —, estava na Western Recorders, em Hollywood, quando Frank gravou duas faixas para *Trilogy*. A primeira, uma nova versão de "Let's Face Music and Dance", de Irving Berlin, foi arranjada e regida por May. A segunda, uma criação recente dos compositores da Broadway John Kander e Fred Ebb, era o tema de um filme de Martin Scorsese, *New York, New York*, de 1977. Don Costa tinha escrito a partitura; Vincent Falcone regeu. Barbara Sinatra escreve que de início seu marido não quis gravar a canção, sentindo que ela pertencia a Liza Minnelli, que a cantara no filme; mudou de ideia depois de interpretá-la no Radio City Music Hall em outubro de 1978 e fazer a casa vir abaixo.[41]

Após o último take daquela noite, Fentress estava na sala de controle em meio a uma multidão de pessoas, entre as quais Jilly Rizzo, quando Sinatra ouvia o playback da sessão. Havia muito barulho no ambiente. "Eles estavam tocando 'New York, New York' e Frank, sentado na cadeira do engenheiro, ouvia, alheio a todo aquele barulho", relembrou Fentress. "Estava todo concentrado na canção. E dava para ver como estava satisfeito. Não ria, apenas sorria de leve. Eu já tinha visto aquele semblante concentrado antes."[42]

Era um bom sinal.

Em 1979, após o fracasso de Barbara em sua tentativa de fazer Frank adotar seu filho de 26 anos, Bobby — os filhos de Sinatra haviam resistido a ela furiosamente —, certa frieza se instalou no casamento. "Eles tinham em média uma briga feia por semana e estavam dormindo em quartos separados, fato que não se devia apenas aos crônicos distúrbios do sono de papai", escreveu Tina.

> Sei que meu pai não é uma pessoa fácil de se conviver. Duvido que pudesse ter sido feliz com qualquer uma, àquela altura da vida. Mas, se demonstrava indelicadeza, estou certa de que era uma retribuição na mesma moeda. Barbara conseguia extrair a mais profunda e sombria raiva de papai. Ela tinha um histórico de lutador de rua, e papai era um contragolpeador fulminante. Eles batiam um no outro abaixo da cintura e não paravam quando soava a campainha.[43]

Frank era rápido em perdoar, relembrou sua filha mais nova; Barbara, menos. Ela sabia qual era a arma mais eficaz contra o marido, e a manejava com habilidade: o tratamento do silêncio. Ela podia se manter calada durante dias, enquanto Frank ficava a cada hora mais infeliz.

Mas o castigo definitivo para Frank era algo ainda pior do que o silêncio: a solidão. E agora sua mulher começava a afastar os amigos dele.

Não a turma do show da madrugada, a reluzente tropa da velha Hollywood, compatível com suas ambições sociais; não os Kirk Douglas, os Gregory Peck, os Jimmy Stewart ou Cary Grant. Ela mirou nos mais próximos, os mais rudemente talhados, os que nunca iriam para os círculos aos quais ela tinha se guindado. Ela começou com Jilly.

Eles nunca haviam se gostado muito; por sua própria escolha, ou de Barbara, Rizzo saiu da vida de Frank por alguns anos no início da década de 1980. Nancy filha, naquela época, acompanhava com frequência o pai em suas turnês e testemunhou o subsequente declínio de seu casamento. Sempre uma sensível observadora de seus humores, ela o viu agindo segundo sua velha personalidade, bebendo e rindo no decorrer da noite quando Charlie Callas ou outros amigos passavam por lá após o show, e depois perdendo seu sorriso quando Barbara aparecia para acabar com a diversão.

Em meados de 1983, Sinatra e a mulher ficavam cada vez mais tempo separados. Muito ao contrário do que fora no passado, a infidelidade por parte de Frank não parecia estar em questão: para ele, aqueles dias pareciam ter mais ou menos passado. Ele vinha reclamando fazia bastante tempo, a sério e brincando, de impotência; em certo momento, segundo relatos, fez um implante de pênis.[44] Segundo se dizia nos círculos da urologia, o dispositivo falhou porque Frank tentou usá-lo cedo demais.[45]

Não muito tempo após Sinatra ter produzido o baile de posse de Ronald Reagan, surgiram rumores sobre ele e Nancy Reagan: em sua biografia da primeira-dama, Kitty Kelley escreve, de maneira sugestiva, sobre os "almoços" na Casa Branca, com três horas de duração, de Nancy e Frank quando o presidente não estava na cidade.[46] Mas ninguém que conheceu bem Sinatra imaginou que alguma outra coisa, além de almoço, estava de fato ocorrendo. Tina Sinatra escreve sobre uma ligação emocional entre seu pai e a sra. Reagan, dizendo que os dois se falavam ao telefone toda noite numa hora marcada, e que ele tinha desabafado com ela seus problemas conjugais.[47] Barbara Sinatra escreve que os desabafos eram da primeira-dama: "Durante as ligações telefônicas de longa distância e seus almoços juntos sempre que estavam na mesma cidade, acho que ele virou mais um terapeuta de Nancy do que seu amigo".[48] Embora parecesse haver pouca afeição entre as duas mulheres, Barbara, talvez equipada com um conhecimento mais íntimo da situação, pelo visto não considerava a primeira-dama uma ameaça sexual.

E ainda, segundo Tina, foi Nancy Reagan, durante uma de suas longas conversas telefônicas com Frank, que o aconselhou a abandonar seu casamento. "Francis, essa mulher não é para você", supõe-se que tenha dito. "Ela não vai fazer você feliz. Você já tem um pé do lado de fora. Continue a andar!"[49]

Ironicamente, foi Rizzo quem convenceu Sinatra a se reconciliar com Barbara. "Se eu tivesse deixado as coisas ficarem como estavam", disse a longeva sombra de Frank a um amigo, "*eu* acabaria me tornando a sra. Frank Sinatra, e eu não estava disposto a isso."[50]

O sr. e a sra. Sinatra voltaram a ficar juntos — não por amor, acreditavam suas filhas, mas porque Frank não tinha nenhum outro lugar para onde ir.[51]

A estrada era o seu lar. Las Vegas, Denver e Los Angeles. Pittsburgh, Providence, Buffalo. Atlantic City e San Francisco. Portland, no Maine, e Clarkston, em Michigan. No Egito, ele cantou diante das pirâmides de Gizé; no Rio de Janeiro, diante de 275 mil pessoas; no Carnegie Hall e na Metropolitan Opera. Aonde quer que fosse, encerrava com "New York, New York", que gostava muito mais do que de "My Way". Em Monte Carlo e em Londres; em Devon, na Pensilvânia, e Boston; em Sun City, em Bophuthatswana.

Realizou mais de mil concertos entre 1976 e 1990, e sua mulher o acompanhou em quase todos.[52] (Exceto em Atlantic City. Las Vegas a tinha formado; Atlantic City, uma Las Vegas em miniatura com ar salgado, não a atraiu.)[53] "Eu viajo com ele, é realmente a nossa vida", disse Barbara, pouco depois que a separação do casal chegou ao fim.

> Estamos realmente na estrada a maior parte do tempo, e um avião é quase nossa casa, ou um hotel, ou seja o que for. Ele começa cada ano com uma agenda pequena e de algum modo parece que ela vai se enchendo.
>
> Acho que ele de fato fica mais feliz trabalhando. Creio que isso mantém sua energia fluindo e ele gosta disso. Penso que ele seria muito infeliz se se aposentasse mesmo totalmente.

E assim, para dar algum tipo de normalidade a isso, a essa maneira louca de viver, viajo com ele e tento fazer com que seja o mais confortável possível.[54]

Ela se assegurou de que fosse confortável para ela também. Um músico que fazia a turnê na Europa com Sinatra nessa época lembrou-se de como Barbara ia direto para a loja de joias do hotel em cada parada ao longo do caminho.

"Vocalizo uma hora por dia, estejamos ou não trabalhando", disse Frank numa entrevista em 1979.

> Às vezes, duas horas por dia, se eu sentir que não foi suficiente. Assim, se eu for solicitado, está tudo lá. Os músculos estão todos lá e tudo funciona bem. Exceto se houver um longo intervalo, então é um inferno voltar. Ah, é um inferno chegar lá. É como fazer levantamento de peso. Não dá para chegar lá de repente.[55]

Ele sempre trabalhara arduamente com seu canto; que se soubesse, mais arduamente do que ninguém. Mas aos sessenta, com os efeitos combinados da idade, cigarros Camel sem filtro e Jack Daniel's, noites em claro e o senso de culpa, a grande voz começou a se alterar e se deteriorar. As profundezas da caverna dos ventos ainda estavam lá, mas o fenomenal controle da respiração, a quase monstruosa capacidade de sustentar notas prolongadas, já não. A entonação, tão gloriosa em grande parte de sua carreira, agora oscilava.

O que manteve, o que ficaria com ele até quase o fim, foi sua incomparável sensibilidade em relação às letras, sua interpretação da história contada por uma canção. Como seu ídolo Mabel Mercer, que no crepúsculo da carreira ficava sentada numa poltrona no palco e mais recitava do que de fato cantava suas canções, sua percepção da essência de uma canção era absoluta. Ele provou isso em seu último álbum para a Reprise, *She Shot Me Down*, de 1981.

Sem dúvida inspirado pelos problemas no casamento e (como sempre) ainda pensando em Ava, ele fez uma última tentativa com canções de amor não correspondido, e obteve um triunfo artístico, se não comercial. Ficou, merecidamente, orgulhoso desse LP menor, mas comovente. "Eu estava com Frank em Palm Springs quando ele tocou esse álbum para amigos pela primeira vez", relembrou Peter Bogdanovich. "Foi muito emocionante ver como ele estava empolgado — como uma criança."[56]

De um ponto de vista emocional, a primeira faixa do álbum, "Good Thing Going", de Stephen Sondheim, do musical *Merrily We Roll Along*, é uma das melhores coisas que Sinatra fez. Trata-se da história impassivelmente crua de um relacionamento naufragado —

We had a good thing going
*Going, going, gone**

—, e ele a conta com maestria, com muita simplicidade, como mais ninguém na Terra poderia contar, a catedral arruinada de sua voz como um correlato objetivo da tristeza infinita de um casal que se separa. Ele pode não ter sabido como manter um relacionamento íntimo, mas compreendia profundamente o que se sente quando ele se desfaz.

Ava completou sessenta anos em dezembro de 1982. Frank enviou-lhe um enorme buquê, como fazia todo ano em seu aniversário: ela deixava as flores no vaso até fenecerem, e elas ficavam lá, mortas havia muito tempo, pelo resto do ano, até que chegasse o próximo buquê.[57] Não deu tanta importância aos sessenta, ela afirmou: os cinquenta tinham sido bem mais difíceis. Nem se incomodava mais que as pessoas soubessem sua idade. "Sou um diabo de uma garota velha", dizia. "É indigno mentir a respeito disso."[58]

Ava não estava mais fazendo filmes, mas em meados da década de 1980, pela primeira vez, decidiu trabalhar no meio de comunicação do qual durante bastante tempo desdenhara. Em 1985, fez uma sequência de sete episódios, no papel de uma viúva maquinadora do sul da Califórnia, numa série derivada de *Dallas* chamada *Knots Landing*. Naquele mês de fevereiro, enquanto Gardner estava em Nova York divulgando o programa na imprensa, Peter W. Kaplan, então repórter do *New York Times*, a entrevistou em sua suíte no Waldorf Towers. Ela usava um suéter de moletom cor de cereja com a letra A bordada em lantejoulas sobre um seio, calça justa tipo toureiro em tom rosa-melancia e sandálias de dedo de borracha. "Com seus olhos verdes e cabelos soltos de um ruivo acastanhado", ele escreveu,

* Tínhamos uma coisa boa indo/ Indo, indo, foi-se. (N. T.)

> a srta. Gardner não parece muito diferente de sua aparência em *A condessa descalça*, *A hora final* e *Mogambo*.
>
> Enquanto bebia de uma garrafa de água de fonte natural e fumava sem parar, Ava falou de muitas coisas, inclusive de seu terceiro marido, Frank Sinatra. Ela se referiu a ele como "um grande artista", mas negou que o malfadado caso de amor que viveram tenha levado à angustiosa ressonância de seus álbuns da década de 1950. "Oh, não, não", ela disse. "Ele tinha acabado de fazer um filme do qual estava orgulhoso — *A um passo da eternidade* —, toda a sua força havia voltado, e todo o seu talento."[59]

Esquecendo que a única coisa que ele não tinha era ela.

O monumental sex appeal de Gardner ainda estava bastante presente naquela tarde, Kaplan relembrou mais tarde. Mas, um ano depois, a saúde dela começou a declinar com rapidez. Ela vivia cansada e perdia peso; desenvolvera uma tosse seca que não ia embora. Apesar da tosse, continuava a fumar muito. Em outubro de 1986, seu médico de Londres, temendo o pior, pediu um exame capaz de detectar câncer no pulmão. Ela viajou para a Califórnia e fez o exame no Hospital St. John's, em Santa Monica, e os testes não acusaram câncer. Em vez disso, o diagnóstico foi de pneumonia.

Em breve ela estava se recuperando, mas em seu 11º dia no hospital sofreu um acidente vascular cerebral. O lado esquerdo do corpo ficou parcialmente paralisado; seu rosto ficou contorcido, a boca, torta. Embora suas faculdades cognitivas parecessem estar preservadas, tinha grande dificuldade em falar de modo compreensível.

"Frank ligava, e as enfermeiras punham o fone junto à sua orelha", escreve Lee Server, biógrafo de Ava. "Ela tentava falar, mas era-lhe difícil se fazer entender, e ela apenas ouvia a voz dele."

"'Eu te amo, baby', ele lhe dizia. 'Envelhecer é uma droga.'"[60]

Dias depois, com Ava ainda em seu leito de hospital, o próprio Frank desmaiou enquanto se apresentava em Atlantic City e foi encaminhado com urgência ao Eisenhower Medical Center, em Palm Springs — estava com diverticulite aguda, uma excruciante inflamação intestinal. Seu aborrecimento com *His Way*, a recém-lançada biografia escrita por Kitty Kelley, pode ter agravado sua doença. Numa cirurgia de emergência que durou duas horas, os médicos removeram um pedaço do intestino e fizeram uma colostomia, implantando um saco que ele teve de usar durante meses depois disso. Muito infeliz, ele mostrou o saco a

Paul Anka nos bastidores do Caesars. "Ele se sentia completamente humilhado por isso",[61] relembrou Anka.

Ele estava com setenta anos, e odiava isso.

Ainda assim, foi para o Havaí para atuar, como convidado, num programa de TV que adorava, *Magnum*, com Tom Selleck. No que acabou sendo seu último emprego importante como ator, Sinatra representou um papel que lhe caiu como uma luva velha, um policial de Nova York aposentado na pista do assassino de sua neta. Ele fez quase todas as suas cenas de ação sem usar dublê, anotou Barbara com admiração: "Frank recusou-se a se deixar abater por aquele maldito saco".[62]

Sentindo-se desconfortável e infeliz assim mesmo, ele passou os primeiros três meses de 1987 no Havaí e em Palm Springs. Em algum momento de março, Mia Farrow, então morando em Nova York e em meio a seu relacionamento de treze anos com Woody Allen, concebeu um filho; em 19 de dezembro ela deu à luz um menino, a quem ela e Allen deram o nome de Stachel Ronan O'Sullivan Farrow. Anos mais tarde, muito depois de seu acrimonioso rompimento com Woody Allen (cujas pernas Frank se ofereceu candidamente para quebrar), Mia Farrow alegou que esse filho, hoje conhecido como Ronan Farrow — que, com seus penetrantes e profundos olhos azuis, suas grandes pálpebras e seus lábios carnudos, tem uma forte semelhança tanto com ela quanto com o pai dela, o diretor John Farrow —, "possivelmente" teria sido concebido por Frank Sinatra.

Que estava no Havaí e em Palm Springs na época, usando um saco de colostomia e perto de sua sempre vigilante mulher.*

No concerto de 1980 no Rio de Janeiro, Sinatra teve um lapso de memória. Ele estava no meio de "Strangers in the Night", canção que conhecia "tão bem quanto a palma da minha mão",[63] segundo ele mesmo contou, quando a letra de repente lhe escapou. O estádio inteiro começou a cantá-la para ele — em inglês. Frank ficou emocionado.

Os lapsos, no palco e fora dele, se tornaram mais frequentes. "Vi que sua memória começava a ir embora", lembrou Vincent Falcone.

* Em 2015, Tina Sinatra também afirmou que seu pai tinha feito uma vasectomia vários anos antes de 1987.

> Ele perdeu a capacidade de se lembrar das letras. Eu me recordo que, quando fizemos a festa da posse do sr. Reagan, ele me pediu para escrever algumas coisas que lhe servissem de referência quando precisasse. Então começou a usar um atril, e, se houvesse uma canção nova da qual se esquecesse, ele teria a letra à mão.[64]

Falcone trabalhou em outro lugar por alguns anos, depois voltou a ser o regente de Frank, em 1985. "Foi quando ele completou setenta anos", disse Falcone. "Dá para imaginar: 'Bem, que inferno'." Mas ele piorara de maneira visível. Agora havia *teleprompters* no palco para as letras, grandes monitores de 21 polegadas, com letras tão grandes — Frank tinha passado por cirurgia de catarata — que às vezes só havia quatro ou cinco palavras na tela. "A plateia ficava olhando para as palavras", relembrou o maestro. "Eles podiam ver a letra. Devia ser embaraçoso."

"A família tentou esconder isso, dizendo a todo mundo que ele estava bem", prosseguiu Falcone.

> Ele não estava bem. Quase não conseguia ler. Perdeu a audição em um ouvido. Não conseguia enxergar o imenso monitor. Então tudo ficou realmente ruim. Chegou a um ponto em que ele já não sabia de nada. Dá para imaginar o que isso deve ter sido para ele? Tony Bennett contou-me: "Fui até ele, pus a mão em seu ombro e disse: 'Ei, Frank', e ele se virou e disse: 'Tire a porra dessa sua mão do meu ombro'." Eu disse: "Tony, você não sabe que ele não tinha ideia de quem você era?".

Ele tomava um coquetel de medicamentos: diuréticos, comprimidos para dormir, barbitúricos para as enxaquecas, e Elavil, um antidepressivo. E continuava a se automedicar com Jack Daniel's, como fizera durante toda a vida adulta. Na maior parte do tempo, sobretudo para as filhas, ele parecia prostrado, submisso. Sua determinação se perdera — *ele*, de certa forma, se perdera.

Foi então que começou a morrer.

Em março de 1987, o adorado primogênito de Dino, Dean Paul, capitão da Guarda Aérea Nacional na Califórnia, espatifou seu Phantom F-4 na montanha San Gorgonio, em meio a uma tempestade de neve. Nem ele nem seu navegador sobreviveram. Aconteceu quase exatamente dez anos após o Learjet de Dolly ter se chocado com a mesma montanha.

"Depois disso Dean ficou só meio vivo", relembrou Paul Anka.

> Sempre que eu deparava com ele num pequeno restaurante italiano em Beverly Hills chamado La Famiglia, na Canon Drive, eu lhe perguntava: "Como vai, Dino?". Ele ficava sentado ali com sua dentadura dentro de um copo d'água, olhava para mim e dizia: "Só esperando para morrer, amigão, só esperando para morrer".[65]

Naquele mês de dezembro, em meio a grande excitação, Frank, Dean e Sammy convocaram uma entrevista coletiva no Chasen's para anunciar uma turnê por 29 cidades, chamada "Novamente juntos". Era a primeira vez em vinte anos em que trabalhariam juntos. A turnê começou em março de 1988, mas em pouco tempo começou a se desfazer. Dean estava de luto, em seu atordoamento de analgésicos e bebida; Sammy apresentava problemas no fígado e logo teria de fazer uma cirurgia no quadril. No primeiro concerto, em Oakland, Martin, com um peteleco, atirou um cigarro aceso sobre a plateia. Em Chicago, Frank lhe disse que ele não estava cumprindo a sua parte na turnê: Dino alugou um avião e foi para casa. Furioso, Frank o substituiu por Liza Minnelli, e não falou com seu velho amigo durante anos.

Com todas as deficiências na voz, na audição, na visão e na memória, ele ainda era capaz de realizar um grande concerto; numa noite boa conseguia suscitar algo da mesma excitação que sempre causara. Escrevendo no *New York Times*, Stephen Holden elogiou

> a espontaneidade de fraseado e entonação que ele traz a quase tudo que canta, não importa quantas centenas de vezes tenha cantado as canções. Mesmo quando lia a letra de um *prompter* na parte frontal do palco, o sr. Sinatra ainda parecia estar inclinado a fazer experimentos, ao tentar pequenos truques de fraseado, permitindo-se tiradas de improviso e mergulhos e interpolações que funcionavam.[66]

Daniel Okrent, após ter escrito um inteligente e elegante ensaio na *Esquire*, "St. Francis of Hoboken", analisando e elogiando a solidez de Sinatra em sua idade avançada (e mencionando que seu jovem filho fazia aniversário no mesmo dia que o cantor), ficou encantado ao receber de repente uma resposta lúcida e amável do próprio Chefão, datada de 28 de janeiro de 1988.

"Caro Daniel", começava ele, e prosseguia de maneira calorosa, pedindo desculpas pelo atraso ao responder à carta (quando alguma vez Frank pedira desculpas, mesmo por uma carta atrasada?) e acrescentando o detalhe doméstico de que havia sido a época de Natal na casa dos Sinatra que o impedira de respondê-la: "Somos os tocadores dos sinos, os cantores dos hinos e os que aparam a árvore que vão à frente do desfile da paz a todos os homens de boa vontade".[67]

Okrent claramente havia tocado Frank como um dos possuidores de boa vontade. Qualificando o ensaio da *Esquire* como "generoso e perspicaz", Sinatra agradeceu ao escritor por "explicar-me para mim mesmo com uma rosa em sua prosa" e por "aplicar os raios X de seu processador de texto para enxergar com tanta profundidade o coração e a alma deste muito afortunado filho de Hoboken, que permanece eternamente submetido ao plano que Deus fez para sua vida". No final da carta, Frank transmitia sua afeição ao pequeno John Okrent, com quem, disse, tinha a honra de partilhar o dia 12 de dezembro como data de aniversário.

"Deus o abençoe sempre", escreveu o sentimental idoso acima de sua assinatura.

A primeira metade de seu 75º ano, 1990, foi uma espécie de pesadelo. Em 25 de janeiro, um mês após completar 67 anos, Ava morreu. Não foi surpresa o fato de Barbara Sinatra não ter escrito nada sobre a reação do marido à perda do grande amor de sua vida. Tina escreve que acordou com as notícias, no dia 26, e que na mesma hora ligou para o pai, para ser informada de que ele não se movera do quarto desde que ouvira as notícias na noite anterior. Quando ela lhe telefonou de novo naquela noite, "ele estava perturbado, a voz quase inaudível", lembrou. "Fiquei com muita pena dele. E me perguntando quanto tempo tinha ficado em seu quarto — e como fora recebido quando por fim apareceu."[68]

Onze dias depois, o último de uma série de AVCS durante o ano afinal matou Jimmy van Heusen. E, em maio, Sammy Davis morreu de câncer na garganta. Prostrado pela tristeza, Frank se anestesiava da melhor maneira que podia.

E ele prosseguiu, num ritmo vertiginoso: apresentou-se naquele ano de 1991 em 65 datas, nas quais realizou 73 concertos em treze países, de Irlanda e

Suécia a Austrália e Japão. Fez 84 shows em 1992. Seu empresário, Eliot Weisman, ponderou a Tina Sinatra que era importante manter a entrada dos rendimentos de seu pai para que Barbara não fizesse retiradas dos bens da família — que os filhos de Sinatra compartilhavam.[69]

Em Rancho Mirage, bem cedo na manhã de 6 de maio de 1992, dia de seu 75º aniversário, Jilly morreu quando um carro conduzido por um motorista embriagado chocou-se contra o Jaguar que ele tomara emprestado. O carro de Rizzo explodiu em chamas; não familiarizado com as complicadas maçanetas interiores, ele não conseguiu sair. Tony Oppedisano, amigo muito chegado de Jilly e de Frank e empresário de turnês do astro, foi quem primeiro ouviu as notícias, da polícia. "Eu realmente não sabia como Frank ia reagir quando eu lhe contasse que seu melhor amigo em todo o mundo — o irmão que ele nunca teve — havia morrido",[70] ele relembrou.

Oppedisano foi até a casa de Sinatra para contar-lhe pessoalmente. "Frank desabou", disse. "Literalmente caiu de joelhos e começou a soluçar."

Após o funeral, Sinatra chamou de lado o filho de Jilly, Joey. "Este é o pior dia da minha vida", ele lhe disse. "É isso. Minha vida acabou."

Três dias depois, ele se apresentou em três noites no Circle Star Theatre, em San Carlos, Califórnia.[71] Ele não era um homem sem coração; só estava entorpecido.

Em 1º de março de 1994, o cantor de rock irlandês Paul Hewson, em sua persona de Bono, o líder da banda U2, no palco do Radio City Music Hall, apresentou Frank Sinatra na 36ª edição do Grammy. Trinta e cinco anos antes, em maio de 1959, Frank tinha comparecido à primeira cerimônia do prêmio; nessa noite, iria receber uma homenagem especial, o Grammy Legend Award, destinado àqueles considerados uma lenda no mundo da música. Mas ele não era apenas uma referência a notícias velhas: em 1993 lançara *Duets*, álbum no qual, por meio da ambivalente mágica da técnica de gravação conhecida como *overdub*, ele foi capaz de cantar "uma dúzia" de treze sucessos e standards com outros grandes ou celebrados vocalistas, como Tony Bennett ("New York, New York"), Aretha Franklin ("What Now, My Love?"), Barbra Streisand ("I've Got a Crush on You"), Natalie Cole ("They Can't Take That Away from Me") e Bono ("I've Got You under My Skin"). Embora o álbum tivesse sido criticado por causa da esterilidade de sua produção — em nenhum momento Sinatra esteve de fato no estúdio com qualquer de seus parceiros; cada um cantou seu acompanhamento sobre uma faixa gravada por ele —, foi um grande sucesso internacional de vendas, ganhando só nos Estados Unidos três discos de platina. Frank ficou empolgado: ele sempre gostara de vender discos.

Bono falou com reverência sobre o homenageado, que era também um novo amigo, à moda do show business. "O pessoal do rock 'n' roll ama Frank Sinatra porque Frank Sinatra teve o que nós queremos — arrogância e atitude", disse. "O rock 'n' roll faz o papel de durão, mas este cara, bem, ele é o chefe. O chefe dos chefes. O homem. O big bang do pop. Não vou me meter em confusão com ele — vocês vão?"[72]

O encômio continuou por longos minutos, e então surgiu Frank, parecendo contente mas confuso, com um smoking e uma luxuriante e desafiadoramente artificial peruca prateada. A plateia num salto pôs-se de pé, aplaudindo e gritando, e Bono entregou a Sinatra o berloque de cristal. "Essas foram as melhores boas-vindas que jamais tive", disse Frank, a voz um pouco engasgada. Houve uma longa pausa. "É como estar num jogo de beisebol, as bases estão cheias, e você está com o bastão sem saber o que vai fazer", ele disse afinal, a voz se elevando emotivamente ao timbre de Lou Costello.

Durante os minutos seguintes ele pareceu estar, alternadamente, bem presente, depois frágil e desorientado. Como nos velhos tempos, fez uma brincadeira sem graça ("Isso é mais aplauso do que Dean ouviu em toda a sua vida") e uma piada sobre a garota que tinha tentado adicionar água a seu drinque, nos bastidores. O público respondeu com risinhos constrangidos. Então, meio desnorteado, ele ergueu seu prêmio. "Estou procurando minha garota, onde está minha garota?", disse. "Lá está ela. Aquela é minha garota. Digam alô a Barbara, todo mundo, por favor." Ela se levantou, loira e deslumbrante em seus 66 anos, e soprou-lhe um beijo. Frank soprou-lhe um em resposta. "Eu te amo", disse ele. "Você me ama?"

Por um segundo ele pareceu estar genuinamente em dúvida. Houve um riso tenso.

"Não sei bem o que dizer a vocês", prosseguiu, dirigindo-se à plateia. "Sabe, não houve nenhuma conversa quanto a eu cantar algumas canções — do contrário, *se tivéssemos tido*, haveria uma orquestra aqui comigo esta noite, e estou zangado." Ele deu de ombros, se automenosprezando. Mais risos. "Estou *magoado*."

Em vez de *hurt*, ele disse *hoit*. Mais risos. "Estou feliz por estar aqui na Maçã", disse. "Sempre gosto de voltar aqui — é a melhor cidade no mundo inteiro."

A observação provocou o grande e obrigatório aplauso, e Frank continuou, só que ninguém ouviu, porque alguém na cabine de controle havia sinalizado à orquestra para entrar, e ao mesmo tempo cortado o som do microfone de Sinatra. *Alguém na cabine de controle tinha cortado o som do microfone de Sinatra.* Um emblema do Grammy surgiu na tela, e um locutor anônimo continuou, sobrepondo sua voz: "Nas cerimônias desta noite serão entregues Grammys nas seguintes categorias...".

Alguém na cabine de controle tinha cortado o som do microfone de Sinatra. O controle já fora passado a outrem efetivamente fazia muito tempo, mas naquela noite isso foi formalizado.

Cinco dias depois, numa noite quente no Mosque em Richmond, Virgínia — o ar-condicionado no teatro não estava funcionando bem; por alguma razão o calor estava muito intenso —, ele desabou enquanto cantava "My Way". Ao se erguer do banquinho sobre o qual estava sentado, Frank de súbito projetou-se para a frente, sua cabeça chocou-se com a tela do *teleprompter*, e depois com o chão do palco. "Houve um gigantesco suspiro na plateia, todos se levantaram",[73] relembrou o saxofonista Jim Snidero. A orquestra parou de tocar, apesar dos frenéticos sinais de Bill Miller para que continuasse. Tony Oppedisano correu para perto de Sinatra e o achou todo encharcado de suor. Quando Oppedisano afrouxou sua gravata e abriu sua camisa, os olhos de Frank se abriram. "Que aconteceu? A plateia ainda pode me ver?",[74] perguntou. Ele foi erguido para uma cadeira de rodas — a plateia aplaudiu quando ele acenou fracamente — e levado para um hospital local, onde testes revelaram que ele tinha se desidratado devido ao calor no auditório e ao diurético que vinha tomando, um de seus muitos medicamentos. Um garçom no restaurante de seu hotel disse também que ele havia consumido seis doses duplas de Jack Daniel's com seu bife no jantar, antes do show.[75]

Menos de três semanas depois, estava de novo em ação no Mabee Center, em Tulsa, começando com "Come Fly with Me" e encerrando com "New York, New York". Depois em Moline, Omaha, Wilmington, na Carolina do Norte, e Rochester, onde disse à plateia: "Que vocês todos vivam até os 750 anos, e que a última voz que ouçam seja a minha".[76]

Em agosto, no Sands de Atlantic City, Frank de novo desabou no palco. Depois de um ajuste em seus medicamentos (ele também começou a viajar com um médico), sua memória e sua energia melhoraram, mas a família e o empresário concluíram que, após 48 concertos em 1994, ele não deveria fazer mais turnês.[77]

Sinatra terminou o ano com dois shows desastrosos, comprometidos por seu jet lag, no Fukuoka Dome, no Japão, concluindo o último ciclo completo de sua carreira com a canção que odiava, "My Way".[78] Natalie Cole, que tinha feito a abertura para Frank, lembrou que ele bebeu muito no voo para casa, ficando então desorientado e agressivo. "Estávamos no ar fazia uma hora ou perto disso quando Frank de repente olhou em volta para todos nós na cabine e disse, quase gritando: 'Quem diabo é essa gente toda?'."[79] Ele se levantou e começou a confrontar as pessoas uma por uma — algumas das quais ele conhecia havia anos — com a pergunta: "Quem diabo é *você*?". Ele o evitou o melhor que pôde, relembrou, indo dormir.

Houve ainda uma apresentação final, no encerramento do torneio de golfe Frank Sinatra Desert Classic, em Palm Desert, Califórnia, em 25 de fevereiro de 1995. Todo um contingente de músicos com quem Frank tinha trabalhado ao longo dos anos foi levado de Los Angeles, e no palco do salão de baile do Marriott, em Palm Desert, ele cantou seis músicas, começando com "I've Got the World on a String" e concluindo com "The Best Is Yet to Come".

Sinatra cantou naquela noite o melhor que podia cantar, segundo Tony Oppedisano.[80] "As notas altas, bem", relembrou o escritor e figura do rádio Jonathan Schwartz, que também estava lá. "Vacilante. Sem vibrato. Mas com balanço."[81]

Depois que Frank terminou, sua mulher o pegou pela mão e o guiou até a entrada do hotel, onde uma limusine o esperava. Ela tornou a entrar no salão para conversar com as pessoas, e por alguns momentos o marido ficou lá sozinho. Então Sinatra, sendo Sinatra, começou a bater no teto do carro, agitado. Schwartz o observava. "Por fim", ele lembrou, "um cavalheiro italiano chegou e pôs a mão sobre a cabeça de Frank, que foi delicadamente empurrado para dentro da limusine, e a porta se fechou atrás dele para sempre."

Naquele mês de maio, Frank deixou seu amado deserto em definitivo e mudou-se para um *pied-à-terre* que ele e Barbara tinham adquirido em 1986, uma mansão californiana moderna com mais de oitocentos metros quadrados, no número 915 da Foothill Road, em Beverly Hills. Era um lugar enorme, um tanto sem vida — os Sinatra o compraram mobiliado, inclusive com os quadros contemporâneos nas paredes —, e, desorientado como ele com frequência estava, foi-lhe difícil se acostumar. "Quando é que vamos para casa?",[82] ele vivia perguntando à mulher.

"Nós *estamos* em casa, querido", ela lhe dizia.

"Não", dizia Frank, "esta é sua casa. Quando é que vamos para *minha* casa?"

Houve momentos, contou Tina, em que ele ficava confuso com a área aberta do térreo, que lhe lembrava o vestíbulo de um hotel. "Um dia, sentado no bar, ele disse a Tony: 'Nunca vi ninguém por aqui — eles devem estar fazendo uma porcaria de negócio neste boteco'."[83]

Ele tinha parado de pintar e de fazer palavras cruzadas, e lhe era difícil ler, mesmo com óculos: os jornais diários, que costumava devorar, se amontoavam. Com pouca coisa para lhe ocupar a mente, ficava cada vez mais agitado e deprimido. Permanecia olhando para a TV, ligada, em volume alto.[84] Quando um velho amigo, o produtor de televisão George Schlatter, montou um especial na ABC em homenagem ao seu aniversário de oitenta anos — Frank só teria de ficar sentado e ser cantado por todo um elenco de estrelas, entre elas Tony Bennett, Peggy Lee, Ray Charles, Bob Dylan e Bruce Springsteen —, ele tentou ser dispensado, mas Schlatter, um homem persuasivo, levou a melhor. Na noite anterior à gravação, para quebrar o gelo, Barbara convidou Dylan e Springsteen para jantar. Sinatra e seus dois lendários companheiros na música cantaram juntos em torno do piano e, no geral, "eles logo se entrosaram",[85] ela relembrou. Quanto ao próprio show, escreve Tina, Sinatra odiou cada minuto dele.[86]

No mês seguinte, após Schlatter e sua mulher terem lhe oferecido uma festa de oitenta anos para a qual seus filhos não foram convidados, a filha caçula de Frank, a principal colecionadora de rancores da família, não veria seu pai nem falaria com ele durante quase um ano.

Treze dias após o octogésimo aniversário de Frank, na manhã de Natal de 1995, Dean Martin afinal encontrou o destino pelo qual estivera esperando por oito longos anos. Os dois haviam se reconciliado depois da briga entre eles, embora nenhum deles tivesse muito a oferecer ao outro. Agora o próprio Frank tinha pouco mais a fazer além de esperar.

Em 1º de novembro de 1996 ele sofreu um grave infarto do miocárdio. Foi internado no Cedars-Sinai, onde um porta-voz do hospital disse aos repórteres que Sinatra tinha um nervo pinçado.[87] Seus médicos conseguiram estabilizar o coração, mas ele desenvolveu um caso crítico de pneumonia, e, quando afinal foi para casa, precisava dos cuidados de uma enfermeira durante 24 horas por dia. Embora fosse um candidato a uma cirurgia cardíaca, seus médicos declararam que seria muito arriscada. Se Frank fosse mantido confortável, calmo, bem alimentado e se movimentasse tanto quanto possível, disseram, poder-se-ia esperar que vivesse mais dois ou três anos. "Sua geografia ficou limitada a seu quarto, o quarto ao lado, a sala de jantar no andar de baixo e o jardim, para um pouco de sol da tarde",[88] escreveu Tina, que voltara à vida dele e, em certa medida, se reconciliava com Barbara. "Aquele Dia de Ação de Graças seria a mais agradecida das festas que já tivemos", relembrou a filha caçula de Frank. "Deixamos a hora do jantar em aberto, para quando papai acordasse. Ele foi até a mesa sem ajuda, bem barbeado e bem lúcido — e obviamente comovido por ter seus filhos e netos em volta dele. Fazia muito tempo que não estávamos juntos como uma família."

Dois dias antes, o Sands — lugar de tantos reveses e excessos, essência da era de ouro de Las Vegas, berçário e playground do Rat Pack — fora reduzido, numa implosão controlada, a uma montanha de cascalho com dez metros de altura. "É triste vê-lo acabado, mas a vida continua", disse em tom decidido o proprietário do hotel, Sheldon Adelson. "Estamos ansiosos para passar para a próxima etapa."[89]

A próxima etapa, completada em 1999, era o resort-hotel-cassino Venetian, de 1,8 bilhão de dólares, com 36 andares, 6 mil apartamentos, o novo orgulho da Strip e a vistosa e altíssima materialização da inexpressiva era corporativa da cidade.

Os dias ruins tornaram-se mais frequentes. Mais e mais, quando não estava sendo levado às pressas para o hospital — a pneumonia continuava, e ele teve outro ataque cardíaco —, Frank estava em seu quarto. Tony Oppedisano foi uma companhia frequente dele durante esses longos dias. Uma noite, Sinatra chamou-o a seu quarto e sussurrou: "Não sei como você vai fazer isso, mas poderia tirar minha mãe daqui?".[90]

"Não estou vendo sua mãe, sr. S.", disse Oppedisano.

"Está logo ali na poltrona", disse Frank. "Estou tentando descansar um pouco, mas ela continua dando voltas por aí."

Não foi surpresa o fato de Tina Sinatra e Barbara Sinatra terem contado versões diferentes dos eventos de 14 de maio de 1998. A visita de Tina ao pai no sábado anterior tinha sido boa — ele estava descansado e lúcido, e contou-lhe que tinha planejado viver até a virada do século — e, assim, ela manteve um horário regular de trabalho na semana do dia 11, ligando para Foothill todo dia para saber do pai, e fora informada de que Frank estava comendo bem, dormindo bem, passando bem. Ela planejou voltar para o fim de semana na sexta-feira, dia 15, quando Barbara ia começar um retiro de spa na casa de praia que ela e Frank possuíam em Malibu.

Tony Oppedisano contou depois a Tina, que visitava o pai dela todo dia, de segunda a quinta-feira. Na noite de segunda-feira, disse ele, Frank pediu-lhe que encomendasse uma pizza; eles beberam umas duas O'Doul's, cerveja sem álcool, e tiveram bons momentos. Mas na terça-feira Frank estava triste. "Não quero viver mais dessa maneira", ele disse a Tony. "Isto não é vida."[91]

Sinatra acordou agitado na manhã de quarta-feira; quando Oppedisano chegou, mais tarde, o encontrou fechado em si mesmo e indiferente. "Ele só se reanimou quando Barbara desceu, a caminho do jantar", escreve Tina. "Ele olhou para ela e disse: 'Oh, você ainda mora aqui?'."

Era uma tirada habitual dele quando ela saía por mais tempo do que de costume.[92]

"Na tarde de quinta-feira, sentindo-me relapsa, liguei para Foothill", continua Tina.

> Vine [a criada e governanta-mor de longa data dele, Elvina Joubert] disse que papai estava cansado e agitado. Ela ia tentar acalmá-lo e fazê-lo repousar; não era uma hora boa para visitas. Pensei em ligar de novo, mas deixei o dia escapar. Estava me fiando no fim de semana que estava por vir [...].

E ninguém ligou para mim para contar que Barbara iria jantar fora pela quarta noite consecutiva.

Barbara Sinatra, por outro lado, se retrata como uma pessoa atenciosa e sempre presente em relação ao marido. Na quinta-feira, dia 14, no entanto, seus amigos Armand e Harriet Deutsch "insistiram que eu fizesse uma pausa em meus constantes cuidados com Frank" e encontrasse com eles e alguns amigos para jantar no Morton's, em Beverly Hills. Naquela tarde, Barbara relembrou, ela e Frank tinham almoçado ao sol, junto à piscina. "Ele estava em sua cadeira de rodas e não terminou seu prato favorito, um sanduíche de queijo grelhado", ela escreve, "mas estava de bom humor e parecia bem."[93]

Ao sair para jantar, no entanto, ela passou pelo quarto dele e o achou sonolento e um pouco ofegante. Fez uma anotação mental de chamar os médicos na manhã seguinte para verificar se a dosagem dos remédios de Frank para o coração podia ser alterada. Ela desligou sua ruidosa TV e beijou-o na testa. Apertando o ombro dele, disse: "Boa noite, querido. Durma bem quente". E então, deixando o marido aos cuidados de Vine e da enfermeira de plantão, saiu.

Enquanto Armand Deutsch, com sua mulher e Barbara Sinatra, descia de carro o Sunset em direção ao restaurante, escreve Barbara, ela "não pôde deixar de notar a lua [...] baixa e enorme no céu a oeste, como uma laranja descascada".

Mas eles estavam indo para leste, não para oeste, e a lua só surgiria após as 23 horas naquela noite.

Tina chegou tarde do escritório, pôs seu jantar numa bandeja e foi para a cama ver televisão. Era a noite do episódio final de *Seinfeld*. Pouco depois, ela já estendera a mão para pegar sua camisola quando o telefone tocou, exatamente às 23 horas. Era o médico de Frank, Rex Kennamer. "Tenho más notícias", ele disse. "Nós o perdemos."[94]

Vine Joubert tinha ligado para Barbara Sinatra no Morton's — eram por volta das nove e meia da noite — e dito: "É melhor a senhora vir já. Os paramédicos estão aqui. Vão levar o sr. S. para o hospital".[95]

"Que aconteceu?", perguntou Barbara.

Vine hesitou um momento, então disse: "Eles não conseguem sentir seu pulso".

Armand Deutsch levou-a de carro na velocidade de lesma que é típica dos homens velhos até Foothill, onde ela descobriu que Frank já tinha sido levado para o Cedars-Sinai. Um membro do staff da casa levou-a ao hospital a toda a velocidade, ela entrou correndo pela porta da emergência, e aqui os relatos mais uma vez diferem.

Segundo o que Barbara Sinatra escreveu, ela ficou sentada junto ao marido sozinha, segurando sua mão, enquanto os médicos cuidavam dele. "Você tem de lutar, Frank!", ela contou ter dito a ele.

"Ele realmente tentou", escreveu.

> Ele tentou. Deve ter se agarrado à vida durante vinte minutos ou mais, embora tenha parecido ser consideravelmente mais prolongado do que isso. E não o deixei nem por um segundo, a mão dele parecia um saco de ossos na minha. Por um breve instante seus olhos se abriram, trêmulos. Estavam aguados, mas ainda com o mesmo azul deslumbrante de quando pela primeira vez ele me tomou em seus braços e me beijou, tantos anos antes, roubando meu coração. Ele olhou para mim só por um momento e abriu a boca para falar. Chegando mais perto, virando minha cabeça para escutar, ouvi-o sussurrar as palavras "Não consigo".
>
> Então seus olhos se fecharam para sempre, e acabou.

Mas, segundo outra fonte, Barbara não estava sozinha com Sinatra; Tony Oppedisano também estava presente na emergência, e a assessora de imprensa de Barbara, Susan Reynolds, se encontrava do lado de fora do quarto, escalando pessoas que atendessem os telefones, numa preparação para o megaevento de mídia que estava prestes a acontecer. De acordo com essa fonte, a mulher de Frank ficou tonta e com náuseas, e teve de deixar o quarto por um longo período enquanto os médicos faziam o possível para salvar seu marido.

Atribuímos uma importância desproporcional às últimas palavras de grandes homens e mulheres. Nancy Sinatra escreveu em seu website que as palavras finais de seu pai não foram "Não consigo", mas "Estou perdendo". Essa frase, muito mais eloquente do que uma simples declaração de incapacidade, parecia resumir a grande batalha que foi a vinda inteira de Frank Sinatra. Ela iria se fixar na imaginação popular.

Mas Nancy não estava presente quando o pai morreu, e é possível que Barbara Sinatra tampouco estivesse no quarto. Todo ser humano tem suas últimas palavras, mas elas nem sempre são pronunciadas imediatamente antes da morte, e nem sempre são eloquentes ou memoráveis. O grande legado de Frank Sinatra falava por si mesmo.

Tina se vestira de novo e saiu correndo de casa para pegar a irmã e ir para o hospital. Se já era tarde demais para ver o pai ainda com vida — e essa ideia não tinha calado de todo em seu espírito até aquele momento —, ela precisava vê-lo antes que seu corpo fosse levado embora. Ao percorrer velozmente a rua, ela viu a lua, imensa em seu quarto minguante, baixa no horizonte, a leste. Era laranja, a cor favorita de Frank.[96]

Era tarde, a hora em que a noite de Sinatra só começava, mas tarde demais para grande parte do mundo ouvir noticiários. Mas ele fez as manchetes por uma última vez na manhã seguinte, e o mundo, chocado mas não surpreso, fez o que pôde. Estações de rádio por todo o mundo tocaram seus discos, os que ele tinha amado e os que ele tinha odiado. Os letreiros ao longo da Vegas Strip — a nova Strip, com sua barreira de inexpressivas torres de vidro — se apagaram; as luzes dentro dos cassinos foram diminuídas por um minuto. No Yankee Stadium, houve um minuto de silêncio em sua memória antes do jogo da noite de sexta-feira. E em homenagem a seus olhos, que tinham transfixado o mundo durante sessenta anos, o Empire State Building ficou iluminado por luzes azuis, naquela noite e na seguinte. A grande torre fálica de calcário e aço, símbolo da resiliência americana ante a Grande Depressão, chegara ao topo no início de 1931, quando Frankie Sem-Nome, com quinze anos, prestes a cair fora da A. J. Demarest High School e lançar seu destino ao vento, poderia estar à beira d'água em Hoboken assistindo ao fim da construção, com um olhar longo e duro cruzando o rio cinzento enquanto sonhava seus sonhos incompreensíveis e ouvia a música das esferas.

A Ramon Road estende-se de oeste para leste a partir do centro de Palm Springs até Cathedral City e Thousand Palms, cruzando ao longo do caminho a

Gene Autry Trail e a Bob Hope Drive: um percurso longo e reto ladeado por centros comerciais a céu aberto e postos de combustível e lanchonetes de fast-food — pequenas construções amarronzadas e brancas, descoradas e insignificantes sob o céu enorme. Para leste não há muito mais à frente, além do vazio e das vibrações do calor. À medida que o comércio de beira de estrada vai rareando nos limites de Cathedral City, você estará desculpado se sentir uma pontada de medo à beira do nada, medo que a visão de uma ponta de estoque de pneus e de um centro médico não consegue aliviar. Esse é o deserto, e o deserto quer matar você.

Então vem uma curva à esquerda, na Da Vall Drive, e logo outra à esquerda, entre os portões que levam à expansão verde do Desert Memorial Park. A tranquilizadora visão de grama, árvores e sombra é ilusória: o ar é quente como um forno. Uma parada rápida no escritório, uma estrutura branca e baixa, um refrescante ar-condicionado, e você recebe um panfleto com três folhas grampeadas num canto, em cuja capa se lê

DISTRITO DO CEMITÉRIO DE PALM SPRINGS

INFORMAÇÃO

Sonny Bono

Frank Sinatra

e

Outros túmulos de interesse

Respeitosamente, apresentamos informações concernentes a túmulos em nossos cemitérios. Se precisar de informações adicionais ou de mais ajuda, pedimos que esclareça suas dúvidas no escritório. Para sua SEGURANÇA, pedimos, POR FAVOR, que não se aproxime dos empregados que preparam a terra enquanto trabalham.

Kathleen Jurasky
Gerente

Depois de ficar intrigado com a última sentença — estarão armados? —, sem falar, mais acima, da atribuição "túmulos de interesse", você olha para a segunda página, um mapa do cemitério. O Desert Memorial Park é um terreno retangular de cerca de 400 mil metros quadrados, com algo em torno de quinhentos metros de largura na Ramon Drive e oitocentos metros ao longo da Da Vall, um lote verdejante dividido em 87 seções, com um caminho no centro graciosamente encurvado, com formato de curva francesa. Além do escritório e de um barracão de manutenção, o mapa indica duas cascatas artificiais e uma capela. Também estão marcadas as localizações de várias sepulturas de pessoas notáveis. Perto do topo do mapa, onde está representada a parte dos fundos do cemitério, perto da fonte Court Waterfall, há uma notação simples, em negrito e enfatizada com um marcador verde fluorescente: BONO B-35. Só há mais uma localização em destaque, na parte de baixo do mapa, muito perto do limite frontal do terreno: SINATRA B-8. O primeiro nome não é necessário.

Assim, estamos de volta ao inacreditável calor. Pode-se continuar a pé daqui — a seção B-8 fica supreendentemente perto do prédio da administração, a apenas alguns metros. A grama, espessa e esponjosa, exsuda um cheiro agradável, argiloso, de campo de golfe. Então vêm as pedras.

Por razões estéticas, assim se imagina, as lápides no Desert Memorial Park não são pedras verticais, mas placas pretas ou cinzentas no nível da relva. Dessa maneira — supõe-se —, o terreno parece, a um olhar de relance, mais um parque do que uma necrópole, uma cidade dos mortos. E como as pedras estão voltadas para o céu e o sol impiedoso, e porque quase nenhuma delas está na sombra — no cemitério estão plantados carvalhos-da-américa aqui e ali —, as pedras estão desbotando, algumas delas já são quase ilegíveis. Em dez, vinte ou cinquenta anos, o sol terá feito seu trabalho e os marcadores das sepulturas daqui e de hoje estarão, efetivamente, em branco.

O que seria um problema. O propósito de um parque memorial, afinal, é a preservação da memória. Quem quer olhar para uma pedra em branco? Quem viria visitar uma pedra em branco?

A pedra que você veio ver hoje aqui, no entanto, é outra questão. Depois de percorrer dezenas de livros sobre Frank Sinatra; depois de transpor dezenas de websites a ele dedicados; após ter degustado o sabor da devoção amplamente disseminada e quase religiosa ao homem e à sua música, que continua viva quase duas décadas após sua morte; após experimentar os vastos mares da perícia de

Sinatra e de encontrar as miríades de protetores e ultrapossessivos guardiões de sua chama — depois de tudo isso, meio que se espera deparar com um tráfego engarrafado nos portões do Desert Memorial Park: uma procissão de carros alugados e sedãs com placas de fora do estado, de trailers e SUVS movendo-se devagar, todos cheios de solenes fãs de cabelos ralos e rostos rechonchudos com expressões nostálgicas. Com certeza haveria problemas para estacionar, nervos à flor da pele, xerifes, atendentes intrometidos, longas filas. Diga um número.

Em vez disso não há nada, e ninguém. O parque, todos os seus 400 mil metros quadrados, parece deserto... nem mesmo um sinal daqueles perigosos empregados. Você anda na ponta dos pés, com a maior delicadeza possível sobre essa relva esponjosa, com essa estranha e aumentada consciência de culpa por pisar *sobre pessoas*, dirigindo-se, com o coração cada vez mais apertado, para B-8. O fato de estar sozinho parece ser tanto inacreditavelmente afortunado quanto de certa forma errado — é reminiscente (caso se perdoe o sobrecarregado paralelo) daquele sombrio e estranho momento em *O poderoso chefão* em que Michael Corleone descobre que seu pai, Don Vito, gravemente ferido, está em coma e desprotegido em seu leito de hospital, depois que seu cordão de proteção policial misteriosamente tomou chá de sumiço.

E aqui está.

Perto de um pequeno grupo de árvores, num minientorno de placas de sepultura planas e cada vez mais desbotadas, quatro em cada fila:

AMADO MARIDO E PAI

ANTHONY MARTIN SINATRA

1893 † 1969

depois,

NATALIE SINATRA

AMADA MULHER MÃE

AVÓ E BISAVÓ

1894 † 1977

e depois,

VINCENT MAZZOLA

1894 † 1973

Seu primo Vincent, com trauma de guerra, veterano da Primeira Guerra Mundial que viveu com Dolly e Marty, e depois só com Dolly, durante cinquenta anos.

E depois, e só depois,

O MELHOR AINDA ESTÁ POR VIR

FRANCIS ALBERT SINATRA

1915 † 1998

AMADO MARIDO E PAI

E, de maneira bem inesperada, os cabelinhos na sua nuca se arrepiam.

O único ornamento nos túmulos de maior interesse é uma pequena bandeira americana fincada no solo atrás da sepultura, dois pequenos vasos com flores na frente. Ponto. Nem buquês gigantes, nem ursinhos, CDs, calcinhas, cálices para uma dose de bebida. Nenhum verso rabiscado ou sentidas cartas de amor. Apenas a bandeira, as flores, o sol. E a pedra, que desbotou até ficar quase ilegível.

E aí está você, totalmente sozinho com *ele*... em certo sentido. De pé na relva esponjosa, dois metros acima do caixão que contém não só os restos num terno azul, o que é uma coisa sempre terrível demais para se imaginar, mas também — diz a lenda — vários itens de significado icônico (e pessoal, a fronteira entre os dois sempre foi porosa no que concerne a Sinatra): um montinho de moedas, como o que ele levava para telefonar quando Júnior foi sequestrado. Uma garrafa de Jack Daniel's. Um maço de Camel. Itens que sugerem uma comemoração, mas também, inevitavelmente, o propósito de uma metafórica e — sendo a esperança humana como ela é — talvez factual viagem para o pós-vida. *O melhor ainda está por vir*. Os antigos egípcios também faziam isso, enviavam objetos úteis e comida para o mundo do além. No caso dos faraós, criados humanos eram (e, é provável, sentiam-se honrados por ser) sacrificados, mumificados e postos na catacumba real para que pudessem dar sua ajuda na mansão celestial. Talvez seja atribuir demasiado significado ao que não tem tanto peso lembrar que os dois melhores amigos de Frank Sinatra, o compositor Jimmy van Heusen e o dono de restaurante Jilly Rizzo — que o precederam em oito e seis anos, respectivamente —, estão sepultados a alguns metros de distância. Então, mais uma vez, lá estão eles. Se existe um pós-vida, e se lá há mulheres atraentes e bebidas ambrosíacas — e também penetras, amolações e imposturas —, então com certeza Chester e Jilly estão bem perto do homem cuja alma eles amavam.

E temiam.

A lápide no túmulo, no Desert Memorial Park, em Cathedral City, Califórnia. "O melhor ainda está por vir", promete a inscrição; o sol ardente que Frank amava fez as letras desbotarem até quase a ilegibilidade.

Agradecimentos

Voltando para as rodopiantes brumas do tempo — setembro de 2004, para ser exato — tive um agradável, bem regado, decisivo jantar num restaurante em Santa Monica chamado Guido's, com um animado, bem-sucedido e experiente grupo de músicos profissionais. Essa meia dúzia de homens de certa idade estava trabalhando para Jerry Lewis na maratona televisiva do *Labor Day* para a Associação de Distrofia Muscular; eu estava trabalhando com Jerry, completando meu trabalho em suas memórias *Dean & Me: A Love Story*. Em algum momento tardio da noite, o assunto Frank Sinatra veio à tona. De maneira inesperada, e ao mesmo tempo sem surpresa, constatou-se que todos aqueles músicos tinham trabalhado com Sinatra em alguma ocasião.

Comecei a ouvir atentamente. As línguas tinham se soltado no decorrer da noite; com certeza eu estaria prestes a ouvir uma seleção de sujeiras sobre a Máfia, as mulheres, as vias de fato. Mas, em vez disso, cada um desses músicos falou, com voz baixa e em reverência, sobre o absoluto gênio musical que Frank Sinatra tinha sido.

Já contei essa história antes. Eu agora repito para lembrar ao leitor (e para eu recordar também) como e por que eu parti para o que seria uma odisseia de dez anos, uma quixotesca — leia-se "risível presunção" de um biógrafo de primeira vez — busca de narrar por inteiro a vida e a obra de um homem que não só foi um gênio — o maior intérprete musical de todos os tempos, na opinião de muitos, inclusive a minha —, mas também um homem cuja vida se relaciona com quase todos os aspectos da vida americana no século XX.

Minha editora, a grande Phyllis Grann — ela mesma uma figura histórica na indústria editorial —, assumiu imediatamente meu projeto, encorajou-me em cada temerário passo dessa jornada e, espantosamente, nem sequer piscou quando, depois de cinco anos (isso foi no início de 2010), eu lhe entreguei oitocentas páginas de originais que não chegavam a cobrir nem metade da vida de Sinatra — até a noite de março de 1954 em que ganhou o Oscar por *A um passo da eternidade*, marcando o início do maior retorno na história do entretenimento — e lhe disse: "Este é o livro". E que, a propósito, eu planejava escrever outro.

Para meu alívio, Phyllis aceitou isso bem, Doubleday aceitou isso bem, e quase todos os leitores do primeiro volume, *Frank: A voz*, também aceitaram isso bem. Houve alguns decepcionados clientes da Amazon. ("Onde está o resto disso aí?") Mas para minha grata surpresa, embora também para meu embaraço, houve muitos e-mails de leitores que tinham gostado do primeiro volume e embarcado em meu esquema, e queriam o segundo — imediatamente.

Claro que, para um espremedor de palavras como este escritor, "imediatamente" é um conceito alienígena. E eu também sabia que para o segundo livro eu havia me atribuído, se possível, uma tarefa ainda mais árdua. O período entre meados da década de 1950 e o meio da década de 1960 fora o maior na carreira de Frank Sinatra — os anos da Capitol e do início da Reprise, e também os anos nos quais Sinatra foi um grande astro do cinema, fazendo às vezes cinco filmes por ano. Ele gravou álbuns e singles inovadores; trabalhou com Nelson Riddle e outros importantes arranjadores. Esse período corresponde também a alguns dos momentos mais complexos da história americana, nos quais Frank esteve intimamente envolvido. Os de sua amizade com John F. Kennedy, sua complicada e duradoura atração pela Máfia, e, o que não foi irrelevante, seu confuso, resistente e formativo relacionamento com Las Vegas (tanto para Sinatra como para a cidade). Havia o lendário Rat Pack (na verdade, houve dois Rat Packs) e, é claro, havia as mulheres — as muitas, muitas mulheres. E, finalmente, houve o impacto de Sinatra no mundo como um todo, seu perfil global. Ele foi um grande artista naqueles anos, um talento de mudar o mundo, um indivíduo da história mundial.

Escrever o volume dois, eu soube desde o início, seria uma incumbência muito ambiciosa.

Tive ajuda. Muita ajuda. Mesmo admitindo que este era, em medida alarmante, um projeto solo (não fui capaz de — e, a bem da verdade, não quis — enviar pesquisadores e entrevistadores, que não eu mesmo, para cobrir os muitos fatos básicos que precisavam ser cobertos), nenhum biógrafo é uma ilha, e tive apoio crucial em cada dia dos cinco anos nos quais trabalhei neste volume.

Primeiro, devo expressar meus profundos agradecimentos à minha família: Karen, Jacob, Aaron e Avery, por seu constante e incondicional apoio, e por hospedar um marido e um pai que, embora em geral presente, no sentido literal, ficava comumente trancado em seu escritório no sótão — o homem no teto —, durante dias inteiros, especialmente nos últimos dois anos de escrita. Agradecimentos especiais a Aaron O. Kaplan pelo grande feito de compilar as notas de fim e a bibliografia.

À minha agente, Joy Harris, que tem estado ao meu lado por vinte anos, padecendo comigo na travessia do grosso e do fino (e ajudando-me a fazer o grosso mais grosso e o fino mais fácil de suportar), uma gratidão que somente ela poderá compreender adequadamente.

Mil obrigados a meu indispensável leitor, Peter Bogdanovich: amigo de toda a vida, um cineasta americano único, roteirista, amigo de Frank Sinatra e meu apoio crucial neste projeto desde o primeiro dia do primeiro volume. Peter ama Sinatra, e quis ter certeza de que eu seria justo com ele. Para meu humilde espanto, ele acha que fui. Ele leu cada palavra, gostou de quase todas, disse-me gentilmente quando eu vacilei ou omiti alguma coisa, e — com muita simplicidade — me manteve avançando a cada passo do caminho.

Sinto falta de meu outro indispensável primeiro leitor, meu irmão Peter W. Kaplan, mais do que posso expressar.

Quero fazer uma reverência profunda a meu editor, Gerald Howard. Com Gerry, junto com Phyllis Grann, tive a incomparável boa sorte de ter não uma, mas duas lendas do mundo editorial concentradas em minha obra. "Concentração" é a palavra-chave. Gerry olhou com ferrenha atenção para cada palavra deste enorme volume, com suas inigualáveis qualidades de inteligência, referências culturais e sagacidade. Ele, mesmo um escritor formidável, foi um entusiasta apreciador do que fiz certo; e também me resgatou mais do que poucas vezes de meus facilmente identificáveis piores instintos.

Gostaria de estender minha particular gratidão à John Simon Guggenheim Memorial Foundation, por me conceder uma bolsa que não só proveu o indispensável suporte financeiro, mas, tão importante quanto, me deu, com a impulsão de um foguete, um alento espiritual e profissional exatamente na metade do projeto, momento em que muito necessitava dele.

Vou repetir o que disse no primeiro volume sobre meus consultores de confiança, e reiterar ainda mais enfaticamente: ainda me surpreende o fato de que Will Friedwald e Michael Kraus, que sabem de Sinatra tanto quanto qualquer um tem o direito de saber, tenham graciosamente me oferecido seu tempo e sua aprovação pelo que eu estava fazendo. Vou lembrar para sempre de sua generosidade e o tesouro de sua amizade. Tive a imensa sorte de ter esses dois homens assustadoramente eruditos, de grande perspicácia, percorrendo cada sentença deste livro. Estou também em dívida, por seu vasto conhecimento de Sinatra e sua solícita generosidade, a Chuck Granata, Rab Waldman e Rob Fentress.

O arquivista de Sinatra Ed O'Brien sabe tudo o que diz respeito a Frank, e me contou tudo que eu fui capaz de assimilar. Seus boletins regulares do norte do estado de Nova York me mantiveram informado e fidedigno.

O lendário Jonathan Schwartz, que tenho a honra de chamar de amigo, trouxe um insight especial, e — é claro — um grande cabedal de conhecimento de Sinatra e do American Songbook a este projeto.

Quero agradecer também a Rosemary Riddle Acerra, Monty Alexander, Rick Apt, Brook Babcock, Bob Bain, Alan Bergman, Marilyn Bergman, Tony Bill, Bill Boggs, Tiffany Bolling, Fifi Booth, Howard Bragman, Chris Brochon, dr. Richard Burg, Anita Busch, Laurie Cahn, Christopher Cerf, dr. Stanley Coen, Kenny Colman, Jill Corey, Steve Crosby, Paulajane D'Amato, Vic Damone, Angie Dickinson, Frank DiGiacomo, Gary Ebbins, Jack Eglash, Vincent Falcone, John Farr, Michael Feinstein, Gloria Delson Franks, Mike Franks, Gary Giddins, Steve Glauber, Bob Gottlieb, Mary Edna Grantham, Peter Greenberg, Shecky Greene, Colin Hall, Betsy Duncan Hammes, Bruce Handy, Bill Harbach, Richard Havers, Lee Herschberg, Eddie Hodges, Anne Hollister, Bill Hooper, Christopher Irving, Ann Jactel, Snake Jagger, Brandon James, Bruce Jenkins, Reuben F. Johnson, Dean Jones, Jack Jones, Quincy Jones, Shirley Jones, Robert E. Kaplan, Steve Khan, Larry King, Steve Koepp, Andrew Lack, Claudia Gridley Stabile Lano, Joe Lano, Angela Lansbury, Scott Latta, Ruta Lee, Dan Levy, Jerry Lewis, Nancy Olson Livingston, Jim Mahoney, Jim Mahoney Jr., Carmel Malin, Johnny

Mandel, Sid Mark, Bill Marx, Jane McCormick, Sonny Mehta, Karen Meltzer, David Michaelis, Dale Monaco, Pat Mulcahy, Phyllis Newman, Liz Nickles, Eunice Norton, Kim Novak, Marianne O'Connell, Claus Ogerman, Dan Okrent, Tony Oppedisano, Mo Ostin, Ted Panken, Anna Pearce, Pat Politis, Adam Reed, Emil Richards, Jenny Romero, Jeff Rosen, Andrew Rosenblum, Ric Ross, Gena Rowlands, Tom Santopietro, George Schlatter, Paul Shaffer, Gary Shapiro, David Simoné, Winston Simoné, Leonard Slatkin, Liz Smith, Jim Snidero, Ted Sommer, William Stadiem, Jean Stein, Robert Sullivan, Gay Talese, Jordan Taylor, Angela Thornton, Linda Thorson, Dean Torrence, Gloria Vanderbilt, Jonathan Van Meter, Robert J. Wagner, Dr. William Walsh, Ed Walters, Artie Wayne, Steven Weissman, Esq., Raquel Welch, Dr. Preston Winters e Fred Zlotkin.

E aos que se seguem, que já nos deixaram, mas com quem tive a sorte de passar algum tempo: Jean Bach, Polly Bergen, Jeanne Carmen, Peggy Connelly, Stan Cornyn, John Dominis, Bob Eckel, Don Hewitt, George Jacobs, Mearene Jordan, Peter Levinson, Abbey Lincoln, Mort Lindsey, Bill Miller, Mitch Miller, Mario Puzo, Frankie Randall, Mickey Rooney, Jane Russell, Mike Shore, Jo Stafford, Jerry Weintraub, Roberta Wennik-Kaplan, Bud Yorkin e Sidney Zion.

E por último (mas apenas como marca de distinção), um extravagante obrigado à grande equipe da Doubleday, dos copidesques aos artistas gráficos, dos marqueteiros à produção, e aos realmente heroicos Bette Alexander, Todd Doughty, John Fontana, Jeremy Medina e Ingrid Sterner.

Se inadvertidamente omiti alguém, quem deve ficar corado sou eu. Vocês moram no fundo do meu coração, a salvo das incertas falhas de minha memória de curto prazo.

Créditos das imagens

Todos os esforços foram feitos para determinar a origem das imagens publicadas neste livro, porém isso nem sempre foi possível. Teremos prazer em creditar as fontes, caso se manifestem.

Capa: © Ted Allan/ mptvimages.com

27 Larry Edmunds Bookshop
54 AP Photo/ Glow Images
89 Confidential Magazine
93 KPA/Picture Alliance/ Latinstock
121 Courtesy of Fred Zlotkin
158 Bettmann/ Corbis/ Latinstock
206 Bettmann/ Corbis/ Latinstock
234 Bettmann/ Corbis/ Latinstock
279 Alfred Eisenstaedt/ The LIFE Picture Collection/ Getty Images
325 Courtesy of the 500 Club Archives
332 Earl Leaf/Michael Ochs Archives/ Getty Images
346 Photofest/ Easypix Brasil
360 Everett Collection/ Fotoarena
376 Bettmann/ Corbis/ Latinstock
391 Bettmann/ Corbis/ Latinstock
426 Ralph Crane/ The LIFE Picture Collection/ Getty Images
456 Bettmann/ Corbis/ Latinstock
490 George Jacobs Archives

492 Bettmann/ Corbis/ Latinstock
493 Bettmann/ Corbis/ Latinstock
687 Bettmann/ Corbis/ Latinstock
707 AP Photo/ Glow Images
709 Photofest/ Easypix Brasil
718 John Dominis/ Time & Life Pictures/ Getty Images
729 20th Century-Fox/Getty Images
735 Bettmann/ Corbis/ Latinstock
765 John Dominis/ The LIFE Premium Collection/ Getty Images
788 J. Walter Green/ AP Photo/ Glow Images
795 Bettmann/ Corbis/ Latinstock
827 Bettmann/ Corbis/ Latinstock
840 Bettmann/ Corbis/ Latinstock
846 Manchete/ Pictorial Parade/ Getty Images
861 Silver Screen Collection/ Getty Images
910 Keystone Features/ Hulton Archive/ Getty Images
919 Bettmann/ Corbis/ Latinstock
931 Bettmann/ Corbis/ Latinstock
1008 Stanley Bielecki Movie Collection/ Getty Images
1021 Dan Farrell/ NY Daily News Archive via Getty Images
1028 Michael Rougier/ The LIFE Premium Collection/ Getty Images
1036 Bettmann/ Corbis/ Latinstock
1041 PL Gould/ Images/ Getty Images
1044 Bettmann/ Corbis/ Latinstock
1047 Mike Stewart/ Sygma/ Corbis/ Latinstock
1074 Mike Carrillo/ Getty Images

Notas

CAPÍTULO 1. [pp. 13-28]

1. George Jacobs e William Stadiem, *Mr. S: My Life with Frank Sinatra*. Nova York: HarperCollins, 2003. p. 21.

2. Louella Parsons, International News Service, coluna distribuída, 19 abr. 1954.

3. Lee Server, *Ava Garner: "Love Is Nothing"*. Nova York: St. Martin's, 2006. p. 295.

4. Ibid.

5. Ibid., pp. 295-6.

6. Ibid., p. 298.

7. Richard Havers, *Sinatra*. Nova York: DK, 2004. p. 197.

8. Suzanne Finstad, *Natasha: The Biography of Natalie Wood*. Nova York: Three Rivers Press, 2001. p. 141.

9. Ibid.

10. Rosemary Riddle Acerra, em conversa com o autor, out. 2012.

11. Will Friedwald, *Sinatra! The Song Is You*. Boston: Da Capo, 1997. p. 233.

12. Arnold Shaw, *Sinatra: Twentieth-Century Romantic*. Nova York: Holt, Rinehart and Winston, 1969. p. 27.

13. Will Friedwald, *Sinatra! The Song Is You*, op. cit., p. 224.

14. Ibid.

15. Richard Ben Cramer, *Joe DiMaggio: A Hero's Life*. Nova York: Simon & Schuster, 2000. p. 346.

16. Nancy Sinatra, *Frank Sinatra: My Father*. Nova York: Doubleday, 1985. p. 99.

17. Tom Santopietro, *Sinatra in Hollywood*. Nova York: Thomas Dunne, 2008. p. 147.

CAPÍTULO 2. [pp. 29-49]

1. A. E. Hotchner, *Doris Day: Her Own History*. Nova York: Skyhorse Publishing, 2009. p. 166.

2. Ibid., p. 167; Tom Santopietro, op. cit., p. 161.

3. A. E. Hotchner, op. cit., p. 167.

4. Robert J. Wagner e Scott Eyman, *Pieces of My Heart: A Life*. Nova York: It Books, 2009. p. 123.

5. A. E. Hotchner, op. cit., p. 175.

6. Ibid., pp. 169-70.

7. Louella Parsons, coluna distribuída, 9 jul. 1954.

8. Erskine Johnson, "In Hollywood", coluna distribuída, 4 ago. 1954.

9. Lee Server, *Robert Mitchum: "Baby, I Don't Care"*. Nova York, St. Martin's Griffin, 2002. p. 276.

10. Ibid., pp. 276-7.

11. Tom Santopietro, op. cit., p. 164.

12. Kitty Kelley, *His Way: An Unauthorized Biography of Frank Sinatra*. Nova York: Bantam, 1986. p. 223.

13. Lee Server, *Robert Mitchum: "Baby, I Don't Care"*, op. cit., p. 279.

14. Ibid.

15. Richard Ben Cramer, op. cit., pp. 372-3.

16. Kitty Kelley, *His Way: An Unauthorized Biography of Frank Sinatra*, op. cit., p. 241.

17. Bruce Weber, "Hal Schaefer, Jazz Pianist and Marilyn Monroe Friend, Dies at 87", *New York Times*, 13 dez. 2012. Disponível em: <www.nytimes.com/2012/12/13/arts/music/hal-schaefer-jazz-pianist-and-marilyn-monroes-vocal-coach-dies.html>. Acesso em: 18 set. 2015.

18. Lee Server, *Robert Mitchum: "Baby, I Don't Care"*, op. cit., pp. 279-80.

19. Bruce Weber, op. cit.

20. Wil Haygood, *In Black and White: The Life of Sammy Davis*. Nova York: Billboard, 2005. p. 167.

21. Bill Davidson, *The Real and the Unreal*. Nova York: Harper, 1961. p. 22.

22. Jerry Lewis, em conversa com o autor, jun. 1999.

23. Shecky Greene, em conversa com o autor, nov. 2012.

24. Wil Haygood, op. cit., p. 169.

25. Tina Sinatra e Jeff Coplon, *My Father's Daughter: A Memoir*. Nova York: Simon & Schuster, 2000. p. 160.

26. Aline Mosby, United Press, 9 dez. 1954.

27. Kitty Kelley, *His Way: An Unauthorized Biography of Frank Sinatra*, op. cit., p. 223.

28. Aline Mosby, United Press, 9 dez. 1954; Kitty Kelley, *His Way: An Unauthorized Biography of Frank Sinatra*, op. cit., pp. 223-4.

29. Michael Bitterman. Disponível em: <www.midmod.com/newSite/bio.htm>. Acesso em: 18 set. 2015.

30. Kitty Kelley, *His Way: An Unauthorized Biography of Frank Sinatra*, op. cit., p. 224.

31. Will Friedwald, *Sinatra! The Song Is You*, op. cit., p. 237.

CAPÍTULO 3. [pp. 50-71]

1. Dorothy Kilgallen, coluna distribuída, 3 nov. 1954.

2. Wendy Goodman, *World of Gloria Vanderbilt*. Nova York: Harry N. Abrams, 2010. p. 126; *New York Daily News*, 28 dez. 1954.

3. Gloria Vanderbilt, em conversa com o autor, abr. 2011.

4. Gloria Vanderbilt, *Black Knight, White Knight*. Nova York: Ballantine, 1988. pp. 308-9.

5. Wendy Goodman, op. cit., p. 127.

6. Ibid., pp. 310, 312.

7. Ibid., p. 311.

8. Gloria Vanderbilt, em conversa com o autor.

9. Dorothy Kilgallen, coluna distribuída, 8 jan. 1955.

10. Gravação: *Frank Sinatra — New York!: Manhattan Center, 1955 (Tommy Dorsey)*.

11. Richard Havers, op. cit., p. 199.

12. Nancy Sinatra, *Frank Sinatra: My Father*, op. cit., p. 129.

13. Ibid., p. 75.

14. Will Friedwald, *Sinatra! The Song Is You*, op. cit., p. 238.

15. Ibid.

16. Jonathan Schwartz, "Swingin' on a Century", *Vanity Fair*, jul. 1998.

17. Peter J. Levinson, *September in the Rain: The Life of Nelson Riddle*. Nova York: Billboard, 2001, p. 120.

18. George Jacobs e William Stadiem, op. cit., pp. 52-3.

19. Patricia Bosworth, *Marlon Brando*. Nova York: Viking, 2001. p. 153.

20. George Jacobs e William Stadiem, op. cit., p. 51.

21. A. Scott Berg, *Goldwyn: A Biography*. Nova York: Riverhead, 1998. p. 471; *Albert Lea Daily Tribune*, Minnesota, 17 jan. 1954; Herald Tribune News Service, 17 ago. 1954; Harold Hefferman, coluna distribuída, 3 out. 1954.

22. *Altoona Mirror*, Pensilvânia, 12 maio 1954.

23. A. Scott Berg, op. cit., p. 471.

24. Earl Wilson, coluna distribuída, 4 jun. 1954.

25. Primeira palestra memorial de Libby Zion, na Escola de Direito de Yale, 15 abr. 1986.

26. A. Scott Berg, op. cit., p. 471.

27. Tom Santopietro, op. cit., p. 171.

28. Susan Loesser, *Most Remarkable Fella*. Milwaukee: Hal Leonard, 2000. pp. 118-9.

29. Wilfrid Sheed, *House That George Built*. Nova York: Random House, 2007. p. 275.

30. Bob Thomas, coluna distribuída, 7 abr. 1955.

31. Peggy Connelly, em conversa com o autor, maio 2006.

32. Ibid.

33. Anthony Summers e Robbyn Swan, *Sinatra: The Life*. Nova York: Alfred A. Knopf, 2005. p. 211.

34. James Kaplan, "The King of Ring-a-Ding-Ding", *Movies Rock*, outono 2007, suplemento "Fair".

CAPÍTULO 4. [pp. 72-103]

1. Sammy Cahn, *I Should Care: The Sammy Cahn Story*. Nova York: Arbor House, 1974. p. 152.

2. Bosley Crowther, resenha, *New York Times*, 11 nov. 1955.

3. Jill Corey, em conversa com o autor, nov. 2012.

4. *Dunkirk Evening Observer*, Nova York, 22 abr. 1955.

5. Erskine Johnson, coluna distribuída, 1 dez. 1953.

6. Dorothy Manners, escrevendo na coluna distribuída de Louella Parsons, 9 jun. 1955.

7. Ibid.

8. Nancy Sinatra, *Frank Sinatra: My Father*, op. cit., p. 132.

9. Anthony Summers e Robbyn Swan, op. cit., p. 256.

10. Lee Server, *Ava Garner: "Love is Nothing"*, op. cit., p. 151.

11. Robert Parker e Richard L. Rashke, *Capitol Hill in Black and White*. Nova York: Dodd, Mead, 1986. p. 85; Edward Klein, *All Too Human: The Love Story of Jack and Jackie Kennedy*. Nova York: Pocket, 1997. p. 182; Anthony Summers e Robbyn Swan, op. cit., p. 256.

12. Tom Santopietro, op. cit., p. 182.

13. Sammy Cahn, op. cit., p. 153.

14. Ibid., pp. 154-5.

15. Will Friedwald, "They Went Together Like A Horse and Carriage", *Wall Street Journal*, 7 jan. 2013.

16. Sammy Cahn, op. cit., p. 152.

17. Richard Havers, op. cit., p. 204.

18. Sammy Cahn, op. cit., pp. 155-6.

19. Louella Parsons, coluna distribuída, 4 jul. 1955.

20. Shirley Jones, em conversa com o autor, fev. 2010.

21. Ibid.

22. Tom Santopietro, op. cit., p. 183.

23. Bill Davidson, op. cit., p. 25.

24. Tom Santopietro, op. cit., pp. 182-3.

25. Will Friedwald, *Sinatra! The Song Is You*, op. cit., p. 327.

26. Shirley Jones, em conversa com o autor.

27. *Time*, 29 ago. 1955.

28. Peter W. Kaplan, "Gable to J. R. with Ava Gardner", *New York Times*, 25 fev. 1985.

29. *Time*, 29 fev. 1955.

30. Bob Thomas, coluna distribuída, 13 set. 1955.

31. *Time*, 11 jul. 1955.

32. *New York Times*, 20 set. 1955.

33. Peter Bogdanovich, *Who the Devil Made It*. Nova York: Alfred A. Knopf, 1997. pp. 627-8.

34. Tom Santopietro, op. cit., p. 193.

35. Daniel O'Brien, *Frank Sinatra Film Guide*. Londres: Batsford, 1998. p. 86.

36. Otto Preminger, *Preminger: An Autobiography*. Nova York: Doubleday, 1977. p. 112.

37. Ibid., pp. 112-3.

38. *Conversations with Robert Osborne*. [S.l.]: TCM Originals, 2014, 1 DVD (460 min).

39. George Jacobs e William Stadiem, op. cit., p. 68.

40. Peter J. Levinson, *September in the Rain: The Life of Nelson Riddle*, op. cit., p. 135.

41. Harrison Carroll, "Behind the Scenes in Hollywood", coluna distribuída, 18 out. 1955.

42. Gloria Vanderbilt, em conversa com o autor, abr. 2011.

43. Associated Press, 21 nov. 1955.

44. Jim Mahoney, coluna distribuída, 19 dez. 1955.

45. Associated Press, 12 dez. 1955.

46. Erskine Johnson, coluna distribuída, 11 mar. 1955.

47. Arnold Shaw, op. cit., pp. 200-1.

48. Louella Parsons, coluna distribuída, 21 nov. 1955.

49. *New York Times*, 16 dez. 1955.

50. Tom Santopietro, op. cit., p. 196.

51. Peter Bogdanovich, *Who the Hell's in It*. Nova York: Ballantine, 1998. p. 50.

52. George Jacobs e William Stadiem, op. cit., p. 113.

53. Arnold Shawn, op. cit., p. 210.

54. Lauren Bacall. *By Myself*. Nova York: Ballantine, 1993. p. 296.

55. Arnold Shaw, op. cit., p. 210.

56. Lauren Bacall, op. cit., p. 296.

57. Anthony Summers e Robbyn Swan, op. cit., p. 223.

58. Grahan Payn e Sheridan Morley, *Noël Coward Diaries*. Boston: Da Capo, 2000. p. 301.

59. Ann Sperber e Eric Lax, *Bogart*. Nova York: William Morrow, 1997. p. 509.

60. Lauren Bacall, op. cit., p. 254.

CAPÍTULO 5. [pp. 104-35]

1. Charles L. Granata, *Sessions with Sinatra: Frank Sinatra and the Art of Recording*. Chicago: A Capella Books, 1999. p. 109.

2. Nelson Riddle, *Arranged by Nelson Riddle*. Miami: Warner Brothers, 1985. p. 171.

3. Peter J. Levinson, *September in the Rain: The Life of Nelson Riddle*, op. cit., p. 118.

4. Walter Winchell, coluna distribuída, 22 set. 1955.

5. Charles L. Granata, op. cit., p. 98.

6. Ibid.

7. Leonard Slatkin, em conversa com o autor, maio 2013.

8. Charles L. Granata, op. cit., p. 98.

9. Nelson Riddle, op. cit., p. 169.

10. Peter J. Levinson, *September in the Rain: The Life of Nelson Riddle*, op. cit., p. 127.

11. Ibid., pp. 128-9.

12. Rosemary Riddle Acerra, em conversa com o autor, out. 2012.

13. Peter J. Levinson, *September in the Rain: The Life of Nelson Riddle*, op. cit., pp. 128-9.

14. Rosemary Riddle Acerra, em conversa com o autor.

15. Will Friedwald, *Sinatra! The Song Is You*, op. cit., pp. 233-4.

16. Ibid., pp. 32-3.

17. Charles L. Granata, op. cit., p. 102.

18. Ibid., p. 101.

19. Peter J. Levinson, *September in the Rain: The Life of Nelson Riddle*, op. cit., p. 130.

20. Charles L. Granata, op. cit., p. 100.

21. Ibid., p. 101.

22. Bob Bain, em conversa com o autor, jun. 2013.

23. Charles L. Granata, op. cit., p. 102.

24. Bob Thomas, coluna distribuída, 8 mar. 1954.

25. Earl Wilson, coluna distribuída, 28 maio 1956.

26. George Jacobs e William Stadiem, op. cit., p. 73.

27. J. Randy Taraborrelli, *Sinatra: Behind the Legend*. Secaucus, NJ: Birch Lane, 1997. pp. 191-2.

28. Louella Parsons, coluna distribuída, 5 jan. 1956.

29. Jeanine Basinger, *Star Machine*. Nova York: Vintage, 2008. pp. 5-6.

30. George Jacobs e William Stadiem, op. cit., pp. 173-4; Richard Zoglin, *Hope: Entertainer of the Century*. Nova York: Simon & Schuster, 2014. p. 243.

31. Arnold Shaw, op. cit., p. 215.

32. *Variety*, 13 jan. 1955.

33. Charles L. Granata, op. cit., pp. 114-8.

34. Ibid.

35. Will Friedwald, *Sinatra! The Song Is You*, op. cit., p. 366.

36. Ibid.

37. Richard Havers, op. cit., p. 205.

38. Ed O'Brien, em conversa com o autor, maio 2013.

39. Will Friedwald, *Sinatra! The Song Is You*, op. cit., p. 329.

40. Ibid.

41. Leonard Slatkin, em conversa com o autor.

42. Arnold Shaw, op. cit., pp. 248-9.

43. Leonard Slatkin, em conversa com o autor.

44. Will Friedwald, *Sinatra! The Song Is You*, op. cit., p. 329.

45. Ibid., p. 367.

46. Richard Havers, op. cit., p. 214.

47. Anthony Summers e Robbyn Swan, op. cit., p. 223.

48. Kitty Kelley, *His Way: An Unauthorized Biography of Frank Sinatra*, op. cit., p. 230.

49. James Kaplan, *Frank: A Voz*. São Paulo: Companhia das Letras, 2013. p. 274.

50. Anthony Summers e Robbyn Swan, op. cit., p. 213.

51. Jill Corey, em conversa com o autor, nov. 2012.

52. Peggy Connelly, em conversa com o autor, dez. 2006.

53. Kitty Kelley, *His Way: An Unauthorized Biography of Frank Sinatra*, op. cit., p. 230.

54. Nancy Sinatra, *Frank Sinatra: An American Legend*. Santa Monica, CA: General Publishing, 1998. p. 125.

55. Charles L. Granata, op. cit., pp. 120-1.

56. Will Friedwald, *Sinatra! The Song Is You*, op. cit., p. 242.

57. Leonard Slatkin, em conversa com o autor.

58. Charles L. Granata, op. cit., p. 121.

59. Will Friedwald, *Sinatra! The Song Is You*, op. cit., p. 242.

60. Anthony Summers e Robbyn Swan, op. cit., pp. 217-8; Peggy Connelly, em conversa com o autor, maio 2006.

61. Nancy Sinatra, *Frank Sinatra: My Father*, op. cit., p. 350.

62. Ed O'Brien, em conversa com o autor, nov. 2006.

63. Associated Press, 11 abr. 1956.

64. Norm Goldstein, *Frank Sinatra: Ol' Blue Eyes*. Boston: Holt McDougal, 1983. p. 23.

65. Tom Santopietro, op. cit., p. 230.

66. Arnold Shaw, op. cit., p. 217.

67. George Jacobs e William Stadiem, op. cit., pp. 49-50.

68. Ibid., p. 48.

69. Ibid.

70. Tina Sinatra e Jeff Coplon, op. cit., p. 108.

71. Ibid., pp. 108-9.

72. Lee Server, *Ava Garner: "Love is Nothing"*, op. cit., p. 334.

73. Sheilah Graham, coluna distribuída, 14 abr. 1956.

CAPÍTULO 6. [pp. 136-67]

1. Kitty Kelley, *His Way: An Unauthorized Biography of Frank Sinatra*, op. cit., p. 231.

2. Arnold Shaw, op. cit., p. 217.

3. Louella Parsons, coluna distribuída, 22 abr. 1956.

4. Mearene Jordan, *Living with Miss G.* Smithfield, NC: Ava Gardner Museum, 2012. p. 227.

5. Lee Server, *Ava Garner: "Love is Nothing"*, op. cit., pp. 270-1.

6. Ava Gardner, *Ava: My Story*. Nova York: Bantam, 1992. pp. 246-7.

7. Lee Server, *Ava Garner: "Love is Nothing"*, op. cit., p. 341.

8. Peggy Connelly, em conversa com o autor, maio 2006.

9. Lee Server, *Ava Garner: "Love is Nothing"*, op. cit., p. 334.

10. Kitty Kelley, *His Way: An Unauthorized Biography of Frank Sinatra*, op. cit., p. 232.

11. Dorothy Kilgallen, coluna distribuída, 30 maio 1956.

12. Alec Wilder, correspondência, Biblioteca Pública de Nova York.

13. Arnold Shaw, op. cit., p. 218.

14. Kitty Kelley, *His Way: An Unauthorized Biography of Frank Sinatra*, op. cit., p. 233.

15. Ibid.

16. Ibid., p. 232; Arnold Shaw, op. cit., p. 218.

17. Tom Santopietro, op. cit., p. 215.

18. Kitty Kelley, *His Way: An Unauthorized Biography of Frank Sinatra*, op. cit., p. 234.

19. Lee Server, *Ava Garner: "Love is Nothing"*, op. cit., pp. 334-5.

20. Peggy Connelly, em conversa com o autor; Anthony Summers e Robbyn Swan, op. cit., p. 220.

21. Tom Santopietro, op. cit., p. 217.

22. Ibid.

23. Mark Lewisohn, *The Beatles: All These Years*. Nova York: Crown Archetype, 2013. p. 257. v. 1: Tune In; John Lennon, entrevista a Howard Smith, WPLJ-FM, Nova York, 10 set. 1971.

24. *Guardian*, 30 nov. 2001; Keith Richards e Jamie Fox, *Life*. Nova York: Back Bay, 2011. p. 58.

25. *Terre Haute Tribune*, 4 ago. 1956.

26. United Press Convention Preview, 6 ago. 1956.

27. Westbrook Pegler, coluna distribuída, 14 ago. 1956.

28. Ibid.

29. *Look*, 14 maio 1957.

30. Kitty Kelley, *His Way: An Unauthorized Biography of Frank Sinatra*, op. cit., pp. 243-4.

31. Anthony Summers e Robbyn Swan, op. cit., p. 466.

32. Ibid., p. 216.

33. David Nasaw, *Patriarch: The Remarkable Life and Turbulent Times of Joseph P. Kennedy*. Nova York: Penguin, 2012. p. 706.

34. *New York Times*, 14 ago. 1956.

35. Nancy Sinatra, *Frank Sinatra: My Father*, op. cit., pp. 132-3.

36. Richard Havers, op. cit., pp. 219-20.

37. Peter J. Levinson, *September in the Rain: The Life of Nelson Riddle*, op. cit., pp. 132-3.

38. Ibid., pp. 133-4.

39. Sammy Cahn, op. cit., p. 131.

40. *New York Times*, 16 ago. 1956.

41. Richard Havers, op. cit., p. 220.

42. Arnold Shaw, op. cit., p. 220.

43. Ibid., p. 100.

44. Ann M. Sperber e Eric Lax, op. cit., pp. 510-1.

45. Earl Wilson, coluna distribuída, 12 set. 1956; Louella Parsons, coluna distribuída, 14 set. 1956.

46. Louella Parsons, coluna distribuída, 14 set. 1956.

47. George Jacobs e William Stadiem, op. cit., p. 81.

48. Hal Humphrey, coluna distribuída, 14 set. 1956.

49. George Jacobs e William Stadiem, op. cit., p. 75.

50. Louella Parsons, coluna distribuída, 22 abr. 1956.

51. Todas as citações de *Person to Person* de 14 set. 1956 são transcritas do cinescópio de um programa gravado num DVD privado.

52. "Person to Person (1953-61)", em The Pop History Dig. Disponível em: <www.pophistorydig.com/topics/person-to-person1953-1961/>. Acesso em: 18 set. 2015.

53. Richard Havers, op. cit., pp. 222-3.

54. Lauren Bacall, op. cit., pp. 321-2.

55. Ibid., p. 321.

56. Ann Sperber e Eric Lax, op. cit., p. 511.

57. Lauren Bacall, op. cit., p. 322.

58. Ibid.

59. Anthony Summers e Robbyn Swan, op. cit., p. 230.

60. Kitty Kelley, *His Way: An Unauthorized Biography of Frank Sinatra*, op. cit., p. 240.

61. George Jacobs e William Stadiem, op. cit., p. 68.

62. "The Joker Is Wild", catálogo de filmes da AFI. Disponível em: <www.afi.com/members/catalog/DetailView.aspx?s=&Movie=52247>. Acesso em: 18 set. 2015.

63. Arnold Shaw, op. cit., p. 223.

64. Bob Thomas, coluna distribuída, 23 out. 1956.

65. Steve Fischer, *When the Mob Ran Vegas: Stories of Money, Mayhem and Murder*. Omaha: Berkline, 2007. p. 72.

66. Peter J. Levinson, *September in the Rain: The Life of Nelson Riddle*, op. cit., pp. 136-7.

67. Will Friedwald, *Sinatra! The Song Is You*, op. cit., p. 235.

68. Charles L. Granata, op. cit., p. 94.

69. Will Friedwald, *Sinatra! The Song Is You*, op. cit., p. 43.

70. Peter J. Levinson, *September in the Rain: The Life of Nelson Riddle*, op. cit., p. 132.

71. Peter J. Levinson, *Tommy Dorsey: Livin' in a Great Big Way*. Boston: Da Capo, 2009. p. 302.

72. Associated Press, 3 dez. 1956.

73. Peter J. Levinson, *Tommy Dorsey: Livin' in a Great Big Way*, op. cit., pp. 303-4.

74. Tom Santopietro, op. cit., p. 228.

75. Bill Davidson, op. cit., p. 48.

76. Ibid., p. 18.

77. United Press, 16 dez. 1956.

78. Lee Server, *Ava Garner: "Love is Nothing"*, op. cit., p. 519.

79. Arnold Shaw, op. cit., p. 224.

CAPÍTULO 7. [pp. 168-90]

1. Reportagem de agência de notícias, 1 jan. 1957.

2. Dorothy Kilgallen, coluna distribuída, 15 jan. 1957.

3. Sammy Davis Jr., Burt Boyar e Jane Boyar, *Sammy: An Autobiography*. Nova York: Farrar, Straus & Giroux, 2000. pp. 250-1.

4. Earl Wilson, coluna distribuída, 16 jan. 1957.

5. Arnold Shaw, op. cit., p. 226.

6. Nancy Sinatra, *Frank Sinatra: Frank Sinatra: An American Legend*, op. cit., p. 129.

7. Sammy Davis Jr., Burt Boyar e Jane Boyar, *Sammy: An Autobiography*, op. cit., p. 251.

8. Richard Havers, op. cit., p. 225.

9. Arnold Shaw, op. cit., p. 225.

10. Ann Sperber e Eric Lax, op. cit., pp. 517-8.

11. Louella Parsons, coluna distribuída, 17 jan. 1957.

12. Earl Wilson, *Sinatra: An Unauthorized Biography*. Nova York: Macmillan, 1976. p. 131.

13. *Nevada State Journal*, 24 jan. 1957, p. 7.

14. Richard Havers, op. cit., p. 226.

15. Ibid.

16. Louella Parsons, coluna distribuída, 1 fev. 1957.

17. Richard Havers, op. cit., p. 225.

18. Reportagem de agência de notícias, 7 fev. 1957.

19. Bill Davidson, op. cit., p. 25.

20. Reportagem de agência de notícias, 8 mar. 1957; Richard Havers, op. cit., p. 225.

21. Ibid.; Kitty Kelley, *His Way: An Unauthorized Biography of Frank Sinatra*, op. cit., p. 242.

22. Reportagem de agência de notícias, 8 mar. 1957.

23. *Los Angeles Times*, 28 fev. 1957.

24. Ibid.

25. Ibid.

26. Ibid.

27. Louella Parsons, coluna distribuída, 28 fev. 1957.

28. Kitty Kelley, *His Way: An Unauthorized Biography of Frank Sinatra*, op. cit., p. 243.

29. Reportagem de agência de notícias, 27 mar. 1957.

30. Richard Ben Cramer, op. cit., p. 389.

31. Ezra Goodman, *Fifty-Year Decline and Fall of Hollywood*. Nova York: Simon & Schuster, 1961. p. 245.

32. Ibid., p. 246.

33. Tom Santopietro, op. cit., p. 229.

34. Will Friedwald, *Sinatra! The Song Is You*, op. cit., pp. 251-2.

35. Ibid., p. 251.

36. Ibid., p. 252.

37. *San Marino Tribune*, Califórnia, 19 set. 1946; *Portsmouth Times*, Ohio, 13 dez. 1946.

38. Bruce Jenkins, *Goodbye: In Search of Gordon Jenkins*. Berkeley, CA: Frog, 2005. p. 206.

39. Ibid., p. 210.

40. Will Friedwald, *Sinatra! The Song Is You*, op. cit., p. 341.

41. Jonathan Schwartz, em conversa com o autor, 7 dez. 2011.

42. Will Friedwald, *Sinatra! The Song Is You*, op. cit., p. 336.

43. Jonathan Schwartz, em conversa com o autor, 7 dez. 2011.

44. *Lima News*, Ohio, 23 abr. 1957.

45. Erskine Johnson, coluna distribuída, 6 maio 1957.

46. Bill Davidson, op. cit., pp. 12-3.

47. *Look*, 14 maio 1957.

48. Kitty Kelley, *His Way: An Unauthorized Biography of Frank Sinatra*, op. cit., p. 245.

49. Ibid., pp. 243-4.

50. Will Friedwald, *Sinatra! The Song Is You*, op. cit., p. 250.

CAPÍTULO 8. [pp. 191-225]

1. Arnold Shaw, op. cit., p. 231.

2. Peter Bogdanovich, *Who the Hell's in It*, op. cit., p. 418.

3. Will Friedwald, *Sinatra! The Song Is You*, op. cit., pp. 337-8.

4. Charles L. Granata, op. cit., p. 106.

5. Ibid.

6. Ibid., pp. 106-7.

7. Leonard Slatkin, em conversa com o autor, maio 2013.

8. Charles L. Granata, op. cit., pp. 133-4.

9. Ibid., p. 134.

10. Will Friedwald, *Sinatra! The Song Is You*, op. cit., p. 252.

11. Ibid.

12. Peter J. Levinson, *September in the Rain: The Life of Nelson Riddle*, op. cit., p. 135.

13. Rosemary Riddle Acerra, em conversa com o autor, out. 2012.

14. Peter J. Levinson, *September in the Rain: The Life of Nelson Riddle*, op. cit., p. 135.

15. Will Friedwald, *Sinatra! The Song Is You*, op. cit., p. 252.

16. *Variety*, 18 fev. 1957.

17. Ibid., p. 54.

18. Jerry Lewis, em conversa com o autor, jun. 1999.

19. Jerry Lewis e James Kaplan, *Dean and Me (A Love Story)*. Nova York: Three Rivers, 2007. pp. 33-4.

20. Nick Tosches, *Dino: Living High in the Dirty Business of Dreams*. Nova York: Simon & Schuster, 2002. p. 267.

21. Ibid., p. 322.

22. Bob Thomas, coluna distribuída, 1 out. 1957.

23. Nick Tosches, op. cit., p. 311.

24. Transcrito de uma gravação privada.

25. Harrison Carroll, coluna distribuída, 16 ago. 1957.

26. *Deseret News*, 16 set. 1957.

27. Reportagem de agência de notícias, 16 set. 1957.

28. Arnold Shaw, op. cit., p. 231.

29. Ibid., p. 235.

30. James Bacon, coluna distribuída, 10 dez. 1957.

31. Earl Wilson, *Sinatra: An Unauthorized Biography*, op. cit., p. 132.

32. Arnold Shaw, op. cit., p. 238.

33. United Press, 15 set. 1957.

34. Earl Wilson, *Sinatra: An Unauthorized Biography*, op. cit., p. 133.

35. Reportagem de agência de notícias, 16 set. 1957.

36. Hedda Hopper, coluna distribuída, 19 set. 1957.

37. Lauren Bacall, op. cit., p. 304.

38. Ibid., pp. 372-3.

39. Will Friedwald, *Sinatra! The Song Is You*, op. cit., p. 289.

40. Ibid., p. 290.

41. Charles L. Granata, op. cit., pp. 134-5.

42. Ibid., p. 136.

43. Will Friedwald, *Sinatra! The Song Is You*, op. cit., p. 287.

44. Ibid., p. 286.

45. Charles L. Granata, op. cit., p. 136.

46. Mark Lewisohn, *The Beatles: All These Years*, op. cit., p. 396.

47. Ibid., pp. 396-7.

48. Rosemary Clooney e Joan Barthel, *Girl Singer: An Autobiography*. Nova York: Doubleday, 1999. pp. 161-2.

49. Ibid., p. 161.

50. Arnold Shaw, op. cit., p. 144.

51. Richard Havers, op. cit., p. 230.

52. Ibid., pp. 231-2.

53. Ibid., pp. 232-3.

54. Ibid., p. 233.

55. Jonathan Schwartz, entrevista, 11 jul. 2013.

56. *The Frank Sinatra Show*, temporada 1, episódio 1, TV.com. Disponível em: <www.tv.com/shows/the-fraank-sinatra-show/bob-hope-kim-novak-and-peggy-lee-56545>. Acesso em: 18 set. 2015

57. Ibid.

58. Richard Havers, op. cit., p. 233.

59. Jack O'Brien, coluna distribuída, 19 out. 1957.

60. Charles Mercer, coluna distribuída, 6 dez. 1957.

61. Kitty Kelley, *His Way: An Unauthorized Biography of Frank Sinatra*, op. cit., p. 252.

62. Associated Press, 28 out. 1957.

63. Richard Havers, op. cit., p. 233; Associated Press, 29 out. 1957.

64. *Variety*, 6 nov. 1957.

65. "The Short Happy Ad Career of Ernest Hemingway", *Knopf Notes*. Disponível em: <www.knopfnotes.com/articles/the-short-happy-ad-career-of-ernest-hemingway>.

66. *Variety*, 4 dez. 1957.

67. Jack O'Brien, coluna distribuída, 2 dez. 1957.

68. Hedda Hopper, coluna distribuída, 15 dez. 1957.

69. Lee Server, *Ava Garner: "Love is Nothing"*, op. cit., p. 348.

70. Ibid., p. 349.

CAPÍTULO 9. [pp. 229-54]

1. *New York Times*, 6 jan. 1958.

2. Ed Walter, em conversa com o autor, set. 2013.

3. Anthony Summers e Robbyn Swan, op. cit., p. 183.

4. Seymour M. Hersh, *Dark Side of Camelot*. Boston: Little, Brown, 1997. p. 138.

5. George Jacobs e William Stadiem, op. cit., p. 101.

6. Robert J. Wagner, em conversa com o autor, nov. 2013.

7. Betsy Duncan Hammes, em conversa com o autor, jun. 2011.

8. Anthony Summers e Robbyn Swan, op. cit., p. 253.

9. Gloria Franks, em conversa com o autor, jun. 2011.

10. Antoinette Giancana e Thomas C. Renner, *Mafia Princess*. Nova York: William Morrow, 1984. p. 86.

11. Shawn Levy, *Rat Pack Confidential: Frank, Dean, Sammy, Peter, Joey and the Last Great Show Biz Party*. Nova York: Broadway, 2001. p. 136.

12. George Jacobs e William Stadiem, op. cit., p. 100.

13. Ibid., pp. 104-5.

14. United Press, 8 maio 1957.

15. Shawn Levy, op. cit., p. 93.

16. United Press, 8 maio 1957.

17. Shawn Levy, op. cit., p. 86.

18. James P. Kraft, *Vegas at Ods: Labor Conflict in a Leisure Economy, 1960-1985*. Baltimore: Johns Hopkins University Press, 2010. pp. 17-8.

19. Frank Rose, *Agency: William Morris and the Hidden History of Show Business*. Nova York: HarperBusiness, 1996. p. 181.

20. Jerry Lewis e James Kaplan, op. cit., p. 60.

21. Kristin Baggelaar, *Copacabana* (*Images of America*). Charleston, SC: Arcadia, 2006. p. 88.

22. Shawn Levy, op. cit., p. 84.

23. Ibid., p. 88.

24. Suzanne Finstad, op. cit., p. 244.

25. "Hollywood Roundup", coluna distribuída, 5 jan. 1958.

26. Reportagem de agência de notícias, 9 jan. 1958.

27. Anthony Summers e Robbyn Swan, op. cit., pp. 239-40.

28. Richard Havers, op. cit., p. 239.

29. Arnold Shaw, op. cit., p. 246.

30. Lauren Bacall, op. cit., p. 377.

31. Ibid., p. 379.

32. Arnold Shaw, op. cit., p. 238.

33. Lauren Bacall, op. cit., pp. 377-8.

34. James Kaplan, *Frank: A Voz*, op. cit., p. 601.

35. Louella Parsons, coluna distribuída, 23 jan. 1958.

36. Lauren Bacall, op. cit., p. 379.

37. Ibid., p. 380.

38. Ibid., pp. 380-1.

39. Phil Kuntz e Tom Kuntz, *Sinatra Files: The Secret FBI Dossier*. Nova York: Three Rivers, 2000. p. 113.

40. Walter Winchell, coluna distribuída, 19 mar. 1958.

41. Bob Thomas, coluna independente, 12 mar. 1958.

42. Lauren Bacall, op. cit., p. 381.

43. Ibid., pp. 381-2.

44. Ibid., p. 383.

45. Ibid., p. 384.

46. Peter J. Levinson, *September in the Rain: The Life of Nelson Riddle*, op. cit., p. 140.

47. Will Friedwald, *Sinatra! The Song Is You*, op. cit., p. 246.

48. Charles L. Granata, op. cit., p. 139.

49. Will Friedwald, *Sinatra! The Song Is You*, op. cit., p. 245.

50. Nelson Riddle, op. cit., p. 48.

51. Nelson Riddle, entrevista a Jonathan Schwartz, 1982.

52. Texto de apresentação de *Only the Lonely*.

53. Ashley Kahn, "'Lush Life', a Self-Portrait in Song", 5 fev. 2007. Disponível em: <www.npr.org/templates/story/story.php?storyId=7200812>. Acesso em: 18 set. 2015.

54. Gravação privada de diversas tomadas de "Lush Life".

55. Arnold Shawn, op. cit., p. 246.

CAPÍTULO 10. [pp. 255-92]

1. Vernon Scott, coluna distribuída, 3 maio 1958.

2. Harrison Carroll, coluna distribuída, 7 maio 1958.

3. Arnold Shaw, op. cit., p. 247.

4. Reportagem de agência de notícias, 27 mar. 1958.

5. Ibid., 1 jun. 1958.

6. Ibid., 3 jun. 1958.

7. Louella Parsons, coluna distribuída, 17 abr. 1958.

8. Lauren Bacall, op. cit., p. 384.

9. Dorothy Kilgallen, coluna distribuída, 30 set. 1964.

10. *Reading Eagle*, 22 maio 1952.

11. Erskine Johnson, coluna distribuída, 11 jul. 1958.

12. Earl Wilson, coluna distribuída, 16 jun. 1958.

13. Lee Server, *Ava Garner: "Love is Nothing"*, op. cit., pp. 354-5.

14. George Jacobs e William Stadiem, op. cit., p. 198.

15. Hedda Hopper, coluna distribuída, 30 jun. 1958.

16. Quincy Jones, *Q: The Autobiography of Quincy Jones*. Nova York: Harlem Moon, 2002. p. 130.

17. Quincy Jones, em conversa com o autor, fev. 2013.

18. Quincy Jones, op. cit., p. 131.

19. Ibid.

20. Quincy Jones, em conversa com o autor.

21. Stan Britt, *Frank Sinatra: A Celebration*. Nova York: Schirmer Trade, 1995. p. 121.

22. Art Buchwald, coluna distribuída, 1 jul. 1958.

23. Entrevista privada em 1959, cortesia de Ed O'Brien.

24. Arnold Shaw, op. cit., p. 248.

25. Don Ricklese e David Ritz, *Rickles' Book: A Memoir*. Nova York: Simon & Schuster, 2008. p. 64.

26. *Life*, 3 fev. 1958.

27. Reportagem de agência de notícias, 22 jun. 1958.

28. Peter J. Levinson, *September in the Rain: The Life of Nelson Riddle*, op. cit., p. 140.

29. *Redlands Daily Facts*, 16 jul. 1958.

30. Jonathan van Meter, *Last Good Time: Skinny D'Amato, the Notorious 500 Club, & the Rise and Fall of Atlantic City*. Nova York: Three Rivers, 2003. p. 175.

31. Ibid.

32. Sally Denton e Roger Morris, *The Money and the Power: The Making of Las Vegas and Its Hold on America*. Nova York: Alfred A. Knopf, 2001. p. 184.

33. David Nasaw, op. cit., p. 719.

34. Sally Denton e Roger Morris, op. cit., p. 184.

35. David Nasaw, op. cit., pp. 719-20.

36. Seymour M. Hersh, op. cit., p. 135.

37. Ibid.

38. Reportagem de agência de notícias, 7 jul. 1958.

39. Dennis McDougal, *Last Mogul: Lew Wasserman, MCA, and the Hidden History of Hollywood*. Boston: Da Capo, 2001. p. 236

40. Kitty Kelley, *His Way: An Unauthorized Biography of Frank Sinatra*, op. cit., p. 226.

41. *Time*, 25 ago. 1958.

42. Ibid.

43. Ibid.

44. Ibid.

45. Tom Santopietro, op. cit., p. 254.

46. Ibid.

47. Arnold Shaw, op. cit., p. 250.

48. Ibid.

49. Shirley MacLaine, *My Lucky Stars: A Hollywood Memoir*. Nova York: Bantam, 1996. pp. 64-5.

50. Ibid.

51. Ibid., pp. 65-6.

52. Ibid., pp. 68-9.

53. Phil Kuntz e Tom Kuntz, op. cit., p. 113.

54. Anthony Summers e Robbyn Swan, op. cit., p. 244.

55. Nick Tosches, op. cit., p. 322.

56. Arnold Shaw, op. cit., p. 251.

57. Ed O'Brien e Scott P. Sayers, *Sinatra: The Man and His Music*. Austin, TX: TSD, 1992. p. 260.

58. Vincente Minnelli e Hector Arce, *I Remember It Well*. Londres: Angus & Robertson, 1975. p. 339.

59. Nick Tosches, op. cit., p. 263.

60. Ibid., pp. 263-4.

61. Jerry Lewis e James Kaplan, op. cit., p. 20.

62. *American Weekly*, 31 maio 1959.

63. United Press, 19 out. 1958.

64. Reportagem de agência de notícias, 20 out. 1958.

65. *American Weekly*, 31 maio 1959.

66. Arnold Shaw, op. cit., p. 252.

67. Associated Press, 5 nov. 1958.

68. Arnold Shaw, op. cit., p. 254.

69. Gerald Clarke, *Get Happy: The Life of Judy Garland*. Nova York: Random House, 2000. p. 329.

70. *Billboard*, 31 mar. 1958.

71. Gerold Frank, *Judy*. Boston: Da Capo, 1999. p. 444.

72. Louella Parsons, coluna distribuída, 1 out. 1958.

73. *Variety*, 7 out. 1958.

74. Robert J. Wagner, em conversa com o autor, nov. 2013.

75. Louella Parsons, coluna distribuída, 11 out. 1958.

76. Robert J. Wagner, em conversa com o autor.

77. Shirley MacLaine, op. cit., pp. 57-8.

78. Jerry Lewis e James Kaplan, op. cit., p. 33.

79. Frank Capra, *Name above the Title: An Autobiography*. Boston: Da Capo, 1997. p. 449.

80. Ibid., p. 455.

81. Ibid., p. 458.

82. Tom Santopietro, op. cit., p. 264.

83. Eddie Hodges, em conversa com o autor, out. 2013.

84. Shirley MacLaine, op. cit., pp. 62-3.

85. *Life*, 22 dez. 1958.

86. Ibid.

87. Robert J. Wagner, em conversa com o autor.

88. Kitty Kelley, *His Way: An Unauthorized Biography of Frank Sinatra*, op. cit., p. 257.

89. T. J. English, *Havana Nocturne: How the Mob Owned Cuba and Then Lost It to the Revolution*. Nova York: Harper, 2008. p. 305.

CAPÍTULO 11. [pp. 293-317]

1. James Spada, *Peter Lawford: The Man Who Kept Secrets*. Nova York: Bantam, 1991. p. 212.

2. Shawn Levy, op. cit., p. 73.

3. *Variety*, 16 jan. 1959.

4. Lee Server, *Ava Garner: "Love is Nothing"*, op. cit., p. 187.

5. *Variety*, 22 jan. 1959.

6. *Variety*, 30 jan. e 4 fev. 1959.

7. Alec Wilder, correspondência, Biblioteca Pública de Nova York.

8. Lee Server, *Ava Garner: "Love is Nothing"*, op. cit., p. 369.

9. Stanley Kramer, "The Many Moods of Ava", *American Weekly*, 24 jan. 1960.

10. Jack Eigen, obituário, *Milwaukee Journal*, 26 jan. 1983.

11. Kitty Kelley, *His Way: An Unauthorized Biography of Frank Sinatra*, op. cit., pp. 255-6.

12. "Sammy and Frankie Feuding over Chicago Radio Interview", *Jet*, 12 mar. 1959.

13. Shawn Levy, op. cit., p. 73; J. Randy Taraborrelli, op. cit., p. 482.

14. J. Randy Taraborrelli, op. cit., p. 482.

15. Kitty Kelley, *His Way: An Unauthorized Biography of Frank Sinatra*, op. cit., p. 256.

16. Lee Server, *Ava Garner: "Love is Nothing"*, op. cit., p. 372.

17. Hedda Hopper, coluna distribuída, 18 fev. 1959.

18. Lee Server, *Ava Garner: "Love is Nothing"*, op. cit., p. 372.

19. Ibid.

20. Army Archerd, coluna distribuída, *Variety*, 4 mar. 1959.

21. *Variety*, 11 mar. 1959.

22. Ibid.

23. Ibid.

24. Will Friedwald, texto de apresentação, *Frank Sinatra with the Red Norvo Quintet, Live in Australia, 1959*.

25. Lee Server, *Ava Garner: "Love is Nothing"*, op. cit., p. 374.

26. Will Friedwald, texto de apresentação, *Frank Sinatra with the Red Norvo Quintet, Live in Australia, 1959*.

27. Ibid.

28. Lee Server, *Ava Gardner*, p. 375.

29. Anthony Summers e Robbyn Swan, op. cit., p. 206.

30. Eddie Hodges, em conversa com o autor, out. 2013.

31. Ibid.

32. George Jacobs e William Stadiem, op. cit., p. 129.

33. Chris Ingham, *Rough Guide to Frank Sinatra*. Londres: Rough Guides, 2005. p. 64.

34. George Jacobs e William Stadiem, op. cit., p. 129.

35. Margaria Fichtner, "A National Treasure", *Chicago Tribune*, 15 mar. 1989.

36. Ronald Brownstein, *The Power and the Glitter: The Hollywood-Washington Connection*. Nova York: Vintage, 1992. p. 159.

37. Evan Thomas, *Robert Kennedy: His Life*. Nova York: Simon & Schuster, 2002. p. 48.

38. David Nasaw, op. cit., p. 80.

39. Ibid., pp. 719-20.

40. Anthony Summers e Robbyn Swan, op. cit., p. 258.

41. George Jacobs e William Stadiem, op. cit., pp. 117-8.

42. Nancy Olson Livingston, em conversa com o autor, jan. 2013.

43. Anthony Summers e Robbyn Swan, op. cit., p. 257.

44. George Jacobs e William Stadiem, op. cit., p. 135.

45. Kitty Kelley, *His Way: An Unauthorized Biography of Frank Sinatra*, op. cit., p. 267.

46. David Pietrusza, *1960 — LBJ vs. JFK vs. Nixon: The Epic Campaign that Forged Three Presidencies*. Nova York: Union Square, 2010. p. 234.

47. Walter Winchell, coluna distribuída, 16 nov. 1958.

48. Vernon Scott, nota, 14 maio 1959.

49. *Lowell Sun*, 1 maio 1959.

CAPÍTULO 12. [pp. 318-56]

1. Chuck Giancana e Sam Giancana, *Double Cross: The Explosive, inside Story of the Mobster Who Controlled America*. Nova York: Warner, 1992. p. 274.

2. Christopher Turner, "Nevada's Most Unwanted", *Cabinet*, outono 2005. Disponível em: <www.cabinetmagazine.org/issues/19/turner2.php>. Acesso em: 18 set. 2015.

3. United Press, 7 jun. 1959.

4. Ibid., 10 jun. 1959.

5. Dean Jones, em conversa com o autor, nov. 2013.

6. Ibid.

7. Hedda Hopper, coluna distribuída, 30 jun. 1959.

8. Dorothy Kilgallen, coluna distribuída, 19 maio 1959.

9. Phil Kuntz e Tom Kuntz, op. cit., p. 148.

10. United Press, 6 jul. 1959.

11. Louella Parsons, coluna distribuída, 23 jun. 1959.

12. Donald Clarke, *Billie Holiday: Wishing On The Moon*. Boston: Da Capo, 2002. p. 96.

13. Ibid., p. 12.

14. Ibid., p. 438.

15. George Jacobs e William Stadiem, op. cit., pp. 150-1.

16. Ibid.

17. Jonathan van Meter, op. cit., pp. 69-77.

18. Ibid., pp. 97-8.

19. Ibid., p 106.

20. Ibid.

21. Richard Apt, "Sinatra and the Atlantic City Connection", em Leonard Mustazza, *Frank Sinatra and Popular Culture: Essays on an American Icon*. Westport, CT: Praeger, 1998. p. 224.

22. Hedda Hopper, coluna distribuída, 19 jul. 1959.

23. Leonard Lyons, coluna distribuída, 3 ago. 1959.

24. Richard Apt, op. cit., p. 224.

25. Earl Wilson, coluna distribuída, 30 jul. 1959.

26. Richard Apt, op. cit., p. 223.

27. Earl Wilson, coluna distribuída, 10 ago. 1959.

28. Ibid., 3 ago. 1959.

29. Phil Kuntz e Tom Kuntz, op. cit., pp. 195-6.

30. Jonathan van Meter, op. cit., pp. 145-6.

31. Anthony Summers e Robbyn Swan, op. cit., p. 254.

32. Tom Santopietro, op. cit., p. 277.

33. Ibid., p. 276.

34. United Press, 8 jul. 1959.

35. Ibid.

36. Lee Server, *Ava Gardner*, p. 376.

37. Ibid., p. 378.

38. Nota de agência de notícias, 17 set. 1959.

39. Miles Davis e Quincy Troupe, *Miles: An Autobiography*. Nova York: Simon & Schuster, 2011. p. 237.

40. *New York Times*, 20 set. 1959.

41. Peter Carlson, *K Blows Top: A Cold War Comic Interlude, Starring Nikita Khrushchev, America's Most Unlikely Tourist*. Nova York: PublicAffairs, 2009. p. 150.

42. Associated Press, 24 set. 1959.

43. *Van Nuys News*, 20 set. 1959.

44. *New York Times*, 20 set. 1959.

45. Daniel O'Brien, op. cit., p. 126.

46. Ibid.

47. Harriet van Horne, coluna distribuída, 30 set. 1959.

48. Fred Danzig, coluna distribuída, 30 set. 1959.

49. Cynthia Lowry, coluna distribuída, 20 out. 1959.

50. Fred Danzig, coluna distribuída, 20 out. 1959.

51. Disponível em: <www.youtube.com/watch?v=dnehqZ-eXZc>. Acesso em: 28 set. 2015.

52. Fred Danzig, coluna distribuída, 4 nov. 1959.

53. Cynthia Lowry, coluna distribuída, 4 nov. 1959.

54. Fred Danzig, coluna distribuída, 30 set. 1959.

55. *Los Angeles Times*, 30 out. 1959.

56. Realman Morin, nota, 6 nov. 1959.

57. *Los Angeles Times*, 30 out. 1959.

58. Ibid., 3 nov. 1959.

59. Michael O'Brien, *John F. Kennedy: A Biography*. Nova York: Thomas Dunne, 2005. p. 198.

60. Relman Morin, nota, 6 nov. 1959.

61. Hedda Hopper, *Los Angeles Times*, 4 nov. 1959.

62. Anthony Summers e Robbyn Swan, op. cit., p. 260.

63. Angie Dickinson, em conversa com o autor, jul. 2006.

64. Ibid.

65. Seymour M. Hersh, op. cit., pp. 296-7.

66. Judith Exner e Ovid Demaris, *My Story*. Nova York: Grove, 1977. p. 61.

67. Gloria Franks, em conversa com o autor, jun. 2011.

68. Betsy Duncan Hammes, em conversa com o autor, jun. 2011.

69. Judith Exner e Ovid Demaris, op. cit., p. 49.

70. Anthony Summers e Robbyn Swan, op. cit., p. 260.

71. Relman Morin, nota, 6 nov. 1959.

72. Associated Press, 4 nov. 1959.

73. Earl Wilson, coluna distribuída, 5 nov. 1959.

74. Kitty Kelley, *His Way: An Unauthorized Biography of Frank Sinatra*, op. cit., p. 267.

75. Phil Kuntz e Tom Kuntz, op. cit., p. 125.

76. Kitty Kelley, *His Way: An Unauthorized Biography of Frank Sinatra*, op. cit., p. 286.

77. Judith Exner e Ovid Demaris, op. cit., pp. 49-50.

78. Ibid., p. 50.

79. Gus Russo, *Supermob: How Sidney Korshak and His Criminal Associates Became America's Hidden Power Brokers*. Nova York: Bloomsbury, 2007. pp. 141-2.

80. Judith Exner e Ovid Demaris, op. cit., p. 54.

81. Ibid., pp. 57-8.

82. Ibid., p 58.

83. Ibid., p. 54.

84. Ibid., p. 59.

85. George Jacobs e William Stadiem, op. cit., p. 126.

86. Dean Jones, em conversa com o autor.

87. Lawrence J. Quirk, *Kennedys in Hollywood*. Lanham, MD: Taylor Trade, 2004. p. 175.

88. *Variety*, 30 nov. 1959.

89. Ibid.

90. Judith Exner e Ovid Demaris, op. cit., pp. 60-1.

91. Ibid., pp. 61-2.

92. Associated Press, 25 ago. 1960.

93. Judith Exner e Ovid Demaris, op. cit., pp. 63-4.

94. *Salt Lake City Tribune*, 8 dez. 1959.

95. Seymour M. Hersh, op. cit., p. 138.

CAPÍTULO 13. [pp. 357-399]

1. Ronald Brownstein, *The Power and the Glitter: The Hollywood-Washington Connection*. Nova York: Vintage, 1992. p. 155.

2. Earl Wilson, *The Show Business Nobody Knows*. Spokane: Cowles, 1971. p. 14.

3. Shecky Greene, em conversa com o autor, nov. 2012.

4. Ed Walters, em conversa com o autor, nov. 2012.

5. Ibid.

6. Shawn Levy, op. cit., p. 108.

7. Hedda Hooper, coluna distribuída, 11 fev. 1960.

8. Shecky Greene, em conversa com o autor.

9. Shawn Levy, op. cit., p. 108.

10. Tom Santopietro, op. cit., p. 285.

11. Ibid.

12. "The Rat Pack Photographer", *Los Angeles Times*, 12 dez. 2001.

13. Bill Zehme, *Way You Wear Your Hat: Frank Sinatra and the Lost Art of Livin'*. Nova York: William Morrow, 1999. p. 44.

14. Ed Walters, em conversa com o autor.

15. Ibid.

16. Shawn Levy, op. cit., p. 76.

17. Bill Zehme, op. cit., p. 4.

18. *Los Angeles Times*, 12 dez. 2001.

19. Judith Exner e Ovid Demaris, op. cit., p. 82.

20. Ibid., p. 83.

21. Jonathan Gould, *Can't Buy Me Love: The Beatles, Britain, and America*. Nova York: Three Rivers, 2008. pp. 205-6.

22. Ed Walters, em conversa com o autor.

23. Nancy Olson Livingston, em conversa com o autor, jan. 2013.

24. Ralph G. Martin, *Hero for Our Time: An Intimate Story of the Kennedy Years*. Nova York: Scribner, 1983. p. 199.

25. "The Jack Pack (1958-1960)", The Pop History Dig. Disponível em: <www.pophistorydig.com/?p=9361>. Acesso em: 18 set. 2015.

26. Judith Exner e Ovid Demaris, op. cit., p. 86.

27. Anthony Summers e Robbyn Swan, op. cit., p. 264.

28. Ibid.

29. Betsy Duncan Hammes, em conversa com o autor, dez. 2013.

30. Ralph G. Martin, op. cit., p. 199.

31. Judith Exner e Ovid Demaris, op. cit., p. 87.

32. Nancy Olson Livingston, em conversa com o autor.

33. Judith Exner e Ovid Demaris, op. cit., p. 94.

34. Ibid., p. 99.

35. Richard Havers, op. cit., p. 252.

36. Stan Cornyn e Paul Scanlon, *Exploding: The Highs, Hits, Hype, Heroes, and Hustlers of the Warner Music Group*. Nova York: HarperCollins, 2002. p. 47.

37. Alan e Marilyn Bergman, em conversa com o autor, nov. 2012.

38. Will Friedwald, *Sinatra! The Song Is You*, op. cit., p. 256.

39. Kitty Kelley, *His Way: An Unauthorized Biography of Frank Sinatra*, op. cit., p. 110.

40. George Jacobs e William Stadiem, op. cit., p. 144.

41. *New York Times*, 20 jan. 1960.

42. Kitty Kelley, *His Way: An Unauthorized Biography of Frank Sinatra*, op. cit., p. 272.

43. Ibid.

44. Associated Press, 22 mar. 1960.

45. *New York Times*, 20 mar. 1960.

46. United Press, 23 mar. 1960.

47. Michael Munn, *John Wayne: The Man behind the Myth*. Nova York: New American Library, 2005. pp. 216-7; Kitty Kelley, *His Way: An Unauthorized Biography of Frank Sinatra*, op. cit., p. 273.

48. Kitty Kelley, *His Way: An Unauthorized Biography of Frank Sinatra*, op. cit., pp. 272-3.

49. Hedda Hopper, coluna distribuída, 8 abr. 1960.

50. *Variety*, 30 mar. 1960.

51. Ibid.

52. Earl Wilson, coluna distribuída, 28 mar. 1960.

53. Kitty Kelley, *His Way: An Unauthorized Biography of Frank Sinatra*, op. cit., p. 274.

54. Ibid.

55. Tina Sinatra e Jeff Coplon, op. cit., p. 78.

56. *New York Times*, 20 mar. 1960.

57. Tina Sinatra e Jeff Coplon, op. cit., p. 79.

58. George Jacobs e William Stadiem, op. cit., p. 145.

59. Dorothy Kilgallen, coluna distribuída, 18 abr. 1960.

60. James Spada, op. cit., p. 226.

61. *Los Angeles Times*, 13 ago. 2000.

62. Sammy Davis Jr., Burt Boyar e Jane Boyar, *Why Me?*. Nova York: Farrar, Straus & Giroux, 1989. p. 111.

63. Shawn Levy, op. cit., p. 155.

64. Peter Guralnick e Ernst Jorgensen, *Elvis Day by Day: The Definitive Record of His Life and Music*. Nova York: Ballantine, 1999. pp. 146-7.

65. George Jacobs e William Stadiem, op. cit., p. 125.

66. Disponível em: <www.youtube.com/watch?v=ngQbGj8aSWs>. Acesso em: 18 set. 2015.

67. *Redlands Daily Facts*, Califórnia, 9 mar. 1960.

68. Anthony Summers e Robbyn Swan, op. cit., p. 269.

69. Ibid.

70. Seymour M. Hersh, op. cit., p. 299.

71. Judith Exner e Ovid Demaris, op. cit., p. 122.

72. Chuck Giancana e Sam Giancana, op. cit., p. 282.

73. Judith Exner e Ovid Demaris, op. cit., p. 116.

74. Anthony Summers e Robbyn Swan, op. cit., pp. 268-9.

75. Will Friedwald, *Sinatra! The Song Is You*, op. cit., p. 256.

76. Ibid.

77. Alan e Marilyn Bergman, em conversa com o autor, nov. 2012.

78. Louella Parsons, coluna distribuída, 24 abr. 1960.

79. Richard Havers, op. cit., p. 255.

80. *Variety*, 16 maio 1960.

81. Kitty Kelley, *His Way: An Unauthorized Biography of Frank Sinatra*, op. cit., pp. 275-6; Associated Press, 15 maio 1960.

CAPÍTULO 14. [pp. 400-45]

1. Theodore H. White, *Making of the President, 1960: A Narrative History of American Politics in Action*. Nova York: Atheneum, 1962. p. 97.

2. Seymour M. Hersh, op. cit., p. 90.

3. Jonathan van Meter, op. cit., p. 172.

4. Ibid., p. 173.

5. Anthony Summers e Robbyn Swan, op. cit., p. 271.

6. Seymour M. Hersh, op. cit., p. 100.

7. Ibid., p. 101.

8. Sammy Davis Jr., Burt Boyar e Jane Boyar, *Why Me?*, op. cit., p. 108.

9. Ed Walters, em conversa com o autor, jan. 2014.

10. Seymour M. Hersh, op. cit., p. 98.

11. Judith Exner e Ovid Demaris, op. cit., p. 113.

12. Associated Press, 30 maio 1960.

13. Theodore H. White, op. cit., p. 151.

14. Ibid., p. 150.

15. Norman Mailer, *Mind of an Outlaw: Selected Essays*. Nova York: Random House, 2013. p. 117.

16. *Los Angeles Times*, 11 jul. 1960.

17. Theodore H. White, op. cit., p. 154.

18. Norman Mailer, op. cit., pp. 120-1.

19. Theodore H. White, op. cit., p. 148.

20. Norman Mailer, op. cit., p. 121.

21. Seymour M. Hersh, op. cit., p. 139.

22. *Los Angeles Times*, 8 jul. 1960.

23. Ibid., 11 jul. 1960.

24. Ibid.

25. Associated Press, 11 jul. 1960.

26. Earl Wilson, coluna distribuída, 15 jul. 1960.

27. Kitty Kelley, *His Way: An Unauthorized Biography of Frank Sinatra*, op. cit., pp. 276-7.

28. United Press, 12 jul. 1960.

29. Ibid.

30. Arnold Shaw, op. cit., p. 273.

31. *Milwaukee Journal*, 11 jul. 1960.

32. Kitty Kelley, *His Way: An Unauthorized Biography of Frank Sinatra*, op. cit., p. 277.

33. George Jacobs e William Stadiem, op. cit., p. 56.

34. Theodore H. White, op. cit., pp. 168-9.

35. Kitty Kelley, *His Way: An Unauthorized Biography of Frank Sinatra*, op. cit., p. 277.

36. Theodore H. White, op. cit., p. 165.

37. Kitty Kelley, *His Way: An Unauthorized Biography of Frank Sinatra*, op. cit., p. 278.

38. Theodore H. White, op. cit., p. 169.

39. Kitty Kelley, *His Way: An Unauthorized Biography of Frank Sinatra*, op. cit., p. 278.

40. *Los Angeles Times*, 11 jul. 1960.

41. Seymour M. Hersh, op. cit., p. 123.

42. Ibid., pp. 125-6.

43. Ibid., 129.

44. Robert A. Caro, *Passage of Power*. Nova York: Alfred A. Knopf, 2012. pp. 117-40. v. 4. (The Years of Lyndon Johnson Series.)

45. Inez Robb, coluna distribuída, 18 jul. 1960.

46. Drew Pearson, coluna distribuída, 15 jul. 1960.

47. Arnold Shaw, op. cit., p. 274.

48. United Press, 13 jul. 1960.

49. Kitty Kelley, *His Way: An Unauthorized Biography of Frank Sinatra*, op. cit., p. 279; Anthony Summers e Robbyn Swan, op. cit., p. 289.

50. Jonathan van Meter, op. cit., p. 182.

51. Earl Wilson, coluna distribuída, 26 jul. 1960.

52. Ibid., 3 ago. 1960.

53. Bill Boggs, em conversa com o autor, nov. 2006.

54. Earl Wilson, coluna distribuída, 5 ago. 1960.

55. Leonard Lyons, coluna distribuída, 6 ago. 1960.

56. Shawn Levy, op. cit., pp. 118-9.

57. Bob Thomas, coluna distribuída, 5 ago. 1960.

58. *Variety*, 5 ago. 1960.

59. Tom Santopietro, op. cit., p. 285.

60. T. H. Adamowski, "Love in the Western World: Sinatra and the Conflict of Generations", em Leonard Mustazza, op. cit., p. 36.

61. Não consegui encontrar esta citação de Vidal; ver, porém, Eric Spitzanagel e Harold Ramis, *Believer*, mar. 2006.

62. Nelson Riddle, entrevista a Ed O'Brien; O'Brien, e-mail para o autor, 27 jan. 2014.

63. Will Friedwald, *Sinatra! The Song Is You*, op. cit., pp. 257-8.

64. Jonathan Schwartz, em conversa com o autor, set. 2011.

65. Ed O'Brien, e-mail para o autor, 27 jan. 2014.

66. Will Friedwald, *Sinatra! The Song Is You*, op. cit., p. 224.

67. Ibid., p. 221.

68. Mo Ostin, em conversa com o autor, ago. 2012.

69. Tad Hershorn, *Norman Granz: The Man Who Used Jazz for Justice*. Berkeley: University of California Press, 2011. p. 361.

70. *Variety*, 21 nov. 1960.

71. Mo Ostin, em conversa com o autor.

72. Tad Hershorn, op. cit., p. 293.

73. Stan Cornyn e Paul Scanlon, op. cit., p. 47.

74. Mo Ostin, em conversa com o autor.

75. Tad Hershorn, op. cit., p. 293.

76. Nancy Sinatra, *Frank Sinatra: An American Legend*, op. cit., p. 148; Arnold Shaw, op. cit., p. 274.

77. Arnold Shaw, op. cit., p. 274.

78. Mike Connolly, coluna distribuída, 15 set. 1960; *Delaware County Daily Times*, 17 set. 1960; "'The Jack Pack' (1958-60)", op. cit.

79. Dorothy Kilgallen, coluna distribuída, 22 set. 1960.

80. United Press, 12 set. 1960.

81. Kitty Kelley, *His Way: An Unauthorized Biography of Frank Sinatra*, op. cit., p. 280; Associated Press, 12 set. 1960.

82. Nancy Sinatra, *Frank Sinatra: My Father*, op. cit., p. 131.

83. Kitty Kelley, *His Way: An Unauthorized Biography of Frank Sinatra*, op. cit., p. 280.

84. George Jacobs e William Stadiem, op. cit., p. 207.

85. Richard D. Kibbey, *Pat Boone: The Hollywood Years*. Mustang, OK: Tate, 2011. p. 128.

86. Nancy Sinatra, *Frank Sinatra: My Father*, op. cit., p. 131.

87. Kitty Kelley, *His Way: An Unauthorized Biography of Frank Sinatra*, op. cit., p. 280.

88. Tom Santopietro, op. cit., p. 402.

89. James Curtis, *Spencer Tracy: A Biography*. Nova York: Alfred A. Knopf, 2011. p. 745.

90. Ibid., p. 302.

91. United Press International, 14 out. 1960.

92. Associated Press, 27 out. 1960.

93. "Did JFK Steal the 1960 Election?", *The Stone Zone*. Disponível em: <www.stonezone.com/article.php?id=391>. Acesso em: 18 set. 2015.

94. Disponível em: <www.museum.tv/eotv/kennedy-nixon.htm>. Acesso em: 18 set. 2015.

95. Joan Braden, *Just Enough Rope: An Intimate Memoir*. Nova York: Villard, 1989. p. 148.

96. Arnold Shaw, op. cit., p. 276.

97. Disponível em: <www.youtube.com/watch?v=1Hb3R3S1_7k>. Acesso em: 18 set. 2015.

98. Arnold Shaw, op. cit., p. 277.

99. Ibid.

100. Kitty Kelley, *His Way: An Unauthorized Biography of Frank Sinatra*, op. cit., p. 281.

101. Chuck Giancana e Sam Giancana, op. cit., p. 290.

102. William F. Roemer Jr., *Roemer: Man against the Mob*. Nova York: Donald I. Fine, 1989. p. 158.

103. Seymour M. Hersh, op. cit., p. 143.

104. Ibid., p. 146.

105. Ibid., p. 145.

106. Disponível em: <vault.fbi.gov/Frank%20Sinatra/Frank%20Sinatra%20Part%2024%20of%2029>. Acesso em: 18 set. 2015.

107. Kitty Kelley, *His Way: An Unauthorized Biography of Frank Sinatra*, op. cit., p. 281; Chuck Giancana e Sam Giancana, op. cit., p. 289.

108. Theodore H. White, op. cit., p. 346.

109. Anthony Summers e Robbyn Swan, op. cit., p. 275.

110. Ibid.

111. Kitty Kelley, *His Way: An Unauthorized Biography of Frank Sinatra*, op. cit., p. 281.

112. Theodore H. White, op. cit., p. 350.

113. George Jacobs e William Stadiem, op. cit., p. 167.

114. Will Friedwald, *Sinatra! The Song Is You*, op. cit., p. 368.

115. Will Friedwald, e-mail para o autor, 4 fev. 2014.

116. Mo Ostin, em conversa com o autor.

117. Frederic Dannen, *Hit Men: Power Brokers and Fast Money inside the Music Business*. Nova York: Vintage, 1991. p. 121.

118. Mo Ostin, em conversa com o autor.

119. Richard Havers, op. cit., p. 259.

120. Shawn Levy, op. cit., p. 167.

121. Nancy Sinatra, *Frank Sinatra: An American Legend*, op. cit., p. 150.

122. George Jacobs e William Stadiem, op. cit., p. 146.

123. Nancy Sinatra, *Frank Sinatra: An American Legend*, op. cit., p. 150.

124. Sammy Davis Jr., Burt Boyar e Jane Boyar, *Sammy: An Autobiography*, op. cit., p. 377.

125. Ibid.

126. Kitty Kelley, *His Way: An Unauthorized Biography of Frank Sinatra*, op. cit., p. 284.

127. Sammy Davis Jr., Burt Boyar e Jane Boyar, *Why Me?*, op. cit., p. 121.

128. Charles L. Granata, op. cit., p. 156.

129. Johnny Mandel, em conversa com o autor, ago. 2011.

130. Charles L. Granata, op. cit., p. 156.

131. Johnny Mandel, em conversa com o autor.

132. Charles L. Granata, op. cit., pp. 155-6.

133. Ibid., p. 157.

134. Ibid.

135. Will Friedwald, *Sinatra! The Song Is You*, op. cit., p. 368.

136. Johnny Mandel, em conversa com o autor.

137. Peter J. Levinson, *September in the Rain: The Life of Nelson Riddle*, op. cit., pp. 149-50.

CAPÍTULO 15. [pp. 446-79]

1. Vernon Scott, nota, 2 jan. 1961.

2. James Bacon, nota, 13 jan. 1961.

3. Ibid.

4. Ibid.

5. Kitty Kelley, *His Way: An Unauthorized Biography of Frank Sinatra*, op. cit., pp. 283-4.

6. Ibid., p. 284.

7. Programa Inaugural de Gala.

8. Shawn Levy, op. cit., p. 174.

9. Ibid., pp. 174-5.

10. Kitty Kelley, *His Way: An Unauthorized Biography of Frank Sinatra*, op. cit., p. 284.

11. Sammy Davis Jr., Burt Boyar e Jane Boyar, *Sammy: An Autobiography*, op. cit., p. 388.

12. Nancy Sinatra, *Frank Sinatra: An American Legend*, op. cit., pp. 150-1.

13. Ibid.

14. Associated Press, 6 jan. 1961.

15. Kitty Kelley, *His Way: An Unauthorized Biography of Frank Sinatra*, op. cit., p. 283.

16. Arnold Shaw, op. cit., p. 279.

17. Walter T. Ridder, Robert E. Lee e William Broom, coluna distribuída, 8 jan. 1961.

18. Programa Inaugural de Gala.

19. Peter J. Levinson, *September in the Rain: The Life of Nelson Riddle*, op. cit., p. 144.

20. Donald L. Barlett e James B. Steele, *Howard Hughes: His Life and Madness*. Nova York: Norton, 2004. p. 254.

21. Bob Bain, em conversa com o autor, fev. 2013.

22. Ibid.

23. Associated Press, 18 jan. 1961.

24. Barbara Leaming, *Mrs. Kennedy: The Missing History of the Kennedy Years*. Nova York: Free, 2001. pp. 1-3.

25. Ibid., pp. 149-50.

26. Arthur M. Schlesinger Jr., *A Thousand Days: John F. Kennedy in the White House*. Boston: Mariner, 2002. p. 1.

27. Shawn Levy, op. cit., pp. 176-7.

28. Carl Sferrazza Anthony, *The Kennedy White House: Family Life and Pictures, 1961-1963*. Nova York: Lisa Drew, 2001. p. 15.

29. Arthur M. Schlesinger Jr., *A Thousand Days: John F. Kennedy in the White House*, op. cit., p. 1.

30. Anthony Summers e Robbyn Swan, op. cit., p. 279.

31. Arnold Shaw, op. cit., p. 280.

32. Programa Inaugural de Gala.

33. Disponível em: <www.dailymotion.com/video/x9gvl2_john-kennedy-inaugural-gala-20-01-1_music>. Acesso em: 18 set. 2015.

34. Shawn Levy, op. cit., p. 177.

35. Harry Belafonte e Michael Shnayerson, *My Song: A Memoir of Art, Race, and Defiance*. Nova York: Vintage, 2012. p. 222.

36. Mark White, *Kennedy: A Cultural History of an American Icon*. Nova York: Bloomsbury Academic, 2013. p. 34.

37. Ibid., pp. 35-6; Kitty Kelley, *His Way: An Unauthorized Biography of Frank Sinatra*, op. cit., p. 285.

38. Carl Sferrazza Anthony, op. cit., p. 17.

39. Richard Reeves, *President Kennedy: Profile of Power*. Nova York: Simon & Schuster, 1994. p. 35; Christopher Andersen, *These Few Precious Days: The Final Year of Jack with Jackie*. Nova York: Gallery, 2013. p. 110.

40. Richard Reeves, op. cit., p. 35; Carl Sferrazza Anthony, op. cit., p. 17.

41. Kitty Kelley, *His Way: An Unauthorized Biography of Frank Sinatra*, op. cit., p. 285.

42. Sally Bedell Smith, *Grace and Power: The Private World of the Kennedy White House*. Nova York: Random House, 2005. p. 62.

43. Mark White, op. cit., p. 35.

44. Anthony Summers e Robbyn Swan, op. cit., p. 280.

45. Ronald Brownstein, op. cit., p. 159.

46. Sally Bedell Smith, op. cit., pp. 71-2.

47. Anthony Summers e Robbyn Swan, op. cit., p. 280.

48. Earl Wilson, coluna distribuída, 27 jan. 1961.

49. Ibid., 26 jan. 1961.

50. Ibid., 30 jan. 1961.

51. Ibid., 20 jan. 1961.

52. Ibid., 25 jan. 1961.

53. Associated Press, 28 jan. 1961.

54. Peter J. Levinson, em conversa com o autor; Peter J. Levinson, *September in the Rain: The Life of Nelson Riddle*, op. cit., p. 146.

55. Associated Press, 28 jan. 1961.

56. *Variety*, 3 fev. 1961.

57. Mo Ostin, em conversa com o autor.

58. Lee Server, *Ava Garner: "Love is Nothing"*, op. cit., p. 382.

59. Earl Wilson, coluna distribuída, 26 jan. 1961.

60. Peter J. Levinson, em conversa com o autor.

61. Lee Server, *Ava Garner: "Love is Nothing"*, op. cit., pp. 383-4.

62. Arnold Shaw, op. cit., p. 282.

63. Associated Press, 8 fev. 1961.

64. *Variety*, 14 fev. 1961.

65. Kitty Kelley, *His Way: An Unauthorized Biography of Frank Sinatra*, op. cit., p. 286.

66. Mo Ostin, em conversa com o autor, ago. 2012.

67. Ed O'Brien e Scott P. Sayers, op. cit., p. 94.

68. John Glatt, *Prince of Paradise: The True Story of a Hotel Heir, His Seductive Wife, and a Ruthless Murder*. Nova York: St. Martin's, 2013. p. 46.

69. Shawn Levy, op. cit., p. 141.

70. *Show Business Illustrated*, 5 set. 1961.

71. Charles Rappleye e Ed. Becker, *All American Mafioso: The Johnny Rosselli Story*. Nova York: Doubleday, 1991. p. 191.

72. Anthony Summers e Robbyn Swan, op. cit., p. 134.

73. Ibid., p. 181.

74. Arthur M. Schlesinger Jr., *Robert Kennedy and His Times*. Boston: Houghton Mifflin, 1978. p. 483.

75. Anthony Summers e Robbyn Swan, op. cit., p. 134.

76. Shawn Levy, op. cit., p. 218.

77. Ibid., p. 219.

78. Charles Rappleye e Ed. Becker, op. cit., p. 212.

79. Ibid.

80. Will Friedwald, *Sinatra! The Song Is You*, op. cit., p. 116.

81. Stan Cornyn e Paul Scanlon, op. cit., p. 49.

82. Will Friedwald, *Sinatra! The Song Is You*, op. cit., p. 294.

83. Richard Havers, op. cit., p. 223.

84. Kitty Kelley, *His Way: An Unauthorized Biography of Frank Sinatra*, op. cit., p. 287.

85. George Jacobs e William Stadiem, op. cit., p. 152.

86. Ibid., p. 153.

87. *Variety*, 5 abr. 1961.

88. Associated Press, 15 mar. 1961.

89. *New York Times*, 25 set. 1960.

90. Kitty Kelley, *His Way: An Unauthorized Biography of Frank Sinatra*, op. cit., p. 287.

91. Ibid.

92. Ibid., p. 288.

93. *Variety*, 5 abr. 1961.

94. United Press, 8 abr. 1961.

95. Kitty Kelley, *His Way: An Unauthorized Biography of Frank Sinatra*, op. cit., pp. 287-8.

96. United Press, 8 abr. 1961.

97. Kitty Kelley, *His Way: An Unauthorized Biography of Frank Sinatra*, op. cit., p. 288.

98. Ibid.

99. Ibid.

100. Associated Press, 14 abr. 1961.

101. Richard Havers, op. cit., p. 263.

102. Will Friedwald, *Sinatra! The Song Is You*, op. cit., p. 377.

103. *Billboard*, 20 nov. 1965.

104. Richard Havers, op. cit., p. 265.

CAPÍTULO 16. [pp. 480-516]

1. Daniel O'Brien, op. cit., p. 140.

2. Shawn Levy, op. cit., p. 180.

3. Ruta Lee, em conversa com o autor, mar. 2014.

4. Ibid.

5. Shawn Levy, op. cit., p. 180.

6. Erskine Johnson, coluna distribuída, 3 ago. 1961.

7. Ruta Lee, em conversa com o autor.

8. J. Randy Taraborrelli, op. cit., p. 252.

9. Ibid.

10. Ruta Lee, em conversa com o autor.

11. J. Randy Taraborrelli, op. cit., pp. 252-3.

12. Donald Spoto, *Marilyn Monroe: The Biography*. Nova York: Cooper Square, 2001. p. 466.

13. Arnold Shaw, op. cit., p. 293.

14. Associated Press, 26 jul. 1961.

15. Arnold Shaw, op. cit., p. 293.

16. Ibid.

17. Ibid.

18. George Jacobs e William Stadiem, op. cit., foto inserida; e ver imagem de 29 ago. 1961, capa da *Look*.

19. J. Randy Taraborrelli, op. cit., p. 253.

20. Louella Parsons, coluna distribuída, 6 jul. 1961.

21. Scott Ritter, *Dangerous Ground: America's Failed Arms Control Policy, from FDR to Obama*. Nova York: Nation, 2010. p. 89.

22. Editorial, *Monroe News Star*, Los Angeles, 18 ago. 1961.

23. United Press, 4 ago. 1961.

24. Associated Press, 11 ago. 1961.

25. Arnold Shaw, op. cit., p. 308.

26. United Press, 9 ago. 1961.

27. Associated Press, 1 ago. 1961.

28. United Press, 9 ago. 1961.

29. Arnold Shaw, op. cit., pp. 294-5.

30. United Press, 9 ago. 1961.

31. Ibid., 17 ago. 1961.

32. Barbara Leaming, op. cit., p. 143.

33. United Press, 4 ago. 1961.

34. *Nevada State Journal*, 13 jul. 1961.

35. Nancy Sinatra, *Frank Sinatra: An American Legend*, op. cit., p. 158.

36. Will Friedwald, *Sinatra! The Song Is You*, op. cit., p. 378.

37. Ibid.

38. Robert Douglas-Home, *Sinatra*. Nova York: Grosset & Dunlap, 1962. p. 15.

39. Charles L. Granata, op. cit., p. 149.

40. Ibid., pp. 149-50.

41. Robert Douglas-Home, op. cit., p. 19.

42. Charles L. Granata, op. cit., p. 149.

43. Vernon Scott, coluna distribuída, 28 ago. 1961.

44. Earl Wilson, coluna distribuída, 25 jan. 1961.

45. *Show Business Illustrated*, 5 set. 1961.

46. Judith Exner e Ovid Demaris, op. cit., p. 220.

47. Kitty Kelley, *His Way: An Unauthorized Biography of Frank Sinatra*, op. cit., pp. 290-1.

48. Barbara Leaming, op. cit., p. 150.

49. Ibid., p. 146.

50. Ibid., p. 145.

51. Ibid., p. 150.

52. Kitty Kelley, *His Way: An Unauthorized Biography of Frank Sinatra*, op. cit., p. 292.

53. Frank Saunders, *Torn Lace Curtain*. Nova York: Holt, Rinehart and Winston, 1982. pp. 83-4.

54. Associated Press, 24 set. 1961.

55. Barbara Leaming, op. cit., p. 151.

56. Ibid., pp. 149-50.

57. Ver programa especial com entrevista de Axelrod, Frankenheimer e Sinatra em *The Manchurian Candidate* [*Sob o domínio do mal*]. Los Angeles: 20th Century Fox, 2004. 1 DVD (126 min).

58. Daniel O'Brien, op. cit., p. 143.

59. Michelangelo Capua, *Janet Leigh: A Biography*. Jefferson, NC: McFarland, 2013. p. 110.

60. Daniel O'Brien, op. cit., p. 143.

61. Victor S. Navasky, *Kennedy Justice*. Nova York: Scribner, 1971. p. 46.

62. Phil Kuntz e Tom Kuntz, op. cit., pp. 152-4.

63. Ibid. p. 153.

64. J. Randy Taraborrelli, op. cit., p. 246.

65. Gus Russo, *The Outfit: The Role of Chicago's Underworld in the Shaping of Modern America*. Nova York: Bloomsbury, 2001. p. 423.

66. Disponível em: <www.imdb.com/name/nm1261248/bio?ref=nm_ov_bio_sm>. Acesso em: 18 set. 2015.

67. Earl Wilson, coluna distribuída, 25 set. 1961.

68. Ibid.

69. Earl Wilson, coluna distribuída, 29 set. 1961.

70. Dorothy Kilgallen, coluna distribuída, 14 out. 1961.

71. Earl Wilson, coluna distribuída, 8 nov. 1961.

72. Ed O'Brien, e-mail para o autor, 24 mar. 2014.

73. Will Friedwald, *Sinatra! The Song Is You*, op. cit., p. 381.

74. Charles L. Granata, op. cit., p. 162.

75. Carmel Malin, em conversa com o autor, jan. 2006; Lee Herschberg, em conversa com o autor, maio 2006.

76. Lee Herschberg, em conversa com o autor.

77. Carmel Malin, em conversa com o autor.

78. Peter J. Levinson, *September in the Rain: The Life of Nelson Riddle*, op. cit., p. 156.

79. Charles L. Granata, op. cit., p. 162.

80. Will Friedwald, *Sinatra! The Song Is You*, op. cit., p. 381.

81. Charles L. Granata, op. cit., p. 162.

82. Ibid.

83. Erskine Johnson, coluna distribuída, 12 dez. 1961.

84. Paul Anka e David Dalton, *My Way: An Autobiography*. Nova York: St. Martin's, 2013. p. 193.

85. George Jacobs e William Stadiem, op. cit., p. 209.

86. Scott Allen Nollen, *Jilly! Sinatra's Right-Hand Man*. Henderson, NV: Vegas Broom, 2009. p. 30.

87. Earl Wilson, coluna distribuída, 13 mar. 1961.

88. Gay Talese, "Frank Sinatra Has a Cold", *Esquire*, abr. 1966.

89. Entrevista do autor com fonte confidencial.

90. Scott Allen Nollen, op. cit., p. 33.

91. Monty Alexander, em conversa com o autor, jan. 2006.

92. Ibid.

93. Hedda Hopper, coluna distribuída, 27 dez. 1961.

94. Walter Winchell, *Spartanburg Herald-Journal*, Carolina do Sul, 24 jan. 1962.

95. Arnold Shaw, op. cit., p. 301.

96. Lee Mortimer, coluna distribuída, 20 jan. 1961.

97. Ibid., 30 dez. 1960 e 6 mar. 1961.

98. Earl Wilson, coluna distribuída, 4 jan. 1962.

99. Frank Saunders, op. cit., p. 134.

100. Ibid.

101. Arnold Shaw, op. cit., p. 308.

CAPÍTULO 17. [pp. 517-54]

1. Tom Santopietro, op. cit., p. 310.

2. Timothy Knight, *Sinatra: Hollywood His Way*. Filadélfia: Running, 2010. p. 227.

3. Earl Wilson, coluna distribuída, 4 jan. 1962.

4. Arnold Shaw, op. cit., p. 308.

5. James Bacon, coluna distribuída, 10 jan. 1962.

6. Associated Press, 10 jan. 1962.

7. Arnold Shaw, op. cit., pp. 301-2.

8. Ibid., p. 302.

9. Earl Wilson, coluna distribuída, 18 jan. 1962.

10. Ibid., 15 jan. 1962.

11. United Press, 29 jan. 1962.

12. Bob Thomas, coluna distribuída, 26 jan. 1962.

13. Dorothy Kilgallen, coluna distribuída, 17 jan. 1962.

14. Arnold Shaw, op. cit., p. 302.

15. Will Friedwald, *Sinatra! The Song Is You*, op. cit., p. 345; Peter J. Levinson, em conversa com o autor, fev. 2006

16. Jerry Roberts, *The Great American Playwrights on the Screen: A Critical Guide to Film, TV, Video and DVD*. Milwaukee: Hal Leonard, 2003. p. 403.

17. John Crosby, coluna distribuída, 13 fev. 1960.

18. Daniel O'Brien, op. cit., p. 142.

19. Ver entrevista extra em *The Manchurian Candidate*, op. cit.

20. Tom Santopietro, op. cit., p. 317.

21. Nancy Sinatra, *Frank Sinatra: An American Legend*, op. cit., p. 161.

22. Daniel O'Brien, op. cit., p. 142.

23. Nancy Sinatra, *Frank Sinatra: An American Legend*, op. cit., p. 161.

24. Daniel O'Brien, op. cit., p. 145.

25. Ibid., p. 143.

26. Tom Santopietro, op. cit., p. 316.

27. Joe Hyams, coluna distribuída, Herald Tribune News Service, 10 fev. 1962.

28. Ibid.

29. Earl Wilson, coluna distribuída, 1 fev. 1962.

30. *New York Herald Tribune*, 21 fev. 1962.

31. Earl Wilson, coluna distribuída, 9 fev. 1962.

32. Hy Gardner, coluna distribuída, 4 fev. 1962.

33. Arnold Shaw, op. cit., p. 303.

34. Ibid.

35. *Miami News*, 22 fev. 1962; Arnold Shaw, op. cit., p. 304.

36. United Press, 23 fev. 1962.

37. *Miami News*, 22 fev. 1962.

38. Ibid.

39. United Press, 23 fev. 1962.

40. Arnold Shaw, op. cit., p. 304.

41. Ibid.

42. *Lakeland Ledger*, Flórida, 27 fev. 1962.

43. Arnold Shaw, op. cit., p. 304.

44. Dorothy Kilgallen, coluna distribuída, 4 mar. 1962.

45. Arnold Shaw, op. cit., pp. 304-5.

46. Will Friedwald, *A Biographical Guide to the Great Jazz and Pop Singers*. Nova York: Pantheon, 2010. p. 195.

47. Cynthia Lowry, coluna distribuída, 26 fev. 1962.

48. William E. Sarmento, *Lowell Sun*, 26 fev. 1962.

49. Associated Press, 23 mar. 1962.

50. Tina Sinatra e Jeff Coplon, op. cit., p. 78.

51. George Jacobs e William Stadiem, op. cit., p. 163.

52. Tina Sinatra e Jeff Coplon, op. cit., p. 78.

53. George Jacobs e William Stadiem, op. cit., p. 163.

54. Ronald Brownstein, op. cit., p. 167.

55. Ibid., p. 160.

56. Ibid., p.159.

57. United Press, 1 dez. 1961.

58. Ronald Brownstein, op. cit., p. 164.

59. Seymour M. Hersh, op. cit., p. 312.

60. Ibid.

61. Phil Kuntz e Tom Kuntz, op. cit., pp. 158-60.

62. Kitty Kelley, *His Way: An Unauthorized Biography of Frank Sinatra*, op. cit., p. 300.

63. Seymour M. Hersh, op. cit., pp. 312-3.

64. George Jacobs e William Stadiem, op. cit., p. 163.

65. Ibid.

66. Tina Sinatra e Jeff Coplon, op. cit., p. 79.

67. Kitty Kelley, *His Way: An Unauthorized Biography of Frank Sinatra*, op. cit., p. 302.

68. Charles L. Granata, op. cit., p. 150.

69. Ibid.

70. Ibid.

71. Ibid., pp. 150-1.

72. Arthur M. Schlesinger Jr., *Robert Kennedy and His Times*, op. cit., pp. 494-5.

73. Judith Exner e Ovid Demaris, op. cit., p. 252.

74. Louella Parsons, coluna distribuída, 28 mar. 1962.

75. Tina Sinatra e Jeff Coplon, op. cit., p. 79.

76. Ronald Brownstein, op. cit., p. 166.

77. Ibid.

78. Arthur M. Schlesinger Jr., *Robert Kennedy and His Times*, op. cit., p. 496.

79. Peter Edson, coluna distribuída, 15 jun. 1962.

80. Ronald Brownstein, op. cit., p. 166.

81. Kitty Kelley, *His Way: An Unauthorized Biography of Frank Sinatra*, op. cit., p. 305.

82. Ibid., p. 304.

83. Arnold Shaw, op. cit., p. 309.

84. Kitty Kelley, *His Way: An Unauthorized Biography of Frank Sinatra*, op. cit., p. 304.

85. Will Friedwald, *Sinatra! The Song Is You The Song Is You*, pp. 384-5.

86. *Down Beat*, 2 nov. 1955.

87. Will Friedwald, *Sinatra! The Song Is You*, op. cit., p. 403.

88. Hedda Hopper, coluna distribuída, 25 abr. 1962; Kitty Kelley, *His Way: An Unauthorized Biography of Frank Sinatra*, op. cit., p. 305; George Jacobs e William Stadiem, op. cit., p. 180.

89. Earl Wilson, coluna distribuída, 26 abr. 1962.

90. Telefoto da United Press, 23 abr. 1962.

91. George Jacobs e William Stadiem, op. cit., p. 179.

92. Ibid., p. 183.

93. *Pacific Stars and Stripes*, coluna de Al Ricketts, 21 abr. 1962.

94. Ibid.

95. United Press, 24 abr. 1962.

96. Kitty Kelley, *His Way: An Unauthorized Biography of Frank Sinatra*, op. cit., p. 304.

97. George Jacobs e William Stadiem, op. cit., p. 185.

98. Will Friedwald, *Sinatra! The Song Is You*, op. cit., p. 391.

99. George Jacobs e William Stadiem, op. cit., p. 185.

100. United Press, 2 maio 1962.

101. United Press, 7 maio 1962.

102. George Jacobs e William Stadiem, op. cit., pp. 188-9.

103. Dorothy Manners, coluna distribuída, 17 maio 1962.

104. Lee Server, *Ava Garner: "Love is Nothing"*, op. cit., p. 389.

105. Ibid.

106. Emil Richards, em conversa com o autor, jun. 2011.

107. Giuseppe Marcucci, biografia interativa *Where or When: The Definitive Sinatra Database.*

108. George Jacobs e William Stadiem, op. cit., p. 189.

109. Emil Richards, em conversa com o autor.

110. Ibid.

111. Disponível em: <onlinelibray.wiley.com/store/10.111/j.2050411X.1996.tb00141.x/asset/j.2050411X1996.tb00141.x.pdf?v=1&t=i9ack6gq&s=f113c9669853a566eb36e52a4a4c43aaa402bd78>.

112. Dorothy Manners, coluna distribuída, 19 jun. 1962.

113. Giuseppe Marcucci, op. cit.

114. George Jacobs e William Stadiem, op. cit., p. 191.

115. Gravação, 26 maio 1962, concerto de Milão.

116. Gravação, 30 maio 1962, concerto de Londres.

117. Will Friedwald, *Sinatra! The Song Is You*, op. cit., p. 390.

118. Alec Wilder, *American Popular Song: The Great Innovators, 1900-1950*. Nova York: Oxford University Press, 1990. p. 56.

119. Todd Decker, *Who Should Sing "Ol' Man River"?: The Lives of an American Song*. Nova York: Oxford University Press, 2015. p. 188.

CAPÍTULO 18. [pp. 555-603]

1. Will Friedwald, *Sinatra! The Song Is You*, op. cit., p. 390.

2. George Jacobs e William Stadiem, op. cit., pp. 192-3.

3. Donald Clarke, *Penguin Encyclopedia of Popular Music*. Nova York: Penguin, 1990. p. 409.

4. Ibid.

5. Will Friedwald, *Sinatra! The Song Is You*, op. cit., p. 392.

6. Mark Lewisohn, *The Beatles: All These Years*, op. cit., p. 589.

7. Will Friedwald, *Sinatra! The Song Is You*, op. cit., pp. 395-6.

8. Gravação privada de 1 jun. 1962, concerto no Royal Festival Hall.

9. Gravação privada de tomadas de *Sinatra Sings Great Songs from Great Britain*.

10. Will Friedwald, *Sinatra! The Song Is You*, op. cit., pp. 396-7.

11. Peter J. Levinson, *September in the Rain: The Life of Nelson Riddle*, op. cit., p. 206.

12. United Press, 2 jun. 1962.

13. Earl Wilson, coluna distribuída, 21 jun. 1962.

14. Kitty Kelley, *His Way: An Unauthorized Biography of Frank Sinatra*, op. cit., p. 306.

15. Associated Press, 20 jun. 1962.
16. Ibid., 18 jun. 1962.
17. Stan Cornyn e Paul Scanlon, op. cit., p. 51.
18. Ibid.
19. Ibid., p. 49.
20. Ibid., p. 50.
21. Ibid.
22. Billy Crystal, *700 Sundays*. Nova York: Warner, 2005. pp. 112-3.
23. Mo Ostin, em conversa com o autor, ago. 2012.
24. Arnold Shaw, op. cit., p. 311.
25. George Jacobs e William Stadiem, op. cit., p. 171.
26. Barbara Leaming, op. cit., p. 403.
27. Seymour M. Hersh, op. cit., p. 104.
28. Donald Spoto, op. cit., pp. 486-7.
29. Barbara Leaming, op. cit., p. 403.
30. Ibid.; Michael O'Brien, op. cit., p. 697.
31. Richard Reeves, op. cit., p. 315.
32. Arthur M. Schlesinger Jr., *Robert Kennedy and His Times*, op. cit., pp. 590-1.
33. Barbara Leaming, op. cit., p. 41.
34. Associated Press, 9 jun. 1962.
35. Ibid.
36. Donald Spoto, op. cit., p. 535.
37. United Press, 11 jun. 1962.
38. Ibid., 18 jun. 1962.
39. David Lewin, nota, 18 jul. 1962.
40. Phil Kuntz e Tom Kuntz, op. cit., p. 156.
41. Kitty Kelley, *His Way: An Unauthorized Biography of Frank Sinatra*, op. cit., p. 329.
42. Ibid., p. 313.
43. Jonathan van Meter, op. cit., p. 186.
44. Kitty Kelley, *His Way: An Unauthorized Biography of Frank Sinatra*, op. cit., p. 312.
45. Jonathan van Meter, op. cit., p. 183.
46. *Nevada State Journal*, 23 jun. 1962.
47. Jonathan van Meter, op. cit., p. 184.
48. Kitty Kelley, *His Way: An Unauthorized Biography of Frank Sinatra*, op. cit., p. 313.
49. Nancy Sinatra, *Frank Sinatra: An American Legend*, op. cit., p. 158.
50. George Jacobs e William Stadiem, op. cit., p. 176.
51. Associated Press, 15 jul. 1962.
52. Anthony Summers e Robbyn Swan, op. cit., p. 289.
53. *Variety*, 11 jul. 1962.
54. James Bacon, nota, 2 jul. 1962.
55. Hedda Hopper, coluna distribuída, 14 jun. 1962.
56. Anthony Summers e Robbyn Swan, op. cit., p. 290.

57. Kitty Kelley, *His Way: An Unauthorized Biography of Frank Sinatra*, op. cit., pp. 314-5; Jonathan van Meter, op. cit., p. 186.

58. *Nevada State Journal*, 19 jul. 1962.

59. Arthur M. Schlesinger Jr., *Robert Kennedy and His Times*, op. cit., p. 591.

60. Richard Ben Cramer, op. cit., p. 404.

61. Ibid., pp. 404-5.

62. Seymour M. Hersh, op. cit., pp. 103-4.

63. Richard Ben Cramer, op. cit., p. 402.

64. Donald Spoto, op. cit., pp. 537-46.

65. J. Randy Taraborrelli, op. cit., p. 272.

66. *Variety*, 24 jul. 1962.

67. Associated Press, 29 jul. 1962.

68. Dorothy Kilgallen, coluna distribuída, 27 jul. 1962.

69. Jonathan van Meter, op. cit., p. 190.

70. J. Randy Taraborrelli, op. cit., p. 273.

71. Ibid., p. 272.

72. Ibid.

73. Donald Spoto, op. cit., p. 548.

74. J. Randy Taraborrelli, op. cit., p. 272.

75. Kitty Kelley, *His Way: An Unauthorized Biography of Frank Sinatra*, op. cit., p. 329.

76. Anthony Summers e Robbyn Swan, op. cit., p. 290.

77. Donald Spoto, op. cit., p. 549.

78. J. Randy Taraborrelli, op. cit., p. 272.

79. Donald Spoto, op. cit., p. 549.

80. Foto de agência de notícias, 26 jul. 1962.

81. Donald Spoto, op. cit., p. 547.

82. J. Randy Taraborrelli, op. cit., p. 275.

83. Ibid.

84. Richard Ben Cramer, op. cit., p. 405.

85. Ibid., p. 415.

86. Ibid., p. 417.

87. Donald Spoto, op. cit., p. 571.

88. James Bacon, nota, 9 ago. 1962.

89. Richard Ben Cramer, op. cit., p. 418; Swan, *Sinatra*, p. 311.

90. Richard Ben Cramer, op. cit., p. 418.

91. *Nevada State Journal*, 23 jun. 1962.

92. *Petersburg Progress Index*, Virgínia, 6 ago. 1962.

93. Seymour M. Hersh, op. cit., p. 344.

94. Phil Kuntz e Tom Kuntz, op. cit., p. 166.

95. United Press, 14 ago. 1962.

96. Ibid., 15 ago. 1962.

97. Associated Press, 18 ago. 1962.

98. Ibid., 13 mar. 1964.

99. Nancy Sinatra, *Frank Sinatra: An American Legend*, op. cit., p. 166.

100. Michael Freedland, *All the Way: A Biography of Frank Sinatra 1915-1998*. Nova York: St. Martin's, 2000. p. 299.

101. Robert Douglas-Home, op. cit., p. 22.

102. Dorothy Kilgallen, coluna distribuída, 26 abr. 1962.

103. Phil Kuntz e Tom Kuntz, op. cit., pp. 169-70.

104. Ibid., p. 167.

105. Ibid.

106. Jonathan van Meter, op. cit., p. 193.

107. Gravação privada de 25 ago. 1962, show no 500 Club.

108. Jonathan van Meter, op. cit., p. 194.

109. *Variety*, 29 ago. 1962.

110. *Uniontown Morning Herald*, 29 ago. 1962.

111. *Variety*, 18 set. 1962.

112. Mark Lewisohn, *The Beatles: All These Years*, op. cit., p. 731.

113. Daniel O'Brien, op. cit., p. 150; Kitty Kelley, *His Way: An Unauthorized Biography of Frank Sinatra*, op. cit., p. 333.

114. Bud Yorkin, em conversa com o autor, fev. 2006.

115. Ibid.

116. Shirley MacLaine, op. cit., p. 68.

117. Phil Kuntz e Tom Kuntz, op. cit., pp. 170-1.

118. Will Friedwald, *Sinatra! The Song Is You*, op. cit., p. 404.

119. Ed O'Brien e Robert Wilson, *Sinatra 101: The 101 Best Recordings and the Stories behind Them*. Nova York: Boulevard, 1996. p. 128.

120. Will Friedwald, em conversa com o autor, fev. 2015.

121. Will Friedwald, *Sinatra! The Song Is You*, op. cit., p. 405.

122. Earl Wilson, coluna distribuída, 20 set. 1962.

123. Daniel O'Brien, op. cit., p. 145.

124. Ian Winspur e Christopher B. Wynn Parry, *The Musician's Hand: A Clinical Guide*. Abingdon, RU: Taylor & Francis, 2005. pp. 77-80.

125. Tom Santopietro, op. cit., p. 327.

126. Ibid.

127. Ibid.

128. Gene Ringgold e Clifford McCarty, *Films of Frank Sinatra*. Londres: Virgin, 1990. p. 187.

129. Nancy Sinatra, *Frank Sinatra: My Father*, op. cit., p. 185.

130. Tina Sinatra e Jeff Coplon, op. cit., pp. 95-6.

131. Michael Freedland, op. cit., p. 285.

132. Louella Parsons, coluna distribuída, 29 out. 1962.

133. Tony Bill, em conversa com o autor, maio 2006.

134. Charles A. Sengstock, *The Toddlin' Town: Chicago's White Dance Bands and Orchestras, 1900--1950*. Champaign: University of Illinois Press, 2004. p. 144.

135. United Press, 12 fev. 1961.

136. Shawn Levy, op. cit., p. 227.

137. J. Randy Taraborrelli, op. cit., p. 277.

138. Ibid., p. 278.

139. Phil Kuntz e Tom Kuntz, op. cit., p. 168.

140. Sheilah Graham, coluna distribuída, 2 nov. 1962; Ed Sullivan, coluna distribuída, 5 dez. 1962.

141. J. Randy Taraborrelli, op. cit., p. 278.

142. Ibid.

143. Don MacLean, coluna distribuída, 8 dez. 1962.

144. Shawn Levy, op. cit., pp. 228-9.

145. Kitty Kelley, *His Way: An Unauthorized Biography of Frank Sinatra*, op. cit., p. 296.

146. Giuseppe Marcucci, op. cit.

147. Seymour M. Hersh, op. cit., p. 323.

148. Kitty Kelley, *His Way: An Unauthorized Biography of Frank Sinatra*, op. cit., p. 297.

149. Arnold Shaw, op. cit., p. 314.

150. Shawn Levy, op. cit., p. 230.

151. Sheilah Graham, coluna distribuída, 11 dez. 1962.

CAPÍTULO 19. [pp. 604-38]

1. Lee Server, *Ava Garner: "Love is Nothing"*, op. cit., pp. 404-5.

2. Walter Winchell, coluna distribuída, 16 jan. 1963.

3. Lee Server, *Ava Garner: "Love is Nothing"*, op. cit., p. 406.

4. Associated Press, 21 jan. 1963.

5. *Long Beach Independent Press-Telegram*, Califórnia, 3 fev. 1963.

6. *San Mateo Times*, Califórnia, 1 jan. 1963.

7. *Parade*, 9 dez. 1962.

8. United Press, 11 fev. 1963; Kitty Kelley, *His Way: An Unauthorized Biography of Frank Sinatra*, op. cit., p. 309.

9. Entrevista do autor com fonte confidencial.

10. Shirley MacLaine, op. cit., p. 85.

11. Tina Sinatra e Jeff Coplon, op. cit., p. 73.

12. *New Castle News*, Delaware, 11 fev. 1963.

13. George Jacobs e William Stadiem, op. cit., pp. 120-1.

14. Kitty Kelley, *His Way: An Unauthorized Biography of Frank Sinatra*, op. cit., pp. 309-10; ver também James Kaplan, *Frank: The Voice*, op. cit., pp. 23-4.

15. Kitty Kelley, *His Way: An Unauthorized Biography of Frank Sinatra*, op. cit., p. 310.

16. Earl Wilson, coluna distribuída, 14 fev. 1963.

17. Ibid., 18 fev. 1963.

18. Ibid., 20 fev. 1963.

19. Ibid., 25 fev. 1963.

20. Nancy Sinatra, *Frank Sinatra: An American Legend*, op. cit., p. 170.

21. Will Friedwald, *Sinatra! The Song Is You*, op. cit., p. 261.

22. Will Friedwald, em conversa com o autor, jul. 2014.

23. Peter J. Levinson, *September in the Rain: The Life of Nelson Riddle*, op. cit., p. 154.

24. Will Friedwald, *Sinatra! The Song Is You*, op. cit., p. 328.

25. Tina Sinatra e Jeff Coplon, op. cit., p. 70.

26. Ibid., pp. 71-2.

27. Ibid., pp. 73-4.

28. Ibid., p. 81.

29. Arnold Shaw, op. cit., p. 322.

30. Associated Press, 30 jul. 1962.

31. Louella Parsons, coluna distribuída, 9 out. 1962.

32. Associated Press, 23 dez. 1962.

33. Peter J. Levinson, *Dorsey*, op. cit., p. 309.

34. Mo Oslin, em conversa com o autor, ago. 2012.

35. Mike Shore, em conversa com o autor, jan. 2007.

36. Ibid.

37. *Playboy*, fev. 1963.

38. Cynthia Lowry, coluna distribuída, 9 abr. 1963.

39. Ibid.

40. Disponível em: <www.youtube.com/watch?v=T8vnDMyQcfo>. Acesso em: 18 set. 2015.

41. Hedda Hopper, coluna distribuída, 16 abr. 1963.

42. George Jacobs e William Stadiem, op. cit., p. 157.

43. Betsy Duncan Hammes, em conversa com o autor, jun. 2011.

44. Ibid.

45. "Frank Sinatra and His Lear Jet N175FS", em Sun Lakes Aero Club. Disponível em: <www.sunlakesaeroclub.org/updates_web_data/081231/Sinatra.htm>. Acesso em: 18 set. 2015.

46. Jimmy van Heusen, memórias privadas.

47. Earl Wilson, coluna distribuída, 11 dez. 1962.

48. Associated Press, 10 jan. 1962.

49. Ibid.

50. Ibid.

51. Will Friedwald, *Sinatra! The Song Is You*, op. cit., p. 260.

52. Ibid.

53. A. Scott Berg, op. cit., p. 473.

54. Phil Kuntz e Tom Kuntz, op. cit., p. 181.

55. Ibid., pp. 182-3.

56. Ibid., pp. 184-5.

57. Ibid., p. 186.

58. Bob Thomas, coluna distribuída, 1 maio 1963.

59. FBI, Arquivo sobre Giancana.

60. Leonard Lyons, coluna distribuída, 19 abr. 1963.

61. Disponível em: <www.imdb.com/name/nm0000736/bio>. Acesso em: 18 set. 2015.

62. Hedda Hopper, coluna distribuída, 14 jun. 1963.

63. Daniel O'Brien, op. cit., p. 154.

64. J. Randy Taraborrelli, op. cit., p. 282.

65. Lee Server, *Ava Garner: "Love is Nothing"*, op. cit., p. 408.

66. Ibid., pp. 408-9.

67. J. Randy Taraborrelli, op. cit., p. 282.

68. Kitty Kelley, *His Way: An Unauthorized Biography of Frank Sinatra*, op. cit., p. 317.

69. Lee Server, *Ava Garner: "Love is Nothing"*, op. cit., p. 409.

70. *Lowell Sun*, Massachusetts, 9 jun. 1963.

71. Kitty Kelley, *His Way: An Unauthorized Biography of Frank Sinatra*, op. cit., p. 317.

72. Earl Wilson, coluna distribuída, 14 jun. 1963.

73. Ibid.

74. J. Randy Taraborrelli, op. cit., p. 226.

75. Kitty Kelley, *His Way: An Unauthorized Biography of Frank Sinatra*, op. cit., p. 318.

76. J. Randy Taraborrelli, op. cit., p. 283.

77. Lee Server, *Ava Garner: "Love is Nothing"*, op. cit., p. 410.

78. Kitty Kelley, *His Way: An Unauthorized Biography of Frank Sinatra*, op. cit., p. 318.

79. FBI, Arquivo sobre Giancana, CG 92-449.

80. Kitty Kelley, *His Way: An Unauthorized Biography of Frank Sinatra*, op. cit., p. 316.

81. Phil Kuntz e Tom Kuntz, op. cit., pp. 186-7.

82. Kitty Kelley, *His Way: An Unauthorized Biography of Frank Sinatra*, op. cit., p. 316.

83. Arthur M. Schlesinger Jr., *Robert Kennedy and His Times*, op. cit., pp. 496-7.

84. Chuck Giancana e Sam Giancana, op. cit., pp. 321-2.

85. Jonathan van Meter, op. cit., p. 195.

86. United Press, 1 jul. 1963.

87. Chuck Giancana e Sam Giancana, op. cit., p. 322.

88. United Press, 16 jul. 1963.

89. Phil Kuntz e Tom Kuntz, op. cit., p. 187.

90. Ibid.

91. *Oakland Tribune*, 19 e 21 jul. 1963.

92. *Life*, 27 set. 1963.

93. Kitty Kelley, *His Way: An Unauthorized Biography of Frank Sinatra*, op. cit., p. 319.

94. Chuck Giancana e Sam Giancana, op. cit., p. 322.

95. Phil Kuntz e Tom Kuntz, op. cit., pp. 187-8.

96. Kitty Kelley, *His Way: An Unauthorized Biography of Frank Sinatra*, op. cit., pp. 319-20.

97. George Jacobs e William Stadiem, op. cit., pp. 202-3.

98. Phil Kuntz e Tom Kuntz, op. cit., p. 188; Kitty Kelley, *His Way: An Unauthorized Biography of Frank Sinatra*, op. cit., p. 320.

99. Don Alpert, coluna distribuída, 22 jul. 1963.

100. "Edward A. Olsen", em Arquivo de História Oral da Universidade de Nevada, p. 159. Disponível em: <contentdm.library.unr.edu/cdm/ref/collection/unohp/id/2517>. Acesso em: 18 set. 2015.

CAPÍTULO 20. [pp. 641-88]

1. Jimmy Bowen e Jim Jerome, *Rough Mix: An Unapologetic Look at the Music Business and How It Got That Way: A Lifetime in the World of Rock, Pop, and Country as Told by One of the Industry's Most Powerful Players*. Nova York: Simon & Schuster, 1997 p. 86.

2. Mo Ostin, em conversa com o autor, ago. 2012.

3. Stan Cornyn e Paul Scanlon, op. cit., p. 52.

4. Ibid., p. 51.

5. Ibid.

6. Jimmy Bowen e Jim Jerome, op. cit., p. 86.

7. Will Friedwald, *Sinatra! The Song Is You*, op. cit., p. 214.

8. Stan Cornyn e Paul Scanlon, op. cit., p. 51.

9. *Van Nuys News*, 16 ago. 1963.

10. Disponível em: <www.allmusic.com/album/trini-lopez-at-pjs-mw0000591232>. Acesso em: 18 set. 2015.

11. Mo Ostin, em conversa com o autor.

12. Ibid.

13. Stan Cornyn e Paul Scanlon, op. cit., p. 52.

14. Ibid., p. 53.

15. Ibid.

16. Ibid., p. 132.

17. Ibid., pp. 53-4.

18. *Variety*, 7 ago. 1963.

19. George Jacobs e William Stadiem, op. cit., p. 204.

20. Kitty Kelley, *His Way: An Unauthorized Biography of Frank Sinatra*, op. cit., p. 324.

21. Ibid., pp. 324-5.

22. Ibid., p. 325.

23. Jonathan Van Meter, op. cit., p. 196.

24. Edward A. Olsen, história oral.

25. Ibid.

26. Ibid.

27. Walter Winchell, coluna distribuída, 16 ago. 1963.

28. *Life*, 23 ago. 1963.

29. United Press, 9 ago. 1963; *Variety*, 14 ago. 1963.

30. *Variety*, 14 ago. 1963.

31. United Press, 9 ago. 1963

32. George Jacobs e William Stadiem, op. cit., p. 207

33. Dorothy Kilgallen, coluna distribuída, 16 ago. 1963.

34. *Life*, 23 ago. 1963.

35. United Press, 30 ago. 1963

36. Edward A. Olsen, história oral.

37. Kitty Kelley, *His Way: An Unauthorized Biography of Frank Sinatra*, op. cit., p. 321.

38. United Press, 30 ago. 1963

39. Edward A. Olsen, história oral.

40. Ibid.

41. Ibid.

42. Ibid.

43. Ibid.

44. Jonathan van Meter, op. cit., p. 199.

45. Edward A. Olsen, história oral.

46. Ibid.

47. Giuseppe Marcucci, op. cit.

48. Ed O'Brien e Scott P. Sayers, op. cit., p. 113.

49. Earl Wilson, coluna distribuída, 13 set. 1963; George Jacobs e William Stadiem, op. cit., p. 207.

50. *Variety*, 11 set. 1963.

51. Arnold Shaw, op. cit., p. 321.

52. Ibid.

53. Edward A. Olsen, história oral.

54. George E. Sokolsky, coluna distribuída, 22 jul. 1959.

55. *Arizona Republic*, 12 set. 1963.

56. Associated Press, 12 set. 1963.

57. Edward A. Olsen, história oral.

58. Ibid.

59. Kitty Kelley, *His Way: An Unauthorized Biography of Frank Sinatra*, op. cit., p. 322.

60. Arnold Shaw, op. cit., p. 322.

61. Ibid., pp. 322-3.

62. Kitty Kelley, *His Way: An Unauthorized Biography of Frank Sinatra*, op. cit., p. 323.

63. Earl Wilson, coluna distribuída, 18 set. 1963.

64. Arnold Shaw, op. cit., p. 323.

65. Earl Wilson, coluna distribuída, 18 set. 1963.

66. Associated Press, 30 set. 1963.

67. Edward A. Olsen, história oral.

68. Ibid.

69. Nancy Sinatra, *Frank Sinatra: My Father*, op. cit., p. 168.

70. Edward A. Olsen, história oral.

71. Nancy Sinatra, *Frank Sinatra: My Father*, op. cit., p. 168.

72. Ibid.

73. Ibid.

74. *Variety*, 9 out. 1963.

75. Ibid.

76. Nancy Sinatra, *Frank Sinatra: An American Legend*, op. cit., p. 176.

77. Jonathan van Meter, op. cit., p. 201.

78. Kitty Kelley, *His Way: An Unauthorized Biography of Frank Sinatra*, op. cit., p. 323.

79. Ibid., p. 327.

80. George Jacobs e William Stadiem, op. cit., p. 204.

81. Edward A. Olsen, história oral.

82. Nancy Sinatra, *Frank Sinatra: My Father*, op. cit., p. 168.

83. Ibid., p. 156.

84. Dorothy Kilgallen, coluna distribuída, 21 out. 1963.

85. Arnold Shaw, op. cit., p. 329.

86. Louis Sobol, coluna distribuída, 24 nov. 1963.
87. Daniel O'Brien, op. cit., p. 157.
88. Ibid., p. 158.
89. *Colorado Springs Gazette Telegraph*, 16 nov. 1963.
90. Daniel O'Brien, op. cit., p. 158.
91. Tom Santopietro, op. cit., p. 347.
92. Nancy Sinatra, *Frank Sinatra: An American Legend*, op. cit., p. 178.
93. Nancy Sinatra, *Frank Sinatra: My Father*, op. cit., p. 171.
94. Shawn Levy, op. cit., p. 259.
95. *Variety*, 27 nov. 1963.
96. Nancy Sinatra, *Frank Sinatra: An American Legend*, op. cit., p. 178.
97. George Jacobs e William Stadiem, op. cit., p. 205.
98. Kitty Kelley, *His Way: An Unauthorized Biography of Frank Sinatra*, op. cit., p. 328.
99. Daniel O'Brien, op. cit., p. 158.
100. Tina Sinatra e Jeff Coplon, op. cit., p. 97.
101. Ibid.
102. Dean Torrence, em conversa com o autor, jul. 2013.
103. "205: Plan B", em This American Life. Disponível em: <www.thisamericanlife.org/radio--archives/episode/205/transcript>. Acesso em: 18 set. 2015.
104. Earl Wilson, *Sinatra: An Unauthorized Biography*, op. cit., pp. 200-1; J. Randy Taraborrelli, op. cit., pp. 297-8.
105. "205: Plan B", op. cit.
106. J. Randy Taraborrelli, op. cit., p. 299.
107. Ibid., pp. 299-300.
108. Ibid., p. 300.
109. United Press, 11 dez. 1963.
110. Ibid.
111. Associated Press, 9 dez. 1963.
112. *Nevada State Journal*, 11 dez. 1963.
113. Anthony Summers e Robbyn Swan, op. cit., p. 293.
114. "205: Plan B" ", op. cit.
115. Dean Torrence, em conversa com o autor.
116. "205: Plan B" ", op. cit.
117. Ibid.
118. Ibid.
119. J. Randy Taraborrelli, op. cit., pp. 303-4.
120. Dean Torrence, em conversa com o autor.
121. Ibid.
122. J. Randy Taraborrelli, op. cit., p. 304.
123. United Press, 10 dez. 1963.
124. J. Randy Taraborrelli, op. cit., p. 305.
125. Dean Torrence, em conversa com o autor.
126. J. Randy Taraborrelli, op. cit., p. 305.

127. Ibid.

128. Nancy Sinatra, *Frank Sinatra: My Father*, op. cit., p. 175.

129. "205: Plan B" ", op. cit.

130. Ibid.; J. Randy Taraborrelli, op. cit., p. 311.

131. Lee Server, *Ava Garner: "Love is Nothing"*, op. cit., pp. 429-30.

132. Tina Sinatra e Jeff Coplon, op. cit., p. 105.

133. Earl Wilson, *Sinatra: An Unauthorized Biography*, op. cit., p. 204.

134. J. Randy Taraborrelli, op. cit., p. 311.

135. Nancy Sinatra, *Frank Sinatra: My Father*, op. cit., p. 176; Tina Sinatra e Jeff Coplon, op. cit., p. 106.

136. Tina Sinatra e Jeff Coplon, op. cit., p. 100.

137. Ibid., p. 103.

138. Nancy Sinatra, *Frank Sinatra: My Father*, op. cit., p. 176.

139. Tina Sinatra e Jeff Coplon, op. cit., p. 106.

140. Associated Press, 21 fev. 1964.

141. Nancy Sinatra, *Frank Sinatra: An American Legend*, op. cit., p. 181.

142. Earl Wilson, *Sinatra: An Unauthorized Biography*, op. cit., p. 205.

143. Associated Press, 21 fev. 1964.

144. Nancy Sinatra, *Frank Sinatra: An American Legend*, op. cit., p. 181.

145. J. Randy Taraborrelli, op. cit., p. 306.

146. Nancy Sinatra, *Frank Sinatra: My Father*, op. cit., p. 176.

147. J. Randy Taraborrelli, op. cit., p. 306.

148. Ibid.

149. Tina Sinatra e Jeff Coplon, op. cit., p. 106.

150. J. Randy Taraborrelli, op. cit., p. 307.

151. Ibid.

152. Tina Sinatra e Jeff Coplon, op. cit., p. 107.

153. Ibid.

154. J. Randy Taraborrelli, op. cit., p. 308.

155. Ibid.

156. Earl Wilson, *Sinatra: An Unauthorized Biography*, op. cit., p. 205; United Press, 11 dez. 1963.

157. J. Randy Taraborrelli, op. cit., p. 308.

158. United Press, 11 dez. 1963.

159. J. Randy Taraborrelli, op. cit., p. 308.

160. Ibid.

161. United Press, 11 dez. 1963.

162. Tina Sinatra e Jeff Coplon, op. cit., p. 108.

163. Dean Torrence, em conversa com o autor.

164. Nancy Sinatra, *Frank Sinatra: My Father*, op. cit., p. 179.

165. J. Randy Taraborrelli, op. cit., p. 310.

166. Dean Torrence, em conversa com o autor.

167. J. Randy Taraborrelli, op. cit., pp. 308-9.

168. Earl Wilson, *Sinatra: An Unauthorized Biography*, op. cit., p. 208.

169. Associated Press, 16 dez. 1963.

170. Kitty Kelley, *His Way: An Unauthorized Biography of Frank Sinatra*, op. cit., p. 331.

CAPÍTULO 21. [pp. 689-746]

1. Tina Sinatra e Jeff Coplon, op. cit., pp. 108-9.
2. Nancy Sinatra, *Frank Sinatra: An American Legend*, op. cit., p. 183.
3. Associated Press, 20 jan. 1964.
4. Ibid.; Associated Press, foto, 21 jan. 1964.
5. United Press, 20 jan. 1964.
6. Roger Fristoe, "Calamity Jane", em Turner Classic Movies. Disponível em: <www.tcm.com/this-month/article/628438%7C0/Calamity-Jane.html>. Acesso em: 18 set. 2015.
7. Philip Furia, *Skylark: The Life and Times of Johnny Mercer*. Nova York: St. Martin's, 2003. p. 220.
8. Ibid.
9. Mark Lewisohn, *Complete Beatles Chronicle*. Chicago: Chicago Review, 2010, pp. 92-3.
10. Disponível em: <www.youtube.com/watch?v=SY9PoR7-XGA>. Acesso em: 18 set. 2015.
11. *Billboard*, 4 maio 1974.
12. *Time*, 10 jan. 1964.
13. *New York Times*, 26 dez. 1963.
14. Louella Parsons, coluna distribuída, 14 jan. 1964.
15. J. Randy Taraborrelli, op. cit., pp. 309-10.
16. George Jacobs e William Stadiem, op. cit., p. 209.
17. Earl Wilson, coluna distribuída, 20 jun. 1963.
18. Walter Winchell, coluna distribuída, 23 jun. 1963.
19. George Jacobs e William Stadiem, op. cit., pp. 209-10.
20. Monty Alexander, em conversa com o autor, jan. 2006.
21. Betsy Duncan Hammes, em conversa com o autor, jun. 2011.
22. Earl Wilson, coluna distribuída, 11 jan. 1964; Louis Sobol, coluna distribuída, 21 jan. 1964.
23. Fred Bronson, *Billboard Book Number One Hits*. Nova York: Billboard, 2003. p. 143.
24. Hedda Hopper, coluna distribuída, 12 fev. 1964.
25. *Variety*, 15 jan. 1964.
26. Associated Press, 22 dez. 1963.
27. J. Randy Taraborrelli, op. cit., p. 311.
28. United Press, 12 fev. 1964.
29. Ibid.
30. Ibid.
31. Associated Press, 12 fev. 1964.
32. United Press, 12 fev. 1964.
33. *Variety*, 15 jan. 1964.
34. Associated Press, 13 fev. 1964.
35. *Titusville Herald*, Maryland, 15 fev. 1964.
36. Associated Press, 15 fev. 1964.

37. United Press, 15 fev. 1964.

38. *Los Angeles Times*, 16 fev. 1964.

39. Associated Press, 18 fev. 1964.

40. United Press, 25 fev. 1964.

41. Associated Press, 29 fev. 1964.

42. United Press, 7 mar. 1964.

43. Associated Press, 9 mar. 1964.

44. J. Randy Taraborrelli, op. cit., p. 313.

45. Associated Press, 9 mar. 1964.

46. J. Randy Taraborrelli, op. cit., p. 313.

47. Ibid., pp. 315-6.

48. Tina Sinatra e Jeff Coplon, op. cit., p. 111.

49. Associated Press, 30 jul. 1964.

50. J. Randy Taraborrelli, op. cit., p. 315.

51. Associated Press, 30 jun. 1965.

52. Daniel O'Brien, op. cit., p. 161.

53. Tony Bill, em conversa com o autor, maio 2006.

54. Daniel O'Brien, op. cit., p. 162.

55. Quincy Jones, op. cit., p. 179.

56. Kitty Kelley, *His Way: An Unauthorized Biography of Frank Sinatra*, op. cit., p. 333.

57. George Jacobs e William Stadiem, op. cit., pp. 210-1.

58. Tony Bill, em conversa com o autor.

59. Peter Richmond, *Fever: The Life and Music of Miss Peggy Lee*. Nova York: Macmillan, 2007. p. 269.

60. Kitty Kelley, *His Way: An Unauthorized Biography of Frank Sinatra*, op. cit., pp. 334-5.

61. Nancy Sinatra, *Frank Sinatra: An American Legend*, op. cit., p. 189.

62. Ibid.

63. Ibid.

64. Kitty Kelley, *His Way: An Unauthorized Biography of Frank Sinatra*, op. cit., p. 336.

65. Tony Bill, em conversa com o autor.

66. Associated Press, 11 maio 1964.

67. United Press, 11 maio 1964.

68. Ibid.

69. Associated Press, 11 maio 1964.

70. Kitty Kelley, *His Way: An Unauthorized Biography of Frank Sinatra*, op. cit., p. 336.

71. Ibid., pp. 336-7.

72. George Jacobs e William Stadiem, op. cit., p. 212.

73. Ibid.

74. Kitty Kelley, *His Way: An Unauthorized Biography of Frank Sinatra*, op. cit., p. 336.

75. Dick Bakalyan, em conversa com o autor, jan. 2007.

76. Will Friedwald, *Sinatra! The Song Is You*, op. cit., p. 411.

77. Quincy Jones, em conversa com o autor, fev. 2013; Quincy Jones, op. cit., p. 179.

78. Quincy Jones, em conversa com o autor.

79. Quincy Jones, op. cit., p. 180.

80. Quincy Jones, em conversa com o autor.

81. Will Friedwald, *Sinatra! The Song Is You*, op. cit., p. 410.

82. Quincy Jones, op. cit., p. 180.

83. Ibid.

84. Quincy Jones, em conversa com o autor.

85. Quincy Jones, op. cit., p. 179.

86. Will Friedwald, *Sinatra! The Song Is You*, op. cit., p. 413.

87. Quincy Jones, em conversa com o autor.

88. Alex Freeman, *Phoenix Republic*, 1 dez. 1963.

89. Philip Furia, op. cit., p. 230.

90. United Press, 13 mar. 1963.

91. Will Friedwald, *Sinatra! The Song Is You*, op. cit., p. 412.

92. "The Hollywood Palace", temporada 1, episódio 24, TV.com. Disponível em: <http://www.tv.com/shows/the-hollywood-palace/host-dean-martin-the-rolling-stones-144861/>. Acesso em: 18 set. 2015.

93. George Jacobs e William Stadiem, op. cit., p. 216.

94. Disponível em: <entertainment.ca.msn.com/music/photos/rolling-stones-50th-anniversary?page=10>. Acesso em: 18 set. 2015.

95. Giuseppe Marcucci, op. cit.

96. *New York Times*, 6 ago. 1964.

97. Daniel O'Brien, op. cit., p. 160.

98. Stan Cornyn e Paul Scanlon, op. cit., p. 62.

99. Lee Herschberg, em conversa com o autor, maio 2006.

100. Will Friedwald, *Sinatra! The Song Is You*, op. cit., p. 420.

101. Ibid.

102. Ibid., p. 421.

103. Stan Cornyn e Paul Scanlon, op. cit., p. 63.

104. Will Friedwald, *Sinatra! The Song Is You*, op. cit., p. 421.

105. Ed O'Brien e Scott P. Sayers, op. cit., p. 266.

106. Fred Bronson, op. cit., p. 154.

107. Earl Wilson, coluna distribuída, 11 ago. 1964.

108. Daniel O'Brien, op. cit., p. 167.

109. Kitty Kelley, *His Way: An Unauthorized Biography of Frank Sinatra*, op. cit., p. 339.

110. Ibid., p. 340.

111. George Jacobs e William Stadiem, op. cit., pp. 216-7.

112. Harrison Carrol, coluna distribuída, 25 jun. 1964.

113. George Jacobs e William Stadiem, op. cit., p. 217.

114. Kitty Kelley, *His Way: An Unauthorized Biography of Frank Sinatra*, op. cit., p. 338.

115. Lee Server, *Ava Garner: "Love is Nothing"*, op. cit., p. 442.

116. Ibid.

117. Ava Gardner, op. cit., p. 287.

118. J. Randy Taraborrelli, op. cit., pp. 323-4.

119. Lee Server, *Ava Garner: "Love is Nothing"*, op. cit., p. 443.

120. Ibid.; J. Randy Taraborrelli, op. cit., p. 324; Anthony Summers e Robbyn Swan, op. cit., p. 312.

121. Kitty Kelley, *His Way: An Unauthorized Biography of Frank Sinatra*, op. cit., p. 340.

122. Bob Thomas, coluna distribuída, 28 set. 1964.

123. Ibid.

124. George Jacobs e William Stadiem, op. cit., p. 219.

125. Kitty Kelley, *His Way: An Unauthorized Biography of Frank Sinatra*, op. cit., p. 341.

126. Lee Server, *Ava Garner: "Love is Nothing"*, op. cit., p. 448.

127. Aubrey Solomon, *Twentieth Century Fox: A Corporate and Financial History*. Lanham, MD: Scarecrow, 1989. p. 254. (The Scarecrow Filmmakers Series.); David Kamp, "When Liz Met Dick", *Vanity Fair*, abr. 2011.

128. Peter Lev, *Twentieth Century Fox: The Zanuck-Skouras Years, 1935-1965*. Austin: University of Texas Press, 2013. p. 258.

129. Horace Newcomb, *Encyclopedia of Television*. Nova York: Routledge, 2004. p. 1754.

130. Lloyd Shearer, perfil de Mia Farrow, 3 jan. 1965.

131. Lee Server, *Ava Garner: "Love is Nothing"*, op. cit., p. 243.

132. J. Randy Taraborrelli, op. cit., p. 327.

133. Bob Thomas, coluna distribuída, 13 dez. 1964.

134. Mia Farrow, *What Falls Away: A Memoir*. Nova York: Doubleday, 1997. p. 57.

135. *Life*, 5 maio 1967.

136. Mia Farrow, op. cit., p. 48.

137. Ibid., pp. 78-9.

138. Hedda Hopper, coluna distribuída, 13 set. 1964.

139. Mia Farrow, op. cit., p. 86.

140. Shawn Levy, op. cit., p. 271.

141. *Life*, 5 maio 1967.

142. J. Randy Taraborrelli, op. cit., p. 326; Kitty Kelley, *His Way: An Unauthorized Biography of Frank Sinatra*, op. cit., p. 342; George Jacobs e William Stadiem, op. cit., p. 219.

143. Kitty Kelley, *His Way: An Unauthorized Biography of Frank Sinatra*, op. cit., p. 344.

144. Mia Farrow, op. cit., p. 87.

145. Ibid., p. 88.

146. Ibid., p. 97.

147. Kitty Kelley, *His Way: An Unauthorized Biography of Frank Sinatra*, op. cit., p. 344.

148. Mia Farrow, op. cit., p. 89.

149. Ibid., p. 84.

150. Ibid., p. 89.

151. Ibid., p. 90.

152. George Jacobs e William Stadiem, op. cit., p. 226.

153. Mia Farrow, op. cit., pp. 96-7.

154. Kitty Kelley, *His Way: An Unauthorized Biography of Frank Sinatra*, op. cit., p. 346.

155. Mia Farrow, op. cit., p. 95.

156. Ibid., pp. 95-6.

157. "Sinatra, Van Heusen, and a Piano in the Desert", *The Jonathan Channel*, 23 jul. 2014; Rob Fentress, e-mail para o autor, 23 jul. 2014.

158. Mia Farrow, op. cit., p. 96.

159. Kitty Kelley, *His Way: An Unauthorized Biography of Frank Sinatra*, op. cit., p. 346.

160. Ibid., p. 344.

161. George Jacobs e William Stadiem, op. cit., p. 227.

162. Kitty Kelley, *His Way: An Unauthorized Biography of Frank Sinatra*, op. cit., p. 345.

163. United Press, 10 nov. 1964.

164. Gay Talese: "Frank Sinatra Has a Cold", op. cit.

165. Peggy Connelly, em conversa com o autor, maio 2006.

166. Will Friedwald, *Sinatra! The Song Is You*, op. cit., p. 39.

167. Giuseppe Marcucci, op. cit.; Arnold Shawn, op. cit., p. 342.

168. Quincy Jones, em conversa com o autor.

169. J. Randy Taraborrelli, op. cit., p. 331.

170. Reuters, 1º dez. 1964.

171. Bob Thomas, coluna distribuída, 13 dez. 1964.

172. Louella Parsons, coluna distribuída, 7 dez. 1964.

173. *Variety*, 2 dez. 1964.

174. Richard Havers, op. cit., p. 289.

CAPÍTULO 22. [pp. 747-806]

1. Dwight Garner, "Cigarettes, Coffee, a Stop at the Liquor Store", *New York Times*, 9 ago. 2014. Disponível em: <www.nytimes.com/2014/08/09/books/frank-oharas-lunch-poems-turn-50.html>. Acesso em: 18 set. 2015.

2. "Number of Color TV Households and Percentage of USA Homes with Color Television, 1964 to 1978", em Television History: The First 75 Years. Disponível em: <www.tvhistory.tv/Color_Households_64-78.JPG>. Acesso em: 18 set. 2015.

3. *Variety*, 6 nov. 1964.

4. Richard Havers, op. cit., p. 291; Ed O'Brien e Scott P. Sayers, op. cit., pp. 265-6.

5. Mike Connolly, coluna distribuída, 22 jan. 1965.

6. *Time*, 23 abr. 1965.

7. *Sports Illustrated*, 10 jul. 1967.

8. *Time*, 27 set. 1963.

9. *Time*, 23 abr. 1965.

10. Larry King, em conversa com o autor, nov. 2012.

11. Lloyd Shearer, perfil de Mia Farrow, 3 jan. 1965.

12. Alex Freeman, coluna distribuída, 7 fev. 1965.

13. Christopher Cerf, em conversa com o autor, jun. 2006.

14. United Press, 23 dez. 1961.

15. *New York Times*, 25 maio 1964.

16. Christopher Cerf, em conversa com o autor.

17. Daniel O'Brien, op. cit., p. 165.

18. *New York Times*, 25 fev. 1964.

19. Ibid., 18 abr. 1964.

20. *Billboard*, 20 nov. 1965.

21. *Show Business Illustrated*, 5 set. 1961.

22. Daniel O'Brien, op. cit., p. 172.

23. Nancy Sinatra, *Frank Sinatra: An American Legend*, op. cit., p. 191.

24. Tony Bill, em conversa com o autor, maio 2006.

25. Quincy Jones, em conversa com o autor, fev. 2013.

26. J. Randy Taraborrelli, op. cit., p. 337.

27. Tina Sinatra e Jeff Coplon, op. cit., pp. 131-2.

28. Jonathan Schwartz, em conversa com o autor, set. 2011.

29. Will Friedwald, *Sinatra! The Song Is You*, op. cit., p. 349.

30. Ibid., p. 348.

31. Stan Cornyn e Paul Scanlon, em conversa com o autor, fev. 2006.

32. Texto de apresentação de *September of My Years*.

33. David Bianculli, "CBS Replays Vintage Sinatra '48 Hours' Airing Cronkite Interview & Profile from '65'", *New York Daily News*, 21 maio 1998. Disponível em: <www.nydailynews.com/archives/entertainment/cbs-replays-vintage-sinatra-48-hours-airing-cronkite-interview-profile-65-article-1.786751>. Acesso em: 18 set. 2015.

34. Fifi Booth, em conversa com o autor, abr. 2012.

35. *Life*, 23 abr. 1965.

36. John Dominis, em conversa com o autor, jan. 2006.

37. *Life*, 23 abr. 1965.

38. Ibid.

39. Ibid.

40. Ibid.

41. Ibid.

42. Ibid.

43. Ed O'Brien, e-mail para o autor, 21 dez. 2011.

44. George Jacobs e William Stadiem, op. cit., p. 216.

45. *Life*, 23 abr. 1965.

46. *Variety*, 6 nov. 1964.

47. *Life*, 23 abr. 1965.

48. Mia Farrow, op. cit., pp. 98-9.

49. Ibid., p. 100.

50. Rob Fentress, em conversa com o autor, jun. 2011.

51. "Frank Sinatra and His Lear Jet N175FS", op. cit.

52. Earl Wilson, coluna distribuída, 10 jun. 1965.

53. Bob Thomas, coluna distribuída, 1 maio 1965.

54. TV Scout, coluna distribuída, 19 abr. 1965.

55. Dorothy Kilgallen, coluna distribuída, 27 maio 1965.

56. Kitty Kelley, *His Way: An Unauthorized Biography of Frank Sinatra*, op. cit., p. 347.

57. Bob Thomas, coluna distribuída, 1 maio 1965.

58. Walter Winchell, coluna distribuída, 7 jun. 1965.

59. Arnold Rampersad, *The Life of Langston Hughes*. Nova York: Oxford University Press, 2001. pp. 314-5. v. 2: 1941-1967, I Dream a World.

60. John Fass Morton, *Backstory in Blue: Ellington at Newport '56*. Nova Brunswick, NJ: Rutgers University Press, 2008. p. 260.

61. Quincy Jones, em conversa com o autor, fev. 2013.

62. Will Friedwald, *Sinatra! The Song Is You*, op. cit., p. 405.

63. *New Yorker*, 17 jul. 1965.

64. George Wein e Nate Chinen, *Myself among Others: A Life In Music*. Boston: Da Capo, 2004. p. 248.

65. Arnold Shaw, op. cit., pp. 349-50.

66. George Wein e Nate Chinen, op. cit., p. 246.

67. Ibid., p. 250.

68. Quincy Jones, e-mail para o autor, 26 ago. 2014.

69. Jeanne Fuchs e Ruth Prigozy, *Frank Sinatra: The Man, the Music, the Legend*. Rochester, NY: University of Rochester Press, 2007. p. 35.

70. Arnold Shaw, op. cit., p. 349.

71. *Variety*, 7 jul. 1965.

72. Ibid.

73. George Wein e Nate Chinen, op. cit., p. 250.

74. Arnold Shaw, op. cit., p. 350.

75. "Live: Shea Stadium, New York", em The Beatles Bible. Disponível em: <www.beatlesbible.com/1965/08/15/live-shea-stadium-new-york>. Disponível em: 18 set. 2015.

76. Mia Farrow, op. cit., p. 101.

77. Ibid.

78. Ibid., p. 104.

79. Associated Press, 5 ago. 1965.

80. George Jacobs e William Stadiem, op. cit., p. 225.

81. Ibid., p. 228.

82. Mia Farrow, op. cit., p. 104.

83. Ibid., pp. 104-5.

84. George Jacobs e William Stadiem, op. cit., p. 225.

85. Mia Farrow, op. cit., p. 105.

86. Ibid., p. 99.

87. Ibid., p. 106.

88. Ibid., p. 104.

89. United Press, 6 ago. 1965.

90. Associated Press, 11 ago. 1965.

91. *Time*, 20 ago. 1965.

92. United Press, 26 ago. 1965.

93. Mia Farrow, op. cit., p. 101.

94. Ibid., p. 102.

95. United Press, 26 ago. 1965.

96. *Lethbridge Herald*, 18 set. 1965.

97. Disponível em: <www.youtube.com/watch?v=FgcCfMo1HcYwww.youtube.com/watch?=v=FgcCfM01HcY>. Acesso em: 18 set. 2015.

98. Daniel O'Brien, op. cit., pp. 173-4.

99. Tino Balio, *United Artists*. Madison: University of Wisconsin Press, 2009. p. 171. v. 2: The Company That Changed the Film Industry.

100. Daniel O'Brien, op. cit., p. 175.

101. Robert Evans, *Kid Stays in the Picture: A Notorious Life*. Nova York: Hyperion, 1994. p. 122.

102. Bob Thomas, coluna distribuída, 15 out. 1965.

103. *New York Times*, 5 nov. 1965.

104. Walter Cronkite, *Reporter's Life*. Nova York: Ballantine, 1997. pp. 343-4.

105. Don Hewitt, *Tell Me a Story: Fifty Years and 60 Minutes in Television*. Berkeley: University of California Press, 2011. p. 102.

106. Gay Talese, em conversa com o autor, maio 2007.

107. Gay Talese, *Fama e anonimato*. São Paulo: Companhia das Letras, 2013. p. 13.

108. Gay Talese, "Frank Sinatra Has a Cold", op. cit.

109. Sinatra, transcrição, CBS News, 16 nov. 1965.

110. Ibid.

111. Scott Raab, "The Graceful Exit", *Esquire*, maio 2000.

112. Cynthia Lowry, coluna distribuída, 17 nov. 1965.

113. Arnold Shaw, op. cit., pp. 352-3.

114. Ibid., p. 352.

115. Ibid.

116. Nancy Sinatra, *Frank Sinatra: My Father*, op. cit., p. 196.

117. Ibid., p. 198.

118. Lee Hazlewood, obituário, *The Guardian*, 6 abr. 2014.

119. Rick DuBrow, coluna distribuída, 25 nov. 1965.

120. *Billboard*, 13 nov. 1965.

121. Gay Talese, "Frank Sinatra Has a Cold", op. cit.

122. Ibid.

123. Ibid.

124. Arnold Shaw, op. cit., p. 353.

125. Ibid., pp. 353-4.

126. Ibid., p. 354.

127. Tina Sinatra e Jeff Coplon, op. cit., pp. 136-7.

128. Dorothy Manners, coluna distribuída, 17 dez. 1965.

129. George Jacobs e William Stadiem, op. cit., pp. 228-9.

130. J. Randy Taraborrelli, op. cit., p. 345.

131. Earl Wilson, coluna distribuída, 10 dez. 1965.

132. George Jacobs e William Stadiem, op. cit., p. 229.

133. Mia Farrow, op. cit., p. 107.

134. J. Randy Taraborrelli, op. cit., p. 346.

135. George Jacobs e William Stadiem, op. cit., p. 229.

CAPÍTULO 23. [pp. 809-41]

1. *Variety*, 12 jan. 1966.
2. Quincy Jones, em conversa com o autor, fev. 2013.
3. Mia Farrow, op. cit., p. 108.
4. J. Randy Taraborrelli, op. cit., p. 347.
5. Hedda Hopper, coluna distribuída, 17 jan. 1966.
6. Mia Farrow, op. cit., pp. 108-9.
7. Ibid., p. 109.
8. Dorothy Manners, coluna distribuída, 12 fev. 1966.
9. Ibid.; Earl Wilson, *Sinatra: An Unauthorized Biography*, op. cit., p. 244.
10. Leonard Lyons, coluna distribuída, 28 fev. 1966.
11. Dorothy Manners, coluna distribuída, 21 fev. 1966.
12. J. Randy Taraborrelli, op. cit., p. 348.
13. Mia Farrow, op. cit., p. 111.
14. Ibid.
15. Harrison Carroll, coluna distribuída, 15 abr. 1966.
16. Will Friedwald, *Sinatra! The Song Is You*, op. cit., p. 422.
17. Anthony Summers e Robbyn Swan, op. cit., p. 334.
18. Ed O'Brien e Scott P. Sayers, op. cit., pp. 264-5.
19. Jimmy Bowen e Jim Jerome, op. cit., p. 98.
20. Ibid., p. 99.
21. Stan Cornyn e Paul Scanlon, op. cit., p. 63.
22. Richard Havers, op. cit., p. 296.
23. Will Friedwald, *Sinatra! The Song Is You*, op. cit., p. 423.
24. Gravação de 27 nov. 1975, concerto de Jerusalém.
25. Richard Havers, op. cit., p. 296.
26. Jack O'Brian, coluna distribuída, 10 maio 1966.
27. J. Randy Taraborrelli, op. cit., p. 349.
28. Mia Farrow, op. cit., pp. 111-2.
29. Will Friedwald, *Sinatra! The Song Is You*, op. cit., pp. 271-2.
30. Earl Wilson, coluna distribuída, 2 jun. 1966.
31. Kitty Kelley, *His Way: An Unauthorized Biography of Frank Sinatra*, op. cit., p. 353.
32. George Jacobs e William Stadiem, op. cit., p. 230.
33. Anthony Summers e Robbyn Swan, op. cit., p. 329.
34. Associated Press, 10 jun. 1966.
35. J. Randy Taraborrelli, op. cit., p. 353.
36. Kitty Kelley, *His Way: An Unauthorized Biography of Frank Sinatra*, op. cit., p. 354.
37. Ibid., p. 355.
38. George Jacobs e William Stadiem, op. cit., p. 231.
39. Kitty Kelley, *His Way: An Unauthorized Biography of Frank Sinatra*, op. cit., p. 355.
40. Mia Farrow, op. cit., p. 112.

41. J. Randy Taraborrelli, op. cit., p. 353.

42. Mia Farrow, op. cit., p. 112.

43. Christopher Cerf, em conversa com o autor, jun. 2006.

44. George Jacobs e William Stadiem, op. cit., p. 231.

45. United Press, 7 jul. 1966.

46. Florabel Muir, coluna distribuída, 9 jul. 1966.

47. Earl Wilson, *Sinatra: An Unauthorized Biography*, op. cit., p. 221.

48. Kitty Kelley, *His Way: An Unauthorized Biography of Frank Sinatra*, op. cit., p. 355; United Press, 13 jul. 1966.

49. Kitty Kelley, *His Way: An Unauthorized Biography of Frank Sinatra*, op. cit., p. 347.

50. Ibid., p. 355.

51. Associated Press, 14 jul. 1966.

52. Mia Farrow, op. cit., p. 112.

53. Kitty Kelley, *His Way: An Unauthorized Biography of Frank Sinatra*, op. cit., p. 356.

54. Anthony Summers e Robbyn Swan, op. cit., p. 316.

55. Ibid., p. 329.

56. Associated Press e United Press, 19 jul. 1966.

57. Mia Farrow, op. cit., pp. 112-3.

58. George Jacobs e William Stadiem, op. cit., p. 235.

59. J. Randy Taraborrelli, op. cit., p. 354.

60. Ibid.; Lee Server, *Ava Garner: "Love is Nothing"*, op. cit., p. 448.

61. Mia Farrow, op. cit., p. 113.

62. United Press, 19 jul. 1966.

63. Kitty Kelley, *His Way: An Unauthorized Biography of Frank Sinatra*, op. cit., p. 357.

64. George Jacobs e William Stadiem, op. cit., p. 235.

65. Kitty Kelley, *His Way: An Unauthorized Biography of Frank Sinatra*, op. cit., p. 357.

66. J. Randy Taraborrelli, op. cit., p. 354.

67. Earl Wilson, *Sinatra: An Unauthorized Biography*, op. cit., p. 222.

68. Associated Press, 20 jul. 1966.

69. Kitty Kelley, *His Way: An Unauthorized Biography of Frank Sinatra*, op. cit., p. 357.

70. Tina Sinatra e Jeff Coplon, op. cit., pp. 140-1.

71. Mia Farrow, op. cit., p. 113.

72. United Press, 27 jul. 1966.

73. Kitty Kelley, *His Way: An Unauthorized Biography of Frank Sinatra*, op. cit., p. 358.

74. George Jacobs e William Stadiem, op. cit., p. 236.

75. Tina Sinatra e Jeff Coplon, op. cit., p. 142.

76. J. Randy Taraborrelli, op. cit., p. 356.

77. George Jacobs e William Stadiem, op. cit., p. 236.

78. Mia Farrow, op. cit., p. 113.

79. George Jacobs e William Stadiem, op. cit., p. 237.

80. Nancy Sinatra, *Frank Sinatra: An American Legend*, op. cit., p. 200.

81. Daniel O'Brien, op. cit., p. 179; Kitty Kelley, *His Way: An Unauthorized Biography of Frank Sinatra*, op. cit., p. 360.

82. Daniel O'Brien, op. cit., p. 180.

83. Kitty Kelley, *His Way: An Unauthorized Biography of Frank Sinatra*, op. cit., p. 361.

84. Ibid.

85. Ibid.

86. Daniel O'Brien, op. cit., p. 180.

87. Kitty Kelley, *His Way: An Unauthorized Biography of Frank Sinatra*, op. cit., p. 363.

88. Daniel O'Brien, op. cit., p. 180.

89. Kitty Kelley, *His Way: An Unauthorized Biography of Frank Sinatra*, op. cit., p. 363.

90. *San Mateo Times*, 8 set. 1966.

91. Mia Farrow, op. cit., p. 114.

92. *Spy*, set. 1988; "209 Copa de Oro Rd, Los Angeles, California", em The Movieland Directory. Disponível em: <www.movielanddirectory.com/tour-location.cfm?location=20620&address=209%20Copa%20De%20Oro%20Rd&city=Los%20Angeles&state=california>. Acesso em: 18 set. 2015.

93. Jerry Lewis e James Kaplan, op. cit., p. 87.

94. Tina Sinatra e Jeff Coplon, op. cit., p. 140.

95. Harold Hayes, *Smiling through the Apocalypse: Esquire's History of the Sixties*. Nova York: McCall, 1970. p. 314.

96. Ibid.

97. Anthony Summers e Robbyn Swan, op. cit., p. 503.

98. Earl Wilson, coluna distribuída, 4 out. 1966.

99. Jimmy Bowen e Jim Jerome, op. cit., p. 101.

100. Ibid., pp. 102-4.

101. "The Hot 100: Week of November 19, 1966", *Billboard*. Disponível em: <www.billboard.com/charts/1966-11-19/hot-100>. Acesso em: 18 set. 2015.

102. *Variety*, 4 nov. 1966.

103. Giuseppe Marcucci, op. cit.

104. Mia Farrow, op. cit., pp. 102-3.

105. Earl Wilson, coluna distribuída, 8 nov. 1966.

106. Ibid.

107. Kitty Kelley, *His Way: An Unauthorized Biography of Frank Sinatra*, op. cit., p. 364.

108. Associated Press, 27 maio 1966; United Press, 30 out. 1966.

109. Kitty Kelley, *His Way: An Unauthorized Biography of Frank Sinatra*, op. cit., p. 364.

110. Earl Wilson, coluna distribuída, 8 nov. 1966.

111. Sheilah Graham, *Confessions of a Hollywood Columnist*. Nova York: William Morrow, 1969. p. 48.

112. Will Friedwald, *Sinatra! The Song Is You*, op. cit., p. 425.

113. Rob Fentress, em conversa com o autor, jun. 2011.

114. Earl Wilson, coluna distribuída, 1 dez. 1966.

115. United Press, 29 nov. 1966.

116. Christopher Cerf, em conversa com o autor.

117. United Press, 29 nov. 1966.

CAPÍTULO 24. [pp. 842-900]

1. Ruy Castro, *Bossa Nova: The Story of the Brazilian Music that Seduced the World*. Chicago: A Capella, 2000. p. 327.

2. Earl Wilson, *Sinatra: An Unauthorized Biography*, op. cit., p. 223.

3. Associated Press, 20 jan. 1967.

4. Earl Wilson, coluna distribuída, 21 jan. 1967.

5. Claus Ogerman, em conversa com o autor, fev. 2013.

6. Para Ed O'Brien, ver e-mail de Rob Fentress para o autor, 2 fev. 2015.

7. Associated Press, 27 jan. 1967.

8. Nancy Sinatra, *Frank Sinatra: An American Legend*, op. cit., p. 201.

9. Ed O'Brien e Scott P. Sayers, op. cit., p. 131.

10. Lee Herschberg, em conversa com o autor, maio 2006.

11. Claus Ogerman, em conversa com o autor.

12. Texto de apresentação de *Francis Albert Sinatra & Antonio Carlos Jobim*.

13. *Inside Sinatra-Jobim*, trechos extraídos da edição.

14. Lee Herschberg, em conversa com o autor.

15. Claus Ogerman, em conversa com o autor.

16. *Inside Sinatra-Jobim*, trecho extraído da edição.

17. Claus Ogerman, comentário.

18. Nancy Sinatra, *Frank Sinatra: An American Legend*, op. cit., p. 201.

19. Mo Ostin, em conversa com o autor.

20. Ed O'Brien e Scott P. Sayers, op. cit., p. 266.

21. Ibid., p. 261.

22. Tina Sinatra e Jeff Coplon, op. cit., pp. 142-3.

23. Earl Wilson, coluna distribuída, 16 fev. 1967.

24. Mia Farrow, op. cit., p. 114.

25. Norman H. Finkelstein, *Jewish Comedy Stars: Classic to Cutting Edge*. Minneapolis: Kar-Ben, 2010. p. 51.

26. Anthony Summers e Robbyn Swan, op. cit., p. 304.

27. Lloyd Shearer, artigo, 3 set. 1967.

28. Kitty Kelley, *His Way: An Unauthorized Biography of Frank Sinatra*, op. cit., p. 364.

29. Earl Wilson, coluna distribuída, 8 nov. 1966.

30. Kitty Kelley, *His Way: An Unauthorized Biography of Frank Sinatra*, op. cit., p. 364.

31. United Press, 8 nov. 1966.

32. Kitty Kelley, *His Way: An Unauthorized Biography of Frank Sinatra*, op. cit., p. 364; Walter Winchell, coluna distribuída, 23 nov. 1966.

33. *Variety*, 15 fev. 1967.

34. Kitty Kelley, *His Way: An Unauthorized Biography of Frank Sinatra*, op. cit., p. 364.

35. Anthony Summers e Robbyn Swan, *Sinatra*, p. 330.

36. *Variety*, 15 fev. 1967.

37. Anthony Summers e Robbyn Swan, *Sinatra*, p. 330.

38. Mia Farrow, op. cit., pp. 114-5.

39. Shecky Greene, em conversa com o autor, nov. 2012.
40. Ibid.
41. Anthony Summers e Robbyn Swan, op. cit., p. 330.
42. Ibid.
43. Harrison Carroll, coluna distribuída, 14 mar. 1967.
44. Tom Santopietro, op. cit., p. 388.
45. Michael Drosnin, *Citizen Hughes: The Power, the Money and the Madness*. Nova York: Broadway, 2004. p. 52.
46. Ibid., p. 106.
47. Ibid., p. 108.
48. Associated Press, 2 abr. 1967.
49. Gena Rowlands, em conversa com o autor, jan. 2013.
50. Kitty Kelley, *His Way: An Unauthorized Biography of Frank Sinatra*, op. cit., p. 368.
51. Dan Lewis, coluna distribuída, 9 ago. 1967.
52. Kitty Kelley, *His Way: An Unauthorized Biography of Frank Sinatra*, op. cit., p. 368.
53. J. Randy Taraborrelli, op. cit., p. 361.
54. Leonard Lyons, coluna distribuída, 16 abr. 1967.
55. Ibid., 20 maio 1967.
56. George Jacobs e William Stadiem, op. cit., p. 3.
57. Sheilah Graham, coluna distribuída, 10 mar. 1967.
58. J. Randy Taraborrelli, op. cit., p. 361.
59. Fred Bronson, op. cit., p. 222.
60. Shecky Greene, em conversa com o autor, nov. 2012.
61. Tiffany Bolling, em conversa com o autor, out. 2012.
62. Kitty Kelley, *His Way: An Unauthorized Biography of Frank Sinatra*, op. cit., p. 368.
63. Shecky Greene, em conversa com o autor.
64. Ibid.
65. Tiffany Bolling, em conversa com o autor.
66. Ibid.
67. Shecky Greene, em conversa com o autor.
68. United Press, 4 maio 1967.
69. Jack O'Brian, coluna distribuída, 9 maio 1967.
70. *New York Times*, 12 maio 1967.
71. Ibid.
72. Nancy Sinatra, *Frank Sinatra: An American Legend*, op. cit., p. 202.
73. Kitty Kelley, *His Way: An Unauthorized Biography of Frank Sinatra*, op. cit., p. 369.
74. Jack Bradford, coluna distribuída, 13 mar. 1967.
75. Kitty Kelley, *His Way: An Unauthorized Biography of Frank Sinatra*, op. cit., p. 369.
76. Marilyn Beck, coluna distribuída, 19 maio 1967.
77. Leonard Lyons, coluna distribuída, 21 maio 1967.
78. Kitty Kelley, *His Way: An Unauthorized Biography of Frank Sinatra*, op. cit., p. 370.
79. Sheilah Graham, coluna distribuída, 4 jun. 1967.
80. Mia Farrow, op. cit., pp. 117-8.

81. Ed Walters, em conversa com o autor, set. 2013.

82. Tina Sinatra e Jeff Coplon, op. cit., pp. 144-5.

83. Mia Farrow, op. cit., p. 137.

84. Reuters, 17 jun. 1967.

85. Kitty Kelley, *His Way: An Unauthorized Biography of Frank Sinatra*, op. cit., p. 370.

86. *Los Angeles Times*, 26 set. 1986.

87. George Jacobs e William Stadiem, op. cit., p. 245.

88. Ibid., p. 244.

89. Kitty Kelley, *His Way: An Unauthorized Biography of Frank Sinatra*, op. cit., p. 379.

90. Tina Sinatra e Jeff Coplon, op. cit., p. 143.

91. Anthony Summers e Robbyn Swan, op. cit., p. 317.

92. George Jacobs e William Stadiem, op. cit., p. 7.

93. Will Friedwald, *Sinatra! The Song Is You*, op. cit., p. 433.

94. Wesley Hyatt, *Billboard Book of Number One Adult Contemporary Hits*. Nova York: Skyhorse, 2009. p. 58.

95. Jonathan Schwartz, em conversa com o autor, mar. 2015.

96. Giuseppe Marcucci, op. cit.

97. *Variety*, 12 jul. 1967; Nancy Sinatra, *Frank Sinatra: An American Legend*, op. cit., p. 203.

98. Giuseppe Marcucci, op. cit.

99. Mia Farrow, op. cit., p. 118.

100. Ibid.

101. Kitty Kelley, *His Way: An Unauthorized Biography of Frank Sinatra*, op. cit., pp. 371-2.

102. *Variety*, 3 set. 1967.

103. United Press, 26 jul. 1967; Michael Drosnin, op. cit., p. 473.

104. United Press, 23 jul. 1967.

105. Earl Wilson, coluna distribuída, 20 jul. 1967.

106. Daniel O'Brien, op. cit., p. 188.

107. *Long Beach Press-Telegram*, Califórnia, 16 ago. 1967.

108. *Variety*, 1 set. 1967.

109. Michael Drosnin, op. cit., p. 125.

110. Ed Walters, postagem em *The Pit Boss*, 19 dez. 1997.

111. Earl Wilson, coluna distribuída, 8 set. 1967.

112. *Variety*, 13 set. 1967.

113. Earl Wilson, coluna distribuída, 27 jul. 1967.

114. United Press, 23 jul. 1967.

115. Ed Walters, em conversa com o autor.

116. Earl Wilson, *Sinatra: An Unauthorized Biography*, op. cit., p. 234.

117. Michael Drosnin, op. cit., p. 126.

118. Earl Wilson, *Sinatra: An Unauthorized Biography*, op. cit., p. 234.

119. Nancy Sinatra, *Frank Sinatra: An American Legend*, op. cit., p. 203.

120. Ed Walters, em conversa com o autor.

121. Nancy Sinatra, *Frank Sinatra: An American Legend*, op. cit., p. 203.

122. Mia Farrow, op. cit., pp. 110-1

123. Ed Walters, em conversa com o autor.
124. Michael Drosnin, op. cit., pp. 125-6.
125. United Press, 11 set. 1967.
126. Mia Farrow, op. cit., p. 120; Jimmy Bowen e Jim Jerome, op. cit., p. 109.
127. Mia Farrow, op. cit., pp. 120-1.
128. Ibid., p. 121.
129. Michael Drosnin, op. cit., p. 126.
130. Kitty Kelley, *His Way: An Unauthorized Biography of Frank Sinatra*, op. cit., p. 372.
131. Shawn Levy, op. cit., p. 295.
132. Ed Walters, em conversa com o autor.
133. Ibid.; Shawn Levy, op. cit., pp. 295-6; Kitty Kelley, *His Way: An Unauthorized Biography of Frank Sinatra*, op. cit., pp. 372-3; Anthony Summers e Robbyn Swan, op. cit., pp. 331-2.
134. *Variety*, 13 set. 1967.
135. United Press, 13 set. 1967.
136. Nancy Sinatra, *Frank Sinatra: My Father*, p. 147.
137. Ibid.
138. Paul Anka e David Dalton, op. cit., p. 214.
139. Kitty Kelley, *His Way: An Unauthorized Biography of Frank Sinatra*, op. cit., p. 374.
140. Ed Walters, postagem em *The Pit Boss*, 19 dez. 1997.
141. Leonard Lyons, coluna distribuída, 2 out. 1967.
142. Shawn Levy, op. cit.; *Variety*, 7 ago. 1970.
143. *Variety*, 13 set. 1967.
144. Kitty Kelley, *His Way: An Unauthorized Biography of Frank Sinatra*, op. cit., p. 377.
145. George Jacobs e William Stadiem, op. cit., p. 237.
146. Disponível em: <www.youtube.com/watch?v=mQwRhMn6D2U>.
147. Ava Gardner, op. cit., p. 139.
148. Mia Farrow, op. cit., p. 119.
149. Earl Wilson, coluna distribuída, 11 out. 1967.
150. Mia Farrow, op. cit., pp. 129-30.
151. Ibid., p. 131.
152. Ibid., pp. 122-3.
153. Kitty Kelley, *His Way: An Unauthorized Biography of Frank Sinatra*, op. cit., p. 378.
154. Associated Press, 14 nov. 1967.
155. United Press, 30 nov. 1967.
156. Mia Farrow, op. cit., p. 123.
157. Kitty Kelley, *His Way: An Unauthorized Biography of Frank Sinatra*, op. cit., p. 379.
158. J. Randy Taraborrelli, op. cit., p. 367.
159. United Press, 24 nov. 1967.
160. George Jacobs e William Stadiem, op. cit., p. 247.
161. Stan Cornyn e Paul Scanlon, op. cit., p. 56.
162. Terry Teachout, *Duke: A Life of Duke Ellington*. Nova York: Gotham, 2013. p. 337.
163. Ibid., p. 323.
164. Will Friedwald, *Sinatra! The Song Is You*, op. cit., p. 303.

165. Charles L. Granata, op. cit., p. 189.
166. Will Friedwald, *Sinatra! The Song Is You*, op. cit., p. 306.
167. Lee Herschberg, em conversa com o autor.
168. Charles L. Granata, op. cit., p. 189.
169. Will Friedwald, *Sinatra! The Song Is You*, op. cit., p. 308.
170. Earl Wilson, coluna distribuída, 12 dez. 1967.
171. Will Friedwald, *Sinatra! The Song Is You*, op. cit., p. 306.
172. Lee Herschberg, em conversa com o autor.
173. Mia Farrow, op. cit., p. 124.
174. *Photoplay*, fev. 1968.
175. Kitty Kelley, *His Way: An Unauthorized Biography of Frank Sinatra*, op. cit., p. 379.
176. Harrison Carroll, coluna distribuída, 29 dez. 1967.
177. Kitty Kelley, *His Way: An Unauthorized Biography of Frank Sinatra*, op. cit., p. 379.
178. *Photoplay*, fev. 1968.
179. Mia Farrow, op. cit., pp. 124-5.
180. Ibid., p. 125.
181. Ibid., p. 126.
182. Ibid., pp. 126-7.
183. George Jacobs e William Stadiem, op. cit., p. 244.
184. Mia Farrow, op. cit., p. 127.
185. Ibid.

CAPÍTULO 25. [pp. 901-47]

1. Mia Farrow, op. cit., pp. 128-9.
2. Ibid., p. 127.
3. Ibid., p. 128.
4. J. Randy Taraborrelli, op. cit., p. 369.
5. Florabel Muir, coluna distribuída, 12 jan. 1968.
6. Sheila Weller, *Dancing at Ciro's: A Family's Love, Loss, and Scandal on the Sunset Strip*. Nova York: Macmillan, 2004. p. 227.
7. Associated Press, 25 jan. 1968.
8. *Variety*, 18 dez. 1967.
9. Daniel O'Brien, op. cit., p. 193.
10. *Variety*, 19 fev. 1967.
11. Earl Wilson, coluna distribuída, 1 fev. 1968.
12. *Variety*, 14 fev. 1968; Earl Wilson, coluna distribuída, 14 fev. 1968.
13. Earl Wilson, coluna distribuída, 9 fev. 1968.
14. Ibid., 14 fev. 1968.
15. *Variety*, 14 fev. 1968.
16. Ibid.
17. Kitty Kelley, *His Way: An Unauthorized Biography of Frank Sinatra*, op. cit., p. 381.

18. Lee Server, *Ava Garner: "Love is Nothing"*, op. cit., pp. 451-2.

19. J. Randy Taraborrelli, op. cit., pp. 371-2.

20. George Jacobs e William Stadiem, op. cit., p. 249.

21. Earl Wilson, coluna distribuída, 28 fev. 1968.

22. Ibid., 1 mar. 1968.

23. Earl Wilson, *Sinatra: An Unauthorized Biography*, op. cit., p. 239.

24. *Variety*, 4 mar. 1968.

25. Earl Wilson, *Sinatra: An Unauthorized Biography*, op. cit., p. 237.

26. Ibid., p. 240.

27. Ibid., p. 241.

28. Mia Farrow, op. cit., p. 137.

29. *Washington Post*, 16 set. 1967.

30. Mia Farrow, op. cit., p. 137.

31. Ibid., p. 138.

32. Ibid., p. 141.

33. Ibid., pp. 145-6.

34. Ibid., p. 146.

35. Hal Bates, coluna distribuída, 7 abr. 1968.

36. Associated Press, 11 mar. 1968.

37. Nancy Sinatra, *Frank Sinatra: An American Legend*, op. cit., p. 205.

38. Earl Wilson, coluna distribuída, 20 fev. 1968.

39. Kitty Kelley, *His Way: An Unauthorized Biography of Frank Sinatra*, op. cit., p. 380.

40. Ibid.

41. Raquel Welch, em conversa com o autor, mar. 2010.

42. Nancy Sinatra, *Frank Sinatra: An American Legend*, op. cit., p. 205.

43. Roy Newquist, *Park Forest Star*, 4 abr. 1968.

44. *Variety*, 10 abr. 1968.

45. Ibid.

46. Ibid.; Anthony Summers e Robbyn Swan, op. cit., p. 342.

47. Associated Press, 10 abr. 1968.

48. *Variety*, 24 abr. 1968.

49. Ibid.

50. Drew Pearson, coluna distribuída, 1 maio 1968; Betty Beale, coluna distribuída, 5 maio 1968.

51. Oliver Pilat, *Drew Pearson: An Unauthorized Biography*. Nova York: Harper's Magazine, 1973. p. 282.

52. Ibid.

53. Maxine Cheshire, coluna distribuída, 3 maio 1968.

54. Ibid.

55. Jeffrey Goldberg, "Hoffa Lives!", *New York*, 31 jul. 1995.

56. Kitty Kelley, *His Way: An Unauthorized Biography of Frank Sinatra*, op. cit., p. 384.

57. Maxime Cheshire e John Greenya, *Maxine Cheshire, Reporter*. Boston: Houghton Mifflin, 1978. p. 106.

58. Maxine Cheshire, coluna distribuída, 3 maio 1968.

59. Betty Beale, coluna distribuída, 12 maio 1968.

60. Ibid.

61. Maxime Cheshire e John Greenya, op. cit., p. 107.

62. Oliver Pilat, op. cit., p. 283.

63. Kitty Kelley, *His Way: An Unauthorized Biography of Frank Sinatra*, op. cit., p. 385.

64. *Oakland Tribune*, 24 maio 1968.

65. Scott Allen Nollen, op. cit., pp. 70-1.

66. George Jacobs e William Stadiem, op. cit., p. 249.

67. Nancy Sinatra, *Frank Sinatra: An American Legend*, op. cit., p. 206.

68. Walter Winchell, coluna distribuída, 2 ago. 1968.

69. Lee Server, *Ava Garner: "Love is Nothing"*, op. cit., p. 448.

70. Peter Evans e Ava Gardner, *Ava Gardner: The Secret Conversations*. Nova York: Simon & Schuster, 2013. p. 41.

71. Lee Server, *Ava Garner: "Love is Nothing"*, op. cit., pp. 450-1.

72. Nancy Sinatra, *Frank Sinatra: An American Legend*, op. cit., p. 205.

73. *New York Times*, 29 maio 1968.

74. Mia Farrow, op. cit., pp. 148-9.

75. Dorothy Manners, coluna distribuída, 27 jul. 1968.

76. George Jacobs e William Stadiem, op. cit., p. 10.

77. *Janesville Daily Gazette*, Wisconsin, 2 ago. 1968.

78. Nancy Sinatra, *Frank Sinatra: My Father*, op. cit., p. 270.

79. George Jacobs e William Stadiem, op. cit., p. 11.

80. Ibid., p. 13.

81. Mia Farrow, op. cit., pp. 149-50.

82. Vernon Scott, nota, 17 ago. 1968.

83. Associated Press, 17 ago. 1968.

84. Nancy Sinatra, *Frank Sinatra: My Father*, op. cit., p. 208.

85. Ibid.

86. Ibid.

87. Associated Press, 17 ago. 1968; Vernon Scott, nota, 17 ago. 1968.

88. Mia Farrow, op. cit., p. 150.

89. Kitty Kelley, *His Way: An Unauthorized Biography of Frank Sinatra*, op. cit., p. 381.

90. *Wall Street Journal*, 19 ago. 1968.

91. Ibid.

92. Ibid.

93. Nancy Sinatra, *Frank Sinatra: An American Legend*, op. cit., p. 207.

94. Tina Sinatra e Jeff Coplon, op. cit., p. 73.

95. *Madison Capital Times*, 21 ago. 1968.

96. Kitty Kelley, *His Way: An Unauthorized Biography of Frank Sinatra*, op. cit., p. 387.

97. J. Randy Taraborrelli, op. cit., p. 376.

98. Kitty Kelley, *His Way: An Unauthorized Biography of Frank Sinatra*, op. cit., p. 382.

99. Ibid., pp. 382-3.

100. Ibid., p. 382.

101. George Jacobs, em conversa com o autor, maio 2009.

102. Reportagem de agência de notícias, 26 ago. 1968.

103. Dorothy Manners, coluna distribuída, 28 ago. 1968.

104. Sheilah Graham, coluna distribuída, 27 set. 1968.

105. Florabel Muir, coluna distribuída, 6 nov. 1968.

106. Associated Press, 10 out. 1968.

107. Florabel Muir, coluna distribuída, 6 nov. 1968.

108. *Chicago Tribune*, 27 set. 1968.

109. Diane Giordmaina, *Sinatra and the Moll*. Bloomington, IN: iUniverse, 2009. p. 68.

110. Ibid.; Associated Press, 31 ago. 1971.

111. Disponível em: <www.intelius.com/Find-Phone-Address/Las+Vegas-NV/Diane-Giordmaina.html>.

112. *Tonight Show*, apresentando-se com Johnny Carson e Don Rickles, 12 nov. 1976.

113. Diane Giordmaina, op. cit., p. 85.

114. Robin Orr, *Oakland Tribune*, 18 out. 1968.

115. *Baytown Sun*, Texas, 31 out. 1968.

116. Shirley MacLaine, op. cit., p. 86.

117. Giuseppe Marcucci, op. cit.

118. Ed O'Brien e Scott P. Sayers, op. cit., p. 267; os dados são da lista de singles de *Cash Box*; "Cycles" ficou no 23º lugar entre as Hot 100 da *Billboard*.

119. Will Friedwald, *Sinatra! The Song Is You*, op. cit., p. 267.

120. Ed O'Brien e Scott P. Sayers, op. cit., p. 136.

121. *Kingston Daily Gleaner*, Jamaica, 6 dez. 1968.

122. *New York Times*, 21 nov. 1968.

123. *Los Angeles Times*, 8 nov. 1968.

124. *New York Times*, 21 nov. 1968.

125. Dorothy Manners, coluna distribuída, 7 nov. 1968.

126. United Press, 1968.

127. Joyce Haber, coluna distribuída, 24 nov. 1968.

128. Jack O'Brian, coluna distribuída, 19 abr. 1968.

129. *El Paso Herald Post*, 23 nov. 1968.

130. Disponível em: <www.youtube.com/watch?v=sC6-TlT1JJg>. Acesso em: 18 set. 2015.

131. *Variety*, 27 nov. 1968.

132. Michael Drosnin, op. cit., p. 473.

133. Polly Bergen, em conversa com o autor, jun. 2011.

134. Rob Fentress, em conversa com o autor, jun. 2011.

135. *Variety*, 27 nov. 1968.

136. Rob Fentress, em conversa com o autor.

137. *Rolling Stone*, 25 jun. 1998.

138. Anthony Summers e Robbyn Swan, op. cit., p. 335.

139. Paul Anka e David Dalton, op. cit., p. 2.

140. Paul Anka em entrevista com Neil McCormack, *Daily Telegraph*, 8 nov. 2007.

141. Ibid.

142. *Newsweek*, 25 maio 1998.

143. Ibid.

144. Sinatra em entrevista com Sid Mark, WWDB, Filadélfia, 31 dez. 1979.

145. Charles L. Granata, op. cit., p. XVII.

146. Lee Herschberg, em conversa com o autor, maio 2006.

CAPÍTULO 26. [pp. 951-75]

1. Suzy Knickerbocker, coluna distribuída, 10 jan. 1969.

2. Ibid.

3. Ibid.

4. Nancy Sinatra, *Frank Sinatra: My Father*, op. cit., p. 225.

5. Anthony Summers e Robbyn Swan, op. cit., p. 401.

6. Pete Hamill, *Why Sinatra Matters*. Nova York: Little, Brown, 1998. p. 84.

7. Nancy Sinatra, *Frank Sinatra: My Father*, op. cit., p. 225.

8. Ibid.

9. J. Randy Taraborrelli, op. cit., pp. 379-80.

10. Kitty Kelley, *His Way: An Unauthorized Biography of Frank Sinatra*, op. cit., p. 389.

11. J. Randy Taraborrelli, op. cit., p. 380; Nancy Sinatra, *Frank Sinatra: My Father*, op. cit., p. 226.

12. Nancy Sinatra, *Frank Sinatra: My Father*, op. cit., p. 226.

13. Ibid.

14. Kitty Kelley, *His Way: An Unauthorized Biography of Frank Sinatra*, op. cit., p. 391.

15. Tina Sinatra e Jeff Coplon, op. cit., p. 153.

16. Earl Wilson, *Sinatra: An Unauthorized Biography*, op. cit., pp. 250-1.

17. Will Friedwald, *Sinatra! The Song Is You*, op. cit., pp. 430-1.

18. Lee Herschberg, em conversa com o autor, maio 2006.

19. Charles L. Granata, op. cit., p. 190.

20. Jack O'Brian, coluna distribuída, 23 set. 1968.

21. Mario Puzo, *The Godfather Papers & Other Confessions*. Greenwich, CT: Fawcett, 1972. p. 53; *Variety*, 25 set. 1968.

22. *Winona Daily News*, Minnesota, 27 abr. 1969.

23. Will Friedwald, *Sinatra! The Song Is You*, op. cit., p. 438.

24. Bennett Cerf, "Notable New Yorkers", em Columbia University Libraries Oral History Research Office. Disponível em: <www.columbia.edu/cu/lweb/digital/collections/nny/cerfb/transcripts/cerfb_1_21_1024.html>. Acesso em: 18 set. 2015.

25. Ibid.

26. Will Friedwald, *Sinatra! The Song Is You*, op. cit., pp. 437-8.

27. Giuseppe Marcucci, op. cit.

28. Mo Ostin, em conversa com o autor, ago. 2012.

29. Giuseppe Marcucci, op. cit.

30. Stan Cornyn e Paul Scanlon, op. cit., pp. 128-9, 137.

31. Mo Ostin, em conversa com o autor.

32. Richard Havers, op. cit., p. 309.

33. Ed O'Brien e Scott P. Sayers, op. cit., p. 261.

34. Richard Havers, op. cit., p. 309.

35. Betsy Duncan Hammes, em conversa com o autor, jun. 2011.

36. Barbara Sinatra e Wendy Holden, *Lady Blue Eyes: My Life with Frank*. Nova York: Crown Archetype, 2011. p. 37.

37. Ed Walters, em conversa com o autor, dez. 2014.

38. Barbara Sinatra, "Sinatra, My Jekyll and Hyde Husband: His Fourth Wife Lays Bare His Terrifying Mood Swings and Sadistic Manipulation", *Daily Mail*, 6 jun. 2011. Disponível em: <www.dailymail.co.uk/news/article-1394161/Frank-Sinatra-Jekyll-Hyde-husband-4th-wife-Barbara-sadistic-manipulation.html>. Acesso em: 18 set. 2015.

39. Trevor Homer, *Born in the USA: The American Book of Origins*. Nova York: Skyhorse, 2009. pp. 176-7.

40. Kitty Kelley, *His Way: An Unauthorized Biography of Frank Sinatra*, op. cit., p. 434.

41. Betsy Duncan Hammes, em conversa com o autor.

42. Kitty Kelley, *His Way: An Unauthorized Biography of Frank Sinatra*, op. cit., pp. 433-4.

43. Betsy Duncan Hammes, em conversa com o autor.

44. Barbara Sinatra e Wendy Holden, op. cit., p. 68.

45. Barbara Sinatra, op. cit.

46. *Fremont Argus*, Califórnia, 13 dez. 1968.

47. Barbara Sinatra, op. cit.

48. Barbara Sinatra e Wendy Holden, op. cit., p. 69.

49. Ibid., pp. 3-4, 99.

50. Anthony Summers e Robbyn Swan, op. cit., p. 358.

51. George Jacobs e William Stadiem, op. cit., p. 255.

52. Dorothy Manners, coluna distribuída, 11 nov. 1968.

53. *Variety*, 12 maio 1969.

54. Gay Talese, em conversa com o autor, maio 2007.

55. Marilyn Beck, coluna distribuída, 12 ago. 1969.

56. Drew Pearson, coluna distribuída, 21 jul. 1969.

57. *Lowell Sun*, Massachusetts, 25 jul. 1969.

58. *Fort Pierce News-Tribune*, Flórida, 12 ago. 1969.

59. Associated Press, 15 out. 1969.

60. Ed O'Brien e Scott P. Sayers, op. cit., p. 267.

61. Tina Sinatra e Jeff Coplon, op. cit., pp. 153-4.

62. Will Friedwald, *Sinatra! The Song Is You*, op. cit., p. 440.

63. Jennifer Warner, *The True Story of the Jersey Boys: The Story behind Frankie Valli and The Four Seasons*. Anaheim, CA: BookCaps Study Guides, 2014. pp. 29-30.

64. Texto de apresentação de *Watertown*.

65. Ibid.

66. Ibid.

67. Ibid.

68. Lee Herschberg, em conversa com o autor

69. Will Friedwald, *Sinatra! The Song Is You*, op. cit., p. 441.

70. Ibid., p. 443.

71. Mo Ostin, em conversa com o autor.

72. Associated Press, 15 out. 1969.

73. Ibid., 16 out. 1969.

74. United Press, 29 out. 1969.

75. Associated Press, 24 out. 1969.

76. Nancy Sinatra, *Frank Sinatra: An American Legend*, op. cit., p. 212.

77. Ibid., pp. 212-3.

78. United Press, 14 out. 1969.

79. Norma Lee Browning, coluna distribuída, 8 nov. 1969.

CAPÍTULO 27. [pp. 976-1012]

1. *Film Bulletin*, v. 38, 1969, p. 63.

2. Tom Santopietro, op. cit., p. 410.

3. Kitty Kelley, *His Way: An Unauthorized Biography of Frank Sinatra*, op. cit., pp. 431-2.

4. "Part III: Hollywood Lives, The Sisters Final Installment", *New York Social Diary*. Disponível em: <www.newyorksocialdiary.com/legacy/socialdiary/2005/08_17_05/socialdiary08_17_05.php>. Acesso em: 18 set. 2015.

5. United Press, 4 fev. 1970.

6. *New York Times*, 4 fev. 1970.

7. Ibid., 18 fev. 1970.

8. Nancy Sinatra, *Frank Sinatra: An American Legend*, op. cit., p. 214.

9. *New York Times*, 19 fev. 1970.

10. Ibid., 18 fev. 1970.

11. Kitty Kelley, *His Way: An Unauthorized Biography of Frank Sinatra*, op. cit., pp. 393-4.

12. Nancy Sinatra, *Frank Sinatra: An American Legend*, op. cit., p. 214.

13. *New York Times*, 19 fev. 1970.

14. *Oakland Tribune*, 12 fev. 1970.

15. Associated Press, 28 fev. 1970.

16. *Arizona Republic*, 19 abr. 1970.

17. Phil Kuntz e Tom Kuntz, op. cit., pp. 209-10.

18. Ibid., pp. 210-1.

19. *Variety*, 23 abr. 1970.

20. *Las Vegas Sun*, 24 abr. 1970.

21. *Variety*, 6 maio 1970.

22. *New York Times*, 9 maio 1970.

23. Disponível em: <www.watertownology.com/forum.html>. Acesso em: 18 set. 2015.

24. Giuseppe Marcucci, op. cit.

25. Ibid.

26. Associated Press, 9 jul. 1970.

27. *Oakland Tribune*, 9 jul. 1970.

28. George Jacobs e William Stadiem, op. cit., p. 238.

29. Joyce Haber, *Los Angeles Times*, coluna distribuída, 14 jul. 1970.

30. Associated Press, 29 jun. 1970.

31. Joyce Haber, *Los Angeles Times*, coluna distribuída, 14 jul. 1970.

32. Norma Lee Browning, coluna distribuída, 23 jul. 1970.

33. Tina Sinatra e Jeff Coplon, op. cit., p. 154.

34. *Variety*, 10 ago. 1970.

35. Ibid.

36. Steve Allen, *But Seriously...: Steve Allen Speaks His Mind*. Amherst, NY: Prometheus, 1996. p. 378.

37. Ibid., p. 379.

38. Norma Lee Browning, coluna distribuída, 2 dez. 1970.

39. George Schlatter, em conversa com o autor, maio 2006.

40. Nancy Sinatra, *Frank Sinatra: An American Legend*, op. cit., p. 209.

41. *Variety*, 1 out. 1969.

42. Ed Walters, em conversa com o autor, dez. 2014.

43. *New York Times*, 28 set. 1980.

44. United Press, 25 abr. 1956.

45. Ed Walters, em conversa com o autor, dez. 2014.

46. Kitty Kelley, *His Way: An Unauthorized Biography of Frank Sinatra*, op. cit., p. 398.

47. Ibid.

48. *Los Angeles Times*, 8 set. 1970.

49. Disponível em: <web.stanford.edu/class/polisci120a/immigration/Median%20Household%20Income.pdf>.

50. Kitty Kelley, *His Way: An Unauthorized Biography of Frank Sinatra*, op. cit., p. 398.

51. Nancy Sinatra, *Frank Sinatra: An American Legend*, op. cit., p. 215.

52. *Los Angeles Times*, 8 set. 1970.

53. Ibid.

54. *Los Angeles Times*, 11 set. 1970.

55. Vernon Scott, coluna distribuída, 21 set. 1970.

56. Ibid.

57. *Los Angeles Times*, 17 set. 1970.

58. Giuseppe Marcucci, op. cit.

59. Mario Puzo, op. cit., p. 53.

60. Ibid., pp. 53-4.

61. Ibid., pp. 54-6.

62. Ibid., p. 57.

63. Associated Press, 5 out. 1970.

64. Norma Lee Browning, coluna distribuída, 24 out. 1970.

65. Marilyn Beck, coluna distribuída, 27 jul. 1970.

66. Dorothy Manners, coluna distribuída, 20 nov. 1970.

67. Ibid., 25 fev. 1969.

68. Ibid., 5 ago. 1969.

69. Sheilah Graham, coluna distribuída, 24 fev. 1969.

70. Giuseppe Marcucci, op. cit.

71. *Frank Sinatra: Concert for the Americas*. Los Angeles: Shout! Factory, 2010. 1 DVD (90 min).

72. Matthew Schneider, *The Long and Winding Road from Blake to the Beatles*. Nova York: Palgrave Macmillan, 2008. p. 122.

73. *Chicago Tribune*, 23 nov. 1970. Disponível em: <www.rogerebert.com/reviews/dirty-dingus-magee-1970>. Acesso em: 18 set. 2015.

74. Lang Thompson, "The Stranger Returns", em Turner Classic Movies. Disponível em: <www.tcm.com/this-month/article/91156%7C0/The-Stranger-Returns.html>. Acesso em: 18 set. 2015.

75. *New York Times*, 19 nov. 1970.

76. Nancy Sinatra, *Frank Sinatra: An American Legend*, op. cit., p. 214.

77. Peter Malatesta, *Party Politics: The Confessions of a Washington Party-Giver*. Englewood Cliffs, NJ: Prentice-Hall, 1982. p. 15.

78. William Safire, *Before the Fall: An Inside View of the Pre-Watergate White House*. Nova York: Doubleday, 1975. p. 323.

79. Peter Malatesta, op. cit., p. 16.

80. Ibid., pp. 17-8.

81. Ibid., p. 18.

82. Coluna de Norma Lee Browning, 2 dez. 1970 (primeiramente publicada em fins de novembro em outro veículo).

83. Ibid.

84. Ibid.

85. Associated Press, 14 dez. 1970.

86. Nancy Sinatra, *Frank Sinatra: An American Legend*, op. cit., pp. 216-7.

87. Ibid.

88. Joyce Haber, coluna distribuída, 27 dez. 1970.

89. Marilyn Beck, coluna distribuída, 11 fev. 1972.

90. Joyce Haber, coluna distribuída, 27 dez. 1970.

91. Associated Press, 13 dez. 1970.

92. United Press, 23 fev. 1971; *New York Times*, 28 set. 1980.

93. Peter Malatesta, op. cit., pp. 21-2.

94. Norma Lee Browning, coluna distribuída, 15 dez. 1970.

95. Peter Malatesta, op. cit., p. 32.

96. Norma Lee Browning, coluna distribuída, 11 dez. 1970.

97. Marilyn Beck, coluna distribuída, 19 dez. 1970.

98. Blake Bailey, *Cheever: A Life*. Nova York: Vintage, 2009. p. 435.

CAPÍTULO 28. [pp. 1013-29]

1. *Oakland Tribune*, 5 jan. 1971.

2. Ibid., 4 jan. 1971.

3. Giuseppe Marcucci, op. cit.

4. George Jacobs e William Stadiem, op. cit., p. 238.

5. Gloria Vanderbilt, em conversa com o autor, abr. 2011.

6. Norma Lee Browning, coluna distribuída, 22 jan. 1971.

7. Dorothy Manners, coluna distribuída, 3 fev. 1971.

8. Phil Kuntz e Tom Kuntz, op. cit., pp. 212-3.

9. Nancy Sinatra, *Frank Sinatra: My Father*, op. cit., p. 228; Nancy Sinatra, *Frank Sinatra: An American Legend*, op. cit., p. 217.

10. Scott Allen Nollen, op. cit., p. 81.

11. Norma Lee Browning, coluna distribuída, 11 fev. 1971.

12. *Life*, 19 mar. 1971.

13. Jim Bishop, coluna distribuída, 5 abr. 1971.

14. Nancy Sinatra, *Frank Sinatra: An American Legend*, op. cit., p. 219.

15. Mo Ostin, em conversa com o autor, ago. 2012.

16. Associated Press, 24 mar. 1971; Norma Lee Browning, coluna distribuída, 31 mar. 1971.

17. Associated Press, 24 mar. 1971.

18. Norma Lee Browning, coluna distribuída, 31 mar. 1971.

19. Associated Press, 18 abr. 1971.

20. Disponível em: <www.youtube.com/watch?v=V_dGbyb7p0o>. Acesso em: 18 set. 2015.

21. Associated Press, 18 abr. 1971.

22. Jim Bishop, coluna distribuída, 5 abr. 1971.

23. *Life*, 25 jun. 1971.

24. Paul Corcoran, coluna distribuída, 7 abr. 1971.

25. *Life*, 25 jun. 1971.

26. *Newsweek*, 12 mar. 1990.

27. Ibid.

28. Ibid.

29. Ibid.

30. Associated Press, 14 jun. 1971.

31. Ibid.

32. *Life*, 25 jun. 1971.

CODA [pp. 1030-74]

1. Tina Sinatra e Jeff Coplon, op. cit., pp. 146, 151-2.

2. Ibid., p. 150.

3. Ibid., p. 152.

4. Ibid., pp. 152-3.

5. Phil Kuntz e Tom Kuntz, op. cit., p. 213.

6. Ibid., p. 216.

7. Ibid., p. 220.

8. Kitty Kelley, *His Way: An Unauthorized Biography of Frank Sinatra*, op. cit., p. 409.

9. Tina Sinatra e Jeff Coplon, op. cit., pp. 141-2.

10. Kitty Kelley, *His Way: An Unauthorized Biography of Frank Sinatra*, op. cit., pp. 412-3; Maxime Cheshire e John Greenya, op. cit., pp. 123-5.

11. Nancy Sinatra, *Frank Sinatra: An American Legend*, op. cit., p. 219.

12. Ibid.

13. Peter Malatesta, op. cit., p. 88.

14. *Los Angeles Herald Examiner*, 20 abr. 1973.

15. *Los Angeles Times*, 21 ago. 2006.

16. Nancy Sinatra, *Frank Sinatra: An American Legend*, op. cit., p. 230.

17. Ibid., p. 322.

18. Richard Havers, op. cit., p. 323.

19. Giuseppe Marcucci, op. cit.

20. Kitty Kelley, *His Way: An Unauthorized Biography of Frank Sinatra*, op. cit., p. 423.

21. Jerry Weintraub, *When I Stop Talking, You'll Know I'm Dead: Useful Stories from a Persuasive Man*. Nova York: Twelve, 2010. p. 110.

22. Ibid., p. 326.

23. *New York Times*, 13 out. 1974.

24. *Rolling Stone*, 6 jun. 1974.

25. Tina Sinatra e Jeff Coplon, op. cit., p. 145.

26. Barbara Sinatra e Wendy Holden, op. cit., p. 166.

27. Tina Sinatra e Jeff Coplon, op. cit., p. 156.

28. Ibid., p. 155.

29. Barbara Sinatra e Wendy Holden, op. cit., p. 170.

30. Ibid.

31. Tina Sinatra e Jeff Coplon, op. cit., p. 197.

32. Ibid., p. 157.

33. Don Hewitt, op. cit., p. 103.

34. Tina Sinatra e Jeff Coplon, op. cit., p. 163.

35. Barbara Sinatra e Wendy Holden, op. cit., p. 198.

36. Kitty Kelley, *His Way: An Unauthorized Biography of Frank Sinatra*, op. cit., p. 441.

37. Barbara Sinatra e Wendy Holden, op. cit., p. 201.

38. Tina Sinatra e Jeff Coplon, op. cit., p. 165.

39. Charles L. Granata, op. cit., p. 194.

40. Vincent Falcone, em conversa com o autor, nov. 2012.

41. Barbara Sinatra e Wendy Holden, op. cit., pp. 212-3.

42. Rob Fentress, em conversa com o autor, jun. 2011.

43. Tina Sinatra e Jeff Coplon, op. cit., pp. 174-5.

44. Paul Anka e David Dalton, op. cit., p. 214.

45. Revelado ao autor por um médico que preferiu permanecer anônimo.

46. Kitty Kelley, *Nancy Reagan: The Unauthorized Biography*. Nova York: Simon & Schuster, 1991. pp. 311-2.

47. Tina Sinatra e Jeff Coplon, op. cit., p. 178.

48. Barbara Sinatra e Wendy Holden, op. cit., p. 269.

49. Tina Sinatra e Jeff Coplon, op. cit., pp. 178-9.

50. Ibid., pp. 176-9.

51. Ibid., pp. 180-1.

52. Anthony Summers e Robbyn Swan, op. cit., p. 360.

53. Bob Eckel, em conversa com o autor, maio 2006.

54. Associated Press, 6 abr. 1983.

55. Giuseppe Marcucci, op. cit.

56. Peter Bogdanovich, e-mail para o autor, 27 dez. 2014.

57. Doris Rollins Cannon, *Grabtown Girl: Ava Gardner's North Carolina Childhood and Her Enduring Ties to Home*. Asheboro, NC: Down Home, 2001. p. 103.

58. Lee Server, *Ava Garner: "Love is Nothing"*, op. cit., p. 486.

59. *New York Times*, 25 fev. 1985.

60. Lee Server, *Ava Garner: "Love is Nothing"*, op. cit., p. 488.

61. Paul Anka e David Dalton, op. cit., p. 214.

62. Barbara Sinatra e Wendy Holden, op. cit., pp. 276-7.

63. Nancy Sinatra, *Frank Sinatra: My Father*, op. cit., p. 280.

64. Vincent Falcone, em conversa com o autor.

65. Paul Anka e David Dalton, op. cit., p. 214.

66. *New York Times*, 17 maio 1990.

67. Cortesia de Daniel Okrent.

68. Tina Sinatra e Jeff Coplon, op. cit., p. 214.

69. Ibid., p. 230.

70. Scott Allen Nollen, op. cit., pp. 164-7.

71. Giuseppe Marcucci, op. cit.

72. Disponível em: <www.youtube.com/watch?v=PdRk2oo3jRg>. Acesso em: 18 set. 2015.

73. Jim Snidero, em conversa com o autor, nov. 2014.

74. Tina Sinatra e Jeff Coplon, op. cit., p. 240.

75. Disponível em: <www.youtube.com/watch?v=EGSb99HwcwU>. Acesso em: 18 set. 2015.

76. Giuseppe Marcucci, op. cit.

77. Tina Sinatra e Jeff Coplon, op. cit., p. 241.

78. Giuseppe Marcucci, op. cit.

79. Natalie Cole e Digby Diehl, *Angel on my Shoulder: An Autobiography*. Nova York: Warner, 2000. p. 289.

80. Anthony Summers e Robbyn Swan, op. cit., p. 381.

81. Jonathan Schwartz, em conversa com o autor, dez. 2011.

82. Tina Sinatra e Jeff Coplon, op. cit., p. 244.

83. Ibid., p. 245.

84. Ibid., p. 228.

85. Barbara Sinatra e Wendy Holden, op. cit., p. 342.

86. Tina Sinatra e Jeff Coplon, op. cit., p. 247.

87. Associated Press, 5 nov. 1996.

88. Tina Sinatra e Jeff Coplon, op. cit., p. 260.

89. *Lawrence Journal World*, Kansas, 27 nov. 1996.

90. Tina Sinatra e Jeff Coplon, op. cit., pp. 276-7.

91. Ibid., p. 279.

92. Barbara Sinatra e Wendy Holden, op. cit., p. 354.

93. Ibid., pp. 354-5.

94. Tina Sinatra e Jeff Coplon, op. cit., p. 280.

95. Barbara Sinatra e Wendy Holden, op. cit., pp. 356-7.

96. Tina Sinatra e Jeff Coplon, op. cit., pp. 280-1.

Bibliografia

ALLEN, Steve. *But Seriously…: Steve Allen Speaks His Mind*. Amherst, NY: Prometheus, 1996.

ANDERSEN, Christopher. *These Few Precious Days: The Final Year of Jack with Jackie*. Nova York: Gallery, 2013.

ANKA, Paul; DALTON, David. *My Way: An Autobiography*. Nova York: St. Martin's, 2013.

ANTHONY, Carl Sferrazza. *The Kennedy White House: Family Life and Pictures, 1961-1963*. Nova York: Lisa Drew, 2001.

BACALL, Lauren. *By Myself*. Nova York: Ballantine, 1993.

BAGGELAAR, Kirstin. *Images of America: The Copacabana*. Charleston, SC: Arcadia, 2006.

BAILEY, Blake. *Cheever: A Life*. Nova York: Vintage, 2009.

BALIO, Tino. *United Artists*. Madison: University of Wisconsin Press, 2009. v. 2: 1951-1978: The Company That Changed the Film Industry.

BARLETT, Donald L.; STEELE, James B. *Howard Hughes: His Life and Madness*. Nova York: Norton, 2004.

BASINGER, Jeanine. *The Star Machine*. Nova York: Vintage, 2008.

BELAFONTE, Harry; SHNAYERSON, Michael. *My Song: A Memoir of Art, Race and Defiance*. Nova York: Vintage, 2012.

BERG, A. Scott. *Goldwyn: A Biography*. Nova York: Riverhead, 1998.

BIRKBECK, Matt. *Deconstructing Sammy: Music, Money, and Madness*. Nova York: Amistad, 2008.

BLAIR, Joan; BLAIR JR., Clay. *The Search for JFK*. Nova York: Berkley, 1976.

BOGDANOVICH, Peter. *Who the Devil Made It: Conversations with Legendary Film Directors*. Nova York: Alfred A. Knopf, 1997.

______. *Who the Hell's in It: Conversations with Hollywood's Legendary Actors*. Nova York: Ballantine, 1998.

BOSWORTH, Patricia. *Marlon Brando*. Nova York: Viking, 2001.

BOWEN, Jimmy; JEROME, Jim. *Rough Mix: An Unapologetic Look at the Music Business and How It Got That Way: A Lifetime in the World of Rock, Pop, and Country as Told by One of the Industry's Most Powerful Players*. Nova York: Simon & Schuster, 1997.

BRADEN, Joan. *Just Enough Rope*. Nova York: Villard, 1989.

BRITT, Stan. *Frank Sinatra: A Celebration*. Nova York: Schirmer Trade, 1995.

BRONSON, Fred. *The Billboard History of Number One Hits*. Nova York: Billboard, 2003.

BROWNSTEIN, Ronald. *The Power and the Glitter: The Hollywood-Washington Connection*. Nova York: Vintage, 1992.

CAHN, Sammy. *I Should Care: The Sammy Cahn Story*. Nova York: Arbor House, 1974.

CANNON, Doris Rollins. *Grabtown Girl: Ava Gardner's North Carolina Childhood and Her Enduring Ties to Home*. Asheboro, NC: Down Home, 2001.

CAPRA, Frank. *The Name above the Title: An Autobiography*. Boston: Da Capo, 1997.

CAPUA, Michelangelo. *Janet Leigh: A Biography*. Jefferson, NC: McFarland, 2013.

CARLSON, Peter. *K Blows Top: A Cold War Comic Interlude, Starring Nikita Khrushchev, America's Most Unlikely Tourist*. Nova York: PublicAffairs, 2009.

CARO, Robert A. *The Passage of Power*. Nova York: Alfred A. Knopf, 2012. v. 4. (The Years of Lyndon Johnson Series.)

CASTRO, Ruy. *Bossa Nova: The Story of the Brazilian Music That Seduced the World*. Chicago: A Capella, 2000.

CERF, Bennett. *At Random: The Reminiscences of Bennett Cerf*. Nova York: Random House, 1977.

CHESHIRE, Maxine; GREENYA, John. *Maxine Cheshire, Reporter*. Boston: Houghton Mifflin, 1978.

CHUNG, Su Kim. *Las Vegas: Then and Now*. San Diego: Thunder Bay, 2007.

CLARKE, Donald. *Penguin Encyclopedia of Popular Music*. Nova York: Penguin, 1990.

_______. *Billie Holiday: Wishing on the Moon*. Boston: Da Capo, 2002.

CLARKE, Gerald. *Get Happy: The Life of Judy Garland*. Nova York: Random House, 2000.

CLOONEY, Rosemary; BARTHEL, Joan. *Girl Singer: An Autobiography*. Nova York: Doubleday, 1999.

COLE, Natalie; DIEHL, Digby. *Angel on My Shoulder: An Autobiography*. Nova York: Warner, 2000.

CORNYN, Stan; SCANLON, Paul. *Exploding: The Highs, Hits, Hype, Heroes, and Hustlers of the Warner Music Group*. Nova York: HarperCollins, 2002.

CRAMER, Richard Ben. *Joe DiMaggio: The Hero's Life*. Nova York: Simon & Schuster, 2000.

CRONKITE, Walter. *A Reporter's Life*. Nova York: Ballantine, 1997.

CRYSTAL, Billy. *700 Sundays*. Nova York: Warner, 2005.

CURTIS, James. *Spencer Tracy: A Biography*. Nova York: Alfred A. Knopf, 2011.

DALLEK, Robert. *An Unfinished Life: John F. Kennedy, 1917-1963*. Nova York: Back Bay, 2004.

DAMONE, Vic; CHANOFF, David. *Singing Was the Easy Part*. Nova York: St. Martin's, 2009.

DANNEN, Fredric. *Hit Men: Power Brokers and Fast Money inside the Music Business*. Nova York: Vintage, 1991.

DAVIDSON, Bill. *The Real and the Unreal*. Nova York: Harper, 1961.

DAVIS, Miles; TROUPE, Quincy. *Miles: The Autobiography*. Nova York: Simon & Schuster, 2011. [Ed. bras.: *Miles Davis: A autobiografia*. Trad. de Marcos Santarrita. Rio de Janeiro: Campus, 1991.]

DAVIS JR., Sammy; BOYAR, Jane; BOYAR, Burt. *Why Me? The Sammy Davis Jr. Story*. Nova York: Farrar, Straus & Giroux, 1989.

_______. *Sammy: An Autobiography*. Nova York: Farrar, Straus & Giroux, 2000.

DECKER, Todd. *Who Should Sing "Ol' Man River"?: The Lives of an American Song*. Nova York: Oxford University Press, 2015.

DENTON, Sally; MORRIS, Roger. *The Money and the Power: The Making of Las Vegas and Its Hold on America, 1947-2000*. Nova York: Alfred A. Knopf, 2001.

DOUGLAS-HOME, Robin. *Sinatra*. Nova York: Grosset & Dunlap, 1962.

DROSNIN, Michael. *Citizen Hughes*. Nova York: Broadway, 2004.

ENGLISH, T. J. *Havana Nocturne: How the Mob Owned Cuba... and Then Lost It to the Revolution*. Nova York: Harper, 2008.

EVANS, Peter; GARDNER, Ava. *Ava Gardner: The Secret Conversations*. Nova York: Simon & Schuster, 2013.

EVANS, Robert. *The Kid Stays in the Picture*. Nova York: Hyperion, 1994.

EXNER, Judith; DEMARIS, Ovid. *My Story*. Nova York: Grove, 1977.

FALCONE, Vincent; POPYK, Bob. *Frankly, Just between Us: My Life Conducting Frank Sinatra's Music*. Milwaukee: Hal Leonard, 2005.

FARROW, Mia. *What Falls Away: A Memoir*. Nova York: Doubleday, 1997. [Ed. bras.: *O que fica pelo caminho é para sempre*. Trad. de Adalgisa Campos da Silva. Rio de Janeiro: Objetiva, 1977.]

FINKELSTEIN, Norman H. *Jewish Comedy Stars: Classic to Cutting Edge*. Minneapolis: Kar-Ben, 2010.

FINSTAD, Suzanne. *Natasha: The Biography of Natalie Wood*. Nova York: Three Rivers, 2001.

FISCHER, Steve. *When the Mob Ran Vegas: Stories of Money, Mayhem, and Murder*. Omaha: Berkline, 2007.

FRANK, Gerold. *Judy*. Boston: Da Capo, 1999.

FREEDLAND, Michael. *All the Way: A Biography of Frank Sinatra, 1915-1998*. Nova York: St. Martin's, 2000.

FRIEDWALD, Will. *Sinatra!: The Song is You*. Boston: Da Capo, 1997.

_______. *A Biographical Guide to the Great Jazz and Pop Singers*. Nova York: Pantheon, 2010.

FUCHS, Jeanne; PRIGOZY, Ruth. *Frank Sinatra: The Man, the Music, the Legend*. Rochester, NY: University of Rochester Press, 2007.

FURIA, Philip. *Skylark: The Life and Times of Johnny Mercer*. Nova York: St. Martin's, 2003.

GARDNER, Ava. *Ava: My Story*. Nova York: Bantam, 1992.

GIANCANA, Antoinette; RENNER, Thomas C. *Mafia Princess: Growing Up in Sam Giancana's Family*. Nova York: William Morrow, 1984.

GIANCANA, Sam; GIANCANA, Chuck. *Double Cross: The Explosive, Inside Story of the Mobster Who Controlled America*. Nova York: Warner, 1992.

GIORDMAINA, Diane. *Sinatra and the Moll*. Bloomington, IN: iUniverse, 2009.

GIULIANO, Geoffrey; GIULIANO, Brenda. *The Lost Lennon Interviews*. Avon, MA: Adams Media, 1996.

GLATT, John. *The Prince of Paradise: The True Story of a Hotel Heir, His Seductive Wife, and a Ruthless Murder*. Nova York: St. Martin's, 2013.

GOLDSTEIN, Norm. *Frank Sinatra: Ol' Blue Eyes*. Boston: Holt McDougal, 1983.

GOODMAN, Ezra. *The Fifty-Year Decline and Fall of Hollywood*. Nova York: Simon & Schuster, 1961.

GOODMAN, Wendy. *The World of Gloria Vanderbilt*. Nova York: Harry N. Abrams, 2010.

GOSCH, Martin A.; HAMMER, Richard. *The Last Testament of Lucky Luciano*. Nova York: Little, Brown, 1975.

GOULD, Jonathan. *Can't Buy Me Love: The Beatles, Britain, and America*. Nova York: Three Rivers, 2008.

GRAHAM, Sheilah. *Confessions of a Hollywood Communist*. Nova York: William Morrow, 1969.

GRANATA, Charles L. *Sessions with Sinatra: Frank Sinatra and the Art of Recording*. Chicago: A Capella, 1999.

GURALNICK, Peter; JORGENSEN, Ernst. *Elvis Day by Day: The Definitive Record of His Life and Music*. Nova York: Ballantine, 1999.

HAMILL, Pete. *Why Sinatra Matters*. Nova York: Little, Brown, 1998.

HAMILTON, Nigel. *JFK: Reckless Youth*. Nova York: Random House, 1992.

HAVERS, Richard. *Sinatra*. Nova York: DK, 2004.

HAYES, Harold (Org.). *Smiling through the Apocalypse: Esquire's History of the Sixties*. Nova York: McCall, 1970.

HAYGOOD, Wil. *In Black and White: The Life of Sammy Davis, Jr*. Nova York: Billboard, 2005.

HERSH, Burton. *Bobby and J. Edgar: The Historic Face-Off between the Kennedys and J. Edgar Hoover That Transformed America*. Nova York: Carroll & Graf, 2007.

HERSH, Seymour M. *The Dark Side of Camelot*. Boston: Little, Brown, 1997. [Ed. bras.: *O lado negro de Camelot*. Trad. de Betina Gertum Becker e Lúcia Brito. Porto Alegre: L&PM, 1997.]

HERSHORN, Tad. *Norman Granz: The Man Who Used Jazz for Justice*. Berkeley: University of California Press, 2011.

HEWITT, Don. *Tell Me a Story: Fifty Years and 60 Minutes in Television*. Nova York: PublicAffairs, 2002.

HOFFMAN, William; HEADLEY, Lake. *Contract Killer: The Explosive Story of the Mafia's Most Notorious Hit Man, Donald "Tony the Greek" Frankos*. Nova York: Thunder's Mouth, 1992.

HOMER, Trevor. *Born in the USA: The American Book of Origins*. Nova York: Skyhorse, 2009.

HOTCHNER, Aaron Edward. *Doris Day: Her Own Story*. Nova York: Bantam, 1976.

HYATT, Wesley. *The Billboard Book of Number One Adult Contemporary Hits*. Nova York: Billboard, 1999.

INGHAM, Chris. *The Rough Guide to Frank Sinatra*. Londres: Rough Guides, 2005.

JACOBS, George; STADIEM, William. *Mr. S: My Life with Frank Sinatra*. Nova York: HarperCollins, 2003.

JENKINS, Bruce. *Goodbye: In Search of Gordon Jenkins*. Berkeley, CA: Frog, 2005.

JONES, Quincy. *Q: The Autobiography of Quincy Jones*. Nova York: Harlem Moon, 2002.

JORDAN, Mearene. *Living with Miss G*. Smithfield, NC: Ava Gardner Museum, 2012.

KAPLAN, James. *Frank: A Voz*. Trad. de Pedro Maia Soares. São Paulo: Companhia das Letras, 2013.

KELLEY, Kitty. *His Way: The Unauthorized Biography of Frank Sinatra*. Nova York: Bantam, 1986.

_______. *Nancy Reagan: The Unauthorized Biography*. Nova York: Simon & Schuster, 1991.

KEOGH, Pamela Clarke. *Elvis Presley: The Man, The Life, The Legend*. Nova York: Atria, 2010.

KIBBEY, Richard D. *Pat Boone: The Hollywood Years*. Mustang, OK: Tate, 2011.

KLEIN, Edward. *All Too Human: The Love Story of Jack and Jackie Kennedy*. Nova York: Pocket, 1997.

KNIGHT, Timothy. *Sinatra: Hollywood His Way*. Filadélfia: Running, 2010.

KRAFT, James P. *Vegas at Odds: Labor Conflict in a Leisure Economy, 1960-1985*. Baltimore: Johns Hopkins University Press, 2010.

KUNTZ, Tom; KUNTZ, Phil. *The Sinatra Files: The Life of an American Icon under Government Surveillance*. Nova York: Three Rivers, 2000.

LAWFORD, Patricia Seaton; SCHWARZ, Ted. *The Peter Lawford Story: Life with the Kennedys, Monroe, and the Rat Pack*. Nova York: Carroll & Graf, 1990.

LEAMING, Barbara. *Marilyn Monroe*. Nova York: Crown, 1998.

LEAMING. *Mrs. Kennedy: The Missing History of the Kennedy Years*. Nova York: Free, 2001.

LEV, Peter. *Twentieth Century Fox: The Zanuck-Skouras Years, 1935-1965*. Austin: University of Texas Press, 2013.

LEVINSON, Peter J. *September in the Rain: The Life of Nelson Riddle*. Nova York: Billboard, 2001.

______. *Tommy Dorsey: Livin' in a Great Big Way*. Boston: Da Capo, 2009.

LEVY, Shawn. *Rat Pack Confidential: Frank, Dean, Sammy, Peter, Joey, and the Last Great Showbiz Party*. Nova York: Broadway, 2001.

LEWIS, Jerry; KAPLAN, James. *Dean and Me: A Love Story*. Nova York: Three Rivers, 2007.

LEWISOHN, Mark. *The Complete Beatles Chronicle: The Definitive Day-by-Day Guide to the Beatles' Entire Career*. Chicago: Chicago Review, 2010.

______. *The Beatles: All These Years*. Nova York: Crown Archetype, 2013. v. 1: Tune In.

LOESSER, Susan. *A Most Remarkable Fella: Frank Loesser and the Guys and Dolls in His Life*. Milwaukee: Hal Leonard, 2000.

MACLAINE, Shirley. *My Lucky Stars: A Hollywood Memoir*. Nova York: Bantam, 1996. [Ed. bras.: *Lembranças de Hollywood*. Trad. de Sylvio Gonçalves. Rio de Janeiro: Record, 1997.]

MAILER, Norman. *Mind of an Outlaw: Selected Essays*. Nova York: Random House, 2013.

MALATESTA, Peter. *Party Politics: The Confessions of a Washington Party-Giver*. Englewood Cliffs, NJ: Prentice-Hall, 1982.

MARTIN, Ralph G. *A Hero for Our Time: An Intimate Story of the Kennedy Years*. Nova York: Scribner, 1983.

MCBRIEN, William. *Cole Porter: A Biography*. Nova York: Alfred A. Knopf, 1998.

MCCLINTICK, David. *Indecent Exposure: A True Story of Hollywood and Wall Street*. Nova York: HarperBusiness Essentials, 2002.

MCDOUGAL, Dennis. *The Last Mogul: Lew Wasserman, MCA, and the Hidden History of Hollywood*. Boston: Da Capo, 2001.

MINNELLI, Vincente; ARCE, Hector. *I Remember It Well*. Londres: Angus & Robertson, 1975.

MORTON, John Fass. *Backstory in Blue: Ellington at Newport '56*. New Brunswick: Rutgers University Press, 2008.

MUNN, Michael. *John Wayne: The Man behind the Myth*. Nova York: New American Library, 2005.

MUSTAZZA, Leonard (Org.). *Frank Sinatra and Popular Culture: Essays on an American Icon*. Westport, CT: Praeger, 1998.

______. *Ol' Blue Eyes: A Frank Sinatra Encyclopedia*. Westport, CT: Praeger, 1999.

NASAW, David. *The Patriarch: The Remarkable Life and Turbulent Times of Joseph P. Kennedy*. Nova York: Penguin, 2012.

NAVASKY, Victor S. *Kennedy Justice*. Nova York: Scribner, 1971.

NEWCOMB, Horace. *Encyclopedia of Television*. Nova York: Routledge, 2004.

NOLLEN, Scott Allen. *Jilly!: Sinatra's Right-Hand Man*. Henderson, NV: Vegas Broom, 2009.

O'BRIEN, Daniel. *The Frank Sinatra Film Guide*. Londres: Batsford, 1998.

O'BRIEN, Ed; WILSON, Robert. *Sinatra 101: The 101 Best Recordings and the Stories behind Them*. Nova York: Boulevard, 1996.

O'BRIEN, Ed; SAYERS JR., Scott P. *Sinatra: The Man and His Music*. Austin, TX: TSD, 1992.

O'BRIEN, Michael. *John F. Kennedy: A Biography*. Nova York: Thomas Dunne, 2005.

PARKER, Robert; RASHKE, Richard. *Capitol Hill in Black and White*. Nova York: Dodd, Mead, 1986.

PAYN, Graham; MORLEY, Sheridan. *The Noël Coward Diaries*. Boston: Da Capo, 2000.

PETKOV, Steven; MUSTAZZA, Leonard (Orgs.). *The Frank Sinatra Reader*. Nova York: Oxford University Press, 1995.

PIETRUSZA, David. *1960: LBJ vs. JFK vs. Nixon: The Epic Campaign that Forged Three Presidencies*. Nova York: Union Square, 2010.

PILAT, Oliver. *Drew Pearson: An Unauthorized Biography*. Nova York: Harper's Magazine, 1973.

PREMINGER, Otto. *Preminger: An Autobiography*. Nova York: Doubleday, 1977.

PUZO, Mario. *The Godfather Papers, and Other Confessions*. Greenwich, CT: Fawcett, 1972.

______. *The Godfather*. Nova York: Signet, 1978. [Ed. bras.: *O poderoso chefão*. Trad. de Carlos Nayfeld. Rio de Janeiro: Record, 1980.]

QUIRK, Lawrence J. *The Kennedys in Hollywood*. Lanham, MD: Taylor Trade, 2004.

RAMPERSAD, Arnold. *The Life of Langston Hughes*. Nova York: Oxford University Press, 2001. v. II: 1914-1967, I Dream a World.

RAPPLEYE, Charles; BECKER, Ed. *All American Mafioso: The Johnny Rosselli Story*. Nova York: Doubleday, 1991.

REEVES, Richard. *President Kennedy: Profile of Power*. Nova York: Simon & Schuster, 1994.

REID, Ed; DEMARIS, Ovid. *The Green Felt Jungle*. Nova York: Pocket, 1964.

RICHARDS, Keith. *Life*. Nova York: Back Bay, 2011.

RICHMOND, Peter. *Fever: The Life and Music of Miss Peggy Lee*. Nova York: Macmillan, 2007.

RICKLES, Don; RITZ, David. *Rickles' Book: A Memoir*. Nova York: Simon & Schuster, 2008.

RIDDLE, Nelson. *Arranged by Nelson Riddle: The Definitive Study of Arranging by America's #1 Composer, Arranger, and Conductor*. Miami: Warner Brothers, 1985.

RINGGOLD, Gene; MCCARTY, Clifford. *The Films of Frank Sinatra*. Londres: Virgin, 1990.

RITTER, Scott. *Dangerous Ground: America's Failed Arms Control Policy, from FDR to Obama*. Nova York: Nation, 2010.

ROBERTS, Jerry. *The Great American Playwrights on the Screen: A Critical Guide to Film, TV, Video and DVD*. Milwaukee: Hal Leonard, 2003.

ROEMER JR., William F. *Man against the Mob*. Nova York: Donald I. Fine, 1989.

ROSE, Frank. *The Agency: William Morris and the Hidden History of Show Business*. Nova York: HarperBusiness, 1996.

RUSSO, Gus. *Supermob: How Sidney Korshak and His Criminal Associates Became America's Hidden Power Brokers*. Nova York: Bloomsbury, 2007.

______. *The Outfit: The Role of Chicago's Underworld in the Shaping of Modern America*. Nova York: Bloomsbury, 2001.

SAFIRE, William. *Before the Fall: An Inside View of the Pre-Watergate White House*. Nova York: Doubleday, 1975.

SANTOPIETRO, Tom. *Sinatra in Hollywood*. Nova York: Thomas Dunne, 2008.

SAUNDERS, Frank; SOUTHWOOD, James. *Torn Lace Curtain*. Nova York: Holt, Rinehart and Winston, 1982.

SCHLESINGER JR., Arthur M. *Robert Kennedy and His Times*. Boston: Houghton Mifflin, 1978.

______. *A Thousand Days: John F. Kennedy in the White House*. Boston: Mariner, 2002.

SCHNEIDER, Matthew. *The Long and Winding Road from Blake to the Beatles*. Nova York: Palgrave Macmillan, 2008.

SCHWARTZ, Jonathan. *All in Good Time: A Memoir*. Nova York: Random House, 2004.

SENGSTOCK, Charles A. *That Toddlin' Town: Chicago's White Dance Bands and Orchestras, 1900-1950*. Champaign: University of Illinois Press, 2004.

SERVER, Lee. *Robert Mitchum: "Baby, I Don't Care"*. Nova York: St. Martin's, 2002.

______. *Ava Gardner: "Love Is Nothing"*. Nova York: St. Martin's, 2006.

SHAW, Arnold. *Sinatra: Twentieth-Century Romantic*. Nova York: Holt, Rinehart and Winston, 1969.

SHEED, Wilfrid. *The House That George Built: With a Little Help from Irving, Cole, and a Crew of about Fifty*. Nova York: Random House, 2007.

SHIRPSER, Clara. *Behind the Scenes in Politics: The Memoirs of Clara Shirpser*. Portola Valley, CA: American Lives Endowment, 1981.

SINATRA, Barbara; HOLDEN, Wendy. *Lady Blue Eyes: My Life with Frank*. Nova York: Crown Archetype, 2011.

SINATRA, Frank. *A Man and His Art*. Nova York: Random House, 1991.

SINATRA, Nancy. *Frank Sinatra, My Father*. Nova York: Doubleday, 1985.

______. *Frank Sinatra: An American Legend*. Santa Monica, CA: General Publishing, 1998.

SINATRA, Tina; COPLON, Jeff. *My Father's Daughter: A Memoir*. Nova York: Simon & Schuster, 2000.

SMITH, Sally Bedell. *Grace and Power: The Private World of the Kennedy White House*. Nova York: Random House, 2005.

SOLOMON, Aubrey. *Twentieth Century-Fox: A Corporate and Financial History*. Lanham, MD: Scarecrow, 1989. (The Scarecrow Film-makers Series.)

SPADA, James. *Peter Lawford: The Man Who Kept the Secrets*. Nova York: Bantam, 1991.

SPERBER, A. M.; LAX, Eric. *Bogart*. Nova York: William Morrow, 1997.

SPOTO, Donald. *Marilyn Monroe: The Biography*. Nova York: Cooper Square, 2001. [Ed. bras.: *Marilyn Monroe: A biografia*. Rio de Janeiro: Ediouro, 1993.]

SUMMERS, Anthony; SWAN, Robbyn. *Sinatra: The Life*. Nova York: Alfred A. Knopf, 2005.

TALESE, Gay. *Fame and Obscurity*. Nova York: Dell, 1981. [Ed. bras.: *Fama e anonimato*. Trad. de Luciano Vieira Machado. São Paulo: Companhia das Letras, 2004.]

TARABORRELLI, J. Randy. *Sinatra: Behind the Legend*. Secaucus, NJ: Birch Lane, 1997.

TEACHOUT, Terry. *Duke: A Life of Duke Ellington*. Nova York: Gotham, 2013.

THOMAS, Evan. *Robert Kennedy: His Life*. Nova York: Simon & Schuster, 2002.

TOSCHES, Nick. *Dino: Living High in the Dirty Business of Dreams*. Nova York: Dell, 1992.

TUOHY, John William. *The Mob Files: The Illustrated Guide to the Mob in Vegas*. Lexington, KY: CreateSpace, 2013.

VANDERBILT, Gloria. *Black Knight, White Knight*. Nova York: Ballantine, 1998.

______. *It Seemed Important at the Time: A Romance Memoir*. Nova York: Simon & Schuster, 2004.

VAN METER, Jonathan. *The Last Good Time: Skinny D'Amato, The Notorious 500 Club, and the Rise and Fall of Atlantic City*. Nova York: Three Rivers, 2003.

WAGNER, Robert J.; EYMAN, Scott. *Pieces of My Heart: A Life*. Nova York: It Books, 2009.

WALDRON, Lamar; HARTMANN, Thom. *Ultimate Sacrifice: John and Robert Kennedy, the Plan for a Coup in Cuba, and the Murder of JFK*. Berkeley, CA: Counterpoint, 2006.

WARNER, Jennifer. *The True Story of the Jersey Boys: The Story behind Frankie Valli and The Four Seasons*. Anaheim, CA: BookCaps Study Guides, 2014.

WEIN, George; CHINEN, Nate. *Myself among Others: A Life in Music*. Boston: Da Capo, 2004.

WEINTRAUB, Jerry. *When I Stop Talking, You'll Know I'm Dead*. Nova York: Twelve, 2010.

WELLER, Sheila. *Dancing at Ciro's: A Family's Love, Loss, and Scandal on the Sunset Strip*. Nova York: Macmillan, 2004.

WHITE, Mark. *Kennedy: A Cultural History of an American Icon*. Nova York: Bloomsbury Academic, 2013.

WHITE, Theodore H. *The Making of the President, 1960: A Narrative History of American Politics in Action*. Nova York: Atheneum, 1962.

_______. *The Making of the President, 1968*. Nova York: Atheneum, 1969.

WILDER, Alec. *American Popular Song: The Great Innovators, 1900-1950*. Nova York: Oxford University Press, 1990.

WILLS, Garry. *The Kennedy Imprisonment: A Meditation on Power*. Boston: Mariner, 2002.

WILSON, Earl. *The Show Business Nobody Knows*. Spokane: Cowles, 1971.

_______. *Sinatra: An Unauthorized Biography*. Nova York: Macmillan, 1976.

WINSPUR, Ian; PARRY, Christopher B. Wynn. *The Musician's Hand: A Clinical Guide*. Abingdon, UK: Taylor & Francis, 2005.

ZEHME, Bill. *The Way You Wear Your Hat: Frank Sinatra and the Lost Art of Livin'*. Nova York: William Morrow, 1999.

ZOGLIN, Richard. *Hope: Entertainer of the Century*. Nova York: Simon & Schuster, 2014.

ZOOK, Lynn M.; SANDQUIST, Allen; BIRKE, Carey. *Las Vegas, 1905-1965*. Charleston, SC: Arcadia, 2009.

Índice remissivo

Números de página em *itálico* referem-se a imagens

$64,000 Question, The (programa de TV), 89
"23 Degrees North, 82 Degrees West" (canção), 110
55 dias em Pequim (filme), 604
500 Club (Atlantic City), 324-8, 401, 413-5, 555, 581, 649

A um passo da eternidade (filme), 13-4, 26, 28, 31, 38, 63, 92-3, 123, 129, 132, 155, 201, 209, 242, 270, 286, 329-30, 358, 467, 519, 756, 1020, 1031, 1054; Oscar de Sinatra por sua atuação em, 13, 15, 618, 1031
A um passo da eternidade (Jones), 14, 37
Abbey Road (álbum), 969, 1004
Abbott, William "Bud", 690
ABC (emissora), 20, 118, 165, 213, 337, 618
ABC-Paramount Records, 510
abilolado endoidou, O (filme), 926
Academy Award Winners (álbum), 803
Academy Awards *ver* Oscar
Accardo, Tony "Joe Batters", 232, 269, 275, 277, 300, 432
Ace, Goodman, 450
Acerra, Rosemary Riddle, 23-24, 109
Aconteceu assim (filme), 187, 220, 757
Aconteceu naquela noite (filme), 284
Acton, Lorde, 480
Ada (filme), 448
Adair, Tom, 210
Adamowski, T. H., 418
Adams, Lee, 584
Adams, Val, 793
Adamson, Harold, 185
"Adelaide" (canção), 66
"Adeste Fidelis" (cântico de Natal), 195
Adivinhe o que ele faz (série de TV), 857
Adler, Buddy, 14
"Ad-Lib Blues" (canção), 37
Adonis, Joe, 980
Adorável vagabundo (filme), 284
Adventures of Wild Bill Hickok, The (série de TV), 64*n*
Advise and Consent ver *Tempestade sobre Washington* (filme)

África, 113, 763, 796
África do Sul, 519-20
afro-americanos, 45, 232, 779, 837
Ager, Milton, 543
Agnew, Judy, 1009
Agnew, Spiro, 1007-9, 1012, 1014, 1026, 1034, 1036-8, 1043
Agora seremos felizes (filme), 522
Agoratus, Harry, 170
"Água de beber" (canção), 956
"Águas de março" (canção), 843*n*
Ahmanson Theatre, 1023, 1027, 1032
"Ain't She Sweet" (canção), 543
"Air for English Horn" (Wilder), 119
Alabama, 131, 939; Conselho de Cidadãos do Alabama do Norte, 131
Aladdin, 838, 850
Álamo, O (filme), 525
Alba, duquesa de, 258
Alberghetti, Anna Maria, 199
Albert, Marsha, 695
Albert, Marvin, 859
Albright, Max, 59
Álbum branco (LP), 909
Alda, Robert, 64
Alderisio, Felix "Milwaukee Phil", 600
Aldrich, Robert, 627
Aldrin, Buzz, 969
"Aleluia", coro de *O Messias* (Handel), 454
Alemanha, 389, 489-92, 543, 831, 854
Alexander, Jeff, 120
Alexander, Monty, 513, 698
Alfred, Roy, 725
Algiro, Al, 911
Algonquin, Hotel, 140, 295
Algren, Nelson, 91
Ali, Muhammad, 1017, *1021*
All Alone (álbum), 521, 761, 961
"All Alone" (canção), 521
"All I Need Is the Girl" (canção), 897
"All My Tomorrows" (canção), 958
"All or Nothing at All" (canção), 818, 1026
All Quiet on the Western Front ver *Nada de novo no front* (filme)
All the Way (álbum), 250
"All the Way" (canção), 160, 327, 522, 622-3
Allegretti, Jimmy "The Monk", 600
Allen, Gracie, 156
Allen, Lewis, 14*n*
Allen, Steve, 323, 386, 790, 991
Allen, Woody, 1055
Allenberg, Bert, 195, 284, 465, 548
Allyson, June, 78, 834
Almas em leilão (filme), 525
Alo, Vincent "Blue Eyes", 231
Alpert, Don, 638
Alsop, Joseph, 458
Alta sociedade (filme), 97, 113-9, 536, 666
alvo móvel, O (Macdonald), 856
"Always" (canção), 521
Ama-me ou esquece-me (filme), 123, 159
Amar é sofrer (filme), 63, 113, 281
Ambassador East, 600, 602
America, I Hear You Singing (álbum), 690
Americana, Hotel (Nova York), 654, 658
americano em Paris, Um (filme), 271
"amor em paz, O" (canção), 844
Amos 'n' Andy (programa de rádio), 221, 253, 297, 389, 415, 431, 520, 635, 666, 716, 1020-1
Amos 'n' Andy Show, The (programa de TV), 297, 666
Amsler, James, 687
Amsler, Joe, 671-2, 675-6, 679, 682, 687, 700-1, 704
Analyze This ver *Máfia no divã* (filme)
Anastácia, a princesa esquecida (filme), 165
Anastasia, Albert, 474
Anastasio, Anthony "Tough Tony", 474
Anatomia de um crime (filme), 890
Anchors Aweigh ver *Marujos do amor* (filme)
Anderson, Clinton, 821
Anderson, Maxwell, 610, 758
Anderson, Richard, 569-70
Anderson, Toni, 569
Andreotti, Giulio, 1035
Andress, Ursula, 626, 696
Andrews Sisters, 690
Andrews, Julie, 23, 940

Andros, George, 579
Anfiteatro Internacional (Chicago), 146-7
"Angel Eyes" (canção), 251, 305, 1027
angústia de tua ausência, A (filme), 245
Anhalt, Edward, 39-40, 42-43
anjo violento, O (filme), 504, 526
Anka, Paul, 724, 945, 1055, 1057
Antheil, George, 142
Anthony, Carl Sferrazza, 456
Anthony, Ray, 49
antiguerra, movimento, 728, 913, 932, 936, 988, 1007
Antonio Carlos Jobim, The Composer of Desafinado, Plays (álbum), 843
Ao compasso da vida (filme), 96, 151
Apache ver *Último bravo* (filme)
Apalachin, Conferência, *465*, 535
Apartment, The ver *Se meu apartamento falasse* (filme)
Apollo 11 (missão à Lua), 969
Apollo 14 (missão à Lua), 1015
Apollo, astronautas da, 880
"April in Paris" (canção), 210, 553, 614, 987
Apt, Richard, 327, 876
Arcádia, 39
Archerd, Army, 299-300
Ardida como pimenta (filme), 33, 692
Ardil-22 (Heller), 977, 1007
"Are You Lonesome Tonight?" (canção), 522
Arizona Republic, The (jornal), 657
Arkansas, 77, 269, 319, 763
Arlen, Harold, 50-2, 59, 128, 193, 266, 302, 443, 537, 758, 774, 843
Armadilha amorosa (filme), 72, 78, 82, 86, 99, 114, 176-77, 180, 286, 586, 589
Armstrong, Louis, 36, 113-4, 117, 212, 262, 337, 721
Armstrong, Neil, 969
Arnaz Jr., Desi, 747
Arnaz, Desi, 473-5
Arney, Dan, 568
Around the World in Eighty Days ver *Volta ao mundo em oitenta dias* (filme)
Artanis Productions, 646, 766, 822
Artistas e modelos (filme), 96
Arvey, Jake, 433
Asher, Bill, 453
Ashworth, Lisa, 545
Asphalt Jungle, The ver *segredo das joias, O* (filme)
Assalto a um transatlântico (filme), 791-2, 830, 839, 855
Assim estava escrito (filme), 271
Associação Internacional de Estivadores, 473-4
Associated Press, 88, 96-7, 217-8, 336, 339-41, 345, 348, 428, 449, 451, 459, 462, 486, 489, 502, 518, 564, 567, 576-7, 606, 657, 674, 702, 711, 786, 800, 823, 845, 892, 903, 911, 915, 929, 974, 982, 1000, 1012
Association, The (banda de rock), 747
Astaire, Fred, 295-6, 299, 447, 607, 693
"At Long Last Love" (canção), 542
"At Sundown" (canção), 159
Atenas, 547, 549, 562
Atlantic City (Nova Jersey), 323-8, 413-5, 466, 581-2, 653, 1031, 1051, 1054, 1062
Attack ver *Morte sem glória* (filme)
Attenborough, Richard, 736, 828
Austin, Richard B., 633
Austrália, 58, 75, 95, 174, 295-6, 299, 304, 306, 447, 544, 1059; concertos de Sinatra na, 54, 57, 304, 511, 514; filmagem de *A hora final*, 295
"Autumn in New York" (canção), 210
"Available" (canção), 725
aventura na Martinica, Uma (filme), 204
aventuras de Augie March, As (Bellow), 976
Avery, Sid, 367-8
Axelrod, George, 503-4, 508, 523, 525, 594
Aznavour, Charles, 552
Azuma, Ryotaro, 546

B'nai B'rith de Los Angeles, 156
Babcock, Edward Chester *ver* Van Heusen, Jimmy
Bacall, Lauren "Betty", 76, 100-1, 152, *158*, 195-6, 203, *206*, 246-7, 250, 255, 823, 856; casamento de Bogart com, 102, 204; caso de

Sinatra com, 181, 195, 202, 225, 239, 243; proposta de casamento de Sinatra a, 246; rompimento de Sinatra com, 248, 257
Bacharach, Burt, 584, 1003
Bacon, James, 345, 447, 518, 567-8, 576
Bad Day at Black Rock ver *Conspiração do silêncio* (filme)
"Bad, Bad Leroy Brown" (canção), 1039
baía dos Porcos, invasão da, 500, 578
Bailey, Mildred, 301
Bailey, Pearl, 421, 1023
Bain, Bob, 111, 451
Bakalyan, Dick, 706, 713, 728, 730-2
Baldridge, Letitia, 500
Ball, Lucille, 102, 166, 473, 486, 525, 892, 938-9
Ballad of Dingus Magee, The (Markson), 977
Balletti, Arthur J., 468-9
Balliett, Whitney, 780-1
Banco de Nevada, 566
Band Wagon, The ver *roda da fortuna, A* (filme)
Banda dos Fuzileiros Navais dos Estados Unidos, 1036
"Barbara" (canção), 445
Barclay Disques, 259-60, 714
barco das ilusões, O (filme), 16, 611
Barefoot Contessa, The ver *condessa descalça, A* (filme)
Barefoot in the Park (Simon), 812
Barnet, Charlie, 208
Barquette, Nelly, 680
Barrett, Rona, 483, 673, 933, 1039
Barry, Philip, 114-5
Barrymore, Ethel, 34, 220
Bart, Peter, 757, 855
Barton (editora musical), 580
Barton, Ben, 262
Barzie, Tino, 149-50, 672-3, 700
Basie, William James "Count", 322, 441, 459, 541, 560, 591, 714, 716, 745, 776-7, 779-80, 894, 987
Basilio, Carmen, 204, 253
Basinger, Jeanine, 117
Bass, Saul, 416
Bates, Hal, 911
Batista, Fulgencio, 291
Batman (série de TV), 542
"Baubles, Bangles, and Beads" (canção), 844, 944
Bautzer, Greg, 659
Baxter, Les, 144
Bayes, Cindy, 45-8
BBC (British Broadcasting Corporation), 145, 694
Beach Boys, 561, 586, 837
Beale, Betty, 918
Beatles, 212, 221, 543, 586, 614, 694-5, 702, 721-3, 726, 728, 739-40, 783-4, 813, 816, 822, 891, 895, 902, 909, *910*, 940, 969, 1004; concerto no Shea Stadium, 783; Maharishi Mahesh Yogi e os, 909; rompimento dos, 985
Beatty, Adelle, Lady, 258-9, 278-80, 310
Beatty, David, Lorde, 278
Beatty, Warren, 504, 526, 937
bebê de Rosemary, O (filme), 786, 870-1, 876, 878, 889, 892-3, 897-8, 900, 904, 924
bebê de Rosemary, O (Levin), 854
Bechet, Sidney, 561
Beck, Marilyn, 869, 1002, 1012
Becker, Ed, 469
Becket (show da Broadway), 447
Becket, Welton, 119
Beijou-me um bandido (filme), 73, 431
"Bein' Green" (canção), 1003-4
bel canto, estilo, 770
bela e o renegado, A (filme), 734
Belafonte, Harry, 239, 448, 454, 459, 463-4
Belinda (filme para a TV), 869-70, 872, 876
Bellow, Saul, 976
bem-amado, O (filme), 585-7, 589, 593, 597, 606, 706, 759, 939
bem-amado, O (musical da Broadway), 586
Ben-Gurion, David, 547
Ben-Hur (filme), 976
Bennett, Tony, 238, 252, 383, 459, 584, 691, 717, 719-20, 749, 771, 804, 1056, 1059, 1063

Benny, Jack, 44, 73, 156, 174, 223, 473, 613, 785, 804, 1014, 1023-4
Berg, A. Scott, 65
Bergen, Polly, 944
Bergman, Alan, 276, 307, 379, 395
Bergman, Ingrid, 165, 522
Bergman, Marilyn, 379, 394-5
Berigan, Bunny, 302
Berkshire Downs, hipódromo de (Massachusetts), 931, 1034
Berle, Milton, 238, 289, 299, 386, 406, 447, 451, 454, 487, 804, 888
Berlim, 851, 862; como epicentro de tensão na Guerra Fria, 488, 492, 500; Muro de, 492
Berlin, Irving, 303, 338, 421, 521, 844, 961, 992, 1049
Berman, Shelley, 422
Bernhart, Milt, 25, 105, 108, 110-2, 196, 494-5, 623, 897
Bernstein, Elmer, 91, 120, 251
Bernstein, Leonard, 184, 447
Berry, Chuck, 695
Berry, Jan, 670-1
"Best Is Yet to Come, The" (canção), 717-9, 722, 1062
Best, Pete, 543*n*
Beverly Hills Hotel, 65, 96, 820, 844-5
"Bewitched, Bothered, and Bewildered" (canção), 611
Bey, Ilsa, 76
Bhowani Junction ver *encruzilhada dos destinos, A* (filme)
Bíblia, A (filme), 731, 834
Big Brothers of America, 915
Big Fat Brass (álbum), 471
"Big Girls Don't Cry" (canção), 970
Big Knife, The ver *grande chantagem, A* (filme)
Bigley, Isabel, 64
Bill, Tony, 586, 597, 706, 708, 711, 755, 759
Billboard (revista), 38-9, 46, 74, 78, 81, 119, 131, 144, 172, 276, 281, 303, 396, 420, 478, 487, 614, 622, 702, 721, 728, 748, 794, 804, 814, 816, 837, 848, 862, 875, 963, 969
Billy Ruser's, 822
Biltmore Hotel (Los Angeles), 403-4, 406
Birdman of Alcatraz ver *homem de Alcatraz, O* (filme)
Birmingham (Alabama), 131
Biroc, Joseph, 890, 903
"Birth of the Blues" (canção), 316, 415, 654
Bishop, Joey, 152, 169, 237, 321, 359, *360*, 361, 364-5, 368, 383, 388, 415, 447, 451, 454, 483, 560, 569, 777, 789, 833, 863, 887
Bisset, Jacqueline, 894
Bittan, David B., 782
Black Orpheus ver *Orfeu negro* (filme)
Black, Hugo L., 979
Blackman, Joan, 165
Blackwell, Richard, 965
Bladen, Barbara, 833
Blaine, Hal, 725
Blake, Eubie, 105
Blakeley, Barbara *ver* Sinatra, Barbara Marx
Blakey, Art, 779
"Blame It on My Youth" (canção), 172
Blane, Ralph, 522
Blasgen, sra., 41
Bleyer, Archie, 30
Blocker, Dan, 597, 903, 942
Blondell, Joan, 54
Bloom, Rube, 303
Bloomingdale, Alfred, sra., 343
"Blow High, Blow Low" (canção), 83
Blue Angel, The, 75, 153, 714
Blue Hawaii ver *Feitiço havaiano* (filme)
"Blue Lace" (canção), 940
"Blue Prelude" (canção), 183
"Blues in the Night" (canção), 266, 693
Blues Project, The (banda de rock), 747
Bob Hope Desert Classic, 811
Bobbi Home Permanents, 20, 78
Bobby Tucker Singers, 161
"Body and Soul" (canção), 114, 410
Bogart, Humphrey, 27, 45, 76, 89, 100-1, 126, 152, 157, *158*, 223, 244, 264, 385, 856; admiração de Sinatra por, 100; casamento de Bacall com, 102, 204

Bogart, Stephen, 157
Bogdanovich, Peter, 94*n*, 1052
Boggs, Bill, 414
Bohrod, Aaron, 86
Bolero (Ravel), 109
Bolling, Tiffany, 864, 866
Bonanno, Bill, 312
Bonanno, Joe, 312, 328
Bond, Ward, 335, 381
Bonequinha de luxo (filme), 503, 693
Bonfá, Luiz, 958
"Bonita" (canção), 957
Bonney, Nick, 59
Bonnie e Clyde: Uma rajada de balas (filme), 923
Bono (líder da banda U2), 1059-60
Bono, Sonny, 1070
bons companheiros, Os (filme), 75
Boone, Pat, 168, 387
Booth, Fifi, 763
Borgnine, Ernest, 123, 129
"Born Free" (canção), 875
Borodin, Alexander, 844
bossa nova, 780, 842, 844
"Both Sides Now" (canção), 941
Boulanger, Nadia, 259
Bourke, George, 908
Bowen, Jimmy, 642, 724, 728, 801, 814, 835-6, 839, 874, 883
Bowes, Major, 477
"Boy From..., The" (canção), 843*n*
"Boy Next Door, The" (canção), 522
"Boys' Night Out, The" (canção), 538
Brackett, Charles, 414
Brackett, Eddie, 835
Brando, Marlon, 56, 63-5, 68, 92, 201-2, 270
bravos morrem lutando, Os (filme), 703, 705, 708, 709, 715, 726-7, 738-9, 755, 759
Breakfast at Tiffany's ver *Bonequinha de luxo* (filme)
Breen, Richard, 859
Brel, Jacques, 960-1, 1004
Brennan, William J., 979
Brent, Earl K., 251, 1027
Brisson, Freddie, 743-4, 785, 829, 898, 953, 1028
Britt, May, 407, 438, 449, 471, 667
Bronfman, Edgar M., 976-7
Bronson, Charles, 708, 854
Brooklyn Dodgers, 153
Brooks Atkinson Theatre, 586
Brooks, Foster, 159
Broom, William, 450
Brotherhood, The ver *Sangue de irmãos* (filme)
Brown, Edmund "Pat", 348, 406, 674, 831, 833, 838, 888
Brown, James, 1005
Brown, Les, 33, 208
Brown, Ray, 36
Browning, Kirk, 214
Browning, Norma Lee, 975, 1001-2, 1010, 1012, 1015, 1017-8
Brownstein, Ronald, 310, 359, 458, 533-4
Brubeck, Dave, 780, 782
Bruce, Lenny, 266
Bruno, Angelo, 581
Bruyère, Gaby, 20
Brynner, Yul, 168, 261, 369, 486, 688, 708, 740, 898-9, 952
Buchalter, Louis "Lepke", 41
Buchanan, Pat, 1008
Buchholz, Horst, 708
Buchwald, Art, 262-4
Buck Privates ver *Ordinário, marche!* (filme)
Buddy Rich Orchestra, 876
Bulova (relógios), 214, 219
Bunche, Ralph, 322
"Bunny Hop, The" (canção), 49
Buono, Victor, 666
Burke, Johnny, 70, 129-30, 266, 352, 522, 591, 690
Burke, Sonny, 642, 722, 847, 1048-9
Burnett, W. R., 481
Burns, George, 156, 174, 518, 804
Burrell, Belinda, 219
Burrows, Abe, 329, 623
Burton, Richard, 564, 813, 869, 877
Bushkin, Joe, 57, 131, 338

"But Beautiful" (canção), 70
"By the Time I Get to Phoenix" (canção), 941
Byas, Don, 260
Byers, Billy, 810
Byron, James, 47-8

"C'est Magnifique" (Porter), 330, 332, 337
caçador de aventuras, O (filme), 855-6
Caesar, Sid, 213, 587, 852
Caesars Palace, 879, 887, 937, 945, 975-6, 986, 990, 993, 997, 1001, 1012; apresentações de Sinatra no, 944, 967, 973, 986, 992, 1039, 1046; Cal-Neva comprado por, 886-7; corte do crédito de Sinatra no, 995; investigação federal no, 993
Café de Paris (Hollywood), 335
Cagney, James, 45, 123, 159, 789
Cahn, Sammy, 25, 69-73, 79, 88, 91, 130-1, 151, 163, 181, 189, 191, 202, 208, 210, 220, 223-4, 233, 239, 250-1, 262, 277, 282, 286, 289, 316, 338, 369, 376, 392-3, 448, 450, 454, 458, 511, 584, 601, 606, 630, 665, 725, 804, 920, 926, 958, 973
Caifano, Marshall, 600
Caine Mutiny, The ver *nave da revolta, A* (filme)
Calamity Jane ver *Ardida como pimenta* (filme)
caldeira do diabo, A (telenovela), 733, *735*, 736-7, 745, 777-8, 786, 806, 812-3, 823
Caldwell, Gayle, 925
Calello, Charles, 970, 972-3
cálice sagrado, O (filme), 20
California Studios, 37, 95
"Call Me Irresponsible" (canção), 606-7, 622
Callas, Charlie, 1050
Callas, Maria, 764
Cal-Neva Lodge, 267-8, 311, 413-4, 466, 493-4, 566-9, 572-5, 577, 579-81, 585, 621, 624-5, 634, 636, 638, 643-4, 646, 650-2, 654, 656, 659-64, 671, 675, 689, 697, 877, 879-80, 886-7, 931, 993; aquisição pelo Caesars Palace, 886; licença para jogos de cassino no, 569; participação proprietária de Giancana no, 268, 413, 567, 661; participação proprietária de Sinatra no, 413, 466, 493, 625, 634, 638; reforma do, 566; Salão das Celebridades no, 566, 577, 585, 636, 651
Câmara dos Representantes (Estados Unidos), 148, 411, 428
Camarata, Tutti, 800
Camboja, 988
Camelot (musical), 504
Campbell, Glen, 343, 941
Campbell, Judith *ver* Exner, Judith Campbell
Campbell, William, 345
"Can I Steal a Little Love?" (canção), 181
"Can't Take My Eyes off You" (canção), 970
"Can't We Be Friends?" (canção), 60-1
Canadá, 433
Canby, Vincent, 923, 941-2
Can-Can (álbum com a trilha sonora), 378
Can-Can (filme), 329, 331-2, 336-7, 726
Can-Can (musical da Broadway), 329
Canned Heat (banda de rock), 747
Cannon, Jimmy, 54, 188
Cano, Eddie, 560
Cantor, Eddie, 44
Capital Times, The (jornal de Madison, Wisconsin), 933
Capitol Records, 22, 39, 118-9, 127, 208, 307, 377, 478, 521, 537, 585, 606, 753; Beatles e, 694; Capitol Records Tower, 119; contrato de Sinatra com a, 15, 440, 470; contrato renegociado de Sinatra com, 120, 378; Estúdio A da Capitol Records Tower, 120, *121*, 130, 195, 211, 220, 241, 251, 253, 302, 307, 309, 378, 395, 420, 441, 471, 497, 543, 802; processo de Sinatra contra, 561
Capitol Theater (Nova York), 44
Capone, Al, 159, 166, 178, 232, 269, 473-4, 914, 930
Capote, Truman, 51, 128, 839, 840-1, 953; Baile Preto e Branco de, 839
Capra, Frank, 284, 286, 622
Capri, hotel (Havana), 292
"Caravan" (canção), 108
Carbone, Anna, 1046

Carey, Macdonald, 257
Carey, Michele, 1007
Carmen, Eric, 1045
Carmichael, Hoagy, 61, 774
Carnegie Hall, 458-9, 531, 702, 1039, 1051; concerto beneficente de Sinatra para cegos no, 626
Caro, Robert A., 412
Carolina do Norte, 153, 278, 1061
Caroline (avião de JFK), 371, 449, 501
Carpenters, The, 1003
Carr, Vikki, 1014
Carroll, Diahann, 929, 944
Carroll, Harrison, 95, 813, 855
Carrossel (filme), 78, 82-4, 86-8, 141, 272, 329, 611, 726
Carson, Johnny, 776
Carter, Jack, 446
Caruso, Enrico, 324
Casa Branca: banquete para elenco de *Tempestade sobre Washington* na, 500; Jacqueline Kennedy reformula a imagem da, 500; Sinatra na, 919, 982
Casa de chá do luar de agosto (filme), 68
Casa de chá do luar de agosto (musical da Broadway), 153
Cassavetes, John, 889
Cassino (filme), 235
cassinos: Máfia controlando os, 230, 234-6, 292, 362, 401, 433, 945; papel dos artistas nos, 362
Castaways (cassino), 944
Castellana Hilton, 143
Castellano, Paul, 1045
Castle, William, 855, 870
Castro, Fidel, 291, 318, 333, 474; plano da CIA para assassinar (Operação Mangusto), 19, 466-9, 535, 578, 632, 858
Catena, Jerry, 413
"Cathy" (canção), 538
Catlett, Buddy, 591
catolicismo, 148, 374
Cavallo, Bob, 962
Cavanaugh, Dave, 253, 330, 378, 396, 494, 496, 537-8
CBS (emissora), 153-4, 165, 212-3, 371, 523, 531, 760, 762, 792-3, 795, 798, 800-1, 929, 975
CBS Morning News with Mike Wallace (noticiário de TV), 695
Cecil B. de Mille, prêmio, 1017
Cedars-Sinai Medical Center (Los Angeles), 606, 821, 872, 1064, 1067
Celentano, Andy, 865
Celeste (iate), 195
Central Intelligence Agency *ver* CIA
Central Park (Nova York), 334, 527
Cerf, Bennett, 752-4, 785, 822, 828, 840, 898, 953, 960, 968-9, 1003, 1033
Cerf, Christopher, 753-4, 822, 840
Cerf, Phyllis, 752-3, 968
Cerimônia secreta (filme), 910, 924
Cernan, Gene, 880
Chá e simpatia (filme), 271
Chairman, The ver *grande ameaça, A* (filme)
Champlin, Charles, 941, 1039
Chandler, Jeff, 44
Chaney Jr., Lon, 37
"Change Partners" (canção), 844, 889
Chapin, Dwight, 1015
Chapin, Harry, 1045
Chaplin, Charlie, 875
Chaplin, Oona O'Neill, 51
Chaplin, Saul, 69
Charles, Ray, 721-2, 835, 958, 1063
Charlie Spivak Orchestra, 23
Chasen's, 845, 999, 1057
"Cheek to Cheek" (canção), 303
Cheever, John, 1012
Chemical Bank, 36
Cheshire, Maxine, 917-8, 1035
Chesterfield (cigarros), 214, 219, 473
Chevalier, Maurice, 329, 337
Chez Paree, 296
Chez Show, The (programa de rádio), 296
Chiari, Walter, 166, 194, 258, 299, 304

Chicago: Anfiteatro Internacional em, 146; Comissão de Crime de, 413; Convenção Nacional do Partido Democrata em, 936; Departamento de Polícia de, 936; Turma de, 232
Chicago Sun-Times, 217, 638
Chicago Tribune, 919, 937, 1006
China, 547, 878
Chorei por você (filme), 159-60, 163-4, 166, 170, 203
Christina (avião de Sinatra), 551, 568, 584, 590, 598, 621, 673, 688
Christina II (avião de Sinatra), 777, 779
"Christmas Song, The" (canção), 195
"Christmas Waltz, The" (canção), 926
CIA (Central Intelligence Agency): disputa por território entre o FBI e a, 469; plano para assassinar Fidel Castro (Operação Mangusto), 19, 466-9, 535, 578, 632, 858
cidade contra o xerife, Uma (filme), 977, 1006
Cidade do México, 194, 476
CinemaScope, 73, 83-4, 113, 286
Circus Maximus, 945, 967, 973, 986, 991-2, 995, 1039
Ciro's, 47, 86, 728
City Center, teatro (Nova York), 52
City National Bank de Beverly Hills, 350, 559, 681
Clã, O *ver* Rat Pack
Claiborne, Harry, 660-1
Clair de lune (Debussy), 803
Claridge Hotel (Atlantic City), 328, 581-2
Clark, Blair, 371, 373
Clark, Charles Dismas, 776*n*
Clark, condado de, 850, 996; delegado do, 236; Junta de Licenciamento de Jogos do, 858
Clark, Mahlon, 25
Clark, Petula, 817, 875
Clark, Wilbur, 326
Clarke, Charles G., 26
Clarke, Donald, 322
Clarke, Kenny, 260
Claude Productions, 481
Cleópatra (filme), 564, 727-8, 733, 789
Clift, Montgomery, 28, 31, 201, 270
Clooney, George, 416
Clooney, Rosemary, 30, 76, 212, 217, 445, 557, 560, 635, 642, 772
Close to You (álbum), 127-31, 161-2, 172-3, 181, 185, 249, 256, 303
Close to You and More (álbum), 129*n*
"Close to You" (canção), 161, 1005
Cobb, Buff, 296
Cobb, Lee J., 189, 586-7
Coburn, James, 708
Cocoanut Grove, 30, 156, 281, 486, 490, 817, 1000
Cohen, Carl, 239, 567, 573, 877, 880, 882, 884-5, 907, 995
Cohn, Harry, 14, 132, 171, 179, 240, 242, 407, 467
Cohn, Joan, 343
Cohn, Roy, 77
Colbert, Claudette, 743, 785-6, 789, 844, 953
Cole, Nat King, 131, 182, 184, 198, 238, 251-2, 335, 386, 407, 445, 448, 451, 773, 814, 1027
Cole, Natalie, 1059, 1062
Coleman, Cy, 189, 302, 623, 717, 774, 843
Coleman, Ray, 552
Colgate Comedy Hour, The (programa de TV), 89, 283, 344, 587, 757
Colleran, Bill, 338
Collette, Buddy, 420, 451
Collins, Michael, 969
Collins, Victor, 629, 941
Collinson, Dennis, 59
Colony (boate), 459, 610, 824
Coltrane, John, 334, 779
Columbia Pictures, 14, 132, 467
Columbia Records, 15, 61, 161, 377
Comden, Betty, 17, 184, 186, 303
"Come Back to Me" (canção), 896
Come Blow Your Horn ver *bem-amado, O* (filme)
Come Dance with Me! (álbum), 303, 305, 444, 521, 845

Come Fly with Me (álbum), 208-9, 211, 229, 250, 254, 303, 306, 481, 521
"Come Fly with Me" (canção), 261, 306, 316, 606, 720, 1039, 1061
"Come Running Back" (canção), 816
Come Swing with Me! (álbum), 470-1, 487, 521
Come Waltz with Me (álbum), 521
"Come Waltz with Me" (canção), 521
Comissão Mista Cívica de Ítalo-Americanos, 551
"Comme d'Habitude" (canção), 946
Commodore (gravadora), 560
Como, Perry, 173, 442, 515, 520, 691, 867
Complexo de Portnoy (Roth), 959
Compton, William, 825
comunismo, comunistas, 77, 146, 335, 381, 383, 386, 594, 616, 632, 831, 913, 985
Concert Sinatra, The (álbum), 610
condessa de Hong Kong, A (filme), 875
condessa descalça, A (filme), 17, 249, 1054
condição humana, A (Malraux), 977
Condon, Richard, 139, 143, 503-4, 523, 525, 594
Conferência da Cúpula de Viena (1961), 489, 500
Conferência da Liderança Cristã do Sul, 458
Confidential (revista), 88-9, 147, 175-7, 315, 349
Congresso dos Estados Unidos, 36, 148, 311, 342, 379, 540, 594, 982, 1039
Connecticut Yankee, A (musical da Broadway), 611
Connelly, Peggy, 68-9, 75, 124-5, 129, 137, 140, 143, 148, 153, 157, 168, 171, 257, 345, 744
Connolly, Mike, 748
Conspiração do silêncio (filme), 96, 123, 481
Conte, Richard, 369, 509, 568, 820, 837, 859, 863, 903
contracultura, 932
contratura de Dupuytren, 592, 956, 990
Convenção Nacional do Partido Democrata: de 1956, 118, 145, 320; de 1960, 384, 403; de 1968, 936
convidado bem trapalhão, Um (filme), 977
Cook County (Illinois), 432, 435
Cooper, Gary, 97, 171, 309, 335, 447
Coots, Fred, 378
Copacabana (boate de Nova York), 20, 74-5, 149, 160, 168, 170-1, 198, 238, 298, 325, 365
Coppola, Francis Ford, 1000
Corações enamorados (filme), 15, 19, 21, 29, 31, 33-4, 36, 38-9, 71, 80, 86, 287, 666
"Corcovado" (canção), 844
Coreia, 26, 33, 40, 342, 503, 546, 593
Corey, Jill, 20, 74, 124-5, 257
Cornyn, Stan, 423, 559-60, 641-4, 724-5, 761, 815, 846-7
Correll, Charles, 1021
Cortina D'Ampezzo (Itália), 730
Cory, George, 584
Cosa Nostra, 867, 933, 959, 980-81, 985
Cosell, Howard, 1040
Coslow, Sam, 220
Costa, Don, 510-1, 555, 606, 782, 924, 926, 929, 940, 957, 961, 969, 1037, 1048-9
Costa, Mary, 375
Costello, Frank, 147, 235, 238, 312, 325, 467
Costello, Lou, 1060
Cottler, Irv, 544
Count Basie Orchestra, 541, 591, 745, 776, 984
Courtenay, Tom, 849
Cowan, Warren, 424, 540
Coward, Noël, 76, 102, 247, 261-2, 557-8
Crain, Jeanne, 160
Cramer, Richard Ben, 40, 576
Crawford, Broderick, 37-8, 42, 627
Crayne, Dani, 964
"Crazy Love" (canção), 181
Crescendo, The (clube de jazz), 47
Crew-Cuts, The, 30
Crewe, Bob, 970, 972
Crime sem perdão (filme), 31, 844, 870-1, 877-8, 890, 892-4, 898, 904, 923-4, 942
crise dos mísseis em Cuba, 595
Crist, Judith, 791
Crocetti, Dino Paul *ver* Martin, Dean
Crocetti, Gaetano e Angela, 200

Cronkite, Walter, *596*, 760, 762, 792-5, 798-800, 805, 960
Crosby, Bing, 63-4, 70-1, 97, 112-3, 116, 118-9, 130, 173, 212, 217, 223, 230, 242, 302, 318, 335, 337-8, 489, *492*, 536, 562, 615, 635, 665, 669, 690-1, 770
Crosby, John, 216, 377, 523
Cross, Douglas, 584
Crouch, Charles L., 701, 703
Crowe, Jerome, 682
Crowther, Bosley, 73, 99, 151, 696, 724, 755, 923
Crystal, Billy, 560
Cuba: crise dos mísseis em, 595; expulsão da Máfia de, 292; invasão da baía dos Porcos em, 500; Máfia em, 467, 657; revolução de Fidel Castro em, 291, 466
"Cuddle Up a Little Closer" (canção), 276
Cue (revista), 982
Cugat, Xavier, 110
Cukor, George, 114, 564-5, 735, 828, 870, 1022
Culver City (Califórnia), 91, 95, 473
Cunningham, Walt, 880
"Curse of an Aching Heart, The" (canção), 477
Curtis, James, 428
Curtis, Tony, 44, 220, 223, 239, 243, 289, 315, 320, 335, 406-7, 425, 434, 448, 451, 458, 526
Cushing, cardeal de Boston, 383
Cycles (álbum), 940-1, 1004
"Cycles" (canção), 925, 940-1, 944, 968
Cyrano de Bergerac (filme), 37

D'Amato, Paul Emelio "Skinny", 323-4, *325*, 326, 328, 393, 401-2, 413-4, 493-4, 566, 573, 581, 583, 646, 651-3, 656, 980, 985
D'Amore, Patsy, 39, 43, 316, 712
D'Orazio, Joey, 954
Daddano, Willie "Potatoes", 600
Daily Express, 280, 565
Daily Mail, 280, 491
Daily News (Nova York), 424, 457, 800, 834, 1018
Daily News (Winona), 959
Daisy, The (discoteca), 728, 748-9, 796, 874
Daley, Richard, 432, 434, 936
Dalí, Salvador, 739, 806
Dalitz, Moe, 326, 858, 884
Dama por um dia (filme), 622
Damon, Matt, 416
Damone, Vic, 223, 439, 442, 486, 509, 771
Dana, Bill, 454
"Dancing in the Dark" (canção), 304-5
"Dancing on the Ceiling" (canção), 60
Dandy in Aspic, A ver *espião de dois mundos, O* (filme)
Daniels, William H., 416, 666, 706, 737
Dannen, Fredric, 437
Danzig, Fred, 338-41
Daphnis et Chloé (Ravel), 938
Darin, Bobby, 386
Davenport, Havis, 20
David, Hal, 584, 1003
David, Mack, 721*n*
David, Saul, 733
Davidson, Bill, 147, 166, 187, 189
Davidson, Jo, 726
Davies, Marion, 409
Davis Jr., Sammy, 45, 78, 168, 171, 238-9, 255, 289-90, 293, 299-300, 316, 335, 357-8, *360*, 361, 363, 365, 367, 381, 383, 386, 388-9, 397, 401, 406-7, 416, 421, 438, 449, 459, 471, 478, 529, 555, 583, 590, 595, 611, 629, 635, 663, 688, 920, 945, 1023, 1046; acidente de carro de, 44, 46, 297; casamento de Loray White com, 239; caso de Novak com, 240, 407; como artista de vaudevile, 44; em *Golden Boy* (musical), 773; em *Onze homens e um segredo*, 223, 300, 360, 363; em *Os três sargentos*, 483; em *Quando explodem as paixões*, 293, 298; em *Robin Hood de Chicago*, 665; Giancana e, 590, 600; morte de, 1058; noivado e casamento de Britt com, 407, 438; olho lesionado de, 44, 46, 297, 602, 799; questões de identidade de, 240; Sinatra como ídolo de, 44-45, 296, 518; talentos de, 44
Davis, Altovise, 1043
Davis, Angela, 1013

Davis, Bette, 627
Davis, Miles, 334, 541, 782
"Day in the Life of a Fool, A" (Manhã de Carnaval"; canção), 958
"Day In, Day Out" (canção), 303, 553, 693, 876
Day, Dennis, 560
Day, Doris, 29-30, 33, 159, 692
Dayan, Moshe, 547
Days of Wine and Roses (filme) ver *Vício maldito* (filme)
"Days of Wine and Roses" (canção), 692, 720
De ilusão também se vive (filme), 20
De Lange, Eddie, 70
Dean Martin Show, The (programa de TV), 430, 790
Dean, James, 123
DeBakey, Michael, 953-4
Debussy, Claude, 23, 107, 161, 184, 606, 803, 843
DeCarlo, Angelo "Gyp", 233
Decca Records, 183, 307
DeCicco, Pat, 51
Decker, Todd, 553
DeGeorge, Jim, 600
Del Monte Lodge, 691-92
democratas, 145-6, 268, 404, 406, 408, 410-1, 428, 430, 578, 889, 918, 920, 936, 939, 989, 991, 1001, 1007, 1009, 1015
"Democratic March, The" (canção), 146-7
Deneuve, Catherine, 923
Dennis, Matt, 210, 251, 1027
Denver, John, 1003, 1006, 1045, 1051
Deodato, Eumir, 956
DePalma, Gregory, 1045, *1047*
Departamento de Justiça dos Estados Unidos, 534, 633, 673, 858, 871, 921, 933, 993
Depois do vendaval (filme), 481
DeRosa, Vince, 112, 802-3
"Desafinado" (canção), 957
desajustados, Os (filme), 472
Desert Inn (hotel e cassino), 76, 237-8, 318, 326, 359, 468, 486, 599, 857-8, 944
Deseret News, 203
Desilu, 473-4
Deus sabe quanto amei (filme), 256, 270, 274-5, 277-8, 281, 286, 319, 329, 472, 524, 791
Deus sabe quanto amei (Jones), 270
deuses vencidos, Os (filme), 201, 270
Deutsch, Armand, 743, 785, 898, 1066-7
Deutsch, Harriet, 743, 785, 898, 1066
Devore, Sy, 289
DeVries, John, 57, 131
Dewhurst, Colleen, 731
Dexter Jr., Dave, 211, 585
Dexter, Brad, 706, 708, *709*, 710-2, 714, 728, 731-2, 737, 743, 755, 822, 824, 830, 832-3, 855
dez de Hollywood, Os, 379-80
Dez mil alcovas (filme), 199, 270
Di Lorenzo, Ross J., 868
Dia do Funcionário da Organização das Nações Unidas, 659
dia em Nova York, Um (filme), 185
Diamond, Neil, 1045
"Diamonds Are a Girl's Best Friend" (canção), 42
DiBella, Tommy, 507, 697
Dickinson, Angie, 344, 347, 369, 406, 417, 456, 539, 562, 730
"Did You Ever Have to Make Up Your Mind?" (canção), 816
Dietrich, Marlene, 166, 169
Digilio, Don, 824
DiMaggio Jr., Joe, 575
DiMaggio, Joe, 26, 39, 168, 176, 484, 493, 572-3, 576, 867
Dinah Shore Chevy Show, The (programa de TV), 158
"Dindi" (canção), 844, 941
Dino, Desi & Billy (trio de rock), 747
Dino's (restaurante), 294, 316
direitos civis, 45, 147, 408, 430, 633-4, 777, 920; Lei dos Direitos Civis (1957), 310
Dirksen, Everett, 982
Dirty Harry (filme), 1002
Dismas House, 776, 779, 916
Disneylândia, 336, 341, 397, 613, 650
Disque Butterfield 8 (filme), 525

Dixon, Willie, 722
Do You Sleep in the Nude? (Reed), 834
Dodgion, Jerry, 304
Dois errados no espaço (filme), 489, *492*
Dolan, Joseph, 535
Dom Um Romão (baterista brasileiro), 847
Dominguín, Luis Miguel, 16, 138
Dominick's (restaurante), 1016
Dominis, John, 763-4, 766, 767, *796*
"Don't Change Your Mind about Me" (canção), 36
"Don't Like Goodbyes" (canção), 128
"Don't Sleep in the Subway" (canção), 875
Donahue, Sam, 614, 654, 671, 699, 805
Donaldson, Walter, 420
Donen, Stanley, 259, 320
Donfeld (estilista), 1011
Donohue, Jack, 757
Donovan, *910*
Doors, The (banda de rock), 747
Dorfman, Allen, 916-7, 933
Dornbrook, Don, 408
Dorothy Chandler Pavilion, 1019, 1023, 1027
Dorsey Brothers Orchestra, The, 56
Dorsey, Jane, 150
Dorsey, Jimmy, 56, 118, 145, 149
Dorsey, Tommy, 23, 56, 69, 107, 149, 150-1, 164-5, 241, 305, 324, 470, 494, 614, 648, 654-5, 671, 700, 702, 742, 770, 805, 847, 853, 894, 907, 1012
Double Cross (Giancana & Giancana), 393, 432
Douglas, Gordon, 31, 666-7, 706, 859, 864, 890, 903-4, 911-2, 923
Douglas, Kirk, 64, 230, 335, 364, 369, 380, 482, 486, 779, 785, 886, 892, 1043, 1050
Douglas, William O., 979
Douglas-Home, Robin, 207, 495, 497, 580
Doutor Jivago (filme), 976
Doutrina Monroe, 595
Dowd, James T., 979
Down Beat (revista), 38, 46, 100, 119
"Downtown" (canção), 817
Dragnet (programa de rádio e TV), 49
Drake, Ervin, 54, 758
Dream with Dean (álbum), 748
Driftwood Lounge, 648
"Drinking Again" (canção), 875
"Drinking Water" ("Água de beber"; canção), 956
Drosnin, Michael, 857-8
Drysdale, Don, 642, 803, 837
DuBrow, Rick, 802
Duchin, Peter, 610
Duets (álbum), 172, 537*n*, 848, 1059
Duets II (álbum), 537*n*, 848
Dufty, William, 322-3
Duke, Vernon, 210, 552
Dunes (hotel e cassino), 88
Dunne, Irene, 564
dupla em ponto de bala, Uma (filme), 905
Duprees, 561
Durante, Jimmy, 298, 338, 447, 451, 454
Durocher, Leo, 152-3, 156, 223, 272, 509, 512, 514, 544, 837-8, 967
Duvall, Robert, 890
Dylan, Bob, 560, 784, 1063

E agora brilha o sol (filme), 194
Earls, The, 561
"Early American" (canção), 690
East, William G., 700
Eastwood, Clint, 1002
"Ebb Tide" (canção), 251
Ebb, Fred, 1049
Ebbins, Milt, 77*n*, 298, 372, 383, 386, 485
Eberhardt, Norma, 20
Ebert, Roger, 1006
Ebony (revista), 322
Ebsen, Buddy, 1014
Ed Sullivan Show, The (programa de TV), 212, 628, 631, 699
Eden Roc, 299, 513, 748, 750, 763, 766-7, 863
Edison, Harry "Sweets", 25, 94, 108, 164, 780
Edsel (automóvel), 212-3
Edsel Show, The (programa de TV), 212-3, 216-7

Edwards, Blake, 605, 977
Eigen, Jack, 296-8
Einstein, Albert, 617
Eisenhower, Dwight D., 115, 126, 148, 162, 335, 362, 430, 467, 500, 503, 532, 536, 762, 1054
Ekberg, Anita, 20, 52, 124, 626, 696
Ekland, Britt, 736, 926
El Escorial (Espanha), 139, 142-3
El Mirador Hotel (Palm Springs), 347
El Morocco (restaurante de El Morocco), 508, 528, 610, 632, 752
El Rancho Vegas (hotel de cassino), 161, 203, 237, 239
Elaine's, 998
Elam, Jack, 1006
Eldridge, Roy, 561
Electric Prunes, The (banda de rock), 747
eleições (Estados Unidos): de 1960, 430-5; de 1964, 578; de 1968, 888, 913, 920, 932, 936, 939, 989
Eles e elas (filme), 39, 66, 75, 78, 86, 96, 179-80, 273, 400, 623, 665, 698
Eles preferem as loiras (filme), 41
Elkton (Maryland), 674
Ella Fitzgerald Sings the Cole Porter Song Book (álbum), 421
Ellington, Duke, 108, 252, 322, 421, 441, 560, 780, 894-5, 1027
Elliott Brothers, 613
Ellis, Herb, 36
Ellison, Harlan, 796
Emerick, Geoff, 941
EMI, 118, 211, 585, 695
"Empty Is" (canção), 961
encruzilhada dos destinos, A (filme), 98
"End of a Love Affair, The" (canção), 129
Engel, Jerry, 829
Engelberg, Hyman, 572
Englewood Cliffs (Nova Jersey), 62
English, Clarence, 398, 632
English, T. J., 292
Entratter, Corinne, 821
Entratter, Jack, 78, 166, 177, 188, 223, 238, 256, 282, 294, 354, 357, 362, 365, 374, 392, 401, 484, 567, 573, 673, 731, 740, 745, 789, 821, 824-5, 877, 879-80, 887
Ephron, Henry, 83-4
Ephron, Phoebe, 83
Epsteen, Pete, 649
Epstein, Brian, 694-5, 909
Epstein, Julius, 72
Escales — Ports of Call (Ibert), 23
Escócia, 170
Espanha, 16-7, 97-8, 118, 134-8, 141-4, 152, 166, 225, 258, 295, 326, 462, 476, 541, 549-50, 727, 732-3, 832
espião de dois mundos, O (filme), 844, 849, 851, 855, 862, 868-70, 899
Espíritos indômitos (filme), 37
Esquire (revista), 187, 403, 794, 796, 813, 834, 968, 1057-8
Essex Productions, 122, 132, 377, 433, 530, 565, 590, 621, 624, 643
estado interessante de papai, O (filme), 607
estranho casal, Um (série de TV e filme), 542
estranho no paraíso, Um (filme), 271
Etting, Ruth, 159
"Eu e minha música" (Sinatra), 763, 765, 769
Eu e o coronel (filme), 278
Evans, Bill, 421
Evans, George, 152
Evans, Robert, 194, 792, 892
Evans, Ron, 880
Everly Brothers, 643
"Everybody Loves Somebody" (canção), 220, 728, 748, 814
"Everybody's Twistin'" (canção), 542
"Everything Happens to Me" (canção), 477
"Exactly like You" (canção), 219
Execution of Private Slovik, The (Huie), 380
Exner, Judith Campbell, 345, *346*, 347, 349-53, 369, 372-5, 392-3, 402, 418, 432, 469, 499, 534, 578, 601, 631, 657
Exodus (filme), 380, 498

expresso de Von Ryan, O (filme), 726-8, *729*, 733, 736, 746, 763, 777, 981

Factory (discoteca), 892
Fain, Sammy, 105, 692
Fairbanks Jr., Douglas, 480, 556
Falcone, Vincent, 1048-9, 1055, 1056
Falk, Peter, 666
"Fanfare for the Inauguration" (Bernstein), 447
Fantasma de biquíni (filme), 937
Farrow, John, 734, *735*, 740, 902, 1055
Farrow, Mia, 734, 739, 748, 752, 768-9, 778-9, 785, 787, 800, 810, 812-3, 817, 829, 833-5, 837, 840, 844, 847, 851, 862, 864, 869-77, 881, 883, 889-94, 897, 902-5, 909, *910*, 911, 924, 926, *931*, 933, 1002, 1055; Beatles e, 909; em Bel Air, casa de Sinatra e de, 834, 855, 900, 926; carreira de atriz de, 734; casamento de Previn com, 975; casamento de Sinatra com, 833, 838, 844, 848, 855, 860, 868, 872, 876, 888, 1031; cerimônia de casamento de Sinatra e, 826, *827*; choque cultural entre Sinatra e, 811; colapso do casamento de Sinatra com, 891, 897, 904, 910, 924; desejo de ter filhos com Sinatra, 869, 873; divórcio de Sinatra de, 926, 928-9; e o aniversário de cinquenta anos de Sinatra, 806; em *A caldeira do diabo*, 733, *735*, 777, 806, 823; em *Belinda*, 869, 872, 876; em *Cerimônia secreta*, 910, 924; em *Crime sem perdão*, 870, 877, 892; em cruzeiro de iate com Sinatra, 786, 788-9; em *O bebê de Rosemary*, 876, 889, 897, 900, 924; em *O espião de dois mundos*, 844, 849, 855, 862, 868, 899; festas de Sinatra e, 811; gravidez de, 975; infância de, 734; Jacobs sobre, 936; lua de mel com Sinatra em Londres, 830; Maharishi Mahesh Yogi e, 910; memórias de, 735, 785, 806, 812, 829, 849, 870, 881, 891, 897; noivado de Sinatra e, 822; pedido de casamento de Sinatra a, 821; personalidade de, 738-9, 741; primeiro rompimento de Sinatra com, 812; primeiros encontros de Sinatra com, 737-9; viagem à Índia, 890, 902-3, 909, *910*
Farrow, Patrick, 828
Farrow, Prudence, 828, 891, 903, 909
Farrow, Ronan, *735*, 1055
Fatool, Nick, 185
Faulkner, William, 523, 752
Fauré, Gabriel, 252
Fay, Paul "Red", 456-7
FBI (Federal Bureau of Investigation): disputa por território entre a CIA e o, 469; dossiê de Sinatra no, 274, 535, 984; investigação de Giancana pelo, 432, 469, 534, 565, 582, 590, 600, 631, 636; sequestro de Frank Sinatra Jr. e o, 673, 677-9, 680, 682, 684, 700
Federação Americana de Músicos, 161
Federação de Organizações Democráticas de Ítalo-Americanos, 473-4
"Feel So Young" (canção), 108
"Feelin' Kinda Sunday" (canção), 1005
Feitiço havaiano (filme), 165, 526
Feliciano, José, 944
felicidade não se compra, A (filme), 284
Fell, Norman, 367
Fentress, Rob, 776, 839, 945, 1048-9
Ferraday, Lisa, 124
Ferraro, Frank "Strongy", 432
Fields, Dorothy, 543, 693
5th Dimension, The, 888, 929, 944
Filipinas, 174
Fine, Sylvia, 76
Finian's Rainbow (musical da Broadway), 36, 634
Finkelstein, Mel, 280
Finstad, Suzanne, 21
"First Noel, The" (cântico de Natal), 195
Fischetti, Joseph, 156, 165, 240, 247, 263, 274, 328, 392-3, 464, 600, 854, 863, 865, 914-5, 930, 980
Fischetti, Rocco, 328, 914
Fisher, Eddie, 30, 78, 120, 223, 231, 289, 315, 335, 460, 486-7, 490, 495, 560, 568, 577, 599-600, 749, 790, 904-5
Fitzgerald, Ella, 36, 198, 252, 264, 386, 421, 445, 447, 451, 623, 749, 771, 833, 889, 942, 1027
"Five Hundred Guys" (canção), 131

"Five Minutes More" (canção), 814
Flamingo (hotel e cassino de Las Vegas), 45, 236, 359, 648, 789
Fleetwood Mac, 963
Fleming, Rhonda, 607
Flor de lótus (filme), 937
Floriani, Mario, 582
"Flowers Mean Forgiveness" (canção), 109
"Fly Me to the Moon" (canção), 714, 720, 722, 746, 781, 799, 859, 876, 969, 1026
Flynn, Errol, 51, 168, 194
Flynn, Frank, 209
Flynn, Hazel, 517
Fonda, Henry, 79, 486
Fonda, Jane, 525, 749, 1002
Fontaine, Joan, 171, 480, 486
Fontainebleau Hotel (Miami), 247, 256, 266, 299-302, 321, 374-5, 381-2, 387, 392-3, 402, 459, 464-6, 468, 505, 529, 600, 814, 849, 852-4, 859, 861, 863-5, 867, 903-7, 911-5, 946, 952, 1039
"Fools Rush In" (canção), 379
Ford II, Henry, 343, 840
Ford Startime (programa de TV), 340
Ford, Glenn, 966
Ford, John, 358, 481, 666
Forde, George A., 701, 703, 705
Foreman, John, 328
Forester, C. S., 137
"Forget to Remember" (canção), 969
Forman, Joey, 722
Formosa, Johnny, 354-5, 377, 566, 932
Forrest, George, 844
Forrest, Helen, 655, 699
Fort Worth (Texas), 68
Foss, John, 672-3, 677, 700
Foster, Frank, 591
Four Aces, The, 30
Four Daughters ver *Quatro filhas* (filme)
Four Lads, The, 560
Four Preps, The, 212
Four Seasons, 970, 991
Fox, Franklin, 820
França, 149, 241, 447, 946
Francis Albert Sinatra & Antonio Carlos Jobim (álbum), 848, 956
Francis Albert Sinatra Does His Thing (especial de TV), *931*, 944
Francis, Arlene, 753-4, 960
Francis, Connie, 699, 833
Franco, Francisco, 548
Frank Sinatra Conducts the Music of Alec Wilder (álbum), 119
Frank Sinatra Conducts Tone Poems of Color (álbum), 120, *121*
Frank Sinatra Desert Classic (torneio de golfe na Califórnia), 1062
"Frank Sinatra está resfriado" (Talese), 796
Frank Sinatra Film Guide, The (O'Brien), 93
Frank Sinatra Jr. with Family and Friends (especial de TV), 975
Frank Sinatra Show, The (programa de rádio), 20, 78
Frank Sinatra Show, The (programa de TV da ABC), 214, 217, 219, 222, 240, 257, 265, 757
Frank Sinatra Show, The (programa de TV da CBS), 213
Frank Sinatra Sings "Days of Wine and Roses" "Moon River" and Other Academy Award Winners (álbum), 692
Frank Sinatra Sings for Only the Lonely (álbum), 249-52, 257, 266, 276, 303, 306, 557, 818, 1027
Frank Sinatra Timex Show, The (programa de TV), 318, 338, 375, 397
Frank Sinatra: A Man and His Music (especial de TV), 797, 801, 804
Frank Sinatra: A Man and His Music Part II (especial de TV), 819, 835
Frank Sinatra: A Man and His Music Part III (especial de TV), 889
Frank Sinatra: My Father (Nancy Sinatra), 59, 130
Frankenheimer, John, 503, 523-7, 594, 728, 942
Franklin, Aretha, 1059

Franklin, George, 996
Franks, Gloria, 233, 346
Fraser, Elisabeth, 33
Fraser, Phyllis *ver* Cerf, Phyllis
Fratianno, Jimmy "The Weasel", 1046
Frazier, Joe, 1017, *1021*
Freeman Jr., Al, 890
Freeman, Alex, 751
Freeman, Ernie, 724, 814, 835, 839, 874
Freeman, Orville, 410
Friedman, Harry, 711
Friedwald, Will, 24, 49, 60, 80, 127, 162, 209, 301, 304, 394, 419, 435, 470, 511, 531, 540, 610, 725, 895, 957
Frings, Ketti, 158
From Here to Eternity ver *A um passo da eternidade* (filme)
"From Me to You" (canção), 694
Frontier, The (hotel e cassino), 944, 975
Fugindo do inferno (filme), 727
Fundo de Ajuda ao Cinema e à Televisão, 1017, 1023
fundo de pensão do sindicato dos caminhoneiros, 433, 566, 624, 916
Fundo para o Câncer do Império Britânico, 279
Furie, Sidney, 831-2
Furness, Betty, 257, 259
Fusco, Richard "Nerves", 1046

Gabel, Martin, 753-4
Gable, Clark, 64, 113, 488
Gabor, Eva, 1032
Gabor, Zsa Zsa, 56, 335
Gage, Nicholas, 929, 932
galante Mr. Deeds, O (filme), 284
Gambino, Carlo, 932, 1045, *1047*
Gambino, família, 474
"Game Is Over, The" (canção), 1006
Gang, Kopp & Tyre, 122
Gang, Martin, 176, 380
Gardella, Kay, 800
Gardner, Ava, 15-8, 22, 41, 51, 67, 77, 85, 87, 98, 113, 134, 137, 143, 146, 165-6, 204, 225, 232, 240, 244, 259, 278, 333-4, 340, 352, 378, 459, 467, 476, 549, 605, 609-10, 612, 719, 734, 825, 858, 922, 966; acidente na arena de tourada com, 225; acidente vascular cerebral de, 1054; amigos mafiosos de Sinatra odiados por, 247, 628; amor de Dolly Sinatra por, 609; aniversário de quarenta anos de, 604; antipatia por Hollywood de, 16; audiência com Fidel Castro, 333; casamento de Sinatra e, 46, 67, 74, 98, 104, 232, 1031, 1054; como musa de Sinatra, 17; divórcio de Sinatra e, 18, 74, 135, 138, 146, 153, 194, 220, 467, 621; em *A hora final*, 295, 461; em *A Maja desnuda*, 257; em *E agora brilha o sol*, 194; em *Knots Landing* (série de TV), 1053; entrevistas de Rex Reed com, 834; histerectomia de, 922; JFK e, 76; John Farrow e, 734; Juan Perón e, 548; Miles Davis e, 334; morte de, 1058; perfil na *Look* de, 166; sequestro de Frank Jr. e, 680; Taylor e, 134
Gardner, Beatrice (Bappie), 76, 922
Gardner, Hy, 529
Garfield, John, 15, 257
Gargan, Anne, 409
Garland, Judy, 47-8, 75-6, 78, 100-1, 168, 184, 189, 281-3, 289, 300, 335, 406, 522, 531, 654, 772
Garner, Dwight, 747
Garner, Errol, 181
Garner, James, 813, 977
Garner, John Nance, 411
"Garota de Ipanema" (canção), 842-4
Garrick, Frank, 609
Gaudio, Bob, 970-2, 987-8
Gaynor, Mitzi, 160, 166, 1023
General Dynamics, 578
General Electric Theater (programa de TV), 831
General Motors, 212, 383
"Gentle on My Mind" (canção), 941
Genuine Imitation of Life Gazette, The (álbum), 970
Gershe, Leonard, 359, 450, 457, 828, 892

Gershwin, George, 34, 421
Gershwin, Ira, 34, 100, 302, 421, 542
Gershwin, Jerry, 856
"Get Me to the Church on Time" (canção), 746, 780-1, 810
"Getting Sentimental over You" (canção), 470
Getz, Stan, 421, 780, 842
Giancana, Antoinette, 233, 321
Giancana, Bonnie, 321
Giancana, Chuck, 393, 432, 633
Giancana, Sam (afilhado de Momo), 393, 432, 633
Giancana, Sam "Momo", 156, 178, 232, *234*, 247, 263, 268-9, 272, 296, 300, 313, 318, 321, 345-6, 392-3, 400-1, 432, 467-9, 473-4, 494, 535, 567, 571, 574, 578-9, 590, 598, 601-2, 630, 633, 636, 641, 656-7, 659-61, 663, 685, 697, 866, 930, 980, 1046; aparência de, 232; assassinato de, 1045; carreira criminosa de, 232; comparecimento no Comitê do Senado sobre a Máfia, 318; investigado pelo FBI, 432, 469, 534, 565, 582, 590, 600, 631, 636; JFK e, 600, 631, 657, 663, 1045; e o plano para assassinar Fidel Castro, 466; *Os Intocáveis* odiado por, 473; participação proprietária no Cal-Neva de, 268, 413, 567, 661; relação de Sinatra com, 233, 274, 276, 313, 355, 377, 413, 434, 464, 505, 535, 566, 569, 589, 628, 662, 674, 697, 746
Gibaldi, Vincenzo Antonio *ver* McGurn, "Metralhadora" Jack
Gibbons, Harold, 916-7
Gigante, Vincent "The Chin", 235
Gigi (filme), 329
Gilbert e Sullivan, 804
Gilberto, João, 842
Gilda (filme), 180
Giles, Alfred, 711
Giles, Sandra, 257, 306, 874
Gillespie, Dizzy, 301, 556, 560, 779
Gillespie, Haven, 378
Gilmore, Voyle, 60, 108, 110, 181, 242, 253
Gimbel, Norman, 843
Gipsy (show da Broadway), 447, 454, 897
"Girl from Ipanema, The" ("Garota de Ipanema"; canção), 844, 889
"Girl Next Door, The" (canção), 522
"Glad to Be Unhappy" (canção), 60, 192
Gleason, Jackie, 149, 164-5, 189, 262, 607, 654, 749, 763
Gleason, Ralph J., 1040
Glière, Reinhold, 184
Globo de Ouro, 1017
Godfather, The (Puzo), 959
Goethe, Johann Wolfgang von, 302
Goetz, Edith Mayer, 196, 248, 705, 743-4, 753, 786, 825-6, 834, 977-8
Goetz, William, 152, 568, 753, 792, 953, 978
"Goin' Out of My Head" (canção), 925, 969
Goin' Places (álbum), 758
Golden Boy (musical), 773
Goldfarb, Robert, 789
Goldman, William, 855
Goldstein, Sammy, 937-8
Goldstone, Eddie, 515
Goldwater, Barry, 727, 831
Goldwyn Studios, 78, 519, 526, 610
Goldwyn, Samuel, 64-5, 1037
"Gone with the Wind" (canção), 266
Gonsalves, Louis, 711
Gonsalves, Paul, 895-6
"Good Life, The" (canção), 720
Good Morning Heartache" (canção), 758
"Good Night Sweetheart" (canção), 276
"Good Thing Going" (canção), 1053
"Goodbye, Pork Pie Hat" (canção), 988
"Goodbye" (canção), 183, 266
Goodearle, Roy, 1008
Goodman, Benny, 86, 178, 183, 322, 620
Goodwin, Richard, 539
Goodwin, Ron, 211-2
"Goody Goody" (canção), 542
Gordon, Lee, 304
Gordon, Mack, 36, 71, 105

Gordon, Ruth, 414, 785, 898
Gorme, Eydie, 510
Gosden, Freeman, 1021
Gould, Jack, 213, 216, 800
Gould, Jonathan, 370
Goya, Francisco de, 144, 257
Grable, Betty, 64, 267
Grace, princesa de Mônaco *ver* Kelly, Grace
Graham, Sheilah, 600, 603, 745, 838, 862, 870, 937
Grahame, Gloria, 38
Grammy, Prêmio, 306, 804, 855, 1059, 1061; Grammy Legend Award outorgado a Sinatra, 1059
"Granada" (canção), 487
Granata, Charles L., 106, 196, 208, 249, 252, 441-2, 496, 511, 537
grande ameaça, A (filme), 878
grande chantagem, A (filme), 627
grande Evento, O (concerto ao vivo na TV), 1039, *1041*
grande Motim, O (filme), 976
Granger, Stewart, 480
Grant, Cary, 45, 97, 114, 126, 137, 139, 142, 261, 335, 364, 480, 522, 564, 856, 937, 1024, 1050
Granz, Norman, 421-3, 435-7, 614, 772
Grappelli, Stéphane, 260
Grateful Dead (banda de rock), 747, 963, 1038
Gray, Mack, 271, 277
Gray, Spalding, 79
Graydon, Joe, 964-5
Graziano, Rocky, 859
"Great Come-and-Get-It Day, The" (canção), 36
Green, Abel, 654-5
Green, Adolph, 181, 184, 196
Green, Freddie, 591
Green, Johnny, 114, 410
Green, Judy, 753
Green, Theodore, 148
Green, William, 753
Greene, Milton, 56
Greene, Shecky, 45, 362, 851-2, 854, 859-60, 863, 865-7, 876
Greenschpoon, Elizabeth, 423, 540
Greenson, Ralph, 423, 564-5, 571, 575-6
Greenspun, Hank, 658, 986
Greenwich (Connecticut), 164, 512
Gregory, James, 594
Grimes, James, 789
Griswold, Larry, 723
Grober, Bert, 267
Guarda Nacional (Estados Unidos), 447, 449, 779, 988
Guardia Civil (Espanha), 733
"Guess I'll Hang My Tears Out to Dry" (canção), 71, 251
Guinness, Loel, 830, 952
Gun, The (Forester), 137
Gunga Din (filme), 480
"Gunga Din" (Kipling), 209, 480-1, 961-3
Gunsmoke (programa de TV), 95
Gurdin, Maria "Mud", 20, 239
"Guy's in Love with You, This" (canção), 928
Guys and Dolls (filme) ver *Eles e elas* (filme)
Guys and Dolls (musical da Broadway), 64, 623, 634-5

Haber, Joyce, 943, 989-90, 997, 1011
Haendel, Georg Friedrich, 454
Haggart, Bob, 266
Haldeman, H. R., 1035, 1037
Haley, Bill, 78
"Half as Lovely (Twice as True)" (canção), 18
"Hallelujah, I Love Her So" (canção), 958
Hamilton, Chico, 560
Hammerstein II, Oscar, 82-3, 85, 304, 329, 553, 610-2, 758, 875, 972
Hammes, Betsy Duncan, 233, 345-6, 372, 574, 620-1, 698-9, 964-6
Hancock, Newell, 651
Haney, Carol, 52*n*
Hanna, Dave, 98
Hanson, Jack, 748, 796
Harburg, Yip, 36, 636, 758
"Hard Day's Night, A" (canção), 728

"Hark! the Herald Angels Sing" (cântico de Natal), 195
Harper's Bazaar (revista), 51
Harrah's (lago Tahoe), 573, 671, 673, 700
Harriman, W. Averell, 1032
Harris, Julie, 856
Harris, Phil, 159, 294, 969
Harrison, George, 145, 543, 909, 940, 1004
Harrison, Pattie, 940
Harry James Orchestra, 944
Hart, Al, 350, 544, 559, 680-1
Hart, Kitty Carlisle, 752
Hart, Lorenz, 163
Hart, Moss, 752-3
Hartford, John, 247, 941
Harvey, Laurence, 525-8, 849, 851, 862, 868
Harwyn Club, 75, 280
Havana (Cuba), 123, 146, 291, 318, 467-8, 657; conferência da Máfia em, 657; expulsão da Máfia de, 292; Máfia em, 467, 657
Havers, Richard, 59, 149, 170, 378*n*
Havilland, Olivia de, 38
Hawkins, Coleman, 561
Hawks, Howard, 627
Hawn, Goldie, 1002
Hayes, Harold, 794
Hayes, Peter Lind, 76
Hayes, Richard, 74
Haygood, Wil, 44
Hayton, Lennie, 772*n*, 1004
Hayward, Leland, 13, 828, 897, 918, 953, 1032
Hayward, Pamela Churchill, 1032
Hayworth, Rita, 133, 179, 335
Hazlewood, Lee, 801
Hearst, grupo, 35, 123, 381, 428, 656-7
Hearst, William Randolph, 172
"Heartbreak Hotel" (canção), 144-5
Hebb, Bobby, 895
Hecht, Ben, 91
Heflin, Van, 51
Hefner, Hugh, 615
Hefti, Neal, 541-4, 585, 591
Heller, Barbara, 375
Heller, Joseph, 977, 1007
"Hello, Dolly!" (canção), 721
"Hello, Young Lovers" (canção), 758, 944
"Help Me Make It through the Night" (canção), 617
Hemingway, Ernest, 16, 220, 225, 420, 523, 1017
Henderson, Skitch, 659
Hendrix, Jimi, 963, 1038
Henry, Hank, 179
Henry, Pat, 876, 888, 904-5, 911, 944, 967, 1035
Hentoff, Nat, 592
Hepburn, Katharine, 114, 116, 712, 828
Herald Examiner, 650
"Here Goes" (canção), 229, 242
"Here's That Rainy Day" (canção), 352, 607
"Here's to the Losers" (canção), 638
Herfurt, Arthur "Skeets", 25
Herman, Jerry, 721
Herman, Woody, 183
"Hernando's Hideaway" (canção), 30
Herschberg, Lee, 510, 724, 846-7, 896-7, 957, 972
Hersh, Seymour, 232, 345, 356, 393, 400, 411, 433, 534-5, 572, 578
Hershorn, Tad, 422
Hess, Sammy, 926
Heston, Charlton, 604
Hewitt, Don, 762, 794, 795
"Hey! Jealous Lover" (canção), 131, 814
Hialeah (pista de turfe), 268, 312
"High Hopes" (canção), 286, 307, 327, 369-70, 376, 384
"High Hopes" (paródia), 339
Hill, Arthur, 856
Hill, George Roy, 523
Hill, Ralph, 632
Hilliard, Bob, 60
Hi-Lo's, The, 560
Hines, Earl, 780
Hiniesta (iate), 491
Hinsche, Billy, 747

His Way (Kelley), *13n*, 41, 873, 1054
Hit Men (Dannen), 437
Hitchcock, Alfred, 526
Hoboken (Nova Jersey), 14, 31, 57, 63, 69, 78, 86-7, 115, 154, 313, 322, 324, 405, 429, 477, 533, 551, 608-9, 730, 742, 753, 770, 804, 810, 851, 859, 885, 954, 961, 1020, 1058, 1068
Hoboken Four, 477
Hoch, Winton, 481, 483
Hodges, Eddie, 285, 307, 309, 370
Hodges, Johnny, 895-6
Hoffa, James R. "Jimmy", 178, 433, 566, 624, 916-7
Hoffa, James R., sra., 917
Hoffman, Al, 161
"Hokey Pokey, The" (canção), 49
"Hold Me in Your Arms" (canção), 34
Holden, Stephen, 1057
Holden, William, 692
Hole in the Head, A (comédia da Broadway), 195
Holiday, Billie, 262, 302, 322, 421-2, 716, 987
Holly, Buddy, 722
Hollywood, 728; atração de JFK por, 311, 315, 343; lista negra de comunistas em, 335, 379-81; Moulin Rouge de, 316, 397; Os Dez de Hollywood, 379-80; Rat Pack criticado por, 487
Hollywood Bowl, 50, 55, 621
Hollywood Citizen News, The, 517
Hollywood Nite Life (jornal), 147
Hollywood Palace, The (programa de TV), 722
Hollywood Reporter (jornal), 431
Hollywood String Quartet, 121, 127-8, 161, 172
Hollywood Studio Club, 68
Holm, Celeste, 73, 115
Holmby Hills, 100-1, 105, 223, 828, 978
Holmes, Jake, 970, 987
homem de Alcatraz, O (filme), 504
homem do braço de ouro, O (filme), 91-2, *93*, 95, 99, 123, 129, 155, 179, 261, 329-30, 358, 380, 416, 523-4, 594, 983
homem que matou o facínora, O (filme), 358
"Homesick, That's All" (canção), 183
homossexuais, homossexualidade, 134, 252, 862, 890, 957
Hong Kong, 174, 511, 546-7
Honra teu pai (Talese), 312
Hoover, J. Edgar, 411, 469, 534, 538, 578, 581, 624, 632, 674, 682, 984
Hoover, represa, 45
Hope, Bob, 64, 118, 174, 212, 214-6, 230, 336, 450, 489, *492*, 544, 726, 780-1, 811, 813, 1000, 1009, 1012, 1023
Hopkins, A. A., 448
Hopkins, John, 398
Hopper, Hedda, 134, 166, 172, 204, 223, 259, 299, 343, 365, 382-3, 487, 619, 624, 627, 736, 810
hora do diabo, A (filme), 427-8, 430, 437, 439
hora final, A (filme), 295-6, 333, 461, 1054
Horas de desespero (filme), 27
Horn, John, 800
Hornblow, Arthur, 753, 785, 953, 978
Hornblow, Leonora "Bubbles", 753, 953, 978
Horne, Lena, 238, 375, 421, 610, 771, 1004
Hospital, The (filme), 1038
House I Live In, The (filme), 155, 379, 427, 690, 1020
"House I Live In, The" (canção), 690
House of Flowers (musical), 128
House That George Built, The (Sheed), 67
Hover, Herman, 47
"How about You?" (canção), 280
"How Are Ya' Fixed for Love?" (canção), 241, 253
"How Insensitive" ("Insensatez"; canção), 844, 847
"How Little We Know" (canção), 622
Howard, Bart, 714-5
Howard, Cy, 757
Hubley, John, 36
"Huckle-Buck, The" (canção), 725
Hughes, Howard, 18, 51, 450, 467, 857-8, 877-80, 887, 975
Huie, William Bradford, 380

Hullaballo (programa de TV), 748
Humphrey, Hal, 153
Humphrey, Hubert H., 394, 400, 887, 901, 913, 915-6, 918, *919*, 920, 922, 932, 939, 989
Humphrey, Muriel, 936
Humphreys, Jeanne, 433
Humphreys, Murray "The Camel", 394, 432-3
Huntley-Brinkley Report (noticiário de TV), 695
Hurd, Jean, 959
Huston, John, 171, 472, 731
Hutton, June, 494
Hyams, Joe, 101, 166, 425, 465, 526, 615
Hyannis Port (Massachusetts), 349, 356, 434, 501-3, 505, 534, 576, 663, 787
Hyatt, Bobby, 21
Hyer, Martha, 272

"I Am a Rock" (canção), 816
"I Believe" (canção), 220
"I Can't Get Started" (canção), 302
"I Can't Give You Anything but Love, Baby" (canção), 316
"I Can't Stop Loving You" (canção), 721-2
"I Concentrate on You" (canção), 844, 889
"I Cried for You" (canção), 159
"I Don't Mean a Thing if It Ain't Got That Swing" (canção), 889
"I Don't Stand a Ghost of a Chance with You" (canção), 302
"I Fall in Love Too Easily" (canção), 71
"I Get a Kick out of You" (canção), 549, 1039
"I Get Along Without You Very Well" (canção), 61
"I Gotta Right to Sing the Blues" (canção), 537
"I Have Dreamed" (canção), 610
"I Just Want to Make Love to You" (canção), 722
"I Left My Heart in San Francisco" (canção), 584, 718
"I Like the Sunrise" (canção), 895
"I Like to Lead When I Dance" (canção), 277
"I Love a Piano" (canção), 338
I Love Lucy (programa de TV), 473, 525
"I Love You, Samantha" (canção), 115-6
"I Love You" (canção), 542
"I Remember Clifford" (canção), 988
I Remember Tommy (álbum), 476, 487
"I Saw Her Standing There" (canção), 695
"I Thought about You" (canção), 78, 105
"I Wanna Be Around" (canção), 719-20
"I Want to Hold Your Hand" (canção), 694-6, 699
"I Will Drink the Wine" (canção), 1003
"I Write the Songs" (canção), 1045
"I'll Be Around" (canção), 60
"I'll Never Smile Again" (canção), 57, 307-8, 648, 1026
"I'll Remember April" (canção), 497
"I'm Gonna Live till I Die" (canção), 49
"I'm Not Afraid" (canção), 1004
"I've Got a Crush on You" (canção), 222, 1059
"I've Got the World on a String" (canção), 22, 987, 1062
"I've Got You under My Skin" (canção), 109-10, 163, 207, 305, 553, 622-3, 781, 784, 810, 968, 1014, 1026, 1059
Iacovetti, Dave, 932
Ibert, Jacques, 23, 107
"If I Could Be with You" (canção), 159
"If I Had You" (canção), 163, 558
"If I Loved You" (canção), 83-4, 611
"If It's the Last Thing I Do" (canção), 128-9
"If This Isn't Love" (canção), 37
"If You Go Away" ("Ne me quitte pas"; canção), 961
"If You Never Come to Me" ("Inútil Paisagem"; canção), 844
ilha dos birutas, A (série de TV), 977
Illinois: eleição de 1960 em, 432, 434, 505; polícia estadual de, 602
Immoor, Jacqueline, 345
"Impatient Years, The" (canção), 80
"Impossible Dream, The" (canção), 839, 843
"In the Blue of Evening" (canção), 470
"In the Still of the Night" (canção), 553

In the Wee Small Hours (álbum), 60-1, 74, 119, 162, 303, 557
"In the Wee Small Hours of the Morning" (canção), 60, 87, 622-3
Índia, 480, 532, 870, 873, 890-1, 902-4, 909-10
"Indian Summer" (canção), 896
Indian Wells Country Club, 474
"Indiscreet" (canção), 522
Indiscreta (filme), 522
Inge, William, 526
Inglaterra, 41, 77, 79, 211, 374, 492, 543, 695, 701, 722, 733-4, 786, 811, 830, 832, 849, 855, 872, 931, 963, 986
"Innamorata" (canção), 222
"Insensatez" (canção), 844
inteligência militar dos Estados Unidos, 595
Intocáveis, Os (série de TV), 473-4
"Inútil paisagem" (canção), 844
Invasão na Porta Errada, episódio da, 43, 88-9, 175-8, 620
Irene (estilista de Hollywood), 620
Irlanda, 550*n*, 1058
Irma la Douce (musical), 515
Irwin, John, 676-7, 682-4, 687, 700-1, 704
Irwin, Phil, 41
Islândia, 550*n*
Israel, 415, 540, 547-8, 779
Isto sim é que é vida (filme), 73
"It Could Happen to You" (canção), 129
"It Gets Lonely Early" (canção), 758
"It Happened in Monterey" (canção), 109, 150, 283
It Happened One Night ver *Aconteceu naquela noite* (filme)
It Is Now Post Time (álbum), 478
It Might as Well Be Swing (álbum), 717
"It Was a Very Good Year" (canção), 54, 758, 804, 810
"It Worries Me" (canção), 18
"It's a Lonesome Old Town" (canção), 266
"It's All Right with Me" (canção), 332
"It's Nice to Go Trav'ling" (canção), 210, 388
It's Nice to Go Traveling; or, Welcome Home Elvis (especial de TV), 387
"It's the Same Old Dream" (canção), 220
Itália, 58, 78, 166, 200, 299, 315, 429, 468, 550, 597, 727, 731, 868, 1006
ítalo-americanos, 199, 231-2, 326, 474, 554, 657, 691, 984

Jack Benny Program, The (programa de TV), 473, 613
Jack Pack, 386, 408, 410
Jackie Gleason Show, The (programa de TV), 149
Jackson, Anne, 1006
Jackson, Calvin, 560
Jackson, Mahalia, 447, 454, 459
Jacob, Bill, 940
Jacob, Patty, 940
Jacobs, George, 100, 116, 133-4, 153, 233, 307, 313-5, 345, 380, 385, 402, 405, 409, 435, 438, 472, 512, 532, 535, 544, 547, 550, 555, 620, 667, 706, 712, 723, 730, 772, 806, 821-3, 829, 832, 899, 921, 927; demitido por Sinatra, 933; divórcio de, 620; Farrow e, 740, 826, 830, 873, 927, 933, 936; JFK e, 314; relação de Sinatra com, 291, 309, 472, 712, 934; sobre a antipatia de Sinatra por Elvis, 387; sobre a calvície de Sinatra, 409; sobre a doença de Sinatra, 906; sobre a relação Sinatra-Giancana, 234, 662, 697; sobre a relação Sinatra-Monroe, 472, 485, 488, 620; sobre as visitas de Sinatra à família, 133; sobre Barbara Sinatra, 967; sobre Dolly Sinatra, 609; sobre Giancana, 233; sobre o ataque de Sinatra a Weisman, 820, 821; sobre o quase afogamento de Sinatra, 707; sobre o relacionamento de Sinatra e Farrow, 744, 805, 830, 873; sobre o relacionamento Sinatra e Gardner, 259, 825; sobre os relacionamentos de Frank Sinatra Jr., 649; sobre Sinatra e Billie Holiday, 322; sobre Sinatra não gostar de viajar, 545
Jaffe, Sam, 480

Jagger, Mick, 723
James, Carroll, 695
James, Harry, 69, 107, 267, 301, 305, 323-4, 797, 944
Jan e Dean, 670, 791
Janssen, David, 568, 938, 964
Japão, 174, 378, 402, 447, 546, 1059, 1062
Jax (calça modeladora), 749
jazz, 334, 560
jazz: amor de Sinatra pelo, 422, 716, 894
Jazz All-Stars, 36-7, 113
Jean Hersholt, prêmio humanitário, *1018*, 1019, 1022
Jeannie é um gênio (série de TV), 977
Jefferson Airplane (banda de rock), 747
Jeffries, Herb, 1027
Jenkins, Allen, 666
Jenkins, Bruce, 184
Jenkins, Gordon, 182-5, 190, 195, 197, 208, 249, 266, 302, 307, 521-2, 758, 760-2, 803, 819, 837, 874, 1037, 1048
Jenkins, Marv, 560
Jerry Lewis Just Sings (álbum), 276
Jerusalém, 547, 809, 816
Jessel, George, 174, 406-7
Jethro Tull, 963
Jewison, Norman, 531
Jilly! Sinatra's Right-Hand Man (Rizzo), 882*n*
Jilly's (bar de Nova York), 512-3, 527, 592, 609, 630, 632, 697-8, 777, 782, 799, 817, 921, 943, 946, 970
Jilly's South (Miami Beach), 843
Jilly's West (Palm Springs), 938
Jim, Harold, 711
João XXIII, papa, 629
Jobim, Antonio Carlos, 842-5, *846*, 847, 876, 889, 942, 956-8, 1004; gravações de Sinatra com, 843-8, 956; no especial de TV de Sinatra, 889, 942
"Joey, Joey, Joey" (canção), 863
Jogo de paixões (filme), 936
"John Henry" (canção), 454
Johnny Concho ver *Redenção de um covarde* (filme)
Johnson, Erskine, 98, 187
Johnson, Lady Bird, 919
Johnson, Lyndon B., 148, 310, 403, 407, 410-2, 431, 762, 888, 913, 982
Johnson, Van, 78
Johnston, Arthur, 591
Jolly Christmas from Frank Sinatra, A (álbum), 196, 303
Jolson, Al, 156
Jones, Dean, 320, 353
Jones, George C., 685
Jones, Isham, 109, 183
Jones, Jack, 721, 772, 790, 814-5, 863, 892
Jones, James, 14, 270, 286
Jones, Jennifer, 692, 1019
Jones, Jimmy, 896
Jones, Quincy, 24, 259-60, 556, 714-7, *718*, 720, 722, 745, 759, 776, 779, 781-2, 809
Jones, Shirley, 82-3, 85, 87, 486, 611
Jones, Thad, 591
Jordan, Louis, 329, 337
Jordan, Reenie, 18, 905
Journal American, 280, 431, 800
Juárez (México), 927-8
Julgamento em Nuremberg (filme), 531
Júlio César (filme), 63, 65
"Just in Time" (canção), 303
"Just One of Those Things" (canção), 25, 34
Juventude selvagem (filme), 504

Kaempfert, Bert, 813-4, 874-5, 924-5
Kahal, Irving, 105
Kahn, Gus, 109
Kanab (Utah), 481-2, 498
Kander, John, 186, 1049
Kane, Artie, 818
Kanin, Garson, 785, 828, 898
Kaplan, Daniel, 1015
Kaplan, Peter W., 1053
Karen, Billy, 43
Kastner, Elliott, 856
Kay, Gilbert, 223, 359
Kaye, Buddy, 71

Kaye, Danny, 102, 166, 171, 278, 280, 560, 644
Kazan, Elia, 63, 912
Keating, Thomas Patrick, 674, 677
Keawe, George, 711
Keel, Howard, 588
Keenan, Barry, 670-2, 675-6, 679, 682, 684, 686-8, 700-1, 703-4
Kefauver, Estes, 146-7, 149, 232, 319, 933
Keith, Marilyn, 276, 307
Kelley, Kitty, 13, 41, 48, 315, 348, 383, 409, 448, 462, 472, 474, 499, 574, 636, 708, 872, 887, 911, 927, 980, 1050, 1054
Kelly, Gene, 64, 66, 447, 451, 664-6, 920, 1038
Kelly, Grace, 64, 75, 97, 113, 115-6, 139, 260-1, 281, 490, 555, 564, 714, 967, 1017, 1025
Kendrick, Alexander, 695
Kennedy Jr., John F., 451
Kennedy, Burt, 977, 1006
Kennedy, Caroline, 451
Kennedy, Ethel, 892
Kennedy, família, 384, 452, 566, 576
Kennedy, George, 1006
Kennedy, Jacqueline Bouvier, 76, 451, *456*, 500, 562, 689, 919; cerimônia da posse de JFK e, 451; e a promiscuidade de JFK, 452, 503; preocupação com a imagem de JFK, 500; reformulação da imagem da Casa Branca por, 500; Sinatra detestado por, 452, 453, 457, 499, 501, 533
Kennedy, John F.: acordo de Khruschóv com, 597; anúncio do bloqueio de Cuba por, 595; assassinato de, 667, 668, 675, 699, 797*n*, 932; atração por Hollywood de, 311, 315, 343; charme de, 314; como membro do Comitê do Senado sobre a Máfia, 268; desastre da baía dos Porcos e, 500; distanciando-se de Sinatra, 385, 400, 411; eleições de 1956 e, 149; eloquência de, 342, 455; em debates com Nixon na TV, 429; erudição de, 405; Giancana e, 431, 600, 631, 657, 663, 1046; luta contra o crime organizado, 625; na Cúpula de Viena, 489; personalidade complexa de, 371; poder do show business reconhecido por, 371; posse de, 446, 457; pragmatismo de, 411; promiscuidade de, 315, 404, 452, 503; reação de Sinatra ao assassinato de, 667, 689; relacionamento com Sinatra terminado por, 533-6, 538-9; relacionamento de Monroe com, 561, 571, 578; relacionamento de Sinatra com, 76, 309, 314, 319, 343, *346*, 381, 405, 425, 446, 455, 499, 501, 663, 930, 1046; visita ao complexo de Sinatra em Palm Springs cancelada por, 532
Kennedy, Joseph P., 148, 267-9, 312-4, *356*, 384-5, 402, 409, 411-2, 415, 433, 438, 447, 456, 458, 463, 490-2, 501-2, 505-6, 516, 533, 787; antissemitismo e racismo de, 313; como figura controversa, 409; como suspeito de contrabando durante a Lei Seca, 433; Giancana e, 401; Máfia e, 312; participação proprietária no Cal-Neva de, 267, 413; presidência para JFK como objetivo de, 311
Kennedy, Robert F., 149, 269, 384, 402-3, 411-2, 430, 463-4, 469, 505, 507, 535-6, 571, 632-4, 685, 916, 920, 989; antipatia de DiMaggio por, 576; assassinato de, 921; candidato à presidência, 913; como conselheiro do Comitê do Senado sobre a Máfia, 269; como conselheiro-chefe do Subcomitê de Investigações do Senado, 77; eleições de 1956 e, 149; Farrow e, 893; Máfia investigada por, 505, 582, 599, 631, 916; Monroe e, 563, 571; odiado por Sinatra, 668, 673, 913, 921, 992
Kennedy, Rose, 501, 840
Kennedy, Ted, 371, 402, 425, *426*, 501
Kenny, Nick, 430
Kent Productions, 95, 165
Kent State, Universidade Estadual de, 988
Kenton, Stan, 110
Kerkorian, Kirk, 975, 977
Kermit (o sapo de *Vila Sésamo*), 1003-4
Kern, Jerome, 304, 543, 553, 693
Kerr, Deborah, 96, 174, 756, 791
Kessel, Barney, 560
Khan, Aly, 320

KHJ Radio Studios, 25, 60, 78, 104, 115, 120
Khruschóv, Nikita, 335-7, 362, 407, 489, 500, 578, 595, 597
Khruschóv, Nina, 336
Kilgallen, Dorothy, 51, 55, 123, 126-7, 140, 257, 263, 348, 385, 425, 508, 520, 530, 649, 665, 778, 797-8
Kind of Blue (álbum), 334
King, Alan, 448, 654, 799
King, Coretta Scott, 1020
King, Eddie, 638, 652
King, Henry, 84
King, Larry, 749-50
King, Martin Luther, 458-9, 583, 914
King, Matt, 962
King, Pete, 276
King, Stephen, 723
Kingfield, Frank J., 973
Kingston Trio, 758
Kinks, 748
Kinney National Company, 644
Kipling, Rudyard, 209, 480-1, 517, 961-2
Kirk, Phyllis, 96-7
Kismet (musical da Broadway), 845
Kiss Me Deadly ver *morte num beijo, A* (filme)
Kiss Me, Kate (musical da Broadway), 634-5
Kissinger, Henry, 1026
Klee, Harry, 108, 544
Klippinger, Ingalill *ver* McCue, Diane
Kluge, John W., 619
Klugman, Jack, 890
Knickerbocker, Suzy (Aileen Mehle), 951-2, 1012, 1018
Knight, Arthur, 99
Knots Landing (série de TV), 1053
Knotts, Don, 430
Koch, Howard W., 481
Koch, Ruth, 707-10, 712
Koehler, Ted, 302, 443, 537, 1003
Komack, Jimmy, 962
Korshak, Sidney, 178
Koster, Henry, 258
Kotz, Florence, 41, 43, 176
Kovacs, Ernie, 289, 522
Kraft Music Hall (programa de rádio e TV), 615, 953
Kraft Television Theatre (programa de TV), 427
Kraft, Fred H., 175
Kral, Roy, 864
Kramer, Stanley, 37-8, 49, 98, 137, 139, 141-4, 295, 380
Krasny, Milt, 832
Krim, Arthur, 504-5, 563
Krim, Mathilde, 563
Kristofferson, Kris, 617, 1037
Kroft, Steve, 1046
Krohn, Esther, 350
Krohn, Leon "Red", 350
Ku Klux Klan, 131
Kubrick, Stanley, 328, 557
Kuntz, Tom e Phil, 535
Kurnitz, Harry, 727, 898

La Famiglia (restaurante de Beverly Hills), 1057
La Rue, Jack, 666-7
La Scala (restaurante de Nova York), 609, 632
Lady Blue Eyes (Barbara Sinatra), 967, 1042, 1046
"Lady Day" (canção), 987
"Lady Is a Tramp, The" (canção), 163, 180, 305, 546, 554, 582, 601, 889, 968, 1026
Lady Sings the Blues (Holiday & Dufty), 322
LaFrance, Charles, 413
Lamb, Ralph, 362, 996
Lambert, Amanda, 1042
Lambert, Hugh, 991, 1010, 1022
Lampl, Carl, 161
Lancaster, Burt, 28, 64, 230, 504, 627
Lane, Burton, 36, 636, 896
Lane, Ken, 220
Lang, Charles, 31
Lang, Walter, 329
Lange, Hope, 1012, 1016, 1031
Langford, Ray, 573
Lansbury, Angela, 525-6, 593
Lansing, Joi, 285, 306
Lansky, Meyer, 236, 292, 312, 871, 980

Lapidus, Morris, 247
Las Vegas (Nevada): controle pela Máfia de hotéis e cassinos em, 230, 235, 292, 362, 433, 944; *Onze homens e um segredo*, estreia mundial em, 415; racismo em, 421; Sinatra jura nunca mais voltar a, 997, 1001
Las Vegas Review Journal, 824
Las Vegas Sun, 415, 651, 658, 986
"Last Dance, The" (canção), 444
Last Frontier Hotel & Casino, 45
"Last Night When We Were Young" (canção), 758
Lastfogel, Abe, 171
Lavine, Morris, 701, 704
Lawford, Patricia Kennedy, 76, 255, 267, 291, 309-10, 350, 352, 355, 425, 501, 571-2, 576, 668, 787, 935
Lawford, Peter, 76-7, 96*n*, 223, 237, 289, 291, 293, 298-9, 309, 314, 316, 343, 349, 353-4, 359, *360*, 361, 364-5, 367, 372, 381, 383, 385, 389, 407-8, 412, 415, 431, 447, 458, 489-90, 498-501, 507, 516, 532, 535-7, 560, 562, 574-6, 603, 664, 666, 668, 787, 832, 840
Lawrence da Arábia (filme), 618
Lawrence, Steve, 369, 510, 721, 1045
Lazar, Irving "Swifty", 15, 17, 100, 156, 171, 205, 247, 257
Leaming, Barbara, 451-2, 500-1, 503, 562
"Lean Baby" (canção), 208, 725
Lear, Martha Weinman, 1040
Lear, Norman, 586-7, 597
"Learnin' the Blues" (canção), 74, 78, 86
"Leaving on a Jet Plane" (canção), 1003, 1005
Lee, 450
Lee, Peggy, 153, 214, 308, 337, 459, 708, 772, 1063
Lee, Ruta, 482-4
Lees, Gene, 846, 957
Legião invencível (filme), 481
Legrand, Michel, 958
Lei dos Direitos Civis (1957), 310
Lei Seca, 311, 433, 473, 505
Leigh, Carolyn, 189, 623, 774, 843
Leigh, Janet, 44, 315, 320, 335, 406-7, 425, 429, 434, 446, 448, 451, 458, 499, 526, 562, 593, 856
Leighton, George N., 633
Lennon, John, 145, 543, 617, 909, 972, 985, 1004
Leonard, 510-1
Leonard, Jack E., 654, 905
Lerner, Alan Jay, 329, 753, 896, 900
LeRoy, Mervyn, 427, 437
Les Baxter and His Orchestra, 144
Les Brown and His Band of Renown, 33, 208
Lester, Buddy, 369, 415, 481
"Let Us Break Bread Together" (spiritual), 690
"Let's Do It" (canção), 62*n*
"Let's Face the Music and Dance" (canção), 1049
"Let's Fall in Love" (canção), 443
"Let's Get Away from It All" (canção), 209-10
"Let's Put Out the Lights (and Go to Sleep)" (canção), 276
Levathes, Peter, 575
Levene, Sam, 64-5
Levin, Ira, 854
Levinson, Peter J., 108, 150, 164, 198, 445, 459, 461, 510
Levy, Lou, 422, 760
Levy, Shawn, 236, 366, 386, 452, 465, 468, 600
Lewin, Albert, 258
Lewin, David, 565
Lewis, Dan, 861
Lewis, Jerry, 45, 64, 89, 166, 171, 198, 200, 230, 269, 276-7, 283, 324, 363, 486, 587
Lewis, Joe E., 97, 159-60, 170, 192, 200, 203, 280, 283, 406, 447, 478, 507, 577, 654, 748, 750, 763, 767, 829, 837-8, 843, 850
Lewis, Sinclair, 752
Lewisohn, Mark, 211, 694
Leypoldt, Butch, 362, 469
Leyton, John, 736, 746
"Li'l Darlin'" (canção), 541-2
Li'l Ol' Groovemaker... Basie! (álbum), 714
Liberace, 166
liberalismo, 310

Life (revista), 16, 425, 636, 737, 747, 762, 765, 783, 1017, 1021
"Life's a Trippy Thing" (canção), 1005
Liga Antidifamação Ítalo-Americana, 867, 932-3
Liggett & Myers Tobacco Company, 473
"Light My Fire" (canção), 874
"Like a Rolling Stone" (canção), 784
"Like a Sad Song" (canção), 1045
"Like I Do" (canção), 801
"Like Someone in Love" (canção), 22
Lincoln, Abraham, 448
Lincoln, Evelyn, 411, 448, 535
Link, Harry, 496
"Lisbon Antigua" (canção popular portuguesa), 197, 448
Lisi, Virna, 791
lista negra (de comunistas em Hollywood), 335, 379-81
"Little Girl" (canção), 131
"Little Old Lady from Pasadena, The" (canção), 791
"Little Pony" (música instrumental), 541
Livingston, Alan, 22, 108, 119, 122, 130, 182, 198, 207-8, 253, 314, 377, 441, 478, 487, 537, 559, 753
Livingston, Jerry, 161
Livingston, Nancy Olson, 314, 371, 373
Livro Negro (Comissão de Controle do Jogo de Nevada), 318, 494, 569, 579, 636, 664
Lockheed, 70
Lodge, Henry Cabot, 336
Loesser, Frank, 64-7, 635, 666, 863
Loewe, Frederick, 329
Logan, Ella, 36-7
Logan, Joshua, 900
Lolita (filme), 557, 859
Lollobrigida, Gina, 321, 481, 483
"London by Night" (canção), 210
London Evening Standard, 204
Londres: apresentações de Sinatra em, 551; Blitz de, 154; Sinatra e Farrow em, 830
"Lonely Town" (canção), 184, 186
"Lonesome Road" (canção), 163, 214
Look (revista), 89, 148, 166, 187, 561, 609; perfil de Sinatra por Davidson em, 187
"Look of Love, The" (canção), 584
"Look to Your Heart" (canção), 80
Loper, Don, 407, 426, 446-7, 451
Lopez, Trini, 642, 833, 888
Loren, Sophia, 137, 139, 142, 627
Lorenz, Ilona Marita, 333
Los Angeles (Califórnia): B'nai B'rith de, 156; Departamento de Polícia de, 838; mudança de Sinatra de, 942; poluição em, 942
Los Angeles Music Center, 1019, 1023
Los Angeles Times, 43, 99, 175, 406-7, 482, 594, 619, 638, 702, 755, 941, 989, 1039
Losey, Joseph, 910
"Lost in the Stars" (canção), 610
"Love and Marriage" (canção), 80-1
"Love Is a Many-Splendored Thing" (canção), 692
Love Is the Thing (álbum), 184
"Love Isn't Just for the Young" (canção), 638
"Love Locked Out" (canção), 128
"Love Looks So Well on You" (canção), 307, 379
"Love Me Do" (canção), 586, 694
"Love Me Tender" (canção), 390-1
"L-O-V-E" (canção), 814
Lovell, Gloria, 433, 620
Lovin' Spoonful, The (banda de rock), 747, 816
Lowe, Ruth, 57, 307
Lowell (Massachusetts), 532
Lowry, Cynthia, 339, 531, 618, 800
LSD, 739, 784
lua a seu alcance, A (filme), 26
Lubbock, Jeremy, 212
Luboff, Norman, 212
Lucchese, Gaetano "Three Finger Brown", 931
Luce, Henry, 86
Luciano, Lucky, 123, 624, 657, 930, 980
"Luck Be a Lady" (canção), 66, 638, 688
Luft, Sid, 76, 100, 281, 531
Lum's (lanchonete de fast-food de Miami), 993
Lumet, Sidney, 95, 523

Lumumba, Patrice, 504
Lunceford, Jimmie, 23
Lund, John, 117
"Lush Life" (canção), 85, 251-2, 497
luta entre Muhammad Ali e Joe Frazier: fotos de Sinatra da, 1017, *1021*
Lynley, Carol, 749, 936-7
Lyon, Sue, 859
Lyons, Leonard, 414, 862, 869, 887

Macdonald, Ross, 856
Machito (*bandleader* cubano), 110
MacLaine, Shirley, *52n*, 272, 282, 286, 288-9, 320, 329, *335*, *337*, *369*, 383, 406-8, 447, 486, 590, 608, 775, 892, 920, 939; relacionamento de Sinatra com, 270, 275
maconha, 739, 784, 806
MacRae, Gordon, 84, 294
Mad Show, The (revista), 843*n*
Madison (Indiana), 270
Madison (Wisconsin), 933
Madison Square Garden, 527, 529, 562-3, 932, 1017, 1021, 1040, *1041*, 1042
Madison, Guy, 64
Madri, 98, 138-9, 548, 605, 733
Máfia: cassinos controlados pela, 230, 234-6, 292, 362, 401, 433, 945; Conferência Apalachin da, *465*, 535; em Cuba, 467, 657; expulsa de Havana, 292; fusão com o crime organizado judaico, 230; ítalo-americanos injustamente associados à, 657; ligação de Sinatra com a, 55, 123, 230, 412, 432, 467, 506, 534, 657, 697, 793, 798, 930, 996, 1045, *1047*; na trama para o assassinato de Castro, 467, *535*; *ver também* Giancana, Sam "Momo"
Máfia no divã (filme), 465*n*
Magnificent Seven, The ver *Sete homens e um destino* (filme)
Mahesh Yogi, Maharishi, 891, 903, 909, 910
Maheu, Robert, 19, 467-8, 857, 882
Mahoney, Jim, 97, 673-4, 731, 751, 793-5, 797, 833, 872, 905, 907, 930, 973, 982, 996, 1018
Mailer, Norman, 403
Maine, 83-5, 88, 723, 1051
mais bandido dos bandidos, O (filme), 142, 977, 981-3, 985, 1001-2, 1006, 1008, 1010, 1016
Maitland, Mike, 847
Maja desnuda, A (filme), 257-8
"Make Love to Me" (canção), 30
Making of the President 1960, The (White), 403
Malatesta, Peter, 1007, 1012, 1036
Malin, Carmel, 510
Malneck, Matty, 542, 601
Malone, Dorothy, 33, 734
Malraux, André, 977
Maltz, Albert, 379, 380-2, 398
"Mama Will Bark" (canção), 219, 326
Mamas & the Papas, The, 747
Man Alone, A (álbum), 961
Man and His Music, A (álbum), 855
Manchurian Candidate, The (Condon), 139, 503-4, 523
Manchurian Candidate, The (filme) ver *Sob o domínio do mal* (filme)
Mancini, Henry, 197, 692
"Mandalay" (Kipling), 209
Mandel, Johnny, 439, 443, 510, 544, 810
Mangusto, Operação (plano da CIA para assassinar Fidel Castro), 467-8, 535, 578, 632
"Manhã de Carnaval" ("A Day in the Life of a Fool"; canção), 958
Manhattan Tower (álbum), 183
Manilow, Barry, 1044
Mankiewicz, Joseph L., 17, 64-5, 114
Mann, Anthony, 868
Mann, Daniel, 448
Mann, Dave, 60
Mann, Delbert, 523
Mann, Herbie, 780
Manners, Dorothy, 76, 78, 173, 548, 551, 805-6, 811-2, 827, 926, 942, 1015
Mansfield, Jayne, 166
Manson, Charles, 969
March, Frederic, 448
Marcus, Carol, 51

Margaret, princesa da Inglaterra, 551, 987
Margulies, Frank, 914
Marine Corps Recruit Depot, U. S., 575
Marivale (editora musical), 580
Markham, Johnny, 512
Marks, L. B., 725
Markson, David, 977
Marlin (iate), 502
Marriage on the Rocks ver *Vamos casar outra vez* (filme)
Marshall, Marion, 1011
Marshall, Thurgood, 979
Martha's Vineyard, 789, 969
Martin e Lewis (dupla), 89, 96, 238, 277, 325, 414, 757
Martin, Craig, 490
Martin, Dean, 45, 64, 78, 89, 159, 166, 174, 199, 201, 220-3, 269, 273, 275-6, 282-3, 289, 294, 314, 320, 325, 335, 338, 340, 348, 357, 361, 364-70, 383, 386, 413, 415, 430, 449, 481, 484, 488-90, *492-3*, 507, 518, 527, 530-1, 559, 564-5, 587, 601, 629, 635, 688, 691, 716, 747, 749, 756, 763, 775, 790, 816, 820, 828, 833-4, 877, 887-8, 931, 945, 1000, 1014, 1045-6; aniversário de 49 anos de, 820; carreira cinematográfica de, 791; charme natural de, 222; como convidado no *Frank Sinatra Show*, 221; *Dean Martin Show* de, 430, 790; em *Ada*, 448; em *Colgate Comedy Hour*, 89; em *Deus sabe quanto amei*, 270, 277, 287; em *Onze homens e um segredo*, 223, 360, 417; em *Os deuses vencidos*, 201, 270; em *Os quatro heróis do Texas*, 626; em *Os três sargentos*, 483; em *Robin Hood de Chicago*, 638, 665; escalado como ator principal de *Something's Got to Give*, 564; *Ford Startime*, programa de TV de, 340; Giancana e, 274, 321; golfe como paixão de, 368; humor de, 160; Máfia e, 274; morte de, 1063; morte do filho de, 1056; na festa do aniversário de 42 anos de Sinatra, 224; no SHARE Boomtown Show, 315; origens de, 198-9; participação proprietária em Cal-Neva de, 413, 493; reportagem fotográfica na *Life*, 288; Rolling Stones e, 722; Sinatra forma uma dupla com, 340; talento cômico de, 160; talento natural para a interpretação, 201; venda de álbuns de, 276, 642
Martin, Dean Paul (filho de Dean Martin), 747, 1056
Martin, Deana, 827
Martin, Dick, 257
Martin, George, 211-2, 941
Martin, Hugh, 522
Martin, Jeanne, 277
Martin, Skip, 537
Martinez, Al, 920
Marty (filme), 123, 129
Marujos do amor (filme), 66
Marvell, Holt, 496
Marvin, Lee, 37, 39, 42, 407, 627
Marx, Barbara *ver* Sinatra, Barbara Marx
Marx, Bobby Oliver, 964, 1049
Marx, Groucho, 486, 965
Marx, Gummo, 965
Marx, Irmãos, 964-6
Mason, Jackie, 849-50, 866
Mason, James, 171, 923
Mastin Trio, 44, 47
Matar ou morrer (filme), 37, 96
Mavis (álbum), 478
Maxin, Arnold, 436
Maxwell House, 47
Maxwell, Marilyn, 59
May, Billy, 120, 182, 207-11, 241, 303, 440, 444, 470, 477, 481, 487, 510, 538, 542, 544, 555, 595, 635, 859, 895, 958, 1048
May, Elaine, 812
Mayer, Louis B., 15, 152, 275, 313, 978
Mayerling (filme), 892, 905, 923
Mayflower Hotel (Washington), 77
Mays, Willie, 837
Mazzola, Vincent, *955n*, 1073
MCA (Music Corporation of America), 14*n*, 15, 269-70
McAllister, Wayne, 237

McBrien, William, 62*n*
McCarthy, Eugene, 410, 913, 916, 920-1, 989
McCarthy, Joe (compositor), 302
McCarthy, Joseph (senador), 77, 154, 310, 503, 916
McCartney, Paul, 543*n*, 958, 972, 985, 987, 1004, 1038
McClellan, John L., 77, 268, 318-9
McCormack, Ann, 59
McCormick, Myron, 37
McCue, Diane, 937-9
McDonald, David, 409
McDowall, Roddy, 812, 892
McElwaine, Guy, 385
McGovern, George, 1035
McGrory, Mary, 373
McGuire Sisters, 468, 560, 629, 631, 636
McGuire, Don, 95-7, 104
McGuire, Phyllis, 468, 507, 569, 579, 589-90, 597, 601, 628, 637, 662
McGurn, "Metralhadora" Jack, 159
McHale's Navy (série de TV), 977
McHugh, Jimmy, 173, 185
McKuen, Rod, 960-1, 963, 968, 1004
McLaglen, Victor, 480
McMahon, Ed, 876
McMahon, Horace, 890
McMillin, Miles, 932
McNamara, Martin, 933
McQueen, Steve, 298, 320, 358, 381, 481, 708
McRae, Carmen, 780
"Me and My Shadow" (canção), 595
Meadows, Jayne, 386
meditação transcendental, 891, 909
"Meditation" ("Meditação"; canção), 844
Meeker, Ralph, 890
Mehle, Aileen *ver* Knickerbocker, Suzy
Meier, Heinz, 818
Melcher, Martin, 30-1, 33-4
Melody Maker (jornal inglês), 552, 556
"Melody of Love" (canção), 49
Melson, Inez, 577
Meltzer, Lewis, 91
"Memories Are Made of This" (canção), 199, 222
"Memories of You" (canção), 105
Menjou, Adolphe, 335
mercador de almas, O (filme), 890
Mercer, Charles, 217
Mercer, Johnny, 59, 78, 105, 193, 250, 266, 303, 497, 542, 692-3, 719, 818, 875, 961
Mercer, Mabel, 106, 714, 1052
Mercury Records, 260, 714
Merman, Ethel, 447, 454, 560
Merrill, Robert, 1038
Merrily We Roll Along (musical), 1053
Messiaen, Olivier, 259
Metalious, Grace, 733
Metro-Goldwyn-Mayer *ver* MGM
Metromedia, 619
Metronome (revista), 38, 46, 100
Metronome All-Stars, 301
Meu ofício é matar (filme), 25-8, 38-9, 287, 431, 504, 524
Meus dois carinhos (filme), 132-3, 163, 168, 524, 611
México, 194, 371, 379, 482, 540, 680, 866, 901, 905, 1015; Ava Gardner no, 194, 680; concertos beneficentes de Sinatra no, 476, 540
Meyner, Robert M, 310, 428
MGM, 15, 71-2, 76, 78, 98, 113-5, 148, 152, 176-7, 180, 185, 187, 229, 257, 270, 275, 281, 293, 295, 320-1, 329, 358, 365, 410, 428, 436, 480-1, 522, 664, 692, 772, 976-7, 1006
Miami Herald, 750, 908, 913, 915
Miami Mayhem (Albert), 859
Mil séculos antes de Cristo (filme), 904
milagre dos sinos, O (filme), 73, 1002
Milão, 551
Milestone, Lewis, 14*n*, 366, 416, 418
Military, Frank, 94, 182, 184, 196
Miller Jr., Glen B., 979
Miller, Aimee, 744
Miller, Arthur, 40, 457, 472, 563
Miller, Bill, 33, 59-60, 108, 110, 164-5, 185, 193, 208, 223, 266, 301, 304, 326-7, 439, 509, 512,

544, 549, 553, 556, 591, 722, 744, 760, 797, 809, 845, 878, 895, 924, 940, 947, 1061
Miller, Gilbert, 51
Miller, Glenn, 208
Miller, Mitch, 30, 294, 326, 721, 925
Milwaukee Braves, 320
Milwaukee Journal, 408
Miner, John, 572
Mingus, Charles, 779
Minha esposa favorita (filme), 564
Minnelli, Liza, 829, 1045, 1057
Minnelli, Vincente, 141, 270, 524
Miracle, Berniece, 576
Miranda, Carmen, 325
Mirror News, 165
Miss Universo, 964
"Mistletoe and Holly" (canção), 195
Mitchell, Brian Stokes, 612
Mitchell, Cameron, 83
Mitchell, John (procurador-geral), 1034
Mitchell, Joni (cantor), 941, 963, 972, 1038
Mitchell, Martha, 1034
Mitchum, Jim, 240
Mitchum, Robert, 15, 37, 39, 64, 240, 910, 966
Mocambo (boate), 186, 225, 728
Modern Jazz Quartet, 779
Mogambo (filme), 17, 113, 116, 138, 1054
Molloy, Paul, 217
Mona Lisa (Leonardo da Vinci), 618
Mônaco, 139
Monaco, Josie, 609
"Monique" (canção), 251
Monk, Thelonious, 334, 779
Monro, Matt, 725
Monroe News-Star (jornal da Louisiana), 491
Monroe, Marilyn, 15, 20, 26, 34, 39-43, 56, 64, 88, 97, 175-6, 335, 350, 364, 423, 460, 472, 484-6, *490*, 562, 564-5, 570-1, 574-5, 619-20, 726; aumento de peso de, 488; depressão de, 573; DiMaggio divorcia-se de, 572; divórcio de Miller de, 472; doença de, 564; em *Something's Got to Give*, 564; funeral de, 576; morte de, 572, 576, 578, 599, 620; overdose de barbitúricos de, 574; relacionamento de JFK com, 561, 571, 578; relacionamento de Sinatra com, 178, 472, 484, 488, 561, 565, 573, 575, 620
Montand, Yves, 605
Monte Carlo, 255, 260, 490, 555, 558, 564, 714, 1032, 1037, 1051
Montgomery, George, 51, 159
Monument Valley, 483
"Moody River" (canção), 941
"Moon River" (canção), 197, 692-3, 720
"Moonlight in Vermont" (canção), 210, 265, 546, 553, 876, 987
"Moonlight on the Ganges" (canção), 488
Moonlight Sinatra (álbum), 802-3
Moore, Tim, 297
Moraes, Vinicius de, 843
Moran, Edward, 398
"More" (canção), 721
Morelli, Antonio, 509, 837
Moretti, Willie, 56, 146-7, 232, 413, 656, 930, 932, 980, 985
Morgan, Lee, 780
Morin, Relman, 341-2, 577
Morning Herald, 583
Morrison, Charlie, 186
Morrison, Van, 963
morte do caixeiro viajante, A (filme), 37
morte num beijo, A (filme), 627
Morte sem glória (filme), 627
Mortimer, Lee, 97, 515, 656
Morton, Gary, 939
Moscou, 97, 335, 1034
Moses, Chuck, 527, 540, 579, 673
Most Happy Fella, The (musical), 863
Motion Picture (revista), 487
Moulin Rouge de Hollywood, 316, 397
"Mr. Success" (canção), 276
"Mrs. Robinson" (canção), 958
Mufson, Harry, 863
Muir, Florabel, 902
mulher de pedra, A (filme), 903-4, 911, 915, 941-2, 944

mulher faz o homem, A (filme), 284
"Mulheres-Chave por Kennedy" (evento beneficente), 425, 434
Mulholland, associação de moradores de, 622
Mulligan, Robert, 523
"Mundo privado e os pensamentos de Frank Sinatra, O" (entrevista de Sinatra para a *Life*), 763
Muntz, Earl "Madman", 614
Murder Incorporated, 41
Muro de Berlim, 492
Murray Franklin's (boate), 265-6
Murray, Lyn, 36
Murrow, Edward R., 153-4, 215
Museu do Prado (Madri), 144
Music Corporation of America *ver* MCA
músicos, relacionamento de Sinatra com, 196
"My Blue Heaven" (canção), 420
"My Funny Valentine" (canção), 192, 546
"My Heart Stood Still" (canção), 611
My Kind of Broadway (álbum), 804
"My Kind of Town" (canção), 667, 724, 746
"My Sweet Lady" (canção), 1003
My Way (álbum), 961, 963, 1038
"My Way of Life" (canção), 924, 940
"My Way" (canção), 947, 957, 963, 968, 991, 1014, 1040, *1041*, 1051, 1061-2
Myrow, Josef, 105

Na voragem das paixões (filme), 791
Nada de novo no front (filme), 366
Name Above the Title, The (Capra), 284
"Nancy (with the Laughing Face)" (canção), 622-3
Não serás um estranho (filme), 15, 36-9, 49, 71, 80, 86
Napoleônicas, Guerras, 137
Nápoles, 58
Nasaw, David, 148, 267, 311, 313
Nasce uma estrela (filme), 281
Nash, Dick, 623
Nashville (Tennessee), 145, 725
National General Corporation, 1010
nave da revolta, A (filme), 37
Nazaré (Israel), 547
NBC (emissora), 78, 90, 154, 158, 201, 213-4, 220-1, 253, 269, 294, 340, 377, 695, 748, 756, 777, 792, 797, 802, 819, 953, 990, 1037
"Ne me quitte pas" (canção), 961
Neal, J. Robert, 491
Nearness of You, The (álbum) ver *Nice 'n' Easy* (álbum)
"Nearness of You, The" (canção), 396
"Necessity" (canção), 36-7
negros, 44-5, 146, 232, 313, 405, 407, 421, 432, 451, 463, 716, 722, 724, 1017, 1021; identificação de Sinatra com, 716
Nellis, Joseph, 933
Nelson, Ricky, 422
Ness, Eliot, 473
Nettleton, Lois, 1006, 1016, 1032
Nevada: Comissão de Controle do Jogo de, 318, 413-4, 493-4, 638, 641, 646, 651-2, 654-8, 660-2, 664, 746, 930, 1046; Comissão Tributária de, 230
Nevada State Journal, 566
"Never Gonna Fall in Love Again" (canção), 1045
Never So Few (filme) *ver Quando explodem as paixões* (filme)
Never So Few (romance), 293
New Christy Minstrels, The, 925
New Deal, 146
New Facks (boate), 579
New Frontier, The (hotel e cassino), 281
New York Giants, 153
New York Herald Tribune, 101, 216, 425, 523
New York Journal American, 431
New York Mirror, 381, 430
New York Post, 491, 800, 829
New York Times, 73, 90, 99, 148, 151, 176, 213, 216, 229-30, 335, 380-1, 384, 404, 696, 724, 757, 793-4, 800, 868, 923, 941, 979-81, 987, 1007, 1040, 1053, 1057
New York World-Telegram, 214

New York, New York (filme), 1049
"New York, New York" (Bernstein, Comden e Green; canção), 186
"New York, New York" (Kander e Ebb; canção), 186, 1051, 1059, 1061
New Yorker (revista), 133, 594, 780-1
Newhall (Califórnia), 25
Newhart, Bob, 790
Newman, Alfred, 129
Newman, Edwin, 695
Newman, Paul, 20, 79, 799, 856, 920
Newman, Walter, 91
Newport (Rhode Island), 97, 114
Newport Folk Festival, 784
Newport Jazz Festival, 779
Newton, Wayne, 818, 982
Nice 'n' Easy (álbum), 378, 396, 419, 622
"Nice 'n' Easy" (canção), 394, 396
Nichols, Mike, 812-3, 817, 819
Nigro, Edward, 879
Nitti, Frank "The Enforcer", 232
Nitzsche, Jack, 642
Niven, David, 100, 171, 225, 280, 282, 289, 480
Nixon, Pat, 429
Nixon, Richard, 162, 333, 335, 348, 411, 434, 529, 913, 932, 936, 939, 1007, 1034, *1036*
No One Cares (álbum), 302-3, 352, 377
"No One Ever Tells You" (canção), 131
"Noah" (canção), 1037
"Nobody Wins" (canção), 1037
noite do iguana, A (filme), 680
"None but the Lonely Heart" (canção), 302
Norman Luboff Choir, 212
Norman, Pierre, 105
North, Sheree, 26
Norvo, Red, 36, 301, 304-5, 327, 425, 544
Not as a Stranger (filme) ver *Não serás um estranho* (filme)
Not as a Stranger (Thompson), 37
"Not Fade Away" (canção), 722
"Nothing but the Best" (canção), 542
"Nothing in Common" (canção), 241
Nova Jersey: Baile Anual do Governador de, 428; Comissão de Investigação do Estado de, 969, 973, 979, 984
Nova York: Centro de Pesquisas de Artes Cênicas da Biblioteca Pública de, 14*n*; Departamento de Polícia de, 868, 890
Nova York: Winter Garden de, 599
Novack, Ben, 301, 382, 464, 863, 906, 914-5
Novak, Kim, 93-4, 124, 133, 152-3, 156, 178-9, 214, 216, 240, 407, 562
Novello, Angie, 571
noviça rebelde, A (filme), 733
"Now You Has Jazz" (canção), 117
Nude with Violin (Coward), 247
Núpcias de escândalo (filme), 97, 113-5
Nyro, Laura, 944

O'Brian, Jack, 217, 263, 431, 817, 867
O'Brien, Daniel, 93, 504, 524, 592, 627, 791, 832
O'Brien, Ed, 130, 419-20, 464, 470, 509, 591, 971
O'Connor, Donald, 530
O'Connor, William, 278
O'Hara, John, 133
O'Hara, Quinn, 937
O'Neal, Ryan, 806
O'Neil, Paul, 275, 289
O'Sullivan, Maureen, 734, 745, 823, 828, 891
Oakland Tribune, 938, 989
Oberon, Merle, 343, 486, 900, 1019
Odd Couple, The (musical da Broadway), 813
"Ode to the Inauguration" (medley de paródias), 448
Odets, Clifford, 113
Ogerman, Claus, 843-4, 846-7, 874-5, 956
"Oh! Look at Me Now" (canção), 57, 194
"Oh! My Pa-pa" (canção), 30
"Oh! What It Seemed to Be" (canção), 622-3
Ohio, Guarda Nacional de, 988
Okinawa, 546
Oklahoma! (filme), 82-4
Okrent, Daniel, 1057
Okrent, John, 1058

Ol' Blue Eyes Is Back (álbum), 1003, 1038
Ol' Blue Eyes Is Back (especial de TV), 1030, 1038
"Ol' Man River" (canção), 58, 553, 611, 876, 973, 1026
"Old Devil Moon" (canção), 37, 636
Oliver, Bob, 964
Oliver, Melvin "Sy", 23, 107-8, 459, 470, 476-7
Olivier, Laurence, 447, 454
Olsen, Edward, 638, 641, 647, 656
Olsen, Leo, 602
Olson, Nancy, 314, 371, 373, 753
On a Clear Day You Can See Forever (musical da Broadway), 896
"On an Evening in Rome" (canção), 601
On the Beach ver *hora final, A* (filme)
"On the Road to Mandalay" (canção), 209-10, 481
"Once I Loved" ("O amor em paz"; canção), 844
"Once in My Life" (canção), 958
"Once upon a Time" (canção), 584
Onde começa o inferno (filme), 627
"One for My Baby (and One More for the Road)" (canção), 547
"One Note Samba" ("Samba de uma nota só"; canção), 956
"One O'Clock Jump" (música instrumental), 781
Only the Lonely ver *Frank Sinatra Sings for Only the Lonely* (álbum)
"Only the Lonely" (canção), 522
Onze homens e um segredo (filme), 14, 96, 223, 256, 300, 309, 353-5, 359, 361, 363, 366-7, 369, 374, 394, 415-7, 452, 480-1, 626, 642, 696, 724, 727, 756, 791
Oppedisano, Tony, 1059, 1061-2, 1064-5, 1067
Ordinário, marche! (filme), 690
Ordóñez, Antonio, 16
Orfeu negro (filme), 958
Orgulho e paixão (filme), 97-8, 118, 134, 136-7, 139, 141-2, 295, 326, 330, 416, 504, 727, 832
Original Amateur Hour (programa de TV), 477
Orr, Robin, 938
Ortolani, Riziero, 940
Osborne, Richard, 691-2
Oscar, 28, 63, 99, 123, 129, 155, 281, 379, 503, 690, 1020; de 1954, de Sinatra por sua atuação em *A um passo da eternidade*, 13, 15, 618, 1031; de 1963, Sinatra apresentador do, 618; de 1971, prêmio humanitário de Sinatra no, *1018*, 1019
Oscar Peterson Trio, 37
Ostin, Mo, 422-3, 436-7, 460, 462, 478, 560, 614, 641-3, 748, 766, 801, 835, 847-8, 962, 973, 1018
Our Gang (comédias), 31
Our Miss Brooks (programa de TV), 473
Our Town (especial de TV), 78-83, 90
Our Town (Wilder), 78
"Our Town" (canção), 80
"Out of Nowhere" (canção), 114
Oxnard Press-Courier, 361

"P. S. I Love You" (canção), 128, 183
Paar, Jack, 415, 776
Pacific Stars and Stripes (jornal), 545
Pagliai, Bruno, 343
"Paint It Black" (canção), 816
Paint Your Wagon (musical), 900
Pajama Game, The (musical da Broadway), 52
Pakula, Alan, 1012
Palance, Jack, 627
Paley, William S., 154, 752, 785
Palladino, John, 110
Palm Desert, 354, 475, 532, 536, 562, 1017, 1062
Palm Springs (Califórnia): casa de Sinatra em, 102, 349, 354, 532, 624, 811, 943, 952; Centro de Educação Médica Martin Anthony Sinatra (Palm Springs Desert Hospital), 1014; Racquet Club de, 354-5, 560, 965-6
Pan, Hermes, 180, 331
Pandora (filme), 258
Pantages Theater (Hollywood), 63, 129
pantera cor-de-rosa, A (filme), 197, 605
"Paperback Writer" (canção), 816

Paramount Pictures, 13, 149-52, 159, 220, 243, 345, 402, 510, 586, 702, 791, 792, 855, 870-1, 876, 878, 883, 892-3, 959, 997-8, 1000, 1029, 1040
Paramount Theater (Nova York), 118, 171, 783
Paris: concertos de Sinatra em, 552
Park Lake Enterprises, Inc., 493, 655-6
Park, Jacqueline, 645, 741
Parker, "Coronel" Tom, 387, 427
Parker, Charlie, 301
Parker, Sol, 57
Parker, Stanley, 884
Parker, William, 175
Parks, C. Carson, 848
Parks, Van Dyke, 848
Parsons, Louella, 15, 35, 76, 78, 82, 98, 137, 152, 156, 171-2, 245, 247, 257, 282, 322, 397, 460, 529, 538, 548, 597, 612, 735, 745, 805, 811
Partido Comunista americano, 379, 985
Passaporte para o perigo (filme), 813
Patinkin, Mandy, 612
Patriarca, Raymond, 931
Patrick, John, 115
Patton: Rebelde ou herói? (filme), 1019
Paulo VI, papa, 629
Payn, Graham, 102
Payne, Sonny, 591, 780
Payne-Whitney, clínica psiquiátrica (Nova York), 472
Pearl, Ralph, 415
Pearlman, Irving, 653
Pearson, Drew, 412, 915-6, 918
pecado mora ao lado, O (filme), 40, 503
Peck, Gregory, 171, 230, 295, 299, 335, 364, 878, 892, 920, 1018-9, 1022-3, 1043, 1048, 1050
Pegler, Westbrook, 97, 123, 146-7, 656
Pelos bairros do vício (filme), 525
Peña, Ralph, 544
Penn, Arthur, 523, 923
"Pennies from Heaven" (canção), 591, 987, 1014
"Perdido" (canção), 108
Perkins, Anthony, 296, 299
Perlberg, Bill, 173, 568
Perón, Evita, 548
Perón, Isabel, 548
Perón, Juan, 548-9
Perrella, Robert, padre, 955
Perrine, Jimmy Jaye, 579
Perry Como Show, The (programa de TV), 515
Person to Person (programa de TV), 153-5
Peter Gunn (série de TV), 197
Peter, Paul and Mary (trio folk), 643
Peterson, Oscar, 36-7, 421
Peterson, Verita, 102, 244
Peterson, Virgil, 413
Peyton Place ver *caldeira do diabo, A* (telenovela)
Philbin, Regis, 863
Phillips, John, 927-8
Phillips, Michelle, 927
Photoplay (revista), 897-8
Picasso, Pablo, 785, 1017
"Pick Yourself Up" (canção), 543
Picnic (Inge), 96
Pidgeon, Walter, 480
Pied Pipers, 36, 307, 648, 655, 699, 771
Pilat, Oliver, 919
Pink Tights (filme), 15, 26, 726
Pitt, Brad, 416
PJ Clarke's, 823
Playboy (revista), 172, 465, 604, 615, 617, 769, 799, 822, 864
Playhouse 90 (programa de TV), 523
Plaza, hotel (Havana), 292
Please Please Me (álbum), 614, 694
"Please Please Me" (canção), 694
"Pocketful of Miracles" (canção), 622
Podell, Jules, 75, 238, 365
poderoso chefão, O (filme), 997, 1012, 1072
poderoso chefão II, O (filme), 292, 981
Point of No Return (álbum), 494-5, 497
Poitier, Sidney, 323, 447
Polanski, Roman, 855, 870, 889-90, 892-3
Política e coragem (Kennedy), 310, 374
Polk, Louis, 976
"Polka Dots and Moonbeams" (canção), 70, 477
Polo Grounds, 155

Polo Lounge, 820-1, 961
Polônia, 64
Ponedel, Bernard "Beans", 141, 270
"Poor People of Paris, The" (canção), 144
Porcino, Al, 512, 896
"Port au Prince" (música instrumental), 197
Porter, Cole, 25, 34, 62, 109, 111, 113-4, 117, 156, 162, 224, 329, 330, 421, 542, 549, 552, 635, 772, 844
Powell, Benny, 591
Powell, Dick, 834
Power, Tyrone, 194
Powers, Dave, 315, 348, 409, 434
Prado, Pérez, 110
Precisa-se de maridos (filme), 105
Preminger, Otto, 92-3, 95, 99, 129, 141, 143, 380, 498, 523, 728, 1001
Presley, Elvis, 145, 165, 173, *391*, 396-7, 526, 694; como convidado no especial da Timex de Sinatra na ABC, 387; sobre Sinatra não gostar de rock 'n' roll, 218
Pressman, Joel, 743, 785
"Pretty Colors" (canção), 941
Previn, André, 120, 556, 975
Price, Vincent, 407
Pride of the Family, The (série de TV), 20-1
Prima, Louis, 241, 267, 448
Primeira Guerra Mundial, 405, 955, 1073
Principal, Victoria, 1032
Profaci, Joe, 312
Proust, Marcel, 1017
Provine, Dorothy, 430, 462, 474, 512, 514
Prowse, Juliet, 331, *332*, 337, 375, 392, 397, 402, 430, 448, 451, 458-9, 514-5, 518-9, 526, 529-30, 561, 568, 596, 778, 849
Pryor, Thomas M., 230
Psicose (filme), 526
Publishers Weekly, 465
Pucci, Ed, 699, 865
Puccini (restaurante), 316, 343, 345, 347, 349, 359, 516
Puccini, Giacomo, 109, 184, 189, 316, 511, 730
Pulitzer, Prêmio, 146, 310, 341, 509
"Put the Blame on Mame" (canção), 180
Putnam (editora), 959, 998
Putnam, Bill, 441
Puzo, Mario, 959, 998-9

Quando explodem as paixões (filme), 298, 300, 320-1, 353, 357-8, 481, 483
Quatro filhas (filme), 15
quatro heróis do Texas, Os (filme), 537, 626-7, 638, 642, 696, 724, 791
que terá acontecido a Baby Jane?, O (filme), 627
Quem tem medo de Virginia Woolf? (filme), 813
"Quiet Nights of Quiet Stars" ("Corcovado"; canção), 844, 876, 889
Quinlan, John, 770
Quinn, Anthony, 447, 749

racismo, 45, 408, 421
Racquet Club (Palm Springs), 354-5, 560, 965-6
Radio City Music Hall, 152, 357, 1049, 1059
Radio Luxembourg, 145
Radziwill, Lee, 934
Raffell, Don, 162
Raft, George, 87, 369, 824
Raggio, William, 673
Rainier III, Príncipe de Mônaco, 75, 116, 139, 260
rally muito louco, Um (filme), 791
Ramone, Phil, 959
Rand, Jess, 47
Randazzo, Teddy, 925, 969
Random House, 752, 960, 968
Rangel, Charles, 1034
Raposo, Joe, 1003, 1037
Rappleye, Charles, 469
Raskin, Hyman, 411
Raskin, Milt, 896
Rastros de ódio (filme), 481
Rat Pack (O Clã), 21*n*, 100-1, 105, *158*, 171, 223, 236-7, 264, 281, 283, 288-90, 311, 351, 358-9, 361, 365-6, 369, 371, 385-6, 392, 416-8, 424, 427, 431, 452, 459, 480-1, 483, 487, 517, 569, 582, 617, 626, 657, 696, 727, 745, 777, 946, 1064

Rat Pack Confidential (Levy), 366
Ratos e homens (Steinbeck), 38
Ravel, Maurice, 23-4, 107, 109, 161, 184, 251, 510-1, 606, 843, 938
Ray, Nicholas, 604
Rayburn, Sam, 148, 411, 888
Razaf, Andy, 105
RCA, 120, 145, 154, 241
"Ready, Willing, and Able" (canção), 34
Reagan, Nancy, 1013, 1026, 1043, 1050-1
Reagan, Ronald, 171, 174, 335, 831, 838, 863, 888, 899, 913, 916, 988, 991, 1013-5, 1024, 1050
"Real Frank Sinatra Story, The" (série em jornal; Kilgallen), 123
Reardon, Frank, 79
Red Norvo Quintet, 301, 304-5, 327, 425
"Red Roses for a Blue Lady" (canção), 219
Redenção de um covarde (filme), 57, 95-7, 100, 105, 149, 151, 159, 180, 416, 431, 481
Reed, Rex, 834
Regan, Edwin, 177
Reginelli, Marco, 324
Registros do Congresso, 540
rei do circo, O (filme), 96
Rei dos reis (filme), 976
rei e eu, O (filme), 329, 610
Reiner, Carl, 920
Reinhardt, Django, 560
Relíquia macabra (filme), 856
"Remember" (canção), 522
Remick Inc. (editora musical), 69
Remick, Lee, 564, 693, 890, 892
Reprise Records, 466, 479, 559, 614, 641, 644-5, 748, 934, 1010
Reprise Repertory Theatre (álbuns), 634, 642
republicanos, 145, 435, 528, 727, 899, 932, 989, 1001, 1015
Reston, James, 404
Reynolds, Debbie, 64, 71, 73, 78, 223, 289, 315, 560
Reynolds, Dick, 49
Ribicoff, Abraham, 320
Ricca, Paul "The Waiter", 232, 269, 432
Rich, Buddy, 305, 780, 876, 888
Richards, Emil, 497, 544, 549, 744
Richards, Keith, 145
Ricketts, Al, 546
Rickles, Don, 265, 368, 688, 849, 982, 1023-4
Rickles, Etta, 265
Ridder, Walter T., 450
Riddle, Doreen, 23, 109
Riddle, Nelson, 15, 18, 22-5, 49, 60-1, 94, 104-5, 107, 120-1, 127-8, 131, 149, 152, 159, 162-3, 179, 184-6, 189, 191, 197, 207-9, 216, 220, 241-2, 253, 256, 260, 276, 320, 329, 338, 343, 376, 390, 419-20, 440, 444, 447, 451, 476-7, 510, 557, 585, 591, 606, 642, 666, 691, 760, 797, 819, 835, 842, 845, 874, 889, 896, 926, 939-40, 1005, 1026, 1036, 1048
rifles de Batasi, Os (filme), 736
Ring-a-Ding Ding! (álbum), 471, 478
"Ring-a-Ding Ding!" (canção), 440, 442
Rio de Janeiro, 842, 945, 1051, 1055
Rishikesh (Índia): ashram de Maharishi Mahesh Yogi em, 909, *910*
Ritmo louco (filme), 693
Ritter, Thelma, 286
Rive Gauche, 917
Rivers, Mavis, 478, 560
Riviera (cassino de Las Vegas), 851
Riviera, hotel (Havana), 292
Rizzo, Ermenegildo "Jilly", 369, 512-3, 630, 673, 697, 710-1, 785, 793, 820, 851, 863, 884, 886, 937, 939, 995, 997, 1011, 1049, 1059, 1073
Rizzo, Joey, 1059
Rizzo, Sorrel "Honey" King, 513
RKO Pictures, 77
RKO Studios, 311
Roach, Hal, 31
Roach, Maria, 828
Roach, Max, 779
Roaring 20's, The (série de TV), 430
Robb, Inez, 412
Robbins, Ralph, 905

Roberts, George, 25, 108, 110, 198, 693
Roberts, Ken, 921
Roberts, Ralph, 562, 571, 576
Robeson, Paul, 553
Robin Hood de Chicago (filme), 31*n*, 537, 638, 642, 665-8, 696, 723-4
Robin, Tina, 592
Robinson, Edward G., 286, 335, 407, 486, 666, 828
Robinson, Sugar Ray, 168, 204, 253, 300
Robinson-Patman, emenda, 561
Robson, Mark, 728
Rochlen, Kendis, 165
rock 'n' roll, 23, 105, 145, 173, 218-9, 359, 397, 420, 543, 556, 560-1, 612, 641-2, 670, 695, 699, 702, 748, 800, 1060; antipatia de Sinatra por, 218
"Rock Around the Clock" (canção), 78
Rockefeller, Nelson, 220, 913
Rocky Fortune (programa de rádio), 20
roda da fortuna, A (filme), 271
Rodgers, Richard, 60, 82, 85, 133, 163, 179, 192, 251, 276, 329, 421, 554, 610, 758, 875
Roemer Jr., William F., 432
Rogers, Henry, 540
Rogers, Shorty, 91, 560
"Roll over Beethoven" (canção), 695
Rolling Stone (revista), 1040
Rolling Stones, 722-3, 816
Roma, 17, 58, 258-9, 278, 550-1, 564, 727, 730
Roma (iate), 969, 973
Romanoff, Gloria, 509, 512, 529, 544
Romanoff, Michael, 76, 78, 100, 171, 223, 508, 514, 528-9, 544, 558, 568, 592, 728, 762, 859, 953, 1033
Romanoff's (Beverly Hills), 76, 101, 157, 177, 291, 469, 519, 529, 736
Romanoff's (Palm Springs), 244, 355
Romero, Cesar, 134
Ronell, Ann, 251
Ronstadt, Linda, 747, 864
Rooney, Mickey, 18, 340, 834
Roosevelt, Eleanor, 147-8, 310, 375, *376*, 377, 406, 447
Roosevelt, Franklin D., 77, 540, 831, 885
Roosevelt, James, 540
Root, Gladys Towles, 701
Rose, Billy, 109, 414
Rose, Frank, 238
Rose, Jack, 450
Rosen, A., 985
Rosenberg, Aaron, 890, 903
Rosencrantz and Guildenstern Are Dead (Stoppard), 977
Ross, Don, 527
Ross, Dorothy, 323
Ross, Jane, 219
Ross, Steve, 644
Rosselli, Johnny, 240, 467-9, 534, 567, 578, 858
Rossellini, Roberto, 165
Rota 66 (série de TV), 445
Roth, Eleanor, 880-1
Roth, Philip, 959
Rowan e Martin (dupla), 833
Rowan, Dan, 468
Rowlands, Gena, 859-60
Royal Festival Hall (Londres), 551, 556-7, 987-8
rua chamada pecado, Uma (filme), 63
Ruark, Robert, 123
Rubenstein, Irwin "Ruby", 1016
Rubirosa, Odile, 501, 503
Rubirosa, Porfirio, 56, 501-3, 508-9, 549-50
Ruby's Dunes (restaurante), 1016
Rudin, Milton "Mickey", 175, 253, 316, 378, 422-4, 435-7, 540, 561, 564, 572, 575, 577, 622, 624, 642-3, 645-6, 650, 660-1, 664, 667, 673, 686, 703, 705, 766, 793-5, 832, 859, 893, 902, 915, 927, 929, 933, 959, 963, 969, 973, 998, 1010, 1037, 1043, 1045, 1048
Ruditsky, Barney, 40-3, 176-7
Rugolo, Pete, 252
Runswick, Daryl, 988
Runyon, Damon, 64, 665
Ruser, Billy, 450, 822

Rush, Barbara, 666
Russell, Bertrand, 509, 617
Russell, Jane, 64
Russell, Leon, 725
Russell, Rosalind, 743, 786, 789, 953, 1025
Rússia, 466, 506
Rustic Cabin (restaurante), 62, 69, 163, 553
Rutland, Marshall, 632
Ruttenberg, Joseph, 114
Ryan, Paul, 1003

"Sabiá" (canção), 956
Sacks, Emanuel "Manie", 241-2, 245, 262, 377
Safire, William, 1008
Saga (editora musical), 580
Sahara (cassino), 359, 688
Sahl, Mort, 353, 406, 422
Saint, Eva Marie, 63
Sale, Richard, 25
Salerno, Ralph, 868
Salinger, Conrad, 114
Salinger, Pierre, 319, 463, 596, 674
"Samba de uma nota só" (canção), 956
"Same Old Saturday Night" (canção), 78
San Bernardino (Califórnia), 44
"San Fernando Valley" (canção), 183
San Fernando, vale de (Los Angeles), 131, 153, 676
San Mateo Times, 833
Sanchez, Baby, 583
Sandburg, Carl, 463
Sands (editora musical), 580
Sands Hotel & Casino, 18, 20, 35, 76, 118, 129, 152-3, 156-7, *158*, 199-200, 230-1, 233, 255-6, 281-3, 294-5, 348, 353, 359, *360*, 361, 363, 365, 369-72, 374, 401, 418, 439, 459, 460, 462, 483-4, 534, 567, 625, 647, 650, 661, 663, 744, 746, 776, 789, 809-10, 814, 824-6, *827*, 837, 871, 878, 882, 887, 889, 944, 964, 993-4, 1062
Sands, Tommy, 320, 388, 426-7, 460, 509, 586, 596, 609, 677, 706, *709*, 710, 755, 759, 800
Sangue de irmãos (filme), 997
Sanicola, Henry W. "Hank", 43, 57, 69, 104, 150, 169, 174, 181, 253, 262, 304-5, 316, 343, 369, 379, 383, 394-5, 413, 493-4, 566-7, 569, 579-80, 585, 596, 664, 697
Santana (veleiro), 157
Santangelo, Alfred, 474
Santopietro, Tom, 28, 38, 66, 84, 92, 142, 179, 271, 285, 330, 366, 524-5, 593, 856
Sarmento, William E., 532
Saroyan, William, 51-2
Sassoon, Vidal, 878
Saturday Evening Post, The, 89
"Saturday Night (Is the Loneliest Night of the Week)" (canção), 222
Saturday Review, The, 99
Saudades de um pracinha (filme), 396, 402
Saunders, Frank, 501, 515-6
Sawyer, Grant, 371, 653-4, 660
Saxony Hotel (Miami), 850
Sayers Jr., Scott P., 464
Schaefer, Hal, 41, 43
Schary, Dore, 148
Schenck, Joseph, 173
Scheuer, Philip K., 482-3
Schirra, Wally, 880
Schlatter, George, 992, 1063
Schlesinger, Arthur M., 452-3, 533, 538, 563, 571
Schulman, Arnold, 284
Schumach, Murray, 335, 381, 384
Schwartz, Danny, 938, 1010
Schwartz, David, 666
Schwartz, Jonathan, 60, 110, 184-5, 216, 250, 420, 743, 760, 1062
Schweitzer, Albert, 353, 617
Scorsese, Martin, 235, 328, 1049
Scott, George C., 731, 733, 1038
Scott, Joe, 972
Scott, John L., 594
Scott, Vernon, 316, 331, 446, 928, 989, 997
Se meu apartamento falasse (filme), 286
Sebring, Jay, 969

"Second Time Around, The" (canção), 444-5, 622-3
"Secret Love" (canção), 33, 692
See It Now (noticiário de TV), 154
segredo das joias, O (filme), 481
Segunda Guerra Mundial, 70, 77, 114, 146, 183, 201, 223, 236, 270, 284, 286, 293, 358, 380, 547, 569, 627, 703, 755, 916, 965, 1007
Selleck, Tom, 1055
Sellers, Peter, 736, 924, 926
selvagem, O (filme), 37, 63
Sem lei e sem alma (filme), 481
Senado dos Estados Unidos, 76-7, 147, 174-5, 267-8, 313, 318-9, 321, 410-1, 578, 584, 916, 981, 1015; Comitê do Senado sobre a Máfia (Comissão McClellan), 268, 318, 394, 413
"Send in the Clowns" (canção), 1039
Seniceros, Lorenzo Holguin, 928
"Sentimental Journey" (canção), 33
September of My Years, The (álbum), 804
"September of My Years, The" (canção), 758
"September Song" (canção), 454, 758
Serling, Rod, 154
Server, Lee, 17, 37, 40, 42, 138-9, 143, 225, 258, 299, 304, 306, 333, 461-2, 628, 680, 732, 825, 905, 1054
serviço secreto em ação, O (filme), 822, 830-2, 839, 855
Sete homens e um destino (filme), 481, 708
Seu último refúgio (filme), 481
Sevano, Nick, 69, 343, 345, 347, 383
Seven Year Itch, The (espetáculo da Broadway), 503
Severed Head, The (filme), 869
Sgt. Pepper's Lonely Hearts Club Band (álbum), 872
"Shadow of Your Smile, The" (canção), 810, 837
"Shake Down the Stars" (canção), 70
Shank, Bud, 59
Shanley, J. P., 90
SHARE Boomtown Show, 315, 775
Sharif, Omar, 892, 923
Sharp, Sid, 725
Shavelson, Melville, 450
Shaw, Arnold, 121, 141, 203, 243, 462, 561, 782-3, 800
"Sh-Boom" (canção), 30
"She Loves You" (canção), 694-5, 699
She Shot Me Down (álbum), 1052
"She's Funny That Way" (canção), 59
"She's Leaving Home" (canção), 972
Shea Stadium, concerto dos Beatles no, 783
Shearer, Lloyd, 734
Shearing, George, 338
Shepard, Alan, 1015, 1017
Sheridan, Tony, 814
Sherman, Allan, 643
Sherman, Norman, 888
Sherry's (clube noturno), 41
Sherry-Netherland Hotel, 55, 74
Shirelles, 561
Shor, Toots, 40, 153, 262, 528-9, 654, 752, 777, 785, 829
Shore, Dinah, 158, 168, 217, 560, 602, 626, 813, 965, 982, 990, 1007
Shore, Merle, 614
Shore, Mike, 478, 604, 614-6, 696, 769
Shorty Rogers and His Giants, 91
Show Boat (musical), 553
Show Business Illustrated (revista), 465, 615, 757
Shriver, Eunice Kennedy, 406, 460, 787
Shure, Paul, 127-8
Shuster, Alvin, 987
Shute, Nevil, 295
Sickel, Norman, 120
"Side by Side" (canção), 219
Sidney, George, 178, 524
Siegel, Benjamin "Bugsy", 236-7
Siegel, Sol C., 114, 272
Sigman, Carl, 958
Silva, Henry, 369, 481, 592
Silvani, Al, 369, 699, 803
"Silver Bell Waltz, The" (Hopkins), 448
Silver Slipper (cassino), 944

Silvers, Dolores Vicki, 74
Silvers, Phil, 189, 622, 1014
Simmons, Ed, 283, 587
Simmons, Jean, 65
Simms, Ginny, 15*n*
Simon & Garfunkel, 816, 959
Simon, Neil, 462, 586-7
Simon, Paul, 958-9
Sinatra & Company (álbum), 957, 1002-3
Sinatra & Strings (álbum), 510-1
Sinatra '65 (álbum), 804
Sinatra and Swingin' Brass (álbum), 542
Sinatra Enterprises, 645, 757, 766, 832
Sinatra Family Wishes You a Merry Christmas, The (álbum), 926
Sinatra Files, The (Kuntz & Kuntz), 535
Sinatra in Hollywood (Santopietro), 28
Sinatra Sings Great Songs from Great Britain (álbum), 557-8
Sinatra Swings (*Swing Along with Me*; álbum), 487, 559
Sinatra, Anthony Martin "Marty" (pai de Frank Sinatra), 115, 608, 612, 629, 766, 829, 839, 1072; festa de aniversário de casamento de, 609; morte de, 953-4
Sinatra, Barbara Marx, 830, 1016, 1031-2, 1042, *1044*, 1046, 1050, 1058, 1065-8; acordo pré-nupcial com Sinatra assinado por, 1043; casa em Beverly Hills de Sinatra e, 1062; casamento de Oliver com, 964; casamento de Sinatra com, 1031, 1042, 1049, 1060-2; casamento de Zeppo Marx com, 963-4, 966-7, 1032; caso de Sinatra com, 1016, 1031; divórcio de, 1035; Graydon e, 964; memórias de (*Lady Blue Eyes*), 967, 1042, 1046; primeiros encontros de Sinatra com, 967; Rizzo e, 1050; Tina sobre, 1032, 1047-8
Sinatra, Christina "Tina", 134, 232, 356, 384, 406, 432, 532, 536, 539, 596, 608, 669, 674, 681, 689, 760, 776, 827, 829, 837, 848, 926, 932, 1011, 1032-3, 1035, 1042, 1046, 1050, 1055, 1059, 1065; e o casamento de Sinatra com Farrow, 827, 848, 872; gravações solo de, 926; Parsons e, 173; relação de Sinatra com os filhos, 133; sobre a demissão de Maltz por Sinatra, 384; sobre a morte de Gardner, 1058; sobre a morte de Sinatra, 1065-7; sobre a relação de Sinatra com JFK, 532, 539; sobre as conexões de Sinatra com a Máfia, 232, 432, 932, 1046; sobre Barbara Marx Sinatra, 1032, 1047-8; sobre Frank Jr., 612; sobre Mia Farrow, 829; sobre o ativismo político de Sinatra, 406; sobre o distanciamento emocional de Sinatra, 46, 1031; sobre o sequestro de Frank Jr., 674, 677, 681, 683, 686, 705; sobre os avós, 608; Wagner e, 1011
Sinatra, Francis Albert "Frank", *23*, *27*, *54*, *119*, *206*, *325*, *360*, *376*, *391*, *426*, *456*, *490*, *492-3*, *687*, *709*, *718*, *788*, *795*, *827*, *840*, *846*, *860-1*, *919*, *931*, *1018*, *1021*, *1028*, *1036*, *1041*, *1044*, *1047*; agressividade de, 853; aniversário de 40 anos de, 97; aniversário de 42 anos de, 223; aniversário de 50 anos de, *765*; aparência de, 26; aposentadoria anunciada por, 1018; apresentador da cerimônia do Oscar (1963), 618; arrogância de, 15, 30, 151, 217, 431, 724, 764, 770, 1034; ataque de diverticulite aguda, 1054; ataque do coração de, 1064; aumento de peso de, 726, *729*; ausência de artificialidade em, 788; autodestrutividade, 769; aversão a viagens de, 545; bebida e, 100, 174, 244, 256, 271, 294, 306, 368, 414, 459, 471, 486, 668, 749, 773, 803, 845, 860, 983, 1031, 1062; calvície de, 16, 409, 461, 726, 849, 865, 929, 934; cancela turnê ao Extremo Oriente de, 174; casa em Coldwater Canyon, 131; cirurgia na mão direita de, 592, 990, 1001; como pai, 612; conversa de palco de, 193; desconforto ao demonstrar gratidão, 712; desejo de ter influência política, 313; desprezo por si mesmo, 475; dificuldade para se desculpar, 246, 287, 307, 543, 713, 730; distanciamento emocional

de, 46, 787, 1031; ensaios odiados por, 141, 212, 217, 524, 665, 790; estilo musical de, 322-3; filantropia não divulgada de, 540; finanças de, 581; força comercial de, 119; fumo e, 186, 256, 943, 983, 1031, 1052; gastos pródigos de, 220, 436, 1037; generosidade de, 24, 124, 764; humilhação como ponto fraco de, 299, 476, 882, 1033; imagem de gângster de, 86-7, 162; impaciência de, 31-2, 49, *93*, 141, 766, 836, 954; imprevisibilidade de, 189; inseguranças de, 32, 86, 100, 189, 191, 199, 396, 405, 1041; jogos de azar e, 880, 884, 994; lapsos de memória de, 1055, 1062; lealdade exigida por, 291; liberalismo de, 45, 310; Máfia e, 628; matrizes de gravação da Reprise, 644; medo de funerais, 164; medo de hospitais de, 45; moradia em Beverly Hills de, 619; negócios de, 465, 493-4, 1034; *ver também* Cal-Neva Lodge; Sands Hotel & Casino; perfeccionismo de, 216, 379, 542; pneumonia de, 1064; prêmio humanitário Jean Hersholt de 1971 outorgado a, *1018*, 1019; problemas de visão de, 1056, 1063; problemas financeiros de, 220; problemas vocais de, 141, 152, 166, 184, 191-2, 256, 294, 470, 552, 1052; promiscuidade de, 21, 46, 125-6, 307, 315, 320, 417, 440, 472, 765; quase afogamento de, 707, 726; retorno de 1954 de, 15, 169-70, 199; retorno de 1973 de, 1031, 1037; riqueza de, 58, 104, 136, 263, 621, 765; senso de humor de, 14, 130, 160; seu medo de altura, 328; sobre a técnica do canto, 770; sobre mulheres e casamento, 767-8; sobre sua mãe, 608; solidão de, 103, 621; talento como ator, 32, 66, 85, 330, 587; temperamento violento de, 48, 452, 860; tentativas de suicídio de, 17, 326, 476, 934; turnê de caridade em benefício de crianças, 540, 545-8, 550-3; turnês de, 58, 191, 203, 568, 875, 1016, 1050, 1057, 1059-61; vingatividade de, 187, 249, 705; voz de, 25, 106, 185-6

Sinatra, Francis Wayne "Frank Jr.", 109, 133, 173, 427, 460, 511, 610-3, 649, 669, *687*, 745, 766, 789, 805, 975, 1011, 1015; colégio interno frequentado por, 613; estreia em Las Vegas de, 648; no *Ed Sullivan Show*, 699; Parsons e, 173; relação de Sinatra com, 612, 705; — SEQUESTRO de, 671, 689, 791, 921; Amsler no, 672, 675, 679, 682, 687, 700, 704; FBI e o, 673, 677-82, 684, 700; Foss e o, 672, 677, 700; imprensa e o, 681, *687*, 751; Irwin no, 676-8, 681, 684, 687, 700, 704; julgamento do, 700-4; Keenan no, 670-2, 675, 679, 682-7, 700, 704; Sinatra e o, 672-83, 688; supostamente planejado por ele mesmo, 701-4, 1039; suspeita de farsa no, 700, 1039; valor publicitário do, 700, 702; show no Hotel Americana de, 654, 658 — Tina sobre, 612; turnê europeia de, 701-3

Sinatra, Nancy Barbato (primeira esposa de Frank Sinatra), 133-4, 173, 427, 462, 596, 669, 673, 689, 799, 804-5, 827, 975, 1015-6, 1042; casamento de Sinatra com, 20, 427, 529, 677; divórcio de Sinatra de, 232, 659; e o casamento de Sinatra com Farrow, 827; e o sequestro de Frank Jr., 673, 677, 685; ligação de Sinatra com (1976), 1042; Parsons e, 173; relacionamento Sinatra-Gardner e, 36, 134

Sinatra, Nancy Sandra (filha de Frank Sinatra), 59, 438, 449, 677, 746, 799, 804-5, 883, 911, 918, 932, 975, 991, 1008, 1010, 1015, 1022, 1042, 1050; carreira de cantora de, 219, 381, 388, 800, 814, 819, 835, 888, 975, 1001, 1005; casamento de Lambert com, 1010; casamento de Sands com, 388, 426, 586, 596, 609, 677, 710, 766; duetos de Sinatra com, 847, 928, 1005; e a morte do avô, 953-4; em *Vamos casar outra vez*, 756; fim do casamento de Sands com, 759, 800; nos especiais de TV de Sinatra, 819, 835; relação de Sinatra com, 101, 612, 766, 799, 802, 814, 1016; sobre a aposentadoria de Sinatra, 1018; sobre a promiscuidade de Sinatra, 59; sobre

a relação de JFK com Sinatra, 76; sobre as conexões de Sinatra com a Máfia, 868, 930; sobre o banimento de Davis da posse de JFK, 448; sobre o casamento de Farrow com Sinatra, 825, 829, 929; sobre o quase afogamento de Sinatra, 710
Sinatra, Natalina Dolly (mãe de Frank Sinatra), 86, 265, 313, 405, 608, 629, 730, 766, 778, 829, 839, 851, 975, 1015-6, 1032, 1072; festa de aniversário de casamento de, 609; Gardner adorada por, 609; morte de, 1046-8; relacionamento de Sinatra com, 199, 201
Sinatra, Richard, 706
Sinatra: An American Original (documentário de TV), 792
Sinatra: The Life (Summers e Swan), 954*n*
Sinatra's Sinatra (álbum), 622, 624-5
Sinatra's Swingin' Session!!! (álbum), 419
Sinatra-Basie: An Historic Musical First (álbum), 591
Sindicato de ladrões (filme), 63
Sindicato dos Caminhoneiros, 269, 394, 401, 776, 916-7, 937, 939
Sindicato dos Roteiristas dos Estados Unidos, 380
Sing and Dance with Frank Sinatra (álbum), 419
Sir Douglas Quintet, 747
Siravo, George, 22
Sirhan, Sirhan, 921
Skelton, Georgia, 826
Skelton, Red, 238, 242, 626, 826
Skolsky, Sidney, 487, 530
Skouras, Spyros, 336
Slate Brothers, The (boate), 265-6
Slatkin, Eleanor, 120-2, 127, 196, 207, 610
Slatkin, Felix, 120-1, 161, 251, 445, 451, 542, 610
Slatkin, Fred, 120, 196
Slatkin, Leonard, 106, 120-2, 127, 196
Sleep Warm (álbum), 276-7
"Sleep Warm" (canção), 276, 379
"Slow Boat to China" (canção), 221
"Slow Dance" (Wilder), 119
Smathers, George, 538, 561
Smith, Arnold Jay, 782
Smith, Jean Kennedy, 451, 752
Smith, Joe, 816
Smith, Keely, 241, 253, 267, 635, 847
Smith, Merriman, 408
Smith, O. C., 835
Smith, Paul, 60, 338
Smith, Sandy, 638
Smith, Stephen, 451, 464
Snidero, Jim, 1061
Snyder, Allan "Whitey", 576
Só ficou a saudade (filme), 220, 239, 241, 243, 251, 255
"So Long, My Love" (canção), 181
Sob o domínio do mal (filme), 27, 519, 522, 524-7, 529, 563, 592, 594-5, 619, 626, 697, 849, 862, 939, 942, 956
Sobol, Louis, 170, 659
"Softly, as I Leave You" (canção), 725-6, 814
Sohmer, Arthur, 1008
Soldiers Three ver *Três grandes amigos* (filme)
Soldiers Three (Kipling), 209
"Soliloquy" (canção), 82, 84-5, 611-2, 973
"Some Enchanted Evening" (canção), 875
Some Nice Things I've Missed (álbum), 1039
"Someone to Watch over Me" (canção), 34, 36
"Somethin' Stupid" (canção), 847-8, 862, 875, 928, 1005
"Something Wonderful Happens in Summer" (canção), 131
Something's Got to Give (filme), 564-5, 570, 575
"Something's Gotta Give" (canção), 303
"Something" (canção), 1004-5
Sommers, Joanie, 643
Sondheim, Stephen, 843*n*, 897, 1039, 1053
"Song Is Ended, The" (canção), 521
"Song Is You, The" (canção), 304
"Song of the Sabia, The" ("Sabiá"; canção), 956
Songs for Swingin' Lovers! (álbum), 78, 104-5, 107, 172, 185, 303, 591
Songs for Young Lovers (álbum), 22, 60

Sorce, Joseph James, 674, 677
Sorensen, Ted, 457
Soupy Sales Show, The (programa de TV), 799
Sousa, John Philip, 454
South Pacific (musical da Broadway), 634
Southern Breeze (iate), 786-7, 789
Spartacus (filme), 380*n*
Spatola, Salvatore, 1046
Speaks, Oley, 209
Spellman, cardeal de Nova York, 383
Spence, Lew, 181, 276, 307, 379, 394
Spiegel, Sam, 63-4
Spivak, Charlie, 23
"Splanky" (música instrumental), 541
Sporting Club (Monte Carlo), 260-1
Spoto, Donald, 485-6, 572, 574-5
"Spring Is Here" (canção), 251
Springsteen, Bruce, 1063
Spy (revista), 115
"St. Francis of Hoboken" (Okrent), 1057
St. James Theater (Nova York), 52
St. John, Jill, 589, 630, 688, 706, 749, 859, 863, 865, 892, 942
St. Louis Woman (filme), 16
Stacher, Joseph "Doc", 230
Stack, Robert, 473
Stafford, Jo, 30, 560, 635, 771-2
Stafford, Tom, 880
Stanwyck, Barbara, 134, 1011
Star Machine, The (Basinger), 117
Star! (filme), 940
"Stardust" (canção), 511
"Stargazer" (canção), 1045
"Stars and Stripes Forever, The" (Sousa), 447, 454
"Star-Spangled Banner, The" (Hino Nacional dos Estados Unidos), 146, 454
Statler Hilton, 451, 457-8
Steel, William, 914
Steinbeck, John, 457, 960
Step Brothers, 833, 888
Stephens, Phil, 60
Stern, Bert, 570
Steubenville (Ohio), 200
Stevens, George, 480, 936-7
Stevenson, Adlai E., 148-9, 310, 403, 405, 408, 410, 429, 447, 563
Stewart, Donald Ogden, 114
Stewart, James, 113-4, 1014
Stewart, Sheila, 41
Stokowski, Leopold, 50-1, *54*, 68
Stoller, Alvin, 60
Stoloff, Morris, 635, 956
"Stomp It Off" (canção), 23
Stone Poneys, The, 747
Stop the Music (programa de TV), 74
Stoppard, Tom, 977
Stordahl, Axel, 22, 120, 184, 195, 208, 220, 378, 477, 494, 611, 819
"Stormy Weather" (canção), 302
Strachey, Jack, 496
Strange, Bill, 848
Strangers in the Night (álbum), 817, 839
"Strangers in the Night" (canção), 809, 814-6, 837, 855, 874, 1055
Stravinski, Igor, 184
Strayhorn, Billy, 85, 251, 895
"Street of Dreams" (canção), 781
Streisand, Barbra, 395, 629, 772, 892, 983, 1023, 1025, 1059
Strouse, Charles, 584
Stuart, Connie, 1015
"Stuck on You" (canção), 389
Sturges, John, 481-2, 708
"Style" (canção), 669
Styne, Jule, 36, 51-2, 70-1, 181, 189, 220, 251, 303, 522, 897, 926
Sua última façanha (filme), 482
"Sue Me" (canção), 65, 67
Suécia, 52, 58, 694, 1059
Suíça, 447
Sukhodrev, Viktor, 336
Sul da Califórnia, Universidade do, 341, 613
Sullivan, Ed, 212, 219, 628, 631, 694, 699, 723, 960
Sullivan, Ronald, 980

"Summer Wind" (canção), 818, 876
Summers, Anthony, 312, 343, 372, 411, 568, 574
Sun Also Rises, The ver *E agora brilha o sol* (filme)
Sun, The (jornal de Lowell, Massachusetts), 532
"Sunflower" (canção), 721
"Sunny" (canção), 895
"Sunrise in the Morning" (canção), 1003
Sunrise Musical Theatre, 1048
Sunset Tower, 71
"Sunshine of Your Love" (canção), 928
"Super-homem vai ao supermercado, O" (Mailer), 404
Suplício de uma saudade (filme), 129
Suprema Corte dos Estados Unidos, 973-4, 979
"Surrey with the Fringe on Top, The" (canção), 454
Susaki, Katsuya, 755
Susskind, David, 869, 872
Suzuki, Pat, 257, 448
Swain, Floyd "Mac", 464
Swan, Robbyn, 574
Swanson, Gloria, 77, 311
"Sway" (canção), 199
"Sweet Blindness" (canção), 944
Swift, Kay, 60
Swigert, Jack, 880
Swing Easy! (álbum), 22, 24-5, 38, 60, 185
Swingin' Affair!, A (álbum), 162-3, 185, 189, 214, 303
"Swingin' down the Lane" (canção), 109
Sydney Daily Mirror, 174
Sydney Morning Herald, 296
Symington, Stuart, 310, 403
Syracuse (Nova York), 69, 91

Tailândia, 511, 514
Talese, Gay, 187, 312, 794-5, 968
Talese, Nan, 968
"Talk to Me" (canção), 307, 377
Tamarisk (editora musical), 580
Tamarisk Country Club, 354, 590, 606, 965
Tandem (produtora), 586
Tanfield, Paul, 491
Tanner, Paul, 94
Taraborrelli, J. Randy, 488, 630, 731, 825
Taradash, Daniel, 14
Tarantino, Jimmy, 147
Tatar, Ben, 548
Tate, Sharon, 969
Tauber, Doris, 875
Taylor, Elizabeth, 335, 345, 460, 484, 486, 525, 564, 813, 869, 877, 910, 936-7
Taylor, Irving, 220
Taylor, James, 963
Taylor, Robert, 134, 381
Tchaikóvski, Pyotr, 302
"Tea for Two" (canção), 202
"Tea in Gay Paree" (canção-paródia), 202
Teachout, Terry, 895
Technicolor, 73, 113-5, 142, 180, 286, 482, 761
"Teddy the Toad" (instrumental), 541
"Teen-Age Crush" (canção), 427
televisão, ambivalência de Sinatra em relação à, 213, 216
Tempestade sobre Washington (filme), 498, 500-1
Ten Thousand Bedrooms ver *Dez mil alcovas* (filme)
Tender Trap, The ver *Armadilha amorosa* (filme)
"Tender Trap, The" (canção), 73, 79, 154, 193, 440
"Tenderly" (canção), 299
Terceiro Tribunal Itinerante de Recursos dos Estados Unidos, 979
Terfel, Bryn, 612
Terrail, Claude, 605
testes nucleares, negociações entre americanos e russos sobre, 504
Tet, ofensiva do (Vietnã), 913
Texaco Star Theater (programa de TV), 220
Texas: eleição de 1960 no, 431, 435
Thant, U, 659
"That Old Black Magic" (canção), 454, 693
"That Old Feeling" (canção), 379
"That's Amore" (canção), 199

That's Life (álbum), 839, 848
"That's Life" (canção), 835, 876, 925, 1026
Thaxter, Phyllis, 257
"Theme and Variations" (Wilder), 119
"Then Suddenly Love" (canção), 725-6
"There's a Flaw in My Flue" (canção), 129-30
"There's a Rising Moon" (canção), 34
"These Boots Are Made for Walkin'" (canção), 801, 848
"These Foolish Things" (canção), 496
"They Can't Take That Away from Me" (canção), 542, 889, 1059
"(They Long to Be) Close to You" (canção), 1003
Thin Man, The (série de TV), 293
"This Is My Song" (canção), 875
"This Ole House" (canção), 30
This Time by Basie! (álbum), 714
"This Town" (canção), 875
"This Was My Love" (canção), 307
Thomas, Bob, 67, 88, 97, 160, 188, 415, 519, 626, 735, 777-8, 792
Thomas, Danny, 166, 238, 486, 688, 790, 982
Thompson, Jane Brown, 61
Thompson, Lucky, 260
Thompson, Morton, 37
Thompson, Tommy, 763-5, 796, 1023, 1029
Thrasher, Ed, 1037
"Three Coins in the Fountain" (canção), 30
Tiffany (joalheria de Nova York), 608, 897
Time (revista), 86, 88, 104, 178, 188, 271, 289, 517, 620, 749; capa sobre Sinatra (1955), 178
"Time After Time" (canção), 71, 220
Time of Your Life, The (Saroyan), 52, 57
Tin Pan Alley, 69, 521
"Tina" (canção), 444
Tiny Tim, 940
Tisci, Anthony, 633
Titcomb, Frederick J., 428
"Tit-Willow" (canção), 804
Tizol, Juan, 25, 108, 163
To Be Perfectly Frank (programa de rádio), 20, 120
Todd, Mike, 102, 545
Todd-AO, 113
Tolley, Jo Ann, 124
Tolstói, Liev, 1017
Tom Hansen Dancers, 388-9, 448
Tone, Franchot, 52
Tonight Show, The (programa de TV), 415, 776
Tony Rome (filme), 31, 859-60, 864, 867, 890, 893, 903, 911, 924
Tóquio, 40, 511, 517, 540, 545-6, 703
Torch Is Passed, The (Associated Press), 674
Tormé, Mel, 47, 611
Torremolinos (Espanha), 732
Torrence, Dean, 670-1, 676, 686-7, 701, 703, 791
Torrente de paixão (filme), 26
Tosches, Nick, 199, 275, 277
Tour d'Argent, 605
Toxton, Candy, 47
Tracy, Spencer, 32, 100, 123, 427, 712, 828, 874
Trader Vic's, 629, 883, 927
Trafficante Jr., Santo, 468
Trans World Airlines, 857
Traubel, Helen, 447
trens elétricos de brinquedo, paixão de Sinatra por, 894
Três grandes amigos (filme), 480-1
três sargentos, Os (filme), 209, 481, 483, 486, 517, 522, 593, 619, 626, 791
Trilogy (álbum), 128, 1005, 1048-9
Trini Lopez at PJ's (álbum), 642
Trocadero (clube noturno), 728
Tropicana Casino (Las Vegas), 235-6, 328
"True Love" (canção), 116
Trujillo, Rafael, 504
Truman, Harry, 147-8, 406, 539, 982
Trumbo, Dalton, 380
"Try a Little Tenderness" (canção), 379, 1024, 1026
Tsu, Irene, 937
Tuminello, Phil, 181
Tunney, John, 1015
Turk's Palace, 731, 1016

Turner, Lana, 59, 124, 858
Turner, Ned, 413
TV Guide (revista), 88
Twelve O'Clock High (programa de TV), 733
Twentieth Century Fox, 15, 26, 78, 82-4, 88, 113, 173, 329, 331-2, 335-6, 564, 570, 575, 643, 726, 733, 736, 745, 751, 786, 813, 823, 859, 870, 877, 890, 894, 936
Twist, John, 755
Twomey, Kay, 131
Tyler, Joan, 20

UCLA (Universidade da Califórnia em Los Angeles), 341-2, 373, 671, 942, 1013-4
Ullmann, Liv, 1022
Último bravo (filme), 627
União Soviética, 335, 370, 595
United Artists, 68, 95, 144, 481, 504-5, 563
United Press International *ver* UPI
United Recording (Los Angeles), 441, 470, 476, 537, 543, 584, 692, 758, 801-2, 814, 835
Universal Recording (Chicago), 441
Universal Studios, 144
Unruh, Jess, 989-90, 992
Updike, John, 33
UPI (United Press International), 256, 279, 316, 319, 321, 331, 338-40, 381, 408, 446, 474-5, 489, 491, 519, 534, 538, 544, 633-4, 650, 657, 677, 700, 711, 789, 802, 883, 886, 893-4, 928, 997

Valli, Frankie, 970
Vamos casar outra vez (filme), 745, 756, 766, 791, 798, 800, 826, 830, 855
Van Dyke, Dick, 920
Van Eps, George, 60, 251
Van Heusen, Jimmy "Chester", 17, 36, 68-9, 71-2, 76, 78, 104, 129-30, 137, 152, 181, 189, 207-8, 210, 223, 233, 262, 267, 272, 282, 286, 289, 338, 344, 352, 354, 369, 402, 448, 462, 471, 474, 476, 536, 538, 544, 584, 606, 622, 666, 690, 748, 822, 831, 926, 967, 1014, 1016, 1058, 1073
Van Horne, Harriet, 338
Van Meter, Jonathan, 325, 583, 653
Vanderbilt, Gloria, 20, 50-3, *54*, 67, 74-5, 95-6, 98, 124, 840, 960
Variety (revista), 199, 295, 300-1, 353, 363, 383, 462, 474, 568, 572, 581, 585, 644, 661, 665, 667, 774, 851, 878, 907, 914, 968, 991
Vaughan Williams, Ralph, 184, 251, 741, 749
Vaughan, Sarah, 772
Vaughn, Robert, 708, 920
Velázquez, Diego, 144
vento será tua herança, O (filme), 380*n*
Venturi, Kenny, 967
Vera Cruz (filme), 627
Verão da Liberdade (1964), 727
verão perigoso, O (Hemingway), 16
Verve Records, 421-3, 435-6, 560, 614
"Very Good Year, A" (canção), 760, 799, 925
Viagem ao fundo do mar (série de TV), 733
Vício maldito (filme), 693, 890
Vidal, Gore, 418
Vidas amargas (filme), 123
Vidor, Charles, 102, 159
Vietnã, Guerra do, 659, 728, 801, 873, 888, 913, 918-9, 932, 977, 988, 1007
Vila Sésamo (programa de TV), 1003
Villa Capri, 39, 43, 68, 196, 202-3, 223, 225, 238, 277, 316, 345, 712
Villa Venice, 598-600, 602-3, 1046
Villa-Lobos, Heitor, 843
Vimmerstedt, Sadie, 719-20
Viola, Al, 250, 494, 544, 546, 693, 1024
"Violets for Your Furs" (canção), 477
Virgínia Ocidental, 356, 371, 394, 400-2, 505, 600
VistaVision, 113-4, 142
Viúvos também sonham (filme), 256, 281, 284-5, 306-7, 370, 513, 958
Viva Zapata! (filme), 63
Vogue (revista), 570
Voice of Frank Sinatra, The (álbum), 30, 61
"Volare" (canção), 601

Volpe, Nicholas, 306
Volta ao mundo em oitenta dias (filme), 270
Von Ryan's Express ver *expresso de Von Ryan, O* (filme)

Wagner, Robert, 32, 233, 239, 282, 291, 323, 328, 1011, 1032
"Wait till You See Her" (canção), 129*n*
Waldman, Frank, 977
Waldman, Tom, 977
Waldorf-Astoria Hotel (Nova York), 140
"Walk like a Man" (canção), 970
Walker, Bee, 131
Walker, Clint, 706, 709, 755
Walker, Joan, 592
Wall Street Journal, 465, 929, 932-3
Wallace, George, 939
Wallace, Mike, 296
Wallichs, Glenn, 253, 308, 377, 441
Wallis, Hal, 52, 397
Walters, Charles, 114, 117, 286
Walters, Ed, 231, 234, 363-4, 367, 371, 401, 871, 878-9, 882, 884, 886-7, 964, 993
Walton, William, 453
Waring, Fred, 690
Warm Moods, The (álbum), 478
Warner Bros. Records, 643-6
Warner Bros.-Seven Arts, 644
Warner, Jack, 31, 171, 642-5, 660, 692, 696, 724, 727, 741, 756, 765, 830, 832
Warner-Reprise Records, 641, 644, 748, 766, 801, 804, 816, 894
Warren, Harry, 71, 774, 843
Washington Post, The, 917-8, 1035
Washington Star, The, 373
Washington, D.C., 77, 446, 451, 467, 498-9, 571, 668, 914-7, 1034
Washington, Ned, 302
Washington, Walter, 916, 918
Wasserman, Lew, 14*n*, 269, 664
"Watch What Happens" (canção), 958
Watergate, escândalo de, 1037-38
Waterman, Sanford, 493, 567, 993-7, 1012, 1039
Watertown (álbum), 970-3, 987
Watts, tumultos de (Los Angeles), 837
"Wave" (canção), 956
"Way You Look Tonight, The" (canção), 693-4
Wayne, David, 73
Wayne, John, 230, 381, 398, 486, 966, 999-1000, 1014
Wayne, Mabel, 109
"We Open in Venice" (canção), 635
"We'll Be Together Again" (canção), 162
Webb, Jimmy, 941, 972
Webster, Ben, 421, 478, 560-1
Webster, Paul Francis, 692
Weill, Kurt, 610, 758
Wein, George, 779, 781
Weinstein, Abe B., 886
Weintraub, Jerry, 1040
Weisman, Eliot, 1059
Weisman, Frederick, 820-1, 961
Weiss, Irving "Sarge", 596
Weitman, Bob, 151
Welch, Raquel, 903, 912, 942
"Well, Did You Evah?" (canção), 117
Welles, Orson, 623, 966
Wellman, Lucille, 825
Wess, Frank, 591
West Melbourne Stadium, 58, 305
West Side Tennis Club (Nova York), 783-4
Westchester Premier Theatre (Nova York), 1045-6, *1047*
Western Recorders, 835, 845, 895, 939, 969, 1002
Western World (revista parisiense), 218
Weston, Melissa, 124
Westwood Village Memorial Park, 576
Wham of Sam, The (álbum), 478
What Ever Happened to Baby Jane? ver *que terá acontecido a Baby Jane?, O* (filme)
"What Is This Thing Called Love?" (canção), 61-2, 941
"What Now, My Love?" (canção), 1059

"What'll I Do?" (canção), 521
What's My Line? (programa de TV), 170, 752-3
"What's New?" (canção), 266
"Whatever Gets You Through the Night" (canção), 617
Wheeling (Illinois), 598, 600
"When I Lost You" (canção), 522
"When I'm Not Near the Girl I Love" (canção), 636
"When No One Cares" (canção), 307
"When the World Was Young" (canção), 497
"When You're Smiling" (canção), 601
"When Your Lover Has Gone" (canção), 61, 192
Where Are You? (álbum), 184-6, 189-91, 249, 303
"Where Are You?" (canção), 185
"Where or When" (canção), 276, 781, 784, 810
Whisky a Go Go (discoteca), 728, 748
White, Loray, 239-40
White, Theodore H., 400, 403, 435
Whiting, George A., 420
Whitney, Gertrude Vanderbilt, 51
Whitney, Nan, 257, 280
Why England Slept (Kennedy), 374
"Why Try to Change Me Now?" (canção), 302
"Why We Fight" (filmes de propaganda), 284
"Wichita Lineman" (canção), 972
Widmark, Richard, 27
Wiedrich, Robert, 937
Wiefels, Howard, 1015
Wild One, The ver *selvagem, O* (filme)
Wilder, Alec, 60, 119-20, 136, 295, 553
Wilder, Billy, 171, 286, 503, 589, 785
Wilder, Thornton, 78, 80, 90
Will Mastin Trio, The, 44
William Morris Agency, 87, 238, 284, 382
Williams, Andy, 693, 837
Williams, Bob, 800
Williams, Cootie, 895
Williams, Esther, 166
Williams, Joe, 529, 779
Williams, Paul Revere, 132
Williams, Tennessee, 457
Williams, William B., 45, 655
Willis, John, 805
"Willow Weep for Me" (canção), 251, 305, 338
Wilson, Earl, 65, 78, 115, 170, 172, 188, 203, 263, 327, 348, 370, 383, 459, 487, 508, 513, 515, 518-20, 528, 558, 560, 592, 609, 659, 697, 728, 777, 805, 819, 838, 844, 849, 877, 880, 890, 897, 904-7, 952, 956
Wilson, Rosemary, 907
Winchell, Walter, 106, 170, 172, 188, 247, 249, 315, 473, 514, 605, 697, 779, 922
"Winchester Cathedral" (canção), 839, 843
Wininger, Bo, 803
Winona (Minnesota), 959
Winsten, Archer, 791
Winter Garden (New York), 599
Winters, Jonathan, 422
Winters, Shelley, 335, 407
Wisconsin, 370, 375, 400, 402, 410, 600, 933
Wiseman, Thomas, 203
"Witchcraft" (canção), 189-90, 306, 390, 622, 623, 717
"With Every Breath I Take" (canção), 129
Witherspoon, Jimmy, 560
"Wives and Lovers" (canção), 721
Wolf, Irvin, 324
Wolf, Murray, 706
Wolf, William, 982
Wolfe, Thomas, 93
Wonder, Stevie, 958
Wonderful World of Antonio Carlos Jobim, The (álbum), 842
Wood, Natalie, 20, 22, 220, 239, 243, 257, 282, 291, 328, 751, 767, 938, 1011
Woodfield, William Read, 240, 574, 615
Woodstock: Três dias de amor e música (filme), 1019
World We Knew, The (álbum), 874
"World We Knew, The" (canção), 924
"Wrap Your Troubles in Dreams" (canção), 24
Wright, Bob, 844
WWDC (rádio), 695
Wyman, Rosalind, 386, 539, 869

Wynn, Keenan, 285
Wynn, Ned, 725

Yale, Escola de Direito de, 65
Yankee Stadium, 1068
Yellen, Jack, 543
"Yellow Days" (canção), 896
"Yellow Rose of Texas, The" (canção), 146
"Yes Sir, That's My Baby" (canção), 819
"Yesterday" (canção), 958, 987
"Yetta, I Can't Forget Her" (canção), 90
Yocum, Vern, 109, 845, 1030
Yorkin, Bud, 586, 597, 627
"You Brought a New Kind of Love to Me" (canção), 105
"You Go to My Head" (canção), 378
"You Make Me Feel So Young" (canção), 105, 107, 150, 454, 781, 1014, 1036, 1039
"You Never Had It So Good" (canção), 690
"You Really Got Me" (canção), 748
"You, My Love" (canção), 36, 71
"You'll Never Walk Alone" (canção), 611
"You're a Lucky Fellow, Mr. Smith" (canção), 690
"You're Nobody 'til Somebody Loves You" (canção), 488
"You're the Top" (canção), 224
Young at Heart ver *Corações enamorados* (filme)
"Young at Heart" (canção), 19, 38, 119, 181, 622-3
Young Lions, The ver *deuses vencidos, Os* (filme)
Young Savages, The ver *Juventude selvagem* (filme)
Young, Lester, 263, 421-2, 561, 591, 716, 780
Young, Nedrick, 380*n*
Young, Victor, 302
Your Hit Parade (programa de rádio), 30, 802
"Your Love for Me" (canção), 181
Your Show of Shows (programa de TV), 213, 587

Zanuck, Darryl F., 643, 727
Zanuck, Richard, 894
Zarchy, Zeke, 108
Zarowitz, Jerome, 993, 995
Zeppo, 753, 964-6
Zinnemann, Fred, 14, 31, 93, 129, 141, 912
Zwillman, Abner "Longy", 230, 413

ESTA OBRA FOI COMPOSTA POR ACOMTE EM
DANTE E IMPRESSA PELA GEOGRÁFICA EM OFSETE SOBRE PAPEL
PÓLEN SOFT DA SUZANO PAPEL E CELULOSE PARA A
EDITORA SCHWARCZ EM DEZEMBRO DE 2015